首都圏
ゴルフ場ガイド

ikk!

都県別目次

Ⓟはパブリック、Ⓢはセミパブリック、他はメンバーシップコース

<本文は五十音順にゴルフ場を掲載しています>

〔福島県〕

〔茨城県〕

〔群馬県〕

〔埼玉県〕

〔千葉県〕

〔山梨県〕

〔静岡県〕

ゴルフ場名称変更コース（2020～21年）

県　名	新コース名称	旧コース名称
茨城県	石岡ウエストカントリークラブ	石岡 GC ウエスト C
	PGM 石岡ゴルフクラブジャック	石岡 GC
栃木県	レイワゴルフリゾートつつじケ丘カントリー倶楽部	つつじケ丘 CC
	レイワゴルフリゾート紫塚ゴルフ倶楽部	紫塚 GC
群馬県	草津温泉ゴルフ場	草津高原 G 場
	THE RAYSUM	レーサム G & スパリゾート
埼玉県	PGM 武蔵ゴルフクラブ	武蔵 GC
千葉県	木更津東カントリークラブ	亀山湖 CC
	太平洋クラブ八千代コース	八千代 GC
	PGM マリアゴルフリンクス	きみさらず GL
	PGM 南市原ゴルフクラブ	南市原 GC
	ザ セイントナイン 東京	八幡 CC
長野県	オーソルヴェール軽井沢倶楽部	隨縁軽井沢ナインハンドレッド C
山梨県	甲斐駒カントリークラブ	かいこま CC
	桜ヒルズゴルフクラブ	秋山 CC
静岡県	御殿場東名ゴルフクラブ	富士御殿場 GC
	富士篭坂36ゴルフクラブ	篭坂 GC
		富士高原 GC

閉鎖ゴルフ場（2020～21年）

県　名	コース名称	閉鎖時期
福島県	新ゲインズボロー CC	2021年５月
	棚倉ステークス CC	2020年冬
栃木県	真名子 CC	2019年12月
	日光紅葉 G リゾート	2020年11月
群馬県	上武 G 場	2020年３月
	21センチュリー C 富岡 GC	2020年３月
	上毛 CC	2020年11月
	Royal Blue Golf Resort	2021年３月
埼玉県	妻沼 G 場	2020年６月
千葉県	デイスター GC	2021年12月
長野県	センレン G リゾート長野コース	2021年春
	木曽駒高原宇山 CC	2020年12月

※福島県　「JGM セベバレステロス GC いわき C」 2020年12月より道路建設のため当面休場
※千葉県　「キャスコ花葉 C 空港 C」 2019年12月より一時閉鎖。改造後に再開予定

ゴルフ場ガイド・カラー索引

本書の利用法

★収録範囲

関東地区1都10県767コース（福島17，茨城110，栃木116，群馬64，埼玉77，千葉154，東京18，神奈川47，長野44，山梨41，静岡79。ただし福島、長野、静岡は一部除く）を50音別に掲載。

掲載コースは18ホール以上のゴルフ場としました。

★ビジター料金表

本誌では2021年10月の料金を基準に、プレースタイルに合わせ、費用概算（1ラウンドのグリーンフィ、4バッグのキャディフィまたはカートフィ、利用税、諸経費、消費税10パーセント）の料金を表示しています。概算料金を税別で表示しているゴルフ場については、その旨を記しています。料金詳細については、事前にゴルフ場にご確認ください。

★プレースタイル

ラウンドはキャディ付かセルフプレーか、またはいずれかの選択制であるかを表記し、歩いてのプレーか乗用カート利用のプレーかを記しました。

なお、キャディ付と明記していても、キャディの人数によりセルフプレーになるゴルフ場がありますので、ご確認下さい。

★シューズ

ゴルフ場で使用できるスパイクの種類を記しました。なお、本書刊行後に変更になる場合があります。

★予約

予約先はゴルフ場によってコースまたは予約事務所、ホームページなどがあります。

★タクシー・クラブバス

タクシーの所要時間、料金は目安です。

クラブバスは事前に予約が必要な場合や、セルフデーなどで運行しない日もありますので、必ずご確認下さい。

★地図

ゴルフ場発行の道路図を基に、最寄の高速道路インターチェンジから主要な目印を中心にゴルフ場までの経路を掲載しました。

赤城カントリー倶楽部

〒376-0135　群馬県桐生市新里町高泉531－2　FAX 0277(74)1112
予約0277(74)5577　http://www.akagi-cc.com

●**プレーの申込み**　パブリックコース
●**予約**　半年前より随時受付け
●**コンペ**　組数制限なし
●**休日**　問合せ
●**クレジット**　JCB　VISA　AMEX　UFJ　ダイナース　UC　セゾン他
●**開場日**　1994年5月12日
●**コースの特徴**　18H　P72　6790Y
自然林でセパレートされたフラットな林間コース。杉原輝雄プロ監修で戦略性もある。09年まで女子プロトーナメント「SANKYO LADIES OPEN」開催
クラブハウス天然温泉「赤城南麓の湯」
●**コースレート**　72.3
●**練習場**　120Y19打席
●**電車**　東武桐生線赤城駅
●**クラブバス**　なし
●**タクシー**　赤城駅から15分約3000円
●**プレースタイル**　キャディ付またはセルフでGPSナビ付乗用カート
●**シューズ**　ソフトスパイクのみ
●**ビジター料金表**

	平　日	土　曜	日　祝
キャディ付	15,800	19,800	19,800
セ　ル　フ	12,500	16,500	16,500

上記は2021年10月～11月の昼食付料金
●**プレー情報**　夏期・冬期割引、宿泊ロッジ

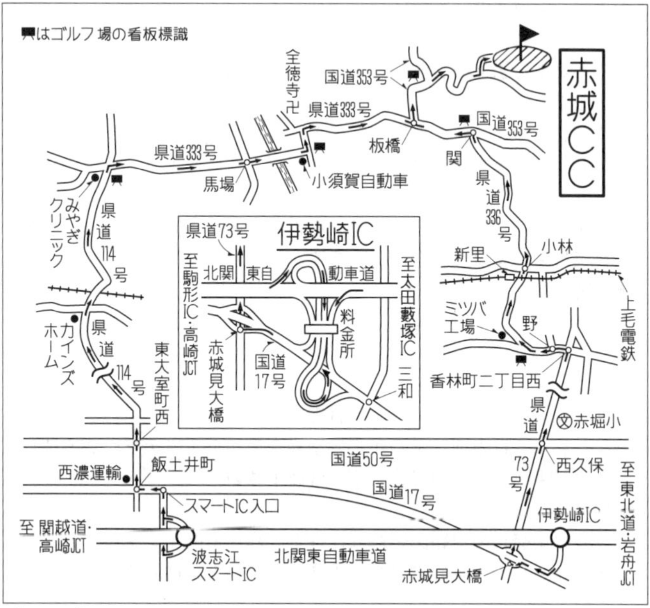

【自動車】練馬IC（関越、北関東自動車道）99.1キロ→伊勢崎IC 15キロ→コース　所要時間1時間45分　伊勢崎ICを前橋方面に降りて約400m先を右折。県道73号の香林町2丁目西を左折してミツバ工場手前を右折。国道353号を左折してコースへ。ETC搭載車は波志江スマートICから県道114、333号で16キロ

赤城国際カントリークラブ

〒371-0101　群馬県前橋市富士見町赤城山2036　FAX 027(288)5540
予約専用　027(288)4143　https://www.akagi-icc.co.jp

●**プレーの申込み**　ビジター可
●**予約**　予約専用電話で随時受付け
●**コンペ**　組数は相談
●**休日**　1／1　その他は問合せ
1月中旬～3月初めは冬期クローズ
●**クレジット**　JCB、VISA 他
●**開場日**　1964年4月1日
●**コースの特徴**　27H　P108　10182Y
赤城山麓の美しい自然に囲まれた林間コース。南コース8番の標高は東京スカイツリーと同じ634m。晴れた日にはスカイツリー、富士山、日本アルプスまで望める
●**練習場**　275Y11打席（10球100円）
●**電車**　両毛線前橋駅
●**クラブバス**　なし
●**タクシー**　前橋駅30分約5500円
●**プレースタイル**　キャディ付またはセルフで4人、5人乗り乗用カート
●**シューズ**　ソフトスパイク、スパイクレス
●**ビジター料金表**

	平　日	土　曜	日　祝
キャディ付	14,260	19,540	19,540
セ　ル　フ	10,410	15,690	15,690

昼食付
●**プレー情報**　ロッジ宿泊、赤城 CC との1泊2R パックあり

【**自動車**】練馬 IC（関越道）111.2キロ→赤城 IC 13キロ→コース　所要時間1時間30分　赤城 IC を赤城山方面に降り、赤城南麓広域農道をコース案内板に従って進む。武本まんじゅう茶屋がある交差点を左折してコースへ。赤城 IC から15分。ETC 車は駒寄スマート IC から17キロ25分。北関東自動車道伊勢崎 IC より30分

赤城ゴルフ倶楽部

〒379-1113　群馬県渋川市赤城町南赤城山400　FAX 0279(56)8818
http://www.akagi-gc.com

●プレーの申込み　ビジター可
●予約　随時受付け
●コンペ　随時受付け
●休日　無休
●クレジット　UC　UFJ　VISA　JCB　ダイナース　OMC
●開場日　1988年4月29日
●コースの特徴　18H　P72　7010Y
自然の地形、豊富な樹木をいかしたフラットな高原林間コース。平均1,000㎡のサンドグリーンは常に良コンディション
●コースレート　72.3
●練習場　250Y10打席
●電車　上越線渋川駅
●クラブバス　なし
●タクシー　渋川駅から20分4000円
●プレースタイル　キャディ付またはセルフで乗用カート
●シューズ　ゴルフ靴はすべて可
●ビジター料金表

	平　日	土　曜	日　祝
キャディ付	15,150	21,420	21,420
セ　ル　フ	10,970	17,240	17,240

昼食付・消費税・利用税・ゴルフ振興基金込
●プレー情報　アフタヌーンプレー
4月～11月平日4500円、土日祝6500円、税込。宿泊施設あり

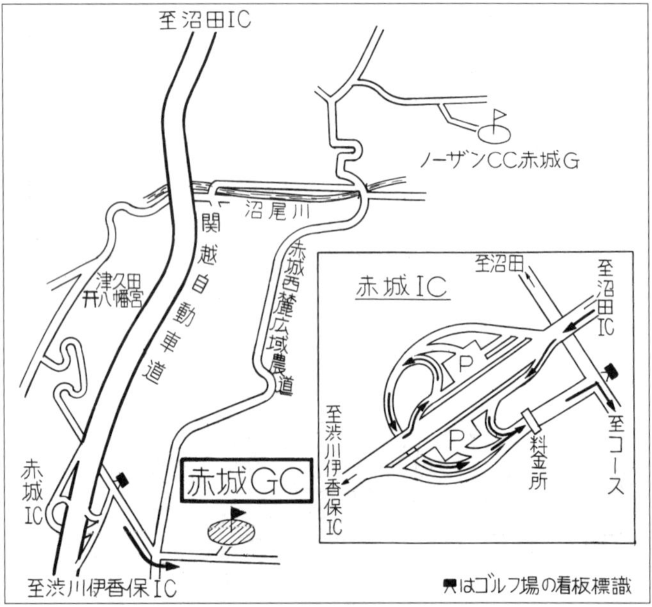

【自動車】練馬IC（関越自動車道）111.2キロ→赤城IC 2キロ→コース　所要時間1時間10分　関越自動車道を赤城ICで降り、料金所を出て右折すると広域農道との交差点に出る。それを約150m直進して左折すると、そのままコース進入路になっている。赤城ICからコースまで約3分

赤羽ゴルフ倶楽部

〒115-0051　東京都北区浮間2－18－7　FAX 03(3558)5700
https://www.akabanegolf.co.jp

●**プレーの申込み**　ビジター可
●**予約**　1・4・7・10月の各月15日の9時より、3か月先の3か月分を受付け(例:4～6月の予約は1月15日より可能)
●**コンペ**　組数は相談
●**休日**　無休
●**クレジット**　各種
●**開場日**　1957年11月3日
●**コースの特徴**　18H　P72　6219Y　フラットだがグリーンが難しく、初心者もシングルプレーヤーも利用する
●**コースレート**　70.0
●**電車**　埼京線浮間舟渡駅
●**クラブバス**　浮間舟渡駅から6:45～9:30間に15分毎に運行
●**タクシー**　浮間舟渡駅から2分
●**プレースタイル**　平日はキャディ付またはセルフ、土日祝はスタートの早い順からキャディ付。セルフは1バッグの手引カート
●**シューズ**　ソフトスパイクを奨励
●**ビジター料金表**（2021年10、11月料金）

	平　日	土　曜	日　曜
キャディ付	12,704	18,144	17,794
セ　ル　フ	9,140	14,580	14,230

祝日はキャディ付16,774円、セルフ13,210円。月曜(祝日除く)はオールセルフプレー。早朝・夕刻ハーフプレー

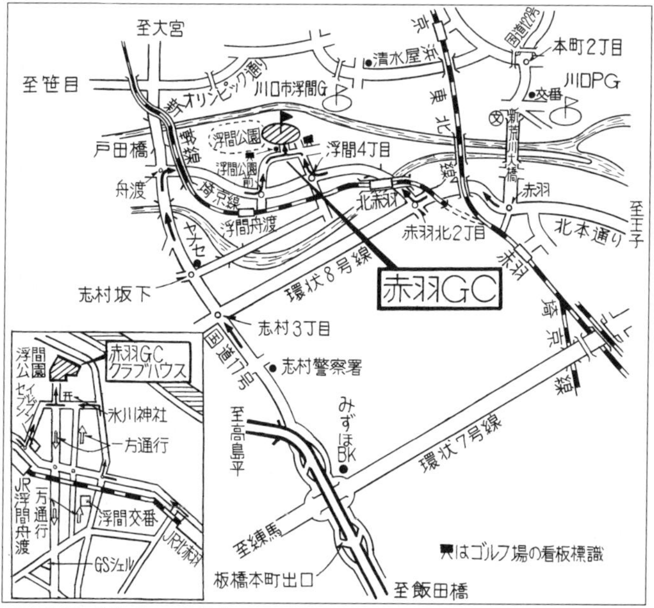

【自動車】環状7号、8号線方面からは国道17号を埼玉方面に向かい、戸田橋手前の舟渡信号を右折、浮間公園先の信号を左折してコース。首都高速5号線利用の場合は、板橋本町出口から国道17号経由5.5キロ。三郷方面から外環利用は外環浦和出口を降り、国道17号を東京方面に向かい戸田橋を渡り、舟渡信号を左折

アクアラインゴルフクラブ

〒292-0201　千葉県木更津市真里谷4345－3　FAX 0438(53)3801
https://www.accordiagolf.com

●プレーの申込み　ビジター可
●予約　3か月前の同日から受付け
●コンペ　組数は相談
●休日　無休
●クレジット　各種
●開場日　1997年3月3日
●コースの特徴　18H　P72　6917Y
フラットな丘陵コース。アウトは自然林を残した林間コース、インは戦略的なタフなコース、加藤俊輔氏設計のテクニカルコース
●コースレート　72.2
●練習場　200Y14打席
●電車　内房線木更津駅
●クラブバス　なし
●タクシー　木更津駅から35分5000円
●プレースタイル　セルフプレーでGPSナビ付き乗用カート
●シューズ　ソフトスパイクのみ可
●ビジター料金表

	平　日	土　曜	日　祝
セ　ル　フ	7,990～	15,990～	15,990～

2021年10月の昼食付料金。季節や曜日により料金が異なる
●プレー情報　コンペパック、薄暮

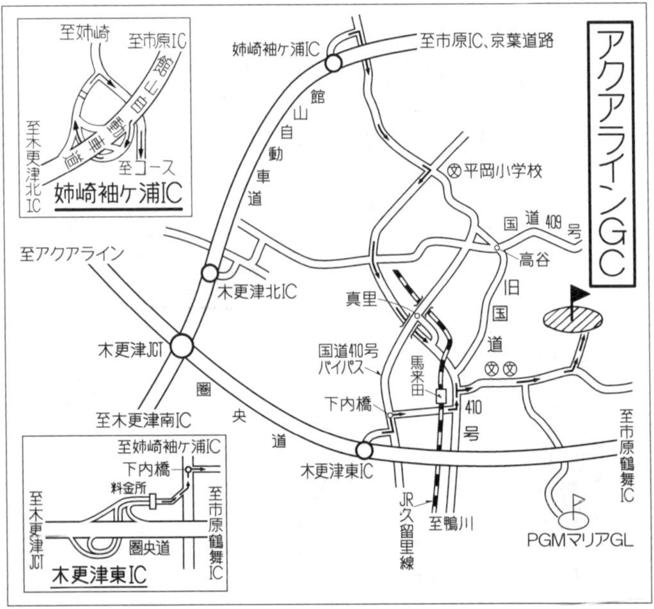

【自動車】川崎浮島 JCT（東京湾アクアライン）29.3キロ→木更津東 IC 5キロ→コース　所要時間35分　木更津東 IC を降りて左折し、1つ目の信号・下内橋を右折する。線路を渡って突き当りを左折し、馬来田駅信号を右折してコースへ。姉崎袖ヶ浦 IC からは鴨川方面に向かって10キロ

アコーディア・ゴルフ 空港ゴルフコース 成田

〒289-0423　千葉県香取市小川1371－1　FAX 0478(79)2245
https://www.accordiagolf.com

●**プレーの申込み**　ビジター可
●**予約**　4か月前の1日より受付け
●**コンペ**　組数制限なし
●**休日**　無休
●**クレジット**　UC　VISA　UFJ　JCB　AMEX　ダイナース
●**開場日**　1976年11月4日
●**コースの特徴**　18H　P72　6894Y
美しい池とバンカーが巧みにレイアウトされ、各ホールは個性的。フラットな地形ながら戦略性豊かなコース
●**コースレート**　70.9
●**練習場**　230Y14打席
●**電車**　総武本線八日市場駅
●**クラブバス**　なし
●**タクシー**　八日市場駅15分3000円
●**プレースタイル**　セルフプレーでGPSナビ付5人乗り乗用カート
●**シューズ**　ソフトスパイク
●**ビジター料金表**

	平　日	土　曜	日　祝
セ　ル　フ	6,000	16,800	16,800

料金は季節によって異なる
●**プレー情報**　季節割引あり

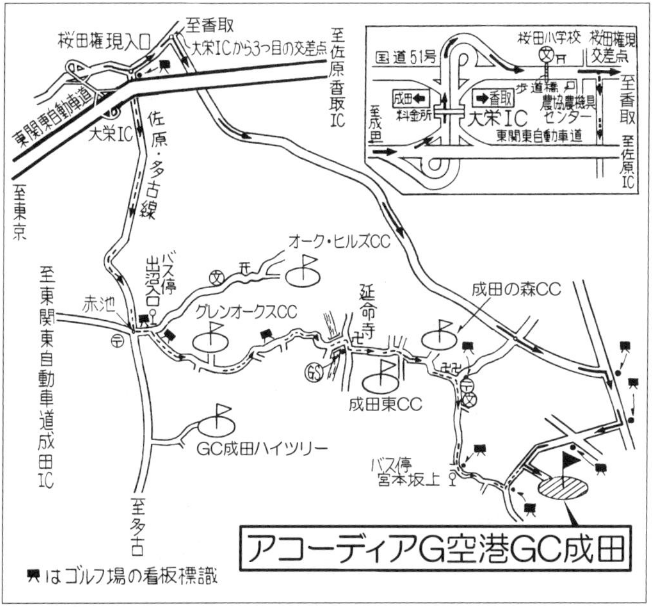

【**自動車**】箱崎IC（首都高速）35.8キロ→宮野木JCT（東関東自動車道）39.9キロ→大栄IC（東総有料道路）19.5キロ→コース　所要時間1時間20分　大栄ICを香取方面に出て、国道51号線の3つ目の信号･旧東総有料道路を右折。終点の突き当たりを右折し、750m先の細いY字路を右折してコースへ

アコーディア・ゴルフ 習志野カントリークラブ

〒270-1327　千葉県印西市大森7　FAX 0476(46)3832
https://www.accordiagolf.com

●**プレーの申込み**　原則として会員の同伴または紹介が必要
●**予約**　平日は4か月前の1日、土日祝は3か月前の同日から受付け
●**コンペ**　土日祝は不可、平日は組数相談
●**休日**　無休
●**クレジット**　各種
●**開場日**　1965年11月3日
●**コースの特徴**　36H　P144　13590Y
美しく松林に完全にセパレートされた林間コース。ZOZO CHAMPIONSHIP開催コース
●**コースレート**　K73.0　Q70.8
●**練習場**　250Y16打席
●**電車**　北総線千葉ニュータウン中央駅
●**クラブバス**　千葉ニュータウン中央駅から6:45～9:15まで運行
●**タクシー**　千葉ニュータウン中央駅から約1300円
●**プレースタイル**　キャディ付またはセルフでGPSナビ付乗用カート
●**シューズ**　ソフトスパイク
●**ビジター料金表**

	平　日	土　曜	日　祝
セ　ル　フ	24,980	34,980	33,980

2021年11月の料金
季節によって料金は異なる

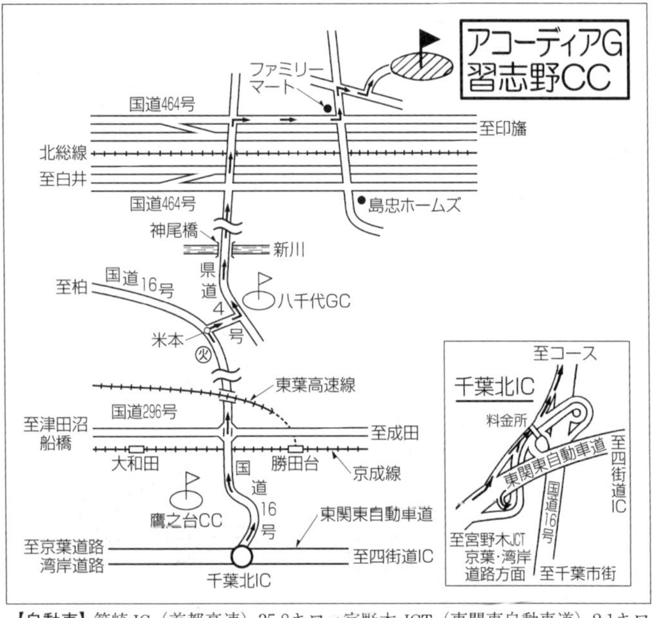

【**自動車**】箱崎IC（首都高速）35.8キロ→宮野木JCT（東関東自動車道）2.1キロ→千葉北IC 19キロ→コース　所要時間1時間10分　千葉北ICを八千代方面に降り、国道16号を柏方面に進む。米本交差点を右折して県道4号を北上。国道464号を右折してコースへ

朝霞パブリックゴルフ場

〒351-0001　埼玉県朝霞市上内間木217　FAX 048(456)0574
http://asaka-pab-golf.com/

●プレーの申込み　パブリックコース
●予約　2か月前から受付け
●コンペ　9名以上コンペパックあり
●休日　1／1
●クレジット　利用可
●開場日　1961年10月5日
●コースの特徴　18H　P72　6287Y
フラットだが27個の池とOBがあるため、ボールの曲がる人は注意がいる。アウトは左、インは右に注意
●コースレート　68.9
●電車　東武東上線朝霞台駅、または武蔵野線北朝霞駅下車
●クラブバス　朝霞台・北朝霞駅北口から 7:10 7:45 8:30 9:10
●タクシー　朝霞台・北朝霞駅1300円
●プレースタイル　セルフで歩いてプレー
●シューズ　ゴルフ靴はすべて可
●ビジター料金表

	平　日	土日祝
セ　ル　フ	8,300	14,600

食事付。上記は2021年10月～11月の料金
季節によって料金は異なる
感謝デー、レディスデー、シニアデー割引、1～3月・7・8・12月スルーデー(食事別)、各種コンペ、競技会開催

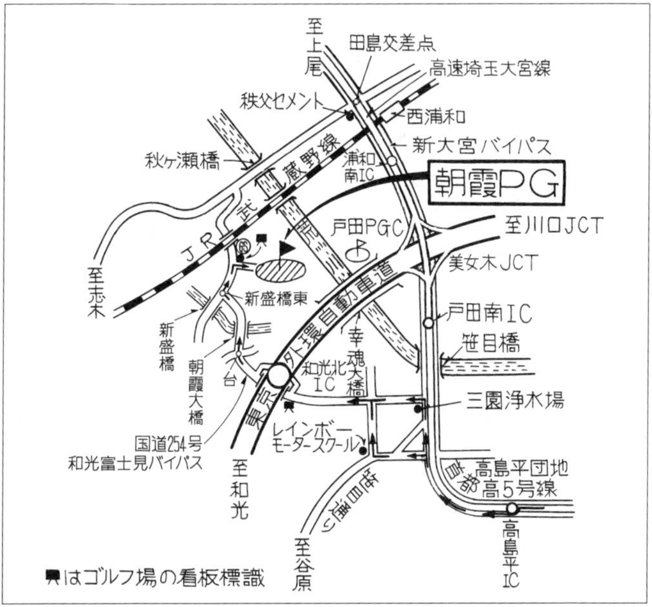

【自動車】北の丸IC（首都高速）20キロ→高島平IC（首都高速5号線）4キロ→和光北4キロ→コース　所要時間40分　高島平ICで降り笹目橋手前を左折。外環和光北ICを通過。台交差点を直進して和光富士見バイパスを進み、突き当たりの新盛橋東を右折してコースへ

朝霧カントリークラブ

〒418-0101　静岡県富士宮市根原字宝山380　FAX 0544(52)0383
https://www.asagiri.co.jp

●**プレーの申込み**　ビジター可
●**予約**　随時受付け
●**コンペ**　組数制限なし
●**休日**　クラブ指定日
●**クレジット**　JCB VISA UC AMEX ダイナース　MC　セゾン
●**開場日**　1973年11月8日
●**コースの特徴**　18H　P72　7055Y
全18ホールから富士の偉容が満喫できる。2017年10月に新クラブハウスオープン。2019年6月には朝霧ゴルフアカデミーハウス開校
●**練習場**　340Y20打席
●**電車**　東海道新幹線新富士駅、または富士急行河口湖駅
●**クラブバス**　なし
●**タクシー**　新富士駅から50分9000円
河口湖駅から40分7000円
●**プレースタイル**　キャディ付またはセルフで乗用カート
●**シューズ**　ソフトスパイク
●**ビジター料金表**

	平　日	土　日	祝　日
キャディ付	15,480	25,050	25,050
セ　ル　フ	11,300	20,870	20,870

利用税・振興基金・消費税込
季節により料金は異なる
宿泊ロッヂ併設

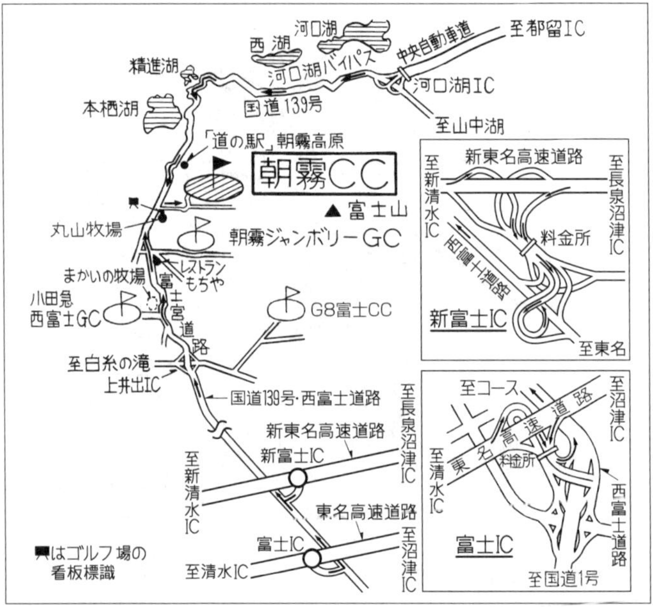

【**自動車**】東京 IC（東名高速）121.5キロ→富士 IC（または新東名・新富士 IC）33キロ→コース　所要時間2時間10分　富士 IC（または新富士 IC）から西富士道路を経由して国道139号線を朝霧高原に方面に向かってコースへ。中央自動車道・河口湖 IC からは国道139号線を本栖湖方面に向かう。河口湖 IC から24キロ

朝霧ジャンボリーゴルフクラブ

〒418-0108　静岡県富士宮市猪之頭2971　FAX 0544(52)0240
http://www.asagiri.net/

●プレーの申込み　ビジター可
●予約　3か月前の同日から電話または WEB で受付け
●コンペ　組数制限なし
●休日　無休
●クレジット　各種
●開場日　1975年4月29日
●コースの特徴　27H　P108　10495Y
富士山の庭つづきに造られ、フラットで広い駿河、緩やかなスロープの富士、変化がある甲斐とそれぞれ趣きが違う
●コースレート　駿河・富士 71.9
富士・甲斐 72.6　甲斐・駿河 72.6
●練習場　300Y 24打席
●電車　東海道新幹線新富士駅
●クラブバス　要問合せ
●タクシー　新富士駅から40分7920円要予約
●プレースタイル　キャディ付またはセルフで GPS ナビ付乗用カート
●シューズ　ソフトスパイク
●ビジター料金表

	平　日	土　日	祝　日
キャディ付	16,070	22,450	22,450
セ　ル　フ	12,220	18,600	18,600

上記は2021年10月の料金。シーズン料金あり。ツーサム可
●プレー情報　冬期割引、宿泊ロッヂ

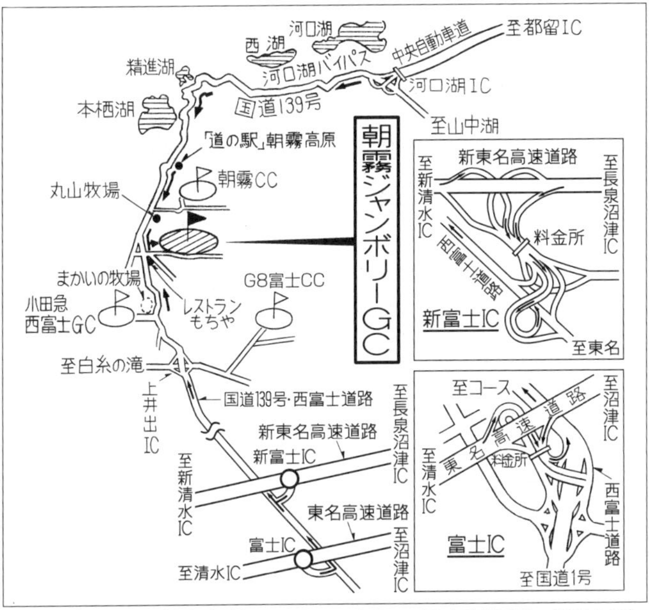

【自動車】東京 IC（東名高速）121.5キロ→富士 IC（または新東名・新富士 IC）27キロ→コース　所要時間2時間　富士 IC（または新富士 IC）から西富士道路を経由して国道139号線を朝霧高原に方面に向かってコースへ。中央自動車道・河口湖 IC からは国道139号線を本栖湖方面に向かう。河口湖 IC から30キロ

麻倉ゴルフ倶楽部

〒285-0077　千葉県佐倉市内田670　FAX 043(498)6633
予約専用　043(498)8511　http://www.asakura-gc.jp

●プレーの申込み　会員の同伴または紹介が必要
●予約　4か月前の1日から受付け
●コンペ　平日のみ可。組数は相談
●休日　毎週月曜日　12／31　1／1
●クレジット　JCB　VISA　AMEX　DC　マスター　ダイナース他
●開場日　2008年10月25日
●コースの特徴　18H　P72　7103Y　樹木にセパレートされた高低差6mのフラットな林間コース。チャレンジし甲斐がある戦略的な18ホール
●練習場　250Y18打席
●電車　JR 総武本線佐倉駅、または京成電鉄京成佐倉駅
●クラブバス　完全予約制で、京成佐倉駅南口から8:10、JR 佐倉駅南口から8:30
●タクシー　JR 佐倉駅から約20分
●プレースタイル　キャディ付きで4人乗り乗用カート
●シューズ　メタルスパイク禁止
●ビジター料金表

	平　日	土　曜	日　祝
キャディ付	22,300	36,000	36,000

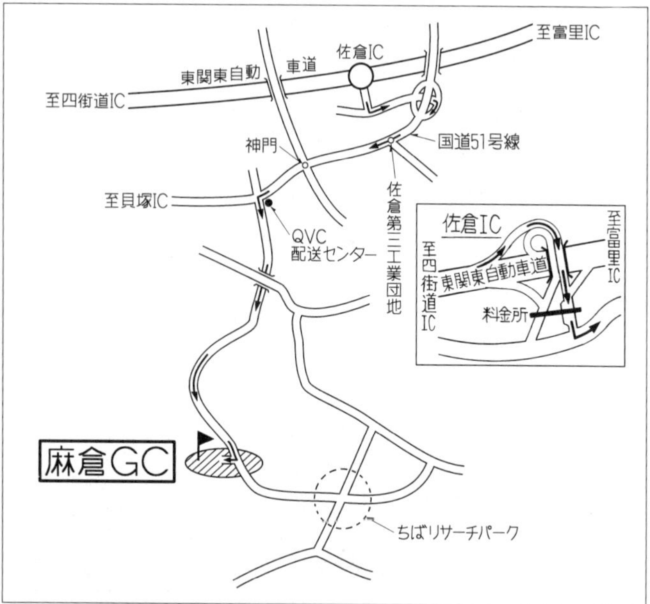

【自動車】箱崎 IC（首都高速）35.8キロ→宮野木 JCT（東関東自動車道）13.3キロ→佐倉 IC 6キロ→コース　所要時間45分　佐倉 IC を降りて左折し、突き当たりを右折する。神門交差点の次を左折して道なりに進んでコースへ

あさひヶ丘カントリークラブ

〒328-0065　栃木県栃木市小野口町1351　FAX 0282(23)7183
https://www.pacificgolf.co.jp/asahigaoka/

●**プレーの申込み**　ビジター可
●**予約**　3か月前から受付け
●**コンペ**　組数は相談
●**休日**　無休
●**クレジット**　VISA　マスター　JCB　ダイナース
●**開場日**　1977年5月22日
●**コースの特徴**　27H　P108　10177Y　筑波・日光・富士の3コースがそれぞれに特徴があり、攻略意欲を誘う
●**コースレート**　69.9　71.7　70.4
●**練習場**　150Y 13打席
●**電車**　両毛線栃木駅、または東武日光線栃木駅
●**クラブバス**　栃木駅南口から 7:45、8:50
●**タクシー**　栃木駅から15分約3200円
●**プレースタイル**　キャディ付またはセルフで5人乗り乗用カート。FW 乗入れ可（コース状況により不可）
●**シューズ**　ソフトスパイク推奨
●**ビジター料金**
季節により料金が異なるため、ホームページ参照、またはクラブに要問合せ

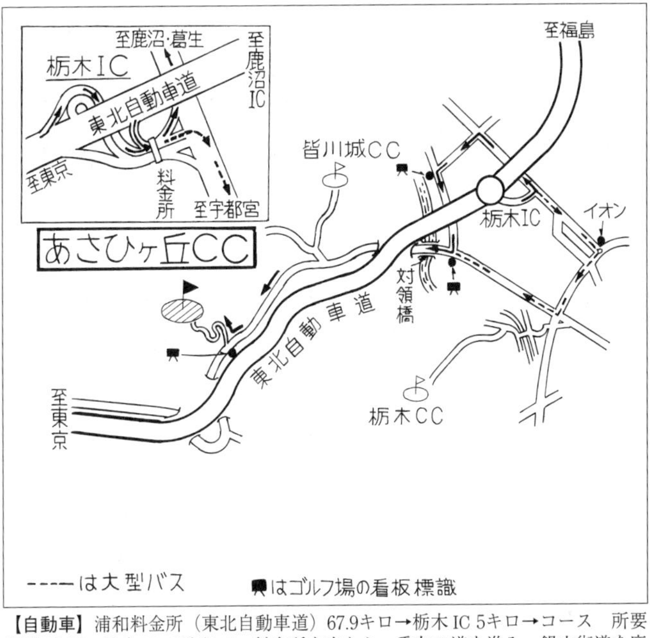

【**自動車**】浦和料金所（東北自動車道）67.9キロ→栃木 IC 5キロ→コース　所要時間1時間　栃木 IC で降りて、料金所を出たら一番左の道を進み、鍋山街道を鹿沼、葛生方面に進む。400m 先のミニストップ の信号を左折して高速沿いに進むとコース。IC から約10分

浅間高原カントリー倶楽部

〒389-0505　長野県東御市和6411　FAX 0268(64)4216
https://asamakogen-cc.jp/

●プレーの申込み　ビジター可
●予約　随時受付け
●コンペ　組数は相談
●休日　積雪時はクローズ
●クレジット　UC　DC　UFJ　JCB　AMEX　VISA
●開場日　1991年10月10日
●コースの特徴　18H　P72　6753Y　南西斜面にレイアウトされた標高が平均900メートルの高原にあるフラットなコース。フェアウェイは野芝で広く、グリーンはベントのワングリーン
●練習場　あり
●電車　北陸新幹線上田駅、またはしなの鉄道田中駅
●クラブバス　なし
●タクシー　上田駅から約20分4500円　田中駅から約15分3000円
●プレースタイル　セルフプレーで5人乗り乗用カート。キャディ付は要予約
●シューズ　ソフトスパイク
●ビジター料金表

	平　日	土　曜	日　祝
セ　ル　フ	8,100	12,600	12,600

昼食付。期間により料金は異なる。
●プレー情報　薄暮プレー、ジュニア料金

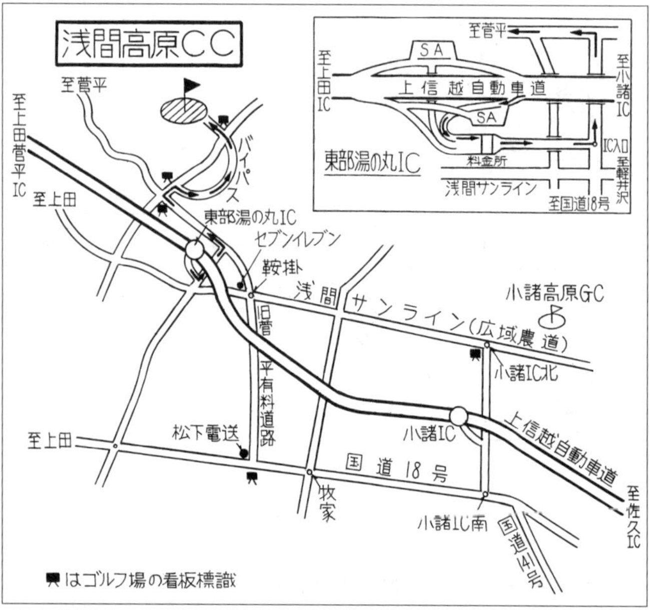

【自動車】練馬IC（関越、上信越自動車道）167.2キロ→東部湯の丸IC 2キロ→コース　所要時間2時間15分　上信越自動車道を東部湯の丸ICで降りて左折し、突き当たりの旧菅平有料道路を左折して菅平方面に向かう。コース案内板に従って右折してコースへ

浅見ゴルフ倶楽部

〒319-0306　茨城県水戸市杉崎町1916－1　FAX 029(259)3457
http://www.asamigc.com

●プレーの申込み　ビジター可
●予約　平日は4か月前、土日祝は3か月前の午前10時より受付け
●コンペ　組数制限なし
●休日　1／1（セルフ営業あり）
●クレジット　VISA　JCB　UC 他
●開場日　1974年9月19日
●コースの特徴　27H　P108　10183Y
浅見緑蔵氏による設計監修。79年日本プロを開催した戦略性に富むコース。点在する11の池がプレーヤーの攻略意欲を掻き立てる。2017年クラブハウスリニューアルおよび南コースグリーン改修完了
●コースレート　北中71.8 中南71.3他

●練習場　210Y 28打席
●電車　常磐線友部駅
●クラブバス　友部駅より全日 8:20 8:45　予約制
●タクシー　友部駅から10分1800円
●プレースタイル　キャディ付またはセルフで乗用カート
●シューズ　メタルスパイク禁止
●ビジター料金表

	平　日	土　日	祝　日
セ　ル　フ	7,000	15,000	15,000

上記は2021年10月 FW 乗入可の料金。平日は昼食付。ホームページ参照

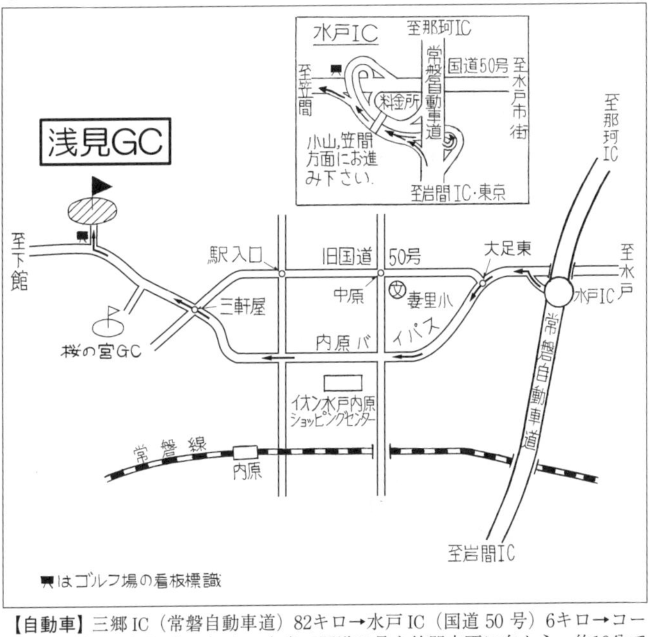

【自動車】三郷 IC（常磐自動車道）82キロ→水戸 IC（国道 50 号）6キロ→コース　所要時間1時間5分　水戸 IC を出て国道50号を笠間方面に向かう。約10分でコースへ

アジア下館カントリー倶楽部

〒309-1226　茨城県桜川市上野原地新田225－4　FAX 0296(75)2629
https://www.asia-shimodate.com　本社03(3358)7011

●**プレーの申込み**　ビジター可
●**予約**　2か月前の1日8時より受付け
●**コンペ**　組数制限なし
●**休日**　無休
●**クレジット**　DC　VISA　マスター　JCB　ダイナース　AMEX
●**開場日**　1965年11月1日
●**コースの特徴**　18H　P72　6934Y
フラットで樹木によってセパレートされた典型的な林間コース。距離もあり、大小8つの池と立木がポイント
●**練習場**　200Y15打席
●**電車**　水戸線新治駅
●**クラブバス**　なし
●**タクシー**　新治駅から10分1500円
●**プレースタイル**　セルフで5人乗り乗用カート。セグウェイ125台あり（初回講習料540円）
●**シューズ**　ゴルフ靴はすべて可
●**ビジター料金表**

	平　日	土　日	祝　日
セ　ル　フ	5,700	12,500	11,500

2021年10～11月の料金で昼食付
セグウェイセルフは平日6200円、土日13500円、祝日12500円

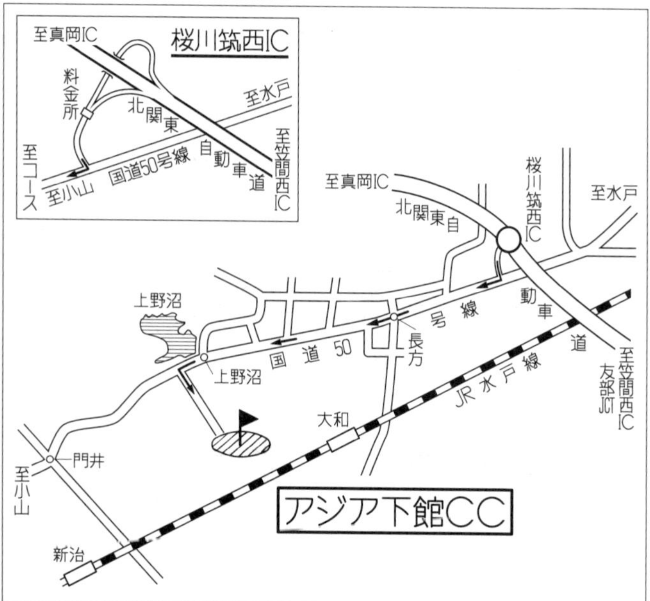

【自動車】三郷IC（常磐自動車道・友部JCT経由北関東自動車道）99.3キロ→桜川筑西IC 5キロ→コース　所要時間1時間20分　桜川筑西ICを降りて国道50号線を右折し、約5キロでコース到着。常磐自動車道・谷和原ICからは下妻方面に向かって約48キロ

アジア取手カントリー倶楽部

〒302-0026　茨城県取手市稲1340　FAX 0297(72)0795
http://www.asia-toride.com/　本社　03(3358)7011

●**プレーの申込み**　ビジター可
●**予約**　2か月前の1日午前9時より受付け
●**コンペ**　組数制限なし
●**休日**　無休
●**クレジット**　なし
●**開場日**　1964年10月3日
●**コースの特徴**　27H　P108　9425Y　ウエストコースは池がからみ戦略的なレイアウト。アウト、インは距離が長くロングヒッター向けのコース
●**コースレート**　アウト・イン72.1
●**電車**　常磐線取手駅
●**クラブバス**　取手駅西口から運行。平日（予約制）は7時35分～毎時5分と35分、土日は6時30分～毎時10分と30分と50分
●**タクシー**　取手駅から10分1000円
●**プレースタイル**　セルフで5人乗り乗用カート。セグウェイ170台あり
●**シューズ**　ゴルフ靴はすべて可
●**ビジター料金表**

	平　日	土　曜	日　祝
セ　ル　フ	6,200	12,000	11,500

ランチバイキング付。上記は2021年10月～11月料金。セグウェイセルフは平日6500円、土日祝12500円（初回講習料540円）。各種優待券あり

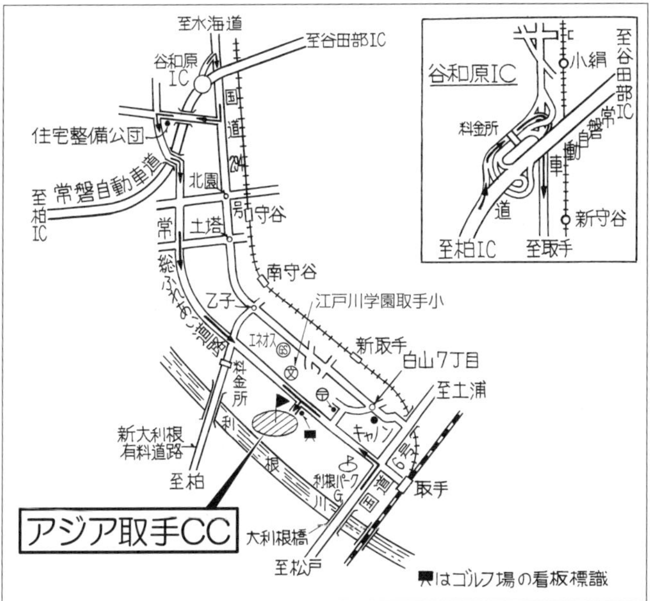

【**自動車**】三郷IC（常磐自動車道）19.1キロ→谷和原IC（国道294号線）11キロ→コース　所要時間40分　谷和原ICを降り、国道294号線を守谷・取手方面に向かい、1つ目の信号を右折し、3つ目の信号を左折して常総ふれあい道路に入りコースへ

足利カントリークラブ多幸コース

〒327-0231　栃木県佐野市飛駒町6380　FAX 0283(66)2054
予約0283(66)2121〜2　http://www.ashikaga-cc.com/

●**プレーの申込み**　ビジター可
●**予約**　3か月前の同日11時から受付け
●**コンペ**　土日祝については原則として会員の同伴で可
●**休日**　1／1
●**クレジット**　MC　VISA　AMEX　UC　JCB　ダイナース　DC　セゾン
●**開場日**　1977年4月29日
●**コースの特徴**　18H　P72　6468Y
周囲を山に囲まれたフラットなコースで、フェアウェイが広く距離がある
●**練習場**　あり
●**電車**　東武伊勢崎線利市駅
●**クラブバス**　なし
●**タクシー**　足利市駅から35分6000円
●**プレースタイル**　セルフプレーで4人乗りGPSナビ付電磁式乗用カート
●**シューズ**　ゴルフ靴はすべて可
●**ビジター料金表**

	平　日	土　曜	日　祝
セ　ル　フ	6,975	13,465	13,465

上記は2021年11月の料金。
平日は昼食付
●**プレー情報**　夏期・冬期割引、ジュニア割引

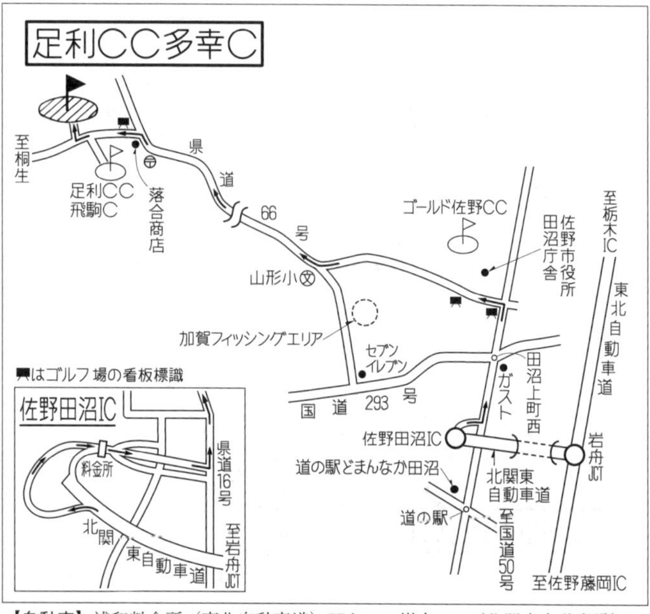

【自動車】浦和料金所（東北自動車道）57キロ→岩舟JCT（北関東自動車道）5.3キロ→佐野田沼IC 15キロ→コース　所要時間1時間10分　佐野田沼ICを降りて直進し、信号を田沼方面に左折する。4つ目の信号を左折して県道66号線を飛駒方面に進んでコースへ

足利カントリークラブ飛駒コース

あ

〒327-0231　栃木県佐野市飛駒町4025　FAX 0283(66)2202
予約0283(66)2201　http://www.ashikaga-cc.com/

●プレーの申込み　ビジター可
●予約　3か月前の同日11時から受付け
●コンペ　組数は相談
●休日　1／1
●クレジット　MC　VISA　AMEX　UC　JCB
●開場日　1973年6月1日
●コースの特徴　18H　P72　6265Y　全体的にフラットだが、正確な方向性と戦略的な攻め方がスコアの鍵を握る
●練習場　あり
●電車　東武伊勢崎線足利市駅
●クラブバス　なし
●タクシー　足利市駅から35分6000円
●プレースタイル　セルフプレーで4人乗りGPSナビ付電磁式乗用カート
●シューズ　ゴルフ靴はすべて可
●ビジター料金表

	平　日	土　曜	日　祝
セ　ル　フ	6,975	13,465	13,465

上記は2021年11月の料金
平日は昼食付
●プレー情報　夏期・冬期割引、ジュニア割引

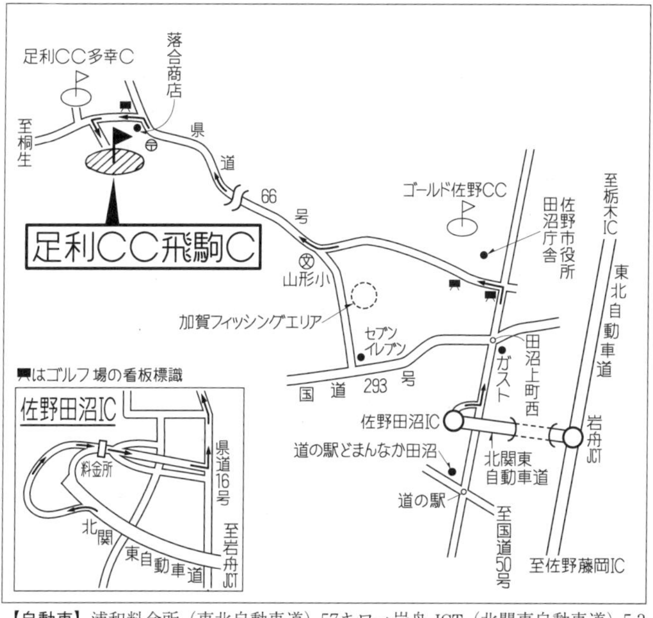

【自動車】浦和料金所（東北自動車道）57キロ→岩舟JCT（北関東自動車道）5.3キロ→佐野田沼IC 15キロ→コース　所要時間1時間10分　佐野田沼ICを降りて直進し、信号を左折する。4つ目の信号を左折して県道66号線を飛駒方面に進んでコースへ

足利城ゴルフ倶楽部

〒326-0061　栃木県足利市田島町字坊之入2127－1　FAX 0284(44)1314
https://www.ashikagajo.jp

●**プレーの申込み**　予約状況によりビジター可
●**予約**　平日は3か月前の同日、土日祝は2か月前の同日から受付け
●**コンペ**　組数は相談
●**休日**　1／1
●**クレジット**　各種
●**開場日**　1985年10月3日
●**コースの特徴**　18H　P72　6609Y
アウトは全体的に距離があり、インは池などが配置され戦略性が高い。JGA・KGA 加盟コース
●**コースレート**　70.0
●**電車**　東武伊勢崎線足利市駅
●**クラブバス**　足利市駅南口から予約制で8:22　9:05
●**タクシー**　足利市駅から20分3000円
●**プレースタイル**　セルフプレーで5人乗り乗用カート
●**シューズ**　ゴルフ靴はすべて可
●**ビジター料金表**

	平　日	土　曜	日　祝
セ　ル　フ	7,280	13,800	13,800

2021年10月の料金で昼食付
季節により料金は変動。サービスデー、割引デー、オープンコンペ開催
●**定休日セルフデー**　クラブ指定の月曜日1R スループレー4800円現金前払い。予約制。ハウスクローズ

【**自動車**】浦和料金所（東北道）57キロ→岩舟 JCT（北関東自動車道）13.6キロ→足利 IC 5.5キロ→コース　所要時間1時間　料金所を出て足利インタービジネスパーク方面に進む。約1.6キロ先の赤松台団地入口を右折し、突き当たりを左折してすぐを右折。高速道路をくぐってコース

足柄森林カントリー倶楽部

〒410-1315　静岡県駿東郡小山町桑木658　FAX 0550(76)5452
予約0550(76)3773　http://www.as-cc.co.jp/

●プレーの申込み　原則として会員の紹介が必要

●予約　プレー日の3か月前より予約専用電話で受付け

●コンペ　組数制限なし

●休日　1/1

●クレジット　JCB　NICOS　VISA 他

●開場日　1974年9月1日

●コースの特徴　18H　P72　6702Y
富士山を望む戦略性に富んだコース。18番は590Y のタフなロングホールで左右に OB が迫る

●コースレート　71.0

●練習場　65Y8打席

●電車　御殿場線御殿場駅

●クラブバス　御殿場駅（箱根・乙女口）から8:20、予約制

●タクシー　御殿場駅から12分1700円

●プレースタイル　セルフプレーで GPS ナビ付5人乗り乗用カート。キャディ付も可

●シューズ　ソフトスパイク限定

●ビジター料金表

	平　日	土　曜	日　曜
キャディ付	14,500	22,000	19,500
セ　ル　フ	11,500	17,500	16,500

2021年11月の料金。曜日等で昼食付サービスや料金が変わるので要問合せ

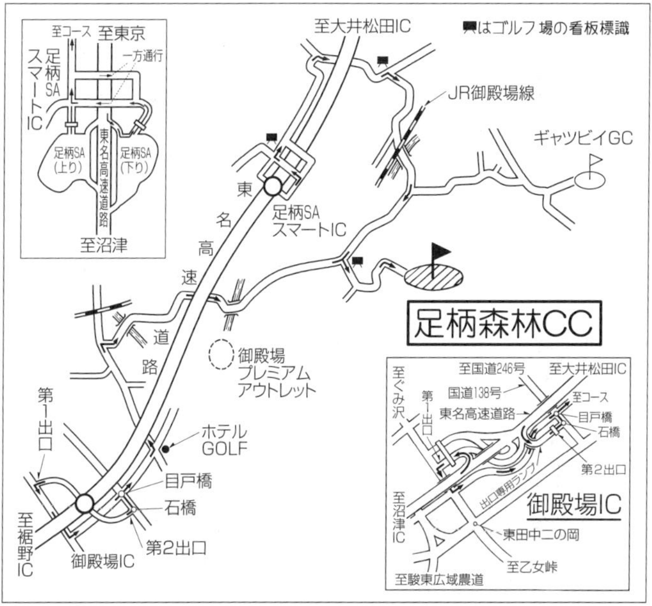

【自動車】東京 IC（東名高速）83.7キロ→御殿場 IC4キロ→コース　所要時間1時間5分　御殿場 IC 第2出口を出て左折し、高架の手前の目戸橋信号を右折する。道なりに進み、ホテルゴルフがある交差点を左折して高架をくぐり、コース案内板に従ってコースへ。足柄 SA スマート IC からは3キロ4分

愛鷹シックスハンドレッドクラブ

〒410-0301　静岡県沼津市宮本字元野512　FAX 055(966)5882
https://www.accordiagolf.com

●プレーの申込み　ビジター可
●予約　3か月前の1日より受付け
●コンペ　3か月前の1日より受付け
●休日　無休
●クレジット　各種
●開場日　1969年6月1日
●コースの特徴　18H　P72　6863Y
駿河湾を望み、冬暖かく、夏涼しい丘陵コース。愛鷹山南麓の自然の地形を生かした広いフェアウェイには微妙なアンジュレーションがある
●コースレート　72.2
●練習場　80Y10打席
●電車　東海道新幹線三島駅、または東海道線片浜駅
●クラブバス　なし
●タクシー　三島駅から30分4000円、片浜駅から15分2500円
●プレースタイル　セルフプレーでGPSナビ付5人乗り乗用カート
●シューズ　メタルスパイク禁止
●ビジター料金表

	平　日	土　曜	日　祝
セ　ル　フ	9,090～	18,790～	17,790～

2021年10月の昼食付料金
料金は曜日や期間により異なる

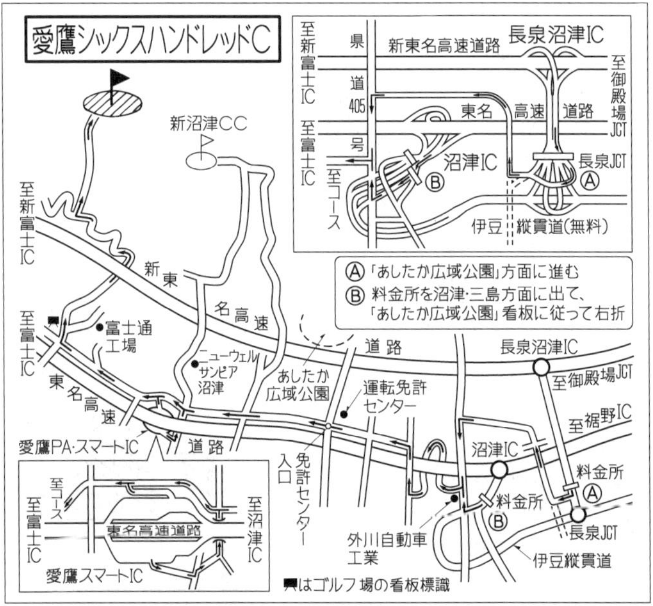

【自動車】東京IC（東名高速）103.3キロ→沼津IC8キロ→コース　所要時間1時間20分　沼津IC料金所の左ゲートを出て「あしたか広域公園」の看板に従って右折。高速道路手前の信号を左折し、突き当りを右折する。高速道路を越えて左折し、側道を進んでコースへ。ETC車は愛鷹スマートICから5キロ10分

☎055(985)2146

芦の湖カントリークラブ

〒411-0000　静岡県三島市字南原菅4708　FAX 055(985)2480
http://ashinokocc.com

●プレーの申込み　WEB 予約でビジター可
●予約　平日･日祝は随時受付け、土曜は2か月前の1日から受付け
●コンペ　組数は相談
●休日　12／31　1／1
●クレジット　JCB　UC　VISA　DC　AMEX　MC　ダイナース
●開場日　1960年7月23日
●コースの特徴　18H　P72　6308Y
アウトは起伏も少なく距離も短いので楽なホールが多いが、インは起伏に富み、曲げるとスコアが乱れる
●コースレート　70.0
●練習場　180Y7打席
●電車　小田急線または東海道本線小田原駅
●送迎バス　要予約（1組以上）
●タクシー　小田原駅から50分7500円
●プレースタイル　キャディ付またはセルフで GPS ナビ付乗用カート
●シューズ　ソフトスパイク
●ビジター料金表

	平　日	土　曜	日　祝
キャディ付	10,250	17,300	16,250
セ　ル　フ	9,300	14,550	13,500

2021年3／1～12／30の料金
●セルフデー　クラブ指定の火曜日
1Rスループレー6500円

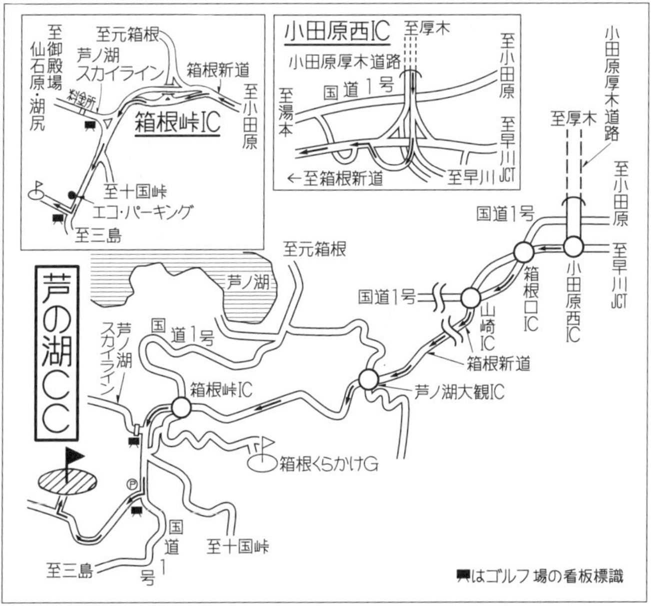

【自動車】東京 IC（東名高速）35キロ→厚木 IC（小田原厚木道路）31.7キロ→小田原西 IC（箱根新道）17キロ→コース　所要時間1時間40分　小田原西 IC で降りて箱根新道を進み、箱根峠で降りる。国道1号線を沼津方面に300m 進んで右折してコース

アスレチックガーデンゴルフ倶楽部

〒300-0616　茨城県稲敷市東大沼402　FAX 0299(79)1116
https://www.athletic-golf.co.jp

●**プレーの申込み**　原則として平日は会員の紹介、土日祝は同伴が必要
●**予約**　平日は随時、土日祝は3か月前の同日より受付け
●**コンペ**　平日は6か月前の同日、土日祝は3か月前の同日から受付け
●**休日**　12／31　1／1　指定日
●**クレジット**　JCB　VISA　UC　DC　AMEX
●**開場日**　2000年10月1日
●**コースの特徴**　18H　P72　6902Y
林間に大きな池を配し、戦略的でタフなコース。コース内高低差はわずかに7mとほとんど平坦な地形にある
●**コースレート**　72.7
●**練習場**　240Y16打席
●**電車**　常磐線龍ヶ崎市駅
●**クラブバス**　予約制で龍ヶ崎市駅東口7:50
●**タクシー**　佐貫駅から40分8000円
●**プレースタイル**　キャディ付で歩いてプレー。2人乗り乗用カートあり。FW 乗入れ可（1台3300円）
●**シューズ**　ソフトスパイクを推奨
●**ビジター料金表**

	平　日	土　曜	日　祝
キャディ付	14,425	22,125	22,125

2021年10～11月の料金

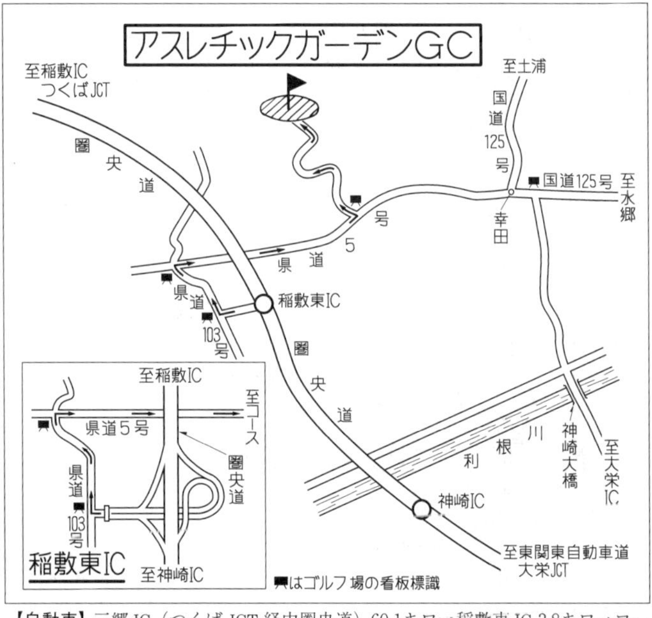

【自動車】三郷 IC（つくば JCT 経由圏央道）60.1キロ→稲敷東 IC 3.8キロ→コース　所要時間50分　稲敷東 IC を降りて右折し、1つ目の信号を右折する。圏央道をくぐり、コース案内板に従って左折してコースへ

アゼリアヒルズカントリークラブ

〒328－0204　栃木県栃木市梅沢町1　FAX 0282(31)3038
https://www.next-golf.jp/azaleahills/

●プレーの申込み　予約状況によりビジター可
●予約　3か月前の同日から受付け
●コンペ　6か月前の同日から受付け
●休日　無休
●クレジット　AMEX JCB VISA UC DC マスター
●開場日　2004年7月1日
●コースの特徴　18H　P72　6550Y
素晴らしい景観と開放感あふれる丘陵コース。フラットなフェアウェイと複雑なアンジュレーションのグリーンを持つ18ホール
●コースレート　69.6
●練習場　40Y10打席
●電車　東武日光線栃木駅、JR 両毛線栃木駅
●クラブバス　なし
●タクシー　栃木駅から約25分
●プレースタイル　セルフプレーで5人乗り乗用カート
●シューズ　ソフトスパイク（スパイクレスを含む）
●ビジター料金表

	平　日	土　曜	日　祝
セ　ル　フ	8,490	17,990	16,990

昼食付。上記は2021年11月の料金。料金は季節により変動

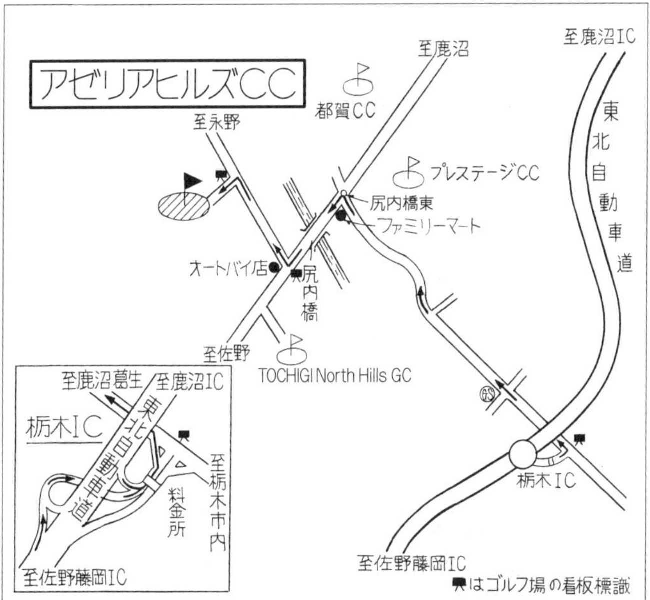

【自動車】浦和料金所（東北自動車道）67.9キロ→栃木 IC 6キロ→コース　所要時間50分　栃木 IC を降りて突き当たりを左折する。国道293号線との交差点（尻内橋東）を左折し、尻内橋を渡った直後の交差点を右折してコースへ

熱海倶楽部 東軽井沢ゴルフコース

〒379-0217　群馬県安中市松井田町土塩2934　FAX 027(393)2898
http://www.mmgc.co.jp

●プレーの申込み　パブリックコース
●予約　随時受付け
●コンペ　組数は相談
●休日　無休
●クレジット　各種
●開場日　1998年9月12日
●コースの特徴　18H　P72　6415Y
乗用カートを使用したアメリカンスタイルを基調としたコース。自然林を巧みに残した18ホール。ブラインドホールが少なく、狙いやすい
●コースレート　未査定
●練習場　60Y8打席
●電車　北陸新幹線安中榛名駅、または信越本線西松井田駅
●クラブバス　西松井田駅より予約制で運行
●タクシー　安中榛名駅から20分　約5000円
●プレースタイル　セルフプレーで5人または2人乗り乗用カート
●シューズ　ソフトスパイク（スパイクレスを含む）を推奨
●ビジター料金表

	平　日	土　曜	日　祝
セ　ル　フ	8,000	18,000	18,000

●プレー情報　コンペパック、宿泊パック、ジュニアプラン

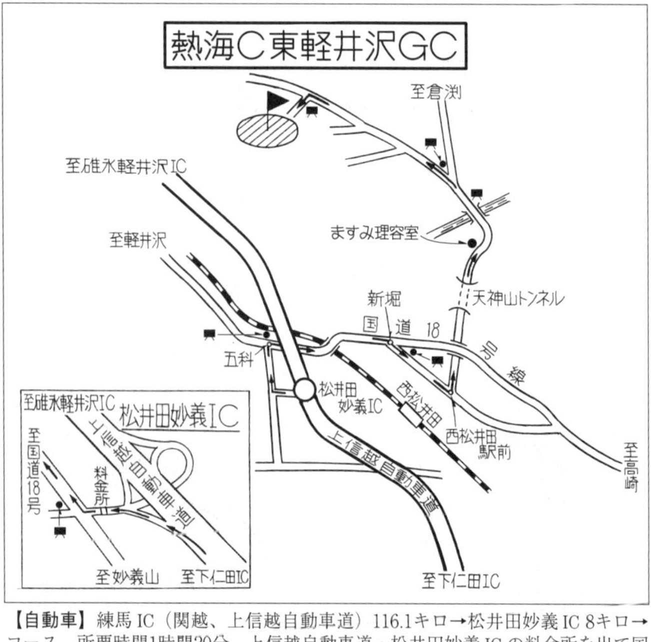

【自動車】練馬IC（関越、上信越自動車道）116.1キロ→松井田妙義IC 8キロ→コース　所要時間1時間20分　上信越自動車道・松井田妙義ICの料金所を出て国道18号線を高崎方面に約1キロ進み、松井田市街へ右折する。西松井田駅前信号を左折し、トンネルを抜けて4キロ直進してコースへ

厚木国際カントリー倶楽部

〒243-0203　神奈川県厚木市下荻野1920　FAX 046(241)1314
http://www.akkgolf.com/　東京事務所03(3553)3280

●**プレーの申込み**　平日はビジター可、土日祝は予約状況によりビジター可
●**予約**　平日は3か月前から、土日祝は2か月前の同日午前10時から受付け
●**コンペ**　1年前の同日から受付け
●**休日**　1／1
●**クレジット**　JCB　VISA　UC 他
●**開場日**　1959年11月8日
●**コースの特徴**　36H　P143　13334Y
西コースは大山をはじめ丹沢連峰をバックに眺望が素晴らしい。東コースは地形的に変化に富み花木が多い
●**コースレート**　西72.2　東72.2
●**電車**　小田急線本厚木駅
●**クラブバス**　本厚木駅北口厚木国際ビル横より運行
●**タクシー**　本厚木駅から15分2000円
●**プレースタイル**　キャディ付またはセルフで乗用カート
●**シューズ**　ゴルフ靴はすべて可
●**ビジター料金表**

	平　日	土　曜	日　祝
キャディ付	23,530	33,430	33,430
セ　ル　フ	20,450	30,350	30,350

上記は2021年4月～6月と10月～12月の料金
●**火曜セルフデイ**　西コース朝食・昼食付17600円

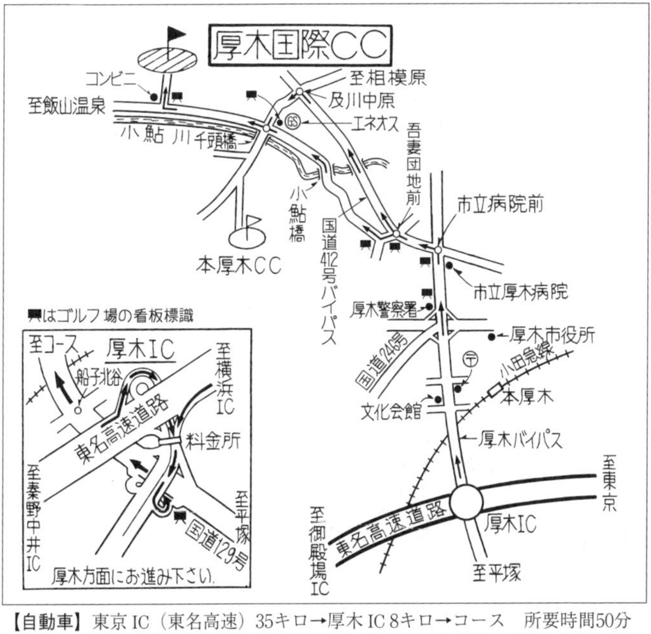

【自動車】東京IC（東名高速）35キロ→厚木IC 8キロ→コース　所要時間50分
厚木ICで降りて国道129号線を八王子方面に向かう。国道246号線と交差している陸橋を渡り、2つ目の信号・市立病院前の交差点を左折、宮ケ瀬方面へと進むと一本道。

あづみ野カントリークラブ

〒399-8305　長野県安曇野市穂高牧2050－1　FAX 0263(83)5244
予約0263(83)6888　http://www.azumino.cc

●プレーの申込み　ビジター可
●予約　随時受付け
●コンペ　組数制限なし
●休日　営業期間中無休
12月下旬～3月中旬は冬期クローズ
●クレジット　JCB　VISA　AMEX 他
●開場日　1986年10月1日
●コースの特徴　18H　P72　6940Y
標高900m、安曇野を一望する自然豊かな戦略的なコース
●コースレート　B72.0　R69.3
●練習場　220Y11打席
●電車　大糸線穂高駅
●タクシー　松本駅から50分7500円
穂高駅から15分3000円

●プレースタイル　キャディ付またはセルフで乗用カート利用、歩行カート利用の場合は1人1200円引
●シューズ　ソフトスパイク
●ビジター料金表

	平　日	土　曜	日　祝
キャディ付	12,960	17,360	17,360
セ　ル　フ	10,500	14,900	14,900

上記は2021年4／24～11／23の料金
●プレー情報　優待日あり、コンペプラン、早朝・薄暮ハーフプレー

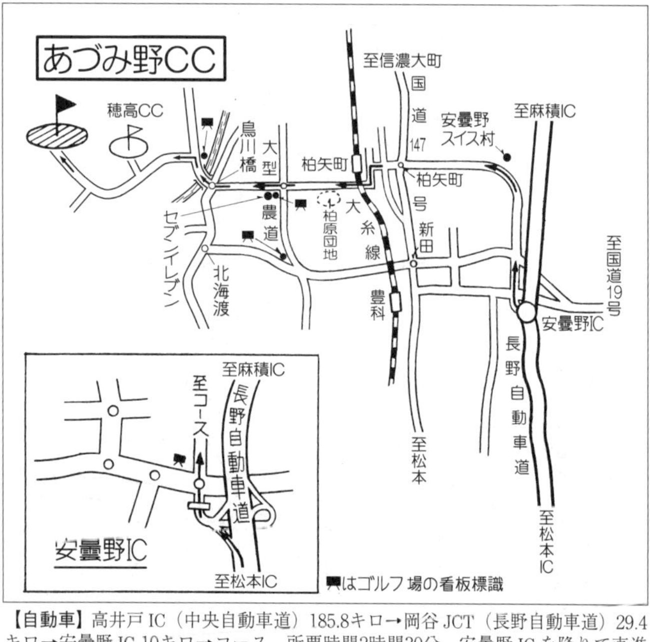

【自動車】高井戸IC（中央自動車道）185.8キロ→岡谷JCT（長野自動車道）29.4キロ→安曇野IC 10キロ→コース　所要時間2時間30分　安曇野ICを降りて直進し、道なりに進んで国道147号との柏矢町交差点を横切る。JR大糸線柏矢町駅の横を通り直進。烏川橋を渡り、穂高CCの前を過ぎてコースへ

アドニス小川カントリー倶楽部

あ

〒355-0324　埼玉県比企郡小川町青山2100　FAX 0493(74)1110
予約0493(74)1100　https://www.next-golf.jp/adnis/

●プレーの申込み　パブリックコース
●予約　3か月前の同日から受付け
●コンペ　組数制限なし、貸切可
●休日　無休
●クレジット　各種
●開場日　1994年10月3日
●コースの特徴　18H　P72　6411Y
奥武蔵の緑豊かな景観の良い丘陵コース。各ホール変化に富み、メンタルなプレーが楽しめる。スコアはまとめやすい
●電車　東武東上線、八高線小川町駅
●クラブバス　小川町駅より完全予約制で運行
●タクシー　小川町駅から約1,200円
●プレースタイル　セルフプレーでGPSナビ付5人乗り乗用カート
●シューズ　メタルスパイク禁止
●ビジター料金表

	平　日	土　曜	日　祝
セ　ル　フ	9,990	18,990	17,990

上記は2021年10月～11月の昼食付料金
●プレー情報　コンペプラン、シニアデー、レディスデー

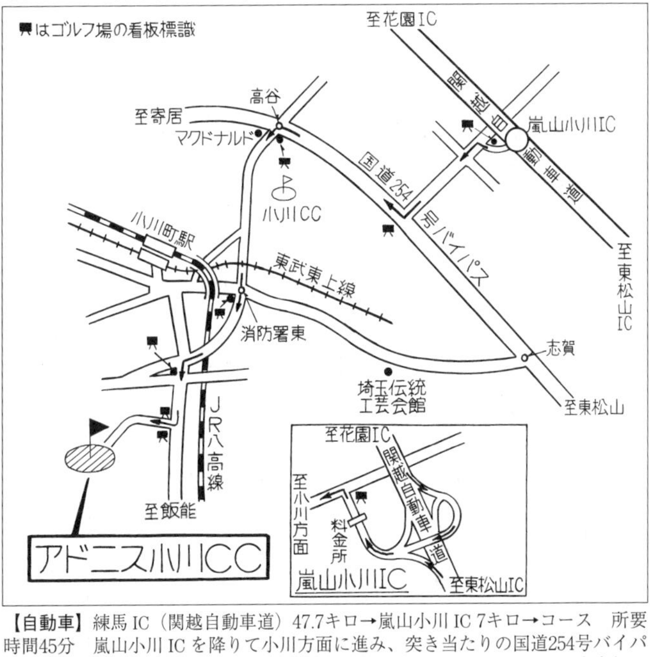

【自動車】練馬IC（関越自動車道）47.7キロ→嵐山小川IC 7キロ→コース　所要時間45分　嵐山小川ICを降りて小川方面に進み、突き当たりの国道254号バイパスを右折する。高谷交差点を左折し、消防署東交差点を直進してコース案内板に従ってコースへ

姉ヶ崎カントリー倶楽部

〒299-0121　千葉県市原市立野165－1　FAX 0436(66)5210
http://www.heiwanosan.co.jp/anegasaki/　予約03(3573)3326

●プレーの申込み　平日は会員の紹介　土日祝は会員の同伴が必要
●予約　2か月前の同日から受付け
●コンペ　3か月前の同日から受付け
●休日　クラブ指定の月曜日　1/1
●クレジット　JCB　UC　AMEX 他
●開場日　1960年10月22日
●コースの特徴　36H　P144　13838Y　全体に緩やかなアンジュレーションがあり、要所には池やバンカーを配して戦略性を高めているコース
●コースレート　東72.4　西72.5
●電車　内房線姉ケ崎駅
●クラブバス　姉ケ崎駅から6:50（平日は予約制）7:25　8:10　8:45
●タクシー　姉ケ崎駅15分約3500円
●プレースタイル　キャディ付で5人乗り乗用カート。西コースはセルフ可
●シューズ　ゴルフ靴はすべて可
●ビジター料金表

	平　日	土　曜	日　祝
キャディ付	16,500	27,500	27,500

利用税別途。西コースセルフは2400円引。料金は期間により異なる
●セルフデー　指定の月曜日11000円（利用税別途）昼食ワンソフトドリンク付。祝日除く

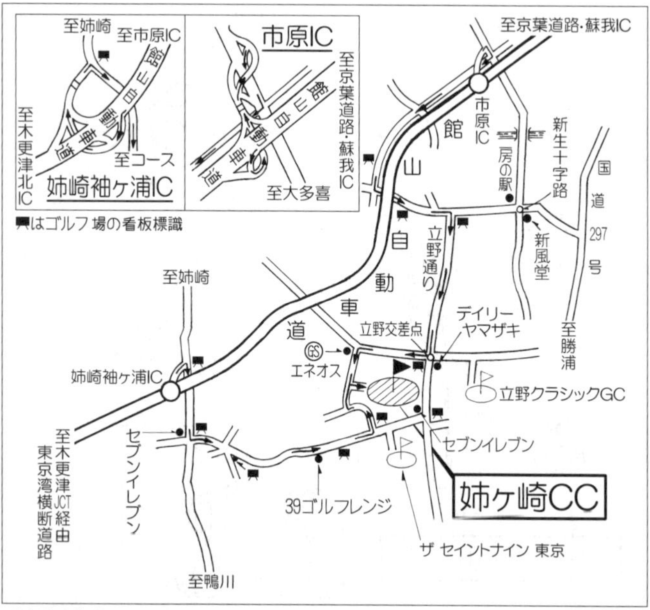

【自動車】箱崎 IC（首都高速・京葉道路・館山自動車道）67.2キロ→姉崎袖ケ浦IC 7キロ→コース　所要時間1時間　館山自動車道を姉崎袖ケ浦 IC で降り、茂原・鴨川方面へ右折する。自動車道の高架をくぐり、コース案内板に従って左折してコースへ。市原 IC からは側道を利用する

アバイディングクラブ ゴルフソサエティ

〒297-0155　千葉県長生郡長南町竹林10　FAX 0475(46)3456
予約専用　0475(46)3333　https://www.pacificgolf.co.jp/abiding/

●**プレーの申込み**　ビジター可
●**予約**　3か月前の1日から受付け
●**コンペ**　組数制限なし
●**休日**　無休
●**クレジット**　JCB　AMEX　ダイナース　VISA　マスター
●**開場日**　1995年4月1日
●**コースの特徴**　18H　P72　6731Y　鬼才、D･ミュアヘッドが設計した個性あふれる戦略的コース。ティショットは難しく、グリーン回りも戦略的
●**コースレート**　71.8
●**練習場**　20Y11打席
●**電車**　外房線茂原駅
●**クラブバス**　茂原駅南口側にあるタイムズ茂原から土日祝のみ運行・要予約（定員4名まで）
●**タクシー**　茂原駅から20～25分5000円
●**プレースタイル**　セルフプレーで4人乗りGPSナビ付乗用カート
●**シューズ**　ソフトスパイクのみ可
●**ビジター料金**
季節により料金が異なるため、ホームページ参照、またはクラブに要問合せ

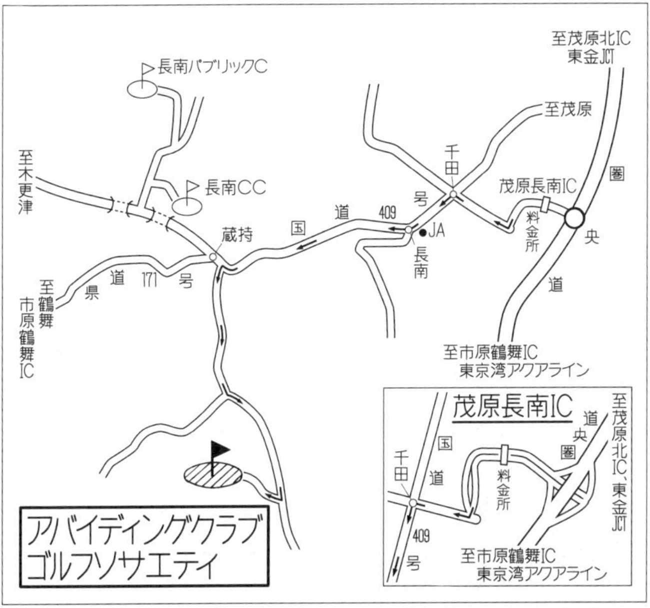

【**自動車**】川崎浮島JCT（東京湾アクアライン、連絡道）23.7キロ→木更津JCT（圏央道）28.4キロ→茂原長南IC 5キロ→コース　所要時間40分　茂原長南ICを降りて千田交差点を左折。約2キロ先の信号を左折し、コース案内板に従ってコースへ。圏央道・市原鶴舞ICからは県道171号線経由で約10分

アパリゾート栃木の森ゴルフコース

〒328-0202　栃木県栃木市大久保町888　FAX 0282(30)3088
https://www.apahotel.com/

●プレーの申込み　パブリックコース
●予約　3か月前から受付け
●コンペ　組数制限なし
●休日　無休
●クレジット　AMEX　JCB　VISA　UC　ダイナース　UFJ
●開場日　2002年5月28日
●コースの特徴　18H　P72　7007Y
緩やかな丘陵に広がる、戦略性の高い本格的なパブリックコース。カジュアルな服装で気楽にゴルフが楽しめる
●コースレート　未査定
●練習場　アプローチ
●電車　東武日光線栃木駅
●クラブバス　なし
●タクシー　栃木駅から20分
●プレースタイル　セルフでGPSナビ付電磁誘導式4人乗り乗用カート
●シューズ　ソフトスパイク（スパイクレスを含む）
●ビジター料金表

	平　日	土　日	祝　日
セ　ル　フ	8,500	15,000	15,000

上記は2021年10月の昼食付料金
季節料金あり
●プレー情報　友の会募集中、シニア・レディスデー、感謝デー、オープンコンペ

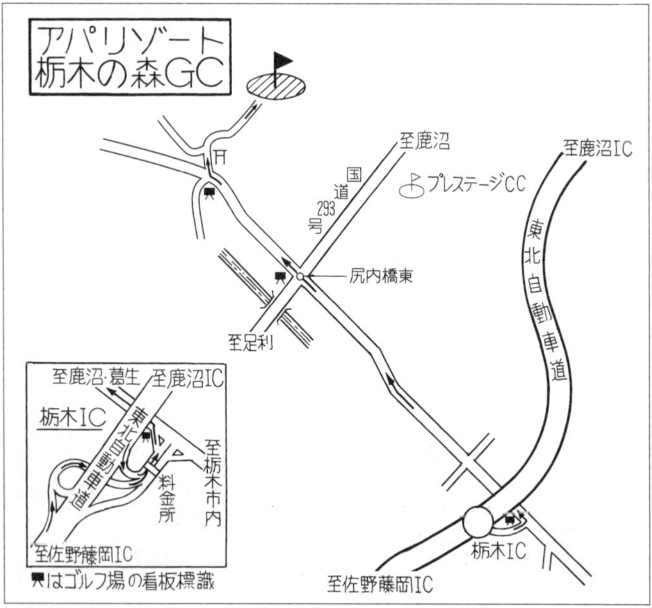

【自動車】浦和料金所（東北自動車道）67.9キロ→栃木IC 8キロ→コース　所要時間50分　栃木ICを降りて左折し、国道293号線との尻内橋東交差点を直進。コース案内板に従って右折してコースへ

我孫子ゴルフ倶楽部

〒270-1137　千葉県我孫子市岡発戸1110　FAX 04(7182)8787
https://www.abikogc.com

●**プレーの申込み**　平日は会員1名の紹介で2組まで、土日祝は会員1名の同伴で1組まで
●**予約**　平日は3か月前の1日から、土日祝は3か月前の応答日に会員が所定の書面で申込み、抽選により決定
●**コンペ**　土日祝は不可、平日は120人程度まで、1年前の同日に締切る
●**休日**　毎週月曜日　12／31　1／1
●**クレジット**　各種
●**開場日**　1930年10月5日
●**コースの特徴**　18H　P72　6912Y
平たんだが微妙なアンジュレーションやバンカーが効いている名門コース
●**コースレート**　72.8
●**練習場**　201m18打席
●**電車**　常磐線天王台駅
●**クラブバス**　天王台駅南口から運行7:21 7:37 7:50　8時、9時台は各05、20、35、50分に運行
●**タクシー**　天王台駅から3分730円
●**プレースタイル**　キャディ付で歩いてプレー
●**シューズ**　メタルスパイク禁止
●**ビジター料金表**

	平　日	土　曜	日　祝
キャディ付	31,780	37,280	37,280

2021年3／16～6／30、9／1～12／30の料金

【**自動車**】箱崎IC（首都高速）30.3キロ→柏IC（常磐自動車道）12.4キロ→コース　所要時間1時間　柏ICで降りて国道16号線を柏方面に向かう。呼塚の立体交差点を左折して国道6号線に入り、我孫子警察署の手前の立体交差を左に降りる。国道6号線をくぐって1キロ先の消防署の角を左折してコースへ

静岡県　あまぎこうげん GC　☎0557(29)1133

天城高原ゴルフコース

〒410-2513　静岡県伊豆市菅引638－83　FAX 0557(29)0942
https://www.tokyu-golf-resort.com/amagi/

●プレーの申込み　ビジター可
●予約　2か月前の同日より受付
●コンペ　予約状況により相談
●休日　冬期に指定休場日あり
●クレジット　JCB　UC　VISA　DC　TOP　ダイナース　AMEX　セゾン
●開場日　1965年8月22日
●コースの特徴　18H　P72　6778Y
名設計家・故井上誠一氏が設計した丘陵コース。誰でもプレーが楽しめるよう細心の配慮がはかられている
●電車　伊東線伊東駅
●クラブバス　伊東駅からシャトルバスあり（有料1020円）
●タクシー　伊東駅から40分約8000円
●プレースタイル　キャディ付またはセルフでGPCナビ付乗用カート
●シューズ　ソフトスパイク推奨
●ビジター料金表

	平　日	土　日	祝　日
セ　ル　フ	6,850	12,500	12,500

2021年11月の昼食付料金
期間により料金は異なる
キャディ付は3300円加算
12月中旬～3月上旬は完全セルフ営業

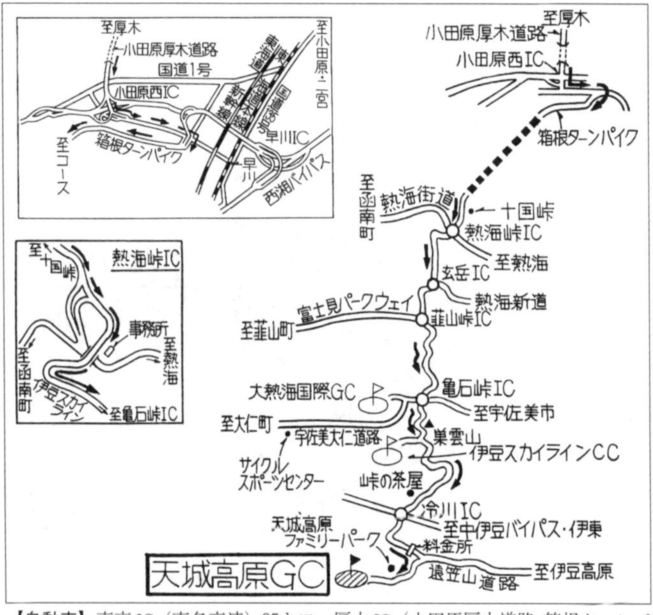

【自動車】東京IC（東名高速）35キロ→厚木IC（小田原厚木道路・箱根ターンパイク）56キロ→伊豆スカイライン・遠笠山道路46キロ→コース　所要時間3時間または東名沼津ICから国道136号を南下、修善寺を左折してコースへ

阿見ゴルフクラブ

〒300-0325　茨城県稲敷郡阿見町上条1760－1　FAX 029(889)1145
https://www.pacificgolf.co.jp/ami/

●**プレーの申込み**　平日、土日祝とも会員優先。ビジターも可
●**予約**　3か月前の1日より受付け
●**コンペ**　詳細は問い合せ
●**休日**　無休
●**クレジット**　各種
●**開場日**　1992年10月27日
●**コースの特徴**　18H　P72　6879Y
高低差5メートル以下とフラットな林間コース。ベント2グリーンで美しい
●**コースレート**　72.6
●**練習場**　230Y17打席

●**電車**　常磐線荒川沖駅、または土浦駅
●**クラブバス**　荒川沖駅東口から8:15（平日のみ予約制）
●**タクシー**　荒川沖駅から15分3000円
●**プレースタイル**　キャディ付またはセルフでGPSナビ付乗用カート
●**シューズ**　ソフトスパイクのみ可
●**ビジター料金**
季節により料金が異なるため、ホームページ参照、またはクラブに要問合せ

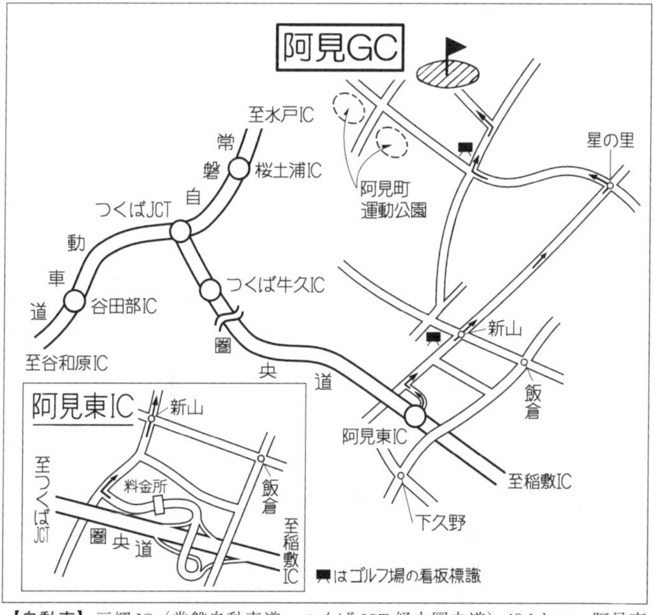

【**自動車**】三郷IC（常磐自動車道・つくばJCT経由圏央道）48.1キロ→阿見東IC 3キロ→コース　所要時間40分　阿見東ICを降りてT字路を右折して新山交差点を直進。星の里交差点を左折し、信号を右折すると左側がコース入口

アローエースゴルフクラブ

〒329-2134　栃木県矢板市成田1625－1　FAX 0287(43)5535
予約専用　0287(43)7778　https://www.daiwaroyalgolf.jp/

●プレーの申込み　ビジター可
●予約　2か月前の1日午前9時から受付け
●コンペ　組数は相談
●休日　クラブ指定の月曜日
●クレジット　各種
●開場日　1986年7月20日
●コースの特徴　18H　P72　6923Y
フェアウェイは広く、ほとんどフラットなコース。グリーンはベントのワングリーンで花道は広い
●コースレート　71.4
●練習場　250Y15打席
●電車　JR 宇都宮線矢板駅
●クラブバス　矢板駅から予約制
●タクシー　矢板駅から10分1800円
●プレースタイル　キャディ付またはセルフで5人乗り乗用カート
●シューズ　ソフトスパイクのみ可
●ビジター料金表

	平　日	土　曜	日　祝
キャディ付	10,650	17,150	17,150
乗用セルフ	7,350	13,850	13,850

上記は2021年10月～11月の昼食付料金
期間や曜日で料金は異なる
●プレー情報　レディス・シニアデー、早朝・午後、宿泊パック

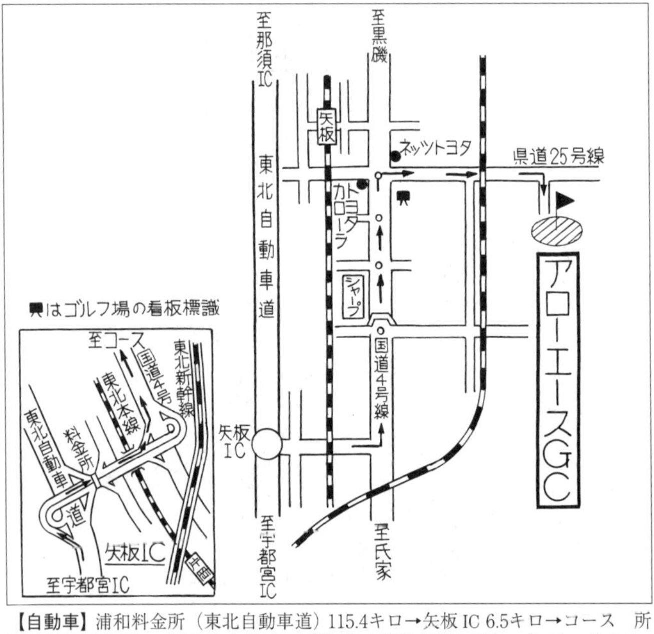

【自動車】浦和料金所（東北自動車道）115.4キロ→矢板 IC 6.5キロ→コース　所要時間1時間20分　矢板 IC を出て、国道4号を黒磯方面に進む。約4キロ先の4つ目の信号を右折し、新幹線の高架をくぐって500m 先の右手がコース進入路

イーグルポイントゴルフクラブ

〒300-1156　茨城県稲敷郡阿見町福田1668－5　FAX 029(889)5003
http://www.eaglepoint.co.jp

●**プレーの申込み**　会員の同伴または紹介が必要

●**予約**　3か月前の1日から受付け

●**コンペ**　上記に準ずる

●**休日**　12／31　1／1　クラブ指定日

●**クレジット**　各種

●**開場日**　1999年5月12日

●**コースの特徴**　18H　P72　7292Y
フェアウェイは広く、自然林と雄大な池が戦略性を高めている。18ホールそれぞれに個性があり、挑戦意欲をかき立てる

●**コースレート**　74.2

●**練習場**　300Y20打席（天然芝打席あり）

●**電車**　常磐線牛久駅

●**クラブバス**　なし

●**タクシー**　牛久駅から15分2500円

●**プレースタイル**　キャディ付で歩いてプレー

●**シューズ**　ソフトスパイクのみ可

●**ビジター料金表**

	平　日	土　曜	日　祝
キャディ付	24,080	36,180	36,180

2021年10月～12月の料金

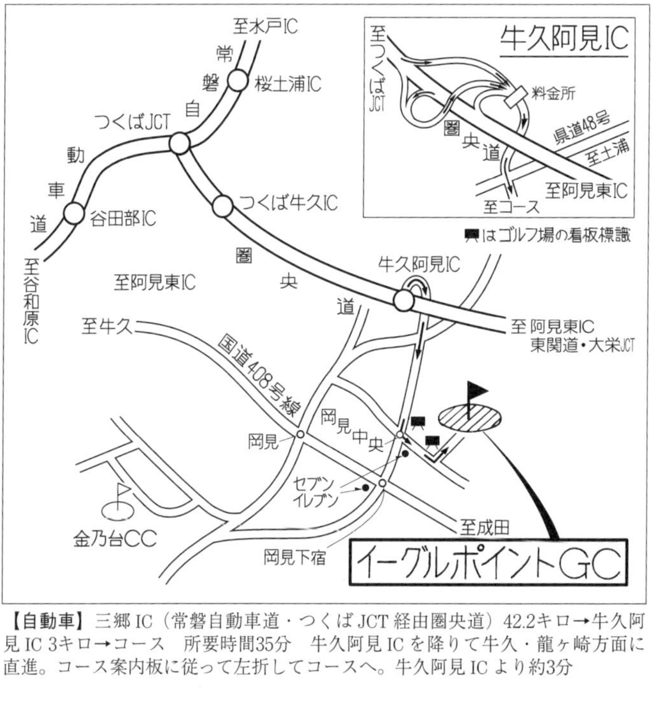

【**自動車**】三郷 IC（常磐自動車道・つくば JCT 経由圏央道）42.2キロ→牛久阿見 IC 3キロ→コース　所要時間35分　牛久阿見 IC を降りて牛久・龍ヶ崎方面に直進。コース案内板に従って左折してコースへ。牛久阿見 IC より約3分

イーグルレイクゴルフクラブ

〒289-1615　千葉県山武郡芝山町境字五丈201　FAX 0479(78)6201
https://www.pacificgolf.co.jp/eaglelake/

●**プレーの申込み**　予約状況によりビジター可
●**予約**　3か月前の月初から受付け
●**コンペ**　通常予約に準ずる
●**休日**　無休
●**クレジット**　JCB　VISA　AMEX 他
●**開場日**　2008年5月31日
●**コースの特徴**　18H　P72　6677Y
アウトは戦略性の高い林間コース、インは湖畔をイメージさせるレイクサイドコースと印象深い各ホールが特徴
●**練習場**　100Y11打席
●**電車**　JR 成田線、京成電鉄成田空港駅
●**クラブバス**　なし
●**タクシー**　成田空港駅から約20分、約4000円
●**プレースタイル**　セルフプレーでGPS ナビ付乗用カート
●**シューズ**　ソフトスパイク
●**ビジター料金**
季節により料金が異なるため、ホームページ参照、またはクラブに要問合せ
●**プレー情報**　コンペパックあり

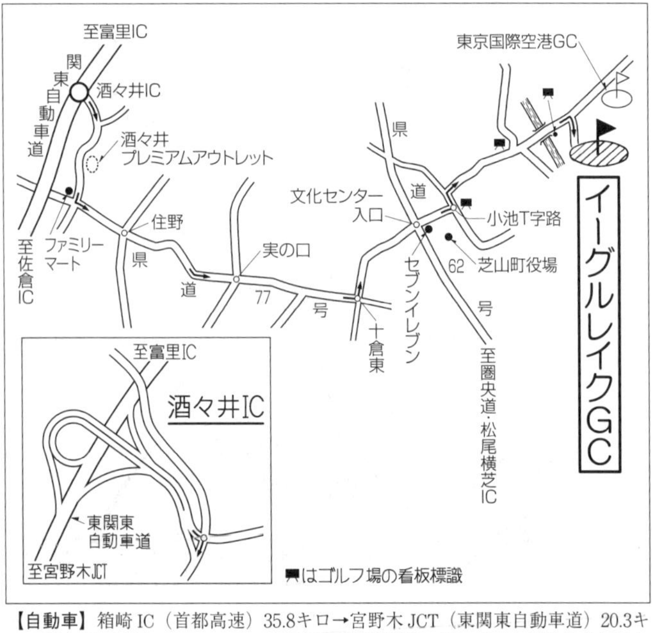

【自動車】箱崎 IC（首都高速）35.8キロ→宮野木 JCT（東関東自動車道）20.3キロ→酒々井 IC18キロ→コース　所要時間1時間10分　酒々井 IC を降りて右折し県道77号を左折する。10キロ先の十倉東を左折。文化センター入口を直進しコース案内板にしたがってコースへ。圏央道・松尾横芝 IC からは8キロ15分

イーストウッドカントリークラブ

〒321-0417　栃木県宇都宮市冬室町1039－3　FAX 028(674)4384
予約専用　028(674)8888　https://www.eastwoodcc.jp

●プレーの申込み　パブリックコース
●予約　3か月前の同日から受付け
●コンペ　組数制限なし
●休日　1／1
●クレジット　各種
●開場日　1992年10月4日
●コースの特徴　18H　P72　6862Y
R・T・ジョーンズJr.　設計による丘陵コース。各ホールはフラットで池越え、谷越えなど変化に富んでいる。2017～2019年、2021年PGAシニア競技すまいーだカップ開催
●コースレート　72.5
●練習場　100Y（アプローチ）

●電車　東北新幹線宇都宮駅
●クラブバス　予約制で宇都宮駅西口トナリエ前から運行
●タクシー　宇都宮駅から30分6000円
●プレースタイル　キャディ付またはセルフで乗用カートプレー
●シューズ　ソフトスパイク推奨
●ビジター料金表

	平　日	土　曜	日　祝
キャディ付	10,800	18,200	17,200
セ　ル　フ	7,500	14,900	13,900

各種サービスデーあり

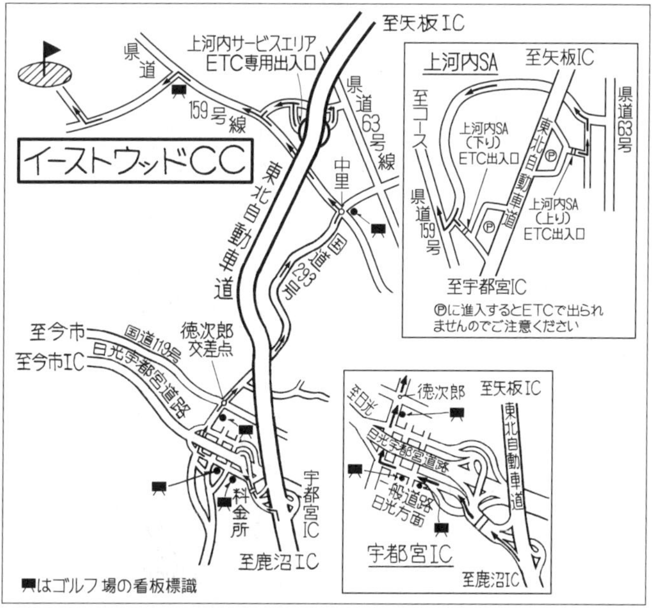

【自動車】浦和料金所（東北自動車道）98.2キロ→宇都宮IC 11キロ→コース
所要時間1時間30分　宇都宮ICの料金所を出て一番左の一般道路を日光方面に向かう。国道293号線を右折し、コース案内板に従って左折してコースへ。上河内SA・ETC専用出入口から5分

伊香保カントリークラブ

〒377-0102　群馬県渋川市伊香保町伊香保654
https://www.ikahocc.co.jp/

●**プレーの申込み**　電話にて要問合せ
●**予約**　前日までに電話、またはフロントにて受付け。電話予約は8時～17時まで。ネット予約あり
●**コンペ**　予約状況により相談
●**休日**　12／31　1／1　1月～3月の火曜日
積雪時はクローズ
●**クレジット**　VISA　JCB　AMEX　マスター　UC　ダイナース
●**開場日**　1959年8月30日
●**コースの特徴**　18H　P72　7077Y
歴史が息づく群馬最古の名門コース。自然を生かしたコースレイアウト
2面グリーンともに高速グリーンに大改修を完了
●**コースレート**　73.4
●**練習場**　300Y10打席
●**電車**　上越線渋川駅
●**クラブバス**　なし
●**タクシー**　渋川駅から約20分
●**プレースタイル**　原則キャディ付で乗用カート
●**ビジター料金**
年間を通して曜日は問わず24,930円。メンバー紹介、伊香保温泉宿泊者は16,930円
●**プレー情報**　セルフデー、オープンコンペ開催

【自動車】練馬 IC（関越自動車道）103.4キロ→渋川伊香保 IC 8キロ→コース
所要時間1時間30分　渋川伊香保 IC で降り、国道17号線を沼田方面に向かう。中村の信号を左折して道なりに進み、藤の木東の信号を左折する。伊香保グリーン牧場を過ぎて、左右にコースが見える

伊香保国際カンツリークラブ

〒377-0025　群馬県渋川市川島2470－8　FAX 0279(24)3574
https://www.ikahokokusai.jp

●**プレーの申込み**　ビジター可
●**予約**　3か月前の1日から受付け
●**コンペ**　予約状況により相談
●**休日**　営業期間中無休
1月中旬～2月は冬期クローズ
●**クレジット**　VISA　JCB　AMEX
ダイナース　マスター他
●**開場日**　1961年7月30日
●**コースの特徴**　27H　P107　9758Y
全体にゆるやかなアンジュレーションのなかにゆったりと広がるフェアウェイをもった丘陵コース
●**コースレート**　赤城・榛名71.5　榛名・伊香保69.0　伊香保・赤城69.7
●**練習場**　40Y5打席

●**電車**　上越線渋川駅
●**クラブバス**　要問合せ
●**タクシー**　渋川駅から15分3700円
●**プレースタイル**　キャディ付またはセルフでGPSナビ付乗用カート
●**シューズ**　ソフトスパイク推奨
●**ビジター料金表**

	平　日	土　曜	日　祝
キャディ付	12,120	17,320	17,320
セ　ル　フ	8,270	13,470	13,470

昼食付
●**プレー情報**　アフタヌーンゴルフ、ホテル併設、宿泊パック、ジュニア料金

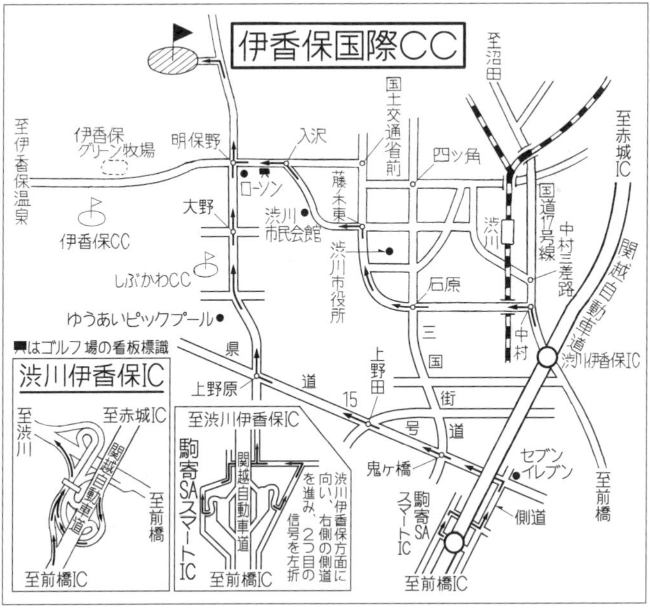

【**自動車**】練馬IC（関越自動車道）103.4キロ→渋川伊香保IC 9.3キロ→コース
所要時間1時間30分　渋川伊香保ICを渋川方面に降り、1つ目の中村信号を左折。道なりに進み明保野信号を右折して2キロでコース。駒寄PAスマートICからは県道15号を経由してコースへ。駒寄スマートICより12.8キロ、約25分

伊香保ゴルフ倶楽部

〒377-0302　群馬県吾妻郡東吾妻町岡崎1301　FAX 0279(59)3155
https://www.ikaho-gc.co.jp/

●プレーの申込み　ビジター可
●予約　随時受付け
●コンペ　組数制限なし
●休日　無休(降雪時はクローズあり)
●クレジット　VISA　JCB　マスター
●開場日　1984年10月1日
●コースの特徴　27H　P108　10624Y
豊富な樹木と池で彩られたコースは各ホールが独立した感じで造られている林がハザードになるホールもある
●コースレート　音羽・吾妻72.7
●練習場　あり
●電車　上越線渋川駅
●クラブバス　なし
●タクシー　渋川駅から25分4200円
●プレースタイル　セルフプレーで乗用カート。キャディ付も可
●シューズ　ソフトスパイク
●ビジター料金表

	平　日	土　曜	日　祝
セ　ル　フ	8,000	13,500	13,500

キャディ付は4B3850円加算
季節によって料金は異なる
●プレー情報　サービスデー、コンペパック、ゴルフ＆温泉パック、ジュニア料金

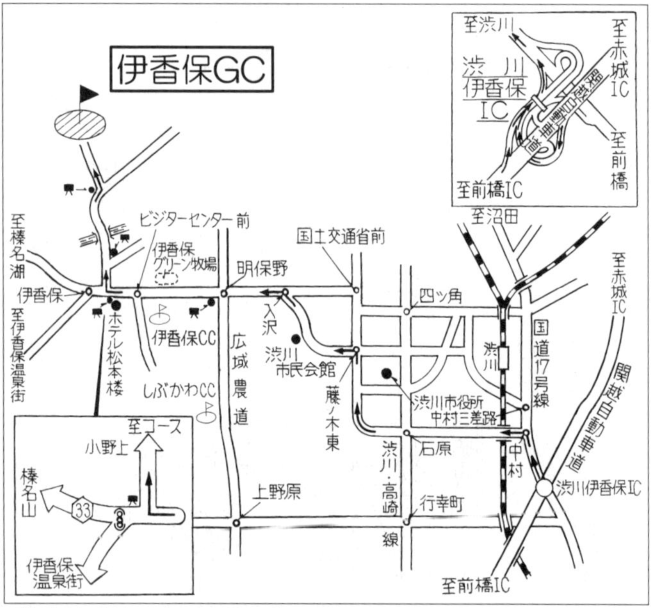

【自動車】練馬 IC（関越自動車道）103.4キロ→渋川伊香保 IC 15キロ→コース
所要時間1時間40分　渋川伊香保 IC で降り、国道17号線を沼田方面に向かう。中村交差点を左折して道なりに進み、藤の木東信号を左折する。伊香保方面に進み、松本楼を左に見て、小野上方面に右折してコースへ

　いしおかウエストCC（旧石岡GCウエストC）　☎0299(45)3775

石岡ウエストカントリークラブ

〒319-0201　茨城県笠間市上郷3355　FAX 0299(45)2785
https://www.accordiagolf.com　本社03(6688)1500

●**プレーの申込み**　ビジター可
●**予約**　5か月前から受付け
●**コンペ**　組数制限なし
●**休日**　無休
●**クレジット**　VISA　JCB　マスター他
●**開場日**　1990年11月2日
●**コースの特徴**　18H　P72　6903Y
四季折々の美しい自然に彩られ、随所に巧妙に配置された池が絡む戦略性に富んだ18ホール
●**コースレート**　72.4
●**練習場**　190Y12打席
●**電車**　常磐線岩間駅、または友部駅
●**クラブバス**　なし
●**タクシー**　岩間駅5分2000円、友部駅15分4000円
●**プレースタイル**　セルフプレーで乗用カート
●**シューズ**　ソフトスパイクのみ
●**ビジター料金表**

	平　日	土　曜	日　祝
セ　ル　フ	6,990～	14,990～	14,990～

平日昼食付。上記は2021年10月の料金
●**プレー情報**　コンペパック

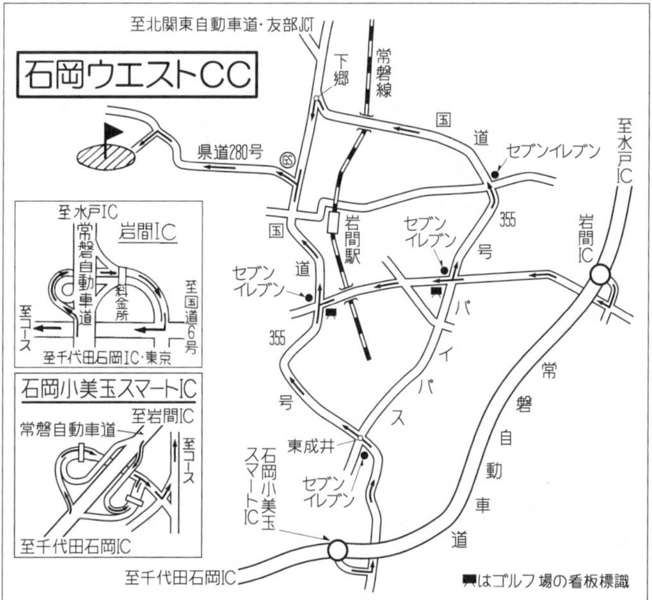

【**自動車**】三郷IC（常磐自動車道）69.1キロ→岩間IC 10キロ→コース　所要時間1時間　料金所を出て右折し笠間方面に向かう。国道355号線バイパスとの信号を右折し、下郷信号を左折。約1キロ先を右折してコースへ。ETC搭載車は石岡小美玉ICを降りて右折し国道355号線を利用。ICから約15キロ

石坂ゴルフ倶楽部

〒350-0311　埼玉県比企郡鳩山町石坂241－24　FAX 049(296)2582
https://www.ishizaka-gc.com

●プレーの申込み　原則として会員の紹介または同伴が必要
●予約　3か月前の同日から受付け
●コンペ　予約状況により相談
●休日　月曜日及びコース指定日
●クレジット　JCB　UC　VISA　ダイナース　AMEX 他
●開場日　1993年9月25日
●コースの特徴　18H　P72　7060Y
平坦な丘陵コースだが、1打1打的確なショットが要求される戦略型コース
●コースレート　73.7
●練習場　250Y15打席
●電車　東武東上線高坂駅
●クラブバス　高坂駅から平日7:00　7:45　8:15　8:45　9:15
1月・2月の平日は運休
●タクシー　高坂駅から10分1300円
●プレースタイル　キャディ付で5人乗り乗用カート
●シューズ　ソフトスパイク推奨
●ビジター料金表

	平　日	土　曜	日　祝
キャディ付	19,800	27,000	30,000

季節により料金は異なる
空きがあればツーサム可
●プレー情報　夏期・冬期割引、シニア・レディスデー

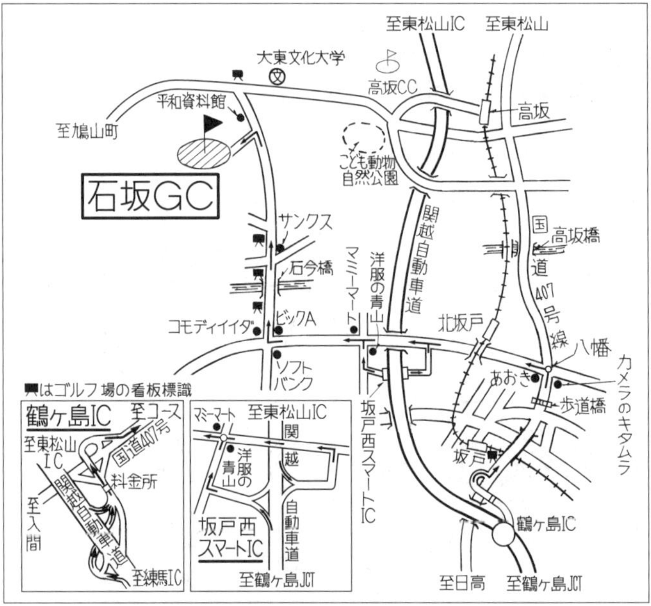

【自動車】練馬IC（関越自動車道）29.6キロ→鶴ケ島IC（国道407号）7キロ→コース　所要時間35分　鶴ケ島ICを坂戸方面に降り、3つ目の八幡信号を左折。コモディイイダがある信号を右折してコースへ。ETC搭載車は坂戸西スマートICを鳩山方面に出て5キロ

☎0558(79)0221

伊豆大仁カントリークラブ

〒410-2311　静岡県伊豆の国市浮橋1198　FAX 0558(79)0202
htttps://www.izuohito.com

●プレーの申込み　ビジター可
●予約　随時受付け
●コンペ　組数制限なし
●休日　12／31　1／1
●クレジット　UC　DC　VISA 他
●開場日　1976年6月19日
●コースの特徴　27H　P108　10344Y
3コースともそれぞれ変化に富んでおり十分楽しめるコース
●コースレート　箱根・富士72.4
富士・天城72.8　天城・箱根72.4
●練習場　250Y
●電車　東海道新幹線熱海駅、伊豆箱根鉄道田京駅
●クラブバス　熱海駅から予約制
●タクシー　田京駅から15分3300円
熱海駅35分5800円（伊豆箱根交通）
●プレースタイル　キャディ付またはセルフで乗用カート
●シューズ　ゴルフ靴はすべて可
●ビジター料金表

	平　日	土　曜	日　祝
キャディ付	17,000	23,000	22,000
セ　ル　フ	13,400	19,400	18,400

上記は2021年10月～12月の基本料金。期間により料金は異なる。
平日は昼食付。宿泊パック有

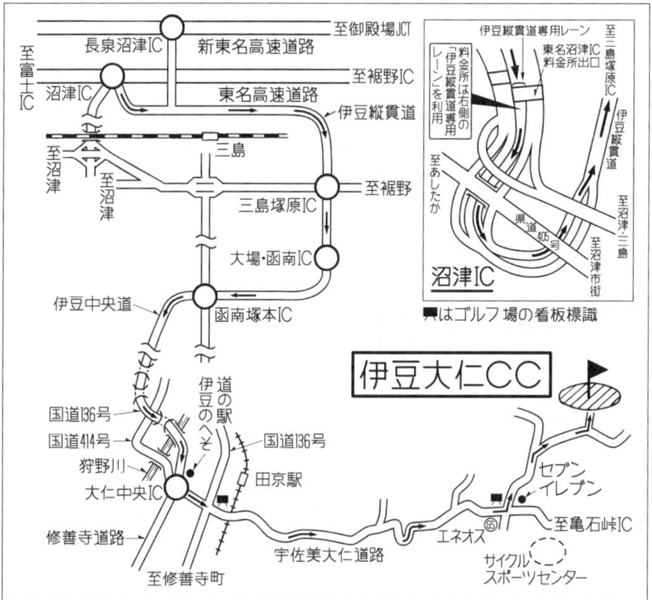

【自動車】東京 IC（東名高速）103.3キロ→沼津 IC（伊豆縦貫道）15キロ→函南塚本 IC（伊豆中央道経由）10キロ→大仁中央 IC（宇佐美大仁道路）10キロ→コース　所要時間1時間50分　沼津 IC から伊豆縦貫道、伊豆中央道を経由して大仁中央 IC から宇佐美大仁道路に進んでコースへ

伊豆国際カントリークラブ

〒410-2418　静岡県伊豆市堀切1004－5　FAX 0558(72)5157
https://www.accordiagolf.com

●プレーの申込み　ビジター可
●予約　3か月前の1日より受付け
●コンペ　組数は相談
●休日　無休
●クレジット　各種
●開場日　1961年4月29日
●コースの特徴　18H　P72　5362Y
アウトは、距離はないがフェアウェイは狭くトリッキー。正確なショットを要する。インは比較的広々としていて豪快なプレーが楽しめるコース
●コースレート　66.5
●練習場　60Y（鳥かごタイプ）
●電車　伊豆箱根鉄道修善寺駅
●クラブバス　予約制で修善寺駅から運行（所要時間15分）
●タクシー　修善寺駅から15分2000円
●プレースタイル　セルフプレーで乗用カート
●シューズ　ソフトスパイク限定
●ビジター料金表

	平　日	土　曜	日　祝
セ　ル　フ	4,980	13,490	12,490

2021年11月の昼食付料金
期間、曜日により料金は異なる

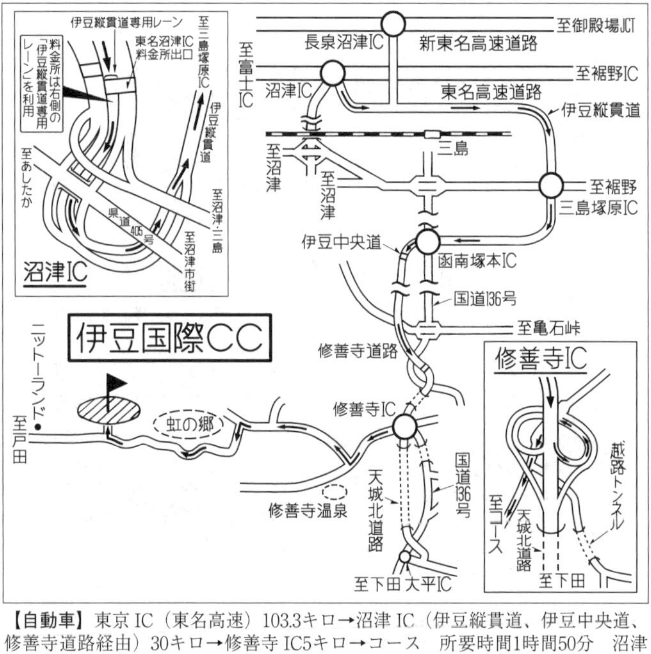

【自動車】東京 IC（東名高速）103.3キロ→沼津 IC（伊豆縦貫道、伊豆中央道、修善寺道路経由）30キロ→修善寺 IC5キロ→コース　所要時間1時間50分　沼津 IC から伊豆縦貫道、伊豆中央道、修善寺道路を経由して修善寺 IC へ。修善寺温泉街方面に向かい、虹の郷公園を過ぎてコースへ

伊豆下田カントリークラブ

〒415-0312　静岡県賀茂郡南伊豆町入間2383－1　FAX 0558(62)3678
http://www.izushimoda-cc.com

●プレーの申込み　予約状況によりビジター可
●予約　3か月前の1日から受付け
●コンペ　組数制限なし
●休日　クラブ指定日
●クレジット　UC　VISA　AMEX　MC　ダイナース　JCB
●開場日　1975年9月12日
●コースの特徴　18H　P72　6923Y　丘陵地だがフラットに造られ、フェアウェイも60～80mと広い。ホテルを併設している
●コースレート　72.0
●練習場　250m11打席
●電車　伊豆急行伊豆急下田駅
●クラブバス　運行休止
●タクシー　伊豆急下田駅30分5500円
●プレースタイル　セルフで2人または5人乗り乗用カート。FW乗入れ可
●シューズ　ゴルフ靴はすべて可
●ビジター料金表

	平　日	土　曜	日　祝
セ　ル　フ	9,250	12,350	12,350

●プレー情報　コンペ割引、薄暮プレー（期間設定）、お得な情報等ホームページ参照

【自動車】東京IC（東名高速）35キロ→厚木IC（小田原厚木有料道路）31.5キロ→小田原西IC 24.8キロ→熱海90キロ→コース　または東京IC（東名高速）103.3キロ→沼津IC 76キロ→コース　所要時間3時間30分　下田市に入ったら国道136号を石廊崎方面に向かい、下賀茂温泉を抜けてコースへ

伊豆にらやまカントリークラブ

〒410-2113　静岡県伊豆の国市中1613　FAX 055(944)0222
http://www.izu-nirayama.co.jp

●プレーの申込み　平日ビジター可。土日祝は会員の紹介を要するが、予約状況によりビジター可
●予約　3か月前の1日から受付け
●コンペ　3か月前の1日から受付け
●休日　クラブ指定日
●クレジット　各種
●開場日　1982年10月1日
●コースの特徴　27H　P108　10065Y
慎重かつ大胆な攻めが要求されるコースで、霊峰富士や駿河湾が遠望できる
●コースレート　東中71.6　中西71.2　西東71.6
●練習場　250Y19打席
●電車　伊豆箱根鉄道伊豆長岡駅
●クラブバス　伊豆長岡駅から7:30　8:20　9:10　予約制で運行
●タクシー　伊豆長岡駅約10分2000円
●プレースタイル　セルフプレーでGPSナビ付乗用カート
●シューズ　メタルスパイク禁止
●ビジター料金表

	平　日	土　曜	日　曜
セ　ル　フ	7,850	14,850	13,850

祝日セルフ12,850円。夏期・冬期割引
●プレー情報　コンペプラン、早朝・薄暮ハーフ

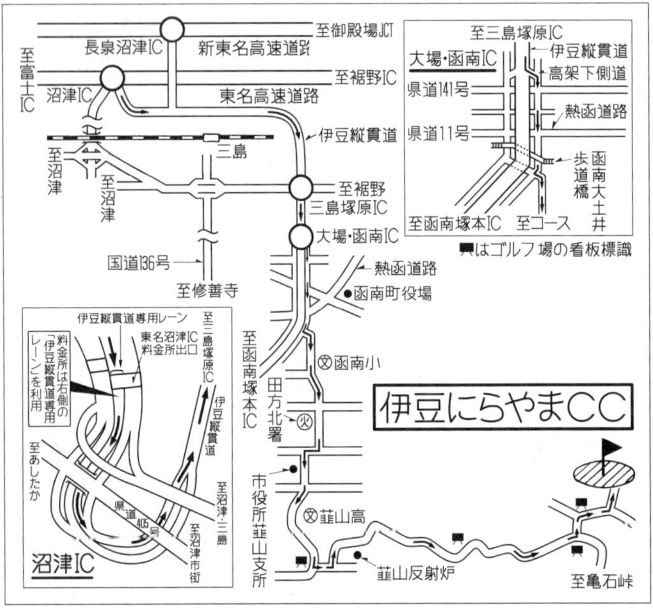

【自動車】東京IC(東名高速)103.3キロ→沼津IC(伊豆縦貫道)13.1キロ→大場・函南IC15キロ→コース　所要時間1時間40分　沼津ICから伊豆縦貫道を利用して大場・函南ICを降りて直進し、函南町大土井歩道橋先を左折。道なりに進み、韮山高校を過ぎてコース案内板に従って反射炉方向に左折してコースへ

伊豆ハイツゴルフ倶楽部

〒410-2515　静岡県伊豆市地蔵堂845－67　FAX 0558(83)3511
http://www.izuheightsgolfclub.com

●プレーの申込み　予約状況によりビジター可
●予約　3か月前の同日から受付け
●コンペ　組数は相談
●休日　要問合せ
●クレジット　各種
●開場日　1986年8月15日
●コースの特徴　18H　P72　6784Y
大小のマウンド、無数のグラスバンカー、砂漠、ハザード、池など様々なトラップが待ち受け、さながらスコットランドのリンクスを思わせるコース
●コースレート　未査定
●練習場　アプローチ練習場
●電車　伊豆箱根鉄道修善寺駅
●クラブバス　なし
●タクシー　修善寺駅から20分5000円
●プレースタイル　セルフプレーで乗用カート
●シューズ　ゴルフ靴はすべて可
●ビジター料金表

	平　日	土　日	祝　日
セ　ル　フ	7,300	12,500	10,000

2021年11月の料金で昼食付。季節により料金は異なる。冬期営業日の詳細は要問合せ。宿泊ホテル（クラブハウス隣接）
●セルフデー　クラブ指定の月・火曜日。スループレー、ハウスクローズ

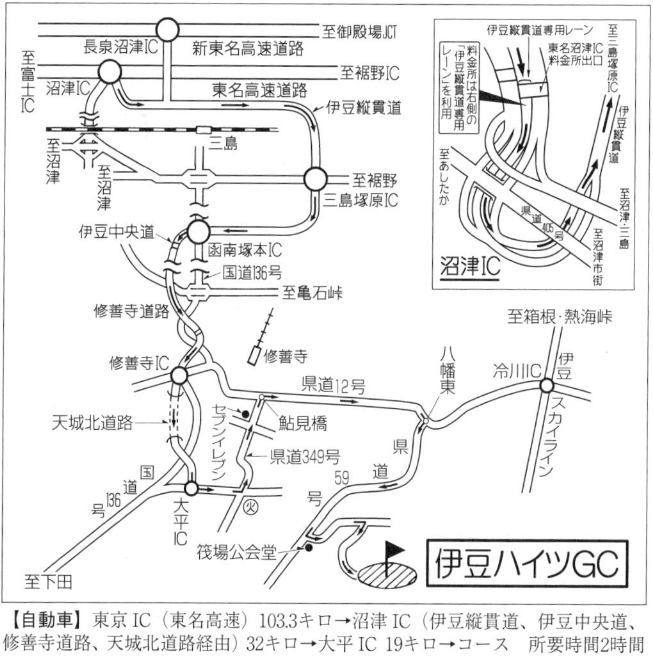

【自動車】東京IC（東名高速）103.3キロ→沼津IC（伊豆縦貫道、伊豆中央道、修善寺道路、天城北道路経由）32キロ→大平IC 19キロ→コース　所要時間2時間10分　天城北道路・大平ICを降りて左折し県道349号を左折する。突き当りの鮎見橋を右折して県道12号を進み八幡東を右折。コース案内板に従ってコースへ

泉カントリー倶楽部

〒270-1617　千葉県印西市吉田456　FAX 0476(99)1680
予約専用　0476(80)5688　https://www.izumicc.com

●**プレーの申込み**　ビジター可
●**予約**　平日は4か月前の1日、土日祝は3か月前の同日から受付け
●**コンペ**　組数は相談
●**休日**　12／31　1／1　1／11
●**クレジット**　VISA AMEX マスター JCB　ダイナース
●**開場日**　1979年9月5日
●**コースの特徴**　27H　P108　10352Y 池と林を配したフラットな林間コース
●**電車**　京成電鉄勝田台駅、または東葉高速東葉勝田台駅
●**クラブバス**　勝田台駅北口ロータリーから7:05　7:50　8:40　9:20
●**タクシー**　勝田台駅から15分2700円
●**プレースタイル**　キャディ付またはセルフで、5人乗りの乗用カート
●**シューズ**　メタルスパイク禁止
●**ビジター料金表**

	平　日	土　曜	日　祝
キャディ付	17,000	3,4000	32,000
セ　ル　フ	15,500	不可	不可

上記は2021年11月の基本料金。料金は曜日や各月、日によって異なる。
●**プレー情報**　コンペプラン

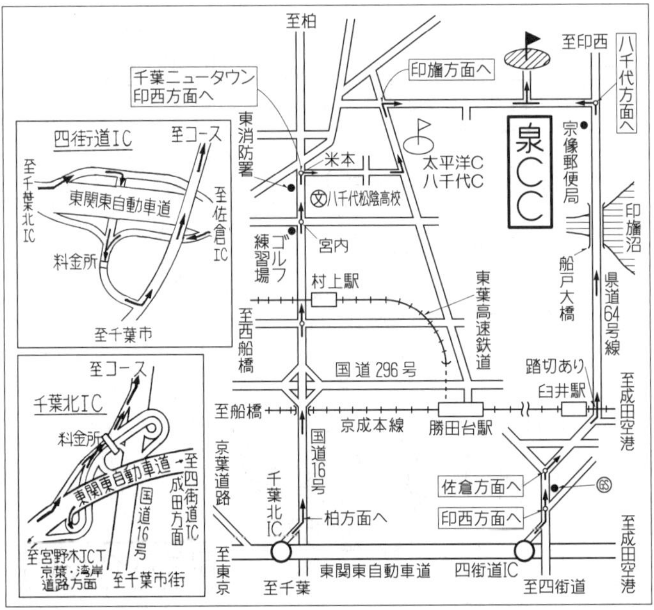

【**自動車**】箱崎 IC（首都高速）35.8キロ→宮野木 JCT（東関東自動車道）2.1キロ→千葉北 IC 14キロ→コース　所要時間1時間　千葉北 IC で降り国道16号線を柏方面に向かう。米本交差点を右折し、印旛方面に進んで八千代 GC の前を通ってコースへ

伊勢原カントリークラブ

〒259-1102　神奈川県伊勢原市子易132　FAX 0463(93)2754
https://www.pacificgolf.co.jp/isehara/

●**プレーの申込み**　予約状況によりビジター可
●**予約**　平日は2か月前の1日、土日祝は2か月前の同日10時より受付け
●**コンペ**　組数は相談
●**休日**　無休
●**クレジット**　各種
●**開場日**　1969年8月17日
●**コースの特徴**　18H　P72　6173Y
山岳コースのため打ち上げ、打ち下ろし、ドッグレッグなど変化に富み、正確なショットが要求させる。ショートコース6Hを併設
●**練習場**　20Y6打席
●**電車**　小田急線伊勢原駅
●**クラブバス**　伊勢原駅北口から平日
6:10　6:50　7:30　8:20　9:05
土日祝5:50
6:30　7:10　8:00　8:50　9:35
●**タクシー**　伊勢原駅から15分2100円
●**プレースタイル**　キャディ付またはセルフでGPSナビ付電磁式乗用カート使用
●**シューズ**　ソフトスパイク推奨
●**ビジター料金**
季節により料金が異なるため、ホームページ参照、またはクラブに要問合せ

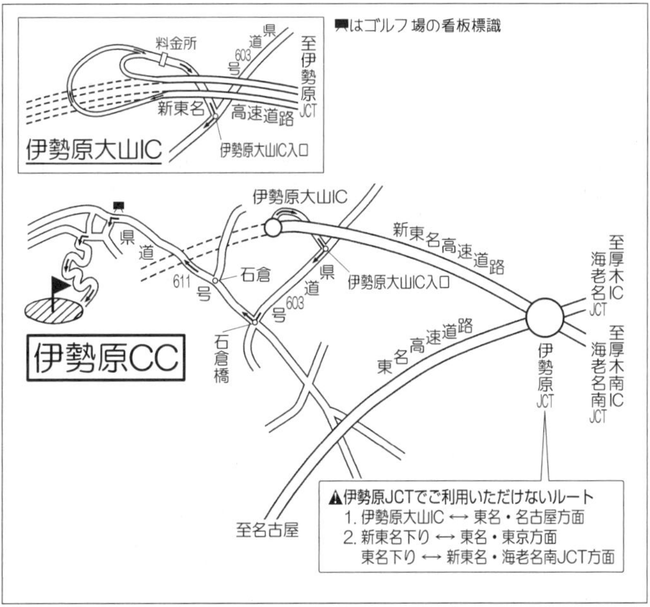

【**自動車**】東京IC（東名高速）40.6キロ→伊勢原JCT（新東名高速）2キロ→伊勢原大山IC 3キロ→コース　所要時間40分　伊勢原大山ICの料金所を出て右折。石倉橋交差点を右折し約2キロでコース。※伊勢原JCTは名古屋方面からは利用できません。秦野中井ICを利用

磯子カンツリークラブ

〒235-0045　神奈川県横浜市磯子区洋光台6－43－24
http://www.isogocc.jp/

●プレーの申込み　平日は会員の紹介　土日祝は会員の同伴が必要
●予約　平日はプレー日の1年前から、土曜は3か月前の1日に抽選（前月までに web 会員専用ページからエントリー）
●コンペ　土日祝は不可　平日は原則として10組まで　1年前から受付ける
●休日　毎週月曜日　12／31　1／1
●クレジット　VISA JCB DC MC 他
●開場日　1960年5月15日
●コースの特徴　18H　P72　6607Y
東京湾を望む丘陵地で、コース内は数多くの花木類がある。バンカーが効果的に配置され戦略性に富んでいる
●コースレート　71.1
●練習場　6打席
●電車　京浜東北線洋光台駅
●クラブバス　洋光台駅から7:30　8:00　8:30　9:00　9:30
●タクシー　洋光台駅から5分770円
●プレースタイル　キャディ付で乗用カート
●シューズ　メタルスパイク禁止
●ビジター料金表

	平　日	土　曜	日　祝
キャディ付	27,400	39,500	39,500

上記は4月～6月、10月～12月料金

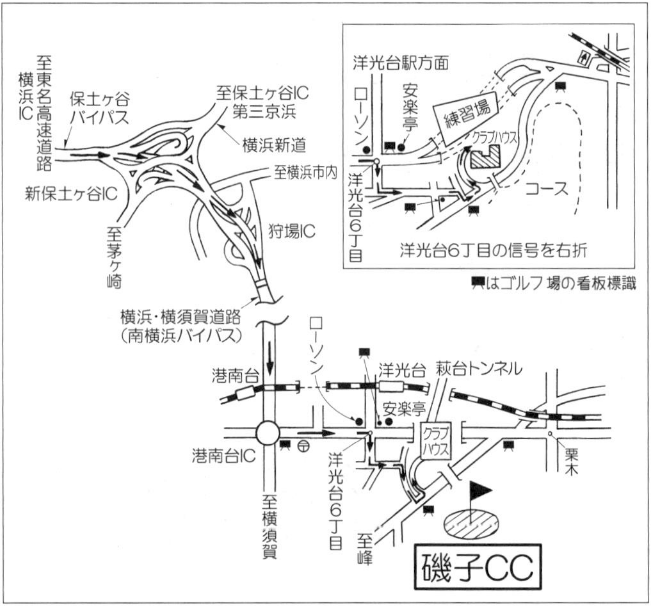

【自動車】●第三京浜利用の場合は横浜新道を経由して横浜横須賀道路・港南台 IC へ。●首都高速道路利用の場合は首都高湾岸線から横浜横須賀道路・港南台 IC へ。港南台 IC を「洋光台」方面出て2つ目の信号「洋光台6丁目」を右折して、すぐ左折。150m先を右折、突き当たりを左折してコースへ。港南台 IC から約5分

板倉ゴルフ場

〒374-0132　群馬県邑楽郡板倉町板倉777
https://www.tokyu-golf-resort.com/itakura/

●**プレーの申込み**　パブリックコース
●**予約**　3か月前の1日から受付け
●**コンペ**　組数制限なし
●**休日**　2月と8月（各1日）
●**クレジット**　JCB　VISA　UFJ　UC　AMEX　DC
●**開場日**　1984年10月21日
●**コースの特徴**　18H　P72　6554Y
河川敷でフラットだが、広々としたフェアウェイに池や小川が戦略的要素となって展開する
●**コースレート**　70.6
●**練習場**　グリーンのみ
●**電車**　東武日光線板倉東洋大前駅
●**クラブバス**　板倉東洋大前駅から予約制で運行
●**タクシー**　板倉東洋大前駅から5分約1000円
●**プレースタイル**　セルフプレーで5人乗り乗用カート
●**シューズ**　ソフトスパイク推奨
●**ビジター料金表**

	平　日	土　曜	日　祝
セ　ル　フ	9,500	15,300	14,900

2021年10月～12月の料金で昼食付
季節料金あり
●**プレー情報**　コンペプラン、午後ハーフ、65歳以上・障害者・ジュニア割引あり

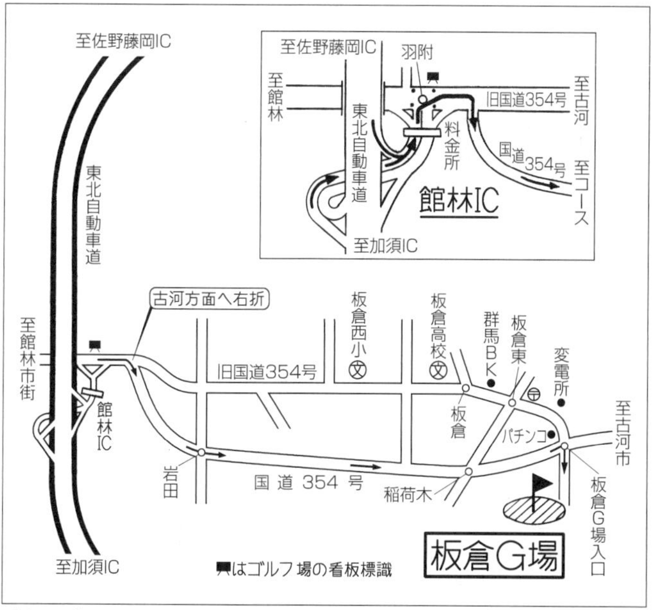

【自動車】浦和IC（東北自動車道）46.2キロ→館林IC 5キロ→コース　所要時間50分　館林ICを降り、右折して国道354号を4.6キロ走る。左にパチンコ店「アポロ」のある信号を右折してコースへ

潮来カントリー倶楽部

〒311-2405　茨城県潮来市築地700　FAX 0299(67)5011
予約専用　0299(67)5811　http://www.itakocc.jp/

●プレーの申込み　予約状況によりビジター可。会員の同伴または紹介を優先
●予約　平日は3か月前の1日、土日祝は3か月前の同日より受付け
●コンペ　3か月前の同日より受付け。組数は相談
●休日　無休
●クレジット　JCB VISA MC AMEX
●開場日　1987年11月23日
●コースの特徴　27H　P108　10511Y　奇をてらわずにオーソドックスなレイアウトだが、アウトで4ホール、インで3ホールに池がからみ戦略性も高い
●練習場　250Y10打席
●高速バス　東京駅八重洲南口より鹿島神宮行き高速バスで約80分。水郷潮来停留所まで予約制で送迎あり
●タクシー　潮来駅から10分1300円
●プレースタイル　セルフプレーで乗用カート。キャディ付は要予約
●シューズ　ソフトスパイクを推奨
●ビジター料金表

	平　日	土　曜	日　祝
セ　ル　フ	9,900	20,500	20,500

期間により料金は異なる
キャディ付は4B3575円加算

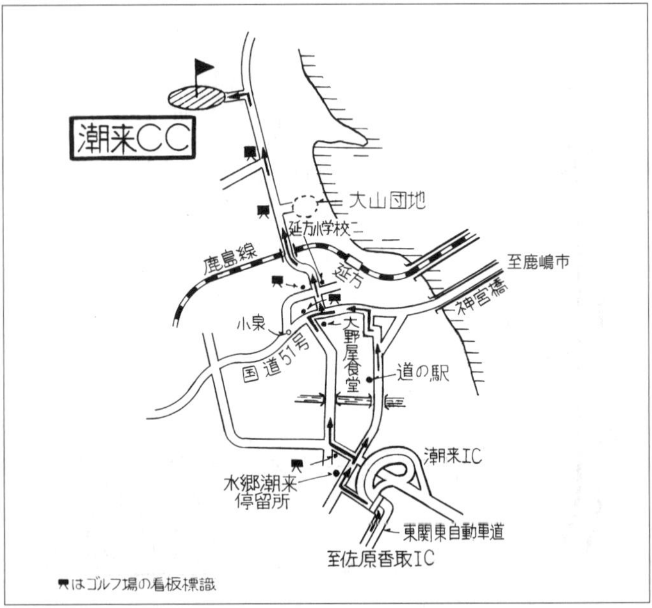

【自動車】箱崎IC（首都高速）35.8キロ→宮野木JCT（東関東自動車道）57.8キロ→潮来IC 4.5キロ→コース　所要時間1時間15分　東関東自動車道・潮来ICを潮来方面に降り、突き当たりを右折し最初の信号を左折する。300メートル先を右折（看板あり）し、突き当たりを右折し、すぐ左折してコースへ

一の宮カントリー倶楽部

〒299-4303　千葉県長生郡一宮町東浪見3166　FAX 0475(42)4555
予約専用　0475(42)7200　http://www.ichinomiya.co.jp　本社03(3552)2851

●**プレーの申込み**　原則として平日は会員の紹介、土日祝は同伴が必要
●**予約**　平日は3か月前の1日、土曜はプレー希望日の3か月前の同日直前の水曜日、日祝はプレー希望日の3か月前の同日直前の木曜日より受付け
●**コンペ**　上記に準ずる
●**休日**　無休
●**クレジット**　各種
●**開場日**　1972年11月23日
●**コースの特徴**　36H　P144　13327Y　緩やかな丘陵地に展開するコース。ベントと高麗の2グリーン
●**電車**　外房線上総一ノ宮駅
●**クラブバス**　上総一ノ宮駅から全日8:05　8:23　8:43(平日のみ)9:09　9:44　10:04　土日祝7:25　8:46を増便
●**タクシー**　上総一ノ宮駅から8分1500円
●**プレースタイル**　セルフプレーで東は乗用カート、西はリモコンカートの歩行または乗用カート
●**シューズ**　ソフトスパイク推奨
●**ビジター料金表**

	平　日	土　曜	日　曜
東西／乗用	8,450	17,500	17,000
西／リモコン	6,800	15,850	15,350

上記は2021年10月の料金。曜日により昼食付料金あり。期間により料金は異なる

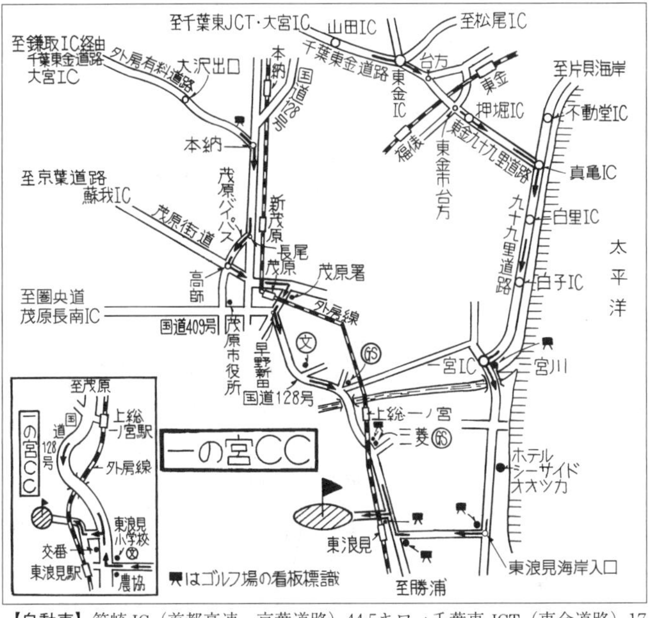

【自動車】箱崎IC（首都高速・京葉道路）44.5キロ→千葉東JCT（東金道路）17キロ→東金IC 4キロ→押堀IC（東金九十九里道路・九十九里道路）24キロ→一宮IC 7キロ→コース　所要時間1時間30分　東金ICで降り九十九里方面へ進み、再び有料道路に入り一宮ICで降りコースへ。または千葉外房道路を利用

市原京急カントリークラブ

〒290-0221　千葉県市原市馬立3022－13　FAX 0436(36)6365
https://www.ichiharakeikyu.co.jp

●**プレーの申込み**　平日は会員の紹介　土日祝は会員の同伴が必要
●**予約**　2か月前の同日、9時から電話にて受付け
●**コンペ**　予約状況により相談
●**休日**　1／1　臨時休業日あり
●**クレジット**　各種
●**開場日**　1980年8月24日
●**コースの特徴**　18H　P72　6715Y
広くて球趣つきない戦略的なレイアウト。初級者から上級者まで楽しめる
●**コースレート**　71.4
●**練習場**　45Y7打席
●**電車**　内房線五井駅
●**クラブバス**　五井駅から7:10と8:20
●**タクシー**　五井駅から20分4800円
●**プレースタイル**　キャディ付またはセルフで乗用カート
●**シューズ**　メタルスパイク禁止
●**ビジター料金表**

	平　日	土　曜	日　祝
キャディ付	15,850	28,330	26,130
セ　ル　フ	12,550	25,030	22,830

平日は昼食付。季節割引あり
●**プレー情報**　コンペパック、レディスデー

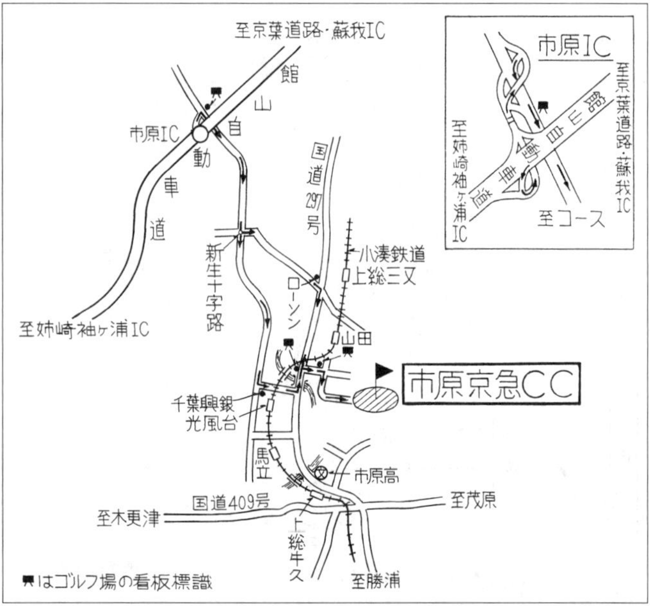

【**自動車**】箱崎 IC（首都高速・京葉道路・館山自動車道）57.1キロ→市原 IC 3.7キロ→新生十字路7キロ→コース　所要時間1時間　京葉道路またはアクアラインを利用して館山自動車道を市原 IC で降り大多喜・勝浦方面に向かう。新生十字路を左折し、国道297号を右折し、踏切りを渡って案内板に従ってコースへ

市原ゴルフクラブ市原コース

い

〒290-0224　千葉県市原市奉免855　FAX 0436(92)3909
https://www.ichihara-gc.com

クラブハウス建替えのためクローズ。
2022年3月リニューアルオープン。

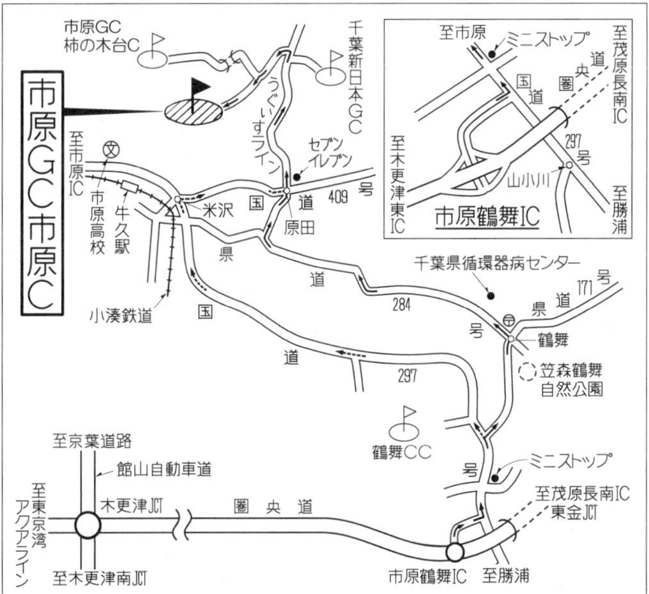

【自動車】 川崎浮島 JCT（東京湾アクアライン、連絡道）23.7キロ→木更津 JCT（圏央道）19.6キロ→市原鶴舞 IC 9.3キロ→コース　所要時間40分　市原鶴舞 IC を降りて左折し、国道297号を市原方面に進む。約6キロ先の米沢交差点を右折し、次の原田交差点を左折。約3.2キロ先を左折してコースへ

市原ゴルフクラブ柿の木台コース

〒290-0225　千葉県市原市牛久1293　FAX 0436(36)1719
予約専用　0436(92)1711　https://www.ichihara-gc.com

●プレーの申込み　パブリックコース
●予約　3か月前の同日から受付け
●コンペ　組数制限なし
●休日　1/1
●クレジット　JCB　VISA　DC　UC　ダイナース　ニコス　セゾン
●開場日　1996年10月1日
●コースの特徴　18H　P72　6508Y
各ホールが樹木でセパレートされた丘陵コース。フェアウェイは広いが正確性を重視したレイアウト
●コースレート　なし
●電車　内房線五井駅、または小湊鉄道上総牛久駅
●クラブバス　なし
●タクシー　五井駅から25分4500円
●プレースタイル　セルフでGPSナビ付リモコン乗用カート
●シューズ　ソフトスパイク
●ビジター料金表

	平　日	土　曜	日　祝
セ　ル　フ	9,400	17,900	16,900

2021年10月～11月の料金。季節により料金は異なる。ナイター照明完備
●プレー情報　コンペ割引、友の会　早朝・午後ナイタープレー

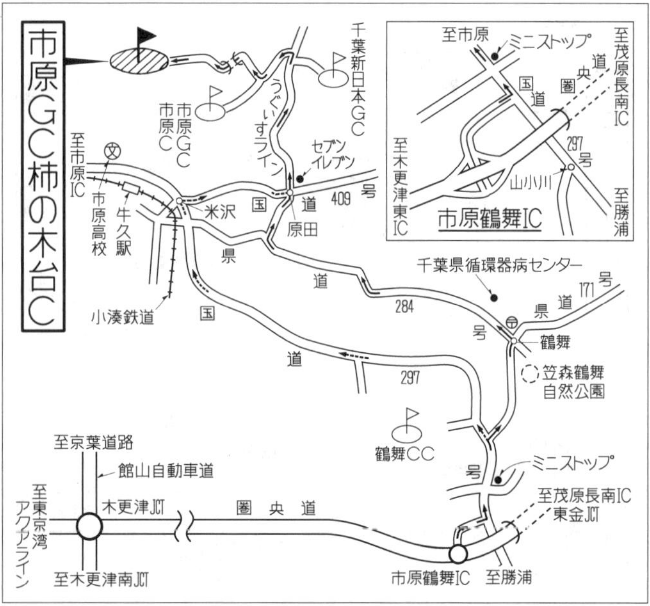

【自動車】川崎浮島JCT（東京湾アクアライン、連絡道）23.7キロ→木更津JCT（圏央道）19.6キロ→市原鶴舞IC 11キロ→コース　所要時間45分　市原鶴舞ICを降りて左折し、国道297号を進む。約6キロ先の米沢交差点を右折し、次の原田交差点を左折。約3.2キロ先を左折してコースへ

五浦庭園カントリークラブ

〒979-0141　福島県いわき市勿来町窪田大槻193－1　FAX 0246(65)7937
予約専用　0246(65)0011　https://www.itsuura-teien.com

●プレーの申込み　会員の同伴または紹介が必要。予約状況によりビジター可
●予約　3か月前の同日より受付け
●コンペ　組数制限なし
●休日　無休
●クレジット　JCB　VISA
●開場日　1990年4月22日
●コースの特徴　18H　P72　7166Y　2012・15年大王製紙エリエールレディスオープン開催コース。各ホール6ヶ所のティグラウンドを配し、プレーヤーが自由に選択できるのも魅力
●コースレート　74.0
●練習場　240Y40打席
●電車　常磐線勿来駅
●クラブバス　なし
●タクシー　勿来駅から約10分1100円
●プレースタイル　キャディ付またはセルフで5人乗用カート
●シューズ　ソフトスパイク推奨
●ビジター料金表

	平　日	土　曜	日　祝
キャディ付	11,170	17,680	17,680
セ　ル　フ	6,990	13,500	13,500

上記は2021年11月の昼食付サービス料金。期間により料金は異なる
五浦山荘コテージ宿泊プレーあり

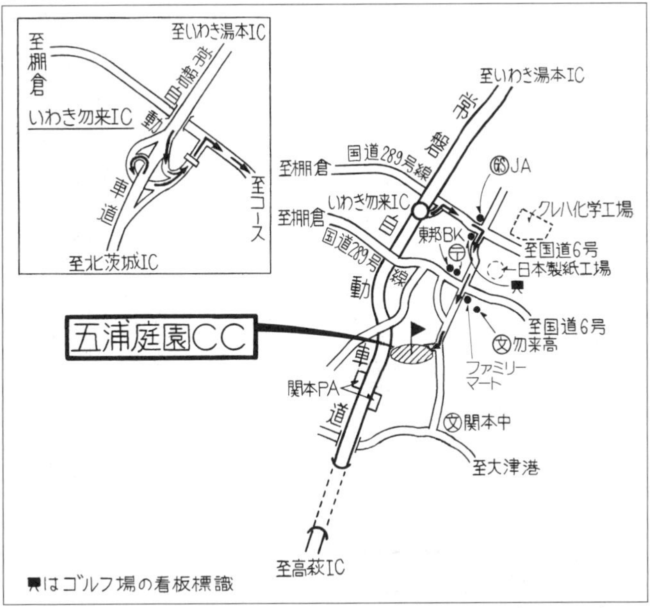

【自動車】三郷 IC（常磐自動車道）154.5キロ→いわき勿来 IC（国道289号）3キロ→コース　所要時間1時間40分　料金所を出たら右折して国道6号線方面に向かう。JA スタンドのある交差点で右折、ファミリーマートを直進してコースへ

伊東カントリークラブ

〒414-0053　静岡県伊東市荻694－1　FAX 0557(36)9557
https://banryugolf.com/itocc/

●**プレーの申込み**　原則として平日は会員の紹介、土日祝は会員の同伴が必要
●**予約**　3か月前の1日から受付け
●**コンペ**　土日祝は原則として会員同伴。予約状況により組数は相談
●**休日**　1／1
●**クレジット**　JCB　UC　ダイナース　AMEX　ニコス
●**開場日**　1978年10月1日
●**コースの特徴**　18H　P72　6420Y　富士や相模湾などを望見する風光明媚なコース。第一打の出来がカギを握る
●**コースレート**　AG70.8　BG69.5
●**電車**　伊東線伊東駅、または伊豆急行南伊東駅
●**クラブバス**　南伊東駅から予約制で土日祝日8:25　9:00
予約制
●**タクシー**　伊東駅から20分3500円
南伊東駅から15分2900円
●**プレースタイル**　キャディ付またはセルフで5人乗り乗用カート
●**シューズ**　ゴルフ靴はすべて可
●**ビジター料金表**

	平　日	土　曜	日　祝
キャディ付	11,608	17,658	16,008
セ　ル　フ	7,428	13,478	11,828

上記は優待料金（年末年始除く）

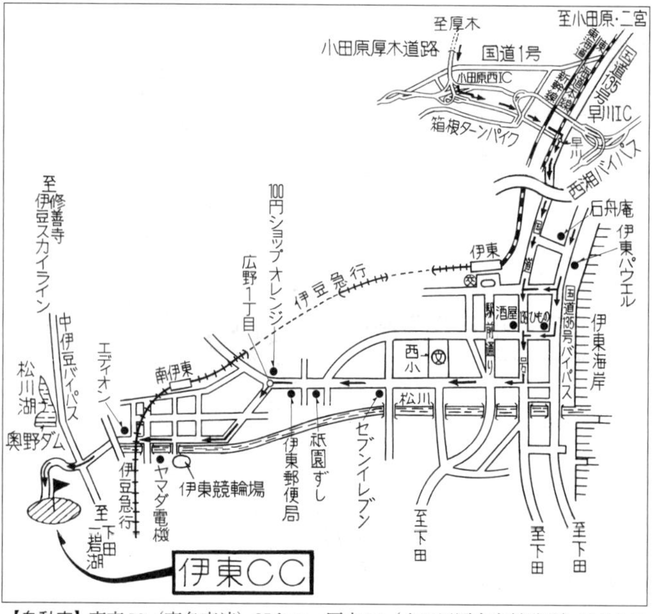

【**自動車**】東京IC（東名高速）35キロ→厚木IC（小田原厚木有料道路）31.5キロ→小田原西IC 24.8キロ→熱海28.6キロ→コース　所要時間3時間　小田原厚木道路を小田原西ICで降りて、国道135号線を伊東市内に向かう。市内に入り大川橋手前を右折し、伊東郵便局先の広野一丁目信号を左折してコースへ

稲取ゴルフクラブ

〒413-0411　静岡県賀茂郡東伊豆町稲取3337　FAX 0557(95)0585
http://www.inatori-gc.jp/

●プレーの申込み　予約状況によりビジター可
●予約　6か月前の1日から8時～17時に受付ける
●コンペ　組数は相談
●休日　クラブ指定日
●クレジット　TOP　DC　JCB　VISA　マスター　セゾン　トヨタカード
●開場日　1964年7月23日
●コースの特徴　36H　P144　12804Y　海9H、山9H、森9H、島9H いずれのコースも青海原と天城連山が一望できる。自然水の池が戦略性を高めている
●コースレート　海36.0　山36.0　森33.9　島34.9
●電車　伊豆急行伊豆稲取駅
●クラブバス　伊豆稲取駅から予約制
●タクシー　稲取駅から13分2500円
●プレースタイル　セルフプレーでGPS ナビ付乗用カート
●シューズ　ソフトスパイク推奨
●ビジター料金表

	平　日	土　曜	日　祝
島・森コース	8,500	12,500	12,500
海・山コース	10,000	15,100	15,100

web 予約可
●プレー情報　宿泊パック

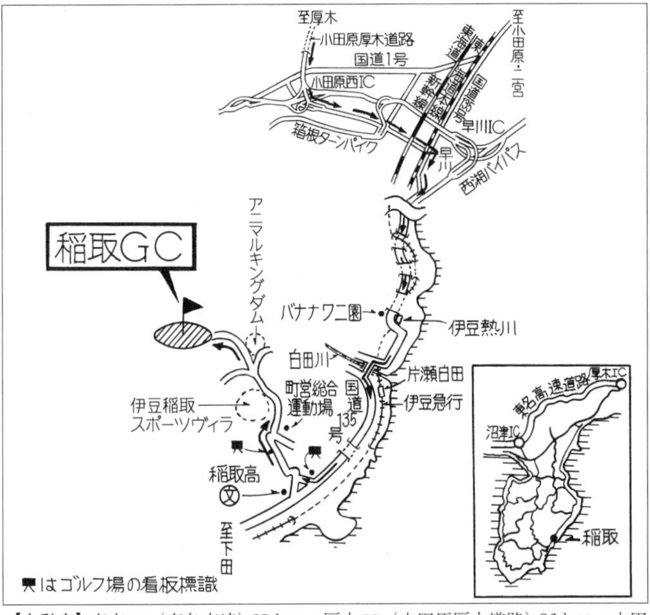

【自動車】東京 IC（東名高速）35キロ→厚木 IC（小田原厚木道路）36キロ→小田原西 IC（国道135号線）24キロ→熱海55.2キロ→コース　所要時間3時間10分　東名、小田原厚木道路経由で135号線に入る。熱海、伊東、熱川を経て稲取温泉手前、稲取高校手前の信号を右折すればコース

☎0297(58)1216

茨城ゴルフ倶楽部

〒300-2352　茨城県つくばみらい市小島新田102　FAX 0297(58)1961
予約専用　0297(58)1522　http://www.ibarakigc.jp

●**プレーの申込み**　会員の紹介が必要
●**予約**　3か月前の同日10時より受付け
●**休日**　毎週月曜日　12／31　1／1
●**クレジット**　JCB　AMEX　VISA
●**開場日**　1962年9月28日
●**コースの特徴**　36H　P144　14406Y　距離があり、マウンドが特徴的な東C。西Cはグリーンのアンジュレーションがあって、バンカーが効いている
●**コースレート**　東75.1　西73.0
●**練習場**　260Y20打席
●**電車**　つくばエクスプレスみらい平駅
●**クラブバス**　みらい平駅着6:45～9:18（土日祝は6:45～9:26）の電車に合わせて運行
●**プレースタイル**　キャディ付で西コースは歩き。東コースは乗用カート
●**シューズ**　ゴルフ靴はすべて可
●**ビジター料金表**

	平　日	土　曜	日　祝
西Cキャディ付	22,210	32,330	32,330
東Cキャディ付	23,090	33,210	33,210

ドレスコード：ブレザー着用。半ズボンにはハイソックス着用
●**定休日営業**　西コースキャディ付。実施日等の詳細は要問合せ
●**プレー情報**　コンペ割引

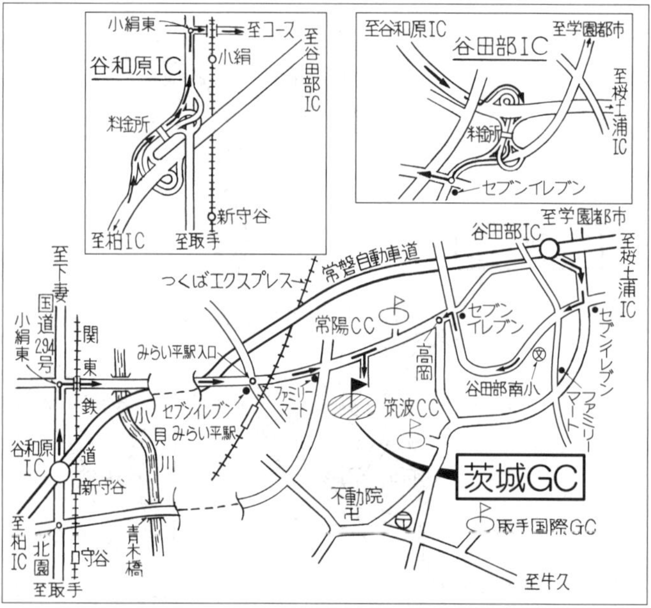

【自動車】三郷IC（常磐自動車道）19キロ→谷和原IC 8キロ→コース　所要時間35分　谷和原ICを水海道方面に降り、国道294号線を1キロほど進む。小絹東交差点を右折し、小貝川を渡ってコースへ

茨城パシフィックカントリー倶楽部

〒319-1714　茨城県北茨城市関南町神岡上小沢1113　FAX 0293(46)4117
http://www.ipcc.co.jp/

●プレーの申込み　ビジター可
●予約　随時受付け
●コンペ　随時受付け
●休日　無休
●クレジット　JCB　ダイナース　マスター　VISA　AMEX
●開場日　1978年11月30日
●コースの特徴　18H　P72　6867Y
眺望のいい丘陵地のコースだが、アップダウンは少なく、距離がたっぷりあってフェアウェイも広い。グリーン手前のバンカーに注意
●コースレート　72.3
●練習場　200m16打席
●電車　常磐線磯原駅
●クラブバス　予約制で運行
●タクシー　磯原駅から10分1500円
●プレースタイル　キャディ付またはセルフで5人乗り乗用カート
●シューズ　ノンメタルスパイク
●ビジター料金表

	平　日	土　曜	日　祝
キャディ付	10,900	15,900	15,900
セ　ル　フ	7,500	12,500	12,500

昼食付。期間により料金は異なる
月、金曜サービスデー4990円昼食付
●プレー情報　ホテル併設、宿泊パック、コンペプラン、薄暮ハーフプレー、シニア・レディスデー

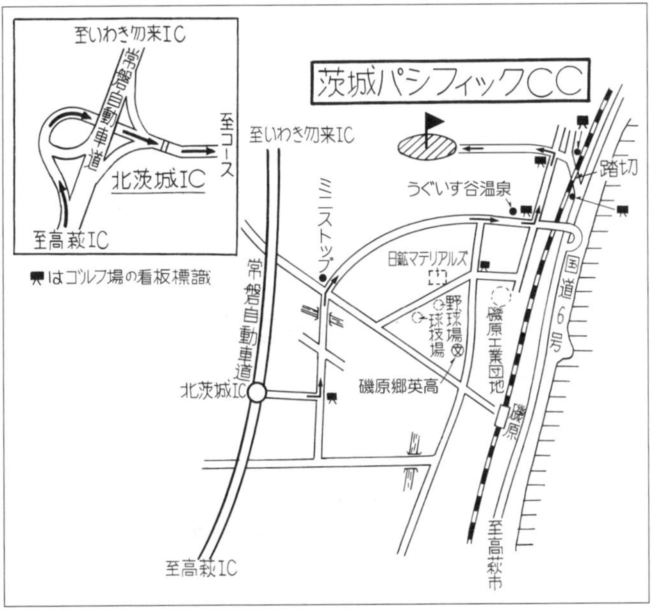

【自動車】三郷 IC（常磐自動車道）142.4キロ→北茨城 IC 10キロ→コース　所要時間1時間50分　北茨城 IC の料金所を出て左折し、道なりに進む。うぐいす谷温泉を過ぎて、コース案内板に従って左折。信号のある十字路を左折してコースへ

茨城ロイヤルカントリー倶楽部

〒313-0008　茨城県常陸太田市増井町1695　FAX 0294(72)6668
予約専用　0294(72)6667　http://www.ibarakiroyalcc.com

●プレーの申込み　ビジター可
●予約　3か月前の同日から受付け
●コンペ　3か月前の1日より受付け
●休日　1／1　クラブ指定日
●クレジット　JCB　VISA　DC 他
●開場日　1991年10月5日
●コースの特徴　18H　P72　7079Y
全体的にフラットで単調になりがちなホールに池やマウンドを要所に配し、グリーンはアンジュレーションが効いて難しい
●コースレート　73.0
●練習場　250Y13打席
●電車　水郡線常陸太田駅
●クラブバス　なし
●タクシー　水戸駅から40分約7000円
●プレースタイル　セルフプレーで乗用カート
●シューズ　ソフトスパイク推奨
●ビジター料金表

	平　日	土　日	祝　日
セ　ル　フ	6,000	10,500	10,500

2021年10～11月の昼食付料金
期間により料金は異なる
●セルフデー　月曜日4200円昼食付
お風呂・ロッカーはクローズ

【自動車】三郷 IC（常磐自動車道）93.8キロ→那珂 IC（国道349号）15キロ→コース　所要時間1時間30分　那珂 IC の料金所を出て、すぐに右車線に入り東海常陸太田に進む。国道349号を常陸太田市に向かい、コース案内板に従って左折してコースへ。那珂 IC より約20分

入間カントリークラブ

〒350-0413　埼玉県入間郡越生町如意1159－1　FAX 049(292)6436
https://www.iruma-cc.co.jp

●**プレーの申込み**　平日は会員の紹介 土日祝は会員の同伴が必要

●**予約**　平日は4か月前の1日、土日祝は3か月前の同日、セルフデーは2か月前の1日から受付け

●**コンペ**　土日祝は原則3組まで、平日は組数制限なし

●**休日**　クラブ指定日　1／1

●**クレジット**　各種

●**開場日**　1977年9月18日

●**コースの特徴**　18H　P72　6654Y ゆるやかな丘陵林間コース。距離がありフェアウェイも広いホールが多いが、正確なショットが必要なホールもある

●**電車**　東武東上線坂戸駅

●**クラブバス**　坂戸駅北口から平日 7:25　7:55　8:25　8:55　土日祝6:50 7:15　7:45　8:15　8:45　セルフデーは運休

●**タクシー**　坂戸駅から20分3300円

●**プレースタイル**　キャディ付で乗用カート

●**シューズ**　ゴルフ靴はすべて可

●**ビジター料金表**

	平　日	土　曜	日　祝
キャディ付	17,000	26,000	25,000

オフシーズン（1～3月、7～9月）割引

●**セルフデー**　原則月曜日実施12200円昼食付

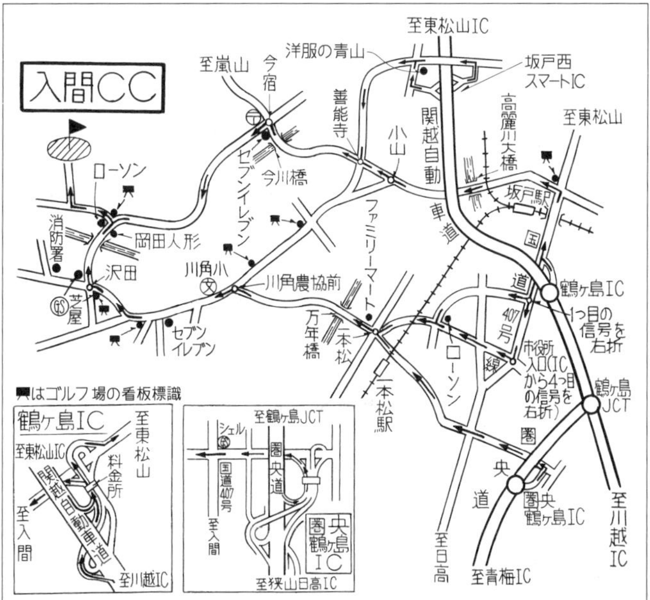

【**自動車**】練馬IC（関越自動車道）29.6キロ→鶴ケ島IC 10.5キロ→コース　所要時間45分　鶴ケ島ICで降り、鶴ケ島方面出口を出て1つ目または4つ目の信号を右折。一本松交差点を過ぎ、川角農協前信号を左折する。コース案内板に従って進み、沢田信号を右折してコースへ。坂戸西スマートICより約15分

岩瀬桜川カントリークラブ

〒309-1341　茨城県桜川市門毛2150　FAX 0296(75)5571
予約専用　0296(75)5678　http://www.iwasesakuragawa-cc.co.jp

●プレーの申込み　ビジター可
●予約　平日は3か月前の1日、土日祝は2か月前の1日から受付け
●コンペ　組数は相談
●休日　無休
●クレジット　JCB VISA UC AMEX
●開場日　1989年10月10日
●コースの特徴　18H　P72　6785Y
ほとんどフラットなコースで、ティからグリーンが見渡せるベントワングリーンの戦略コース
●コースレート　71.7
●電車　水戸線岩瀬駅
●クラブバス　なし
●タクシー　岩瀬駅から10分
●プレースタイル　セルフで5人乗り乗用カート。キャディ付は要予約
●シューズ　ソフトスパイク推奨
●ビジター料金表

	平　日	土　日	祝　日
セ　ル　フ	6,800	13,800	13,800

2021年10月の昼食付料金
キャディ付は3300円加算
期間により料金は異なる
●プレー情報　ジュニア料金・通年2200円（昼食別）

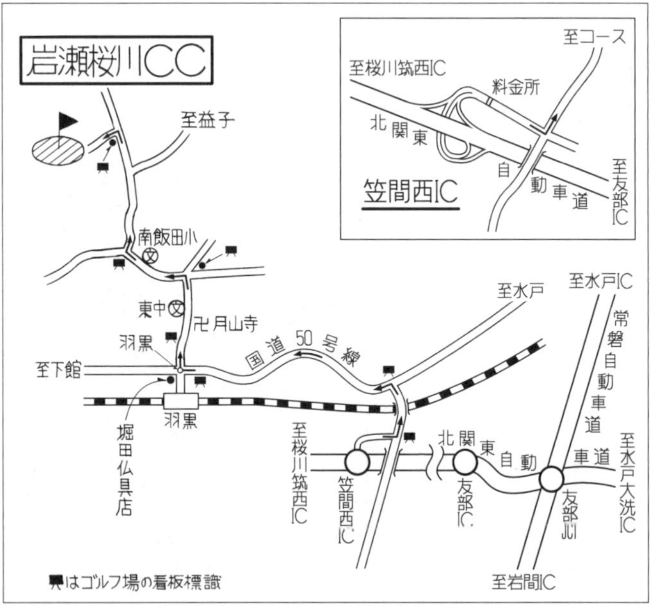

【自動車】三郷 IC（常磐道、北関東自動車道）90.4キロ→笠間西 IC 10キロ→コース　所要1時間20分　常磐道・友部 JCT から北関東自動車道で笠間西 IC へ。料金所を出て左折し、国道50号を下館方面へ向かう。羽黒駅前を右折し、コース案内板に従ってコースへ

IWAFUNE GOLF CLUB

〒329-4314　栃木県栃木市岩舟町小野寺3980　FAX 0282(57)7796
https://www.accordiagolf.com

●プレーの申込み　ビジター可
●予約　3か月前の同日から受付け
●コンペ　組数制限なし
●休日　無休
●クレジット　JCB　VISA　AMEX　マスター
●開場日　1993年10月13日
●コースの特徴　18H　P72　6271Y
加藤俊輔氏設計による戦略的なコース。距離はやや短いが、池やマウンドが多用され正確なショットが必要
●練習場　5打席
●電車　東北新幹線小山駅、または東武日光線新大平下駅
●クラブバス　なし
●タクシー　新大平下駅から約20分3000円
●プレースタイル　セルフプレーでGPSナビ付リモコン乗用カート
●シューズ　ソフトスパイクのみ
●ビジター料金表

	平　日	土　曜	日　曜
セ　ル　フ	6,990	15,990	15,990

昼食付。ロッカーフィ300円別途
期間、曜日により料金は異なる
●プレー情報　コンペプラン、ツーサム平日1100円・土日祝2200円追加

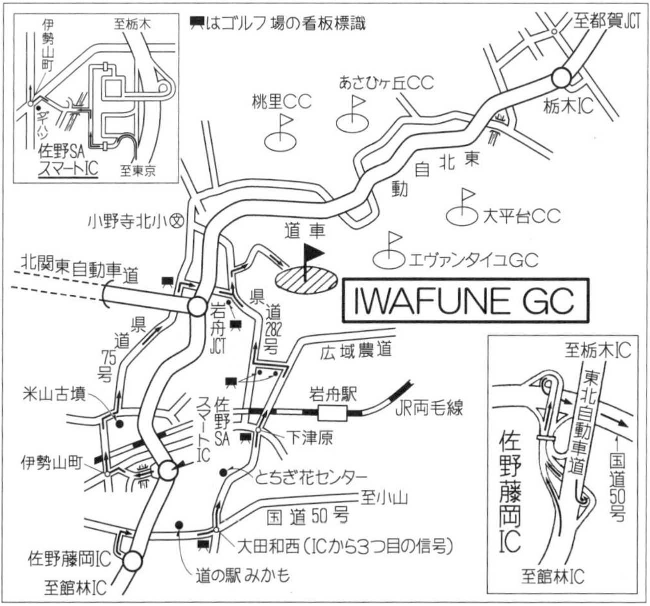

【自動車】浦和料金所（東北自動車道）50.2キロ→佐野藤岡IC 9.7キロ→コース
所要時間1時間　佐野藤岡ICを小山方面に出て、ICから3つ目の信号を左折する。JR両毛線の陸橋を越え、コース案内板に従ってコースへ

ウィーゴカントリー倶楽部

〒381-2353　長野県長野市信更町田野口3956　FAX 026(290)3003
http://www.wego-cc.com

●プレーの申込み　パブリックコース
●予約　3か月前の同日から受付け
●コンペ　3か月前の同日から受付け
●休日　12月下旬～3月上旬は冬期クローズ
●クレジット　各種
●開場日　2001年4月
●コースの特徴　18H　P72　6654Y
自然の起伏を利用した適度なアンジュレーションと立木でセパレートされた林間風の丘陵コース
●コースレート　71.8
●練習場　50Y6打席
●電車　JR篠ノ井線篠ノ井駅
●クラブバス　なし
●タクシー　篠ノ井駅から約15分、約3000円
●プレースタイル　セルフでGPSナビ付き4人乗りリモコン式電磁誘導カート
●シューズ　ソフトスパイク、スパイクレス
●ビジター料金表

	平　日	土　曜	日　祝
セ　ル　フ	8,100	11,650	11,650

●プレー情報　平日ツーサムプレー可　薄暮ハーフプレー、ジュニア料金、レディスデー、友の会

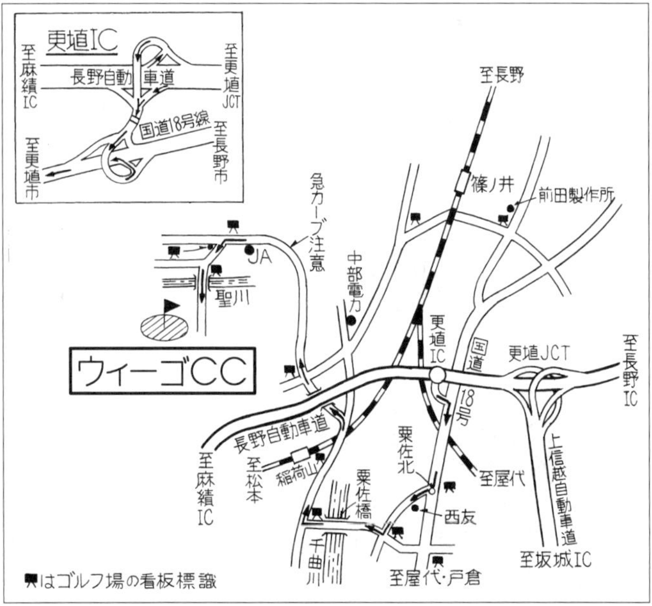

【自動車】練馬IC（関越・上信越自動車道）197.5キロ→更埴JCT（長野自動車道）0.9キロ→更埴IC 8キロ→コース　所要時間2時間30分　更埴ICで降り、国道18号線を更埴市方面へ向かう。粟佐北の信号を右折し、粟佐橋を渡り、突き当たりを右折、長野自動車道をくぐり、案内板に従ってコースへ

ウィンザーパークゴルフアンドカントリークラブ

〒311-4401　茨城県東茨城郡城里町塩子3473　FAX 0296(88)2561
https://www.wpgcc.com/

●**プレーの申込み**　パブリックコース
●**予約**　原則として3か月前の同日10時から受付け
●**コンペ**　組数は相談
●**休日**　無休
●**クレジット**　AMEX　JCB　ニコス　ダイナース　VISA　セゾン　MC 他
●**開場日**　1998年7月1日
●**コースの特徴**　18H　P72　7007Y
フラットな本格的チャンピオンコース。造形が美しく、各ホールは印象深く、英国などヨーロッパからのゴルファーより好評を得ている
●**練習場**　250Y9打席・左打ち1打席
●**電車**　常磐線友部駅
●**クラブバス**　友部駅から予約制
●**タクシー**　友部駅から30分7000円
●**プレースタイル**　セルフプレーで乗用カート。キャディ付は要予約
●**シューズ**　メタルスパイク禁止
●**ビジター料金表**

	平　日	土　曜	日　曜
セ　ル　フ	8,000	15,000	14,000

祝日13000円。2021年11月の昼食付料金。期間、曜日により料金は異なる。キャディ付は4B3500円、3B4000円、2B4800円
●**プレー情報**　宿泊パック、友の会

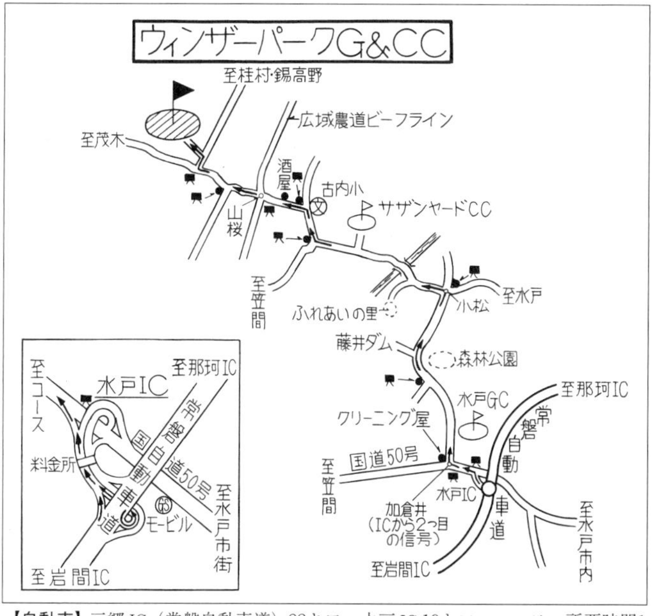

【自動車】三郷 IC（常磐自動車道）82キロ→水戸 IC 19キロ→コース　所要時間1時間20分　水戸 IC を降りて国道50号線を笠間方面に100m ほど走り、加倉井交差点を右折して茂木方面に向かう。ふれあいの里を経て突き当たりを右折し、古内小学校前を左折してコースへ

上田菅平高原グランヴィリオゴルフ倶楽部

〒386-2204　長野県上田市菅平高原1223-3307　FAX 0268(74)3428
予約0268(74)1144　https://www.grandvrio-golfclub.com/sugadaira/

●プレーの申込み　ビジター可
●予約　電話、HP で随時受付け
●コンペ　組数制限なし
●休日　営業期間中無休
11月中旬～4月中旬は冬期クローズ
●クレジット　JCB　DC　UFJ　UC　VISA　AMEX
●開場日　1965年8月30日
●コースの特徴　18H　P72　6459Y
100年以上のシナノ木、白樺、カラ松でセパレートされた本格的な高原コース
●コースレート　70.7
●練習場　50Y12打席
●電車　北陸新幹線上田駅
●クラブバス　なし　上田駅から菅平高原行のバスで終点下車（約60分）
●タクシー　上田駅から40分約9000円
●プレースタイル　セルフプレーで乗用カート
●シューズ　ソフトスパイク
●ビジター料金表

	平　日	土　曜	日　祝
セ　ル　フ	7,350～	10,500～	10,500～

2021年10月の料金
季節によって料金は異なる

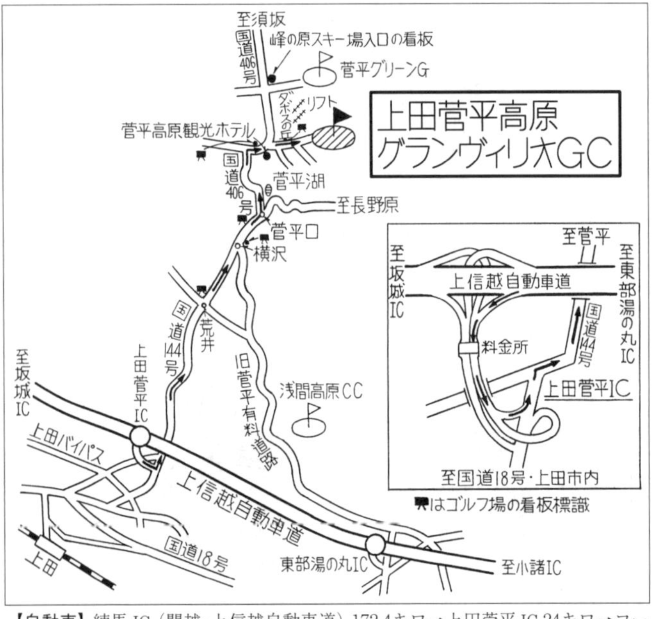

【自動車】練馬 IC（関越・上信越自動車道）172.4キロ→上田菅平 IC 24キロ→コース　所要時間2時間30分　上信越自動車道を上田菅平 IC で降り、国道144号を菅平方面に直進。菅平口（看板あり）の信号を左折して国道406号線に入りコースへ

上田丸子グランヴィリオゴルフ倶楽部

〒386-0402　長野県上田市藤原田1038－1　FAX 0268(42)3968
https://www.grandvrio-golfclub.com/maruko/

●**プレーの申込み**　原則として会員の紹介が必要。予約状況によりビジター可
●**予約**　3か月前の同日から受付け
●**コンペ**　組数制限なし
●**休日**　12／31(積雪時クローズあり)
●**クレジット**　DC　JCB　AMEX 他
●**開場日**　1974年6月10日
●**コースの特徴**　27H　P108　9949Y　650m 前後の丘陵地ながらアップダウンは少なく、フェアウェイもゆったりしている。グリーン回りは狭いので、正確なショットが要求される
●**コースレート**　71.9
●**電車**　北陸新幹線上田駅、またはしなの鉄道大屋駅
●**クラブバス**　なし
●**タクシー**　上田3500円、大屋1500円
●**プレースタイル**　セルフプレーでGPS ナビ付乗用カート
●**シューズ**　メタルスパイク禁止
●**ビジター料金表**

	平　日	土　曜	日　祝
セ　ル　フ	7,800	12,600	12,600

上記は2021年10月の昼食付料金
期間により料金は異なる
●**プレー情報**　ジュニア割引、宿泊パック、コンペ割引

【自動車】 練馬 IC（関越、上信越自動車道）167.2キロ→東部湯の丸 IC 8キロ→コース　所要時間2時間　関越自動車道藤岡 JCT から上信越自動車道を利用して東部湯の丸 IC へ。IC を出て、国道18号線の常田交差点を直進。田中橋を渡って、坂井交差点を左折してコースへ

上野原カントリークラブ

〒409-0112　山梨県上野原市上野原6887　FAX 0554(63)2528
予約専用　0554(63)3838　http://www.uenoharacc.com

●プレーの申込み　ビジター可
●予約　3か月前の1日9時から予約専用電話にて受付け
●コンペ　予約状況により相談
●休日　1/1
●クレジット　UC　VISA　JCB　ダイナース　AMEX　マスター
●開場日　1999年10月5日
●コースの特徴　18H　P72　6711Y　フェアウェイは広く、ブラインドホールも少ない。池やバンカーが適度に配置され、戦略性の高い18ホール
●コースレート　71.0
●練習場　60Y15打席
●電車　中央本線藤野駅
●クラブバス　藤野駅から6:35　7:30　8:40
●タクシー　上野原駅15分約3000円
●プレースタイル　キャディ付で乗用カート。セルフプレーも可
●シューズ　メタルスパイク禁止
●ビジター料金表

	平　日	土　曜	日　祝
キャディ付	16,000	24,800	24,800

季節料金あり
●セルフデー　クラブ指定の月曜日11600円食事付（税込）
●プレー情報　コンペパック

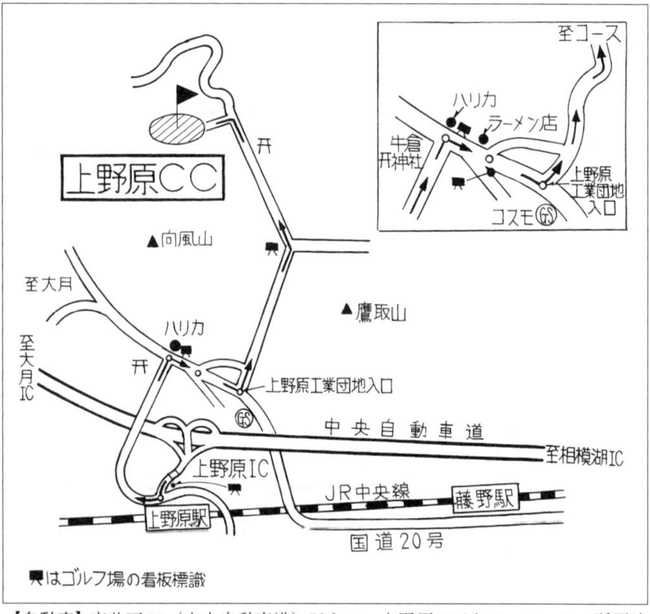

【自動車】高井戸 IC（中央自動車道）50キロ→上野原 IC 6キロ→コース　所要時間47分　上野原 IC で降りて上野原方面に右折、中央自動車道を越えて直進する。国道20号線に出て T 字路を右折して、約400m 先の上野原工業団地入口信号を左折。2キロ先の二股を棡原方面に左折して2キロでコース

う

うぐいすの森ゴルフクラブ＆ホテル馬頭

〒324-0604　栃木県那須郡那珂川町盛泉1500　FAX 0287(92)5615
https://umgc.jp/bato/

●プレーの申込み　パブリックコース
●予約　3ヵ月前の同日から受付け
●コンペ　組数制限なし
●休日　クラブ指定日
●クレジット　各種
●開場日　1989年5月26日
●コースの特徴　18H　P72　6715Y
PGAツアーの公認コースとして日本で最初に造られたコース。ウォーターハザードやバンカー、樹木が効果的にレイアウトされている
●コースレート　71.3
●練習場　250m17打席
●電車　東北本線氏家駅
●クラブバス　要問合せ
●タクシー　氏家駅から40分10000円
●プレースタイル　セルフでGPSナビ付5人乗り乗用リモコンカート
●シューズ　メタルスパイク禁止
●ビジター料金表

	平　日	土　曜	日　祝
セ　ル　フ	5,320	10,900	10,900

上記は2021年10月～11月の昼食付料金。期間により料金は異なる
●プレー情報　コンペプラン、温泉宿泊パック（ホテル馬頭「金山の湯」馬頭温泉）、ジュニア料金

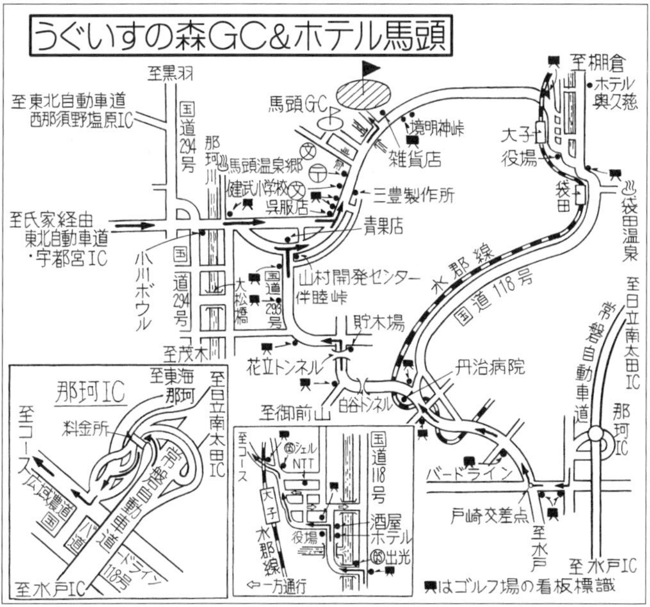

【自動車】三郷IC（常磐自動車道）93.8キロ→那珂IC（国道118号）14キロ→大宮町（国道293号）34キロ→馬頭町10キロ→コース所要時間2時間10分　那珂ICを降り大子方面に向かい、常陸大宮市から国道293号を那珂川町へ進んでコースへ。または東北自動車道・矢板ICから40キロ

うぐいすの森ゴルフクラブ水戸

〒311-4406　茨城県東茨城郡城里町下赤沢314－1　FAX 0296(88)3801
https://umgc.jp/mito/

●**プレーの申込み**　パブリックコース
●**予約**　2か月前の同日午前9時から受付け
●**コンペ**　組数は相談
●**休日**　1／1（冬期臨時休場あり）
●**クレジット**　JCB　VISA　ダイナース　マスター　AMEX
●**開場日**　1996年5月8日
●**コースの特徴**　18H　P72　6711Y
自然をあるがままに活かすというPGAツアーの設計思想を元に、起伏に富んだ地形に造られたタフな丘陵コース
●**練習場**　180Y11打席
●**電車**　常磐線友部駅
●**クラブバス**　なし
●**タクシー**　友部駅から30分6000円
●**プレースタイル**　セルフプレーでGPSナビ付4人乗りリモコン乗用カート
●**シューズ**　ソフトスパイク推奨
●**ビジター料金表**

	平　日	土　日	祝　日
セ　ル　フ	5,200	11,000	9,800

2021年10月～11月の料金で昼食付
期間により料金は異なる
●**プレー情報**　ジュニア料金、友の会オープンコンペ

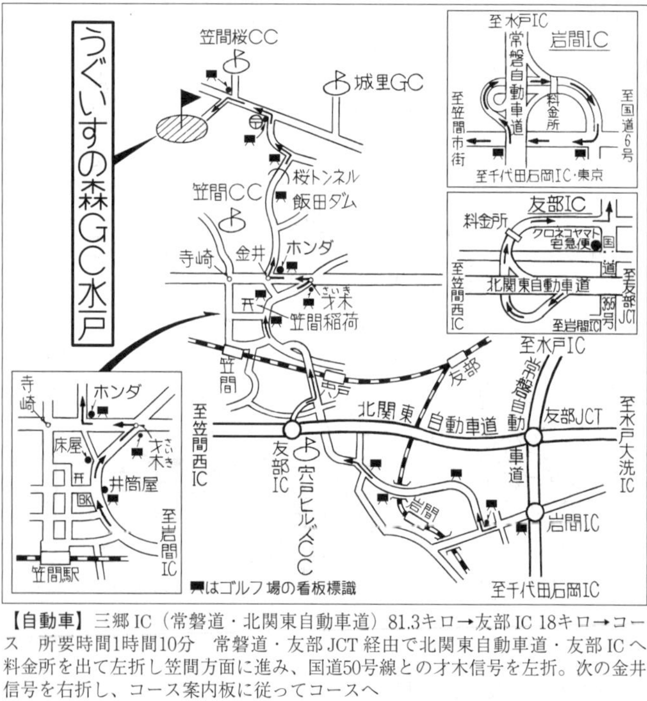

【自動車】三郷IC（常磐道・北関東自動車道）81.3キロ→友部IC 18キロ→コース　所要時間1時間10分　常磐道・友部JCT経由で北関東自動車道・友部ICへ。料金所を出て左折し笠間方面に進み、国道50号線との才木信号を左折。次の金井信号を右折し、コース案内板に従ってコースへ

内原カントリー倶楽部

〒319-0323　茨城県水戸市鯉淵町6798　FAX 029(259)5641
https://www.pacificgolf.co.jp/uchihara/

●**プレーの申込み**　ビジター可。詳細は要問合せ
●**予約**　3か月前の1日より受付け
●**コンペ**　組数は相談
●**休日**　無休
●**クレジット**　各種
●**開場日**　1990年10月10日
●**コースの特徴**　18H　P72　6834Y
高低差3メートルのフラットなコース。アウトの6番は最長ミドルホール。7番はグリーン手前に2つのポットバンカーを配した池越えのショートホール
●**練習場**　12Y12打席
●**電車**　常磐線友部駅
●**クラブバス**　なし
●**タクシー**　友部駅より約5分
●**プレースタイル**　キャディ付またはセルフで乗用カート
●**シューズ**　メタルスパイク禁止
●**ビジター料金**
季節により料金が異なるため、ホームページ参照、またはクラブに要問合せ

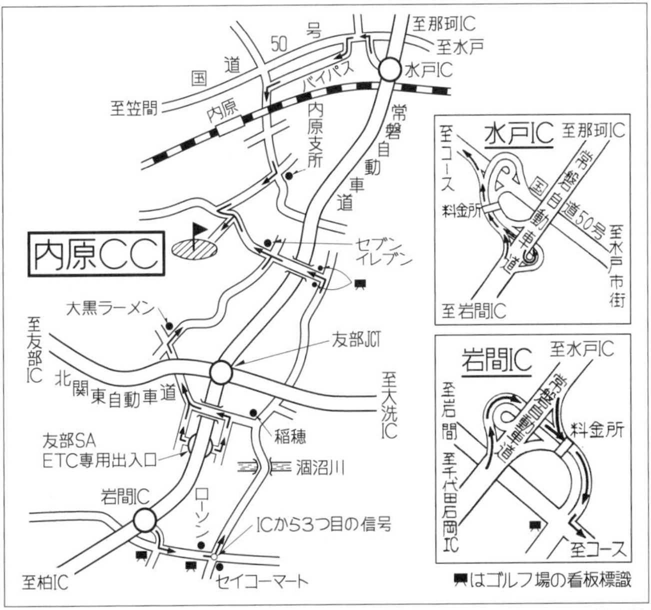

【自動車】 三郷 IC（常磐自動車道）69.1キロ→岩間 IC 12キロ→コース　所要時間50分　料金所を出て左折し、IC から3つ目の信号を左折する。涸沼川を渡り、コース案内板に従って左折してコースへ。友部 SA の ETC 専用出入口（友部スマート IC）からは約7分

ウッドストックカントリークラブ

〒406-0832　山梨県笛吹市八代町竹居字大口山　FAX 055(265)3316
https://woodstockcc.jp/　本社03(3984)4141

●**プレーの申込み**　パブリックコース
●**予約**　2か月前の1日からフロントと本社で受付け
●**コンペ**　組数制限なし。2か月前の1日から受付け
●**休日**　クラブ指定日　1／1
●**クレジット**　JCB　AMEX　VISA 他　ID（おサイフケータイ）
●**開場日**　1981年9月5日
●**コースの特徴**　18H　P71　6509Y
山岳コースだが乗用カートなので苦労なく回れる。アウトは正確さとテクニック、インは豪快なプレーで攻略
●**練習場**　30m10打席・バンカー
●**電車**　中央本線石和温泉駅
●**クラブバス**　なし
●**タクシー**　石和温泉駅20分約4000円
●**プレースタイル**　セルフプレーで4人乗り乗用カート
●**シューズ**　ソフトスパイク限定
●**ビジター料金表**

	平　日	土　曜	日　祝
セ　ル　フ	8,800	13,800	12,800

昼食付。期間により料金は異なる。ツーサム可（組合せの場合あり）
●**プレー情報**　コンペプラン

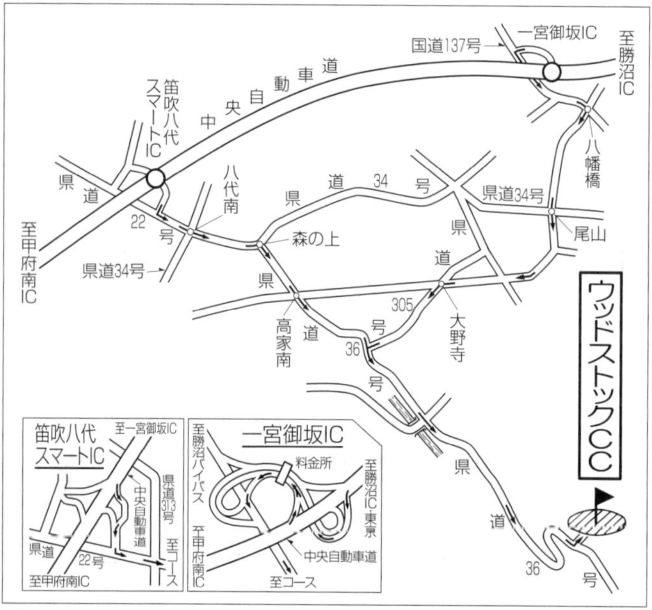

【自動車】高井戸 IC（中央自動車道）96.3キロ→一宮御坂 IC10キロ→コース　所要時間1時間30分　料金所を出て河口湖御坂方面に向かう。高架をくぐり八幡橋信号を右折する。県道305号の大野寺信号を左折し、突き当りを左折してコースへ。笛吹八代スマート IC からは8キロ15分

宇都宮インターリゾート鶴カントリー倶楽部

う

〒321-2118　栃木県宇都宮市新里町甲1081　FAX 028(652)2920
本社　03(3265)5451　http://www.tsurucc.jp/

●プレーの申込み　予約状況によりビジター可
●予約　3か月前の同日より受付け
●コンペ　組数は相談
●休日　無休
●クレジット　JCB　MC　ダイナース　VISA　AMEX
●開場日　1977年4月17日
●コースの特徴　27H　P108　10374Y
本格的なコース作りを目指してメンテナンスを重視。ゴルフ場の美しさを追求し、変化に富む27ホールを楽しめる
●コースレート　東・中72.0　中・西72.3　西・東72.0
●練習場　180Y15打席
●電車　東北新幹線宇都宮駅
●クラブバス　宇都宮駅西口より土日祝のみ8:10予約制
●タクシー　宇都宮駅より30分4800円
●プレースタイル　キャディ付またはセルフで乗用カート
●シューズ　メタルスパイク禁止
●ビジター料金表

	平　日	土　日	祝　日
キャディ付	9,500	17,500	16,000
セ　ル　フ	6,000	14,000	12,500

平日昼食付。期間により料金は異なる
併設のホテル鶴との宿泊パックあり

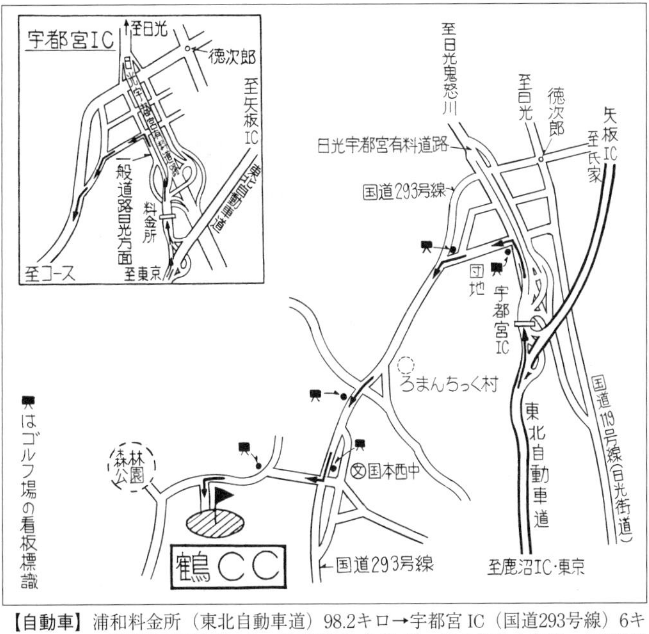

【自動車】浦和料金所（東北自動車道）98.2キロ→宇都宮IC（国道293号線）6キロ→コース　所要時間1時間20分　宇都宮ICを出て1つ目の信号を左折。国道293号線を鹿沼方面に向かって進み、信号3つ目を右折するとコース

宇都宮ガーデンゴルフクラブ

〒329-1204　栃木県塩谷郡高根沢町文挟764－3　FAX 028(676)1012
https://www.uggc.jp/

●プレーの申込み　パブリックコース
●予約　3か月前の同日から受付け
●コンペ　組数制限なし
●休日　1/1（要問合せ）
●クレジット　VISA　JCB　DC 他
●開場日　1996年10月1日
●コースの特徴　18H　P72　6821Y
高低差14m とフラットな地形で、池、クリーク、バンカーが戦略性を高める
●コースレート　72.1
●練習場　70Y10打席
●電車　東北本線宝積寺駅
●タクシー　宝積寺駅から約15分
●クラブバス　予約制で宝積寺駅から8:50

●プレースタイル　セルフで5人乗り乗用カート使用。予約制でキャディ付も可
●シューズ　メタルスパイク禁止
●ビジター料金表

	平　日	土　日	祝　日
セ　ル　フ	6,980	13,250	13,250

2021年10月～11月の昼食付料金
火曜は完全セルフデー・スループレー4230円
キャディ付は4B3300円加算
●プレー情報　コンペパック

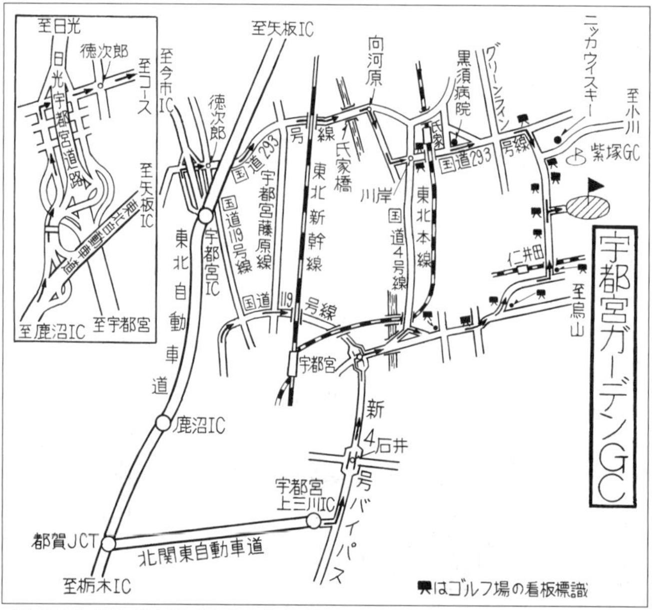

【自動車】浦和料金所（東北自動車道）98.2キロ→宇都宮 IC 25キロ→コース
所要時間1時間40分　宇都宮 IC で降り、国道293号線を氏家に向かう。鬼怒川を渡って最初の向河原信号を右折し、国道4号線を越えて直進。コース看板に従って右折してコースへ。土日祝は上三川 IC 利用が便利

宇都宮カンツリークラブ

う

〒320-0051　栃木県宇都宮市上戸祭町3100　FAX 028(622)2522
http://www.utsunomiya-cc.co.jp/

●プレーの申込み　ビジター可
●予約　随時受付け
●コンペ　組数は相談
●休日　毎月第1月曜日　1／1
●クレジット　JCB　UC　VISA　DC　MUFG
●開場日　1961年7月15日
●コースの特徴　27H　P108　9792Y
丘陵コースだがほとんど上り坂は気にならない。フェアウェイも広く、良く整備されている。
●電車　東北新幹線宇都宮駅
●クラブバス　宇都宮駅西口ララスクエア前から平日は8:40、土日祝は8:10と8:40、全日予約制で9:10
●タクシー　宇都宮駅から20分2600円
●プレースタイル　キャディ付またはセルフで乗用カート
●シューズ　メタルスパイク禁止
●ビジター料金表

	平　日	土　曜	日　祝
キャディ付	9,050	16,700	16,700
セ　ル　フ	6,850	14,500	14,500

上記は4月～5月と10月～11月の料金
●セルフデー　毎週月曜日（祝日は翌火曜）6000円昼食付。12／31も実施
●プレー情報　夏期・冬期割引、シニア割引、コンペ割引、5組以上バスパックあり

【自動車】浦和料金所（東北自動車道）98.2キロ→宇都宮IC 4.5キロ→コース
所要時間1時間20分　宇都宮ICで降りて、宇都宮北道路を栃木·小山、国道4号方面に向かって進む。最初の信号を左折してコースへ。または最初の降り口から側道に出て1キロ先を左折する

☎027(381)0001

梅ノ郷ゴルフ倶楽部

〒379-0103　群馬県安中市中秋間198－4　FAX 027(381)0004
予約専用　027(381)0002　http://www.umenosato.co.jp/

●プレーの申込み　ビジター可
●予約　3か月前の同日から予約専用電話で受付け
●コンペ　予約状況により相談
●休日　年3回休場日あり
●クレジット　VISA　マスター他
●開場日　1992年10月8日
●コースの特徴　18H　P72　6445Y
比較的距離は短いがガードバンカーや池が絡みグリーン回りが難しい。。フェアウェイもサンド化で排水が良くコンディションが良い
●コースレート　69.6
●電車　北陸新幹線安中榛名駅
●クラブバス　安中榛名駅から予約制
●タクシー　高崎駅から30分5500円、安中榛名駅から5分1500円
●プレースタイル　キャディ付またはセルフで5人乗り乗用カート
●シューズ　ソフトスパイク推奨
●ビジター料金表

	平　日	土　曜	日　祝
キャディ付	10,500	16,000	16,000
セ　ル　フ	7,500	13,000	13,000

昼食付。ツーサムプレー可
シーズンによりお得なプレー料金あり。詳細はコースへ要問合せ。
●プレー情報　アフタヌーンプレー、宿泊パック

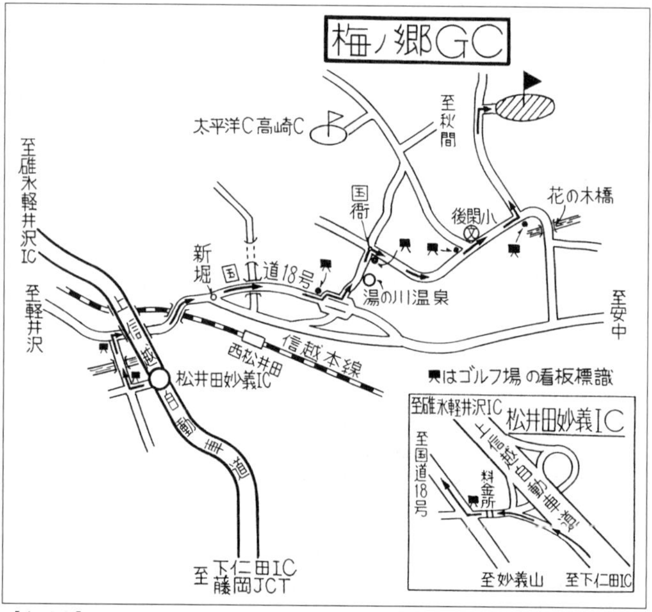

【自動車】練馬 IC（関越、上信越自動車道）116.1キロ→松井田妙義 IC 6キロ→国衙信号6キロ→コース　所要時間1時間30分　関越自動車道藤岡 JCT から上信越自動車道を利用して松井田妙義 IC で降りる。国道18号を高崎方面に戻り、立体交差を左折し国衙信号を右折。後閑小前を通り案内板に従ってコースへ

浦和ゴルフ倶楽部

う

〒338-0834　埼玉県さいたま市桜区新開3－13－1　FAX 048(862)5304
予約048(866)6911　本社03(3452)3741　http://www.urawagc.jp/wp_urawagc/

●プレーの申込み　ビジター可
●予約　平日は3か月前の1日、土日祝は3か月前の同日、午前9時より受付け
●コンペ　予約状況により相談
●休日　無休
●クレジット　JCB　VISA　UC 他
●開場日　1962年10月25日
●コースの特徴　18H　P72　6566Y
地形は平たんだが各ホールを樹木でセパレートしてあり、バンカーや池を巧みに配置した戦略性の高いコース
●コースレート　71.0
●練習場　別施設あり
●電車　埼京線武蔵浦和駅
●クラブバス　なし
●タクシー　武蔵浦和駅15分約1500円
●プレースタイル　キャディ付、またはセルフで乗用カート
●シューズ　ソフトスパイク推奨
●ビジター料金表

	平　日	土　曜	日　祝
キャディ付	18,800	25,500	25,500
セ　ル　フ	13,800	20,500	20,500

●プレー情報　優待券発行、サービスデー、コンペ割引

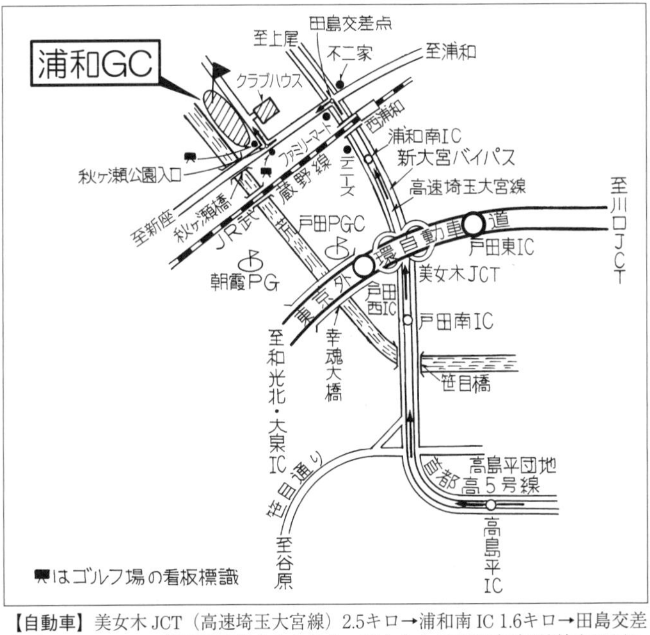

【自動車】美女木 JCT（高速埼玉大宮線）2.5キロ→浦和南 IC 1.6キロ→田島交差点1キロ→コース　所要時間都心から30分　都心からは首都高速5号線を利用して、美女木 JCT から高速埼玉大宮線に進み浦和南 IC を降りる。JR 武蔵野線の高架をくぐり新座方面へ。田島交差点を左折し、秋ヶ瀬公園入口を右折する

ABC いすみゴルフコース

〒298-0112　千葉県いすみ市国府台小倉山1800　FAX 0470(86)6011
予約専用　050(3786)1152　http://www.abcisumigc.jp

●プレーの申込み　パブリックコース
●予約　ホームページ、電話にて随時受付け
●コンペ　上記に準じる
●休日　年中無休
●クレジット　JCB　AMEX　VISA　ダイナース　マスター
●開場日　2011年4月29日
●コースの特徴　18H　P72　6,624Y
高低差の激しいドラスティックなコース。自然を色濃く残したダイナミックなレイアウトは、頭脳と巧みな技術を要する
●練習場　7打席、バンカー・アプローチ
●電車　いすみ鉄道国吉駅
●クラブバス　なし
●タクシー　大原駅より30分約4,000円
●プレースタイル　セルフプレーで4人乗り乗用カート
●シューズ　ゴルフ靴はすべて可
●ビジター料金
期間により料金は異なるため、ホームページ参照または要問合せ
●プレー情報　ジュニア割引、午後ハーフ、コンペプラン、早朝スルー、午後スルー

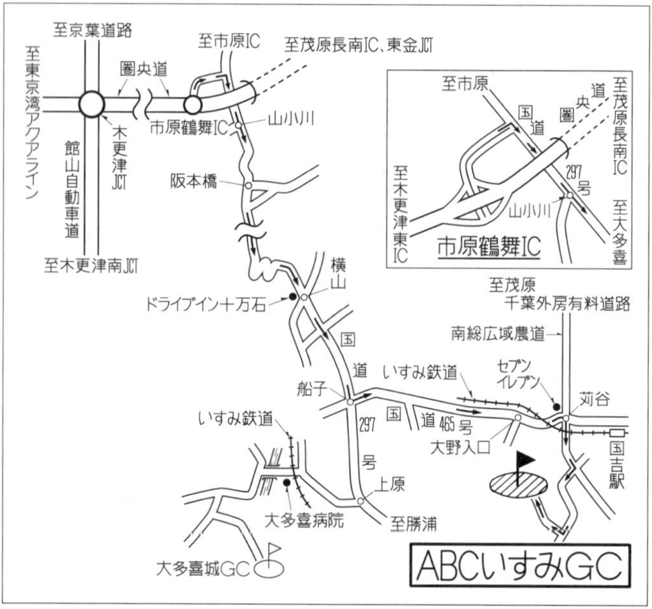

【自動車】川崎浮島JCT(東京湾アクアライン、連絡道)23.7キロ→木更津JCT(圏央道) 19.6キロ→市原鶴舞IC 20キロ→コース　所要時間1時間　市原鶴舞ICを降りて勝浦方面に右折する。約12キロ先の船子交差点を左折し、国道465号線を進む。苅谷交差点を右折してコースへ

エースゴルフ倶楽部〈藤岡コース〉

〒375-0047　群馬県藤岡市上日野大平325　FAX 0274(28)0150
http://www.ace-gc.jp/

●**プレーの申込み**　ビジター可
●**予約**　3か月前の同日から受付け
●**コンペ**　予約状況により相談
●**休日**　毎週月曜日　12／31　1／1
●**クレジット**　AEMEX　VISA　JCB　マスター
●**開場日**　1989年10月10日
●**コースの特徴**　18H　P72　6657Y　ベント1グリーンの戦略的なコース。美しい山々を望みながら豪快にショットを楽しめる
●**コースレート**　70.0
●**練習場**　アプローチ
●**電車**　上越新幹線高崎駅、または高崎線新町駅
●**クラブバス**　なし
●**タクシー**　高崎駅から45分6000円、新町駅から40分5200円
●**プレースタイル**　セルフプレーでGPSナビ付4人乗り乗用カート
●**シューズ**　ゴルフ靴はすべて可
●**ビジター料金表**

	平　日	土　曜	日　祝
セ　ル　フ	6,800	11,800	11,800

2021年10月の料金で昼食付
火曜はスループレー5300円(食事なし)
期間により料金は異なる
●**プレー情報**　宿泊プレー、コンペプラン

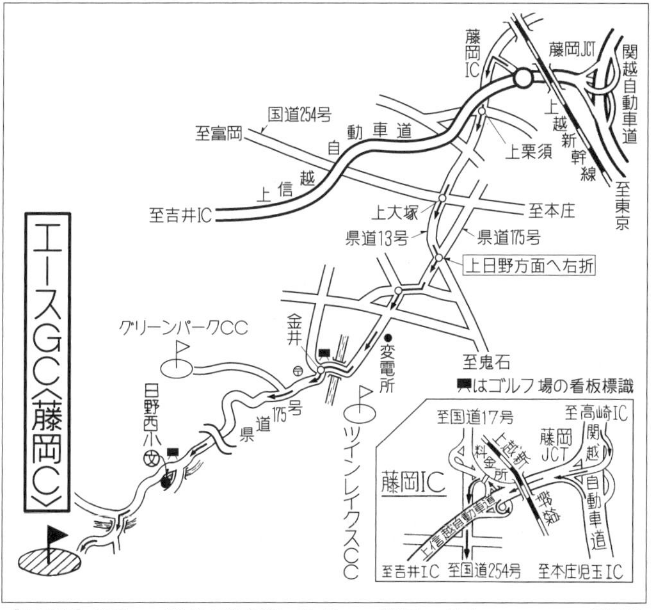

【**自動車**】練馬IC（関越自動車道）80.4キロ→藤岡IC 22キロ→コース　所要時間1時間30分　藤岡ICで降り、料金所を出て左に降りる。国道254号を横断し、上日野方面に右折して県道175号を進む。金井の信号を左折してコースへ

合同会社松戸ゴルフ　江戸川ラインゴルフ松戸コース

〒271-0094　千葉県松戸市上矢切1717　FAX 047(362)4102
http://www.edogawaline-matsudo.jp/

●プレーの申込み　パブリックコース
●予約　平日は到着順、土日祝は2か月前の1日から受付け
●コンペ　組数制限なし
●休日　1／1
●クレジット　キャッシュレス対応
●開場日　1963年5月1日
●コースの特徴　18H　P68　4773Y
都心に近く、フラットな河川敷コース。シニア世代、女性ゴルファーにも人気
●練習場　パター練習場
●電車　千代田線金町駅、京成電鉄京成金町駅
●路線バス　松戸駅から矢切の渡し入口行。矢切の渡し入口下車、徒歩3分
●タクシー　金町駅から10分
●プレースタイル　手引きカートのセルフプレー
●シューズ　ゴルフ靴はすべて可
●ビジター料金表

	平日	土曜	日祝
セルフ	4,750	7,300	7,300

時間内回り放題。午後ハーフ(9H限定)平日2350円、土日祝3650円
手引カート代別途300円（選択制）
●プレー情報　シニア＆レディスデー、学生割引、土日祝親子割引、地元住民割引、ポイントカード割引、福利共済割引

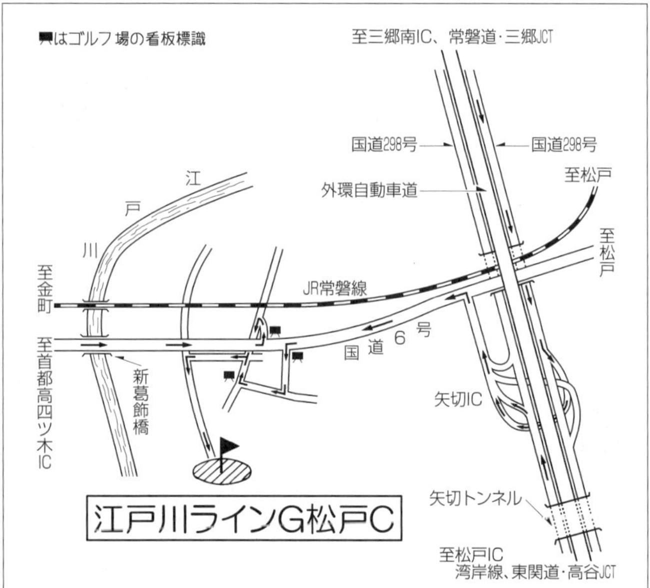

【自動車】●首都高・四ツ木ICからは国道6号線を松戸方面に進み新葛飾橋を渡って左折し、すぐの三差路を左折してコースへ。ICから約6キロ15分。
●外環道・三郷南IC、松戸ICからは国道298号線を国道6号線方面に進んでコースへ。三郷南ICから約5キロ10分、松戸ICからは約2キロ5分

☎029(892)2711

江戸崎カントリー倶楽部

〒300-0525　茨城県稲敷市羽賀2048　FAX 029(892)2250

え

予約専用　029(893)0489　http://www.edosaki-cc.co.jp

●プレーの申込み　会員の紹介が必要。日曜の東コース会員の同伴または紹介

●予約　平日は1年前から、土日祝は6か月前の1日から受付け

●コンペ　予約状況により相談

●休日　クラブ指定日　12／31　1／1

●クレジット　各種

●開場日　1964年11月21日

●コースの特徴　36H　P144　13781Y 東は適度なアンジュレーションがあり、広くフラットなコース。南はフェアウェイが多少狭く感じ、正確なショットが要求されるコース

●練習場　230Y20打席

●電車　常磐線龍ヶ崎市駅

●タクシー　佐貫駅から30分5000円

●クラブバス　龍ヶ崎市駅から8:35 土日祝は8:00を増発

●プレースタイル　東コースはキャディ付で歩行または乗用セルフ、南コースは乗用カートのセルフ

●シューズ　メタルスパイク禁止

●ビジター料金表

	平　日	土　曜	日　祝
東Cセルフ	16,380	26,830	26,830
南Cセルフ	11,100	18,910	18,910

季節割引料金あり。東Cキャディ付は平日17,480円、土日祝27,930円。南Cセルフ平日のみ昼食付

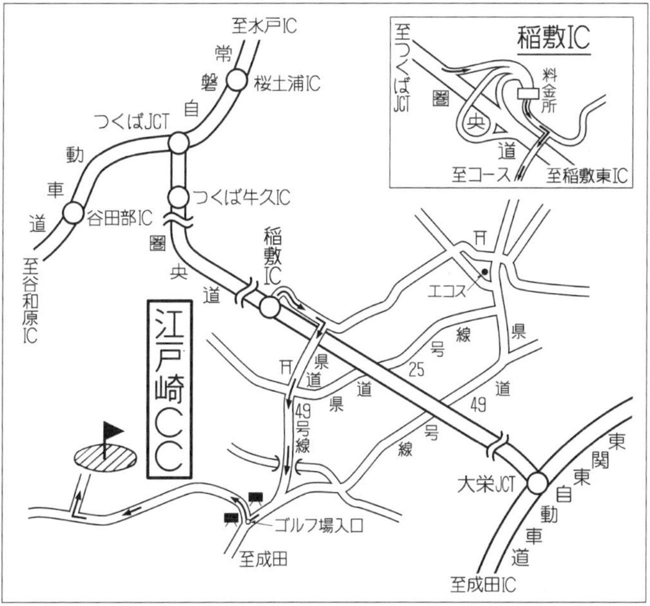

【自動車】三郷IC（常磐道・つくばJCT経由圏央道）54.1キロ→稲敷IC 3キロ→コース　所要時間45分　稲敷ICを降りて成田方面に右折する。T字路を右折し、すぐ先のゴルフ場入口を右折してコースへ

エヴァンタイユゴルフクラブ

〒328-0065　栃木県栃木市小野口町1237－1　FAX 0282(25)1002
https://www.pacificgolf.co.jp/eventail

●**プレーの申込み**　ビジター可
●**予約**　3か月前から受付け
●**コンペ**　組数制限なし
●**休日**　無休
●**クレジット**　AMEX　JCB　VISA　ダイナース　マスター
●**開場日**　1996年5月18日
●**コースの特徴**　18H　P72　6850Y
変化に富んだフェアウェイのアンジュレーション。自然の持つ個性を生かした丘陵コース
●**コースレート**　なし
●**練習場**　あり
●**電車**　東武日光線栃木駅
●**クラブバス**　平日のみ運行(要予約)
●**タクシー**　栃木駅から15分約3200円
●**プレースタイル**　セルフプレーで乗用カート
●**シューズ**　ソフトスパイク推奨
●**ビジター料金**
季節により料金が異なるため、ホームページ参照、またはクラブに要問合せ

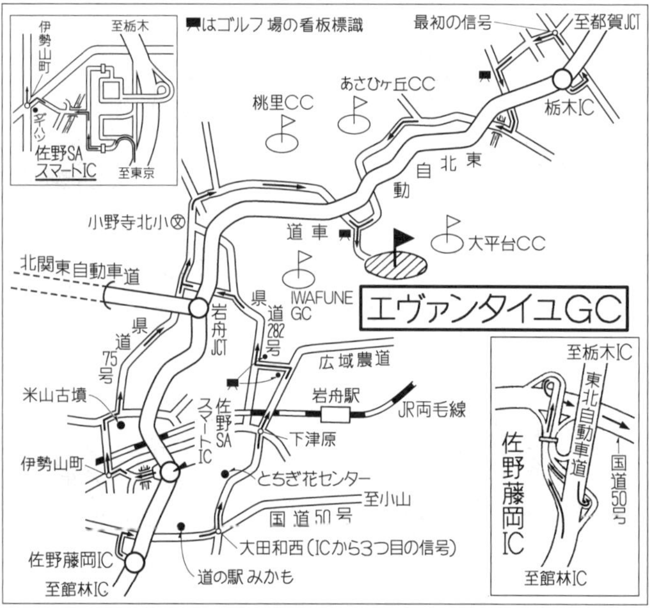

【自動車】浦和料金所（東北自動車道）50.2キロ→佐野藤岡IC 15キロ→コース
所要時間1時間10分　佐野藤岡ICで降り国道50号線を小山方面に進む。ICから3つ目の信号・大田和西を左折し、看板に従って東北自動車道沿いに進みコースへ。栃木ICからは約7キロ

☎0553(33)7111

塩山カントリー倶楽部

〒404-0023　山梨県甲州市塩山中萩原3683－1　FAX 0553(33)7115
https://enzan-cc.co.jp/　予約0553(33)7113～4

●プレーの申込み　予約状況によりビジター可
●予約　3か月前の同日から受付
●コンペ　予約状況により相談
●休日　クラブ指定の火曜日
●クレジット　JCB　VISA　DC　マスター他
●開場日　1992年5月10日
●コースの特徴　18H　P72　6340Y
テクニックと的確な判断が求められ、チャレンジ意欲がかきたてられる
●コースレート　70.3
●電車　中央線塩山駅
●クラブバス　塩山駅から予約制
●タクシー　塩山駅から10分1800円
●プレースタイル　キャディ付またはセルフプレーでリモコン付5人乗り乗用カート
●シューズ　ゴルフ靴はすべて可
●ビジター料金表

	平　日	土　曜	日　祝
キャディ付	12,780	16,780	16,780
セ　ル　フ	9,980	13,980	13,980

●シニア＆レディスデー　祝日を除く月～金曜の平日実施。対象外期間あり
●プレー情報　無料送迎バスツアー

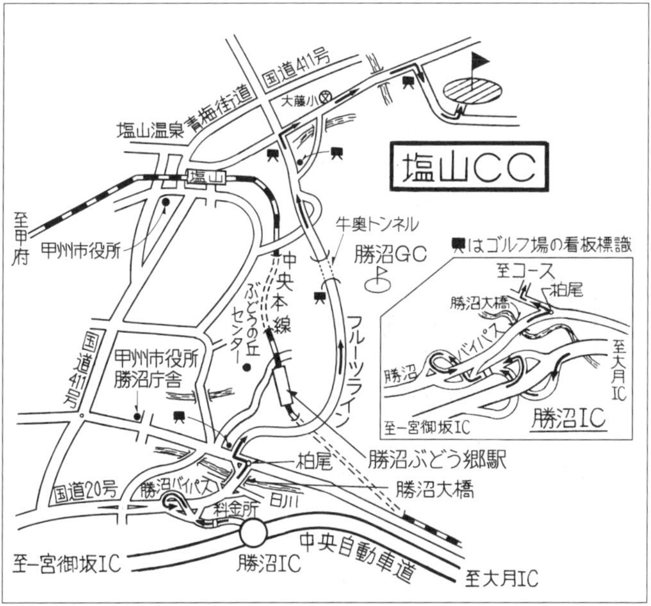

【自動車】高井戸 IC（中央自動車道）90.1キロ→勝沼 IC 11キロ→コース　所要時間1時間15分　勝沼 IC で降り大月方面に進み、勝沼バイパスの突き当たりの柏尾交差点を左折する。50m 先をコース案内板に従って右折し、フルーツラインを塩山方面に向かってコースへ。勝沼 IC より約12分

塩嶺カントリークラブ

〒399-0651　長野県塩尻市北小野4956　FAX 0263(56)2214
http://www.enrei.co.jp

●プレーの申込み　会員の紹介が必要
予約状況によりビジター可
●予約　3か月前の同日から受付け
●コンペ　組数制限なし
●休日　営業期間中無休
12月下旬～3月中旬は冬期クローズ
●クレジット　JCB　UC　VISA 他
●開場日　1973年5月1日
●コースの特徴　27H　P108　10185Y
ダイナミックで距離のある高原のコース。とくにしらかば・りんどうは豪快なプレーが楽しめる
●コースレート　72.5　71.7　71.5
●練習場　270Y14打席
●電車　中央本線岡谷駅
●クラブバス　なし
●タクシー　岡谷駅から15分2000円
●プレースタイル　キャディ付またはセルフでGPSナビ付電磁乗用カート
●シューズ　ソフトスパイク
●ビジター料金表

	平　日	土　曜	日　祝
キャディ付	15,350	19,350	19,350
セ　ル　フ	12,350	16,350	16,350

2021年4／26～11／23の基本料金
●プレー情報　食事付優待料金あり、午後プレー、コンペ割引

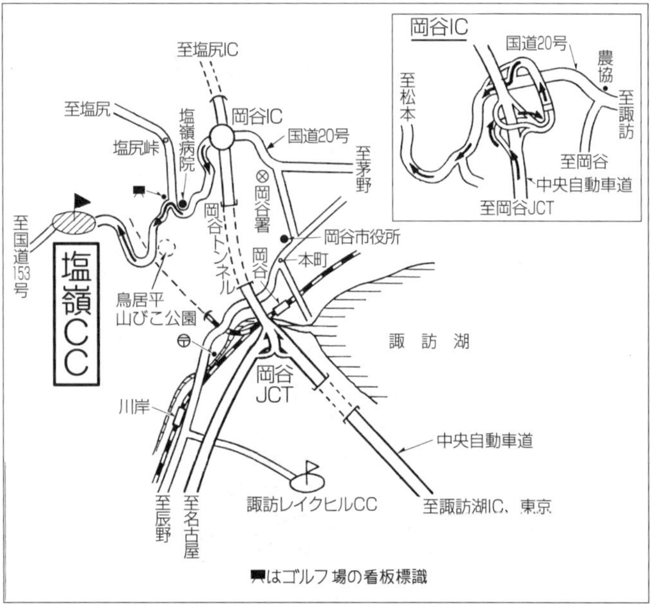

【自動車】高井戸IC（中央自動車道）185.7キロ→岡谷IC 4.2キロ→コース　所要時間2時間30分　中央自動車道岡谷JCT経由で長野線岡谷ICで降りる。国道20号線を塩尻・松本方面へ。塩嶺病院を過ぎたら看板にしたがって左折しコースへ

☎0428(22)0261

青梅ゴルフ倶楽部

〒198-0004　東京都青梅市根ケ布1－490　FAX 0428(24)9134
予約0428(22)0489　https://www.omegc.co.jp/

●プレーの申込み　会員の同伴または紹介が必要
●予約　3か月前の同日より受付け
●コンペ　会員紹介が必要。3か月前の1日より受付け
●休日　毎月第1月曜日　12／31　1／1
●クレジット　各種
●開場日　1958年11月16日
●コースの特徴　27H　P108　9986Y
豪快なプレーが楽しめる丘陵コース
●コースレート　東西71.8　71.1
西中71.5　71.0　中東71.3　70.7
●練習場　250Y24打席
●電車　青梅線東青梅駅
●クラブバス　東青梅駅から到着電車に接続して運行。時刻は要問合せ
●タクシー　東青梅駅から約7分
●プレースタイル　キャディ付で電磁誘導式乗用カート
●シューズ　ソフトスパイク推奨
●ビジター料金
料金についてはホームページ参照またはコースに要問合せ
●セルフデー　クラブ指定の月曜日実施

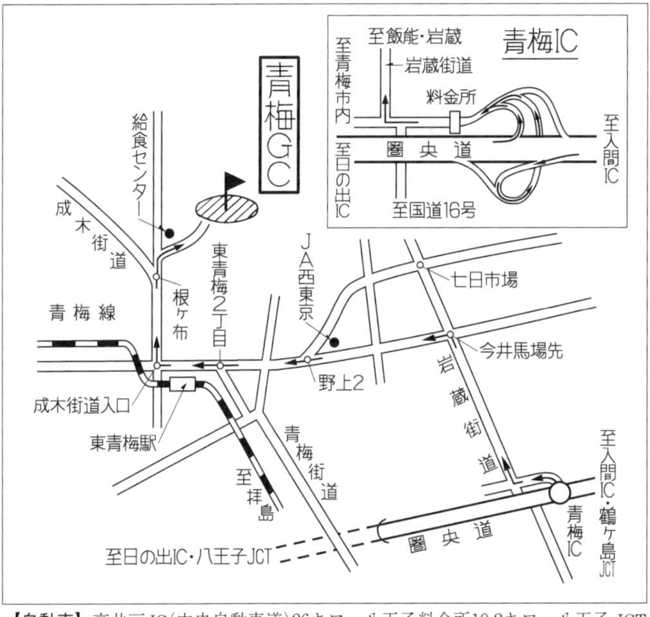

【自動車】高井戸 IC(中央自動車道)26キロ→八王子料金所10.2キロ→八王子 JCT(圏央道) 20.3キロ→青梅 IC 7キロ→コース　所要時間50分　圏央道･青梅 IC を出て2つ目の信号を右折し、今井馬場崎交差点を左折する。約4キロ直進し、東青梅駅北口を過ぎ、成木街道入口信号を右折。3つ目の信号を右折してコースへ

大麻生ゴルフ場

〒360-0835　埼玉県熊谷市大麻生753　FAX 048(533)7775
予約048(533)8888　本社0493(54)9091　https://www.river-golf.com

●**プレーの申込み**　パブリックコース
●**予約**　3か月前の同日11時から電話受付け
●**休日**　1/1　クラブ指定日
●**クレジット**　UC　JCB　VISA 他
●**開場日**　1986年11月16日
●**コースの特徴**　18H　P72　6871Y
荒川リバーサイドに展開する林間コース。人工池を取り入れるなど戦略性の高いコースに仕上がっている
●**練習場**　なし
●**電車**　高崎線熊谷駅
●**クラブバス**　なし
●**タクシー**　熊谷駅から20分2000円
●**プレースタイル**　セルフプレーで5人乗り乗用カート
●**シューズ**　ソフトスパイク推奨
●**ビジター料金表**

	平　日	土　曜	日　祝
セ　ル　フ	9,500	15,200	15,200

2021年11月の料金で昼食付
期間により料金は異なる
●**プレー情報**　コンペ特典(5組以上)、午後ハーフプレー平日4,000円、土日祝5,000円、友の会あり

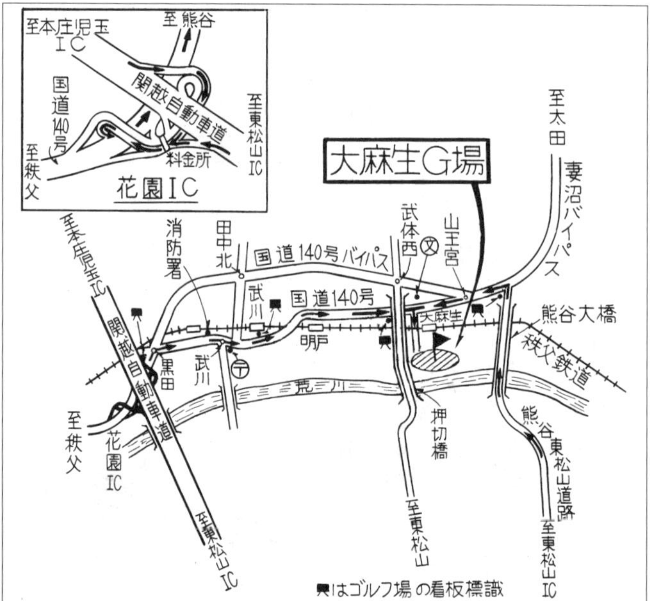

【**自動車**】練馬IC（関越自動車道）56.1キロ→花園IC（国道140号線）8キロ→コース　所要時間1時間　花園ICで降り、国道140号の旧道を熊谷方面に向かう。約15分で右側にクラブハウスが見えてくる

☎029（266）1234

大洗ゴルフ倶楽部

お

〒311-1301　茨城県東茨城郡大洗町磯浜町8231－1　FAX 029（266）1232
予約専用　029（266）3489　http://www.oarai-golf-club.co.jp/

●プレーの申込み　会員の紹介が必要
●予約　2か月前の同日より専用電話で受付ける
●コンペ　上記に準ずる
●休日　毎週月曜日　12／31　1／1
●クレジット　各種
●開場日　1953年10月25日
●コースの特徴　18H　P72　7205Y
太平洋を一望するシーサイドコースは海風を受け、正確なショットが要求される。全体に距離が長く松が多い。井上誠一氏設計の名コース
●コースレート　74.9
●練習場　274m15打席
●電車　常磐線水戸駅、または大洗鹿島線大洗駅
●クラブバス　大洗駅から8:30　8:55　9:15
●タクシー　水戸駅から25分5000円、大洗駅から10分1100円
●プレースタイル　キャディ付で歩いてプレー
●シューズ　ソフトスパイク推奨
●ビジター料金表

	平　日	土　曜	日　祝
キャディ付	24,130	29,630	29,630

宿泊ロッジ（定員33名）

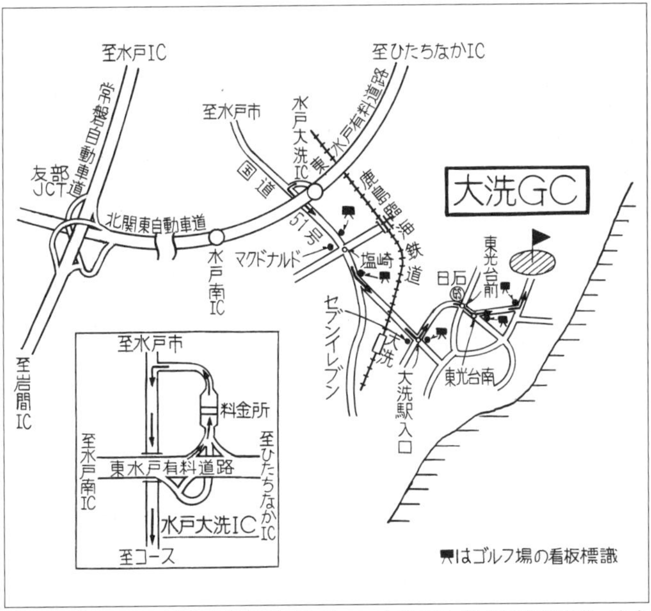

【自動車】三郷IC（常磐自動車道）70.3キロ→友部JCT（北関東自動車道・東水戸有料道路）19キロ→水戸大洗IC 6キロ→コース　所要時間1時間20分　東水戸有料道路・水戸大洗ICから国道51号線を大洗方面に進み、塩崎交差点の200m先（大洗駅入口）を左折してコースへ

オーク・ヒルズカントリークラブ

〒287-0104　千葉県香取市苅毛893　FAX 0478(75)3149
http://www.oakhills.cc/

●**プレーの申込み**　ビジター可
●**予約**　4か月前の月初めから受付け
●**コンペ**　組数は相談
●**休日**　無休
●**クレジット**　各種
●**開場日**　1982年5月30日
●**コースの特徴**　18H　P72　6900Y
日本で最初にベント・ワン・グリーンを実現した戦略性の高い林間コース。変化に富んだレイアウトで、ショットの狙い所が難しい
●**コースレート**　71.7
●**練習場**　135Y12打席
●**電車**　京成電鉄･JR 成田線空港第2ビル駅
●**クラブバス**　空港第2ビル駅より8:10　事前連絡が必要
●**タクシー**　空港第2ビル駅約4500円
●**プレースタイル**　キャディ付またはセルフでGPSナビ付乗用カート
●**シューズ**　ソフトスパイクのみ
●**ビジター料金表**

	平　日	土　曜	日　祝
キャディ付	14,900〜	24,990	24,990
セ　ル　フ	9,900〜	19,900	19,900

上記は2021年10月の料金
料金は月によって異なる
●**プレー情報**　午後プレー

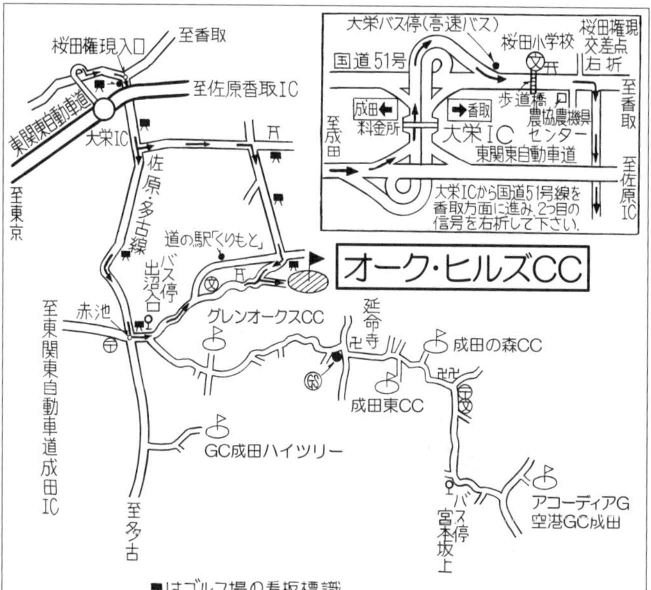

【自動車】箱崎IC（首都高速）35.8キロ→宮野木JCT（東関東自動車道）39.9キロ→大栄IC 7キロ→コース　所要時間1時間10分　大栄ICで降り、国道51号線を香取方面に向かい、信号2つ目の桜田権現前を右折して多古方面に進み、コース案内板に従ってコースへ

大倉カントリー倶楽部

〒322-0605　栃木県栃木市西方町真名子2800　FAX 0282(92)8613
本社　03(3573)1171　中央区銀座6－6－1銀座凮月堂ビル　FAX 03(3573)1188

●プレーの申込み　ビジター可
●予約　全日ともは3か月前の月初めより、本社で受付け
●コンペ　上記に準ずる
●休日　1／1
●クレジット　ダイナース　UC　VISA　マスター　JCB
●開場日　1975年11月16日
●コースの特徴　18H　P72　6355Y
コースはフラットで、フェアウェイ幅も広くとってある。しかし池越え、ドッグレッグなどで変化をもたせている
●コースレート　なし
●練習場　なし
●電車　東武日光線新栃木駅
●クラブバス　なし
●タクシー　新栃木駅から20分4000円
●プレースタイル　セルフプレーで4人乗り乗用カート
●シューズ　ゴルフ靴はすべて可
●ビジター料金表

	平　日	土　曜	日　祝
セ　ル　フ	4,500	9,000	9,000

ツーサムプレー保証（割増なし）
2021年10月～12月の料金

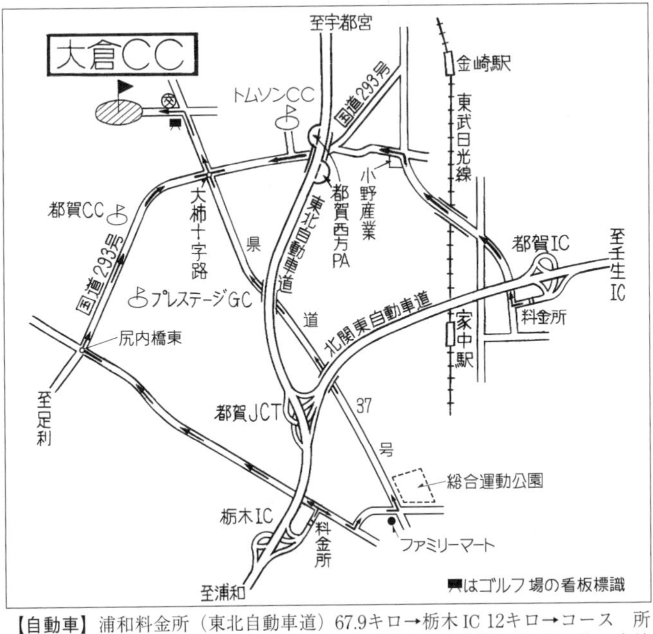

【自動車】浦和料金所（東北自動車道）67.9キロ→栃木 IC 12キロ→コース　所要時間1時間　栃木 IC を降りて左折して尻内橋東信号を右折。約3キロ先の大柿十字路を左折してコースへ。または栃木 IC を右折して総合運動公園方面に左折。300m 先を左折してコースへ。北関東自動車道・都賀 IC からは7キロ

長野県　オーソルヴェールかるいざわＣ（旧隨縁軽井沢900C）　☎0267(45)0900

オーソルヴェール軽井沢倶楽部

〒389-0114　長野県北佐久郡軽井沢町茂沢1－201　FAX 0267(45)0909
http://www.esv-club.com

●**プレーの申込み**　ビジター可
●**予約**　3か月前の同日から受付け
●**休日**　営業期間中は無休
12月中旬～3月下旬は冬期クローズ
●**クレジット**　VISA JCB DC ニコス
●**開場日**　1992年8月1日
●**コースの特徴**　18H　P72　6662Y
雄大な浅間山を眺望する景観の良いフラットな丘陵コース。ベント・ワングリーンは芝目もきつくスコアメイクのカギだ
●**コースレート**　71.8
●**練習場**　160Y12打席
●**電車**　北陸新幹線軽井沢駅
●**クラブバス**　なし
●**タクシー**　軽井沢駅から30分5500円
●**プレースタイル**　セルフプレーで4人乗り、2人乗り乗用カート利用。キャディ付は1日1組まで可
●**シューズ**　ソフトスパイクのみ可
●**ビジター料金表**

	平　日	土　曜	日　祝
セ　ル　フ	8,300～	13,800～	12,700～

季節によって料金は変動
●**プレー情報**　アフタヌーンプレー（セルフ）平日0.5Ｒ3,600円～、土日祝0.5Ｒ5,250円～

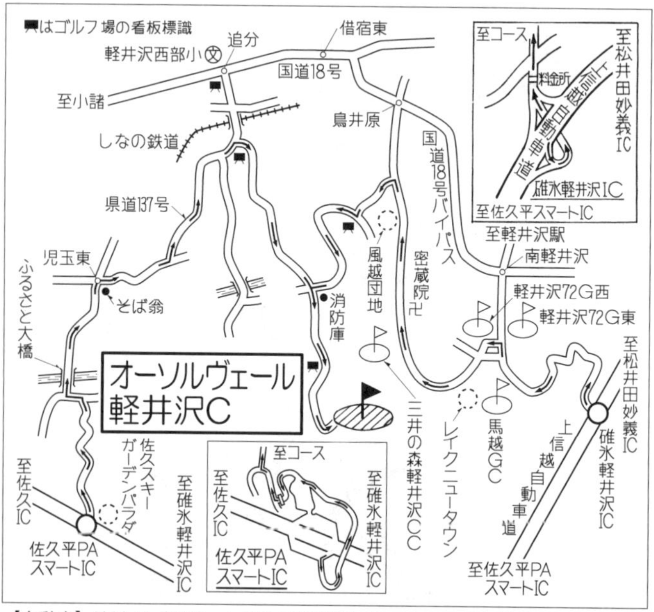

【**自動車**】練馬IC（関越・上信越自動車道）131.1キロ→碓氷軽井沢IC 21キロ→コース　所要時間2時間　料金所を出て軽井沢方面に向かう。馬越GC先をレイクニュータウン方面に左折して道なりに直進。風越団地を過ぎて鋭角的に左折し、コース案内板に従ってコースへ。佐久平PAスマートICからは約16キロ

☎0470(82)3011

お

大多喜カントリークラブ

〒298-0202　千葉県夷隅郡大多喜町下大多喜2419　FAX 0470(82)4666
https://www.pacificgolf.co.jp/ohtaki/

●プレーの申込み　ビジター可。電話またはホームページから申込み
●予約　3か月前の同日から受付け
●コンペ　組数は相談
●休日　クラブ指定日
●クレジット　AMEX　マスター　VISA　JCB　ダイナース
●開場日　1976年11月20日
●コースの特徴　27H　P108　10079Y　台地状で緩やかなアンジュレーションのあるコース。フェアウェイは広くのびのびとプレーできる
●コースレート　東南71.3　南西71.1　西東71.1
●練習場　230Y20打席
●電車　外房線茂原駅
●クラブバス　茂原駅から8:20　土日祝8:20　8:45（月曜日は運休）
●タクシー　茂原駅から25分約7000円
●プレースタイル　キャディ付またはセルフでGPSナビ付乗用カート
●シューズ　ソフトスパイク推奨
●ビジター料金
期間により料金は異なるため、ホームページ参照、またはクラブに要問合せ

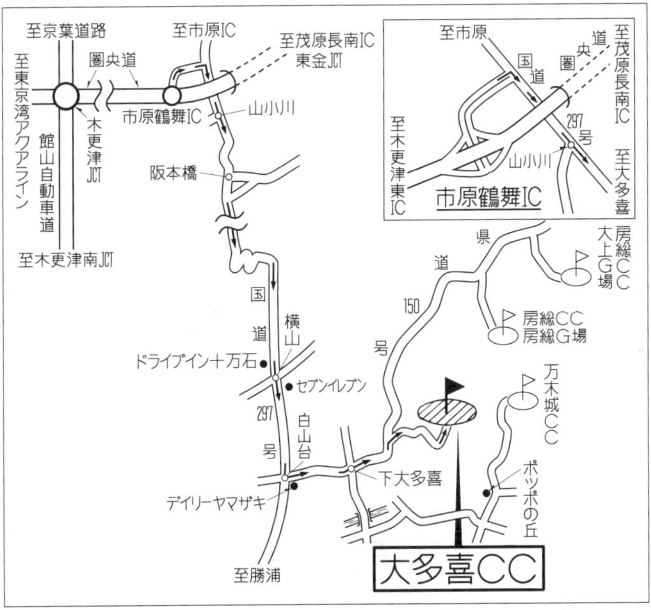

【自動車】川崎浮島JCT（東京湾アクアライン、連絡道）23.7キロ→木更津JCT（圏央道）19.6キロ→市原鶴舞IC 14キロ→コース　所要時間50分　市原鶴舞ICを降りて勝浦方面に右折する。約11キロ先の白山台交差点を左折してコースへ。圏央道・茂原長南ICからは約17キロ、約25分

大多喜城ゴルフ倶楽部

〒298-0223　千葉県夷隅郡大多喜町上原1090　FAX 0470(82)4987
https://www.tokyu-golf-resort.com/ohtakijo

●**プレーの申込み**　原則として会員の紹介が必要
●**予約**　平日は4か月前の1日、土日祝は2か月前の同日から電話で受付け
●**コンペ**　予約状況により相談
●**休日**　クラブ指定日
●**クレジット**　各種
●**開場日**　1992年11月30日
●**コースの特徴**　27H　P108　10222Y
巧みに配されたバンカー、池、大小微妙なアンジュレーションの多いコース
●**コースレート**　東・中71.2
中・西71.3　西・東70.8
●**練習場**　220Y15打席
●**電車**　JR 外房線茂原駅
●**クラブバス**　ビジターは土日祝のみ。茂原駅南口イオン茂原店駐車場から8:25完全予約制
●**タクシー**　茂原駅35分約7000円
●**プレースタイル**　キャディ付またはセルフで GPS ナビ付乗用カート
●**シューズ**　ソフトスパイク推奨
●**ビジター料金表**

	平　日	土　曜	日　祝
キャディ付	16,120	24,080	24,080
セ　ル　フ	11,720	19,680	19,680

1R プレー・朝食バイキング・昼食と1ドリンク・売店午前・午後各1ドリンク含む（パスポートプラン）

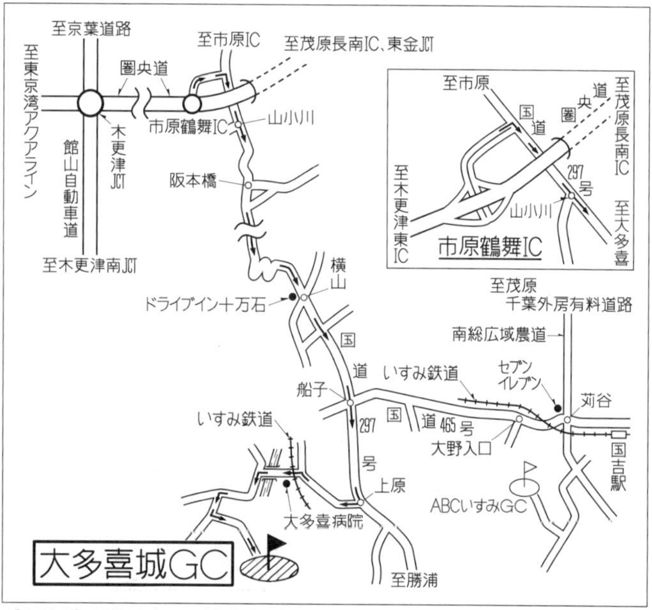

【**自動車**】川崎浮島 JCT（東京湾アクアライン、連絡道）23.7キロ→木更津 JCT（圏央道）19.6キロ→市原鶴舞 IC 16キロ→コース　所要時間55分　市原鶴舞 IC を降りて勝浦方面に右折する。約13キロ先の上原交差点を右折し、約3キロでコース。館山道・市原 IC からは約35キロ

　☎0276(37)1511

お

太田双葉カントリークラブ

〒373-8561　群馬県太田市西長岡町1524　FAX 0276(37)1025
http://www.ota-futaba-cc.co.jp

●**プレーの申込み**　ビジター可
●**予約**　平日は4か月前の1日から、土日祝は3か月前の同日から受付け
●**コンペ**　組数は相談
●**休日**　無休
●**クレジット**　JCB　UC　VISA　DC　AMEX
●**開場日**　1974年10月26日
●**コースの特徴**　27H　P108　10028Y
愛宕はフラットで距離のあるコース。天王は複雑な起伏があり難ホールが続く。御所ノ入は個性的で戦略性を秘めたコース
●**電車**　東武桐生線藪塚駅
●**クラブバス**　要問合せ
●**タクシー**　藪塚駅から5分700円
●**プレースタイル**　キャディ付またはセルフで乗用カート
●**シューズ**　メタルスパイク禁止
●**ビジター料金表**

	平　日	土・日	祝　日
セ　ル　フ	6,760	12,820	10,770

2021年10月～12月の料金
キャディ付は3300円加算
●**プレー情報**　夏期・冬期割引、各種サービスデー、レディス&シニアデー、早朝・薄暮、ジュニア料金

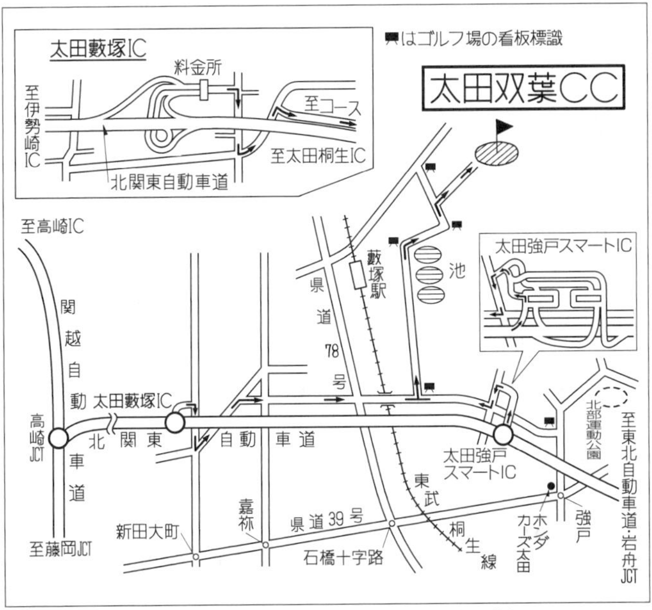

【**自動車**】練馬 IC（関越、北関東自動車道）104.4キロ→太田藪塚 IC 8キロ→コース　所要1時間15分　太田藪塚 IC を降りて右折し、1つ目の信号を左折して1つ目の信号を右折。高速道路の側道を進んでコースへ。太田強戸スマート IC からは IC を出て左折し、1つ目の信号を右折してコースへ。スマート IC から5キロ

大田原ゴルフ倶楽部

〒324-0232　栃木県大田原市八塩517　FAX 0287(54)2123

●プレーの申込み　ビジター可
●予約　随時受付け。電話または WEB にて予約
●コンペ　スコア集計、パーティ、表彰式は受付けていない
●休日　冬期のみ定休日を入れる場合がある
●クレジット　使用不可
●開場日　1975年5月30日
●コースの特徴　18H　P72　6416Y やまゆり、りんどう各コースともフラットで、フェアウェイも広く思い切ったショットが楽しめる
●コースレート　70.1
●電車　東北新幹線那須塩原駅
●クラブバス　なし
●タクシー　那須塩原駅25分5000円
●プレースタイル　セルフで5人乗り乗用カート
●シューズ　ソフトスパイク推奨
●ビジター料金表

	平　日	土　曜	日　祝
セ　ル　フ	3,000	5,500	5,500

1Rスループレー。昼食なし（軽食持込み可）。前金制度の現金精算。ロッカー・風呂・シャワーは全日利用不可。バッグ積み下ろしとカートへの脱着もセルフ

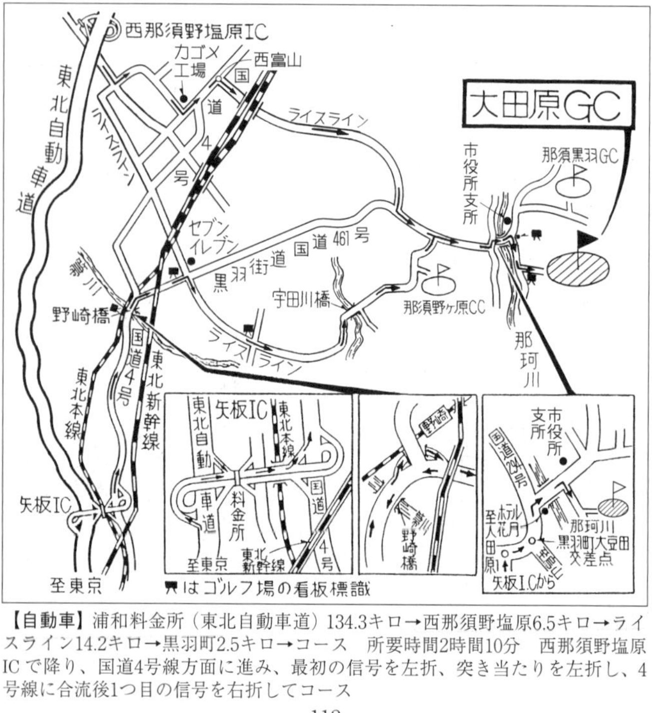

【自動車】浦和料金所（東北自動車道）134.3キロ→西那須野塩原6.5キロ→ライスライン14.2キロ→黒羽町2.5キロ→コース　所要時間2時間10分　西那須野塩原ICで降り、国道4号線方面に進み、最初の信号を左折、突き当たりを左折し、4号線に合流後1つ目の信号を右折してコース

大月ガーデンゴルフクラブ

〒402-0014　山梨県都留市朝日馬場1407　FAX 0554(20)4121
https://www.accordiagolf.com

●**プレーの申込み**　ビジター可
●**予約**　4か月前の3日の正午12時より受付け
●**コンペ**　組数制限なし
●**休日**　無休
●**クレジット**　VISA　DC　AMEX　JCB　マスター
●**開場日**　1995年8月1日
●**コースの特徴**　18H　P72　6368Y
富士山を望む丘陵地にレイアウトされ、美しい自然を生かしたフラットな戦略的なコース
●**コースレート**　なし
●**練習場**　20Y7打席
●**電車**　中央本線大月駅、または富士急行禾生（かせい）駅
●**クラブバス**　なし
●**タクシー**　大月駅から25分約4500円
●**プレースタイル**　セルフプレーで乗用カート
●**シューズ**　メタルスパイク禁止
●**ビジター料金表**

	平　日	土　曜	日　祝
セ　ル　フ	8,000	17,100	15,100

上記は2021年11月の昼食付
季節により料金は異なる
●**プレー情報**　コンペプラン

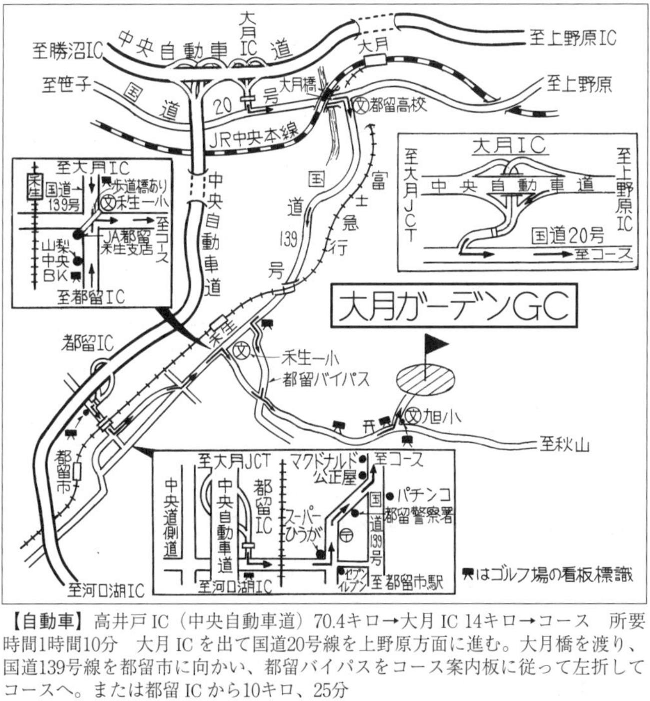

【自動車】高井戸 IC（中央自動車道）70.4キロ→大月 IC 14キロ→コース　所要時間1時間10分　大月 IC を出て国道20号線を上野原方面に進む。大月橋を渡り、国道139号線を都留市に向かい、都留バイパスをコース案内板に従って左折してコースへ。または都留 IC から10キロ、25分

大月カントリークラブ

〒409-0502　山梨県大月市富浜町鳥沢7084　FAX 0554(26)2847
予約専用　0554(26)3121　http://www.ohtsukicc.co.jp

●**プレーの申込み**　平日は会員の紹介　土日祝は会員の同伴が必要
●**予約**　6か月前の同日から受付け
●**コンペ**　組数は相談
●**休日**　1/1　その他指定日
●**クレジット**　各種
●**開場日**　1985年9月7日
●**コースの特徴**　18H　P72　6565Y　扇山の南面裾野にレイアウトされ、美しい自然林に囲まれ、各ホールから富士山が眺望できる風格のあるコース
●**練習場**　ドライビングゲージ8打席、バンカー練習場6打席
●**電車**　中央本線大月駅、または鳥沢駅
●**クラブバス**　予約制。鳥沢駅から平日7:45　8:25　9:10　土日祝7:45　8:25　8:55。大月駅からは土日祝のみ8:05運行
●**タクシー**　大月駅から20分5000円
●**プレースタイル**　セルフでGPSナビ付乗用カート。キャディ付も可
●**シューズ**　ソフトスパイク推奨
●**ビジター料金表**

	平　日	土　曜	日　祝
セ　ル　フ	15,500	27,000	25,000

上記は4～5月、9～11月料金
キャディ付は3000円加算
月・金曜日はセルフデー

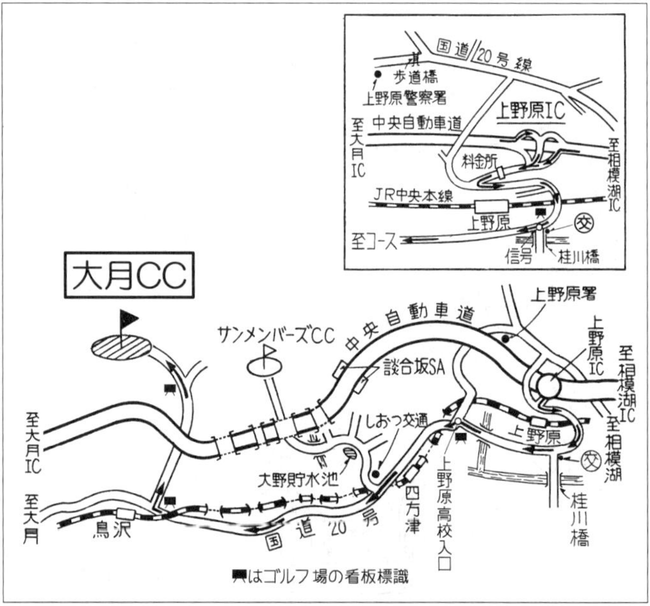

【自動車】高井戸IC（中央自動車道）50.3キロ→上野原IC 18キロ→コース　所要時間1時間　上野原IC料金所を出て左折し上野原駅方面に進み、国道20号（上野原高校入口交差点）を大月方面に左折する。四方津を経由して約14キロ走り、コース案内板に従って野田尻方面に右折。中央自動車道をくぐってコースへ

大利根カントリークラブ

〒306-0633　茨城県坂東市下出島10　FAX 0297(35)1348
予約専用　0297(35)4898　http://www.ohtone.co.jp

●プレーの申込み　会員の同伴または紹介が必要
●予約　2か月前の同日から受付け
●コンペ　詳細は要問合せ　3か月前の1日から受付け
●休日　毎週月曜日　12／31　1／1
●開場日　1960年10月9日
●コースの特徴　36H　P144　14202Y　井上誠一氏設計。各ホールが美しい松林で完全にセパレートされた平たんな林間コース
●コースレート　東74.1　西74.3
●練習場　250Y22打席
●電車　つくばエクスプレス守谷駅
●クラブバス　守谷駅から予約制で平日7:10　8:10　8:40　土日祝7:10　7:30　8:10　8:50
●タクシー　JR柏駅から約7500円、守谷駅から約5000円
●プレースタイル　キャディ付で歩いてプレー
●シューズ　ゴルフ靴はすべて可
●ゲスト料金表

	平　日	土　曜	日　祝
キャディ付	24,900	34,360	34,360

季節により優待料金あり

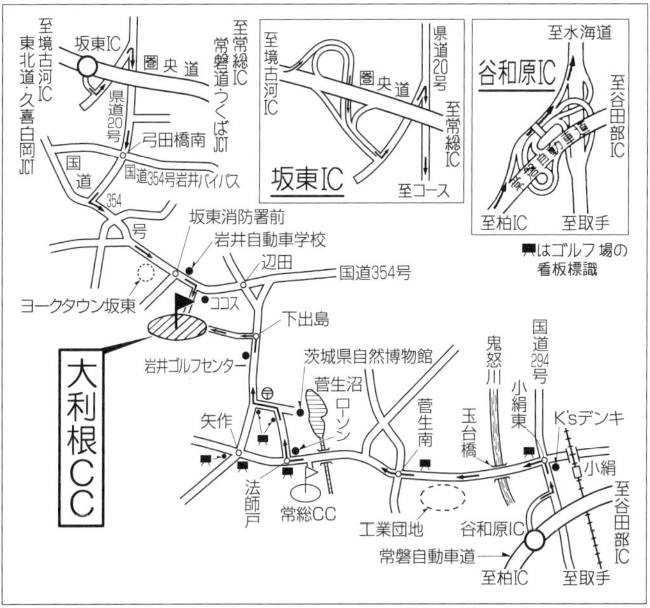

【自動車】三郷IC（常磐道）19.1キロ→谷和原IC 12キロ→コース　所要時間40分　谷和原ICを水海道方面に降り、3つ目の小絹東信号を左折。約6キロ先の法師戸信号を右折しコース案内板に従ってコースへ。圏央道・坂東ICからはICを降りて右折し約4キロ先の国道354号を左折。坂東ICから7キロ約10分

大秦野カントリークラブ

〒259-1307　神奈川県秦野市横野500　FAX 0463(75)2366
https://www.pacificgolf.co.jp/ohatano/

●**プレーの申込み**　予約状況によりビジター可
●**予約**　2か月前の同日10時から受付け
●**コンペ**　3組以上は3か月前の同日10時から受付け
●**休日**　無休
●**クレジット**　各種
●**開場日**　1973年9月24日
●**コースの特徴**　18H　P71　5672Y
フェアウェイにはアンジュレーションがあり、グリーン周りもOBがあるのでスコアメイクが難しいコース
●**練習場**　30Y5打席
●**電車**　小田急線秦野駅
●**クラブバス**　秦野駅から6:00　7:00　8:00　9:00
●**タクシー**　秦野駅から15分2000円
●**プレースタイル**　キャディ付またはセルフでGPSナビ付乗用カート
●**シューズ**　ソフトスパイク推奨
●**ビジター料金**
季節により料金が異なるため、ホームページ参照、またはクラブに要問合せ

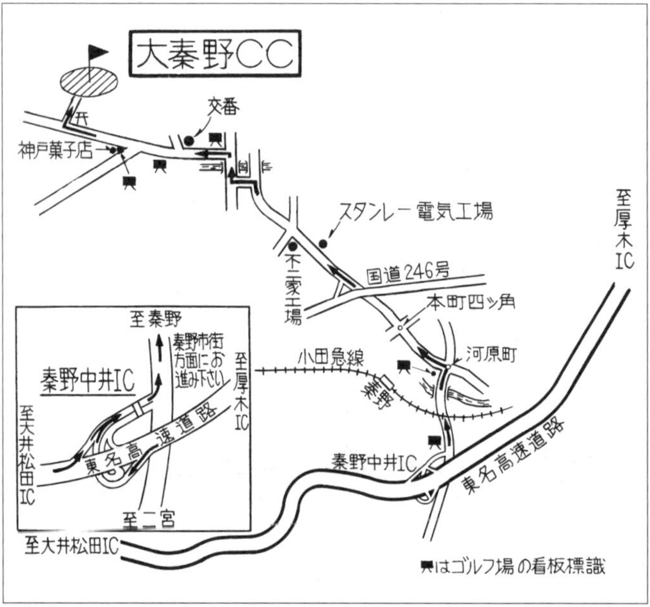

【自動車】東京IC（東名高速）50.1キロ→秦野中井IC 9.5キロ→コース　所要時間1時間10分　秦野中井ICで降りて、料金所を出たら左折する。河原町交差点を左折して秦野市内に向かい、国道246号線の下をくぐり抜けて5キロでコースへ

大原・御宿ゴルフコース

〒298-0014　千葉県いすみ市大原台200　FAX 0470(62)3525
https://www.princehotels.co.jp/golf/ohara

●**プレーの申込み**　パブリックコース
●**予約**　4か月前の1日より受付け
●**コンペ**　予約は上記に準ずる。組数は相談
●**休日**　無休
●**クレジット**　各種
●**開場日**　1982年10月29日
●**コースの特徴**　18H　P72　6862Y　南房総の高台に広がり、110のバンカーが名物。井上誠一氏の設計
●**練習場**　50Y11打席、アプローチ、バンカー
●**電車**　外房線大原駅
●**クラブバス**　なし
●**タクシー**　大原駅から15分約2500円
●**プレースタイル**　セルフで GPS ナビ付ゴルフカー。FW 乗入れ可(有料・コース状況により不可)
●**シューズ**　ノンメタルスパイク(スパイクレスを含む)
●**ビジター料金表**

	平　日	土　曜	日　祝
セ　ル　フ	8,300	16,600	15,600

上記は2021年10～12月の料金
●**プレー情報**　宿泊パック、薄暮プレー

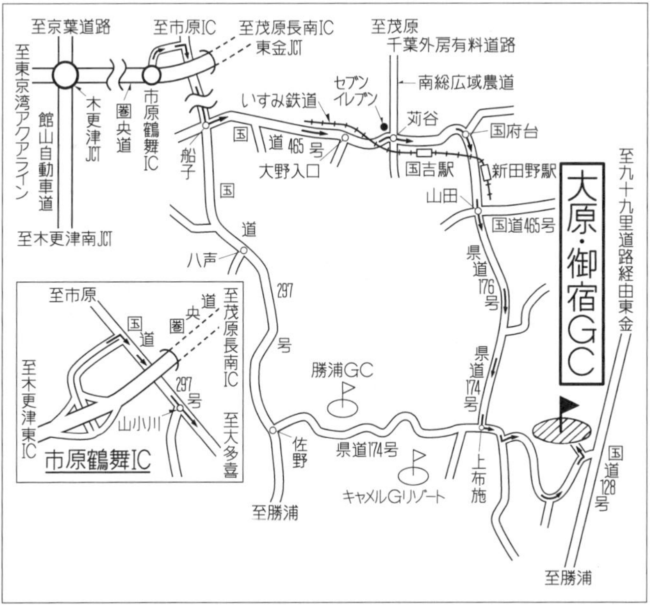

【**自動車**】川崎浮島 JCT(東京湾アクアライン) 23.7キロ→木更津 JCT(圏央道) 19.6キロ→市原鶴舞 IC 30キロ→コース　所要時間1時間10分　市原鶴舞 IC から勝浦方面に進み、船子信号を左折。国道465号、県道176号、県道174号を経由してコースへ。東金 IC からは九十九里道路から国道128号線で50キロ

☎028(686)2561

大日向カントリー倶楽部

〒329-1411　栃木県さくら市鷲宿3880　FAX 028(686)4174
https://www.pacificgolf.co.jp/ohinata/

●**プレーの申込み**　ビジター可
●**予約**　3か月前の月初から受付け
●**コンペ**　上記に準ずる
●**休日**　無休
●**クレジット**　各種
●**開場日**　1976年11月3日
●**コースの特徴**　27H　P108　10442Y
比較的平たんなコースで、2、3ホールを除きティグラウンドからグリーンが見え、明るく見通しが良い
●**コースレート**　72.4　72.4　72.1
●**練習場**　275Y19打席
●**電車**　東北本線片岡駅または氏家駅
●**クラブバス**　予約制で平日は片岡駅から9:05、土日祝は8:10　9:05
●**タクシー**　氏家駅から20分
片岡駅から10分
●**プレースタイル**　セルフプレーで乗用カート
●**シューズ**　ソフトスパイク推奨
●**ビジター料金**
季節により料金が異なるため、ホームページ参照、またはクラブに要問合せ
●**プレー情報**　宿泊施設を併設（洋室18室・和室3室）、宿泊プランあり

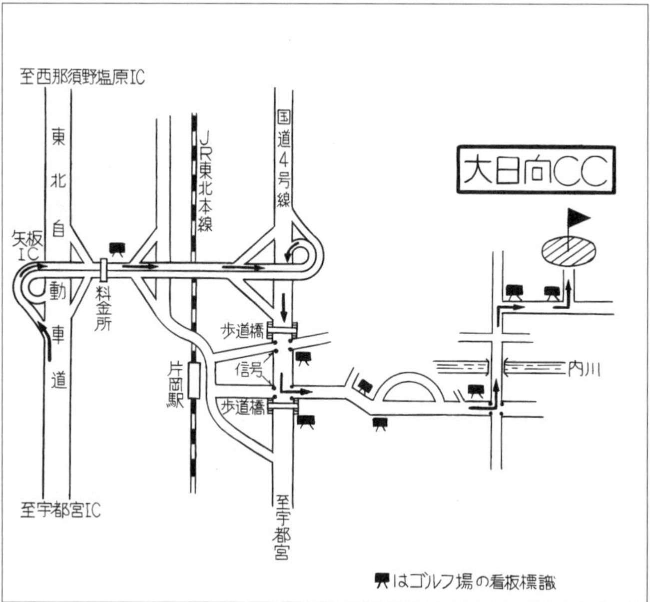

【**自動車**】浦和料金所（東北自動車道）115.4キロ→矢板IC 7キロ→コース　所要時間1時間40分　矢板ICで降りて国道4号線に出て宇都宮方面に向かう。2つ目の歩道橋前の信号を左折し、1キロ先の信号を左折。橋を渡って500m先を右折、さらに1.2キロ先を左折してコースへ

大平台カントリークラブ

お

〒328-0067　栃木県栃木市皆川城内町2498　FAX 0282(22)6659
https://www.accordiagolf.com

●**プレーの申込み**　原則的に会員の紹介が優先だが、予約状況によりビジター可
●**予約**　3か月前の同日から受付け
●**コンペ**　予約可
●**休日**　無休
●**クレジット**　UC　セゾン　VISA　JCB　AMEX　ダイナース　NICOS
●**開場日**　1974年11月27日
●**コースの特徴**　27H　P108　9840Y　3コースともそれぞれ趣きが異なり、ビギナーからシングルまで楽しめる
●**コースレート**　中・東70.0　BT71.4
●**練習場**　37Y12打席
●**電車**　両毛線・東武日光線栃木駅
●**クラブバス**　栃木駅南口より予約制 7:45　8:50
●**タクシー**　栃木駅から20分3000円～4000円
●**プレースタイル**　セルフプレーで4～5人乗り GPS ナビ付乗用カート
●**シューズ**　ソフトスパイク
●**ビジター料金表**

	平　日	土　曜	日　祝
セ　ル　フ	6,690	15,490	14,490

2021年11月の昼食付料金。季節、期間によって料金は異なる

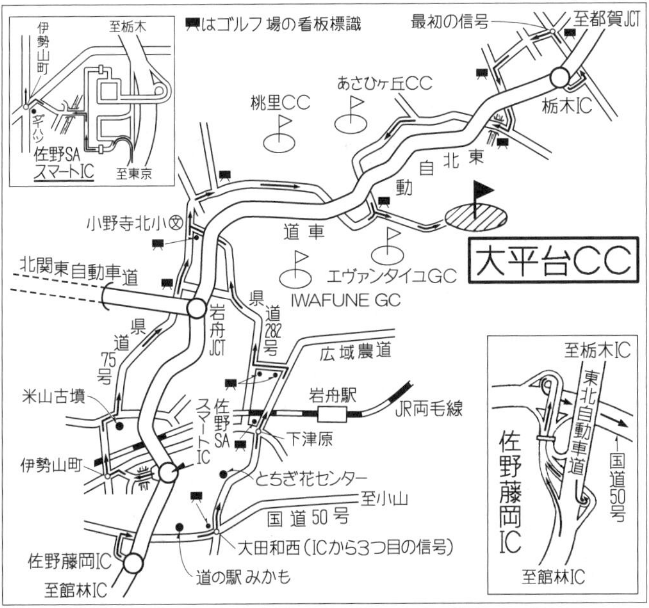

【**自動車**】浦和料金所（東北自動車道）50.2キロ→佐野藤岡 IC 15キロ→コース　所要時間1時間10分　佐野藤岡 IC で降りて国道50号線を小山方面へ左折。IC から3つ目の信号を左折し、表示板にしたがって東北自動車道にそって進むとコースに到着する

大間々ゴルフクラブ

〒376-0113　群馬県みどり市大間々町高津戸1441　FAX 0277(73)5237
予約専用0277(70)1515　http://www.omama-gc.com/

●プレーの申込み　ビジター可
●予約　3か月前の同日から受付け
●コンペ　組数制限なし
●休日　無休
●クレジット　JCB VISA ダイナース AMEX
●開場日　2000年6月3日
●コースの特徴　18H　P72　6617Y
アウトは戦略性に富み上級者向きで、インはフラットでフェアウェイも広くダイナミックなプレーが楽しめる
●電車　東武桐生線赤城駅、または両毛線桐生駅
●クラブバス　赤城駅、桐生駅から予約制
●タクシー　赤城駅から約15分、約3000円
●プレースタイル　セルフで4人乗り乗用カート。2人乗り乗用カートは雨天でもFW乗入れ可（1台2200円）
●シューズ　ソフトスパイク推奨
●ビジター料金表

	平　日	土　曜	日　祝
セ　ル　フ	6,490	12,090	12,090

2021年10月～11月の料金で昼食付
期間により料金は異なる
ツーサム平日660円、土日祝1100円加算。18ホールスループレーも可

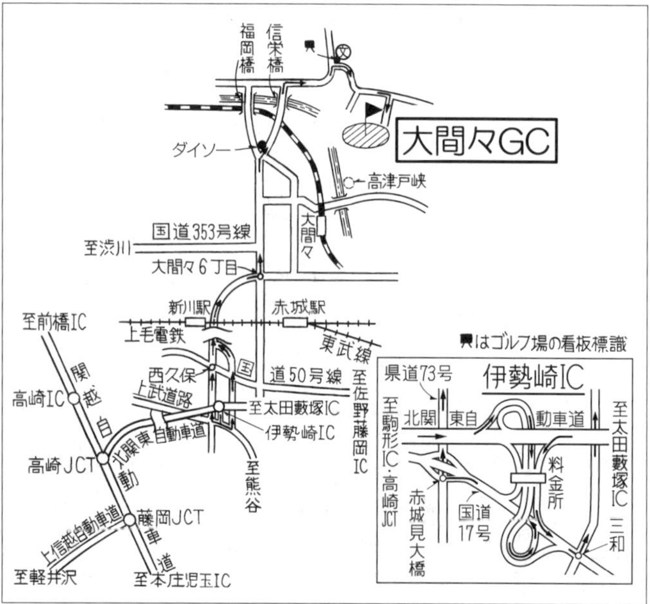

【自動車】練馬IC（関越，北関東自動車道）99.1キロ→伊勢崎IC 17キロ→コース　所要時間1時間30分　関越道・高崎JCT経由で北関東自動車道・伊勢崎ICを前橋方面に降り、赤城見大橋手前を左に降りて右折し県道73号を大間々へ向かう。大間々6丁目交差点を左折、県道122号を進みコース案内板に従ってコースへ

大宮カントリークラブ

〒331-0068　埼玉県さいたま市西区飯田新田40　FAX 048(622)1225
予約専用　048(624)3240　https://www.omiya-cc.com/

●プレーの申込み　ビジター可
●予約　平日は2か月前の1日、土日祝は2か月前の予約指定日から受付け
●コンペ　組数制限なし
●休日　無休
●クレジット　各種
●開場日　1965年11月18日
●コースの特徴　27H　P108　8880Y
正確なショットが求められるみどりC。あきつきCは豪快なショットが楽しめる。くれないCは戦略性に富む
●電車　JR大宮駅、または東武東上線ふじみ野駅
●クラブバス　大宮駅西口そごうデパート前から7:30　ふじみ野駅東口から7:45
●タクシー　大宮駅から約2500円　ふじみの駅から約2000円
●プレースタイル　セルフで乗用カート。FW乗入れ可（コース状況により不可）。キャディ付は要問合せ
●シューズ　メタルスパイク禁止
●ビジター料金表

	平　日	土　曜	日　祝
セ　ル　フ	9,050	15,050	15,050

2021年11月の料金
●セルフデー　月曜日スループレー。ハウスはクローズ、現金のみ7000円～

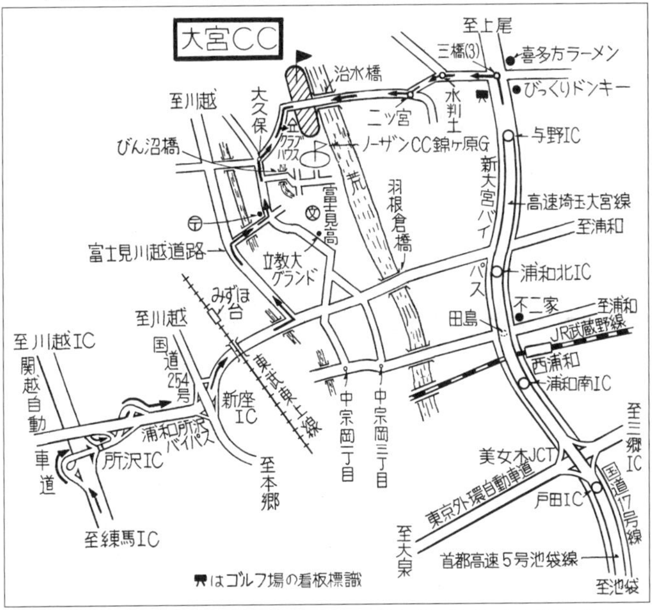

【自動車】練馬IC（関越自動車道）9.4キロ→所沢IC（浦和バイパス）10.5キロ→コース　所要時間45分　所沢ICで降りて浦和所沢バイパスを浦和方面に向かう。4.5キロ先で富士見バイパスへ左折しコースへ。または高速埼玉大宮線･与野ICを降りて三橋（3）を左折、治水橋を渡ってコースへ

大宮国際カントリークラブ

〒331-0074　埼玉県さいたま市西区宝来910　FAX 048(623)5252
予約048(623)2711　http://www.okcc.co.jp/

●**プレーの申込み**　ビジター可
●**予約**　平日は2か月前の1日から、土日祝は予約日指定
●**コンペ**　組数は相談
●**休日**　1/1　12/31
●**クレジット**　UC　AMEX　JCB 他
●**開場日**　1966年3月30日
●**コースの特徴**　45H　P180　15945Y
荒川の河川敷コースでフラットだが、池や川によって変化がつけられている。林間コースを含むバラエティに富んだ45ホール
●**電車**　埼京線指扇駅
●**クラブバス**　指扇駅北口ロータリーから平日は7時10分から9時35分、土日祝は6時45分から9時35分まで運行
●**タクシー**　大宮駅から25分3000円
●**プレースタイル**　乗用カートまたは手引きカートのセルフプレー
●**シューズ**　メタルスパイク禁止
●**ビジター料金表**

	平　日	土　曜	日　祝
乗用セルフ	12,000	16,500	16,000
手引セルフ	11,000	15,500	15,000

シーズンにより料金は異なる。昼食付。
●**火曜定休日営業**　手引き9500円、乗用10500円（現金前払制・昼食無）

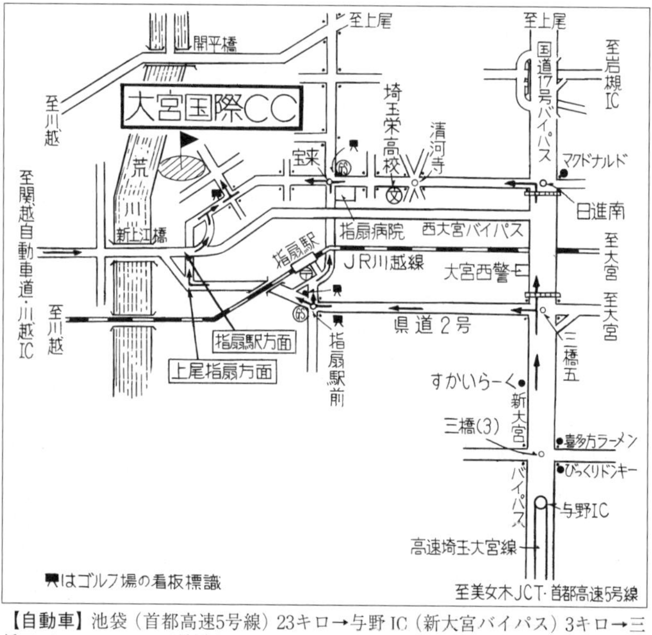

【**自動車**】池袋（首都高速5号線）23キロ→与野IC（新大宮バイパス）3キロ→三橋五5キロ→コース　所要時間40分　高速埼玉大宮線・与野ICを降り新大宮バイパスを大宮方面に向かい、日進南交差点を左折してコースへ

☎048(771)2377

お

大宮ゴルフコース

〒362-0067　埼玉県上尾市中分6－40　FAX 048(775)3657
http://omiyagc.jp/

●プレーの申込み　ビジター可
●予約　2か月前の1日より受付け
●コンペ　3か月前から受付け
●休日　12／31　1／1
●クレジット　JCB　DC　VISA　マスター　ダイナース
●開場日　1959年11月1日
●コースの特徴　18H　P72　6915Y
武蔵野の面影を残す赤松や杉、檜林に囲まれたフラットな林間コース
●練習場　200Y15打席
●電車　高崎線桶川駅
●クラブバス　桶川駅西口から土日祝のみ7:20　7:50　8:15　8:40　9:10
●タクシー　桶川駅から5分820円
●プレースタイル　キャディ付またはセルフで乗用カート。歩きも可
●シューズ　ゴルフ靴はすべて可
●ビジター料金表

	平　日	土　曜	日　祝
キャディ付	21,734	34,934	32,734

乗用カートフィ別途（1人1100円要予約）。セルフの料金は要問合せ
●セルフデー　原則として毎週月曜日
季節により料金は変動

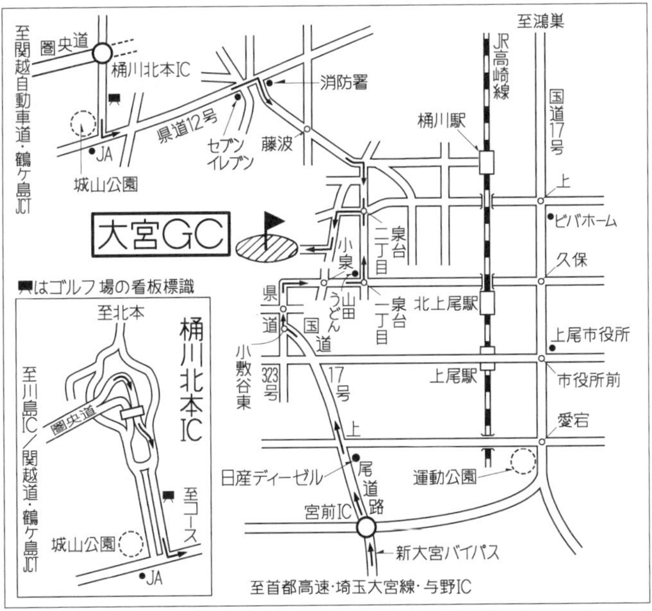

【自動車】美女木 JCT（高速埼玉大宮線）8キロ→与野 IC（新大宮バイパス）4.5キロ→宮前 IC（上尾道路、県道323号）7キロ→コース　所要時間都心から1時間
首都高速埼玉大宮線与野 IC から新大宮バイパスを直進し、宮前 IC から上尾道路へ。終点の小敷谷東を右折してコースへ。または圏央道桶川北本 IC から約5キロ

おおむらさきゴルフ倶楽部

〒355-0804　埼玉県比企郡滑川町中尾1185　FAX 0493(56)5656
http://www.omurasaki.com/

●プレーの申込み　ビジター可
●予約　3か月前の1日から受付け
●コンペ　組数制限なし
●休日　無休
●クレジット　各種
●開場日　1995年3月19日
●コースの特徴　27H　P108　10417Y
フラットで広々とした丘陵コース。過去2回トーナメントを開催
●コースレート　東中72.9　中西73.0　西東72.7
●練習場　220Y16打席
●電車　東武東上線森林公園駅
●クラブバス　森林公園駅から運行。
平日7:04　7:33　8:03　8:34　9:04
土日祝　6:55　7:25　7:55　8:25　8:55
●タクシー　森林公園駅10分2000円
●プレースタイル　キャディ付で5人乗り乗用カート
●シューズ　ノンメタルスパイク
●ビジター料金表

	平　日	土　曜	日　祝
キャディ付	20,610	32,610	32,610
セ　ル　フ	15,990	27,990	27,990

2021年10月～11月の料金
シーズン料金、優待プラン等あり
●プレー情報　コンペパック、アフタヌーンプレー

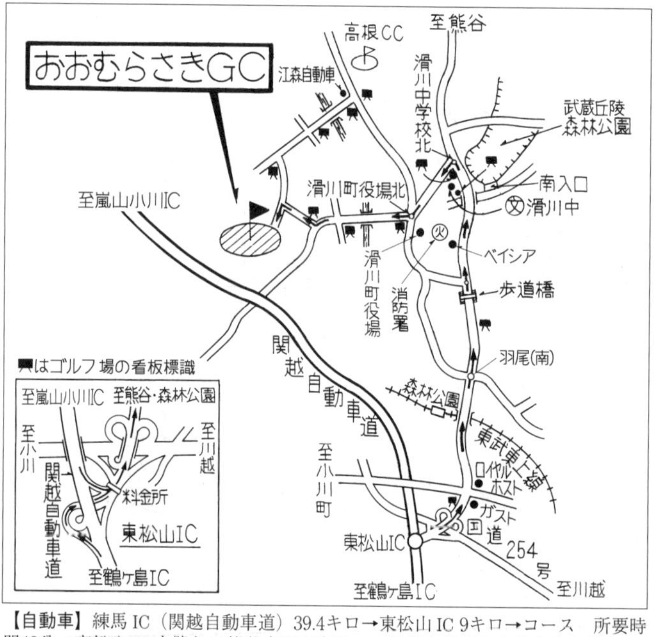

【自動車】練馬IC（関越自動車道）39.4キロ→東松山IC 9キロ→コース　所要時間40分　東松山ICを降りて熊谷方面に向かい、滑川中学校北交差点を左折する。次の滑川町役場北交差点を直進し、コース案内板に従ってコースへ。東松山ICから約10分。群馬方面からは嵐山小川ICより5.5キロ、7分

オールドオーチャードゴルフクラブ

〒311-3142　茨城県東茨城郡茨城町鳥羽田686－3　FAX 029(292)7411
https://www.pacificgolf.co.jp/oldorcrard/

●**プレーの申込み**　パブリックコース
●**予約**　3か月前の10日から受付け
●**コンペ**　組数制限なし
●**休日**　クラブ指定日
●**クレジット**　各種
●**開場日**　1992年4月1日
●**コースの特徴**　18H　P72　7114Y
フェアウェイのアンジュレーションとスリリングなグリーンの戦略性に富んだアメリカンスタイルのコース
●**コースレート**　73.3
●**練習場**　250Y16打席
●**電車**　常磐線石岡駅、または水戸駅
●**クラブバス**　石岡駅より予約制
●**タクシー**　石岡駅から35分5500円
水戸駅から35分5500円
●**プレースタイル**　セルフまたはキャディ付でGPSナビ付乗用カート
●**シューズ**　ソフトスパイク推奨
●**ビジター料金**
季節により料金は異なるため、ホームページ参照、またはクラブに要問合せ

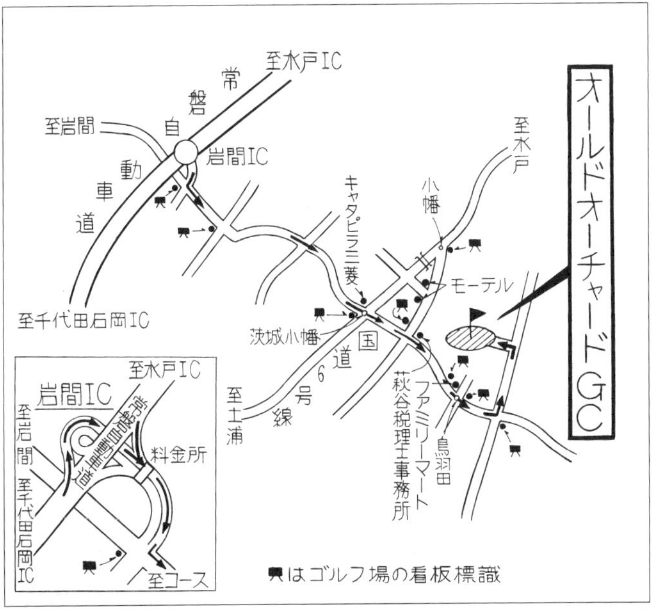

【**自動車**】三郷IC（常磐自動車道）70.0キロ→岩間IC 11キロ→コース　所要時間1時間10分　岩間ICを出て左折し、水戸方面へ向かう。国道6号の茨城小幡信号を直進し、案内板に従って約4キロでコースへ

おかだいらゴルフリンクス

〒300-0402　茨城県稲敷郡美浦村大山後田1059　FAX 029(840)0077
予約専用　029(840)0055　https://www.next-golf.jp/okadaira/

●プレーの申込み　予約状況によりビジター可
●予約　3か月前の同日から受付け
●コンペ　3か月前から受付け
●休日　無休（指定休日あり）
●クレジット　各種
●開場日　2000年10月1日
●コースの特徴　18H　P72　6992Y
霞ヶ浦南岸沿いのなだらかな丘陵地に自然林を生かしたアウト（森の妖精）と水田地帯に広がるフラットなリンクスタイプのイン（風の妖精）がある
●コースレート　72.6
●練習場　15Y6打席
●電車　常磐線土浦駅
●クラブバス　なし
●タクシー　土浦駅から30分6500円
●プレースタイル　セルフでGPSナビ付4人乗り乗用カート
●シューズ　メタルスパイク禁止
●ビジター料金表

	平　日	土　曜	日　曜
セ　ル　フ	9,900	19,900	18,990

2021年11月の料金で昼食付
祝日16990円
期間により料金は異なる

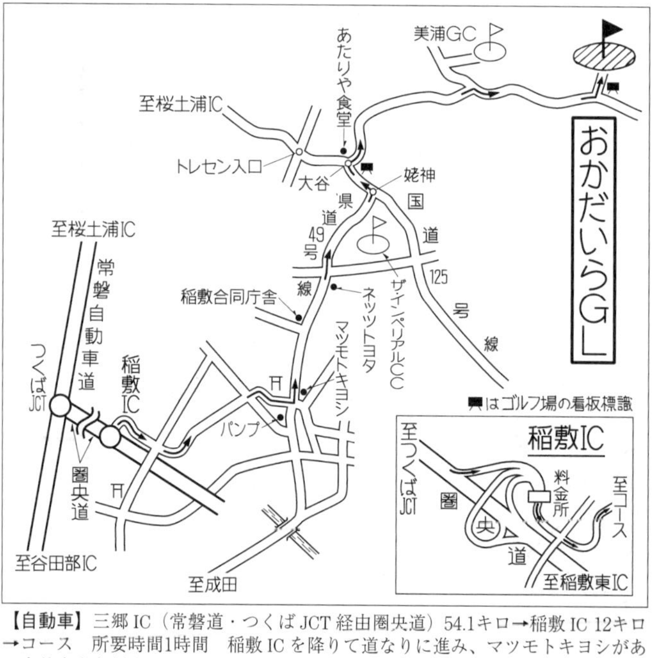

【自動車】三郷IC（常磐道・つくばJCT経由圏央道）54.1キロ→稲敷IC 12キロ→コース　所要時間1時間　稲敷ICを降りて道なりに進み、マツモトキヨシがある交差点を左折する。ザ・インペリアルCCを過ぎ、姥神交差点を左折し大谷三差路を右折してコースへ

丘の公園清里ゴルフコース

〒407-0301　山梨県北杜市高根町清里3545－5　FAX 0551(48)4418
予約専用　0551(48)3456　https://www.kiyosato-gc.com/

●**プレーの申込み**　パブリックコース
●**予約**　予約専用電話で通年受付け
●**コンペ**　組数制限なし
●**休日**　営業期間内は無休
1／6～2月は冬期クローズ
●**クレジット**　各種
●**開場日**　1986年7月1日
●**コースの特徴**　18H　P72　6865Y
八ケ岳南麓の平均勾配6％の地形を利用したフラットな18ホール。富士山を望むふじコース、戦略性の高いこまコース
●**コースレート**　ふじ・こま71.4
●**練習場**　200Y18打席
●**電車**　小海線清里駅
●**タクシー**　清里駅から5分1000円
●**プレースタイル**　セルフでGPSナビ付乗用カート
●**シューズ**　ソフトスパイク
●**ビジター料金表**

	平　日	土　曜	日　祝
セ　ル　フ	9,300	13,700	13,700

2021年9／27～10／17の料金
期間により料金は異なる
●**プレー情報**　友の会制度、薄暮プレー

【**自動車**】高井戸IC（中央自動車道）131.4キロ→須玉IC 18キロ→コース　所要時間2時間10分　須玉ICで降りて信号を右折し、国道141号を直進する。16キロ先の丘の公園入口信号を左に進み、2キロでコース。途中、「丘の公園」の電柱案内標識が各所にある。長坂ICからは約20分

岡部チサンカントリークラブ

〒369-0216　埼玉県深谷市山崎600　FAX 048(585)5245
https://www.pacificgolf.co.jp/okabe/

●**プレーの申込み**　予約状況によりビジター可

●**予約**　平日は6か月前の1日10時、土日祝は岡部Cが3か月前の同日12時より、美里Cは2か月前の同日12時より受付け

●**コンペ**　組数は相談

●**休日**　無休

●**クレジット**　各種

●**開場日**　1960年10月22日

●**コースの特徴**　36H　P144　13557Y
変化に富んだ岡部コースと、ゆるやかな起伏の美里コース。異った顔を持つ36ホール

●**練習場**　170Y15打席

●**電車**　高崎線岡部駅、または上越新幹線本庄早稲田駅

●**クラブバス**　岡部駅から7:09　7:56　8:32　9:01

●**タクシー**　岡部駅から約2200円、本庄早稲田駅から約2800円

●**プレースタイル**　セルフまたはキャディ付プレーで5人乗り乗用カート

●**シューズ**　メタルスパイク禁止

●**ビジター料金**
季節により料金が異なるため、ホームページ参照、またはクラブに要問合せ

【自動車】練馬IC（関越自動車道）56.1キロ→花園IC 13キロ→コース　所要時間50分　花園ICで降り、秩父方面に進み、1ツ目の信号を右折して高速道路をくぐり左折。高速に沿って約4キロ走り、看板に従って右折。3.5キロ先を左折してコースへ。寄居スマートICからは深谷方面に進み、コース案内板に従って5キロ

☎0493(72)1515

小川カントリークラブ

〒355-0321　埼玉県比企郡小川町小川1619　FAX 0493(72)1517
https://www.ogawacc.co.jp/

お

●プレーの申込み　原則として、平日は会員の紹介、土日祝は会員の同伴または紹介が必要
●予約　平日は3か月前の同日、土日祝は2か月前の同日10時から受付け
●コンペ　予約状況により相談
●休日　1／1　その他は当社営業カレンダーによる
●クレジット　JCB　UC　VISA 他
●開場日　1966年11月3日
●コースの特徴　27H　P108　9921Y
丘陵コースだが、ごく一部の打ち下ろしを除いてフラットに造られている。池が戦略性を高めている
●コースレート　69.8
●電車　東武東上線小川町駅
●クラブバス　小川町駅から平日6:39～、土日祝は6:48～、到着電車に接続
●タクシー　小川町駅から6分820円
●プレースタイル　キャディ付またはセルフで5人乗り乗用カート
●シューズ　ソフトスパイク
●ビジター料金表

	平　日	土　曜	日　祝
キャディ付	15,380	18,480	18,480
セ　ル　フ	12,300	15,400	15,400

2021年11月の料金。平日は昼食付。料金は季節により異なる
●セルフデー　指定の火曜日8900円

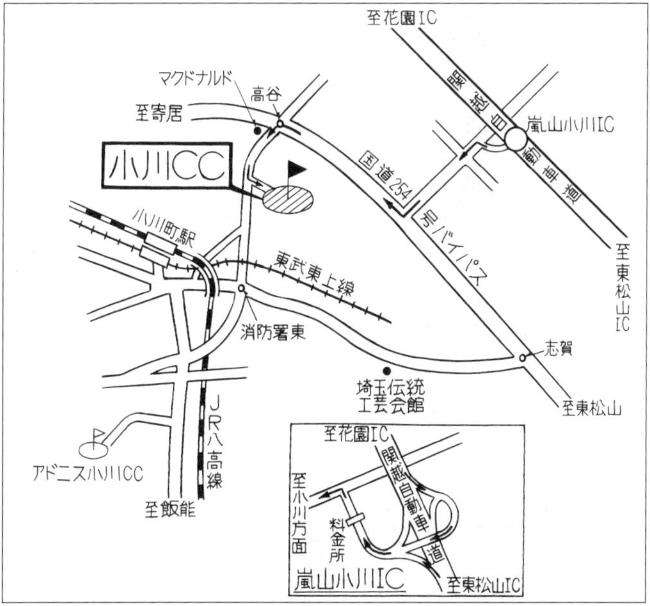

【自動車】練馬 IC（関越自動車道）47.4キロ→嵐山小川 IC 4キロ→コース　所要時間40分　嵐山小川 IC を降りて小川方面に進み、突き当たりの国道254号バイパスを右折する。高谷交差点を左折してコースへ

越生ゴルフクラブ

〒355-0354　埼玉県比企郡ときがわ町大字番匠61　FAX0493(65)1145
予約0493(65)1140　本社03(3407)1322　https://www.ogosegc.co.jp

●**プレーの申込み**　平日は原則として会員の紹介、土日祝は会員の同伴が必要

●**予約**　2か月前の同日から受付け

●**コンペ**　3か月前の1日から受付け

●**休日**　1／1

●**クレジット**　各種

●**開場日**　1973年10月16日

●**コースの特徴**　18H　P72　7066Y
豊かな樹木に囲まれた丘陵コース。アウトはフラットなホールが多く、のびのびとショットが打てる。インは男性的でテクニックを要する

●**コースレート**　71.5

●**練習場**　70m14打席

●**電車**　東武東上線坂戸駅

●**クラブバス**　坂戸駅北口から7:05は予約制、8:05　9:05　セルフデー運休

●**タクシー**　坂戸駅から20分4000円

●**プレースタイル**　キャディ付またはセルフでGPSナビ付乗用カート

●**シューズ**　ソフトスパイク推奨

●**ビジター料金表**

	平　日	土　日	祝　日
キャディ付	16,800	28,130	28,130
セ　ル　フ	13,500	24,830	24,830

上記は2021年10月～11月の料金

●**セルフデー**　月曜日実施

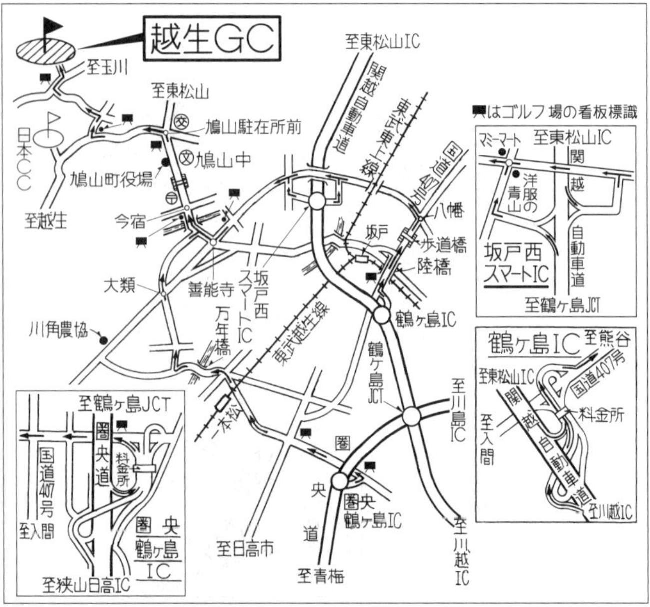

【自動車】練馬IC（関越自動車道）29.6キロ→鶴ヶ島IC 13キロ→コース　所要時間40分　鶴ヶ島ICを坂戸方面に出て、陸橋を渡って2つ目の信号・八幡を左折。4.4キロ先の善能寺信号を右折し、鳩山駐在所前の信号を左折してコースへ。坂戸西スマートICからは10キロ、圏央道・圏央鶴ヶ島ICからは14キロ

小田急西富士ゴルフ倶楽部

〒418-0104　静岡県富士宮市内野1291－1　FAX 0544(54)2009
https://www.nishifujigc.jp/

●プレーの申込み　ビジター可
●予約　随時受付け
●コンペ　組数は相談
●休日　不定期
●クレジット　JCB　VISA　MUFG　AMEX　ダイナース
●開場日　1989年8月1日
●コースの特徴　18H　P72　6567Y
池やバンカー、マウンドを戦略性豊かに配し、ゆるやかな地形に恵まれたコース。ベントのワングリーンは気が抜けない
●練習場　250Y18打席
●電車　東海道新幹線新富士駅
●クラブバス　要問合せ
●タクシー　新富士駅から35分7000円
●プレースタイル　キャディ付とセルフの選択制で乗用カート
●シューズ　ソフトスパイク推奨
●ビジター料金表

	平　日	土　曜	日　祝
キャディ付	13,500	18,250	17,750
セ　ル　フ	11,250	—	15,500

2021年10月～11月の昼食補助（税込1000円）付料金。土曜セルフは不可
●月曜セルフデー　9750円
●プレー情報　アフタヌーンハーフプレー、ロッジ宿泊プラン

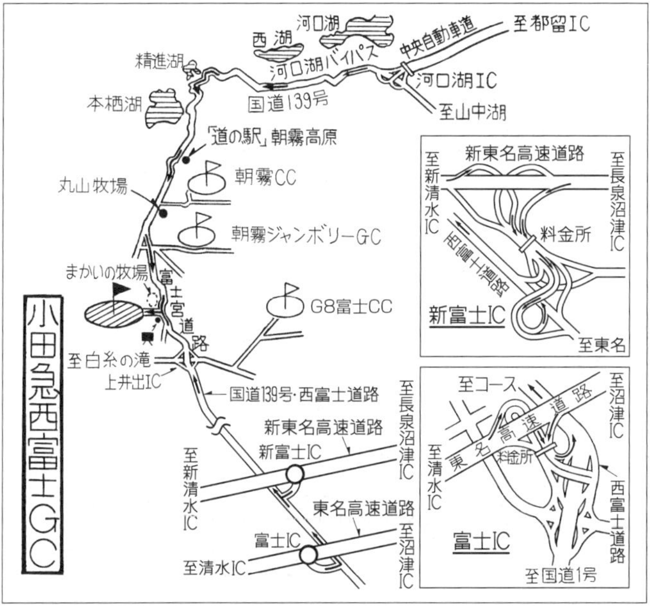

【自動車】東京IC（東名高速）121.5キロ→富士IC（または新東名・新富士IC）21.5キロ→コース　所要時間1時間50分　富士IC（または新富士IC）から西富士道路を経由して国道139号線を朝霧高原に方面に向かう。上井出ICを過ぎ、約2.5キロ先を左折してコース

小田急藤沢ゴルフクラブ

〒252-1106　神奈川県綾瀬市深谷南7-2-1　FAX 0467(77)2982
予約0467(77)0115　https://www.fujisawagc.jp/

●プレーの申込み　パブリックコース
●予約　6か月前の同日から受付け
●コンペ　組数は相談
●休日　12／31　1／1　クラブ指定日
●クレジット　各種
●開場日　1960年10月24日
●コースの特徴　18H　P72　6178Y
全体的にフラットな林間コース。グリーン周りを中心にバンカーが巧みに配置され戦略性は高い。高齢者や女性にも人気がある
●練習場　164Y32打席
●電車　小田急江ノ島線長後駅
●クラブバス　長後駅東口から6:15～9:45まで30分ごとに運行
●タクシー　長後駅から10分約1300円
●プレースタイル　キャディ付で5人乗り乗用カート
●シューズ　ゴルフ靴はすべて可
●料金表

	平　日	土　曜	日　祝
キャディ付	21,000	29,800	28,800

月曜レディース19,000円、金曜シニア（60歳以上）19,000円
季節料金あり
●プレー情報　コンペプラン、ジュニア料金、アフタヌーンゴルフ

【自動車】東京 IC（東名高速）19.7キロ→横浜町田 IC 14.5キロ→コース　所要時間約60分　横浜町田 IC から保土谷バイパスに入り、下川井 IC を降りる。中原街道を茅ヶ崎方面に進み、深谷交差点を左折してコースへ。ETC 搭載車は東名高速・綾瀬スマート IC から藤沢方面に向かい3.1キロ約8分

　☎0550(87)1221

小田原ゴルフ倶楽部日動御殿場コース

〒412-0033　静岡県御殿場市神山1916　FAX 0550(87)1291
予約専用　0550(87)1232　https://www.nichidou-gotenba.com

●プレーの申込み　ビジター可
●予約　3か月前の同日から受付け
●コンペ　組数は相談
●休日　クラブ指定日
●クレジット　各種
●開場日　1984年8月1日
●コースの特徴　18H　P72　6347Y
ほとんどのホールから富士山が望める。アウトはフラットだが、インは多少アップダウンがあり、変化に富む
●コースレート　Aベント70.5
Bベント69.6
●練習場　80Y18打席
●電車　JR御殿場線、小田急線ロマンスカー御殿場駅
●クラブバス　要問合せ
●タクシー　御殿場駅15分3000円
●プレースタイル　セルフプレーでGPSナビ付乗用カート
●シューズ　メタルスパイク禁止
●ビジター料金表

	平　日	土　曜	日　祝
セ　ル　フ	12,550	18,050	18,050

上記は2021年の基本プレー料金
冬期料金あり
●プレー情報　午後スループレー、早朝・薄暮ハーフ、ジュニア料金

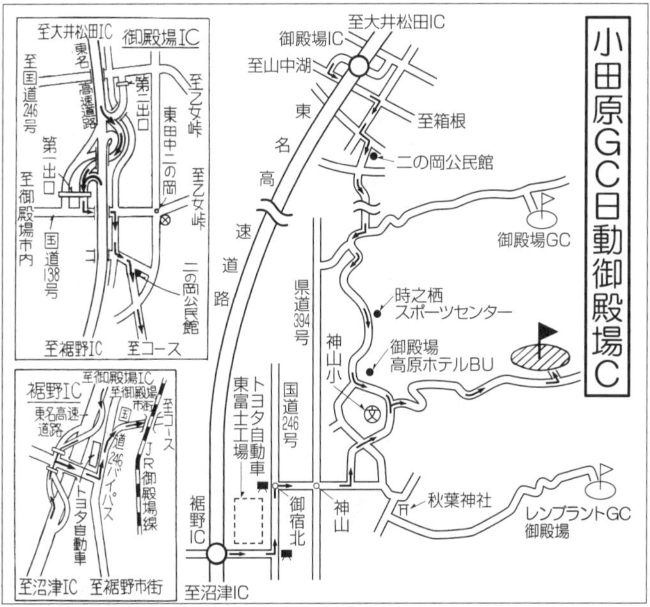

【自動車】東京IC（東名高速）83.7キロ→御殿場IC 10キロ→コース　所要時間1時間15分　御殿場IC第一出口を降りて左折し、高速をくぐってすぐの信号を右折。1つ目の信号を左折して二の岡公民館があるY字路を右折。道なりに約8キロ進んで左折してコースへ。裾野ICからは約5キロ10分

小田原ゴルフ倶楽部松田コース

〒258-0001　神奈川県足柄上郡松田町寄321　FAX 0465(83)2116
https://www.accordiagolf.com

●**プレーの申込み**　ビジター可
●**予約**　平日は6か月前の1日、土日祝は3か月前の1日から受付け
●**コンペ**　予約状況により相談
●**休日**　無休
●**クレジット**　VISA　JCB　UC　MC　DC　ダイナース　BC　セゾン　AMEX
●**開場日**　1973年12月1日
●**コースの特徴**　18H　P72　6570Y　変化に富んだホールが展開し、全体的には飛距離よりも正確性が要求される
●**コースレート**　68.2
●**練習場**　40Y10打席
●**電車**　小田急線新松田駅
●**クラブバス**　新松田駅から7:00　8:10　土日祝は9:00増発
●**タクシー**　新松田駅から15分3000円
●**プレースタイル**　キャディ付またはセルフプレーでGPSナビ付5人乗り乗用カート
●**シューズ**　ソフトスパイクのみ
●**ビジター料金表**

	平　日	土　曜	日　祝
キャディ付	13,010	21,310	19,810
セ　ル　フ	9,490	17,790	16,290

期間により料金は異なる
ナイター照明完備
●**プレー情報**　コンペプラン、早朝・薄暮ゴルフ

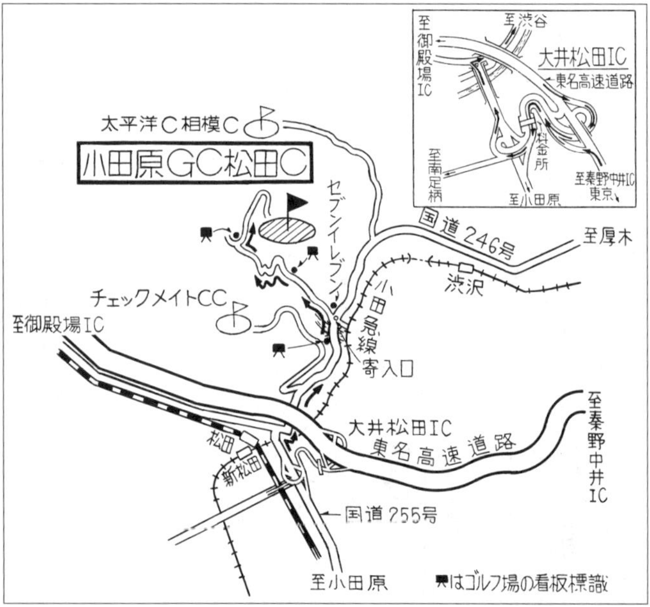

【自動車】東京IC（東名高速）57.9キロ→大井松田IC（国道246号線）8キロ→コース　所要時間1時間15分　大井松田ICを降りて泰野・山北方面に進み、国道246号線を厚木方面に3キロ戻る。中津川を越えて寄入口の信号を左折し、坂道を3キロほど登り、萱沼のバス停を右折するとコース。大井松田ICより約15分

小田原城カントリー倶楽部

〒250-0024　神奈川県小田原市根府川667　FAX 0465(29)1600
https://www.odawarajocc.com

●**プレーの申込み**　ビジター可。会員の同伴・紹介時には優待あり
●**予約**　3か月前の1日から受付け
●**コンペ**　組数制限なし。予約方法は上記に準ずる
●**休日**　クラブ指定日
●**クレジット**　各種
●**開場日**　1973年7月12日
●**コースの特徴**　18H　P72　6350Y
相模湾を眼下に見おろす「天空のゴルフコース」。ダイナミックな打ち下ろしが楽しめる
●**練習場**　50Y5打席（2打席はドライバー使用可）
●**電車**　東海道本線根府川駅
●**クラブバス**　根府川駅から予約制
●**タクシー**　根府川駅15分2700円小田原駅35分5000円
●**プレースタイル**　キャディ付またはセルフプレーで5人乗りGPSナビ付乗用カート
●**シューズ**　メタルスパイク禁止
●**ビジター料金表**

	平　日	土　曜	日　祝
キャディ付	11,100	19,100	17,100
セ　ル　フ	8,300	16,300	14,300

2021年9／1～12／28の料金
●**プレー情報**　コンペプラン、ジュニア料金、薄暮

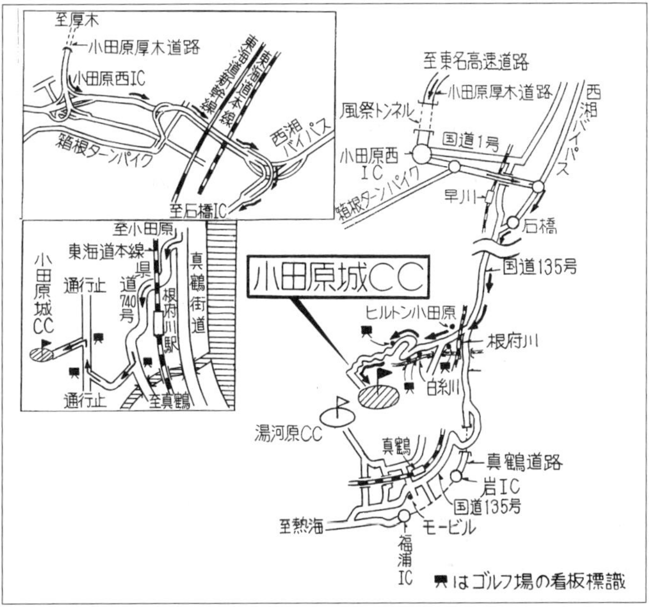

【自動車】東京IC（東名高速）35キロ→厚木IC（小田原厚木道路・西湘バイパス）32キロ→石橋IC 10キロ→コース　所要時間1時間40分　石橋ICで降り国道135号に出て左折。約2キロ先の根府川駅手前を右折して500m先にコース進入路（看板あり）

神奈川県　おだわらゆもと CC　☎0460(85)5743～5

小田原湯本カントリークラブ

〒250-0311　神奈川県足柄下郡箱根町湯本390－37　FAX 0460(85)5095
https://www.odawarayumotocc.com

●プレーの申込み　ビジター可
●予約　年度通して受付け
●コンペ　組数は相談
●休日　1/1　他に年12日程度
●クレジット　AMEX　VISA　JCB　マスター　ダイナース
●開場日　1961年7月21日
●コースの特徴　18H　P71　6246Y
山岳コースでありながらアップダウンが少ないコース。アウトは比較的素直なレイアウト、インは戦略性に富む
●コースレート　70.2
●電車　小田急線箱根湯本駅
●クラブバス　箱根湯本駅から平日 7:20 7:45 8:10 8:40 9:05 9:30 土日祝 7:05 7:35 8:05 8:35 9:05 9:35
●タクシー　湯本1000円小田原3500円
●プレースタイル　キャディ付またはセルフプレーでGPSナビ付5人乗り電磁カート
●シューズ　ゴルフ靴はすべて可
●ビジター料金表

	平　日	土　曜	日　祝
キャディ付	16,700	22,200	22,200
セ　ル　フ	12,300	17,800	17,800

昼食付。季節により料金変動。上記は2021年春期料金
●セルフデー　木曜日8,000円
スループレー。クラブハウス利用不可

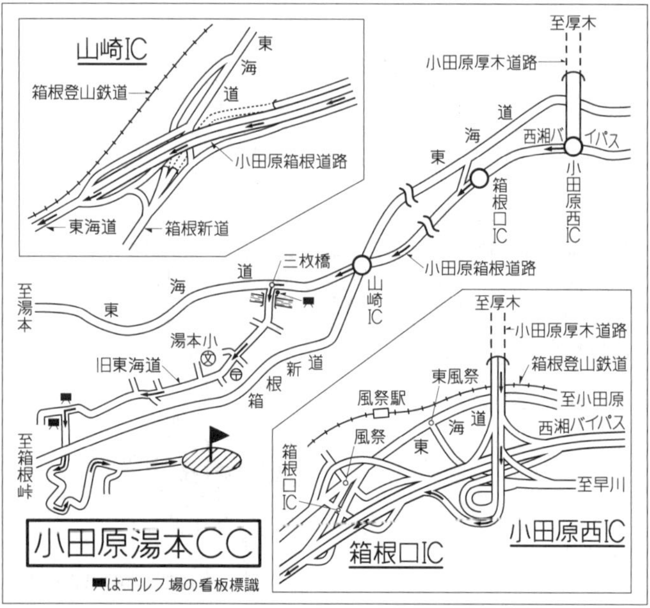

【自動車】東京IC（東名高速）35キロ→厚木IC（小田原厚木道路）31.5キロ→小田原西IC 5.5キロ→コース　所要時間1時間　小田原西ICから小田原箱根道路に進み山崎ICで箱根湯本方面に降りる。三枚橋交差点を左折して旧東海道を進み、コース案内板に従って左折してコースへ

小名浜オーシャンホテル&ゴルフクラブ

〒971-8183　福島県いわき市泉町下川字大畑17　FAX 0246(56)3310
https://www.accordiagolf.com

●**プレーの申込み**　ビジター可
●**予約**　5か月前の同日から受付け
●**コンペ**　予約状況により相談
●**休日**　無休
●**クレジット**　JCB VISA ダイナース AMEX マスター
●**開場日**　1992年5月4日
●**コースの特徴**　18H　P72　6467Y
太平洋に面したシーサイドコース。フェアウェイは絞られ正確なショットが要求される。プレー後は天然温泉でリラックスを
●**練習場**　170Y9打席
●**電車**　常磐線泉駅
●**クラブバス**　泉駅南口から予約制
●**タクシー**　泉駅から10分2300円
●**プレースタイル**　キャディ付またはセルフで5人乗り乗用カート。FW乗入れ可（コース状況により不可）
●**シューズ**　ソフトスパイクのみ可
●**ビジター料金表**

	平　日	土　曜	日　祝
キャディ付	12,390	18,800	18,800
セ　ル　フ	7,990	14,400	14,400

昼食付。期間により料金は異なる
ロッカーフィ330円
●**プレー情報**　宿泊パック、薄暮プレー

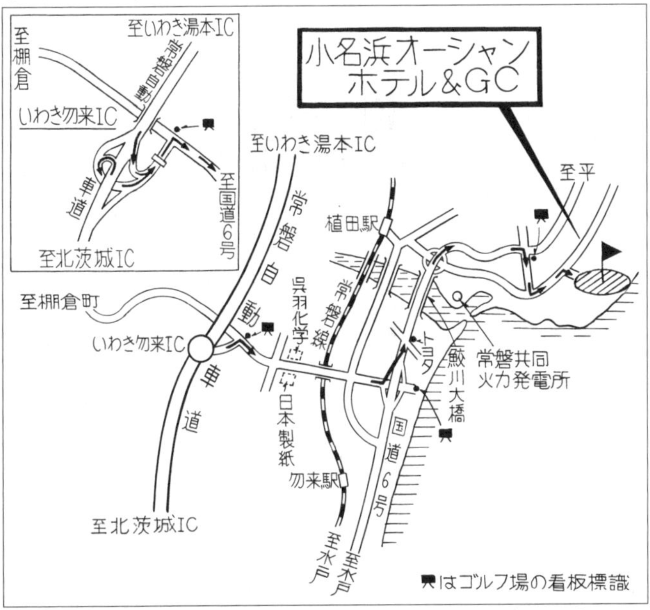

【自動車】三郷IC（常磐自動車道）154.5キロ→いわき勿来IC（国道6号）12キロ→コース　所要時間1時間50分　料金所を出て右折し国道6号を左折していわき市方面に向かう。鮫川大橋を渡り、コース案内板に従って右折してコースへ。いわき勿来ICより約15分

小名浜カントリー倶楽部

〒970-0317　福島県いわき市小名浜上神白字東大沢1－44　FAX 0246(52)1420
予約0246(52)1414　https://www.next-golf.jp/onahama/

●プレーの申込み　ビジター可
●予約　3か月前の同日から受付け
●コンペ　上記に準ずる
●休日　無休
●クレジット　JCB　UC　VISA　DC　UFJ　AMEX　ダイナース　マスター
●開場日　1976年10月15日
●コースの特徴　27H　P108　10131Y
フェアウェイが広く豪快なショットが楽しめるが、アンジュレーションとバンカーがポイントになっている
●練習場　250Y13打席
●コースレート　東・西70.4　南・西70.4　東・南69.6
●電車　常磐線泉駅下車
●クラブバス　なし
●タクシー　泉駅から20分
●プレースタイル　キャディ付またはセルフでGPSナビ付乗用カート
●シューズ　ソフトスパイク推奨
●ビジター料金表

	平　日	土　曜	日　祝
セ　ル　フ	5,990	12,990	12,990

上記は2021年10月～12月の料金。
シーズンにより料金は異なる
キャディ付は3850円（4B）加算

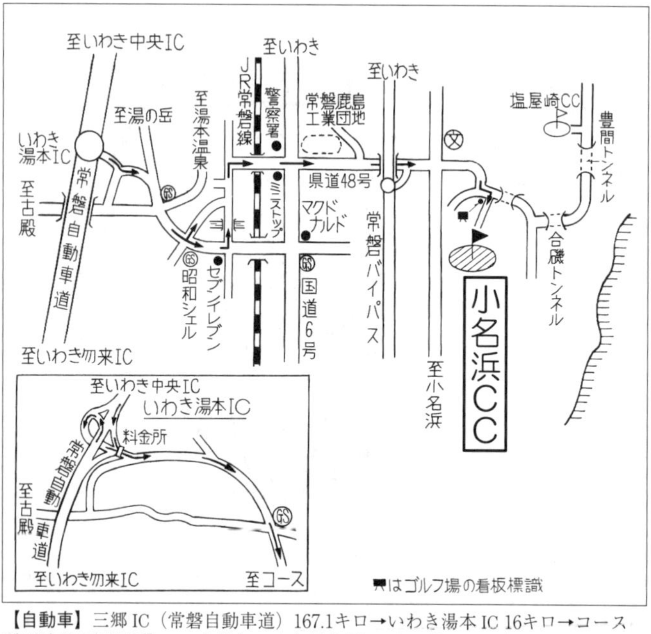

【自動車】三郷IC（常磐自動車道）167.1キロ→いわき湯本IC 16キロ→コース　所要時間2時間20分　ICを降りて小名浜方面に5キロ進み、昭和シェルのスタンドまたは先のセブンイレブンを左折。3つ目の信号を右折し、県道48号線を豊間・江名方面に進んでコースへ

小幡郷ゴルフ倶楽部

〒370-2202　群馬県甘楽郡甘楽町小幡1535　FAX 0274(74)5727
予約専用　0274(74)6000　https://www.obatago-golf.com

●プレーの申込み　ビジター可
●予約　5か月前の1日から受付け
●コンペ　予約状況により相談
●休日　1／1他
●クレジット　JCB　AMEX　DC　UC　VISA　ダイナース　セゾン　MUFG
●開場日　1990年4月27日
●コースの特徴　18H　P72　6630Y
松、桧、杉などでセパレートされた林間コースで、池越えなど戦略的なレイアウト。LPGA（日本女子プロゴルフ協会）認定コースで、トーナメントの開催実績がある
●コースレート　71.4
●練習場　200Y10打席
●電車　上越新幹線高崎駅、または上信電鉄上州福島駅
●クラブバス　なし
●タクシー　高崎駅から40分6000円
●プレースタイル　キャディ付またはセルフで5人乗り乗用カート
●シューズ　ソフトスパイク推奨
●ビジター料金
季節により料金が異なるため、ホームページ参照、またはクラブに要問合せ

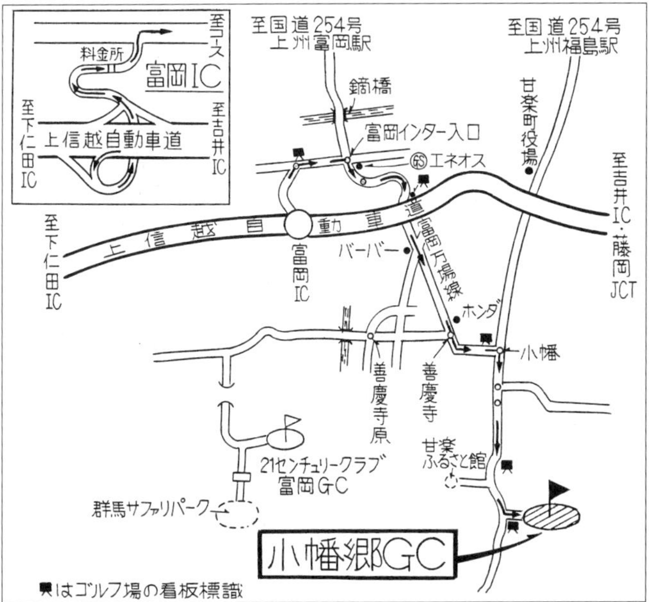

【自動車】練馬IC（関越、上信越自動車道）98.7キロ→富岡IC 5キロ→コース　所要時間1時間10分　関越自動車道藤岡JCTから上信越自動車道を利用して富岡ICを降りて右折し、県道富岡万場線との富岡IC入口交差点を右折。高速道路の高架をくぐり、小幡交差点を右折してコースへ

小見川東急ゴルフクラブ

〒289-0301　千葉県香取市一の分目字神明496－1　FAX 0478(83)9101
https://www.tokyu-golf-resort.com/omigawa/

●**プレーの申込み**　会員の紹介が必要。予約状況によりビジター可
●**予約**　平日は4か月前の1日、土日祝は3か月前の1日午前9時から受付け
●**コンペ**　組数は相談
●**休日**　1/1　クラブ指定日
●**クレジット**　各種
●**開場日**　1992年10月1日
●**コースの特徴**　18H　P72　6863Y
緑と水に恵まれ、審美・戦略性に富んだ攻めのゴルフの醍醐味が満喫できる
●**コースレート**　72.0
●**電車・バス**　高速バス（特急かしま号）で鹿島セントラルホテル下車、または JR 成田線佐原駅
●**クラブバス**　なし
●**タクシー**　佐原駅から約20分3500円
鹿島セントラルホテルから約20分3500円
●**プレースタイル**　キャディ付またはセルフで GPS ナビ付乗用カート
●**シューズ**　ソフトスパイク推奨
●**ビジター料金表**

	平　日	土　曜	日　祝
キャディ付	13,750	27,900	27,900
セ　ル　フ	9,900	23,500	23,500

上記は2021年10月～11月の料金
●**セルフデー**　クラブ指定の月曜日は昼食付9200円

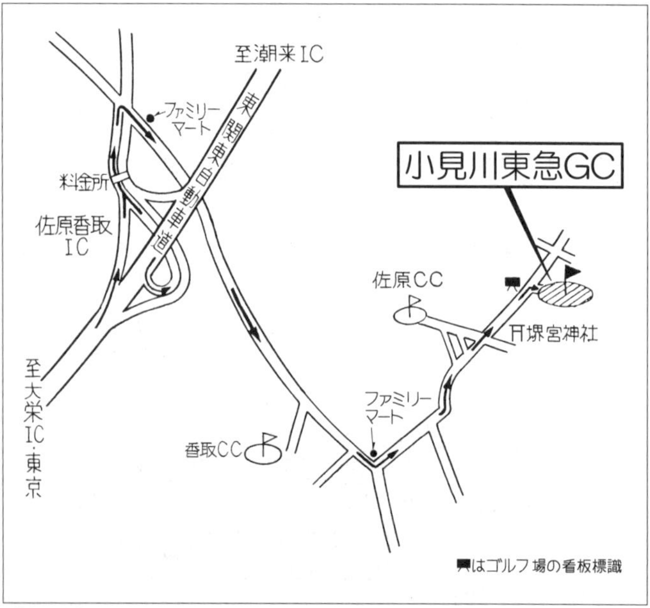

【**自動車**】箱崎 IC（首都高速）35.8キロ→宮野木 JCT（東関東自動車道）49.2キロ→佐原・香取 IC 5.5キロ→コース　所要時間1時間10分　佐原・香取 IC の料金所を出て右折し、東関東自動車道の下をくぐって3.7キロ先の信号を左折すると約2キロでコース。佐原・香取 IC より約7分

思い川ゴルフ倶楽部

〒322-0344　栃木県鹿沼市西沢町1805－1　FAX 0289(77)3135
http://www.omoigawa-gc.com

●プレーの申込み　パブリックコース
●予約　随時受付け
●コンペ　組数制限なし
●休日　無休
●クレジット　各種
●開場日　1975年10月25日
●コースの特徴　18H　P72　6715Y
自然を生かしたレイアウトは、ビギナーから上級者まで各人の技量に応じて楽しめる戦略性に富んだ設計
●練習場　200Y28打席
●電車　東武日光線新鹿沼駅
●クラブバス　新鹿沼駅から予約制で8:00　9:05　平日は9:05のみ
●タクシー　新鹿沼駅から13分2000円
JR鹿沼駅から20分4000円
●プレースタイル　セルフで乗用カート。FW乗入れ可（コース状況により不可）。キャディ付は8組程対応可
●シューズ　ソフトスパイク推奨
●ビジター料金表

	平　日	土　曜	日　祝
セ　ル　フ	6,200	13,200	12,700

昼食付。キャディ付の場合は4B3000円加算
●プレー情報　夏期・冬期割引、コンペパック、早朝･午後プレー、シニア･レディスデー

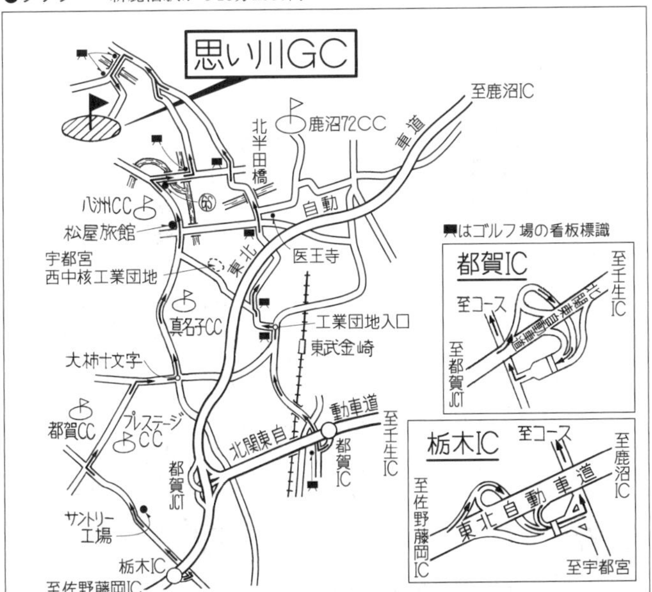

【自動車】浦和料金所（東北自動車道）70.7キロ→都賀JCT（北関東自動車道）3.8キロ→都賀IC 15キロ→コース　所要時間1時間20分　北関東自動車道・都賀ICを降りて右折し、約4キロ先の工業団地入口信号を左折。東北道の手前を右折して道なりに進み、コース案内板に従ってコースへ

小山ゴルフクラブ

〒323-0014　栃木県小山市喜沢1140　FAX 0285(22)6784
予約0285(22)8161　http://www.oyamagolf.jp　本社0285(22)1084

●**プレーの申込み**　原則として会員の紹介が必要
●**予約**　平日は2か月前の1日、土日祝は2か月前の同日から受付け
●**コンペ**　組数は相談
●**休日**　1／1　クラブ指定日
●**クレジット**　各種
●**開場日**　1960年11月3日
●**コースの特徴**　18H　P72　6639Y
名門の林間コース。フェアウェイはフラットだがゆるやかなアンジュレーションをもったホールも多い。コース内の桜は名高い
●**コースレート**　71.9
●**練習場**　250Y10打席
●**電車**　東北新幹線小山駅
●**クラブバス**　予約制で小山駅西口から7:30　8:10　9:00
●**タクシー**　小山駅から10分1400円
●**プレースタイル**　キャディ付で歩いてプレー
●**シューズ**　ソフトスパイク推奨
●**ビジター料金表**

	平　日	土　曜	日　祝
キャディ付	15,020	28,220	26,020

2021年3～6月と9～12月の料金
●**セルフデー**　毎週月曜日、1バッグ手引カートを利用して昼食付7,300円

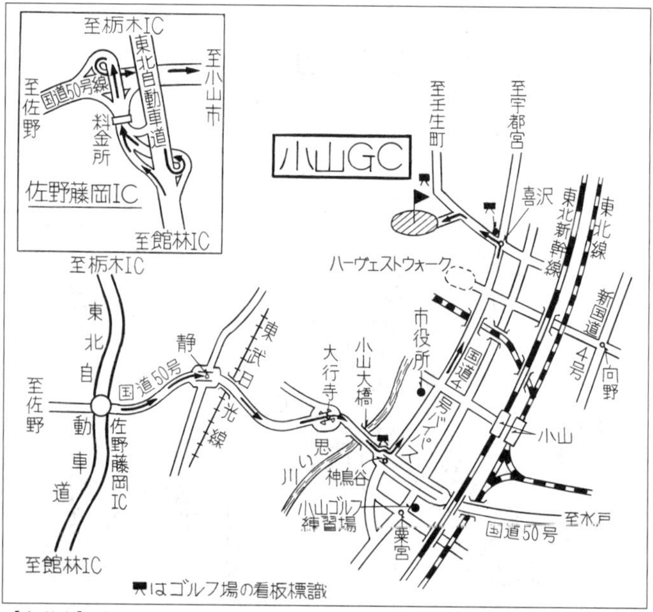

【**自動車**】浦和料金所（東北自動車道）50.2キロ→佐野藤岡IC 24キロ→コース　所要時間1時間40分　佐野藤岡ICで降り、料金所を出て国道50号線を小山市内に向かう。国道4号線との神鳥谷立体交差を宇都宮方面に左折し、ハーヴェストウォークを過ぎて左折、300mでコース

オリムピックカントリークラブ

お

〒409-0125　山梨県上野原市野田尻3085　FAX 0554(66)2417
予約0554(66)3835　https://www.olympic-cc.jp/

●**プレーの申込み**　会員の同伴が必要
平日は予約状況により紹介でも可
●**予約**　2か月前の同日から受付け
●**コンペ**　平日は3か月前、土日祝は2か月前から受付け
●**休日**　1/1　その他は問合せ
●**クレジット**　AMEX　JCB　UC 他
●**開場日**　1990年8月15日
●**コースの特徴**　27H　P108　10384Y
変化に富むレイアウトで、ベテランからアベレージゴルファーまですべてのプレーヤーに挑戦欲を喚起する
●**コースレート**　フジザクラ→ハナミズキ73.0、ハナミズキ→リンドウ72.7、リンドウ→フジザクラ72.1
●**練習場**　250Y19打席
●**電車**　JR 中央本線四方津駅
●**クラブバス**　四方津駅から7:10　7:40　8:10　8:50　9:20
他に土日祝6:40増
●**タクシー**　四方津駅から7分1700円
●**プレースタイル**　キャディ付またはセルフで5人乗り乗用カート
●**シューズ**　メタルスパイク禁止
●**ビジター料金表**

	月火金	水・木	土日祝
キャディ付	17,550	19,050	29,810
セ　ル　フ	13,480	14,980	25,740

2021年10月～11月の料金

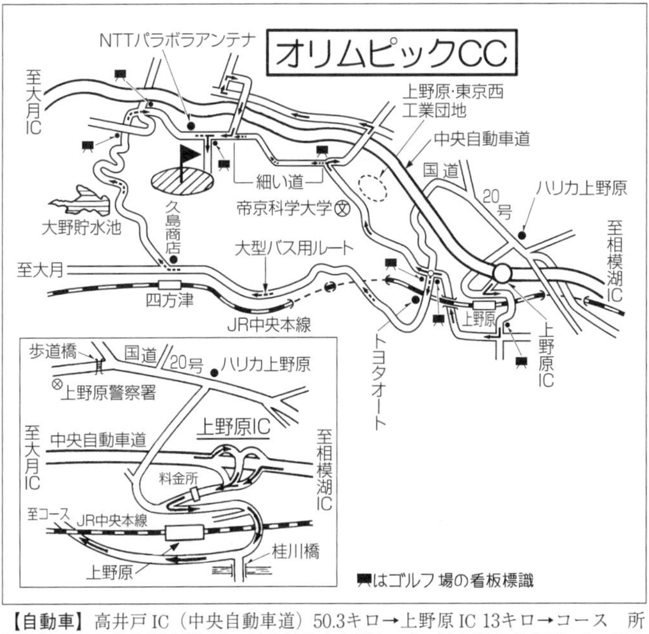

【**自動車**】高井戸 IC（中央自動車道）50.3キロ→上野原 IC 13キロ→コース　所要時間50分　料金所を出て1つ目の信号を左折し、2つ目の信号を右折。3つ目の信号（国道20号）を直進して、帝京科学大学前を通る。突き当たりを右折して中央自動車道を渡って左折してコースへ

オリムピック・カントリークラブレイクつぶらだコース

〒367-0118　埼玉県児玉郡美里町大字広木2461-1　FAX 0495(76)5339
https://www.olympic-laketsuburada.jp

●**プレーの申込み**　会員の同伴が必要
●**予約**　2か月前の同日から受付け。会員が申し込む
●**コンペ**　予約状況により相談
●**休日**　クラブ指定日
●**クレジット**　各種
●**開場日**　2006年4月22日
●**コースの特徴**　18H　P72　7017Y
ニクラウス・デザイン社設計で、円良田湖をイメージした巨大な池を利用した戦略的なコース。複数の洋芝を使用し、大小さまざまな起伏のあるグリーンは、プレーヤーを飽きさせない
●**コースレート**　72.8
●**練習場**　280Y12打席
●**電車**　上越新幹線本庄早稲田駅、または八高線児玉駅
●**クラブバス**　なし
●**タクシー**　児玉駅約5分1500円
●**プレースタイル**　キャディ付きまたはセルフで5人乗り乗用カート
●**シューズ**　ソフトスパイク
●**ビジター料金表**

	平　日	土　曜	日　祝
キャディ付	17,500	27,500	27,500
セ　ル　フ	14,200	24,200	24,200

季節料金あり

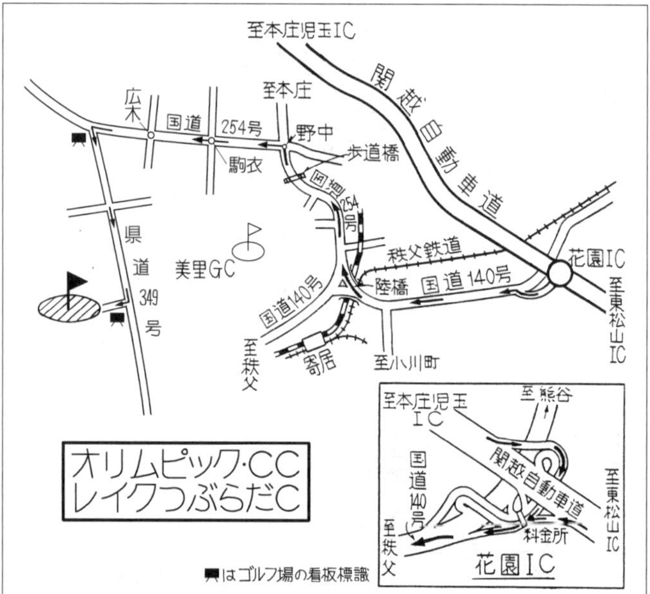

【**自動車**】練馬 IC（関越自動車道）56.1キロ→花園 IC 13キロ→コース　所要時間1時間　花園 IC を寄居方面に下りて、陸橋を渡ってＹ字路を藤岡・本庄方面に進む。国道254号線の野中交差点を左折し、広木交差点を過ぎて、コース案内板に従って左折してコースへ。ナビゲーション用の電話番号は0495-76-3831

お

オリムピック・スタッフ足利ゴルフコース

〒326-0004　栃木県足利市樺崎町1873　FAX 0284(42)4009
予約0284(42)4601　https://www.olympicstaff-ashikaga-gc.jp/

●プレーの申込み　土日祝は原則会員の同伴または紹介が必要
●予約　平日は3か月前の同日、土日祝は2か月前の同日午前10時から予約センターで受付け
●コンペ　なし
●休日　要問合せ
●クレジット　AMEX　JCB　DC　UC　VISA　ダイナース　ニコス　マスター　セゾン
●開場日　2001年11月1日
●コースの特徴　18H　P72　7018Y
ジャック・ニクラウスと息子のジャック・ニクラウスⅡが日本で初めて手がけたコース。池と岩、バンカーそしてマウンドが織りなす個性的なコース
●電車　JR両毛線足利駅、または東武伊勢崎線足利市駅
●クラブバス　なし
●タクシー　足利市駅より20分約2500円
●プレースタイル　キャディ付またはセルフで5人乗り乗用カート
●シューズ　メタルスパイク禁止
●ビジター料金表

	平　日	土　日	祝　日
キャディ付	12,700	20,300	19,300
セ　ル　フ	9,400	17,000	16,000

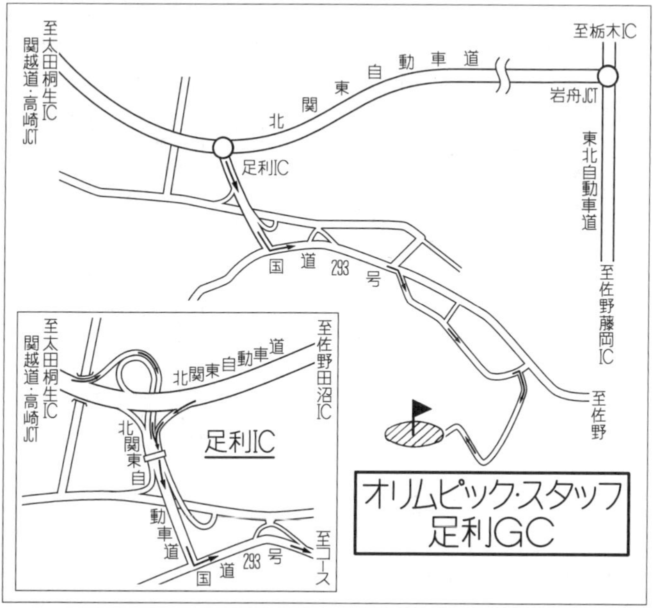

【自動車】浦和料金所（東北自動車道）57キロ→岩舟JCT（北関東自動車道）13.6キロ→足利IC 2キロ→コース　所要時間1時間　足利ICを降りて直進し、突き当りの国道293号線を左折して佐野方面に進む。料金所を出てから2つ目の信号を右折し、約700mでコース進入路

オリムピック・スタッフ都賀ゴルフコース

〒328-0105　栃木県栃木市都賀町臼久保395　FAX 0282(92)0006
予約0282(92)0009　https://www.olympicstaff-tsuga-gc.jp

●**プレーの申込み**　原則として会員の紹介が必要
●**予約**　3か月前の1日午前10時から予約専用電話に会員が直接申込む
●**コンペ**　3か月前の同日より受付け
●**休日**　1/1
●**クレジット**　VISA　マスター
●**開場日**　1993年10月1日
●**コースの特徴**　18H　P72　6729Y　ダイ・デザイン社設計の戦略的コース。フェアウェイのアンジュレーションに加え、池を多用したコース
●**コースレート**　71.7
●**電車**　東武日光線新栃木駅、またはJR両毛線栃木駅
●**クラブバス**　新栃木駅より予約制
●**タクシー**　新栃木駅から15分約2500円　栃木駅から22分約2800円
●**プレースタイル**　キャディ付またはセルフで5人乗り乗用カート。FW乗入れ可（コース状況により不可）
●**シューズ**　ソフトスパイクのみ可
●**ビジター料金表**

	平　日	土　日	祝　日
キャディ付	11,500	19,900	19,900
セ　ル　フ	8,800	17,200	17,200

2021年10月～12月の昼食付料金
季節料金あり

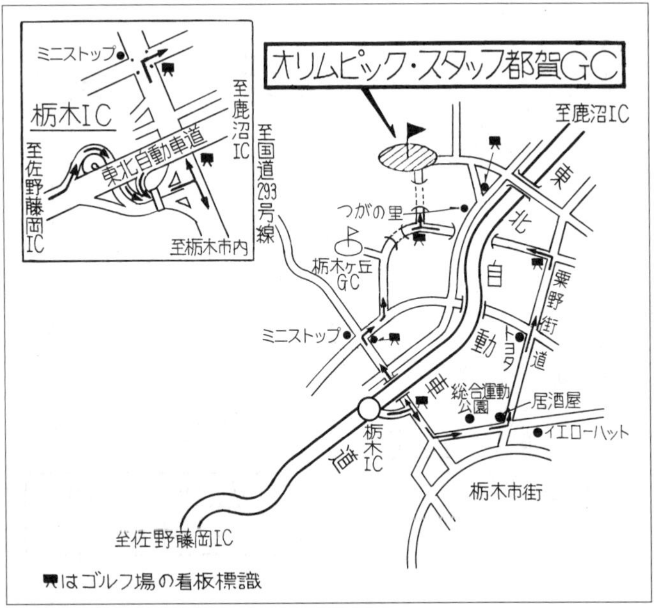

【自動車】浦和料金所（東北自動車道）67.9キロ→栃木IC 5キロ→コース　所要時間50分　栃木ICの料金所を出て右折し、ICから1つ目の信号を左折する。左折後2つ目の信号を左折し、粟野街道を鹿沼方面に進み、3つ目の信号を左折。コース案内板に従ってコースへ

オリムピックナショナルゴルフクラブ EAST

〒350-0455　埼玉県入間郡毛呂山町阿諏訪154　FAX 049(295)4053
予約050-3733-0685　http://www.olympicnational.co.jp/

●プレーの申込み　土日祝は会員の同伴または紹介が必要
●予約　2か月前の同日より、火～金曜の10時から16時まで予約電話にて受付け
●コンペ　3か月前の同日より受付け
●休日　不定期　1/1
●クレジット　各種
●開場日　1989年8月1日
●コースの特徴　18H　P72　6954Y
大小のマウンドや枕木を利用したバンカーなどオールドスコティッシュ風のコースで設計は“奇才”ペリー・ダイ
●練習場　180Y10打席
●電車　東武越生線東毛呂駅、または西武池袋線飯能駅
●クラブバス　東毛呂駅、飯能駅より予約制
●タクシー　東毛呂駅より約1,300円、飯能駅より約4,200円
●プレースタイル　キャディ付とセルフの選択制で5人乗り乗用カート利用
●シューズ　ソフトスパイクを推奨
●ビジター料金表

	平　日	土　曜	日　祝
キャディ付	21,800	27,800	27,800
セ　ル　フ	18,500	24,500	24,500

2021年10月～12月の料金
●セルフデー　月曜16500円昼食付

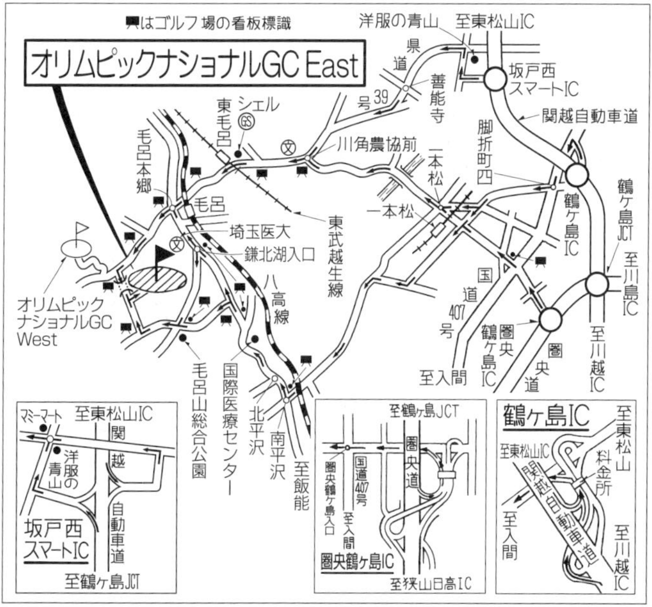

【自動車】練馬 IC（関越道）29.6キロ→鶴ヶ島 IC 13キロ→コース　所要時間45分　鶴ヶ島 IC を入間方面に降りて1つ目の信号を右折。道なりに進み T 字路を右折し突き当りを左折する。踏切を渡って南平沢信号を右折してコースへ。圏央道鶴ヶ島 IC から13キロ25分、坂戸西スマート IC からは11キロ20分

オリムピックナショナルゴルフクラブWEST

〒350-0456　埼玉県入間郡毛呂山町滝ノ入1724　FAX 049(295)3090
http://www.olimpicnational.co.jp/

●プレーの申込み　平日は会員の紹介　土日祝は会員の同伴または紹介が必要
●予約　2か月前の同日から受付け
●コンペ　土日祝は不可。3か月前の同日より受付け
●休日　1/1　指定の月曜日
●クレジット　各種
●開場日　1986年7月1日
●コースの特徴　27H　P108　9468Y　ジム・ファシオが監修したアザレアCはダイナミックで戦略的、カメリアCはフラット、シバザクラCは祐大な打下ろしの1番が名物ホール
●練習場　なし
●電車　東武越生線東毛呂駅、または八高線毛呂駅、西武池袋線飯能駅
●クラブバス　東毛呂駅または飯能駅より予約制
●タクシー　毛呂駅から5分1000円
●プレースタイル　セルフプレーで5人乗り乗用カート
●シューズ　ソフトスパイク
●ビジター料金表

	平　日	土　曜	日　祝
セ　ル　フ	16,500	22,500	22,500

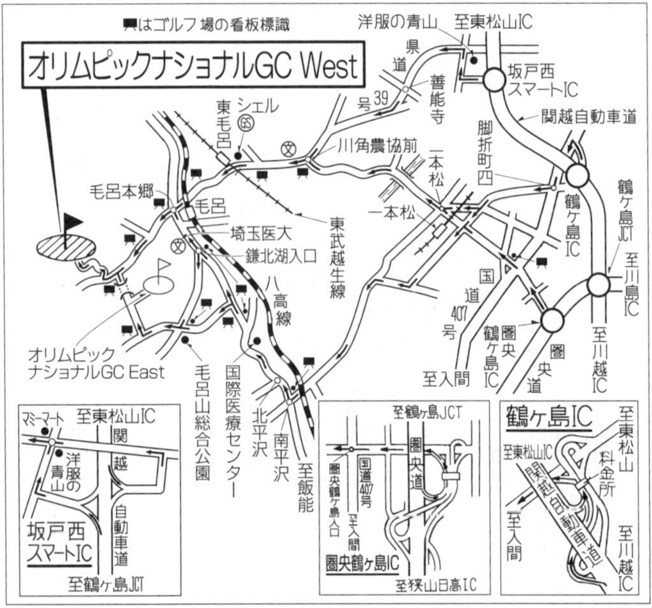

【自動車】練馬IC（関越道）29.6キロ→鶴ヶ島IC 13キロ→コース　所要時間45分　鶴ヶ島ICを入間方面に降りて1つ目の信号を右折。道なりに進みT字路を右折し突き当りを左折する。踏切を渡って南平沢信号を右折してコースへ。圏央道鶴ヶ島ICから13キロ25分、坂戸西スマートICからは11キロ20分

甲斐駒カントリークラブ

〒408-0305　山梨県北杜市武川町黒沢2149－8　FAX 0551(26)2177
予約0551(26)2011　http://www.kaikoma-cc.com

●プレーの申込み　ビジター可
●予約　2か月前の同日から受付け
●コンペ　組数は相談
●休日　冬期クローズあり
●クレジット　JCB　DC　VISA　マスター　ダイナース　AMEX
●開場日　1975年7月15日
●コースの特徴　18H　P72　6731Y
八ケ岳を正面に、駒ケ岳を背後に見渡せ緩急自在のテクニックが求められる
●練習場　80Y10打席
●電車　中央本線日野春駅
●クラブバス　なし
●タクシー　日野春駅から約5分
●プレースタイル　キャディ付またはセルフで5人乗り乗用カート、またはFW乗入れ2人乗りカート（1台1,760円加算）
●シューズ　ソフトスパイクを推奨
●ビジター料金表

	平　日	土　曜	日　祝
キャディ付	13,770	17,470	17,470
セ　ル　フ	9,900	14,300	14,300

2021年10月～11月の料金で昼食付
月により料金変動あり
●プレー情報　ジュニア料金、薄暮

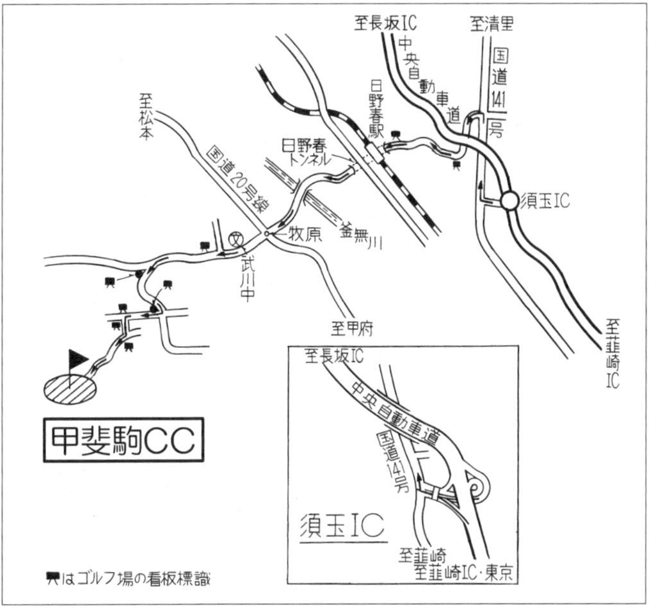

【自動車】高井戸IC（中央自動車道）131.4キロ→須玉IC 3.6キロ→日野春トンネル5キロ→コース　所要時間1時間50分　中央自動車道・須玉ICを降りて清里方面に向い、高速道路の高架をくぐって信号を左折する。日野春トンネルを経由し、国道20号線・牧原信号を直進してコース案内板に従ってコースへ

甲斐ヒルズカントリー倶楽部

〒400-0102　山梨県甲斐市団子新居1927－4　FAX 0551(23)0570
http://www.kaihills.jp/

●**プレーの申込み**　ビジター可
●**予約**　6か月前の月初より受付け
●**コンペ**　上記に準ずる
●**休日**　無休
●**クレジット**　各種
●**開場日**　1990年10月10日
●**コースの特徴**　18H　P72　6872Y
丘陵コース。アウトは高原風のゆったりしたレイアウト。インは池、滝など変化に富む。良質の温泉がある
●**コースレート**　72.1
●**練習場**　100m9打席
●**電車**　JR中央本線甲府駅
●**クラブバス**　甲府駅北口から毎日8:35　予約制
●**タクシー**　甲府駅から30分4000円
韮崎駅から15分3000円
●**プレースタイル**　キャディ付またはセルフでGPSナビ付き5人乗り乗用カート
●**シューズ**　ソフトスパイク
●**ビジター料金表**

	平　日	土　曜	日　祝
キャディ付	16,500	20,800	20,800
セ　ル　フ	13,500	17,800	17,800

2021年10月～11月の料金で平日昼食付。期間により料金は異なる
●**プレー情報**　早朝・薄暮、温泉宿泊プラン、コンペパック

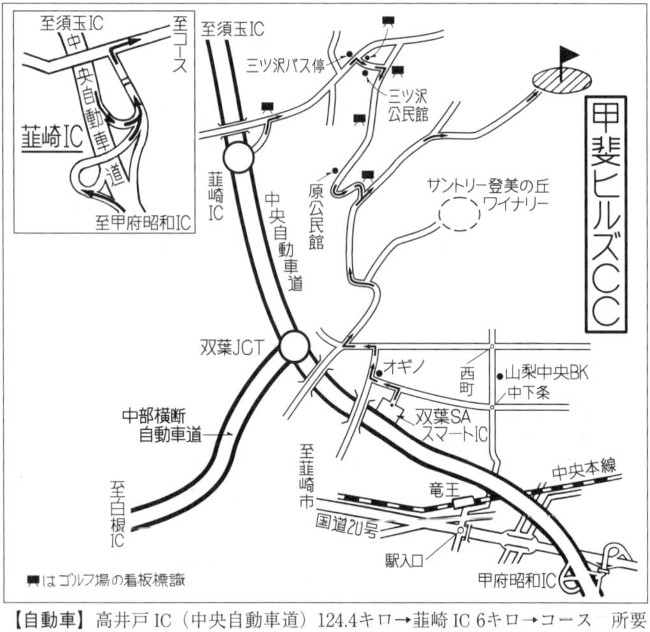

【自動車】高井戸IC（中央自動車道）124.4キロ→韮崎IC 6キロ→コース　所要時間1時間45分　料金所を出て右折、1.1キロ先の三ツ沢バス停三差路を右折し、300m進んで突き当たりを右折。コース案内板に従ってコースへ。ETC車は双葉スマートICより5キロ、約15分

掛川グリーンヒルカントリークラブ

〒436-0106　静岡県掛川市寺島1000　FAX 0537(26)2740
予約0537(26)1151　https://k-greenhill.co.jp

●プレーの申込み　ビジター可
●予約　3か月前の1日から受付け
●コンペ　組数制限なし
●休日　クラブ指定日
●クレジット　JCB　DC　VISA 他
●開場日　1975年10月15日
●コースの特徴　18H　P72　6658Y
コースの高低差を20mに抑え、自然林と植樹林でセパレートした丘陵コース。各ホールがそれぞれ特徴を持っている
●コースレート　70.4
●電車　東海道新幹線掛川駅
●クラブバス　なし
●タクシー　掛川駅から20分3500円

●プレースタイル　キャディ付またはセルフでGPSナビ付乗用カート
●シューズ　メタルスパイク禁止
●ビジター料金表

	平日	土日	祝日
キャディ付	12,200	16,900	15,300
セルフ	9,800	14,500	12,900

上記は2021年11月の料金で平日と祝日は昼食付。サービスデーあり。金曜日はセルフデー9400円昼食付
期間により料金変動
●プレー情報　早朝（4～9月）・薄暮プレー（通年）

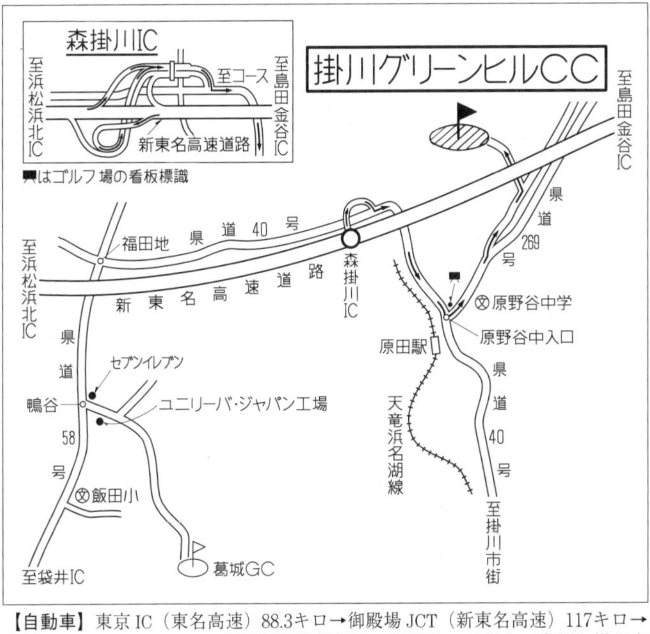

【自動車】東京IC（東名高速）88.3キロ→御殿場JCT（新東名高速）117キロ→森掛川IC 3キロ→コース　所要時間2時間30分　森掛川ICを降りて左折し掛川市街方面に向かう。約1キロ先の原野谷中入口交差点を左折し、500m先を左折してコースへ。東名高速・掛川ICからは約20分

笠間カントリークラブ

〒309-1606　茨城県笠間市日沢15　FAX 0296(72)1351
https://www.pacificgolf.co.jp/kasama/

●**プレーの申込み**　予約状況によりビジター可
●**予約**　3か月前の1日から受付け
●**コンペ**　組数制限なし
●**休日**　無休
●**クレジット**　JCB VISA ダイナース
●**開場日**　1992年10月11日
●**コースの特徴**　18H　P72　7036Y
なだらかな丘陵地の南斜面を利用して陳清波プロが設計監修した戦略的なコース
●**コースレート**　72.1
●**練習場**　20Y6打席
●**電車**　常磐線友部駅
●**クラブバス**　なし
●**タクシー**　友部駅から20分約4000円
●**プレースタイル**　キャディ付またはセルフで乗用カート
●**シューズ**　メタルスパイク禁止
●**ビジター料金**
季節により料金が異なるため、ホームページ参照、またはクラブに要問合せ
●**プレー情報**　コンペパック

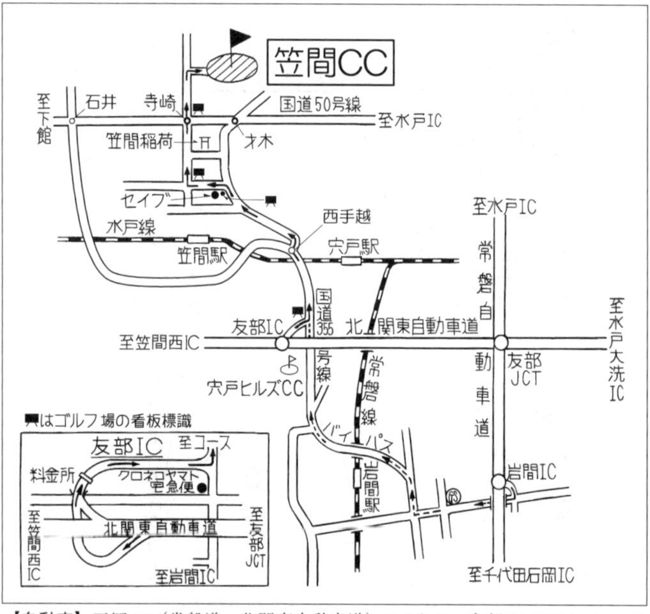

【自動車】三郷IC（常磐道・北関東自動車道）81.3キロ→友部IC 8キロ→コース　所要時間1時間　常磐道・友部JCT経由で北関東自動車道・友部ICへ。料金所を出て左折し笠間方面に向かう。西手越信号を右折後、スーパーセイブの信号を左折し、国道50号線の寺崎交差点を直進してコースへ

　☎0296(70)7033

笠間桜カントリー倶楽部

〒311-4406　茨城県東茨城郡城里町下赤沢504　FAX 0296(70)7035
http://www.kasamasakura.com/

●プレーの申込み　ビジター可
●予約　随時受付け
●コンペ　予約状況により制限なし
●休日　無休
●クレジット　なし
●開場日　1972年10月18日
●コースの特徴　27H　P107　9386Y
山間部の台地に横に展開するフラットでフェアウェイの幅も広く、トリッキーさも加えた興味深いコース
●電車　常磐線友部駅
●クラブバス　なし
●タクシー　友部駅から25分5300円

●プレースタイル　セルフプレーで5人乗り乗用カート
●シューズ　ソフトスパイク推奨
●ビジター料金表

	平　日	土　日	祝　日
セ　ル　フ	2,800～	3,980～	3,980～

全日昼食付
ホームページに優待料金を掲載。

か

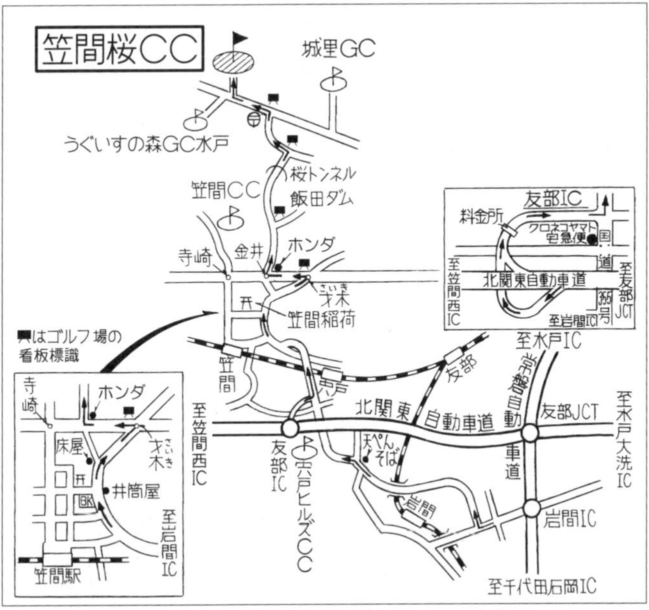

【自動車】三郷IC（常磐道・北関東自動車道）81.3キロ→友部IC 19キロ→コース　所要時間1時間10分　常磐道・友部JCT経由で北関東自動車道・友部ICへ。料金所を出て左折し笠間方面に進み、国道50号線との才木信号を左折。次の金井信号を右折し、コース案内板に従ってコースへ

霞山カントリー倶楽部

〒370-3502　群馬県北群馬郡榛東村山子田2707　FAX 0279(54)1110
http://www.kazancc.jp/

●**プレーの申込み**　パブリックコース
●**予約**　随時受付け
●**コンペ**　組数は相談
●**休日**　無休
●**クレジット**　各種
●**開場日**　1993年10月18日
●**コースの特徴**　18H　P72　6781Y
榛名山麓の雄大な自然林の中に造られたフラットな丘陵コース。G・ノーマンが日本で最初に設計したコース
●**コースレート**　未査定
●**練習場**　なし
●**電車**　上越新幹線高崎駅
●**クラブバス**　なし
●**タクシー**　高崎駅から40分約5700円
●**プレースタイル**　セルフプレーで5人乗り乗用カート。FW乗入れ可(コース状況により不可)
●**シューズ**　メタルスパイク禁止
●**ビジター料金表**

	平　日	土　曜	日　祝
セ　ル　フ	6,100	10,800	10,800

全日昼食付。土日祝はツーサム割増
●**プレー情報**　早朝・薄暮ゴルフ、スループレー、ジュニアプラン、コンペプラン、宿泊パック、友の会

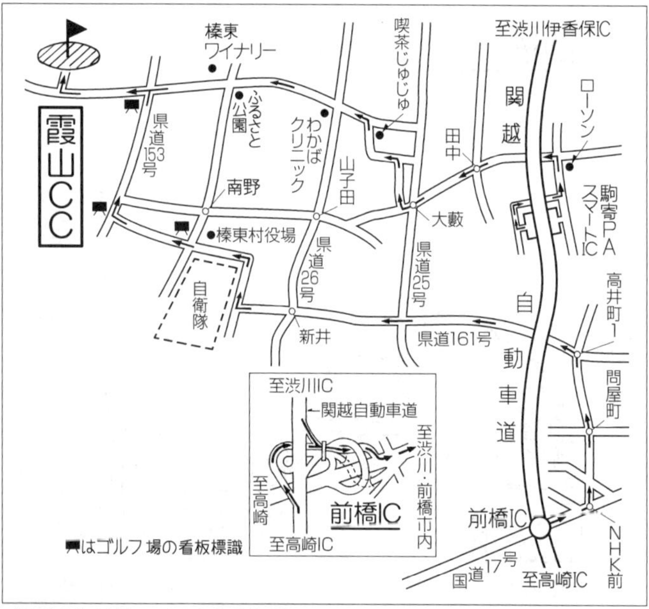

【自動車】練馬IC(関越自動車道)92.1キロ→前橋IC15キロ→コース　所要時間1時間30分　前橋ICを前橋・渋川方面に出てNHK前を左折。約4キロ先の高井町一を左折し、自衛隊に突き当たって右折してコースへ。駒寄スマートICからは渋川伊香保方面に進んで最初の信号を左折。ICから9キロ、約10分

鹿島の杜カントリー倶楽部

〒311-2206　茨城県鹿嶋市武井1877－1　FAX 0299(69)0742
https://www.pacificgolf.co.jp/kashimanomori

●プレーの申込み　ビジター可
●予約　3か月前の1日より受付け
●コンペ　組数制限なし
●休日　無休
●クレジット　各種
●開場日　1996年3月28日
●コースの特徴　18H　P72　7730Y
ティショットの落とし所が効果的に絞られ、グリーン回りも巨大バンカーやラフでガードされている。ティの選択次第で様々なレベルのゴルファーが楽しめるコース
●コースレート　77.6
●練習場　55Y12打席
●高速バス　水郷潮来バスターミナル下車
●クラブバス　なし
●タクシー　水郷潮来20分5000円
●プレースタイル　原則としてセルフプレーでGPSナビ付5人乗り乗用カート
●シューズ　ソフトスパイクのみ可
●ビジター料金
季節により料金が異なるため、ホームページ参照、またはクラブに要問合せ
●プレー情報　コンペ特典、薄暮

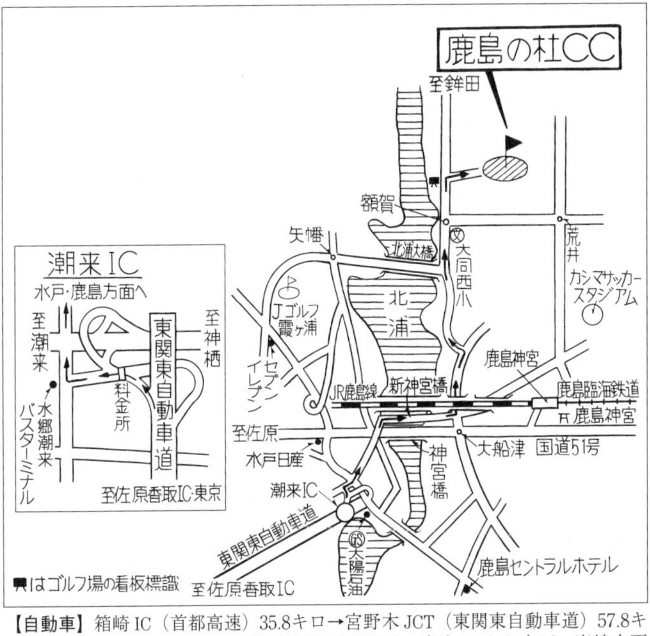

【自動車】箱崎IC（首都高速）35.8キロ→宮野木JCT（東関東自動車道）57.8キロ→潮来IC 15キロ→コース　所要時間1時間30分　潮来ICから水戸、鹿嶋方面に進み、新神宮橋を渡り最初の信号を左折する。県道238号線から県道18号茨城鹿島線を進み、コース案内板に従って交差点を右折してコース

鹿島南蓼科ゴルフコース

〒391-0213　長野県茅野市豊平7702　予約 FAX 0266(76)5071
予約0120－762－489　http://kajima-resort.co.jp/

●プレーの申込み　パブリックコース
●予約　随時受付け
●コンペ　組数制限なし
●休日　営業期間中は無休
12月中旬～3月下旬は冬期クローズ
●クレジット　JCB　ダイナース
MUFG　UC　VISA　UFJ　AMEX
マスター　DC　ニコス
●開場日　1987年7月
●コースの特徴　18H　P72　6638Y
八ヶ岳連峰、アルプスを見渡すパノラマコース。ベントの大きなグリーンが手強い、標高1250m の高原リゾート
●コースレート　71.5
●練習場　50Y10打席
●電車　JR 中央本線茅野駅
●クラブバス　茅野駅より予約制
●タクシー　茅野駅から20分約5500円
●プレースタイル　セルフプレーで乗用カート。キャディ付は要予約
●シューズ　ソフトスパイク
●ビジター料金表

	平　日	土　曜	日　祝
セ　ル　フ	8,000	12,800	12,800

2021年10月の料金。期間により料金は異なる。キャディ付は3,300円加算
●プレー情報　コンペ割引、提携宿泊施設あり

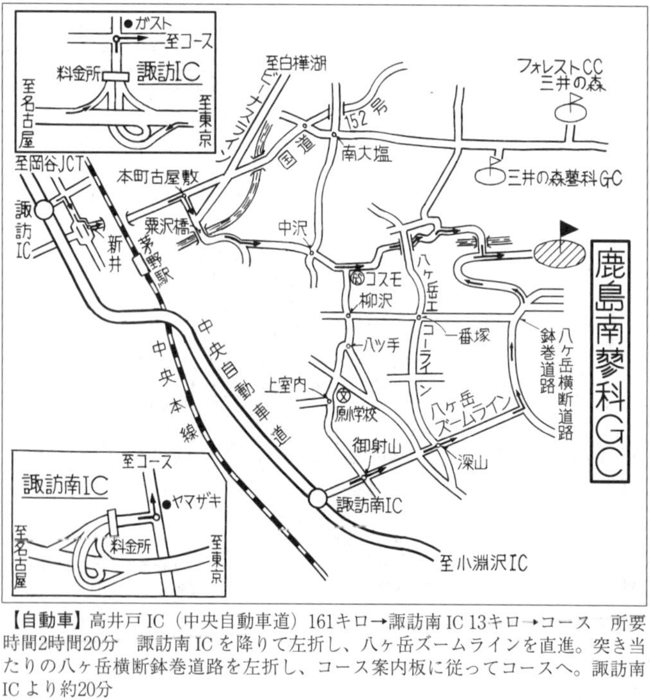

【自動車】高井戸 IC（中央自動車道）161キロ→諏訪南 IC 13キロ→コース　所要時間2時間20分　諏訪南 IC を降りて左折し、八ヶ岳ズームラインを直進。突き当たりの八ヶ岳横断鉢巻道路を左折し、コース案内板に従ってコースへ。諏訪南 IC より約20分

☎0553(26)5200

春日居ゴルフ倶楽部

〒406-0014　山梨県笛吹市春日居町国府759　FAX 0553(26)4779
http://www.kasugai-golf.jp/

か

●**プレーの申込み**　ビジター可
●**予約**　3か月前から受付け
●**コンペ**　組数制限なし
●**休日**　無休
●**クレジット**　各種
●**開場日**　1992年10月10日
●**コースの特徴**　18H　P72　6785Y
USGA 仕様のサンドグリーンに代表される戦略性の高いコース。野性味あふれるアウトが特徴
●**コースレート**　71.6
●**練習場**　250Y10打席
●**電車**　中央本線山梨市駅または石和温泉駅
●**クラブバス**　予約制で土日祝のみ石和温泉駅から運行
●**タクシー**　山梨市駅から10分1700円、石和温泉駅から10分1700円
●**プレースタイル**　セルフプレーで乗用カート。キャディ付は要予約
●**シューズ**　ソフトスパイク推奨
●**ビジター料金表**

	平　日	土　曜	日　祝
セ　ル　フ	10,300	15,800	15,800

平日は昼食付で2021年10月の料金
期間により料金は異なる
キャディ付は3000円（4・3B）加算
●**プレー情報**　早朝・午後・薄暮、コンペパック、宿泊パック

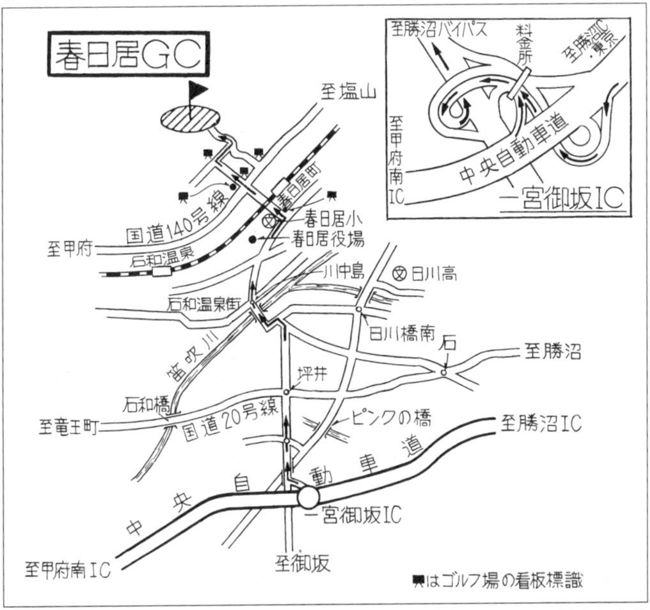

【**自動車**】高井戸IC（中央自動車道）96.3キロ→一宮御坂IC 4キロ→川中島交差点3キロ→コース　所要時間1時間20分　一宮御坂ICを一宮町方面に降りて直進し、坪井交差点を直進する。突き当たりを左折して笛吹川を渡って直進。春日居小学校を左折してコースへ

かずさカントリークラブ

〒290-0528　千葉県市原市古敷谷975　FAX 0436(96)1024
https://www.accordiagolf.com

●プレーの申込み　ビジター可
●予約　3か月前の月初めから受付け
●コンペ　予約状況により相談
●休日　無休
●クレジット　JCB　UC　AMEX 他
●開場日　1977年10月1日
●コースの特徴　27H　P108　10126Y
なだらかな丘陵地にレイアウトされ、自然の地形のアンジュレーションと景観が美しいコース
●コースレート　つばめ発70.6
富士発69.9　さくら発70.1
●練習場　220Y20打席
●電車　内房線五井駅、または外房線茂原駅
●クラブバス　なし
●タクシー　五井約9000円
茂原約5000円
●プレースタイル　セルフでGPSナビ付乗用カート。FW乗入れ可（コース状況により不可）
●シューズ　メタルスパイク禁止
●ビジター料金表

	平　日	土　曜	日　祝
セ　ル　フ	8,990	19,990	19,990

2021年10月～12月の昼食付料金
期間により料金は異なる。

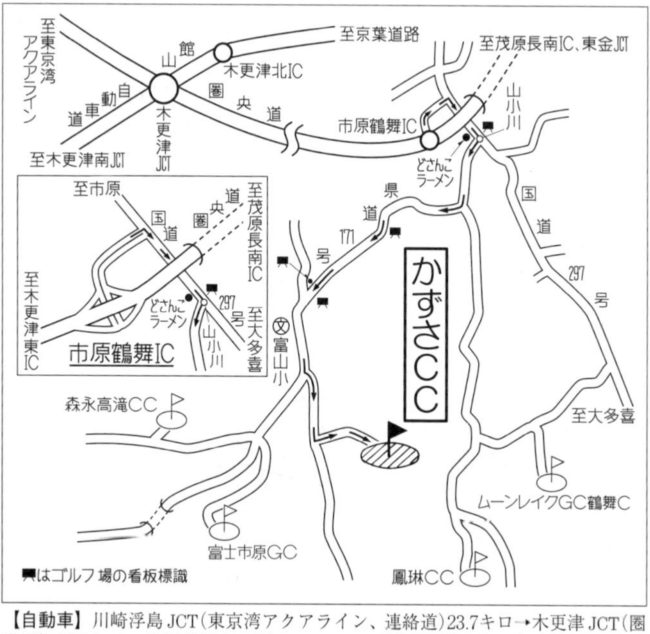

【自動車】川崎浮島JCT(東京湾アクアライン、連絡道)23.7キロ→木更津JCT(圏央道) 19.6キロ→市原鶴舞IC 6キロ→コース　所要時間35分　市原鶴舞ICを降りて右折し、1つ目の山小川信号を右折。コース案内板に従ってコースへ。館山自動車道・市原ICからは大多喜・勝浦方面に向かって約25キロ、45分

☎0439(29)2711〜3

上総富士ゴルフクラブ

〒292-0511　千葉県君津市大坂富士山1639　FAX 0439(29)3129
http://www.kazusanet.co.jp/　東京事務所　03(5501)2626

●プレーの申込み　ビジター可
●予約　3か月前の同日から電話、WEB 等で受付け
●コンペ　組数は相談
●休日　1／1
1月〜2月、8月の毎週火曜日
●クレジット　各種
●開場日　1972年7月10日
●コースの特徴　27H　P108　9801Y
美しい植林のある丘陵地の自然を巧みに生かし、挑戦的で楽しめるコース
●電車　内房線木更津駅
●クラブバス　木更津駅東口から予約制8:40、土日祝は7:50増発　金谷港から予約制7:00（フェリー第1便に接続）
●タクシー　木更津駅から35分8500円
●プレースタイル　キャディ付またはセルフで GPS ナビ付乗用カート。FW 乗入れ可（コース状況により不可）
●シューズ　ゴルフ靴はすべて可
●ビジター料金表

	平　日	土　曜	日　祝
キャディ付	10,220	18,720	17,520
セ　ル　フ	7,700	16,200	15,000

上記は2021年10月〜12月の料金

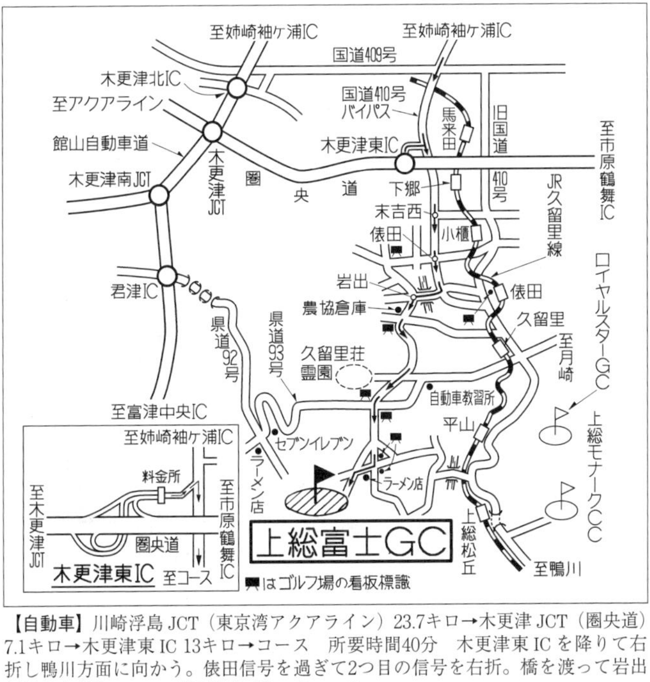

【自動車】川崎浮島 JCT（東京湾アクアライン）23.7キロ→木更津 JCT（圏央道）7.1キロ→木更津東 IC 13キロ→コース　所要時間40分　木更津東 IC を降りて右折し鴨川方面に向かう。俵田信号を過ぎて2つ目の信号を右折。橋を渡って岩出信号を左折し、コース案内板に従ってコースへ

上総モナークカントリークラブ

〒292-0515　千葉県君津市柳城856－2　FAX 0439(29)3399
予約専用　0439(29)3101　https://www.kazusamonarch.com/

●プレーの申込み　原則として会員の紹介が必要。予約状況によりビジター可。来場の際はブレザー、ジャケット着用
●予約　3か月前の1日から受付け
●コンペ　組数は相談
●休日　1／1　臨時休業あり
●クレジット　各種
●開場日　1984年11月14日
●コースの特徴　18H　P72　7056Y
J・ニクラス設計のコース。全体にフラットなリンクスタイルで、グリーンはベントのワングリーン
●コースレート　72.6
●練習場　55Y8打席

●電車　内房線君津駅
●クラブバス　高速バス・アクシー号、カピーナ号に接続して松丘バス停より運行（要予約）、金谷港、君津駅からは4名以上で運行（要予約）
●タクシー　君津駅から50分9000円
●プレースタイル　キャディ付またはセルフで5人乗り乗用カート
●シューズ　ソフトスパイク
●ビジター料金表

	平　日	土　曜	日　祝
キャディ付	13,900	24,400	23,900
セ　ル　フ	10,000	20,500	20,000

2021年10～12月の料金。季節料金あり

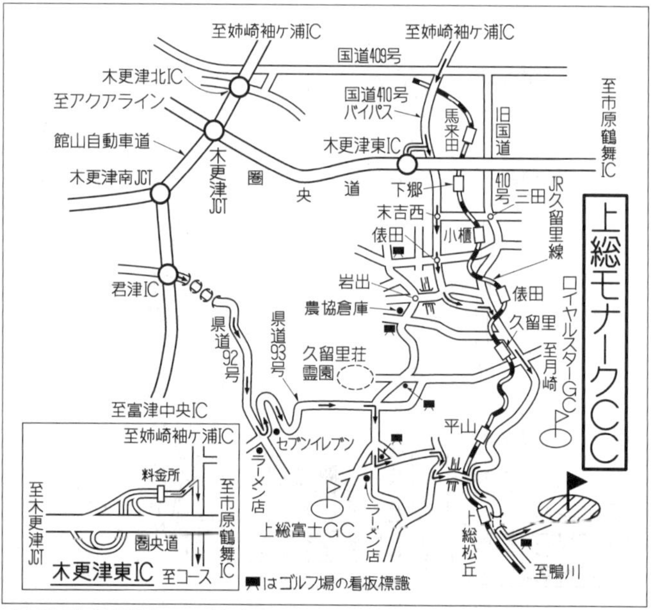

【自動車】川崎浮島 JCT（東京湾アクアライン）23.7キロ→木更津 JCT（圏央道）7.1キロ→木更津東 IC 15キロ→コース　所要時間40分　木更津東 IC を降りて右折し鴨川方面に向かう。上総松丘駅を過ぎてコース案内板に従って左折しコースへ。館山自動車道・姉崎袖ヶ浦からは国道410号を南下して23キロ、35分

☎0299(55)2311

霞ヶ浦カントリー倶楽部

〒311-3501　茨城県行方市芹沢1000
FAX 0299(55)2905
https://www.pacificgolf.co.jp/kasumigaura

●プレーの申込み　ビジター可
●予約　3か月前の1日から受付け
●コンペ　平日は組数制限なし、土日祝は予約状況により相談
●休日　無休
●クレジット　JCB　VISA　AMEX　マスター　DC　ダイナース
●開場日　1986年10月26日
●コースの特徴　18H　P72　6798Y
ほとんど高低差のないフラットなコースで、人工的な池を各所に造り、戦略性と景観美を作り出している。グリーンはベントのワングリーン
●練習場　180Y14打席、アプローチ、ベント2面、バンカー
●電車　常磐線石岡駅
●クラブバス　なし
●タクシー　石岡駅から約30分　5500円
●プレースタイル　キャディ付またはセルフで乗用カート
●シューズ　ソフトスパイクのみ
●ビジター料金
季節により料金が異なるため、ホームページ参照、またはクラブに要問合せ

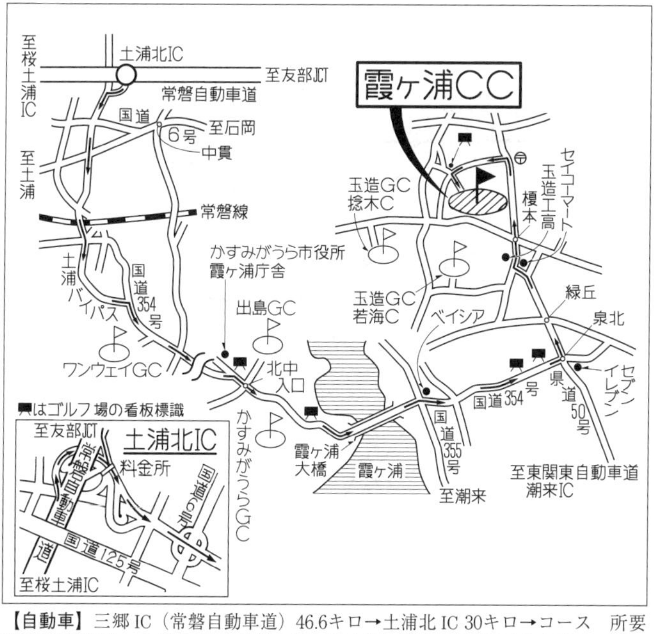

【自動車】三郷IC（常磐自動車道）46.6キロ→土浦北IC 30キロ→コース　所要時間1時間20分　土浦北ICを土浦・霞ヶ浦方面に降りて国道354号を進む。霞ヶ浦大橋を渡って泉北信号を左折し、約2キロ先の玉造工高前を右折してコースへ。東関道・潮来ICからは行方縦貫道で30キロ

霞ヶ浦国際ゴルフコース

〒305-0063　茨城県つくば市下原368　FAX 029(836)3313
本社　03(3451)0557　https://www.kasumigaura-kokusai-golf.com　FAX 03(3457)0837

●プレーの申込み　パブリックコース
●予約　3か月前より受付け
●コンペ　組数は応相談
●休日　1／1　臨時休場あり
●クレジット　ダイナース　AMEX　VISA　マスター　JCB
●開場日　1960年10月5日
●コースの特徴　18H　P72　7080Y
豊かな松林と点在する池の美しい林間コース。グリーンはベントのワングリーンで戦略的なホールが続く
●練習場　40Y6打席
●電車　つくばエクスプレスつくば駅または常磐線荒川沖駅
●クラブバス　なし
●タクシー　つくば駅、荒川沖駅より約10分2000円～
●プレースタイル　キャディ付またはセルフで乗用カート
●シューズ　メタルスパイク禁止
●ビジター料金表

	平　日	土　曜	日　祝
キャディ付	15,950	24,750	24,750
セ　ル　フ	12,100	20,900	20,900

上記は2021年10月～12月の料金
●プレー情報　コンペパック

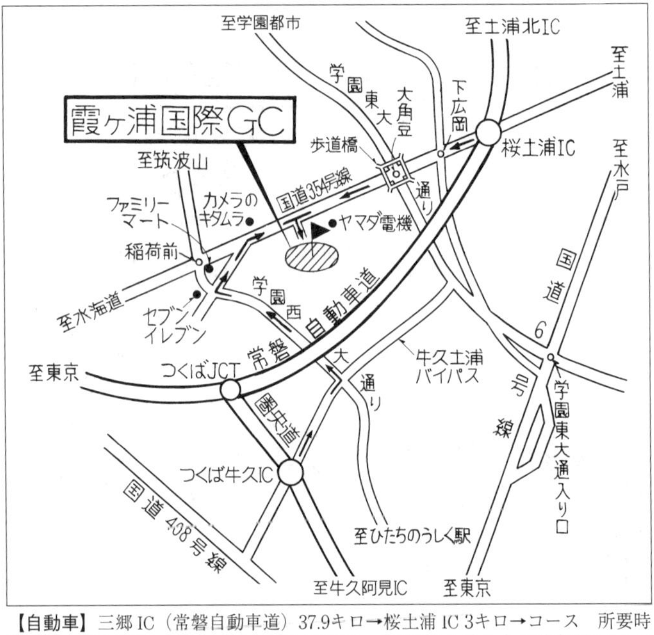

【自動車】三郷IC（常磐自動車道）37.9キロ→桜土浦IC 3キロ→コース　所要時間40分　桜土浦ICを桜・つくば方面に出て、国道354号線を水海道方面へ3キロでコース。または圏央道・つくば牛久ICから3キロ

かすみがうらゴルフクラブ

〒300-0202　茨城県かすみがうら市田伏5136　FAX 029(896)1503
https://www.next-golf.jp/kasumigaura/

●プレーの申込み　ビジター可
●予約　3か月前の同日から受付け
●コンペ　予約状況により相談
●休日　無休
●クレジット　各種
●開場日　1981年11月22日
●コースの特徴　27H　P108　9969Y
フラットな林間コースだが、大小13の池がホールに変化をもたせている。ベントグリーンは平均700㎡大きい
●コースレート　東中71.0　南東71.7
南中70.8
●練習場　40Y11打席　アプローチ、バンカー、パッティンググリーン
●電車　常磐線神立駅
●クラブバス　神立駅から全日7:30 8:30。ただし月曜、金曜は運休
●タクシー　神立3500円　土浦4500円
●プレースタイル　セルフプレーでGPSナビ付乗用カート
●シューズ　メタルスパイク禁止
●ビジター料金表

	平　日	土　曜	日　祝
セ　ル　フ	7,990～	17,990～	15,490～

上記は2021年11月の料金で昼食付

か

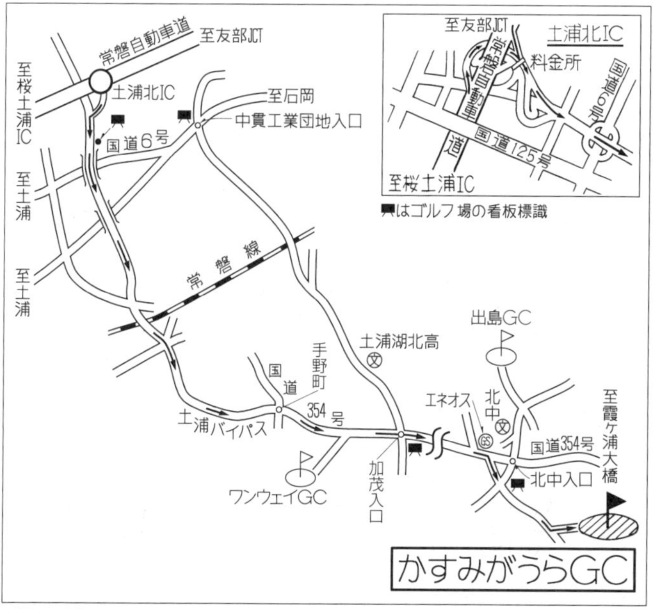

【自動車】三郷IC（常磐自動車道）46.6キロ→土浦北IC 17キロ→コース　所要時間1時間　土浦北ICで降りて料金所を出て、国道125号線、国道354号線を直進する。コース案内板に従って右折してコースへ

霞ヶ関カンツリー倶楽部

〒350-1175　埼玉県川越市笠幡3398　FAX 049(231)4528
https://www.kasumigasekicc.or.jp

●プレーの申込み　平日は会員1名の同伴でゲスト11名まで同伴可。土日祝は3名まで同伴可。また平日に限り、所定の会員紹介状により3組可
●予約　平日は3か月前の同日より、土日祝は2か月前の同日より受付け
●コンペ　会員の同伴が必要。6か月前にスタート決定。土日祝は不可
●休日　毎週月曜日　12／31　1／1
●クレジット　JCB　マスター　AMEX　VISA　ダイナース
●開場日　1929年10月6日
●コースの特徴　36H　P144　14116Y　各ホールが松林でセパレートされた、日本有数の本格的林間コース。2020東京オリンピック開催コース
●コースレート　西71.7　東75.0
●練習場　250Y22打席
●電車　西武新宿線狭山市駅
●クラブバス　狭山市駅から平日7:15　7:49　8:20　8:56　9:48　土日祝6:53　7:20　7:41　8:13　8:42　9:16　9:48　10:16はクラブタクシー運行
●タクシー　狭山市駅から約2000円
●プレースタイル　キャディ付で歩行
●シューズ　メタルスパイク禁止
●ゲスト料金表

(2B ～4B)	平　日	土　曜	日　祝
キャディ付	31,560	35,960	35,960

【自動車】 練馬 IC（関越自動車道）21.2キロ→川越 IC 10キロ→コース　所要時間40分　川越 IC で降り、国道16号線を狭山市方面に進み、大袋新田信号を右折して、八瀬大橋を渡ってコースへ。また圏央鶴ヶ島 IC からは約8分

霞台カントリークラブ

〒300-0623　茨城県稲敷市四箇3405　FAX 029(894)2821
https://www.accordiagolf.com

●プレーの申込み　ビジター可
●予約　平日は4か月前の1日、土日祝は4か月前の同日の翌日より受付け
●コンペ　予約状況により相談
●休日　無休
●クレジット　各種
●開場日　1970年6月7日
●コースの特徴　36H　P144　13206Y
2コースともそれぞれ特徴を持ち初心者から上級者までひろく楽しめる。霞コースは砲台グリーンが多く、筑波コースは改造してより戦略的になった
●コースレート　筑波72.0　霞70.3
●練習場　240Y25打席、ドライバー不可
●電車　常磐線取手駅
●クラブバス　取手駅から7:50
●タクシー　取手駅から60分、8000円
●プレースタイル　セルフプレーでGPSナビ付乗用カート。FW乗入れ可(コース状況により不可)
●シューズ　メタルスパイク禁止
●ビジター料金表

	平　日	土　曜	日　祝
セ　ル　フ	9,500	19,000	19,000

昼食付。期間により料金は異なる
ロッカーフィ330円。ツーサム1,980円加算

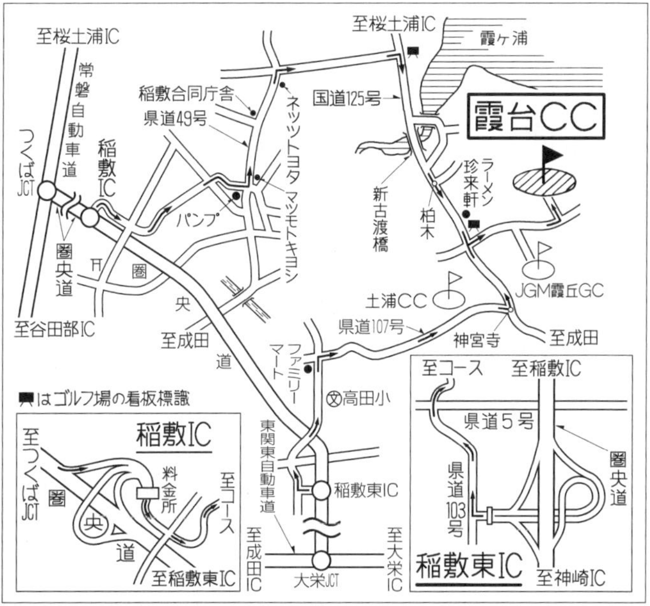

【自動車】三郷IC(常磐道、圏央道)54.1キロ→稲敷IC 10キロ→コース　所要時間1時間　稲敷ICを降りて直進しパンプの交差点を左折。右手にネッツトヨタがある信号を右折し、国道125号を右折してコースへ。東関道利用は稲敷東ICを降りて右折し土浦CC前を通って神宮寺信号を左折する。稲敷東ICから7キロ

勝浦ゴルフ倶楽部

〒299-5202　千葉県勝浦市市野川628　FAX 0470(77)0388
http://www.katsuuragolf.com

●**プレーの申込み**　ビジター可
●**予約**　随時受付け
●**コンペ**　組数制限なし
●**休日**　無休
●**クレジット**　UC　DC　MC　VISA　JCB　AMEX　ニコス　セゾン
●**開場日**　1976年5月12日
●**コースの特徴**　27H　P108　9910Y
杉の美林を主とした緑の多いなだらかな丘陵コース。フェアウェイは広く、500Yを越えるロングホールは豪快に攻めていきたい
●**コースレート**　さくらつつじ70.5　つつじさつき69.5　さつきさくら69.6

●**電車**　外房線大原駅
●**クラブバス**　大原駅より8:35
●**タクシー**　大原駅から20分4500円
●**プレースタイル**　キャディ付またはセルフでGPSナビ付乗用カート
●**シューズ**　ソフトスパイクのみ
●**ビジター料金表**

	平　日	土　曜	日　祝
セ　ル　フ	9,290	13,690	13,690

平日は昼食付。乗用カート利用キャディ付（要予約）は4B3850円加算
●**プレー情報**　コンペパック、宿泊プラン、薄暮プレー

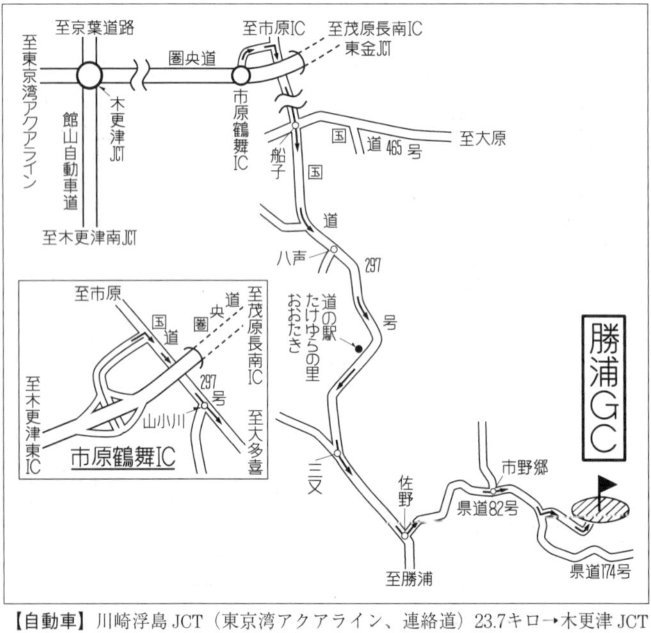

【**自動車**】川崎浮島JCT（東京湾アクアライン、連絡道）23.7キロ→木更津JCT（圏央道）19.6キロ→市原鶴舞IC 22.5キロ→コース　所要時間1時間　市原鶴舞ICを降りて勝浦方面に右折する。約20キロ先の佐野交差点を左折し、県道82号の市野郷信号を右折してコースへ。市原鶴舞ICから約30分

勝浦東急ゴルフコース

〒299-5241　千葉県勝浦市松部361　FAX 0470(76)2814
https://www.tokyu-golf-resort.com/katsuura/

●**プレーの申込み**　予約状況によりビジター可
●**予約**　3か月前の1日から受付け
●**コンペ**　組数制限なし
●**休日**　クラブ指定日
●**クレジット**　各種
●**開場日**　1977年7月16日
●**コースの特徴**　18H　P72　6615Y
冬暖かく夏は涼しいリゾートコース。各ホールが個性的で、池を配したインはとくに印象的なホールが続く
●**コースレート**　70.9
●**練習場**　50Y13打席
●**電車**　外房線勝浦駅
●**クラブバス**　勝浦駅から8:55　9:55
●**タクシー**　勝浦駅から10分約2600円
●**プレースタイル**　セルフプレーでGPSナビ付乗用カート
●**シューズ**　ソフトスパイク推奨
●**ビジター料金表**

	平　日	土　曜	日　祝
セ　ル　フ	8,950	15,500	15,050

上記は2021年10月～12月の昼食付料金
優待料金については要問合せ
ツーサム平日1100円、土日祝3300円加算

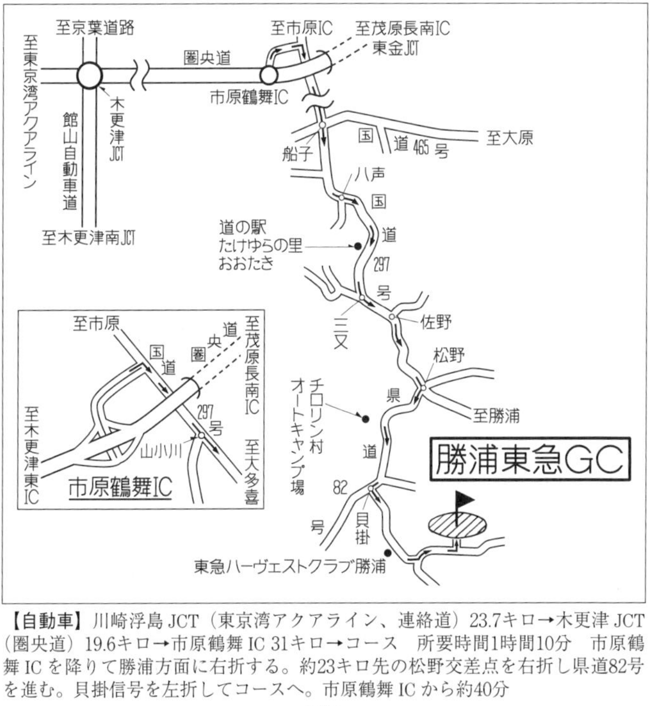

【**自動車**】川崎浮島 JCT（東京湾アクアライン、連絡道）23.7キロ→木更津 JCT（圏央道）19.6キロ→市原鶴舞 IC 31キロ→コース　所要時間1時間10分　市原鶴舞 IC を降りて勝浦方面に右折する。約23キロ先の松野交差点を右折し県道82号を進む。貝掛信号を左折してコースへ。市原鶴舞 IC から約40分

勝田ゴルフ倶楽部

〒312-0004　茨城県ひたちなか市長砂1506　FAX 029(285)5138
https://www.pacificgolf.co.jp/katsuta/

●プレーの申込み　パブリックコース
●予約　4か月前の月初めから受付け
●コンペ　組数制限なし
●休日　無休
●クレジット　JCB　VISA
●開場日　1979年10月6日
●コースの特徴　18H　P72　6870Y
ハザードをプレーヤー自身が確認できるレイアウト。グリーンはベントのワングリーン
●コースレート　72.2
●練習場　100Y10打席
●電車　常磐線勝田駅
●クラブバス　勝田駅から予約制にて運行
●タクシー　勝田駅から約15分2500円程度
●プレースタイル　キャディ付またはセルフで乗用カート
●シューズ　ソフトスパイク、スパイクレス
●ビジター料金
季節により料金が異なるため、ホームページ参照、またはクラブに要問合せ
●プレー情報　夏期早朝プレー、全日薄暮プレー

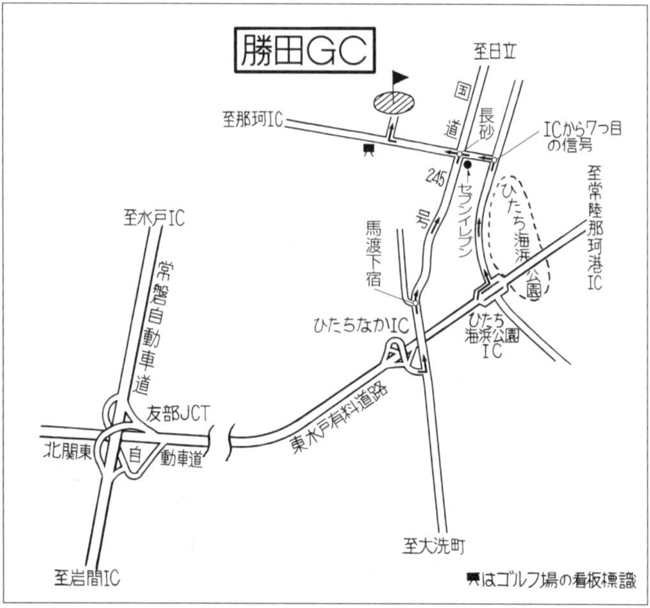

【自動車】三郷IC（常磐自動車道）70.3キロ→友部JCT（北関東自動車道・東水戸有料道路）26キロ→ひたち海浜公園IC 4キロ→コース　所要時間1時間20分
北関東自動車道から東水戸有料道路に進み、ひたち海浜公園ICで降りて左折。ICから7つ目の信号を左折してコースへ

勝沼ゴルフコース

〒409-1301　山梨県甲州市勝沼町中原字向原5368－1　FAX 0553(44)3119
http://www.katsunumagolf.jp

●プレーの申込み　パブリックコース
●予約　3か月前の1日8時から受付
●コンペ　組数制限なし
●休日　無休
●クレジット　JCB　UC　VISA 他
●開場日　1988年11月2日
●コースの特徴　18H　P72　6067Y
南アルプスや甲府盆地を見渡す絶景のロケーションが美しい。コースは比較的距離が短く、スコアはまとめやすい
●練習場　30Y5打席
●電車　中央本線塩山駅、または勝沼ぶどう郷駅
●クラブバス　なし
●タクシー　塩山駅から10分2000円
勝沼ぶどう駅から5分1300円
●プレースタイル　セルフプレーでGPSナビ付乗用カート
●シューズ　メタルスパイク禁止
●ビジター料金表

	平　日	土　曜	日　祝
セ　ル　フ	8,600～	15,300	14,300

2021年10月～11月の昼食付料金。季節により料金は変動。セルフ2B 土日祝2500円割増
●プレー情報　早朝スルー（4月～8月）・薄暮ハーフ（4月～9月）、年度会員割引、コンペ割引、ジュニア料金、WEB 予約特典多数有

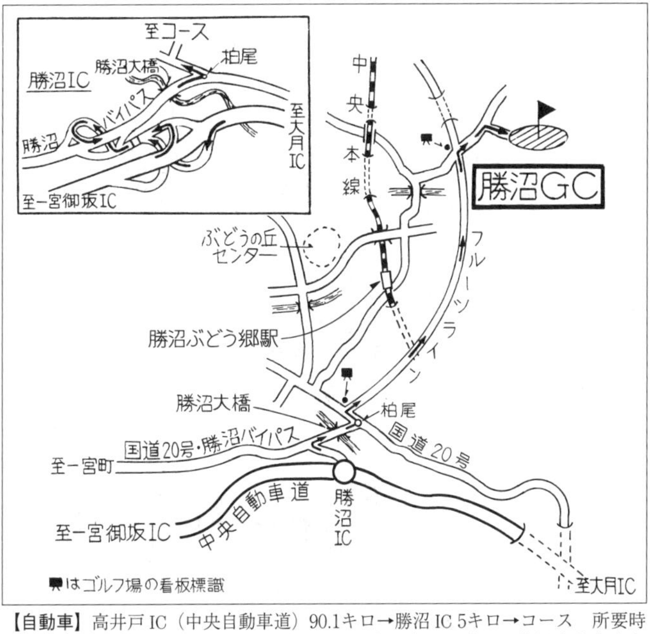

【自動車】高井戸 IC（中央自動車道）90.1キロ→勝沼 IC 5キロ→コース　所要時間1時間10分　中央自動車道を勝沼 IC で降り大月方面に進む。柏尾交差点を左折し、コース案内板に従って右折する。フルーツラインを経由して、案内板に従ってコースへ

桂ヶ丘カントリークラブ

〒311-4335　茨城県東茨城郡城里町錫高野1155　FAX 029(289)4311
予約専用　029(289)2221　http://www.katsuragaoka.com

●**プレーの申込み**　予約状況によりビジター可
●**予約**　2か月前の1日から受付け
●**コンペ**　組数は相談
●**休日**　無休
●**クレジット**　JCB　DC　VISA　UC　ダイナース　AMEX　ニコス
●**開場日**　1992年5月16日
●**コースの特徴**　18H　P72　6445Y
各ホールはフラットだが、バンカーや池が要所を締めて一筋縄ではいかない戦略的なコース
●**コースレート**　71.0
●**練習場**　あり
●**電車**　常磐線水戸駅
●**クラブバス**　なし
●**タクシー**　水戸駅から40分8000円
●**プレースタイル**　キャディ付またはセルフで乗用カート利用
●**シューズ**　ゴルフ靴はすべて可
●**ビジター料金表**

	平　日	土　日	祝　日
セ　ル　フ	6,180	13,500	13,500

2021年10～11月の料金。期間により料金は異なる。キャディ付は平日3240円、土日祝3600円加算（4B）
●**プレー情報**　レディース・シニアデー、スループレー（午後）

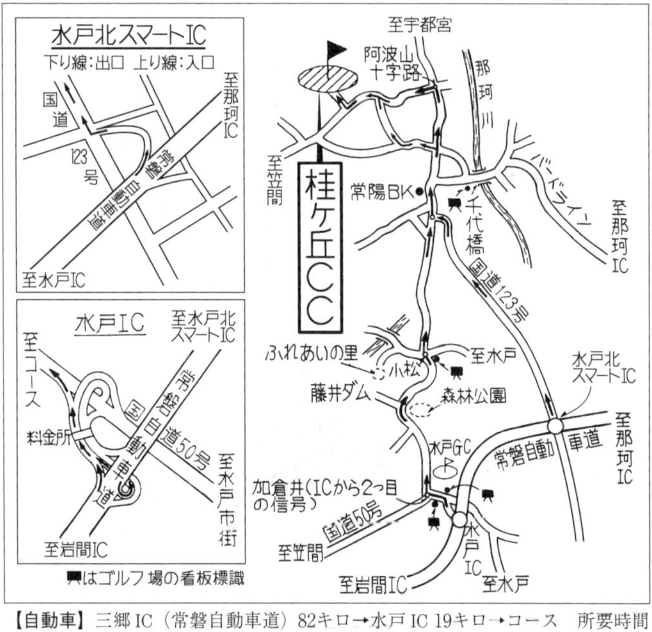

【自動車】三郷IC（常磐自動車道）82キロ→水戸IC 19キロ→コース　所要時間1時間20分　水戸ICを笠間方面に降りて加倉井交差点を右折し北上。石塚から国道123号に入り阿波山十字路を左折してコースへ。または水戸北スマートICより国道123号線で15キロ、約20分

　☎0538(48)6111

葛城ゴルフ倶楽部

〒437-0121　静岡県袋井市宇刈2505－2　FAX 0538(30)1021
https://www.yamaharesort.co.jp/katsuragigolf/

●プレーの申込み　平日・土曜日は会員の紹介、日祝日は会員の同伴が必要
●予約　3か月前の同日から受付け
●コンペ　平日は組数制限なし、日祝は1組に1名の会員同伴が必要
●休日　無休
●クレジット　UC　VISA　AMEX　DC　MC　セゾン　ダイナース　JCB
●開場日　1976年9月18日
●コースの特徴　36H　P144　13872Y　バンカーの数はたくさんあるが、比較的穏やかなアップダウンが続く美しい丘陵コース
●コースレート　山名73.5　宇刈72.8
●練習場　200Y14打席
●電車　東海道新幹線掛川駅
●クラブバス　なし
●タクシー　掛川駅から30分5,000円
●プレースタイル　キャディ付で5人乗り電磁乗用カート
●シューズ　ソフトスパイク
●ビジター料金表

	平　日	土　曜	日　祝
キャディ付	26,685	35,485	35,485

●プレー情報　宿泊パック

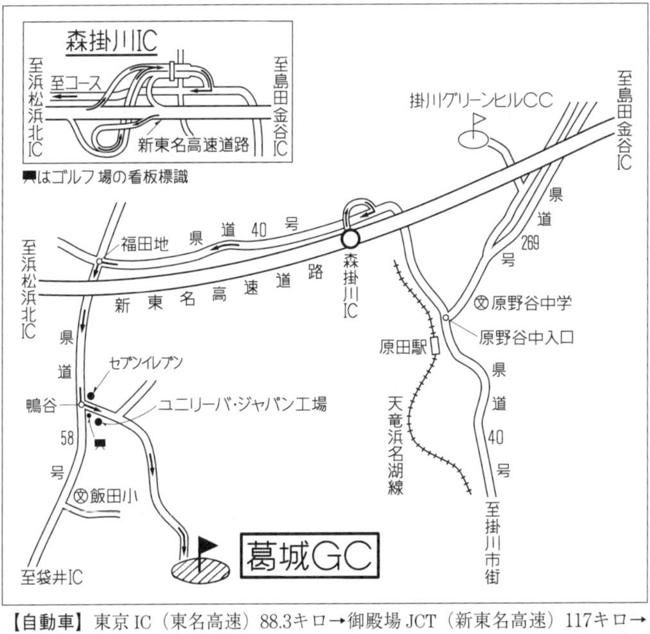

【自動車】東京 IC（東名高速）88.3キロ→御殿場 JCT（新東名高速）117キロ→森掛川 IC 4キロ→コース　所要時間2時間30分　森掛川 IC を降りて右折し、約2キロ先の福田地交差点を左折。セブンイレブンがある鴨谷信号を左折してコース。東名高速・袋井 IC からは県道58号を北上して約9キロ、15分

香取カントリークラブ

〒289-0348　千葉県香取市織幡1177　FAX 0478(82)6116
http://www.katoricc.com/

●**プレーの申込み**　原則として会員の紹介。予約状況によりビジター可
●**予約**　3か月前の同日から受付け
●**コンペ**　予約状況により相談
●**休日**　クラブ指定日
●**クレジット**　各種
●**開場日**　1993年5月1日
●**コースの特徴**　18H　P72　6640Y
個性豊かな18ホールは、随所に池が配置されて戦略的。
●**コースレート**　71.4
●**練習場**　120Y10打席
●**電車**　成田線香取駅
●**クラブバス**　高速バスの「栗源バス停」から予約制
●**タクシー**　佐原駅から15分約2500円
●**プレースタイル**　セルフで5人乗り乗用カート
●**シューズ**　ソフトスパイク推奨
●**ビジター料金表**

	平　日	土　曜	日　祝
セ　ル　フ	9,510	19,960	19,960

上記は2021年10月～11月の料金で昼食付
期間により料金は異なる

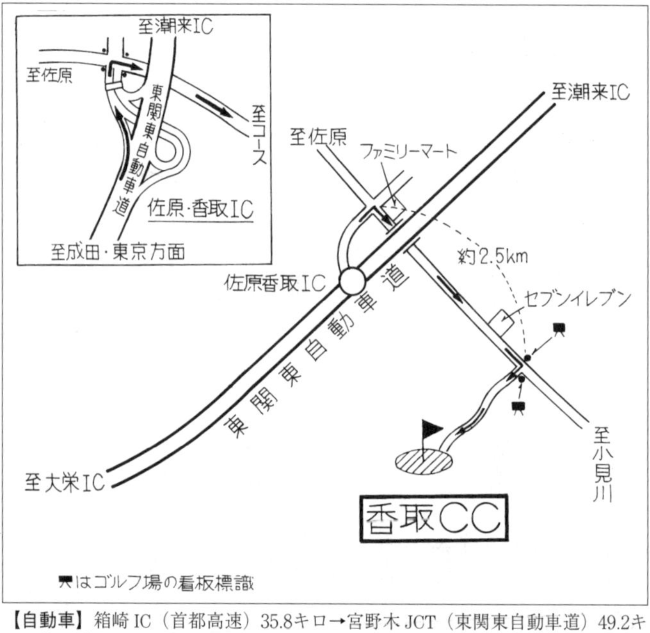

【自動車】箱崎IC（首都高速）35.8キロ→宮野木JCT（東関東自動車道）49.2キロ→佐原香取IC 3キロ→コース　所要時間1時間　佐原香取ICの料金所を出て右折し、東関東自動車道の高架をくぐると右側にコース入口が見えてくる

☎042(689)2511

神奈川カントリークラブ

〒252-0186　神奈川県相模原市緑区牧野6977－1　FAX 042(689)2515
http://kanagawacc.com

●**プレーの申込み**　原則として会員の紹介。予約状況によりビジター可
●**予約**　3か月前の1日から受付け
●**コンペ**　組数は相談
●**休日**　1/1
●**クレジット**　各種
●**開場日**　1968年4月26日
●**コースの特徴**　27H　P108　8860Y
松・杉などでセパレートされ、各ホールはそれぞれ趣きが異なる
●**練習場**　70Y10打席
●**電車**　中央本線藤野駅
●**クラブバス**　藤野駅から7:30　8:05　8:40　土日祝7:00増発
●**タクシー**　藤野駅から8分1700円
●**プレースタイル**　セルフプレーでGPSナビ付乗用カート。キャディ付は要予約
●**シューズ**　ソフトスパイクのみ
●**ビジター料金表**

	平　日	土　曜	日　祝
セ　ル　フ	15,500	21,000	21,000

2021年11月の昼食付料金
期間によって料金は異なる
キャディ付は2970円（4B）加算
●**プレー情報**　コンペプラン、午後プレー、ハーフ

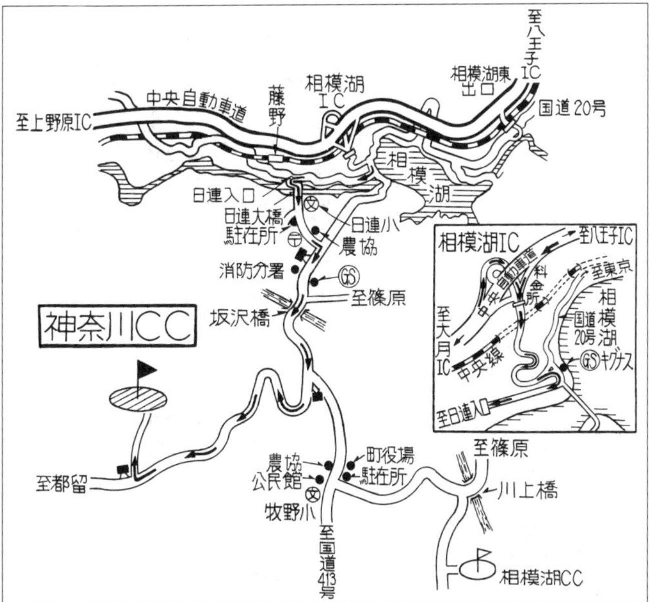

【**自動車**】高井戸 IC（中央自動車道）45.4キロ→相模湖 IC 7キロ→コース　所要時間50分　相模湖 IC 8番ゲート藤野・上野原方面に降りて国道20号線に入る。大月方面へ2キロほど進み、中央本線藤野駅の手前を左折し、日連大橋を渡ると案内板にしたがって5キロでコース

金砂郷カントリークラブ

〒313-0105　茨城県常陸太田市中利員町2856－1　FAX 0294(76)1610
http://www.kanasago.com

●プレーの申込み　ビジター可
●予約　3か月前の同日から受付け
●コンペ　組数は相談
●休日　無休
●クレジット　UC　マスター　VISA　JCB　AMEX　ダイナース
●開場日　1986年10月1日
●コースの特徴　18H　P72　6936Y　高低差30m の丘陵コースで、戦略性に富み、グリーンはベントのワングリーン
●コースレート　72.2
●練習場　250Y10打席
●電車　水郡線常陸大宮駅
●クラブバス　なし
●タクシー　常陸大宮駅から7分
●プレースタイル　キャディ付またはセルフで乗用カート
●シューズ　ソフトスパイク
●ビジター料金表

	平　日	土　日	祝　日
キャディ付	10,500	16,800	16,800
セ　ル　フ	7,200	13,500	13,500

昼食付。上記は2021年10月～11月の料金。期間により料金は異なる
祝日を除く月曜、金曜は5300円
●プレー情報　シニア（55歳以上）&レディスデー、ジュニア料金、薄暮

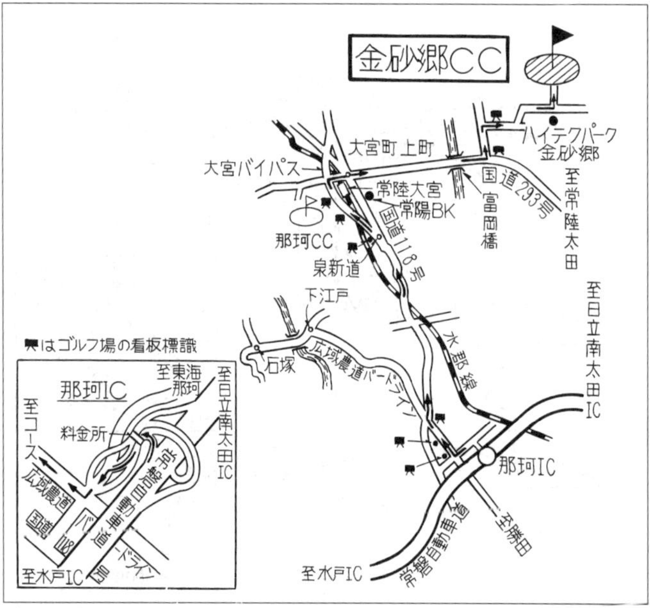

【自動車】三郷 IC（常磐自動車道）93.8キロ→那珂 IC 17キロ→コース　所要時間1時間30分　那珂 IC で降り、国道118号を大宮町方面へ向かう。大宮町大宮の交差点で右折して国道293号線に入り、久慈川を渡って左折、すぐに右折して約2キロでコースへ

☎0289(75)2131

鹿沼カントリー倶楽部

〒322-0532　栃木県鹿沼市藤江町1545－2　FAX 0289(75)2137
http://www.kcc45.jp

●プレーの申込み　平日は原則として会員の紹介、土日祝は同伴が必要
●予約　平日は4か月前の同日、土日祝は3か月前の同日10時から受付け
●コンペ　予約状況により相談
●休日　クラブ指定日　1／1
●クレジット　各種
●開場日　1964年10月10日
●コースの特徴　45H　P180　16672Y
赤松など豊富な樹林にセパレートされた雄大な林間コース
●電車　東武日光線新鹿沼駅
●クラブバス　新鹿沼駅から9:06
楡木駅から8:17　開放デーは運休
●タクシー新鹿沼3000円宇都宮5000円
●プレースタイル　キャディ付またはセルフでGPSナビ付5人乗り電磁乗用カート
●シューズ　ソフトスパイクを推奨
●ビジター料金表

	平　日	土・日	祝　日
キャディ付	12,220	18,420	17,420
乗用セルフ	8,700	14,900	13,900

上記は2021年10月～12月の料金。シーズンによって食事込、別は異なる
●バイキングデー　月曜日は開放デー8,120円昼食飲物付、火・水曜は8,450円昼食付

か

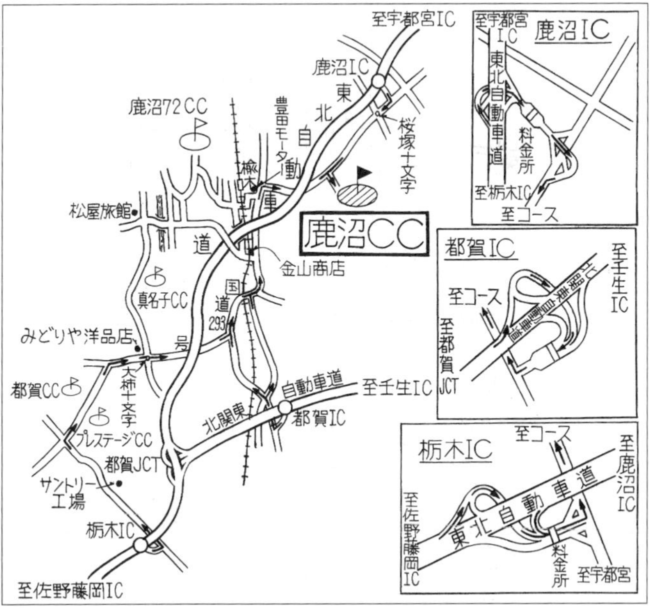

【自動車】浦和料金所（東北自動車道）86.7キロ→鹿沼IC 4キロ→コース　所要時間1時間10分　鹿沼ICで楡木・石橋方面に向かい道なりに降りる。そのまま一直線で4キロ、左側にコース入口がある。北関東自動車道・都賀ICからは国道293号線を経由して10キロ、約15分

鹿沼72カントリークラブ

〒322-0526　栃木県鹿沼市楡木町1475　FAX 0289(75)2119
予約0289(75)3838　http://www.kanuma72.jp

●プレーの申込み　ビジター可
●予約　4か月前の1日10時から受付け
●コンペ　土日祝は10組まで、平日は最大20組まで可
●休日　クラブ指定日
●クレジット　DC　JCB　VISA　マスター　AMEX
●開場日　1975年7月20日
●コースの特徴　45H　P180　16567Y　関東平野を一望する雄大なコース。適度にフェアウェイに起伏がある
●コースレート　男体71.4　筑波71.2
●練習場　300Y20打席
●電車　東武日光線新鹿沼駅
●クラブバス　新鹿沼駅から9:08　楡木駅から予約制金土日祝のみ8:10
●タクシー　新鹿沼駅から15分3000円
●プレースタイル　キャディ付またはセルフで5人乗り乗用カート。FW乗入れ可（コース状況により不可）
●シューズ　ソフトスパイク推奨
●ビジター料金表

	平　日	土　日	祝　日
キャディ付	10,100	16,100	14,700
セ　ル　フ	6,900	12,900	11,500

上記は2021年11月の昼食付料金
火曜日は昼食・飲み放題付開放デー
料金は季節によって異なる

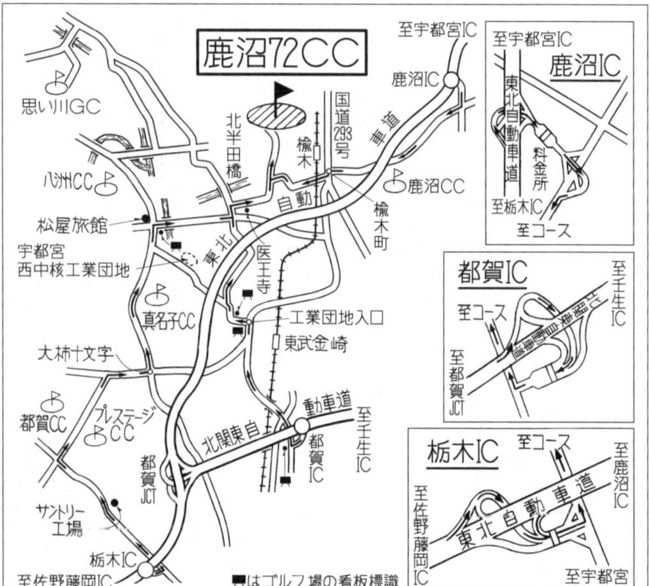

【自動車】 浦和料金所（東北自動車道、北関東自動車道）74.5キロ→都賀IC 10キロ→コース　所要時間1時間10分　北関東自動車道・都賀ICを降りて右折し、約4キロ先の工業団地入口信号を左折。東北道の手前を右折して道なりに進み、コース案内板に従ってコースへ

鹿沼プレミアゴルフ倶楽部

〒322-0253　栃木県鹿沼市下久我1820　FAX 0289(65)8280
https://www.kanuma-premier.jp/

●プレーの申込み　ビジター可
●予約　3か月前の同日より受付け
●コンペ　組数は相談
●休日　無休
●クレジット　各種
●開場日　1986年10月18日
●コースの特徴　18H　P72　6892Y
雄大な山々に囲まれ、全ホール全く違ったイメージを持つ丘陵林間コース。4つのショートホールは風の計算が難しく、要注意だ
●コースレート　71.6
●練習場　250Y12打席
●電車　東武日光線新鹿沼駅
●クラブバス　新鹿沼駅より予約制
●タクシー　新鹿沼駅から15分3200円
●プレースタイル　セルフプレーでGPSナビ付5人乗り乗用カート
●シューズ　ソフトスパイク限定
●ビジター料金表

	平　日	土　日	祝　日
セ　ル　フ	6,425	13,850	11,650

昼食付。2021年10月～12月12日の料金
季節によって料金は異なる
宿泊ロッジ併設

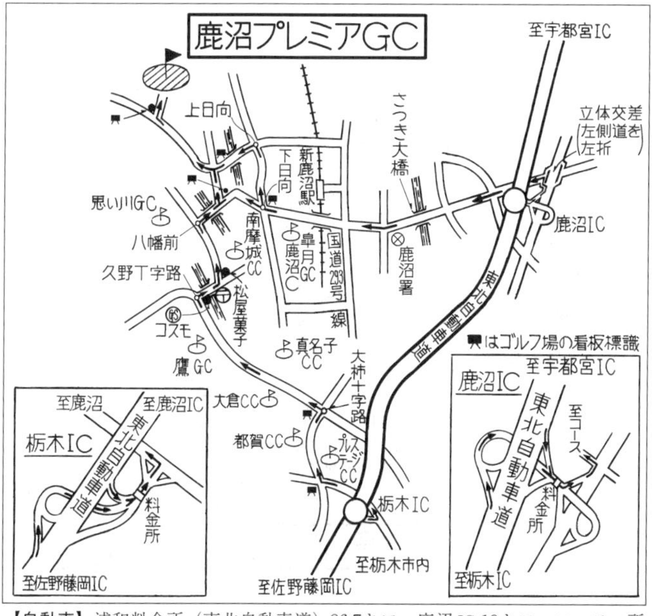

【自動車】浦和料金所（東北自動車道）86.7キロ→鹿沼 IC 19キロ→コース　所要時間1時間20分　鹿沼 IC で降りて最初の十字路を鹿沼方面へ向かう。さつき大橋を渡り、国道293号線、東武線を越え、下日向交差点を直進し、野尻の大芦川手前を右折してコースへ。栃木 IC からは約40分

鹿野山ゴルフ倶楽部

〒292-1155　千葉県君津市鹿野山288　FAX 0439(37)2025
http://www.kanozan.co.jp

●プレーの申込み　ビジター可
●予約　3か月前の1日から受付け
●コンペ　組数制限なし
●休日　クラブ指定日
●クレジット　各種
●開場日　1960年9月4日
●コースの特徴　27H　P108　9476Y
鹿野山の山麓にレイアウトされ、周囲は南総特有の灌木が繁る雄大なコース
●コースレート　白鳥・天神70.5
天神・浅間70.6　浅間・白鳥70.3
●練習場　アイアンのみ
●電車　内房線君津駅
●クラブバス　東京湾フェリー金谷港から7:05　8:05（予約制）
●タクシー　君津駅から30分
●プレースタイル　セルフでGPSナビ付乗用カート
●シューズ　ソフトスパイク推奨
●ビジター料金表

	平　日	土　曜	日　祝
セ　ル　フ	9,450	18,950	18,950

昼食付。期間により料金は異なる
ジュニア（18歳未満）あり
●定休日スルーデー　クラブ指定の火曜日7300円

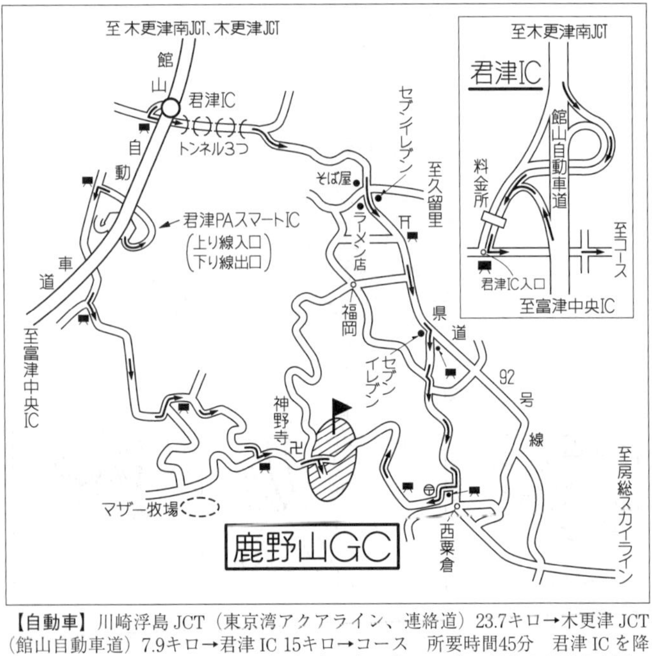

【自動車】川崎浮島 JCT（東京湾アクアライン、連絡道）23.7キロ→木更津 JCT（館山自動車道）7.9キロ→君津 IC 15キロ→コース　所要時間45分　君津 IC を降りて左折し、房総スカイライン方面に向かう。約8キロ先の信号を鹿野山方面に右折してコースへ。君津 PA スマート IC（6:00～22:00）からは約9キロ

カバヤゴルフクラブ

〒319-2404　茨城県常陸大宮市国長2408-1　FAX 0295(56)2315
https://kabayagc.com/

●プレーの申込み　ビジター可
●予約　3か月前より受付け
●コンペ　組数制限なし
●休日　無休
●クレジット　各種
●開場日　1974年11月11日
●コースの特徴　27H　P108　10713Y
緑豊かな丘陵地帯で変化に富んだ雄大な27ホール。初級者から上級者まで技能に応じてプレーできる
●コースレート　楓・桜72.1　桜・梅70.9　梅・楓70.8
●練習場　30Y10打席
●電車　常磐線水戸駅
●タクシー　水戸駅から50分約9500円

●プレースタイル　セルフプレーで乗用カート
●シューズ　ソフトスパイク推奨
●ビジター料金表

	平　日	土　曜	日　祝
セ　ル　フ	5,800	13,500	13,500

昼食付。上記料金は2021年11月
期間により料金は異なる。
クラブハウス2階にゲストルームあり（ツイン・4人部屋、全18室）

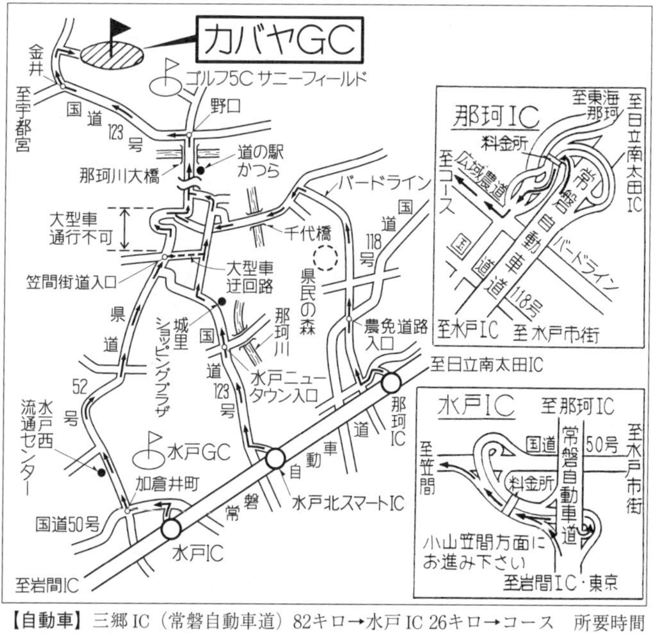

【自動車】三郷 IC（常磐自動車道）82キロ→水戸 IC 26キロ→コース　所要時間1時間40分　水戸 IC を笠間方面に降りて2つ目の加倉井町信号を右折し、御前山方面に進む。国道123号線に入り、那珂川大橋を渡って野口信号を左折。金井信号を右折してコースへ。水戸北スマート IC からは国道123号線経由で24キロ

鎌ヶ谷カントリークラブ

〒273-0118　千葉県鎌ヶ谷市中沢1348　FAX 047(443)9567
予約専用　047(444)4120　https://kamagaya-cc.co.jp

●**プレーの申込み**　平日・土曜とも原則会員の紹介が必要。日祝は会員のみ
●**予約**　平日は3か月前の月初めから、土曜は1か月前の第1火曜日から
●**コンペ**　日祝は不可
●**休日**　毎週月曜日　12／31　1／1
●**クレジット**　各種
●**開場日**　1961年10月28日
●**コースの特徴**　27H　P108　10021Y　丈の高い松に囲まれたフラットな林間コース。フェアウェイは広いが、林が戦略的な要素となっている。ベントグリーンはトム・ドーク氏による改造設計
●**練習場**　230Y25打席
●**コースレート**　東・中72.1　東・西71.4　中・西71.9
●**電車**　総武線地下鉄東西線西船橋駅、東武線鎌ヶ谷駅、新京成北初富駅
●**クラブバス**　西船橋駅発平日7:10　8:40　土日祝7:00　8:00　9:00　鎌ヶ谷駅発7:00　7:30　8:00　8:30　9:00
●**プレースタイル**　キャディ付で乗用カート
●**シューズ**　メタルスパイク禁止
●**ビジター料金表**

	平　日	土　曜	日　祝
キャディ付	17,500～	25,000～	25,000～

季節により料金は異なる

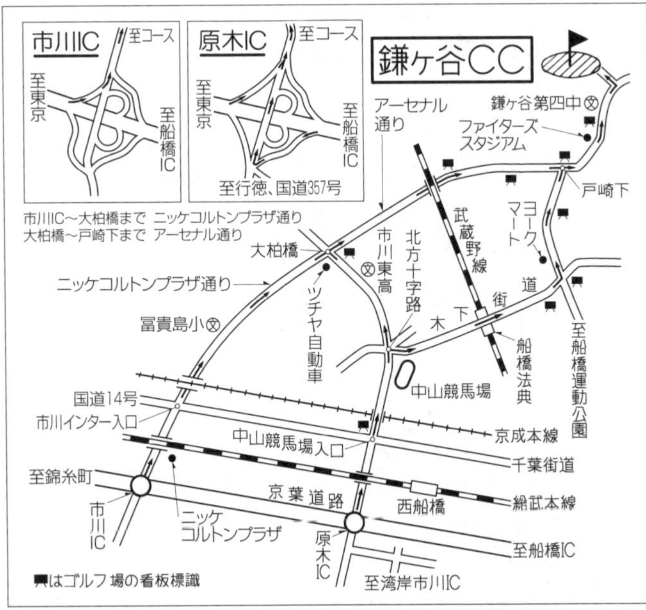

【自動車】箱崎IC（首都高速）13.8キロ→市川IC（京葉道路）8キロ→コース　所要時間30分　市川ICを降りて鎌ヶ谷方面に直進。ニッケコルトンプラザ通り、アーセナル通りを進み、戸崎下交差点を直進してコースへ

鎌倉カントリークラブ

〒247-0052　神奈川県鎌倉市今泉5－1026　FAX 0467(44)8780
予約センター　0467(43)1716　http://www.kamakura-cc.com/

●プレーの申込み　平日は会員の同伴または紹介。土日祝は会員の同伴が必要

●予約　3か月前の同日より受付け

●コンペ　平日は6か月前の同日から、土日祝は2か月前の同日から受付け

●休日　年2回コース指定日

●クレジット　各種

●開場日　1968年11月23日

●コースの特徴　18H　P72　6154Y　ドッグレッグホールがなくほとんどのホールはティグラウンドからグリーンが見える

●練習場　250Y36打席

●電車　東海道線、横須賀線大船駅

●クラブバス　大船駅東口バスターミナル線路側6:15　7:15　8:15　9:15

●タクシー　大船駅から10分1600円

●プレースタイル　セルフプレーで電磁誘導乗用カート。キャディ付は要予約

●シューズ　ソフトスパイク推奨

●ビジター料金表

	平　日	土　曜	日　祝
セ　ル　フ	19,917	24,317	24,317

キャディ付は4400円加算

●プレー情報　早朝5月～9月、薄暮3月～10月

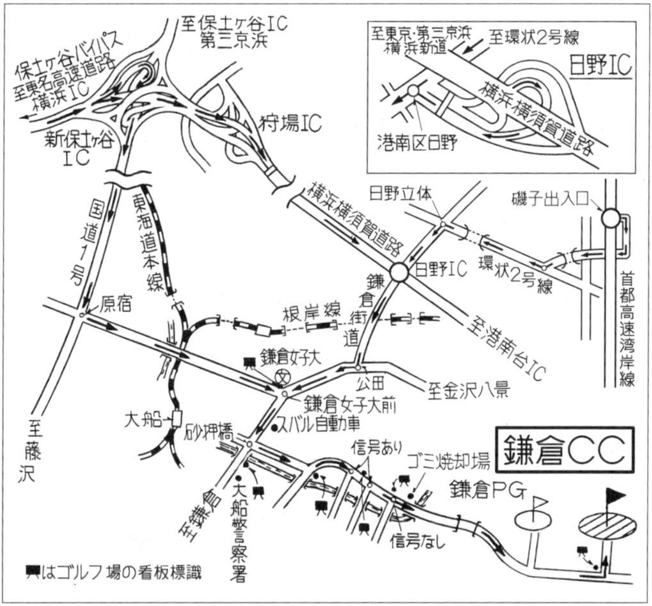

【自動車】東京IC（東名高速）19.7キロ→横浜町田IC（保土ケ谷バイパス、横浜横須賀道路）16.9キロ→日野IC 10キロ→コース　所要時間1時間　日野ICを降りて左折し、鎌倉街道の公田を右折。鎌倉女子大前から3つ目の砂押橋信号を左折してコースへ。首都高湾岸線・磯子ICより約13キロ

神奈川県　かまくらパブリックGじょう　☎0467(44)8185

鎌倉パブリックゴルフ場

〒247-0052　神奈川県鎌倉市今泉5－1003　FAX 0467(44)8188
https://www.kamakura-pg.com

●**プレーの申込み**　パブリックコース
●**予約**　3か月前の同日、1名予約は1か月前の10時から18時まで受付け
●**コンペ**　6か月前の同日10時より受付け
●**休日**　年間2日（要問合せ）
●**クレジット**　UC　AMEX　JCB　VISA　MC　セゾン　NICOS　ダイナース
●**開場日**　1973年10月1日
●**コースの特徴**　18H　P70　5301Y　丘陵地を生かしたフラットなコースで女性やビギナーにも人気。池越え、谷越えなど変化に富んでいる
●**練習場**　250Y36打席
●**電車**　東海道本線大船駅
●**クラブバス**　大船駅東口ルミネ側バスターミナルから6:15　7:15　8:15　9:15
●**タクシー**　大船駅から15分1700円
●**プレースタイル**　セルフでGPSナビ付4人乗り乗用カート
●**シューズ**　ソフトスパイク
●**ビジター料金表**

	平　日	土　曜	日　祝
セ　ル　フ	15,660	20,060	20,060

●**プレー情報**　早朝・薄暮プレー、鎌倉PGパスポート（友の会）あり

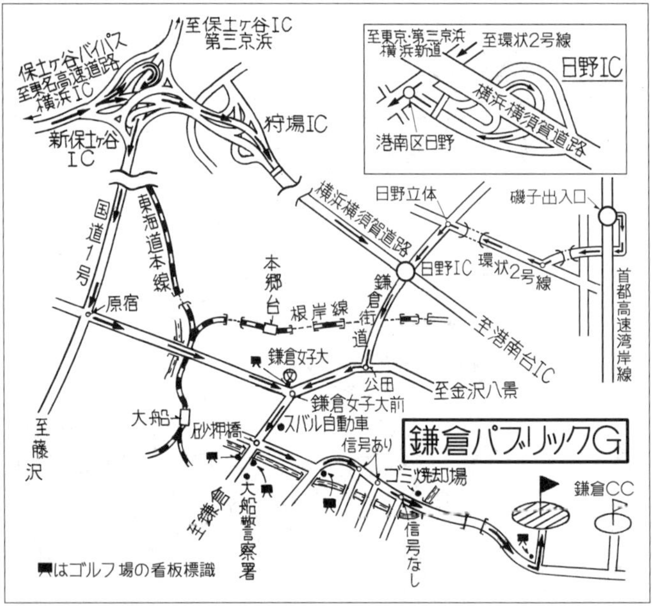

【**自動車**】東京IC（東名高速）19.7キロ→横浜町田IC（保土ケ谷バイパス、横浜横須賀道路）16.9キロ→日野IC 10キロ→コース　所要時間1時間　日野ICを降りて左折し、鎌倉街道の公田を右折。鎌倉女子大前から3つ目の砂押橋信号を左折してコースへ。首都高湾岸線・磯子ICより約13キロ

上里ゴルフ場

〒369-0302　埼玉県児玉郡上里町大字黛95　FAX 0495(33)7878
https://www.river-golf.com　本社0493(54)9091

●**プレーの申込み**　パブリックコース
●**予約**　3か月前から受付け
●**休日**　クラブ指定日
●**クレジット**　UC　DC　VISA　JCB　マスター　AMEX　ダイナース
●**開場日**　1990年11月29日
●**コースの特徴**　18H　P72　5914Y
適度なアンジュレーションがあり、繊細かつ正確なアプローチを要する。6、8番ホールは池越えで戦略的。17番は595Yパー6のロングホール
●**練習場**　なし
●**電車**　JR高崎線神保原駅
●**クラブバス**　なし
●**タクシー**　神保原駅から10分
●**プレースタイル**　セルフプレーで乗用カート
●**シューズ**　ノンメタルスパイク推奨
●**ビジター料金表**

	平　日	土　曜	日　祝
セ　ル　フ	6,900	11,900	11,900

食事付。季節により料金は変動（上記はトップシーズンの料金）。2Bは土日祝2100円増（夏期・冬期は割増なし）
●**プレー情報**　ハーフプレー平日2500円、土日祝4000円

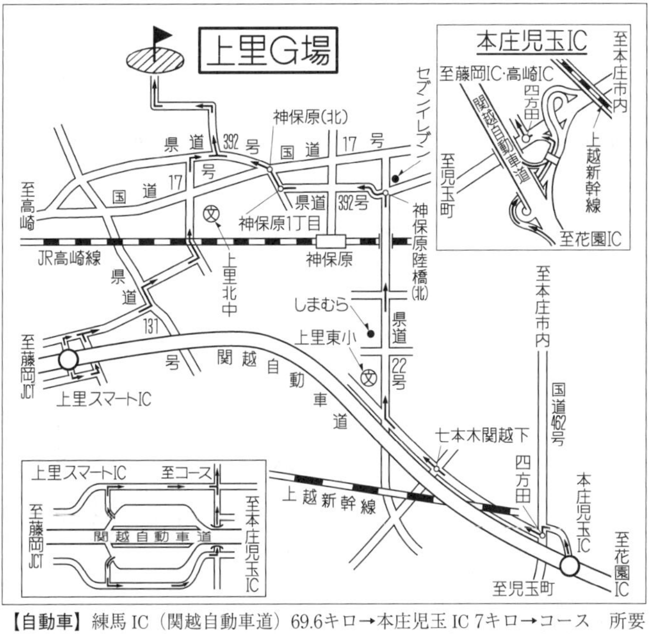

【自動車】練馬IC（関越自動車道）69.6キロ→本庄児玉IC 7キロ→コース　所要時間1時間　本庄児玉ICを児玉方面に降りて1つ目の四方田信号を右折。関越道の側道を進み、県道22号線との交差点を右折。JRの陸橋を越えて神保原陸橋(北)交差点を左折してコースへ。ETC搭載車は上里スマートICから約4キロ6分

カメリアヒルズカントリークラブ

〒299-0221　千葉県袖ケ浦市大竹265　FAX 0438(75)4150
https://www.camelliahills.com

●**プレーの申込み**　ビジター可
●**予約**　6か月前の同日9時から予約専用電話にて受付け
●**コンペ**　予約状況により相談
●**休日**　クラブ指定日
●**クレジット**　各種
●**開場日**　1990年11月15日
●**コースの特徴**　18H　P72　6682Y
フラットで広いフェアウェイだがアンジュレーションがある。ベントのワングリーンで戦略性の高いコース
●**コースレート**　71.7
●**練習場**　250Y15打席
●**電車**　内房線木更津駅
●**クラブバス**　木更津駅から予約制で7:45　8:45
●**タクシー**　木更津駅から15分3000円
●**プレースタイル**　キャディ付で歩いてプレー。乗用カートは要予約（1台11000円）
●**シューズ**　ソフトスパイク
●**ビジター料金表**

	平　日	土　曜	日　祝
キャディ付	21,500	39,400	36,400

上記は2021年秋期料金。季節料金あり
●**プレー情報**　コンペプラン、レディース・シニアデー

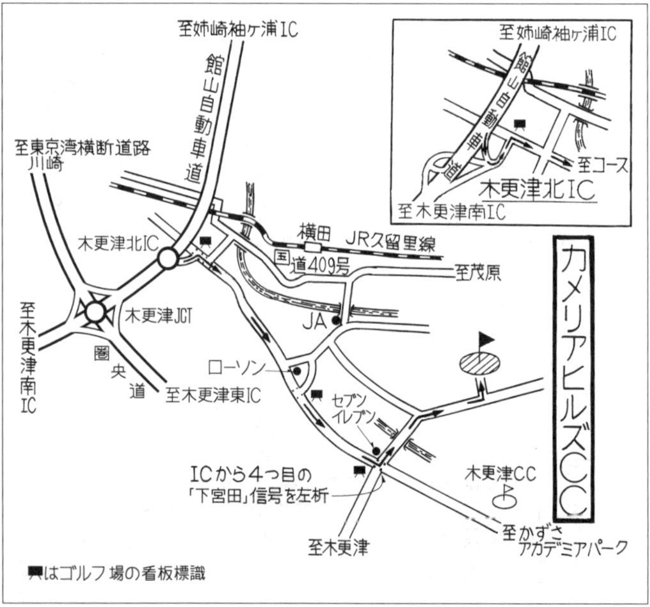

【**自動車**】箱崎IC（首都高速・京葉道路・館山自動車道）75.4キロ→木更津北IC 4キロ→コース　所要時間1時間　館山自動車道を木更津北ICで降り、かずさアカデミアパーク方面に右折する。木更津北ICの信号から4つ目の下宮田信号を左折してコースへ

鴨川カントリークラブ

〒296-0045　千葉県鴨川市和泉2607　FAX 04(7093)2497
https://www.accordiagolf.com/　本社03(6688)1500

●プレーの申込み　ビジター可
●予約　3か月前の1日から受付け
●コンペ　組数制限なし
●休日　無休
●クレジット　JCB　VISA　UC 他
●開場日　1991年10月16日
●コースの特徴　18H　P72　6331Y
丘陵コースながらフラットなコース。池、クリーク、バンカーを巧みに配置し戦略性に富んでいる
●練習場　15Y9打席
●電車　外房線安房鴨川駅
●クラブバス　予約制で東京湾フェリー金谷港から運行
●タクシー　安房鴨川駅から約3500円
●プレースタイル　セルフプレーでGPS ナビ付乗用カート
●シューズ　ソフトスパイク
●ビジター料金表

	平　日	土　曜	日　祝
セ　ル　フ	6,690	16,680	15,680

2021年11月の昼食付料金
期間により料金は異なる
●プレー情報　ホテル併設、宿泊パック

【自動車】箱崎 IC（首都高速·京葉道路·館山自動車道）86キロ→君津 IC 50キロ→コース　所要時間2時間　君津 IC を降りて左折し、鴨川方面に進む。県道92号、24号を経由し、鴨川市内でコース案内板に従って左折して勝浦方面に向かい、保台ダム方面に向かってコースへ

加茂ゴルフ倶楽部

〒290-0527　千葉県市原市月出81　FAX 0436(96)1292
http://www.kamogolfclub.co.jp

●**プレーの申込み**　ビジター可
●**予約**　3か月前の同日から受付け
●**コンペ**　組数は相談
●**休日**　不定休
●**クレジット**　VISA　UC　DC　JCB　ニコス　AMEX　ダイナース　MC
●**開場日**　1978年9月3日
●**コースの特徴**　18H　P72　6749Y　丘陵に広がるコースは平たんで、とくにインは雄大なホールが多い
●**練習場**　250Y10打席
●**電車**　内房線五井駅、または小湊鉄道月崎駅
●**クラブバス**　なし
●**タクシー**　五井駅から10,000円 月崎駅から2,300円(要予約)
●**プレースタイル**　セルフで乗用カート
●**シューズ**　ソフトスパイク、スパイクレス
●**ビジター料金表**

	平　日	土　曜	日　祝
セ　ル　フ	10,000	21,200	21,200

上記は2021年10月～12月の料金で昼食付。詳細は要問合せ

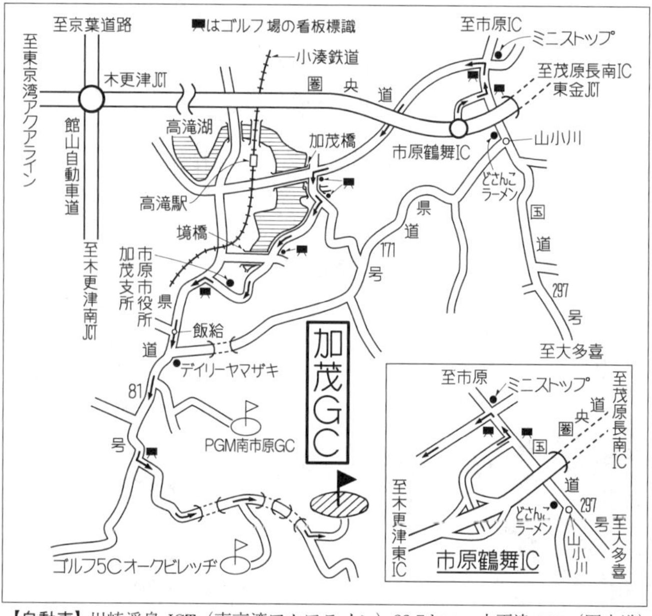

【自動車】川崎浮島 JCT（東京湾アクアライン）23.7キロ→木更津 JCT（圏央道）19.6キロ→市原鶴舞 IC 13キロ→コース　所要時間45分　市原鶴舞 IC を降りて左折し1つ目の信号を左折。加茂橋手前の信号を左折して高滝湖沿いに市役所方面に進む。突き当りの県道81号線を左折後約5キロでコース

唐沢ゴルフ倶楽部唐沢コース

〒327-0801　栃木県佐野市富士町1　FAX 0283(24)6363
https://www.karasawa-golf.or.jp/

●プレーの申込み　原則として会員の紹介が必要
●予約　3か月前の同日から受付け
●コンペ　原則として会員紹介で可
●休日　クラブ指定日
●クレジット　JCB　UC　DC　VISA　UFJ　マスター　AMEX
●開場日　1961年4月13日
●コースの特徴　18H　P72　6201Y　距離はないがコンパクトな手造りのコース。グリーンのアンジュレーションがスコアメイクを難しくしている
●コースレート　69.4
●練習場　230Y20打席
●電車　両毛線佐野駅、または東武佐野線佐野駅
●タクシー　佐野駅から10分2000円
●プレースタイル　キャディ付またはセルフで乗用カート
●シューズ　ゴルフ靴はすべて可
●ビジター料金表

	平　日	土　曜	日　祝
キャディ付	11,250	16,650	16,650
セ　ル　フ	7,950	13,350	13,350

昼食付。季節により料金は異なる
●セルフデー　月曜日7,200円昼食付

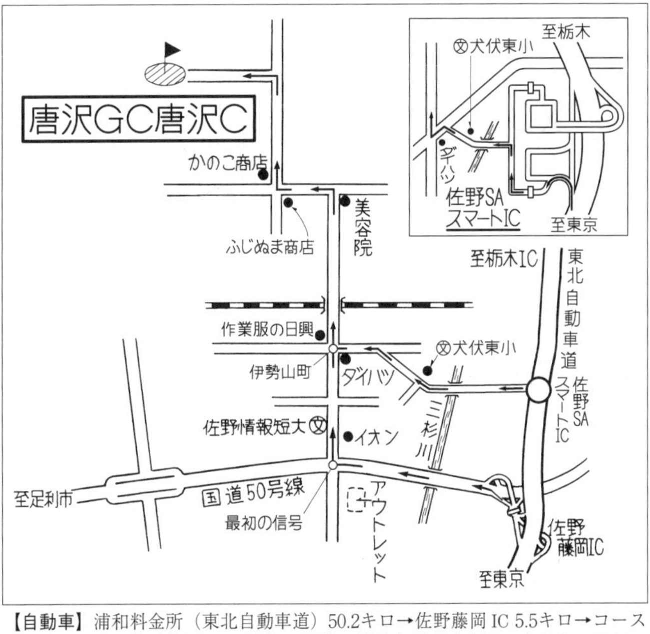

【自動車】浦和料金所（東北自動車道）50.2キロ→佐野藤岡IC 5.5キロ→コース　所要時間40分　佐野藤岡ICで降りて国道50号線を足利市方面へ向かう。最初の信号を右折し、突き当たりを左折後1つ目の信号を右折してコースへ。佐野SAスマートICからは4キロ

唐沢ゴルフ倶楽部三好コース

〒327-0307　栃木県佐野市岩崎町1975　FAX 0283(62)4114
http://www.karasawa-golf.or.jp/

●**プレーの申込み**　原則として会員の紹介が必要
●**予約**　2か月前の同日より受付け
●**コンペ**　組数は相談
●**休日**　1/1　1～2月は毎週月曜日　他月はクラブ指定日
●**クレジット**　JCB　UC　DC　VISA　ニコス
●**開場日**　1975年4月29日
●**コースの特徴**　18H　P72　6934Y　距離があって赤松や杉などでおおわれた林間コース
●**コースレート**　72.6
●**電車**　東武佐野線田沼駅、両毛線佐野駅
●**タクシー**　田沼駅から7分2000円　佐野駅から20分4000円
●**プレースタイル**　キャディ付またはセルフで乗用カート
●**シューズ**　メタルスパイク禁止
●**ビジター料金表**

	平　日	土　曜	日　祝
キャディ付	13,300	19,200	19,200
セ　ル　フ	10,000	15,900	15,900

昼食付。季節により料金は異なる
●**プレー情報**　レディス・シニアデー、感謝デー、セルフデー、コンペサービス

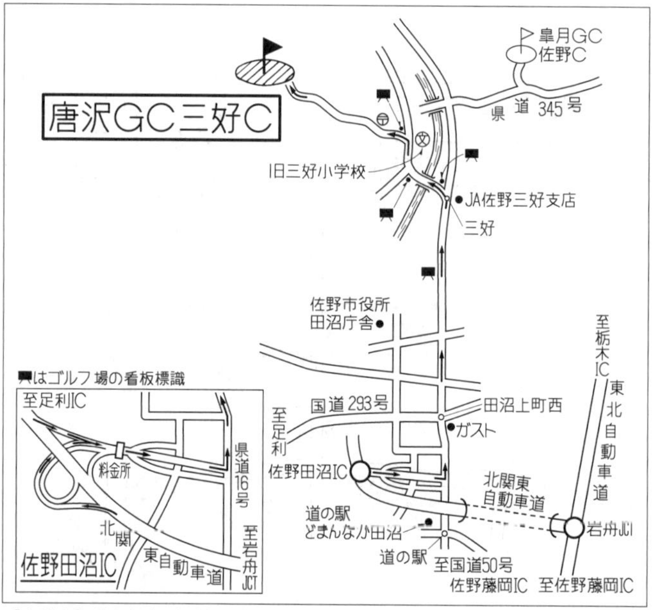

【自動車】浦和料金所（東北自動車道）57キロ→岩舟 JCT（北関東自動車道）5.3キロ→佐野田沼 IC 6キロ→コース　所要時間50分　佐野田沼 IC を降りて直進し、信号を田沼方面に左折する。約4キロ先の三好交差点を左折し、コース案内板に従ってコースへ

烏山城カントリークラブ

〒321-0602　栃木県那須烏山市大桶2401　FAX 0287(83)0648
予約0287(83)1100　http://www.karasuyamajo.com/

●**プレーの申込み**　ビジター可
●**予約**　3か月前の月初めより受付け
●**コンペ**　組数制限なし
●**休日**　無休
●**クレジット**　各種
●**開場日**　1974年10月23日
●**コースの特徴**　27H　P108　10776Y
高度の技術を要求される戦略的な美しいコース。2021年日本女子オープン開催
●**コースレート**　本丸・二の丸73.9
本丸・三の丸74.5　二の丸・三の丸74.2
●**練習場**　250Y40打席
(ナイター完備)
●**電車**　東北本線氏家駅
●**クラブバス**　氏家駅東口から8:30
完全予約制で運行
●**タクシー**　烏山駅から15分3000円
氏家駅から30分7000円
●**プレースタイル**　セルフで乗用カート。キャディ付は要予約
●**シューズ**　ソフトスパイクのみ可
●**ビジター料金表**

	平　日	土　曜	日　祝
セ　ル　フ	9,000	16,000	16,000

2021年10／25～11／30の昼食付料金
●**セルフデー**　毎週月曜日昼食付
●**プレー情報**　毎週火～金曜レディス&シニア優待、ジュニア料金あり

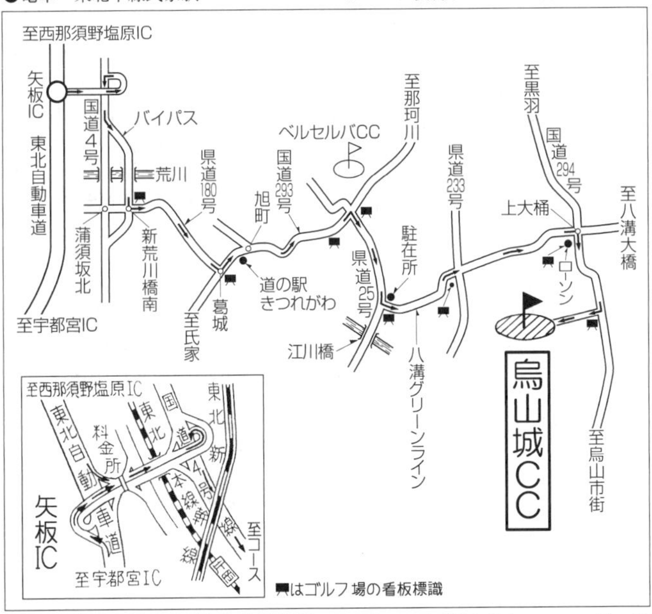

【**自動車**】浦和料金所（東北自動車道）115.4キロ→矢板IC 26キロ→コース　所要時間2時間　料金所を宇都宮方面に降りて国道4号へ。途中バイパスを進み、新荒川南信号を左折して県道180号を進む。国道293号との葛城信号を左折し、コース案内板に従って県道25号、八溝グリーンラインを経由してコースへ

軽井沢浅間ゴルフコース

〒389-0113　長野県北佐久郡軽井沢町発地南軽井沢　FAX 0267(48)0291
https://www.princehotels.co.jp/golf/asama

●**プレーの申込み**　パブリックコース
●**予約**　軽井沢浅間プリンスホテルで9時～18時に受付
●**休日**　営業期間中無休
11月下旬～4月上旬は冬期クローズ
●**クレジット**　各種
●**開場日**　1994年7月1日
●**コースの特徴**　18H　P70　5706Y
雄大な浅間山を望み、2人乗りゴルフカーでラウンドする気軽なセルフプレーコース
●**電車**　北陸新幹線軽井沢駅
●**送迎バス**　シャトルバス有
●**タクシー**　軽井沢駅南口から11分約3000円
●**プレースタイル**　セルフプレーで2人乗りゴルフカー。FW乗入れ可(コース状況により不可)
●**シューズ**　ノンメタルスパイク(スパイクレスを含む)
●**ビジター料金表**

	平　日	土　曜	日　祝
セ　ル　フ	14,335	20,435	19,935

季節により料金は異なる
●**プレー情報**　宿泊パック有

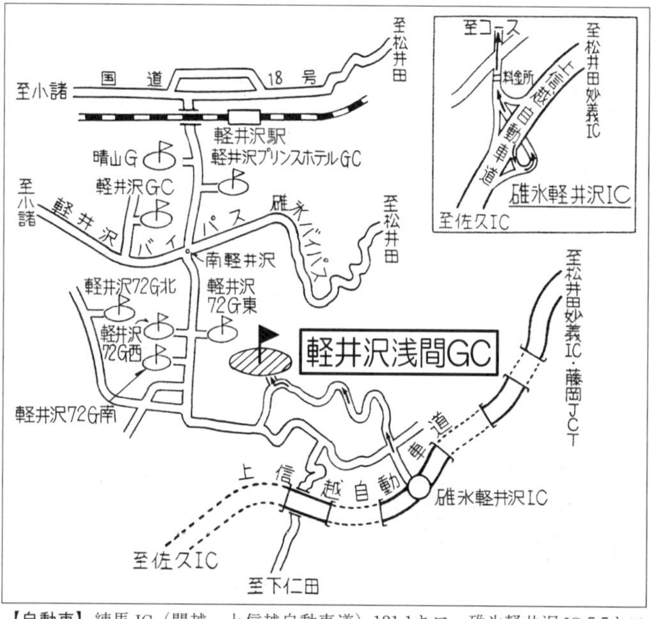

【自動車】練馬IC(関越、上信越自動車道)131.1キロ→碓氷軽井沢IC 5.5キロ→コース　所要時間1時間30分　関越自動車道藤岡JCTから上信越自動車道・碓氷軽井沢ICへ。料金所を出て軽井沢方面に向かって間もなく右側にコース

か

軽井沢高原ゴルフ倶楽部

〒377-1412　群馬県吾妻郡長野原町北軽井沢2032　FAX 0279(84)6161
予約0279(84)5588　https://www.karuizawa-kogen.com/

●**プレーの申込み**　ビジター可
●**予約**　3か月前の同日から受付け
●**コンペ**　組数は相談
●**休日**　営業期間中無休
11月下旬～4月初旬は冬期クローズ
●**クレジット**　VISA　JCB　UC
ダイナース　AMEX　DC　UFJ
●**開場日**　1995年7月7日
●**コースの特徴**　18H　P72　7046Y
浅間山を真正面に望むフラットな丘陵林間コース
●**コースレート**　73.0
●**練習場**　180Y15打席
●**電車**　北陸新幹線軽井沢駅
●**クラブバス**　軽井沢駅から予約制で8:20　9:10
●**タクシー**　軽井沢駅30分9500円～
●**プレースタイル**　セルフプレーで5人乗り乗用カート。キャディ付は要予約
●**シューズ**　ゴルフ靴はすべて可
●**ビジター料金表**

	平　日	土　曜	日　祝
セ　ル　フ	13,000	21,000	21,000

季節料金あり
キャディ付は4B4300円加算
2020年7月大浴場を天然温泉にリニューアル

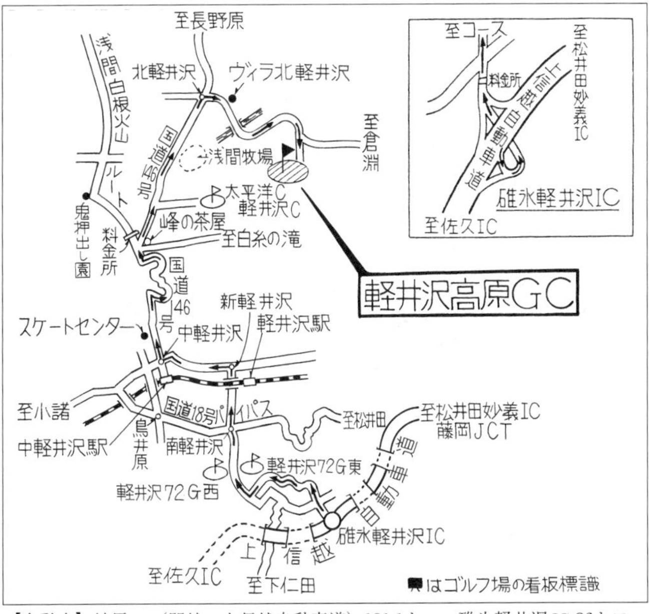

【**自動車**】練馬 IC（関越、上信越自動車道）131.1キロ→碓氷軽井沢 IC 36キロ→コース　所要時間2時間　碓氷軽井沢 IC から軽井沢に向かい、新軽井沢交差点を左折し、3キロ先の中軽井沢交差点を右折する。国道146号を北上し、北軽井沢を右折してコースへ

軽井沢72ゴルフ北

〒389-0197　長野県北佐久郡軽井沢町発地南軽井沢　FAX 0267(48)2661
https://www.princehotels.co.jp/golf/karu72

●**プレーの申込み**　パブリックコース
●**予約**　2月1日より全日予約可
●**コンペ**　要問い合せ
●**休日**　営業期間中無休
11月中旬～6月下旬はクローズ
●**クレジット**　各種
●**開場日**　1971年7月4日
●**コースの特徴**　18H　P72　7076Y
ハイグレードなプレーが楽しめる。プロも挑んだクオリティの高いコース。女子プロゴルフトーナメント開催コース
●**コースレート**　72.6
●**電車**　北陸新幹線軽井沢駅
●**クラブバス**　あり
●**タクシー**　軽井沢駅南口から13分
●**プレースタイル**　完全キャディ付でGPSナビ付乗用ゴルフカー。FW乗入れ可（有料。コース状況により不可）
●**シューズ**　ノンメタルスパイク（スパイクレスを含む）
●**ビジター料金表**

	平　日	土　曜	日　祝
キャディ付	15,700～	22,900～	22,400～

2021年度料金。季節予約状況により料金は異なる。ツーサムプレー可4800円加算、3B1600円加算
●**プレー情報**　宿泊パック有

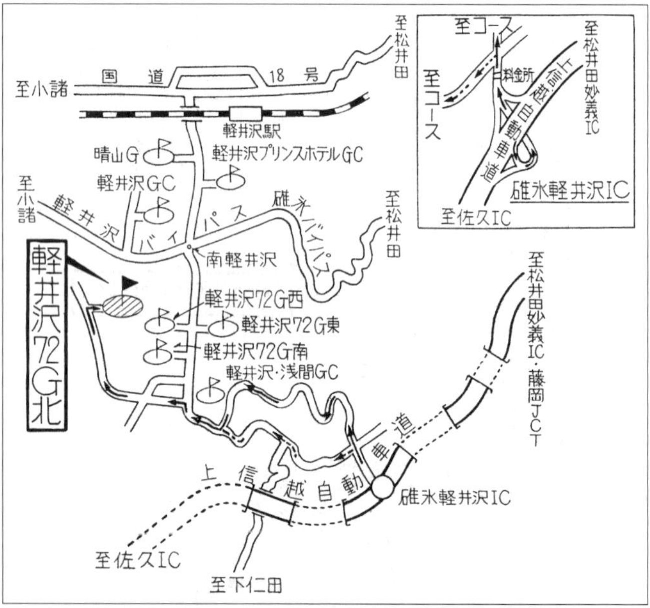

【自動車】練馬IC（関越、上信越自動車道）131.1キロ→碓氷軽井沢IC9キロ→コース　所要時間1時間30分　関越自動車道藤岡JCTから上信越自動車道・碓氷軽井沢ICへ。料金所を出て軽井沢方面に向かって馬越GC先を左折して3キロ

軽井沢72ゴルフ西　ゴールドコース　ブルーコース

〒389-0197　長野県北佐久郡軽井沢町発地南軽井沢　FAX 0267(48)2661
https://www.princehotels.co.jp/golf/karu72

●**プレーの申込み**　パブリックコース
●**予約**　2月1日より全日予約可
●**コンペ**　要問合せ
●**休日**　営業期間中無休
12月上旬～3月は冬期クローズ
●**クレジット**　各種
●**開場日**　1971年7月4日
●**コースの特徴**　36H　P144　13549Y
高原の自然な起伏を生かしたレイアウト。フェアウェイが広く開放的でカジュアルにゴルフが楽しめるコース
●**コースレート**　ゴールド72.0
ブルー71.3
●**電車**　北陸新幹線軽井沢駅
●**クラブバス**　あり
●**タクシー**　軽井沢駅南口から8分
●**プレースタイル**　セルフでGPSナビ付乗用ゴルフカー。FW乗入れ可(有料。コース状況により不可)
●**シューズ**　ノンメタルスパイク(スパイクレスを含む)
●**ビジター料金表**

	平　日	土　曜	日　祝
セ　ル　フ	6,600～	12,500～	12,000～

2021年度料金。季節予約状況により料金は異なる。ツーサムプレー可3900円、3B1300円加算
●**プレー情報**　宿泊パック有

【自動車】 練馬IC(関越、上信越自動車道)131.1キロ→碓氷軽井沢IC 7キロ→コース　所要時間1時間30分　関越自動車道藤岡JCTから上信越自動車道・碓氷軽井沢ICへ。料金所を出て軽井沢方面に向かって間もなく左側にコース

☎0267(48)0072

軽井沢72ゴルフ東　入山コース　押立コース

〒389-0197　長野県北佐久郡軽井沢町発地南軽井沢　FAX 0267(48)2661
https://www.princehotels.co.jp/golf/karu72

●**プレーの申込み**　パブリックコース
●**予約**　2月1日より全日予約可
●**コンペ**　要問合せ
●**休日**　営業期間中無休
11月下旬〜3月は冬期クローズ
●**クレジット**　各種
●**開場日**　1971年7月4日
●**コースの特徴**　36H　P144　13798Y
戦略性が高く、アスリート向け。個性的なレイアウトで爽快なショットが楽しめるコース
●**コースレート**　入山72.3　押立71.6
●**電車**　北陸新幹線軽井沢駅
●**クラブバス**　あり
●**タクシー**　軽井沢駅南口から8分

●**プレースタイル**　セルフでGPSナビ付乗用ゴルフカー。FW乗入れ可(有料。コース状況により不可)。キャディ付も可
●**シューズ**　ノンメタルスパイク
●**ビジター料金表**

	平　日	土　曜	日　祝
セ　ル　フ	10,100〜	17,300〜	16,800〜

2021年度料金。季節予約状況により料金は異なる。キャディ付4B4800円加算。ツーサムプレー可（キャディ付4800円、3B1600円加算、セルフ3900円、3B1300円加算）
●**プレー情報**　宿泊パック有

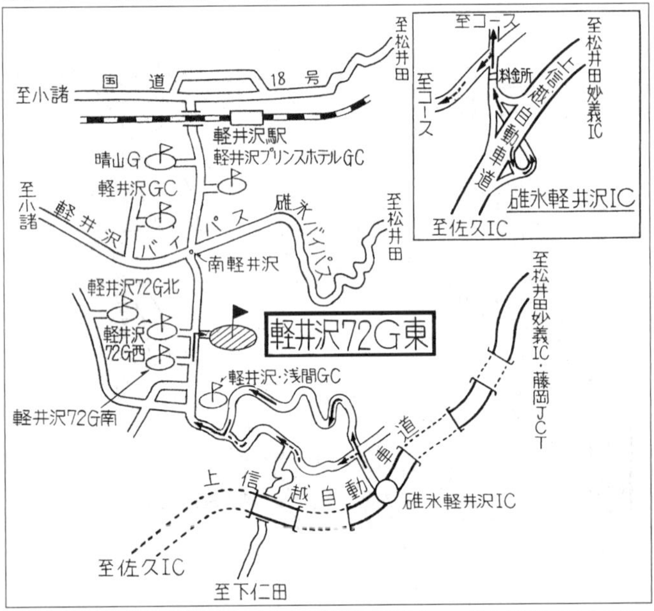

【**自動車**】練馬IC（関越、上信越自動車道）131.1キロ→碓氷軽井沢IC 7キロ→コース　所要時間1時間30分　関越自動車道藤岡JCTから上信越自動車道・碓氷軽井沢ICへ。料金所を出て軽井沢方面に向かって間もなく右側にコース

軽井沢72ゴルフ南

〒389-0197　長野県北佐久郡軽井沢町発地南軽井沢　FAX 0267(48)2661
https://www.princehotels.co.jp/golf/karu72

●プレーの申込み　パブリックコース
●予約　2月1日より全日予約可
●コンペ　要問い合せ
●休日　営業期間中無休
12月上旬～3月は冬期クローズ
●クレジット　各種
●開場日　1971年7月4日
●コースの特徴　18H　P72　6598Y
池を巧みに配したレイアウト、微妙なアンジュレーションのグリーンが特徴
●コースレート　71.4
●電車　北陸新幹線軽井沢駅
●クラブバス　あり
●タクシー　軽井沢駅南口から8分

●プレースタイル　セルフの1ラウンドスループレーでGPSナビ付乗用ゴルフカー。FW乗入れ可（コース状況により不可）
●シューズ　ノンメタルスパイク（スパイクレスを含む）
●ビジター料金表

	平　日	土　曜	日　祝
セ　ル　フ	6,600～	12,500～	12,000～

2021年度料金。季節予約状況により料金は異なる。ツーサムプレー可3900円、3B1300円加算。宿泊パックあり。南コースはレストランがなく、ドリンクを売店にて販売

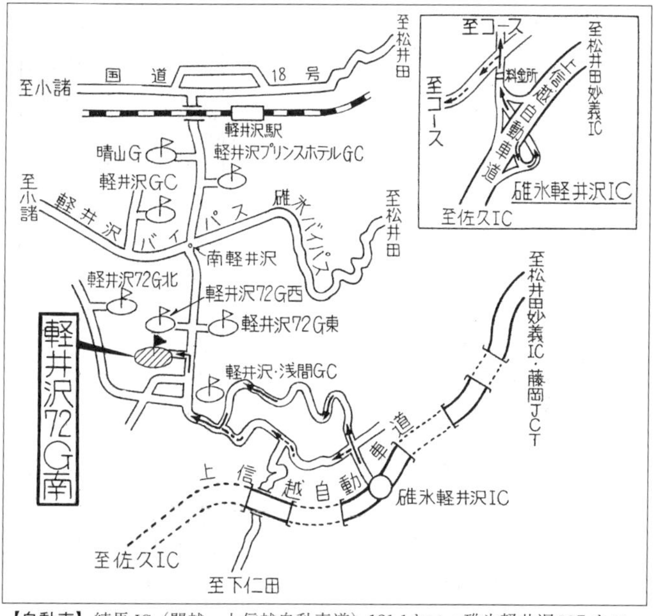

【自動車】練馬IC（関越、上信越自動車道）131.1キロ→碓氷軽井沢IC7キロ→コース　所要時間1時間30分　関越自動車道藤岡JCTから上信越自動車道・碓氷軽井沢ICへ。料金所を出て軽井沢方面に向かって間もなく左側にコース

カレドニアン・ゴルフクラブ

〒289-1756　千葉県山武郡横芝光町長倉1658　FAX 0479(82)6214
予約センター03(3234)0220　http://www.caledoniangolf.net　本社 03(3237)8411

●**プレーの申込み**　原則として会員の同伴または紹介が必要
●**予約**　予約センターで月～金曜に受付け
●**コンペ**　組数は相談
●**休日**　1/1　2月の第3月・火曜日
●**クレジット**　各種
●**開場日**　1990年10月7日
●**コースの特徴**　18H　P72　7144Y
フィランスロピー、タカラワールド、2000年日本プロゴルフ選手権、2017年ダイヤモンドカップなど開催
●**コースレート**　74.1
●**練習場**　320Y25打席
●**電車**　JR 線・京成線空港第2ビル駅
●**クラブバス**　空港第2ビル駅から7:45　8:15（前日までに要予約）
●**タクシー**　空港第2ビル駅から30分約6000円
●**プレースタイル**　キャディ付またはセルフで5人乗り乗用カート
●**シューズ**　ソフトスパイクのみ（スパイクレスを含む）
●**ビジター料金表**（メンバー同伴）

	平　日	土　曜	日　祝
キャディ付	26,600	37,100	37,100
セ　ル　フ	24,600	35,100	35,100

上記は4～6月、10～12月の料金
早割コンペプラン（キャディ付）あり

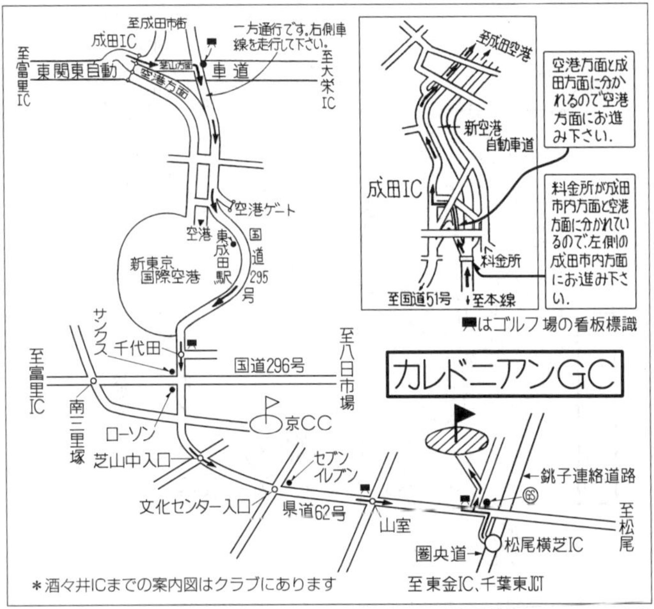

【自動車】箱崎 IC（首都高速）35.8キロ→宮野木 JCT（京葉道路）8.7キロ→千葉東 JCT（千葉東金道路、圏央道）32.2キロ→松尾横芝 IC 1キロ→コース　所要時間50分　千葉東 JCT から東金道路、圏央道を成東方面へ。松尾横芝 IC を出て左折し、1つ目の信号を右折してコースへ。東関東自動車道・成田 IC から20キロ

河口湖カントリークラブ

〒401-0301　山梨県南都留郡富士河口湖町船津6236　FAX 0555(72)2312
予約0555(73)2611　https://kcc.tatemono-golf.gom

●**プレーの申込み**　会員の紹介または同伴が必要
●**予約**　会員が予約する。年間を通して、プレー日の3か月前の同日より
●**コンペ**　組数は相談
●**休日**　営業期間中は無休
12月中旬～3月中旬は冬期クローズ
●**クレジット**　JCB　AMEX　VISA 他
●**開場日**　1977年6月2日
●**コースの特徴**　27H　P108　9956Y
海抜950m に位置する林間コース。赤松で完全にセパレートされ、195個のバンカーが戦略性を高めている
●**コースレート**　西東71.4　東南72.0　南西71.9
●**練習場**　280Y23打席
●**電車**　中央本線大月駅、または富士急行河口湖駅
●**クラブバス**　大月駅より8:05予約制
●**タクシー**　河口湖駅から10分2,500円
●**プレースタイル**　キャディ付とセルフの選択制で乗用カート
●**シューズ**　メタルスパイク禁止
●**ビジター料金表**

	平　日	土　曜	日　祝
キャディ付	17,300	27,200	27,200
セ　ル　フ	14,000	23,900	23,900

2021年10～11月21日の料金。期間により料金変動

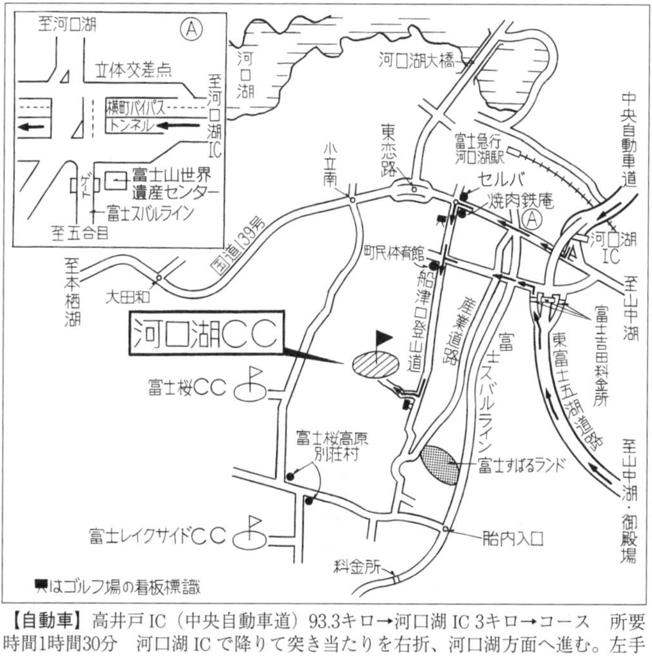

【自動車】高井戸 IC（中央自動車道）93.3キロ→河口湖 IC 3キロ→コース　所要時間1時間30分　河口湖 IC で降りて突き当たりを右折、河口湖方面へ進む。左手に富士スバルライン入口があるが、それを過ぎ、産業道路の入口も越えて左折、旧登山道に入ってコースへ。東名高速・御殿場 IC 経由のルートもある

☎0493(39)1261

川越カントリークラブ

〒355-0008　埼玉県東松山市大谷4189　FAX 0493(39)3053
https://www.kawagoecc.com/

●プレーの申込み　平日は会員の紹介 土日祝は会員の紹介または同伴が必要
●予約　2か月前の同日より受付け
●コンペ　3組以上は6か月前から受付け（クラブ競技日除く）
●休日　1／1
●クレジット　JCB UC OMC AMEX VISA ダイナース
●開場日　1963年9月15日
●コースの特徴　27H　P108　9802Y 球趣の尽きない丘陵林間コース。中コースは自然の地形を生かしたチャンピオンコース。西コースは比較的フラットで、東コースは戦略的なレイアウトだがスコアメイクしやすい
●コースレート　71.0　70.2　70.0
●練習場　240Y18打席
●電車　東武東上線東松山駅
●クラブバス　東松山駅東口から平日 7:18　8:02　9:03　土日祝　7:02　7:25　7:53　8:25　8:53
●タクシー　東松山駅15分約2400円
●プレースタイル　キャディ付またはセルフで乗用カート
●シューズ　ゴルフ靴はすべて可
●ビジター料金表（2021年10、11月）

	平　日	土　曜	日　祝
キャディ付	21,580	25,980	25,980
セ　ル　フ	17,400	21,800	21,800

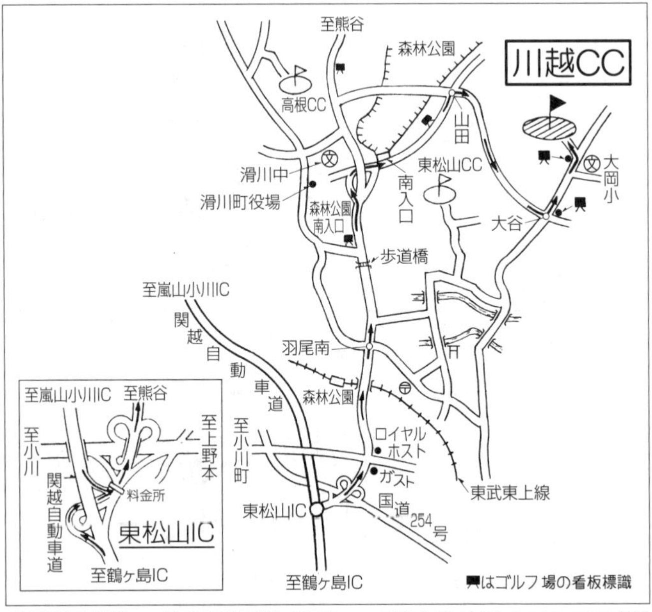

【自動車】練馬 IC（関越自動車道）39.4キロ→東松山 IC 12.3キロ→コース　所要時間55分　東松山 IC で降り、直進して熊谷方面に進む。森林公園南入口で右折して、看板にしたがってコースへ。また川越街道（国道254号線）では川越バイパス・東松山バイパスを経由してコースへ

川越グリーンクロス

〒350-0002　埼玉県川越市古谷本郷865－1　FAX 049(235)6666
https://www.pacificgolf.co.jp/kawagoe

●プレーの申込み　平日はビジター可。土日祝は予約状況によりビジター可
●予約　2か月前の1日から受付け
●コンペ　予約状況により相談
●休日　無休
●クレジット　MC　UC　DC　JCB　ダイナース　AMEX
●開場日　1967年8月4日
●コースの特徴　27H　P107　9336Y
河川敷だが、豊かなアンジュレーションと池や小川があり林間コースの趣がある。グリーンはベント1グリーン
●練習場　150Y15打席
●電車　埼京線南古谷駅、または東武東上線川越駅
●タクシー　指扇1500円、川越3000円
●クラブバス　南古谷駅から7:10　7:55　8:35　9:05
●プレースタイル　セルフプレーで乗用カート
●シューズ　メタルスパイク禁止
●ビジター料金
季節により料金が異なるため、ホームページ参照、またはクラブに要問合せ
●プレー情報　薄暮ハーフプレー（通年）

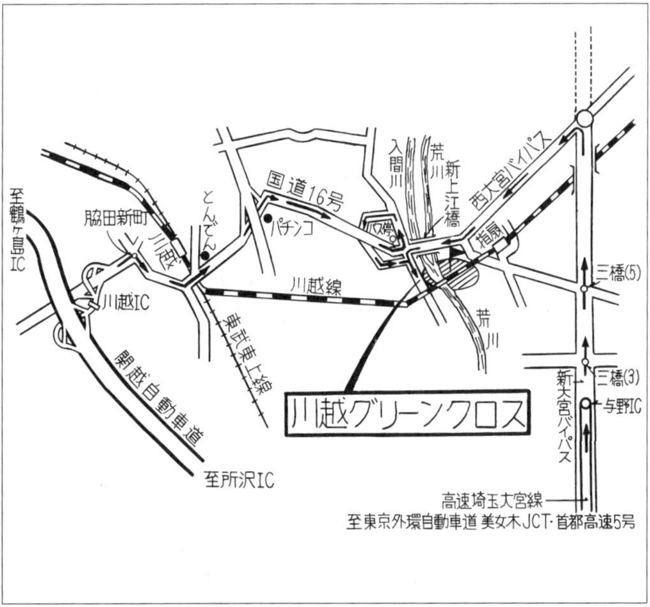

【自動車】練馬IC（関越自動車道）21.3キロ→川越IC（国道16号線）10キロ→コース　川越ICで降り、国道16号線を大宮方面に進む。新上江橋の手前で一度左折して16号の下をくぐってコースへ。または美女木JCTから高速埼玉大宮線・与野ICを利用して、国道16号西大宮バイパスからコースへ

川崎国際生田緑地ゴルフ場

〒214-0032　神奈川県川崎市多摩区枡形7－1－10　FAX 044(933)5612
予約044(934)1555　https://www.tokyu-golf-resort.com/kawasaki/

●**プレーの申込み**　パブリックコース
●**予約**　2か月前の1日午前10時から土日祝の申込、午後1時から平日の申込を予約電話またはインターネットで先着順にて受付ける
●**コンペ**　予約方法は上記に準ずる、組数制限なし
●**休日**　1／1　クラブ指定日
●**クレジット**　利用可
●**開場日**　1954年11月3日
●**コースの特徴**　18H　P72　6225Y
首都圏の代表的な丘陵コース。井上誠一氏設計コースとして知られる
●**練習場**　30Y6打席
●**電車**　小田急線向ケ丘遊園駅
●**クラブバス**　なし
●**プレースタイル**　キャディ付またはセルフプレーでGPSナビ付5人乗り乗用カート
●**シューズ**　ソフトスパイク推奨
●**ビジター料金表**

	平　日	土　曜	日　祝
キャディ付	16,648	23,981	23,981
セ　ル　フ	14,030	21,363	21,363

●**プレー情報**　シニアデー（60歳以上）、レディスデー、市民の日あり、季節料金等は要問合せ

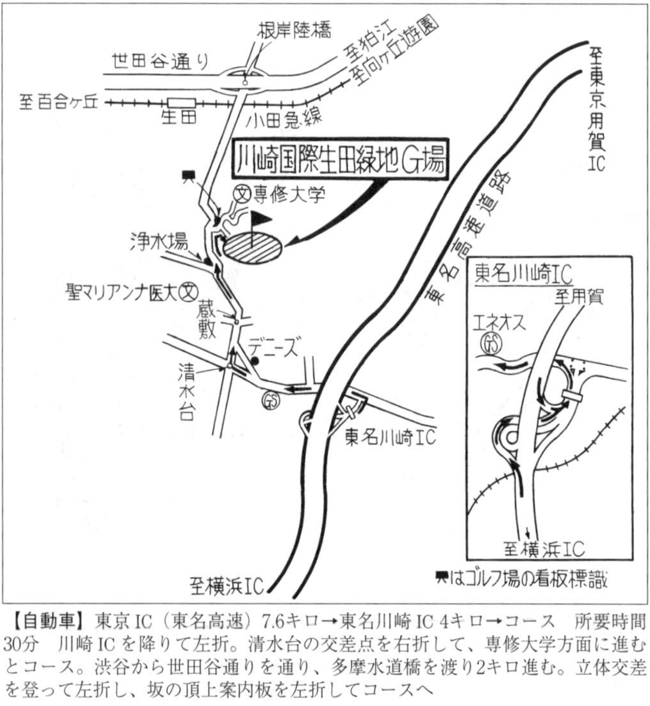

【**自動車**】東京IC（東名高速）7.6キロ→東名川崎IC 4キロ→コース　所要時間30分　川崎ICを降りて左折。清水台の交差点を右折して、専修大学方面に進むとコース。渋谷から世田谷通りを通り、多摩水道橋を渡り2キロ進む。立体交差を登って左折し、坂の頂上案内板を左折してコースへ

川中嶋カントリークラブ

〒388-8016　長野県長野市篠ノ井有旅5292　FAX 026(292)8098
https://www.kawanakajima-cc.com/　本社026(233)5111

●プレーの申込み　ビジター可
●予約　1か月前から受付け
●コンペ　年間を通して受付け
●休日　営業期間中無休
1～3月上旬積雪時は冬期クローズ
●クレジット　JCB　VISA　DC　UFJ　AMEX　ダイナース
●開場日　1980年7月5日
●コースの特徴　18H　P72　6425Y
各ホール変化に富み、コース各所からアルプス、善光寺平など360度の展望が素晴らしい
●練習場　パター、200Y15打席
●電車　しなの鉄道篠ノ井駅
●クラブバス　なし
●タクシー　篠ノ井駅から15分3000円
●プレースタイル　セルフプレーでGPSナビ付5人乗り乗用カート
●シューズ　ソフトスパイク推奨
●ビジター料金表

	平　日	土　曜	日　祝
セ　ル　フ	9,800	13,500	13,500

昼食付
●プレー情報　コンペ料金、薄暮ハーフ、ジュニア料金

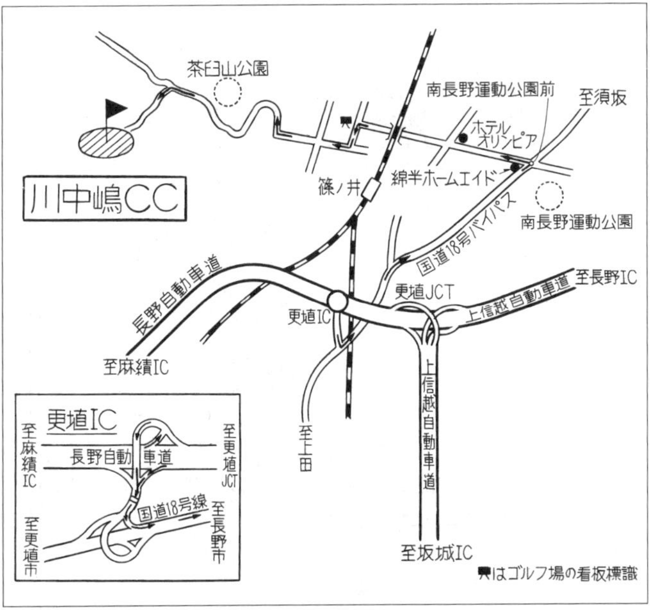

【自動車】練馬IC（関越・上信越自動車道）197.5キロ→更埴JCT（長野自動車道）0.9キロ→更埴IC 10キロ→コース　所要時間2時間30分　更埴ICを降りて国道18号バイパスを上越・中野方面に向かう。南長野運動公園前の信号を左折し、篠ノ井線を渡って突き当たりを左折。コース案内板に従ってコースへ

川奈ホテルゴルフコース

〒414-0044　静岡県伊東市川奈1459　FAX 0557(45)1114
https://www.princehotles.co.jp/kawana

●**プレーの申込み**　大島コースは自由に申込み可。富士コースは川奈ホテル宿泊者のみ
●**予約**　1年前より受付け
●**コンペ**　組数制限なし
●**休日**　無休
●**クレジット**　各種
●**開場日**　1928年6月15日（大島コース）
●**コースの特徴**　36H　P142　12412Y
富士コースはC・H・アリソンの設計。バンカーの深さと高いアゴが有名
●**コースレート**　未査定
●**練習場**　クラブハウス室内8打席
●**電車**　伊東線伊東駅
●**クラブバス**　なし
●**タクシー**　伊東駅から15分約3600円
●**プレースタイル**　富士Cはキャディ付で歩行プレー。大島CはGPSナビ付乗用ゴルフカーでセルフプレー。FW乗入れ可（コース状況により不可）
●**シューズ**　ソフトスパイクのみ
●**料金表**

	平　日	土　曜	日　祝
富士コース	27,000	36,500	35,500
大島コース	13,000	17,000	16,000

上記は2021年度4／1～6／30、9／1～12／28、3／1～3／31の料金

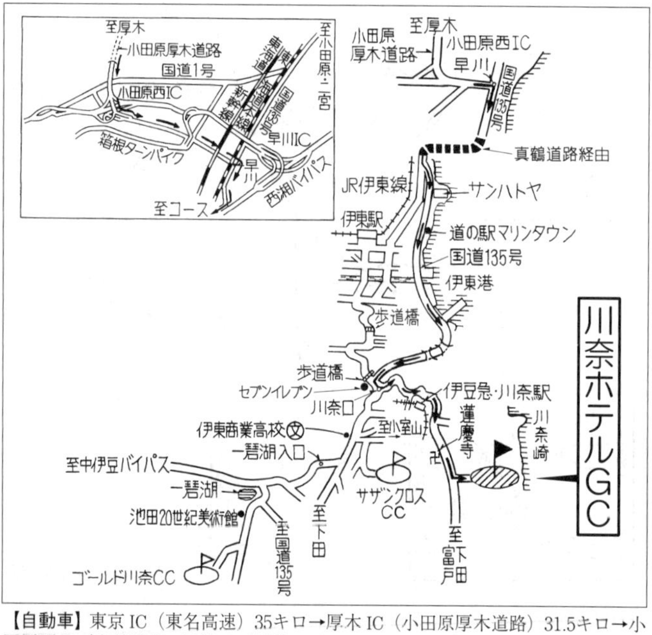

【自動車】東京IC（東名高速）35キロ→厚木IC（小田原厚木道路）31.5キロ→小田原西IC（真鶴道路、国道135号線）50キロ→コース　所要時間2時間　小田原厚木道路の小田原西ICから国道135号線で真鶴、熱海、伊東へ進む。川奈口交差点を左折してコースへ

関越ゴルフ倶楽部中山コース

〒377-0701　群馬県吾妻郡高山村大字尻高4469-4　FAX 0279(63)2600
予約0279(63)2288　http://kan-etsu-gc.com

●プレーの申込み　ビジター可
●予約　随時受付け
●コンペ　組数は相談
●休日　営業期間中は無休
12／31～3月中旬は冬期クローズ
●クレジット　なし
●開場日　1995年5月25日
●コースの特徴　18H　P72　6385Y
豊富な自然林に囲まれた丘陵コース。ホール自体はフラットで、広大なベント・ワングリーンが戦略的。敷地内に源泉があり、プレー後は温泉が楽しめる
●電車　上越新幹線上毛高原駅
●クラブバス　予約制で運行
●タクシー　上毛高原駅から約20分4500円
●プレースタイル　セルフプレーで5人乗り乗用カート。キャディ付は要予約
●シューズ　ソフトスパイク、スパイクレス
●ビジター料金表

	平　日	土　曜	日　祝
セ　ル　フ	4,930	7,930	7,930

上記は2021年11月30日までの HP 特別料金（昼食付）。キャディ付は4B4500円加算

【自動車】練馬 IC（関越自動車道）131.1キロ→月夜野 IC（国道17号線）15キロ→コース　所要時間1時間40分　月夜野 IC を降りて新潟方面に向かい、看板に従って左折して赤根トンネルを通る。国道145号線の信号手前を看板に従って右折してコースへ。渋川伊香保 IC からは23キロ、約35分

関越ハイランドゴルフクラブ

〒370-2127　群馬県高崎市吉井町長根2718　FAX 027(387)4523
https://www.accordiagolf.com

●プレーの申込み　ビジター可
●予約　3か月前の同日から受付け
●コンペ　組数は相談
●休日　無休
●クレジット　VISA　JCB　DC
ダイナース　AMEX　マスター
●開場日　1972年10月12日
●コースの特徴　27H　P108　9841Y
丘陵地に造られているが、ホール内でのアップダウンはそれほどない
●練習場　45Y6打席
●電車　上越新幹線高崎駅
●クラブバス　なし
●タクシー　高崎駅から20分約3200円
上信電鉄吉井駅から5分1100円

●プレースタイル　セルフプレーでGPSナビ付乗用カート
●シューズ　ソフトスパイク推奨
●ビジター料金表

	平　日	土　日	祝　日
セ　ル　フ	6,690	13,990	11,990

2021年11月の料金で昼食付
期間により料金は異なる
●プレー情報　コンペパック

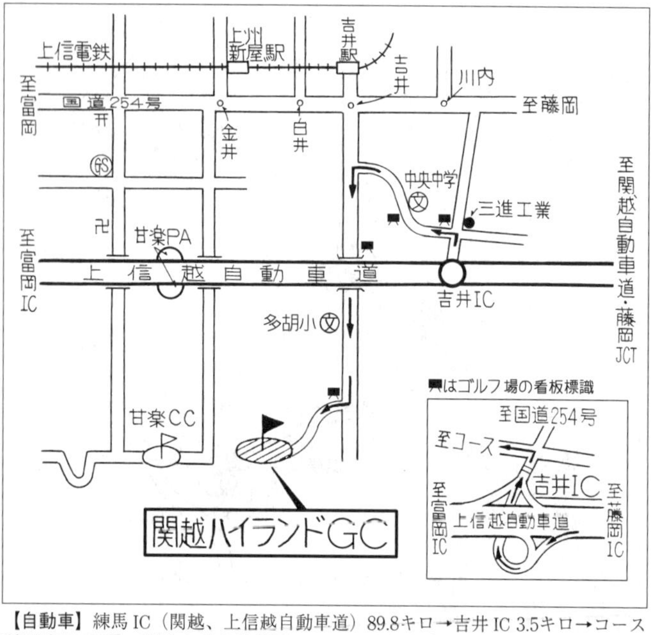

【自動車】練馬IC（関越、上信越自動車道）89.8キロ→吉井IC 3.5キロ→コース　所要時間1時間　関越自動車道藤岡JCTから上信越自動車道を利用して吉井ICへ。料金所を出て左折（看板あり）し、突き当たりを左折する。高速道路の高架をくぐり、コース案内板に従って右折するとコース

関東国際カントリークラブ

〒321-3545　栃木県芳賀郡茂木町下菅又735　FAX 0285(63)3325
https://www.accordiagolf.com

●**プレーの申込み**　ビジター可
●**予約**　4か月前の1日より受付け
●**コンペ**　組数は相談
●**休日**　無休
●**クレジット**　JCB　VISA　AMEX　マスター　ダイナース
●**開場日**　1974年11月3日
●**コースの特徴**　27H　P109　10525Y
丘陵地のアンジュレーションでスコアメイクが難しい。フェアウェイが広い東コース、距離感が難しい西コース、ロングホールが3つある南コース
●**コースレート**　72.8　72.0　73.2
●**練習場**　120Y9打席
●**電車**　東北新幹線宇都宮駅
●**タクシー**　宇都宮駅から50分8500円
●**クラブバス**　なし
●**プレースタイル**　セルフプレーで乗用カート。FW乗入れ可（コース状況により不可）
●**シューズ**　ソフトスパイクのみ
●**ビジター料金表**

	平　日	土　曜	日　祝
セ　ル　フ	4,890	10,490	10,490

2021年11月の昼食付料金
期間により料金は異なる

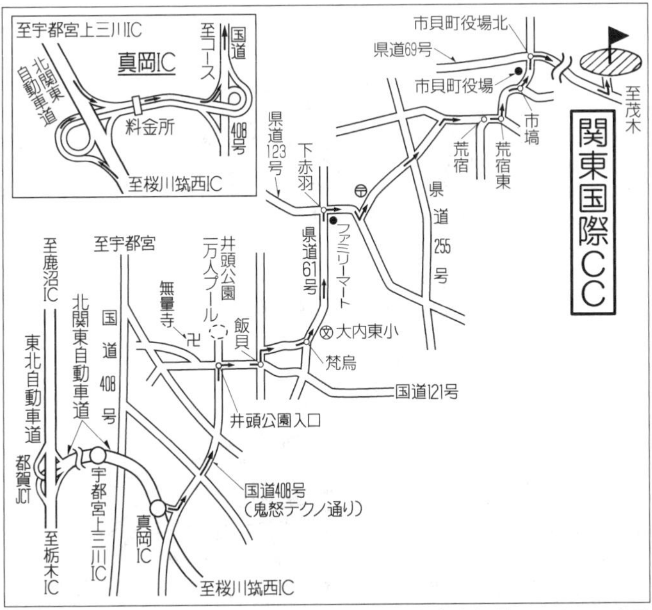

【**自動車**】浦和料金所（東北道都賀JCT経由北関東自動車道）92.9キロ→真岡IC25キロ→コース　所要時間1時間30分　真岡ICを宇都宮方面に進み井頭公園入口を右折する。飯貝信号を左折し、すぐ右折。県道61号の下赤羽を右折して700m先を左折し、県道165号の荒宿東を左折して県道69号でコースへ

カントリークラブグリーンバレイ

〒407-0172　山梨県韮崎市穂坂町上今井1849　FAX 0551(22)8934
予約0551(22)0139　http://www.cc-greenvalley.com

●プレーの申込み　予約状況によりビジター可
●予約　2か月前の1日から受付け
●コンペ　予約状況により相談
●休日　クラブ指定日
●開場日　1973年10月18日
●コースの特徴　36H　P143　13270Y
富士山、南アルプス連峰、八ケ岳を望む。白樺は距離も長く、戦略性の高いチャンピオンコース。すずらんはカジュアルなセルフ専用コース
●電車　中央本線韮崎駅
●クラブバス　なし
●タクシー　韮崎駅から15分2800円
●プレースタイル　乗用カート使用で、白樺Cはキャディ付またはセルフ、すずらんCはセルフプレー
●シューズ　ソフトスパイク
●ビジター料金表

セルフ	平日	土曜	日祝
白樺	9,000	13,900	13,900
すずらん	7,100	11,800	11,800

上記は21年12/15までの料金で昼食付
白樺Cキャディ付は3,300円増。平日すずらんCの2B・3Bと白樺Cの3Bは差額なし
●プレー情報　午後プレー（すずらんC）、ジュニア料金

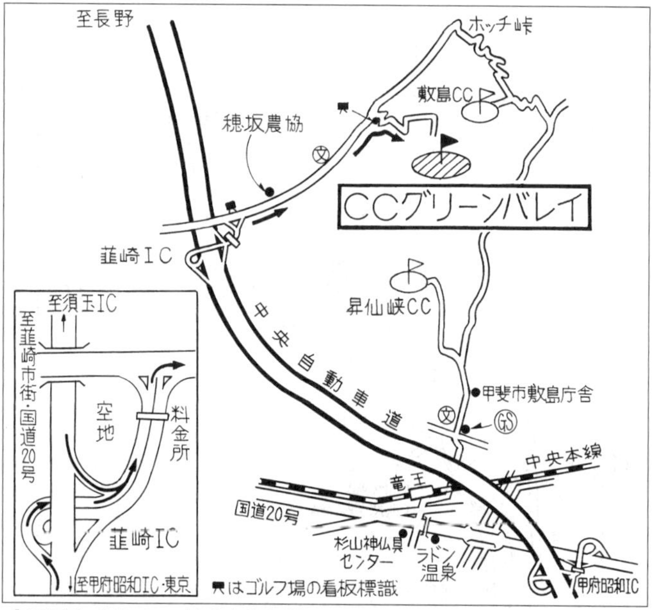

【自動車】高井戸IC（中央自動車道）124.4キロ→韮崎IC 7キロ→コース　所要時間1時間30分　韮崎ICで降り、料金所を出たら右折する。穂坂農協を左に見ながら1本道を進むと約7キロでコース

カントリークラブ ザ・レイクス

〒309-1622　茨城県笠間市南吉原890　FAX 0296(72)1836
https://www.pacificgolf.co.jp/cclakes/

●プレーの申込み　予約状況によりビジター可
●予約　3か月前の1日から受付け
●コンペ　組数は相談
●休日　無休
●クレジット　各種
●開場日　1985年4月1日
●コースの特徴　27H　P108　10482Y
フラットなコースの中にアウト5か所イン4か所、ニュー6か所に池を配した戦略性に富んだコース
●コースレート　OUT・IN　73.1
IN・NEW　72.6　NEW・OUT　73.0
●練習場　250Y18打席
●電車　常磐線友部駅
●クラブバス　なし
●タクシー　友部駅から15分約3000円
●プレースタイル　キャディ付またはセルフで乗用カート
●シューズ　ソフトスパイク
●ビジター料金
季節により料金が異なるため、ホームページ参照、またはクラブに要問合せ

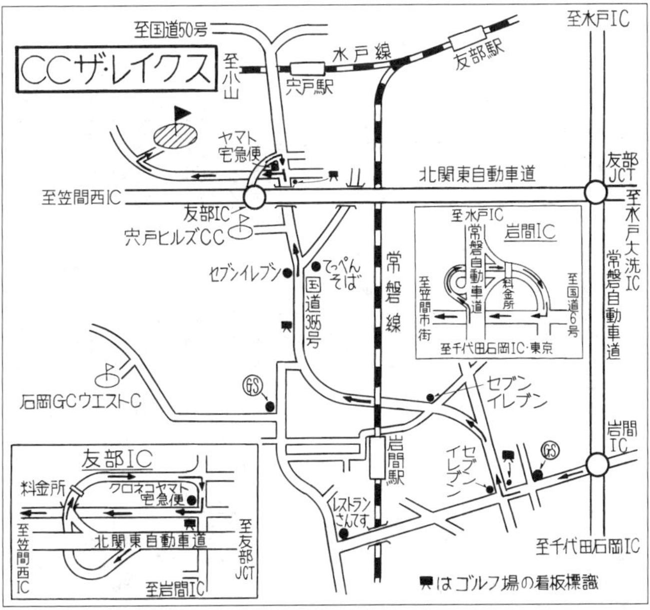

【自動車】三郷IC（常磐道・北関東自動車道）81.3キロ→友部IC 4キロ→コース　所要時間1時間　常磐自動車道・友部JCT経由で北関東自動車道・友部ICへ。料金所を出て右折し、ヤマト宅急便がある十字路を右折してコースへ。岩間ICからは14キロ、約20分

函南ゴルフ倶楽部

〒419-0101　静岡県田方郡函南町桑原高雄山1315　FAX 055(978)6501
http://www.kannami-g-c.co.jp

●**プレーの申込み**　ビジター可
●**予約**　3か月前の同日から受付け
●**コンペ**　組数は相談
●**休日**　クラブ指定日
●**クレジット**　VISA　JCB　AMEX　マスター
●**開場日**　1971年4月1日
●**コースの特徴**　36H　P144　12473Y
富士はフラットでフェアウェイも広い、箱根はややトリッキーなコース
●**電車**　東海道新幹線三島駅、熱海駅、または東海道本線函南駅
●**クラブバス**　函南駅から7:25　7:55　8:35　9:17
●**タクシー**　函南駅から15分2,300円
●**プレースタイル**　キャディ付またはセルフで5人乗り乗用カート
●**シューズ**　ゴルフ靴はすべて可
●**ビジター料金表**

	平　日	土　曜	日　祝
富士コース	11,350	14,050	14,050
箱根コース	8,100	12,250	12,250

上記は2021年10月～12月のセルフ料金
富士Cは平日のみ昼食付、箱根Cは全日昼食付。キャディ付は4B3,400円、3B4,200円、2B5,400円加算。土日祝ツーサムは1,600円、3サムは600円加算
●**セルフデー**　実施日、詳細はホームページ参照

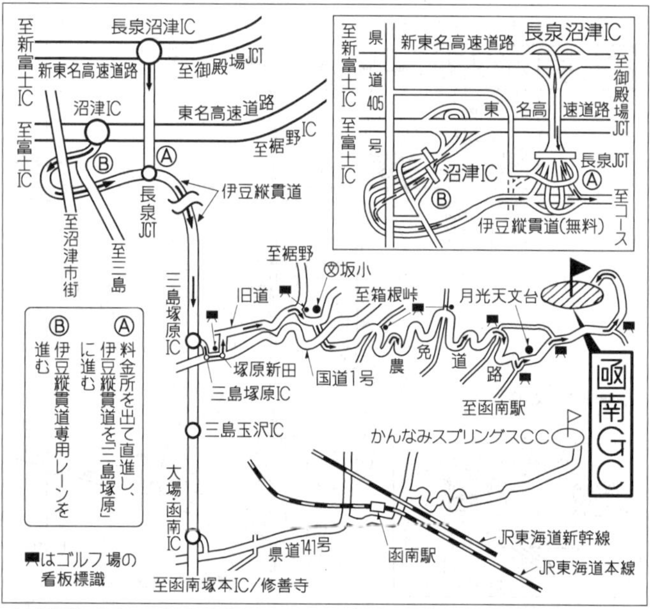

【自動車】東京IC（東名高速）103.3キロ→沼津IC（伊豆縦貫道）9.5キロ→三島塚原IC 9キロ→コース　所要時間1時間30分　沼津ICからそのまま伊豆縦貫道に進み三島塚原ICを降りて左折。すぐの塚原新田信号を左折し、坂小前を右折して農免道路へ。あとはコース案内板に従ってコースへ

かんなみスプリングスカントリークラブ

〒419-0101　静岡県田方郡函南町桑原1300-146　FAX 055(974)1016
予約専用　055(974)1011　https://www.kannamisprings-cc.jp

●プレーの申込み　予約状況によりビジター可
●予約　3か月前の同日午前10時から。予約電話は平日のみ受付る
●コンペ　組数制限なし
●休日　クラブ指定日
●クレジット　各種
●開場日　1989年11月1日
●コースの特徴　18H　P72　6632Y
挑戦し甲斐のあるアンジュレーションに富んだコースは、ホテルを併設。コースから望む霊峰富士、箱根、駿河湾の眺望はまさに絶景
●練習場　125Y10打席
●電車　JR 東海道線函南駅
●クラブバス　函南駅から予約制
●タクシー　函南駅から約10分
●プレースタイル　セルフプレーで5人乗り乗用カート。キャディ付は要予約
●シューズ　メタルスパイクは禁止
●ビジター料金表

	平　日	土　曜	日　祝
セ　ル　フ	8,600	13,800	13,800

2021年10月の料金。キャディ付は3300円加算。期間により料金は異なる
ホテル函南（全77室）宿泊パックあり

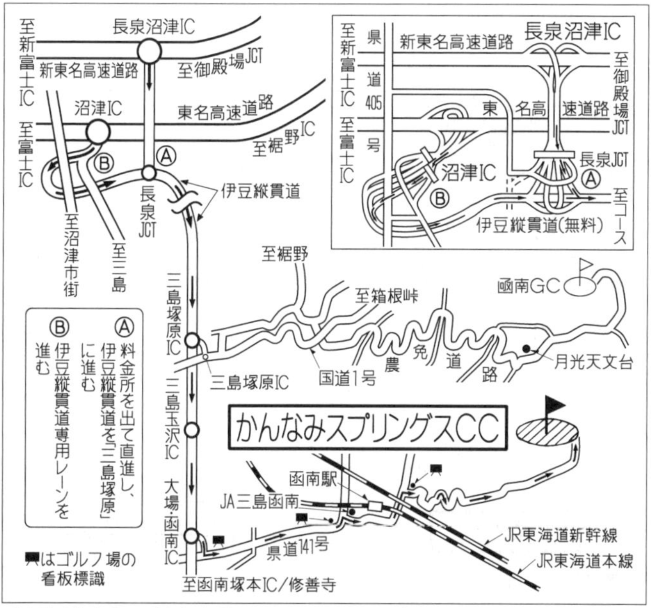

【自動車】東京 IC（東名高速）103.3キロ→沼津 IC（伊豆縦貫道）13.1キロ→大場・函南 IC8キロ→コース　所要時間1時間40分　沼津 IC から伊豆縦貫道を利用して大場・函南 IC を降りて左折。県道141号線を函南駅に向かい、JR 東海道線、東海道新幹線のガードをくぐって右折してコースへ

☎0274(74)5151

甘楽カントリークラブ

〒370-2217　群馬県甘楽郡甘楽町天引1955　FAX 0274(74)3987
https://www.accordiagolf.com

●プレーの申込み　ビジター可
●予約　3か月前から受付け
●コンペ　組数は相談
●休日　無休
●クレジット　各種
●開場日　1975年10月10日
●コースの特徴　18H　P72　6931Y
各ホールともフラットでフェアウェイも広い林間コースだが、ゆったりとしたレイアウトゆえに、第1打の落としどころ次第でスコアが左右される
●コースレート　72.0
●練習場　190Y11打席
●電車　上越新幹線高崎駅
●クラブバス　なし
●タクシー　高崎駅から30分約5000円
●プレースタイル　セルフプレーでGPSナビ付5人乗り乗用カート。キャディ付は要予約
●シューズ　ソフトスパイク
●ビジター料金表

	平　日	土　曜	日　祝
セ　ル　フ	7,790	15,490	14,490

2021年11月の昼食付料金。期間により料金は異なる。キャディ付は3600円加算(税別)

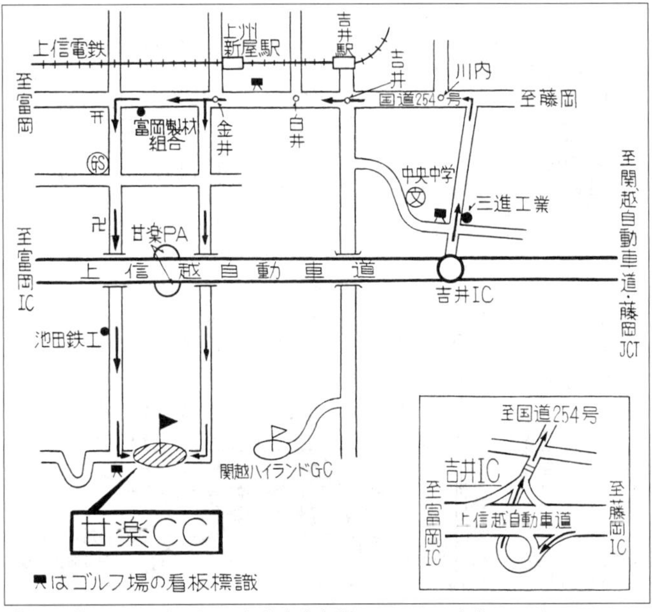

【自動車】練馬IC（関越、上信越自動車道）89.8キロ→吉井IC 9.3キロ→コース　所要時間1時間10分　関越自動車道藤岡JCTから上信越自動車道を利用して吉井ICへ。料金所を出て直進し、突き当たりを左折して国道254号線を富岡方面へ向かう。約4キロ先の交差点を案内板に従って左折してコースへ

菊川カントリークラブ

〒439-0001　静岡県菊川市富田230　FAX 0537(35)3784
http://www.kikugawa.cc

●プレーの申込み　予約状況によりビジター可
●予約　3か月前の1日から受付け
●コンペ　組数制限なし
●休日　年間6日
●クレジット　DC　UC　VISA 他
●開場日　1976年4月17日
●コースの特徴　18H　P72　6730Y
アウト・インともフラットでフェアウェイも十分広い。ブラインドがなく雄大なレイアウトが楽しめる
●コースレート　71.8
●電車　東海道本線菊川駅
●クラブバス　なし
●タクシー　掛川駅から25分2500円
菊川駅から6分1300円
●プレースタイル　キャディ付またはセルフで GPS ナビ付5人乗り乗用カート
●シューズ　ソフトスパイク推奨
●ビジター料金表

	平　日	土　曜	日　祝
キャディ付	13,280	19,330	19,330
セ　ル　フ	11,630	17,130	17,130

期間により料金は異なる
●セルフデー　毎週月曜日9,760円～昼食付

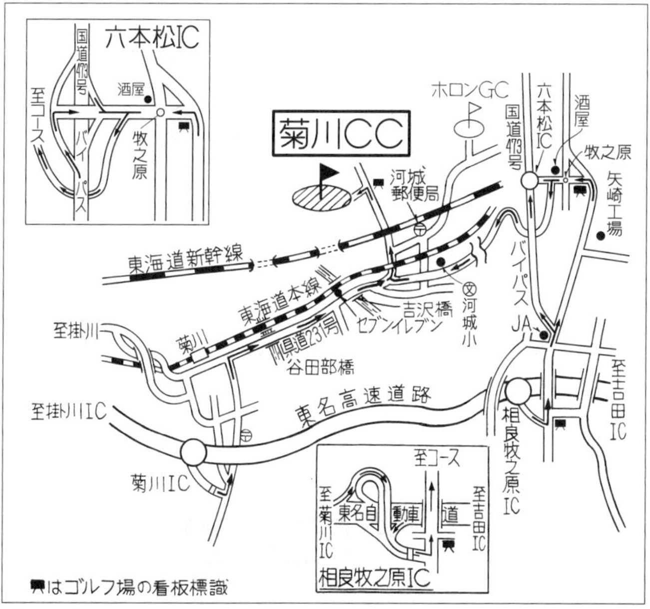

【自動車】東京 IC（東名高速）196.6キロ→相良牧之原 IC 7.5キロ→コース　所要時間2時間20分　相良牧之原 IC を降りて左折し、国道473号バイパスを利用して六本松 IC を降りて右折し菊川市街へ。突き当たりの T 字路を右折する。東海道本線、東海道新幹線のガードをくぐってコースへ。菊川 IC からは6キロ、10分

木更津ゴルフクラブ

〒299-0223　千葉県袖ケ浦市下宮田216　FAX 0438(75)5936
予約専用　0438(75)5988　http://www.kisarazugolfclub.jp

●**プレーの申込み**　会員の紹介が必要
●**予約**　平日は3か月前の同日、土日祝は2か月前の同日から受付け
●**コンペ**　土日祝は問合せ、平日は組数制限なし
●**休日**　クラブ指定日の毎週月曜日　12／31　1／1
●**クレジット**　JCB　DC　AMEX　UC　UFJニコス　VISA　ダイナース
●**開場日**　1978年9月23日
●**コースの特徴**　18H　P72　6790Y
自然林を多く残した丘陵コース。フェアウェイのアップダウンは少なく、距離の長いホールが多い。ティーイングエリア選択制（6か所）

●**コースレート**　72.4
●**練習場**　100Y9打席
●**電車**　内房線木更津駅
●**クラブバス**　木更津駅から予約制で7:10　8:00　8:50
●**タクシー**　木更津駅から20分2500円
●**プレースタイル**　キャディ付で乗用カート
●**シューズ**　ソフトスパイク推奨
●**ビジター料金表**

	平　日	土　曜	日　祝
キャディ付	17,500	30,000	30,000

上記は2021年10月～12月の料金
季節料金あり

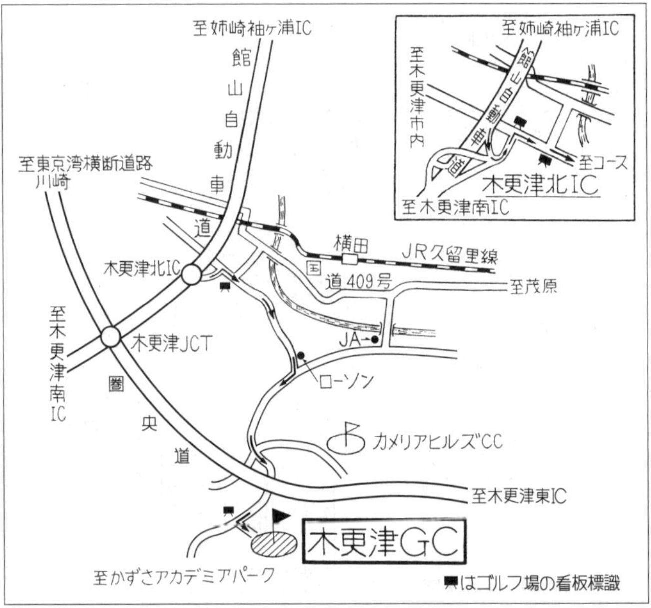

【自動車】①東京湾アクアライン（川崎浮島JCT）25キロ→木更津北IC 5キロ→コース　所要時間30分　②箱崎IC（首都高速・京葉道路・館山自動車道）75.4キロ→木更津北IC 5キロ→コース　所要時間1時間10分　両ルートとも木更津北ICで降り、かずさアカデミアパーク方面に右折して道なりでコースへ

木更津東カントリークラブ

〒292-0524　千葉県君津市川俣346－2　FAX 0439(39)2800
https://kisarazuhigashicc.jp

●プレーの申込み　ビジター可
●予約　随時受付け
●コンペ　組数は相談
●休日　1/1　クラブ指定日
●クレジット　JCB　UC　VISA 他
●開場日　1996年11月9日
●コースの特徴　18H　P72　6727Y
風光明媚な房総台地に造られたフラットで疲れない丘陵コース。18H 中、15 Hはピンを望める戦略性のあるコース
●コースレート　71.7
●練習場　30Y7打席
●電車　JR 内房線木更津駅
●クラブバス　東京湾フェリー金谷港から予約制
●タクシー　木更津駅から45分9500円
●プレースタイル　セルフで GPS ナビ付5人乗りリモコン乗用カート
●シューズ　メタルスパイク禁止
●ビジター料金表

	平　日	土　曜	日　祝
セ　ル　フ	10,700	20,200	20,200

上記は2021年4～6月、10月～12月の昼食付料金。期間により料金は異なる
●プレー情報　コンペ割引

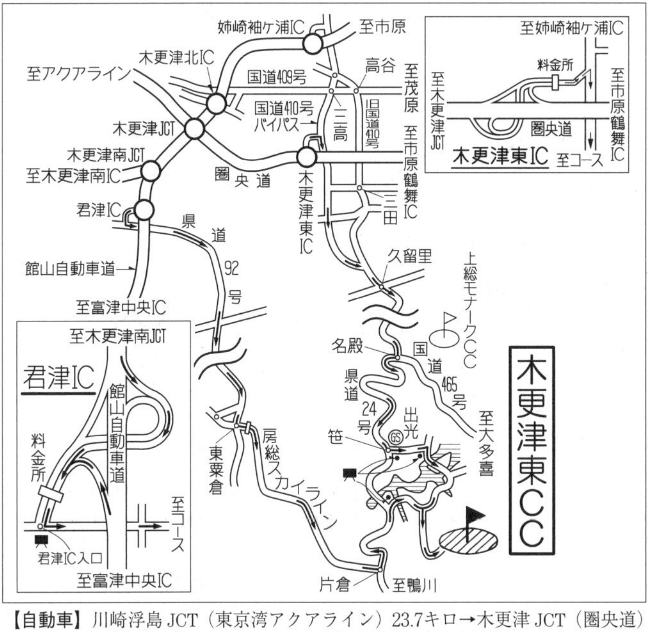

【自動車】川崎浮島 JCT（東京湾アクアライン）23.7キロ→木更津 JCT（圏央道）7.1キロ→木更津東 IC 20キロ→コース　所要時間50分　木更津東 IC を降りて右折し鴨川方面に向かう。久留里を過ぎ、亀山湖を目指してコースへ。木更津東 IC から約25分。君津 IC からは房総スカイライン（無料）を経由して約25分

北の杜カントリー倶楽部

〒408-0037　山梨県北杜市長坂町中島4402　FAX 0551(32)1177
http://www.kitanomori-cc.jp

●プレーの申込み　ビジター可
●予約　3か月前の同日から受付け
●コンペ　予約状況により相談
●休日　無休
●クレジット　JCB　VISA　UC　DC
●開場日　1987年5月5日
●コースの特徴　18H　P72　7152Y
北に八ヶ岳、西に南アルプス連峰、南に富士山、東に秩父連山と日本全国でも指折りの景観が楽しめる丘陵コース。池越え、ドッグレッグ、距離のあるタフなホールなど表情も豊か
●コースレート　73.0
●練習場　300Y16打席
●電車　中央本線小淵沢駅
●クラブバス　なし
●タクシー　小淵沢駅から15分2000円
●プレースタイル　キャディ付またはセルフで乗用カート
●シューズ　ソフトスパイク
●ビジター料金表

	平　日	土　曜	日　祝
キャディ付	15,640	20,740	20,740
セ　ル　フ	11,790	16,890	16,890

2021年4月～12／1の料金で昼食付
季節料金あり
●プレー情報　温泉宿泊パック

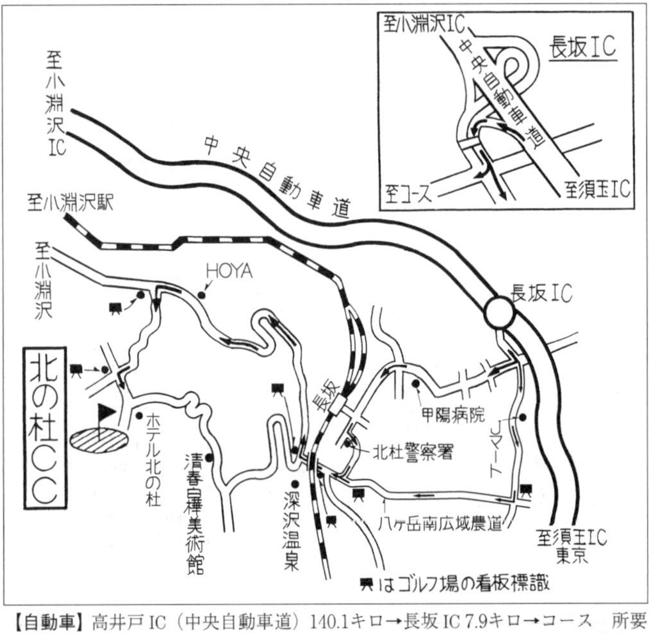

【自動車】高井戸IC（中央自動車道）140.1キロ→長坂IC 7.9キロ→コース　所要時間2時間　中央自動車道を長坂ICで降り、料金所を出て右折する。北杜警察署の信号を左折し、中央本線のガードをくぐって小淵沢方面へ。HOYA前を通過して、コース案内板に従って左折してコース。または八ヶ岳南広域農道を経由

北武蔵カントリークラブ

〒367-0223　埼玉県本庄市児玉町塩谷1000　FAX 0495(72)5555
http://www.kitamusashi-cc.jp

●プレーの申込み　ビジター可
●予約　随時受付け
●コンペ　組数制限なし
●休日　クラブ指定日
●クレジット　UC　セゾン　JCB　NICOS　VISA　AMEX
●開場日　1979年7月1日
●コースの特徴　18H　P72　6608Y
関東平野を一望する景勝地で、自然林を50％残した丘陵を巧みにレイアウトした戦略性豊かなコース
●コースレート　70.6
●練習場　100Y15打席
●電車　上越・北陸新幹線本庄早稲田駅、または高崎線本庄駅
●クラブバス　なし
●タクシー　本庄早稲田駅約2500円
●プレースタイル　セルフプレーで乗用カート。キャディ付は組数限定
●シューズ　メタルスパイク禁止
●ビジター料金表

	平　日	土　曜	日　祝
セ　ル　フ	8,500	17,000	16,000

上記は2021年11月の昼食付料金。期間およびスタート時間により料金は異なる
キャディ付は1組16500円加算（税別）
●プレー情報　コンペパック、スループレー

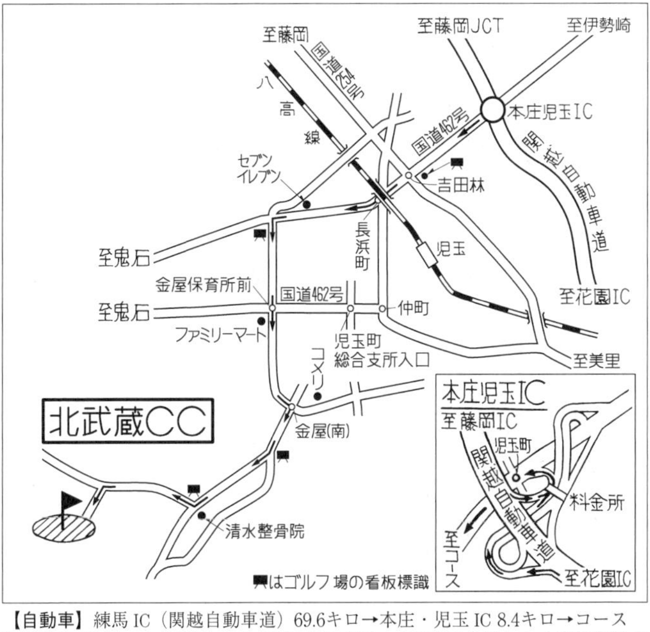

【自動車】練馬IC（関越自動車道）69.6キロ→本庄・児玉IC 8.4キロ→コース　所要時間1時間　本庄児玉ICを児玉方面に降り、国道245号線との吉田林交差点を直進。ガード下の長浜町交差点も直進し、セブンイレブンがある交差点を左折する。国道462号線を横断し、金屋（南）を右折してコースへ

喜連川カントリー倶楽部

〒329-1403　栃木県さくら市穂積533－1　FAX 028(685)3960
https://www.accordiagolf.com

●**プレーの申込み**　予約状況によりビジター可
●**予約**　3か月前の同日9時から受付け
●**コンペ**　組数は相談
●**休日**　無休
●**クレジット**　JCB　VISA　マスター
●**開場日**　1987年10月10日
●**コースの特徴**　27H　P108　10316Y　ティグラウンドは長く、要所に大きな池を配し、ベントのワングリーンで戦略性が高いコース
●**コースレート**　南東72.6　東西72.2　西南72.8
●**練習場**　140Y15打席
●**電車**　東北本線氏家駅
●**クラブバス**　氏家駅から予約で8:55
●**タクシー**　氏家駅から20分約5000円
●**プレースタイル**　セルフプレーで5人乗り用カート
●**シューズ**　メタルスパイク禁止
●**ビジター料金表**

	平　日	土　曜	日　祝
セ　ル　フ	6,800	12,800	12,800

昼食付。平日ツーサムプレー可
「美肌温泉ホテルきつれ川」併設

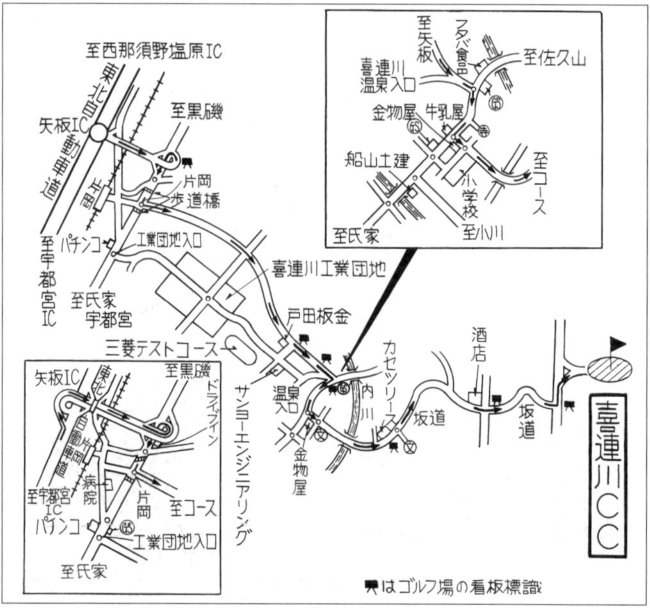

【自動車】浦和料金所（東北自動車道）115.4キロ→矢板IC 17.5キロ→コース　所要時間1時間50分　矢板ICを降りて国道4号線を宇都宮方面に2キロ戻り、片岡交差点を左折する。道なりに進み、コース案内板に従って野沢金物屋の信号を左折してコースへ

鬼怒川カントリークラブ

〒321-2523　栃木県日光市高徳62　FAX 0288(21)8116
http://www.kinugawacc.jp

●プレーの申込み　ビジター可
●予約　6か月前の同日より受付け
●コンペ　組数制限なし
●休日　無休
●クレジット　各種
●開場日　1959年8月7日
●コースの特徴　18H　P72　6561Y
自然を生かしたフラットな林間コース
2015年に新クラブハウスをオープン。お風呂は鬼怒コース7番ホールの源泉から湧出した天然温泉
●コースレート　鬼怒・大谷71.4
●練習場　210Y13打席
●電車　東武鬼怒川線新高徳駅
●クラブバス　新高徳駅から電車の到着時刻に合わせて運行（約1分）
●タクシー　下今市駅から15分2000円
●プレースタイル　キャディ付またはセルフでGPSナビ付乗用カート
●シューズ　メタルスパイク禁止
●ビジター料金表

	平　日	土　曜	日　曜
キャディ付	11,200	18,350	18,350
セ　ル　フ	7,900	15,050	15,050

昼食付。消費税・利用税別途。季節により料金は異なる。ツーサム可

き

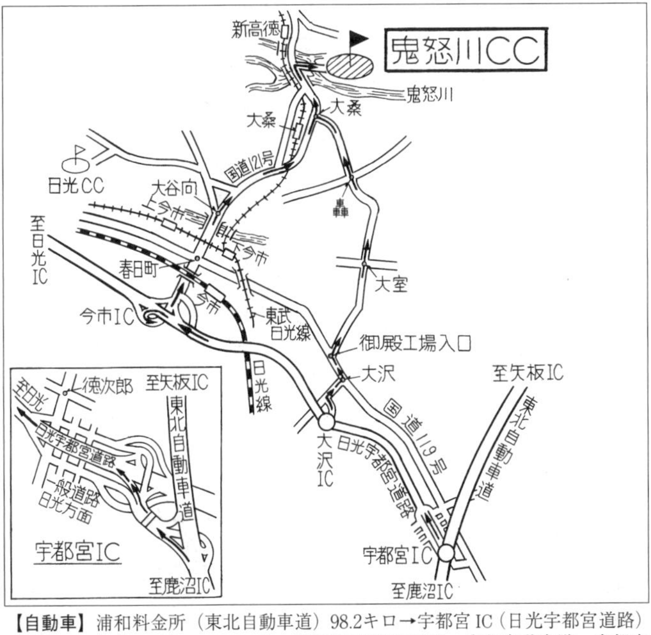

【自動車】浦和料金所（東北自動車道）98.2キロ→宇都宮IC（日光宇都宮道路）16.7キロ→今市IC 8キロ→コース　所要時間1時間30分　東北自動車道・宇都宮ICから日光宇都宮道路に進み今市ICで降りる。国道121号線を約8キロ走るとコースに着く

きぬがわ高原カントリークラブ

〒321-2615　栃木県日光市五十里字東山722　FAX 0288(78)1014
http://www.kinugawakogen-cc.jp/

●**プレーの申込み**　ビジター可
●**予約**　随時受付け
●**コンペ**　組数制限なし
●**休日**　営業期間中は無休
12月～4月中旬は冬期クローズ
●**クレジット**　JCB マスター VISA 他
●**開場日**　1992年7月11日
●**コースの特徴**　18H　P72　6689Y
日光国立公園内の高原リゾートコース。広いフェアウェイと大きなグリーンはビギナーから上級者に幅広い人気がある。春の新緑、夏の涼風、秋の紅葉と旬の味覚も楽しめる。
●**練習場**　アプローチ
●**電車**　東武鬼怒川線鬼怒川温泉駅
●**クラブバス**　鬼怒川温泉駅から予約
●**タクシー**　鬼怒川温泉駅から30分
●**プレースタイル**　セルフプレーで5人乗り乗用カート。FW 乗入れ可(コース状況により不可)
●**シューズ**　ソフトスパイク推奨
●**ビジター料金**

	平　日	土　曜	日　祝
セ　ル　フ	4,500～	7,000～	7,000～

昼食付。期間により料金は異なる
●**プレー情報**　コテージ宿泊パック
ジュニア料金

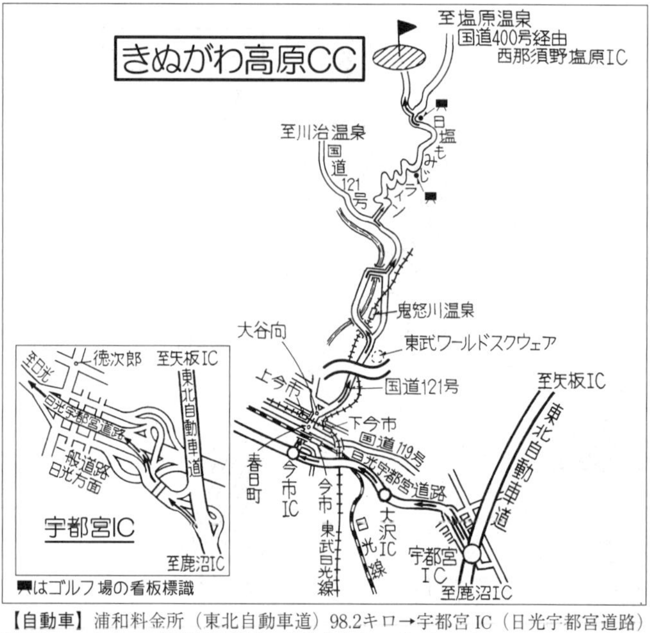

【自動車】浦和料金所（東北自動車道）98.2キロ→宇都宮 IC（日光宇都宮道路）16.7キロ→今市 IC（国道121号線、日塩もみじライン）42キロ→コース　所要時間2時間20分　尚、土日祝日は国道121号線が混雑するので、東北自動車道・西那須野塩原 IC から塩原温泉経由が便利

希望丘カントリークラブ

〒321-3628　栃木県芳賀郡茂木町深沢2120　FAX 0285(65)0118
予約0285(65)0776　http://www.kibougaokacc.jp/

●プレーの申込み　ビジター可
●予約　随時受付け
●コンペ　組数制限なし
●休日　1/1
●クレジット　JCB　UC　AMEX　DC　VISA　セゾン
●開場日　1992年4月23日
●コースの特徴　18H　P72　7043Y
栃木県と茨城県の県境に位置。距離がたっぷりあり、挑戦意欲をかきたてられるコース
●コースレート　73.0
●練習場　アプローチ、アイアン専用200Y
●電車　常磐線友部駅
●クラブバス　友部駅から予約制（会員のみ対応）
●タクシー　友部駅から30分約6500円
●プレースタイル　キャディ付またはセルフで5人乗り乗用カート
●シューズ　ソフトスパイク
●ビジター料金表

	平　日	土　曜	日　祝
キャディ付	9,150	14,300	14,300
セ　ル　フ	5,850	11,000	11,000

2021年10月の昼食付料金
期間により料金は異なる
●プレー情報　ジュニア料金、午後プレー

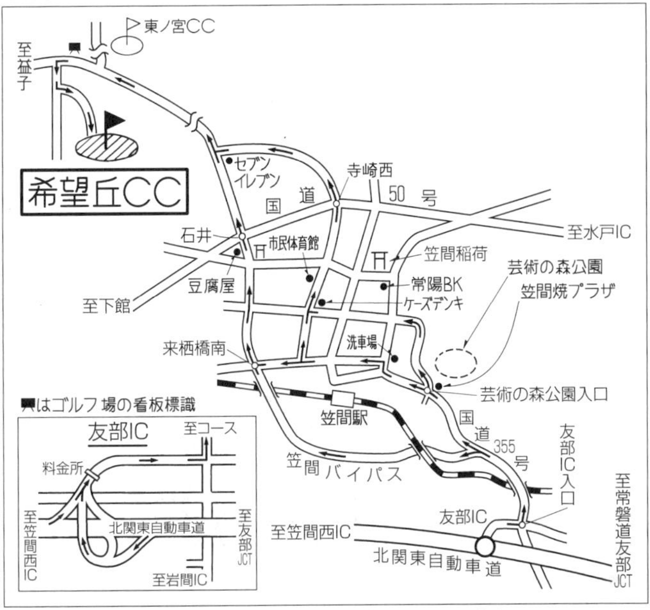

【自動車】三郷IC（常磐道・北関東自動車道）81.3キロ→友部IC 22キロ→コース　所要時間1時間20分　常磐道・友部JCT経由で北関東自動車道・友部ICへ。料金所を出て左折。道なりに進み、バイパスを経由して国道50号線を横断。益子方面に向かってコースへ

君津香木原カントリークラブ

〒292-0527　千葉県君津市香木原288　FAX 0439(39)3283
予約専用　0439(39)2261　http://www.k-kagihara.jp/

●プレーの申込み　ビジター可
●予約　3か月前の同日9時から受付け
●コンペ　組数は相談
●休日　無休
●クレジット　各種
●開場日　1987年4月18日
●コースの特徴　18H　P72　6789Y
自然な地形と巨大な池を配し、ビギナーも上級者も楽しめる戦略性に富んだフラットなコース
●コースレート　71.2
●電車　外房線鴨川駅、または内房線君津駅
●クラブバス　金谷港から予約制
●タクシー　鴨川駅から15分3000円
●プレースタイル　セルフプレーで5人乗り乗用カート。キャディ付は要予約
●シューズ　ソフトスパイク推奨
●ビジター料金表

	平　日	土　曜	日　祝
セ　ル　フ	6,430	13,200	13,200

上記は2021年10～12月のネット予約料金。コロナ禍のため当分の間、オールセルフでスループレーにて営業。料金は順次変更

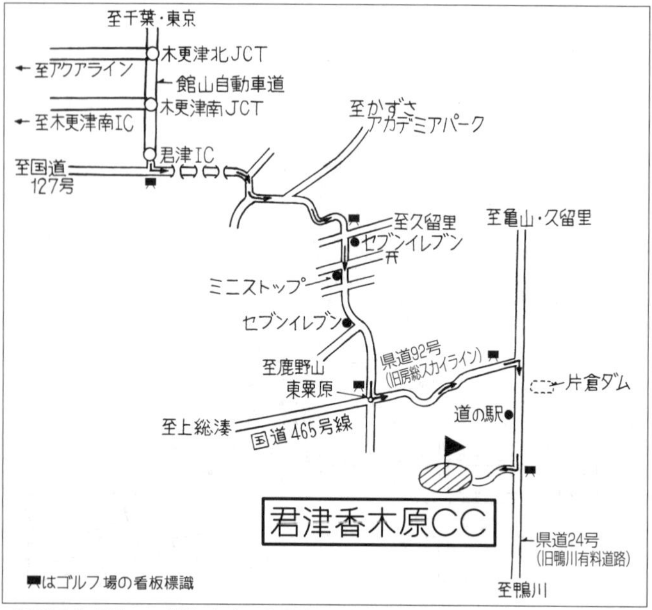

【自動車】箱崎IC（首都高速・京葉道路・館山自動車道）86キロ→君津IC 26キロ→コース　所要時間1時間30分　君津ICを降りて左折し、県道92号線に進む。突き当たりの県道24号線を右折し鴨川方面に向かってコースへ

季美の森ゴルフ倶楽部

〒299-3241　千葉県大網白里市季美の森南2－49　FAX0475(73)3221
https://www.tokyu-golf-resort.com/kimi/

●**プレーの申込み**　ビジター可
●**予約**　4か月前の1日から受付け
●**コンペ**　組数制限なし
●**休日**　1/1　クラブ指定日
●**クレジット**　TOP　JCB　UC　VISA　DC　MC　AMEX　ダイナース他
●**開場日**　1993年11月9日
●**コースの特徴**　18H　P72　7055Y　フラットな丘陵コースだが、池、バンカーが巧みに配され戦略性が高い
●**コースレート**　73.3
●**練習場**　100Y15打席
●**電車**　外房線大網駅
●**クラブバス**　なし、路線バスあり
●**タクシー**　大網駅から10分約1800円
●**プレースタイル**　セルフプレーでGPSナビ付乗用カート
●**シューズ**　ソフトスパイクのみ可
●**ビジター料金表**

	平　日	土　曜	日　祝
セ　ル　フ	14,490	24,990	24,990

2021年11月の昼食付料金
季節によって料金は異なる
●**プレー情報**　シニア割引、早朝・薄暮プレー

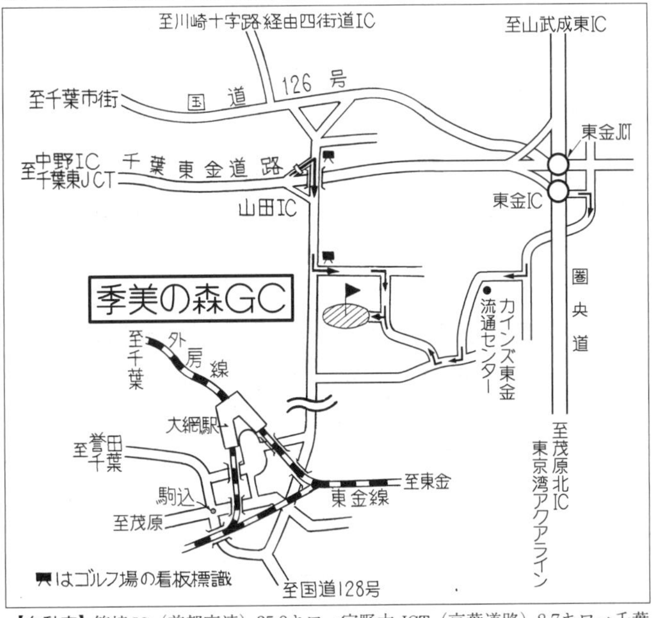

【自動車】箱崎IC（首都高速）35.8キロ→宮野木JCT（京葉道路）8.7キロ→千葉東JCT（千葉東金道路）13.9キロ→山田IC 1.5キロ→コース　所要時間50分　京葉道路・千葉東JCTから千葉東金道路に進み、山田ICで降りる。山田ICを出て右折してコースへ。圏央道・東金ICからは4.1キロ、約5分

キャスコ花葉CLUB 本コース・花葉コース

〒289-0107　千葉県成田市猿山1261－1　FAX 0476(96)1060
予約センター　050(3803)8904　http://kasco-hanaha.jp/honcourse/

●プレーの申込み　会員の同伴または紹介が必要
●予約　2か月の前同日から受付け
●コンペ　平日のみ3か月前の同日から受付け
●休日　月1回程度
●クレジット　各種
●開場日　2014年11月7日
●コースの特徴　45H　P180　16079Y
丘陵コース特有の自然の地形を生かしたアップダウンがあり、池越えやドッグレッグなど各コースとも変化に富んだレイアウトが楽しめる
●電車　JR成田線滑河駅
●タクシー　成田4500円　滑河1000円
●クラブバス　滑河駅より7:00　7:45　9:00
●プレースタイル　キャディ付またはセルフで乗用カート
●シューズ　ソフトスパイク
●ビジター料金表

	平　日	土　曜	日　祝
キャディ付	19,500	26,500	26,500
セ　ル　フ	16,500	23,500	23,500

上記は2021年10月～12月の料金
季節料金等は要問合せ

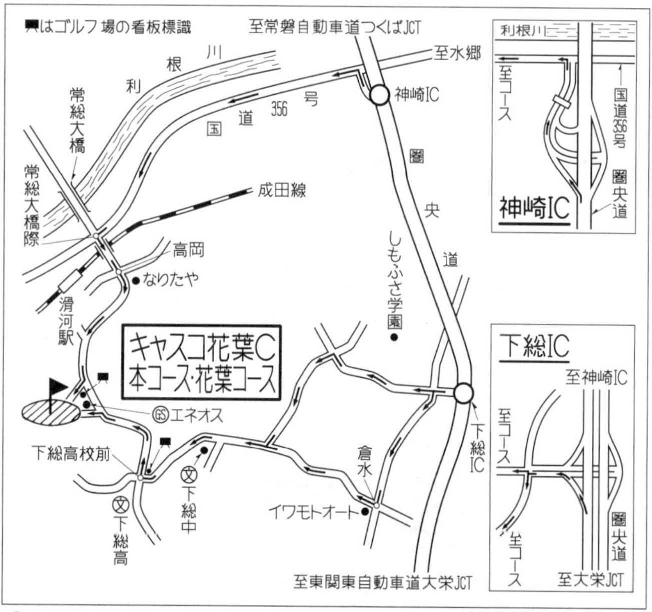

【自動車】箱崎IC（首都高速）35.8キロ→宮野木JCT（東関東自動車道）34.8キロ→大栄JCT（圏央道）5.9キロ→下総IC 5キロ→コース　所要時間1時間　下総ICを降りて左折し、倉水信号を右折する。下総高校前信号を右折してコースへ。神崎ICからは国道356号線を左折し、常総大橋際信号を左折してコースへ

ギャツビイゴルフクラブ

〒410-1314　静岡県駿東郡小山町新柴504－1　FAX 0550(76)3007
予約0550(76)0811　http://www.gatsby-gc.com

●**プレーの申込み**　ビジター可
●**予約**　2か月前の同日より受付け
●**コンペ**　3か月前の同日より受付け
●**休日**　無休
●**クレジット**　JCB　VISA　DC　AMEX　ダイナース　UC　ニコス
●**開場日**　1989年8月1日
●**コースの特徴**　18H　P72　6649Y
アウトは平坦で広々としたホールが続く。インはトリッキーで戦略性を重視したレイアウト。すべてのホールから富士山を望む
●**コースレート**　70.0
●**練習場**　70Y14打席、バンカー
●**電車**　JR 御殿場線足柄駅
●**クラブバス**　足柄駅から予約制
●**タクシー**　御殿場駅から20分1800円
●**プレースタイル**　セルフで GPS ナビ付5人乗り乗用カート
●**シューズ**　ソフトスパイク
●**ビジター料金表**

	平　日	土　曜	日　祝
セ　ル　フ	115,60	18,050	17,500

上記は2021年4～12月の料金
1～3月は割引あり
●**プレー情報**　レイトタイム（10:00以降のスタート）、午後セルフ（12:00～12:54スタート、18H スルー）など

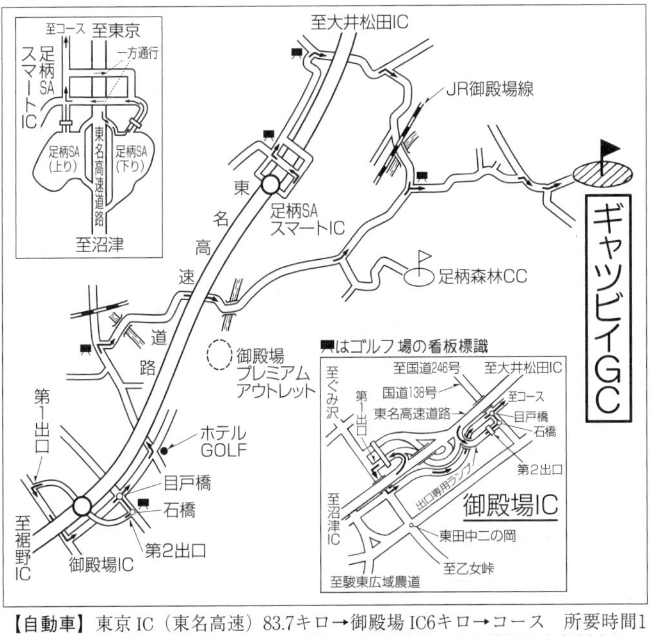

【**自動車**】東京 IC（東名高速）83.7キロ→御殿場 IC6キロ→コース　所要時間1時間10分　御殿場 IC 第2出口を出て左折し、高架手前の目土橋信号を右折する。道なりに進み、ホテルゴルフがある信号を左折して高架をくぐり、コース案内板に従ってコースへ。足柄 SA スマート IC からは3キロ4分

キャメルゴルフリゾート

〒299-5111　千葉県夷隅郡御宿町上布施3360　FAX 0470(68)6333
http://www.camel-golf.com

●**プレーの申込み**　ビジター可
●**予約**　3か月前から受付け
●**コンペ**　3か月前から受付け
●**休日**　無休
●**クレジット**　各種
●**開場日**　1995年4月26日
●**コースの特徴**　18H　P72　6660Y
自然な地形を生かしながら比較的フラットで、池やバンカーが戦略的にレイアウトされている。南国ムードのあるリゾートコース。コンセプトの異なった4つの宿泊施設やペット専用スペース、フットゴルフ施設もある
●**コースレート**　未査定
●**練習場**　50Y6打席
●**電車**　外房線御宿駅
●**クラブバス**　なし
●**タクシー**　御宿駅から13分2100円
●**プレースタイル**　セルフプレーで2人、4人乗りGPSナビ付乗用カート
●**シューズ**　ソフトスパイク
●**ビジター料金表**

	平　日	土　曜	日　祝
セ　ル　フ	7,290	15,990	15,490

昼食付。期間により料金は異なる
●**プレー情報**　宿泊パック

【自動車】川崎浮島JCT（東京湾アクアライン、連絡道）23.7キロ→木更津JCT（圏央道）19.6キロ→市原鶴舞IC 28キロ→コース　所要時間1時間15分　市原鶴舞ICを勝浦方面に降りて約12キロ先の船子交差点を左折。国道465号線を進み苅谷交差点を右折し、南総広域農道を利用してコースへ

京カントリークラブ

〒289-1606　千葉県山武郡芝山町山田1281　FAX 0479(77)2466
https://www.pacificgolf.co.jp/kyo/

●**プレーの申込み**　平日はビジター可。土日祝は予約状況によりビジター可
●**予約**　平日は3か月前の1日、土日祝は2か月前の同日、12時から受付け
●**コンペ**　予約状況により相談
●**休日**　無休
●**クレジット**　VISA　JCB　AMEX 他
●**開場日**　1990年7月29日
●**コースの特徴**　18H　P72　6595Y　自然と調和したコース。戦略性に富んだ美しい造形美が楽しめる
●**練習場**　100Y　20打席
●**電車**　JR成田線、京成電鉄成田空港駅下車
●**クラブバス**　なし
●**タクシー**　成田空港駅から20分3500円
●**プレースタイル**　キャディ付またはセルフで5人乗りGPSナビ付乗用カート
●**シューズ**　ソフトスパイク推奨
●**ビジター料金**　季節により料金が異なるため、ホームページ参照、またはクラブに要問合せ
●**プレー情報**　ホテル併設

【自動車】 箱崎IC（首都高速）35.8キロ→宮野木JCT（東関東自動車道）20.3キロ→酒々井IC 12キロ→コース　所要時間1時間　酒々井IC料金所を出て直進し、6つ目の信号（国道296号）を右折する。約4キロ先の南三里塚交差点を右折して県道芝山はにわ道を進み、コース案内板に従ってコースへ

清川カントリークラブ

〒243-0112　神奈川県愛甲郡清川村煤ケ谷657　FAX 046(288)2353
https://www.kiyokawa-cc.jp/

●**プレーの申込み**　平日は会員の紹介、土日祝は会員の同伴が必要
●**予約**　2か月前の同日から受付け
●**コンペ**　土日祝は不可。平日は会員の紹介が必要。組数は相談
●**休日**　1/1　クラブ指定日
●**クレジット**　JCB　AMEX　UC 他
●**開場日**　1985年9月23日
●**コースの特徴**　18H　P72　6299Y
フラットな丘陵林間コース。グラスバンカーや池などが配され戦略性が高い
●**コースレート**　70.8
●**練習場**　230Y23打席
●**電車**　小田急線本厚木駅
●**クラブバス**　本厚木駅から7:00　8:10　9:20
●**タクシー**　本厚木駅から20分4000円
●**プレースタイル**　キャディ付で乗用カート
●**シューズ**　ソフトスパイク
●**ビジター料金表**

	平　日	土・日	祝　日
キャディ付	20,160	27,860	27,860

上記の2022年3月～6月の昼食付料金
7月～8月の平日17,960円、土日祝25,660円
●**セルフデー**　クラブ指定の月曜日昼食付16,860円

【**自動車**】東京IC（東名高速）35キロ→厚木IC 8キロ→コース　所要時間40分
厚木ICを出て500m先の平塚・伊勢原出口を一般道に下り、3つ目の田谷信号を右折。東名高速を渡り赤坂信号を右折し、篭堰橋北側信号を左折する。小野橋信号を左折、橋を渡ってすぐ右折し案内板に従ってコースへ

清里アーリーバードゴルフクラブ

〒384-1305　長野県南佐久郡南牧村野辺山217－1　FAX 0267(98)2100
http://earlybird-gc.jp

●プレーの申込み　ビジター可
●予約　随時受付け
●コンペ　組数制限はなし
●休日　営業期間中無休
12月～3月末は冬期クローズ
●クレジット　JCB　VISA　UFJ
●開場日　1992年4月25日
●コースの特徴　18H　P72　6686Y
八ケ岳の裾野、野辺山に広がるパノラマコース。自然の地形を生かした個性ある18ホールが展開する
●電車　小海線野辺山駅または清里駅
●クラブバス　なし
●タクシー　野辺山駅から5分

●プレースタイル　セルフプレーで乗用カート
●シューズ　ソフトスパイク推奨
●ビジター料金表

	平　日	土　日	祝　日
セ　ル　フ	5,200	6,800	6,800

上記は2021年10／1～11／30の料金
期間により料金は異なる
●プレー情報　ツーサムプレー、宿泊パック、友の会

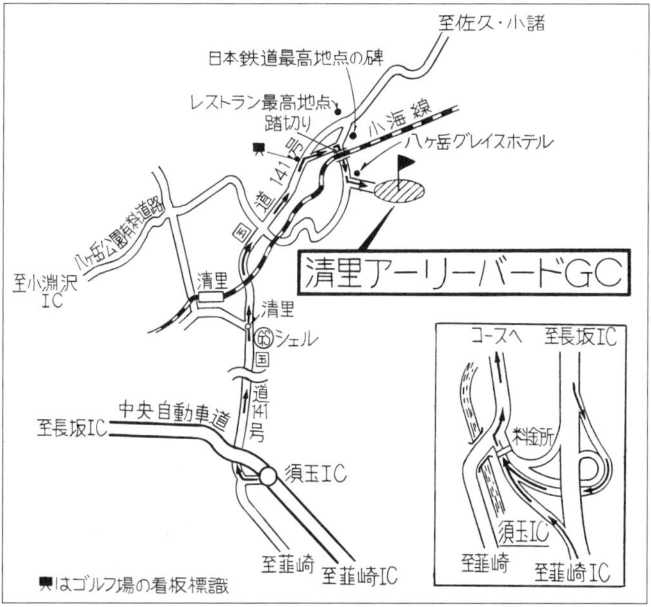

【自動車】高井戸IC（中央自動車道）131.4キロ→須玉IC（国道141号線）23キロ→コース　所要時間2時間30分　須玉ICで降りて信号を右折し、国道141号線を小諸方面に向かう。清里町に入り「長野県」の標識を過ぎて約200m先の信号のない交差点を右折。鉄道最高地点の碑の前がコース

清澄ゴルフ倶楽部

〒355-0066　埼玉県東松山市大字神戸1875　FAX 0493(35)3343
http://www.kiyosumi-golf.co.jp/

●プレーの申込み　ビジター可
●予約　平日は6か月前、土日祝は2か月前の同日より午前9時から午後5時まで受付け
●コンペ　会員同伴1名につき10組まで
●休日　クラブ指定日　12／31　1／1
●クレジット　UC ダイナース AMEX JCB　DC　VISA
●開場日　1993年10月13日
●コースの特徴　18H　P72　7084Y
自然を生かした丘陵コースは、レベルに応じた攻略ルートが設定されている
●コースレート　73.2
●練習場　240Y11打席
●電車　東武東上線高坂駅
●クラブバス　高坂駅西口から全日7:00　7:45　8:20　9:00
●タクシー　東松山駅から15分3000円
●プレースタイル　キャディ付で GPS ナビ付5人乗り電磁誘導カート
●シューズ　メタルスパイク禁止
●ビジター料金表

	平　日	土　曜	日　祝
キャディ付	19,680	30,680	28,480

2021年10～11月の料金
●プレー情報　セルフデー、コンペパック

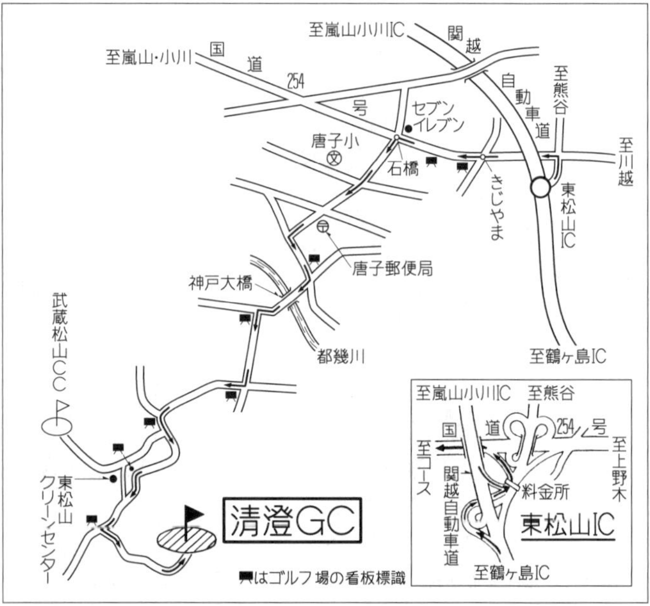

【自動車】練馬 IC（関越自動車道）39.4キロ→東松山 IC（国道254号線）5キロ→コース　所要時間50分　東松山 IC を嵐山・小川方面に降りる。国道254号線を直進して、2つ目の信号を左折。神戸大橋（都幾川）を渡って左折し、次の角を右折してコースへ

☎0277(74)8111

桐生カントリークラブ

〒376-0137　群馬県桐生市新里町赤城山1113　FAX 0277(74)6000
http://www.kiryucc.com/

●プレーの申込み　ビジター可
●予約　随時受付け
●コンペ　組数は相談
●休日　3月～12月は無休
1月～2月は毎週月・火・木・金曜日(年始は除く)
●クレジット　各種
●開場日　1975年4月3日
●コースの特徴　18H　P72　6854Y
赤城山の南麓に位置し、松林にセパレートされた雄大な高原コース
●コースレート　70.8
●練習場　200Y11打席
●電車　東武伊勢崎線赤城駅
●クラブバス　なし
●タクシー　赤城駅から20分3500円
●プレースタイル　セルフプレーで5人乗り乗用カート
●シューズ　ゴルフ靴はすべて可
●ビジター料金表

	平　日	土　曜	日　祝
セ　ル　フ	7,300	12,500	12,500

2021年11月の昼食付料金

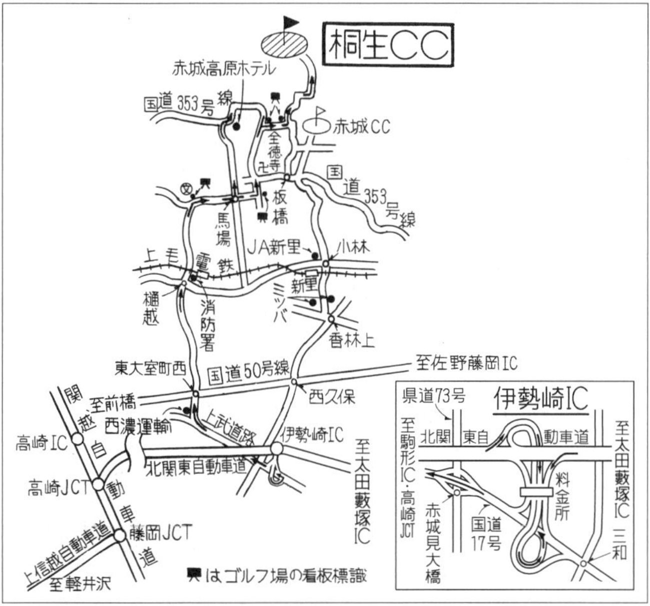

【自動車】練馬IC（関越、北関東自動車道）99.1キロ→伊勢崎IC 22キロ→コース　所要時間1時間30分　関越道・高崎JCT経由で北関東自動車道・伊勢崎ICへ。伊勢崎ICを前橋方面に降り、案内板に従って上武道路を右折（西濃運輸あり）。国道50号を渡り、T字路を右折して案内板に従って国道353号を経由してコースへ

キングダムゴルフクラブ

〒369-1802　埼玉県秩父市荒川小野原607　FAX 0494(54)2819
予約0494(54)2323

●プレーの申込み　ビジター可
●予約　2か月前の同日10時から受付け
●コンペ　組数は相談
●休日　1/1
●クレジット　AMEX　JCB　DC　ダイナース　VISA　マスター
●開場日　1999年4月1日
●コースの特徴　18H　P72　6746Y
秩父連山の雄大なロケーションを背景に、各ホールが個性的にレイアウトされた丘陵コース
●コースレート　未査定
●練習場　なし
●電車　西武線西武秩父駅
●クラブバス　なし
●タクシー　西武秩父駅15分約2700円
●プレースタイル　セルフプレーでリモコン乗用カート
●シューズ　ソフトスパイクのみ
●ビジター料金表

	平　日	土　曜	日　祝
セ　ル　フ	5,900	11,950	11,950

上記は2021年11月の4B 料金。全日昼食付
期間により料金は異なる

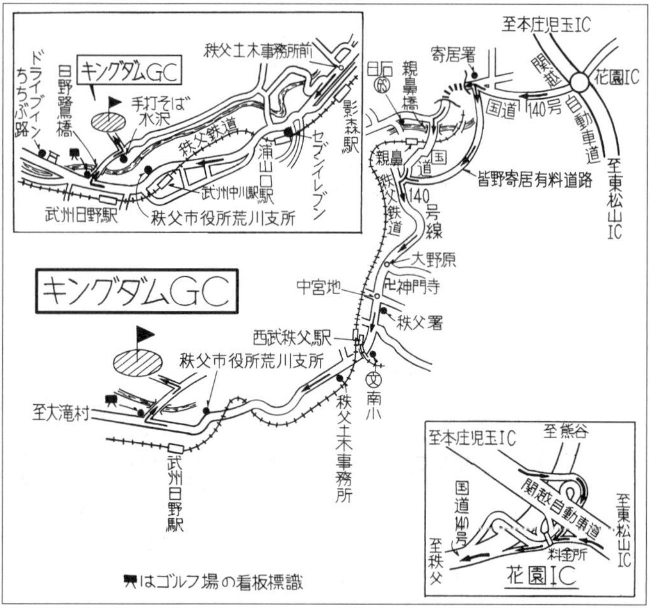

【自動車】練馬 IC（関越自動車道）56.1キロ→花園 IC（国道140号線）38キロ→コース　所要時間1時間45分　花園 IC を秩父方面に降り、皆野寄居有料道路を経由して国道140号線を秩父へ向かう。西武秩父駅前を通り、秩父鉄道·武州日野駅を過ぎて約100m 先を右折し、コースへ。花園 IC から約55分

キングフィールズゴルフクラブ

〒290-0212　千葉県市原市新巻377　FAX 0436(36)6130
http://www.kingf-gc.jp/

●プレーの申込み　会員の同伴または紹介が必要
●予約　会員より電話にて受付け
●コンペ　組数は相談
●休日　クラブ指定の月曜日
12／31　1／1
●クレジット　各種
●開場日　1985年11月1日
●コースの特徴　18H　P72　7107Y
緩やかに広がるフェアウェイ、挑戦意欲が湧くハザード、ホール毎の変化が記憶に残るコース
●コースレート　72.8
●練習場　250Y20打席
●電車　内房線五井駅
●クラブバス　予約制で五井駅東口から全日7:25　8:30
●タクシー　五井駅から25分約5000円
●プレースタイル　キャディ付で乗用カート
●シューズ　ソフトスパイク
●ビジター料金表

	平　日	土　曜	日　祝
キャディ付	21,355	35,105	32,905

2021年10～11月の料金
ツーサムプレー可4950円加算
●セルフデー　指定の月曜日13655円
●プレー情報　夏期・冬期割引

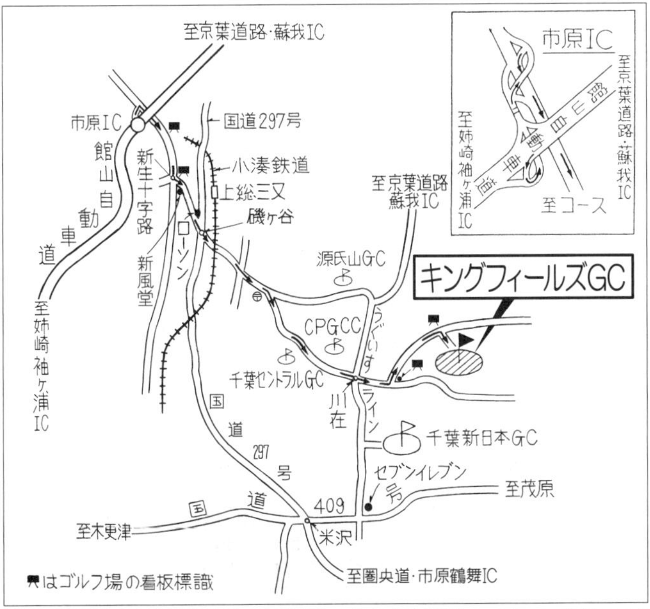

【自動車】箱崎 IC（首都高速・京葉道路・館山自動車道）57.1キロ→市原 IC 3.7キロ→新生十字路9キロ→コース　所要時間1時間10分　市原 IC を降り大多喜・勝浦方面に向かう。新生十字路を左折し、国道297号を横断。川在を直進してコース案内板に従って左折してコースへ。圏央道・市原鶴舞 IC からは13キロ

金乃台カントリークラブ

〒300-1211　茨城県牛久市柏田町3432　FAX 029(872)3182
http://www.kinnodai.com

●プレーの申込み　原則として平日は会員の紹介、土日祝は会員の紹介または同伴が必要
●予約　平日は3か月前の1日、土日祝は2か月前の1日から受付け
●コンペ　組数は相談
●休日　無休
●クレジット　各種
●開場日　1964年10月4日
●コースの特徴　18H　P71　6433Y
松や杉に囲まれたフラットな林間コース。2021年5月、(株) 太平洋クラブが経営権を取得
●コースレート　70.4
●練習場　50m10打席
●電車　常磐線牛久駅
●クラブバス　牛久駅東口から7:30　8:00　8:20　8:35　8:55　9:10　土日祝は7:05　9:30を増発（所用時間7分）
●タクシー　牛久駅から7分1200円
●プレースタイル　キャディ付で歩行
●シューズ　メタルスパイク禁止
●ビジター料金表

	平　日	土　曜	日　祝
キャディ付	15,250	22,050	22,050

期間により料金は異なる
●プレー情報　シニア・レディースデー、オープンコンペ、コンペパック

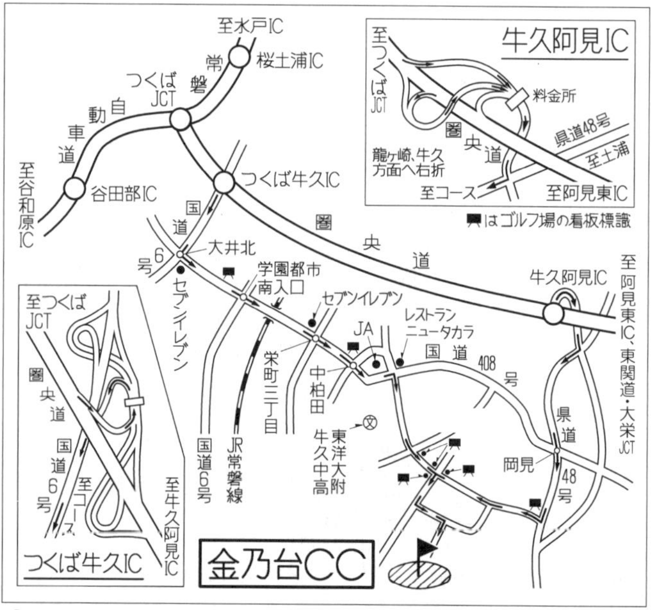

【自動車】三郷IC（常磐自動車道・つくばJCT経由圏央道）36.1キロ→つくば牛久IC 8キロ→コース　所要時間40分　つくば牛久ICを牛久・成田方面に降り、国道408号線を成田方面に進む。中柏田交差点を過ぎ、レストランニュータカラがある信号を右折してコースへ。牛久阿見ICからは4.5キロ

草津温泉ゴルフ場

〒377-1711　群馬県吾妻郡草津町大字草津白根国有林154　FAX 0279(88)8073
http://www.kusatsugolf.com

●プレーの申込み　パブリックコース
●予約　電話･FAX･インターネットで受付け
●コンペ　組数制限なし
●休日　営業期間中無休
11月下旬～4月中旬は冬期クローズ
●クレジット　VISA　JCB　UFJ　マスター　MUFG
●開場日　1989年8月3日
●コースの特徴　18H　P72　6795Y
標高1300mの広々とした高原の緑に囲まれた壮大なリゾートゾーンに展開する雄大なコース
●練習場　なし
●電車　吾妻線長野原草津口駅
●クラブバス　なし
●タクシー　長野原草津口駅から25分6000円、草津温泉駅から6分1500円
●プレースタイル　セルフで4人乗りまたは2人乗り乗用カート
●シューズ　ソフトスパイク
●ビジター料金表

	平　日	土　曜	日　祝
セ　ル　フ	6,880	9,480	9,480

上記は2021年10／1～10／16の料金で昼食付。木曜はセルフデー昼食付5200円。季節により料金は異なる

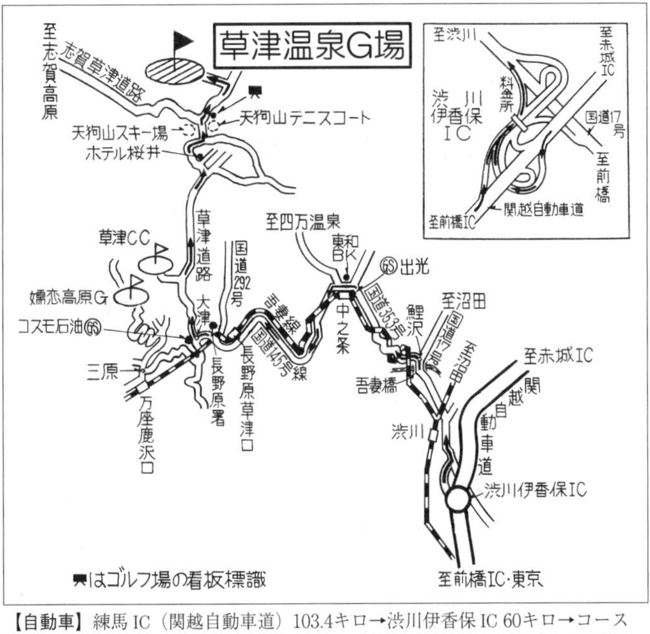

【自動車】練馬IC（関越自動車道）103.4キロ→渋川伊香保IC 60キロ→コース
所要時間2時間45分　渋川伊香保ICで降り、国道17号線を沼田方面に3キロ進む。鯉沢交差点を左折し、国道353号・145号と吾妻線沿いに走り、群馬大津から国道292号（草津道路）を経由してコースへ

草津カントリークラブ

〒377-1712　群馬県吾妻郡草津町大字前口3－45　FAX 0279(88)5509
https://www.kusatsu-cc.com

●プレーの申込み　ビジター可
●予約　随時受付け
●コンペ　組数は相談
●休日　営業期間中無休
12月初旬～4月中旬は冬期クローズ
●クレジット　JCB　AMEX　DC
ダイナース　VISA　マスター
●開場日　1966年6月
●コースの特徴　18H　P72　6372Y
白樺、唐松などでセパレートされた高原リゾートコース。距離も十分ある
●コースレート　70.1
●練習場　250m12打席、アプローチ
●電車　吾妻線長野原草津口駅

●クラブバス　予約制で運行
●タクシー　長野原草津口駅から10分
約3000円
●プレースタイル　セルフで乗用カート。キャディ付は予約制
●シューズ　メタルスパイク禁止
●ビジター料金表

	平　日	土　曜	日　祝
セ　ル　フ	10,960	14,260	14,260

上記は2021年10月の料金。8月を除く
毎週水曜日は8760円昼食付
期間により料金は異なる
キャディ付4B4400円加算

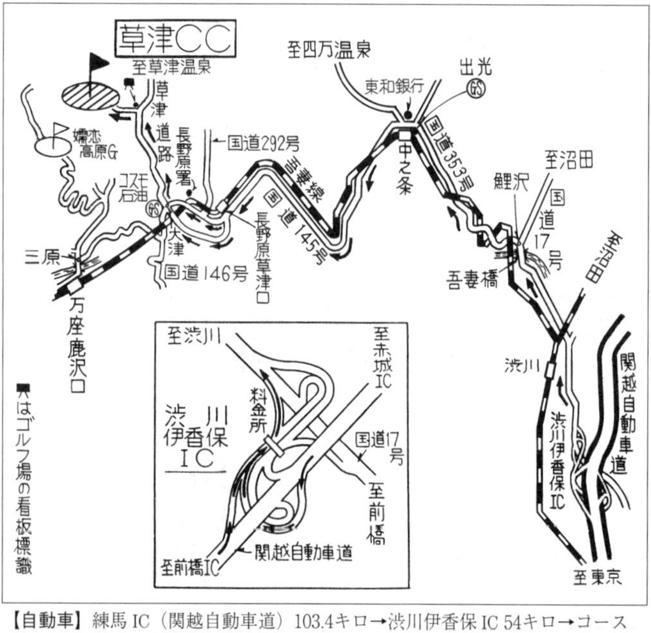

【自動車】練馬IC（関越自動車道）103.4キロ→渋川伊香保IC 54キロ→コース
所要時間2時間30分　渋川伊香保ICで降り、国道17号線を沼田方面に3キロ走る。鯉沢交差点を左に進み、国道353号・145号と、吾妻線沿いに走り群馬大津から国道292号（草津道路）に入ると約4キロでコース

 ☎042(973)1192

久邇カントリークラブ

〒357-0014　埼玉県飯能市平松470　FAX 042(974)4545
https://www.princehotels.co.jp/golf/kuni

●**申込み・予約**　平日は2か月前の同日午前10時より受付。土日祝は原則会員の同伴・紹介が必要。予約状況によりビジター可

●**コンペ**　予約状況により受付

●**休日**　1／1

●**クレジット**　各種

●**開場日**　1964年7月29日

●**コースの特徴**　27H　P108　10276Y
奥武蔵の山並みを背景に、池やバンカーが美しく配置された林間コース。距離よりも正確なショットが要求され、興趣がつきないコース

●**練習場**　15打席打ちっ放し、アプローチ・バンカー練習場

●**電車**　西武池袋線飯能駅北口

●**クラブバス**　飯能駅北口より運行

●**タクシー**　飯能駅北口約10分1500円

●**プレースタイル**　キャディ付で乗用ゴルフカー

●**シューズ**　ノンメタルスパイク

●**ビジター料金表**

	平　日	土　曜	日　祝
キャディ付	21,000	36,300	36,300

上記は2021年10月～12月の料金
クラブハウスにはストレッチルームや9つの個室コンペルームを完備

く

【自動車】練馬IC（関越自動車道）28.5キロ→鶴ヶ島JCT（圏央道）9キロ→狭山日高IC 3.3キロ→コース　所要時間40分　狭山日高ICを飯能方面に進み1つ目の狭山日高IC（西）交差点を右折。下川崎交差点を左折してコースへ

☎0476(93)9000

久能カントリー倶楽部

〒286-0203　千葉県富里市久能722　FAX 0476(92)5063
https://www.kunocc.co.jp/

●プレーの申込み　平日は会員の紹介、土日祝は会員の同伴が必要。会員1名につき平日は5組、土曜は1組，日祝は2組まで
●予約　平日は6か月前、土日祝は3か月前の同日より受付け
●コンペ　上記に準ずる
●休日　毎週月曜日　12／31～1／2
●クレジット　各種
●開場日　1989年11月28日
●コースの特徴　18H　P72　6937Y　フラットな地形に杉、樫、椎の大木が残されており、池やバンカー、グリーン回りのアンジュレーションによって戦略性が高い
●コースレート　71.7
●練習場　230Y14打席
●電車　JR 成田線京成線成田駅
●クラブバス　JR 成田駅東口から土日祝7:30　8:40　平日は要予約
●タクシー　成田駅から10分1800円
●プレースタイル　キャディ付で5人乗り乗用カート
●シューズ　ソフトスパイクのみ
●ビジター料金表

	平　日	土　曜	日　祝
キャディ付	19,000	34,000	30,000

期間により料金は異なる

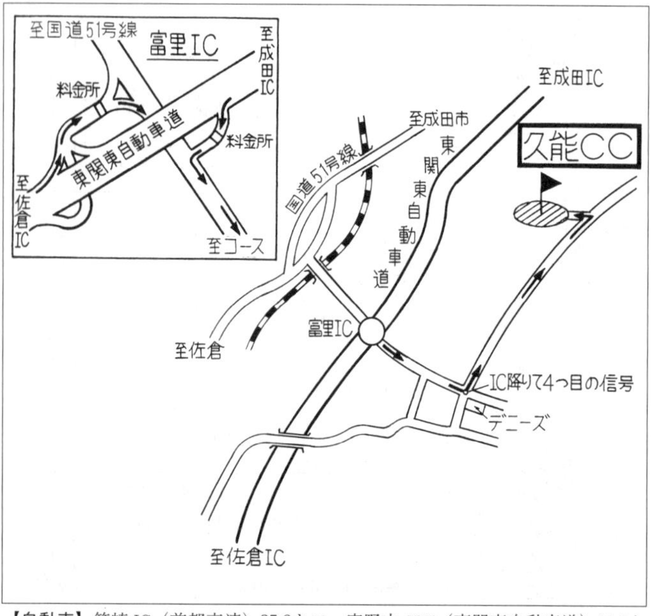

【自動車】箱崎 IC（首都高速）35.8キロ→宮野木 JCT（東関東自動車道）22.8キロ→富里 IC 3キロ→コース　所要時間50分　東関東自動車道を富里 IC で降り、料金所を出て国道296号線方面へ降りる。約1キロ走って左折し、東関東自動車道に沿って成田方面へ向かってコースへ

熊谷ゴルフクラブ

〒360-0816　埼玉県熊谷市石原1431　FAX 048(525)8033
https://www.kumagaya-gc.com/

●プレーの申込み　予約状況によりビジター可
●予約　随時受付け
●コンペ　組数は相談
●休日　1／1
●クレジット　JCB　VISA　UC 他
●開場日　1962年4月29日
●コースの特徴　18H　P72　6788Y
荒川の河川敷にあり、フラットでフェアウェイは広いが、マウンドやバンカーが効果的で気が抜けないコース
●コースレート　72.3
●練習場　200Y24打席
●電車　高崎線熊谷駅
●クラブバス　熊谷駅から7:35　8:10　8:40　9:10　9:45
●タクシー　熊谷駅から15分約1400円
●プレースタイル　キャディ付またはセルフで乗用カート
●シューズ　ソフトスパイク推奨
●ビジター料金表

	月　曜	火～金	土日祝
キャディ付	13,665	16,745	22,245
セ　ル　フ	12,015	13,445	18,945

2021年10月～12月の料金
月曜はサービスデー。期間により料金は異なる

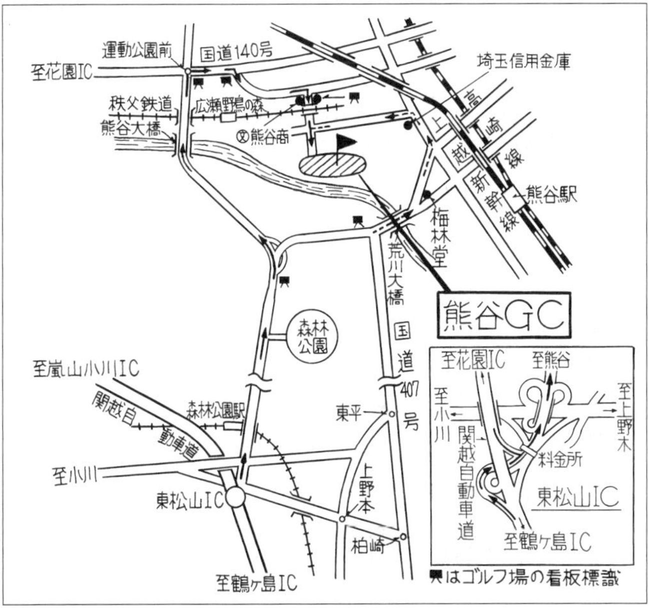

【自動車】練馬 IC（関越自動車道）39.4キロ→東松山 IC 15.5キロ→熊谷（秩父街道）3キロ→コース　所要時間1時間20分　東松山 IC で降り、旧東松山有料道路を熊谷方面に向かう。二股を左に進み、荒川を渡って国道140号の最初の信号を右折、2つ目の信号を右折してコースへ

倶楽部　我山

〒370-2323　群馬県富岡市野上1063　FAX 0274(62)8388
http://www.club-gazan.com

●プレーの申込み　ビジター可
●予約　随時受付け
●コンペ　組数は相談
●休日　無休
●クレジット　各種
●開場日　1999年11月1日
●コースの特徴　18H　P72　6452Y
フラットでベント1面グリーンの戦略的丘陵コース。上がりの9番と18番は大きな池が絡み印象的。全組キャディ付でプレー。
●練習場　250Y8打席
●電車　上信電鉄上州富岡駅
●クラブバス　予約制（先着順）
●タクシー　上州富岡駅から約20分約3000円
●プレースタイル　完全キャディ付で5人乗りカート
●シューズ　ソフトスパイク（スパイクレスを含む）
●ビジター料金表

	平　日	土・日	祝　日
キャディ付	13,700	19,990	19,990

上記は2021年10月～12月の料金
●プレー情報　宿泊パック

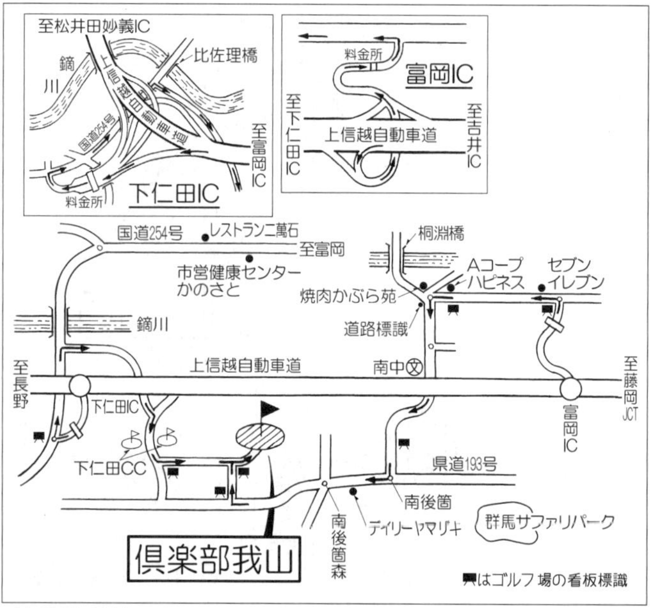

【自動車】練馬IC（関越、上信越自動車道）98.7キロ→富岡IC 7キロ→コース　所要時間1時間20分　富岡ICの料金所を出て左折し、下仁田、南後箇方の道路標識のある信号を左折。高速の下を通り南後箇の信号を右折してコースへ。下仁田ICからは下仁田CCの前を通りコースへ

☎0267(32)0001

グランディ軽井沢ゴルフクラブ

〒389-0204　長野県北佐久郡御代田町豊昇1454　FAX 0267(32)0005
https://xiv.jp/karu/golf/

●**プレーの申込み**　予約状況によりビジター可

●**予約**　2か月前の1日9時から受付け

●**コンペ**　予約状況により相談

●**休日**　営業期間中無休
12月～3月は冬期クローズ

●**クレジット**　JCB VISA UC AMEX ダイナース

●**開場日**　2008年4月12日

●**コースの特徴**　18H　P72　6847Y
アウトは広々として眺望も良く、インは山懐に抱かれ樹木と調和し、落ち着いた雰囲気のコース

●**コースレート**　72.4

●**練習場**　250Y15打席

●**電車**　北陸新幹線軽井沢駅、またはしなの鉄道しなの追分駅

●**クラブバス**　なし

●**タクシー**　しなの追分駅から約15分

●**プレースタイル**　セルフで5人乗り乗用カート。キャディ付も可

●**シューズ**　ソフトスパイク

●**ビジター料金表**

	平　日	土　曜	日　祝
セ　ル　フ	15,630	20,910	20,910

2021年8／23～9／26の料金
季節により料金は異なる
キャディ付は3B5830円、4B4400円加算

【**自動車**】練馬IC（関越・上信越自動車道）131.1キロ→碓氷軽井沢IC（国道18号線経由）19キロ→コース　所要時間2時間　軽井沢ICの料金所を出て直進して軽井沢方面に向かう。南軽井沢交差点を左折して国道18号線と合流後、追分交差点を左折してコースへ。佐久平PAスマートICからは約10分

グランディ那須白河ゴルフクラブ

〒961-8091　福島県西白河郡西郷村大字熊倉字雀子山3　FAX 0248(25)7099
予約0248(25)7000　https://rt-clubnet.jp/hotels/xiv/nasu/golf/

●**プレーの申込み**　原則として会員の紹介または同伴が必要
●**予約**　3か月前の1日より受付け
●**コンペ**　組数は相談
●**休日**　冬期積雪がなければ無休
●**クレジット**　各種
●**開場日**　1995年4月29日
●**コースの特徴**　36H　P143　13619Y
R·T·ジョーンズ・シニアが設計した戦略的なコース。「EAST」「SOUTH」「WEST」コースはフェアウェイがベントのチャンピオンコース。「NASU」コースは9Hのセルフ専用。
●**練習場**　300Y20打席
●**電車**　東北新幹線新白河駅
●**クラブバス**　新白河駅高原口から8:20～17:50運行（前日の17:00までに要予約）
●**タクシー**　新白河駅から5分1500円
●**プレースタイル**　キャディ付またはセルフで乗用カート。NASUコースは乗用カートセルフ
●**シューズ**　ソフトスパイク
●**ビジター料金表**

	平　日	土　曜	日　祝
キャディ付	17,060	21,460	21,460
セ　ル　フ	12,660	17,060	17,060

NASUコース9Hセルフ平日3,000円、土日祝3,600円

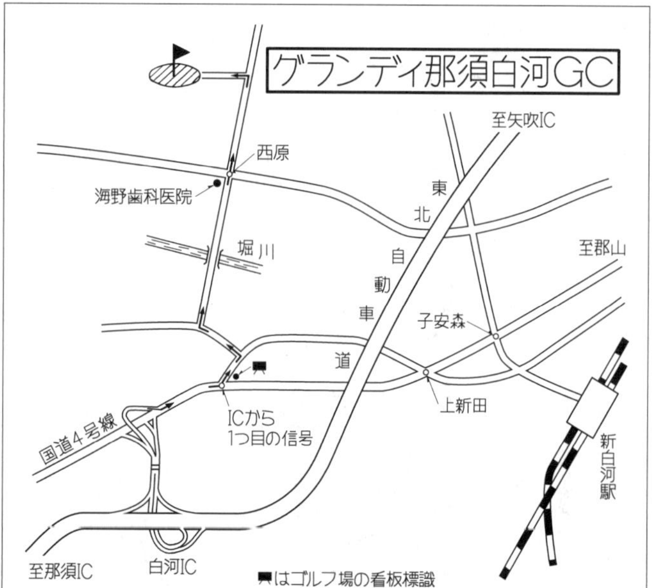

【**自動車**】浦和料金所（東北自動車道）164.9キロ→白河IC 3.5キロ→コース　所要時間2時間　白河ICから国道4号線を白河方面へ。最初の信号を左折し、バイパスを利用してコースまで一直線で3キロ

グランドスラムカントリークラブ

〒313-0026　茨城県常陸太田市田渡町823－11　予約 FAX 0294(74)3270
https://www.pacificgolf.co.jp/grandslam/

●プレーの申込み　ビジター可
●予約　平日は6か月前の月初、土日祝は3か月前の月初より受付ける
●コンペ　予約状況により相談
●休日　無休（指定休日あり）
●クレジット　JCB　AMEX　VISA 他
●開場日　1985年7月20日
●コースの特徴　27H　P108　10309Y　フェアウェイに変化を持たせ、池とバンカーで戦略性を高めた丘陵コース
●コースレート　東中72.6　中西72.5　西東72.6
●電車　常磐線大みか駅
●クラブバス　なし
●タクシー　大みか駅30分3500円、常陸多賀駅から40分4000円
●プレースタイル　キャディ付またはセルフで5人乗り乗用カート
●シューズ　ソフトスパイク推奨
●ビジター料金
季節により料金が異なるため、ホームページ参照、またはクラブに要問合せ

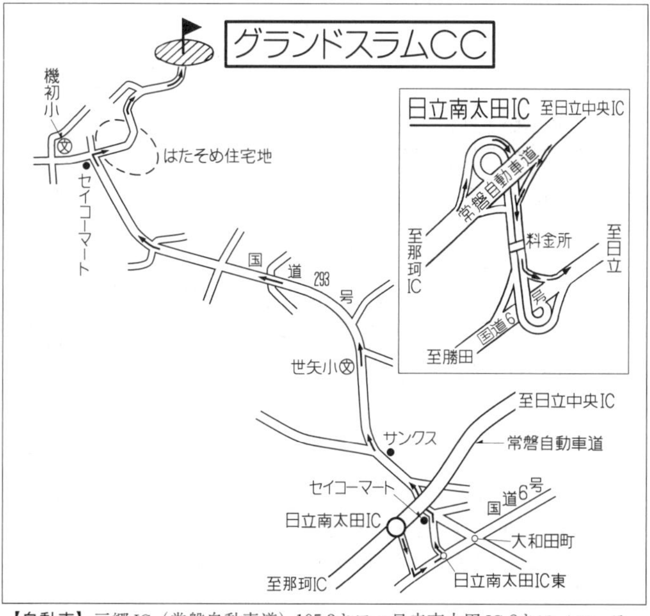

【自動車】三郷 IC（常磐自動車道）105.3キロ→日立南太田 IC 8キロ→コース　所要時間1時間20分　日立南大田 IC を日立方面に降りて最初の信号を左折し、次の信号も左折。国道293号線に入って2つ目の信号を斜め右に進み、約5キロ先の信号（左手前にセイコーマートあり）を右折。はたそめ住宅地を抜けてコース

グランフィールズカントリークラブ

〒411-0000　静岡県三島市五輪4716　FAX 055(976)3112
https://gran-cc.co.jp

●プレーの申込み　会員の同伴または紹介が必要
●予約　3か月前の1日午前8時から予約専用電話にて受付
●コンペ　土日祝は会員紹介で可
●休日　12／31　1／1
●クレジット　JCB　UC　VISA　ダイナース　AMEX　マスター
●開場日　1992年11月20日
●コースの特徴　18H　P72　7180Y
ベントワングリーンの戦略的なコース。フラットながらも、しっかりしたコースマネジメントが要求される。2021年日本プロゴルフ選手権開催
●コースレート　74.4
●練習場　200Y20打席
●電車　東海道線・東海道新幹線三島駅
●クラブバス　三島駅北口から土日祝のみ予約制8:05　9:05
●タクシー　三島駅から20分約3000円
●プレースタイル　キャディ付で5人乗り乗用カート
●シューズ　ソフトスパイク
●ビジター料金表

	平　日	土　曜	日　祝
キャディ付	23,800	32,600	32,600

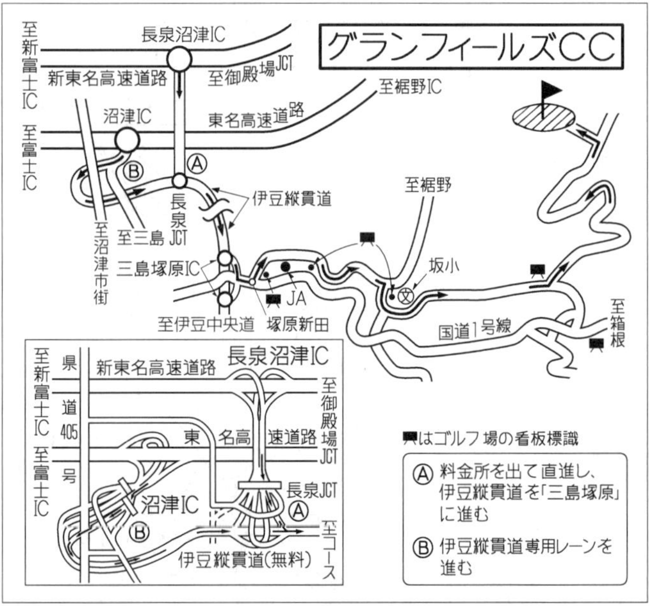

【自動車】東京IC（東名高速）103.3キロ→沼津IC（伊豆縦貫道）9.5キロ→三島塚原IC 6.5キロ→コース　所要時間1時間20分　沼津ICからそのまま伊豆縦貫道に進み三島塚原ICを降りて左折。すぐの塚原新田信号を左折し、コース案内板に従ってコースへ。新東名高速は長泉沼津ICを降りて伊豆縦貫道に進む

クリアビューゴルフクラブ&ホテル

〒278-0012　千葉県野田市瀬戸548　FAX 04(7138)1384
https:/www.pacificgolf.co.jp/clearview/

●**プレーの申込み**　予約状況によりビジター可
●**予約**　平日は3か月前の1日、土日祝は3か月前の同日10時から受付け
●**コンペ**　組数は相談
●**休日**　無休
●**クレジット**　各種
●**開場日**　1964年11月1日
●**コースの特徴**　18H　P72　6769Y
河川敷だが、池やクリークが戦略性を高めている。238名収容のホテル併設
●**練習場**　25Y6打席
●**電車**　常磐線柏駅、つくばエクスプレス·柏たなか駅、柏の葉キャンパス駅
●**クラブバス**　柏たなか駅より運行
●**タクシー**　柏駅から25分4000円、柏たなか駅から10分1700円
●**プレースタイル**　セルフプレーで5人乗り乗用カート
●**シューズ**　メタルスパイク禁止
●**ビジター料金**
季節により料金が異なるため、ホームページ参照、またはクラブに要問合せ

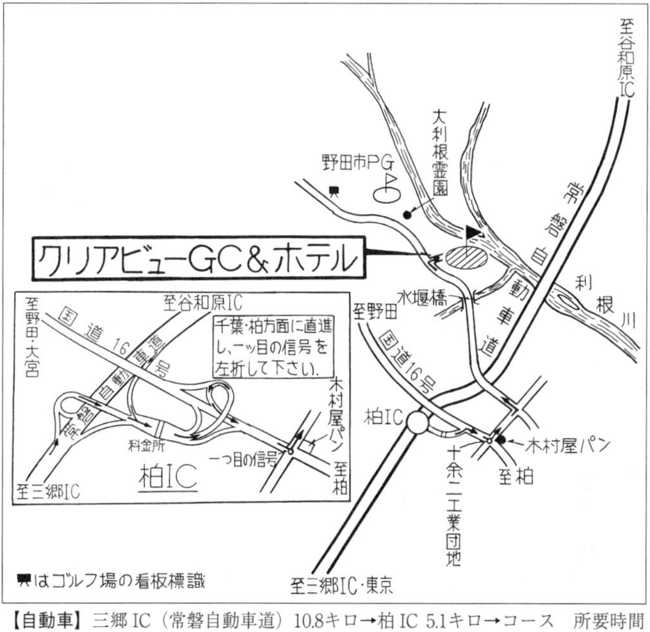

【**自動車**】三郷 IC（常磐自動車道）10.8キロ→柏 IC 5.1キロ→コース　所要時間30分　柏 IC で降り、国道16号線に出て柏・千葉方面に向かう。最初の工業団地入口の信号を左折、700m 先の十字路を左折して常磐自動車道を越えてコースへ

グリーンアカデミーカントリークラブ

〒961-0016　福島県白河市板橋字戸立石31-1　FAX 0248(32)2221
http://www.greenacademycc.com/

●**プレーの申込み**　ビジター可
●**予約**　随時受付け
●**コンペ**　組数は相談
●**休日**　冬期クローズあり
●**クレジット**　JCB　DC
●**開場日**　1992年10月1日
●**コースの特徴**　18H　P72　7062Y
各ホールはフラットで、9、18番ホールは長大な滝に向かってのティショットが楽しめる
●**コースレート**　74.0
●**練習場**　250Y20打席
●**電車**　東北新幹線新白河駅
●**クラブバス**　要予約
●**タクシー**　新白河駅から15分3000円
●**プレースタイル**　セルフプレーで5人乗り乗用カート
●**シューズ**　ソフトスパイク推奨
●**ビジター料金**
2022年のプレー料金についてはコースに要問合せ、またはホームページを参照

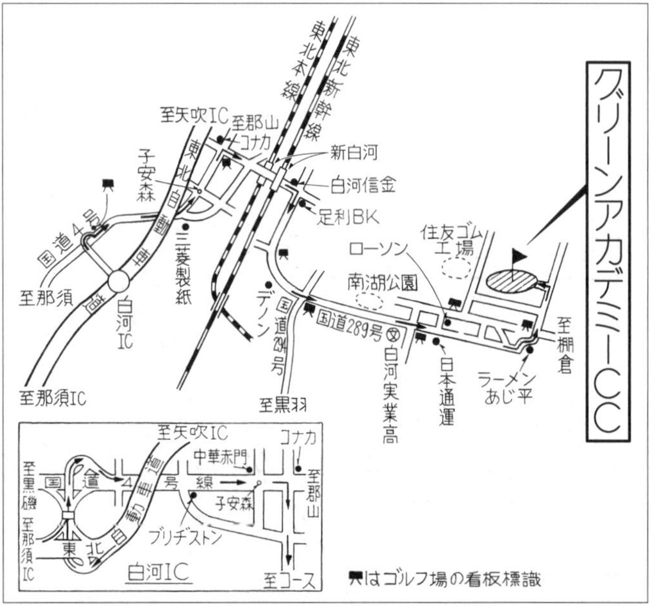

【自動車】浦和料金所（東北自動車道）164.9キロ→白河IC（国道289号）12.1キロ→コース　所要時間2時間30分　白河ICを白河市街方面に降り、国道4号を左折。ここから3つ目の信号を右折して国道289号を表郷村へ向かい、コース案内板に従って左折してコース

グリーンパークカントリークラブ

〒375-0046　群馬県藤岡市下日野字恋の沢1581　FAX 027(387)8425
http://www.greenparkcc.com

●プレーの申込み　ビジター可
●予約　3か月前の同日9時から受付
●コンペ　組数制限なし
●休日　無休
●クレジット　VISA　JCB 他各種
●開場日　1990年1月2日
●コースの特徴　27H　P108　10360Y
雄大な景観に恵まれたチャンピオンコース。東コースは大小の池を配し、西コースは自然の地形をいかし戦略的。南コースは関東平野を一望できる
●コースレート　東西72.0　西南71.9　南東71.9
●練習場　100Y12打席
●電車　上越新幹線高崎駅
●クラブバス　予約制で高崎駅東口から8:45
●タクシー　高崎駅から35分5300円
●プレースタイル　キャディ付またはセルフで5人乗り乗用カート
●シューズ　ソフトスパイクのみ可
●ビジター料金表

	平　日	土　曜	日　祝
キャディ付	11,130	17,180	17,180
セ　ル　フ	7,830	13,880	13,880

上記は2021年10月～11月の昼食付料金
サービスデーあり

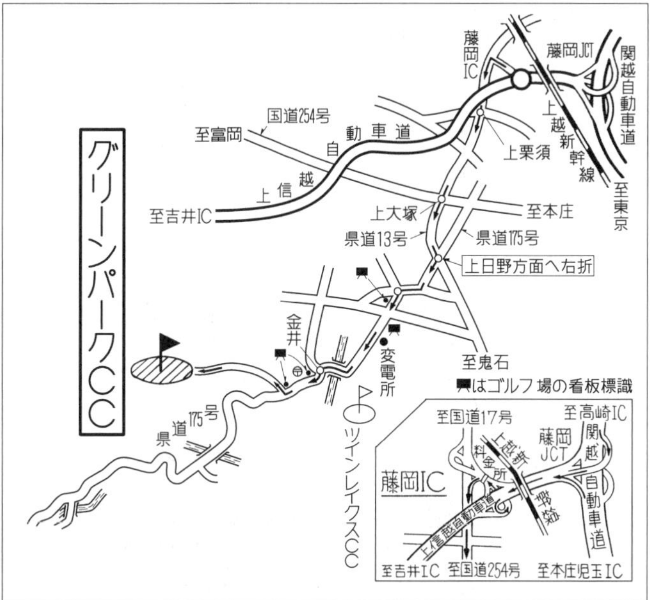

【自動車】練馬 IC（関越自動車道）80.4キロ→藤岡 IC 12キロ→コース　所要時間1時間20分　関越自動車道を藤岡 IC で降りて料金所を出て左折し直進。国道254号を横断し、上日野方面に右折して県道175号を進む。金井橋を渡って左折し、コース案内板に従ってコースへ

グリッサンドゴルフクラブ

〒286-0101　千葉県成田市十余三30　FAX 0476(22)5752
予約専用　03(5157)5557　https://glissando.jp/

●**プレーの申込み**　平日は会員の紹介、土日祝は会員の同伴が必要
●**予約**　3か月前の同日から受付け
●**コンペ**　全日可。3か月前の同日から受付け
●**休日**　毎週月曜日（祝日除く）
●**クレジット**　各種
●**開場日**　1991年11月3日
●**コースの特徴**　18H　P72　6873Y
高級接待用コースながら、池・バンカーなどを巧みに配し戦略的なレイアウトになっている
●**コースレート**　72.3
●**練習場**　200Y11打席
●**電車**　成田線、京成線空港第2ビル駅
●**クラブバス**　なし
●**タクシー**　空港第2ビル駅から10分約2500円
●**プレースタイル**　キャディ付で5人乗り乗用カート
●**シューズ**　ソフトスパイク
●**ビジター料金表**

	平　日	土　曜	日　祝
キャディ付	20,400	30,600	30,600

朝食無料サービス。1～3月、7～9月は季節により料金が異なるため HP 参照、またはコースに要問合せ

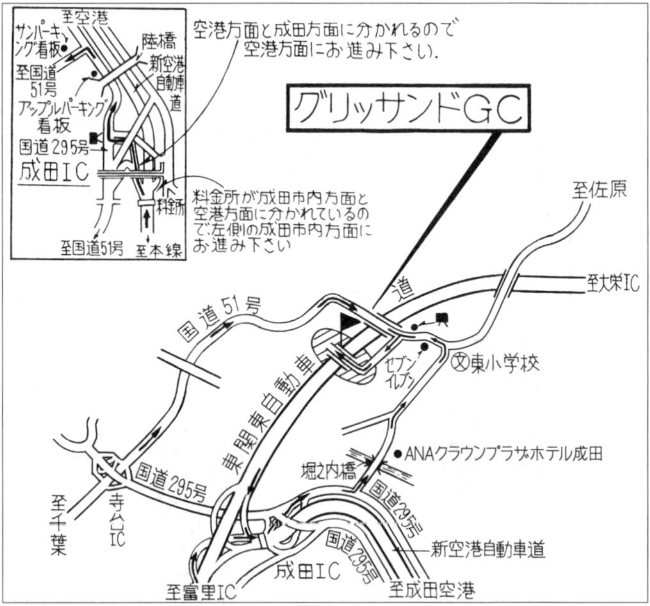

【自動車】箱崎 IC（首都高速）35.8キロ→宮野木 JCT（東関東自動車道）28.2キロ→成田 IC 3キロ→コース　所要時間50分　成田 IC より国道295号を空港方面へ右折し、途中左折して ANA クラウンプラザホテル成田横を通る。国道51号に出たら左折し、東関東自動車道の高架手前を左折してコースへ

栗橋國際カントリー倶楽部

〒306-0053　茨城県古河市中田根瓦100　FAX 0280(48)4420
予約専用　0280(48)2511　http://www.kurikan.co.jp/

●プレーの申込み　ビジター可
●予約　2か月前の1日より受付け
●コンペ　組数制限なし
●休日　1/1
●クレジット　UC　JCB　VISA
●開場日　1965年5月23日
●コースの特徴　18H　P72　6812Y
アウトは自然の池がいくつかあって池越えホールも。インはフェアウェイも広くのびのびプレーできる
●コースレート　72.5
●電車　東北本線、東武日光線栗橋駅
●クラブバス　栗橋駅から予約制で7:10　8:00　土日祝は11:10増発
●タクシー　栗橋駅から8分1000円
●プレースタイル　セルフで2人または5人乗り乗用カート
●シューズ　ソフトスパイク
●ビジター料金表

	平　日	土　曜	日　祝
セ　ル　フ	6,800	11,500	11,500

上記は2021年10～12月の料金で昼食付
●開放日　毎週火曜日セルフプレー4600円で回り放題。昼食付。ロッカー、シャワーはクローズ
●プレー情報　早朝・薄暮プレー

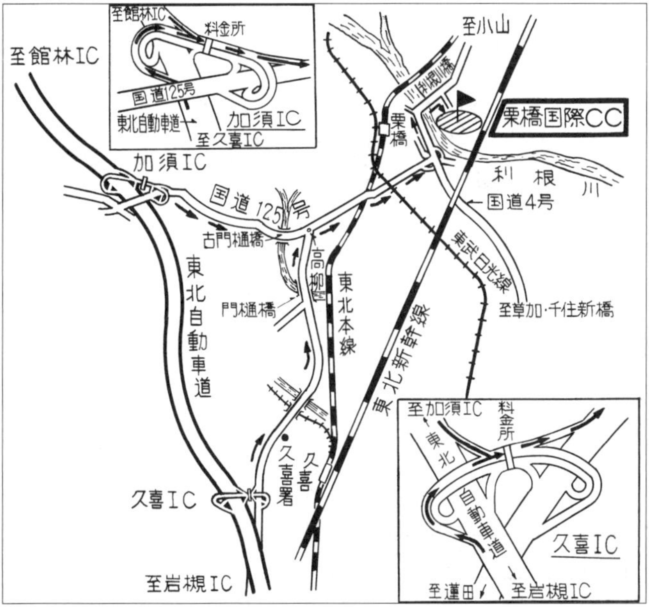

【自動車】浦和料金所（東北自動車道）20.7キロ→久喜IC 13キロ→コース　所要時間40分　久喜ICで降りて左折し栗橋方面に進む。高柳で右折し、栗橋で左折、利根川橋を渡って右折しコースへ。また国道4号線を草加、越谷、春日部経由のルートと新大宮バイパスを利用するルートもある

グレートアイランド倶楽部

〒297-0145　千葉県長生郡長南町佐坪1782　FAX 0475(46)3011
予約専用　0475(46)1311　https://greatisland.co.jp

●プレーの申込み　会員の紹介または同伴が必要
●予約　随時受付け
●コンペ　組数は相談。随時受付け
●休日　毎週火曜日　1/1
●クレジット　JCB UC VISA セゾン ダイナース　AMEX　MC　ニコス
●開場日　1993年4月25日
●コースの特徴　18H　P72　6404Y
ゆるやかな打ち上げ、打ち下ろしで、あがり3ホールには池が巧みに配された戦略的なコース。確かなコースマネジメントが要求される
●コースレート　なし
●練習場　270Y20打席
●電車　外房線茂原駅
●クラブバス　茂原駅南口から予約制
●タクシー　茂原駅から25分約4000円
●プレースタイル　キャディ付で歩いてプレー
●シューズ　ソフトスパイク（スパイクレスを含む）
●ビジター料金表

	平　日	土　曜	日　祝
キャディ付	27,000	38,000	38,000

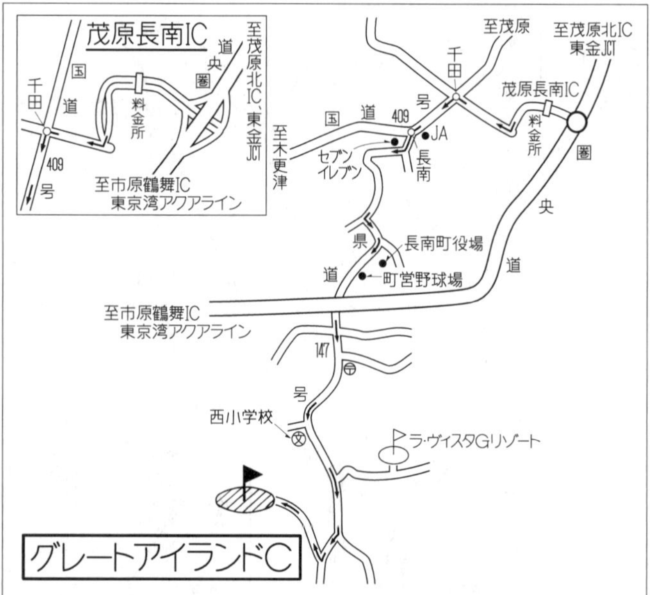

【自動車】川崎浮島JCT（東京湾アクアライン、連絡道）23.7キロ→木更津JCT（圏央道）28.4キロ→茂原長南IC 7.5キロ→コース　所要時間45分　茂原長南ICを降りて千田交差点を左折。600m先の長南信号を左折し、長南町役場手前のY字路の信号を右折してコースへ。東金JCTから茂原長南ICまでは約16分

グレンオークスカントリークラブ

〒287-0105　千葉県香取市沢442　FAX 0478(75)3738
http://www.glenoaks.cc/

●**プレーの申込み**　平日は原則として会員の紹介が必要だがビジター可。土日祝は原則として会員の紹介が必要
●**予約**　4か月前の月初から受付け
●**コンペ**　組数は相談
●**休日**　無休
●**クレジット**　JCB　VISA　UC 他
●**開場日**　1989年5月27日
●**コースの特徴**　18H　P72　6972Y
自然と一体となったコースとしての美しさと、各ホールが独自の個性をもったコースである
●**コースレート**　71.7
●**練習場**　300Y20打席
●**電車**　JR 成田線、京成電鉄空港第2ビル駅
●**クラブバス**　空港第2ビル駅より運行　8:10　事前連絡必要
●**タクシー**　空港第2ビル駅5000円〜
●**プレースタイル**　キャディ付またはセルフで GPS ナビ付乗用カート
●**シューズ**　メタルスパイク禁止
●**ビジター料金表**

	平　日	土　曜	日　祝
キャディ付	17,500	30,000	30,000
セ　ル　フ	12,500	25,000	25,000

食事付
料金は期間により異なるので要問合せ

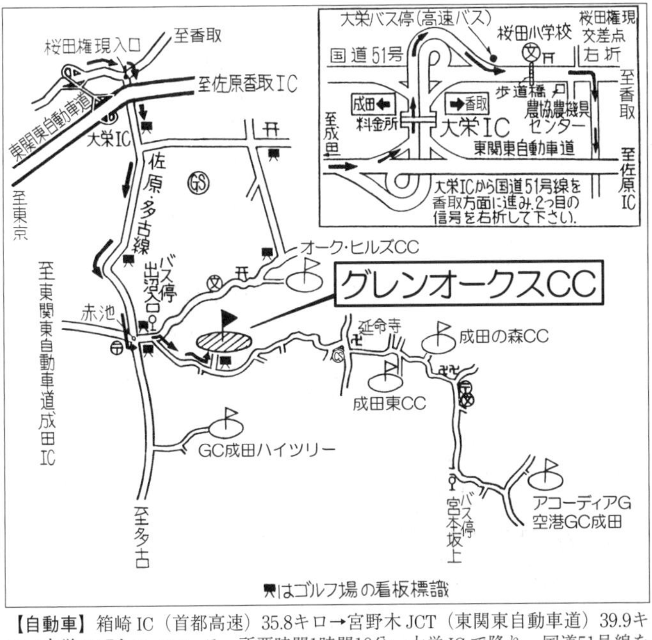

【自動車】箱崎 IC（首都高速）35.8キロ→宮野木 JCT（東関東自動車道）39.9キロ→大栄 IC 7キロ→コース　所要時間1時間10分　大栄 IC で降り、国道51号線を香取方面に向かい、信号2つ目の桜田権現前を右折する。多古町方面に向かい赤池交差点を左折、コース案内板に従ってコースへ

群馬カントリークラブ

〒379-1413　群馬県利根郡みなかみ町師田630　FAX 0278(64)0325
http://www.gunma-cc.com

●**プレーの申込み**　ビジター可
●**予約**　随時受付け
●**コンペ**　組数は相談
●**休日**　営業期間中無休
12〜3月は冬期クローズあり
●**クレジット**　各種
●**開場日**　1973年10月10日
●**コースの特徴**　18H　P72　6894Y
アウトは雄大な丘陵コースでスライスは禁物。インはところどころ林間風のホールがあり第2打が難しい。プレー後はコース内に湧き出る天然温泉が楽しめる
●**電車**　上越新幹線上毛高原駅
●**クラブバス**　上毛高原駅から予約制
●**タクシー**　上毛高原駅10分2500円
●**プレースタイル**　セルフプレーで2人または4人乗り乗用カート
●**シューズ**　メタルスパイク禁止
●**ビジター料金表**

	平　日	土　曜	日　祝
セ　ル　フ	6,920	11,320	11,320

2021年10月〜11月の料金で昼食付
●**プレー情報**　サービスデー、コンペ特典

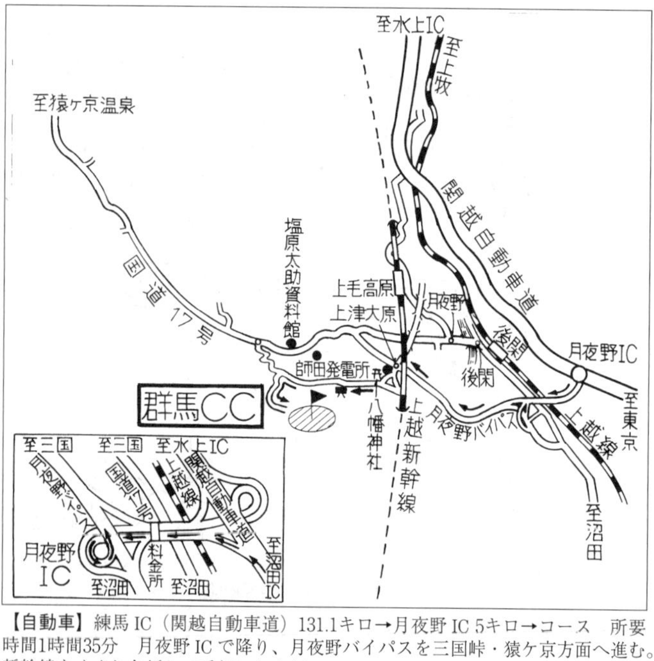

【**自動車**】練馬 IC（関越自動車道）131.1キロ→月夜野 IC 5キロ→コース　所要時間1時間35分　月夜野 IC で降り、月夜野バイパスを三国峠・猿ヶ京方面へ進む。新幹線をくぐり左折して看板にしたがってコースへ

☎043(228)1531

京葉カントリー倶楽部

〒265-0066　千葉県千葉市若葉区多部田町802　FAX 043(228)5205
本社　03(3623)8000　東京都墨田区太平1－17－6　http://keiyo-cc.co.jp

●**プレーの申込み**　予約状況によりビジター可
●**予約**　3か月前の同日から受付け
●**コンペ**　組数は相談
●**休日**　毎週月曜日　1／1
●**クレジット**　JCB　UC　VISA　マスター　ニコス　AMEX　ダイナース
●**開場日**　1959年12月3日
●**コースの特徴**　18H　P72　6825Y　随所に残した杉林が各ホールをセパレートするとともに、ホールによっては戦略性を与えている
●**コースレート**　72.2
●**練習場**　200Y22打席
●**電車**　成田線都賀駅
●**クラブバス**　都賀駅7:15　8:15　9:10
●**タクシー**　千葉駅から30分3500円
●**プレースタイル**　キャディ付で5人乗り乗用カート
●**シューズ**　メタルスパイク禁止
●**ビジター料金表**

	平　日	土　曜	日　祝
キャディ付	21,300	33,400	33,400

4～5月と10～11月の料金
期間により料金は異なる
●**プレー情報**　コンペパックあり

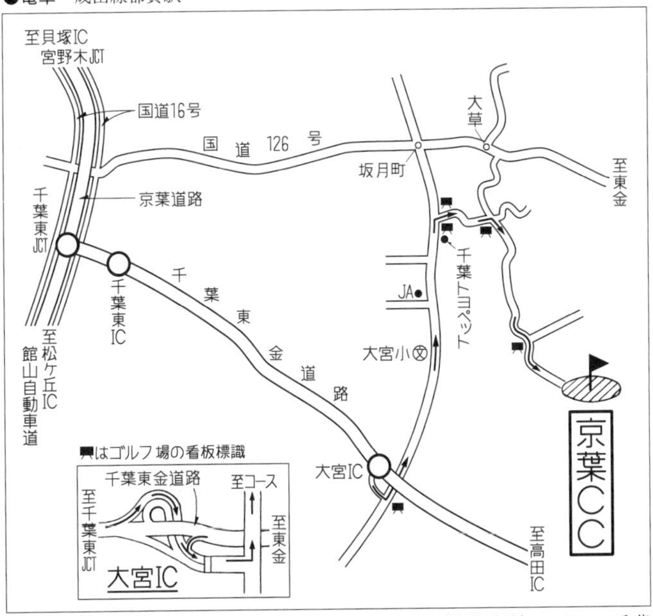

【**自動車**】箱崎 IC（首都高速）35.8キロ→宮野木 JCT（京葉道路）8.7キロ→千葉東 JCT（千葉東金道路）3.2キロ→大宮 IC 4キロ→コース　所要時間50分　千葉東金道路・大宮 IC を降りて左折。約2キロ先の千葉トヨペットの先の信号を右折、コース案内板に従ってコースへ

源氏山ゴルフクラブ

〒290-0211　千葉県市原市大桶字白畑956-1　FAX 0436(36)2313
https:/www.genjiyamagolfclub.com/

●プレーの申込み　平日は会員の紹介　土日祝は会員の同伴が必要
●予約　2か月前の同日から受付け
●コンペ　土日祝は不可、平日は2か月前の同日から受付け
●休日　毎週月曜日　12／31　1／1
●クレジット　VISA　JCB　DC　UC　UFJ　マスター　AMEX　ダイナース
●開場日　1977年9月1日
●コースの特徴　18H　P72　6577Y　ゆるやかな起伏の台地上にレイアウトされた丘陵コース。13、15番は名物ホールで、挑戦欲をかきたてられる
●コースレート　71.5
●練習場　200Y15打席
●電車　内房線五井駅
●クラブバス　五井駅東口から土日祝のみ8:20　9:20運行
●タクシー　五井駅から20分4000円
●プレースタイル　セルフプレーでGPSナビ付乗用カート。キャディ付は要問合せ
●シューズ　ゴルフ靴はすべて可
●ビジター料金表

	平　日	土　曜	日　祝
セ　ル　フ	8,960	20,400	20,400

2021年10月の料金で平日昼食付
期間により料金は異なる
キャディ付は3960円加算

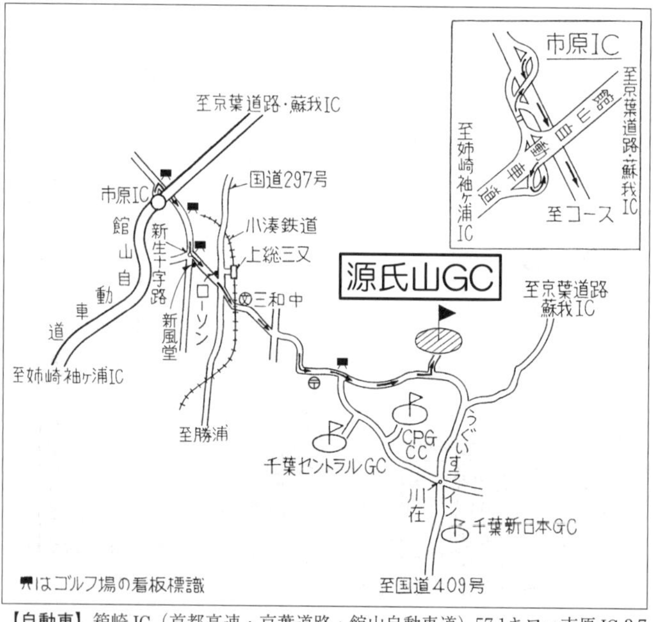

【自動車】箱崎 IC（首都高速・京葉道路・館山自動車道）57.1キロ→市原 IC 3.7キロ→新生十字路6キロ→コース　所要時間1時間　館山自動車道を市原 IC で降り大多喜・勝浦方面に向かう。新生十字路を左折し、国道297号を横切り、看板に従って磯ヶ谷を経由。郵便局の先を左折してコースへ

神崎カントリー倶楽部

〒289-0215　千葉県香取郡神崎町古原乙213　FAX 0478(72)3859
予約専用　0478(72)4111　http://www.kouzaki-cc.jp/

●プレーの申込み　原則として会員の紹介が必要
●予約　3か月前の同日から予約専用電話で受付け
●コンペ　上記に準ずる
●休日　毎月第2・第4火曜日
●クレジット　各種
●開場日　1994年5月1日
●コースの特徴　18H　P72　6623Y
なだらかな丘陵地に豊富な樹林帯をきり開いて造られた林間的なコース
●練習場　35Y5打席
●電車　JR成田線下総神崎駅または成田駅
●クラブバス　なし
●タクシー　下総神崎駅から10分、成田駅から30分約5000円
●プレースタイル　キャディ付またはセルフで5人乗り乗用カート
●シューズ　メタルスパイク禁止
●ビジター料金表

	平　日	土　曜	日　祝
キャディ付	12,000	20,000	20,000
セ　ル　フ	8,000	16,000	16,000

2021年10／13～12／28の料金
期間によって料金は異なる

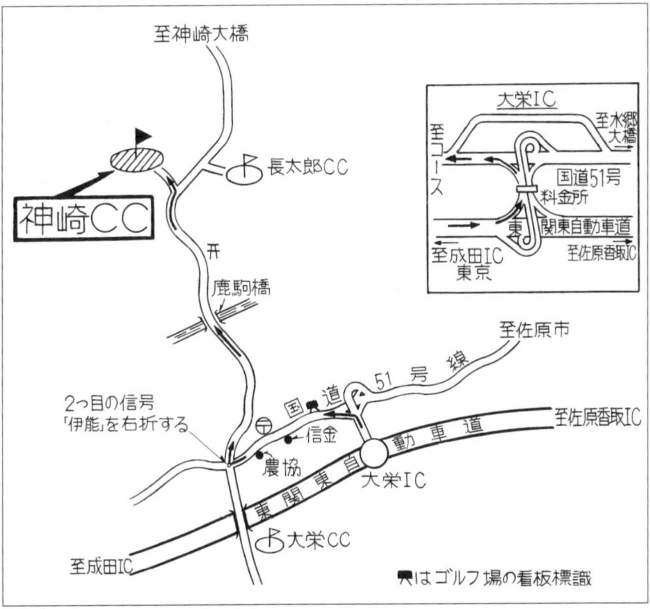

【自動車】箱崎IC（首都高速）35.8キロ→宮野木JCT（東関東自動車道）39.9キロ→大栄IC 6キロ→コース　所要時間1時間20分　宮野木JCTまで湾岸道路か京葉道路を走る。東関東自動車道の大栄ICで降りて成田方向に向かい、2つ目の信号を右折して4.5キロ先の左側がコース

鴻巣カントリークラブ

〒365-0004　埼玉県鴻巣市関新田2123　FAX 048(569)0287
http://www.kanbun-group.co.jp/kcc/　本社03(3366)2511

●プレーの申込み　平日は会員の紹介 土日祝は会員同伴が必要
●予約　平日は前々月の1日8時から、土日祝は前月1日13時から受付け
●コンペ　土日祝は不可、平日は6か月前の1日より受付ける
●休日　無休
●クレジット　各種
●開場日　1976年8月5日
●コースの特徴　18H　P72　7025Y 水田に囲まれた牧歌的な環境にあり、フラットで、池とクリークが縦横に走りレイクサイドのイメージがある
●コースレート　72.4
●練習場　300Y88打席 アプローチ練習場6ホール
●電車　高崎線鴻巣駅
●クラブバス　鴻巣駅から7:25　8:10　8:50　9:30　土日祝は6:40増発
●タクシー　鴻巣駅から10分1700円
●プレースタイル　キャディ付で乗用カート
●シューズ　ソフトスパイク
●ビジター料金表

	平　日	土　曜	日　祝
キャディ付	18,000	29,500	28,000

●プレー情報　夏期・冬期割引

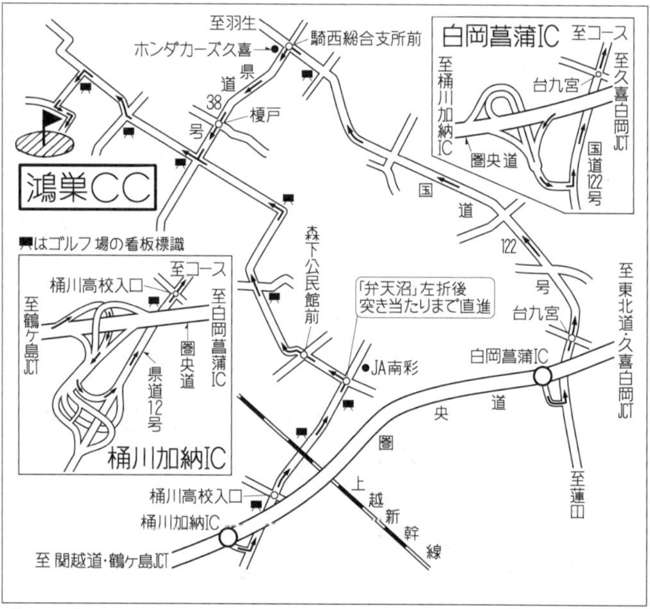

【自動車】練馬 IC（関越自動車道）28.1キロ→鶴ヶ島 JCT（圏央道）18.1キロ→桶川加納 IC 12キロ→コース　所要時間50分　桶川加納 IC を鴻巣・久喜方面に降りる。約1キロ先の弁天沼信号を左折して道なりに進む。突き当たりを左折してコース案内板に従ってコースへ。白岡菖蒲 IC からは国道122号線を経由して約15キロ

甲府国際カントリークラブ

〒406-0812　山梨県笛吹市御坂町下黒駒3193　FAX 055(264)2548
http://www.kcc-golf.com/

●プレーの申込み　原則として会員の紹介が必要
●予約　3か月前の同日から受付け
●コンペ　日祝は会員時間枠あり。平日、土曜は相談に応じる
●休日　無休（但し、指定日あり）
●クレジット　JCB　MC　UC　DC　AMEX　セゾン　ダイナース
●開場日　1965年9月19日
●コースの特徴　18H　P72　6565Y
自然の地形を生かした丘陵コースで、攻めがいのあるコース
●コースレート　71.8
●練習場　180Y8打席
●電車　中央本線石和温泉駅
●クラブバス　なし
●タクシー　石和温泉駅20分3500円
●プレースタイル　キャディ付またはセルフで5人乗り乗用カート。FW乗入れ可（コース状況により不可）
●シューズ　ゴルフ靴はすべて可
●ビジター料金表

	平　日	土　曜	日　祝
キャディ付	9,800～	13,000～	13,000～
セ　ル　フ	6,000～	11,000～	11,000～

季節料金あり
●スペシャルサンクスデー　3～11月の平日の月・金曜日は割引料金

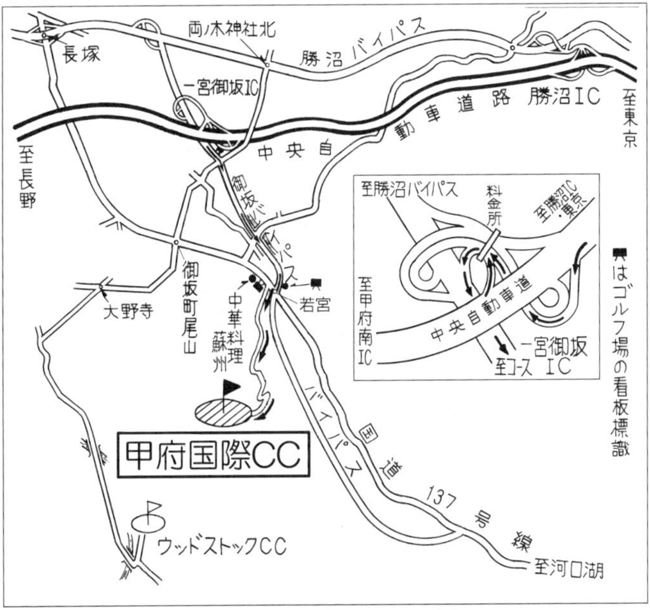

【自動車】高井戸IC（中央自動車道）96.3キロ→一宮御坂IC 4.5キロ→コース
所要時間1時間20分　一宮御坂ICの料金所を河口湖方面に降り、御坂バイパスに合流してインターから7つ目の信号「若宮」を右折。約30m先を左折して2キロでコース

☎0267(93)2236

小海リエックス・カントリークラブ

〒384-1103　長野県南佐久郡小海町豊里5907　FAX 0267(93)2219
https://www.reexcc.jp/

●プレーの申込み　予約状況によりビジター可
●予約　毎年2月1日より予約受付開始
●コンペ　組数制限はなし
●休日　営業期間中無休
12月初旬～4月上旬は冬期クローズ
●クレジット　JCB　UC　VISA 他
●開場日　1988年6月2日
●コースの特徴　18H　P72　6817Y
雄大な景観と変化に富んだ各ホールがゴルファーを魅了する高原コース
●練習場　200Y20打席
●電車　小海線小海駅、松原湖駅
●クラブバス　なし
●タクシー　小海駅から20分4000円

●プレースタイル　セルフプレーで5人乗り乗用カート。FW 乗入れ2人乗りカート要予約1台2000円（コース状況により不可）
●シューズ　メタルスパイク禁止
●ビジター料金表

	平　日	土　曜	日　祝
セ　ル　フ	9,300	12,300	12,300

上記は2021年5／1～7／11と9／27～10／31の料金
期間により料金は異なる
●プレー情報　早朝・薄暮ハーフプレー、宿泊パック、コンペパック

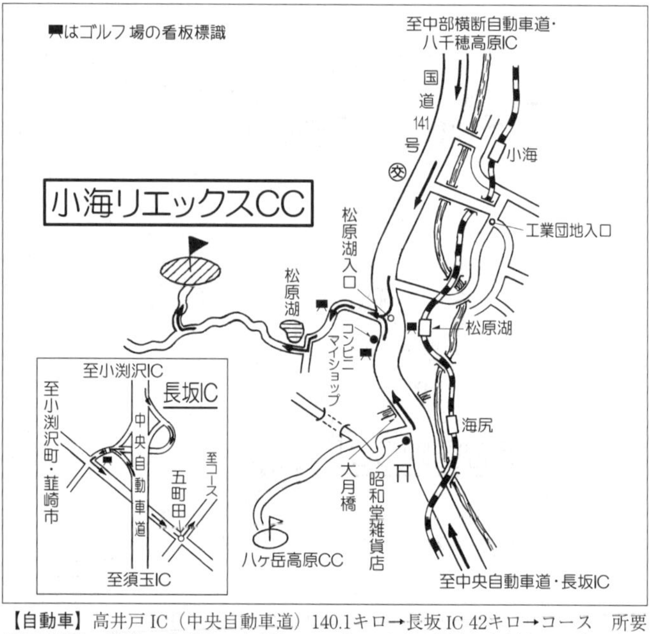

【自動車】高井戸 IC（中央自動車道）140.1キロ→長坂 IC 42キロ→コース　所要時間3時間　長坂 IC を降りて左折し、2つ目の五丁田信号を左折する。清里高原道路を経由し、国道141号線を小諸方面に左折する。松原湖入口の信号を左折してコースへ。中部横断自動車道・八千穂高原 IC から18キロ、約23分

☎0289(64)9111

広陵カントリークラブ

〒322-0073　栃木県鹿沼市西鹿沼町1140-2　FAX 0289(64)7150
https://www.accordiagolf.com

●**プレーの申込み**　会員の紹介が必要　ビジター可
●**予約**　3か月前の1日から受付け
●**コンペ**　組数は相談
●**休日**　無休
●**クレジット**　JCB　VISA　AMEX　ダイナース
●**開場日**　1975年7月26日
●**コースの特徴**　27H　P108　9741Y　日光連山・筑波山の景観を楽しめるフラットな林間丘陵コース。要所に配されたガードバンカーや池が行く手を阻む
●**練習場**　160Y18打席
●**電車**　東武日光線新鹿沼駅
●**クラブバス**　新鹿沼駅より8:00　9:05を運行
●**タクシー**　新鹿沼駅から10分2500円
●**プレースタイル**　セルフプレーでGPSナビ付乗用カート
●**シューズ**　ソフトスパイク推奨
●**ビジター料金表**

	平　日	土　曜	日　祝
セ　ル　フ	5,990	14,490	13,490

2021年11月の昼食付料金
シーズンにより料金は異なる
●**プレー情報**　コンペプラン、午後プレー

【自動車】浦和料金所（東北自動車道）86.7キロ→鹿沼IC 13キロ→コース　所要時間1時間10分　鹿沼ICを降りて最初の十字路を鹿沼方面へ向かう。さつき大橋を渡り東武日光線を越え、古峯原宮通りに突き当たって左折。上日向信号を右折し、鹿沼西小を右折してコースへ

ゴールデンクロスカントリークラブ

〒297-0144　千葉県長生郡長南町市野々575　FAX 0470(82)5241
予約専用0470(82)5246　http://www.goldencrosscc.com

●**プレーの申込み**　原則として会員の紹介が必要。ビジター可
●**予約**　3か月前の同日から受付け
●**コンペ**　組数制限なし
●**休日**　1/1　クラブ指定日
●**クレジット**　AMEX　JCB　VISA　DC　ダイナース　UC
●**開場日**　1996年3月10日
●**コースの特徴**　18H　P72　6822Y
高低差20m以内というフラットな丘陵コースで、池が戦略的にからむホールが多い。1年中エバーグリーンのコースで美しい
●**コースレート**　72.2
●**練習場**　あり
●**電車**　JR外房線茂原駅、いすみ鉄道大多喜駅
●**クラブバス**　要問合せ
●**タクシー**　茂原駅から30分約6500円
●**プレースタイル**　セルフプレーで5人乗り乗用カート
●**シューズ**　ソフトスパイク
●**ビジター料金表**

	平　日	土　曜	日　祝
セ　ル　フ	10,000	17,400	17,400

2021年10月～11月の料金
季節によって料金は異なる

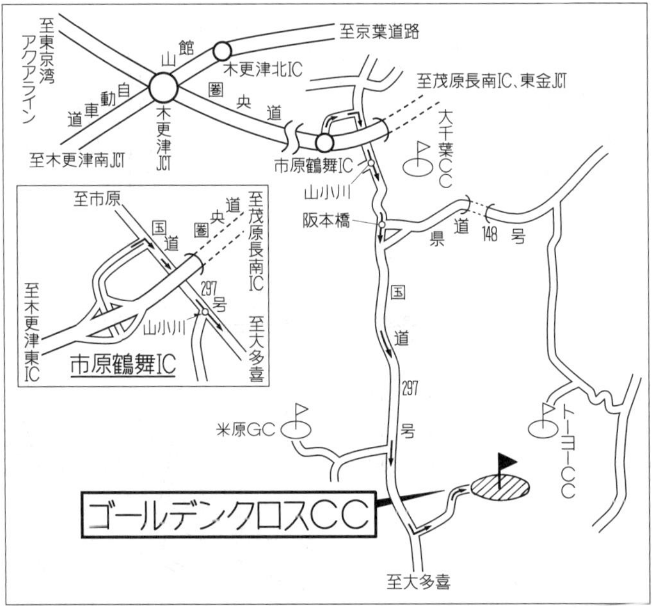

【自動車】川崎浮島JCT(東京湾アクアライン、連絡道)23.7キロ→木更津JCT(圏央道) 19.6キロ→市原鶴舞IC 7キロ→コース　所要時間35分　市原鶴舞ICを降りて右折し、約6キロ先をコース案内板に従って左折してコース。市原鶴舞ICより約8分。館山自動車道・市原ICからは約26キロ、35分

ゴールデンレイクスカントリークラブ

〒321-4513　栃木県真岡市三谷827　FAX 0285(75)1611
予約0285(75)1221　https://www.goldenlakes-cc.jp/

●**プレーの申込み**　予約状況によりビジター可
●**予約**　3か月前の1日から受付け
●**コンペ**　組数は相談
●**休日**　クラブ指定日　1／1
●**クレジット**　各種
●**開場日**　1993年10月
●**コースの特徴**　27H　Y108　10083Y　ダイ・デザイン社が設計し、フェアウェイ、グリーンともマウンドなどでアンジュレーションがある。またコース内には10個の池が配置されている
●**コースレート**　73.3　71.9　72.8
●**練習場**　10打席
●**電車**　JR 水戸線新治駅
●**クラブバス**　新治駅より予約制
●**タクシー**　新治駅から10分2500円
●**プレースタイル**　セルフプレーで乗用カート。キャディ付は要予約。FW乗入れ可（コース状況により不可）
●**シューズ**　メタルスパイク禁止
●**ビジター料金表**

	平　日	土　曜	日　祝
セ　ル　フ	7,800	15,400	15,400

上記は2021年10月の昼食付料金
季節によって料金は異なる
キャディ付は3080円（4B）加算

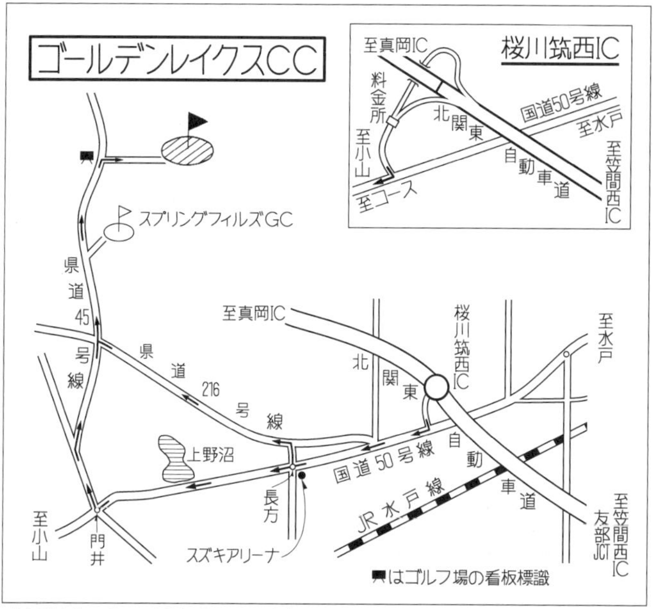

【自動車】三郷 IC(常磐道、北関東自動車道)99.3キロ→桜川筑西 IC 9キロ→コース　所要時間1時間30分　常磐道・友部 JCT から北関東自動車道で桜川筑西 IC へ。料金所を出て国道50号を下館方面に右折し、長方交差点を右折。県道216号線を進み、県道45号線を右折してコースへ

ゴールド川奈カントリークラブ

〒414-0051　静岡県伊東市吉田834　FAX 0557(45)3523
http://www.goldgolf.co.jp/kawana/

●**プレーの申込み**　ビジター可
●**予約**　随時受付け
●**コンペ**　組数制限なし
●**休日**　無休
●**クレジット**　各種
●**開場日**　1948年11月3日
●**コースの特徴**　18H　P72　6481Y
丘陵コースとしてはアップダウンが少なく豪快なショットが楽しめる
●**コースレート**　未査定
●**練習場**　バンカー、アプローチ
●**電車**　伊東線・伊東駅
●**クラブバス**　なし
●**タクシー**　伊東駅から20分3200円
●**プレースタイル**　原則としてセルフで2人乗りと5人乗りのGPSナビ付乗用カート。FW乗入れ可（コース状況により不可）
●**シューズ**　ゴルフ靴はすべて可
●**ビジター料金表**

	平　日	土　曜	日　祝
セ　ル　フ	6,590	14,140	13,130

昼食付。キャディ付プレー希望は要問合せ。オープンコンペ開催日・年末年始・ゴールデンウィーク除く
●**プレー情報**　早朝・薄暮ゴルフ、ジュニア料金

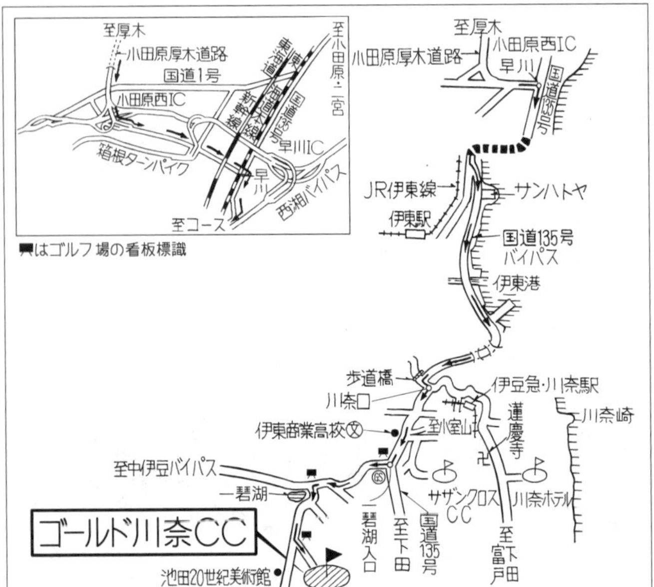

【**自動車**】東京IC（東名高速）35キロ→厚木IC（小田原厚木道路）31.5キロ→小田原西IC 51キロ→コース　所要時間2時間　小田原厚木道路の小田原西ICから国道135号線で真鶴・熱海・伊東と進む。伊東市内の一碧湖入口を右折してコースへ

☎0439(70)5111

ゴールド木更津カントリークラブ

〒292-1151　千葉県君津市大野台765－2　FAX 0439(70)5115
https://www.goldgolf.co.jp/kisarazu/

●プレーの申込み　ビジター可
●予約　2か月前の同日10時から受付け
●コンペ　組数は相談
●休日　無休
●クレジット　各種
●開場日　1998年10月10日
●コースの特徴　18H　P72　6856Y
杉、ヒノキの樹林に囲まれた丘陵コース。要所に池やバンカーが配置され、戦略的で飽きがこないコース
●コースレート　72.3
●練習場　50Y 5打席
●電車　内房線君津駅
●クラブバス　なし
●タクシー　君津駅から35分7000円
●プレースタイル　セルフプレーでGPSナビ付乗用カート
●シューズ　ソフトスパイクのみ可
●ビジター料金表

	平　日	土　曜	日　祝
セ　ル　フ	12,490	20,740	20,740

2021年10月の料金
月によって料金及び内容は異なる
●プレー情報　午後ハーフ、ジュニア料金、早朝スループレー

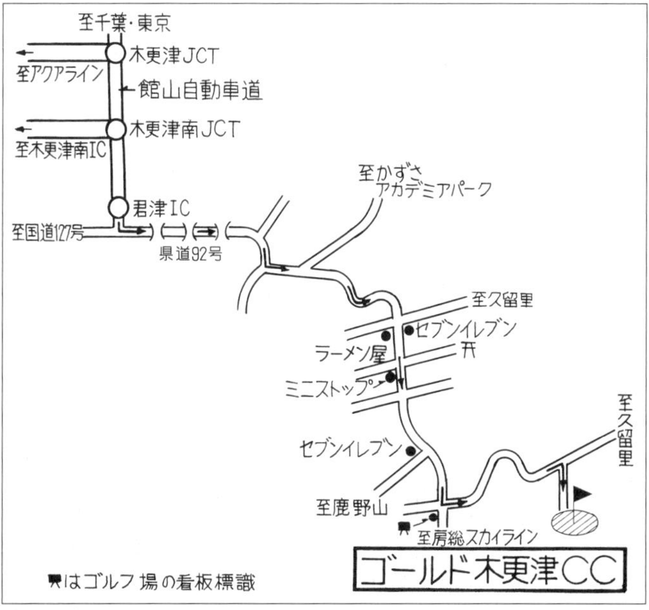

【自動車】箱崎IC（首都高速・京葉道路・館山自動車道）86キロ→君津IC10キロ→コース　所要時間1時間10分　君津ICを降りて左折し、房総スカイライン方面に向かう。君津ICより8.8キロの先の交差点を左折してコースへ。君津ICから約15分

ゴールド佐野カントリークラブ

〒327-0307　栃木県佐野市岩崎町1616　FAX 0283(62)2511
http://www.goldgolf.co.jp/sano

●**プレーの申込み**　ビジター可
●**予約**　3か月前の1日から受付け
●**コンペ**　要問合せ
●**休日**　クラブ指定日
●**クレジット**　JCB　UC　VISA 他
●**開場日**　1994年10月21日
●**コースの特徴**　18H　P72　6948Y
大小5つの池を配し、フラットな地形に水と緑をテーマに造られた美しい戦略型コース。フェアウェイは全面コウライ芝を使用
●**コースレート**　72.7
●**練習場**　200Y12打席
●**電車**　JR両毛線佐野駅、または東武佐野線田沼駅
●**クラブバス**　なし
●**タクシー**　佐野駅から15分約4240円 田沼駅から5分約1810円
●**プレースタイル**　セルフプレーでGPSナビ付5人乗り乗用カート。キャディ付も可
●**シューズ**　ソフトスパイク
●**ビジター料金表**

	平　日	土　曜	日　祝
セ　ル　フ	11,490	20,640	20,640

上記は2021年10月の昼食付料金。期間時間帯により料金は異なる。キャディ付希望は平日3850円、土日祝4400円加算

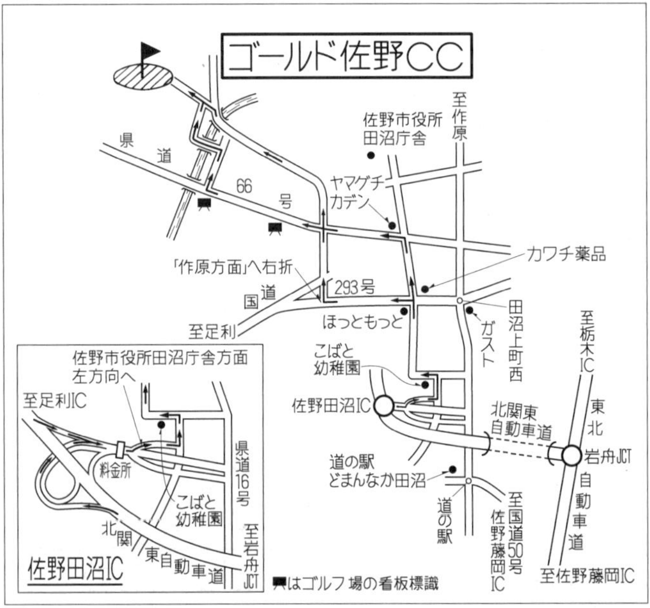

【自動車】 浦和料金所（東北自動車道）57キロ→岩舟JCT（北関東自動車道）5.3キロ→佐野田沼IC 4キロ→コース　所要時間50分　佐野田沼ICを出て「佐野市役所田沼庁舎」方面に左に進む。こばと幼稚園の信号を左折して道なりに進み、県道66号線を左折。案内板に従ってコースへ

ゴールド栃木プレジデントカントリークラブ

〒328-0135　栃木県栃木市千塚町561　FAX 0282(31)3115
予約0282(31)3100　http://www.president-cc.jp

●プレーの申込み　パブリックコース
●予約　3か月前の同日から受付け
●コンペ　組数制限なし
●休日　無休
●クレジット　各種
●開場日　1995年5月19日
●コースの特徴　27H　P108　10329Y　J･ニクラウス設計によるフラットで美しい戦略的コース
●コースレート　東 OUT・IN72.3　東 IN・西 OUT72.6　西 OUT・東 OUT71.9
●練習場　220Y14打席
●電車　東武日光線栃木駅
●クラブバス　予約制で栃木駅南口から7:45　8:50
●タクシー　栃木駅から20分3000円
●プレースタイル　キャディ付またはセルフで GPS ナビ付5人乗りカート
●シューズ　ソフトスパイク推奨
●ビジター料金表

	平　日	土　曜	日　祝
キャディ付	17,530	28,420	28,420
セ　ル　フ	13,680	24,020	24,020

2021年10月～11月の料金で昼食付
期間により料金は異なる

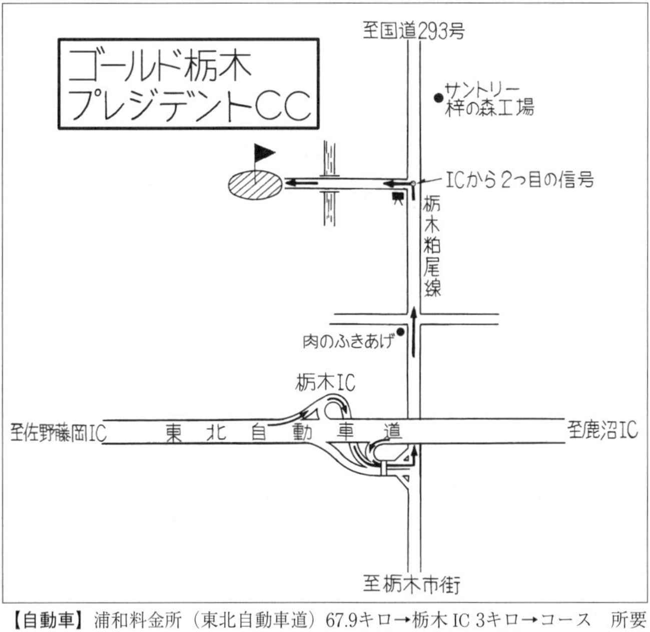

【自動車】浦和料金所（東北自動車道）67.9キロ→栃木 IC 3キロ→コース　所要時間50分　栃木 IC を降りて、主要地方道・栃木粕尾線を左へ進む。2つ目の信号を左折し、直進して約1キロでコースへ。栃木 IC から3分

古河ゴルフリンクス

〒306-0038　茨城県古河市西町10－1　FAX 0280(22)4664
http://www.kogalinks.com//

●**プレーの申込み**　パブリックコース
●**予約**　3月前から受付け
●**コンペ**　予約状況により相談
●**休日**　無休
●**クレジット**　JCB　AMEX
ダイナース　VISA　マスター
●**開場日**　1991年6月24日
●**コースの特徴**　18H　P72　7216Y
渡良瀬川の河川敷コースだが、オール洋芝の美しい造形で丘陵コース的雰囲気がある。ベントワングリーンはアンジュレーションがあり難しい。距離も長く、タフな本格的なリンクスコース
●**電車**　JR 宇都宮線古河駅
●**クラブバス**　なし
●**タクシー**　古河駅から5分740円
●**プレースタイル**　セルフプレーで乗用カート。FW 乗入れ可（コース状況により不可）
●**シューズ**　ソフトスパイク
●**ビジター料金表**

	平　日	土　曜	日　祝
セ　ル　フ	7,500	15,000	14,500

2021年10～11月の料金で昼食付
期間により料金は異なる
●**開放日**　毎週火曜日、18H 乗用スループレー5000円。ハウスはクローズ
●**プレー情報**　早朝・薄暮

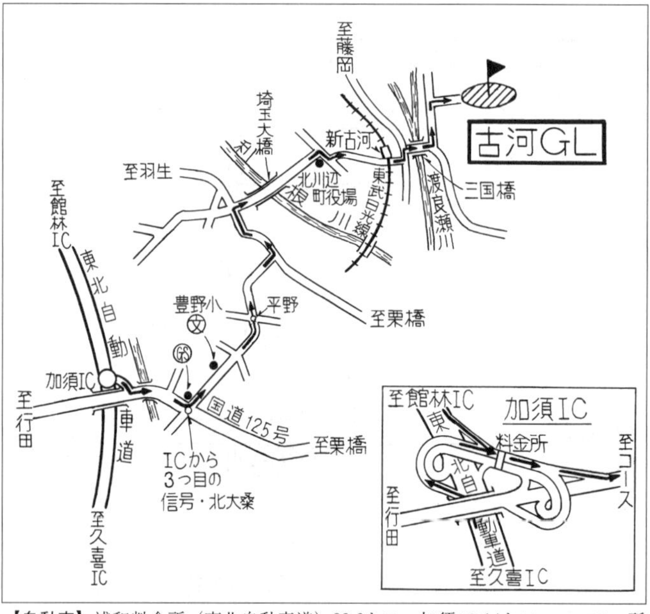

【**自動車**】浦和料金所（東北自動車道）28.6キロ→加須 IC 14キロ→コース　所要時間50分　加須 IC を栗橋方面に降りて3つ目の北大桑信号を左折。県道60号とのT字路を左折し埼玉大橋を渡る。東武日光線を越え、三国橋を渡ってすぐ左折するとコース。加須 IC より20分

小金井カントリー倶楽部

〒187-0012　東京都小平市御幸町331　FAX 042(384)9596
https://koganeicc.jp/

●プレーの申込み　日祝は会員の同伴が必要。男性35歳未満、女性20歳未満は原則プレー不可
●予約　3か月前の月初めからクラブで受付け
●コンペ　土日祝は不可。平日は組数制限なし。会員が直接申し込む
●休日　毎週月曜日　12／31　1／1
●クレジット　VISA　マスター　JCB　AMEX　ダイナース
●開場日　1937年10月3日
●コースの特徴　18H　P72　6760Y
武蔵野の面影を残す林間コース。フラットだがアンジュレーションがあり、砲台グリーンなどに手こずる

●コースレート　72.2
●練習場　180Y11打席
●電車　中央線武蔵小金井駅
●クラブバス　なし。西武バス利用で小金井公園西口前下車
●タクシー　武蔵小金井駅5分710円
●プレースタイル　キャディ付で歩行
●シューズ　ソフトスパイク
●ゲスト料金表

	平　日	土　曜	日　祝
キャディ付	32,880	42,780	42,780

夏期・冬期は平日28,480円、土日祝39,480円
●割引情報　平日コンペ割引

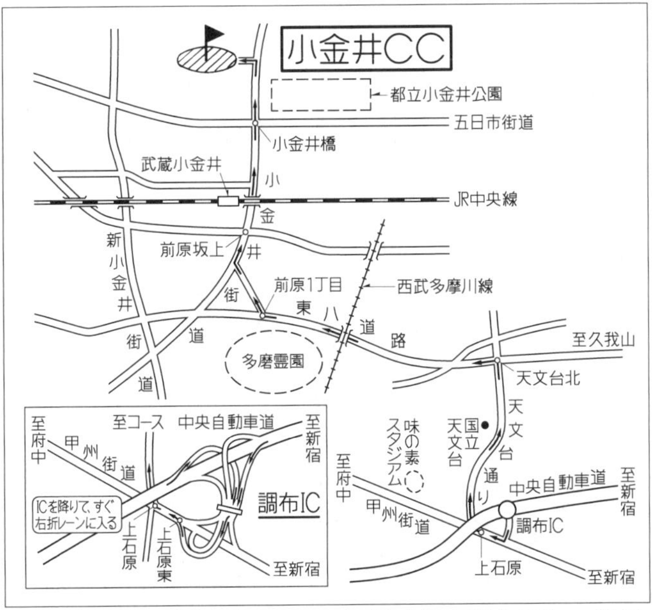

【自動車】中央自動車道・調布IC 100m→上石原（天文台通り）2.5キロ→天文台北3キロ→前原1丁目（小金井街道）4キロ→コース　所要時間20分　調布ICを府中方面に降りて、すぐの上石原交差点を右折。東八道路との天文台北交差点を左折し、約3キロ先の前原1丁目の交差点を右折。武蔵小金井駅を過ぎてコースへ

国際桜ゴルフ倶楽部

〒300-0633　茨城県稲敷市岡飯出1148　FAX 029(894)2763
http://www.sakurasgo.com

●**プレーの申込み**　平日は会員の紹介 土日祝は会員の同伴が必要。予約状況により紹介でも可
●**予約**　平日は随時、土日祝は2か月前の同日9:30より受付
●**コンペ**　3組以上のコンペは随時受付け。土日祝は予約状況により相談。平日は組数制限なし
●**休日**　1/1　クラブ指定日
●**クレジット**　VISA　JCB　AMEX 他
●**開場日**　1969年11月3日
●**コースの特徴**　27H　P108　10087Y フラットだが微妙なアンジュレーションで戦略欲をそそるホールが続く
●**コースレート**　東南72.1　東西72.0
●**電車**　常磐線土浦駅
●**クラブバス**　なし
●**タクシー**　土浦駅より35分7000円
●**プレースタイル**　セルフプレーで乗用カート
●**シューズ**　ソフトスパイク推奨
●**ビジター料金表**

	平　日	土　曜	日　祝
セ　ル　フ	8,680	16,930	16,930

2021年11月の料金で平日は昼食付
期間により料金は異なる
●**プレー情報**　薄暮ハーフ、コンペプラン

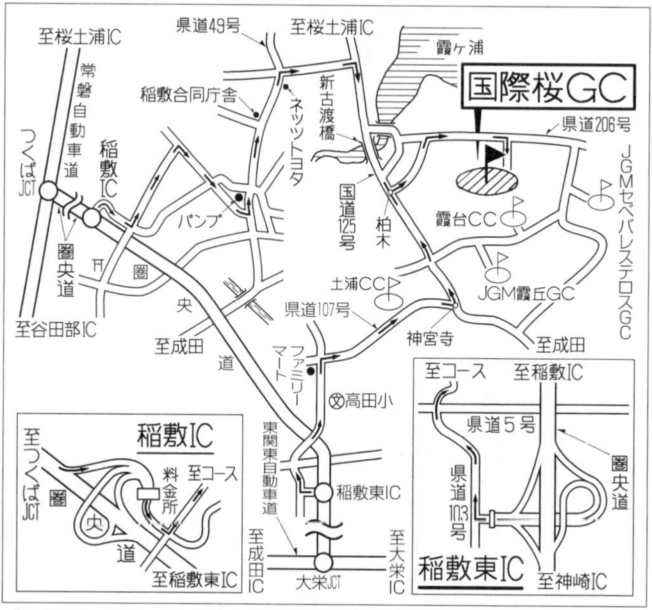

【**自動車**】三郷IC（常磐道、圏央道）54.1キロ→稲敷IC 10キロ→コース　所要時間1時間　稲敷ICを降りて最初の信号を左折し突き当りを右折。パンプがある信号を左折し、右手にネッツトヨタがある信号を右折。国道125号を右折してコースへ。東関道利用は稲敷東ICを降りて右折し県道107号を経由してコースへ

KOSHIGAYA GOLF CLUB

〒342-0013　埼玉県吉川市吉屋525　FAX 048(982)4407
https://www.pacificgolf.co.jp/koshigaya/

●プレーの申込み　セミパブリックコース
●予約　3か月前から受付け
●休日　無休
●クレジット　JCB　ダイナース　VISA　AMEX
●開場日　1965年12月11日
●コースの特徴　18H　P72　6765Y
河川敷で平坦だが、全てのホールに池が絡んでおり、戦略性が高いコース
●練習場　あり
●電車　武蔵野線吉川駅
●タクシー　吉川駅から1700円
●クラブバス　吉川駅より運行。時刻は期間により変更があるので要問合せ
●プレースタイル　セルフプレーでGPSナビ付乗用カート。FW乗入れ可（天候やコース状況により不可）
●シューズ　ソフトスパイクのみ
●ビジター料金
季節により料金が異なるため、ホームページ参照、またはクラブに要問合せ
●プレー情報　18Hスループレー、早朝・薄暮ハーフプレー

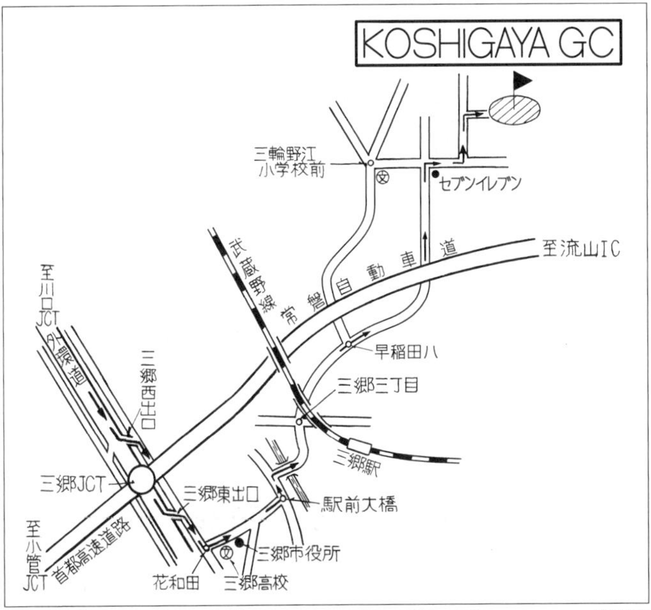

【自動車】箱崎IC（首都高速）19.5キロ→三郷IC東出口8キロ→コース　所要時間40分　首都高速で三郷IC東出口を降りて花和田交差点を左折する。道なりに進んで駅前大橋交差点を左折。道なりに進み、常磐道の高架をくぐって右側にセブンイレブンのある交差点を右折してコースへ。外環道利用は三郷西出口下車

コスモクラシッククラブ

〒299-2202　千葉県南房総市平塚乙2－404　FAX 0470(58)0889
予約専用　0470(58)0141　https://www.cosmoclassic.com

●プレーの申込み　予約状況によりビジター可
●予約　2か月前の1日から予約専用電話で受付け
●コンペ　組数制限なし
●休日　無休
●クレジット　VISA　JCB
●開場日　1976年5月20日
●コースの特徴　18H　P72　6794Y
各ホールは完全にセパレートされ、谷越えなど変化に富んでいる。トッププロ10名によるユニークな設計
●練習場　アプローチ、バンカー
●電車　内房線浜金谷駅、あるいは東京湾フェリーで金谷港
●クラブバス　金谷港から予約制
●タクシー　保田駅から25分4000円
岩井駅から25分4000円
●プレースタイル　セルフプレーで5人乗り乗用カート
●シューズ　ソフトスパイク推奨
●ビジター料金表

	平　日	土　曜	日　曜
セ　ル　フ	5,990	13,990	12,990

2021年11月の昼食付料金
料金は期間や曜日によって異なる
●プレー情報　コンペ特典、感謝デー

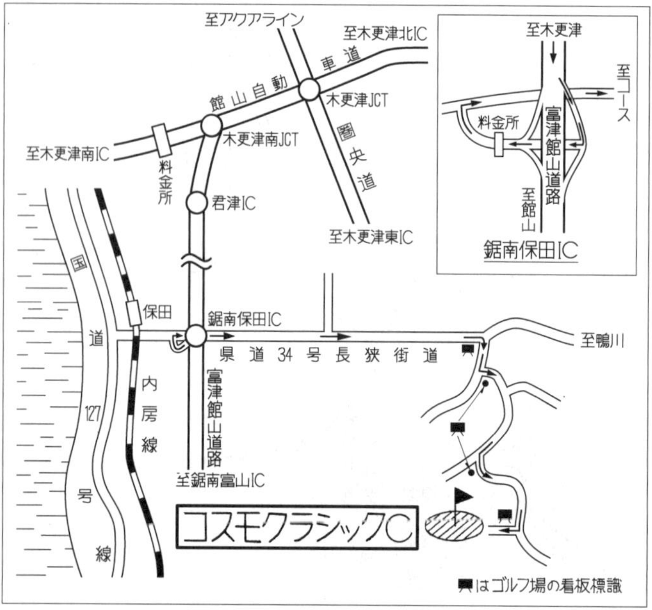

【自動車】箱崎IC（首都高速・京葉道路・館山自動車道）79.9キロ→木更津南JCT（館山自動車道・富津館山道路）29.3キロ→鋸南保田IC 15キロ→コース　所要時間1時間40分　鋸南保田ICを降りて右折し、鴨川方面に向かう。約10キロ先の信号をコース案内板に従って右折してコースへ

こだま神川カントリークラブ

〒367-0301　埼玉県児玉郡神川町渡瀬1492-1　FAX 0274(52)6336
予約0274(52)6333　本社03(6688)1500　https://www.accordiagolf.com

●プレーの申込み　ビジター可
●予約　3か月後の月末分まで予約可。午前9時から受付け
●コンペ　予約状況により相談
●休日　年中無休
●クレジット　各種
●開場日　1988年10月10日
●コースの特徴　18H　P72　6275Y
林間コースにリンクスをおりまぜ、趣きを出した戦略型チャンピオンコース。池やバンカーが要所に絡み、ショットの落とし所によって様相が変わる
●コースレート　B71.1　R69.0
●練習場　200Y11打席
●電車　高崎線本庄駅、または上越新幹線本庄早稲田駅
●クラブバス　なし
●タクシー　本庄駅から30分5000円
●プレースタイル　セルフプレーで5人乗り乗用カート
●シューズ　メタルスパイク禁止
●ビジター料金表

	平　日	土　曜	日　祝
セ　ル　フ	7,990	16,990	15,990

2021年11月の昼食付料金
期間によって料金は異なる

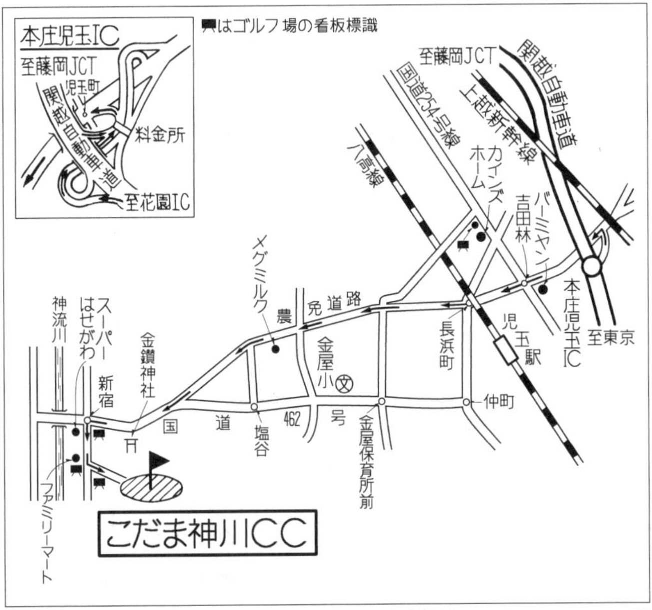

【自動車】練馬 IC（関越自動車道）69.6キロ→本庄児玉 IC 10キロ→コース　所要時間1時間30分　本庄児玉 IC の料金所を出て左折し、吉田林交差点を直進し、ガード下の長浜町交差点も直進する。農免道路を道なりに進み、神流川手前の新宿交差点を左折してコースへ

児玉カントリー倶楽部

〒367-0213　埼玉県本庄市児玉町秋山3012　FAX 0495(72)7300
予約専用　0495(72)8008　http://www.kodama-cc.jp

●プレーの申込み　ビジター可
●予約　1か月前の同日から受付け
●コンペ　会員の申込みは3か月前、一般は2か月前から受付け
●休日　無休
●クレジット　JCB　UC　VISA　マスター　AMEX
●開場日　1993年10月30日
●コースの特徴　27H　P108　10254Y　落葉樹林でセパレートされた平坦で景観の良い丘陵コース
●コースレート　72.4
●練習場　あり
●電車　高崎線本庄駅、または上越新幹線本庄早稲田駅
●クラブバス　本庄駅、本庄早稲田駅より予約制
●タクシー　本庄駅から30分4000円
●プレースタイル　セルフプレーでGPSナビ付5人乗り乗用カート。キャディ付も可
●シューズ　ゴルフ靴はすべて可
●ビジター料金表

	平　日	土　曜	日　曜
セ　ル　フ	9,225	16,210	16,210

2021年11月の料金で昼食付。
季節割引、曜日によって料金は異なる。
キャディ付は2200円加算。
平日東コース限定7980円

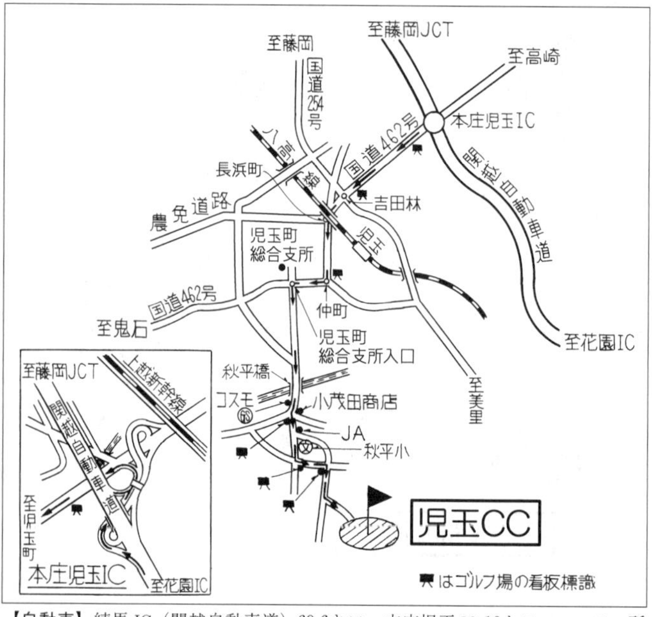

【自動車】練馬IC（関越自動車道）69.6キロ→本庄児玉IC 10キロ→コース　所要時間1時間10分　本庄児玉ICを降りて児玉方面へ。国道254号線との吉田林交差点を直進し、最初の信号を左折する。その後3つ目の仲町交差点を右折し、最初の信号を左折。秋平橋を渡り、コース案内板に従ってコースへ

こだまゴルフクラブ

〒367-0203　埼玉県本庄市児玉町入浅見1060　FAX 0495(72)3333
https://www.kodama-gc.com

●**プレーの申込み**　パブリックコース
●**予約**　2か月前の1日より受付け
●**コンペ**　組数は相談
●**休日**　1／1　クラブ指定日
●**クレジット**　JCB　UC　VISA 他
●**開場日**　1977年5月25日
●**コースの特徴**　18H　P72　7066Y
広大な丘陵地の自然の地形を活かしたコースで、フラットで距離も十分ある
●**コースレート**　73.2
●**練習場**　250Y17打席
●**電車**　上越新幹線本庄早稲田駅、高崎線本庄駅、八高線児玉駅
●**クラブバス**　本庄駅南口から土日祝7:15　8:05　8:45、本庄早稲田駅北口から7:30　8:20　9:00、平日は要予約
●**タクシー**　本庄2200円　本庄早稲田1700円
●**プレースタイル**　キャディ付またはセルフで5人乗りカート
●**シューズ**　ソフトスパイク推奨
●**ビジター料金表**

	平　日	土　曜	日　祝
キャディ付	17,500	27,000	27,000
セ　ル　フ	15,500	25,000	25,000

上記は2021年トップシーズン料金
その他の月については要問合せ
●**セルフデー**　平日の月曜日9500円

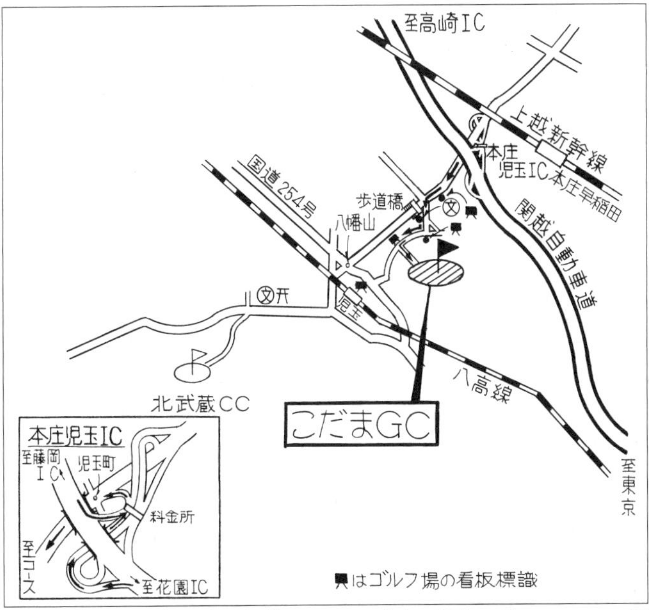

【自動車】練馬 IC（関越自動車道）69.5キロ→本庄・児玉 IC 4キロ→コース　所要時間50分　本庄･児玉 IC（児玉出口）で降り、左折して児玉方面に向かう。1.8キロ先の歩道橋のある信号を左折し、700m 先の交差点を右折、道なりに1キロ走るとコース入口。IC から約5分（案内板が10カ所あり）

御殿場ゴルフ倶楽部

〒412-0033　静岡県御殿場市神山1924－2　FAX 0550(87)1915
予約0550(87)3244　https://www.gotembagolf.com

●**プレーの申込み**　ビジター可
●**予約**　4か月前の同日から、電話またはWEBにて受付け
●**コンペ**　組数は相談
●**休日**　無休
●**クレジット**　UC　DC　VISA　MC　AMEX　ダイナース　セゾン
●**開場日**　1971年9月28日
●**コースの特徴**　18H　P72　6345Y　打ち上げ、打ち下ろしを主体とした、変化に富んだ丘陵コースである
●**コースレート**　70.5
●**練習場**　35Y7打席
●**電車**　御殿場線御殿場駅
●**クラブバス**　予約制で御殿場駅8:05　9:00
●**タクシー**　御殿場駅から15分3000円
●**プレースタイル**　キャディ付またはセルフでGPSナビ付乗用カート
●**シューズ**　ゴルフ靴はすべて可
●**ビジター料金表**

	平　日	土　曜	日　祝
セ　ル　フ	9,700～	15,300～	14,300～

キャディ付は4B2,340円加算
●**プレー情報**　コンペプラン、薄暮プレー

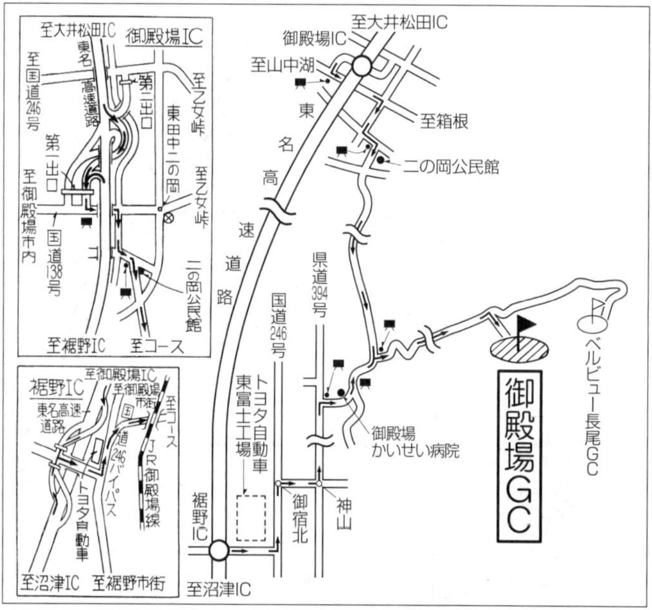

【自動車】 東京IC（東名高速）83.7キロ→御殿場IC 10キロ→コース　所要時間1時間15分　御殿場IC第一出口を降りて左折し、高速をくぐってすぐの信号を左折。1つ目の信号を右折して二の岡公民館があるY字路を右折してコースへ。裾野ICからは県道394号を経由して約6キロ12分

御殿場東名ゴルフクラブ

〒412-0047　静岡県御殿場市神場1530－2　FAX 0550(89)2878
予約センター0550(89)6560　https://www.pacificgolf.co.jp/gotembatomei/

●**プレーの申込み**　ビジター可
●**予約**　平日は3か月前の1日、土日祝日は2か月前の同日より受付け
●**コンペ**　土日祝は相談、平日3組以上は4か月前の同日より受付け
●**休日**　1／1　クラブ指定日
●**クレジット**　JCB　VISA 他各種
●**開場日**　1978年9月24日
●**コースの特徴**　18H　P72　6193Y
立地条件に恵まれ、アウトは適度なアンジュレーションがあり、インは美しい林間コース
●**コースレート**　69.5
●**練習場**　120Y18打席
●**電車**　御殿場線御殿場駅
●**クラブバス**　御殿場駅乙女口から予約制で8:15　8:55
●**タクシー**　御殿場駅から15分1800円
●**プレースタイル**　キャディ付またはセルフで5人乗り乗用カート
●**シューズ**　ソフトスパイク
●**ビジター料金**
季節により料金が異なるため、ホームページ参照、またはクラブに要問合せ
●**プレー情報**　薄暮プレーあり

こ

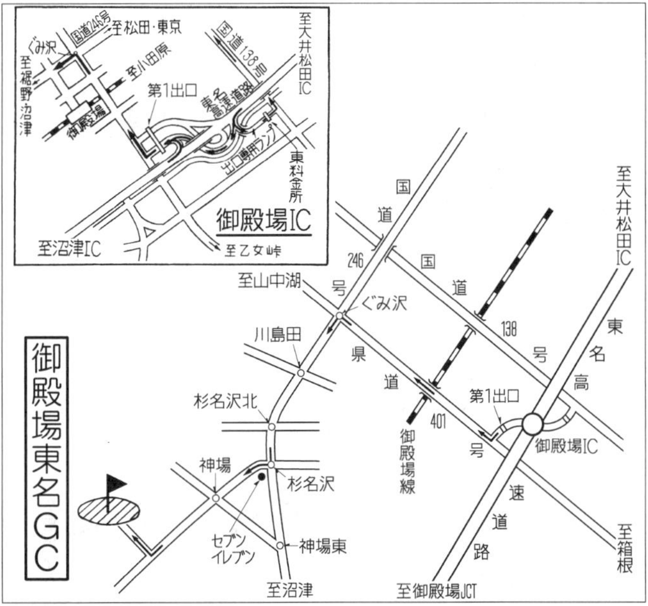

【自動車】東京IC（東名高速）83.7キロ→御殿場IC 7キロ→コース　所要時間1時間15分　御殿場IC第1出口（市街地方面）に降りて右折し山中湖方面に進む。約2.5キロ先のぐみ沢交差点を左折し、約2.5キロ先の杉名沢信号を右折してコースまで約3キロ

小淵沢カントリークラブ

〒408-0044　山梨県北杜市小淵沢町10060-163　FAX 0551(36)4415
https://kobuchisawa-cc.jp

●**プレーの申込み**　パブリックコース
●**予約**　年間を通して受付け
●**コンペ**　組数は相談
●**休日**　2月は冬期クローズ
●**クレジット**　各種
●**開場日**　1989年5月2日
●**コースの特徴**　18H　P72　6859Y
全天候原則、乗用カートでフェアウェイ走行可能。コース設計は安田幸吉。標高1150m、ブラインドホールと高低差の少ないオーソドックスなコース
●**コースレート**　71.8
●**電車**　中央本線小淵沢駅
●**クラブバス**　小淵沢駅より予約制
●**タクシー**　小淵沢駅から10分2000円
●**プレースタイル**　キャディ付は5人乗り、セルフは2人乗り2台または5人乗り乗用カート使用。GPSナビ付、FW乗入れ可（コース状況により不可）
●**シューズ**　ソフトスパイク、スパイクレスを推奨
●**ビジター料金表**

	平　日	土　曜	日　祝
セ　ル　フ	13,000	16,500	15,500

2021年9月～10月の昼食付料金
キャディ付は3850円（4B）加算
プレー料金は季節により変動。ロッジ宿泊施設あり

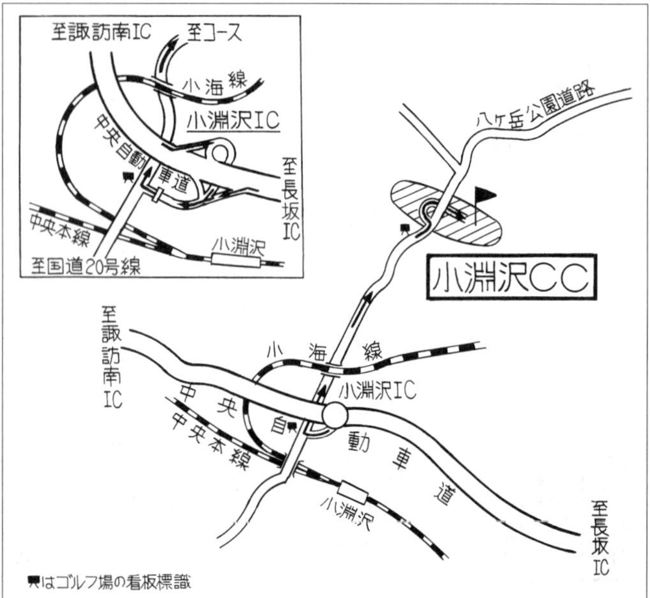

【自動車】高井戸IC（中央自動車道）148.3キロ→小淵沢IC 3キロ→コース　所要時間1時間40分　小淵沢ICを降りて右折し、八ケ岳公園道路方面に約3キロ進むと左側にコース進入路がある。小淵沢ICより約5分

高麗川カントリークラブ

〒350-1242　埼玉県日高市北平沢1485　FAX042(985)4854
https://www.komagawacc.co.jp

●プレーの申込み　会員の紹介が必要。または来場履歴のある方
●予約　6か月前の1日9時より受付け
●コンペ　平日は可、土日祝は応相談
●休日　1／1　クラブ指定日
●クレジット　UC　VISA　JCB　他
●開場日　1972年10月1日
●コースの特徴　18H　P72　6788Y
アウトは林間の趣きがあるが、インは丘陵の趣きとまったく異った18ホール。ベントの2グリーン
●コースレート　72.0
●練習場　300Y18打席
●電車　西武池袋線飯能駅、またはJR 八高線･川越線高麗川駅
●クラブバス　飯能駅から7:35　8:35
高麗川駅は上記時刻から15分後に運行
●タクシー　高麗川駅から1700円
●プレースタイル　キャディ付で乗用カート
●シューズ　メタルスパイク禁止
●ビジター料金表

	平　日	土　曜	日　祝
キャディ付	18,400	27,900	27,900

上記は2021年10月～12月の料金、別途利用税。
期間により料金変動
昼食付サービスデーあり
セルフデーあり（原則毎月曜日）

こ

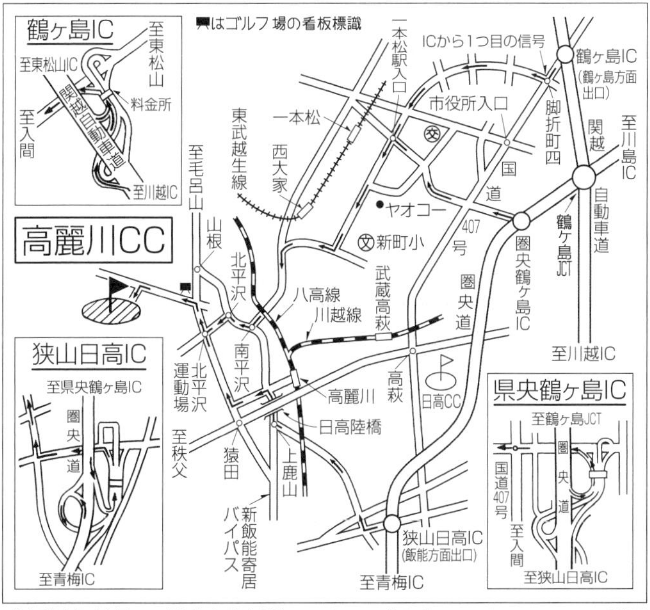

【自動車】練馬 IC（関越自動車道）29.6キロ→鶴ケ島 IC 10キロ→コース　所要時間30分　鶴ケ島 IC で降りて左折し、1つ目の信号を右折して道なりに進む。新町小学校を過ぎ、T 字路を右折してコース案内板に従って進む。八高線の踏切を越えてから右折し、高麗川を渡ってコースへ

小諸高原ゴルフクラブ

〒384-0045　長野県小諸市滝原1101　FAX 0267(22)9688
https://www.komoro-kogen.com/

●プレーの申込み　ビジター可
●予約　3か月前の同日から受付け
●コンペ　3組9名以上は、1人500円割引
●休日　営業期間中無休
12月初旬～3月は冬期クローズ
●クレジット　DC　UC　VISA
マスター　JCB　AMEX　ダイナース
●開場日　1989年8月1日
●コースの特徴　18H　P72　6673Y
浅間山南西の山麓に位置し、高原コースと山岳コースの両面の特徴を備えており、戦略性と変化に富んだコース
●練習場　250Y16打席
●電車　北陸新幹線佐久平駅
●クラブバス　なし
●タクシー　佐久平駅から30分5000円
●プレースタイル　セルフプレーでGPSナビ付2人乗り乗用カート。
FW乗入れ可
●シューズ　メタルスパイク禁止
●ビジター料金表

	平　日	土　曜	日　祝
セ　ル　フ	8,200	14,300	12,300

2021年8／28～11／3の料金
期間により料金は異なる
●プレー情報　薄暮プレー、ジュニア料金、コンペ割引あり

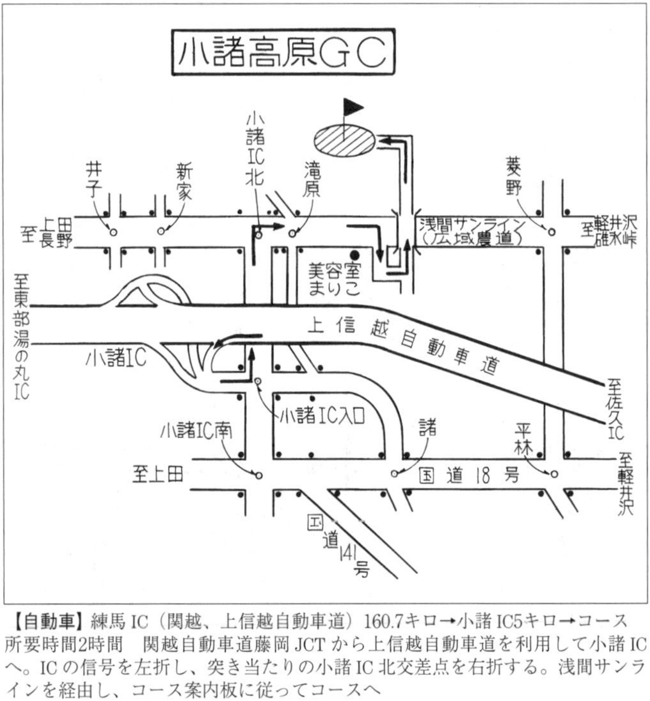

【自動車】練馬IC（関越、上信越自動車道）160.7キロ→小諸IC5キロ→コース　所要時間2時間　関越自動車道藤岡JCTから上信越自動車道を利用して小諸ICへ。ICの信号を左折し、突き当たりの小諸IC北交差点を右折する。浅間サンラインを経由し、コース案内板に従ってコースへ

ゴルフ倶楽部ゴールデンウッド

〒324-0231　栃木県大田原市北野上3604－2　FAX 0287(54)4310
http://www.goldenwood.jp

●プレーの申込み　ビジター可
●予約　随時受付け
●コンペ　随時受付け
●休日　無休（積雪時クローズ）
●クレジット　JCB VISA UC 等各種
●開場日　1995年5月19日
●コースの特徴　18H　P72　6698Y
比較的フラットな丘陵コース。ドッグレッグしているホールもあり、広大なベント・ワングリーンが攻略のカギ
●練習場　なし
●電車　東北新幹線那須塩原駅
●クラブバス　なし
●タクシー　那須塩原駅から約30分

●プレースタイル　セルフプレーで5人乗り乗用カート。キャディ付は要予約
●シューズ　ソフトスパイク
●ビジター料金表

	平　日	土　曜	日　祝
セ　ル　フ	4,100～	6,500～	6,500～

キャディ付は3,500円(4B)加算
昼食付。期間により料金は異なる
各種優待プランあり

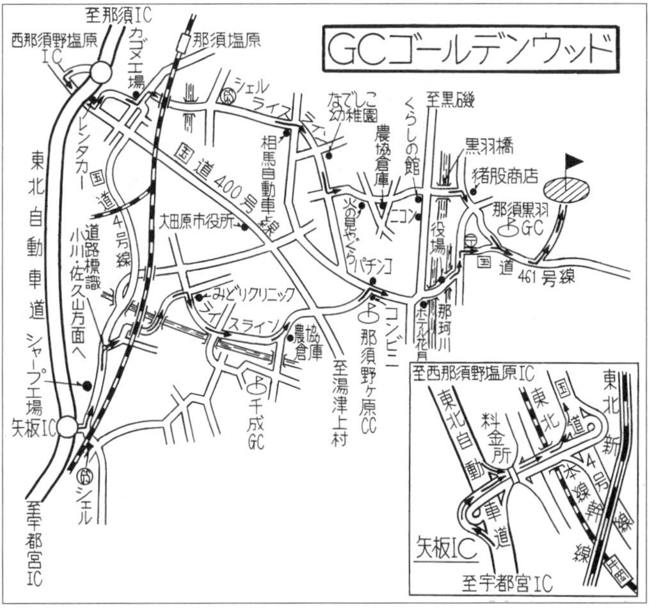

【自動車】浦和料金所（東北自動車道）115.4キロ→矢板 IC 8.5キロ→野崎橋（ライスライン経由）26.5キロ→コース　所要時間2時間20分　矢板 IC から国道4号を左折し、5キロ先の信号を斜めに右折。みどりクリニックの信号を右折し、ホテル花月の信号を右折して国道461号を通りコースへ

ゴルフクラブスカイリゾート

〒378-0121　群馬県沼田市白沢町高平2537－1　FAX 0278(53)2215
http://www.gcsr.jp/

●**プレーの申込み**　パブリックコース
●**予約**　午前9時より午後4時まで電話にて随時受付け
●**コンペ**　予約状況より相談
●**休日**　営業期間中無休
12月中旬～3月下旬は冬期クローズ
●**クレジット**　JCB　UC　VISA　AMEX　DC　MC　NICOS　ダイナース
●**開場日**　1973年8月15日
●**コースの特徴**　18H　P71　6220Y
海抜1150m の高原コース。OUT はフラットで広く、IN はグリーンがしぼられ戦略性を要する
●**コースレート**　70.4
●**練習場**　220Y10打席
●**電車**　上越線沼田駅、または上越新幹線上毛高原駅
●**クラブバス**　なし
●**タクシー**　沼田駅から30分5000円
●**プレースタイル**　セルフプレーで5人乗り乗用カート
●**シューズ**　ソフトスパイク（スパイクレスを含む）
●**ビジター料金表**

	平　日	土　曜	日　祝
セ　ル　フ	5,000	8,500	8,500

2021年4／3～7／16、9／1～11／30の昼食付料金
期間により料金は異なる

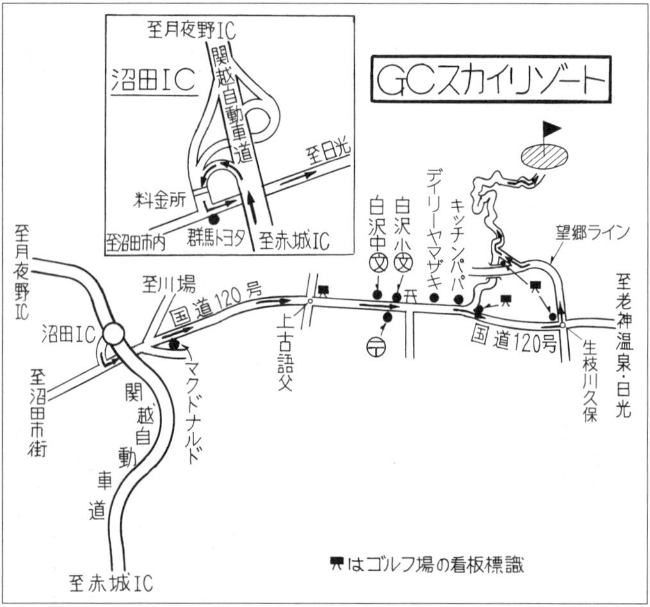

【**自動車**】練馬 IC（関越自動車道）125.8キロ→沼田 IC 13キロ→コース　所要時間2時間　沼田 IC で降り、料金所を出たら左折して国道120号線を日光方面に進む。約7キロ先の生枝川久保交差点を左折して望郷ラインを経てコースへ

ゴルフ倶楽部セブンレイクス

〒319-2226　茨城県常陸大宮市北塩子533　FAX 0295(53)4110
予約センター　0295(53)2111　http://www.sevenlakes.jp

●プレーの申込み　ビジター可
●予約　3か月前の同日から受付け
●コンペ　組数制限なし
●休日　クラブ指定日
●クレジット　ダイナース　VISA　AMEX　マスター　JCB
●開場日　1989年9月30日
●コースの特徴　18H　P72　6356Y
アメリカンスタイルにリンクスムードを盛り込んだレイアウトのコース。ロッキーコース5番には日本初のロッキーハザードがある
●コースレート　70.0
●電車　常磐線水戸駅、または水郡線常陸大宮駅
●クラブバス　なし
●タクシー　水戸駅から45分10000円、常陸大宮駅から15分3000円
●プレースタイル　キャディ付またはセルフで5人乗り乗用カート
●シューズ　ソフトスパイク推奨
●ビジター料金表

	平　日	土　曜	日　祝
セ　ル　フ	6,000	11,000	11,000

上記は2021年11月の昼食付料金
季節料金あり
キャディ付は3300円加算
●セルフ開放デー　指定の月曜日4000円。前金制、レストランなし

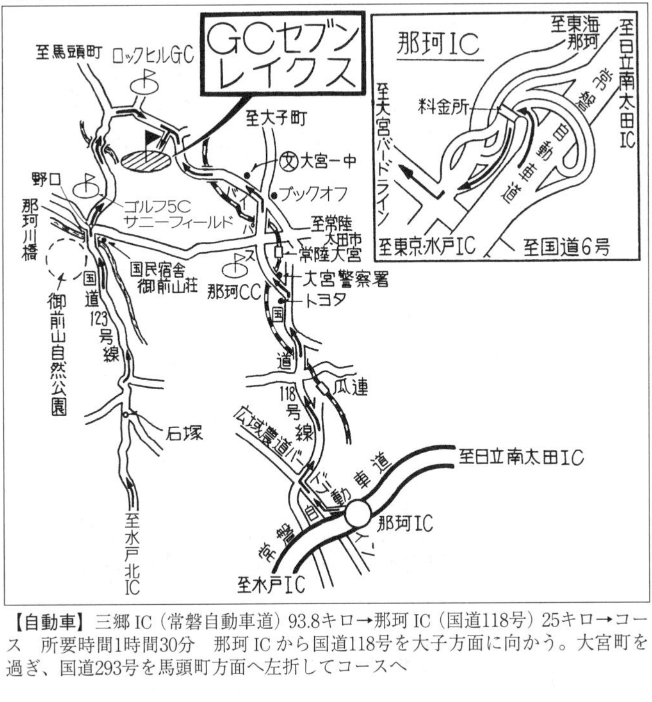

【自動車】三郷 IC（常磐自動車道）93.8キロ→那珂 IC（国道118号）25キロ→コース　所要時間1時間30分　那珂 IC から国道118号を大子方面に向かう。大宮町を過ぎ、国道293号を馬頭町方面へ左折してコースへ

ゴルフ5カントリーオークビレッジ

〒290-0531　千葉県市原市国本767　FAX 0436(96)0330
https://www.alpen-group.net/oakvillage/

●プレーの申込み　ビジター可
●予約　3か月前の同日から受付け
●コンペ　予約状況により相談
●休日　無休
●クレジット　各種
●開場日　1994年7月5日
●コースの特徴　18H　P72　7024Y
設計はD・ミュアヘッド。個性豊かに造られた戦略的なコース。クラブハウス内にホテルあり。
●コースレート　73.6
●練習場　250Y13打席
●電車　内房線五井駅
●クラブバス　市原鶴舞バスターミナルより運行。完全予約制
●タクシー　五井駅から50分約8000円
●プレースタイル　キャディ付またはセルフで乗用カート
●シューズ　ソフトスパイク
●ビジター料金表

	平　日	土　日	祝　日
キャディ付	17,300	29,950	29,950
セ　ル　フ	14,000	26,650	26,650

2021年11月の料金。期間により料金は異なる

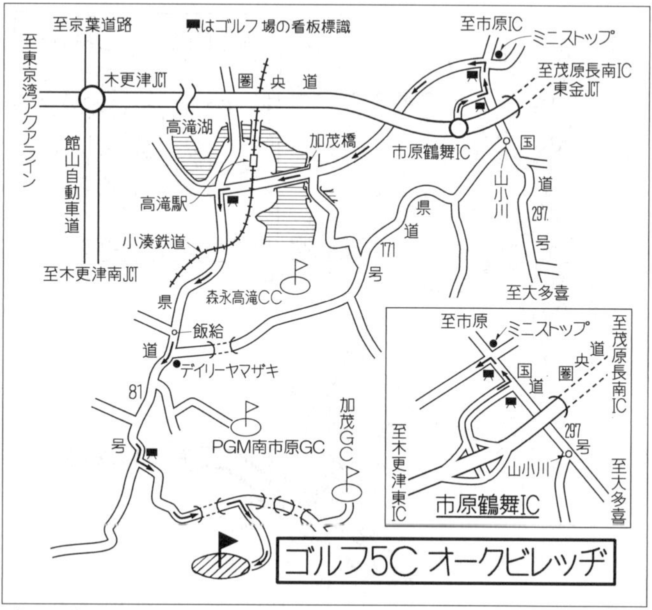

【自動車】川崎浮島JCT(東京湾アクアライン、連絡道)23.7キロ→木更津JCT(圏央道) 19.6キロ→市原鶴舞IC 13.5キロ→コース　所要時間45分　市原鶴舞ICを降りて左折しすぐの信号を左折。約4キロ先の交差点を左折し約6キロ先のチバニアン入口を左折してコースへ。館山道・市原ICからは約28キロ

ゴルフ5カントリーかさまフォレスト

〒309-1634　茨城県笠間市福原301　FAX 0296(74)2184
予約専用　0296(74)4151　https://alpen-group.net/kasama-forest/

●プレーの申込み　予約状況によりビジター可
●予約　随時受付け
●コンペ　組数は相談
●休日　無休
●クレジット　各種
●開場日　1985年10月12日
●コースの特徴　18H　P72　7008Y
なだらかな丘陵と林間風の両方をそなえたコース。ほぼフラットで全ホールセカンド地点からピンが見える
●コースレート　72.8
●練習場　250Y18打席
●電車　常磐線友部駅
●クラブバス　友部駅から8:45予約制
●タクシー　友部駅から30分4500円
●プレースタイル　キャディ付またはセルフで乗用カート
●シューズ　ソフトスパイク推奨
●ビジター料金表

	平　日	土　曜	日　祝
キャディ付	12,000	18,820	18,820
セ　ル　フ	8,370	15,960	15,960

上記は2021年11月の料金。平日は昼食付。期間や曜日により料金は異なる
ホームページに優待カレンダー案内あり

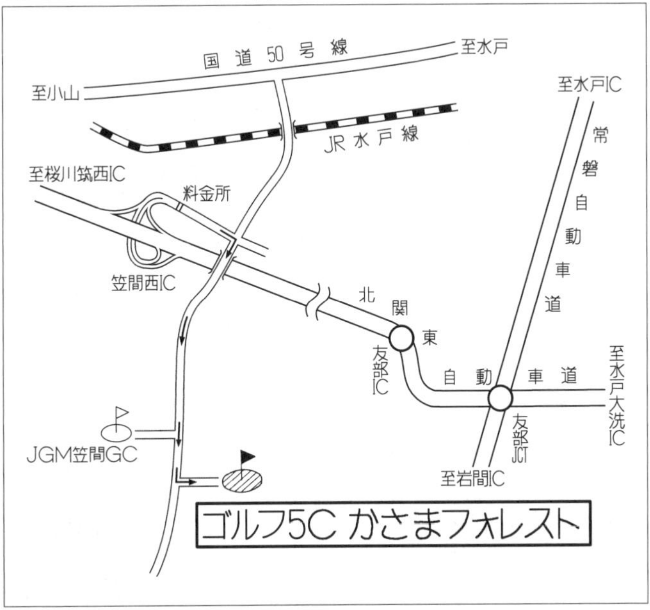

【自動車】三郷IC（常磐道、北関東自動車道）90.4キロ→笠間西IC 1キロ→コース　所要時間1時間10分　常磐自動車道・友部JCTから北関東自動車道を笠間方面に進み、笠間西ICで降りる。料金所を出て右折し、約1キロ先の左手がコース。土浦北ICから朝日トンネル経由で27.6キロ、約35～40分

ゴルフ5カントリーサニーフィールド

〒311-4503　茨城県常陸大宮市野口1743－14　FAX 0295(55)2325
http://alpen-group.net/sunnyfield/

●**プレーの申込み**　予約状況によりビジター可
●**予約**　6か月前の1日11時より受付け
●**コンペ**　予約状況により相談
●**休日**　無休
●**クレジット**　各種
●**開場日**　1987年7月7日
●**コースの特徴**　18H　P72　7148Y
43万坪の広大な土地に広がる18ホール設計はJ･ニクラウスで、フェアウェイは広く、随所に池を配して戦略的
●**コースレート**　73.3
●**練習場**　350Y20打席
●**電車**　常磐線友部駅
●**クラブバス**　友部駅から予約制で土日祝のみ運行
●**タクシー**　友部駅から45分8000円
●**プレースタイル**　キャディ付またはセルフで乗用カート利用
●**シューズ**　ソフトスパイク
●**ビジター料金表**

	平　日	土　日	祝　日
キャディ付	11,010	17,940	17,940
セ　ル　フ	6,610	13,540	13,540

平日は昼食付
上記は2021年10月の料金
期間により料金は異なる
●**プレー情報**　コテージ宿泊プラン

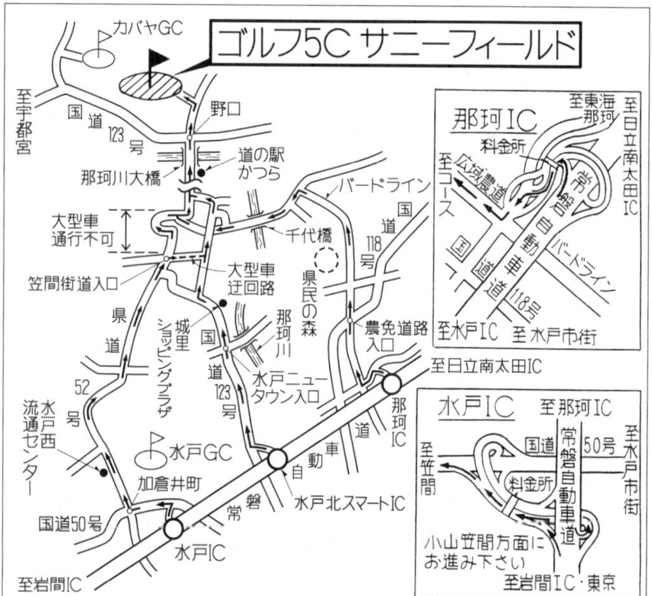

【**自動車**】三郷IC（常磐自動車道）82キロ→水戸IC 21キロ→コース　所要時間1時間30分　水戸ICを笠間方面に降りて200m先の加倉井町信号を右折し、宇都宮・御前山方面へと向う。那珂川大橋を渡ってコース案内板に従ってコースへ。水戸北スマートICからは国道123号線経由で19キロ

☎0274(52)3000

埼玉国際ゴルフ倶楽部

〒367-0311　埼玉県児玉郡神川町大字下阿久原1603－1　FAX 0274(52)3080
https://www.saikoku.com

●**プレーの申込み**　土日祝は会員の紹介または同伴が必要。予約状況によりビジター可
●**予約**　3か月前の同日から受付け
●**コンペ**　組数は相談
●**休日**　原則として無休
1／1はセルフデー営業
●**クレジット**　JCB　VISA 他
●**開場日**　1982年7月15日
●**コースの特徴**　27H　P108　9929Y
松、杉、檜などの樹木に囲まれ、沢越えや池越えなどの楽しめる丘陵コース
●**コースレート**　西東71.1　東南71.4　南西71.5
●**電車**　高崎線本庄駅、上越新幹線本庄早稲駅、東武東上線寄居駅
●**クラブバス**　なし
●**タクシー**　本庄4000円、寄居5000円
●**プレースタイル**　セルフで GPS ナビ付5人乗り乗用カート。キャディ付は要予約
●**シューズ**　メタルスパイク禁止
●**ビジター料金表**

	平　日	土　曜	日　祝
キャディ付	14,630	21,230	20,130
セ　ル　フ	11,800	18,480	17,380

2021年4月～6月、10月～12月28日の料金。平日は昼食付。WEB 特別優待料金あり

さ

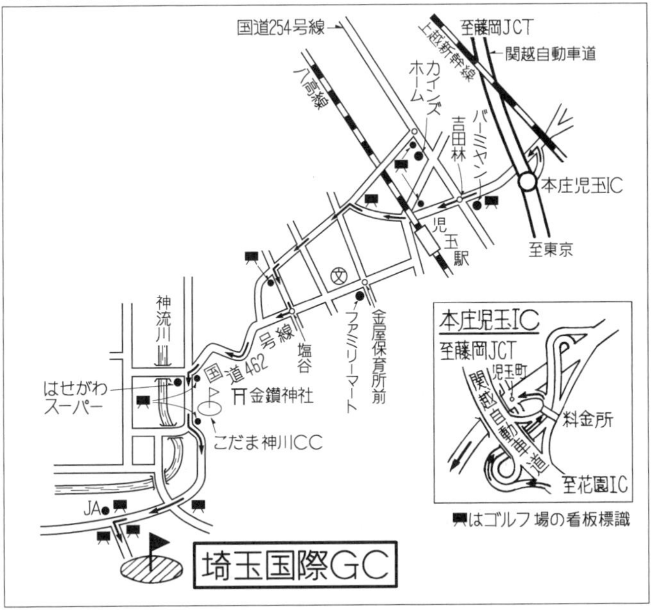

【自動車】練馬 IC（関越自動車道）69.6キロ→本庄児玉 IC 12キロ→コース　所要時間1時間10分　本庄児玉 IC を児玉・藤岡方面に出て、約5キロ先の吉田林交差点を直進する。道なりに進み、コース案内板に従って左折し国道462号線を右折。神流川手前（はせがわスーパー）を左折し、神泉農協前を左折してコース

さいたまゴルフクラブ

〒350-0445　埼玉県入間郡毛呂山町葛貫1200　FAX 049(295)2330
https://www.accordiagolf.com/

●プレーの申込み　ビジター可
●予約　平日が3か月前の1日、土日祝は3か月前の同日から電話で受付け
●コンペ　組数は相談
●休日　無休
●クレジット　各種
●開場日　1980年7月24日
●コースの特徴　18H　P72　6806Y
アウトは方向性を必要とする戦略性豊かな丘陵コース。インはダイナミックな林間コース
●練習場　100Y8打席
●電車　西武池袋線飯能駅、または八高線高麗川駅
●クラブバス　飯能駅から8：25
土日祝は7:20　8:25　高麗川駅を経由
●タクシー　飯能駅約3500円、高麗川駅1600円
●プレースタイル　セルフでGPSナビ付乗用カート。キャディ付は要予約
●シューズ　メタルスパイク禁止
●ビジター料金表

	平　日	土　曜	日　祝
セ　ル　フ	11,700	17,800	17,800

季節により料金は異なる
キャディ付は3850円加算

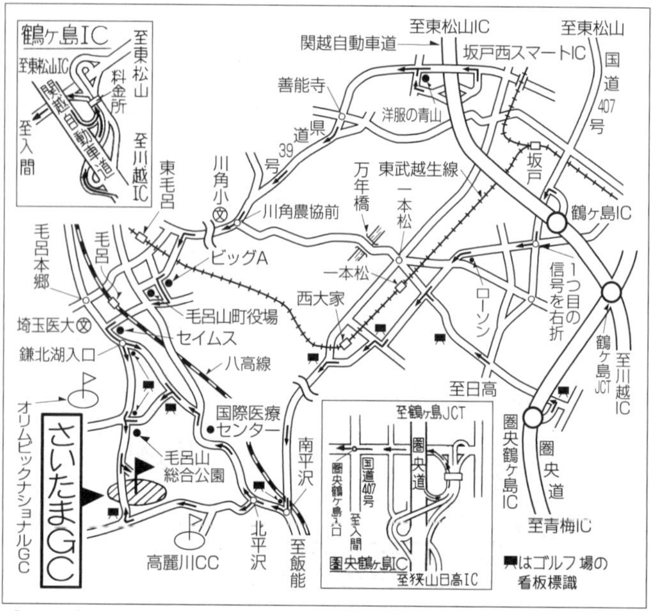

【自動車】練馬IC（関越道）29.6キロ→鶴ヶ島IC 12キロ→コース　所要時間45分　鶴ヶ島ICを入間方面に降りて1つ目の信号を右折。道なりに進みT字路を右折し突き当りを左折する。踏切を渡って南平沢信号を右折してコースへ。圏央道鶴ヶ島ICから12キロ25分、坂戸西スマートICからは10キロ20分

さいたま梨花カントリークラブ

〒355-0364　埼玉県比企郡ときがわ町西平2042　FAX 0493(65)2525
予約0493(65)2777　https://www.saitamarika.co.jp

●**プレーの申込み**　予約状況によりビジター可
●**予約**　3か月前の同日から受付け
●**コンペ**　組数は相談
●**休日**　無休
●**クレジット**　各種
●**開場日**　2002年9月1日
●**コースの特徴**　18H　P72　6624Y
自然の森林を生かし、随所に池・滝・クリークを配したフラットなコース
●**コースレート**　71.5
●**電車**　東武越生線越生駅
●**クラブバス**　越生駅より要予約
●**タクシー**　越生駅から15分3200円

●**プレースタイル**　セルフプレーでGPSナビ付5人乗り乗用カート
●**シューズ**　メタルスパイク禁止
●**ビジター料金表**

	平　日	土　曜	日　曜
セ　ル　フ	9,990	16,500	15,500

祝日は14,500円。2021年10月の料金
月曜ランチパックDAY（選べる軽食付）、火曜レディースDAY（昼食サービス）、金曜ゴールドパックDAY（昼食サービス）ほか

さ

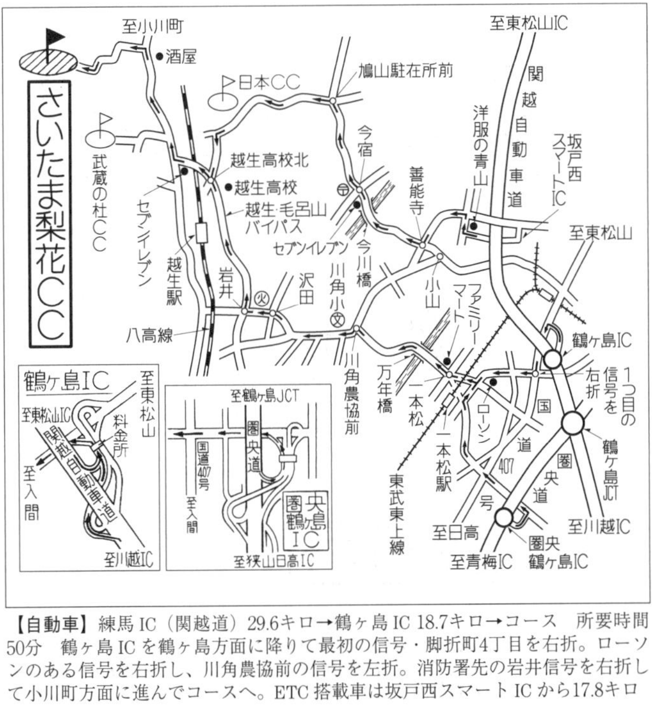

【自動車】練馬IC（関越道）29.6キロ→鶴ヶ島IC 18.7キロ→コース　所要時間50分　鶴ヶ島ICを鶴ヶ島方面に降りて最初の信号・脚折町4丁目を右折。ローソンのある信号を右折し、川角農協前の信号を左折。消防署先の岩井信号を右折して小川町方面に進んでコースへ。ETC搭載車は坂戸西スマートICから17.8キロ

彩の森カントリークラブ・ホテル秩父

〒368-0064　埼玉県秩父市品沢坊ケ入1641　FAX 0494(62)5172
https://www.accordiagolf.com

●**プレーの申込み**　ビジター可
●**予約**　3か月前の1日から受付け
●**コンペ**　3か月前の1日から受付け
●**休日**　無休
●**クレジット**　JCB　VISA　DC　ダイナース　AMEX
●**開場日**　1989年10月5日
●**コースの特徴**　18H　P72　6843Y　トム・ワトソンの設計・監修。各ホール平坦ではあるが、グリーンのふちまで池が迫る8番ホールなど、美しさの反面、メンタルで挑戦的なコース
●**コースレート**　72.4
●**練習場**　40Y10打席
●**電車**　西武池袋線西武秩父駅
●**クラブバス**　予約制で西武秩父駅から平日8:15　9:05　土日祝8:20　9:00
●**タクシー**　西武秩父駅25分3500円
●**プレースタイル**　セルフプレーで5人乗り乗用カート
●**シューズ**　ソフトスパイク
●**ビジター料金表**

	平　日	土　曜	日　祝
セ　ル　フ	8,490	17,990	16,990

2021年11月の昼食付料金
季節により料金は異なる
●**プレー情報**　コンペプラン、ホテル併設・宿泊パックあり

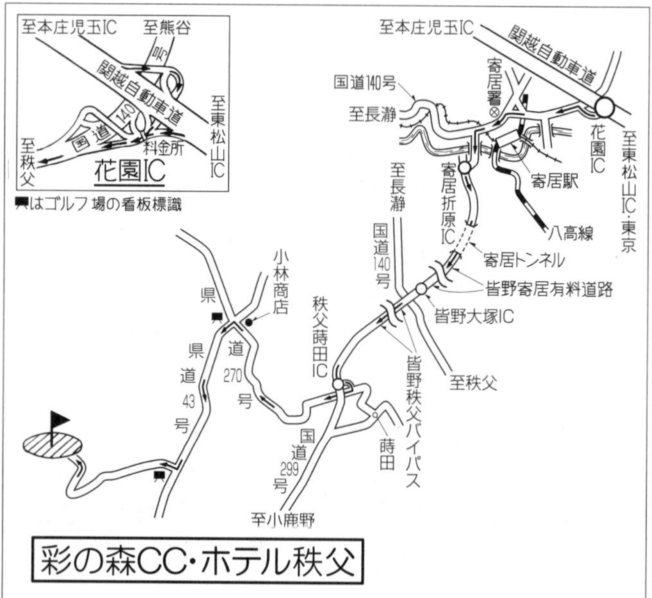

【自動車】練馬 IC（関越自動車道）56.1キロ→花園 IC 22キロ→コース　所要時間1時間10分　花園 IC を秩父方面に降り、末野陸橋先で皆野寄居有料道路に入る。終点の皆野大塚 IC からそのまま皆野秩父バイパスに進み、終点の秩父蒔田 IC を出て右折。約1.5キロ先を左折してコースへ

ザ・インペリアルカントリークラブ

〒300-0508　茨城県稲敷市佐倉1324－1　予約 FAX 029(892)2377
https://www.pacificgolf.co.jp/imperial

●プレーの申込み　ビジター可
●予約　3か月前の同日9時から受付け
●コンペ　予約状況により相談
●休日　無休
●クレジット　JCB　VISA　AMEX　マスター
●開場日　1996年11月24日
●コースの特徴　27H　P108　10656Y
フラットな林間コースで、ほぼすべてのティグランドからグリーン、バンカー、池などのハザードが見渡せる戦略的なコース
●コースレート　西・中72.7　中・東72.6　東・西71.5
●練習場　180Y20打席　アプローチ、バンカー
●電車　常磐線土浦駅、または荒川沖駅
●クラブバス　なし
●タクシー　土浦駅から40分7000円　荒川沖駅から40分7000円
●プレースタイル　キャディ付またはセルフで GPS ナビ付5人乗り乗用カート
●シューズ　ソフトスパイク推奨
●ビジター料金
季節により料金が異なるため、ホームページ参照、またはクラブに要問合せ

【自動車】三郷 IC(常磐道·つくば JCT 経由圏央道)54.1キロ→稲敷 IC 6キロ→コース　所要時間50分　稲敷 IC を降りて道なりに進み、マツモトキヨシがある信号を左折して約4キロでコース。稲敷 IC より約9分。東関東自動車道利用は大栄 JCT 経由で圏央道・稲敷 IC まで14キロ

ザ・オーシャンゴルフクラブ

〒319-1413　茨城県日立市小木津町771－1　FAX 0294(43)7811
https://www.oceangolfclub.com/

●プレーの申込み　ビジター可
●予約　3か月前の同日から受付け
●コンペ　組数は相談
●休日　クラブ指定日
●クレジット　なし
●開場日　1992年5月16日
●コースの特徴　18H　P72　6830Y
すべてのホールから太平洋が望めるなだらかな丘陵コース。クラブハウス、ホテルともに敷地内の源泉から引いた温泉が楽しめる
●コースレート　72.3
●練習場　145Y8打席
●電車　常磐線日立駅
●クラブバス　なし
●タクシー　日立駅から20分2500円、小木津駅から10分1200円
●プレースタイル　セルフプレーで乗用カート。キャディ付は要予約
●シューズ　ソフトスパイク
●ビジター料金表

	平日	土曜	日祝
セルフ	6,380	12,300	12,300

2021年10月の料金で昼食付
期間により料金は異なる
キャディ付は4400円加算
ホテルマグノリア併設

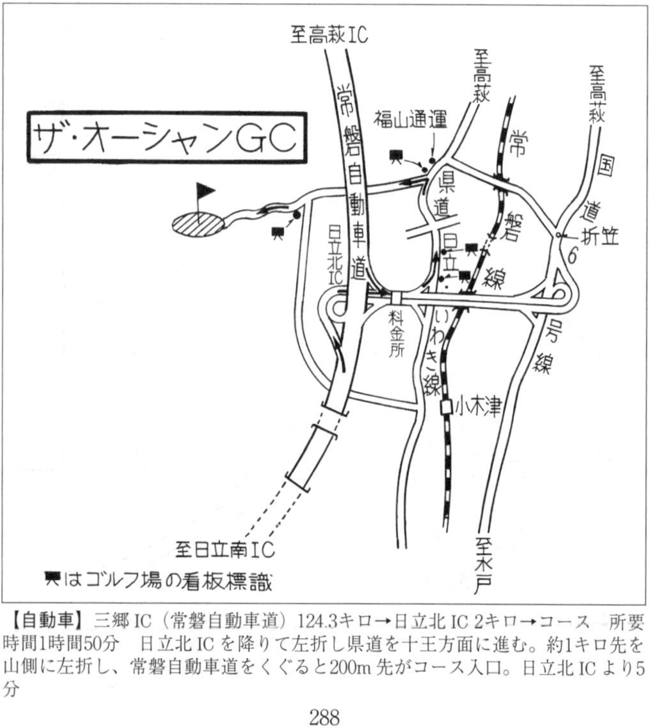

【自動車】三郷IC（常磐自動車道）124.3キロ→日立北IC 2キロ→コース　所要時間1時間50分　日立北ICを降りて左折し県道を十王方面に進む。約1キロ先を山側に左折し、常磐自動車道をくぐると200m先がコース入口。日立北ICより5分

境川カントリー倶楽部

〒406-0851　山梨県笛吹市境川町小黒坂2266　FAX 055(266)4689
予約055(266)5012　http://www.sakaigawacc.com

●プレーの申込み　ビジター可
●予約　平日は2か月前の1日、土日祝は2か月前の同日9時から受付け
●コンペ　組数は相談
●休日　無休
●クレジット　JCB　VISA　DC 他
●開場日　1987年5月23日
●コースの特徴　18H　P72　6702Y
各ホールはフラットに仕上げられ、池や谷越えなど戦略的なコース
●コースレート　71.1
●練習場　70Y10打席
●電車　中央本線石和温泉駅
●クラブバス　なし
●タクシー　石和温泉駅から約2800円
●プレースタイル　キャディ付またはセルフでGPSナビ付乗用カート
●シューズ　ソフトスパイク推奨
●ビジター料金表

	平　日	土　曜	日　祝
キャディ付	15,000	19,500	19,500
セ　ル　フ	11,000	15,500	15,500

上記は2021年10月と11月の昼食付料金
月によって料金は異なる
●プレー情報　夏期・冬期割引、ジュニア割引、宿泊パック

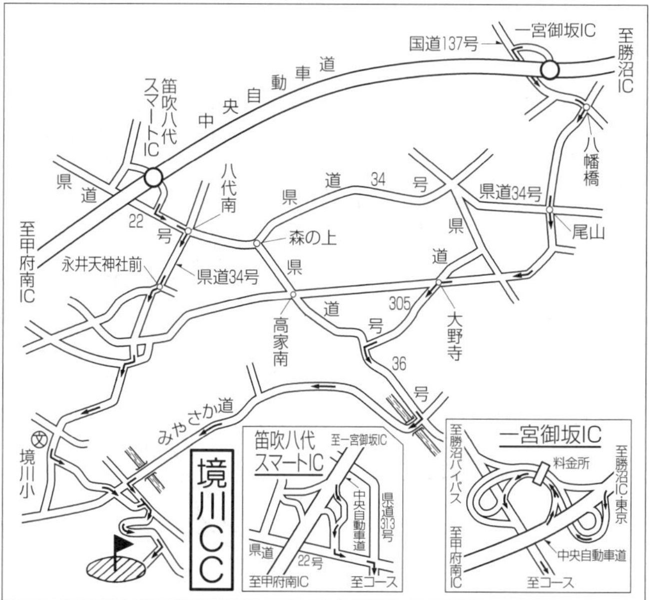

【自動車】高井戸IC（中央自動車道）96.3キロ→一宮御坂IC 10キロ→コース　所要時間1時間30分　料金所を出て河口湖御坂方面に向かう。高架をくぐり八幡橋信号を右折。県道305号の大野寺信号を左折し突き当りを左折。約300m先を右折しみやさか道を経由してコースへ。笛吹八代スマートICからは約7キロ

相模カンツリー倶楽部

〒242-0008　神奈川県大和市中央林間西7－1－1　FAX 046(275)9229
https://www.sagamicc.org/

●**プレーの申込み**　平日は会員の紹介、土日祝は同伴が必要。競技のある日祝日はゲストプレー不可
●**予約**　3か月前の予約開始日より、会員からの電話にて受付け
●**コンペ**　火、水、金曜に会員1名の同伴で5組まで受付け
●**休日**　毎週月曜日　12／31　1／1
●**クレジット**　JCB　ダイナース他
●**開場日**　1931年9月27日
●**コースの特徴**　18H　P72　6611Y　フラットな林間コースだが要所のバンカーが効いている赤星六郎設計の名門コース
●**コースレート**　72.0
●**練習場**　240Y22打席
●**電車**　小田急線、東急田園都市線中央林間駅
●**クラブバス**　小田急線中央林間駅北口7:00から随時運行（所要時間2分）
●**プレースタイル**　キャディ付で歩いてプレー
●**シューズ**　ソフトスパイク（スパイクレスを含む）
●**ゲスト料金表**

	平　日	土　曜	日　祝
キャディ付	27,740	34,340	34,340

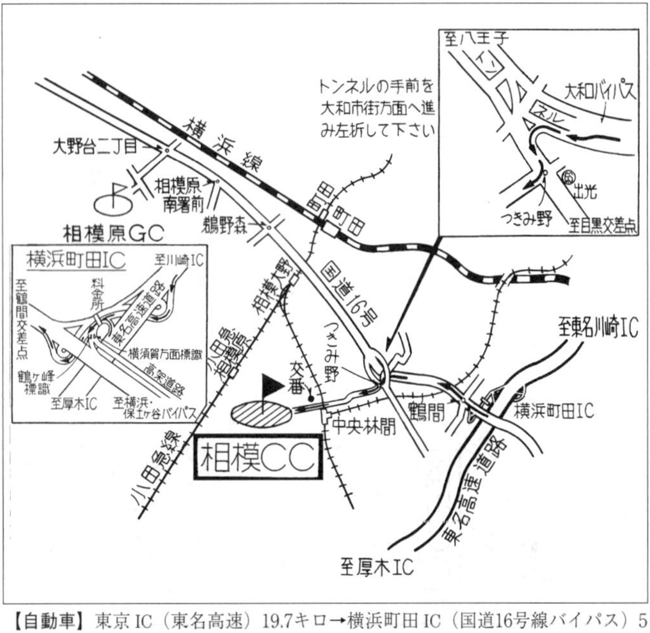

【**自動車**】東京 IC（東名高速）19.7キロ→横浜町田 IC（国道16号線バイパス）5キロ→コース　所要時間45分　横浜町田 IC を降り、バイパスを八王子方面に直進。「大和市街」の標識にしたがって左にカーブを曲がり、1つ目の信号を右折。中央林間の踏切を越えて突き当たりがコース

☎042(689)2221

相模湖カントリークラブ

〒252-0186　神奈川県相模原市緑区牧野14342　予約 FAX 042(689)2222
https://www.sagamiko-cc.jp

●**プレーの申込み**　原則として会員の紹介または同伴が必要
●**予約**　当月を含め3か月前から受付
●**コンペ**　土日祝は原則として不可　平日は組数相談
●**休日**　1／1　1／2　他要問合せ
●**クレジット**　各種
●**開場日**　1978年10月28日
●**コースの特徴**　27H　P108　9992Y　丘陵コースだがフラットな仕上がりで、27ホールそれぞれに趣が異なり、ビギナーから上級者まで楽しめるコース
●**練習場**　75m10打席　アプローチ・バンカー
●**電車**　JR 中央本線藤野駅
●**クラブバス**　藤野駅から7:05　7:30　8:10　9:05
●**タクシー**　藤野駅から15分約2500円
●**プレースタイル**　キャディ付でGPS ナビ付5人乗り電磁乗用カート
●**シューズ**　ソフトスパイク推奨
●**ビジター料金**　季節ごとに特別優待料金設定、オープンコンペ開催。詳細はホームページ参照
●**セルフデー**　指定の月曜・金曜日に食事付きプランで実施中

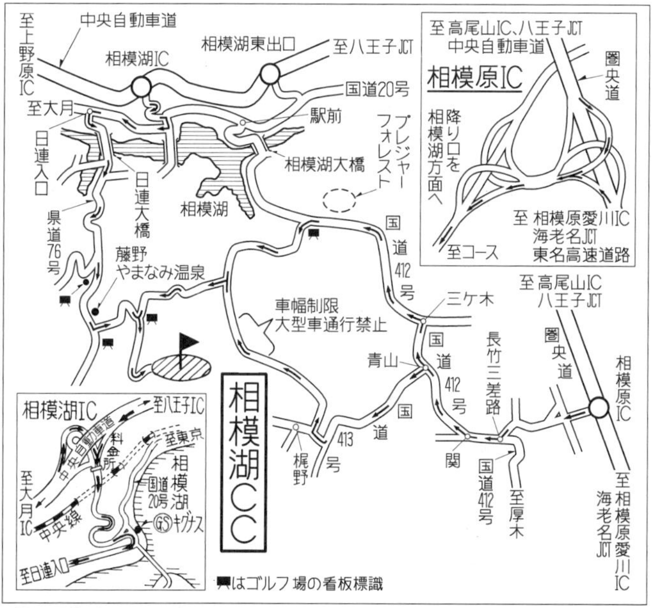

【自動車】高井戸 IC（中央自動車道）45.4キロ→相模湖 IC 8キロ→コース　所要時間50分　相模湖 IC で降りて大月方面に2キロ進む。藤野駅手前の日連入口を左折して日連大橋を渡り、藤野やまなみ温泉の先を左折してコース。圏央道・相模原 IC からは約30分

☎046(281)1421

相模野カントリー倶楽部

〒252-0114　神奈川県相模原市緑区葉山島1010－1　FAX 046(281)5191
http://www.sagamino-cc.jp/

●**プレーの申込み**　会員の同伴または紹介が必要
●**予約**　2か月前の同日午前10時から受付け
●**コンペ**　土日祝は不可
●**休日**　基本的に無休
●**クレジット**　あり
●**開場日**　1976年5月16日
●**コースの特徴**　27H　P108　9885Y
全体にフラットで OB の少い愛川コース、連続谷越えの相模コース、テクニシャン向きの城山コース。それぞれに特性があり戦略性も高い
●**コースレート**　レギュラーから A グリーン　愛川・相模69.0　相模・城山68.6　城山・愛川69.2
●**練習場**　80Y10打席
●**電車**　京王線橋本駅（南口）
●**クラブバス**　橋本駅6:45　8:10
●**タクシー**　橋本駅20分約5000円
●**プレースタイル**　キャディ付またはセルフで5人乗り乗用カート
●**シューズ**　スパイクレス、ソフトスパイク推奨
●**ビジター料金**
料金については倶楽部に要問合せ
●**セルフデー**　火曜日13,500円昼食付。原則として会員同伴

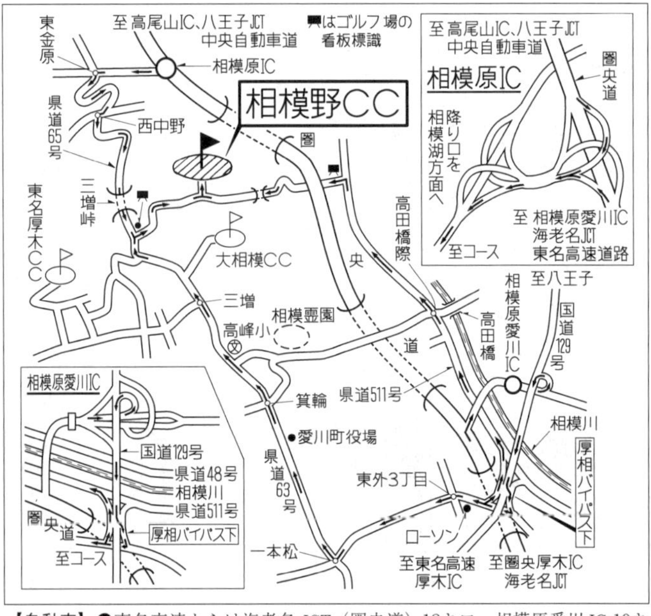

【自動車】●東名高速からは海老名 JCT（圏央道）12キロ→相模原愛川 IC 10キロ→コース　IC から25分　IC から国道129号線を厚木方面に向かい、厚相バイパス下信号を右折。東外3丁目を直進し、一本松信号を右折してコースへ。●中央道からは八王子 JCT（圏央道）7.8キロ→相模原 IC 9キロ→コース　IC から15分

相模原ゴルフクラブ

〒252-0331　神奈川県相模原市南区大野台4－30－1　FAX 042(754)1211
予約042(776)8820　http://www.sagamihara-gc.co.jp

●**プレーの申込み**　平日は会員の紹介、土曜・祝日は会員の同伴が必要。日曜はビジター不可
●**予約**　1年前から受付け
●**コンペ**　日祝は不可、平日は会員1名同伴で40組まで可
●**休日**　毎週月曜日　12／31　1／1
●**クレジット**　各種
●**開場日**　1955年4月29日
●**コースの特徴**　36H　P146　14189Y
平坦でゆるやかな起伏のある林間コース。セカンドとアプローチが難しい。2013年日本女子オープン開催コース
●**コースレート**　東74.0　西72.6
●**練習場**　200Y25打席
●**電車**　小田急線相模大野駅、または横浜線古淵駅
●**クラブバス**　相模大野駅南口から7:17～9:15間30分毎に運行。土日祝は9:45増発
●**タクシー**　町田駅20分2500円、相模大野駅2500円、古淵駅10分1300円
●**プレースタイル**　キャディ付で歩行
●**シューズ**　ソフトスパイク推奨
●**ビジター料金表**

	平　日	土　曜	祝　日
キャディ付	30,310	40,210	30,310

火・金曜28,110円。日曜ビジター不可
2021年4月～6月、10月～12月の料金

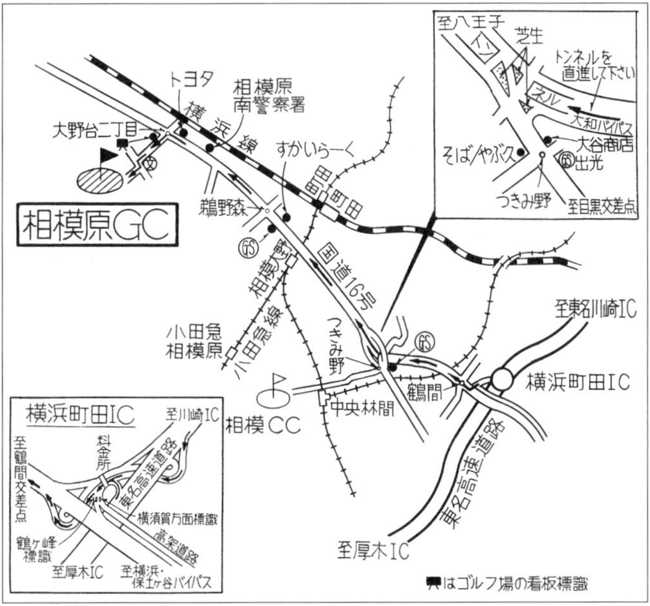

【自動車】東京 IC（東名高速）19.7キロ→横浜町田 IC（国道16号線バイパス）12キロ→コース　所要時間1時間　横浜町田 IC で降りてバイパスを八王子方面に向かう。大野台2丁目の信号を左折してコースへ。八王子方面からは橋本五差路を左折して約8キロ。圏央道・相模原愛川 IC からは県道52号を町田方面へ約6キロ

相良カントリー倶楽部

〒421-0501　静岡県牧之原市東萩間1128－1　FAX 0548(54)1114
https://www.pacificgolf.co.jp/sagara/

●プレーの申込み　会員優先。予約状況によりビジター可
●予約　3か月前の1日から受付け
●コンペ　組数は相談
●休日　無休
●クレジット　JCB　ダイナース　VISA　AMEX
●開場日　1977年8月25日
●コースの特徴　18H　P72　6512Y
標高100mのなだらかな丘陵で、自然林を取り入れて戦略性を高めている
●練習場　160Y13打席
●電車　東海道新幹線掛川駅、東海道本線菊川駅または金谷駅
●クラブバス　なし
●タクシー　掛川駅から25分3500円、金谷駅から15分2500円、菊川駅から15分1600円
●プレースタイル　セルフプレーで乗用カート
●シューズ　メタルスパイク禁止
●ビジター料金
季節により料金が異なるため、ホームページ参照、またはクラブに要問合せ
●プレー情報　期間限定で早朝・薄暮プレー有

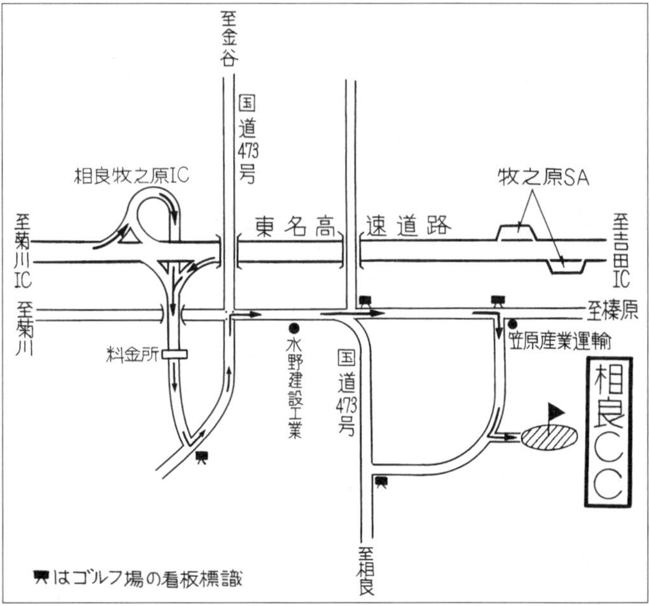

【自動車】東京IC（東名高速）196.6キロ→相良牧之原IC 1.5キロ→コース　所要時間2時間20分　相良牧之原ICの料金所を出て最初の信号をコース案内板に従って左折し、次の信号を右折する。東名高速に沿って静岡方面に約1キロ戻り、コース案内板に従って右折するとコース

ザ・カントリークラブ・ジャパン

〒292-0202　千葉県木更津市茅野七曲905　FAX 0438(53)5100
予約専用　0438(53)3489　https://www.ccjapan.jp

●プレーの申込み　会員の紹介が必要
●予約　随時受付け
●コンペ　組数は相談
●休日　クラブ指定日の月曜日
12／31　1／1
●クレジット　各種
●開場日　1988年6月5日
●コースの特徴　18H　P72　7211Y
1度のラウンドで記憶に残るような美しく自然との調和のとれたコース。フラットだが変化に富んでいて戦略性が高い
●コースレート　74.1
●練習場　350Y22打席
●電車　内房線木更津駅
●タクシー　木更津駅から35分7000円
●クラブバス　木更津駅東口から予約制で7:50
●プレースタイル　キャディ付で乗用カート
●シューズ　ゴルフ靴はすべて可
●ゲスト料金表

	平　日	土　曜	日　祝
キャディ付	20,250	39,170	36,970

上記は通常料金
季節料金など要問合せ

さ

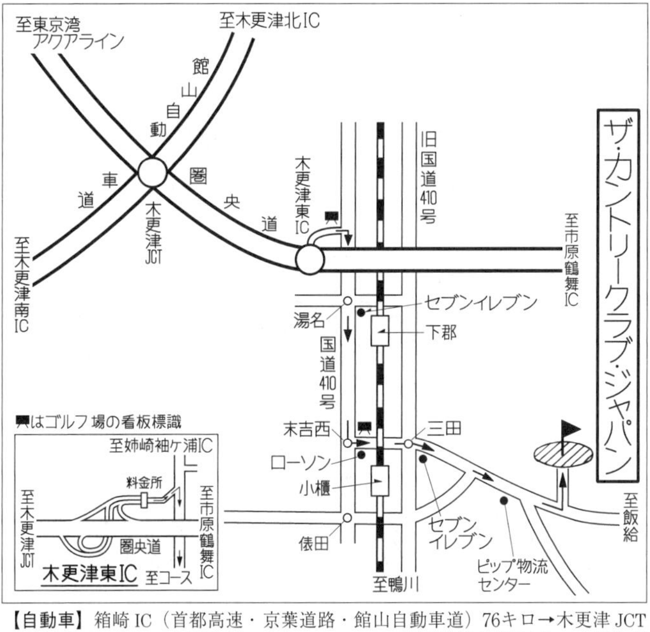

【自動車】箱崎IC（首都高速・京葉道路・館山自動車道）76キロ→木更津JCT（圏央道）7.1キロ→木更津東IC 8キロ→コース　所要時間1時間10分　木更津東ICを鴨川方面に右折。末吉西交差点を左折し、Y字形の交差点を左折してコースへ。川崎浮島JCT（東京湾アクアライン）から約30分

桜ヶ丘カントリークラブ

〒206-0021　東京都多摩市連光寺2985　FAX 042(375)8864
https://www.sakuragaoka-cc.com/

●プレーの申込み　会員の紹介が必要
●予約　平日は6か月前、土曜は3か月前、日祝は2か月前の1日から受付
●コンペ　年間を通して可（但し3月下旬～4月上旬は不可）
●休日　毎週月曜日　12／31～1／2
●クレジット　各種
●開場日　1960年8月1日
●コースの特徴　18H　P72　6675Y
多摩丘陵の一角にありアンジュレーションを巧みに利用したレイアウト。バラエティに富み、眺望も素晴らしい
●練習場　250Y58打席
●コースレート　71.8
バンカー・アプローチ練習場あり
●電車　京王線・聖蹟桜ヶ丘駅下車
●クラブバス　聖蹟桜ヶ丘駅から6:46　7:10　7:45　8:15　8:50　9:15
●タクシー　聖蹟桜ヶ丘駅10分900円～1000円
●プレースタイル　キャディ付で5人乗り乗用カート
●シューズ　メタルスパイク禁止
●ビジター料金表

	平　日	土　曜	日　祝
キャディ付	28,480	41,680	41,680

6～9月と1～2月および3月1日～春分の日の前日までの平日25,180円
7～9月と1～2月の土日祝39,480円

【自動車】高井戸IC（中央道）9.9キロ→稲城IC（川崎街道）4.8キロ→コース　所要時間35分　稲城を降りて稲城大橋を渡って川崎街道を右折。約4キロ先の連光寺坂上信号を右折するとコース。八王子方面からは府中国立ICを降りて野猿街道経由で6キロ約12分、府中スマートIC（出口は上りのみ）から5キロ約8分

☎043(485)0311

佐倉カントリー倶楽部

〒285-0032　千葉県佐倉市飯田1000　FAX 043(485)5188
http://www.sakuracountry.co.jp

●**プレーの申込み**　平日はビジター可、土日祝は会員の紹介または同伴が必要
●**予約**　3か月前の1日9時から受付け
●**コンペ**　6か月前の1日から受付け
●**休日**　12／31　1／1
●**クレジット**　各種
●**開場日**　1968年12月7日
●**コースの特徴**　18H　P72　6673Y
なだらかな台地に美しい杉・松林に囲まれたコース。豊かな起伏を活かした多彩なレイアウトで飽きさせない
●**コースレート**　70.1
●**練習場**　180Y8打席
●**電車**　京成線京成佐倉駅、徒歩5分
●**クラブバス**　なし
●**タクシー**　京成佐倉駅から810円
●**プレースタイル**　キャディ付でGPSナビ付乗用カート。セルフも可
●**シューズ**　ゴルフ靴はすべて可
●**ビジター料金表**

	平　日	土　曜	日　祝
キャディ付	18,500	25,600	25,600

季節料金あり。平日昼食付
●**セルフデー**　クラブ指定の月曜日
●**プレー情報**　平日コンペ割引、シニア・レディスデー割引

さ

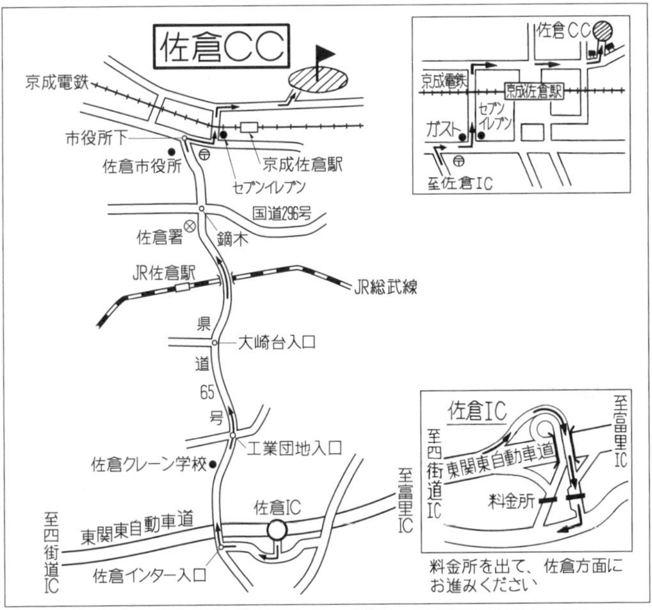

【**自動車**】箱崎IC（首都高速）35.8キロ→宮野木JCT（東関東自動車道）13.3キロ→佐倉IC 6.5キロ→コース　所要時間50分　佐倉ICを降りて右折し、突き当たりの佐倉インター入口交差点を右折して京成佐倉駅に向かう。京成線を越えて500mでコース

桜の宮ゴルフ倶楽部

〒309-1701　茨城県笠間市小原2811　FAX 0296(77)6841
http://www.sakuranomiyagc.jp

●**プレーの申込み**　ビジター可
●**予約**　3か月前の同日から受付け
●**コンペ**　制限なし。3組9名以上は平日割引、土日祝昼食付
●**休日**　12／31　1／1
●**クレジット**　UFJ　ニコス　JCB　VISA　マスター　AMEX　ダイナース
●**開場日**　1963年4月15日
●**コースの特徴**　27H　P108　8950Y
丘陵コースでアップダウンがあるが、コースは変化に富んでおり、豪快な打下しのホールが目立つ
●**コースレート**　東西70.0　西南68.1　南東68.7
●**電車**　常磐線友部駅
●**クラブバス**　友部駅北口より予約制
●**タクシー**　友部駅から10分約1800円
●**プレースタイル**　セルフプレーで5人乗り乗用カート使用
●**シューズ**　ソフトスパイク推奨
●**ビジター料金表**

	平　日	土　曜	日　祝
セ　ル　フ	6,280	12,550	12,550

●**プレー情報**　ジュニア（18歳未満）料金、3組9名以上コンペプラン

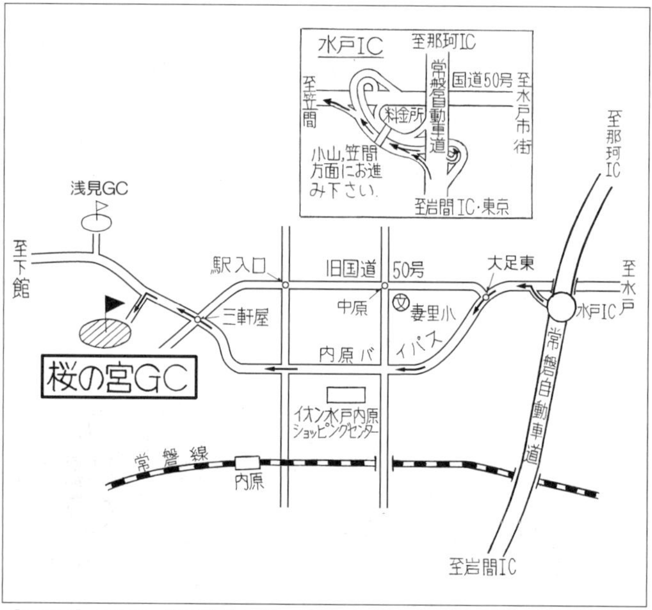

【**自動車**】三郷 IC（常磐自動車道）82キロ→水戸 IC 6キロ→コース　所要時間1時間10分　水戸 IC を降り国道50号（途中バイパスを経由）を笠間方面に約5キロ程進み、左折してコースへ。左折する地点に歩道橋がかかっているので、それを目安にする

桜ヒルズゴルフクラブ

〒401-0201　山梨県上野原市秋山6275　FAX 0554(56)2922
https://sakurahills-gc.jp

●プレーの申込み　ビジター可
●予約　年間を通して受付け
●コンペ　上記に準ずる
●休日　12／31　1／1　1〜2月の月曜日
●クレジット　ダイナース VISA JCB DC
●開場日　1986年9月21日
●コースの特徴　18H　P72　6191Y
自然林を残した個性豊かな18ホール
●コースレート　70.3
●練習場　80Y9打席
●電車　中央本線上野原駅
●クラブバス　予約制で上野原駅南口から7:40　8:35　月曜は運休
●タクシー　上野原駅から15分4000円
●プレースタイル　セルフまたはキャディ付で GPS ナビ付乗用カート
●シューズ　ゴルフ靴はすべて可
●ビジター料金表

	火・金	水・木	土　日
キャディ付	14,500	15,500	20,600
セ　ル　フ	11,500	12,500	17,600

祝日はセルフ16600円、キャディ付19600円。平日は昼食付。上記は2021年4〜6月、10〜11月の料金
●セルフデー　月曜日昼食付10500円。期間により料金変動
●プレー情報　コンペ割引

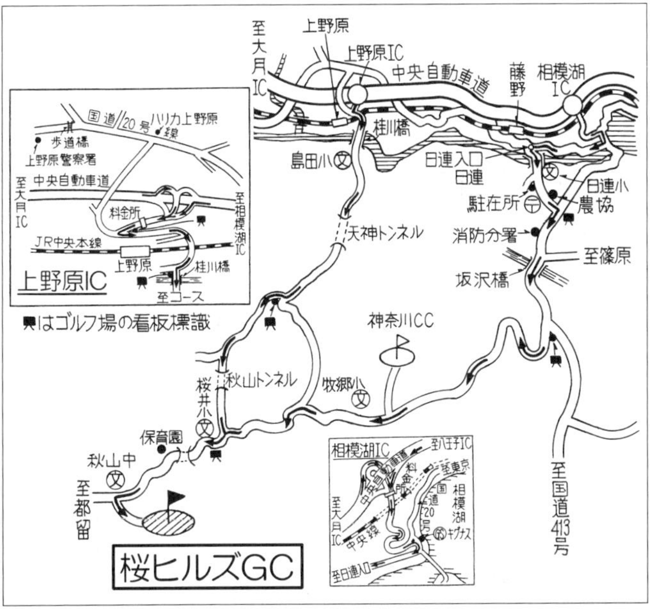

【自動車】高井戸 IC（中央自動車道）50.3キロ→上野原 IC 10キロ→コース　所要時間55分　上野原 IC 料金所を出て、JR 上野原駅方面へ左折する。桂川を渡り、道なりに進む。天神トンネルを抜け、Y 字路を秋山方面へ右折し、秋山トンネルを抜けて突き当たりを右折してコースへ

佐久リゾートゴルフ倶楽部

〒384-0614　長野県南佐久郡佐久穂町大字上884－3　FAX 0267(86)4151
https://srgc.jp

●プレーの申込み　パブリックコース
●予約　2か月前の1日から受付け
●コンペ　組数に制限はない
●休日　営業期間中無休
12月中旬～3月上旬まで冬期クローズ
●クレジット　VISA　AMEX　JCB
ダイナース　UC　DC　UFJ
●開場日　1999年4月10日
●コースの特徴　18H　P72　6670Y
設計は尾崎将司プロ。雄大で美しく戦略的な設計を追究し、フェアウェイの広い林間高原コース
●コースレート　未査定
●練習場　50Y7打席
●電車　北陸新幹線佐久平駅
●クラブバス　なし
●タクシー　佐久平駅から30分6000円
●プレースタイル　セルフプレーでGPSナビ付5人乗り乗用カート
●シューズ　ソフトスパイク推奨
●ビジター料金表

	平　日	土　日	祝　日
セ　ル　フ	6,940	10,660	10,660

2021年11月の昼食付料金
期間により料金は異なる。2022年については要問合せ

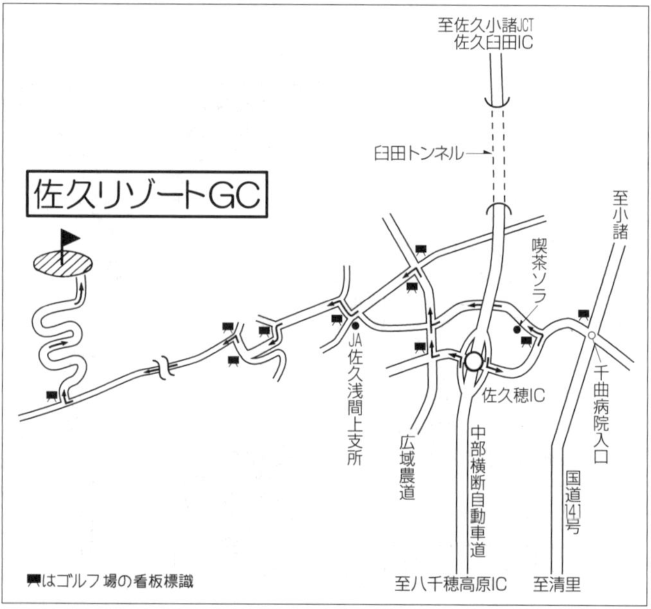

【自動車】練馬IC（関越、上信越自動車道）151.4キロ→佐久小諸JCT（中部横断自動車道）18.6キロ→佐久穂IC3.7キロ→コース　所要時間2時間10分　佐久穂ICを降りて左折しコース案内板に従ってコースへ。中央道・須玉IC、長坂ICからは国道141号線を利用して約1時間

ザ・ゴルフクラブ竜ヶ崎

〒301-0857　茨城県龍ケ崎市泉町字原口1592-77　予約 FAX 0297(64)0156
https://www.pacificgolf.co.jp/ryugasaki/

●**プレーの申込み**　ビジター可
●**予約**　3か月前の1日より受付け
●**コンペ**　予約状況により相談
●**休日**　無休
●**クレジット**　JCB　AMEX　VISA　ダイナース　マスター
●**開場日**　1990年9月8日
●**コースの特徴**　18H　P72　6679Y
ゆったりしたフラットな林間コースは要所に池やガードバンカーを配し、戦略的でゴルフの醍醐味が堪能できる
●**練習場**　アプローチ、バンカー　シミュレーションゴルフ（5打席）
●**電車**　常磐線龍ヶ崎市駅
●**クラブバス**　なし
●**タクシー**　龍ヶ崎市駅、牛久駅から15分3000円
●**プレースタイル**　キャディ付またはセルフで乗用カート
●**シューズ**　メタルスパイク禁止
●**ビジター料金**
季節により料金が異なるため、ホームページ参照、またはクラブに要問合せ

さ

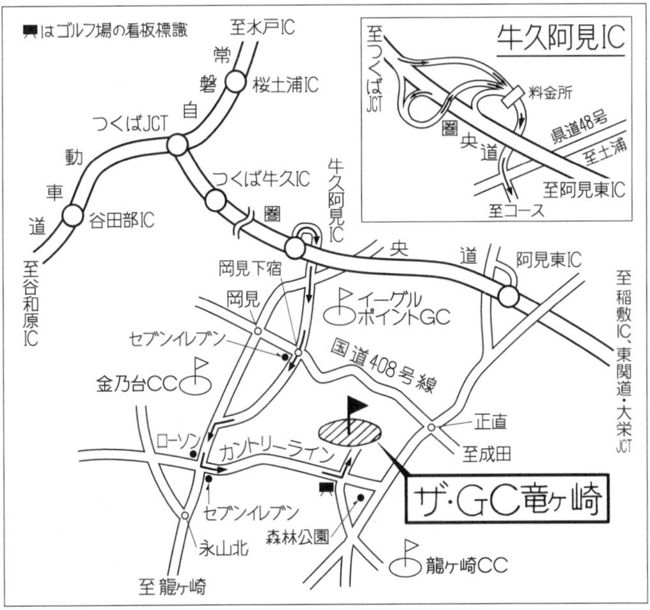

【自動車】三郷IC（常磐自動車道・つくばJCT経由圏央道）42.2キロ→牛久阿見IC 8キロ→コース　所要時間45分　料金所を出て牛久・龍ヶ崎方面に直進する。約4.5キロ先を左折（右側にローソン）してカントリーラインを進み、約3キロでコース

サザンクロスカントリークラブ

〒414-0051　静岡県伊東市吉田1006　FAX 0557(45)2234
予約センター　0557(45)1234　https://www.southerncross.co.jp/

●プレーの申込み　ビジター可
●予約　3か月前の同日から予約センターにて受付け
●コンペ　組数制限なし
●休日　無休
●クレジット　JCB　UC　VISA 他
●開場日　1961年10月7日
●コースの特徴　18H　P72　6439Y
アウトは平たんで距離もあるが、インは短かいが変化に富み気をゆるせない
●コースレート　71.7
●練習場　200Y15打席。他に6Hのショートコースあり
●電車　伊豆急行・川奈駅下車（送迎あり）
●タクシー　伊東駅から15分2500円
●プレースタイル　キャディ付またはセルフプレーで、2人または4人乗りGPSナビ付乗用カート
●シューズ　ゴルフ靴はすべて可
●ビジター料金表

	平　日	土　曜	日　祝
キャディ付	17,700	26,800	23,800
セ　ル　フ	13,300	22,400	19,400

平日レディス、シニア料金あり
●プレー情報　宿泊パック、薄暮、ジュニア料金

【自動車】東京 IC（東名高速）35キロ→厚木 IC（小田原厚木有料道路）31.5キロ→小田原西 IC 24.8キロ→熱海19.6キロ→伊東6キロ→コース　所要時間2時間
小田原厚木道路の小田原西 IC を降りて、国道135号で真鶴・熱海・網代・伊東と進む。伊東市内を抜け、伊東商高の信号で左折してコースへ

サザンヤードカントリークラブ

〒311-4314　茨城県東茨城郡城里町下古内776　FAX 029(288)5889
予約専用　029(288)6000　http://www.sycc.co.jp

●**プレーの申込み**　原則として会員の紹介または同伴が必要
●**予約**　3か月前から受付け
●**コンペ**　組数は相談
●**休日**　クラブ指定日
●**クレジット**　JCB　AMEX　DC他
●**開場日**　1991年10月10日
●**コースの特徴**　18H　P72　7017Y　大小7つの池とバンカーを巧みに配したタフなコース。ティショットの落とし所がスコアメイクの鍵となる
●**コースレート**　72.8
●**練習場**　250Y22打席
●**電車**　常磐線友部駅
●**クラブバス**　なし
●**タクシー**　友部駅、水戸駅から約25分5200円
●**プレースタイル**　キャディ付またはセルフで乗用カート
●**シューズ**　ゴルフ靴はすべて可
●**ビジター料金表**

	平　日	土　曜	日　祝
キャディ付	12,850	21,800	21,800
セ　ル　フ	9,000	17,950	17,950

2021年10月～12月の料金で昼食付
期間により料金変動
●**セルフデー**　クラブ指定の月曜日7,000円（昼食・ワンドリンク付）詳細はコースへ

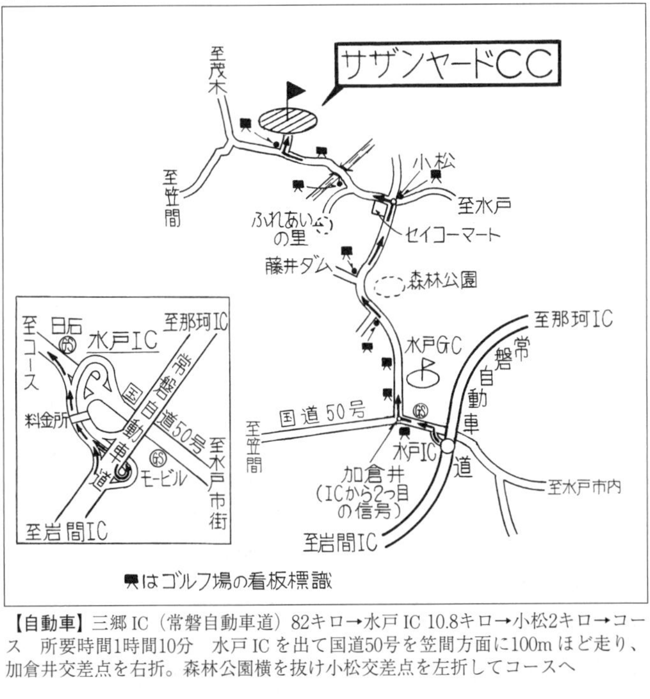

【自動車】三郷IC（常磐自動車道）82キロ→水戸IC 10.8キロ→小松2キロ→コース　所要時間1時間10分　水戸ICを出て国道50号を笠間方面に100mほど走り、加倉井交差点を右折。森林公園横を抜け小松交差点を左折してコースへ

猿島カントリー倶楽部

〒306-0505　茨城県坂東市菅谷2340　FAX 0280(82)1059
https://www.tokyu-golf-resort.com/sashima/

●**プレーの申込み**　原則として正会員・ワンイヤーパートナーズの同伴または紹介が必要。ビジター可
●**予約**　2か月前の1日7時から受付け
●**コンペ**　要問合せ
●**休日**　1/1　クラブ指定日
●**クレジット**　AMEX　JCB　UFJ　VISA　DC　トヨタT3　セゾン　UC
●**開場日**　1998年11月3日
●**コースの特徴**　18H　P72　7033Y
高低差2mと全くフラットな林間丘陵コース。随所に池、クリーク、バンカーが配され高い難易度がある
●**コースレート**　73.4
●**電車**　宇都宮線古河駅、東武伊勢崎線東武動物公園駅
●**クラブバス**　なし
●**タクシー**　古河駅から40分5000円
●**プレースタイル**　キャディ付またはセルフでGPSナビ付乗用カート
●**シューズ**　ソフトスパイク
●**ビジター料金表**

	平　日	土　曜	日　祝
キャディ付	17,300	26,400	26,400
セ　ル　フ	14,000	22,000	22,000

上記は2021年10月～11月の料金
期間により料金は異なる

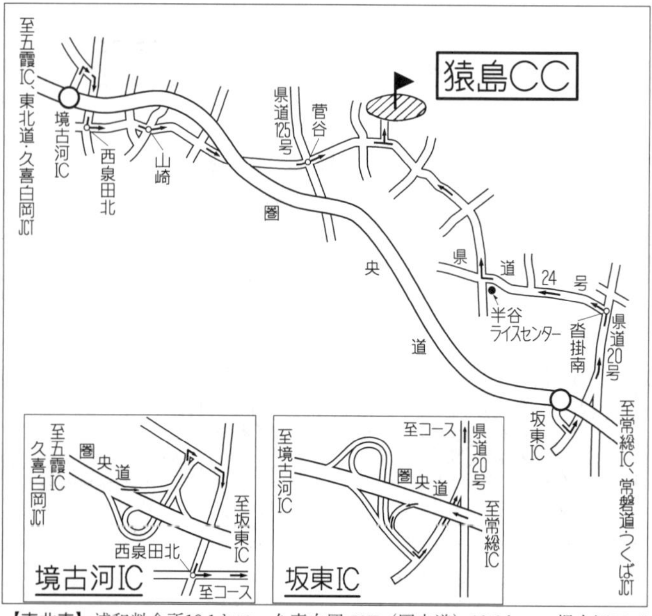

【東北車】浦和料金所19.1キロ→久喜白岡JCT（圏央道）19.6キロ→堺古河IC 6キロ→コース　ICを出て右折し1つ目の信号を右折。次の信号を左折してコース。
【常磐道】三郷IC 34.6→つくばJCT（圏央道）23.7キロ→坂東IC 6キロ→コース　ICを降りて左折し沓掛南を左折。半谷ライスセンターがある信号を右折する

ザ セイントナイン 東京

〒290-0242　千葉県市原市中高根1418　FAX 0436(95)1211
予約専用　0436(95)1135　http://www.yawata-cc.co.jp/

さ

コース改造中

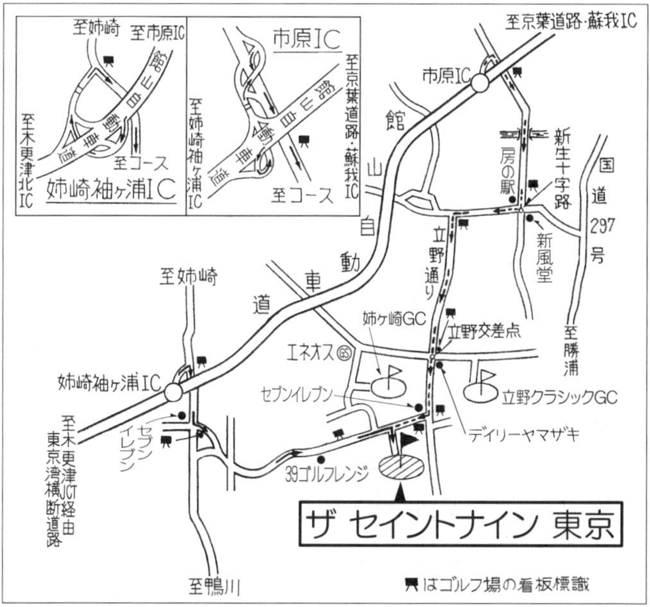

【自動車】①横浜ルート・横浜町田IC（首都高、アクアライン、館山道）69キロ、所要時間1時間。②東京ルート・箱崎IC（首都高、京葉道路、館山道）57.4キロ、所要時間50分。どちらのルートも姉崎袖ヶ浦ICで降り、茂原・鴨川方面へ右折する。自動車道の高架ををくぐり、案内板に従って左折してコースへ

皐月ゴルフ倶楽部鹿沼コース

〒322-0047　栃木県鹿沼市酒野谷1240　FAX 0289(64)6720
https://www.pacificgolf.co.jp/kanuma/

●**プレーの申込み**　予約状況によりビジター可
●**予約**　4か月前の1日より受付け
●**コンペ**　詳細は問合せ
●**休日**　無休
●**クレジット**　JCB UC DC VISA 他
●**開場日**　1975年7月7日
●**コースの特徴**　27H　P108　10032Y　ゆるやかな高低差がある丘陵コース。距離がある東C、長いホールと短いホールが組み合わさった南C、変化に富んだ北Cとそれぞれ特徴がある
●**コースレート**　南・東71.2　東・北71.8　北・南71.0
●**練習場**　150Y16打席アイアンのみ
●**電車**　東武日光線新鹿沼駅
●**クラブバス**　新鹿沼駅西口から8:05　8:40（土日祝のみ）　9:05　9:10（要予約）
●**タクシー**　新鹿沼駅東口7分1300円
●**プレースタイル**　セルフプレーで5人乗り乗用カート使用
●**シューズ**　ソフトスパイクのみ
●**ビジター料金**
季節により料金が異なるため、ホームページ参照、またはクラブに要問合せ

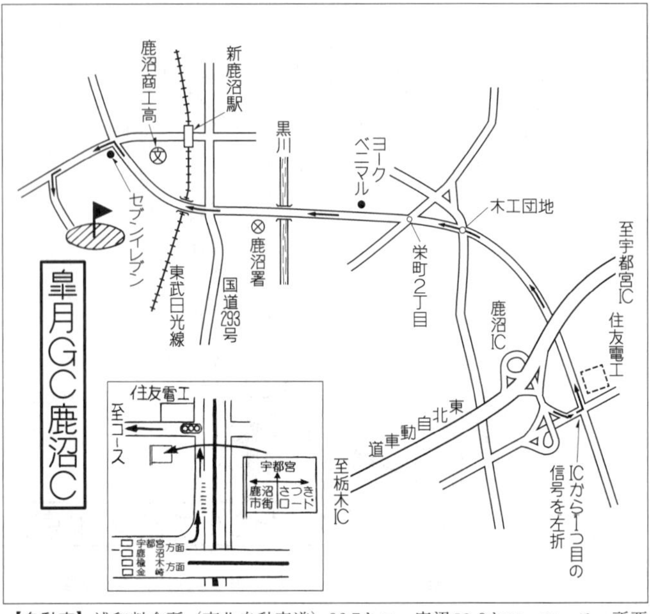

【**自動車**】浦和料金所（東北自動車道）86.7キロ→鹿沼IC 9キロ→コース　所要時間1時間30分　鹿沼ICを降りて左の道を進み、1つ目の信号を左折する。高速道路の高架をくぐり、黒川を渡って道なりに進む。東武日光線を渡って、コース案内板に従ってコースへ

皐月ゴルフ倶楽部佐野コース

〒327-0305　栃木県佐野市船越町3183
https://www.pacificgolf.co.jp/sano/
●プレーの申込み　平日はビジター可。土日祝は原則会員の同伴が必要。予約状況により紹介でも可
●予約　3か月前の1日10時より受付け
●コンペ　要問合せ
●休日　無休
●クレジット　JCB VISA ダイナース マスター他
●開場日　1979年7月23日
●コースの特徴　18H　P74　7255Y
雄大な丘陵コース、ギネスブックにも載った7番964Y のパー7は圧巻
●コースレート　74.8
●電車　両毛線佐野駅、または東武佐野線田沼駅
●クラブバス　なし
●タクシー　田沼駅から15分約2000円
●プレースタイル　キャディ付またはセルフの選択制で電磁誘導乗用カート
●シューズ　ゴルフ靴はすべて可
●ビジター料金
季節により料金が異なるため、ホームページ参照、またはクラブに要問合せ

【自動車】浦和料金所（東北自動車道）57キロ→岩舟 JCT(北関東自動車道)5.3キロ→佐野田沼 IC 7キロ→コース　所要時間1時間　佐野田沼 IC を降りて直進し、信号を田沼方面に左折する。三好信号を直進し、次の信号を案内板に従って右折してコースへ

ザ ナショナルカントリー倶楽部 埼玉

〒368-0061　埼玉県秩父市小柱685　FAX 0494(62)2016
http://www.national-cc.jp/saitama/

●**プレーの申込み**　ビジター可
●**予約**　3か月前の1日より受付け
●**コンペ**　組数制限なし
●**休日**　1／1
●**クレジット**　JCB　VISA　ダイナース　AMEX　UC 他
●**開場日**　1977年4月29日
●**コースの特徴**　18H　P72　6971Y　奥秩父連峰を望む、フラットでフェアウェイが広い林間のチャンピオンコース。距離も十分ある
●**練習場**　80Y12打席
●**電車**　西武池袋線西武秩父駅
●**クラブバス**　予約制で西武秩父駅　平日8:20　9:05　土日祝8:25　9:00
●**タクシー**　西武秩父駅から20分3500円、皆野駅から10分1300円
●**プレースタイル**　セルフプレー2人乗り GPS ナビカートの FW 乗入れ可（コース状況により不可）
●**シューズ**　メタルスパイク禁止
●**ビジター料金表**

	平　日	土　曜	日　祝
セ　ル　フ	7,800	15,800	14,800

2021年10月の料金で昼食付
期間により料金は異なる

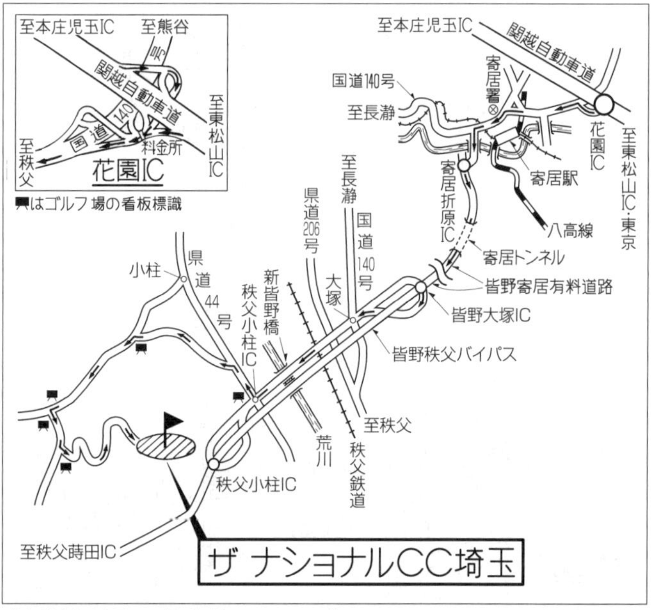

【**自動車**】練馬 IC（関越道）56.1キロ→花園 IC 20キロ→コース　所要時間1時間10分　花園 IC を秩父方面に降りて皆野寄居有料道路に入る。終点の皆野大塚 IC を降りて直進。大塚交差点を直進し、新皆野橋を渡って秩父小柱 IC 交差点を右折。50m 先の信号を左折し、コース案内板に従ってコースへ

ザ ナショナルカントリー倶楽部 千葉

〒290-0236　千葉県市原市寺谷666　FAX 0436(95)2558
予約専用　0436(95)2131　http://www.national-cc.jp/chiba/

●**プレーの申込み**　ビジター可
●**予約**　3か月前の同日から予約専用電話で受付け
●**コンペ**　組数制限なし
●**休日**　1/1
●**クレジット**　JCB　UC　MC　DC　AMEX　ダイナース　セゾン
●**開場日**　1965年10月10日
●**コースの特徴**　27H　P108　9698Y
自然とうまく調和した雄大な27ホールの林間コース。砲台グリーンで形が変化に富み高度な技術が要求される。
●**コースレート**　70.3　70.0　70.1
●**練習場**　80Y19打席
●**電車**　内房線五井駅
●**クラブバス**　五井駅東口から全日7:10　8:05　8:35。完全予約制
●**タクシー**　五井駅から20分4500円
●**プレースタイル**　セルフでGPSナビ付2人乗り乗用カート。FW乗入れ可（コース状況により不可）
●**シューズ**　メタルスパイク禁止
●**ビジター料金表**

	平　日	土　曜	日　祝
セ　ル　フ	9,300	19,000	18,000

上記は2021年10月の西・南コースの料金で昼食付
東コース平日9600円昼食付
優待プラン等については要問合せ

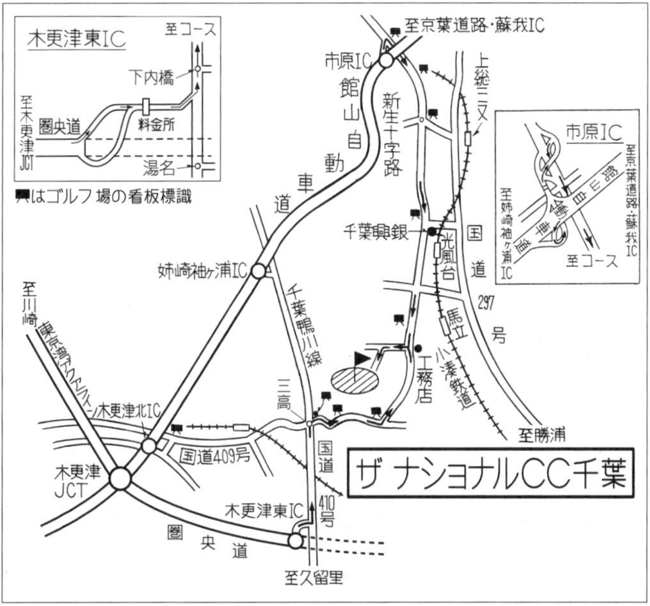

【自動車】箱崎IC（首都高速・京葉道路・館山自動車道）57.1キロ→市原IC 12キロ→コース　所要時間1時間　市原ICを大多喜・勝浦方面に降りて、直進12キロ、約15分でコース。アクアラインからは木更津東ICを降りて左折。三高交差点を右折し、国道409号を茂原方面に進み、栢橋（看板）を左折してコースへ

さ

サニーカントリークラブ

〒384-2204　長野県佐久市協和3491　FAX 0267(54)2525
http://www.sunny-cc.co.jp/

●**プレーの申込み**　ビジター可
●**予約**　随時受付け
●**コンペ**　随時受付け
●**休日**　営業期間中無休
12／3〜3月中旬は冬期クローズ
●**クレジット**　JCB　UC　VISA 他
●**開場日**　1975年4月29日
●**コースの特徴**　18H　P72　6859Y
標高1,100メートルに位置する、あまり高低差のないフラットな林間コース
●**コートレート**　72.2
●**練習場**　350Y15打席
●**電車**　北陸新幹線佐久平駅
●**クラブバス**　予約制
●**タクシー**　佐久平駅から30分8000円
●**プレースタイル**　セルフで乗用カート。2人乗りカート限定FW 乗入れ1台2200円（コース状況により不可）
●**シューズ**　ソフトスパイクのみ可
●**ビジター料金表**

	平　日	土　日	祝　日
セ　ル　フ	8,700	13,000	13,000

2021年10月の料金で昼食付
2022年料金は要問合せ
●**プレー情報**　宿泊パック、コンペ割引、早朝・薄暮、優待プラン

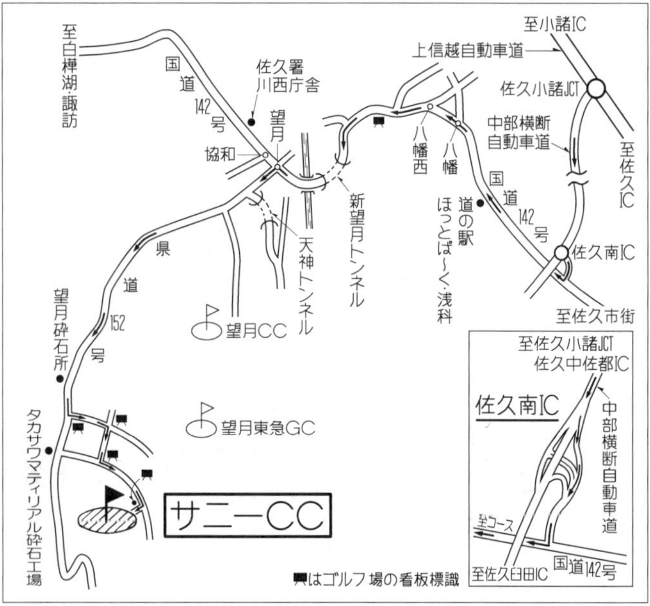

【**自動車**】練馬 IC（関越、上信越自動車道）151.4キロ→佐久小諸 JCT（中部横断自動車道）8.5キロ→佐久南 IC 20キロ→コース　所要時間2時間20分　佐久南 IC を降りて右折し、国道142号線を上田方向に向かう。新望月トンネルを過ぎ、望月交差点を左折して県道152号線を南下してコースへ

☎0283(25)1311

佐野ゴルフクラブ

〒327-0104　栃木県佐野市赤見町5170　FAX 0283(25)3688
http://www.sano-golfclub.co.jp/

●**プレーの申込み**　予約状況によりビジター可
●**予約**　4か月前の1日から受付け
●**コンペ**　予約状況により相談
●**休日**　無休
●**クレジット**　JCB　AMEX　VISA 他
●**開場日**　1974年10月13日
●**コースの特徴**　36H　P144　12804Y
日本庭園風の駒コースとアメリカンスタイルの出流コース。冬暖かく眺めが素晴らしい
●**電車**　両毛線・東武佐野線佐野駅
●**クラブバス**　なし
●**タクシー**　佐野駅から15分約2000円
●**プレースタイル**　キャディ付またははセルフで GPS ナビ付5人乗り乗用カート
●**シューズ**　メタルスパイク禁止
●**ビジター料金表**

	平　日	土　曜	日　祝
駒　C	6,980	14,980	14,980
出　流　C	7,480	15,480	15,480

上記は2021年10月のセルフの料金で昼食付
キャディ付は3850円（4B）加算

【**自動車**】浦和料金所（東北自動車道）57キロ→岩舟 JCT（北関東自動車道）5.3キロ→佐野田沼 IC 5キロ→コース　所要時間50分　佐野田沼 IC を降りて「佐野市役所田沼庁舎」方面に左に進む。こばと幼稚園の信号を左折し国道293号線を左折する。駒場信号を過ぎて右折してコースへ

ザ・フォレストカントリークラブ

〒437-0227　静岡県周智郡森町橘576－3　FAX 0538(85)4758
http://www.forest-country-club.co.jp

●**プレーの申込み**　ビジター可
●**予約**　3か月前の1日から受付け
●**コンペ**　組数は相談
●**休日**　1／1
●**クレジット**　JCB　UC　VISA 他
●**開場日**　1987年10月5日
●**コースの特徴**　27H　P108　9828Y
雄大な地形をフルに活かした戦略的なコース。橘は最もスコアがまとめやすく、天竜は距離が長く、一宮は対照的に距離は短いが、正確さが要求される
●**練習場**　50Y8打席、アプローチ
●**電車**　東海道新幹線掛川駅、または東海道本線袋井駅
●**クラブバス**　なし
●**タクシー**　掛川駅から5000円、袋井駅から3000円
●**プレースタイル**　セルフで乗用カート。キャディ付は要予約
●**シューズ**　メタルスパイク禁止
●**ビジター料金表**

	平　日	土・日	祝　日
セ　ル　フ	9,870	16,800	13,940

2021年10月～12月の料金
季節料金あり
キャディ付は3300円加算（4B）
●**プレー情報**　コンペプラン、薄暮プレー

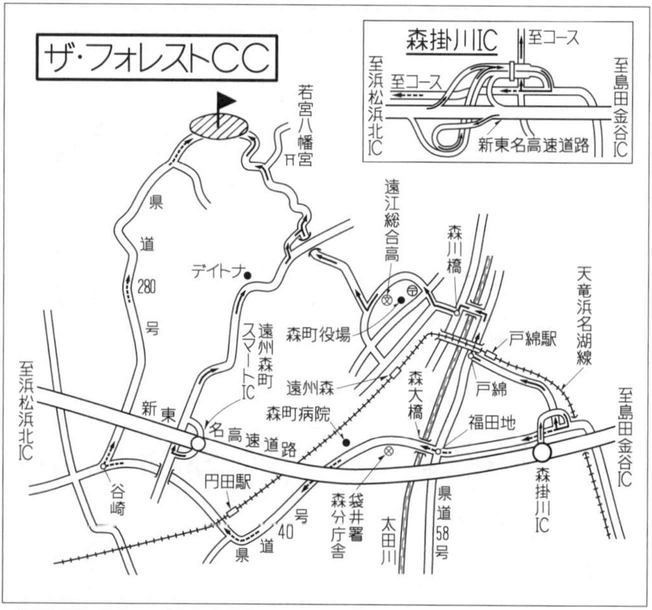

【**自動車**】東京IC（東名高速）88.3キロ→御殿場JCT（新東名高速）117キロ→森掛川IC 6キロ→コース　所要時間2時間40分　森掛川ICを降りて右折し最初の信号を右折。戸綿信号を右折し森川橋を渡ってコースへ。遠州森町スマートICからは4キロ、6分

サミットゴルフクラブ

〒315-0114　茨城県石岡市嘉良寿里139　FAX 0299(44)1235
予約専用　0299(44)1236　http://www.summit-golf-club.jp

●**プレーの申込み**　平日はビジター可、土日祝は会員の同伴または紹介が必要
●**予約**　3か月前の同日から受付け
●**コンペ**　平日のみ可、組数は相談
●**休日**　1／1
●**クレジット**　各種
●**開場日**　1992年5月24日
●**コースの特徴**　18H　P72　7074Y
設計は三好徳行氏、監修は戸張捷氏。ベント・ワングリーンの戦略的な丘陵コース。2013年から日本プロシニア選手権開催
●**コースレート**　73.2
●**練習場**　240Y16打席
●**電車**　常磐線石岡駅
●**クラブバス**　予約制で石岡駅から7:35　8:35
●**タクシー**　石岡駅から20分3500円
●**プレースタイル**　キャディ付で乗用カート
●**シューズ**　メタルスパイク禁止
●**ビジター料金表**

	平　日	土　曜	日　祝
キャディ付	15,000	29,400	28,400

●**プレー情報**　夏期・冬期割引、コンペパック

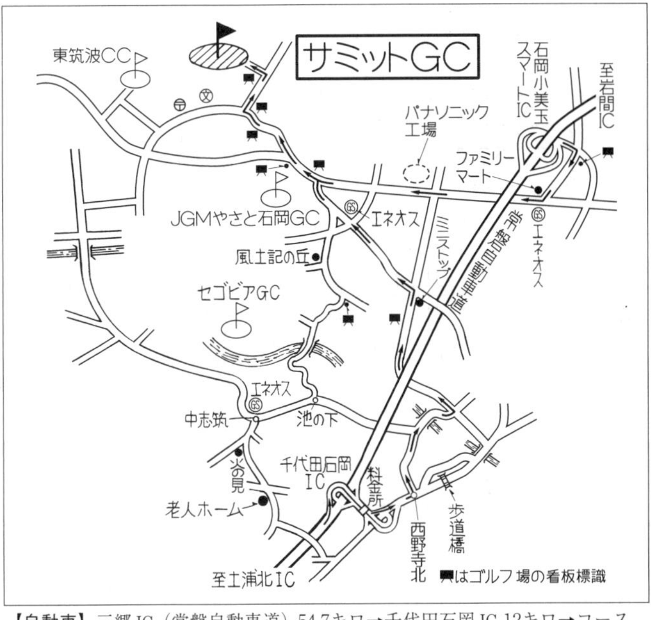

【**自動車**】三郷IC（常磐自動車道）54.7キロ→千代田石岡IC 12キロ→コース
所要時間55分　千代田石岡ICから国道6号線を石岡方面に進み、最初の信号を左折し、2つ目の信号を左折。次の信号を左折するとコースまで7キロ。ETC搭載車は石岡小美玉スマートICより8.5キロ、13分

狭山ゴルフ・クラブ

〒358-0041　埼玉県入間市下谷ケ貫492　FAX 04(2936)3249
予約04(2937)1221　https://sayama-golf.co.jp

●プレーの申込み　平日・土曜日は会員の紹介、日祝は会員の同伴が必要
●予約　平日は8週間前の同曜日10時、土日祝は8週間前の火曜日10時から受付け
●コンペ　6か月前の1日から受付け日祝は不可
●休日　毎週月曜日　12／31　1／1
●クレジット　AMEX　JCB　VISA　UC　ダイナース　DC　マスター
●開場日　1959年10月28日
●コースの特徴　27H　P108　10641Y
武蔵野の面影を残す雑木林に囲まれた林間コース。距離が長く戦略性が高い。2016年日本オープン開催コース
●コースレート　西・東73.7　南・西73.7　東・南73.4
●電車　西武池袋線入間市駅
●クラブバス　入間市駅から運行
●タクシー　入間市駅から20分2000円
●プレースタイル　キャディ付で歩いてプレー
●シューズ　ソフトスパイク
●ビジター料金表

	平　日	土　曜	日　祝
キャディ付	26,610	33,210	33,210

夏期・冬期料金、優待料金については要問合せ

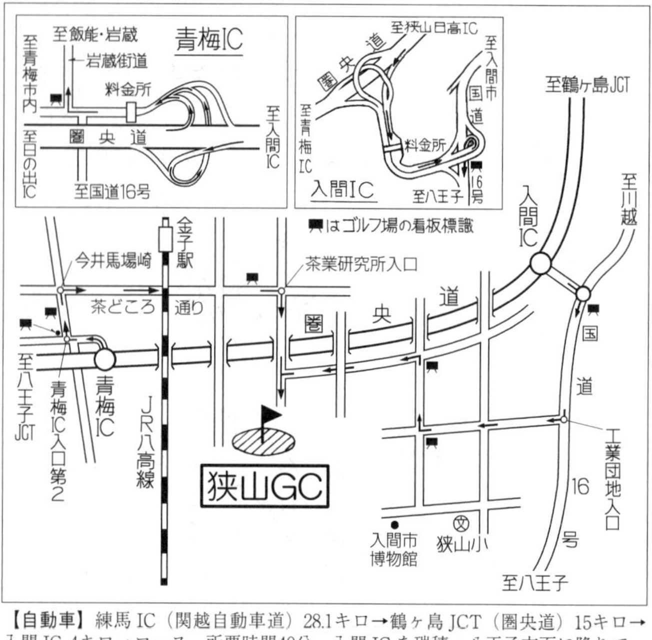

【自動車】練馬 IC（関越自動車道）28.1キロ→鶴ヶ島 JCT（圏央道）15キロ→入間 IC 4キロ→コース　所要時間40分　入間 IC を瑞穂・八王子方面に降りて、2つ目の信号・工業団地入口を右折。4つ目の信号を右折し、1つ目の信号を左折して圏央道の側道からコースへ。青梅 IC からは茶どころ通りを利用

　☎027（382）5151

THE RAYSUM

〒379-0116　群馬県安中市安中5853　FAX 027（382）4137
https://theraysum.com

●プレーの申込み　ビジター可
●予約　3か月前の1日より受付け
●コンペ　組数は相談
●休日　無休
●クレジット　UC　VISA　マスター　CF　ダイナース　JCB　AMEX
●開場日　1993年5月18日
●コースの特徴　18H　P72　7125Y
英国の伝統を取り入れたオーソドックスな造りの中に、米国の戦略性をミックス。美しい自然に彩られたチャレンジのしがいがあるコース
●コースレート　72.8
●練習場　300Y16打席
●電車　北陸新幹線安中榛名駅
●クラブバス　予約制で安中榛名駅より運行
●タクシー　安中榛名駅8分2500円
●プレースタイル　セルフプレーでGPSナビ付5人乗り乗用リモコンカート。キャディ付も可
●シューズ　ソフトスパイク、スパイクレス
●ビジター料金表

	平　日	土　曜	日　祝
セ　ル　フ	13,830	19,330	19,330

上記は2021年10月～12月の料金
期間により料金は異なる
キャディ付は4400円（4B）加算

さ

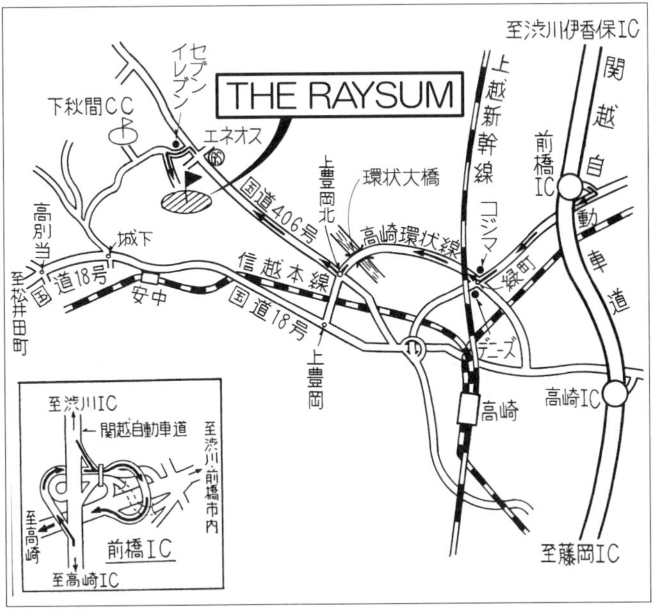

【自動車】練馬IC（関越自動車道）92.1キロ→前橋IC 17キロ→コース　所要時間1時間30分　前橋ICで降り、国道17号線を高崎方面に3キロ戻る。緑町交差点を右折、高崎環状線に入り、環状大橋を渡って上豊岡北の信号を右折し、国道406号を吾妻方面に向かってコースへ

ザ・ロイヤル ゴルフクラブ

〒311-2117　茨城県鉾田市大蔵200　FAX 0291(39)7514
本社　03(5275)0922　https://the-royal-golf-club.com/

●プレーの申込み　土日祝のみ会員の紹介が必要
●予約　3か月前の同日から受付け
●コンペ　予約状況により相談
●休日　月曜日
●クレジット　各種
●開場日　1990年4月16日
●コースの特徴　18H　P72　8143Y
8143Yをフルに生かした戦略性の高いトーナメントコースはダイナミックで美しい。最長ホールは705ヤードを有する。ホテルも完備
●コースレート　78.4
●練習場　350Y24打席（人工芝）・25打席（天然芝）
●電車　JR鹿島線鹿島神宮駅、または大洗鹿島線大洋駅
●クラブカー　水郷潮来バスターミナルより送迎（要問合せ）
●タクシー　鹿島神宮駅20分5000円
●プレースタイル　キャディ付で5人乗り乗用カート
●シューズ　ソフトスパイク推奨
●ビジター料金表

	平　日	土　曜	日　祝
キャディ付	45,200	56,200	56,200

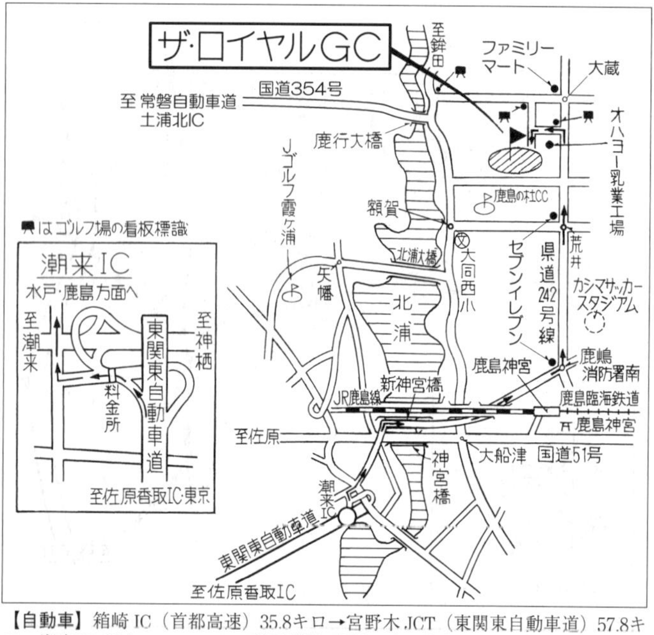

【自動車】箱崎IC（首都高速）35.8キロ→宮野木JCT（東関東自動車道）57.8キロ→潮来IC 22キロ→コース　所要時間1時間40分　潮来ICから水戸・鹿嶋方面に進み新神宮橋を渡る。大船津北交差点を直進し、鹿嶋消防署南交差点を左折する。県道242号線を鉾田市方面に直進して15キロでコース

☎0478(57)1122

佐原カントリークラブ

〒287-0014　千葉県香取市多田89　FAX 0478(57)1650
https://www.accordiagolf.com

●プレーの申込み　ビジター可
●予約　3か月前の同日から受付け
●コンペ　組数は相談
●休日　無休
●クレジット　VISA　JCB　ダイナース　AMEX　マスター
●開場日　1990年10月27日
●コースの特徴　18H　P72　6747Y
最大高低差10メートルというフラットな地形に造られたスタジアム方式のゴルフ場
●コースレート　71.6
●練習場　230Y8打席
●電車　JR成田線佐原駅
●クラブバス　なし
●タクシー　佐原駅から20分3500円
●プレースタイル　セルフでGPSナビ付5人乗り乗用カート
●シューズ　ソフトスパイク（スパイクレスを含む）
●ビジター料金表

	平　日	土日祝
セ　ル　フ	9,830	18,990

昼食付
料金は季節によって異なる

さ

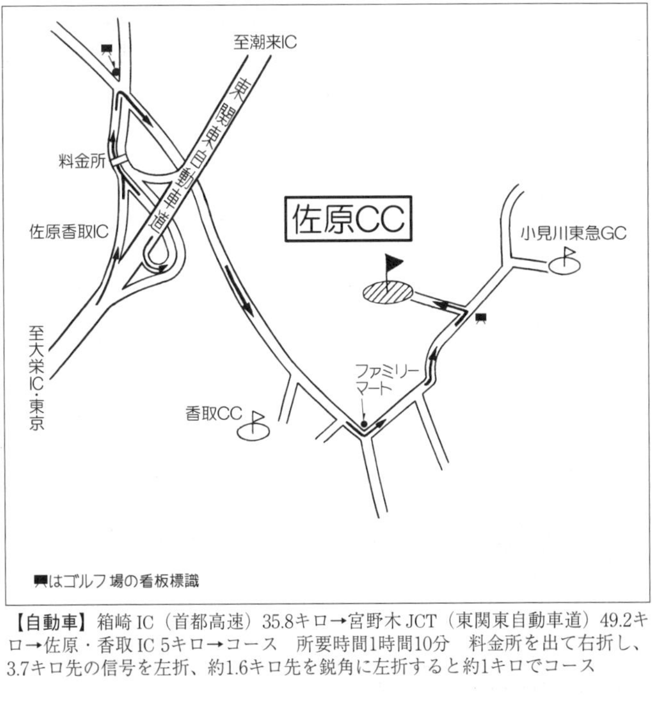

【自動車】箱崎IC（首都高速）35.8キロ→宮野木JCT（東関東自動車道）49.2キロ→佐原・香取IC 5キロ→コース　所要時間1時間10分　料金所を出て右折し、3.7キロ先の信号を左折、約1.6キロ先を鋭角に左折すると約1キロでコース

サンクチュアリ霞南ゴルフ倶楽部

〒300-0603　茨城県稲敷市伊佐部1450　FAX 0299(79)0838
予約専用　0299(79)1515　https://www.kanangc.com

●プレーの申込み　予約状況によりビジター可
●予約　2か月前の同日7時から予約専用電話にて受付け
●コンペ　2か月前の同日から受付け
●休日　無休
●クレジット　VISA　マスター　JCB
●開場日　1988年9月27日
●コースの特徴　18H　P72　7078Y
丘陵林間コース。波状のマウンドがコース全体にうねり、池やグラスバンカーが戦略的に展開するお洒落なコース
●コースレート　72.2
●練習場　200m13打席
●電車　成田線佐原駅
●クラブバス　なし
●タクシー　佐原駅から20分4000円
●プレースタイル　セルフまたはキャディ付で乗用カート
●シューズ　ソフトスパイク推奨
●ビジター料金表

	平　日	土　曜	日　祝
セ　ル　フ	10,200	19,350	19,350

平日は昼食付
キャディ付は4B3850円加算
●プレー情報　夏期・冬期割引、サービスデー、コンペ割引

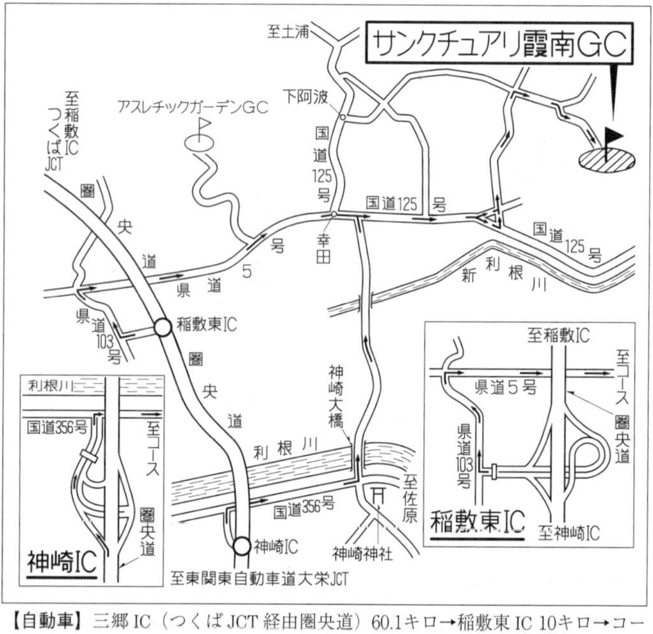

【自動車】三郷 IC（つくば JCT 経由圏央道）60.1キロ→稲敷東 IC 10キロ→コース　所要時間1時間　稲敷東 IC を降りて右折し、1つ目の信号を右折する。幸田交差点を直進し、コース案内板に従って左折してコースへ。東関東自動車道・大栄 JCT 経由で神崎 IC からは約10キロ、10分

サンコー72カントリークラブ

〒370-2131　群馬県高崎市吉井町岩崎2179　FAX 027(388)2072
https://www.sanko72.com

●**プレーの申込み**　ビジター可
●**予約**　3か月前の同日から受付け
●**コンペ**　組数制限なし
●**休日**　クラブ指定日
●**クレジット**　VISA　UC　マスター　JCB　AMEX　ダイナース
●**開場日**　1972年9月15日
●**コースの特徴**　36H　P144
フラットで適度のアンジュレーションを加味した疲れない林間コース。2019年12月16日より36ホール営業
●**練習場**　100Y26打席
●**電車**　上越新幹線高崎駅
●**クラブバス**　高崎駅東口から予約制7:30　8:30
ゴルフ場からは14:00以降45分毎に運行
●**タクシー**　高崎駅東口から約10分2000円程度
●**プレースタイル**　乗用カートのセルフプレー。キャディ付も可
●**シューズ**　ソフトスパイクのみ
●**ビジター料金表**

	平　日	土　日	祝　日
セ　ル　フ	7,800	13,300	12,300

2021年10月～11月のHP優待料金。昼食付。キャディ付は3,800円加算。詳細は要問合せ

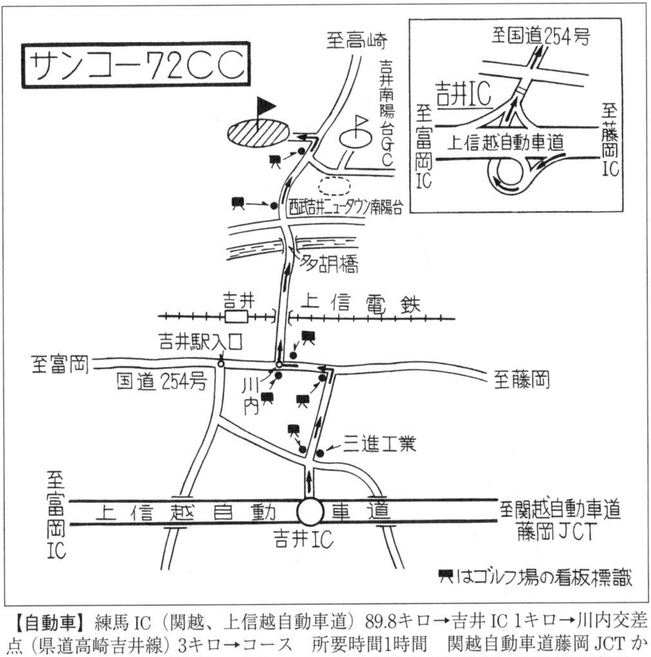

【**自動車**】練馬IC（関越、上信越自動車道）89.8キロ→吉井IC 1キロ→川内交差点（県道高崎吉井線）3キロ→コース　所要時間1時間　関越自動車道藤岡JCTから上信越自動車道を利用して吉井ICへ。料金所を出て直進し国道254号を左折。すぐの川内交差点を右折して高崎方面に進んで約3キロでコース

さ

サンヒルズカントリークラブ

〒321-2112　栃木県宇都宮市上横倉町1000　FAX 028(665)4117
予約028(665)6111　https://www.pacificgolf.co.jp/sunhills/

●**プレーの申込み**　ビジター可
●**予約**　3か月前の月初から受付け
●**コンペ**　予約状況により相談
●**休日**　年中無休
●**クレジット**　VISA　JCB　ダイナース
●**開場日**　1991年5月1日
●**コースの特徴**　36H　P144　13640Y
ゆるやかな丘陵地に豊富な樹木が彩りをそえて、落ち着いた雰囲気がある
●**コースレート**　イーストコース72.0
ウエストコース73.1
●**練習場**　270Y23打席
●**電車**　東北新幹線宇都宮駅
●**クラブバス**　宇都宮駅西口・トナリエから予約制。いずれの日も8:40
●**タクシー**　宇都宮駅から30分6000円
●**プレースタイル**　キャディ付またはセルフで電磁乗用カート
●**シューズ**　メタルスパイク禁止
●**ビジター料金**
季節により料金が異なるため、ホームページ参照、またはクラブに要問合せ

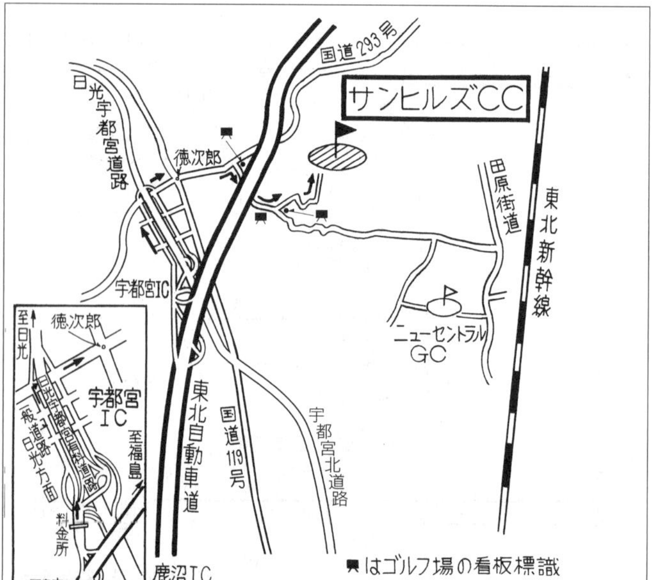

【**自動車**】浦和料金所（東北自動車道）98.2キロ→宇都宮IC 5キロ→コース　所要時間1時間20分　宇都宮ICで降りて、一番左の一般道路を直進し、3つ目の信号を右折。徳次郎交差点を過ぎ、約1.5キロ直進して看板に従って右折し、高速の下をくぐってコースへ。宇都宮ICから約7分

山武グリーンカントリー倶楽部

〒289-1205　千葉県山武市椎崎1552　FAX 0475(88)3500
https://sanbugcc.jp/　本社予約専用03(5157)5556

●プレーの申込み　原則として会員の紹介が必要
●予約　3か月前の1日から受付け
●コンペ　組数は相談
●休日　無休
●クレジット　各種
●開場日　1994年7月20日
●コースの特徴　18H　P72　6756Y
豊かな山武杉が密生するフラットな林間丘陵コース。安田幸吉、川村四郎氏の設計によるオーソドックスであり、戦略性にも富んだコース。プレー後は天然温泉が楽しめる
●練習場　70Y10打席
●電車　JR 総武本線成東駅
●クラブバス　なし
●タクシー　成東駅から10分2060円
●プレースタイル　キャディ付またはセルフで電磁誘導乗用カート
●シューズ　ソフトスパイク推奨
●ビジター料金表

	平　日	土　曜	日　祝
キャディ付	17,500	25,700	25,700
セ　ル　フ	13,500	21,600	21,600

上記は2021年4月～6月と10月～12月の料金
期間により料金は異なる

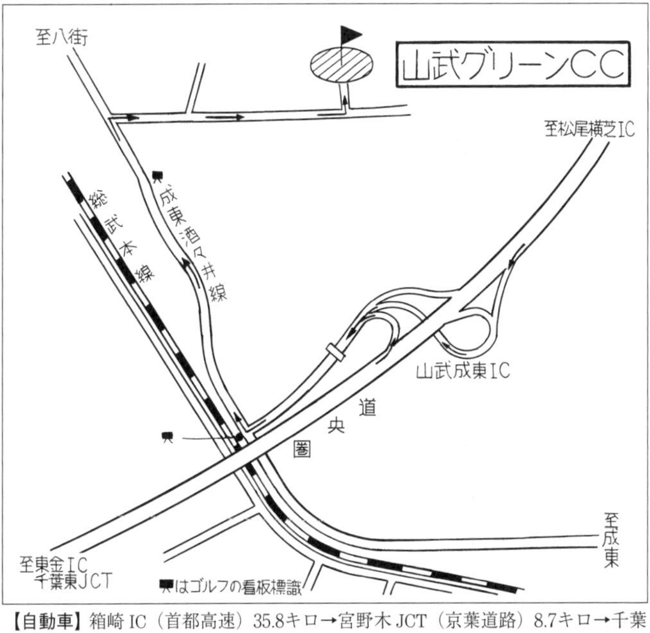

【自動車】箱崎 IC（首都高速）35.8キロ→宮野木 JCT（京葉道路）8.7キロ→千葉東 JCT（千葉東金道路、圏央道）25.9キロ→山武成東 IC 2キロ→コース　所要時間45分　千葉東 JCT から千葉東金道路、圏央道を利用して山武成東 IC へ。料金所を出て右折してコースへ。夏シーズンは東関道・佐倉 IC 利用が便利

サンメンバーズカントリークラブ

〒409-0124　山梨県上野原市犬目525　FAX 0554(66)2041
http://www.sunmembers.co.jp/

●**プレーの申込み**　ビジター可
●**予約**　4か月前の同日から受付け
●**コンペ**　組数は相談
●**休日**　クラブ指定日
●**クレジット**　各種
●**開場日**　1981年8月20日
●**コースの特徴**　18H　P72　6691Y
南向き斜面につくられた明るい丘陵コース。各ホールはフラットで、ストレートホールが多くブラインドは少ない
●**コースレート**　69.4
●**練習場**　30Y4打席
●**電車**　中央本線四方津駅
●**クラブバス**　四方津駅より毎日6:40　7:10　7:40　8:15　8:45　9:15
●**タクシー**　四方津駅より13分2000円
●**プレースタイル**　キャディ付またはセルフでGPSナビ付電磁乗用カート
●**シューズ**　ソフトスパイク（スパイクレスを含む）推奨
●**ビジター料金表**

	平　日	土　曜	日　祝
キャディ付	15,050	23,050	23,050
セ　ル　フ	13,400	21,400	21,400

2021年10月の料金。食事付の優待日あり
期間により料金は異なる
●**プレー情報**　ジュニア料金

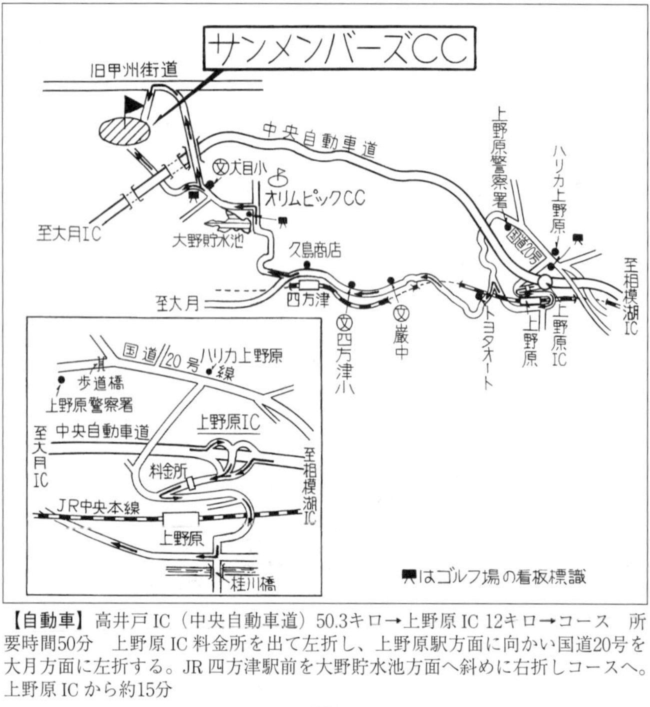

【自動車】 高井戸IC（中央自動車道）50.3キロ→上野原IC 12キロ→コース　所要時間50分　上野原IC料金所を出て左折し、上野原駅方面に向かい国道20号を大月方面に左折する。JR四方津駅前を大野貯水池方面へ斜めに右折しコースへ。上野原ICから約15分

サンレイクカントリークラブ

〒321-1108　栃木県日光市長畑4377　FAX 0288(27)0998
http://www.sunlake-cc.jp

●**プレーの申込み**　ビジター可
●**予約**　随時受付け
●**コンペ**　組数制限なし
●**休日**　無休
●**クレジット**　JCB VISA　DC 他
●**開場日**　1986年4月23日
●**コースの特徴**　18H　P72　6795Y
L·トレビノ設計で、池がらみのホールが多いのが特徴。フェアウェイは広く戦略性に富んだコース
●**練習場**　200m10打席
●**電車**　東武日光線下今市駅、またはJR 日光線文挟駅
●**クラブバス**　下今市駅または文挟駅より予約制
●**タクシー**　下今市駅から20分約3000円
●**プレースタイル**　キャディ付またはセルフで乗用カート
●**シューズ**　ソフトスパイクのみ可
●**ビジター料金表**

	平　日	土　曜	日　祝
キャディ付	10,450	16,750	16,750
セ　ル　フ	7,450	13,750	13,750

上記は2021年10月～11月の特別優待料金で食事付
●**プレー情報**　夏期・冬期割引

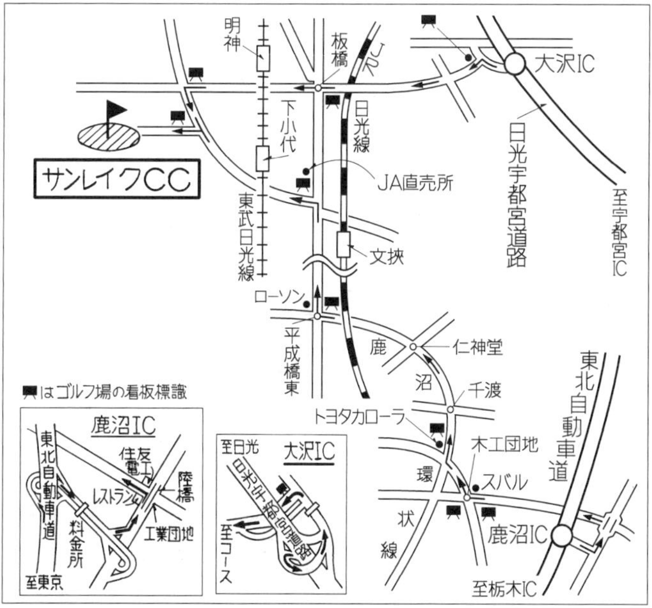

【自動車】浦和料金所（東北自動車道）87.6キロ→鹿沼 IC 20キロ→コース　所要時間1時間40分　鹿沼 IC を降りて陸橋の下を左折し、木工団地交差点を右折する。鹿沼環状線に入り、平成橋東交差点を右折。文挟駅の先を左折してコースへ。日光宇都宮道路・大沢 IC からは7キロ、約10分

G8富士カントリークラブ

〒418-0112　静岡県富士宮市北山7426－63　FAX 0544(54)1811
http://www.g8fuji-cc.sakura.ne.jp/

●**プレーの申込み**　予約状況によりビジター可
●**予約**　3か月前から受付け
●**コンペ**　組数は相談
●**休日**　無休
●**クレジット**　JCB　UC　VISA　他
●**開場日**　1985年8月7日
●**コースの特徴**　18H　P72　6852Y　富士山麓にあり、杉と檜の樹林でセパレートされ、グリーンの難易度も高い
●**コースレート**　72.1
●**練習場**　200Y12打席
●**電車**　東海道新幹線新富士駅
●**クラブバス**　なし
●**タクシー**　新富士駅から約45分　約8000円
●**プレースタイル**　セルフプレーで乗用カート。FW乗入れ可（コース状況により不可）
●**シューズ**　ソフトスパイク
●**ビジター料金表**

	平　日	土　曜	日　祝
セ　ル　フ	8,900	15,500	14,500

2021年昼食付秋季料金
期間により料金は異なる
●**プレー情報**　ホテル併設・宿泊プラン、コンペプラン

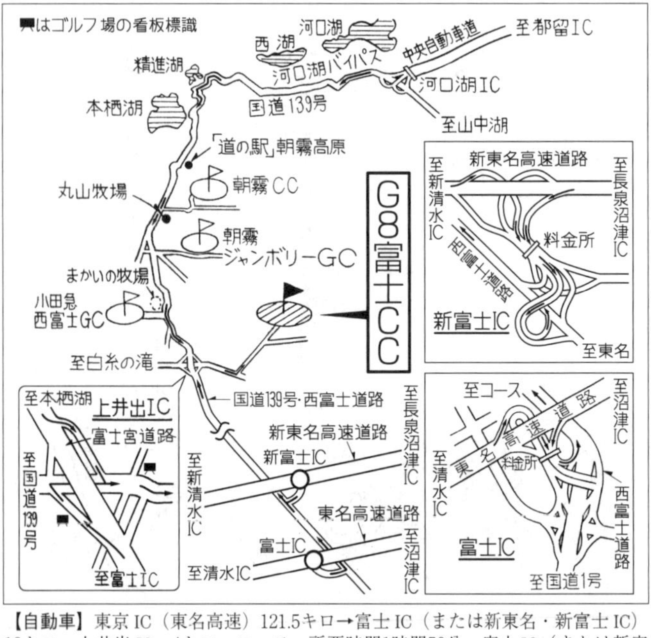

【自動車】東京IC（東名高速）121.5キロ→富士IC（または新東名・新富士IC）18キロ→上井出IC　4キロ→コース　所要時間1時間50分　富士IC（または新富士IC）から西富士道路を経由して国道139号線を朝霧高原方面に向かう。上井出ICを降りて右折、400m先を左折してコース

GMG 八王子ゴルフ場

〒193-0801　東京都八王子市川口町3515　FAX 042(654)4322
http://www.kanbun-group.co.jp/gmg/index.html　本社03(3366)2511

●**プレーの申込み**　会員の紹介が必要
●**予約**　平日は前々月の1日9時、土日祝は8週間前の10時より受付け
●**コンペ**　6か月前の1日9時から受付け
●**休日**　無休
●**クレジット**　各種
●**開場日**　1967年8月16日
●**コースの特徴**　27H　P108　9505Y　武蔵野特有の雑木林に囲まれた丘陵コース
●**練習場**　200Y9打席
●**コースレート**　南東70.7　東西69.4　西南70.5
●**電車**　中央線・京王線八王子駅
●**クラブバス**　八王子駅から全日7:45　9:00（バス乗り場詳細は要問合せ）
●**タクシー**　両八王子駅25分3300円
●**プレースタイル**　キャディ付で乗用カート
●**シューズ**　ソフトスパイクのみ
●**ビジター料金表**

	平　日	土　曜	日　曜
キャディ付	18,700	24,200	27,500

祝日は20,900円。利用税別途
季節料金あり
●**セルフデー**　クラブ指定の月曜日

【**自動車**】高井戸IC（中央自動車道）25.8キロ→八王子第2IC 7.5キロ→コース　所要時間50分　八王子第2ICを八王子方面に降りて谷野街道入口交差点を右折。創価大南交差点を左折して突き当たりの秋川街道を右折。五日市方面に直進して4キロでコース。圏央道あきる野ICからは約12分

G7カントリー倶楽部

〒321-0514　栃木県那須烏山市森田76－1　FAX 0287(88)2214
http://www.g7cc.co.jp

●**プレーの申込み**　ビジター可
●**予約**　3か月前の同日から電話にて受付け。または自社ホームページからも受付け
●**コンペ**　相談に応じる
●**休日**　1／1
●**クレジット**　ダイナース　マスター　VISA　AMEX　UC　UFJ ニコス
●**開場日**　2016年7月1日
●**コースの特徴**　18H　P72　7045Y
青木功監修。ほとんど高低差のない丘陵コースに浮き島グリーン、グラスバンカーなどを配し、戦略性に富む
●**コースレート**　73.3
●**練習場**　240Y14打席
●**電車**　東北新幹線宇都宮駅
●**クラブバス**　なし
●**タクシー**　宇都宮駅から40分
●**プレースタイル**　セルフで電磁誘導式乗用カート
●**シューズ**　ソフトスパイク推奨
●**ビジター料金表**

	平　日	土　曜	日　祝
セ　ル　フ	7,560	15,040	15,040

上記は2021年11月の料金で昼食付
期間により料金は異なる
土日祝セルフ2B2750円割増

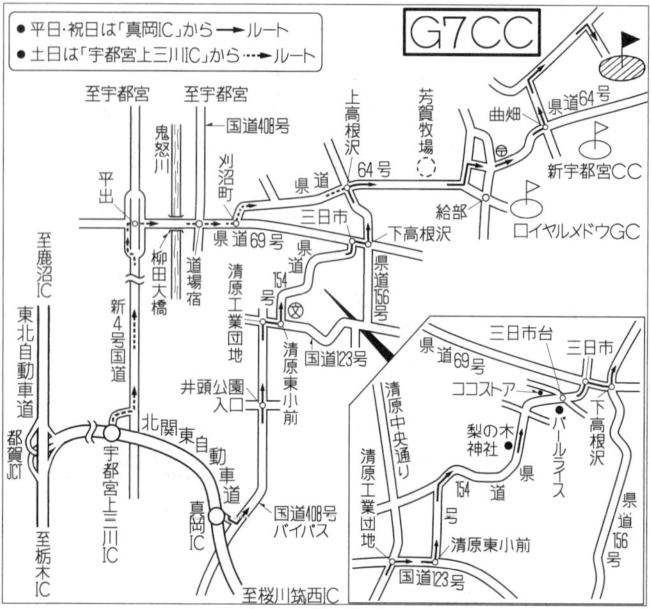

【**自動車**】浦和料金所（東北自動車道）70.7キロ→都賀 JCT（北関東自動車道）26キロ→真岡 IC 31キロ→コース　所要時間1時間40分　平日・祝日は真岡 IC から国道408号バイパス、県道154、156、64号を利用。土日は宇都宮上三川 IC から新国道4号を宇都宮方面に進み、平出立体交差を右折。県道64号からコースへ

CPG カントリークラブ

〒290-0213　千葉県市原市川在974　FAX 0436(36)6766
東京事務所03(3668)9491　https://www.cpg.co.jp

●プレーの申込み　パブリックコース
●予約　随時受付け
●コンペ　随時受付け
●休日　クラブ指定日
●クレジット　JCB　DC　VISA 他
●開場日　1961年10月18日
●コースの特徴　18H　P72　6585Y
丘陵地の尾根づたいにレイアウトされ打ち下ろしや谷越えなど楽しめる
●練習場　15Y8打席
●電車　内房線五井駅
●クラブバス　五井駅8:35発（予約制）
●タクシー　五井駅から20分約3500円
●プレースタイル　キャディ付またはセルフで乗用リモコンカート
●シューズ　ソフトスパイク
●料金表

	平　日	土　曜	日　祝
キャディ付	13,300	22,000	22,200
セ　ル　フ	9,300	18,200	18,200

期間により料金は異なる
優待料金あり（要問合せ）
●プレー情報　コンペ割引、ジュニア料金、セルフデー、早朝、薄暮

し

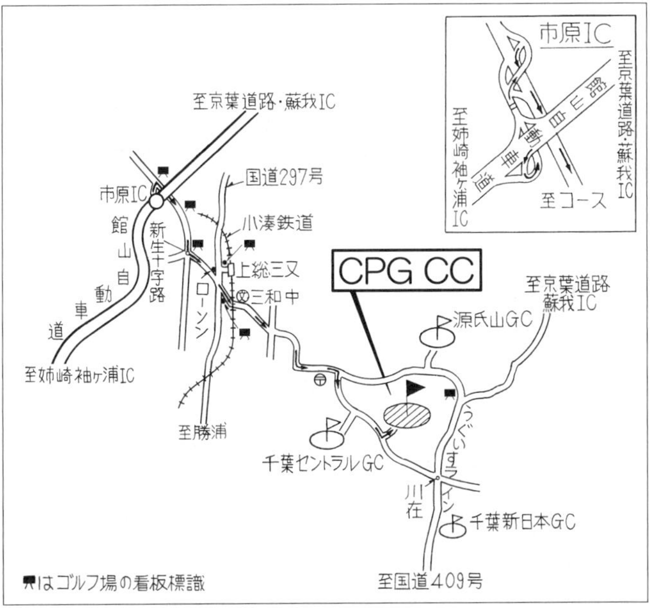

【自動車】箱崎 IC（首都高速・京葉道路・館山自動車道）57.1キロ→市原 IC 3.7キロ→新生十字路6キロ→コース　所要時間1時間　館山自動車道を市原 IC で降り大多喜・勝浦方面に向かう。新生十字路を左折し、国道297号を横断して道なりに進んでコースへ（市原 IC から約15分）

ジェイゴルフ霞ヶ浦

〒311-2432　茨城県潮来市茂木279－1　FAX 0299(64)5556
https://jgk.tatemono-golf.com

●**プレーの申込み**　ビジター可
●**予約**　3か月前の同日から受付け
●**コンペ**　上記に準ずる
●**休日**　1/1　クラブ指定日
●**クレジット**　JCB　UC　VISA　DC　AMEX　セゾン　ダイナース　UFJ　マスター
●**開場日**　1992年5月16日
●**コースの特徴**　18H　P72　7121Y
高低差10mのフラットなコース。距離とフェアウェイ幅が十分にあり、ハザードがコースを引き締めている
●**コースレート**　73.5
●**練習場**　20Y7打席
●**電車**　鹿島線潮来駅
●**クラブバス**　なし
●**タクシー**　潮来駅から10分
●**高速バス**　東京駅八重洲南口より鹿島神宮行高速バスで約1時間30分「水郷潮来」下車
●**プレースタイル**　キャディまたはセルフでGPSナビ付乗用カート
●**シューズ**　ソフトスパイクを推奨
●**ビジター料金表**

	平　日	土　曜	日　祝
キャディ付	12,100	20,200	20,200
セ　ル　フ	8,900	17,000	17,000

2021年10月の料金。平日は昼食付

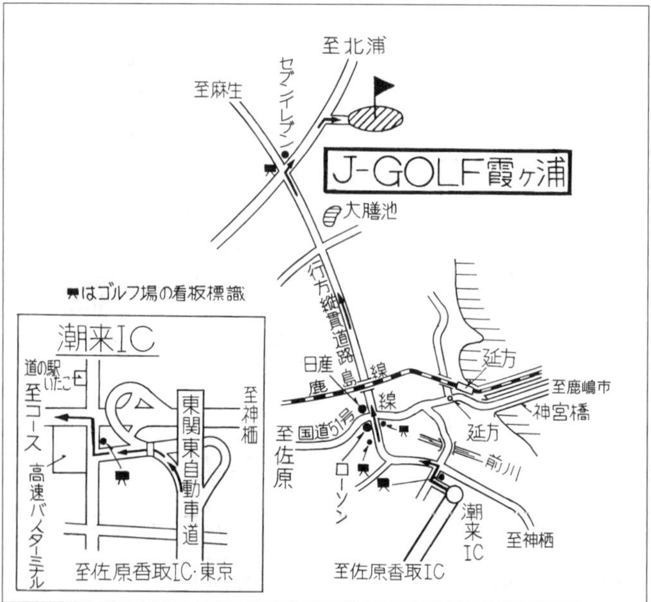

【自動車】箱崎IC（首都高速、東関東自動車道）93.6キロ→潮来IC 9キロ→コース　所要時間1時間30分　東関東自動車道潮来ICを潮来方面に降り信号を右折。約150m先を左折して国道51号を横断。行方縦貫道路に入り直進し、約8.5キロ先にある看板に従って右折して約500mでコースへ

Jゴルフ鶴ヶ島

〒350-1243　埼玉県日高市新堀1070　FAX 042(985)2101
予約042(985)2470　http://jgt.tatemono-golf.com

●**プレーの申込み**　パブリックコース
●**予約**　平日は3か月前の1日、土日祝は3か月前の同日より受付け
●**コンペ**　組数は相談
●**休日**　1／1
●**クレジット**　JCB　UC　VISA 他
●**開場日**　1978年12月1日
●**コースの特徴**　18H　P72　6876Y
奥武蔵自然公園の中に展開する18ホール。ビギナーも上級者も楽しめるレイアウトはドッグレッグ、谷越え、池など多彩
●**コースレート**　71.0
●**練習場**　200Y16打席
●**電車**　西武池袋線飯能駅、またJR川越線・八高線高麗川駅
●**クラブバス**　高麗川駅より予約制
●**タクシー**　飯能駅から20分2700円
●**プレースタイル**　キャディ付またはセルフでGPSナビ付乗用カート
●**シューズ**　スパイクレスまたはソフトスパイク
●**ビジター料金表**

	平　日	土　曜	日　祝
キャディ付	15,800	24,300	24,300
セ　ル　フ	12,800	21,300	21,300

2021年10月～11月の料金で昼食付。火曜日はセルフデー
●**プレー情報**　コンペパック、薄暮

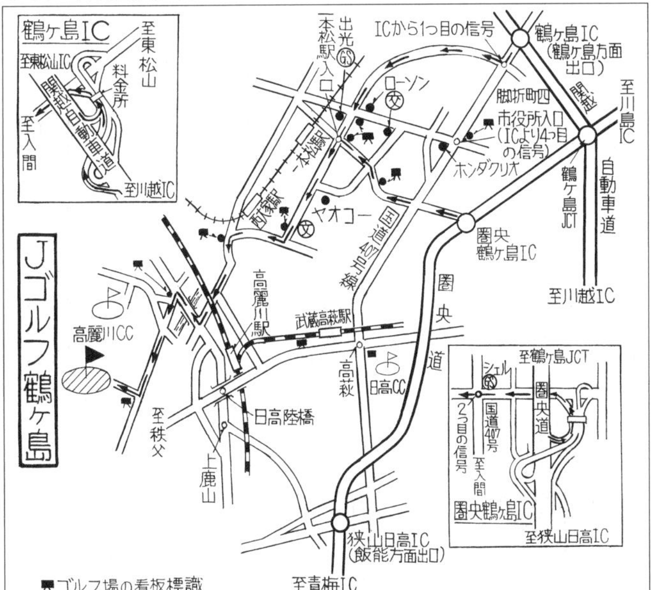

【**自動車**】練馬IC（関越自動車道）29.6キロ→鶴ヶ島IC 10キロ→コース　所要時間30分　鶴ヶ島ICで降りて左折し、1つ目の信号を右折して道なりに進む。新町小学校を過ぎ、T字路を右折してコース案内板に従って進む。八高線の踏切を越えてから右折し、高麗川を渡ってコースへ

し

JGM 宇都宮ゴルフクラブ

〒320-0001　栃木県宇都宮市横山町1304　FAX 028(665)2797
https://www.jgmutsunomiya.co.jp/

●**プレーの申込み**　パブリックコース
●**予約**　3か月前の同日9時から受付け
●**コンペ**　組数制限はなし
●**休日**　無休
●**クレジット**　VISA　UFJ　DC　ダイナース　ニコス　JCB　UC
●**開場日**　1997年10月1日
●**コースの特徴**　18H　P72　6654Y
ジャック・ニクラウス設計の本格的な戦略的コースで、難易度が非常に高く挑戦意欲をかき立てられる
●**コースレート**　71.3
●**練習場**　280Y13打席
●**電車**　東北新幹線宇都宮駅
●**クラブバス**　なし
●**タクシー**　宇都宮駅から20分　約4000円
●**プレースタイル**　キャディ付またはセルフでGPSナビ付5人乗り乗用カート
●**シューズ**　ソフトスパイク限定
●**ビジター料金表**

	平　日	土　曜	日　祝
キャディ付	10,200	17,200	17,200
セ　ル　フ	6,900	13,900	13,900

2021年11月の昼食付料金。期間により料金は異なる
●**プレー情報**　感謝デー、コンペパック、バスパックプラン、宿泊パック

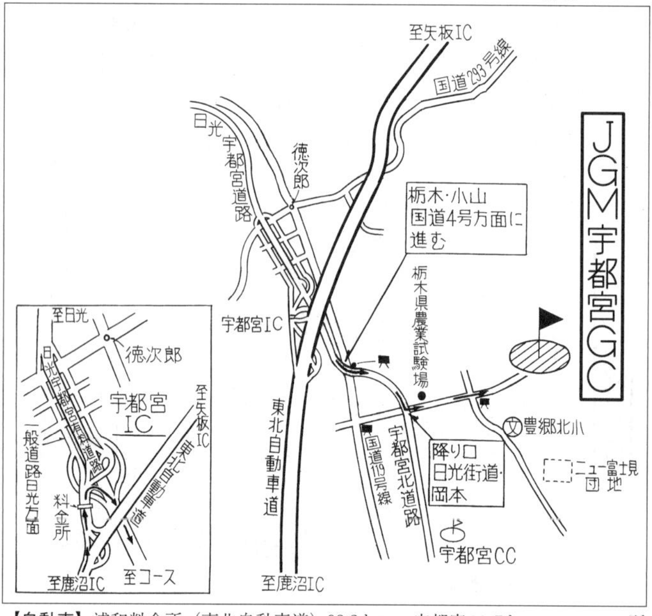

【**自動車**】浦和料金所（東北自動車道）98.2キロ→宇都宮IC 7キロ→コース　所要時間1時間20分　宇都宮ICを降りて、宇都宮北道路を栃木・小山、国道4号方面に進む。最初の降り口「日光街道・岡本」で降り、岡本方面に左折してコースへ

JGM おごせゴルフクラブ

〒350-0405　埼玉県入間郡越生町津久根830　FAX 049(292)7767
予約049(292)6811　http://jgmogose.jp/

●**プレーの申込み**　平日はビジター可。土日祝は会員の紹介が必要
●**予約**　平日は3か月前の同日、土日祝は2か月前の同日から受付け
●**コンペ**　予約状況により相談
●**休日**　特定日を除き無休
●**クレジット**　各種
●**開場日**　1997年4月1日
●**コースの特徴**　18H　P72　7032Y
アウトは景色が美しく、距離感が難しいがフラットな仕上り。インはグリーン廻りにバンカーが多く、戦略的だ
●**コースレート**　72.0
●**練習場**　270Y10打席
●**電車**　東武東上線越生駅
●**クラブバス**　なし
●**タクシー**　越生駅から10分1,000円
●**プレースタイル**　キャディ付で5人乗り乗用カート
●**シューズ**　ゴルフ靴はすべて可
●**ビジター料金表**

	月・金	火水木	土日祝
キャディ付	14,550	15,300	20,250

2021年秋季料金で月・金曜昼食付
優待料金等については要問合せ
●**プレー情報**　レディースデー、シニアデー、コンペパック

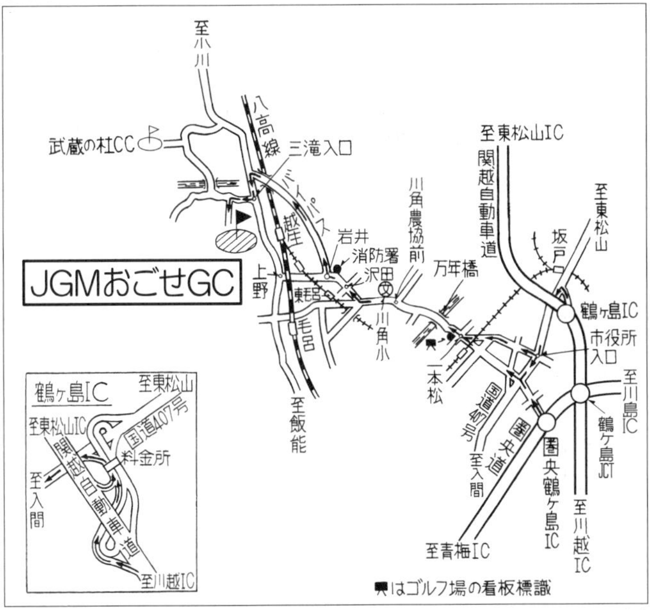

【**自動車**】練馬IC（関越自動車道）29.6キロ→鶴ヶ島IC 16キロ→コース　所要時間50分　鶴ヶ島ICを鶴ヶ島方面に降りて最初の信号·脚折町4丁目を右折。ローソンのある信号を右折し、川角農協前の信号を左折。消防署先の岩井信号を右折し、突き当たりを左折。1キロ先の三滝信号を右折してコース

JGM 笠間ゴルフクラブ

〒309-1463　茨城県桜川市高幡426　FAX 0296(76)2582
https://www.jgmkasama.co.jp

●プレーの申込み　ビジター可
●予約　3か月前の同日より受付け
●コンペ　組数は相談
●休日　無休
●クレジット　JCB　VISA　DC　マスター　ダイナース
●開場日　1993年6月19日
●コースの特徴　27H　P108　10362Y　鬼才P・ダイ設計の戦略的コース。ティからグリーンまで気が抜けない
●コースレート　東南72.4　南西72.2　東西72.6
●練習場　300Y19打席
●電車　常磐線友部駅、または水戸線羽黒駅
●クラブバス　なし
●タクシー　友部駅から30分6000円、羽黒駅から15分2000円
●プレースタイル　キャディ付またはセルフで5人乗り乗用カート
●シューズ　ソフトスパイク推奨
●ビジター料金表

	月　曜	火～金	土日祝
セ　ル　フ	6,610	7,940	17,100

2021年10月の料金で昼食付
期間によって料金は異なる
キャディ付は3300円(4B)加算

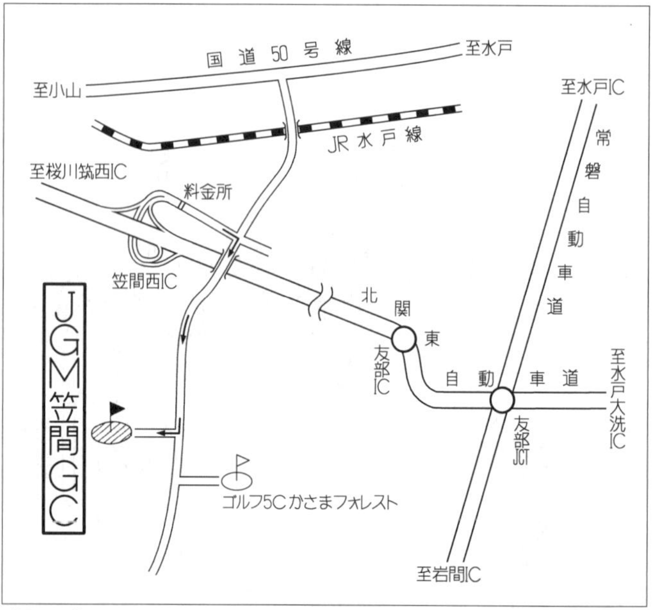

【自動車】三郷 IC(常磐道、北関東自動車道)90.4キロ→笠間西 IC 0.8キロ→コース　所要時間1時間10分　常磐自動車道・友部 JCT から北関東自動車道を笠間方面に進み、笠間西 IC で降りる。料金所を出て右折し、約800m 先の右手がコース進入路。三郷 IC から約1時間

JGM 霞丘ゴルフクラブ

〒300-0623　茨城県稲敷市四箇2002　FAX 029(894)3606
https://www.jgmkasumigaoka.co.jp

●プレーの申込み　ビジター可
●予約　3か月前の同日10時より受付け
●コンペ　組数は相談
●休日　無休
●クレジット　UC　VISA　JCB　マスター　AMEX
●開場日　1974年12月26日
●コースの特徴　27H　P108　9168Y
なだらかなコースだが微妙なアンジュレーションがあり、池も随所に配し、メンタルさを要求されるコースだ
●電車　常磐線取手駅
●クラブバス　取手駅西口から7:50
●タクシー　取手駅から50分12000円
●プレースタイル　セルフプレーでGPS ナビ付電磁誘導式乗用カート
●シューズ　ソフトスパイク推奨
●ビジター料金表

	平　日	土　曜	日　祝
セ　ル　フ	6,580～	13,000	12,000

2021年10月の料金で平日昼食付。クラブ指定日に昼食バイキングデー開催。期間により料金は異なる

し

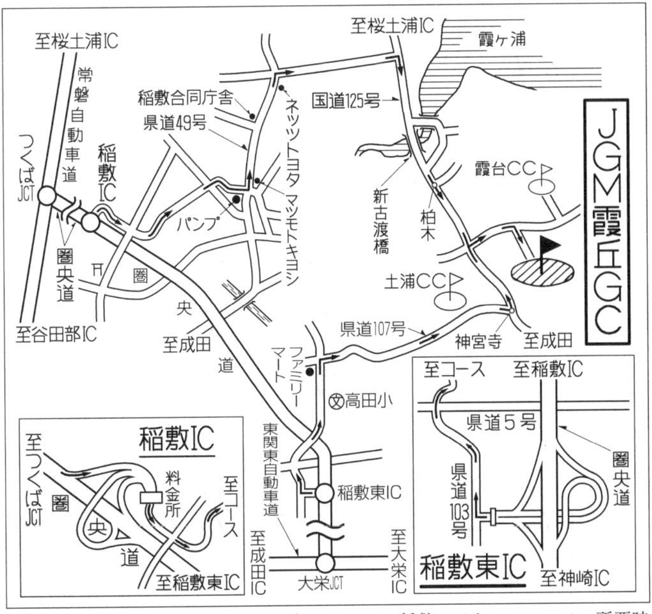

【自動車】三郷 IC（常磐道、圏央道）54.1キロ→稲敷 IC 9キロ→コース　所要時間1時間　稲敷 IC を降りて直進しパンプの交差点を左折。右手にネッツトヨタがある信号を右折し、国道125号を右折してコースへ。東関道利用は稲敷東 IC を降りて右折し土浦 CC 前を通って神宮寺信号を左折する。稲敷東 IC から6キロ

ＪＧＭサラブレッドゴルフクラブ

〒972-8336　福島県いわき市渡辺町上釜戸字上ノ代245　FAX 0246(56)6666
予約0246(56)0800　https://www.thcc.co.jp

●プレーの申込み　ビジター可
●予約　3か月前の1日から受付け
●コンペ　5組以上の場合は4か月前の1日より受付け、それ以下は通常の予約で受付ける
●休日　無休
●クレジット　UC　VISA　MC　JCB　ダイナース　AMEX　DC　セゾン　ニコス
●開場日　1991年9月1日
●コースの特徴　18H　P72　6639Y　丘陵コースの中では比較的フラットなコース。初心者でも良いスコアが出やすいのが特徴
●コースレート　71.2
●練習場　250Y15打席（現在クローズ中）
●電車　常磐線泉駅下車
●クラブバス　なし
●タクシー　泉駅から15分2800円
●プレースタイル　セルフプレーでGPS ナビ付乗用カート
●シューズ　ソフトスパイク推奨
●ビジター料金表

	平　日	土　曜	日　祝
セ　ル　フ	6,000	12,500	13,000

2021年10月～11月の昼食付料金
●プレー情報　感謝デー5500円（要問合せ）

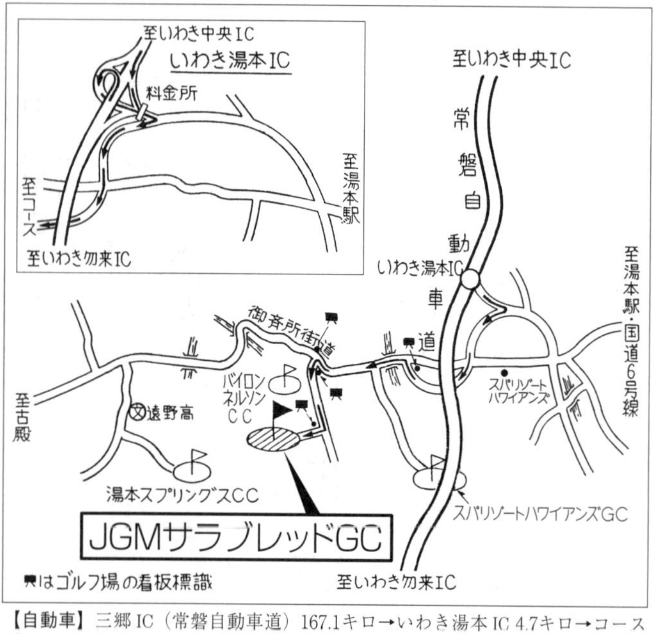

【自動車】三郷IC（常磐自動車道）167.1キロ→いわき湯本IC 4.7キロ→コース　所要時間1時間50分　いわき湯本ICの料金所を出て右折し石川方面に進む。ICから約2.5キロ先を案内板に従って左折してコースへ

JGM セベバレステロスゴルフクラブ

〒300-0623　茨城県稲敷市四箇3043
https://www.jgmseve.co.jp/

●**プレーの申込み**　ビジター可
●**予約**　2か月前の1日10時より受付け
●**コンペ**　組数制限なし
●**休日**　無休
●**クレジット**　AMEX　VISA 他
●**開場日**　1984年9月27日
●**コースの特徴**　18H　P72　6914Y
ウッドンバンカーや池が特徴の丘陵コース、アンジュレーションのあるベント・ワングリーンは戦略性が十分で飽きない
●**練習場**　250Y21打席
●**電車**　JR 成田線下総神崎駅、または常磐線取手駅
●**クラブバス**　取手駅西口（水戸証券前）から7:50
●**タクシー**　下総神崎駅から20分6000円、取手駅から60分12000円
●**プレースタイル**　キャディ付またはセルフで電磁誘導乗用カート
●**シューズ**　ソフトスパイク
●**ビジター料金表**

	平　日	土　曜	日　祝
キャディ付	11,950	21,850	21,850
セ　ル　フ	9,400	19,300	19,300

2021年10月～11月の料金で平日昼食付

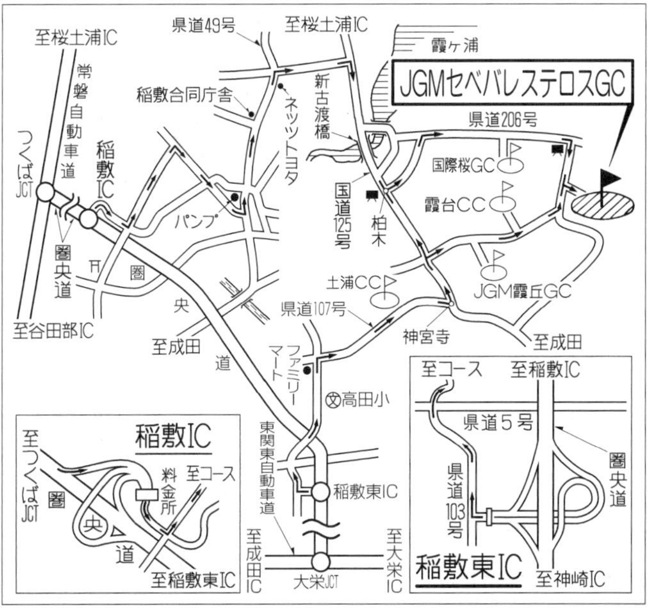

【自動車】三郷 IC（常磐道、圏央道）54.1キロ→稲敷 IC 10キロ→コース　所要時間1時間　稲敷 IC を降りて最初の信号を左折し突き当りを右折。パンプがある信号を左折し、右手にネッツトヨタがある信号を右折。国道125号を右折してコースへ。東関道利用は稲敷東 IC を降りて右折。JGM 霞丘 GC 前を通ってコースへ

JGM ベルエアゴルフクラブ

〒370-3347　群馬県高崎市中室田町3801　FAX 027(374)1110
予約専用　027(374)1771　http://www.jgmbelaire.co.jp/

●プレーの申込み　予約状況によりビジター可
●予約　平日は3か月前、土日祝は2か月前の同日から予約専用電話で受付け
●コンペ　組数は相談
●休日　無休
●クレジット　VISA　JCB　AMEX 他
●開場日　1988年3月2日
●コースの特徴　18H　P72　6932Y
ベントのワングリーンで戦略性に富み、各ホールは豊富な樹林帯で完全セパレートされている
●コースレート　72.3
●練習場　270Y10打席
●電車　北陸新幹線安中榛名駅
●クラブバス　安中榛名駅から土日祝のみ予約制
●タクシー　安中榛名駅15分約2000円
●プレースタイル　セルフで5人乗り乗用カート。キャディ付も可
●シューズ　ソフトスパイクのみ可
●ビジター料金表

	平　日	土　曜	日　祝
セ　ル　フ	7,800	13,300～	13,300～

2021年10～11月の料金で昼食付
キャディ付は3300円加算
●プレー情報　夏期・冬期割引、宿泊パック（ホテル併設）早朝・薄暮ハーフ、ジュニア料金

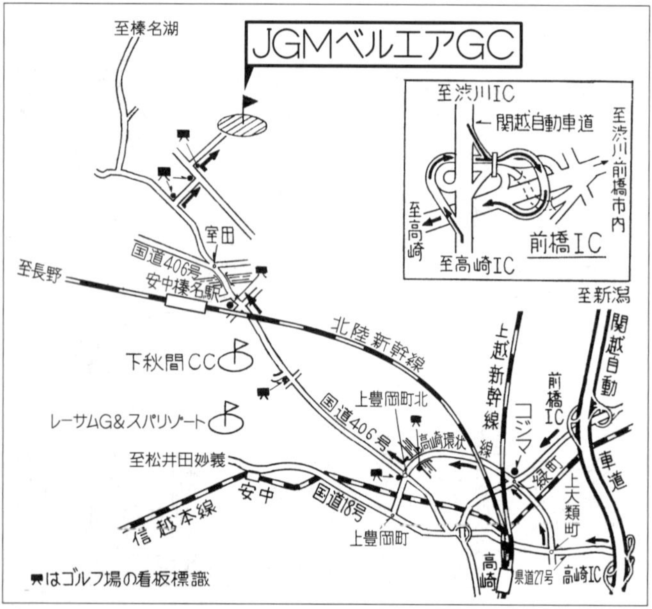

【自動車】練馬 IC（関越自動車道）92.1キロ→前橋 IC 17キロ→コース　所要時間1時間30分　前橋 IC で降り、国道17号線を高崎方面に3キロ戻る。コジマがある緑町交差点を右折し、高崎環状線に入り、烏川を越え上豊岡町北交差点を右折。榛名湖方面に向かって、あとはコース案内板に従ってコースへ

JGM やさと石岡ゴルフクラブ

〒315-0131　茨城県石岡市下林2665　FAX 0299(44)0972
予約専用　0299(44)1111　http://www.jgmyasato.co.jp

●**プレーの申込み**　予約状況によりビジター可
●**予約**　3か月前の同日9時から受付け
●**コンペ**　組数制限なし
●**休日**　無休（特定日を除く）
●**クレジット**　各種
●**開場日**　1987年10月5日
●**コースの特徴**　18H　P72　7011Y
各ホールは檜や杉の古木でセパレートされたフラットな丘陵コース。スコアメイクを楽しめる
●**コースレート**　72.7
●**練習場**　300Y12打席　アプローチ・バンカー練習場有
●**電車**　常磐線石岡駅
●**クラブバス**　なし
●**タクシー**　石岡駅から15分2500円
●**プレースタイル**　キャディ付とセルフでGPSナビ付5人乗り乗用カート
●**シューズ**　ソフトスパイク
●**ビジター料金表**

	平　日	土　曜	日　祝
キャディ付	14,500	22,000	22,000
セ　ル　フ	11,500	19,000	19,000

2021年10月の料金で平日は昼食付。曜日によりサービスデーあり。期間により料金は異なる
●**プレー情報**　季節割引、優待券、各種ゴルフプラン

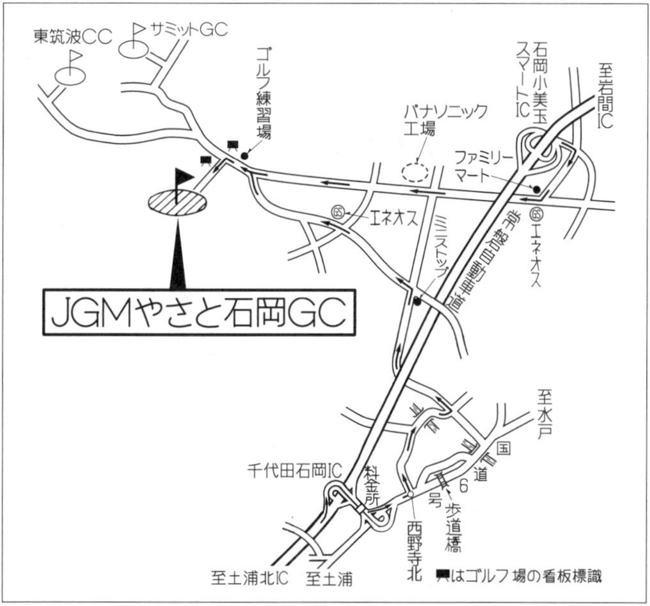

【**自動車**】三郷IC（常磐自動車道）54.7キロ→千代田石岡IC（国道6号）9キロ→コース　所要時間50分　千代田石岡ICから国道6号線を石岡方面に進み、最初の信号を左折。道なりに進んで2つ目の信号を左折してコースへ。ETC搭載車は石岡小美玉スマートIC 5キロ

塩原カントリークラブ

〒329-2804　栃木県那須塩原市折戸148　FAX 0287(35)3503
http://www.shiobara-cc.com

●プレーの申込み　ビジター可
●予約　随時受付け
●コンペ　組数は相談
●休日　12／31　1／1
●クレジット　JCB　ダイナース　DC　AMEX
●開場日　1969年4月14日
●コースの特徴　27H　P108　10386Y
標高440mの丘陵地に広がる林間コース。フェアウェイは平たんで広く、OBは少ないがグリーンは小さな砲台
●練習場　250Y15打席
●電車　東北新幹線那須塩原駅
●タクシー　那須塩原駅20分5000円
●クラブバス　那須塩原駅から予約制 8:05　9:10　セルフデーは運休
●プレースタイル　セルフで5人乗り乗用カート。キャディ付も可
●シューズ　ソフトスパイク推奨
●ビジター料金表

	平　日	土　曜	日　祝
セ　ル　フ	8,200	14,500	14,500

全日昼食付。キャディ付は3300円加算
期間により料金は異なる
栃木県ゴルフ振興基金50円、コース整備基金50円別途
●セルフデー　火曜日6300円昼食付
●プレー情報　宿泊パック、コンペ特典、午後プレー

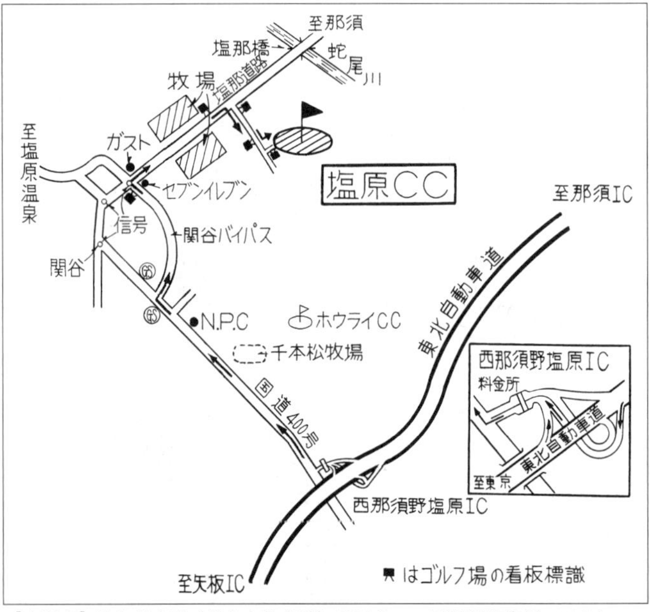

【自動車】浦和料金所（東北自動車道）134.3キロ→西那須野塩原IC 8.5キロ→コース　所要時間1時間55分　西那須野塩原ICで降りて塩原温泉方面へ向かう。途中、バイパスを通りコンビニの信号を右折して塩那道路を那須方面に向かい、蛇尾川の手前折戸で右折してコースへ

塩屋崎カントリークラブ

〒970-0222　福島県いわき市平沼ノ内字町田279－1　FAX 0246(39)3791
予約専用　0246(39)3311　http://www.shioyazaki.jp/

●プレーの申込み　ビジター可
●予約　3か月前の同日より受付け
●コンペ　組数制限なし
●休日　無休
●クレジット　各種
●開場日　1974年10月29日
●コースの特徴　27H　P108　10234Y
池越え、谷越えなど変化に富んでおり、フェアウェイは十分広い
●コースレート　71.5　72.0　71.3
●練習場　アプローチ・パター
●電車　常磐線いわき駅
●クラブバス　なし
●タクシー　いわき駅、湯本駅どちらも約25分4000円

●プレースタイル　セルフプレーで5人乗りカート
●シューズ　ソフトスパイク推奨
●ビジター料金表

	平　日	土　曜	日　祝
セ　ル　フ	4,500	10,800	10,800

2021年11月の料金
期間により料金は異なる
●プレー情報　各種ゴルフプラン、ツーサム可

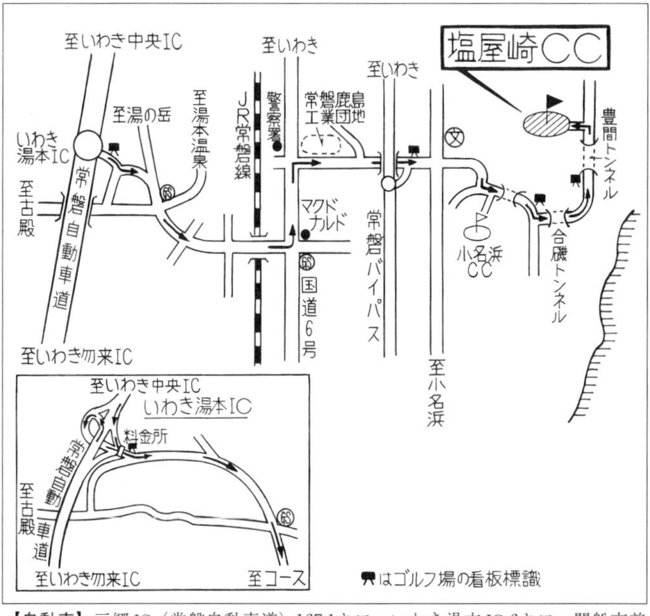

【自動車】三郷IC（常磐自動車道）167.1キロ→いわき湯本IC 6キロ→関船交差点15キロ→コース　所要時間2時間20分　ICを降りてコース案内板に従って進み、国道6号に出て左折する。鹿島工業団地入口の信号を右折し、小名浜街道・豊間トンネルを抜けてコース

敷島カントリー倶楽部

〒400-1127　山梨県甲斐市神戸440　FAX 055(277)0100
https://www.shikishima-cc.jp/

●プレーの申込み　予約状況によりビジター可
●予約　随時受付け
●コンペ　詳細は問合せ
●休日　12／31　1／1　1月・2月の月曜日
●クレジット　VISA　DC　UC　AMEX
●開場日　1977年10月15日
●コースの特徴　18H　P72　6612Y
海抜950mに展開するコース。全ホールから富士が見え、眺望が素晴しい
●コースレート　70.2
●電車　中央本線甲府駅
●クラブバス　なし
●タクシー　甲府駅北口から35分、竜王駅または韮崎駅から20分
●プレースタイル　キャディ付またはセルフで5人乗り乗用カート
●シューズ　ゴルフ靴はすべて可
●ビジター料金表

	平　日	土　曜	日　祝
キャディ付	12,100	16,100	16,100
セ　ル　フ	8,800	12,800	12,800

昼食付。2021年10月の料金
季節によって料金は異なる

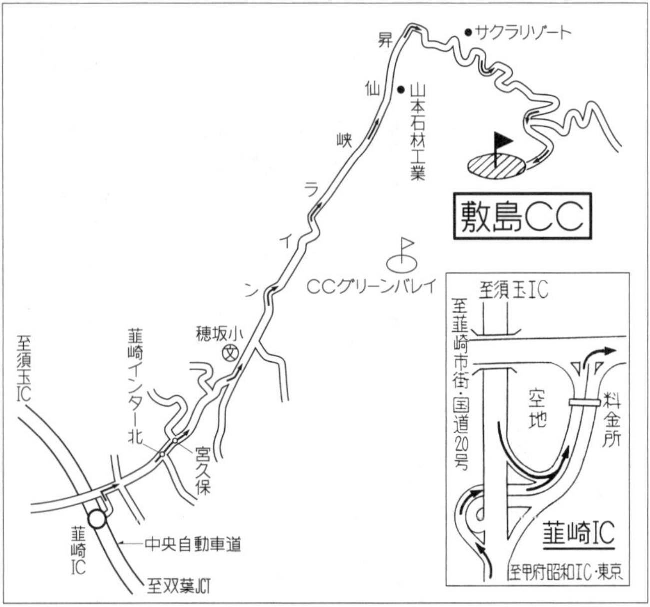

【自動車】高井戸IC（中央自動車道）124.4キロ→韮崎IC 11キロ→コース　所要時間2時間　韮崎ICで降りて、料金所を出たら右折。CCグリーンバレイの前を通ってコースまで一直線、韮崎ICから約15分

宍戸ヒルズカントリークラブ

〒309-1725　茨城県笠間市南小泉1340　FAX 0296(77)8383
https://www.shishido.co.jp/　本社　03(3434)4410

●**プレーの申込み**　平日はビジター可、土日祝は原則として会員の紹介または同伴が必要
●**予約**　平日は1年前、土日祝は3か月前の1日よりコースで受付け
●**コンペ**　相談
●**休日**　無休
●**クレジット**　UC VISA JCB 他
●**開場日**　1974年10月10日
●**コースの特徴**　36H P144　14234Y
落ちついたオーソドックスな東コース。西コースは毎年「日本ゴルフツアー選手権」を開催している
●**コースレート**　73.2（東）76.0（西）
●**練習場**　230Y27打席
●**電車**　常磐線友部駅、または岩間駅
●**クラブバス**　友部駅南口から8:43　岩間駅西口からは予約制で8:11
●**タクシー**　友部駅から10分約1200円
●**プレースタイル**　キャディ付で乗用カート。東コースはキャディ付とセルフの選択
●**シューズ**　ソフトスパイクのみ
●**ビジター料金表（東コース）**

	平　日	土　曜	日　祝
キャディ付	12,800	22,800	22,800
セ　ル　フ	10,600	20,600	20,600

西コースキャディ付 平日16,800円、土日祝27,800円。季節によって料金変動

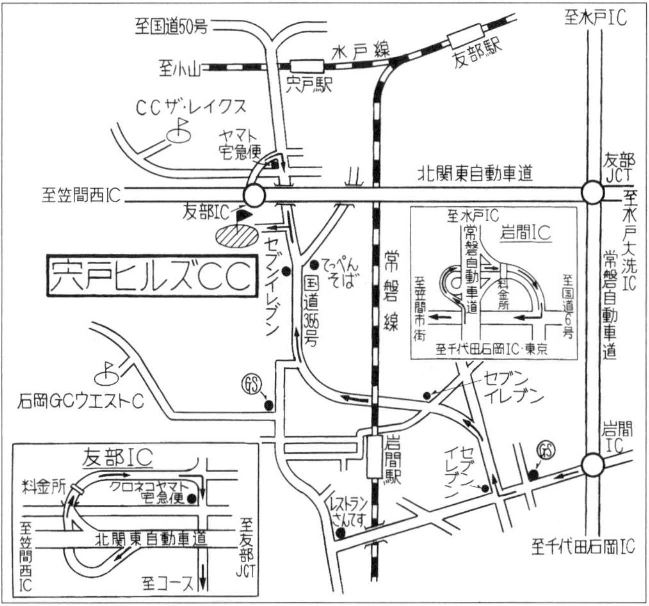

【自動車】三郷IC（常磐自動車道）69.1キロ→岩間IC 9キロ→コース　所要時間1時間　岩間ICを出て右折し、約3キロ先の信号（出光GSの一つ先の信号）を右折し、バイパスを経由して国道355号を笠間方面に進んでコースへ。北関東自動車道・友部ICから3キロ、4分

静岡カントリー島田ゴルフコース

〒427-0107　静岡県島田市船木3500　FAX 0547(38)0504
https://www.scg.jp/shimada

●**プレーの申込み**　平日は会員の紹介　土日祝は会員の同伴が必要
●**予約**　3か月前の1日午前10時から受付け
●**コンペ**　組数制限なし
●**休日**　クラブ指定の月曜日
●**クレジット**　各種
●**開場日**　1965年7月11日
●**コースの特徴**　18H　P72　6646Y
2021年10月に世界的名設計家のリース・ジョーンズが改修。広くフラットな丘陵コースで、絶妙なアンジュレーションや巧妙に配置されたバンカーがプレーの面白みを与える
●**コースレート**　なし

●**電車**　東海道本線島田駅、または六合駅
●**クラブバス**　なし
●**タクシー**　島田駅から20分2500円　六合駅から15分2000円
●**プレースタイル**　キャディ付とセルフの選択制でGPSナビ付5人乗り乗用カート。キャディ付はフェアウェイ乗り入れ可
●**シューズ**　ソフトスパイク
●**ビジター料金表**

	平　日	土　曜	日　祝
キャディ付	20,030	28,280	28,280
セ　ル　フ	17,060	25,310	25,310

【**自動車**】東京IC（東名高速）185.6キロ→吉田IC 3キロ→コース　所要時間2時間10分　吉田ICで降り、左に進む。1キロ先の3つ目の信号を左折するとコースまで2キロの一本道

☎0537(86)3311

静岡カントリー浜岡コース＆ホテル

〒437-1615　静岡県御前崎市門屋2070－2　FAX 0537(86)8174
https://www.scg.jp/hamaoka

●プレーの申込み　平日は会員の紹介　土日祝は会員の同伴が必要
●予約　3か月前の1日、午前10時から受付け
●コンペ　6か月前より仮予約可。2か月前の1日に時間確定
●休日　無休
●クレジット　各種
●開場日　1969年11月3日
●コースの特徴　36H　P144　12601Y　2020年10月に世界的名設計家のリース・ジョーンズが改修。男子プロトーナメント「ダイドードリンコ静岡オープン」の開催コースが世界水準のコースへと生まれ変わった
●電車　東海道新幹線掛川駅
●クラブバス　なし
●タクシー　掛川駅から25分4500円
●プレースタイル　GPSナビ付乗用カートで、高松Ｃはキャディ付、小笠Ｃはセルフ。キャディ付はフェアウェイ乗り入れ可
●シューズ　ソフトスパイク
●ビジター料金表

	平　日	土　曜	日　祝
キャディ付	20,030	28,280	28,280
セ　ル　フ	17,280	25,530	25,530

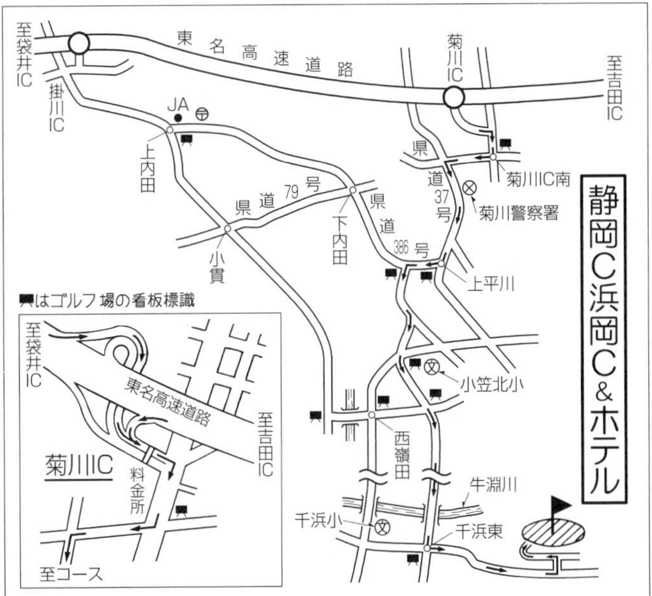

【自動車】東京IC（東名高速）201.8キロ→菊川IC 16キロ→コース　所要時間2時間50分　菊川ICを降りて右折して菊川IC南信号を右折し、次の信号を左折して県道37号を南下。約3キロ先の上平川信号を左折し、コース案内板に従ってコースへ。菊川ICより約20分、掛川ICからは約25分

静岡カントリー袋井コース

〒437-8501　静岡県袋井市国本1616　FAX 0538(43)3144
予約0538(43)3107　https://www.scg.jp/fukuroi

●プレーの申込み　会員の紹介が必要
●予約　3か月前の1日午前10時から受付け
●コンペ　組数制限なし
●休日　クラブ指定日
●クレジット　各種
●開場日　1978年11月8日
●コースの特徴　18H　P72　6623Y　全体にフラットで広いが、微妙なアンジュレーションがある
●コースレート　70.6
●電車　東海道線袋井駅、愛野駅、または東海道新幹線掛川駅
●クラブバス　なし
●タクシー　袋井駅・愛野駅から10分約1500円、掛川駅から20分約3000円
●プレースタイル　キャディ付またはセルフでGPSナビ付乗用カート。キャディ付はフェアウェイ乗り入れ可
●シューズ　ソフトスパイク
●ビジター料金表

	平　日	土　曜	日　祝
キャディ付	18,710	25,750	25,750
セ　ル　フ	15,960	23,000	23,000

●セルフデー　火曜日実施(要問合せ)12／31と1／1はセルフ営業

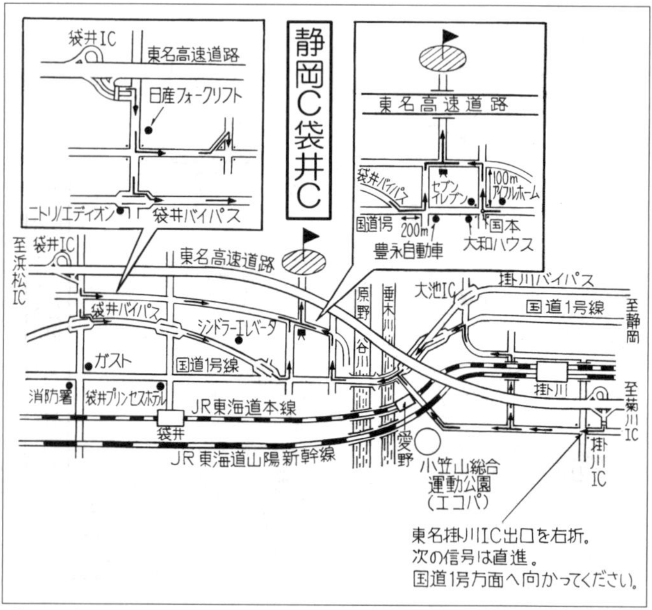

【自動車】東京IC（東名高速）207.8キロ→掛川IC 10キロ→コース　所要時間2時間30分　掛川ICを降りて右折し、1つ目の信号を直進して国道1号線へ向かう。国道1号線を浜松方面に左折し、原野谷川を渡って右折してコースへ。袋井ICからは袋井バイパスを掛川方面に戻ってコースへ。袋井ICから7キロ、10分

静岡よみうりカントリークラブ

〒436-0225　静岡県掛川市家代1188　FAX 0537(26)2229
http://www.shizuoka-yomiuricc.co.jp

●プレーの申込み　原則として会員の紹介。予約状況によりビジター可
●予約　3か月前の1日から受付け
●コンペ　組数制限なし
●休日　クラブ指定日
●クレジット　JCB　UC　VISA 他
●開場日　1985年10月25日
●コースの特徴　18H　P72　6696Y
美しい自然に囲まれて広がる丘陵地に、巧みにレイアウトされたコース。自然と人間が一体となってゴルフの醍醐味が楽しめる
●コースレート　71.0
●練習場　230Y12打席
●電車　東海道新幹線掛川駅
●クラブバス　なし
●タクシー　掛川駅から20分約2500円
●プレースタイル　キャディ付またはセルフでナビ付5人乗り乗用カート
●シューズ　ゴルフ靴はすべて可
●ビジター料金表

	平　日	土　曜	日　祝
キャディ付	13,815	20,195	19,645
セ　ル　フ	10,845	17,225	16,675

上記は2021年11月の料金
●セルフデー　毎週月曜日(祝日除く)9,050円弁当付

し

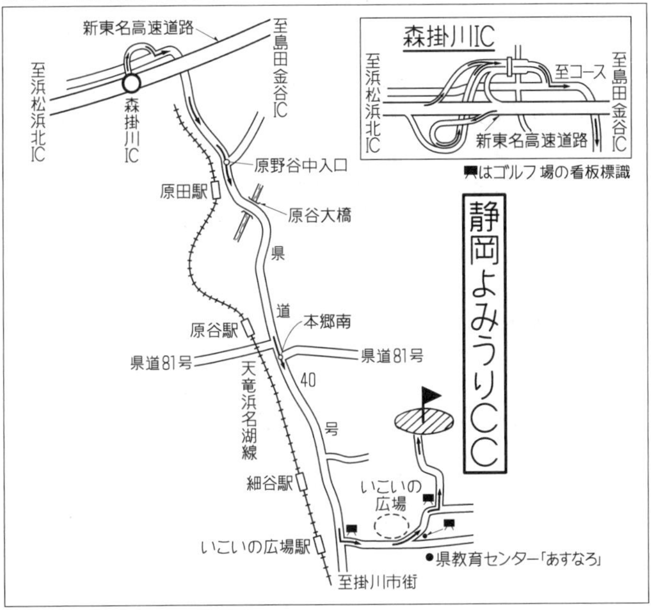

【自動車】東京IC(東名高速)88.3キロ→御殿場JCT(新東名高速)117キロ→森掛川IC 6キロ→コース　所要時間2時間40分　森掛川ICを降りて左折し掛川市街方面に向かう。約5キロ先の「いこいの広場駅」前を左折。コース案内板に従ってコースへ。東名高速・掛川ICからは県道40号を北上して9キロ、約20分

静ヒルズカントリークラブ

〒319-2132　茨城県常陸大宮市小場5766　FAX 029(296)2215
https://www.shishido.co.jp/shizu/

●**プレーの申込み**　平日はビジター可、原則として土日祝は会員の紹介または同伴が必要
●**予約**　平日は1年前、土日祝は6か月前の1日から受付け
●**コンペ**　予約状況により相談
●**休日**　クラブ指定日
●**クレジット**　各種
●**開場日**　1987年7月25日
●**コースの特徴**　18H　P72　7212Y
中嶋常幸プロ設計監修。「すべてのホールにドラマがある」をテーマに様々なゴルファーが楽しめる。2021年「日本女子プロゴルフ選手権コニカミノルタ杯」開催
●**練習場**　280Y21打席　アプローチ60Y、グリーン1,000㎡2面、パー3コース9H　546Y、ナイター照明完備
●**電車**　常磐線水戸駅
●**クラブバス**　水戸駅8:25予約制
●**プレースタイル**　キャディ付またはセルフで5人乗り電磁誘導カート
●**シューズ**　ソフトスパイク
●**ビジター料金表**

	平　日	土　曜	日　祝
キャディ付	12,200	22,200	22,200
セ　ル　フ	8,900	18,900	18,900

2021年10月〜11月の料金
ホテル併設（34室）

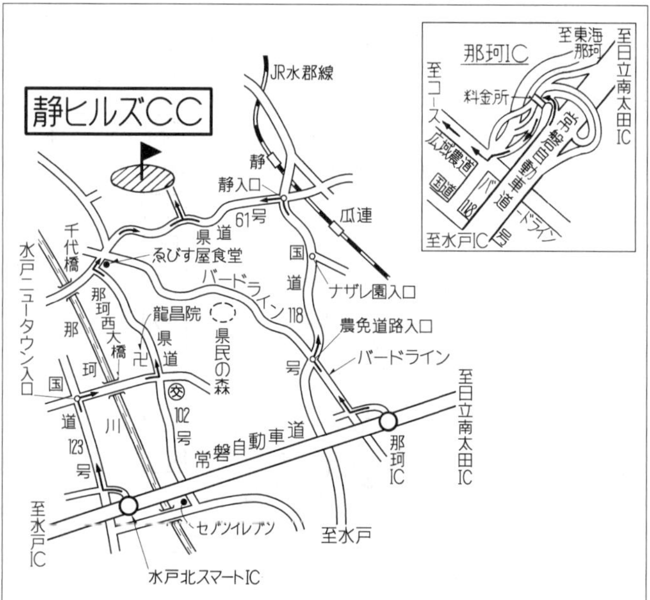

【自動車】三郷IC（常磐自動車道）94キロ→那珂IC（バードライン経由）10キロ→コース　所要時間1時間20分　那珂ICの料金所を大子方面に出て、すぐ右折してバードラインを進む。農免道路入口の信号を右折して国道118号を大宮方面へ。静入口信号を左折してコースへ。水戸北スマートICからは13キロ

東雲ゴルフクラブ

〒329-1211　栃木県塩谷郡高根沢町亀梨630　FAX 028(676)0059
http://www.shinonomegc.co.jp

●**プレーの申込み**　ビジター可
●**予約**　3か月前から受付け
●**コンペ**　組数制限なし
●**休日**　無休
●**クレジット**　各種
●**開場日**　1984年6月6日
●**コースの特徴**　18H　P72　6976Y
全体にフラットで、自然林によってセパレートされたなだらかな丘陵コース17番パー3が名物ホール。プレー後は源泉掛け流しの天然温泉が楽しめる
●**練習場**　250Y15打席
●**電車**　東北本線宝積寺駅、または東北新幹線宇都宮駅
●**クラブバス**　予約制。宝積寺駅東口から平日、土日8:50
●**タクシー**　宇都宮駅から30分6000円　宝積寺駅から15分2500円
●**プレースタイル**　セルフプレーで乗用カート
●**シューズ**　メタルスパイク禁止
●**ビジター料金表**

	平　日	土　日	祝　日
セ　ル　フ	6,800	12,800	10,000

全日昼食付。各種サービスデー、料金プランあり。上記は2021年10月～11月の料金。期間により料金は異なる。宿泊ロッジあり

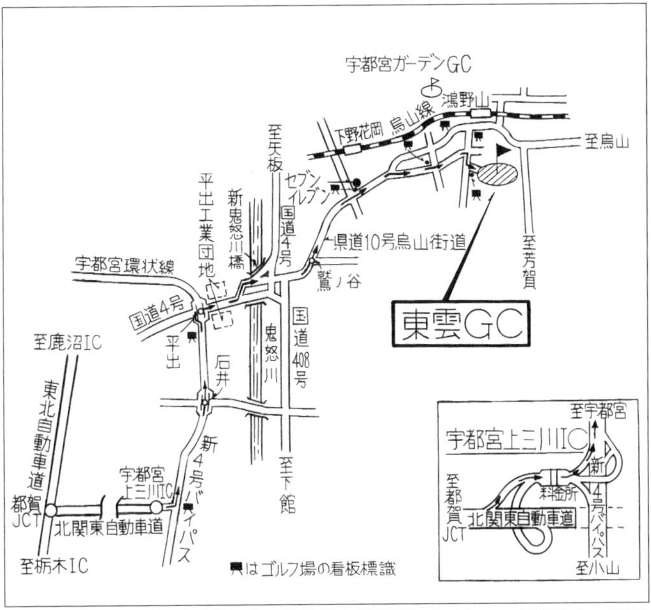

【**自動車**】浦和料金所（東北道、北関東自動車道）89.1キロ→宇都宮上三川 IC 27キロ→コース　所要時間1時間40分　宇都宮上三川 IC を降りて、新国道4号を黒磯方面へ。平出工業団地立体交差を右折し、国道4号の右車線で鬼怒川橋を渡り烏山方面に直進。コース案内板に従ってコースへ

芝山ゴルフ倶楽部

〒289-1605　千葉県山武郡芝山町大台2176　FAX 0479(77)4611
https://www.tokyu-golf-resort.com/shibayama

●プレーの申込み　平日は会員の紹介、土日祝は同伴が必要

●予約　3か月前の同日から受付け

●コンペ　6か月前の同日から受付け。組数は相談

●休日　無休

●クレジット　JCB　UC　DC　VISA　ダイナース　マスター　UFJ

●開場日　2000年9月7日

●コースの特徴　18H　P72　6438Y　D・ミュアヘッドの設計で、なだらかな丘陵地に5つの池がからみ、全ホールが個性的で特徴のある戦略的コース

●コースレート　70.7

●練習場　30Y6打席

●電車　成田線または京成電鉄空港第2ビル駅

●クラブバス　なし

●タクシー　空港第2ビル駅から約15分4000円

●プレースタイル　セルフで GPS ナビ付5人乗りカート

●シューズ　ソフトスパイク

●ビジター料金表

	平　日	土　日	祝　日
セ　ル　フ	9,700	18,700	18,700

2021年11月の料金。平日は昼食付

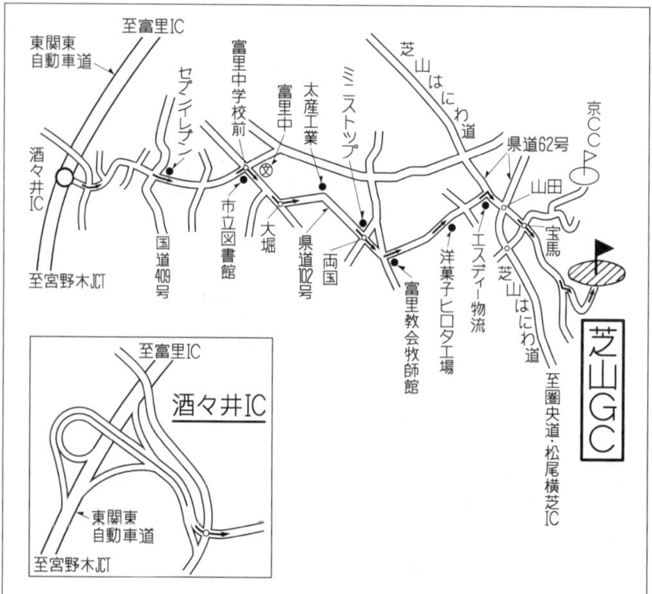

【自動車】 箱崎 IC（首都高速）35.8キロ→宮野木 JCT（東関東自動車道）20.3キロ→酒々井 IC 14.5キロ→コース　所要時間1時間　酒々井 IC 料金所を出て直進し富里中学校前信号を右折。約900m 先の大堀信号を左折し、2キロ先の両国信号を直進して次の信号を左折。芝山はにわ道との信号を右折してコースへ

しぶかわカントリークラブ

〒377-0007　群馬県渋川市石原羽生平2257－12　FAX 0279(24)6640
https://www.shibukan.jp

●**プレーの申込み**　セミパブリックコース
●**予約**　随時受付け
●**コンペ**　組数は相談
●**休日**　無休
●**クレジット**　JCB　VISA　AMEX　マスター　ダイナース　DC 他各種
●**開場日**　1999年5月6日
●**コースの特徴**　18H　P72　7043Y　景観豊かな丘陵コース。開放的な眺望で、ティグラウンドからグリーンが見えるホールが16ホールある
●**コースレート**　未査定
●**練習場**　あり
●**電車**　上越線渋川駅
●**クラブバス**　なし
●**タクシー**　渋川駅から15分3000円
●**プレースタイル**　原則セルフで5人乗り乗用カート。キャディ付は要予約
●**シューズ**　メタルスパイク禁止
●**ビジター料金表**

	平　日	土　日	祝　日
セ　ル　フ	6,100	13,200	11,800

上記は昼食付。2021年11月の料金
期間により料金は異なる。キャディ付は4Bで1人3,500円加算
●**プレー情報**　季節割引、ジュニア料金、宿泊パック、バスパック

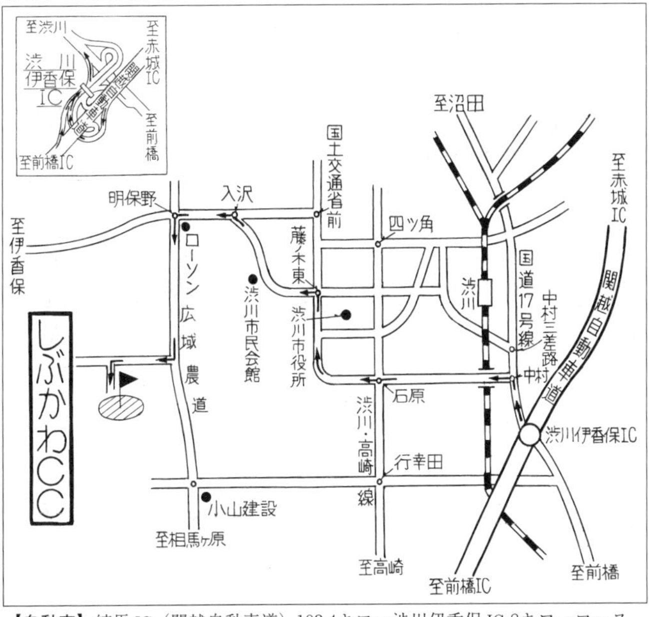

【**自動車**】練馬IC（関越自動車道）103.4キロ→渋川伊香保IC 8キロ→コース　所要時間1時間30分　渋川伊香保ICを降りて沼田方面に進み、中村信号を左折する。道なりに進み、藤ノ木東信号を左折して、伊香保方面に向かう。明保野信号を左折してコースへ

下秋間カントリークラブ

〒379-0104　群馬県安中市下秋間4385　FAX 027(382)5110
http://www.shimoakima.co.jp

●プレーの申込み　ビジター可
●予約　3か月前の1日から受付け
●コンペ　組数制限なし
●休日　1/1
●クレジット　各種
●開場日　1977年11月20日
●コースの特徴　18H　P72　7403Y
石井朝夫プロの設計。プロに難しくアマには楽しめるコース。'87関東プロ、'92日本プロ、'88～99年まで毎年日本プロシニア開催
●コースレート　75.4
●練習場　300Y10打席
●電車　上越新幹線高崎駅、または北陸新幹線安中榛名駅
●クラブバス　首都圏からのバスパックあり。要問合せ
●タクシー　高崎3000円、安中1500円
●プレースタイル　セルフで乗用カート。キャディ付は要予約
●シューズ　メタルスパイク禁止
●ビジター料金表

	平　日	土　曜	日　祝
セ　ル　フ	8,200	14,000	13,500

上記は2021年10月の昼食付料金
期間により料金は異なる
●セルフデー　毎週月曜日6200円。お風呂、レストランはクローズ

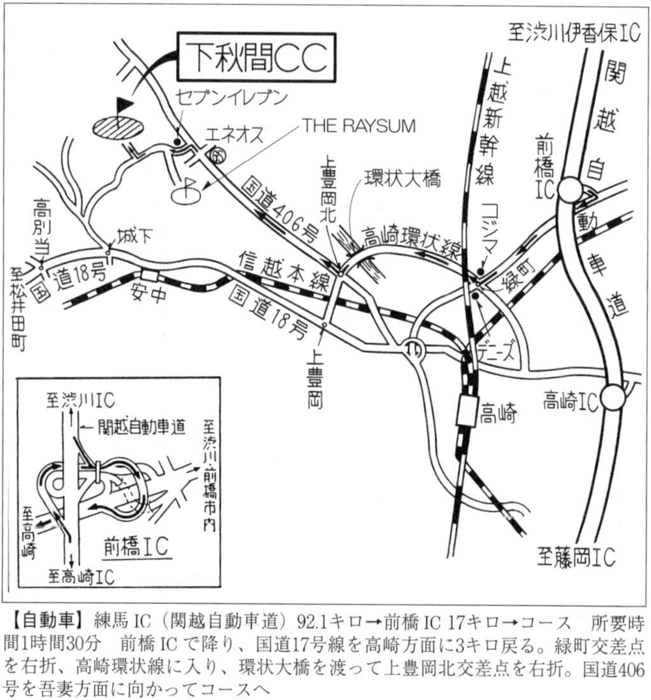

【自動車】練馬IC（関越自動車道）92.1キロ→前橋IC 17キロ→コース　所要時間1時間30分　前橋ICで降り、国道17号線を高崎方面に3キロ戻る。緑町交差点を右折、高崎環状線に入り、環状大橋を渡って上豊岡北交差点を右折。国道406号を吾妻方面に向かってコースへ

☎0296(20)1111

下館ゴルフ倶楽部

〒308-0811　茨城県筑西市茂田ザ・ヒロサワ・シティ　FAX 0296(24)5625
https://shimodate.co.jp

●プレーの申込み　パブリックコース
●予約　3か月前から受付け
●コンペ　随時受付け
●休日　無休
●クレジット　可
●開場日　1996年10月14日
●コースの特徴　18H　P72　6719Y
秀麗、筑波山を一望しながら、初心者でもシングルプレーヤーでも、また女性やお年寄りでも存分にプレーが堪能できるフラットな林間コース
●コースレート　71.5
●練習場　50Y7打席
●電車　JR 水戸線下館駅
●クラブバス　なし
●タクシー　下館駅から約10分
●プレースタイル　セルフプレーで2人乗り乗用カート（4B 積込可）。5人乗りは1組1000円割増。キャディ付は要予約
●シューズ　ソフトスパイク推奨
●ビジター料金表

	平　日	土　曜	日　祝
セ　ル　フ	8,380	14,670	14,670

2021年10月～12月の昼食付料金
キャディ付は1組につき13,200円
期間により料金は異なる
●完全セルフデー　月・金曜日まわり放題5,460円

し

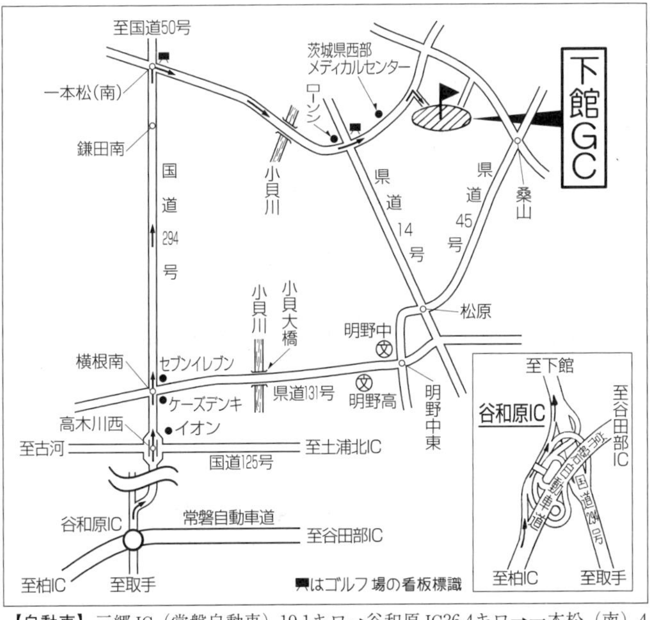

【自動車】三郷 IC（常磐自動車）19.1キロ→谷和原 IC36.4キロ→一本松（南）4キロ→コース　所要時間1時間　谷和原 IC から国道294号を水海道方面に向かい、国道125号線を越え、横根南、鎌田南交差点を通過後、一本松（南）交差点を右折してコースへ。ナビ検索は「茨城県筑西市茂田1858-10」

下仁田カントリークラブ

〒370-2603　群馬県甘楽郡下仁田町大字馬山625　FAX 0274(82)6121
http://www.shimonitacc.com/　本社　03(3625)5271

●**プレーの申込み**　ビジター可
●**予約**　要問合せ
●**コンペ**　組数は相談
●**休日**　1／1　クラブ指定日
●**クレジット**　UC　VISA　JCB 他
●**開場日**　1990年10月10日
●**コースの特徴**　18H　P72　7018Y
東武グループ6番目のコース。フェアウェイが広く、フラットなコース
●**コースレート**　72.9
●**練習場**　200Y12打席
●**電車**　上越新幹線高崎駅、または上信電鉄上州富岡駅
●**クラブバス**　なし
●**タクシー**　上州富岡駅から20分約3000円
●**プレースタイル**　セルフプレーでナビ付き乗用カート
●**シューズ**　メタルスパイク禁止
●**ビジター料金表**

	平　日	土　曜	日　祝
セ　ル　フ	9,500	14,900	14,900

お得な限定料金（食事付）など詳細は要問合せ

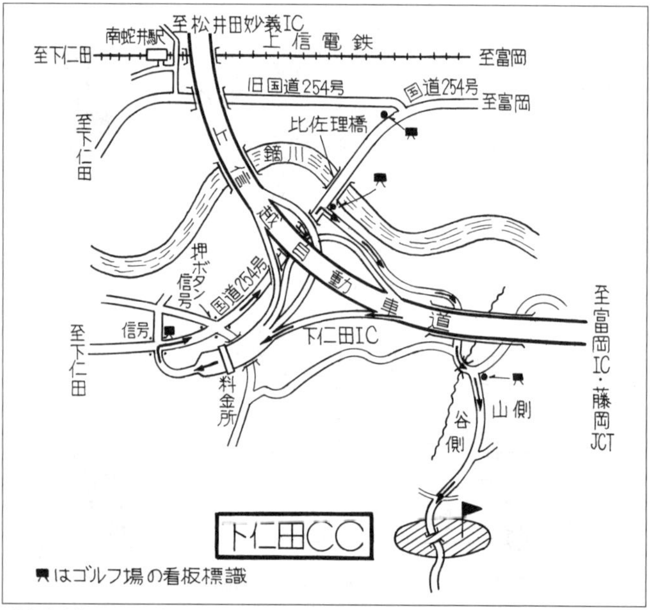

【**自動車**】練馬 IC（関越、上信越自動車道）105.4キロ→下仁田 IC 1.5キロ→コース　所要時間1時間10分　関越自動車道藤岡 JCT から上信越自動車道を利用して下仁田 IC で降りる。料金所を出て右折し、国道254号を富岡方面に戻り、500m先の比佐理橋手前を右折する。上信越自動車道の高架をくぐってコースへ

シャトレーゼカントリークラブ野辺山

〒384-1407　長野県南佐久郡川上村御所平1841－5　FAX 0267(98)3332
https://www.chateraisecc-nobeyama.jp/

●**プレーの申込み**　原則として会員の紹介または同伴が必要
●**予約**　6か月前の同日から受付け
●**コンペ**　組数は相談
●**休日**　営業期間中は無休
12月～4月上旬は冬期クローズ
●**クレジット**　JCB　VISA　AMEX　マスター　セゾン他
●**開場日**　2002年10月1日
●**コースの特徴**　18H　P72　6732Y
標高1400mのなだらかな丘陵地に造られた本格的なリゾートコース
●**コースレート**　71.8
●**練習場**　30Y8打席
●**電車**　小海線野辺山駅
●**クラブバス**　なし
●**タクシー**　野辺山駅から7分1350円
●**プレースタイル**　セルフプレーで4人乗り乗用カート。FW乗入れ2人乗りカート（台数限定1台2000円、コース状況により不可）
●**シューズ**　ゴルフ靴はすべて可
●**ビジター料金表**

	平　日	土　曜	日　祝
セ　ル　フ	9,000	12,800	12,800

2021年9／27～10／31の料金。平日のみ昼食付。期間によって料金は異なる
●**プレー情報**　宿泊パック、薄暮ハーフ、コンペパック、ジュニア料金

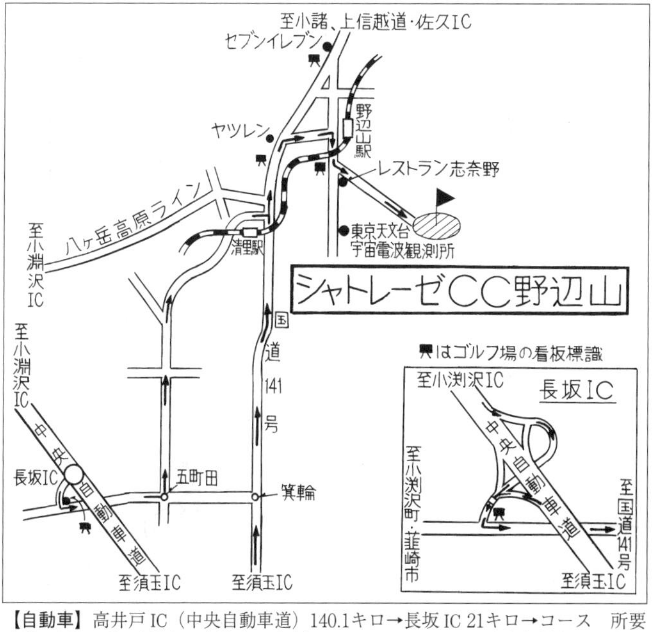

【自動車】高井戸IC（中央自動車道）140.1キロ→長坂IC 21キロ→コース　所要時間2時間10分　長坂ICを降りて左折し、2つ目の五町田信号を左折する。清里高原道路を経由し、国道141号線を小諸方面に左折する。野辺山の信号を右折してコース案内板に従ってコースへ。須玉ICからは約30キロ、40分

シャトレーゼ ヴィンテージゴルフ倶楽部

〒408-0103　山梨県北杜市須玉町江草3072　FAX 0551(42)4801
http://www.d-vintage.com

●**プレーの申込み**　ビジター可
●**予約**　3か月前の1日から受付け
●**コンペ**　予約状況により相談
●**休日**　無休
●**クレジット**　各種
●**開場日**　1994年7月23日
●**コースの特徴**　18H　P72　6859Y
南アルプス、八ケ岳を望み、赤松、白樺等の自然林に囲まれたベント・ワングリーンの戦略的なコース
●**コースレート**　72.4
●**練習場**　300Y14打席
●**電車**　中央本線韮崎駅
●**クラブバス**　なし
●**タクシー**　韮崎駅から25分4500円
●**プレースタイル**　セルフプレーでGPSナビ付リモコン乗用カート。台数限定でFW乗入れ可能な2人乗りカートあり（有料・要予約）
●**シューズ**　ソフトスパイク推奨
●**ビジター料金表**

	平　日	土　曜	日　祝
セ　ル　フ	11,000	16,000	16,000

2021年9月～11月の料金で平日昼食付
●**プレー情報**　午後ハーフ、コンペパック、宿泊パック、ホテルヴィンテージ、ゴルフクリニック（スイングアナライザー完備）

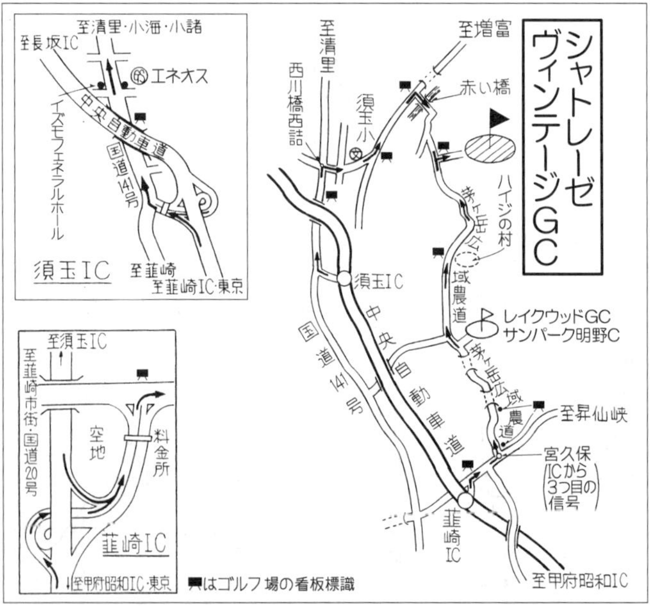

【**自動車**】高井戸IC（中央自動車道）124.4キロ→韮崎IC（茅ケ岳広域農道）15キロ→コース　所要時間1時間50分　韮崎ICの料金所を出て右折し、3つ目の信号·宮久保を左折して茅ケ岳広域農道を進んでコースへ。韮崎ICから約15分、または須玉ICから約15分。長野方面からは長坂ICより約15分

ジャパン PGA ゴルフクラブ

〒292-1167　千葉県君津市平田223　FAX 0439(37)3501
http://zuien.net/pga

●プレーの申込み　ビジター可
●予約　2か月前の同日から受付け
●コンペ　3か月前の同日から受付け
●休日　クラブ指定日
●クレジット　JCB　VISA　UC 他
●開場日　1995年9月10日
●コースの特徴　18H　P72　6910Y
南房総国定公園の深い緑に囲まれた丘陵に、日本で初めてPGAの冠を戴く本格的なチャンピオンコース
●練習場　200Y14打席
●電車　内房線君津駅、または久里浜から東京湾フェリーで金谷港
●クラブバス　金谷港から7:05予約制
●タクシー　君津駅から25分約5000円
●プレースタイル　セルフでGPSナビ付乗用カート。キャディ付も可
●シューズ　メタルスパイク禁止
●ビジター料金表

	平　日	土　曜	日　祝
セ　ル　フ	7,800～	17,500～	17,000～

キャディ付は4400円～加算。期間により料金は異なる
●プレー情報　コンペプラン、アフタヌーンゴルフ、ジュニア料金、シニア・レディースデー

し

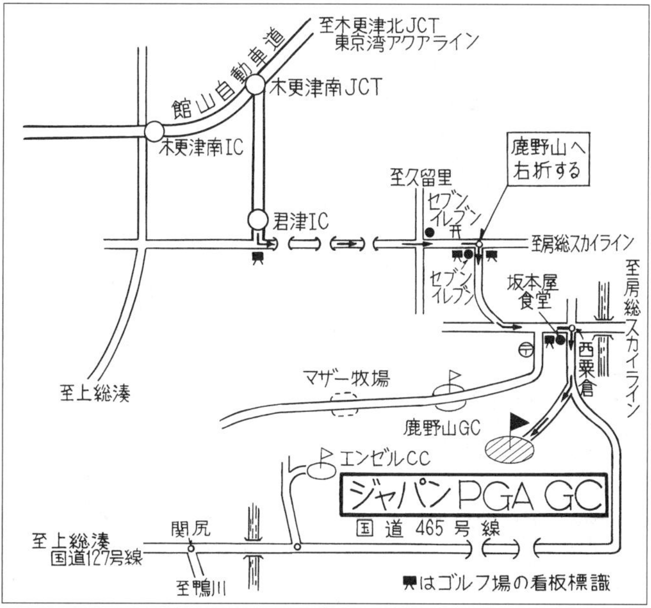

【自動車】箱崎IC（首都高速・京葉道路・館山自動車道）86キロ→君津IC 11キロ→コース　所要時間1時間10分　君津ICで降りて左折し、鴨川方面に向かう。約8キロ先の信号を鹿野山方面に右折し、西粟倉信号を右折してコースへ。君津ICより約13分

☎055(998)1010

十里木カントリークラブ

〒417-0803　静岡県富士市桑崎1016　FAX 055(998)1014
https://www.accordiagolf.com

●**プレーの申込み**　原則として会員の紹介が必要。予約状況によりビジター可
●**予約**　2か月前の同日より受付け
●**コンペ**　予約状況により相談
●**休日**　無休
●**クレジット**　VISA　マスター　DC　JCB　ダイナース
●**開場日**　1973年7月2日
●**コースの特徴**　18H　P72　6806Y
四季折々の表情を見せる富士山の裾野に展開する、起伏のゆるやかな雄大なコース
●**練習場**　250Y18打席
●**電車**　東海道新幹線三島駅
●**クラブバス**　なし
●**タクシー**　三島駅から50分8,050円
●**プレースタイル**　セルフプレーでGPSナビ付乗用カート
●**シューズ**　スパイクレス
●**ビジター料金表**

	平　日	土　曜	日　祝
セ　ル　フ	8,690	18,200～	15,200～

2021年11月の料金で昼食付
シーズンによって料金は異なる
●**プレー情報**　コンペパック、薄暮ゴルフ

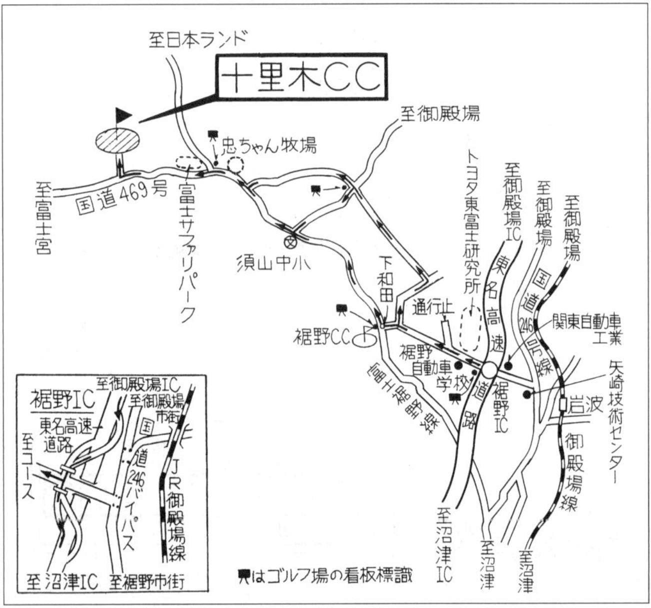

【自動車】東京IC（東名高速）93.8キロ→裾野IC 10.8キロ→富士サファリパーク5キロ→コース　所要時間1時間20分　裾野ICを降りて右折し、道なりに進んで突き当たりの県道富士裾野線を右折する。富士サファリパーク前交差点を直進し、富士宮方面に向かってコースへ

☎0558(72)2227

修善寺カントリークラブ

〒410-2406　静岡県伊豆市日向965　　FAX 0558(72)2505
http://www.shuzenji-cc.com

●**プレーの申込み**　原則として会員の同伴または紹介が必要。予約状況によりビジター可

●**予約**　3か月前の同日より受付け

●**コンペ**　3か月前の同日より受付け

●**休日**　クラブ指定日

●**クレジット**　JCB　VISA　AMEX 他

●**開場日**　1958年11月30日

●**コースの特徴**　18H　P72　6316Y
自然の地形を生かし、変化に富んだ丘陵コースは正確なショットを要求される。どのホールからも雄大な富士山を望むことができる

●**コースレート**　70.0

●**練習場**　220Y22打席

●**電車**　伊豆箱根鉄道修善寺駅

●**タクシー**　修善寺駅から8分1600円

●**クラブバス**　なし

●**プレースタイル**　セルフで GPS ナビ付5人乗り電磁誘導乗用カート

●**シューズ**　ゴルフ靴はすべて可

●**ビジター料金表**

	平　日	土　曜	日　祝
セ　ル　フ	8,800	12,400	12,400

●**プレー情報**　宿泊施設、宿泊パック、コンペ特典、早朝・薄暮ゴルフ、完全セルフデー（不定期）、ジュニア料金

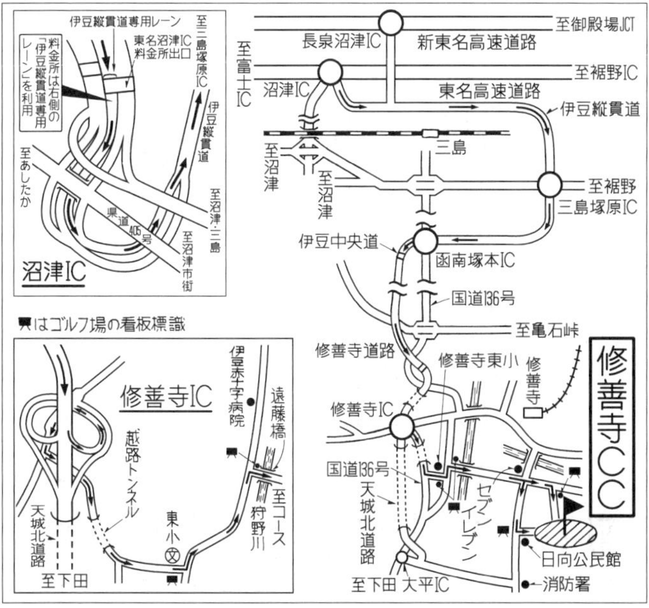

【自動車】東京 IC（東名高速）103.3キロ→沼津 IC（伊豆縦貫道、伊豆中央道、修善寺道路経由）30キロ→修善寺 IC 5キロ→コース　所要時間1時間50分　沼津 IC から伊豆縦貫道、伊豆中央道、修善寺道路を経由して修善寺 IC へ。国道136号を下田方面に進み、越路トンネルを出て左折。コース案内板に従ってコースへ

ジュンクラシックカントリークラブ

〒324-0515　栃木県那須郡那珂川町片平914　FAX 0287(96)7007
http://www.junclassic.com/

●**プレーの申込み**　セミパブリックコース
●**予約**　プレー3か月前の最初の平日営業日より、10時～18時に受付け
●**コンペ**　10組程度まで相談に応じる
●**休日**　クラブ指定の火曜日
●**クレジット**　JCB　VISA　AMEX 他
●**開場日**　1975年9月3日
●**コースの特徴**　18H　P73　6752Y
随所に池やバンカーが配置され変化に富んだコース。クラブ選択に要注意
●**練習場**　250m35打席
●**電車**　東北新幹線宇都宮駅、またはJR 宇都宮線氏家駅
●**クラブバス**　予約制で氏家駅から8:55　宇都宮駅西口から19:30
●**タクシー**　宇都宮駅から55分12000円、氏家駅から25分6500円
●**プレースタイル**　キャディ付またはセルフで乗用カート
●**シューズ**　メタルスパイク禁止
●**ビジター料金表**

	平　日	土　曜	日　祝
セ　ル　フ	11,470	16,640	16,640

キャディ付は3,850円加算（要予約）
●**セルフデー**　3月～12月の毎週火曜日。実施日、料金は問い合せ
●**プレー情報**　レディス・シニアデー割引（平日）、冬季シーズン優待料金

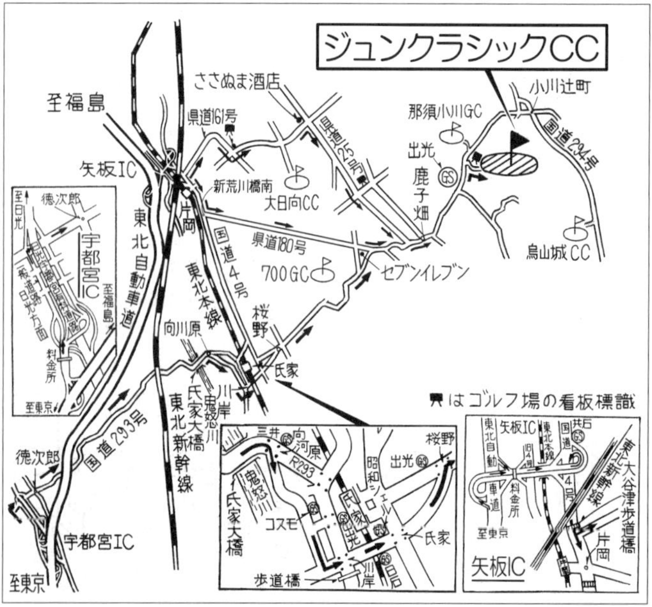

【自動車】浦和料金所（東北自動車道）98.2キロ→宇都宮 IC 30キロ→コース　所要時間2時間10分　宇都宮 IC を降りて日光方面に向かい3つ目の信号を右折して国道293号線を利用してコースへ。矢板 IC からは宇都宮方面に降り、7つ目の信号（新荒川橋南）を左折するルートが便利

昇仙峡カントリークラブ

〒400-0121　山梨県甲斐市牛句3859　FAX 055(277)7057
予約055(277)7613　http://www.syosenkyo-cc.jp/

●プレーの申込み　予約状況によりビジター可
●予約　3か月前の1日から受付け
●コンペ　組数は相談に応じる
●休日　無休
●クレジット　JCB　AMEX　DC　UC　ニコス　VISA　マスター　OMC
●開場日　1970年10月27日
●コースの特徴　27H　P108　9844Y
富士山、八ケ岳、南アルプスと名付けた各コースはそれぞれ特徴があって、戦略的な味わいが深い
●コースレート　富士山・八ヶ岳70.0　八ヶ岳・南アルプス69.9　南アルプス・富士山71.1
●練習場　230Y24打席
●電車　中央本線甲府駅
●クラブバス　予約制で甲府駅南口から8:40
●タクシー　甲府駅から20分3500円
●プレースタイル　キャディ付またはセルフで乗用カート
●シューズ　ソフトスパイク推奨
●ビジター料金
料金は季節によって異なる。
詳細は要問合せ

し

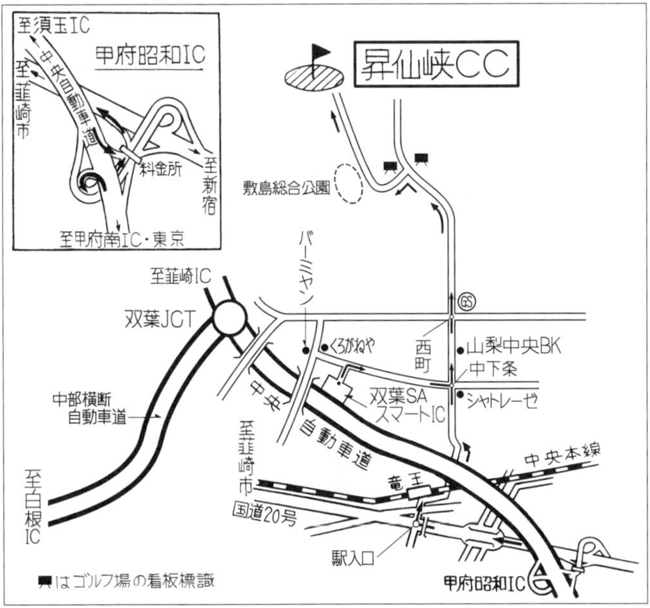

【自動車】高井戸IC（中央自動車道）113.2キロ→甲府昭和IC 3キロ→竜王駅8キロ→コース　所要時間1時間40分　甲府昭和ICで降り、国道20号線を韮崎方面へ左折する。3つ並んだ歩道橋の先を右折、竜王駅を過ぎてコースへ。ETC搭載車は、双葉サービスエリア専用出入り口を利用して、コースまで10分

常総カントリー倶楽部

〒306-0623　茨城県坂東市法師戸262　FAX 0297(38)1600
https://www.joso-cc.com

●プレーの申込み　予約状況によりビジター可
●予約　2か月前の同日より受付け
●コンペ　組数制限なし
●休日　1／1
●クレジット　VISA　JCB　AMEX　マスター　ダイナース
●開場日　1973年10月27日
●コースの特徴　18H　P72　6369Y
フラットな河川林間コース。池や小川が効果的に配置され、飛距離よりも正確なショットが要求される
●コースレート　70.0
●電車　東武野田線野田市駅、またはつくばエクスプレス守谷駅
●クラブバス　守谷駅から予約制
土日祝7:00　10:30を運行　平日は8:00
●タクシー　守谷駅20分3500円
●プレースタイル　セルフプレーで乗用カート
●シューズ　ソフトスパイク推奨
●ビジター料金表

	平　日	土　曜	日　祝
セ　ル　フ	6,120～	13,050	13,050

2021年11月の料金。18ホールスループレーが基本。平日のみ食事付昼休憩プランを選択可。
期間によって料金は変動する

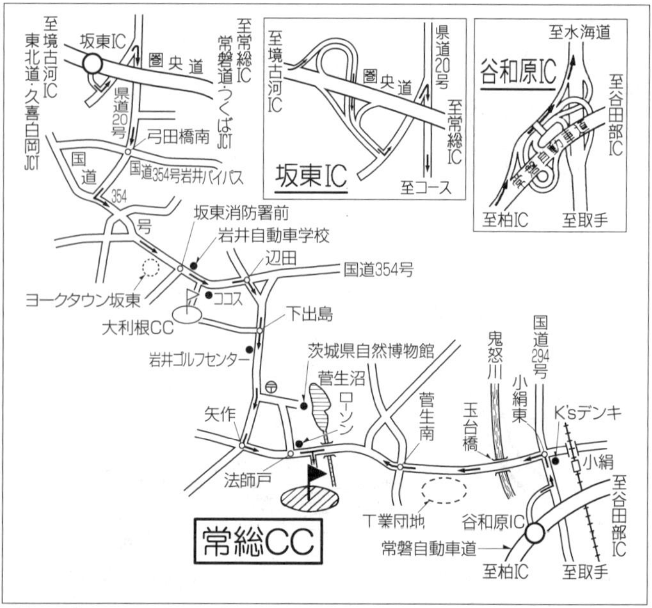

【自動車】三郷 IC（常磐道）19.1キロ→谷和原 IC 7キロ→コース　所要時間30分
谷和原ICを水海道方面に降り、3つ目の小絹東信号を左折してコースへ。圏央道・坂東ICからはICを降りて右折し約4キロ先の国道354号を左折。辺田信号を右折し5キロ先の矢作信号を左折してコースへ。坂東ICから9キロ約15分

湘南カントリークラブ

〒253-0001　神奈川県茅ケ崎市赤羽根4123
https://shonan-cc.co.jp/

●**プレーの申込み**　週日は会員の紹介または同伴が必要で3組まで可。土日祝は会員の同伴で1組まで可
●**予約**　2か月前よりフロントで受付
●**コンペ**　週日のみ会員の紹介または同伴で3組まで可
●**休日**　毎週月曜日　12／31　1／1　1／2
●**クレジット**　DC　VISA　MC　AMEX　JCB　ダイナース
●**開場日**　1961年4月14日
●**コースの特徴**　18H　P72　6931Y　井上誠一氏設計の変化に富んだ距離のあるチャンピオンコース
●**練習場**　230Y23打席
●**電車**　東海道本線辻堂駅、または小田急江ノ島線・相鉄いずみ野線・横浜市営地下湘南台駅
●**クラブバス**　辻堂駅から7:20　7:50　8:20　8:50　9:20、湘南台駅から7:20　8:20　9:05を運行
●**タクシー**　辻堂駅から約1500円
●**プレースタイル**　キャディ付で乗用カート
●**シューズ**　ソフトスパイクのみ可
●**ビジター料金表**

	平　日	土　曜	日　祝
キャディ付	27,930	34,530	34,540

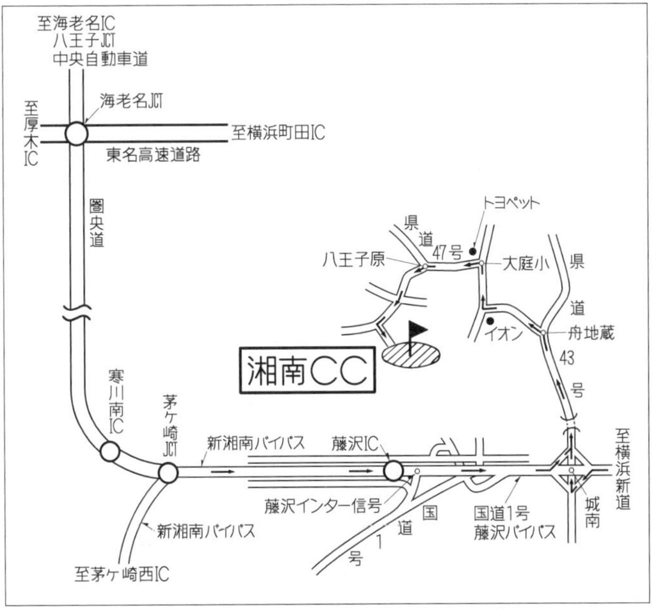

【自動車】海老名JCT（圏央道・新湘南バイパス）15.6キロ→藤沢IC 4キロ→コース　海老名JCTから16分　新湘南バイパス・藤沢ICを降りて城南信号を左折。舟地蔵信号を左折し、突き当りを右折。大庭小学校の信号を左折し、八王子原信号を左折してコースへ。横浜新道・戸塚ICからは13キロ

湘南シーサイドカントリー倶楽部

〒253-0073　神奈川県茅ケ崎市中島1567　FAX 0467(82)7116
予約専用フリーダイヤル0120-722-678　http://www.shonanseaside.com

●プレーの申込み　原則として会員の紹介が必要
●予約　2か月前の同日から受付け
●コンペ　組数は相談
●休日　1/1　クラブ指定日
●クレジット　JCB　VISA　UC 他
●開場日　1967年9月24日
●コースの特徴　18H　P72
ベント5935Y　コウライ5870Y
シーサイドで平坦だが微妙な起伏があり、川越え、池越えと戦略性も十分
●コースレート　68.9
●練習場　280Y75打席
●電車　東海道本線茅ケ崎駅
●クラブバス　茅ケ崎駅から6:50　7:30　8:20　9:10
●タクシー　平塚・茅ケ崎15分1500円
●プレースタイル　キャディ付で電磁誘導の乗用カート
●シューズ　ゴルフ靴はすべて可
●ビジター料金表

	平　日	土　曜	日　曜	祝　日
キャディ付	24,630	30,900	36,730	33,430

●プレー情報　コンペパック、サービスデー

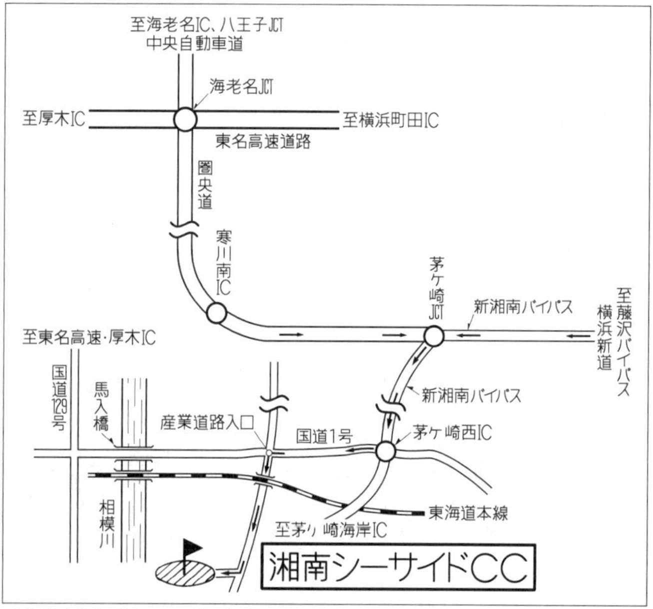

【自動車】海老名 JCT（圏央道）9.5キロ→茅ヶ崎 JCT（新湘南バイパス）2.3キロ→茅ヶ崎西 IC 1.5キロ→コース　海老名 JCT から10分　新湘南バイパス・茅ヶ崎西 IC を降りて右折し、国道1号線を平塚方面に向かう。約500m 先の産業道路入口交差点を左折して約1キロでコース

上武カントリークラブ

〒370-1406　群馬県藤岡市浄法寺2827　FAX 0274(52)5214
http://jobu.cc

●プレーの申込み　ビジター可
●予約　平日は3か月前の1日、土日祝は3か月前の同日から受付け
●コンペ　組数は相談
●休日　クラブ指定日
●クレジット　VISA　JCB　セゾン　ダイナース　UFJ
●開場日　1976年11月18日
●コースの特徴　18H　P72　6085Y
杉、松、檜などの大木に恵まれ、微妙なアンジュレーションがある。狙いどころが難しく、距離と正確さが要求される
●コースレート　68.5
●電車　高崎線本庄駅
●クラブバス　なし
●タクシー　本庄駅から25分5000円
●プレースタイル　セルフプレーでGPSナビ付5人乗り乗用カート
●シューズ　ゴルフ靴はすべて可
●ビジター料金表

	平　日	土　曜	日　祝
セ　ル　フ	8,000	12,000	12,000

昼食付。料金詳細は要問合せ

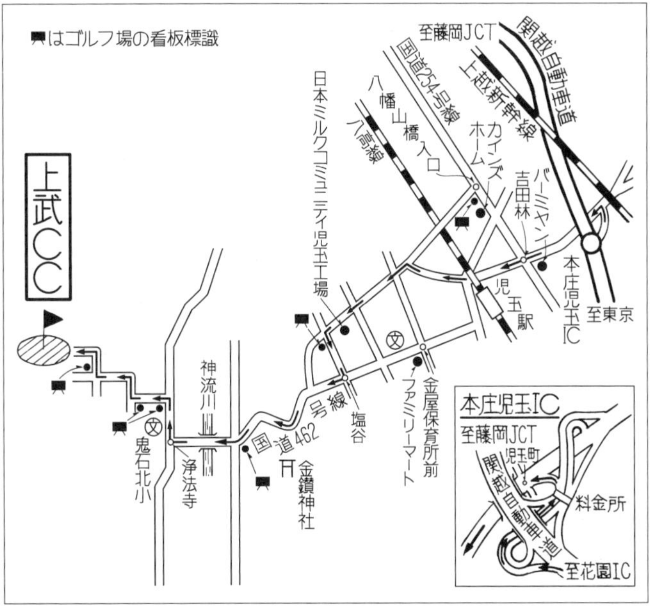

【自動車】練馬IC（関越自動車道）69.6キロ→本庄児玉IC 15キロ→コース　所要時間1時間10分　本庄児玉ICで降り児玉方面へ。吉田林交差点を直進し、道なりに進んで国道462号線に出て右折して鬼石方面に向かう。浄法寺交差点を右折してコースへ

常陽カントリー倶楽部

〒300-2351　茨城県つくばみらい市善助新田東原15　FAX 0297(58)4829
予約0297(58)4919　http://joyocc.com

●プレーの申込み　会員の紹介が必要。予約状況によりビジター可
●予約　3か月前の1日から受付け
●コンペ　組数制限なし
●休日　毎週月曜日　12／31　1／1
●クレジット　VISA　マスター
●開場日　1961年9月21日
●コースの特徴　18H　P72　6911Y
平坦なコースであるが、フェアウェイにはアンジュレーションがあり、また松林が多いのでボールを曲げるとスコアにつながらない
●コースレート　72.3
●練習場　70Y7打席、アプローチ練習場
●電車　つくばエクスプレスみらい平駅
●クラブバス　みらい平駅から運行
●タクシー　みらい平駅より5分
●プレースタイル　キャディ付で歩いてプレー
●シューズ　ソフトスパイク（スパイクレスを含む）
●ビジター料金表

	平　日	土　祝	日　曜
キャディ付	16,700	23,300	28,800

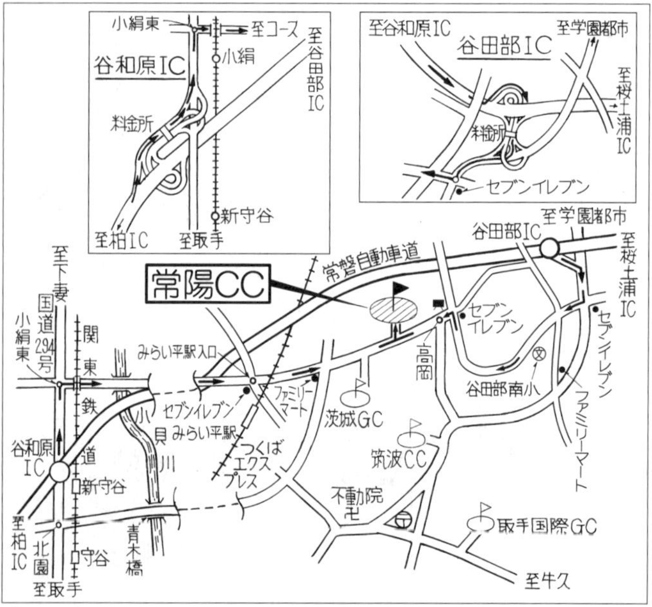

【自動車】三郷IC（常磐自動車道）19キロ→谷和原IC 11キロ→コース　所要時間40分　谷和原ICを水海道方面に降り、国道294号線を1キロほど進む。小絹東交差点を右折し、小貝川を渡ってコースへ

昭和の森ゴルフコース

〒196-0012　東京都昭島市つつじが丘1－1－7　FAX 042(545)0800
https://www.smgc.co.jp

●プレーの申込み　パブリックコース
●予約　3か月前の同日9時から受付け
●コンペ　組数は相談
●休日　無休
●クレジット　VISA　マスター　JCB　ダイナース　UC　AMEX
●開場日　1969年11月23日
●コースの特徴　18H　P72　6021Y
武蔵野の雑木林を開いたフラットな林間コース。正確なショットが必要
●コースレート　68.7
●練習場　400Y240打席
●電車　青梅線昭島駅（徒歩20分）、または西武線西武立川駅（徒歩10分）
●クラブバス　昭島駅北口から7:10～10:05の間に30分おきに発車
●タクシー　昭島駅北口4分710円
●プレースタイル　セルフプレーでGPSナビ付リモコン式乗用カート
●シューズ　ソフトスパイク（スパイクレスを含む）
●ビジター料金表

	平　日	土　曜	日　祝
セ　ル　フ	13,560	21,040	19,940

上記は2021年3～6月と9～12月の料金
●プレー情報　早朝・アフター・ハーフプレーあり

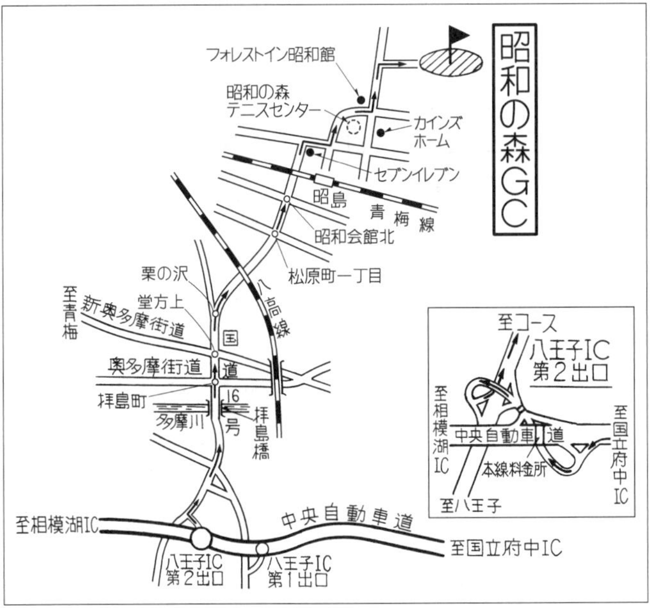

【自動車】高井戸IC（中央自動車道）28.5キロ→八王子第2IC 6.3キロ→コース　所要時間45分　八王子IC第2出口を昭島方面に出る。多摩川を渡って拝島町、堂方上、栗の沢交差点を直進する。JR八高線、青梅線の踏み切りを渡り、T字路を右折後、1つ目の信号を左折して次の信号も左折してコースへ

白河高原カントリークラブ

〒961-8071　福島県西白河郡西郷村大字真船字欠入1　FAX 0248(36)2812
https://skcc.tatemono-golf.com/

●**プレーの申込み**　ビジター可
●**予約**　随時受付け
●**コンペ**　上記に準ずる
●**休日**　11月下旬～4月中旬は冬期クローズ、その他にコース指定日
●**クレジット**　JCB　UC　VISA　ダイナース　DC　AMEX
●**開場日**　1963年8月10日
●**コースの特徴**　18H　P72　6675Y
自然の地形を生かしダイナミックに仕上がったコース。お風呂は源泉かけ流し温泉。宿泊ロッジ併設
●**コースレート**　71.5
●**練習場**　250Y15打席
●**電車**　東北新幹線新白河駅
●**クラブバス**　新白河駅より予約制
●**タクシー**　新白河駅から25分5300円
●**プレースタイル**　キャディ付またはセルフで、GPSナビ付乗用カート
●**シューズ**　メタルスパイク禁止
●**ビジター料金表**

	平　日	土　曜	日　祝
キャディ付	12,500	18,000	18,000
セ　ル　フ	10,300	15,800	15,800

2021年9月～10月の料金。2022年については要問合せ
●**プレー情報**　レディス・シニアデー、ロッジ宿泊パック

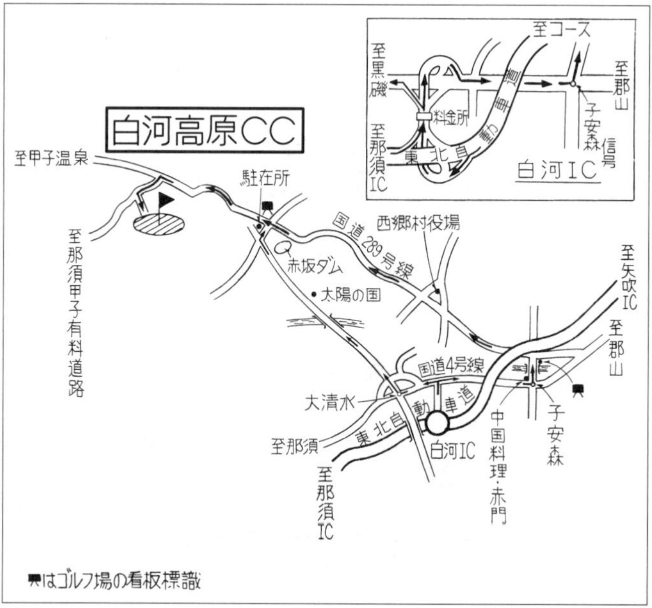

【自動車】浦和料金所（東北自動車道）164.9キロ→白河IC（国道4号）3.5キロ→子安森交差点15キロ→コース　所要時間2時間40分　白河ICを白河方面に降り、国道4号に出て4つ目の子安森信号（左手前に中華料理赤門あり）を左折。国道289号に出て左折してコースへ

白河国際カントリークラブ

〒961-0301　福島県白河市東下野出島字中子山20－17　FAX 0248(34)2145
http://www.sk-cc.jp/

●**プレーの申込み**　ビジター可
●**予約**　3か月前の同日より受付け
●**コンペ**　組数は相談
●**休日**　営業期間中は無休
1／14～3月初旬は冬期クローズ
●**クレジット**　JCB　UC　DC　UFJ　VISA　AMEX　ダイナース
●**開場日**　1974年7月1日
●**コースの特徴**　18H　P72　6959Y
ダイナミックなプレーができるコース。フェアウェイも広く、各ホール趣きの異なったレイアウトでプレーを楽しめる。宿泊ロッジを併設
●**練習場**　265Y10打席
●**電車**　東北新幹線新白河駅
●**クラブバス**　新白河駅から予約制
●**タクシー**　新白河駅から30分6000円
●**プレースタイル**　セルフプレーで5人乗り乗用カート。キャディ付は要予約
●**シューズ**　ソフトスパイク推奨
●**ビジター料金表**

	平　日	土　曜	日　祝
セ　ル　フ	6,250	10,000	10,000

2021年10月～11月の昼食付料金。キャディ付は4B3520円加算。期間により料金は異なる
●**プレー情報**　早朝・薄暮プレー、宿泊パック

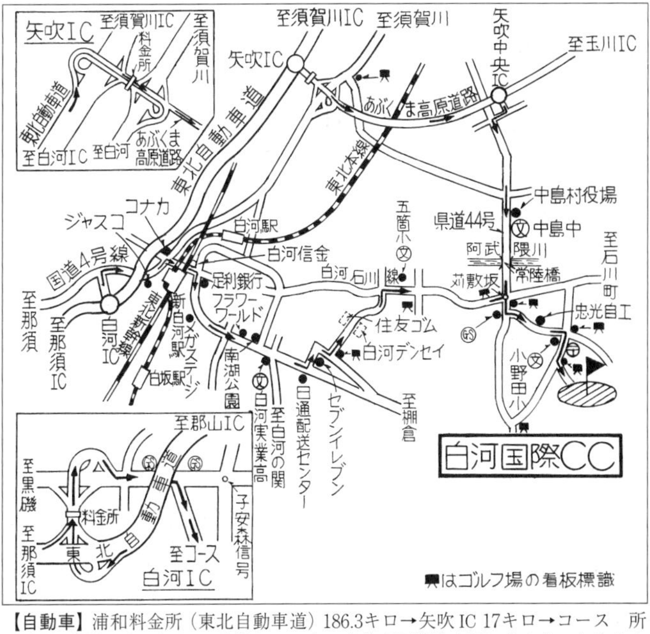

【自動車】浦和料金所（東北自動車道）186.3キロ→矢吹IC 17キロ→コース　所要時間2時間40分　矢吹ICを降りて、あぶくま高原道路方面に向かう。矢吹中央ICから県道44号線を南下し、コース案内板に従ってコースへ。矢吹ICより約25分。白河ICからは22キロ、約35分

白河ゴルフ倶楽部

〒969-0302　福島県白河市大信隈戸字午房沢1－14　FAX 0248(46)2671
予約0248(46)2300　http://www.npo-shirakawagc.com

●プレーの申込み　パブリックコース
●予約　随時受付け
●コンペ　組数制限なし
●休日　営業期間中は無休
12月～3月上旬は冬期クローズ
●クレジット　JCB　AMEX　VISA　UC　UFJ
●開場日　1996年7月28日
●コースの特徴　27H　P108　10087Y
白河郊外の雄大な丘陵地の自然を取り込み、四季折々の景色が美しいコース
●練習場　230Y 打放し
●電車　東北新幹線新白河駅
●クラブバス　新白河駅高原口から予約制で新幹線の到着に合せて運行
●タクシー　新白河駅から20分6000円
●プレースタイル　セルフでナビ付乗用カート。キャディ付は要問合せ
●シューズ　メタルスパイク禁止
●ビジター料金表

	平　日	土　曜	日　祝
セ　ル　フ	6,300～	10,000～	10,000～

昼食付。ツーサム可1500円増。期間により料金は異なる
●プレー情報　友の会会員あり、宿泊パック

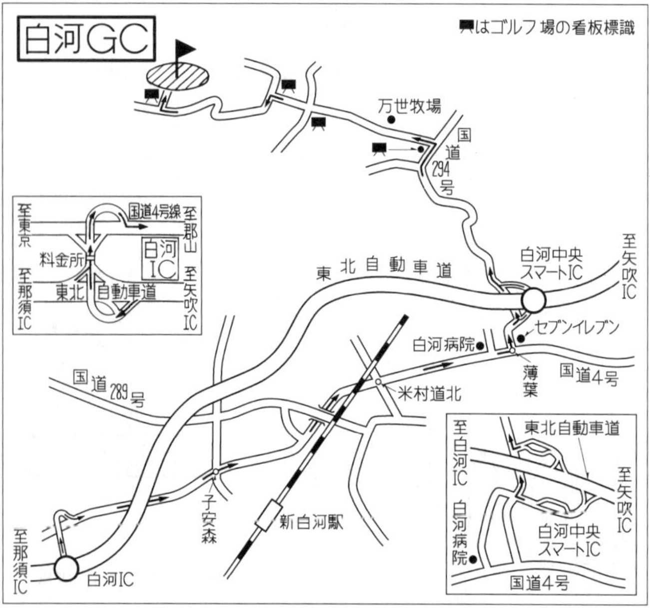

【自動車】浦和料金所（東北自動車道）164.9キロ→白河 IC 20キロ→コース　所要時間2時間40分　白河 IC を降りて国道4号線を白河方面に進み、約5キロ先の薄葉交差点を左折。国道294号線に入り、コース案内板に従って左折してコースへ。ETC 利用の白河中央スマート IC からは約14キロ

白河メドウゴルフ倶楽部

〒962-0622　福島県岩瀬郡天栄村大字田良尾字芝草1　FAX 0248(85)1005
https://www.meadow-golf.com/　本社03(5818)0821

●**プレーの申込み**　予約状況によりビジター可
●**予約**　随時受付け
●**コンペ**　組数は相談
●**休日**　営業期間中は無休
11月下旬～4月中旬は冬期クローズ
●**クレジット**　JCB　ダイナース　VISA　UFJ ニコス
●**開場日**　1991年8月1日
●**コースの特徴**　18H　P72　6990Y
標高960m に位置するフラットな高原リゾートコース。池やマウンドがあり、白樺林が美しい。
●**練習場**　260Y15打席
●**電車**　東北新幹線新白河駅
●**クラブバス**　予約制で新白河駅高原口から9:30運行
●**タクシー**　新白河駅から約8000円
●**プレースタイル**　セルフで5人乗り乗用カート。キャディ付は要予約
●**シューズ**　ソフトスパイク推奨
●**ビジター料金表**

	平　日	土　曜	日　祝
セ　ル　フ	8,900	13,700	13,700

2021年4／24～7／2、10／1～10／31の昼食付料金。期間により料金は異なる
●**プレー情報**　宿泊パック

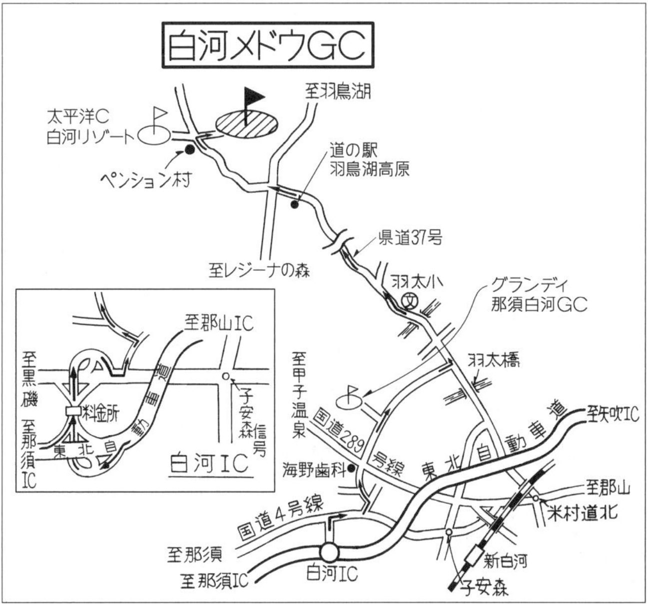

【**自動車**】浦和料金所（東北自動車道）164.9キロ→白河 IC 27キロ→コース　所要時間2時間50分　白河 IC を白河方面に降り、最初の信号を左折。道なりに約6キロ進み、県道37号線との T 字路を左折してコースへ

☎0291(33)4131

白帆カントリークラブ

〒311-1526　茨城県鉾田市半原308－4　FAX 0291(33)4134
http://shiraho.jp

●**プレーの申込み**　予約状況によりビジター可
●**予約**　3か月前の1日より受付け
●**コンペ**　組数は相談
●**休日**　指定日　1/1
●**クレジット**　JCB　VISA　AMEX　マスター　ダイナース
●**開場日**　1974年9月15日
●**コースの特徴**　18H　P72　6932Y　全体的にフラットでOBも少なく、ビジターから上級者までのびのびとしたプレーが楽しめる
●**コースレート**　72.8
●**練習場**　200m11打席
●**電車**　常磐線石岡駅、または高浜駅
●**クラブバス**　予約制で平日は高浜駅、土日祝は石岡駅から運行
●**タクシー**　石岡駅から30分6000円
●**プレースタイル**　キャディ付またはセルフで乗用カート。FW乗入れ可（コース状況により不可）
●**シューズ**　ゴルフ靴はすべて可
●**ビジター料金表**

	平　日	土　曜	日　祝
キャディ付	11,360	19,410	19,410
セ　ル　フ	7,400	15,450	15,450

食事付。季節料金あり（要問合せ）

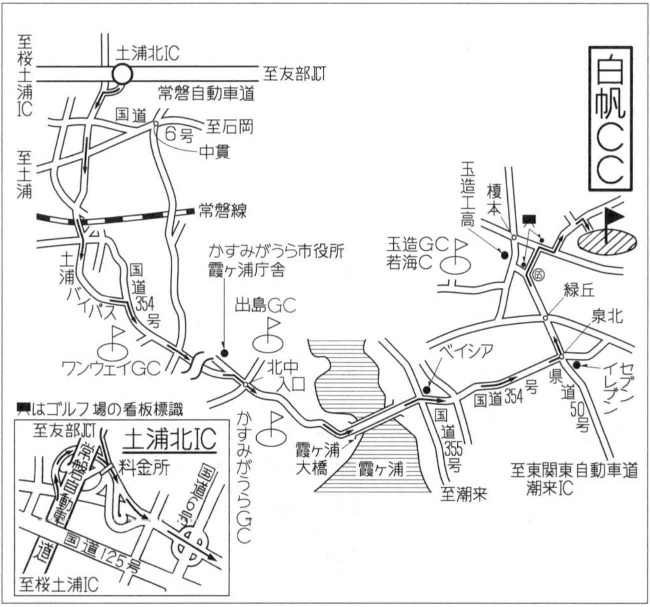

【**自動車**】三郷IC（常磐自動車道）46.6キロ→土浦北IC 29キロ→コース　所要時間1時間20分　土浦北ICを土浦・霞ヶ浦方面に降りて国道354号を進む。霞ヶ浦大橋を渡って泉北信号を左折し、コース案内板に従って右折してコースへ。東関道・潮来ICからは行方縦貫道で29キロ

☎0274(60)2411

シルクカントリー倶楽部

〒370-2461　群馬県富岡市上丹生3202　　FAX 0274(60)2132
https://rfgr.jp/silk/

●**プレーの申込み**　パブリックコース
●**予約**　3か月前から受付け
●**コンペ**　3か月前から受付け
●**休日**　12／31
●**クレジット**　JCB　VISA　マスター
●**開場日**　1998年10月12日
●**コースの特徴**　18H　P72　6803Y
自然の地形を可能な限り残した景観の良い丘陵コース。加藤俊輔氏の設計で、距離は短いが戦略的なコース
●**練習場**　30Y8打席
●**電車**　上越新幹線高崎駅、または北陸新幹線安中榛名駅
●**クラブバス**　なし
●**タクシー**　高崎駅から約50分9000円、安中榛名駅から約40分6500円
●**プレースタイル**　セルフプレーでGPSナビ付5人乗り乗用カート
●**シューズ**　ソフトスパイク
●**ビジター料金**
季節により料金が異なるため、ホームページ参照、またはクラブに要問合せ

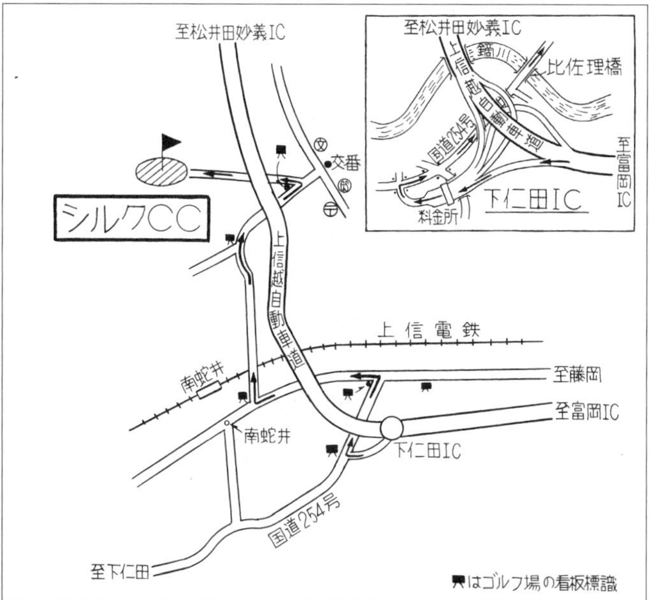

【自動車】 練馬IC（関越、上信越自動車道）105.4キロ→下仁田IC 4キロ→コース　所要時間1時間20分　下仁田ICで降り、料金所を出てすぐ国道254号線を富岡方面に右折、比佐理橋を渡って左折する。上信越道の高架をくぐってすぐ右折、道なりに案内板に従ってコースへ。下仁田ICから約8分

城里ゴルフ倶楽部

〒311-4407　茨城県東茨城郡城里町徳蔵436－1　FAX 0296(88)3619
予約専用　0296(88)3613　http://www.shirosato-gc.com/

●**プレーの申込み**　予約状況によりビジター可
●**予約**　2か月前の1日から受付け
●**コンペ**　組数制限なし
●**休日**　クラブ指定日
●**クレジット**　VISA マスター AMEX ダイナース　JCB
●**開場日**　1991年10月23日
●**コースの特徴**　18H　P72　7004Y
ベント・ワングリーンの戦略的なコースだが、フラットで全ホールとも球の落下点を確認することができる
●**コースレート**　72.8
●**練習場**　30Y11打席
●**電車**　常磐線友部駅
●**クラブバス**　予約制で友部駅北口から8:50
●**タクシー**　友部駅から25分約6000円
●**プレースタイル**　セルフプレーで乗用カート。キャディ付は要予約
●**シューズ**　ソフトスパイク
●**ビジター料金表**

	平　日	土　曜	日　祝
セ　ル　フ	6,500	15,900	14,900

2021年10月の料金で平日は昼食付。月・金は5900円
期間により料金は異なる
キャディ付は3740円(4B)加算
●**プレー情報**　薄暮プレー、サービスデー

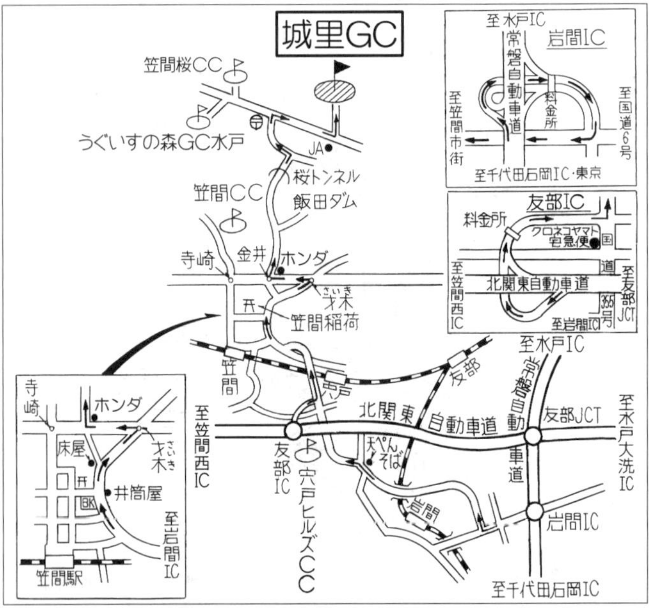

【自動車】三郷 IC（常磐道、北関東自動車道）81.3キロ→友部 IC 20キロ→コース　所要時間1時間10分　常磐道・友部 JCT 経由で北関東自動車道・友部 IC へ。料金所を出て左折し笠間方面に進み、国道50号線との才木信号を左折。次の金井信号を右折し、コース案内板に従ってコースへ

白水ゴルフ倶楽部

〒377-0206　群馬県渋川市横堀1676　FAX 0279(53)3944
http://www.shiromizu-gc.com

●**プレーの申込み**　会員の紹介が必要。予約状況によりビジター可
●**予約**　2か月前の同日から受付け
●**コンペ**　4か月前の同日から受付け
●**休日**　1月～2月の火曜日
●**クレジット**　各種
●**開場日**　1993年9月28日
●**コースの特徴**　18H　P72　7118Y
関東平野を見下す南東斜面の眺望の良い丘陵コース。フラットでフェアウェイも広くタフな丘陵林間コース
●**コースレート**　73.0
●**練習場**　270Y20打席
●**電車**　上越線渋川駅、または上越新幹線上毛高原駅
●**クラブバス**　なし
●**タクシー**　渋川駅から約15分3800円
●**プレースタイル**　セルフプレーでリモコン付乗用カート。キャディ付は要予約
●**シューズ**　ソフトスパイク（スパイクレスを含む）
●**ビジター料金表**

	平　日	土　曜	日　祝
セ　ル　フ	9,430	15,500	15,500

2021年10月～11月の料金で昼食付
キャディ付は3850円加算
●**プレー情報**　レディス・シニアデー、コンペパック

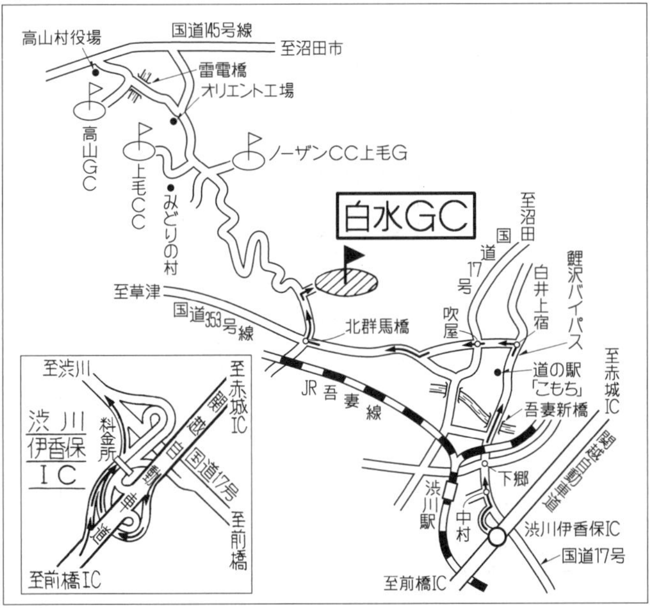

【自動車】練馬IC（関越自動車道）103.4キロ→渋川伊香保IC 4.5キロ→白井上宿6キロ→コース　所要時間1時間50分　渋川伊香保ICを降りて国道17号線を新潟方面に進む。鯉沢バイパスの白井上宿交差点を左折し、草津方面に向かう。北群馬橋交差点を右折し、約1キロでコース

し

城山カントリー倶楽部

〒326-0141　栃木県足利市小俣町4008　FAX 0284(62)4560
http://www.shiroyamacc.co.jp

●**プレーの申込み**　ビジター可
●**予約**　2か月前の1日より受付け
●**コンペ**　組数は相談
●**休日**　要問合せ
●**クレジット**　各種
●**開場日**　1977年10月6日
●**コースの特徴**　18H　P72　6309Y
アウトは距離のあるフラットな林間。インは見晴らし抜群の丘陵コース
●**コースレート**　70.2
●**練習場**　130Y11打席
●**電車**　東武伊勢崎線足利市駅、または両毛線小俣駅
●**クラブバス**　なし
●**タクシー**　足利市駅から25分4000円
両毛線・小俣駅からは5分基本料金
●**プレースタイル**　キャディ付またはセルフでGPSナビ付電磁誘導式乗用カート
●**シューズ**　スパイクレス推奨
●**ビジター料金表**

	平　日	土　日	祝　日
キャディ付	11,250	16,750	14,750
セ　ル　フ	8,500	14,000	12,000

上記は昼食付のシーズン料金
期間により料金は異なる
早朝･午後プレー他
●**感謝デー**　月曜日7,500円昼食付
期間により料金変動

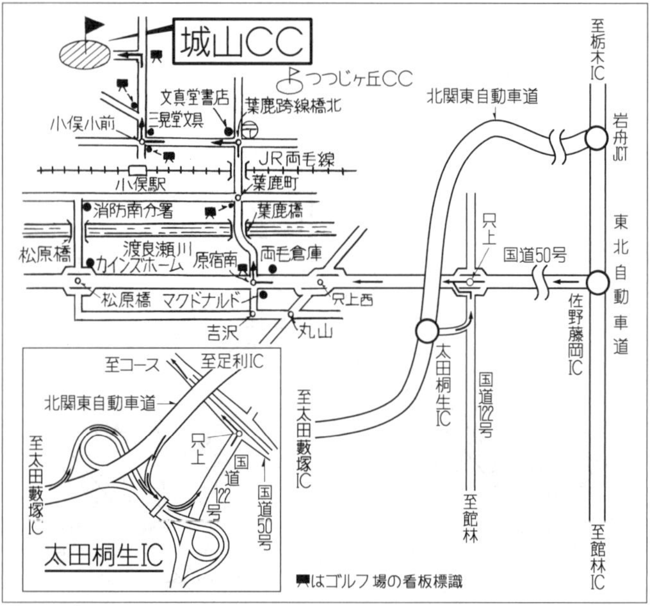

【**自動車**】浦和料金所（東北自動車道）50.2キロ→佐野藤岡IC31キロ→コース
所要時間1時間20分　佐野藤岡ICから国道50号線を前橋方面に向かい、原宿南交差点を右折して、コース案内板に従ってコースへ。北関東自動車道・太田桐生ICからは料金所を出て左折。国道50号バイパスを左折してコースへ

新宇都宮カントリークラブ

〒321-3405　栃木県芳賀郡市貝町大谷津1180　FAX 0285(68)1195
本社028(660)7788　http://shinutsu.com

●**プレーの申込み**　予約状況によりビジター可
●**予約**　3か月前の同日から受付け
●**コンペ**　組数は相談
●**休日**　クラブ指定日
●**クレジット**　各種
●**開場日**　1973年10月10日
●**コースの特徴**　27H　P108　10069Y
全体にフラットでフェアウェイが広くインターバルが短い。東、中、西と趣が異りチャレンジ精神をかきたてられる
●**電車**　東北本線宇都宮駅、または宇都宮線宝積寺
●**タクシー**　宇都宮駅30分約7000円
●**クラブバス**　完全予約制で平日は宝積寺駅8:50、土日祝は宇都宮駅東口駐輪場前より8:40
●**プレースタイル**　セルフで乗用カート。キャディ付は要予約
●**シューズ**　ソフトスパイク
●**ビジター料金表**

	平　日	土　曜	日　祝
セ　ル　フ	6,050	12,050	12,050

昼食付。季節により料金設定あり
キャディ付は3300円加算
●**セルフデー**　毎週月曜日5050円〜
限定メニュー昼食付

【**自動車**】浦和料金所（東北自動車道）70.7キロ→都賀JCT（北関東自動車道）26キロ→真岡IC 30キロ→コース　所要時間1時間45分　真岡ICから鬼怒テクノ通りを宇都宮方面に進み、国道123号線を右折。次の清原東小前信号を左折して道なりに進み、県道156号線を左折。県道64号線を右折してコースへ

新君津ベルグリーンカントリー倶楽部

〒292-1161　千葉県君津市東猪原12　FAX 0439(37)2205
https://newkimitsu.com

●プレーの申込み　パブリックコース
●予約　3か月前の月初めから受付け
●コンペ　組数は相談
●休日　無休
●クレジット　VISA　マスター　AMEX　JCB　ダイナース
●開場日　2002年6月14日
●コースの特徴　18H　P72　6826Y
なだらかな南斜面にゆったり広がる丘陵コース。大西久光氏監修により、戦略的で個性的なホールが続く
●コースレート　71.8
●練習場　280Y15打席
バンカー・アプローチ併設
●電車　内房線君津駅
●クラブバス　なし
●タクシー　君津駅約25分5000円
●プレースタイル　セルフプレーで4人乗りGPSナビ付乗用カート
●シューズ　ソフトスパイク（スパイクレスを含む）
●ビジター料金表

	平　日	土　曜	日　祝
セ　ル　フ	7,940	16,740	16,190

2021年11月の昼食付料金
●プレー情報　コンペパック

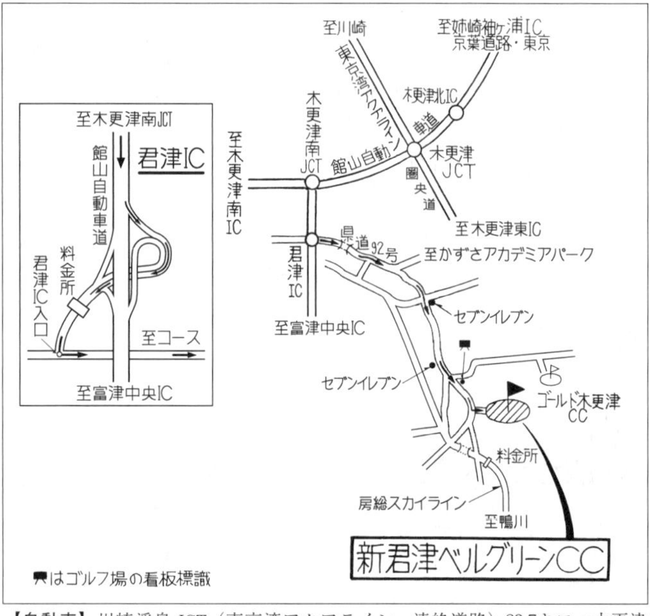

【自動車】川崎浮島JCT（東京湾アクアライン、連絡道路）23.7キロ→木更津JCT（館山自動車道）3.9キロ→木更津南JCT 4キロ→君津IC 10キロ→コース　所要時間40分　君津ICを降りて左折し、鴨川方面に進んでコースへ。君津ICより約10分

　☎0294(70)1234

新・西山荘カントリー倶楽部

〒313-0002　茨城県常陸太田市下大門町1063　FAX 0294(70)1311
http://www.unimat-golf.jp/seizansou/

●プレーの申込み　ビジター可
●予約　3か月前の同日から受付け
●コンペ　予約状況により相談
●休日　無休
●クレジット　各種
●開場日　1993年4月20日
●コースの特徴　18H　P72　7004Y
ゆるやかな起伏のフェアウェイ、幾重にも連なるマウンドそして池。戦略的なリンクスコースは、高度なターゲットゴルフが要求される
●練習場　70Y7打席
●電車　常磐線水戸駅、または水郡線常陸太田駅
●クラブバス　予約制
●タクシー　常陸太田駅から10分3000円、水戸駅から40分8,000円
●プレースタイル　セルフで5人乗り乗用カート。キャディ付は要予約
●シューズ　ソフトスパイク推奨
●ビジター料金表

	平　日	土　曜	日　祝
セ　ル　フ	7,000	14,000	14,000

2021年10月～11月の料金で昼食付。期間により料金は異なる。キャディ付は3300円加算。各種優待プランあり
ロッジ＆コテージ宿泊プランあり
ジュニア（18歳未満）平日3300円、土日祝5500円

し

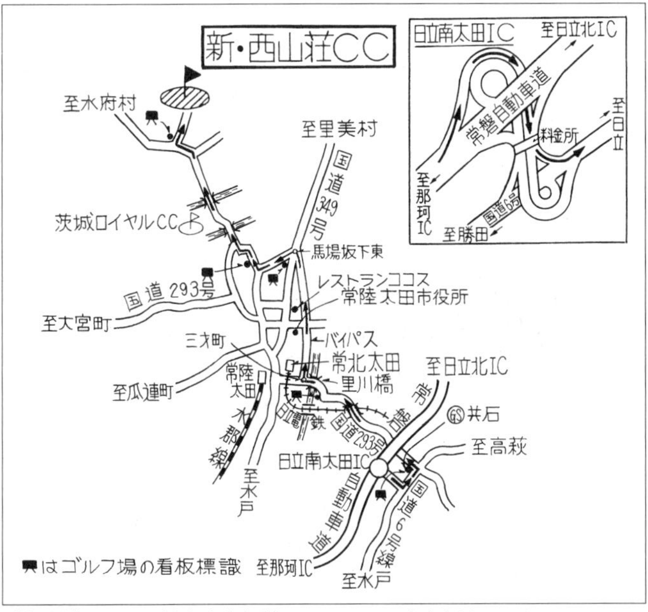

【自動車】三郷IC（常磐自動車道）105.3キロ→日立南太田IC 12キロ→コース
所要時間1時間30分　ICを降りて日立方面に進み、最初の信号を左折して国道293号を太田方面に向かう。里川橋を渡り、国道349号バイパスを右折し、馬場坂下東信号を左折してコースへ

☎0270(65)9099

新玉村ゴルフ場

〒370-1117　群馬県佐波郡玉村町川井1065－1　FAX 0270(65)9149
http://www.shintamagolf.jp/

●**プレーの申込み**　パブリックコース
●**予約**　3か月前の1日から受付け
●**コンペ**　組数制限なし
●**休日**　無休
●**クレジット**　JCB　VISA　UC
●**開場日**　1985年10月28日
●**コースの特徴**　18H　P72　6913Y
河川敷コースだが、ゆるやかなうねりのある地形に烏川の支流が敷地内を斜めに横切るなど戦略的なコース
●**コースレート**　72.9
●**電車**　高崎線新町駅
●**クラブバス**　なし
●**タクシー**　新町駅から15分2000円
●**プレースタイル**　セルフで乗用カート。FW乗入れ可の期間あり（コース状況により不可）
●**シューズ**　ゴルフ靴はすべて可
●**ビジター料金表**

	平　日	土　曜	日　祝
セ　ル　フ	6,900	12,455	12,455

昼食付。ジュニア料金、高齢者（65歳以上）・障害者割引あり（要問合せ）。水曜日レディスデー1000円引
●**プレー情報**　早朝・薄暮プレー

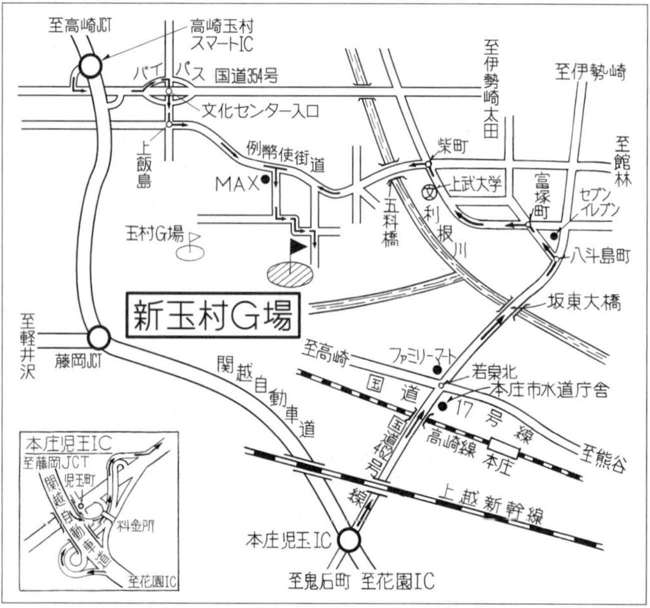

【自動車】練馬IC（関越自動車道）69.6キロ→本庄児玉IC13キロ→コース　所要時間1時間10分　本庄児玉ICを降りて国道462号を伊勢崎方面に向かう。八斗島町信号を左折し、富塚町信号を左折。柴町信号を左折して五料橋を渡ってコースへ。高崎玉村スマートICからは7キロ、約10分

新千葉カントリー倶楽部

〒283-0001　千葉県東金市家之子2177　FAX 0475(52)4348
予約専用　0475(54)0500　http://www.shinchiba-cc.co.jp

●プレーの申込み　会員の紹介が必要
●予約　1か月前の1日より受付け。会員が申込む
●コンペ　3か月前の1日より受付け
●休日　12／31　1／1
●クレジット　なし
●開場日　1970年7月9日
●コースの特徴　54H　P216　19617Y
あさぎりはロングヒッター向き、つくも・たちばなは池越えなど変化に富む
●コースレート　あさぎり72.8
つくも70.2　たちばな68.5
●練習場　230Y16打席
●電車　外房線大網駅
●クラブバス　大網駅から全日8:25、土日祝は7:10(平日は予約)と9:30を増便
●タクシー　大網駅から20分約4500円
●プレースタイル　セルフプレーで乗用カート。キャディ付は要予約で歩きまたは乗用カート（有料）
●シューズ　ソフトスパイク推奨
●ビジター料金表

	平　日	土　曜	日　祝
キャディ付	13,420	17,820	17,820
セ　ル　フ	10,120	14,520	14,520

上記は2022年1月～8月のランチ券付料金
●プレー情報　優待券あり

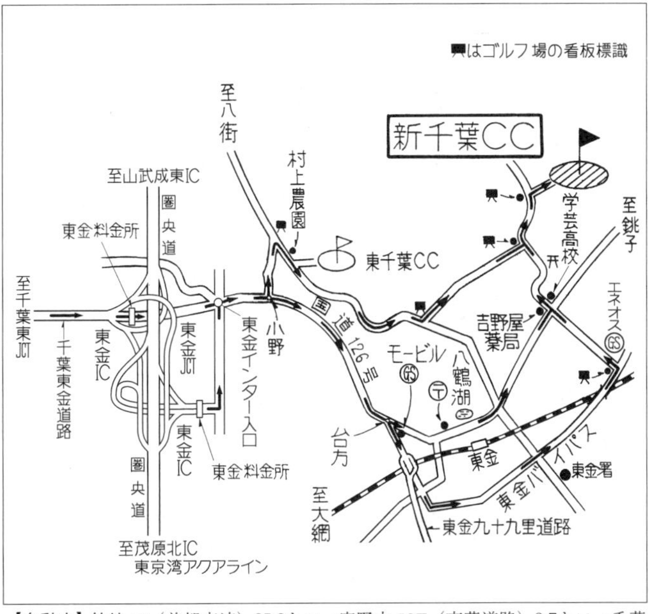

【自動車】箱崎IC（首都高速）35.8キロ→宮野木JCT（京葉道路）8.7キロ→千葉東IC（千葉東金道路）16キロ→東金料金所10キロ→コース　所要時間1時間15分
東金道路終点の東金料金所で降りて直進。2つ目の信号・小野を左折、東千葉CC前を通ってコースへ。大型バスは東金バイパスからエネオスGSの信号を入る

☎055(921)8831

新沼津カントリークラブ

〒410-0301　静岡県沼津市宮本223　FAX 055(921)8833
https://www.shinnumazu-cc.co.jp

●**プレーの申込み**　平日は会員の紹介　土日祝は会員の同伴または紹介が必要
●**予約**　3か月前の同日よりで受付け
●**コンペ**　組数は相談
●**休日**　クラブ指定日　1/1
●**クレジット**　JCB　UC　VISA　AMEX　ダイナース
●**開場日**　1967年9月15日
●**コースの特徴**　18H　P72　6910Y　緩やかな丘陵地にレイアウトされ、夏涼しく、冬暖かいコース
●**練習場**　200Y13打席
●**電車**　東海道線沼津駅
●**クラブバス**　沼津駅北口より全日7:45　8:50
●**タクシー**　三島駅から25分3400円、沼津駅から15分2400円
●**プレースタイル**　キャディ付またはセルフで電磁誘導式乗用カート
●**シューズ**　ソフトスパイク
●**ビジター料金表**

	平　日	土　曜	日　祝
キャディ付	14,600	22,000	19,900
セ　ル　フ	10,700	18,100	16,000

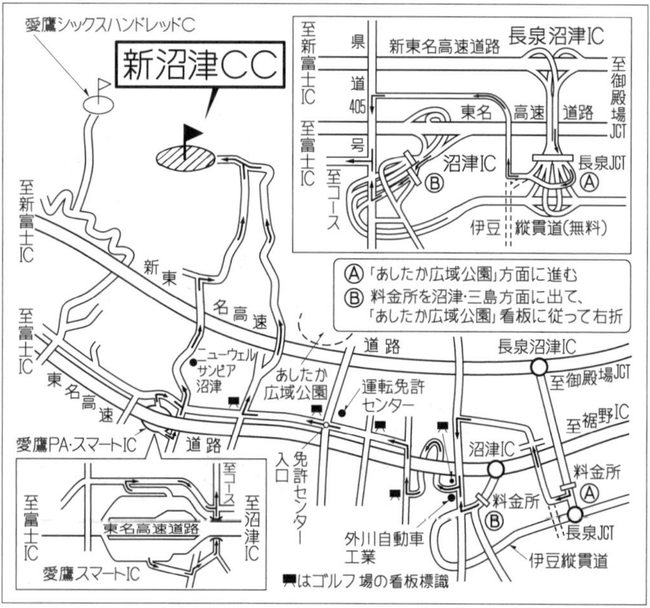

【**自動車**】東京IC（東名高速）103.3キロ→沼津IC 5キロ→コース　所要時間1時間15分　沼津IC料金所の左ゲートを出て「あしたか広域公園」の看板に従って右折。高速道路手前の信号を左折し、突き当りを右折する。高速道路を越えて左折し、側道を進んでコースへ。ETC搭載車は愛鷹スマートICより3キロ5分

新武蔵丘ゴルフコース

〒350-1246　埼玉県日高市梅原372　FAX 042(974)5000
https://www.princehotels.co.jp/golf/shinmusashi

●**プレーの申込み**　パブリックコース
●**予約**　年間を通して受付け
●**コンペ**　年間を通して受付け
●**休日**　無休
●**クレジット**　各種
●**開場日**　1999年4月3日
●**コースの特徴**　18H　P71　6259Y
すべてのプレーヤーが楽しめる、そんな岡本綾子プロの理念のもとに設計された戦略性豊かな丘陵コース
●**練習場**　なし
●**電車**　西武池袋線飯能駅
●**クラブバス**　なし
●**タクシー**　飯能駅から約7分1500円

●**プレースタイル**　セルフでGPSナビ付4人乗り乗用ゴルフカー。FW乗入れ可（コース状況により不可）
●**シューズ**　ノンメタルスパイク、スパイクレス
●**ビジター料金表**

	平　日	土　曜	日　祝
セ　ル　フ	13,800	24,500	24,500

上記は4月～6月、10月～12月の料金
完全セルフ・スループレー方式。ワンウェイで季節によって早朝・午後スタートあり
●**プレー情報**　コンペパック

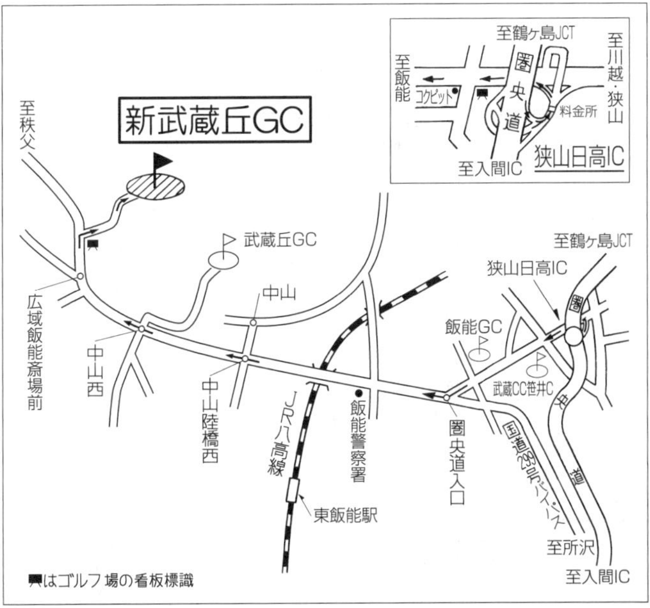

【**自動車**】練馬IC（関越自動車道）28キロ→鶴ヶ島JCT 9キロ→狭山日高IC 6.3キロ→コース　所要時間40分　狭山日高ICで降り飯能方面に直進。国道299号バイパスを経由してコースへ。中央道・八王子料金所からは八王子JCT経由41.3キロ狭山日高IC下車。八王子料金所から約40分

森林公園ゴルフ倶楽部

〒369-1215　埼玉県大里郡寄居町大字牟礼1132　FAX 048(582)3003
予約048(582)3211　https://www.skgc.info

●プレーの申込み　原則として会員の同伴必要。平日は予約状況により紹介で可
●予約　3か月前の同日から受付け
●コンペ　3か月前の同日から受付け
●休日　クラブ指定の月曜日1／1
●クレジット　各種
●開場日　1990年11月3日
●コースの特徴　18H　P72　6968Y
自然の地形を利用した各ホールは、フラットな中にも変化を持たせ、戦略性豊かで個性に満ちたレイアウト
●コースレート　72.3
●練習場　180Y15打席
●電車　東武東上線小川町駅
●クラブバス　小川町駅から平日7:17～9:16、土日祝6:54～9:26　電車に合わせて運行
●タクシー　小川町駅10分約1700円
●プレースタイル　キャディ付で乗用カート
●シューズ　ソフトスパイク
●ビジター料金表

	平　日	土　曜	日　祝
キャディ付	21,300	27,700	26,700

●セルフデー　クラブ指定の月曜日12,900円限定昼食付

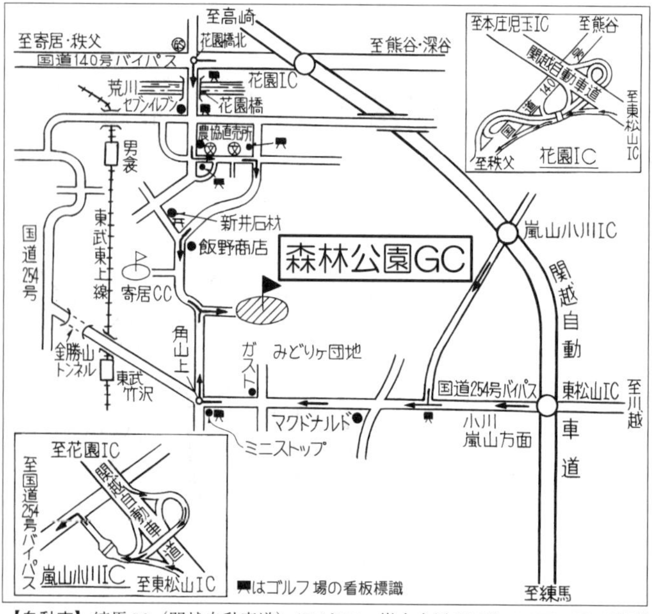

【自動車】練馬 IC（関越自動車道）47.4キロ→嵐山小川 IC 8キロ→コース　所要時間45分　嵐山小川 IC を小川方面に降り、突き当たりの国道254号バイパスを右折する。信号3つ目の角山上交差点を右折してコースへ。花園 IC からは秩父方面に進んで5キロ、約7分

随縁カントリークラブセンチュリー富士コース

〒409-2195　山梨県南巨摩郡南部町万沢7079－1　FAX 0556(67)3327
http://zuien.net/

●プレーの申込み　ビジター可
●予約　3か月前の同日から電話またはホームページにて受付ける
●コンペ　組数は相談
●休日　1/1　クラブ指定日
●クレジット　UC　VISA　マスター　JCB　AMEX　DC
●開場日　1993年7月10日
●コースの特徴　18H　P72　6435Y
富士川の西端に広がる雄大な地形と景観を生かしたフラットな丘陵コース。18番ロングは200ヤード地点からグリーンまで左サイドに池がせり出すインパクトのあるホール

●電車　東海道新幹線新富士駅
●クラブバス　なし
●タクシー　新富士駅から40分6000円
●プレースタイル　セルフでGPSナビ付5人乗り乗用カート
●シューズ　ソフトスパイクのみ可
●ビジター料金表

	平　日	土　曜	日　祝
セ　ル　フ	8,850～	16,550～	14,900～

2021年10月～12月の料金
期間により料金は異なる
●プレー情報　宿泊プラン、サービスデー、コンペプラン、ジュニア料金

す

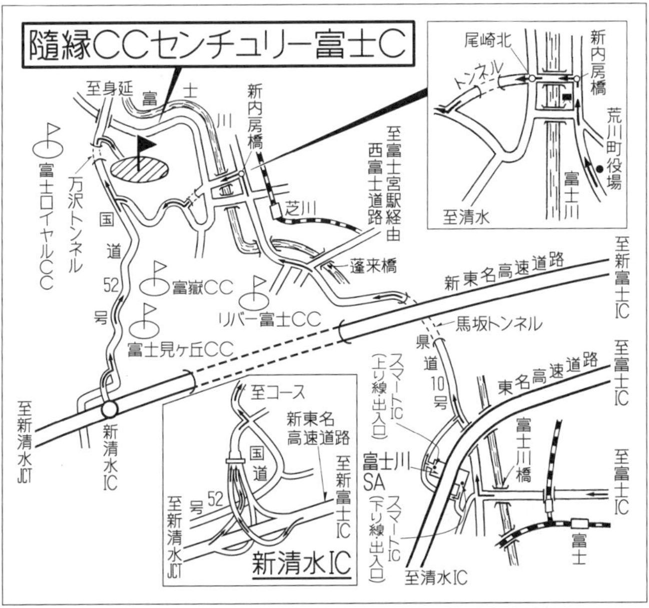

【自動車】東京IC（東名高速）88.3キロ→御殿場JCT（新東名高速）47.9キロ→新清水IC 9キロ→コース　所要時間1時間50分　新清水ICを降りて左折し、国道52号線を身延方面に進む。万沢トンネルを通過後右折してコースへ。ETC搭載車は東名高速・富士川スマートICから県道10号を経由して19.5キロ、約25分

スカイウェイカントリークラブ

〒286-0814　千葉県成田市幡谷941－1　FAX 0476(36)2358
http://www.skywaycc.com/

●プレーの申込み　原則は会員の紹介が必要。予約状況によりビジター可
●予約　3か月前の同日から受付け
●コンペ　組数は相談
●休日　無休
●クレジット　各種
●開場日　1978年11月9日
●コースの特徴　18H　P72　6829Y
なだらかな丘陵地に豊富な樹木と満々と水をたたえた池が散在する風光明媚なコースで戦略性も高い
●コースレート　72.7
●練習場　260Y15打席
●電車　JR成田線·京成電鉄成田駅または空港第2ビル駅
●クラブバス　なし
●タクシー　JR·京成線成田駅から20分4000円、空港第2ビル駅から4000円
●プレースタイル　セルフでGPSナビ付乗用カート。キャディ付は要予約
●シューズ　ゴルフ靴はすべて可
●ビジター料金表

	平　日	土　曜	日　祝
セ　ル　フ	10,980	22,950	22,950

2021年10月の料金で昼食付。期間により料金は異なる

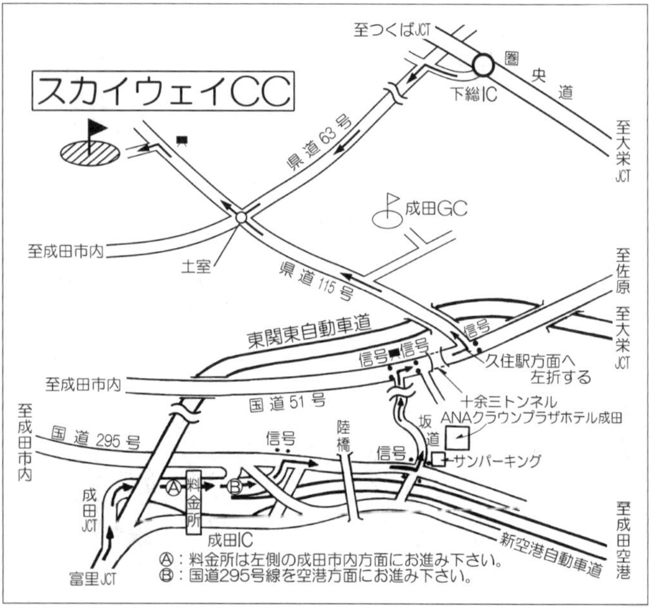

【自動車】 箱崎IC（首都高速）36.6キロ→宮野木JCT（東関道）28キロ→成田IC 10キロ→コース　所要時間1時間　成田ICの左の道から国道295号を空港方面に進み最初の信号を左折。国道51号を右折し1キロ先の信号を久住駅方面に左折してコースへ。圏央道・下総ICからは県道63号を成田方面に向かって7キロ

　☎0268(74)2450

菅平グリーンゴルフ

〒386-2211　長野県須坂市峰の原町3153　FAX 0268(74)2368
https://www.green-golf.biz/

●**プレーの申込み**　ビジター可
●**予約**　随時受付け
●**コンペ**　組数制限なし
●**休日**　営業期間中無休
11月下旬～4月中旬冬期クローズ
●**クレジット**　マスター　VISA　JCB
●**開場日**　1975年7月1日
●**コースの特徴**　18H　P72　6804Y
標高1600mの高原コース。山岳にしてはほとんどフラットで、眺望は抜群。のびのびとプレーを楽しめる
●**コースレート**　70.3
●**練習場**　300Y11打席
●**電車**　北陸新幹線上田駅
●**クラブバス**　なし
●**タクシー**　上田駅から45分10000円
●**プレースタイル**　セルフで4人または2人乗り乗用カート
●**シューズ**　ソフトスパイク推奨
●**ビジター料金表**

	平　日	土　曜	日　祝
セ　ル　フ	6,200～	9,000～	9,000～

上記は2021年10月の昼食付料金。期間により料金は異なる
●**プレー情報**　ハーフプレー、薄暮プレー

す

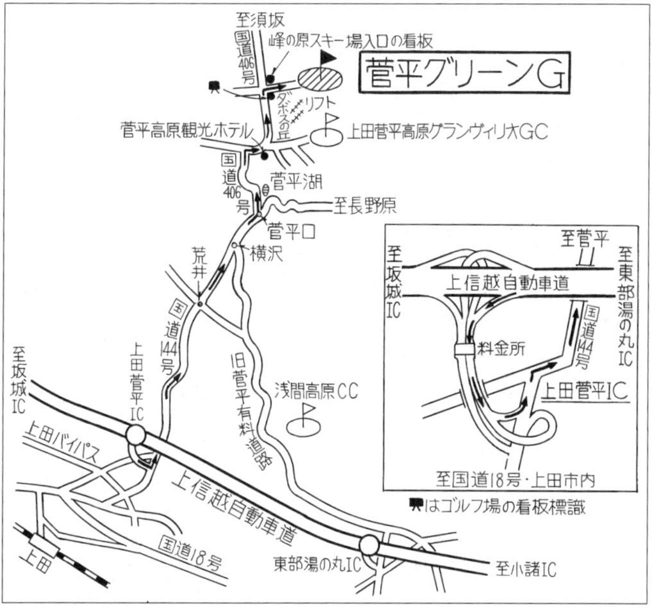

は ゴルフ場の看板標識

【**自動車**】練馬IC（関越、上信越自動車道）172.4キロ→上田菅平IC 27キロ→コース　所要時間2時間35分　上信越自動車道を上田菅平ICで降り、国道144号を菅平方面に直進。菅平口の信号を左折して国道406号線に入りコースへ

杉ノ郷カントリークラブ

〒321-2351　栃木県日光市塩野室町1863　FAX 0288(26)2110
http://www.suginosato.co.jp

●プレーの申込み　ビジター可
●予約　3か月前の1日から受付け
●コンペ　組数制限なし
●休日　クラブ指定日
●クレジット　JCB　VISA　UC　DC　AMEX　ダイナース　UFJ
●開場日　1977年5月15日
●コースの特徴　18H　P72　6982Y
平坦な林間コース。赤松、杉、モミ等の豊富な樹木で完全セパレートされている上、池や川などを巧みにレイアウトに取り入れている
●コースレート　72.8
●練習場　70m14打席
●電車　東武線下今市駅
●クラブバス　完全予約制で下今市駅から9:15
●タクシー　下今市駅から15分3300円
●プレースタイル　セルフで歩いてプレー、乗用カートプレーを選択。キャディ付は要予約
●シューズ　ゴルフ靴はすべて可
●ビジター料金表

	平　日	土　曜	日　祝
セ　ル　フ	7,750	14,350	14,350

上記は2021年10月～11月の乗用カート利用の昼食付料金
キャディ付は3300円加算

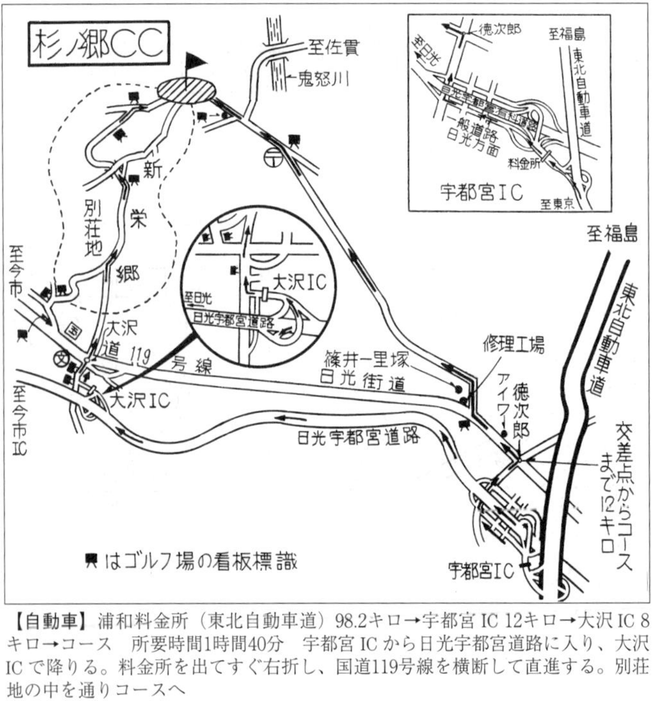

【自動車】浦和料金所（東北自動車道）98.2キロ→宇都宮 IC 12キロ→大沢 IC 8キロ→コース　所要時間1時間40分　宇都宮 IC から日光宇都宮道路に入り、大沢 IC で降りる。料金所を出てすぐ右折し、国道119号線を横断して直進する。別荘地の中を通りコースへ

裾野カンツリー倶楽部

〒410-1104　静岡県裾野市今里1060　FAX 055(997)0173
予約055(997)0505　https://www.susono-cc.co.jp/

●プレーの申込み　会員の紹介または同伴が必要。予約状況によりビジター可
●予約　3か月前の同日から受付け
●コンペ　組数は相談
●休日　1/1　クラブ指定日
●クレジット　UC　ダイナース他
●開場日　1985年10月16日
●コースの特徴　18H　P72　7106Y　南北にレイアウトされており、全てのホールで雄大な富士山を望みながらプレーできる。14番は名物のパー4
●練習場　180Y14打席
●電車　東海道新幹線三島駅
●クラブバス　三島駅北口から予約制で8:05
●タクシー　三島駅から30分約4500円
●プレースタイル　キャディ付またはセルフで5人乗り電磁乗用カート
●シューズ　ソフトスパイク推奨
●ビジター料金表

	平　日	土　曜	日　祝
キャディ付	18,930	28,500	27,400
セ　ル　フ	15,080	24,650	23,550

2021年11月の料金

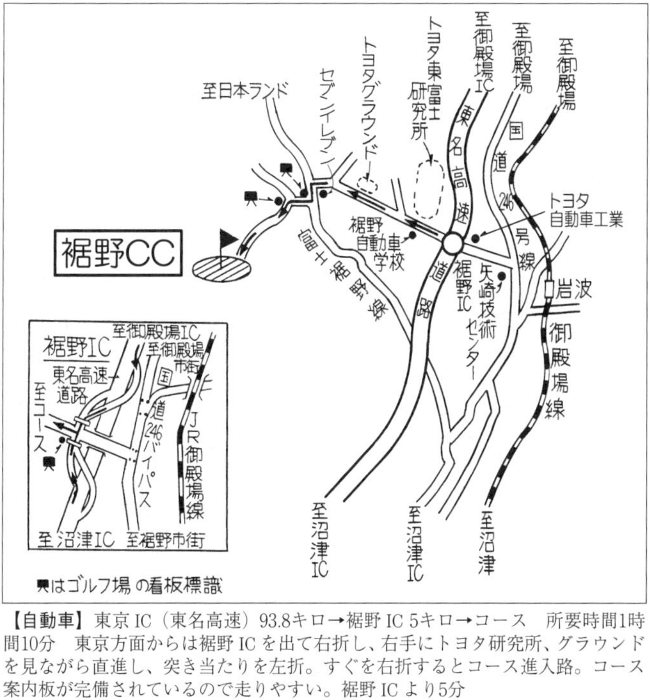

はゴルフ場の看板標識

【自動車】東京 IC（東名高速）93.8キロ→裾野 IC 5キロ→コース　所要時間1時間10分　東京方面からは裾野 IC を出て右折し、右手にトヨタ研究所、グラウンドを見ながら直進し、突き当たりを左折。すぐを右折するとコース進入路。コース案内板が完備されているので走りやすい。裾野 IC より5分

スターツ笠間ゴルフ倶楽部

〒309-1602　茨城県笠間市池野辺2340－1　FAX 0296(72)8212
https://www.starts-golf.jp/

●プレーの申込み　会員の紹介が必要
●予約　3か月前の同日から受付け
●コンペ　3か月前の同日より受付け
●休日　12／31　1／1　1／2
毎週月曜日（祝日の場合は翌日）
●クレジット　各種
●開場日　1985年10月22日
●コースの特徴　18H　P72　6972Y
なだらかなマウンド、広いフェアウェイ、きめこまかいアンジュレーション。戦略性豊かな故井上誠一氏の最後の傑作コース
●コースレート　72.4
●練習場　260Y16打席、アプローチ

●電車　常磐線友部駅
●クラブバス　友部駅より予約制
●タクシー　友部駅北口15分3000円
●プレースタイル　キャディ付で乗用カート
●シューズ　ソフトスパイク推奨
●ビジター料金表

	平　日	土　曜	日　祝
キャディ付	18,500	30,000	28,000

上記は2021年10月と11月の料金

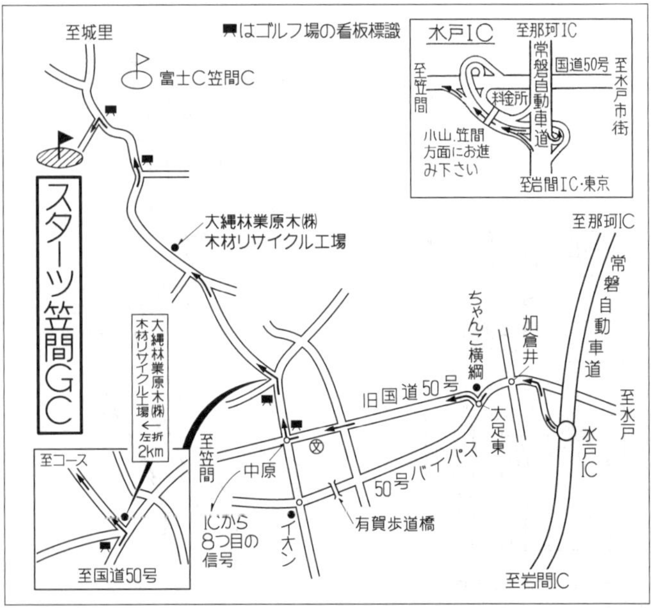

【自動車】三郷IC（常磐自動車道）82キロ→水戸IC 7キロ→コース　所要時間1時間10分　水戸ICから国道50号を笠間方面に向かう。旧国道50号を進み、ICから8つ目の中原信号を右折。コース案内板に従ってコースへ

スパ＆ゴルフリゾート久慈

〒313-0112　茨城県常陸太田市岩手町1398　FAX 0294(76)1791
https://www.spagolf-kuji.jp

●プレーの申込み　ビジター可
●予約　6か月前の1日から受付け
●コンペ　組数制限なし
●休日　コース指定日
●クレジット　各種
●開場日　1990年7月20日
●コースの特徴　18H　P72　6732Y
なだらかな丘陵コースでベントワングリーン。中部銀次郎氏の設計でコースの変化も攻略上楽しめる。プレー後は露天風呂付天然温泉が楽しめる
●コースレート　71.8
●練習場　200Y14打席
●電車　JR常磐線勝田駅、水郡線常陸大宮駅
●クラブバス　勝田駅または常陸大宮駅より予約制
●タクシー　常陸太田駅、常陸大宮駅より2500円
●プレースタイル　セルフプレーで乗用カート。キャディ付は要予約
●シューズ　ソフトスパイク推奨
●ビジター料金表

	平　日	土　日	祝　日
セ　ル　フ	6,870～	11,600～	11,600～

2021年10月～11月の昼食付料金。キャディ付は4B3300円加算
●プレー情報　宿泊パック（久慈スパリゾートホテル併設）

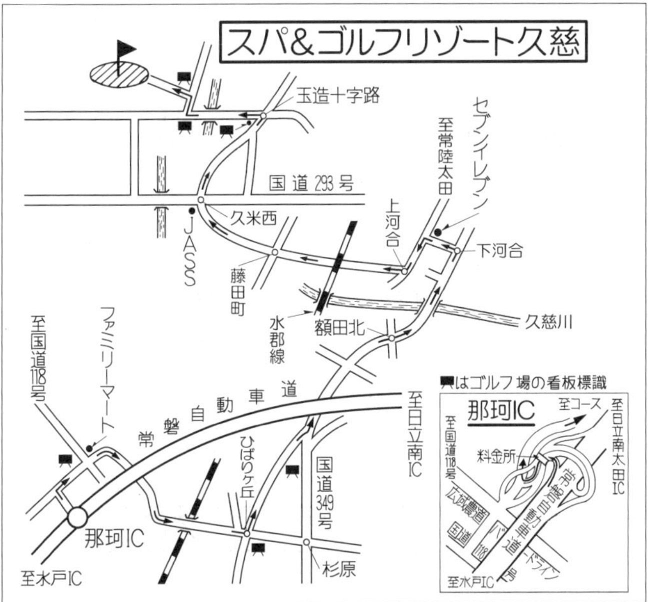

【自動車】三郷IC（常磐自動車道）93.8キロ→那珂IC 18キロ→コース　所要時間1時間50分　那珂ICを出て、右車線から東海･国道349号線方面に進む。ひばりヶ丘信号を左折して常陸太田方面に向かい、下河合交差点を左折し、突き当たりを左折。上河合交差点を右折し、玉造十字路を左折してコースへ

スパリゾートハワイアンズ・ゴルフコース

〒972-8336　福島県いわき市渡辺町上釜戸字橋ノ上216　FAX 0246(56)5839
予約専用　0246(56)0113　http://www.hawaiians-golf.jp/

●プレーの申込み　ビジター可
●予約　1年前より受付け
●コンペ　組数制限はない
●休日　指定日
●クレジット　DC　JCB　UC　AMEX　VISA　ダイナース　マスター　セゾン
●開場日　1977年10月21日
●コースの特徴　27H　P108　9876Y
阿武隈山系のなだらかな山麓に抱かれたコースで、初心者から上級者まで楽しめるコースレイアウトとなっている
●コースレート　東・西71.9　西・中70.9　中・東71.0
●電車　常磐線湯本駅
●クラブバス　なし
●タクシー　湯本駅から15分2000円
●プレースタイル　セルフでGPSナビ付電磁誘導5人乗り乗用カート
●シューズ　ゴルフ靴はすべて可
●ビジター料金表

	平　日	土　曜	日　祝
セ　ル　フ	8,200	12,600	12,600

●プレー情報　宿泊パック

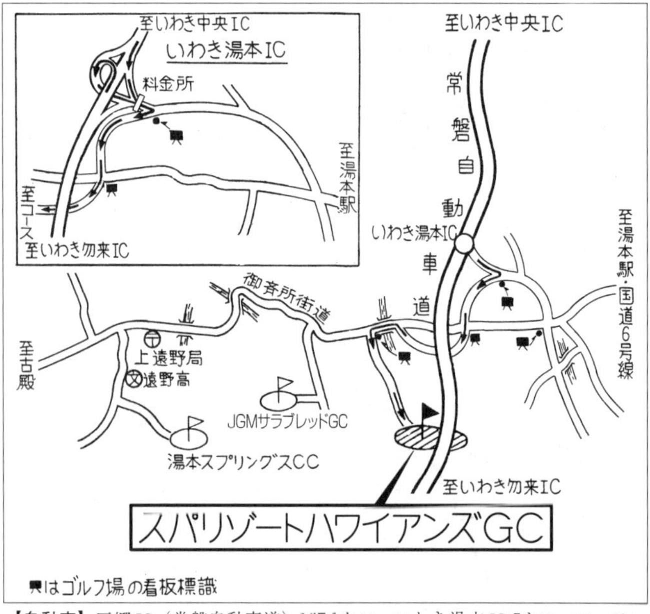

【自動車】三郷IC（常磐自動車道）167.1キロ→いわき湯本IC 5キロ→コース　所要時間1時間50分　いわき湯本ICの料金所を出て右折する。常磐自動車道をくぐり、コース案内板に従って左折してコース。いわき湯本ICより5分

 ☎0296(57)9811

スプリングフィルズゴルフクラブ

〒309-1101　茨城県筑西市小栗6588　FAX 0296(57)6651
https://www.pacificgolf.co.jp/sfields/

●**プレーの申込み**　会員優先。予約状況によりビジター可
●**予約**　3か月前の1日から受付け
●**休日**　無休
●**クレジット**　JCB　VISA　AMEX 他
●**開場日**　1986年9月25日
●**コースの特徴**　18H　P72　7012Y
ベントのワングリーンで戦略性が高く、アウトは豪快に、インは緻密なプレーが要求される
●**コースレート**　72.6
●**練習場**　240Y12打席
●**電車**　水戸線新治駅
●**クラブバス**　なし
●**タクシー**　新治駅から約10分
●**プレースタイル**　キャディ付またはセルフで乗用カート
●**シューズ**　ソフトスパイク推奨
●**ビジター料金**
季節により料金が異なるため、ホームページ参照、またはクラブに要問合せ

す

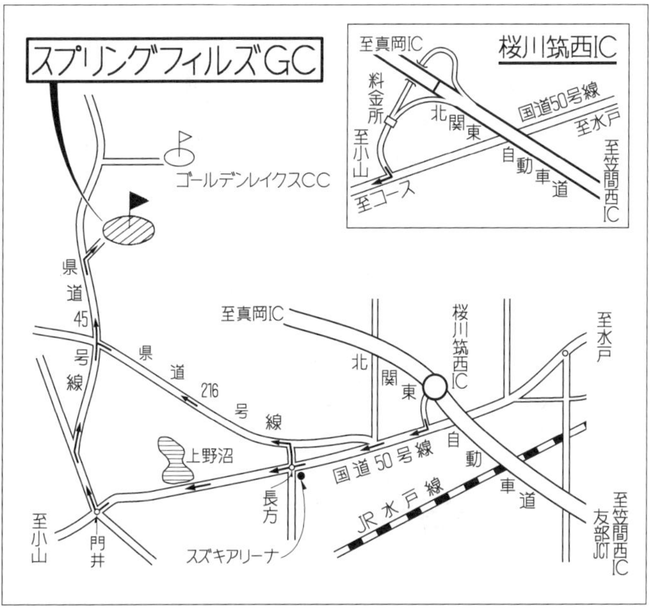

【**自動車**】三郷IC(常磐道、北関東自動車道) 99.3キロ→桜川筑西IC8キロ→コース　所要時間1時間30分　常磐道･友部JCTから北関東自動車道で桜川筑西ICへ。料金所を出て国道50号を下館方面に右折し、長方交差点を右折。県道216号線を進み、県道45号線を右折してコースへ

☎0266(52)1780

諏訪湖カントリークラブ

〒392-0008　長野県諏訪市四賀霧ケ峰7718－1　FAX 0266(52)1737
http://www.suwako-cc.co.jp

●**プレーの申込み**　会員からの申込みが必要。インターネットの申込みも可
●**予約**　平日は3か月前から、土日祝は2か月前から受付け
●**コンペ**　土日祝は原則5組まで、平日は組数制限なし
●**休日**　営業期間中無休
12～3月は冬期クローズ
●**クレジット**　各種
●**開場日**　1963年8月8日
●**コースの特徴**　18H　P72　6597Y
各ホールに白樺や松などが点在する高原のコース。全体に広く気楽にプレーできるが、アウトは距離が長い
●**コースレート**　72.0
●**練習場**　240Y20打席
●**電車**　中央本線上諏訪駅
●**クラブバス**　なし
●**タクシー**　上諏訪駅から20分3000円
●**プレースタイル**　セルフでGPSナビ付乗用カート。キャディ付も可
FW乗入れ可の2人乗りカートあり
●**シューズ**　ソフトスパイクを推奨
●**ビジター料金表**

	平　日	土　曜	日　祝
セ　ル　フ	12,080	16,260	16,260

長野県ゴルフ振興基金50円含む
キャディ付は2620円加算
●**セルフデー**　原則月曜日に実施

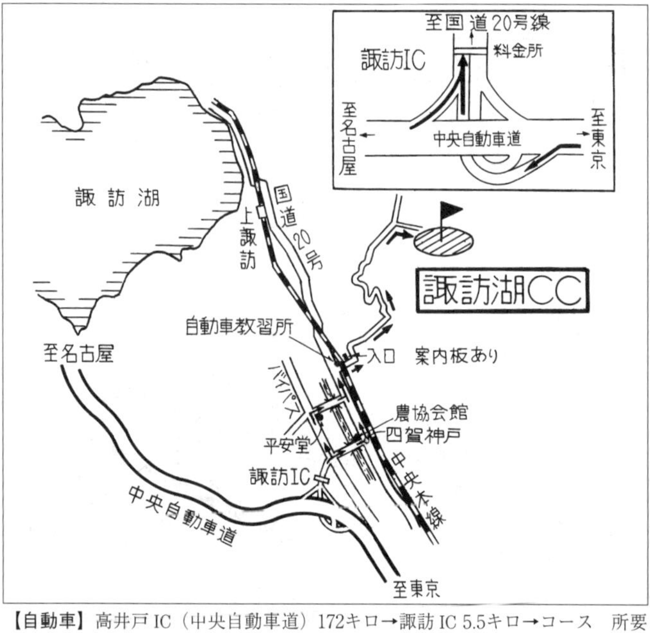

【自動車】高井戸IC（中央自動車道）172キロ→諏訪IC 5.5キロ→コース　所要時間2時間30分　諏訪ICで降り、国道20号線を左折して上諏訪方面に向かう。1キロほど先の自動車教習所手前の信号を右折すると一本道で約4.5キロでコースに到着

諏訪レイクヒルカントリークラブ

〒394-0000　長野県岡谷市川岸7085　FAX 0266(23)8370
http://www.suwa-lakehill.com/

●プレーの申込み　ビジター可
●予約　3か月前より受付け
●コンペ　組数は相談
●休日　営業期間中無休
12月下旬〜3月中旬は冬期クローズ
●クレジット　各種
●開場日　1978年7月10日
●コースの特徴　27H　P108　9693Y
52%の樹林を残し、各ホールは林で完全にセパレートされたほとんどフラットな丘陵コース
●コースレート　71.1
●練習場　150Y6打席
●電車　中央本線岡谷駅
●クラブバス　なし
●タクシー　岡谷駅から20分約3500円
●プレースタイル　セルフプレーで乗用カート。キャディ付は要予約
●シューズ　ソフトスパイク
●ビジター料金表

	平　日	土　曜	日　祝
セ　ル　フ	8,470	14,270	14,270

2021年4／24〜11／14の料金
キャディ付は2800円加算
カート保険料330円別途
●プレー情報　アフタヌーン・薄暮プレー、宿泊パック（ホテルメドウガーデンズ併設）、コンペプラン

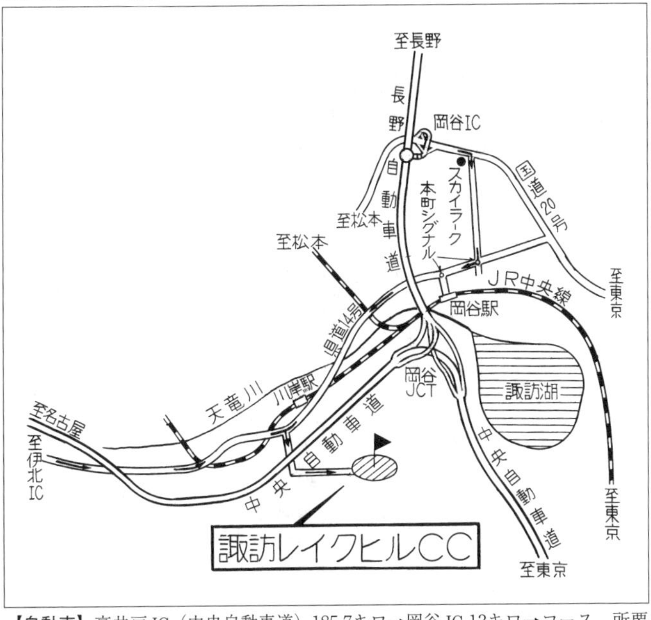

【自動車】高井戸IC（中央自動車道）185.7キロ→岡谷IC 13キロ→コース　所要時間2時間30分　岡谷ICで降りて岡谷市街に戻る。岡谷駅を過ぎて中央本線沿いの県道下諏訪・辰野線を辰野方面に進み、川岸駅を過ぎて中古パソコンショップを右に見て、その先100mを左折してコースへ

晴山ゴルフ場

〒389-0102　長野県北佐久郡軽井沢町軽井沢　FAX 0267(42)3486
https://www.princehotels.co.jp/golf/seizan/

●**プレーの申込み**　パブリックコース
●**予約**　2月～11月下旬に受付け
●**コンペ**　2組6名以上のコンペプランあり
●**休日**　営業期間中無休
11月下旬～4月上旬は冬期クローズ
●**クレジット**　各種
●**開場日**　1961年7月20日
●**コースの特徴**　18H　P70　5365Y
高原リゾートならではのフラットで爽やかなコース
●**電車**　北陸新幹線軽井沢駅
●**クラブバス**　なし
●**タクシー**　軽井沢駅南口から2分約700円
●**プレースタイル**　手引きカートでセルフプレー
●**シューズ**　ノンメタルスパイク（スパイクレスを含む）
●**ビジター料金表**

	平　日	土　曜	日　祝
セ　ル　フ	6,000～	10,200～	10,200～

上記は2021年料金。季節により料金は異なる
●**プレー情報**　1名よりプレー可（混雑時は組み合わせ）。早朝・夕涼みプレー（9H）、コンペプラン

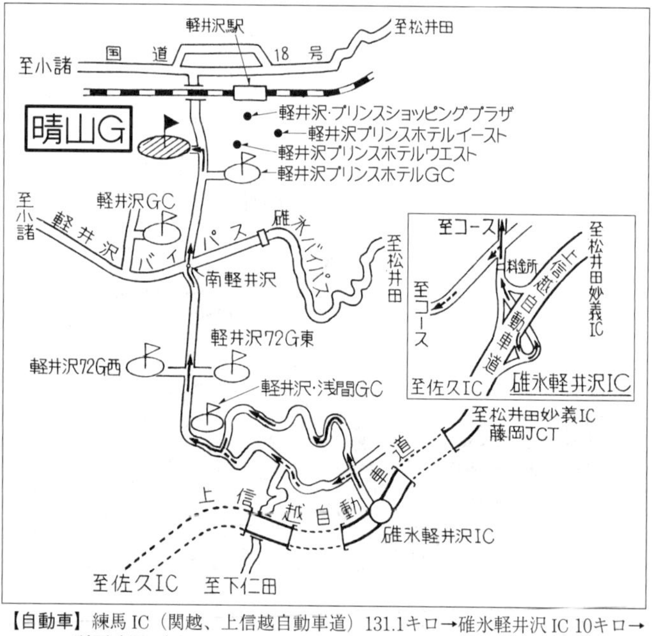

【**自動車**】練馬IC（関越、上信越自動車道）131.1キロ→碓氷軽井沢IC 10キロ→コース　所要時間1時間40分　関越自動車道藤岡JCTから上信越自動車道碓氷軽井沢ICへ。料金所を出て軽井沢方面に向かい、軽井沢バイパスとの南軽井沢交差点を直進し、軽井沢駅に向かう途中左側にコース

　☎04(2925)8111

西武園ゴルフ場

〒359-1133　埼玉県所沢市荒幡1464　FAX 04(2926)8979
https://www.princehotels.co.jp/golf/seibu-en

●プレーの申込み　パブリックコース
●予約　年間を通して受付け
●コンペ　組数は相談
●休日　無休
●クレジット　各種
●開場日　1964年10月1日
●コースの特徴　18H　P71　5652Y
狭山丘陵の美しい緑の中にレイアウトされ、池越え、谷越えなど変化に富む
●練習場　あり
●電車　西武新宿線西武園駅、または西武池袋線所沢駅
●クラブバス　西武園駅北口よりシャトルバス運行（7:00～9:30）
●タクシー　所沢駅15分約1500円
●プレースタイル　キャディ付またはセルフでGPSナビ付乗用ゴルフカー。FW乗入れ可（キャディ付のみ。有料。要予約。コース状況により不可）
●シューズ　ソフトスパイク
●ビジター料金表

	平　日	土日祝
キャディ付	18,200～	27,100～
セ　ル　フ	14,200～	22,400～

上記は4月～6月、10月～12月の料金
●プレー情報　アフタヌーンゴルフ

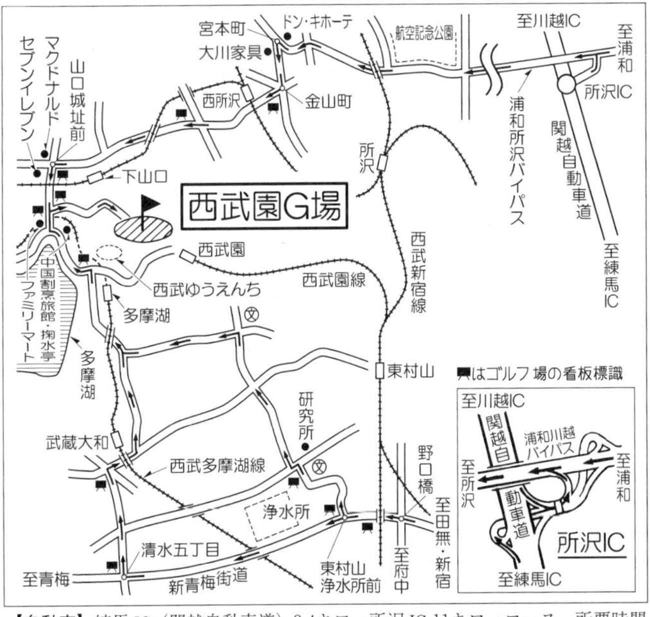

【自動車】練馬IC（関越自動車道）9.4キロ→所沢IC 11キロ→コース　所要時間30分　所沢ICで降り、浦和所沢バイパスを所沢方面に向かう。宮本町交差点を左折し、西所沢駅横を抜け、山口城址前の信号を左折。西武園ゆうえんち入口より入る。新青梅街道から東村山浄水場前を右折してコースへ行くルートもある

セゴビアゴルフクラブ イン チヨダ

〒315-0077　茨城県かすみがうら市高倉1384　FAX 0299(22)6001
https://www.pacificgolf.co.jp/segovia/

●プレーの申込み　会員優先。予約状況によりビジター可
●予約　3か月前の1日より受付け
●コンペ　組数は相談
●休日　無休
●クレジット　各種
●開場日　1993年4月20日
●コースの特徴　18H　P72　7056Y
スペインをイメージしたD・ミュアヘッドの設計。池、バンカーが異色のデザインで景観が楽しく戦略性も高い
●コースレート　73.6
●練習場　250Y17打席
●電車　常磐線石岡駅
●クラブバス　なし
●タクシー　石岡駅から20分3000円
●プレースタイル　キャディ付またはセルフで乗用カート
●シューズ　ソフトスパイク（スパイクレス含む）。メタルスパイク禁止
●ビジター料金
季節により料金が異なるため、ホームページ参照、またはクラブに要問合せ

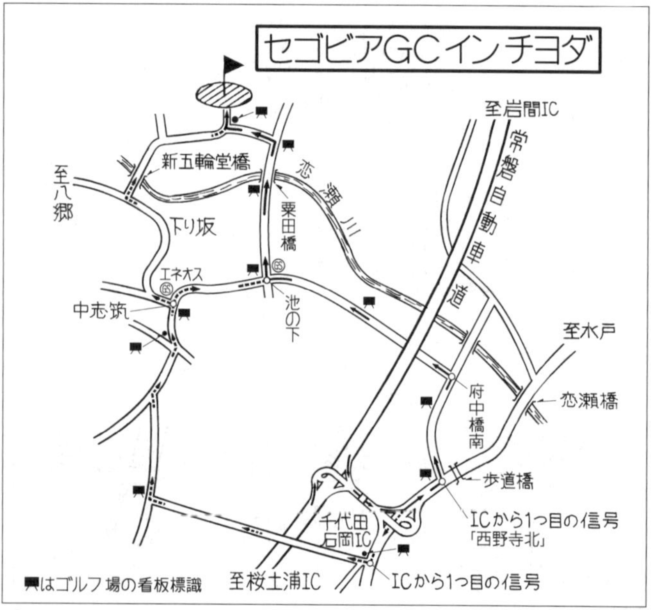

【自動車】三郷 IC（常磐自動車道）54.7キロ→千代田石岡 IC 5キロ→コース　所要時間50分　千代田石岡 IC を水戸方面に降り、国道6号線合流後最初の「西野寺北」信号を左折。次の T 字路「府中橋南」を左折し、GS がある「池の下」交差点を右折し、栗田橋を越えてコース案内板に従って左折してコースへ

セブンハンドレッドクラブ

〒329-1414　栃木県さくら市早乙女2370
https://www.700c.jp

●**プレーの申込み**　平日はビジター可、土日祝は予約状況によりビジター可
●**予約**　4か月前の同日より受付け
●**コンペ**　土日祝は季節により制限あり。ビジターは5か月前の同日より受付け
●**休日**　毎週月曜日　12／31　1／1　冬期の平日（1月上旬～3月）
●**クレジット**　各種
●**開場日**　1980年5月25日
●**コースの特徴**　18H　P72　6865Y　コース全体の高低差が17mと全体にフラットな丘陵コース、ベントワングリーンで個性的なホールが続く
●**練習場**　300Y
●**電車**　東北本線氏家駅
●**クラブバス**　氏家駅から8:55予約制
●**タクシー**　氏家駅から10分2500円
●**プレースタイル**　セルフプレーで4人乗り乗用カート。キャディ付も可
●**シューズ**　ソフトスパイク及びスパイクレスのみ
●**ビジター料金表**

	平　日	土　曜	日　祝
セ　ル　フ	7,200	14,900	13,800

2021年10月の昼食付料金
キャディ付は3960円（4B）加算

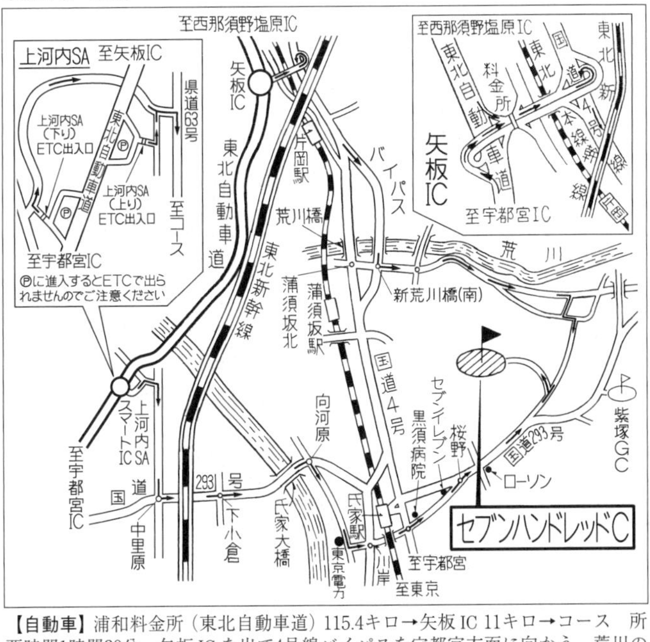

【**自動車**】浦和料金所（東北自動車道）115.4キロ→矢板IC 11キロ→コース　所要時間1時間30分　矢板ICを出て4号線バイパスを宇都宮方面に向かう。荒川の橋を渡り、最初の信号・新荒川橋（南）を左折。コース案内板に従ってコースへ。上河内SAスマートICからは17キロ、25分

富士屋ホテル 仙石ゴルフコース

〒250-0631　神奈川県足柄下郡箱根町仙石原1237　FAX 0460(84)8513
https://www.sengokugolf.jp

●プレーの申込み　パブリックコース
●予約　随時受付け
●コンペ　組数制限なし
●休日　営業期間中無休
1月中旬～2月は冬期クローズ
●クレジット　AMEX 他
●開場日　1917年7月
●コースの特徴　18H　P72　6651Y
由緒あるパブリック。フェアウェイは広くフラットでのびのびプレーできる
●練習場　300Y44打席
●電車　小田急線箱根湯本駅、または東海道新幹線小田原駅
●東名バス　新宿駅から小田急箱根高速バスで富士屋仙石ゴルフ場前下車
●タクシー　湯本5000円小田原7200円
●プレースタイル　キャディ付またはセルフで乗用カート
●シューズ　メタルスパイク禁止
●ビジター料金表

	平　日	土　曜	日　祝
キャディ付	18,070	25,770	23,570
セ　ル　フ	13,670	21,370	19,170

2021年5月～11月の料金
●プレー情報　富士屋ホテルチェーンとの宿泊パック、ジュニア料金

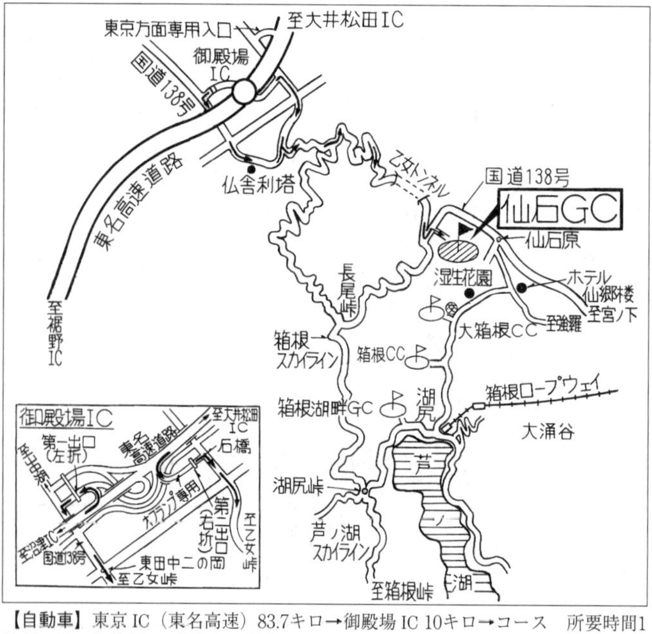

【自動車】東京IC（東名高速）83.7キロ→御殿場IC 10キロ→コース　所要時間1時間20分　御殿場ICを降り、料金所を出て国道138号線を箱根・小田原方面へ向かう。乙女トンネルを抜けて1キロ進むと、国道に面して右側にコースが見える。御殿場ICより15分

セントラルゴルフクラブ

〒311-3832　茨城県行方市麻生2196　FAX 0299(72)2688
https://www.accordiagolf.com

●**プレーの申込み**　予約状況によりビジター可
●**予約**　3か月前の1日より受付け
●**コンペ**　予約状況により相談
●**休日**　無休
●**クレジット**　各種
●**開場日**　1974年4月20日
●**コースの特徴**　36H　P146　14391Y
東コースはゆったりとしており大胆に攻められる。西コースは東より距離はないが戦略性に富んでいる
●**練習場**　240Y23打席
●**電車**　鹿島線佐原駅
●**クラブバス**　なし
●**タクシー**　佐原駅から30分5000円

●**プレースタイル**　セルフプレーでGPSナビ付乗用カート
●**シューズ**　ソフトスパイク
●**ビジター料金表**

	平　日	土　曜	日　祝
セ　ル　フ	6,500	16,300	16,300

2021年10月の昼食付料金
期間により料金は異なる
●**プレー情報**　サービスデー、コンペプラン

せ

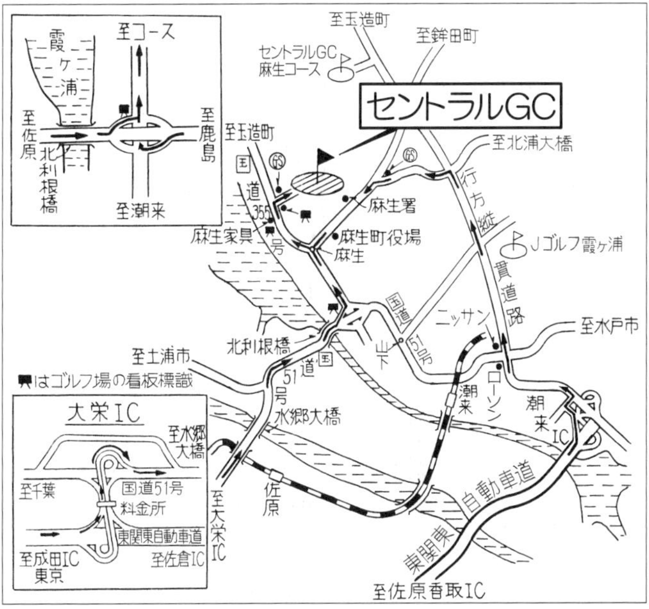

【自動車】箱崎 IC（首都高速）35.8キロ→宮野木 JCT（東関東自動車道）39.9キロ→大栄 IC 20キロ→コース　所要時間1時間20分　大栄 IC を降りて国道51号線を香取方面へ向かう。水郷大橋を渡り、北利根橋を渡ってすぐ左折してコースへ。または潮来 IC から行方縦貫道を利用して19キロ、22分

セントラルゴルフクラブ麻生コース

〒311-3835　茨城県行方市島並933　FAX 0299(72)1467
https://www.accordiagolf.com

●**プレーの申込み**　平日は会員の紹介　土日祝は会員の同伴が必要
●**予約**　4か月前の1日から受付け
●**コンペ**　平日は会員の紹介が必要で予約状況により相談
●**休日**　無休
●**クレジット**　VISA　JCB　DC 他
●**開場日**　1976年7月2日
●**コースの特徴**　18H　P72　6905Y　豊かな松林で囲まれた、霞ケ浦の近くに造られた林間コース。9か所の池が点在する戦略的なレイアウト
●**コースレート**　72.4
●**電車**　鹿島線潮来駅
●**クラブバス**　なし
●**タクシー**　潮来駅から20分約4100円
●**プレースタイル**　セルフプレーで乗用カート
●**シューズ**　ソフトスパイク推奨
●**ビジター料金表**

	平　日	土　曜	日　祝
セ　ル　フ	7,900	17,900	17,900

上記は2021年10～12月の料金
●**プレー情報**　季節割引、薄暮プレー、平日コンペパック

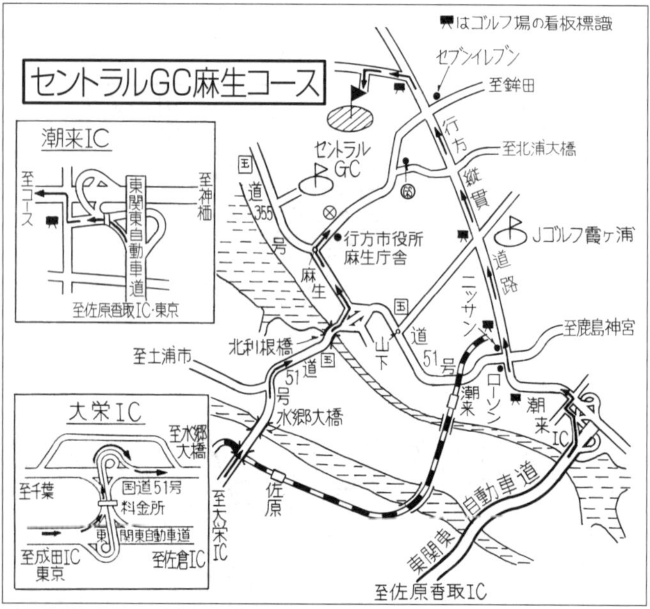

【**自動車**】箱崎IC（首都高速）35.8キロ→宮野木JCT（東関東自動車道）57.8キロ→潮来IC（行方縦貫道）13キロ→コース　所要時間1時間10分　潮来ICを出て直進し、突き当たりを右折。最初の信号を左折して国道51号を横断し、行方縦貫道路を直進してコースへ

☎0299(73)0077

セントラルゴルフクラブ NEW コース

〒311-3816　茨城県行方市小牧1006－9　FAX 0299(80)7212
https://www.accordiagolf.com

●プレーの申込み　ビジター可
●予約　5か月前の1日から受付け
●コンペ　組数制限なし
●休日　無休
●クレジット　VISA　AMEX　JCB　ダイナース　マスター
●開場日　1999年12月1日
●コースの特徴　18H　P72　6817Y
トム・ワトソンの設計によるフラットな丘陵コースだが、随所に池やクリークが絡み挑戦しがいがある
●コースレート　72.3
●練習場　40Y7打席
●電車　鹿島線潮来駅
●クラブバス　なし
●タクシー　潮来駅から約25分
●プレースタイル　セルフプレーでGPSナビ付5人乗り乗用カート
●シューズ　メタルスパイク禁止
●ビジター料金表

	平　日	土　曜	日　祝
セ　ル　フ	7,000	16,900	15,900

上記は2021年10月の料金で昼食付
料金は季節により異なる
●プレー情報　コンペプラン

せ

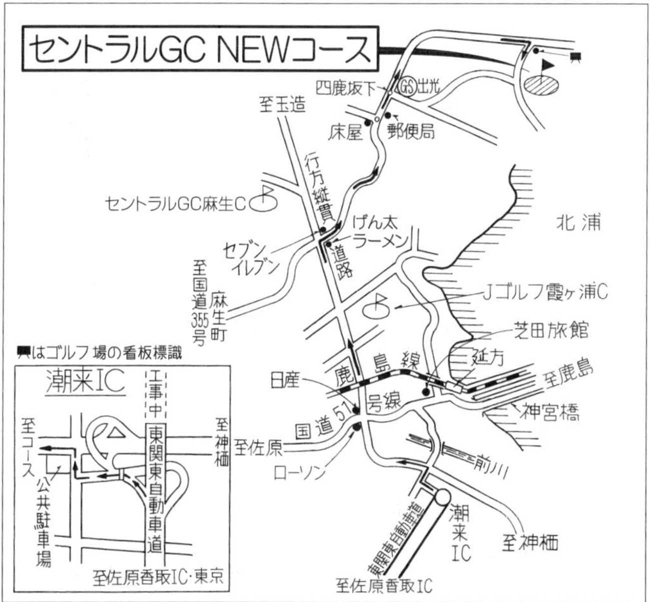

【自動車】箱崎 IC（首都高速）35.8キロ→宮野木 JCT（東関東自動車道）57.8キロ→潮来 IC 16キロ→コース　所要時間1時間30分　潮来 IC を出て直進し、突き当たりを右折して最初の信号を左折。国道51号を横断し、約12キロ先の交差点（とん太ラーメンあり）を右折。4キロ先を右折してコースへ

☎0287(28)1100

千成ゴルフクラブ

〒324-0025　栃木県大田原市大神633　FAX 0287(28)2123
https://www.pacificgolf.co.jp/sennari/

●**プレーの申込み**　予約状況によりビジター可
●**予約**　3か月前の月初より受付け
●**コンペ**　組数は相談
●**休日**　無休
●**クレジット**　各種
●**開場日**　1976年7月20日
●**コースの特徴**　18H　P72　7081Y
杉本英世氏設計の丘陵コース。多彩な表情をみせる18ホールは戦略性が高くビギナーも上級者も楽しめる
●**練習場**　200Y10打席
●**電車**　東北新幹線那須塩原駅または東北本線矢板駅
●**クラブバス**　なし
●**タクシー**　那須塩原から30分5000円
矢板駅から20分3500円
●**プレースタイル**　セルフプレーで乗用カート
●**シューズ**　ソフトスパイク推奨
●**ビジター料金**
季節により料金が異なるため、ホームページ参照、またはクラブに要問合せ
●**プレー情報**　宿泊施設「ザ・ロッジ」併設（洋室10室・和室10室・貴賓室3室）、宿泊パックあり

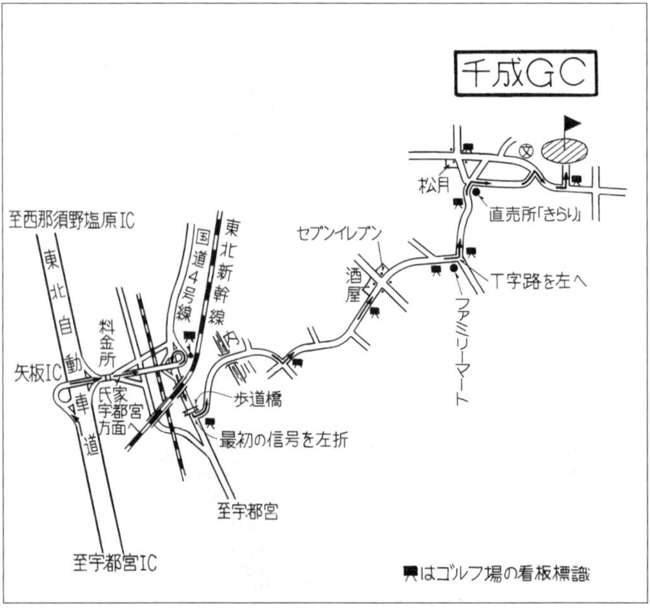

【**自動車**】浦和料金所（東北自動車道）115.4キロ→矢板 IC 13キロ→コース　所要時間1時間40分　矢板 IC を降り国道4号線を宇都宮方面に向かう。東北新幹線のガードをくぐり、最初の信号（歩道橋あり）を左折。コース案内板に従ってコースへ。矢板 IC より20分

☎0439(68)1351

総丘カントリー倶楽部

〒299-1755　千葉県富津市田原1021　FAX 0439(68)1356
https://www.pacificgolf.co.jp/sohkyu/

●プレーの申込み　ビジター可
●予約　3か月前の1日から受付け
●コンペ　組数は相談
●休日　無休
●クレジット　各種
●開場日　1973年5月10日
●コースの特徴　18H　P72　6541Y
丘陵コース。アウトはフラットなホールが多い。インは距離が長く、気の抜けないホールが続く
●コースレート　未査定
●練習場　30Y6打席
●電車　内房線上総湊駅
●クラブバス　予約制で上総湊駅、東京湾フェリー金谷港より運行。詳細は要問合せ
●タクシー　上総湊駅から15分2500円
●プレースタイル　セルフプレーでGPSナビ付4人乗り乗用カート
●シューズ　メタルスパイク禁止
●ビジター料金表
季節により料金が異なるため、ホームページ参照。またはクラブに要問合せ
●プレー情報　コンペプラン、ジュニア料金

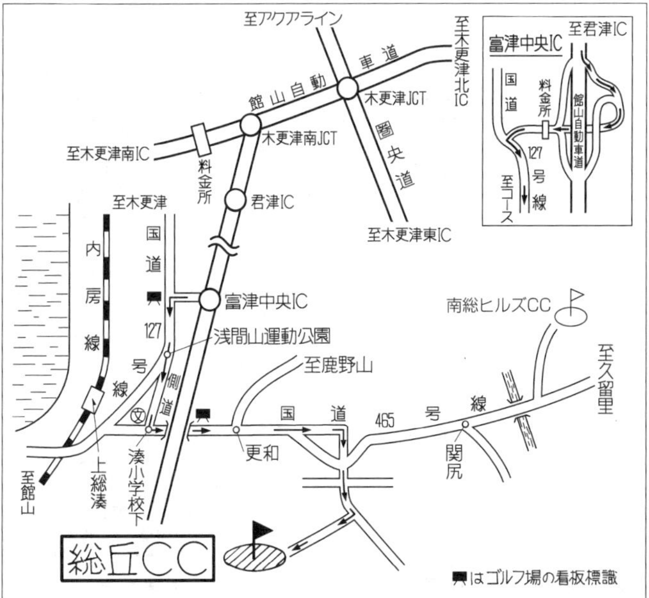

【自動車】箱崎IC（京葉道路・館山道）79.9キロ→木更津南JCT 14キロ→富津中央IC 10キロ→コース　所要時間1時間20分　富津中央ICを降りて左折し、浅間山運動公園交差点を鴨川方面に左折。突き当たりの湊小学校下交差点を左折してコースへ。アクアラインからは木更津JCT経由で館山道・富津中央ICへ

相武カントリー倶楽部

〒193-0935　東京都八王子市大船町620　FAX 042(774)8008
予約042(771)8211　http://www.sobu-cc.co.jp

●**プレーの申込み**　原則として会員の紹介が必要
●**予約**　会員のみは6か月前の同日9時から、ビジターは3か月前の同日9時から受付け
●**コンペ**　6か月前から受付け
●**休日**　無休
●**クレジット**　UC　VISA　マスター　JCB　AMEX　ダイナース
●**開場日**　1963年11月20日
●**コースの特徴**　18H　P72　6309Y　なだらかな丘陵地にあり、林間コースの趣きさえあるコース
●**電車**　中央線八王子駅、横浜線八王子みなみ野駅、京王線めじろ台駅
●**クラブバス**　めじろ台駅7:30　8:10　8:50　八王子みなみ野駅7:30　7:50　8:10　8:30　9:00
●**タクシー**　八王子駅15分2000円
●**プレースタイル**　キャディ付きとセルフの選択制
●**シューズ**　メタルスパイク禁止
●**ビジター料金表**

	平　日	土　曜	日　祝
キャディ付	22,000	35,500	33,500
セ　ル　フ	18,000	31,500	29,500

季節料金あり。上記は2021年11月の料金。利用税（1200円）別途

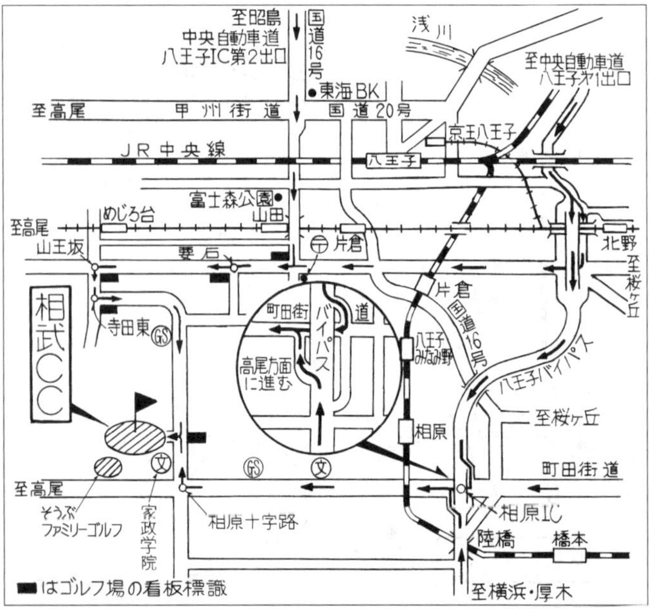

【自動車】高井戸IC（中央自動車道）25.8キロ→八王子IC第1出口12キロ→コース　所要時間1時間　八王子IC第1出口を出て16号バイパスを横浜方面へ。御殿山料金所を過ぎて2つ目の相原ICで降り、高尾方面へ右折。JR横浜線踏切を渡り、2キロ先の相原十字路をめじろ台方面へ右折し、1キロでコースへ

総武カントリークラブ印旛コース

〒270-1611　千葉県印西市造谷495　FAX 0476(99)0183
https://www.pacificgolf.co.jp/sohbu/inba/

●**申込み**　原則として会員の同伴または紹介が必要
●**予約**　平日は毎月10日より2か月後までの全日分を、土曜はプレー日の40日前の月曜、日曜は40日前の火曜、祝日は6週間前の同曜日より受付け
●**コンペ**　3組以上は相談
●**休日**　無休
●**クレジット**　JCB　AMEX　VISA 他
●**開場日**　1968年７月15日
●**コースの特徴**　18H　P72　6733Y
松と杉が主体の豊富な樹林に囲まれ、趣きのあるフラットな林間コース
●**電車**　北総線千葉ニュータウン中央駅、または京成電鉄、東葉高速鉄道勝田台駅下車
●**クラブバス**　千葉ニュータウン中央駅から平日6:50　7:30　8:10　8:50
土日祝　6:40　7:20　8:00　8:40
勝田台駅は予約制。2日前までに要予約
●**タクシー**　勝田台駅4500円、千葉ニュータウン中央駅3000円
●**プレースタイル**　キャディ付またはセルフで乗用カート（一部制限あり）
●**シューズ**　メタルスパイク禁止
●**ビジター料金**
季節により料金が異なるため、ホームページ参照、またはクラブに要問合せ

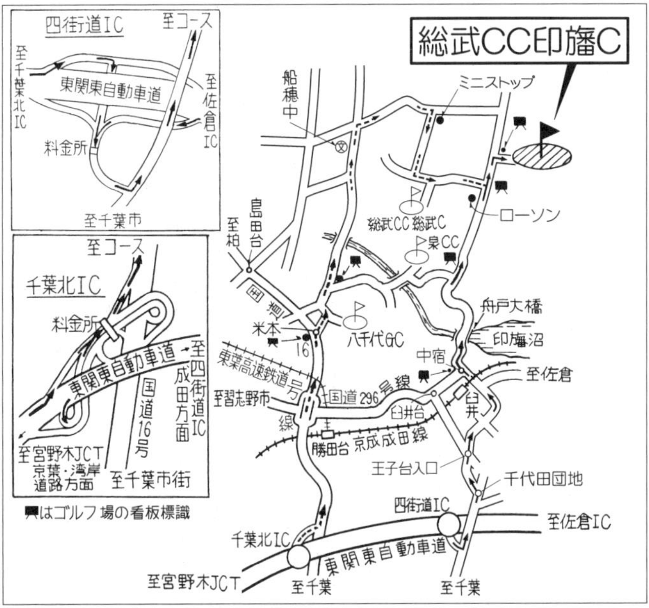

【**自動車**】箱崎IC（首都高速）35.8キロ→宮野木JCT（東関東自動車道）7.9キロ→四街道IC 13キロ→コース　所要時間1時間　四街道ICの料金所を出て左折し千代田団地交差点を左折する。王子台入口交差点を直進。踏み切りを渡って中宿の信号を直進してコースへ

総武カントリークラブ総武コース

〒270-1337　千葉県印西市草深302　FAX 0476(46)2027
https://www.pacificgolf.co.jp/sohbu/sohbu/

●プレーの申込み　原則として会員の同伴または紹介が必要
●予約　平日は毎月10日より2か月後の全日分を、土曜はプレー日の40日前の月曜、日曜は40日前の火曜、祝日は6週間前の同曜日より受付け
●コンペ　土日祝は不可
●休日　クラブ指定日
●クレジット　JCB　UC　VISA 他
●開場日　1964年5月24日
●コースの特徴　27H　P108　10441Y
フェアウェイは広く、松を主体にした樹木は豊富で距離もある林間コース
●練習場　220Y20打席
●電車　北総線千葉ニュータウン中央駅、京成線、東葉高速線勝田台駅
●クラブバス　千葉ニュータウン中央駅から平日6:50　7:30　8:10　8:50
土日祝6:40　7:20　8:00　8:40
勝田台駅から6:55　8:00　9:00
月曜日（祝日除く）は運休。変更の場合有、要確認
●タクシー　千葉ニュータウン中央駅から2000円
●プレースタイル　キャディ付で歩いてプレー
●シューズ　メタルスパイク禁止
●ビジター料金
季節により料金が異なるため、ホームページ参照、またはクラブに要問合せ

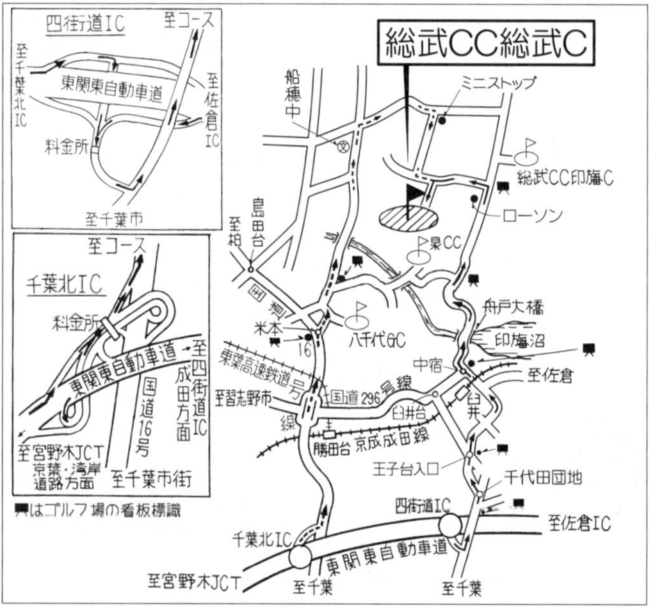

【自動車】箱崎IC（首都高速）35.8キロ→宮野木JCT（東関東自動車道）7.9キロ→四街道IC 13キロ→コース　所要時間1時間　料金所を出て左折し千代田団地交差点を左折する。王子台入口交差点を直進。踏み切りを渡って中宿の信号を直進し、左手手前にコンビニエンスストアがある交差点を左折してコースへ

袖ヶ浦カンツリークラブ新袖コース

〒265-0041　千葉県千葉市若葉区富田町1140　FAX 043(228)5517
予約専用　043(228)2225　http://www.sodegaura.co.jp

●プレーの申込み　会員の同伴または紹介が必要
●予約　2か月前の同日午前10時より予約専用電話にて受付け
●コンペ　土日祝は不可。平日は会員1名の同伴で3組～。6か月前より受付け
●休日　毎週月曜日　12／31　1／1
●クレジット　各種
●開場日　1965年11月20日
●コースの特徴　18H　P72　6893Y　ややスロープはあるが、おおむねフラットな地形で樹木も多い。アウト、インとも距離はたっぷりある
●コースレート　72.2
●練習場　240Y20打席
●電車　JR外房線鎌取駅
●クラブバス　鎌取駅から7:30　8:16　9:15
●タクシー　鎌取駅から20分
●プレースタイル　キャディ付で乗用カートプレー
●シューズ　ゴルフ靴はすべて可
●ビジター料金表

	平　日	土　曜	日　祝
キャディ付	28,736	36,436	36,436

●ゲストデー　月に1回コース指定の土曜日に実施
●プレー情報　夏期・冬期割引

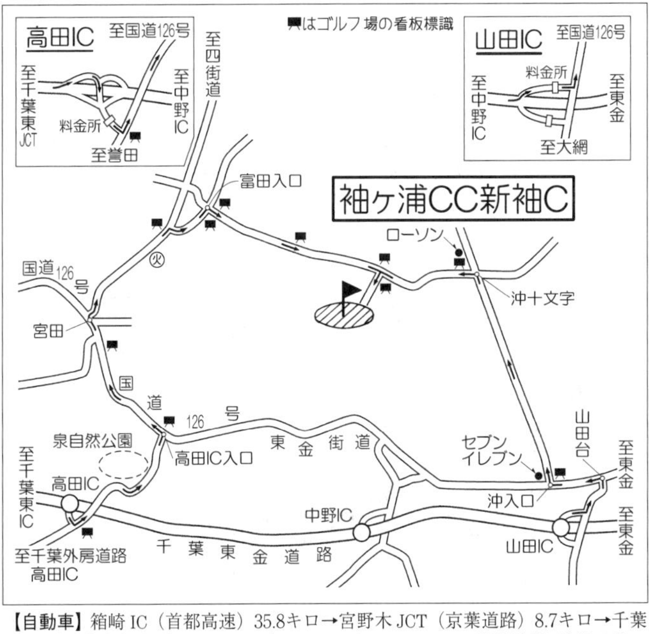

【自動車】箱崎IC（首都高速）35.8キロ→宮野木JCT（京葉道路）8.7キロ→千葉東IC（千葉東金道路）7.5キロ→高田IC 7.4キロ→コース　所要時間1時間15分
高田ICで降りて国道126号線に出る。これを千葉方面に1.5キロ戻り、宮田町交差点の二股を右折。消防署の先の信号を右折してコースへ

そ

袖ヶ浦カンツリークラブ袖ヶ浦コース

〒266-0007　千葉県千葉市緑区辺田町567　FAX 043（291）5785
予約専用　043（291）1117　http://www.sodegaura.co.jp

●プレーの申込み　会員の同伴または紹介が必要
●予約　2か月前の同日から受付け
●コンペ　要問合せ
●休日　毎週金曜日　12／31　1／1
●クレジット　JCB　UC　VISA　DC　AMEX　マスター　UFJ　ダイナース
●開場日　1960年11月3日
●コースの特徴　18H　P72　7138Y
豊富な松林の中に展開する本格的なチャンピオンコース。毎年「ブリヂストンオープン」が開催されている。ベントの2グリーン
●コースレート　74.1
●練習場　240Y23打席
●電車　外房線鎌取駅
●クラブバス　鎌取駅から7:05　7:30　8:16　8:35　9:15
●タクシー　鎌取駅から5分
●プレースタイル　キャディ付で歩いてプレー
●シューズ　メタルスパイク禁止
●ビジター料金表

	平　日	土　曜	日　祝
キャディ付	28,736	36,436	36,436

金曜日着の宅配便受取り不可
●プレー情報　夏期・冬期割引

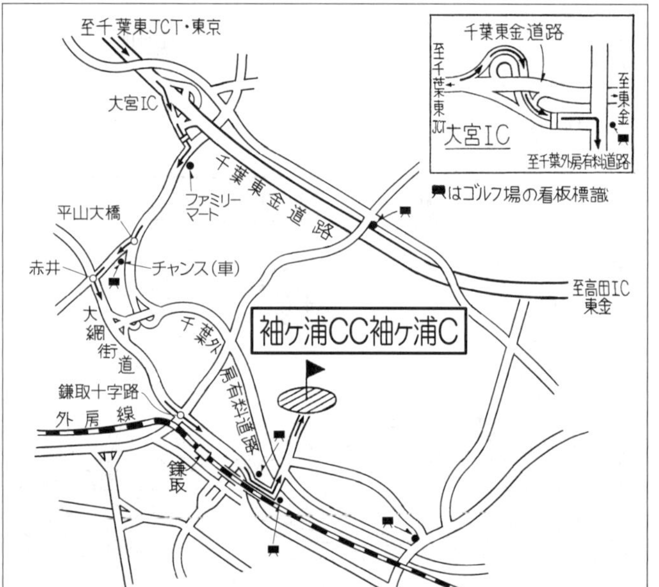

【自動車】箱崎IC（首都高速）35.8キロ→宮野木JCT 8.7キロ→千葉東JCT（千葉東金道路）3.2キロ→大宮IC 4.3キロ→コース　所要時間50分　千葉東JCTから千葉東金道路に入り、大宮ICで降りる。突き当りを右折し、3つ目の赤井信号を左折。JR鎌取駅前を通過し、JR外房線のガード下の二股を左折するとコース

☎0267(32)3131

大浅間ゴルフクラブ

〒389-0201　長野県北佐久郡御代田町大字塩野400-1　FAX 0267(32)5378
https://www.daiasama.co.jp

●**プレーの申込み**　原則として会員の紹介が必要
●**予約**　平日は3か月前、土日祝は2か月前の同日より受付け
●**コンペ**　原則として会員の紹介で受付け
●**休日**　12月～3月は冬期クローズ
●**クレジット**　JCB　DC　VISA　マスター　UC　ダイナース　AMEX
●**開場日**　1963年5月19日
●**コースの特徴**　18H　P72　6909Y　雄大な浅間山を背に日本アルプスの美観を眺め、前に八ケ岳を望む白樺とカラ松の美しい丘陵コース
●**練習場**　165Y12打席
●**電車**　北陸新幹線佐久平駅、または軽井沢駅
●**クラブバス**　なし
●**タクシー**　佐久平駅から約20分4300円、軽井沢駅から約30分5000円
●**プレースタイル**　キャディ付で5人乗り電磁誘導乗用カート
●**シューズ**　メタルスパイクは不可
●**ビジター料金表**

	平　日	土　曜	日　祝
キャディ付	14,900	25,900	23,900

2021年9／14～10／3の料金。期間により料金は異なる。
●**セルフデー**　毎週月曜日（8月除く）

た

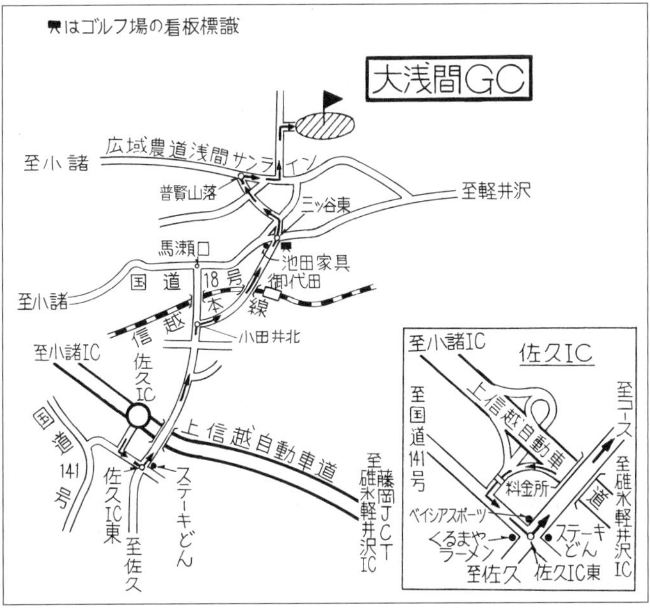

【**自動車**】練馬 IC（関越、上信越自動車道）150キロ→佐久 IC 9キロ→コース所要時間約2時間　関越自動車道藤岡 JCT から上信越自動車道を利用して佐久 IC へ。料金所を出て左折し佐久 IC 東交差点を左折する。小田井北交差点を右折し御代田駅方面に進み、国道18号を横断してクラブ案内板に従ってコースへ

大熱海国際ゴルフクラブ

〒410-2312　静岡県伊豆の国市長者原1240　FAX 0558(79)0015
http://www.daiatami.co.jp

●プレーの申込み　原則として会員の紹介が必要
●予約　2か月前の1日からの受付け
●コンペ　組数は相談
●休日　原則無休
●クレジット　JCB　VISA
●開場日　1962年10月13日
●コースの特徴　36H　P144　12879Y
丘陵のゆたかな自然を活かした36ホール。大仁コースは距離が長い。熱海コースは女性、シニア向き
●電車　伊東線宇佐美駅
●クラブバス　宇佐美駅から予約制
●タクシー　協定タクシーあり。熱海からの特別料金設定あり

●プレースタイル　キャディ付またはセルフで乗用カート
●シューズ　ソフトスパイク推奨
●ビジター料金表（前金制）

	平　日	土　曜	日　祝
熱海セルフ	9,300	14,500	14,500
大仁セルフ	9,800	14,900	14,900

キャディ付3,750円加算
2021年11月の昼食付料金
●プレー情報　セルフスループレー、午後ハーフプレー等各種プランあり

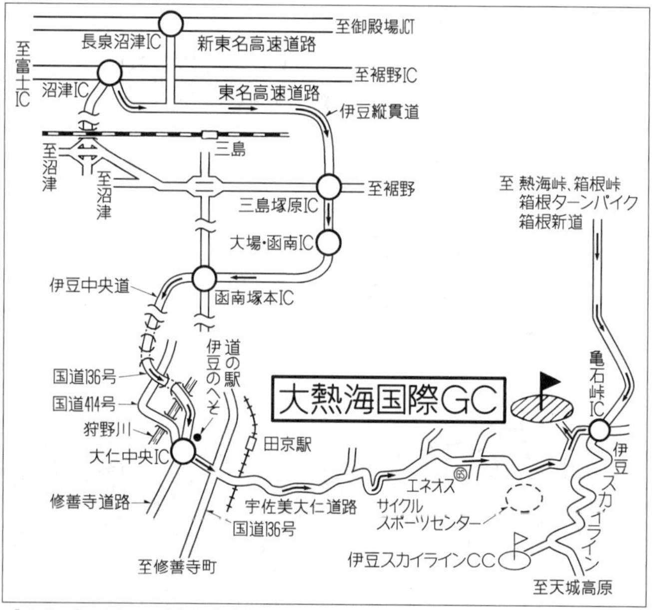

【自動車】東京IC（東名高速）35キロ→厚木IC（小田原厚木道路・箱根ターンパイク）56キロ→伊豆スカイライン20キロ→コース　所要時間1時間45分　●沼津方面からは東名高速・沼津IC（第二東名・長泉沼津IC）から伊豆縦貫道、伊豆中央道・大仁中央ICから県道宇佐美大仁道路で亀石ICへ。沼津ICより50分

大厚木カントリークラブ

〒243-0201　神奈川県厚木市上荻野4088　FAX 046(242)4955
https://www.accordiagolf.com

●**プレーの申込み**　ビジター可。土日祝は予約状況によりビジター可
●**予約**　平日は6か月前の1日、土日祝は2か月前の同日の翌日から受付け
●**コンペ**　組数は相談
●**休日**　無休
●**クレジット**　各種
●**開場日**　1970年10月31日
●**コースの特徴**　45H　P181　17318Y
東コースはゆるい起伏の丘陵コース、西は変化に富んだテクニックのコース、南はのびのびとした林間風のコース。桜コース（☎046（241）3141）はフラットな18ホール
●**電車**　小田急線本厚木駅
●**クラブバス**　本厚木駅北口の FLAT コインパーキング前から7:00　8:00　8:30　9:30
●**タクシー**　本厚木駅から20分4000円
●**プレースタイル**　キャディ付またはセルフで5人乗り乗用カート。キャディ付は FW 乗入れ可
●**シューズ**　ソフトスパイク
●**ビジター料金表**
季節、期間、コースによって料金が異なるため、ホームページ参照、またはクラブに問合せ

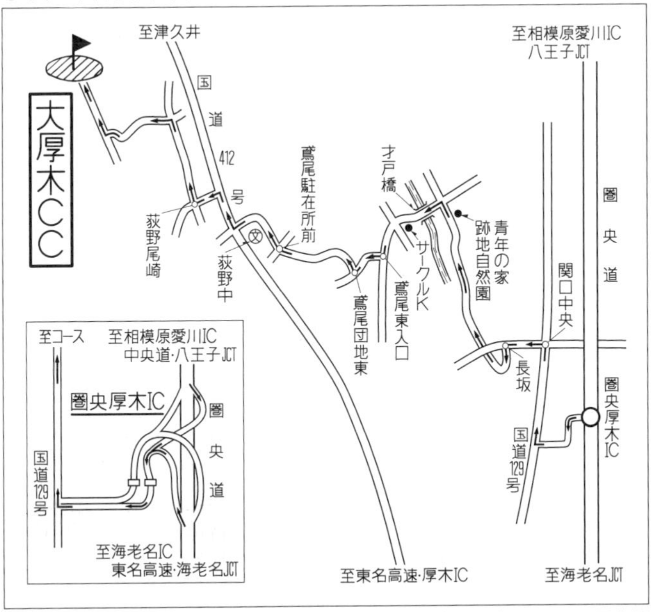

【自動車】東京 IC（東名高速）33.9キロ→海老名 JCT（圏央道）6.8キロ→圏央厚木 IC 12キロ→コース　所要時間1時間　圏央厚木 IC を降りて国道129号線を右折。関口中央信号を左折し、長坂信号を左折する。青年の家跡地自然園の先を左折して才戸橋を渡り、鳶尾団地を経由して国道412号を右折してコースへ

大栄カントリー倶楽部

〒287-0214　千葉県成田市横山638　FAX 0476(73)5670
https://www.taiei.cc/

●**プレーの申込み**　平日は予約状況によりビジター可、土日祝は会員の紹介または同伴が必要
●**予約**　平日は3か月前の同日、土日祝は2か月前の同日9時から受付け
●**コンペ**　組数は相談
●**休日**　コース指定の月曜日
12／31　1／1
●**クレジット**　各種
●**開場日**　1989年11月3日
●**コースの特徴**　18H　P72　6741Y
ティグラウンド周辺に日本庭園を配した美しいコース。フェアウェイの広い、フラットな林間コース
●**コースレート**　72.0

●**電車**　京成電鉄、成田線空港第2ビル駅　予約制で空港第2ビルより送迎あり。
●**高速バス**　予約制で浜松町貿易センター・東京駅八重洲口から高速バスの大栄ICバス停下車。予約制で送迎有
●**タクシー**　空港第2ビル20分4,000円
●**プレースタイル**　キャディ付でGPSナビ付乗用カート
●**シューズ**　メタルスパイク禁止
●**ビジター料金表**

	平　日	土　曜	日　祝
キャディ付	18,800	28,800	28,800

季節によって料金は異なる

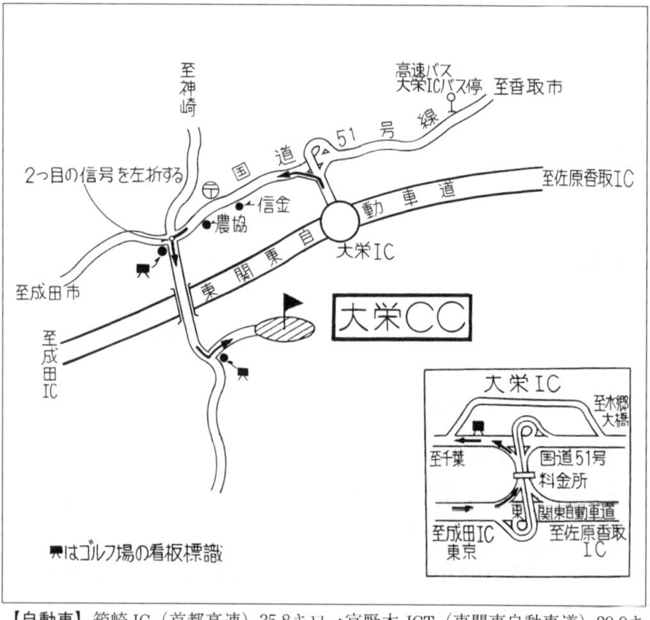

【自動車】箱崎IC（首都高速）35.8キロ→宮野木JCT（東関東自動車道）39.9キロ→大栄IC 4キロ→コース　所要時間1時間　大栄ICで降り、国道51号線を成田市方面に進み、農協の先の2つ目の信号を左折する。東関東自動車道を越えてコースへ。大栄ICから約5分

大相模カントリークラブ

〒243-0308　神奈川県愛甲郡愛川町三増1764－4　FAX 046(281)3872
http://www.daisagami.co.jp　本社042(860)7520

●プレーの申込み　平日は会員の紹介 土日祝は会員の同伴が必要
●予約　平日は6か月前、土日祝は2か月前の同日から受付け
●コンペ　組数は相談
●休日　クラブ指定日（年4回）
●クレジット　AMEX　UC　JCB　ダイナース　DC　UFJ　VISA
●開場日　1968年11月24日
●コースの特徴　27H　P108　9958Y　全体に丘陵地にあるが改修後はアップダウンも少なくのびのび打てる
●コースレート　69.8　69.4　69.6
●練習場　256Y60打席、人工芝
●電車　小田急線本厚木駅、または横浜線相模原駅
●クラブバス　海老名駅から全日7:00完全予約、相模原駅から土日祝6:30 10:00完全予約
●タクシー　本厚木駅から約5000円 相模原駅から約4500円
●プレースタイル　キャディ付とセルフの選択制で5人乗り乗用カート
●シューズ　ゴルフ靴はすべて可
●ビジター料金表

	平　日	土　曜	日　祝
キャディ付	20,365	24,985	23,885
セ　ル　フ	15,415	20,035	18,935

た

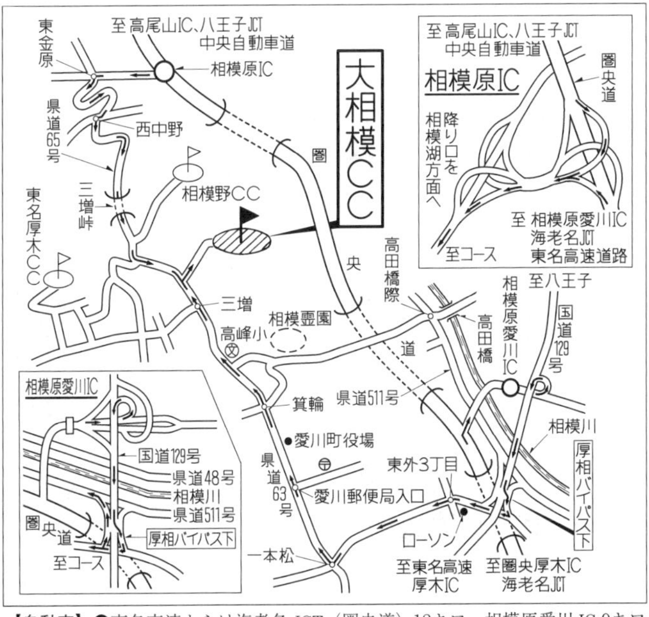

【自動車】●東名高速からは海老名JCT（圏央道）12キロ→相模原愛川IC 9キロ→コース　ICから25分　ICから国道129号線を厚木方面に向かい、厚相バイパス下信号を右折。東外3丁目を直進し、一本松信号を右折してコースへ。●中央道からは八王子JCT（圏央道）7.8キロ→相模原IC 9キロ→コース　ICから15分

大千葉カントリー倶楽部

〒290-0524　千葉県市原市平蔵3310　FAX 0436(89)2026
本社　03(3573)1181（予約センター）　https://www.daichibacc.com/

●プレーの申込み　ビジター可
●予約　3か月前の1日から、本社予約センター及び現地にて受付け
●コンペ　組数制限なし
●休日　1／1
●クレジット　JCB　UC　VISA 他
●開場日　1971年8月8日
●コースの特徴　27H　P108　9350Y
なだらかな丘陵地帯に造られ、フェアウェイは全体に広い。適度に起伏があり、池が絡むホールやドッグレックなど変化に富み楽しめるコース
●コースレート　なし
●電車　内房線五井駅、または外房線茂原駅
●クラブバス　なし
●タクシー　五井・茂原とも約40分。料金は5000〜8000円
●プレースタイル　セルフプレーでGPSナビ付乗用カート
●シューズ　ソフトスパイク
●ビジター料金表

	平日	土曜	日祝
セルフ	8,000	12,000〜	12,000〜

昼食別。期間により料金は異なる

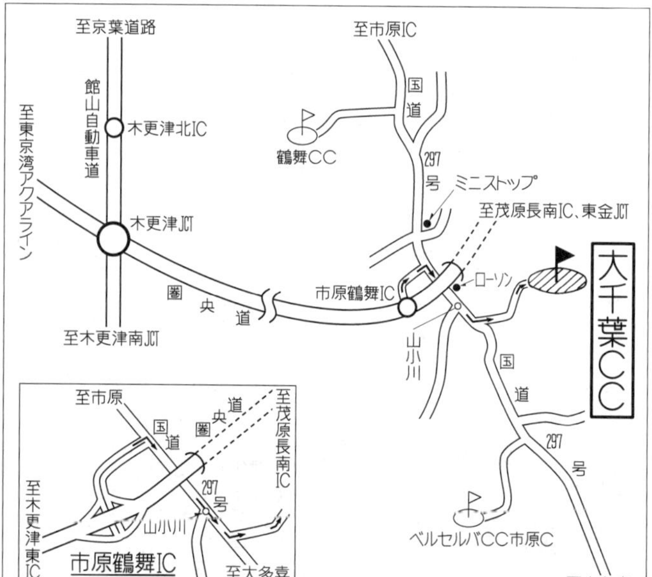

【自動車】川崎浮島JCT（東京湾アクアライン、連絡道）23.7キロ→木更津JCT（圏央道）19.6キロ→市原鶴舞IC 2キロ→コース　所要時間30分　市原鶴舞ICを降りて右折し、1つ目の信号を過ぎてコース案内板に従って左折してコース。館山自動車道・市原ICからは大多喜・勝浦方面に向かって約22キロ、40分

大箱根カントリークラブ

〒250-0631　神奈川県足柄下郡箱根町仙石原1246　FAX 0460(84)6677
https://www.princehotels.co.jp/golf/daihakone

●プレーの申込み　ビジター可
●予約　3か月前の1日から受付け
●コンペ　組数制限なし
●休日　1月〜2月は定休日あり
●クレジット　各種
●開場日　1954年11月8日
●コースの特徴　18H　P73　7285Y
仙石原に広がる110万㎡の広大な敷地にゆったりと設計された手造りで味わいのあるコース。1998〜2021年「CAT Ladies」開催コース
●練習場　250Y20打席
●電車　東海道本線小田原駅
●クラブバス　なし
●タクシー　小田原駅から40分約8000円。箱根湯本駅から30分約6000円
●プレースタイル　キャディ付で乗用ゴルフカー。FW 乗入れ可（コース状況により不可）
●シューズ　ノンメタルスパイク（スパイクレスを含む）
●料金表

	平　日	土　曜	日　祝
キャディ付	23,700	33,900	31,900

上記は2021年10月〜11月の料金
●プレー情報　コンペ割引、宿泊プラン

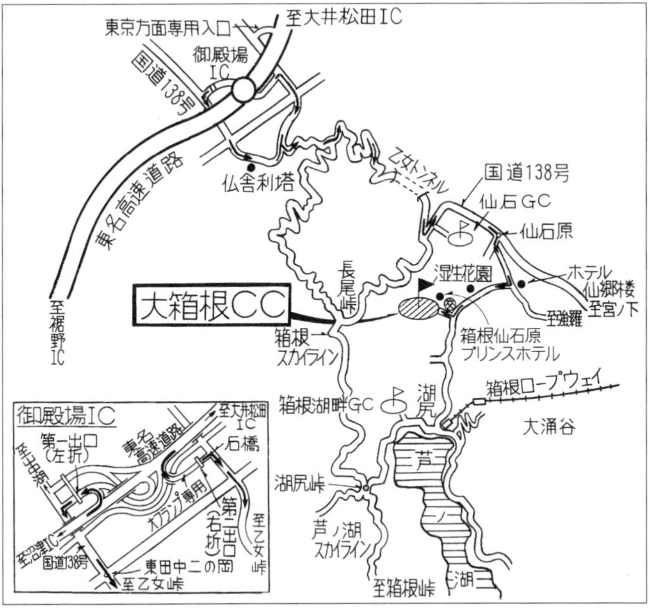

【自動車】東京IC（東名高速）83.7キロ→御殿場IC（国道138号線）11.4キロ→仙石原バス停3.1キロ→コース　所要時間1時間30分　御殿場ICで降りて国道138号線に入り、乙女峠を越え、最初の信号（仙石原）を右折して5分ほどでコース

　☎0545(21)4111

大富士ゴルフクラブ

〒417-0802　静岡県富士市今宮1243　FAX 0545(21)8575
http://www.daifuji-gc.com/

●**プレーの申込み**　ビジター可
●**予約**　3か月前の1日より受付け
●**コンペ**　組数制限なし
●**休日**　無休
●**クレジット**　各種
●**開場日**　1954年8月1日
●**コースの特徴**　18H　P72　6352Y
美しい富士山と駿河湾を一望。自然の地形を巧に生かした手造りコースと、新設された林間コースでバリエーションが戦略性を高めている
●**練習場**　あり
●**電車**　東海道新幹線新富士駅
●**クラブバス**　なし
●**タクシー**　新富士駅から25分3000円

●**プレースタイル**　キャディ付またはセルフでGPSナビ付5人乗りリモコン乗用カート
●**シューズ**　ソフトスパイク推奨
●**ビジター料金表**

	平　日	土　日	祝　日
キャディ付	12,600	17,000	17,500
セ　ル　フ	9,300	13,700	14,200

期間により料金変動。詳細はホームページ参照
●**プレー情報**　平日スループレー、オープンコンペ

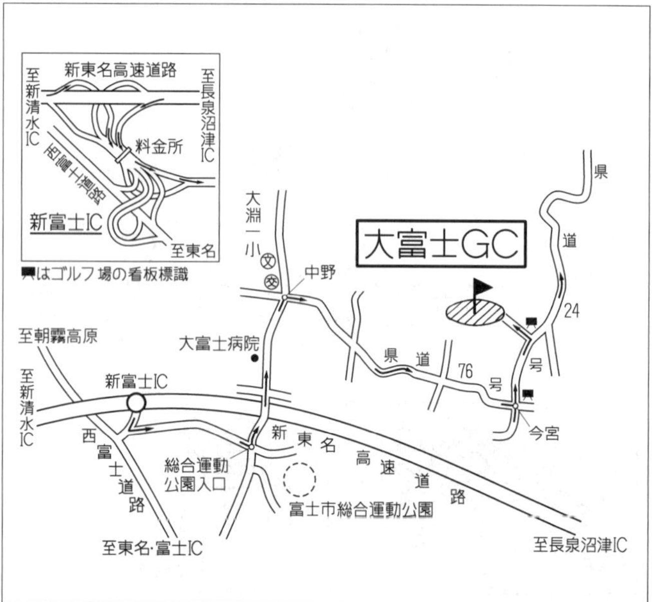

【自動車】東京IC（東名高速）88.3キロ→御殿場JCT（新東名高速）33.5キロ→新富士IC 6キロ→コース　所要時間1時間30分　新富士IC料金所を出て直進し、総合運動公園入口交差点を左折。約1.5キロ先の中野交差点を右折し、今宮交差点を富士山こどもの国方面に左折してコースへ

茨城ゴルフ倶楽部　名匠・上田治氏が設計した36ホールの林間コース。西コースはフラットで箱庭のように美しく、大小の池が絡んで戦略的。東コースはベントグリーンで距離が長く、2004年「日本シニアオープン」、2013年「日本オープン」を開催。（本文76頁）

塩山カントリー倶楽部　甲府盆地の南斜面にあり冬暖かく夏涼しい。四季折々の大自然を満喫できる美しいコース。　（本文101頁）

相模野カントリー倶楽部　立地に恵まれた27ホールの丘陵コース。個性的なホールがバランスよく配置されている。　（本文292頁）

大洗ゴルフ倶楽部　昭和28年に開場した名匠・井上誠一氏が設計したシーサイドリンクス。自然な砂丘の地形と黒松林をハザードに利用し、コースレート74・9の戦略的なコース。１９９８年「日本オープン」、２０１３年「ダイヤモンドカップ」などを開催した。（本文１０５頁）

小田原ゴルフ倶楽部日動御殿場コース　箱根外輪山の南麓に位置し、四季折々の富士の雄姿を眺めながら、やさしさと難しさと楽しさを満喫できる丘陵コース。（本文１３３頁）

鹿沼カントリー倶楽部　東北自動車道・鹿沼ICから7分とアクセスに恵まれた45ホールの林間コース。樹木にセパレートされた各ホールのフェアウェイは微妙なアンジュレーションがあり、ドッグレッグや豪快な打ち下ろしなど挑戦意欲がかきたてられる。

（本文175頁）

川越カントリークラブ　それぞれ趣のある美しい丘陵林間の27ホール。サービス、コース管理でも高評価を受けている。（本文198頁）

武蔵野ゴルフクラブ　武蔵野の自然を残し、日本庭園風に仕上げられたコース。グリーンコンディションの良さが有名。（本文742頁）

諏訪湖カントリークラブ　眼下に諏訪湖を望み、富士、八ヶ岳そしてアルプスの名峰を一望する高原に展開する18ホール。豊かな水、凛と冴えわたる空気、四季それぞれに彩られる木々がプレーヤーに安らぎを与える。（本文392頁）

Our Club, Our Course.
Taiheiyo Club
太平洋クラブをもっと身近に。フェイスブックならではの情報も配信中!
facebook 太平洋クラブ公式ページ https://www.facebook.com/TaiheiyoClub

八王子カントリークラブ　昭和35年開場、平成13年にクラブハウスの建て替えとハイクオリティな高速グリーンへの改造を実施するなど、着々と施設の整備を進めてきた。武蔵野の自然を生かしたコースは訪れた者の挑戦意欲を高める。コースレートは72・4。（本文599頁）

花咲カントリー倶楽部　中央自動車道・大月ＩＣの北側に隣接しており、インターから３分でハウスに到着する。南向き斜面に造成されているため冬でも暖かく、各ホールはフラットでバンカーも少なく、GPS ナビ付き乗用カートで快適なプレーが楽しめる。　（本文604頁）

葉山国際カンツリー倶楽部　三浦半島の高台に位置し、東京湾・相模湾・房総半島・富士山が一望できる。ダイナミックなショットと正確なショットが要求される個性豊かな36ホール。

（本文607頁）

横浜カントリークラブ　相山武夫氏と竹村秀夫氏の設計により1960年に開場。東コースは2011年、西コースは2016年に改修を終え、ベント1グリーンの戦略性の高いコースへと生まれ変わった。2018年「日本オープン」開催。（本文764頁）

☎0436(88)3311

太平洋クラブ市原コース

〒290-0513　千葉県市原市奥野151　FAX 0436(88)2515
予約0436(88)4891　https://www.taiheiyoclub.co.jp/course/ichihara/index.html

●**プレーの申込み**　平日は会員の紹介、土日祝は同伴または紹介が必要
●**予約**　3か月前の同日から受付け
●**コンペ**　上記に準ずる
●**休日**　クラブ指定日
●**クレジット**　各種
●**開場日**　1984年10月9日
●**コースの特徴**　18H　P72　6,842Y　ホールの高低差はほとんどなく、自然林とバンカー、池の配置が美しい
●**コースレート**　72.3
●**練習場**　ウッド専用7打席、アイアン専用9打席
●**電車**　JR内房線五井駅、またはJR外房線茂原駅
●**クラブバス**　予約制で五井駅東口より8:25発。月曜セルフデー運休
●**タクシー**　茂原駅から25分約5,000円　五井駅から30分約7,000円
●**プレースタイル**　キャディ付またはセルフでGPSナビ付乗用カート
●**シューズ**　ソフトスパイク
●**ビジター料金表**

	平　日	土日祝
キャディ付	17,200	29,420
セ　ル　フ	13,350	25,570

4月～6月・10月～12月の料金
●**セルフデー**　毎週月曜日（祝日・特定日は除く）。料金は要問合せ

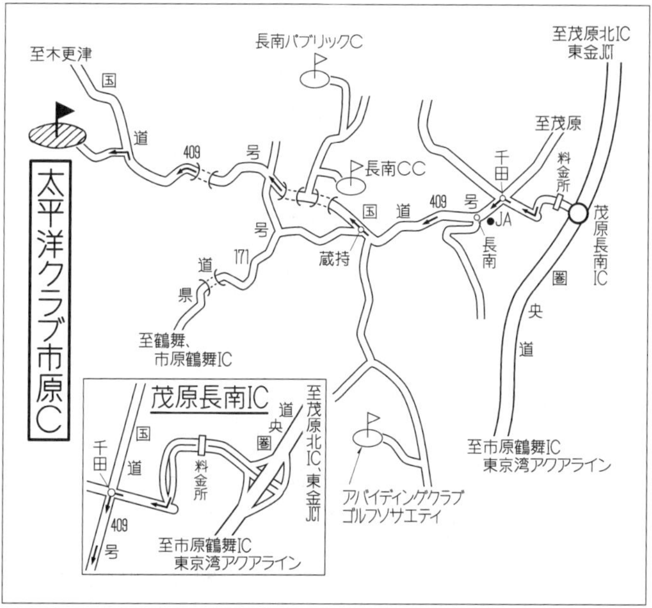

【**自動車**】川崎浮島JCT（東京湾アクアライン、連絡道）23.7キロ→木更津JCT（圏央道）28.4キロ→茂原長南IC 6.7キロ→コース　所要時間45分　茂原長南ICを降りて千田交差点を左折。国道409号線を道なりに進んで約7キロでコース。館山道・市原ICからは18キロ、約30分

太平洋クラブ大洗シャーウッドコース

〒311-1313　茨城県東茨城郡大洗町成田町3137　FAX 029(264)7780
予約029(264)7775　https://www.taiheiyoclub.co.jp/course/sherwood/index.html

●プレーの申込み　会員の紹介が必要
●予約　3か月前の同日から受付け
●コンペ　上記に準ずる
●休日　1/1　クラブ指定日
●クレジット　各種
●開場日　2001年6月2日
●コースの特徴　18H　P72　6,506Y
深い森の中に池が巧みに配置され、戦略性に富んだ情感豊かなコース
●コースレート　71.2
●練習場　220Y 13打席
●電車　JR常磐線水戸駅
●クラブバス　なし
●タクシー　水戸駅から30分約6,500円
●プレースタイル　セルフプレーでGPSナビ付乗用カート
●シューズ　ソフトスパイク
●ビジター料金表

	平　日	土日祝
セ　ル　フ	10,220	19,280

ランチバイキング付・ドリンク別

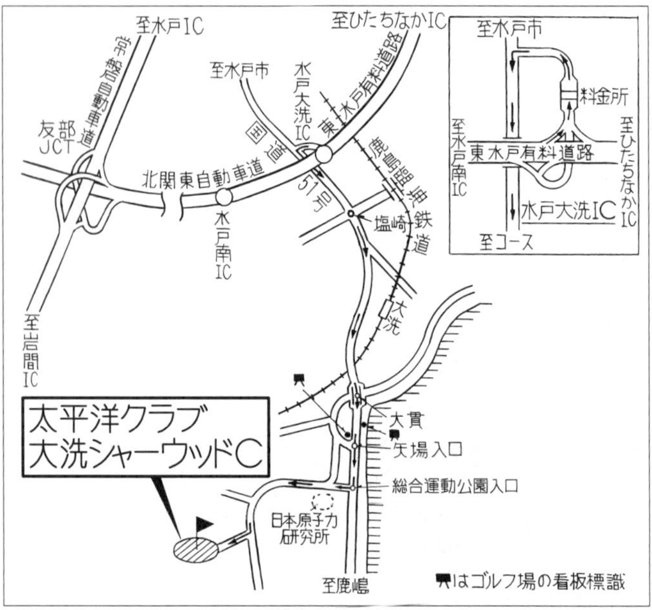

【自動車】三郷IC（常磐自動車道）70.3キロ→友部JCT(北関東自動車道)19キロ→水戸大洗IC 10キロ→コース　所要時間1時間20分　水戸大洗ICを降りて左折し国道51号線を鹿嶋方面に向かう。左手に海が見えてきたら2キロ直進し、総合運動公園入口の信号を右折してコースへ

太平洋クラブ軽井沢リゾート

〒377-1412　群馬県吾妻郡長野原町北軽井沢2032-279　FAX 0279(84)4119
予約0279(84)4111　https://www.taiheiyoclub.co.jp/course/karuizawa/index.html

●プレーの申込み　会員の紹介が必要
8月上旬～中旬は会員の同伴が必要
●予約　4～6月分は2／2、7～8月分は4／2、9～11月分は6／2から受付け
●コンペ　上記に準ずる
●休日　営業期間中無休
11月下旬～4月上旬冬期クローズ
●クレジット　各種
●開場日　1975年7月20日
●コースの特徴　36H　P144　13,472Y
標高1300mの本格的高原コースで「浅間」「白樺」の2コースは異なった趣。2人乗り電動乗用カートのフェアウェイ走行はリゾートゴルフを満喫
●電車　北陸新幹線軽井沢駅
●クラブバス　予約制で軽井沢駅南口7:50発　8:25発　9:15発　10:00発（運行日は要問合せ、季節変動有）
●タクシー　軽井沢駅30分約7,000円
●プレースタイル　セルフでGPSナビ付乗用カート。FW乗入れ可（コース状況により不可）
●シューズ　ソフトスパイク
●ゲスト料金表

	平　日	土日祝
セ　ル　フ	14,310	17,570

上記は2021年9／25～10／31の料金
ホテル併設
●プレー情報　コンペ優待

た

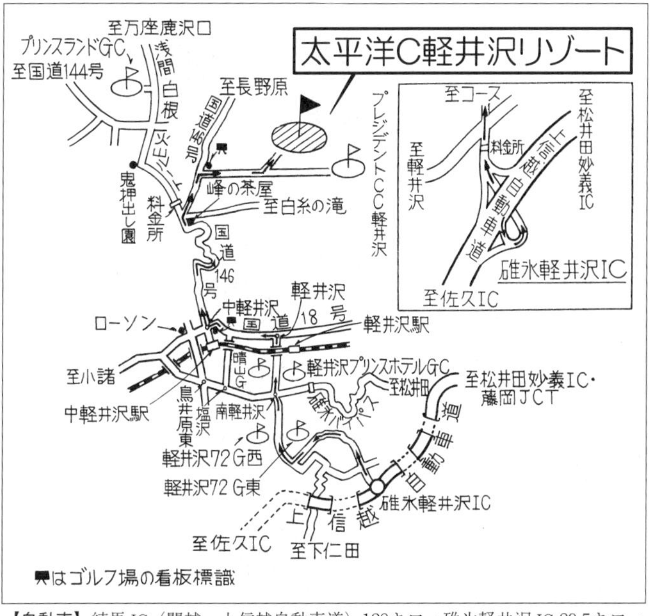

【自動車】練馬IC（関越、上信越自動車道）128キロ→碓氷軽井沢IC 29.5キロ→コース　所要時間2時間　上信越自動車道碓氷軽井沢ICから軽井沢方面に進み、国道18号線を左折。中軽井沢信号を右折して国道146号線を進み、コース案内板に従って右折してコースへ

太平洋クラブ江南コース

〒360-0107　埼玉県熊谷市千代985　FAX 048(583)6697
予約048(583)7071　https://www.taiheiyoclub.co.jp/course/kohnan/index.html

●**プレーの申込み**　平日は会員の紹介、土曜・祝日は会員の紹介または同伴、日曜は会員の紹介または会員のみ
●**予約**　3か月前の同日から受付け
●**休日**　1/1　クラブ指定日
●**クレジット**　各種
●**開場日**　2002年4月6日
●**コースの特徴**　18H　P72　7070Y
樹木にセパレートされた林間コース。ベントワングリーンで、アンジュレーションもあり戦略性の高いコース。2015年日本プロゴルフ選手権大会開催
●**コースレート**　73.0
●**練習場**　250Y 14打席
●**電車**　JR高崎線熊谷駅、または東武東上線森林公園駅
●**クラブバス**　森林公園駅北口7:50発
熊谷駅南口9:00発
●**タクシー**　熊谷駅から20分約3,500円、森林公園駅から22分約4,000円
籠原駅から12分約3,000円
●**プレースタイル**　キャディ付で乗用カート
●**シューズ**　ソフトスパイク
●**ビジター料金表**

	平　日	土日祝
キャディ付	26,200	36,400

【**自動車**】練馬IC(関越自動車道)47.4キロ→嵐山小川IC 7.2キロ→コース　所要時間50分　嵐山小川ICを出て熊谷方面に右折。花見台工業団地を抜け、T字路を左折。1つ目の信号を通過後、最初の十字路を右折し、500m先の変則T字路を左折。400m先のT字路を右折しコース案内板に従って左折してコース

太平洋クラブ御殿場ウエスト

〒412-0008　静岡県御殿場市印野1044－1　FAX 0550(89)9323
予約0550(89)9321　https://www.taiheiyoclub.co.jp/course/west/index.html

●プレーの申込み　会員の紹介が必要
●予約　3か月前の同日から受付け
●休日　1／1　クラブ指定日
●クレジット　各種
●開場日　1998年4月15日
●コースの特徴　18H　P72　6496Y
富士の裾野の起伏を生かし、杉や檜でセパレートされ美しい林間コース。ホテルを併設
●コースレート　70.6
●電車　JR御殿場駅、または東海道新幹線三島駅
●クラブバス　御殿場駅箱根乙女口8:25発、予約制で三島駅北口8:10発
●タクシー　御殿場駅20分約3,500円、三島駅から45分約8,500円
●プレースタイル　キャディ付とセルフの選択制で乗用カート
●シューズ　ソフトスパイク
●ビジター料金表

	平　日	土日祝
キャディ付	20,350	29,670
セ　ル　フ	16,500	25,820

た

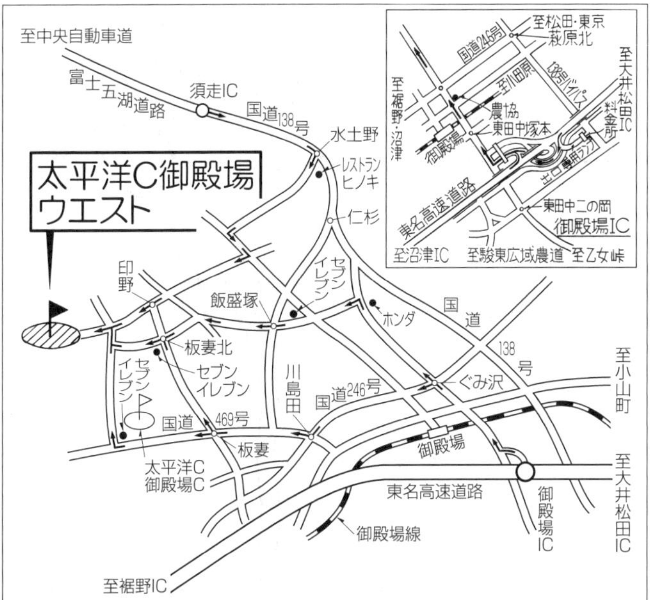

【自動車】東京IC（東名高速）83.7キロ→御殿場IC11キロ→コース　所要時間1時間20分　御殿場IC第一出口を出て右折。山中湖方面に進み、ぐみ沢交差点から3つ目の信号を左折する。道なりに進み、突き当たりを右折してコースへ。東富士五湖道路・須走ICからは約13キロ18分

太平洋クラブ御殿場コース

〒412-0048　静岡県御殿場市板妻941－1　FAX 0550(89)6220
予約専用0550(89)6226　https://www.taiheiyoclub.co.jp/course/gotenba/index.html

●**プレーの申込み**　平日は会員の紹介、土曜は同伴、日祝は会員のみ
●**予約**　3か月前の同日から受付け
●**コンペ**　平日は会員の紹介。4／1～12／31の土日祝は不可、1／2～3／31の土日祝は会員の同伴
●**休日**　1／1　クラブ指定日
●**クレジット**　各種
●**開場日**　1977年4月26日
●**コースの特徴**　18H　P72　7327Y
杉と檜の林帯の中にあり、フェアウェイは広く距離もある。「三井住友VISA太平洋マスターズ」の舞台として有名
●**コースレート**　74.2
(Tournament Tee)
●**練習場**　300Y　17打席
●**電車**　JR御殿場駅、または東海道新幹線三島駅
●**クラブバス**　御殿場駅箱根乙女口8:25発、三島駅北口8:10発（予約制）
●**タクシー**　御殿場駅から15分約2,900円。三島駅から40分約8,000円
●**プレースタイル**　キャディ付で電磁誘導乗用カート
●**シューズ**　ソフトスパイク
●**ビジター料金表（会員同伴）**

	平　日	土・祝
キャディ付	33,500	44,500

会員紹介は平日38,500円、土祝不可

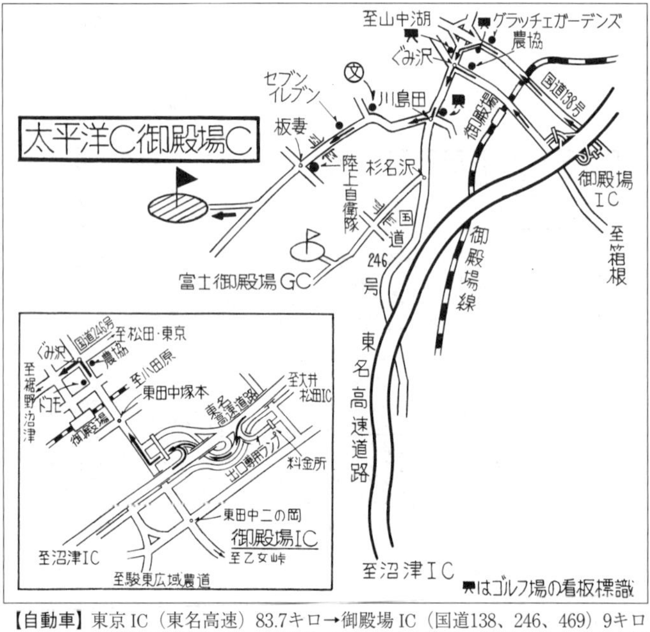

【**自動車**】東京IC（東名高速）83.7キロ→御殿場IC（国道138、246、469）9キロ→コース　所要時間1時間20分　御殿場IC第1出口を出て、旧国道138号を山中湖方面に3キロ進み、ぐみ沢交差点で246号バイパスを左折。信号3つ目の川島田交差点を右折して須山に向かいコースへ。駒門スマートICより約7キロ

太平洋クラブ相模コース

〒259-1334　神奈川県秦野市柳川大峯771-1　FAX 0463(87)1001
予約0463(87)7766　https://www.taiheiyoclub.co.jp/course/sagami/index.html

●プレーの申込み　会員の紹介が必要
●予約　3か月前の同日から受付け
●コンペ　上記に準ずる
●休日　1/1　クラブ指定日
●クレジット　各種
●開場日　1977年9月9日
●コースの特徴　18H　P72　6393Y
戦略的なホールが多く存在し、それぞれに持ち味がある。晴天時には丹沢山系、相模湾、房総半島まで望める
●コースレート　68.7
●練習場　10Y 8打席
●電車　小田急線渋沢駅
●クラブバス　予約制で渋沢駅南口7:45発　8:45発。月曜日運休
●タクシー　渋沢駅から15分約2000円
●プレースタイル　キャディ付またはセルフで GPS ナビ付乗用カート
●シューズ　ソフトスパイク
●ビジター料金表

	平　日	土日祝
キャディ付	19,770	27,610
セ　ル　フ	15,920	23,760

4月～6月、10月～12月·3月の料金
●セルフデー　毎週月曜日（祝日・特定日は除く）。料金は要問合せ

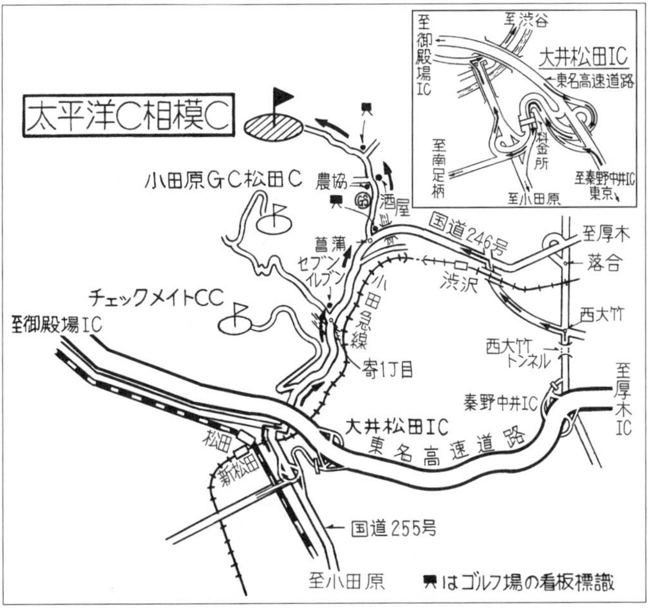

【自動車】東京 IC（東名高速）57.9キロ→大井松田 IC（国道246号線）4.5キロ→菖蒲交差点3.5キロ→コース　所要時間1時間10分　大井松田 IC を山北方面に降りて国道255号線から246号線に入る。菖蒲交差点を左折してコースへ。2022年3月新東名高速・新秦野 IC 開通予定

☎0283(62)8111

太平洋クラブ佐野ヒルクレストコース

〒327-0305　栃木県佐野市船越町2854　FAX 0283(62)8005
予約0283(62)8000　https://www.taiheiyoclub.co.jp/course/hillcrest/index.html

●**プレーの申込み**　平日は会員の紹介、土日祝は会員の紹介または同伴が必要
●**予約**　3か月前の同日から受付け
●**コンペ**　上記に準ずる
●**休日**　クラブ指定日
●**クレジット**　各種
●**開場日**　2001年4月7日
●**コースの特徴**　18H　P72　7045Y
丘陵地にレイアウトされながら全体ではフラットで、池やクリークが随所に配されて戦略性を持っているコース
●**コースレート**　72.9
●**練習場**　200Y 14打席
●**電車**　JR両毛線佐野駅、または東武佐野線田沼駅
●**タクシー**　佐野駅30分約4,000円
田沼駅から15分約2,500円
●**プレースタイル**　キャディ付またはセルフでGPSナビ付乗用カート
●**シューズ**　ソフトスパイク限定
●**ビジター料金表**

	平　日	土日祝
キャディ付	17,430	28,630
セ　ル　フ	13,580	24,780

4月～6月、10月～12月の料金
●**セルフデー**　毎週月曜日（祝日・特定日除く）。料金は要問合せ

【自動車】浦和料金所（東北自動車道）57キロ→岩舟JCT(北関東自動車道)5.3キロ→佐野田沼IC 8キロ→コース　所要時間55分　佐野田沼ICを降りて直進し、信号を田沼方面に左折する。三好信号を直進して道なりに進み、コース案内板に従って右折してコースへ

太平洋クラブ白河リゾート

〒962-0622　福島県岩瀬郡天栄村羽鳥湖高原　FAX 0248(85)2015
予約0248(85)2111　https://www.taiheiyoclub.co.jp/course/shirakawa/index.html

●プレーの申込み　会員の紹介が必要
●予約　2/1より随時受付け
●コンペ　上記に準ずる
●休日　営業期間中無休
11月下旬～4月上旬冬期クローズ
●クレジット　各種
●開場日　1974年5月29日
●コースの特徴　18H　P72　6777Y
標高950mの白河羽鳥高原のゆるやかな台地にレイアウトされ、ダイナミックでフラットなリゾートコース。ホテルを併設
●コースレート　72.1
●電車　東北新幹線新白河駅
●クラブバス　予約制で新白河駅高原口8:15発　9:20発。2名以上で運行。運行日は要問合せ
●タクシー　新白河駅30分約8000円
●プレースタイル　セルフプレーで乗用カート
●シューズ　ソフトスパイク
●ビジター料金表

	平　日	土日祝
セ　ル　フ	7,930～	11,300～

季節により料金は異なる
宿泊パック、コンペプラン、午後プレーあり

た

▀はゴルフ場の看板標識

【自動車】浦和料金所（東北自動車道）164.9キロ→白河IC（国道4号）25キロ→コース　所要時間2時間40分　白河ICを白河方面に降り、最初の信号を左折（案内看板あり）。約6キロ直進後、T字路を左折。真名子街道を進んでコースへ。白河ICより約30分

太平洋クラブ高崎コース

〒379-0108　群馬県安中市上後閑477　FAX 027(385)5819
予約027(385)5811　https://www.taiheiyoclub.co.jp/course/takasaki/index.html

●プレーの申込み　会員の紹介が必要
●予約　3か月前の同日より受付け
●コンペ　上記に準ずる
●休日　クラブ指定日
●クレジット　各種
●開場日　1976年4月8日
●コースの特徴　18H　P72　6,229Y
名匠・加藤俊輔設計。上毛三山に囲まれ、箱庭のような手入れの行き届いた飽きのこない、味わい深いコース
●コースレート　69.0
●電車　北陸新幹線安中榛名駅
●クラブバス　安中榛名駅より予約制で8:05発　8:35発
●タクシー　安中榛名駅から10分約2,500円
●プレースタイル　セルフでGPSナビ付乗用カート
●シューズ　ソフトスパイク
●ビジター料金表

	平　日	土日祝
セ　ル　フ	8,420	15,240

ランチバイキング付・ドリンク別
空きがあればツーサム可
(550円～2,200円増)

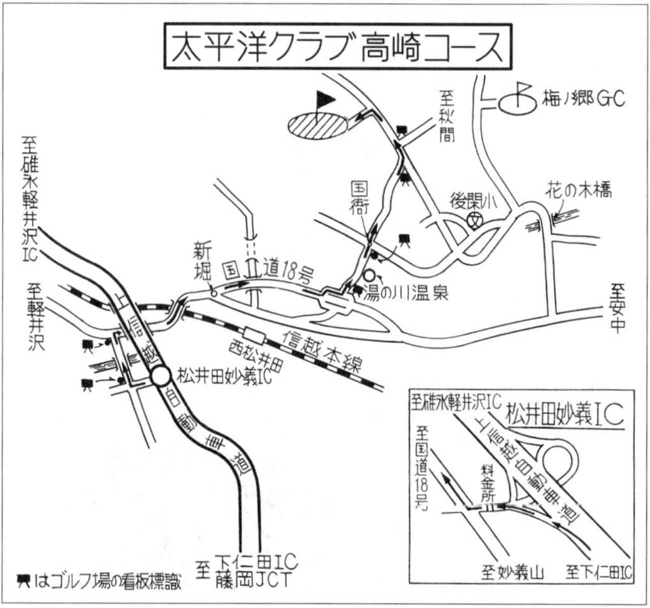

【自動車】練馬IC(関越、上信越自動車道)116.1キロ→松井田妙義IC 9.3キロ→コース　所要時間1時間30分　関越自動車道藤岡JCTから上信越自動車道を利用して松井田妙義ICへ。ICから国道18号を高崎方面に戻り、秋間・松井田市街の案内に従って立体交差を左折。あとはコース案内板に従ってコースへ

太平洋クラブ成田コース

〒286-0125　千葉県成田市川栗240　FAX 0476(35)8840
予約0476(35)8855　https://www.taiheiyoclub.co.jp/course/narita/index.html

●**プレーの申込み**　平日は会員の紹介。4月～6月と10月～12月の土祝は会員同伴、日曜は会員のみ。他の月は紹介で可
●**予約**　3か月前の同日から受付け
●**コンペ**　上記に準ずる
●**休日**　1／1　クラブ指定日
●**クレジット**　各種
●**開場日**　1999年10月2日
●**コースの特徴**　18H　P72　6581Y　ゲーリー・プレーヤーの設計による平坦な丘陵コースだが、随所にバンカーや池、クリークが絡み戦略性は高い
●**コースレート**　71.7
●**練習場**　180Y 20打席
●**電車**　JR成田線、京成電鉄成田駅、または空港第2ビル駅
●**クラブバス**　予約制でJR成田駅東口平日8:45発　土日祝7:45発　8:45発
●**タクシー**　成田駅から10分約2000円、空港第2ビル駅から15分約3500円
●**プレースタイル**　キャディ付で乗用カート
●**シューズ**　ソフトスパイク
●**ビジター料金表**

	平　日	土日祝
キャディ付	18,100	30,650

ゴルフアイテムショップ「セレクト・ザ・クラブ」クラブハウス内に常設

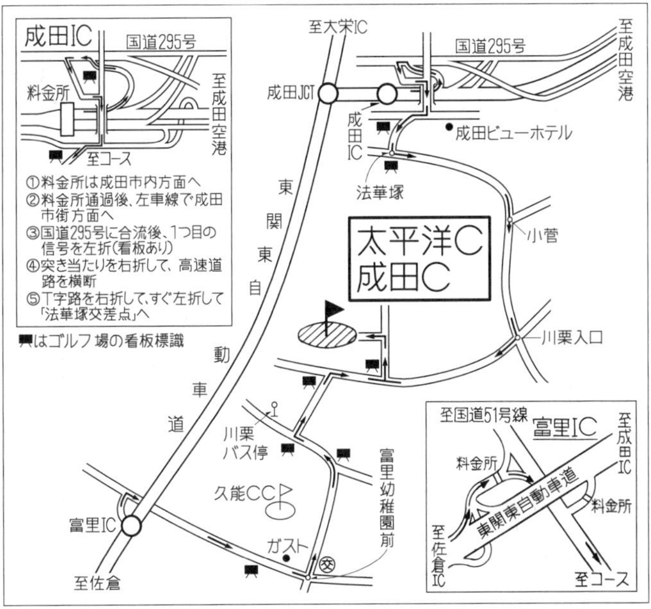

【自動車】箱崎IC（首都高速）35.8キロ→宮野木JCT（東関東自動車道）22.8キロ→富里IC 5.7キロ→コース　所要時間50分　富里ICを出て富里･八街方面へ右折し、富里幼稚園前交差点を左折する。久能CC前を通過し川栗入口バス停手前を右折し、突き当たりを右折してコースへ。成田ICからは5キロ、約9分

太平洋クラブ益子PGAコース

〒321-4106　栃木県芳賀郡益子町七井3302-1　FAX 0285(72)1310
予約0285(72)1311　https://www.taiheiyoclub.co.jp/course/mashiko/index.html

●**プレーの申込み**　会員の紹介が必要
●**予約**　3か月前の同日から受付け
●**コンペ**　上記に準ずる
●**休日**　クラブ指定日
●**クレジット**　各種
●**開場日**　1976年9月15日
●**コースの特徴**　18H　P71　7005Y
名匠・加藤俊輔設計。標高約100m、高低差10mのフラットな丘陵地にある林間コース。池と林を多く配した戦略的で美しいコース。2015年「PGAゴルフアカデミー」開設
●**コースレート**　72.9
●**練習場**　250Y 14打席
●**電車**　東北新幹線宇都宮駅
●**クラブバス**　宇都宮駅東口8:40発
月・火曜日を除く全日予約制（平日はメンバーのみ）
●**タクシー**　宇都宮駅40分約8000円
●**プレースタイル**　キャディ付またはセルフでGPSナビ付乗用カート
●**シューズ**　ソフトスパイクのみ
●**ビジター料金表**

	平　日	土日祝
キャディ付	12,800	22,230
セ　ル　フ	8,950	18,380

4月～12月の4B料金

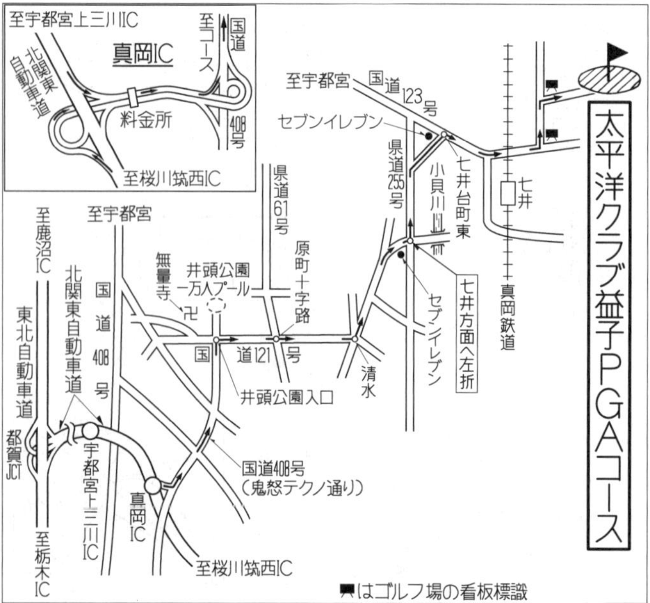

【自動車】浦和料金所（東北道都賀JCT経由北関東道）92.9キロ→真岡IC 18.6キロ→コース　所要時間1時間20分　真岡ICを宇都宮方面に降りて鬼怒テクノ通りを直進。井頭公園入口を右折し、約7キロ先の星ノ宮を左折して県道255線を進む。七井台町東を右折して案内板に従ってコース

太平洋クラブ美野里コース

〒319-0104　茨城県小美玉市三箇952　FAX 0299(49)1270
予約0299(49)1881　https://www.taiheiyoclub.co.jp/course/minori/index.html

●**プレーの申込み**　平日は会員の紹介、土日祝は会員の同伴または紹介が必要
●**予約**　3か月前の同日から受付け
●**コンペ**　上記に準ずる
●**休日**　1/1　クラブ指定日
●**クレジット**　各種
●**開場日**　2002年4月2日
●**コースの特徴**　18H　P72　6946Y
フェアウェイの微妙なアンジュレーションにバンカーや池が巧みに配置されたフラットな林間コース。2016〜2017年、2020年LPGAツアーTOTOジャパンクラシック開催
●**コースレート**　72.5
●**練習場**　270Y 15打席
●**電車**　JR常磐線石岡駅
●**クラブバス**　予約制で石岡駅8:35発
●**タクシー**　石岡駅から15分約3,000円
●**プレースタイル**　キャディ付またはセルフでGPSナビ付乗用カート
●**シューズ**　ソフトスパイクのみ
●**ビジター料金表**

	平　日	土日祝
キャディ付	18,400	29,850
セ　ル　フ	14,550	26,000

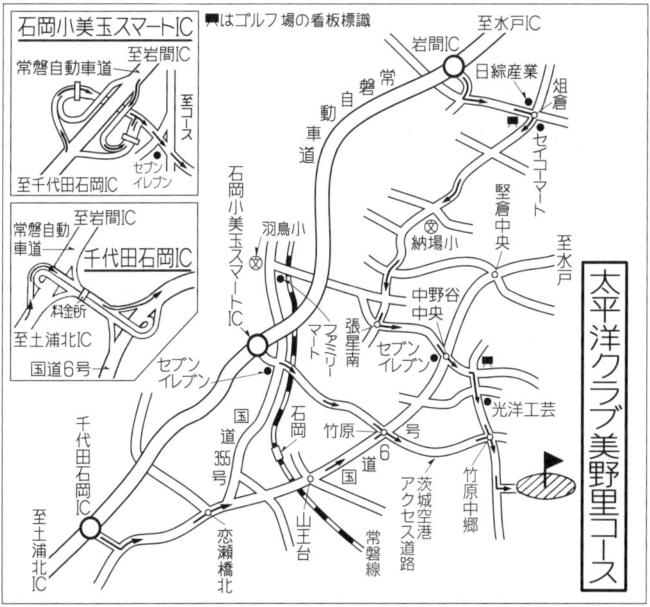

【**自動車**】三郷IC（常磐自動車道）54.7キロ→千代田石岡IC（国道6号）12キロ→コース　所要時間1時間　千代田石岡ICから国道6号線を水戸方面に向かい竹原信号を右折。竹原中郷信号を右折してコースへ。ETC搭載車は石岡小美玉スマートICより茨城空港アクセス道路を進み、竹原中郷信号を右折。ICより10分

　☎047(488)3156

太平洋クラブ八千代コース

〒276-0015　千葉県八千代市米本2834　FAX 047(488)3636
予約専用　047(488)3159　https://www.taiheiyoclub.co.jp/course/yachiyo/

●プレーの申込み　会員の紹介が必要
●予約　電話またはWEBにて随時受付け
●コンペ　受付ける
●休日　不定休
●クレジット　各種
●開場日　1961年9月15日
●コースの特徴　18H　P72　6138Y
美しい林間に絶妙にレイアウトされた広々としたフラットなコース。2019年8月株式会社太平洋クラブが経営権を取得。2020年4月リニューアルオープン
●コースレート　69.4
●電車　東葉高速線東葉勝田台駅、または京成線勝田台駅
●クラブバス　予約制
●タクシー　勝田台駅から10分1690円
●プレースタイル　キャディ付で徒歩のスループレー
●シューズ　ソフトスパイク
●ビジター料金表

	平　日	土　曜	日　祝
キャディ付	20,350	32,100	32,100

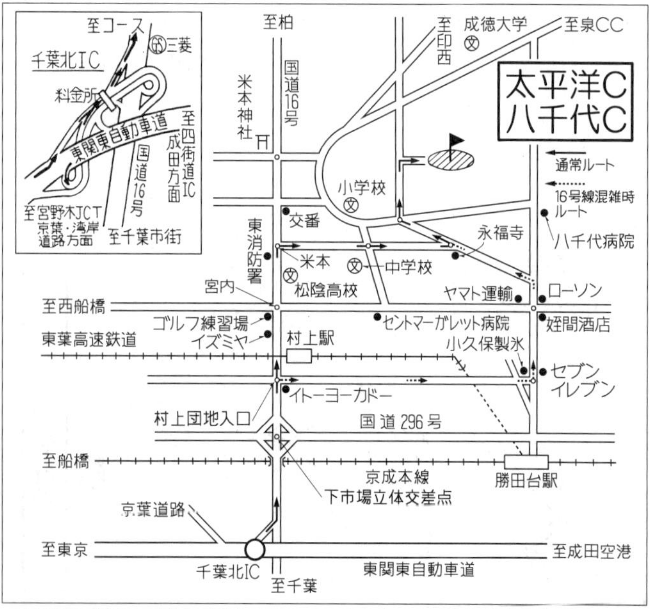

【自動車】箱崎IC（首都高速）35.8キロ→宮野木JCT（東関東自動車道）2.1キロ→千葉北IC 10キロ→コース　所要時間55分　千葉北ICで降り、国道16号線を柏方面に進む。国道296号線を越え、東消防署の米本交差点を右折し、2つ目の信号を左折してコースへ

ダイヤグリーン倶楽部

〒311-1527　茨城県鉾田市借宿2222　FAX 0291(33)4184
予約0291(33)4181　http://www.daiyagreen.com/

●プレーの申込み　予約状況によりビジター可
●予約　2か月前の同日から受付け
●コンペ　組数は相談
●休日　無休
●クレジット　DC　UC　VISA　JCB
●開場日　1975年10月10日
●コースの特徴　18H　P72　6479Y
ホール内の高低差が5mとフラットな林間コース。距離は短いが微妙な起伏で戦略性を高めている
●コースレート　71.1
●練習場　あり
●電車　常磐線石岡駅
●クラブバス　石岡駅から予約制
●タクシー　石岡駅から25分5000円
●プレースタイル　セルフでGPSナビ付5人乗り乗用カート
●シューズ　メタルスパイク禁止
●ビジター料金表

	平　日	土　曜	日　祝
セ　ル　フ	5,840	12,900	12,900

上記は2021年10月～11月の料金で昼食付
●休場日セルフ　火曜日5120円昼食付
●プレー情報　アフタヌーンハーフ

た

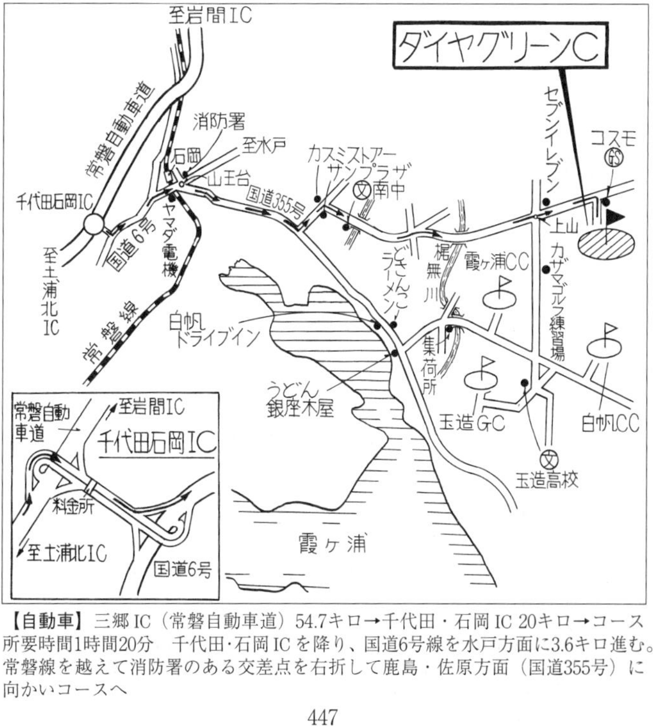

【自動車】三郷IC（常磐自動車道）54.7キロ→千代田・石岡IC 20キロ→コース
所要時間1時間20分　千代田･石岡ICを降り、国道6号線を水戸方面に3.6キロ進む。常磐線を越えて消防署のある交差点を右折して鹿島・佐原方面（国道355号）に向かいコースへ

鷹ゴルフ倶楽部

〒322-0302　栃木県鹿沼市深程1482　FAX 0289(85)3680
予約センター　0289(85)1001　http://www.taka-golf.co.jp/

●**プレーの申込み**　予約状況によりビジター可
●**予約**　平日は随時受付け、土日祝は2か月前の同日13時から受付け
●**コンペ**　組数は相談
●**休日**　1／1
●**クレジット**　各種
●**開場日**　1981年9月25日
●**コースの特徴**　18H　P72　6864Y
砲台グリーンが多く、アプローチは難しいが、フェアウェイは広くフラットなので思い切って打てる。アウト7H～9H、イン16H～18Hに照明完備
●**練習場**　50Y15打席
●**電車**　東武日光線金崎駅
●**クラブバス**　栃木駅南口8:50予約制
●**タクシー**　金崎駅から約2000円、栃木駅から5000円
●**プレースタイル**　キャディ付またはセルフで5人乗り乗用カート。FW乗入れ2人乗りカート1台1020円（コース状況により不可）
●**シューズ**　ソフトスパイク推奨
●**ビジター料金表**

	平　日	土　曜	日　祝
キャディ付	10,370	16,670	16,670
セ　ル　フ	6,700	13,000	13,000

2021年10月の昼食付料金。期間により料金は異なる

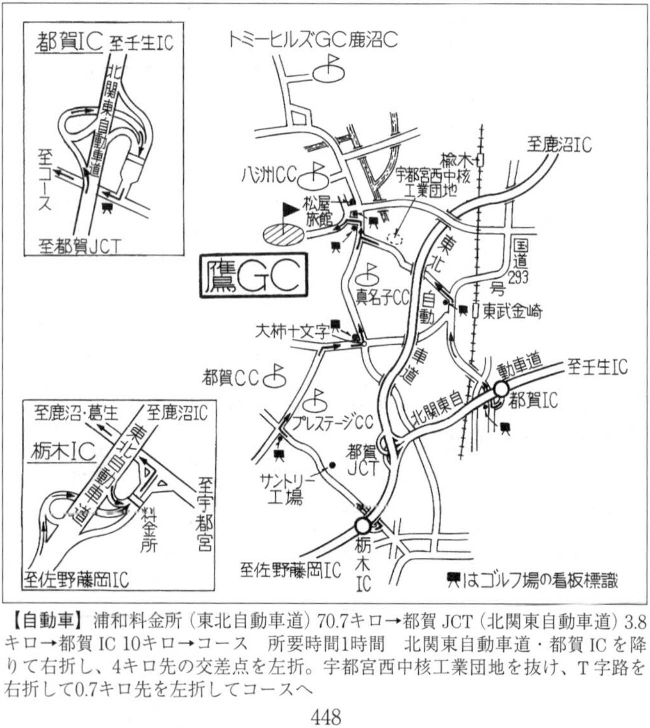

【自動車】浦和料金所（東北自動車道）70.7キロ→都賀JCT（北関東自動車道）3.8キロ→都賀IC 10キロ→コース　所要時間1時間　北関東自動車道・都賀ICを降りて右折し、4キロ先の交差点を左折。宇都宮西中核工業団地を抜け、T字路を右折して0.7キロ先を左折してコースへ

　☎0493(34)3311

高坂カントリークラブ

〒355-0047　埼玉県東松山市高坂1916－1　FAX 0493(35)1122
予約0493(34)3313　https://www.takasakacc.co.jp/

●プレーの申込み　会員紹介が必要
●予約　平日は3か月前の1日から、土日祝は3か月前の同日から受付
●コンペ　組数は相談
●休日　毎週月曜日　12／31　1／1
●クレジット　各種
●開場日　1958年11月9日
●コースの特徴　36H　P144　13389Y
緩やかな起伏をもった丘陵コース。距離がありスコアをまとめるのは大変
●コースレート　米山72.9　岩殿71.8
●練習場　200Y30打席
●電車　東武東上線高坂駅
●クラブバス　高坂駅西口から準急と急行に接続して運行
●タクシー　高坂駅から約5分
●プレースタイル　キャディ付でGPSナビ付5人乗り乗用カート
●シューズ　ゴルフ靴はすべて可
●ビジター料金表

	平　日	土　曜	日　祝
キャディ付	23,975	31,400	31,400

平日の火、金曜日は2200円引き（季節特別料金期間を除く）
季節料金制度あり

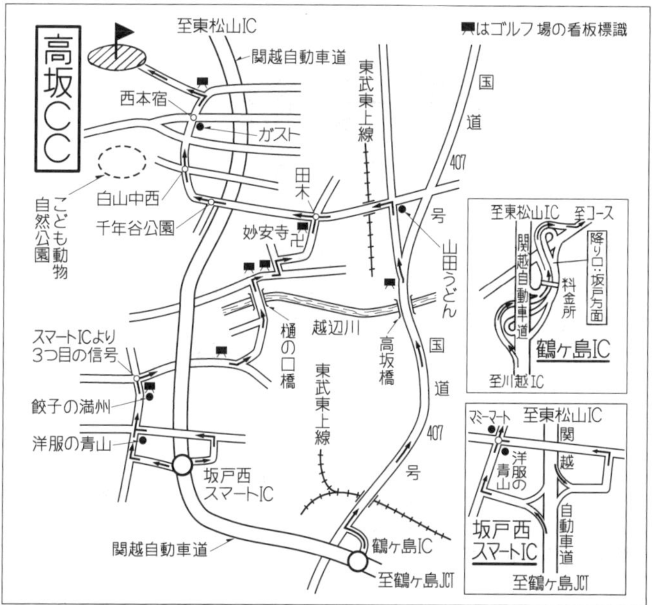

【自動車】練馬IC（関越自動車道）29.6キロ→鶴ヶ島IC（国道407号）9キロ→コース　所要時間40分　鶴ヶ島ICで降り、国道407号線を坂戸方面に向かう。高坂橋を越えて左折して、山田うどんがある信号を左折してコースへ、ICから約15分。ETC搭載車は坂戸西スマートICより7.3キロ

高梨子倶楽部

〒379-0215　群馬県安中市松井田町高梨子660　FAX 027(393)2588
http://www.takanashiclub.jp/

●プレーの申込み　パブリックコース
●予約　3か月前の1日から受付け
●コンペ　上記に準ずる
●休日　1／1
●クレジット　JCB　VISA　DC　マスター　AMEX　ダイナース 他
●開場日　1998年5月5日
●コースの特徴　18H　P72　6755Y
榛名、赤城、妙義の上毛三山を望む丘陵コース。比較的フラットで樹木を豊富に残した林間風のコース
●電車　北陸新幹線安中榛名駅
●クラブバス　なし

●プレースタイル　キャディ付またはセルフでGPSナビ付乗用カート。FW乗入れ可（コース状況により不可）
●シューズ　メタルスパイク禁止
●ビジター料金表

	平　日	土　曜	日　祝
セ　ル　フ	8,110	12,730	12,730

2021年11月の昼食付料金。曜日、期間によって料金は異なる。キャディ付は3850円（4B）加算
コンペ3組9名以上は優待料金あり
●プレー情報　夏期・冬期料金、宿泊パック、ジュニア料金、友の会

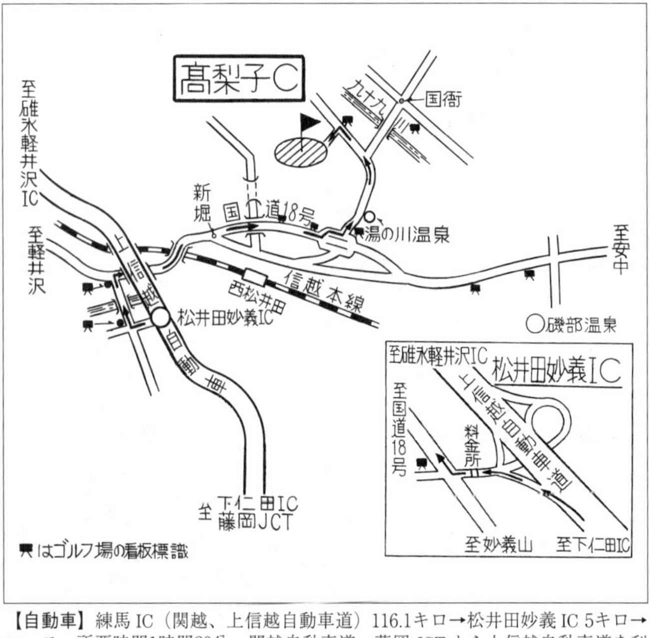

【自動車】練馬IC（関越、上信越自動車道）116.1キロ→松井田妙義IC 5キロ→コース　所要時間1時間20分　関越自動車道・藤岡JCTから上信越自動車道を利用して松井田妙義ICへ。料金所を出て、国道18号線を高崎方面に約4キロ進み、秋間・松井田市街の案内板に従って立体交差を左折して約1キロでコース進入路

　☎0493(56)2511

高根カントリー倶楽部

〒355-0803　埼玉県比企郡滑川町福田4045　FAX 0493(56)2514
https://www.takane-cc.co.jp

●プレーの申込み　平日はビジター可、土日祝は会員の紹介または同伴が必要
●予約　平日は3か月前の1日、土日祝は3か月前の同日から受付け
●コンペ　3組以上は6か月前の1日から、会員の紹介または同伴が必要
●休日　クラブ指定の火曜日　12／31　1／1
●クレジット　各種
●開場日　1962年11月3日
●コースの特徴　27H　P108　10101Y　緩やかな丘陵地に名匠・富沢誠造氏が設計。クラシックな雰囲気のコース
●コースレート　西南72.5　南東72.2　東西72.1
●電車　東武東上線森林公園駅
●クラブバス　森林公園駅北口から平日7:20　8:05　8:50　土日祝7:18　7:55　8:40。セルフデーは運休
●タクシー　森林公園駅2500円
●プレースタイル　キャディ付でGPSナビ付乗用カート。セルフも可（コース限定）
●シューズ　ソフトスパイク推奨
●ビジター料金表

	平　日	土　曜	日　祝
キャディ付	20,300	27,800	27,800

シーズンにより料金は変動
●セルフデー　クラブ指定の火曜日

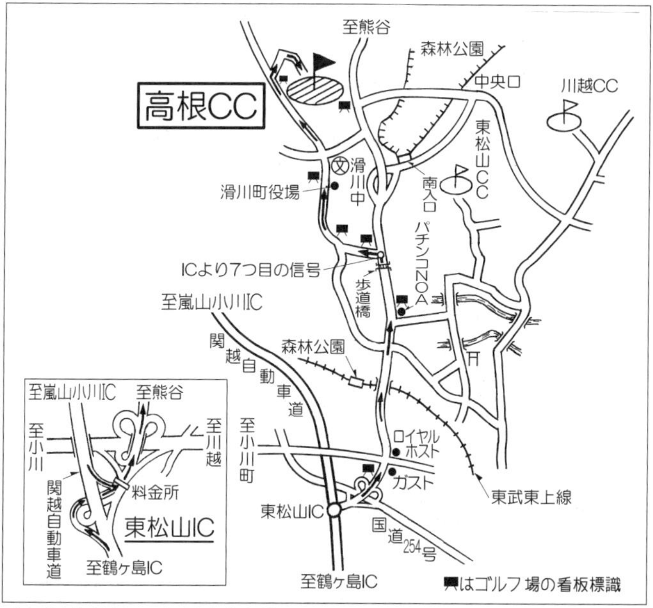

【自動車】練馬 IC（関越自動車道）39.4キロ→東松山 IC 9キロ→コース　所要時間1時間　東松山 IC で降り、直進して熊谷方面に進む。東松山 IC より7つ目の信号を左折し、滑川町役場前を通ってコース案内板に従ってコースへ

☎047(484)3151

鷹之台カンツリー倶楽部

〒262-0001　千葉県千葉市花見川区横戸町1501　FAX 047(484)3162
https://www.takanodaicc.or.jp

●**プレーの申込み**　平日は会員の紹介、土日祝は会員の同伴が必要
●**予約**　2か月前の1日10時30分より電話受付け、土日祝は3か月前の応答日に会員が葉書で申込む
●**コンペ**　会員の同伴が必要。3か月前の1日10時より電話受付け
●**休日**　毎週月曜日　12／31　1／1
●**クレジット**　JCB　DC　ダイナース　VISA　マスター　AMEX　デビット　UC
●**開場日**　1954年5月23日
●**コースの特徴**　18H　P72　7102Y
関東でも有数の名門コース。フェアウェイは平たんだが距離もたっぷりある。2011年日本オープン開催コース
●**コースレート**　74.0
●**練習場**　245Y20打席
●**電車**　京成電鉄京成大和田駅から徒歩7分、東葉高速鉄道東葉勝田台駅
●**タクシー**　東葉勝田台駅から10分、京成八千代台駅から10分
●**プレースタイル**　キャディ付で歩いてプレー
●**シューズ**　メタルスパイク禁止
●**ビジター料金表**

	平　日	土　曜	日　祝
キャディ付	29,500	36,100	36,100

●**プレー情報**　シニア割引、季節割引

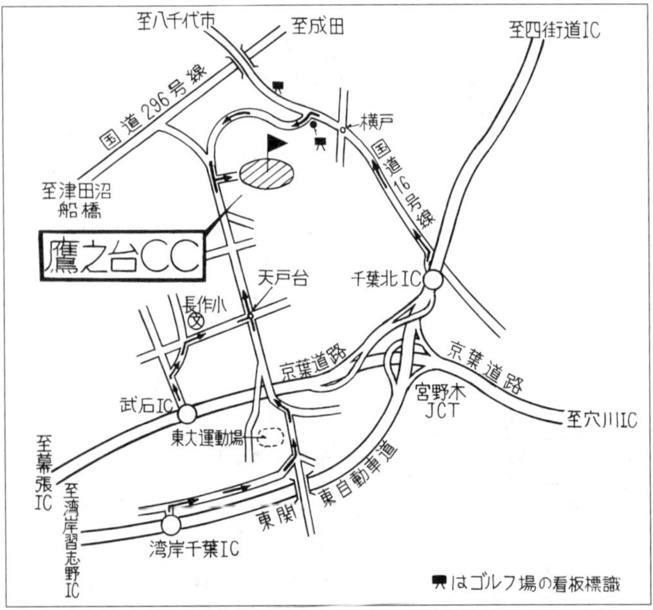

【**自動車**】箱崎 IC（首都高速）19.1キロ→市川 IC（東関東自動車道）19.1キロ→千葉北 IC 5キロ→コース　所要時間1時間　千葉北 IC で降り国道16号線を柏方面に進み、横戸小学校前歩道橋先の信号2つ目（看板あり）を左折してコースへ。京葉道路・武石 IC からは八千代方面に降り、天戸台交差点を左折してコースへ

高萩カントリークラブ

〒318-0105　茨城県高萩市上君田芳ノ目1609－3　FAX 0293(28)0025
http://www.takahagi-cc.jp/

●プレーの申込み　ビジター可
●予約　3か月前の同日から受付け
●コンペ　組数制限なし
●休日　1／1
●クレジット　各種
●開場日　1972年10月10日
●コースの特徴　18H　P72　7010Y
丘陵地にあるがフェアウェイはフラット。阿武隈山地の豊かな自然美と戦略性を兼ね備えたコース
●コースレート　72.0
●練習場　240Y30打席
●電車　常磐線高萩駅
●クラブバス　なし
●タクシー　高萩駅から30分4000円
●プレースタイル　セルフで5人乗り乗用カート。キャディ付も可
●シューズ　ソフトスパイク推奨
●ビジター料金表

	平　日	土　曜	日　祝
セ　ル　フ	5,250	12,000	12,000

2021年10月の昼食付料金。期間によって料金は異なる
キャディ付は4B平日2500円、土日祝3000円
宿泊ロッジ、コテージあり

た

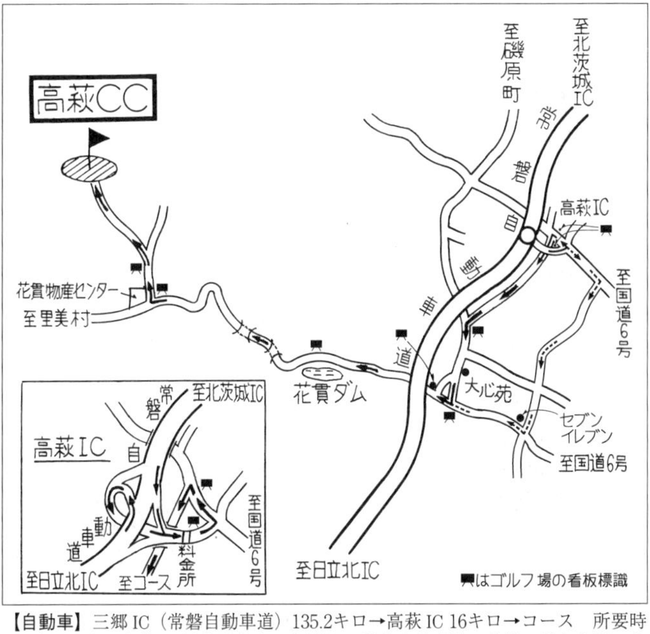

【自動車】三郷IC（常磐自動車道）135.2キロ→高萩IC 16キロ→コース　所要時間2時間20分　高萩IC料金所を出て左折し、常磐自動車道の手前の道を左折。大心苑の前を通り、T字路を右折。花貫ダム横を通り抜け、コース案内板に従ってコースへ

高山ゴルフ倶楽部

〒377-0702　群馬県吾妻郡高山村中山6852－1　FAX 0279(63)3030
https://www.takayama-gc.com/

●プレーの申込み　ビジター可
●予約　随時受付け
●コンペ　組数制限なし
●休日　営業期間中無休
1月～2月は冬期クローズ
●クレジット　UC　ニコス　VISA
JCB　AMEX
●開場日　1989年5月4日
●コースの特徴　18H　P72　6822Y
武尊、谷川、白根を望む180度の大パノラマが展開する風光明媚なコース。ベントのワングリーンは整備がゆき届き、県内でもトップレベルにある
●練習場　250Y10打席
●電車　上越新幹線上毛高原駅
●クラブバス　なし
●タクシー　上毛高原駅30分5000円
●プレースタイル　セルフで GPS ナビ付乗用カート。キャディ付も可
●シューズ　ソフトスパイク推奨
●ビジター料金表

	平　日	土　曜	日　祝
セ　ル　フ	6,900	11,680	11,680

昼食付。2021年10月の料金。期間により料金は異なる。キャディ付は3,850円加算
●プレー情報　ログハウス＆ゲストハウス併設、宿泊パック、アフタヌーンゴルフ

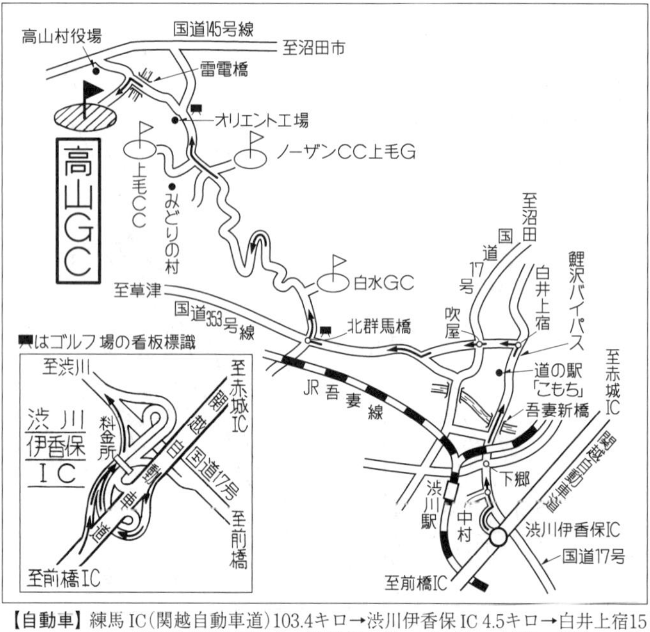

【自動車】練馬 IC(関越自動車道)103.4キロ→渋川伊香保 IC 4.5キロ→白井上宿15キロ→コース　所要時間1時間30分　渋川伊香保 IC を降りて国道17号線を新潟方面に進む。鯉沢バイパスの白井上宿交差点を左折し、草津方面に向かう。北群馬橋交差点を右折して道なりに進み、オリエント工場の先を左折してコースへ

☎0479(70)7300

多古カントリークラブ

〒289-2231　千葉県香取郡多古町飯笹1315　FAX 0479(75)2098
http://www.unimat-golf.jp/taco-cc/

●**プレーの申込み**　パブリックコース
●**予約**　3か月前の同日10時からコースで受付け
●**コンペ**　組数は相談
●**休日**　無休
●**クレジット**　VISA JCB 他各種
●**開場日**　1999年10月20日
●**コースの特徴**　18H　P72　6785Y
杉林を残してレイアウトされた林間風の丘陵コースで、ベント・ワングリーンの戦略的なコース
●**コースレート**　未査定
●**練習場**　25Y7打席（無料）
●**電車**　JR 成田線、京成電鉄空港第2ビル駅
●**クラブバス**　なし
●**タクシー**　空港第2ビル駅より約15分、約4000円弱
●**プレースタイル**　セルフで GPS ナビ付4人乗りリモコンカート
●**シューズ**　ソフトスパイクのみ可
●**ビジター料金表**

	平　日	土　曜	日　祝
セ　ル　フ	9,510	19,190	18,640

食事はカフェテリアスタイル
季節割引あり（1～3月、7～9月）
●**プレー情報**　コンペプラン、薄暮、宿泊パック

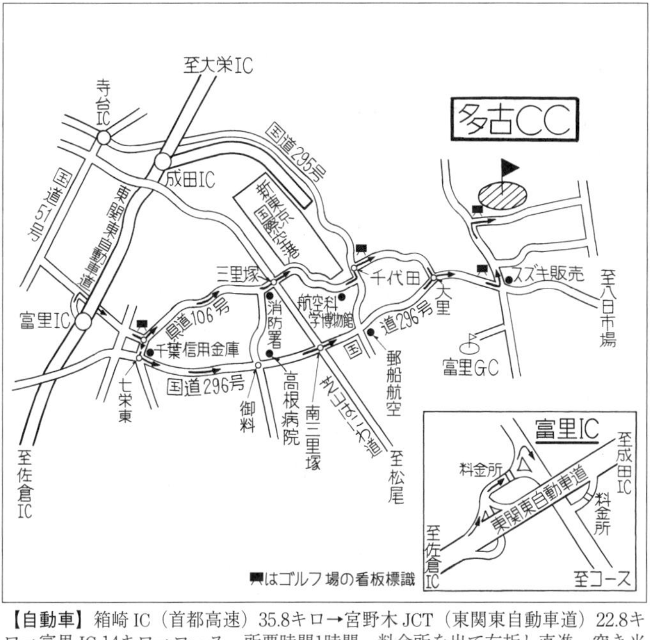

【自動車】箱崎 IC（首都高速）35.8キロ→宮野木 JCT（東関東自動車道）22.8キロ→富里 IC 14キロ→コース　所要時間1時間　料金所を出て右折し直進、突き当たりを右折、すぐの七栄東信号を左折して国道296号線に入りそのまま直進する。大里交差点を過ぎ、コース案内板に従ってコースへ

立川国際カントリー倶楽部

〒197-0802　東京都あきる野市草花2390　FAX 042(559)3156
予約042(558)1741　https://www.tachikawakokusai.co.jp

●**プレーの申込み**　会員の紹介が必要
●**予約**　2か月前の同日より受付け
●**コンペ**　3組以上の平日は3か月前の同日、土日祝は3か月前の月の最初の営業日より受付け
●**休日**　12／31　1／1　その他5日間
●**クレジット**　各種
●**開場日**　1959年8月9日
●**コースの特徴**　36H　P144　13110Y　ベントグリーン。草花Cは丘陵コースの良さを残しながら平坦性を追求。奥多摩Cは変化に富んだ戦略性の高いチャンピオンコース
●**練習場**　260Y22打席
●**コースレート**　奥多摩コース71.8　草花コース71.1
●**電車**　青梅線福生駅
●**クラブバス**　福生駅東口から運行
●**タクシー**　福生駅西口10分1500円
●**プレースタイル**　キャディ付またはセルフでGPSナビ付乗用カート
●**シューズ**　ソフトスパイク限定
●**ゲスト料金表**

	平　日	土　曜	日　祝
草　花　C	19,250	23,100	23,100
奥 多 摩 C	17,600	21,450	21,450

利用税は別途
月・金曜は原則セルフデー
期間により料金は異なる

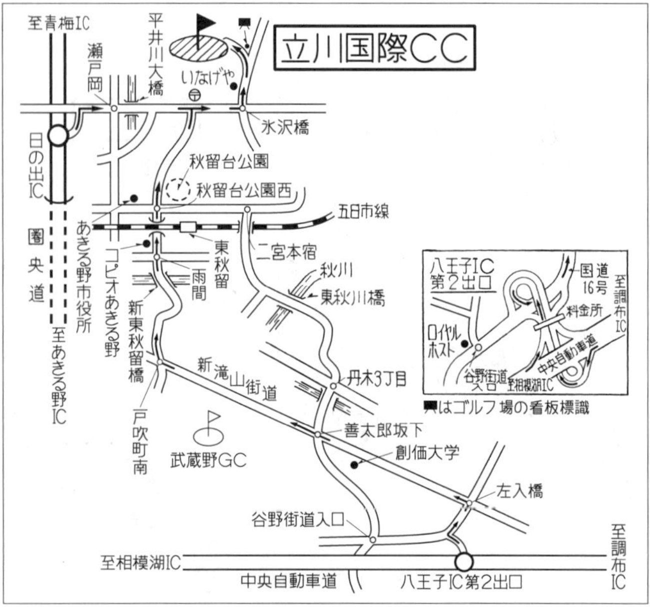

【**自動車**】高井戸IC（中央自動車道）26キロ→八王子料金所10.2キロ→八王子JCT（圏央道）11.6キロ→日の出IC3キロ→コース　所要時間40分　圏央道・日の出ICを降りて右折し氷沢橋信号を左折してコースへ。八王子ICからは第2出口を昭島方面に出て新滝山街道を経由して11キロ約20分

蓼科高原カントリークラブ

〒391-0301　長野県茅野市北山4035　FAX 0266(67)2137
予約専用　0266(67)6161　http://www.alpico.co.jp/tateshinakogen-cc/

●**プレーの申込み**　予約状況によりビジター可
●**予約**　3か月前の同日から受付け
●**コンペ**　組数は相談
●**休日**　営業期間中は無休
12月下旬〜3月中旬冬期クローズ
●**クレジット**　JCB UC DC VISA 他
●**開場日**　1963年8月18日
●**コースの特徴**　27H　P108　10318Y
南アルプス、八ケ岳の大自然を望む丘陵コース。微妙なアンジュレーションとハザードが戦略性を高めている
●**コースレート**　すずらん・りんどう72.0　りんどう・しゃくなげ71.6　しゃくなげ・すずらん72.0
●**練習場**　120Y12打席
●**電車**　中央本線茅野駅
●**クラブバス**　なし
●**タクシー**　茅野駅から25分5000円
●**プレースタイル**　キャディ付またはセルフで GPS ナビ付5人乗りカート
●**シューズ**　メタルスパイク禁止
●**ビジター料金表**

	平　日	土　日	祝　日
セ　ル　フ	9,700	15,500	13,000

2021年9月の料金。季節によって料金は異なる
キャディ付は要予約・4B3,960円加算
近隣ホテルとの宿泊パックあり

た

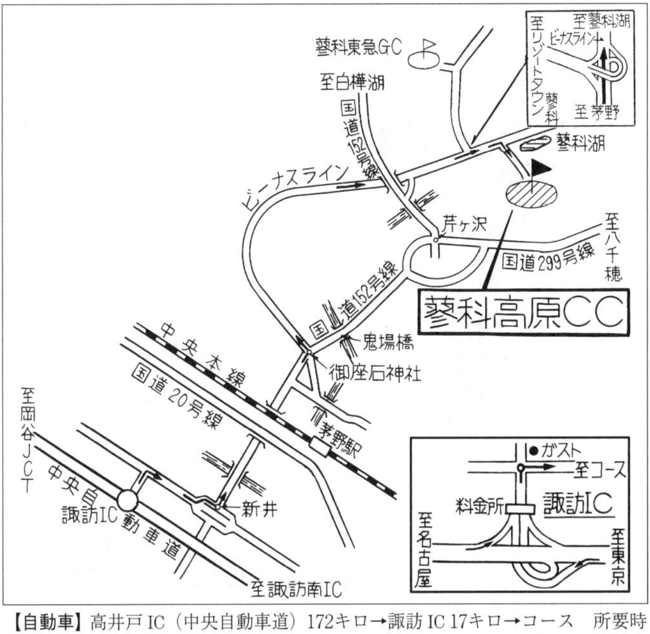

【**自動車**】高井戸 IC（中央自動車道）172キロ→諏訪 IC 17キロ→コース　所要時間2時間30分　諏訪 IC で降り、最初の信号を右折する。次の新井交差点を左折して御座石神社交差点を左折してビーナスラインに入る。蓼科東急 GC 入口付近より右側にコースが見えてくる

立科ゴルフ倶楽部

〒384-2211　長野県北佐久郡立科町茂田井211　FAX 0267(56)3206
予約0267(56)3535　https://www.tateshinagolf.com

●**プレーの申込み**　平日は会員の紹介　土日祝は会員の同伴が原則
●**予約**　2か月前の同日9時30分～16時30分まで受付け
●**コンペ**　平日制限なし。土日祝は原則会員同伴だが、予約状況により紹介で可
●**休日**　クラブ指定日
12月下旬～3月下旬は冬期クローズ
●**クレジット**　各種
●**開場日**　1989年5月22日
●**コースの特徴**　18H　P72　6725Y
丘陵コースながらフラットなコース。フェアウェイは野芝で、ダイナミックなゴルフが楽しめる

●**コースレート**　71.0
●**電車**　北陸新幹線佐久平駅
●**タクシー**　佐久平駅から約30分
●**プレースタイル**　セルフプレーでGPSナビ付電磁誘導式5人乗り乗用カート
●**シューズ**　ゴルフ靴はすべて可
●**ビジター料金表**

	平　日	土　曜	日　祝
セ　ル　フ	7,860	11,600	11,600

平日のみ昼食付。上記は2021年レギュラーシーズン料金。宿泊ロッジあり

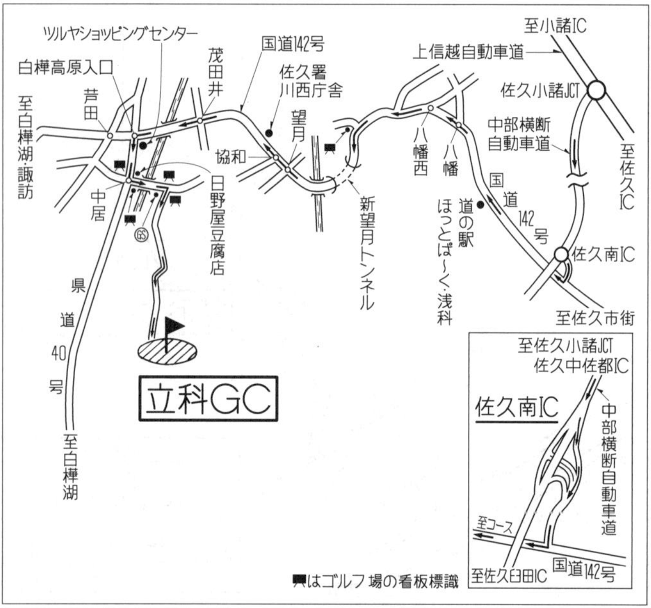

【自動車】練馬IC（関越、上信越自動車道）151.4キロ→佐久小諸JCT（中部横断自動車道）8.5キロ→佐久南IC 15キロ→コース　所要時間2時間10分　佐久南ICを降りて右折し、国道142号線を上田方面に向かう。新望月トンネルを過ぎ、5キロ先の白樺高原入口信号を左折。400m先の中居信号を左折してコースへ

蓼科東急ゴルフコース

〒391-0301　長野県茅野市北山字鹿山4026－2　FAX 0266(60)2343
https://www.tokyu-golf-resort.com/tateshina/

●**プレーの申込み**　予約状況によりビジター可
●**予約**　随時受付け
●**コンペ**　3組以上はコンペ申込み書、組み合せ表が必要
●**休日**　営業期間中無休
12月中旬～3月下旬冬期クローズ
●**クレジット**　JCB　UC　VISA 他
●**開場日**　1979年7月18日
●**コースの特徴**　18H　P72　6555Y
緩やかな起伏と豊富な樹木は自然との調和が美しい。大きめのグリーンは慎重なパッティングが必要
●**練習場**　30Y10打席
●**電車**　中央本線茅野駅
●**クラブバス**　なし
●**タクシー**　茅野駅から30分4,500円
●**プレースタイル**　セルフで GPS ナビ付乗用カート。FW 乗入れ可能な期間あり（コース状況により不可）
●**シューズ**　メタルスパイク禁止
●**ビジター料金表**

	平　日	土　曜	日　祝
セ　ル　フ	7,000	11,400	11,400

2021年11月の昼食付料金
期間により料金は異なる
●**プレー情報**　宿泊パック、コンペ特典、早朝・薄暮ハーフプレー

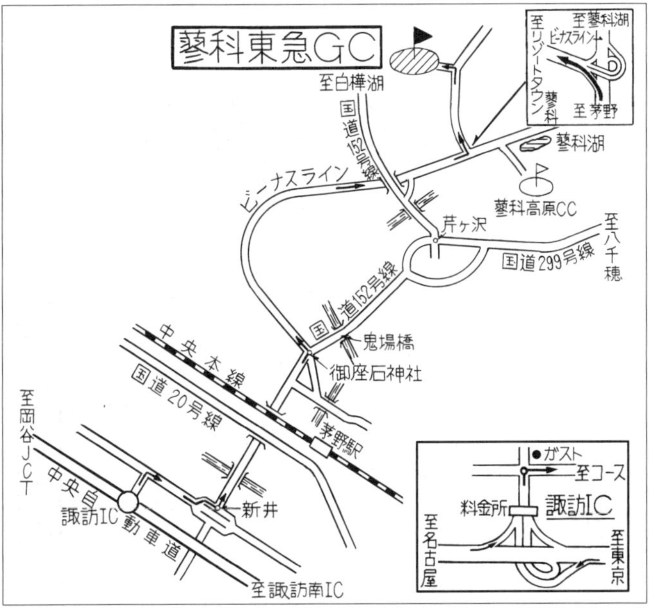

【自動車】高井戸 IC（中央自動車道）172キロ→諏訪 IC 18キロ→コース　所要時間2時間30分　諏訪 IC で降り、最初の信号を右折する。直進して新井交差点を左折して、御座石神社交差点を左折してビーナスラインに入る。蓼科湖のやや手前で看板に従って左折するとコース

☎0436(95)1111

立野クラシックゴルフ倶楽部

〒290-0242　千葉県市原市中高根1166　FAX 0436(95)0121
http://www.heiwanosan.co.jp/tateno/　東京事務所　03(3572)1188

●プレーの申込み　平日は会員の紹介 土日祝は同伴または紹介が必要
●予約　2か月前の同日から受付け
●コンペ　3組以上は3か月前の同日から受付け
●休日　クラブ指定の月曜日　1／1
●クレジット　JCB　VISA　DC ダイナース　AMEX　UC　MC
●開場日　1986年10月18日
●コースの特徴　18H　P72　6948Y B・ランガーが日本で初めて監修したフラットな丘陵コース
●コースレート　72.4
●練習場　70Y10打席

●電車　内房線五井駅
●クラブバス　五井駅東口ターミナルから7:25　8:25　平日要予約
●タクシー　五井駅から20分3500円
●プレースタイル　キャディ付で5人乗り乗用カート
●シューズ　ソフトスパイク推奨
●ビジター料金表

	平　日	土　曜	日　曜
キャディ付	18,500	29,500	28,400

祝日は28,400円。2021年11月の料金
●プレー情報　季節割引、コンペ割引

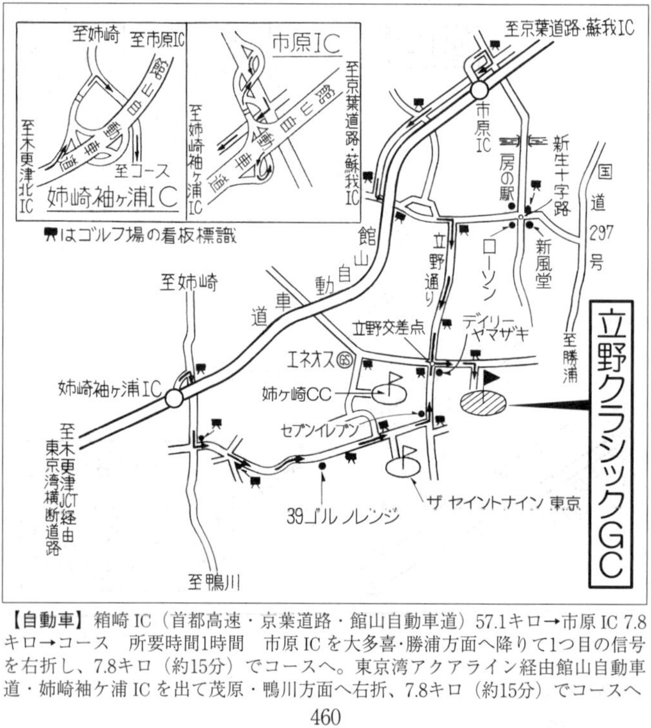

【自動車】箱崎IC（首都高速・京葉道路・館山自動車道）57.1キロ→市原IC 7.8キロ→コース　所要時間1時間　市原ICを大多喜・勝浦方面へ降りて1つ目の信号を右折し、7.8キロ（約15分）でコースへ。東京湾アクアライン経由館山自動車道・姉崎袖ケ浦ICを出て茂原・鴨川方面へ右折、7.8キロ（約15分）でコースへ

☎0470(29)1111

館山カントリークラブ

〒294-0311　千葉県館山市坂井772－54　FAX 0470(29)1157
http://www.tateyama-cc.com

●プレーの申込み　会員の紹介が必要
●予約 平日は3か月前、土日祝は2か月前の同日より受付け
●コンペ　会員の紹介で可
●休日　無休
●クレジット　各種
●開場日　1967年6月29日
●コースの特徴　27H　P108　9674Y
クラブハウスから太平洋を一望できる南国情緒あふれるゴルフリゾート。温暖な気候で冬でもクローズなし、夏は潮風が涼しい
●コースレート　東西70.6　西中69.3　中東68.7
●練習場　33Y6打席
●電車　内房線館山駅
●クラブバス　予約制で館山駅西口8:55　9:30、またはフェリー金谷港から7:05　8:05運行
詳細は要問合せ
●タクシー　館山駅から約20分
●プレースタイル　セルフで乗用カート
●シューズ　メタルスパイク禁止
●ビジター料金表

	平　日	土　曜	日　祝
セ　ル　フ	12,200	18,250	18,250

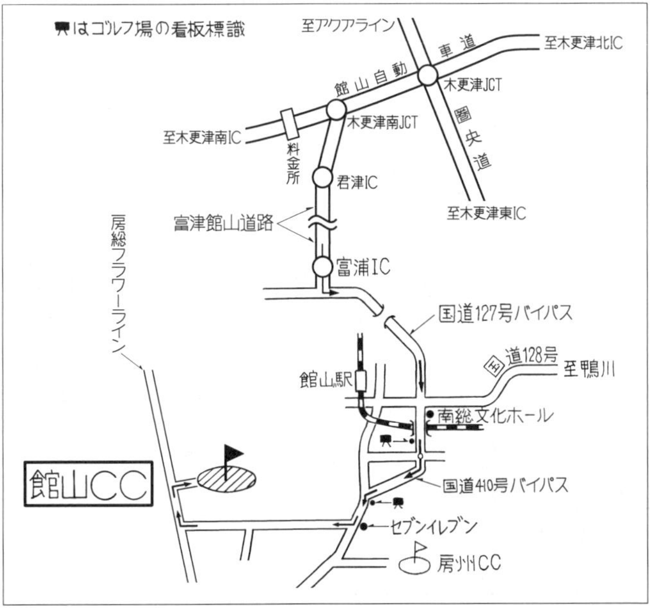

【自動車】箱崎IC（首都高速・京葉道路・館山自動車道）79.9キロ→木更津南JCT(富津館山道路)40.7キロ→富浦IC 20キロ→コース　所要時間2時間　富津館山道路終点の富浦ICから館山方面に進み、国道410号バイパスを道なりに進む。藤原運動公園を通過後、1つ目のセブンイレブンの信号を右折してコースへ

棚倉田舎倶楽部

〒963-6122　福島県東白川郡棚倉町仁公儀字川原田286　FAX 0247(33)3196
予約専用　0247(33)3191　http://www.tanagura-cc.co.jp

●プレーの申込み　ビジター可
●予約　随時受付け
●コンペ　組数制限なし
●休日　クラブ指定日
●クレジット　各種
●開場日　1976年4月25日
●コースの特徴　27H　P108　10605Y
60万坪の敷地にゆったりレイアウトされ、フラットでフェアウェイは広く距離がタップリあるコース
●コースレート　東・西73.8 西・中73.3 中・東73.5
●練習場　250Y14打席
●電車　東北新幹線新白河駅
●クラブバス　要問合せ
●タクシー　新白河駅から35分7000円
●プレースタイル　セルフで乗用カート。キャディ付は要予約
●シューズ　ソフトスパイク
●ビジター料金表

	平　日	土　曜	日　祝
セ　ル　フ	6,500	10,500	10,500

2021年10月～11月の料金で昼食付
期間により料金は異なる
キャディ付は3300円（4B）加算
クラブハウスは天然温泉。宿泊施設あり

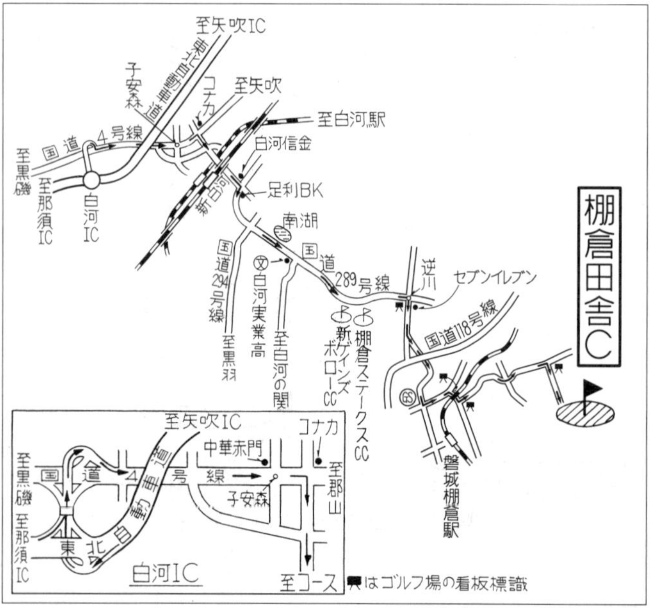

【自動車】浦和料金所（東北自動車道）164.9キロ→白河IC（国道289号）23.4キロ→逆川4.8キロ→コース　所要時間3時間5分　白河ICを白河市街方面に降り、インターから5つ目の信号を右折して国道289号を棚倉町へ。国道118号から水郡線を横断してコースへ

玉川カントリークラブ

〒355-0342　埼玉県比企郡ときがわ町大字玉川3966－3　FAX 0493(65)3811
https://www.accordiagolf.com　本社03(6688)1500

●プレーの申込み　ビジター可
●予約　平日は3か月前の月初めから、土日祝は3か月前の同日から受付け
●コンペ　予約状況により相談
●休日　無休
●クレジット　各種
●開場日　1994年7月14日
●コースの特徴　18H　P72　6752Y
比企丘陵に自然の樹木を豊富に残してレイアウトされたベント1面グリーンの戦略的なコース
●コースレート　71.8
●練習場　200Y9打席
●電車　東武東上線森林公園駅
●クラブバス　森林公園駅南口から予約制で6:40（1～2月平日は運休）7:30 8:30
●タクシー　森林公園駅から20分約3500円
●プレースタイル　セルフで GPS ナビ付5人乗り乗用カート、FW 乗入れ可能な期間あり（コース状況により不可）
●シューズ　メタルスパイク禁止
●ビジター料金表

	平　日	土　曜	日　祝
セ　ル　フ	8,690	18,490	17,490

上記は2021年11月の昼食付料金

た

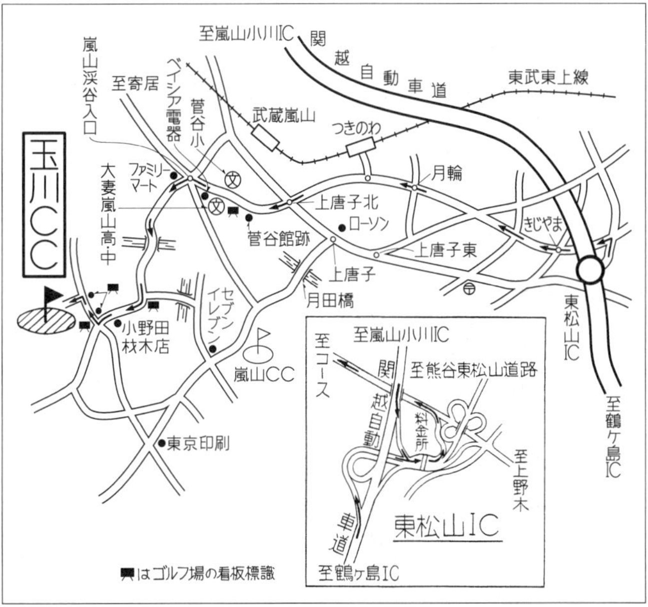

【自動車】練馬 IC（関越自動車道）39.4キロ→東松山 IC 10キロ→コース　所要時間45分　東松山 IC を小川町方面に降り、インターから約6キロ先の嵐山渓谷入口交差点を左折してコースへ

多摩カントリークラブ

〒206-0822　東京都稲城市坂浜3360　FAX 042（331）2721
http://www.tfn-style.jp　本社03（3542）2044

●**プレーの申込み**　会員の同伴または紹介が必要
●**予約**　平日は2か月前の同日、土日祝は1か月前の同日から受付。午前10時から会員が直接電話で申込む
●**コンペ**　土日祝不可、平日は3組以上は6か月前の同日から受付け
●**キャンセルとキャンセル料**　プレー日を含む10日前の正午以降のキャンセルは、1組につき20000円
●**休日**　12／31 1／1 その他年間4日間
●**クレジット**　JCB　AMEX　DC 他
●**開場日**　1962年8月4日
●**コースの特徴**　18H　P72　6742Y　アウトはゆるやかなスロープで広いがインは左右 OB が迫るなどメンタル
●**コースレート**　71.7
●**電車**　京王線稲城駅、または南武線南多摩駅
●**クラブバス**　稲城駅経由、南多摩駅からのバスを運行
●**タクシー**　聖蹟桜ケ丘駅15分2000円　稲城駅・南多摩駅10分約1000円
●**プレースタイル**　キャディ付で乗用カート
●**シューズ**　ゴルフ靴はすべて可
●**ビジター料金表**

	平　日	土　曜	日　祝
キャディ付	28,200	39,700	39,700

【**自動車**】高井戸 IC（中央自動車道）9.9キロ→稲城 IC6キロ→コース　所要時間30分　新宿方面からは稲城 IC から稲城大橋を渡って、稲城大橋入り口信号を右折。稲城中央公園信号の先を右折してコース。八王子方面からは府中スマート IC を利用して稲城大橋を渡る。または国立府中 IC から関戸橋を渡ってコースへ

玉造ゴルフ倶楽部捻木コース

〒311-3503　茨城県行方市捻木724　FAX 0299(55)3139
https://www.pacificgolf.co.jp/nejiki/

●**プレーの申込み**　ビジター可
●**予約**　3か月前の1日から受付け
●**コンペ**　組数制限なし
●**休日**　無休
●**クレジット**　JCB　VISA　DC他
●**開場日**　1987年10月2日
●**コースの特徴**　18H　P72　6815Y
フラットなコースで戦略的なベントのワングリーン。池やバンカーが巧みに配され、挑戦意欲をかきたてる
●**コースレート**　72.1
●**練習場**　20Y5打席
●**電車**　常磐線石岡駅、または高浜駅
●**クラブバス**　石岡駅から全日予約制
高浜駅からは土日祝のみ予約制
●**タクシー**　石岡駅から25分5000円
●**プレースタイル**　キャディ付またはセルフで乗用カート
●**シューズ**　ソフトスパイク推奨
●**ビジター料金**
季節により料金が異なるので、ホームページ参照、またはクラブに要問合せ

【**自動車**】三郷IC（常磐自動車道）46.6キロ→土浦北IC 31キロ→コース　所要時間1時間20分　土浦北ICを土浦・霞ヶ浦方面に降りて国道354号を進む。霞ヶ浦大橋を渡って泉北信号を左折し、約2キロ先の玉造工高前を右折してコースへ。東関道・潮来ICからは行方縦貫道で31キロ

玉造ゴルフ倶楽部若海コース

〒311-3502　茨城県行方市若海275　FAX 0299(55)0129
https://www.pacificgolf.co.jp/wakaumi/

●プレーの申込み　ビジター可
●予約　3か月前の1日から受付け
●コンペ　組数制限なし
●休日　無休
●クレジット　JCB　DC　VISA　ダイナース　AMEX　UC
●開場日　1983年9月25日
●コースの特徴　18H　P72　6661Y
杉でセパレートされた林間コース。ゆるやかな起伏と池を配したレイアウトでショットの正確性が求められる
●コースレート　71.6
●練習場　30Y7打席
●電車　常磐線石岡駅、または高浜駅
●クラブバス　石岡駅から全日予約制　高浜駅からは土日祝のみ予約制
●タクシー　石岡駅から30分7000円
●プレースタイル　セルフプレーで5人乗りリモコン乗用カート
●シューズ　ソフトスパイクのみ可
●ビジター料金
季節により料金が異なるため、ホームページ参照、またはクラブに要問合せ

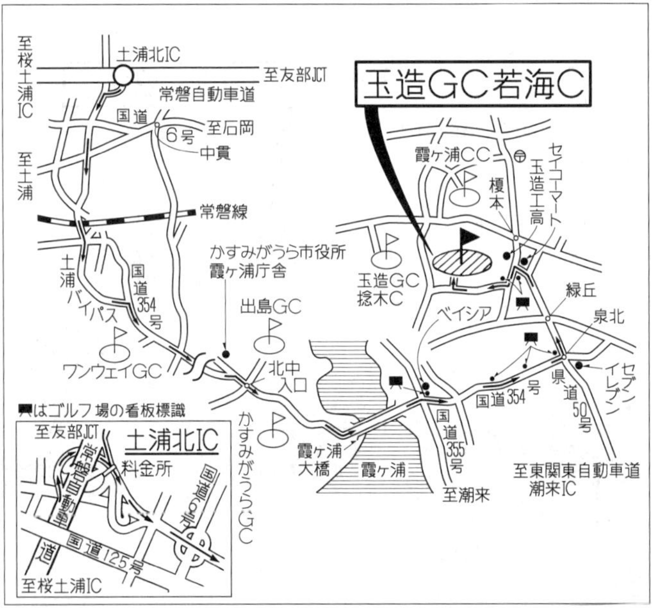

【自動車】三郷IC（常磐自動車道）46.6キロ→土浦北IC 30キロ→コース　所要時間1時間20分　土浦北ICを土浦・霞ヶ浦方面に降りて国道354号を進む。霞ヶ浦大橋を渡って泉北信号を左折し、約2キロ先の玉造工高前を左折してコースへ。東関道・潮来ICからは行方縦貫道で30キロ

玉村ゴルフ場

〒370-1124　群馬県佐波郡玉村町角渕5006　FAX0270(65)9139
予約専用　0270(65)7279　http://www.tamamura-golf.jp

●プレーの申込み　パブリックコース
●予約　随時受付け
●コンペ　組数は相談
●休日　無休
●クレジット　VISA　JCB　マスター　AMEX
●開場日　1976年9月19日
●コースの特徴　18H　P72　6572Y
河川敷で平たんながら、けやき等が繁茂し林間コースの趣がある。ところどころに起伏やハザードがあり変化に富んだプレーができる
●電車　高崎線新町駅
●クラブバス　なし
●タクシー　新町駅から15分2200円
●プレースタイル　セルフプレーで乗用カート。キャディ付も可
●シューズ　ソフトスパイク
●ビジター料金表

	平　日	土　日	祝　日
キャディ付	9,867	14,102	14,102
セ　ル　フ	7,267	11,502	11,502

●プレー情報　シニア(65歳以上)・身障者割引、ジュニア料金(18歳未満)

【自動車】練馬IC(関越自動車道)80.4キロ→藤岡IC 9キロ→コース　所要時間1時間10分　藤岡ICで降り、国道17号を東京方面に戻り、自衛隊前交差点を左折。岩倉橋の先の田中生コンとパチンコ店の間を右折し、500m先を右折してコース。高崎玉村スマートICより6キロ、8分。北関東自動車道・前橋南ICより15分

チェックメイトカントリークラブ

〒258-0003　神奈川県足柄上郡松田町松田惣領3033　FAX 0465(82)1286
予約専用　0465(83)7311　https://checkmate-cc.com/

●プレーの申込み　会員の同伴または紹介が必要
●予約　平日は2か月前、土日祝は1か月前の同日から予約電話にて受付け
●コンペ　土曜不可。3か月前から受付け
●休日　無休
●クレジット　DC　VISA　JCB 他
●開場日　1983年4月21日
●コースの特徴　18H　P72　6908Y
地形を生かし、池を多く配し、ベントワングリーンの戦略性の高いアメリカンスタイルのコース
●コースレート　72.3
●練習場　110Y11打席
●電車　小田急線新松田駅
●クラブバス　新松田駅から7:00　7:40　8:45
●タクシー　新松田駅から15分2800円
●プレースタイル　キャディ付またはセルフでGPSナビ付5人乗り乗用カート
●シューズ　ソフトスパイク推奨
●ビジター料金表

	平　日	土　曜	日　曜
キャディ付	17,530	24,030	23,030
セ　ル　フ	15,000	21,500	20,500

2021年10月～11月の料金祝日セルフ19500円、キャディ付22030円

【自動車】東京IC（東名高速）57.9キロ→大井松田IC 6キロ→コース　所要時間1時間　大井松田ICを降りて国道255号線に出て秦野・山北方面に向かう。国道246号線を渋谷方面に少し戻り、東名高速の下をくぐって500メートル先の案内板に従って左折。山道を4キロほど走ってコース

☎026(272)2491

千曲高原カントリークラブ

〒387-0023　長野県千曲市八幡2　FAX 026(273)1520
予約026(272)2490　http://www.chikuma-golf.com

●プレーの申込み　ビジター可
●予約　随時受付け
●コンペ　組数は相談
●休日　営業期間中無休
12月初旬～3月下旬は冬期クローズ
●クレジット　VISA　JCB　DC 他
●開場日　1969年8月1日
●コースの特徴　18H　P72　6344Y
標高900mの高原にレイアウトされた丘陵コース。各ホールそれぞれに変化があって球趣が尽きないコースだ
●コースレート　69.0
●練習場　200Y8打席
●電車　しなの鉄道戸倉駅
●クラブバス　なし
●タクシー　戸倉駅から20分
約5000円
●プレースタイル　キャディ付または
セルフで乗用カート
●シューズ　スパイクレスのみ可
●ビジター料金表

	平　日	土　曜	日　祝
セ　ル　フ	9,300	13,600	13,600

上記は2021年シーズン料金で昼食付
キャディ付は3100円（4B）加算
●プレー情報　サービスデー、コンペ割引

ち

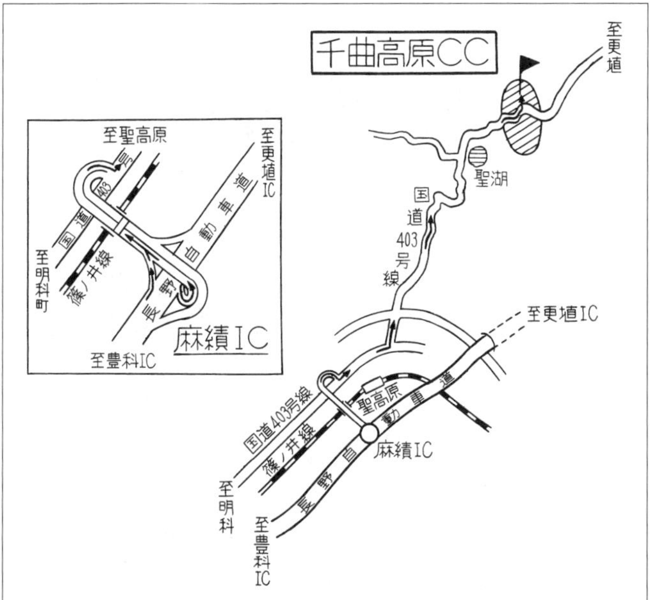

【自動車】高井戸IC（中央自動車道）185.8キロ→岡谷JCT（長野自動車道）52.6キロ→麻績IC 8キロ→コース　所要時間3時間　麻績ICを降りて国道403号線を更埴方面に向かう。聖湖を過ぎてまもなくするとコース。または上信越自動車道・坂城ICから戸倉駅交差点を左折してコースへ

秩父国際カントリークラブ

〒369-1411　埼玉県秩父郡皆野町三沢4633－1　FAX 0494(65)0510
https://www.accordiagolf.com

●**プレーの申込み**　ビジター可
●**予約**　3か月前から受付け
●**コンペ**　組数制限なし
●**休日**　無休
●**クレジット**　JCB　UC　VISA 他
●**開場日**　1975年7月15日
●**コースの特徴**　18H　P72　5892Y
典型的な丘陵コース。ダイナミックで男性的なアウト、リズミカルな自然の地形を生かしたインと変化がある
●**練習場**　25Y10打席
●**電車**　西武池袋線西武秩父駅
●**クラブバス**　なし
●**タクシー**　西武秩父駅25分3800円～

●**プレースタイル**　セルフプレーでGPSナビ付乗用カート
●**シューズ**　ソフトスパイク
●**ビジター料金表**

	平　日	土　曜	日　祝
セ　ル　フ	6,490	14,990	13,990

期間により料金は異なる
優待プラン等要問合せ
●**プレー情報**　コンペパック、薄暮プレー

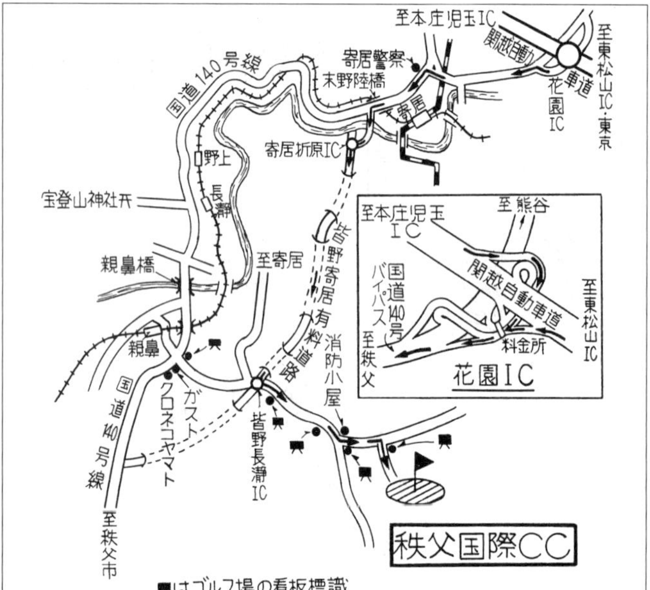

■はゴルフ場の看板標識

【自動車】練馬IC（関越自動車道）56.1キロ→花園IC 18キロ→コース　所要時間1時間15分　花園ICを降りて国道140号線を秩父方面に向かう。末野陸橋先で皆野寄居有料道路へ。皆野長瀞ICで降り、右折して2キロでコース到着

☎0470(83)0211

千葉夷隅ゴルフクラブ

〒298-0261　千葉県夷隅郡大多喜町板谷588　FAX 0470(83)0215
https://www.chibaisumi.jp/

●プレーの申込み　平日は会員の紹介土日祝は会員の同伴が必要
●予約　3か月前の同日11時から受付け
●コンペ　組数は相談
●休日　1／1
●クレジット　AMEX 他
●開場日　1979年8月28日
●コースの特徴　27H　P108　10532Y　丘陵地に造られたコースで、フェアウェイは広く距離は長く戦略性も高い
●コースレート　東・南73.3　南・西73.5　西・東73.4
●練習場　220Y21打席
●電車　外房線茂原駅
●クラブバス　茂原駅から8:20、袖ヶ浦 BT から8:10（要予約）
●タクシー　茂原駅から40分10000円
●プレースタイル　キャディ付またはセルフで GPS ナビ付電磁誘導式乗用カート
●シューズ　ソフトスパイク（スパイクレスを含む）
●ビジター料金表

	平　日	土　曜	日　祝
キャディ付	14,000	27,000	27,000
セ　ル　フ	10,000	23,000	23,000

2021年10月～11月の料金。期間により料金は異なる

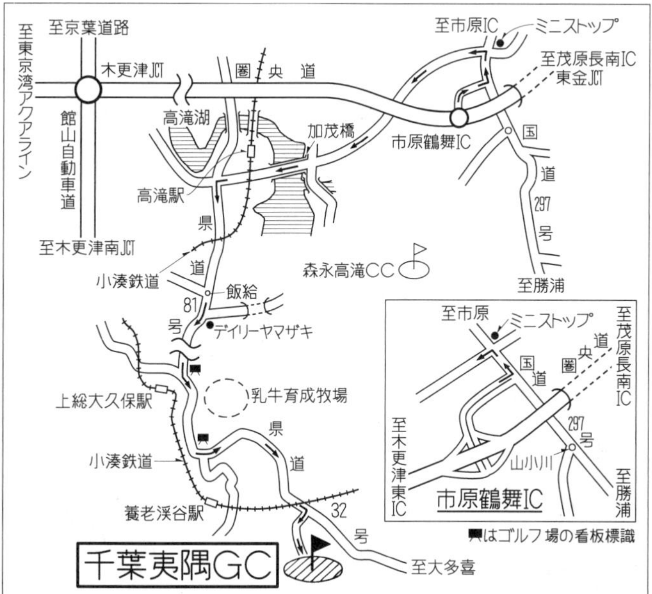

【自動車】●圏央道：市原舞鶴 IC より18キロ（約20分）、木更津東 IC より21キロ（約25分）　●館山道：姉崎袖ヶ浦 IC より R410バイパス三田交差点経由で29キロ（約35分）、市原 IC より R297上総牛久（米沢交差点）経由で36キロ（約45分）

千葉カントリークラブ梅郷ゴルフ場

〒278-0021　千葉県野田市堤根167　FAX 04(7123)4895
本社　04(7122)1551　http://www.chibacc.co.jp

●**プレーの申込み**　平日・土曜日は会員の同伴または紹介、日祝は同伴が必要
●**予約**　平日は6か月前、土日祝は3か月前の第1水曜日から本社で受付け
●**コンペ**　予約状況により相談
●**休日**　毎週月曜日
12／31　1／1　クラブ指定日
●**クレジット**　各種
●**開場日**　1959年12月14日
●**コースの特徴**　18H　P72　7111Y
フラットな林間だが距離もあり、飛距離と正確さの両方を必要とするコース
●**コースレート**　73.6
●**練習場**　310Y23打席
●**電車**　東武野田線野田市駅
●**クラブバス**　野田市駅から7:00～9:30まで30分間隔で運行
●**タクシー**　野田市駅から10分1000円
●**プレースタイル**　キャディ付で歩いてプレー
●**シューズ**　ソフトスパイク
●**ビジター料金表**

	平　日	土　曜	日　祝
キャディ付	25,950	39,920	39,920

2022年4月～12月の基本料金

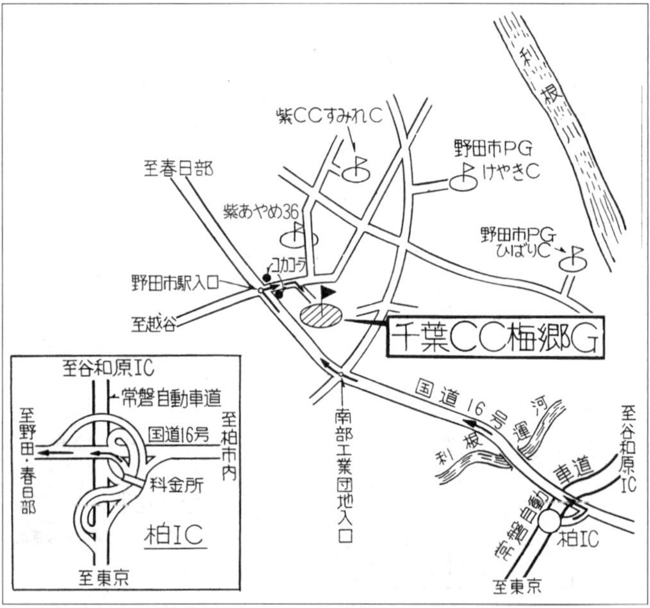

【自動車】三郷IC（常磐自動車道）10.8キロ→柏IC 7キロ→コース　所要時間30分　柏ICで降り、国道16号線を野田·大宮方面に向かう。6.5キロ先の野田市駅入口交差点を右折してコースへ

千葉カントリークラブ川間ゴルフ場

〒270-0237　千葉県野田市中里3477　FAX 04(7127)3343
本社　04(7122)1551　http://www.chibacc.co.jp

●**プレーの申込み**　平日は会員の紹介　土日祝は会員の同伴または紹介が必要
●**予約**　平日は6か月前、土日祝は3か月前の第1水曜日から本社で受付け
●**コンペ**　組数は相談
●**休日**　12／31　1／1　その他クラブ指定日（要問合せ）
●**クレジット**　各種
●**開場日**　1957年11月9日
●**コースの特徴**　27H　P108　10488Y　正確な方向性が要求される西コース、変化に富んだ南コース、池が多く、適度なアンジュレーションがある東コースとそれぞれ趣きが異なる
●**コースレート**　東南73.1　南西72.9　西東72.6
●**練習場**　240Y17打席
●**電車**　東武野田線川間駅
●**クラブバス**　川間駅北口から7:00～9:40まで40分間隔で運行
●**タクシー**　川間駅から15分1,600円
●**プレースタイル**　セルフプレーで乗用カート
●**シューズ**　ソフトスパイク
●**ビジター料金表**

	平　日	土　曜	日　祝
セ　ル　フ	18,310	26,560	26,560

季節料金あり

ち

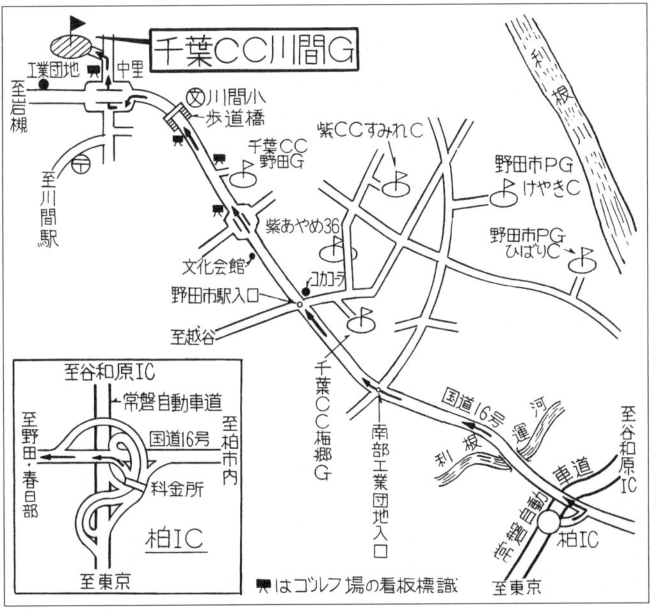

【**自動車**】三郷IC（常磐自動車道）10.8キロ→柏IC 16キロ→コース　所要時間40分　柏ICで降り、国道16号線を野田・大宮方面へ向かう。千葉CCの梅郷、野田コースを経て中里の立体交差を右折、1キロ進んで左側にコース

千葉カントリークラブ野田ゴルフ場

〒278-0041　千葉県野田市蕃昌4　FAX 04(7122)5621
本社　04(7122)1551　http://www.chibacc.co.jp

●プレーの申込み　平日・土曜日は会員の同伴または紹介、日祝は同伴が必要
●予約　平日は6か月前、土日祝は3か月前の第1水曜日から本社で受付け
●コンペ　組数は相談
●休日　月曜日　12／31　1／1　クラブ指定日
●クレジット　UC　JCB　DC 他
●開場日　1954年10月25日
●コースの特徴　18H　P72　7058Y　フラットな林間コースで、正確なショットが要求される。
●コースレート　73.0
●練習場　230Y22打席
●電車　東武野田線清水公園駅
●クラブバス　清水公園駅東口から7:00から9:20まで20分毎に運行
●タクシー　愛宕駅から約10分1000円
●プレースタイル　キャディ付プレーで乗用カート使用
●シューズ　ソフトスパイク
●ビジター料金表

	平　日	土　曜	日　祝
キャディ付	27,050	41,020	41,020

2022年4月～12月の基本料金
季節により料金は異なる

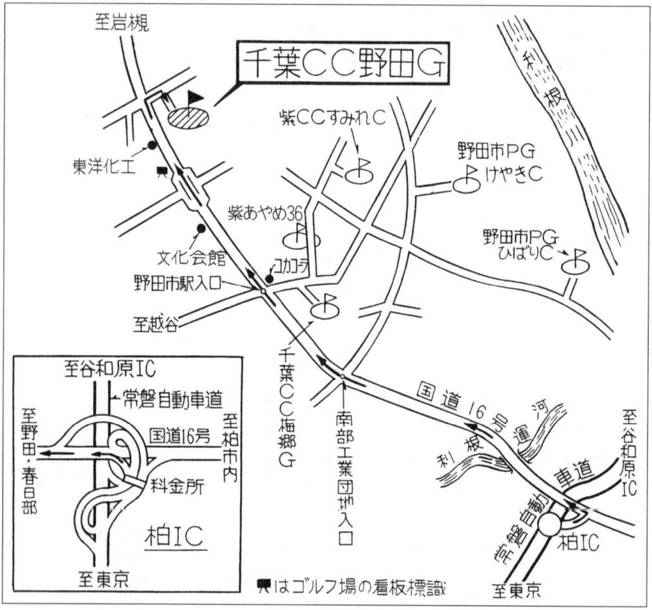

【自動車】三郷IC（常磐自動車道）10.8キロ→柏IC 11キロ→コース　所要時間35分　柏ICで降り、国道16号線に出て左折し野田・大宮方面に向かう。文化会館（立体交差点）を過ぎて2つ目の信号を右折してコース

☎0475(35)4325

千葉国際カントリークラブ

〒297-0231　千葉県長生郡長柄町山之郷754－32　FAX 0475(35)3128
https://www.pacificgolf.co.jp/chibakokusai/

●**プレーの申込み**　予約状況によりビジター可
●**予約**　3か月前の1日より受付け
●**コンペ**　3か月前の1日より受付け
●**休日**　無休
●**クレジット**　JCB　VISA
●**開場日**　1968年11月23日
●**コースの特徴**　45H　P180　16090Y
自然の地形と樹木を巧みに活かした典型的な丘陵コース
●**練習場**　160Y15打席
●**電車**　外房線、内房線、京葉線蘇我駅
●**クラブバス**　蘇我駅より7:20　8:00
●**プレースタイル**　セルフプレーでGPSナビ付5人乗り乗用カート。キャディ付は要予約
●**シューズ**　ソフトスパイクのみ可
●**ビジター料金**
季節により料金が異なるため、ホームページ参照、またはクラブに要問合せ

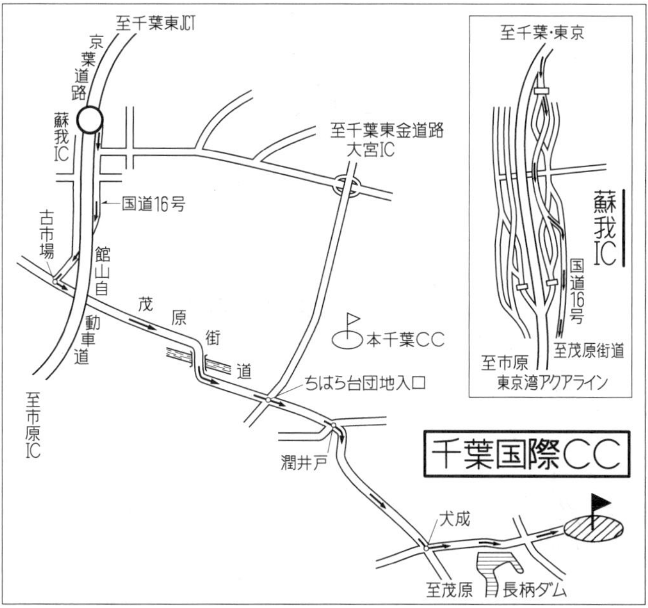

【**自動車**】箱崎IC（首都高速、京葉道路）49キロ→蘇我IC 14キロ→コース　所要時間1時間　蘇我ICを降りて市原方面に進み、茂原街道との古市場信号を左折。14キロ先の犬成信号を左折してコースへ。アクアライン方面からは館山道・市原ICから12キロ。茂原・長柄スマートICから約8キロ13分

千葉桜の里ゴルフクラブ

〒289-0406　千葉県香取市田部1434　FAX 0478(78)3416
https://www.accordiagolf.com　本社03(6688)1500

●**申込み**　平日はビジター可、土日祝は予約状況によりビジター可
●**予約**　平日は3か月前の1日、土日祝は3か月前の同日から予約専用電話で受付け
●**コンペ**　組数は相談
●**休日**　無休
●**クレジット**　JCB　UC　VISA 他
●**開場日**　1984年12月16日
●**コースの特徴**　18H　P72　7110Y
要所に配した池とバンカー、アンジュレーションのあるグリーンが大きな戦略要素となっている
●**練習場**　263Y16打席

●**電車**　成田線小見川駅
●**クラブバス**　なし
●**タクシー**　成田線・小見川駅から約15分1800円
●**プレースタイル**　セルフプレーでGPS ナビ付5人乗り乗用カート
●**シューズ**　メタルスパイク禁止
●**ビジター料金表**

	平　日	土　曜	日　祝
セ　ル　フ	7,990	18,990	17,990

季節により料金は異なる

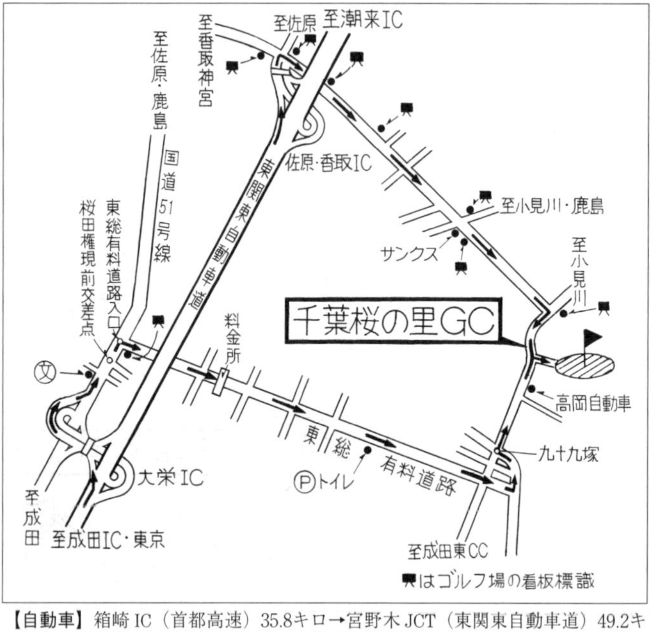

【自動車】箱崎 IC（首都高速）35.8キロ→宮野木 JCT（東関東自動車道）49.2キロ→佐原・香取 IC 8.5キロ→コース　所要時間1時間20分　佐原・香取 IC で降りてすぐの信号を右折する。工業団地を抜けて7キロ先の米野井信号を右折すると左側にコースが見える

千葉新日本ゴルフ倶楽部

〒290-0212　千葉県市原市新巻850　FAX 0436(36)7124
予約専用　0436(36)7297　https://www.chibashinnihongc.jp/

●**プレーの申込み**　予約状況によりビジター可
●**予約**　3か月前の同日から受付け
●**コンペ**　組数は相談
●**休日**　無休
●**クレジット**　JCB　VISA　UFJ 他
●**開場日**　1972年9月23日
●**コースの特徴**　36H　P144　13591Y
両コースともフェアウェイが広く、外房は距離もありロングヒッター向き、内房は正確なショットが必要
●**コースレート**　外房71.2　内房69.7
●**練習場**　230Y10打席
●**電車**　内房線五井駅
●**クラブバス**　五井駅東口から予約制で平日8:30　土日祝7:20　8:30
●**タクシー**　五井駅から20分4000円
●**プレースタイル**　セルフプレーで乗用カート。キャディ付は要予約
●**シューズ**　ソフトスパイク推奨
●**ビジター料金表**

	平　日	土　曜	日　祝
内房コース	11,700	20,700	19,600
外房コース	12,800	21,800	20,700

2021年10月～12月の優待料金で昼食付
季節料金あり
●**プレー情報**　コンペプラン、薄暮

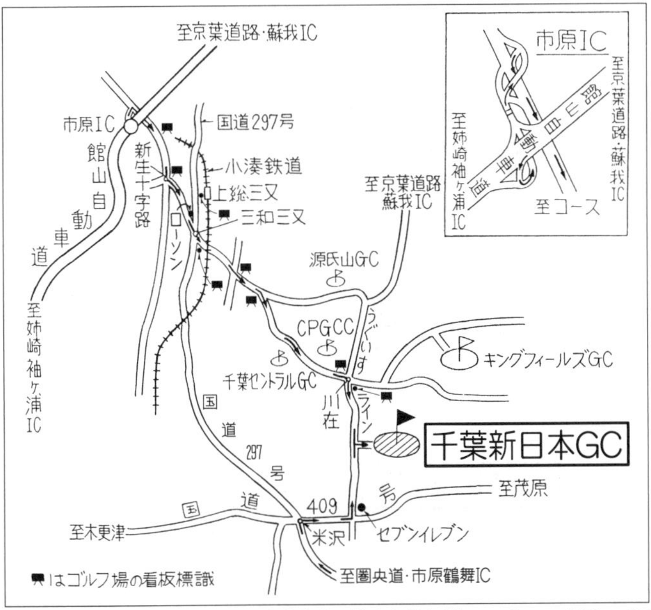

【自動車】箱崎IC（首都高速・京葉道路・館山自動車道）57.1キロ→市原IC 3.7キロ→新生十字路9キロ→コース　所要時間1時間10分　市原ICを降り大多喜・勝浦方面に向かう。新生十字路を左折し、国道297号線を横断して道なりに進む。川在交差点を右折してコースへ。圏央道・市原鶴舞ICからは10キロ、15分

千葉セントラルゴルフクラブ

〒290-0217　千葉県市原市松崎281－1　FAX 0436(36)1195
https://www.chibacentral-gc.com/

●プレーの申込み　パブリックコース
●予約　随時受付け
●コンペ　組数制限なし
●休日　無休
●クレジット　JCB　AMEX　UFJ 他
●開場日　1978年9月8日
●コースの特徴　27H　P108　10044Y
比較的フラットで個性豊かな3コースは、趣のあるホールや池もあり、戦略性が高い。誰もが楽しめるコース
●コースレート　70.7
●練習場　200Y14打席
●電車　内房線五井駅
●クラブバス　五井駅から予約制
●タクシー　五井駅から20分約3500円

●プレースタイル　セルフプレーで4人乗り乗用カート
●シューズ　ソフトスパイク
●ビジター料金表

	平　日	土　曜	日　祝
セ　ル　フ	9,500	18,000	17,000

2021年10月～12月の料金
季節により料金は異なる
●完全セルフデー　祝日を除く火曜日。昼食付・料金等は要問合せ
●プレー情報　早朝ゴルフ、オープンコンペ、ツーサム、アフタヌーンプレー

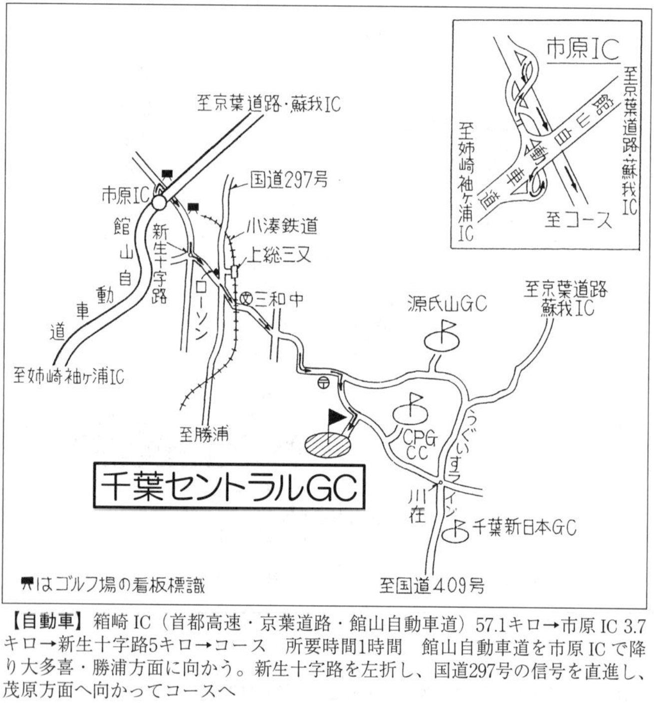

【自動車】箱崎IC（首都高速・京葉道路・館山自動車道）57.1キロ→市原IC 3.7キロ→新生十字路5キロ→コース　所要時間1時間　館山自動車道を市原ICで降り大多喜・勝浦方面に向かう。新生十字路を左折し、国道297号の信号を直進し、茂原方面へ向かってコースへ

千葉バーディクラブ

〒289-1135　千葉県八街市小谷流591　FAX 043(440)5910
http://www.c-birdie.com

●**プレーの申込み**　土日祝は会員の紹介または同伴が必要。平日はビジター可
●**予約**　3か月前の1日より受付け
●**コンペ**　組数は相談
●**休日**　無休
●**クレジット**　JCB　VISA　AMEX　DC UC　マスター　ダイナース他
●**開場日**　2008年4月12日
●**コースの特徴**　18H　P72　7057Y
豊かな樹林と高低差8メートル以下のフラットな起伏。あるがままの姿を最大限に活かしたコース
●**練習場**　230Y24打席
●**電車**　JR 総武本線八街駅
●**クラブバス**　なし
●**タクシー**　八街駅から約15分、約2800円
●**プレースタイル**　キャディ付で歩いてプレーまたは5人乗り乗用カート
●**シューズ**　ソフトスパイク、スパイクレス
●**ビジター料金表**

	平　日	土　曜	日　祝
キャディ付	24,360	38,660	38,660

乗用カート利用は1台4,620円（税込み）
●**プレー情報**　オフシーズン割引あり

ち

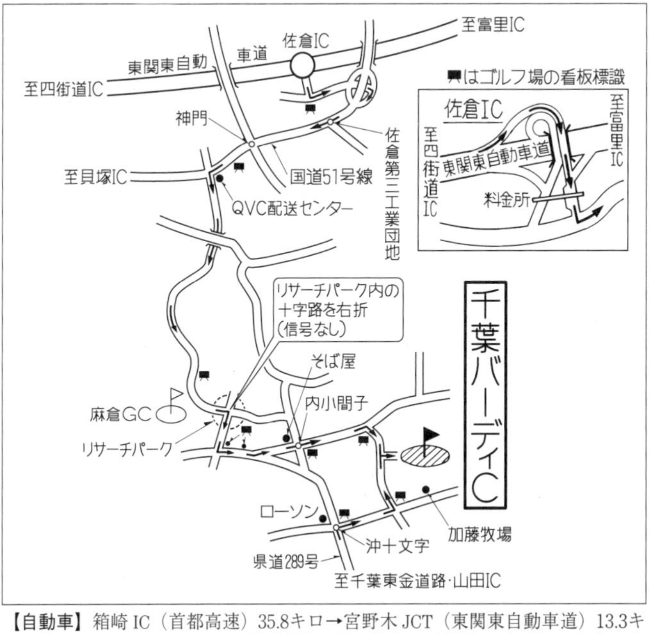

【**自動車**】箱崎 IC（首都高速）35.8キロ→宮野木 JCT（東関東自動車道）13.3キロ→佐倉 IC 12キロ→コース　所要時間55分　佐倉 IC を降りて左折し、突き当たりを右折。QVC 配送センターの信号を左折し、リサーチパーク内の十字路を右折後、1つ目の信号を左折してコースへ。千葉東金道路・山田 IC からは7キロ

千葉よみうりカントリークラブ

〒290-0228　千葉県市原市岩字三重山1　FAX 0436(92)1750
https://www.yomiuri-golf.co.jp

●プレーの申込み　パブリックコース
●予約　3か月前の1日から受付け
●コンペ　組数制限なし
●休日　無休
●クレジット　VISA　DC　JCB 他
●開場日　1978年9月15日
●コースの特徴　18H　P72　6504Y
豊富な樹林と池を織りまぜ、変化に富んだ丘陵コースに仕上がっている
●コースレート　71.0
●練習場　70Y12打席
●電車　内房線五井駅、または小湊鉄道上総牛久駅
●クラブバス　五井駅、上総牛久駅、市原鶴舞バスターミナルより送迎あり
●タクシー　五井駅から35分6000円
●プレースタイル　セルフプレーで5人乗り乗用カート
●シューズ　ソフトスパイク推奨
●ビジター料金表

	平　日	土　曜	日　祝
セ　ル　フ	9,800	16,800	16,800

2021年10月～11月の料金で昼食サービス付
●プレー情報　シニア割引、レディス割引、早朝・午後スループレー（4～11月）、薄暮（通年）

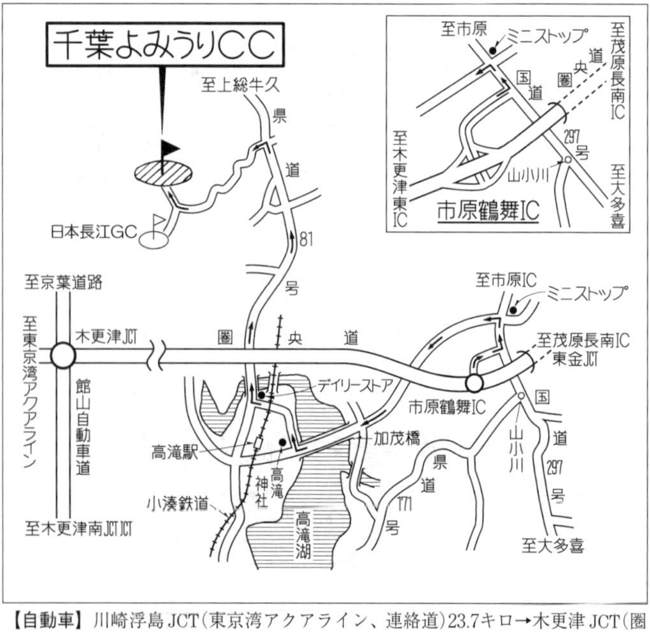

【自動車】川崎浮島JCT（東京湾アクアライン、連絡道）23.7キロ→木更津JCT（圏央道）19.6キロ→市原鶴舞IC 7キロ→コース　所要時間40分　市原鶴舞ICを降りて左折し100m先の信号（ミニストップあり）を左折。高滝湖の加茂橋を渡ってすぐ右折し1つ目の信号を右折してコースへ。館山道・市原ICからは約16キロ

☎0554(45)1261

中央都留カントリー倶楽部

〒402-0045　山梨県都留市大幡舟井沢3036　FAX 0554(45)0538
https://www.pacificgolf.co.jp/chuotsuru/

●**プレーの申込み**　ビジター可
●**予約**　3か月前の1日から受付け
●**コンペ**　3か月前の1日より受付け
●**休日**　無休
●**クレジット**　JCB　AMEX　VISA　マスター　DC　ダイナース
●**開場日**　1979年10月18日
●**コースの特徴**　18H　P72　6371Y　各ホールとも比較的フラットで、戦略性と醍醐味を合わせもった18ホール
●**電車**　中央本線初狩駅
●**クラブバス**　初狩駅から7:02　7:52　8:54。予約制
●**タクシー**　都留市駅から10分約2000円（初狩駅はタクシー無し）
●**プレースタイル**　セルフプレーでGPSナビ付電磁誘導式乗用カート
●**シューズ**　ソフトスパイク
●**ビジター料金**
季節により料金が異なるため、ホームページ参照、またはクラブに要問合せ

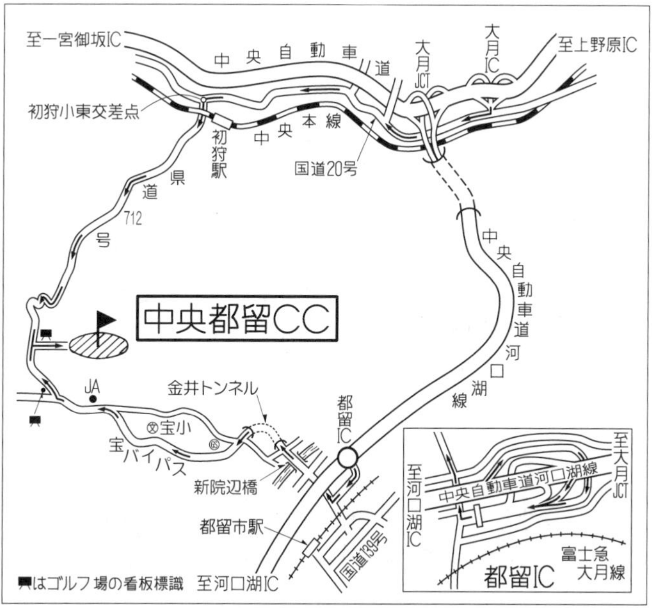

【自動車】高井戸 IC（中央自動車道）77.6キロ→都留 IC 5キロ→コース　所要時間1時間10分　都留 IC を降りて右折し、新院辺橋を渡って金井トンネルを抜けて宝バイパスを経由してコースへ。都留 IC より約10分。大月 IC からは国道20号線を甲府方面に向かい、初狩小学校東交差点を左折してする。大月 IC より約20分

中央道晴ヶ峰カントリー倶楽部

〒396-0301　長野県伊那市高遠町藤沢7051－11　FAX 0265(96)2930
https://www.pacificgolf.co.jp/haregamine/

●**プレーの申込み**　会員優先。予約状況によりビジター可

●**予約**　3か月前の同日から予約専用電話で受付

●**休日**　営業期間中は無休
12～3月は冬期クローズ

●**クレジット**　VISA　UC 他各種

●**開場日**　1987年5月11日

●**コースの特徴**　18H　P72　6875Y
日本の名峰・八ケ岳をバックに雄大なスケールと景観が満喫できる本格的林間コース。金井清一プロの監修

●**コースレート**　69.8

●**電車**　中央本線茅野駅

●**クラブバス**　なし

●**タクシー**　茅野駅から20分4000～4500円

●**プレースタイル**　セルフプレーでGPS ナビ付乗用カート

●**シューズ**　ソフトスパイク推奨

●**ビジター料金**
季節により料金が異なるため、ホームページ参照、またはクラブに要問合せ

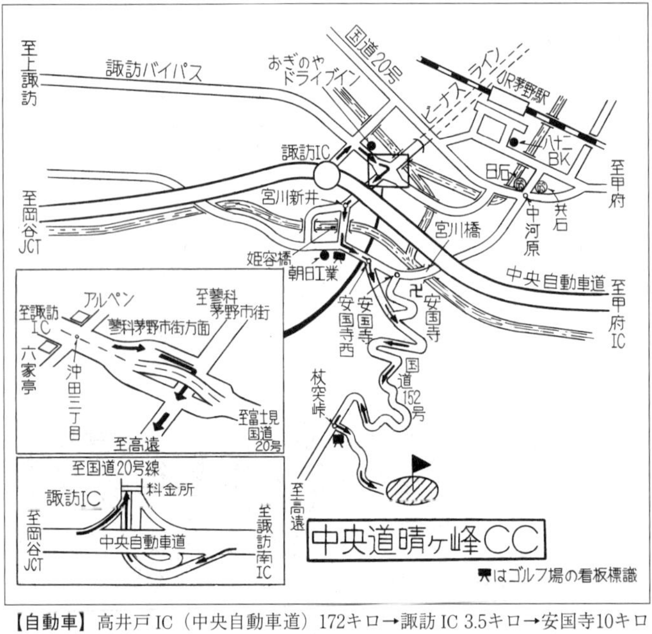

【自動車】高井戸 IC（中央自動車道）172キロ→諏訪 IC 3.5キロ→安国寺10キロ→コース　所要時間2時間30分　中央自動車道・諏訪 IC を降り、国道20号バイパスに入る。茅野市方面へ進み、高架手前を側道に入り右折、安国寺西の交差点へ。交差点を案内板に従い右折、国道152号線に入ってコースへ

長太郎カントリークラブ

〒287-0205　千葉県成田市奈土1413-1　FAX 0476(73)5546
予約0476(73)5489　https://www.pacificgolf.co.jp/chotaro/

●プレーの申込み　予約状況によりビジター可
●予約　平日は6か月前の同日、土日祝は2か月前の同日12時から受付け
●コンペ　予約状況により相談
●休日　無休
●クレジット　VISA　JCB
●開場日　1979年10月6日
●コースの特徴　18H　P72　6857Y
フェアウェイの幅は平均60mと広く、全体にフラットだが適度に起伏がある
●練習場　280Y18打席
●電車　成田線、京成電鉄成田駅、または成田線下総神崎駅
●クラブバス　完全予約制。平日は下総神崎駅より8:00　土日祝はJR成田駅より7:30　8:40
●タクシー　両成田駅から30分7000円
●プレースタイル　キャディ付またはセルフでGPSナビ付乗用カート
●シューズ　ソフトスパイク推奨
●ビジター料金
季節により料金が異なるため、ホームページ参照、またはクラブに要問合せ

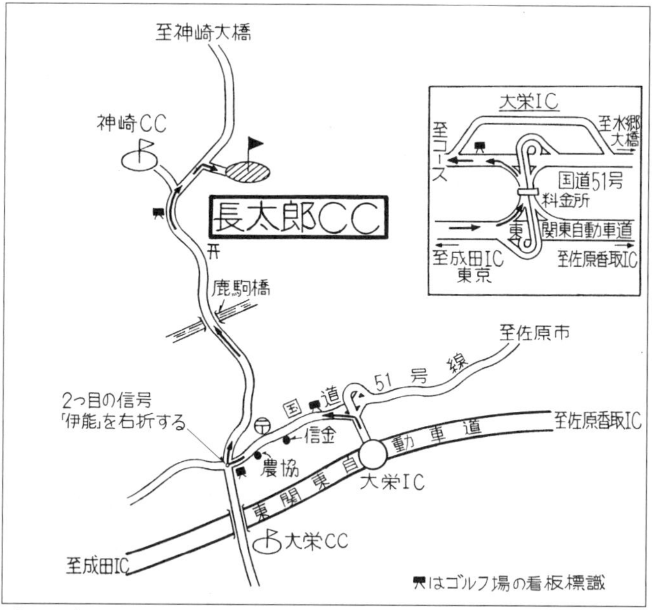

【自動車】箱崎IC（首都高速）35.8キロ→宮野木JCT（東関東自動車道）39.9キロ→大栄IC 6キロ→コース　所要時間1時間20分　宮野木JCTまでは湾岸道路か京葉道路を走る。東関東自動車道の大栄ICで降りて成田方向に向かい、2つ目の信号を右折してコースへ

長南カントリークラブ

〒297-0193　千葉県長生郡長南町又富804　FAX 0475(46)2319
http://chonan-cc.com

●**プレーの申込み**　ビジター可
●**予約**　随時受付け
●**コンペ**　相談に応じる
●**休日**　無休
●**クレジット**　各種
●**開場日**　1978年10月10日
●**コースの特徴**　18H　P72　6843Y
丘陵コースでアウト・イン各ホールとも特徴があって面白いコース。名物ホールは池越えの4番ロングホールで、豪快かつ正確なショットが要求される
●**コースレート**　72.0
●**練習場**　200m16打席
●**電車**　内房線五井駅、または外房線茂原駅
●**クラブバス**　五井駅から8:25
全日予約制（2日前の17時まで）
●**タクシー**　茂原駅から15分3000円
●**プレースタイル**　セルフプレーでGPSナビ付乗用カート。キャディ付も可
●**シューズ**　ソフトスパイク推奨
●**ビジター料金表**

	平　日	土　曜	日　祝
セ　ル　フ	9,950	18,250	17,200

上記は2021年11月の料金
期間により料金は異なる
月曜日サービスデー昼食付
キャディ付は3450円(4B)加算

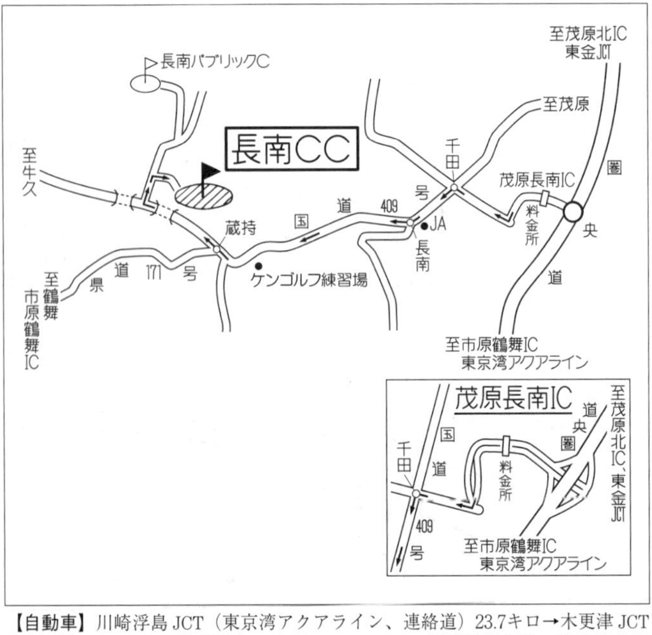

【自動車】川崎浮島JCT（東京湾アクアライン、連絡道）23.7キロ→木更津JCT（圏央道）28.4キロ→茂原長南IC 3.5キロ→コース　所要時間40分　茂原長南ICを降りて千田交差点を左折。トンネルを1つ過ぎて信号を右折してコース。千葉東金道路・東金JCTから茂原長南ICまで21.6キロ、約16分

長南パブリックコース

〒297-0105　千葉県長生郡長南町棚毛908　FAX 0475(46)3321
http://www.chonan-pc.com　本社　0436(23)5584

●プレーの申込み　パブリックコース
●予約　3か月前の同日からコースで受付け
●コンペ　組数制限なし
●休日　年中無休
●クレジット　各種
●開場日　1995年10月10日
●コースの特徴　18H　P72　6501Y
安田幸吉プロの設計によるオーソドックスな丘陵コース。全体にフラットだが狭いところもあり、正確さが要求される
●練習場　30Y8打席
●電車　内房線五井駅、または外房線茂原駅
●クラブバス　五井駅から8:25
予約制（2日前の17時まで）
●タクシー　茂原駅から20分約3300円
●プレースタイル　セルフプレーでGPSナビ付リモコン乗用カート
●シューズ　ソフトスパイク、スパイクレス
●ビジター料金表

	平　日	土　曜	日　祝
セ　ル　フ	9,450	17,600	16,200

期間により料金は異なる
ツーサム平日2,200円、土日祝2,750円加算
●プレー情報　友の会、バスパック

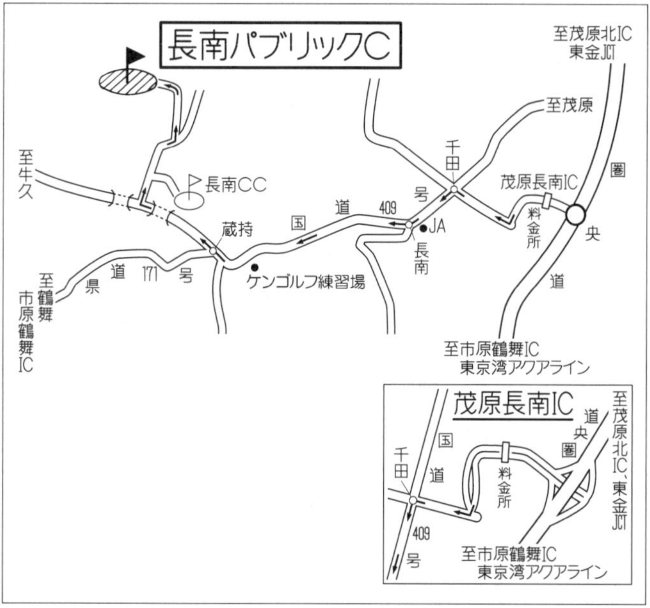

【自動車】川崎浮島JCT（東京湾アクアライン、連絡道）23.7キロ→木更津JCT（圏央道）28.4キロ→茂原長南IC 4キロ→コース　所要時間40分　茂原長南ICを降りて千田交差点を左折。トンネルを1つ過ぎて信号を右折してコース。千葉東金道路・東金JCTから茂原長南ICまで21.6キロ、約16分

千代田カントリークラブ

〒315-0065　茨城県かすみがうら市上佐谷877－6　予約 FAX 0299(59)5317
https://www.pacificgolf.co.jp/chiyoda/

●**プレーの申込み**　予約状況によりビジター可
●**予約**　3か月前の1日より受付け
●**コンペ**　予約状況により相談
●**休日**　無休
●**クレジット**　JCB　VISA　AMEX 他
●**開場日**　1982年5月9日
●**コースの特徴**　27H　P108　9807Y　ほとんど平らな林間コース。点在する池と白砂のバンカーに囲まれ、戦略性の高い美しいコース
●**コースレート**　未査定
●**練習場**　室内練習場・シミュレーションゴルフ5打席
●**電車**　常磐線石岡駅、または土浦駅
●**クラブバス**　予約制（要問合せ）
●**タクシー**　土浦駅から30分5000円　石岡駅から20分3500円
●**プレースタイル**　キャディ付またはセルフで乗用カート
●**シューズ**　ソフトスパイク推奨
●**ビジター料金**
季節により料金が異なるため、ホームページ参照、またはクラブに要問合せ

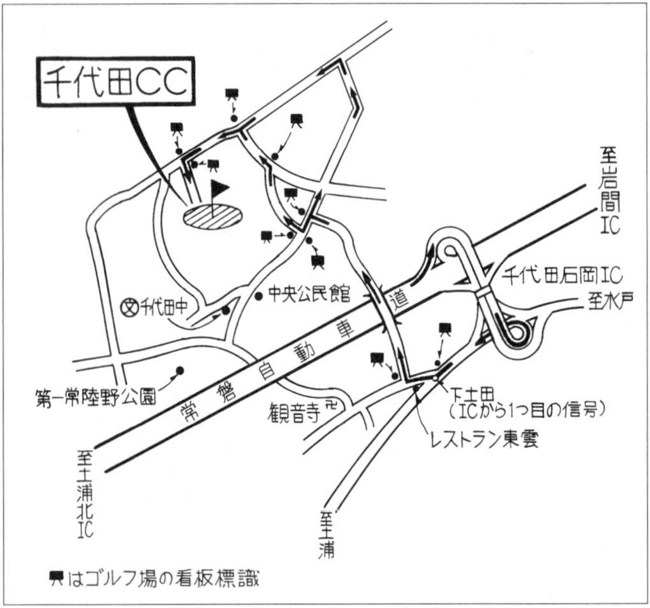

【自動車】三郷 IC（常磐自動車道）54.7キロ→千代田石岡 IC 5キロ→コース　所要時間50分　千代田石岡 IC で降りて国道6号を土浦方面に戻り1つ目の信号を右折し、すぐを再び右折して常磐自動車を越す。その後、随所にコース看板があるのでわかりやすい

ツインレイクスカントリー倶楽部

〒375-0036　群馬県藤岡市高山169－1　FAX 0274(23)1167
https://www.accordiagolf.com

●プレーの申込み　ビジター可
●予約　2か月前の同日午前10時より受付け
●コンペ　組数は相談
●休日　無休
●クレジット　JCB　VISA　AMEX 他
●開場日　1988年10月25日
●コースの特徴　18H　P72　7129Y
フェアウェイはほとんど平坦で、平均800㎡の大きなベントワングリーンの戦略的なコース。池や湖が美しく配されている
●コースレート　73.4
●練習場　180Y12打席

●電車　上越新幹線高崎駅
●クラブバス　なし
●タクシー　高崎駅から30分5000円
●プレースタイル　セルフでナビ付4人乗り乗用カート
●シューズ　ソフトスパイク、スパイクレス
●ビジター料金表

	平　日	土　曜	日　祝
セ　ル　フ	7,990	16,990	15,990

2021年11月の料金で昼食付
期間により料金は異なる

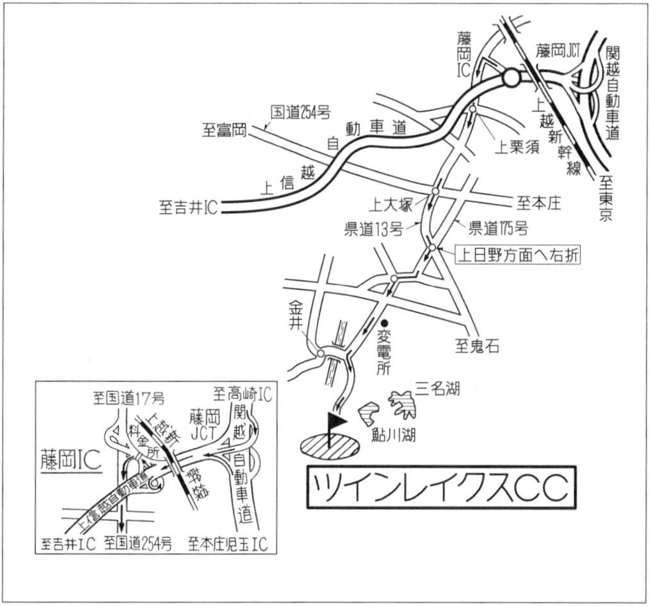

【自動車】練馬 IC（関越自動車道）80.4キロ→藤岡 IC 8.5キロ→コース　所要時間1時間10分　関越自動車道を藤岡 IC で降り、料金所を出て左折する。そのまま直進して国道254号を横断し、上日野方面に右折して県道175号を進んでコースへ

都賀カンツリー倶楽部

〒328-0203　栃木県栃木市尻内町1757－1　FAX 0282(31)2769
http://www.tsugacc.co.jp/

●プレーの申込み　会員の紹介が必要。予約状況によりビジター可
●予約　3か月前の同日から受付け
●コンペ　予約状況により応相談
●休日　1／1　クラブ指定日
●クレジット　JCB　DC　UC　VISA　AMEX　ダイナース
●開場日　1968年11月15日
●コースの特徴　27H　P108　10143Y
各ホールは完全にセパレートされた、なだらかな丘陵コース。自然の地形を生かした変化に富んだ27ホール
●コースレート　西・北72.3
●練習場　300Y13打席
●電車　両毛線、東武日光線栃木駅
●クラブバス　栃木駅南口から7:45　8:50。平日は予約制
●タクシー　栃木3000円　小山4500円
●プレースタイル　キャディ付またはセルフで乗用カート
●シューズ　ソフトスパイクのみ可
●ビジター料金表

	平　日	土　日	祝　日
セ　ル　フ	10,500	18,000	18,000

昼食付。2021年10月～12月の料金
期間により料金変動
キャディ付は3630円加算

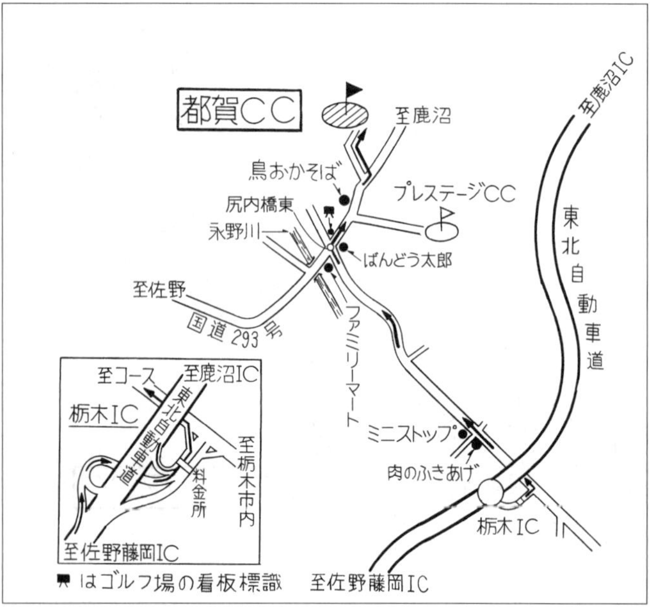

【自動車】浦和料金所（東北自動車道）67.9キロ→栃木IC 6キロ→コース　所要時間1時間10分　栃木ICで降りて、料金所を出て一番左の道を進み、鍋山街道を足尾方面に進む。尻内橋東の交差点を右折して1.5キロ先の左側にコース。ICより約10分

津久井湖ゴルフ倶楽部

〒252-0159　神奈川県相模原市緑区三ケ木492　予約専用 FAX 042(784)2447
予約042(784)2445　https://www.tsukuiko-gc.co.jp

●プレーの申込み　ビジター可
●予約　3か月前の同日から受付け
●コンペ　平日は組数制限なし
●休日　1／1
1月、7月は2日間の休場日あり
●クレジット　各種
●開場日　1965年6月10日
●コースの特徴　27H　P107　9209Y
パワーヒッターに挑む距離のあるりんどうコース。自然地形がダイナミックな白ゆりコース。技巧派向きの山吹コース
●コースレート　70.0　69.6　69.4
●練習場　50Y15打席
●電車　JR 中央線、京王線高尾駅または JR 横浜線、京王線橋本駅
●クラブバス　橋本駅6:50　7:20　8:10　8:40　高尾駅7:40
●タクシー　高尾駅、橋本駅から約30分約4600円
●プレースタイル　キャディ付またはセルフで5人乗り乗用カート
●シューズ　ソフトスパイク
●ゲスト料金表

	平　日	土　曜	日　祝
キャディ付	17,900	21,900	21,900
セ　ル　フ	15,400	19,400	19,400

利用税（800円）別途。平日は昼食付
シーズンにより料金変更

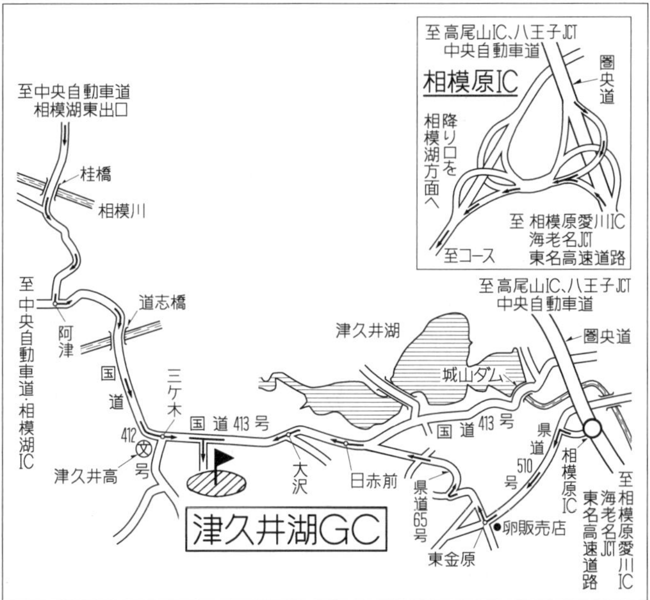

【自動車】高井戸 IC（中央自動車道）36キロ→八王子 JCT（圏央道）7.8キロ→相模原 IC 6キロ→コース　所要時間35分　圏央道・相模原 IC を降りて「相模湖方面」に向かい、東金原信号を右折して国道413号線に合流する信号を左折。道なりに進んで登坂車線からコースへ。中央道・相模湖東出口からは約8キロ15分

☎0296(75)5548

筑波学園ゴルフ倶楽部

〒309-1221　茨城県桜川市西飯岡1312　FAX 0296(75)5621
http://www.tggc.jp

●プレーの申込み　ビジター可
●予約　電話およびホームページにて随時受付
●コンペ　組数は相談
●休日　無休
●クレジット　各種
●開場日　1988年11月7日
●コースの特徴　18H　P72　6678Y
筑波山などを一望する景勝の地に造られたベントワングリーンのコース
●コースレート　69.4
●練習場　30Y8打席
●電車　水戸線岩瀬駅または大和駅
●クラブバス　なし
●タクシー　岩瀬駅から10分約1800円

●プレースタイル　セルフプレーでGPSナビ付5人乗り乗用カート。キャディ付は要予約
●シューズ　ソフトスパイク推奨
●ビジター料金表

	平　日	土　日	祝　日
セ　ル　フ	5,980	12,980	11,980

2021年年10月の料金で昼食付
キャディ付は3300円（4B）加算
料金は季節によって異なる
●プレー情報　夏期・冬期割引、サービスデー、コンペ特典、早朝・薄暮

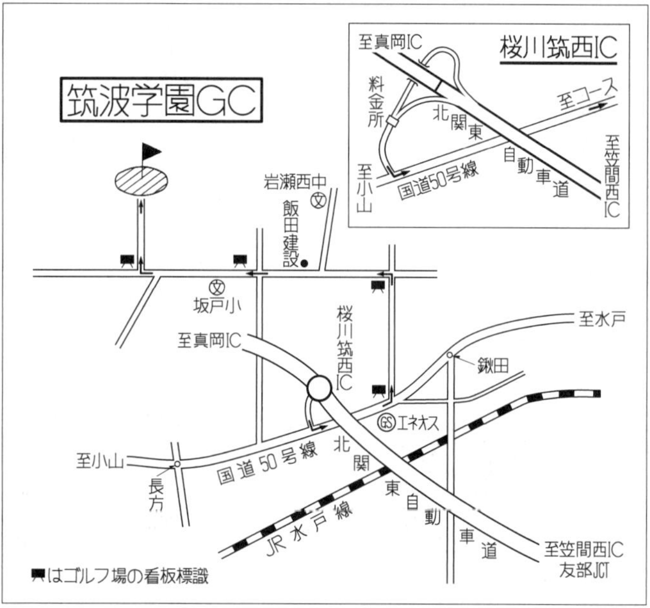

【自動車】三郷IC(常磐道、北関東自動車道) 99.3キロ→桜川筑西IC 3キロ→コース　所要時間1時間20分　常磐道・友部JCTから北関東自動車道で桜川筑西ICへ。料金所を出て国道50号を左折し、2つ目の信号を左折。その後、最初の交差点を左折し、坂戸小学校を過ぎてコースへ

筑波カントリークラブ

〒300-2301　茨城県つくばみらい市高岡830－2　FAX 0297(58)6843
http://www.tsukuba-cc.co.jp/

●**プレーの申込み**　平日は会員の紹介　土日祝は会員の同伴が必要
●**予約**　3か月前の1日より受付け
●**コンペ**　土日祝は不可。平日は6か月前の1日から受付け
●**休日**　毎週月曜日　12／31　1／1
●**クレジット**　各種
●**開場日**　1959年9月18日
●**コースの特徴**　18H　P72　7055Y
大小の松林で囲まれたフラットな林間コース。平坦で一見易しそうに見えるがスコアメイクは難しい
●**コースレート**　72.8
●**練習場**　250Y20打席
●**電車**　つくばエクスプレスみらい平駅
●**クラブバス**　みらい平駅より平日7:01　7:27　8:04　8:33　9:02　9:35
土日祝7:02　7:30　8:01　8:31　9:00　9:31
●**タクシー**　みらい平駅より約1500円
●**プレースタイル**　キャディ付で歩いてプレー
●**シューズ**　メタルスパイク禁止
●**ビジター料金表**

	平　日	土　曜	日　祝
キャディ付	25,730	33,980	33,980

つ

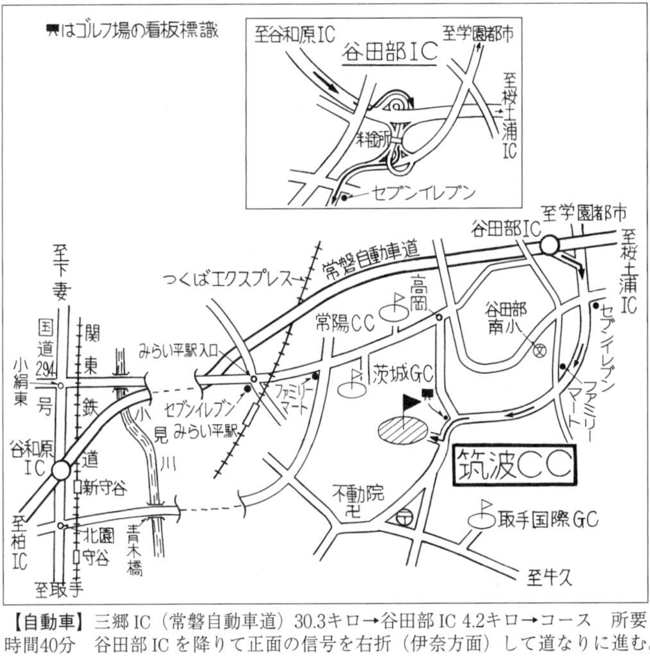

【**自動車**】三郷IC（常磐自動車道）30.3キロ→谷田部IC 4.2キロ→コース　所要時間40分　谷田部ICを降りて正面の信号を右折（伊奈方面）して道なりに進む。ICから4キロ、約5分

　☎029(867)1731

筑波国際カントリークラブ

〒300-4213　茨城県つくば市平沢1257　FAX 029(867)1734
https://www.tsukuba-k-cc.com

●プレーの申込み　ビジター可
●予約　3か月前の2日朝9時より受付け
●コンペ　組数は相談
●休日　無休
●クレジット　JCB　UC　DC　VISA　AMEX　セゾン　ダイナース
●開場日　1974年9月15日
●コースの特徴　18H　P72　6120Y
筑波国定公園に展開する18ホール。アウト・インとも豪快な打ち下ろしや打ち上げなど変化に富んでいる
●練習場　なし
●電車　つくばエクスプレスつくば駅、または常磐線土浦駅
●クラブバス　なし
●タクシー　つくば駅から30分
●プレースタイル　セルフプレーでGPSナビ付乗用カート
●シューズ　ソフトスパイク推奨
●ビジター料金表

	平　日	土　曜	日　祝
セ　ル　フ	7,500	16,800	16,800

上記は2021年10月の料金で食事付
●プレー情報　夏期・冬期割引、薄暮プレー

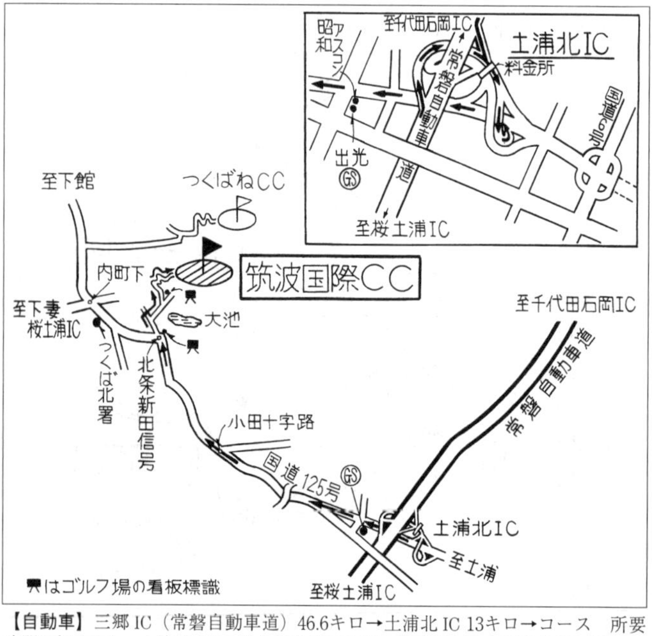

【自動車】三郷IC（常磐自動車道）46.6キロ→土浦北IC 13キロ→コース　所要時間1時間10分　土浦北ICを降り筑波方面に出て国道125号を下妻方面へ約10キロ走り、北条新田交差点を右折、その後看板に従いコースへ

筑波東急ゴルフクラブ

〒300-4204　茨城県つくば市作谷862－1　FAX 029(869)0568
https://www.tokyu-golf-resort.com/tsukuba/

●プレーの申込み　予約状況によりビジター可。土日祝は会員優先
●予約　平日は3か月前の1日、土日祝は2か月前の1日から受付け
●コンペ　組数は相談
●休日　1／1　クラブ指定日
●クレジット　各種
●開場日　1977年10月6日
●コースの特徴　18H　P72　6704Y
赤松林で囲まれた林間コースで、樹木と池が点在する落ち着きのあるコース
●コースレート　71.6
●練習場　40Y6打席
●電車　つくばエクスプレスつくば駅
●クラブバス　つくば駅から予約制
全日7:10　8:30
●タクシー　つくば駅から25分
5500円
●プレースタイル　キャディ付またはセルフでGPSナビ付乗用カート
●シューズ　ソフトスパイク推奨
●ビジター料金表

	平　日	土　曜	日　祝
キャディ付	13,950	24,300	23,300
セ　ル　フ	10,100	19,900	18,900

2021年10月～12月の料金
●プレー情報　夏期・冬期割引、サービスデー、コンペプラン

【自動車】三郷IC（常磐自動車道）19.1キロ→谷和原IC（国道294号、125号線）31.2キロ→コース　所要時間1時間　谷和原ICから国道294号を下妻方面に向かう。約25キロ先、国道125号線との立体交差を右折してコースへ

つくばねカントリークラブ

〒300-4212　茨城県つくば市神郡2726　FAX 029(866)0225
http://www.tukubane.com

●プレーの申込み　ビジター可
●予約　3か月前の1日から受付け
●コンペ　組数制限なし
●休日　1／1
●クレジット　各種
●開場日　1974年2月11日
●コースの特徴　18H　P72　6302Y
筑波山麓のゆるやかなスロープをもちアウトはスコアをまとめやすいが、インは起伏が多少あって変化に富む
●コースレート　70.2
●練習場　40Y10打席
●電車　つくばエクスプレスつくば駅
●クラブバス　予約制で木・土・日曜日運行。TXつくば駅A3出入口から8:30
●タクシー　つくば駅から30分
●プレースタイル　セルフプレーでGPS ナビ付5人乗り乗用カート。
●シューズ　ソフトスパイク推奨
●ビジター料金表

	平　日	土　曜	日　祝
セ　ル　フ	7,160	14,970	14,970

2021年11月～12月の料金で食事付
期間により料金は異なる
●プレー情報　web 会員、薄暮（ハーフ、1Rスルー）

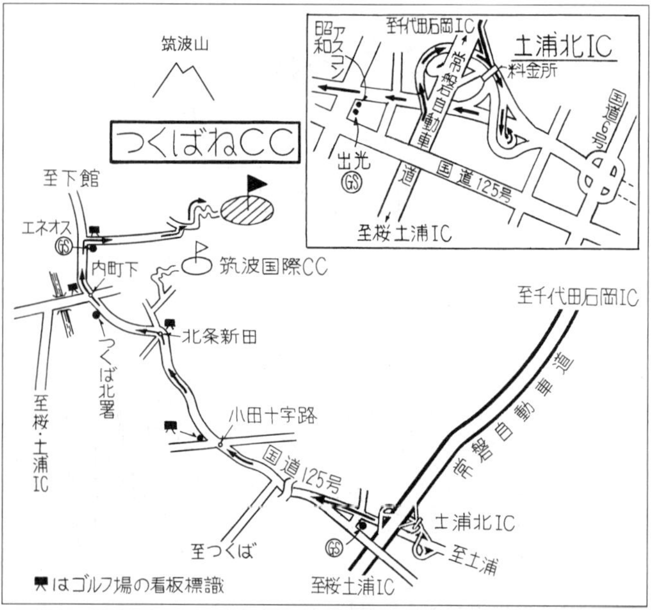

【自動車】三郷IC（常磐自動車道）46.6キロ→土浦北IC 19.5キロ→コース　所要時間1時間　土浦北ICで降り国道125号線を筑波山方面に進む。北条内町下の信号を直進（下館方面）し、看板に従ってガソリンスタンドの信号を右折すると水田地帯を通り5分でコースへ

土浦カントリー倶楽部

〒300-0635　茨城県稲敷市堀之内419　FAX 029(894)2510
https://www.accordiagolf.com　本社03(6688)1500

●**プレーの申込み**　ビジター可
●**予約**　4か月前の同日14:00より受付け
●**コンペ**　組数制限なし
●**休日**　無休
●**クレジット**　各種
●**開場日**　1962年11月3日
●**コースの特徴**　27H　P108　10125Y
3コースとも松林に囲まれた美しいコース。各ホールはバラエティに富み球趣をそそる
●**コースレート**　東西70.1　西南70.0　南東70.8
●**練習場**　180Y14打席
●**電車**　常磐線取手駅
●**クラブバス**　取手駅西口から7:50
●**タクシー**　取手駅から50分10000円
●**プレースタイル**　セルフプレーでGPSナビ付乗用カート
●**シューズ**　ソフトスパイク
●**ビジター料金表**

	平　日	土　曜	日　祝
セ　ル　フ	8,990	17,990	17,990

昼食付
期間により料金は異なる

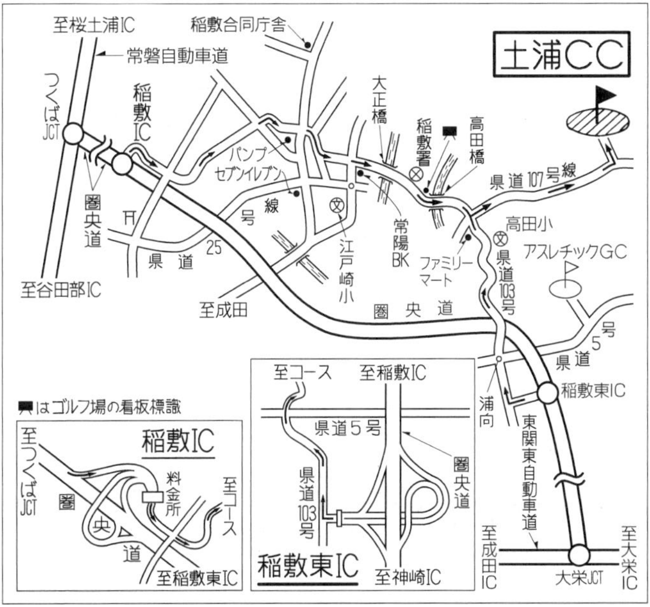

【**自動車**】三郷 IC（常磐道・つくば JCT 経由圏央道）54.1キロ→稲敷 IC 6キロ→コース　所要時間50分　稲敷 IC を降りて直進しパンプ前を通過。約200m 先を左折して道なりに進み県道107号線との信号を左折してコースへ。東関道利用は稲敷東 IC を降りて右折し県道107号線へ右折。稲敷東 IC から約4キロ

レイワゴルフリゾート つつじヶ丘カントリー倶楽部

〒326-0102　栃木県足利市板倉町梨木沢1570　FAX 0284(62)9911
https://www.tsutsujicc.com/

●プレーの申込み　ビジター可
●予約　3か月前の1日から受付け
●コンペ　組数制限なし。随時受付け
●休日　クラブ指定日
●クレジット　DC VISA UC セゾン JCB AMEX ダイナース NICOS
●開場日　1991年4月20日
●コースの特徴　18H　P72　6670Y
各ホールは比較的フラットあるいは打ち下しにつくられており、アウトは男性的、インは庭園風と趣きが異なる
●コースレート　未査定
●練習場　なし
●電車　東武伊勢崎線足利市駅、または両毛線山前駅
●クラブバス　予約制で運行
●タクシー　足利市駅から20分3400円
●プレースタイル　セルフプレーで乗用カート。キャディ付は要予約
●シューズ　ソフトスパイク推奨
●ビジター料金表

	平　日	土　曜	日　祝
セ　ル　フ	9,510	18,640	18,640

上記は2021年10月の料金
料金は季節により異なる
キャディ付は3547円加算

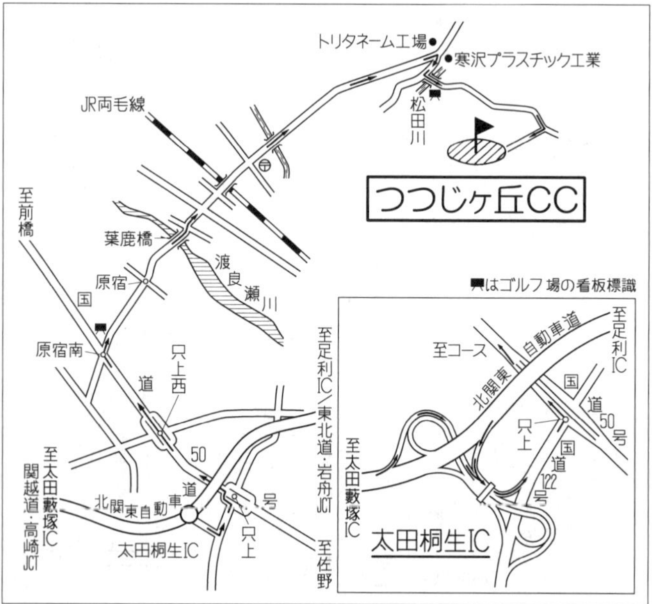

【自動車】浦和料金所（東北道）57キロ→岩舟JCT（北関東自動車道）23.9キロ→太田桐生IC 10キロ→コース　所要時間1時間15分　太田桐生ICを国道50号線方面に出て、只上陸橋を左折して前橋方面に進む。原宿南を右折し、約4キロ先（トリタネーム工場）を右折してコースへ

☎0279(97)4111

嬬恋高原ゴルフ場

〒377-1594　群馬県吾妻郡嬬恋村嬬恋高原　FAX 0279(97)2719
https://www.princehotels.co.jp/golf/tsumagoi

●**プレーの申込み**　パブリックコース
●**予約**　2月1日より年間予約開始
●**コンペ**　組数制限なし
●**休日**　営業期間中無休
11月下旬～4月中旬は冬期クローズ
●**クレジット**　各種
●**開場日**　1975年4月
●**コースの特徴**　18H　P72　6811Y
ゆるやかな起伏の高原コースで自然の地形をたくみに取り入れている
●**電車**　吾妻線万座・鹿沢口駅
●**クラブバス**　なし
●**タクシー**　万座・鹿沢口駅から約10分約3200円
●**プレースタイル**　セルフプレーで乗用ゴルフカー。FW乗入れ可（コース状況により不可）
●**シューズ**　ノンメタルスパイク（スパイクレスを含む）
●**ビジター料金表**

	平　日	土　曜	日　祝
セ　ル　フ	7,200	12,300	12,300

期間により料金は異なる
2022年料金については要問合せ
●**練習ホール**　4ホール1回2900円～
4ホール3時間まわり放題3900円～

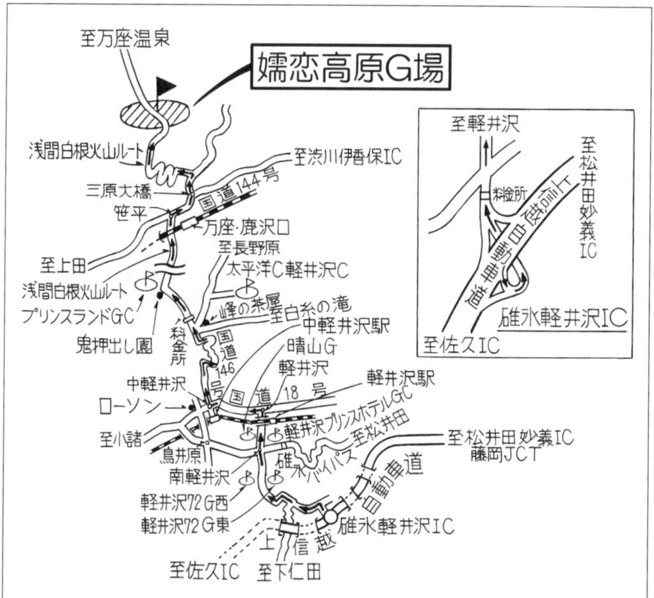

【**自動車**】練馬IC（関越、上信越自動車道）131.1キロ→碓氷軽井沢IC 49キロ→コース　所要時間2時間40分　碓氷軽井沢ICから軽井沢に向かい、中軽井沢駅から国道146号を鬼押出しへ。浅間白根火山ルートを経由し、万座・鹿沢口駅を経てコースへ。または関越自動車道・渋川伊香保ICより64キロ

☎0554(43)5541

都留カントリー倶楽部

〒402-0025　山梨県都留市法能天神山1452　FAX 0554(45)2237
予約専用　0554(43)0727　http:/www.tsurucc.co.jp

●プレーの申込み　ビジター可
●予約　3か月前の1日から受付け
●コンペ　組数制限はなし
●休日　無休
●クレジット　JCB　VISA　UC 他
●開場日　1976年8月1日
●コースの特徴　27H　P108　9692Y
かえで、富士桜コースは全体にフラットで各ホールに特徴がある。もみの木コースは戦略性が高く頭脳的プレーが要求される
●コースレート　71.7
●練習場　30Y8打席
●電車　中央本線大月駅、または富士急行線都留市駅
●タクシー　大月3800円 都留市1600円
●クラブバス　予約制で平日は都留市駅から8:50、土日祝は大月駅から8:00
●プレースタイル　セルフプレーでGPS ナビ付5人乗り乗用カート。キャディ付は要予約
●シューズ　ソフトスパイクを推奨
●ビジター料金表（西回り）

	平　日	土　日	祝　日
セ　ル　フ	13,000	19,000	18,500

キャディ付は2,750円加算。2021年10月～11月の料金で平日昼食付。期間により料金は異なる。東回り平日7,500円（食事付）、土日祝11,500円

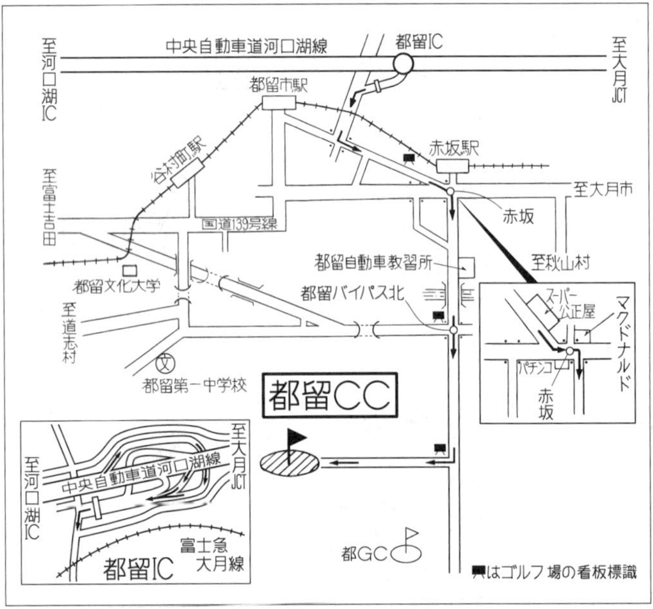

【自動車】高井戸 IC（中央自動車道）77.6キロ→都留 IC 3キロ→コース　所要時間1時間15分　都留 IC を降りて左折、踏切を渡り初めの信号を左折する。国道139号線に出る赤坂の信号を右折する。しばらく行くと看板が出ているので右折すればコース

鶴舞カントリー倶楽部

〒290-0515　千葉県市原市田尾1293－2　FAX 0436(88)2215
https://www.tokyu-golf-resort.com/tsurumai/

●**プレーの申込み**　平日はビジター可、土曜・祝日は会員の紹介、日曜は会員の同伴が必要
●**予約**　3か月前の同日から受付け
●**コンペ**　組数は相談
●**休日**　1／1　クラブ指定日
●**クレジット**　AMEX　JCB　VISA　UFJ他
●**開場日**　1971年11月21日
●**コースの特徴**　36H　P144　13790Y　井上誠一氏設計で、戦略性に富んだLPGAトーナメント開催コース
●**コースレート**　New73.0　Old72.8
●**練習場**　270Y25打席
●**電車**　内房線五井駅、または外房線茂原駅
●**タクシー**　五井駅から約30分、茂原駅から約25分
●**クラブバス**　五井駅から平日8:05　土日祝7:25　8:05、高速バス市原鶴舞バスターミナルからも運行。シーズンにより変更あり
●**プレースタイル**　キャディ付で乗用カート
●**シューズ**　ソフトスパイク推奨
●**ビジター料金**
料金詳細はコースに問合せ
●**セルフデー**　毎週月曜日（祝日の場合火曜に変更の日もあり）昼食付11,000～13,000円

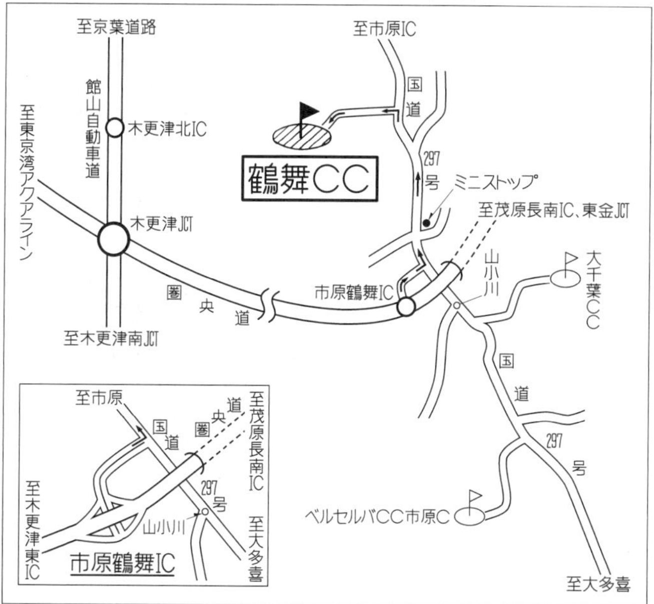

【**自動車**】川崎浮島JCT(東京湾アクアライン、連絡道)23.7キロ→木更津JCT(圏央道) 19.6キロ→市原鶴舞IC 2キロ→コース　所要時間30分　市原鶴舞ICを降りて左折して約3分でコース。館山自動車道・市原ICからは国道297号線バイパスを大多喜・勝浦方面に向かって約20キロ、35分

ディアレイク・カントリー倶楽部

〒322-0072　栃木県鹿沼市玉田町1200　FAX 0289(64)7187
https://www.next-golf.jp/deerlake/

●プレーの申込み　予約状況によりビジター可
●予約　3か月前の同日から受付け
●コンペ　組数制限なし
●休日　無休
●クレジット　UC　VISA　DC　AMEX　NICOS　JCB　セゾン
●開場日　1975年10月28日
●コースの特徴　18H　P72　6887Y
名プレーヤー、アーノルド・パーマー氏の設計。距離もたっぷりあり、自然の地形を生かした本格派コース
●コースレート　72.1
●練習場　30Y10打席

●電車　東武日光線新鹿沼駅
●クラブバス　東武新鹿沼駅から8:00　9:00　9:05　土日祝8:35増発　予約制
●タクシー　東武新鹿沼駅またはJR鹿沼駅から10分1600円
●プレースタイル　セルフプレーで乗用カート。FW乗入れ可（コース状況により不可）
●シューズ　ソフトスパイク推奨
●ビジター料金表

	平　日	土　曜	日　祝
セ　ル　フ	5,490	12,990～	10,990～

2021年11月の昼食付料金

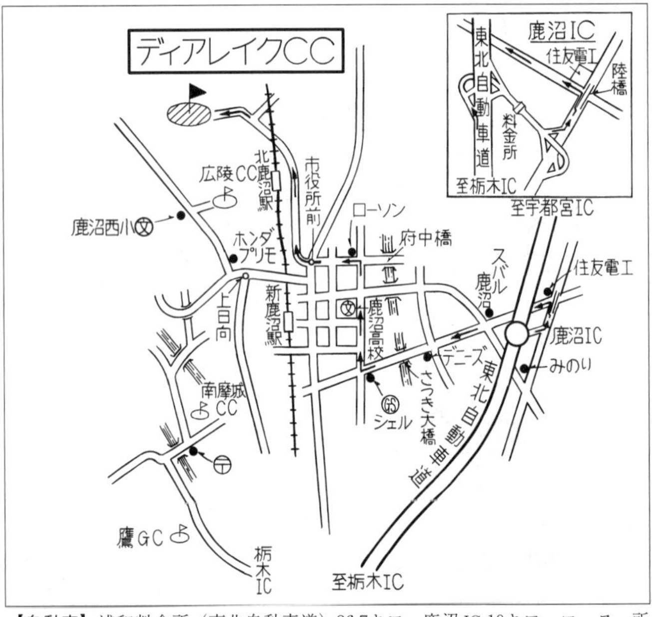

【自動車】 浦和料金所（東北自動車道）86.7キロ→鹿沼IC 10キロ→コース　所要時間1時間10分　鹿沼ICを降りて最初の十字路を鹿沼方面へ向かう。さつき大橋を渡り、交差点を右折して直進。府中橋の西側（ガソリンスタンドあり）を左折し、道なりに進んで北鹿沼駅前を通ってコースへ

出島ゴルフクラブ

〒300-0204　茨城県かすみがうら市下軽部881　FAX 029(896)0950
https://www.next-golf.jp/dejima/

●プレーの申込み　ビジター可
●予約　3か月前の同日から受付け
●コンペ　組数制限なし
●休日　無休
●クレジット　JCB　UC　DC　VISA　UFJ　AMEX　ダイナース
●開場日　1988年9月28日
●コースの特徴　18H　P72　7072Y
秀峰筑波山を望み、霞ケ浦湖畔のなだらかな丘陵地に造成、ゆるやかなフェアウェイに美しい池を配したコース
●練習場　200Y12打席

●電車　常磐線神立駅
●タクシー　神立駅から20分約3000円
●クラブバス　神立駅より7:30　8:30
●プレースタイル　キャディ付またはセルフで5人乗り乗用カート
●シューズ　メタルスパイク禁止
●ビジター料金表

	平　日	土　曜	日　祝
キャディ付	13,490	23,590	23,590
セ　ル　フ	9,830	19,990	19,990

昼食付。上記はトップシーズン料金

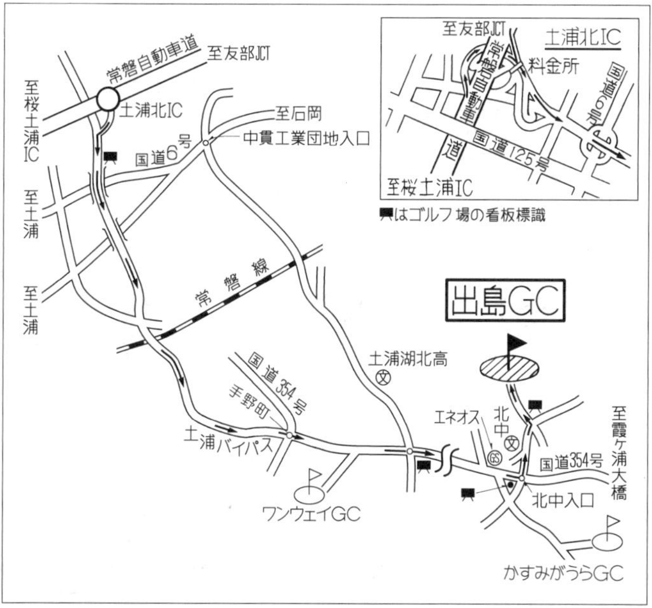

【自動車】三郷IC（常磐自動車道）46.6キロ→土浦北IC 17キロ→コース　所要時間1時間　土浦北ICで降りて国道125号線、国道354号線を直進する。コース案内板に従って、北中入口交差点を左折してコースへ

東急セブンハンドレッドクラブ

〒267-0063　千葉県千葉市緑区小山町359－6　FAX 043(294)9712
予約専用　043(294)9701　http://tokyu700.jp/

●プレーの申込み　平日は会員の紹介　土日祝は会員の同伴が必要
●予約　4か月前の1日から受付け
●コンペ　土日祝は不可
●休日　毎週月曜日　12／31　1／1　1／2
●クレジット　各種
●開場日　1989年10月28日
●コースの特徴　36H　P144　14080Y　東C18ホール、6978ヤード、パー72。西C18ホール、7102ヤード、パー72。東コースは林間風、西コースはマウンドを多用したアメリカンスタイルのコース
●コースレート　東72.5　西72.9
●練習場　15打席
●電車　外房線土気駅、または大網駅
●クラブバス　なし
●タクシー　大網駅から約15分2200円
●プレースタイル　キャディ付で乗用カート。FW乗入れ1人1,100円円加算（コース状況により不可）
●シューズ　ソフトスパイク
●ビジター料金表

	平　日	土　曜	日　祝
キャディ付	32,940	41,740	41,740

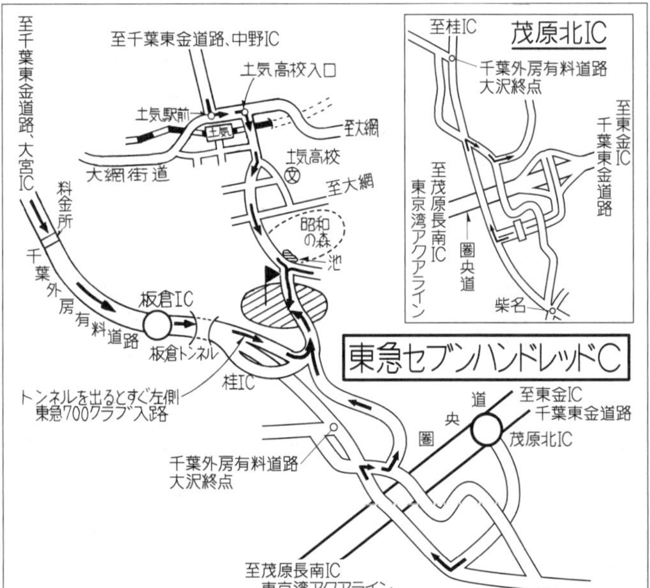

【自動車】箱崎IC（首都高速・京葉道路）44.5キロ→千葉東IC（東金道路）3.2キロ→大宮IC 1.8キロ→平山IC（千葉外房有料道路）11.2キロ→桂IC→コース
所要時間1時間　千葉外房有料道路・板倉ICを過ぎ、板倉トンネルを出て桂ICからコースへ。圏央道・茂原北ICからは2.8キロ、約5分

　☎042(595)0111

東京五日市カントリー倶楽部

〒190-0155　東京都あきる野市網代745
予約専用　042(595)0115　https://www.itukaiti.co.jp

●プレーの申込み　原則として会員の同伴または紹介が必要
●予約　3か月前の同日から受付け
●コンペ　3か月前の同日から受付け
●休日　12／31　1／1
●クレジット　JCB　VISA　UC他
●開場日　1973年7月20日
●コースの特徴　27H　P108　8915Y
変化に富んだ東、アップダウンも距離もある南、フェアウェイの広い西
●コースレート　西南70.0　南東68.5　東西67.5
●電車　JR五日市線武蔵増戸駅
●クラブバス　武蔵増戸駅前から平日7:00　7:40　8:00　8:20　8:55　9:25
土日祝7:00　7:35　7:55　8:15　8:50　9:25
●タクシー　武蔵五日市駅から10分
●プレースタイル　原則キャディ付で5人乗り乗用カート
●シューズ　ゴルフ靴はすべて可
●ビジター料金表

	平　日	土　曜	日　祝
キャディ付	20,009	23,870	23,870

1月～3月と7月～9月は平日17,609円、土日祝21,690円
●セルフデー　原則として毎週月曜日16,280円。1月～3月と7月～9月は15,090円。詳細は要問合せ

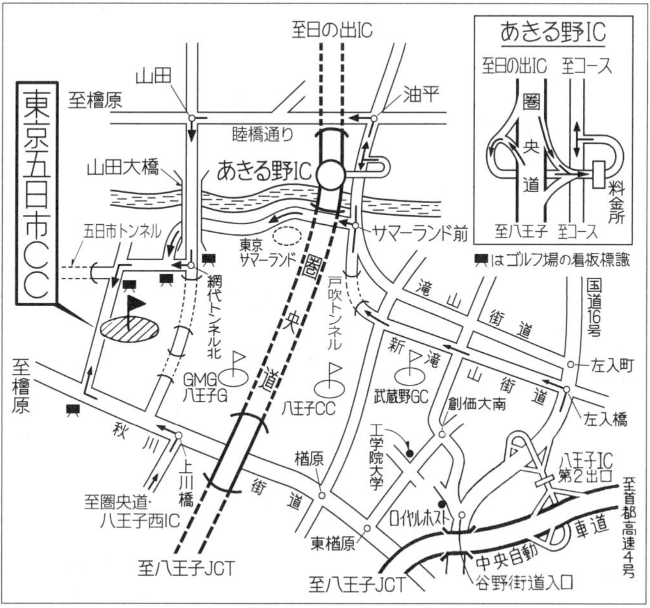

【自動車】高井戸IC（中央自動車道）25.8キロ→八王子第2 IC 13キロ→コース　所要時間50分　八王子第2 ICを昭島方面に降り、左入橋交差点を左折。8キロ先の戸吹トンネルを抜け、東京サマーランド前を通ってコースへ。圏央道あきる野ICからは睦橋通りの山田交差点経由6キロ。西八王子ICから秋川街道経由6キロ

東京カントリー倶楽部

〒257-0023　神奈川県秦野市寺山1450　FAX 0463(81)8300
予約専用0463(81)5113　http://www.tokyo-cc.jp　本社03(3925)5656

●**プレーの申込み**　会員の予約が優先。ビジター可
●**予約**　平日・祝日は2か月前の同日午前10時、土日は1か月前の同日の午後12時30分より電話にて受付け
●**コンペ**　3か月前の同日より受付け
●**休日**　無休
●**クレジット**　DC JCB VISA AMEX マスター　ニコス
●**開場日**　1980年4月7日
●**コースの特徴**　27H　P108　9760Y
相模湾を遠望する丹沢山系の丘陵コース。南コースはワングリーンのアメリカンスタイル
●**練習場**　140Y14打席
●**電車**　小田急線秦野駅
●**クラブバス**　秦野駅北口から6:45　7:20　8:05　8:45　9:25
●**タクシー**　秦野駅から10分1800円
●**プレースタイル**　キャディ付またはセルフで GPS ナビ付5人乗り乗用カート
●**シューズ**　ゴルフ靴はすべて可
●**ビジター料金表**

	平　日	土　曜	日　祝
キャディ付	15,430	18,950	18,180
セ　ル　フ	12,900	16,420	15,650

2021年10月の料金
期間により料金は異なる

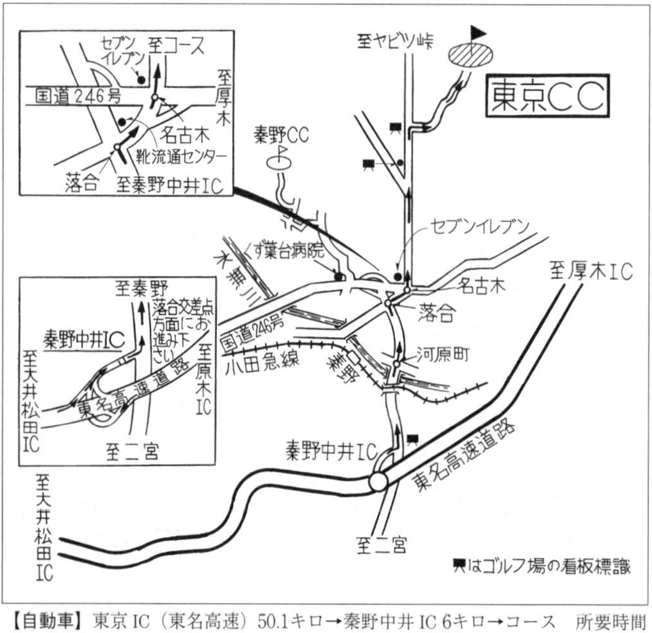

【自動車】東京 IC（東名高速）50.1キロ→秦野中井 IC 6キロ→コース　所要時間1時間　秦野中井 IC で降り、料金所を出たら左折して落合交差点を右折し、国道246号線と交差する名古木交差点に出る。ここを直進するとコースまでは3キロほど

東京クラシッククラブ

〒265-0052　千葉県千葉市若葉区和泉町365番地　FAX 043(309)6600
http://tokyo-classic.jp

●**プレーの申込み・予約**　平日は会員の紹介または同伴、土日祝は会員の同伴が必要。会員1名につき2組まで。会員からの予約のみ受け付け
●**コンペ**　不可
●**休日**　クラブ指定日
●**クレジット**　各種
●**開場日**　2016年5月14日
●**コースの特徴**　18H　P72　7220Y
J・ニクラス氏による設計。上級者が納得できる戦略性に飛んだチャンピオンコースであると同時に、プレーヤーのレベルに応じて様々なチャレンジが楽しめるコースを実現
●**コースレート**　73.6
●**練習場**　330Y20打席
●**電車**　JR外房線誉田駅
●**クラブバス**　なし
●**タクシー**　誉田駅から約15分2500円
●**プレースタイル**　キャディ付で歩いてプレー
●**シューズ**　ソフトスパイク
●**ビジター料金表**

	平　日	土　曜	日　祝
キャディ付	20,000～	28,000～	28,000～

2021年11月の料金
期間により料金は異なる

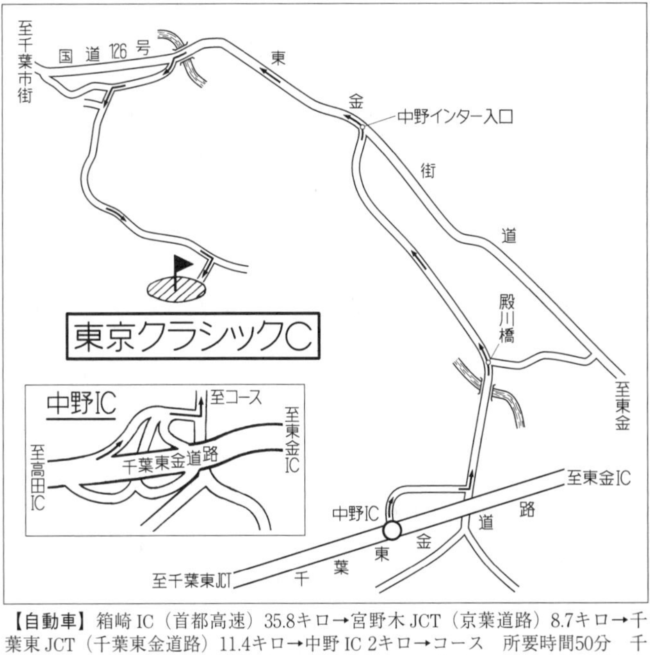

【**自動車**】箱崎IC（首都高速）35.8キロ→宮野木JCT（京葉道路）8.7キロ→千葉東JCT（千葉東金道路）11.4キロ→中野IC 2キロ→コース　所要時間50分　千葉東金道路を中野ICで降りて左折。約1キロ先の東金街道・中野インター入り口信号を左折してコースへ

☎0479(76)5101

東京国際空港ゴルフ倶楽部

〒289-2244　千葉県香取郡多古町船越2599　FAX 0479(76)5100
https://www.tia-golf.co.jp/

●プレーの申込み　予約状況によりビジター可

●予約　2か月前の同日より受付け

●コンペ　組数は相談

●休日　12／31　1／1

●クレジット　JCB　VISA　DC 他

●開場日　1989年8月1日

●コースの特徴　18H　P72　6724Y
ホール内高低差はわずか5メートルとフラットなコース。アウトは豪快なプレーを、インはテクニックを楽しめる

●練習場　40Y7打席

●電車　京成成田線東成田駅

●クラブバス　予約制で東成田駅から8:50

●タクシー　東成田駅から20分3000円、成田空港から25分4000円

●プレースタイル　キャディ付またはセルフで5人乗り乗用カート

●シューズ　メタルスパイク禁止

●ビジター料金表

	平　日	土　曜	日　祝
セ　ル　フ	9,000～	17,400	17,400

上記は2021年11月～12月の料金。平日は昼食付
キャディ付は3,900円加算。季節により料金は異なる

●プレー情報　昼食付サービスデー、コンペパック、午後ハーフ、ジュニア

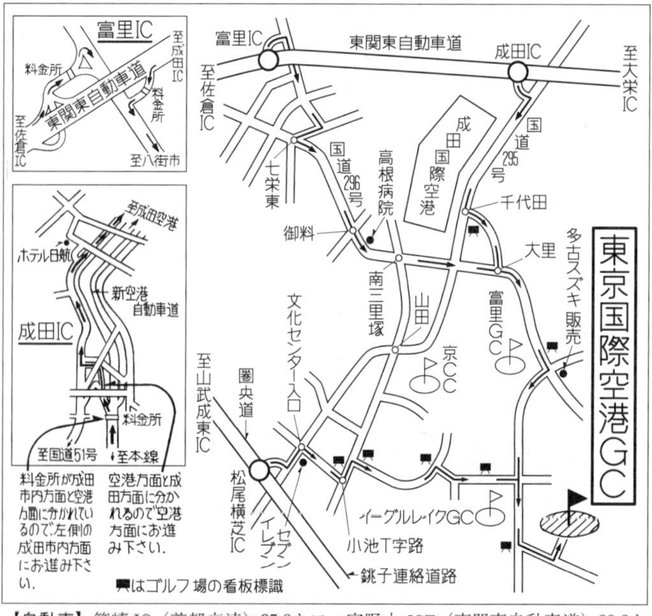

【自動車】 箱崎 IC（首都高速）35.8キロ→宮野木 JCT（東関東自動車道）28.2キロ→成田 IC 18キロ→コース　所要時間1時間10分　成田 IC から国道295号に出て、成田空港方面に右折し、成田空港に沿って直進。千代田交差点から国道296号を八日市場、多古方面に直進し、コース案内板に従ってコースへ

東京国際ゴルフ倶楽部

〒194-0202　東京都町田市下小山田町1668　FAX 042(797)6640
予約042(797)7677　http://www.kokusai-net.co.jp/tkgc/

●**プレーの申込み**　平日は会員の紹介　土曜は会員の同伴が必要。日祝は不可
●**予約**　2か月前の同日より会員を通じて申し込む
●**コンペ**　日祝は不可、平日・土曜は3か月前の1日13時より受付け
●**休日**　無休
●**クレジット**　JCB　UC　VISA 他
●**開場日**　1961年10月8日
●**コースの特徴**　18H　P72　6615Y　丘陵地に造られているがフェアウェイは広い。1番池越えが名物ホール
●**コースレート**　71.8
●**練習場**　200Y15打席
●**電車**　小田急線京王線多摩センター駅、または小田急線唐木田駅
●**タクシー**　多摩センター駅から10分　唐木田駅から約3分
●**プレースタイル**　キャディ付またはセルフで5人乗り乗用カート
●**シューズ**　ソフトスパイク
●**ビジター料金表**

	平　日	土　曜	日　祝
キャディ付	23,300	30,300	——
セ　ル　フ	19,800	26,800	——

利用税別途
上記は2021年10～11月の料金

と

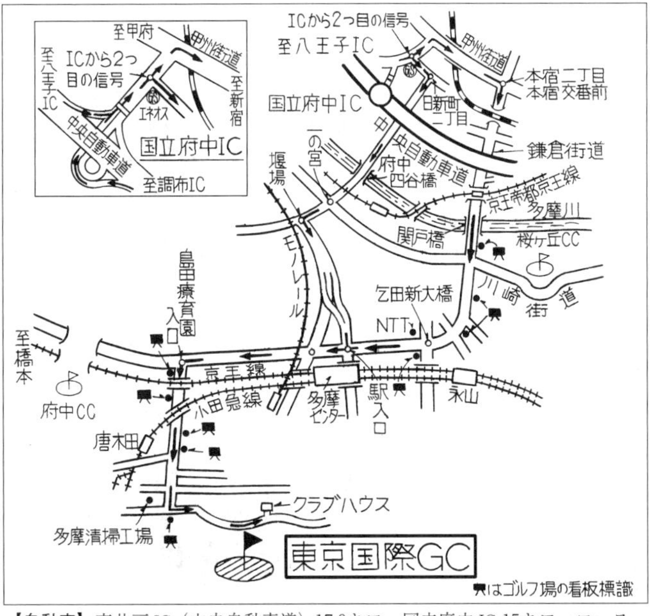

【自動車】高井戸 IC（中央自動車道）17.0キロ→国立府中 IC 15キロ→コース　所要時間1時間　国立府中 IC を降りて2つ目の信号を右折し、日新町二丁目信号を右折する。府中四谷橋を渡って野猿街道を進み、モノレール下の堰場信号を左折。多摩センター駅前を右折し、島田療育センター入口を左折してコースへ

東京ゴルフ倶楽部

〒350-1335　埼玉県狭山市柏原1984　FAX 04(2953)9115
https://www.tokyogolfclub.jp

●**プレーの申込み**　平日は会員の紹介、土曜は会員の同伴、日祝は7、8月と1～3月の定められた日のみ同伴で可
●**予約**　会員を通じて随時受付る
●**コンペ**　要問合せ
●**休日**　毎週月曜日　12／31　1／1
●**クレジット**　JCB　VISA　UC 他
●**開場日**　1914年6月1日
●**コースの特徴**　18H　P72　6915Y
高い松でぐるりと囲まれた手造りの林間コース。ドッグレッグが多く、各ホールごとに長年にわたりつくりあげられた特徴があり、難しいコースだ
●**コースレート**　朝霞グリーン74.1　知々夫グリーン73.7
●**練習場**　300Y16打席
●**電車**　西武新宿線狭山市駅
●**クラブバス**　狭山市駅西口から平日7:27　7:51　8:21　8:47　9:06　土日祝6:55　7:22　7:42　8:15　8:45　9:20
●**タクシー**　狭山市駅西口より15分
●**プレースタイル**　キャディ付で歩いてプレー
●**シューズ**　ソフトスパイク
●**ビジター料金表**

	平　日	土　曜	日　祝
キャディ付	34,530	40,030	40,030

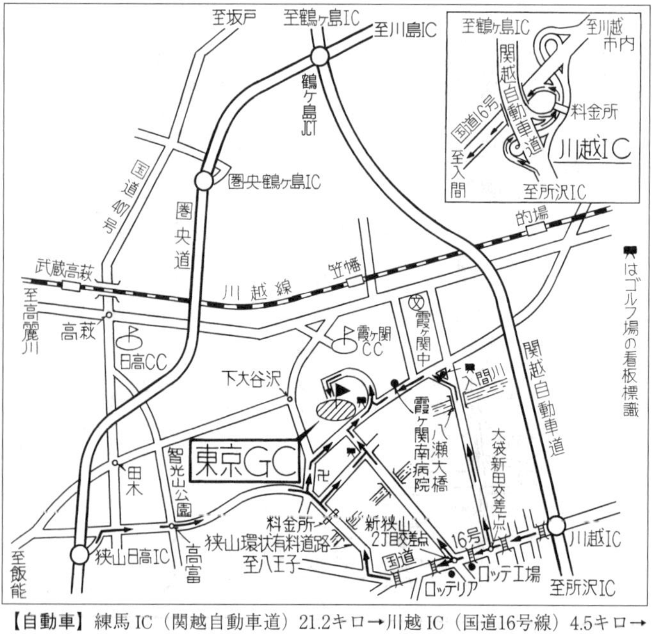

【**自動車**】練馬IC（関越自動車道）21.2キロ→川越IC（国道16号線）4.5キロ→コース　所要時間40分　川越ICの狭山出口で降り、国道16号線を八王子方面に向かう。大袋新田交差点を右折し、八瀬大橋を渡り信号を左折してコースへ。または狭山2丁目交差点を右折、あるいは狭山環状有料道路を利用してコースへ

　☎0428(74)5960

東京バーディクラブ

〒198-0003　東京都青梅市小曾木5－2943　FAX 0428(74)5101
http://www.t-birdie.com

●**プレーの申込み**　平日は会員の紹介　土日祝は会員の紹介または同伴が必要
●**予約**　随時受付け
●**コンペ**　組数は相談
●**休日**　1／1
●**クレジット**　UC　VISA　JCB　MUFG　ダイナース　AMEX
●**開場日**　1976年10月10日
●**コースの特徴**　18H　P72　7181Y　青梅丘陵にあるコースだが高齢者もプレーしやすいようにフラットに造ってある。しかし距離は長く、ロングドライブとアプローチの正確性が必要
●**コースレート**　72.4
●**練習場**　240Y17打席
●**電車**　青梅線東青梅駅、または西武池袋線飯能駅
●**クラブバス**　東青梅駅北口から平日7:30　8:08　9:18　土日祝7:30　8:15　9:10
●**タクシー**　東青梅駅から15分2600円　飯能駅南口15分2600円
●**プレースタイル**　キャディ付で歩行（乗用カートあり、1台4400円）
●**シューズ**　ソフトスパイクのみ
●**ビジター料金表**

	平　日	土　曜	日　祝
キャディ付	26,330	39,450	39,450

季節により料金は異なる

と

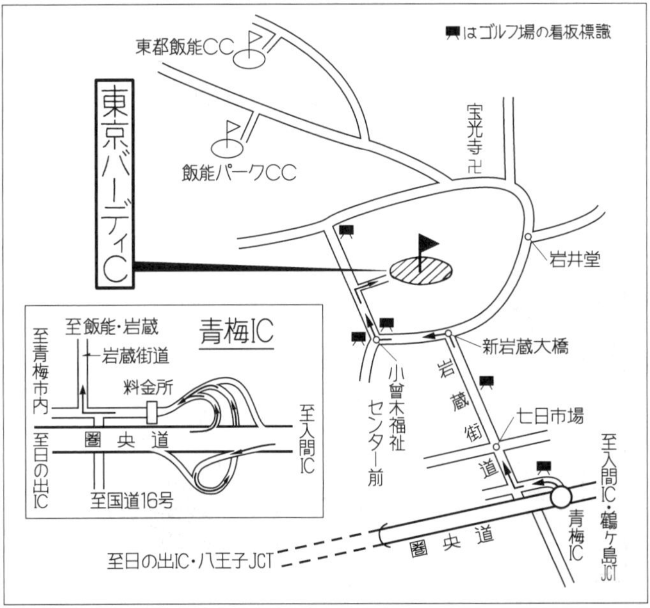

【**自動車**】高井戸IC(中央自動車道)26キロ→八王子料金所10.2キロ→八王子JCT(圏央道)20.3キロ→青梅IC7キロ→コース　所要時間50分　圏央道・青梅ICを降りて2つ目の信号を右折。岩蔵街道を進み、突き当たりの新岩蔵大橋交差点を左折し、小曾木福祉センター前信号を右折してコース

☎0439(67)2611

東京ベイサイドゴルフコース

〒299-1621　千葉県富津市竹岡4277－2　FAX 0439(67)2612
https://www.pacificgolf.co.jp/tokyobayide/

●**プレーの申込み**　パブリックコース
●**予約**　3か月前の月初から受付け
●**コンペ**　上記に準ずる
●**休日**　無休
●**クレジット**　各種
●**開場日**　2001年10月2日
●**コースの特徴**　18H　P72　6531Y
東京湾を眼下に、遠く富士山を望む風光明媚な18ホール。リーダーズボード機能付のGPSカーナビ付乗用カートで快適なセルフプレーが楽しめる
●**コースレート**　未査定
●**練習場**　30Y6打席
●**電車**　JR内房線上総湊駅
●**クラブバス**　予約制で東京湾フェリー金谷港、JR上総湊駅からの送迎あり
●**プレースタイル**　セルフプレーでGPSナビ付乗用カート
●**シューズ**　ソフトスパイク（スパイクレスを含む）
●**ビジター料金**
季節により料金が異なるため、ホームページ参照、またはクラブに要問合せ

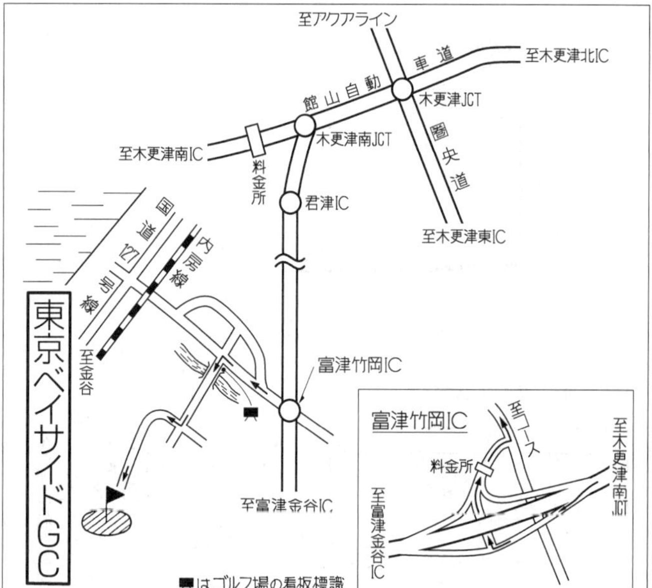

【**自動車**】①東京湾アクアライン（川崎浮島JCT）23.7キロ→木更津JCT（館山自動車道）24.6キロ→富津竹岡IC 3キロ→コース　所要時間40分　富津竹岡ICを降りて左折し、コース案内板に従って左折してコースへ。都心からは首都高速・京葉道路を経由して館山自動車道・富津竹岡ICへ。箱崎ICより約1時間20分

東京よみうりカントリークラブ

〒206-0822　東京都稲城市坂浜685　FAX 044(954)5005
予約専用044(966)1144　http://www.tokyoyomiuri.com

●申込み　会員の紹介が必要
●予約　平日は6か月前の1日、土日祝は3か月前の同日午前10時から受付け
●コンペ　平日1パーティ10組まで
●休日　12／31　1／1
●開場日　1964年4月19日
●クレジット　各種
●コースの特徴　18H　P71　6880Y
正確な飛距離を必要とし、自然の起伏を生かした戦略性豊かなコース。「ゴルフ日本シリーズ」の舞台として有名
●練習場　256Y18打席
●コースレート　72.6
●電車　小田急線新百合ケ丘駅、京王線稲城駅
●クラブバス　新百合ケ丘駅南口ホテルモリノ正面玄関から6:50　7:30　8:10　8:50　9:30
●タクシー　新百合ケ丘･稲城駅約10分
●プレースタイル　キャディ付で乗用カート
●シューズ　メタルスパイク禁止
●ビジター料金表

	月　曜	火～金	土日祝
キャディ付	27,940	30,140	44,440

1月～3月と7月～9月の月曜24,640円、火～金曜26,840円。1月・2月と7月・8月の土日祝38,940円。消費税込・利用税別途

と

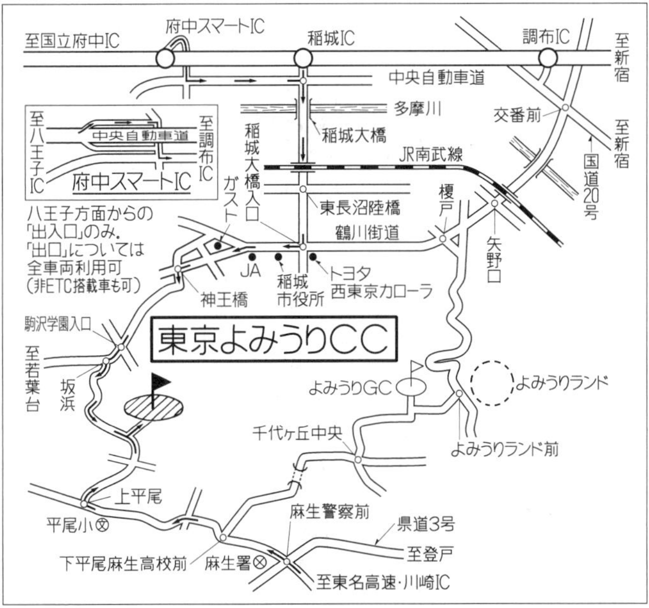

【自動車】高井戸IC（中央自動車道）9.9キロ→稲城IC（鶴川街道）6キロ→コース　所要時間20分　新宿方面からは中央高速稲城ICを降り、稲城大橋を渡り約5.5キロ。八王子方面からは中央道府中スマートICを降り稲城大橋を渡り約5.5キロ。稲城大橋からは約10分。東名高速の場合、東名川崎ICから約7.5キロ30～40分

東京湾カントリークラブ

〒299-0243　千葉県袖ケ浦市蔵波1147　FAX 0438(63)5231
予約専用0438(63)3311　https://www.accordiagolf.com/　本社03(6688)1500

●プレーの申込み　ビジター可
●予約　平日は3か月前の1日から、土日祝は3か月前の同日より受付け
●コンペ　組数は相談
●休日　無休
●クレジット　各種
●開場日　1979年10月28日
●コースの特徴　27H　P108　10010Y　距離はあまり長くなくフラットで、グリーンは新種のベント芝を使用
●練習場　130Y13打席8番アイアン迄
●電車　内房線長浦駅
●クラブバス　長浦駅から7:15　7:30　8:00　8:30　8:45　9:15　9:40　アクアライン袖ヶ浦バスターミナルから（予約制）7:35　8:05　8:45
●タクシー　長浦駅から5分780円、姉ケ崎駅から10分1800円
●プレースタイル　セルフプレーでGPSナビ付5人乗り乗用カート。FW乗入れ可（コース状況により不可）
●シューズ　ソフトスパイクのみ可
●ビジター料金表

	平　日	土　曜	日　祝
セ　ル　フ	8,990～	20,990～	18,990～

2021年11月の料金で昼食付
期間により料金は異なる

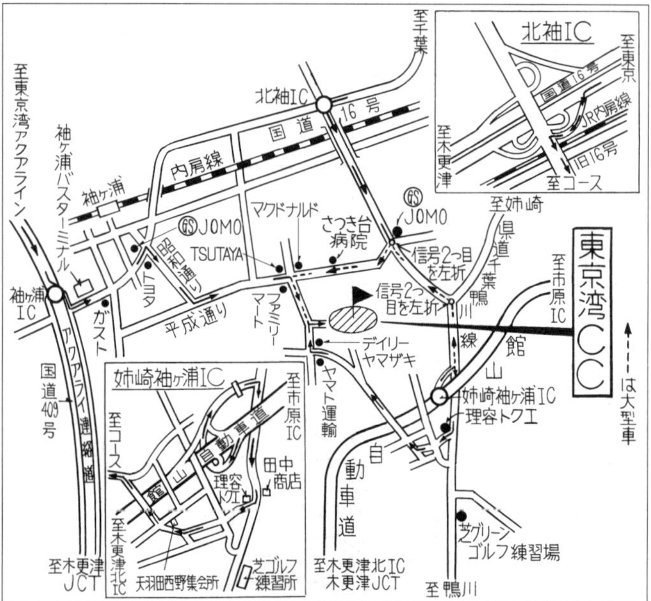

【自動車】箱崎IC（首都高速・京葉道路・館山自動車道）67.2キロ→姉崎袖ケ浦IC 5キロ→コース　所要時間1時間　館山自動車道を姉崎袖ケ浦ICで降り、茂原・鴨川方面に右折する。約700m先の1つ目の信号を右折後、3つ目の信号（左手前にヤマト運輸）を右折してコースへ。アクアライン利用は袖ヶ浦ICから約15分

東松苑ゴルフ倶楽部

〒329-4217　栃木県足利市駒場町1234　FAX 0284(91)1667
https://www.toshoen.co.jp

●プレーの申込み　会員の同伴または紹介が必要
●予約　3か月前の同日から受付け
●コンペ　会員の紹介が必要
●休日　1/1　クラブ指定日
●クレジット　AMEX　VISA　JCB　ダイナース
●開場日　1989年10月15日
●コースの特徴　18H　P72　6682Y
フラットだが池もあり戦略的なコース。アウトは距離があり、インはクラブ選択が鍵。JGA・KGA加盟コース。全ホールのティに冷暖房の東屋がある
●コースレート　72.1
●練習場　160Y30打席
●電車　東武伊勢崎線館林駅
●クラブバス　館林駅より予約制
●タクシー　館林駅から20分3200円
●プレースタイル　キャディ付またはセルフで5人乗り乗用カート
●シューズ　メタルスパイク禁止
●ビジター料金表

	月　金	火水木	土日祝
キャディ付	14,300	14,850	21,120
セ　ル　フ	9,900	10,450	16,720

消費税込・利用税別
2021年11月の料金で平日昼食付
期間により料金は異なる

と

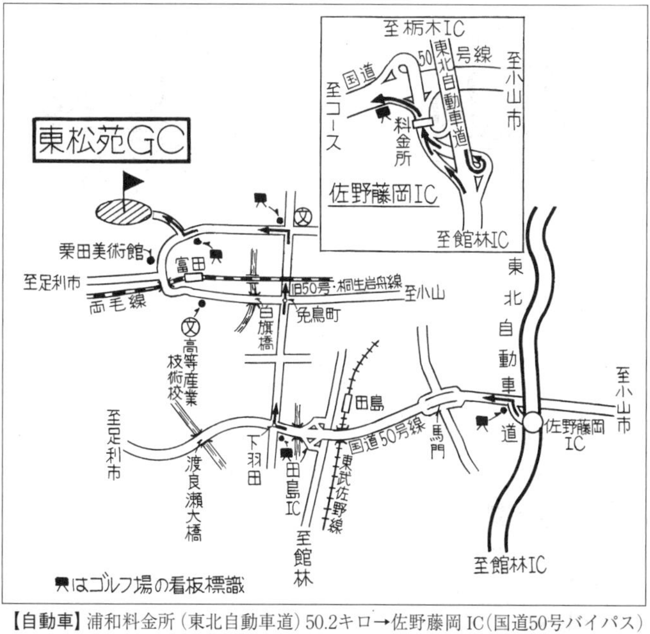

【自動車】浦和料金所(東北自動車道)50.2キロ→佐野藤岡IC(国道50号バイパス)3.2キロ→下羽田5キロ→コース　所要時間50分　佐野藤岡ICから国道50号バイパスを足利方面に進み、4つ目の信号・下羽田を右折。コース案内板に従って左折してコースへ

東都埼玉カントリー倶楽部

〒368-0102　埼玉県秩父郡小鹿野町長留1860　FAX 0494(75)0884
https://www.toto-motors.co.jp/golf/saitama/　本社03(3987)1456

●**プレーの申込み**　予約状況によりビジター可
●**予約**　2か月前の1日から受付け
●**コンペ**　予約状況により相談
●**休日**　毎週火曜日　12／31　1／1
●**クレジット**　各種
●**開場日**　1989年4月1日
●**コースの特徴**　18H　P72　6810Y
山岳地だが比較的平坦に造られ、フェアウェイもたっぷり広い。クラブハウスはログハウス
●**練習場**　30Y11打席
●**電車**　西武線西武秩父駅
●**クラブバス**　西武秩父駅から予約制
平日8:20　土日祝8:25
●**タクシー**　西武秩父駅20分3500円
●**プレースタイル**　セルフで乗用カートまたはリモコンカートで歩いてプレー
●**シューズ**　ソフトスパイク推奨
●**ビジター料金表**

	平　日	土　曜	日　祝
セ　ル　フ	7,800	12,150～	12,150～

上記は乗用カート利用時の2021年10月～12月料金。平日昼食付
期間により料金は異なる

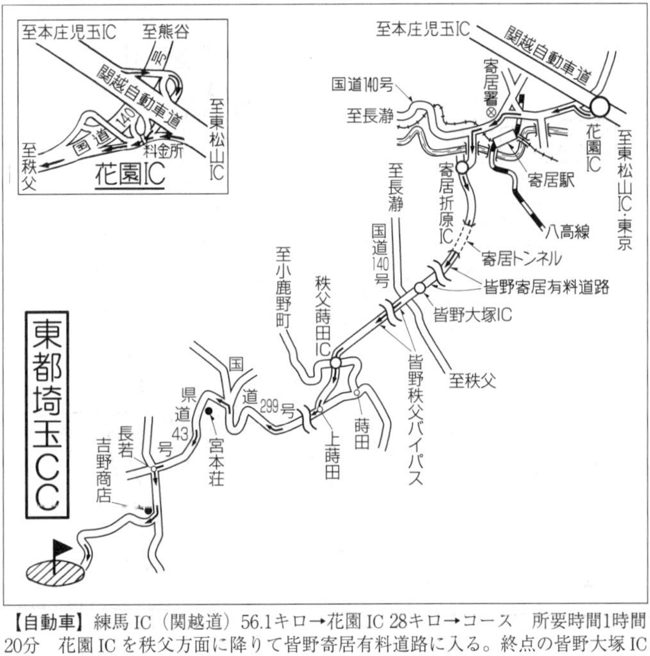

【**自動車**】練馬IC（関越道）56.1キロ→花園IC 28キロ→コース　所要時間1時間20分　花園ICを秩父方面に降りて皆野寄居有料道路に入る。終点の皆野大塚ICから皆野秩父バイパスに進み、終点の上蒔田交差点を直進し国道299号へ。約4キロ先のヘアピンカーブを過ぎて左折。長若信号を左折してコースへ

☎0494(24)3516

東都秩父カントリー倶楽部

〒368-0062　埼玉県秩父市蒔田1514－3　FAX 0494(24)0502
https://www.toto-motors.co.jp/golf/chichibu/　本社03(3987)1456

●**プレーの申込み**　予約状況によりビジター可
●**予約**　2か月前の1日より受付け
●**コンペ**　予約状況により相談
●**休日**　毎週月曜日　12／31　1／1
●**クレジット**　各種
●**開場日**　1975年4月29日
●**コースの特徴**　18H　P72　6718Y
秩父連山を望む自然を生かしたコース。落としどころが難しく、繊細なショットが要求される
●**コースレート**　未査定
●**練習場**　165Y15打席
●**電車**　西武池袋線西武秩父駅
●**クラブバス**　西武秩父駅から予約制
平日8:20　土日祝8:25
●**タクシー**　西武秩父駅15分2500円
●**プレースタイル**　セルフで乗用カートまたはリモコンカートで歩いてプレー
●**シューズ**　ゴルフ靴はすべて可
●**ビジター料金表**

	平　日	土　曜	日　祝
セ　ル　フ	5,800	8,750～	8,750～

全日スループレー。上記は乗用カート利用時の料金。期間により料金は異なる。レストランは営業していません

と

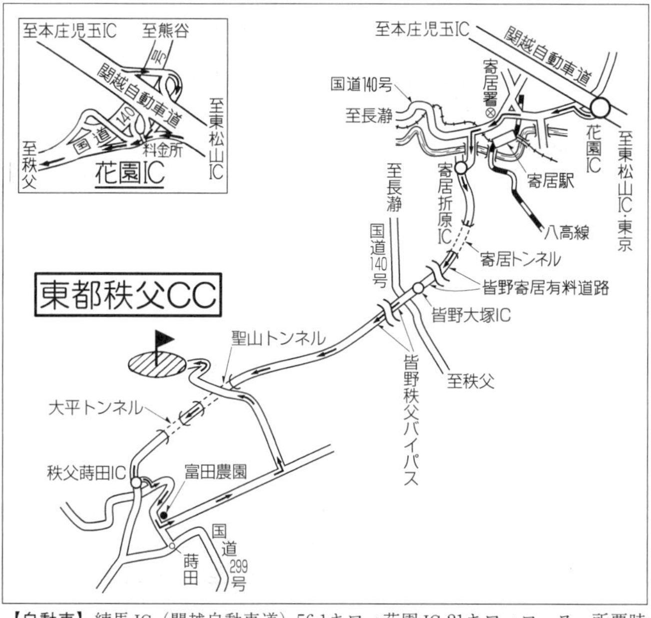

【**自動車**】練馬IC（関越自動車道）56.1キロ→花園IC 21キロ→コース　所要時間1時間10分　花園ICを秩父方面に降り、末野陸橋先で皆野寄居有料道路に入る。終点の皆野大塚ICからそのまま皆野秩父バイパスに進み、終点の秩父蒔田ICを出て左折。富田農園がある交差点を左折してコースへ

東都栃木カントリー倶楽部

〒321-4312　栃木県真岡市青谷60　FAX 0285(72)5571
https://www.toto-motors.co.jp/golf/tochigi/　本社03(3987)1456

●**プレーの申込み**　予約状況によりビジター可
●**予約**　2か月前の1日より受付け
●**コンペ**　予約状況により相談
●**休日**　毎週月曜日　12／31　1／1
●**クレジット**　各種
●**開場日**　1977年5月8日
●**コースの特徴**　18H　P72　6550Y　フラットなアウト、アンジュレーションがありテクニックを要求されるインと趣きの異なる18ホール
●**コースレート**　未査定
●**練習場**　100Y11打席
●**電車**　JR 宇都宮線石橋駅、または JR 水戸線岩瀬駅
●**クラブバス**　なし
●**タクシー**　岩瀬駅から3200円　石橋駅から7700円
●**プレースタイル**　セルフで乗用カートまたはリモコンカートで歩いてプレー
●**シューズ**　ソフトスパイク推奨
●**ビジター料金表**

	平　日	土　曜	日　祝
セルフ乗用	5,900	12,300	12,300
セルフ歩行	5,100	11,300	11,300

2021年11月の昼食付料金
期間により料金は異なる

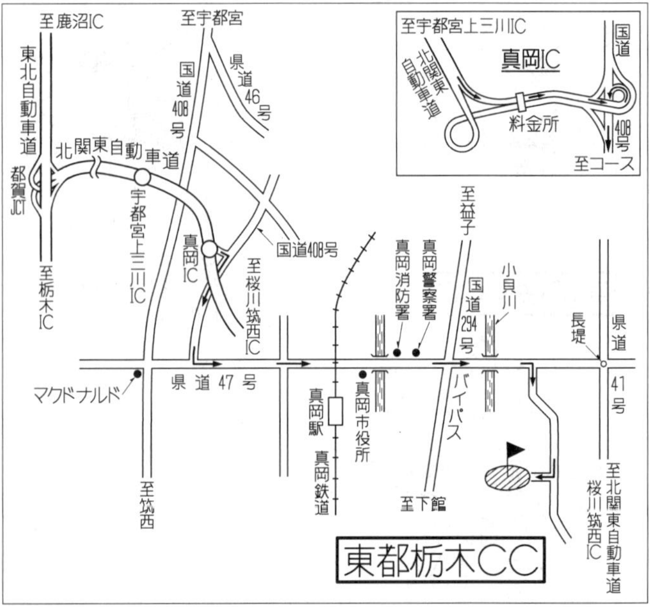

【自動車】 浦和料金所（東北自動車道）70.7キロ→都賀 JCT（北関東自動車道）26キロ→真岡 IC 13キロ→コース　所要時間1時間20分　真岡 IC を真岡市街方面に降り、突き当たりの県道47号線を左折する。真岡市街を通り、小貝川を渡って100m先を右折してコースへ

東都飯能カントリー倶楽部

〒357-0126　埼玉県飯能市下赤工785　FAX 042(977)2619
https://www.toto-motors.co.jp/golf/hanno/　本社03(3987)1456

●**プレーの申込み**　原則として会員の同伴または紹介が必要
●**予約**　2か月前の1日より受付け
●**コンペ**　原則として会員の同伴または紹介が必要
●**休日**　毎週金曜日　12/31　1/1
●**クレジット**　各種
●**開場日**　1991年7月25日
●**コースの特徴**　18H　P72　6608Y
戦略性豊かなベントワングリーンのコース。アプローチがスコアメイクのカギとなる
●**練習場**　200Y18打席　アイアンのみ
●**電車**　西武池袋線飯能駅
●**クラブバス**　予約制で飯能駅南口から7:45　8:30
●**タクシー**　飯能駅から20分2500円
●**プレースタイル**　キャディ付またはセルフで、乗用カートまたはリモコンカートで歩いてプレー
●**シューズ**　ソフトスパイク
●**ビジター料金表**

	平　日	土　曜	日　祝
セ　ル　フ	13,250	20,350	20,350

キャディ付は4,300円加算
シーズン料金あり

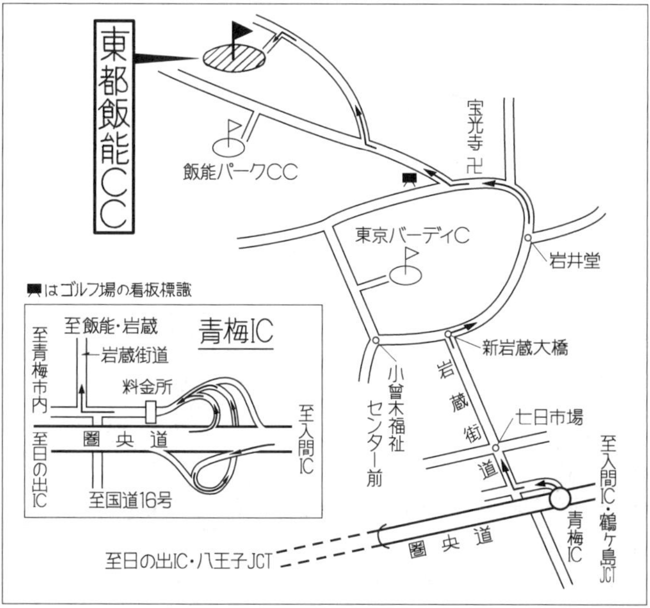

【自動車】高井戸IC(中央自動車道)26キロ→八王子料金所10.2キロ→八王子JCT(圏央道)20.3キロ→青梅IC 10キロ→コース　所要時間50分　青梅ICを降りて2つ目の信号を右折し、岩蔵街道へ。岩蔵温泉のT字路を右折し、6つ目の信号の先を右折。500メートル先を右折して道なりに進んでコースへ

東庄ゴルフ倶楽部

〒289-0636　千葉県香取郡東庄町東和田329　FAX 0478(87)0225
予約専用　0478(87)0800　http://tsgc.tatemono-golf.com

●プレーの申込み　ビジター可
●予約　3か月前の1日から受付け
●コンペ　予約状況により相談
●休日　クラブ指定日
●クレジット　AMEX JCB UC VISA UFJ DC マスター セゾン
●開場日　1997年10月1日
●コースの特徴　18H　P72　7021Y
自然林に囲まれたフラットなコースは池が巧みに配置された戦略的なコース
●練習場　180Y18打席
●電車　総武本線旭駅、または成田線笹川駅
●クラブバス　なし
●タクシー　旭駅から20分3000円
笹川駅から10分1500円
●プレースタイル　セルフプレーでGPSナビ付5人乗り乗用カート
●シューズ　ソフトスパイク推奨
●ビジター料金表

	平　日	土　日	祝　日
セ　ル　フ	8,400	16,500	16,000

2021年10月～11月の料金で全日昼食付
期間により料金は異なる
●プレー情報　サービスデー、コンペプラン、薄暮ハーフ

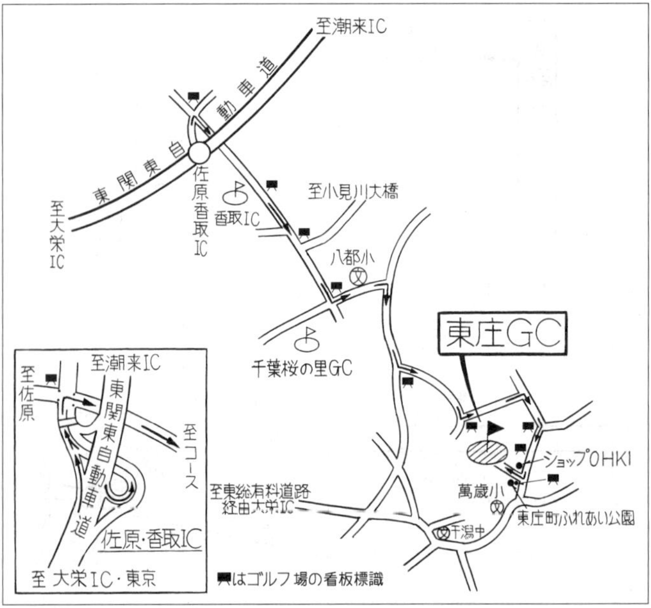

【自動車】箱崎IC(首都高速)35.8キロ→宮野木JCT(東関東自動車道)49.2キロ→佐原香取IC 17キロ→コース　所要時間1時間20分　佐原香取ICを降りて最初の信号を右折する。道なりに進み、旭町を目指しながらコース案内板に従ってコースへ。大栄ICから東総有料道路を経由するルートもあり、コースまでは23キロ

東武藤が丘カントリー倶楽部

〒323-1108　栃木県栃木市藤岡町太田3857－1　FAX 0282(62)0771
予約0282(62)0756　http://www.tobufujigaokacc.co.jp/

●プレーの申込み　パブリックコース
●予約　3か月前の1日から、1組2名より受付け
●コンペ　組数は相談
●休日　1～2月と7～8月の指定日 1／1
●クレジット　UC　VISA　DC　JCB　MUFG　ダイナース　東武カード　他
●開場日　1997年9月12日
●コースの特徴　18H　P72　7026Y
各ホールとも豊富な樹林でセパレートされ、フラットな中にも池やバンカーが随所に配された戦略的なコース
●練習場　あり
●電車　東武日光線板倉東洋大前駅
●クラブバス　板倉東洋大前駅から予約制で7:30　8:30　9:30
●タクシー　東武日光線藤岡駅から15分約3000円
●プレースタイル　キャディ付またはセルフでGPSナビ付5人乗り乗用カート
●シューズ　ソフトスパイク推奨
●ビジター料金表

	平　日	土　曜	日　祝
セ　ル　フ	13,500	24,000	24,000

キャディ付は3960円加算。夏季・冬季割引、コンペパック、その他感謝デー等要問合せ

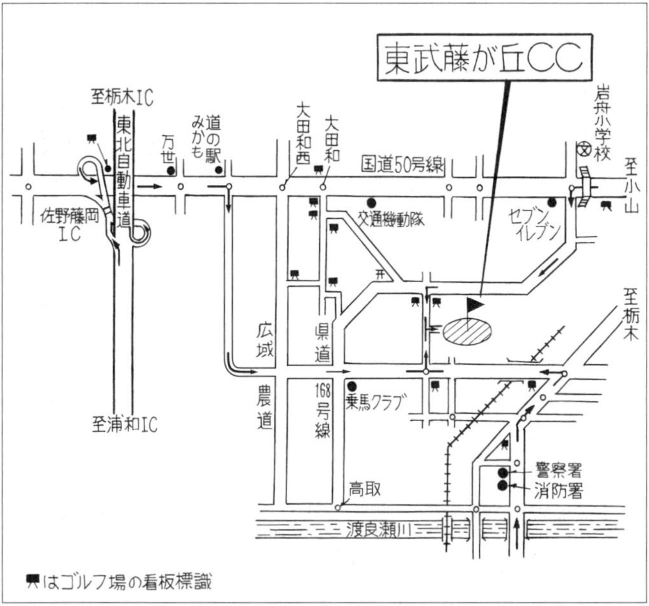

【自動車】浦和料金所（東北自動車道）50.2キロ→佐野藤岡IC 3.5キロ→コース　所要時間40分　佐野藤岡ICから国道50号バイパスを小山方面に向かい、2つ目の信号（道の駅みかも）を右折する。道なりに約2キロ進み3つ目の信号を左折。約800m進むと右側にコース入口

と

東名厚木カントリー倶楽部

〒243-0308　神奈川県愛甲郡愛川町三増2607　FAX 046(281)4101
https://www.pacificgolf.co.jp/toumeiatsugi/

●**プレーの申込み**　予約状況によりビジター可
●**予約**　3か月前の同日午後1時より受付け
●**コンペ**　組数は相談
●**休日**　無休
●**クレジット**　JCB　VISA　AMEX　ダイナース　マスター
●**開場日**　1972年11月19日
●**コースの特徴**　27H　P107　9254Y　山の斜面をヒナ段状にレイアウトし、概してフラットに仕上がっている
●**コースレート**　71.3　68.5　69.4
●**練習場**　30Y10打席
●**電車**　小田急線本厚木駅、または横浜線相模原駅
●**クラブバス**　予約制で相模原駅から7:00
●**タクシー**　本厚木5000円　相模原5000円
●**プレースタイル**　キャディ付またはセルフでGPSナビ付5人乗り乗用カート
●**シューズ**　メタルスパイク禁止
●**ビジター料金**
季節により料金が異なるため、ホームページ参照、またはクラブに要問合せ

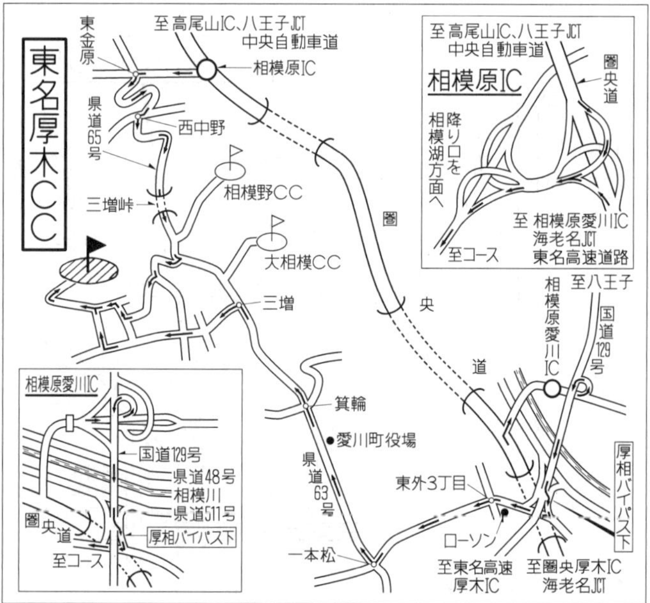

【自動車】●東名高速からは海老名JCT（圏央道）12キロ→相模原愛川IC 10キロ→コース　ICから25分　ICから国道129号線を厚木方面に向かい、厚相バイパス下信号を右折。東外3丁目を直進し、一本松信号を右折してコースへ。●中央道からは八王子JCT（圏央道）7.8キロ→相模原IC 10ロ→コース　ICから15分

☎055(992)3331

東名カントリークラブ

〒410-1126　静岡県裾野市桃園300　FAX 055(993)2141
予約055(993)2130、2131　https://www.tomeicc.co.jp

●プレーの申込み　平日は会員の紹介 土日祝は会員同伴または紹介が必要
●予約　平日は3か月前の同日、土日祝は2か月前の1日10時から受付け
●コンペ　平日は可、土日祝は予約状況により相談
●休日　1/1　1月下旬にクラブ指定日2日間
●クレジット　各種
●開場日　1968年9月23日
●コースの特徴　27H　P108　10324Y 適度なアップダウンがあるがフェアウェイは広い。女子ツアー「スタンレーレディストーナメント」を開催
●コースレート　72.3
●練習場　300Y21打席
●電車　東海道新幹線三島駅
●クラブバス　土日祝のみ三島駅北口から7:40　8:40
●タクシー　三島駅から20分約2000円
●プレースタイル　キャディ付は5人乗り、セルフは5人または2人乗り乗用カート
●シューズ　メタルスパイク禁止
●ビジター料金表

	平　日	土　曜	日　祝
キャディ付	18,050	26,850	26,850
セ　ル　フ	15,300	24,100	24,100

と

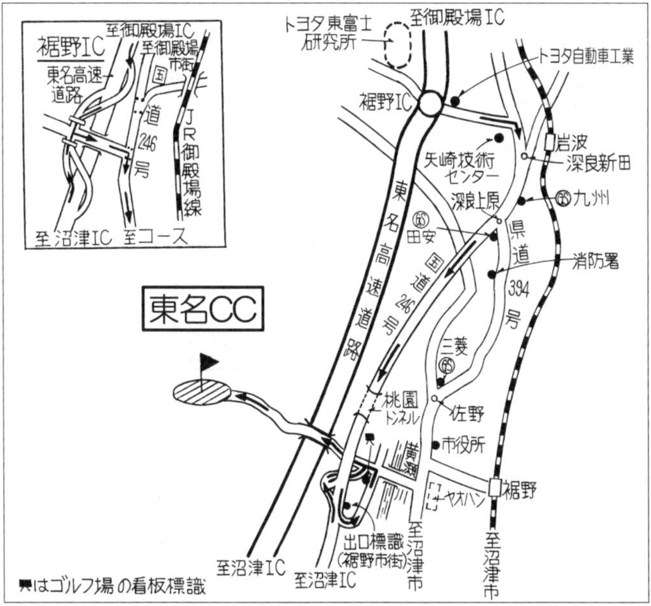

【自動車】東京IC（東名高速）93.8キロ→裾野IC（国道246号）8.8キロ→コース　所要時間1時間20分　東京方面からは裾野ICを降りて左折し、国道246号を沼津方面に向かう。桃園トンネルを出てからの裾野市街出口の標識に従って国道246号を降り、1つ目の信号を左折してコースへ

東名富士カントリークラブ

〒410-1313　静岡県駿東郡小山町竹之下3417－1　FAX 0550(76)4117
http://tohmeifuji.life.coocan.jp/

●**プレーの申込み**　予約状況によりビジター可
●**予約**　2か月前から受付け
●**コンペ**　組数制限なし
●**休日**　無休
●**クレジット**　なし
●**開場日**　1970年4月29日
●**コースの特徴**　18H　P72　6679Y
各ホールより富士山を望む。アップダウンはややあるがフェアウェイは広い
●**練習場**　あり
●**電車・バス**　御殿場線駿河小山駅。新宿駅、東京駅から高速バス利用の場合は、東名小山バス停下車
●**クラブバス**　予約制で駿河小山駅、東名小山バス停より運行
●**タクシー**　駿河小山から10分1100円
●**プレースタイル**　セルフプレーで乗用カート
●**シューズ**　ソフトスパイク
●**ビジター料金表**

	平　日	土　曜	日　祝
セ　ル　フ	9,100	14,700	14,700

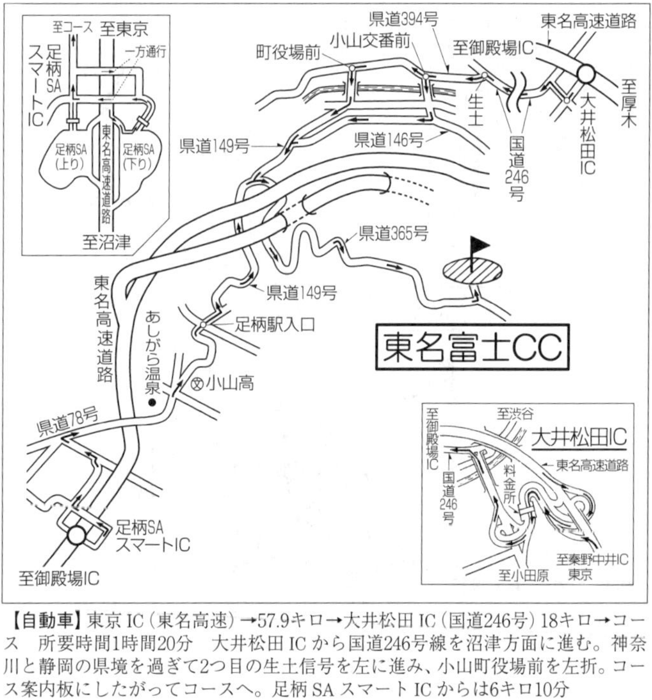

【**自動車**】東京 IC（東名高速）→57.9キロ→大井松田 IC（国道246号）18キロ→コース　所要時間1時間20分　大井松田 IC から国道246号線を沼津方面に進む。神奈川と静岡の県境を過ぎて2つ目の生土信号を左に進み、小山町役場前を左折。コース案内板にしたがってコースへ。足柄 SA スマート IC からは6キロ10分

桃里カントリー倶楽部

〒329-4314　栃木県栃木市岩舟町小野寺4925　FAX 0282(57)7337
https://www.touricc.com/　本社　03(3573)1185　中央区銀座6－6－1銀座凮月堂ビル

●プレーの申込み　平日は会員の紹介、土日祝は会員または同伴が必要

●予約　3か月前の1日9時30分より本社で受付け

●コンペ　予約状況により相談

●休日　無休

●クレジット　JCB　UC　ダイナース　VISA　マスター

●開場日　1991年4月20日

●コースの特徴　18H　P72　6800Y
名設計家のJ・マイケル・ポーレットの手によるアメリカンタイプのコース。杉、松が中心でアップダウンは少ないが、池が絡むホールが多くプレッシャーがかかる

●コースレート　未査定

●練習場　なし

●電車　東武日光線栃木駅

●クラブバス　なし

●タクシー　栃木駅から20分3000円

●プレースタイル　キャディ付で乗用カート

●シューズ　ゴルフ靴はすべて可

●ビジター料金表

	平　日	土　曜	日　祝
キャディ付	11,500	22,500	21,500

2022年料金については要問合せ

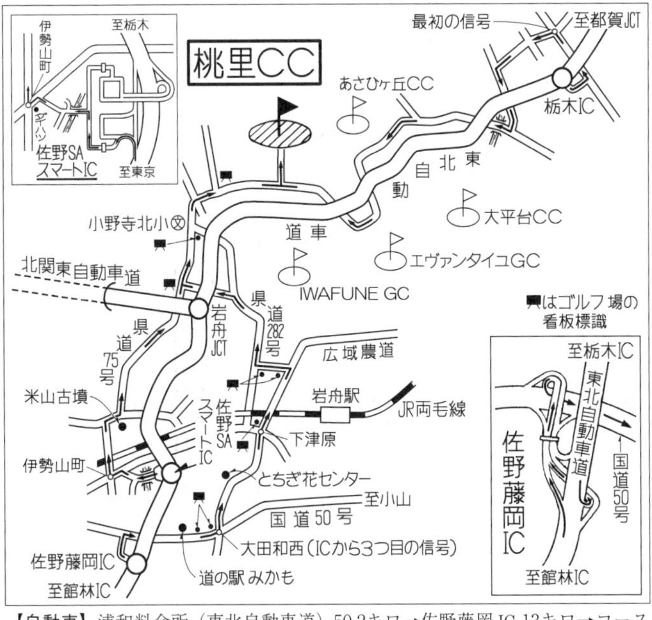

【自動車】浦和料金所（東北自動車道）50.2キロ→佐野藤岡IC 13キロ→コース　所要時間1時間10分　料金所を出て、国道50号を小山方面に約1.5キロ進む。3つ目の信号を左折して広域農道に入り、案内板に従ってコースへ。ICより約15分。佐野SAスマートICからは約13分

トーヨーカントリークラブ

〒297-0144　千葉県長生郡長南町市野々685　FAX 0475(47)0223
https://www.toyo-cc.com

●**プレーの申込み**　ビジター可
●**予約**　3か月前の1日より受付け
●**コンペ**　土日祝は5組まで、平日は組数制限なし
●**休日**　クラブ指定日
●**クレジット**　各種
●**開場日**　1971年11月1日
●**コースの特徴**　18H　P72　6022Y
南房総の丘陵地帯に展開する自然を生かしたコースで、戦略性に富んでいる。全体的にグリーンは小さめなので、アプローチの正確さが求められる
●**電車**　外房線茂原駅
●**クラブバス**　なし
●**タクシー**　茂原駅から30分約5000円
●**プレースタイル**　セルフプレーでGPSナビ付乗用カート
●**シューズ**　ソフトスパイク、スパイクレス
●**ビジター料金表**

	平　日	土　曜	日　祝
セ　ル　フ	8,050	15,000	15,000

ツーサムプレー可（追加料金あり）
●**プレー情報**　夏期・冬期割引、ハーフプレー、ジュニア料金

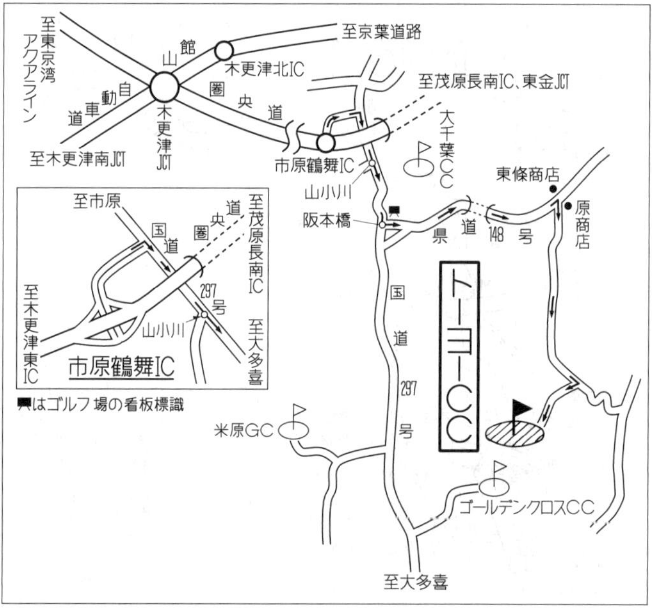

【**自動車**】川崎浮島JCT（東京湾アクアライン、連絡道）23.7キロ→木更津JCT（圏央道）19.6キロ→市原鶴舞IC 10キロ→コース　所要時間45分　市原鶴舞ICを降りて右折し、阪本橋交差点を左折。県道148号線を約3キロ進み、原商店と東條商店があるT字路を右折してコースへ。圏央道・茂原長南ICからは約13キロ

栃木ヶ丘ゴルフ倶楽部

〒328-0121　栃木県栃木市細堀町376　FAX 0282(28)1079
http://www.tgc18.com

●プレーの申込み　予約状況によりビジター可
●予約　4か月前の同日から受付
●コンペ　組数は相談
●休日　1／1　倶楽部指定日
●クレジット　JCB　DC　VISA　他
●開場日　1991年9月14日
●コースの特徴　18H　P72　6917Y
市内を見下す丘陵地にフラットに造成され、池とバンカー、樹木が調和した庭園風コース
●コースレート　72.5
●練習場　180Y10打席
●電車　東武日光線栃木駅
●クラブバス　完全予約制で栃木駅南口から7:50　8:55
●タクシー　新栃木駅から10分2000円
●プレースタイル　キャディ付またはセルフで5人乗り電磁誘導乗用カート
●シューズ　ソフトスパイク推奨
●ビジター料金表

	平　日	土　曜	日　祝
キャディ付	13,050～	22,800～	22,800～
セ　ル　フ	9,200～	19,500～	19,500～

上記は2021年10月の料金で昼食付
期間や曜日によって料金は異なる

と

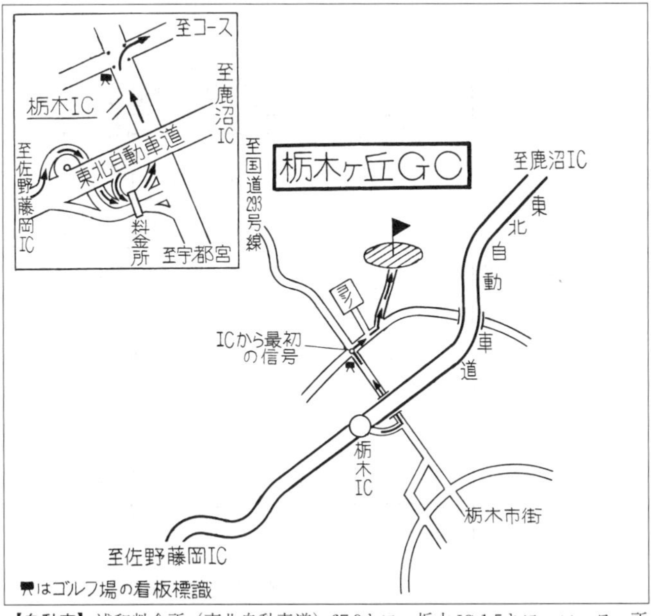

【自動車】浦和料金所（東北自動車道）67.9キロ→栃木 IC 1.5キロ→コース　所要時間50分　栃木 IC を降りて、料金所を出て T 字路を左折する。約1キロ先の最初の信号を右折し、ここから約500m でコース。栃木 IC より3分

栃木カントリークラブ

〒328-0063　栃木県栃木市岩出町616　FAX 0282(22)4432
http://www.tochigicc.com/

●プレーの申込み　予約状況によりビジター可
●予約　3か月前の同日から受付け
●コンペ　組数は相談
●休日　1／1
●クレジット　JCB　VISA　マスター　AMEX
●開場日　1959年11月3日
●コースの特徴　27H　P108　9414Y
西＝眺望抜群で雄大。中＝全体的にフラットだが戦略的。東＝距離が長く適度なアップダウンもある
●練習場　100Y10打席
●電車　東武日光線･JR 両毛線栃木駅
●クラブバス　栃木駅南口から平日8:50（予約制）　土日祝7:45　8:50
●タクシー　栃木駅から8分約1700円
●プレースタイル　キャディ付またはセルフで5人乗り乗用カート
●シューズ　ソフトスパイク推奨
●ビジター料金表

	平　日	土　曜	日　祝
キャディ付	13,200	19,200	19,200
セ　ル　フ	9,000	15,000	15,000

季節によって料金は異なる
上記はトップシーズンの料金
サービスデーあり

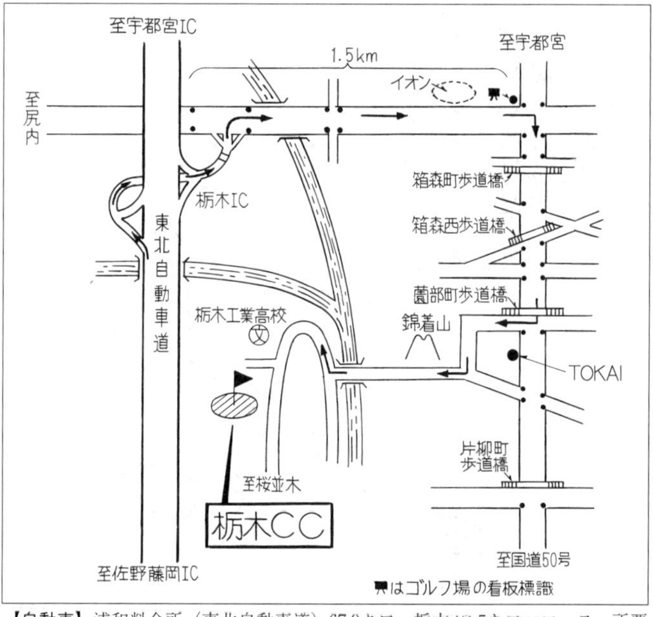

【自動車】浦和料金所（東北自動車道）67.9キロ→栃木 IC 5キロ→コース　所要時間1時間　栃木 IC を降りて右折し、1.5キロ先のバイパスを右折。1.3キロ先にある3つ目の歩道橋（薗部町歩道橋）を右折してコースへ

栃木県民ゴルフ場 とちまるゴルフクラブ

〒329-1233　栃木県塩谷郡高根沢町宝積寺上川原828　FAX 028(675)7213
予約専用　028(675)7222　https://www.tochigikenmingc.com/

●プレーの申込み　パブリックコース
●予約　2か月前の1日から受付け
●コンペ　組数制限なし
●休日　指定日
●クレジット　なし
●開場日　1992年10月1日
●コースの特徴　18H　P72　6609Y
河川空間のなだらかな地形を生かした美しい造形と池やバンカーをふんだんに盛り込んだレイアウト
●練習場　なし
●電車　JR宇都宮線宝積寺駅
●クラブバス　なし
●タクシー　宝積寺駅から5分約1000円、宇都宮駅から約20分
●プレースタイル　セルフプレーで2人、4人乗り乗用カートまたは手引きカート。FW乗入れ可（コース状況により不可）
●シューズ　ソフトスパイク推奨
●ビジター料金表

	平　日	土　曜	日　祝
セ　ル　フ	4,850	8,850	8,850

2021年11月の昼食付料金。各月の優待料金はホームページ参照
●セルフデー　祝日除く火曜日スループレー3850円～
●プレー情報　ジュニア料金、友の会ハーフプレー、早朝プレー

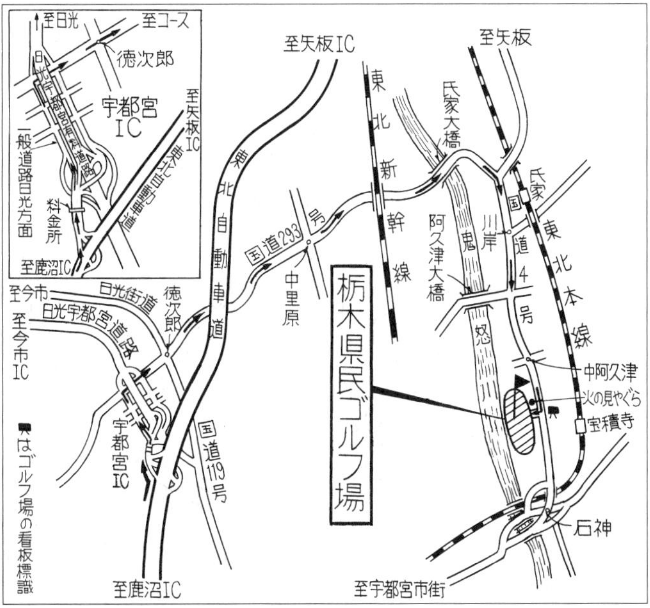

【自動車】浦和料金所（東北自動車道）98.2キロ→宇都宮IC 14キロ→氏家大橋7キロ→コース　所要時間1時間50分　東北自動車道を宇都宮ICで降り、日光宇都宮道路の左の道を1キロ進み国道293号を氏家に向かう。氏家大橋を渡り国道4号を宇都宮方面に進んでコース

TOCHGI North Hills Golf Course

〒328-0203　栃木県栃木市尻内町984－1　FAX 0282(31)1166
http://northhills.jp/

●プレーの申込み　ビジター可
●予約　3か月前から受付け
●コンペ　組数は相談
●休日　無休
●クレジット　各種
●開場日　1989年10月1日
●コースの特徴　18H　P72　6448Y
雄大な自然に囲まれ、四季折々の美しさを楽しみながら、幅広い層のゴルファーが楽しめる風光明媚なコース
●コースレート　70.5
●練習場　200Y15打席
●電車　東武日光線新栃木駅、または東北新幹線小山駅
●クラブバス　なし
●タクシー　新栃木駅から約20分
小山駅から約40分
●プレースタイル　セルフプレーで乗用カート。キャディ付は要予約
●シューズ　ソフトスパイク推奨
●ビジター料金表

	平　日	土　曜	日　曜
セ　ル　フ	7,500	14,000	14,000

昼食付。季節により料金は異なる
キャディ付は4B3500加算（税別）

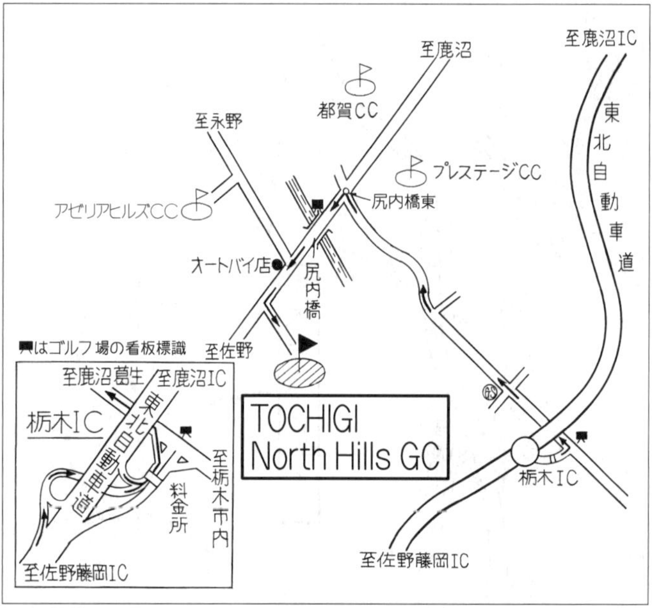

【自動車】浦和料金所（東北自動車道）67.9キロ→栃木IC 4キロ→コース　所要時間1時間　料金所を出て突き当たりを左折し、鍋山方面に向かう。尻内橋東の信号を左折して尻内橋を渡ると左側にコース

栃の木カントリークラブ

〒329-2214　栃木県塩谷郡塩谷町大字東房523　FAX 0287(45)0968
http://www.tochinokicc.com

●**プレーの申込み**　ビジター可
●**予約**　3か月前の1日より受付け
●**コンペ**　組数制限なし
●**休日**　無休
●**クレジット**　JCB　VISA　AMEX 他
●**開場日**　1977年8月31日
●**コースの特徴**　18H　P72　6072Y
各ホール毎に花木の名称の付く美しい林間 & 丘陵コース。距離は短いが、決して侮れない。「PENNA-4」グリーンは、あのオーガスタと同じ品種のニューグリーン。ツーサム OK
●**コースレート**　67.7
●**電車**　東北本線矢板駅、または東武鬼怒川線新高徳駅
●**クラブバス**　3名以上予約制で運行(片道500円)
●**タクシー**　矢板駅から15分3000円
●**プレースタイル**　セルフプレーで5人乗り乗用カート
●**シューズ**　ソフトスパイク推奨
●**ビジター料金表**

	平　日	土　曜	日　祝
セ　ル　フ	5,500	11,000	11,000

昼食付
●**プレー情報**　web 予約、宿泊パック、ロッジ併設、コンペ特典他

と

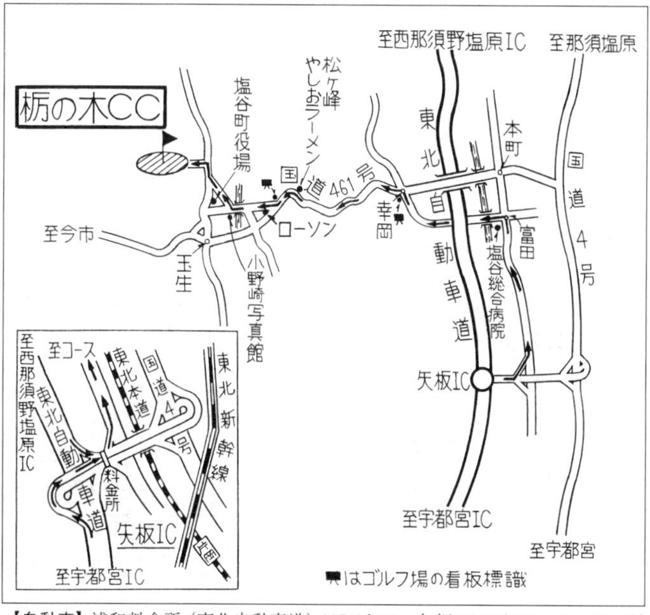

【**自動車**】浦和料金所（東北自動車道）115.4キロ→矢板 IC 15キロ→コース　所要時間1時間25分　矢板 IC を降り、左折して旧4号線を進む。塩谷総合病院がある富田を左折し、幸岡を左折。松ケ峰やしおラーメン先の Y 字路を右に進み小野崎写真館前の信号を右折してコースへ

戸塚カントリー倶楽部

〒241-0834　神奈川県横浜市旭区大池町26　FAX 045(351)1050
予約専用045(351)1217　https://www.totsuka-cc.com

●**プレーの申込み**　平日は会員の紹介、土日祝は会員の同伴が必要
●**予約**　平日は11か月前の1日から、土日祝は7週間前の金曜日から受付け
●**コンペ**　平日のみ会員紹介3組以上
●**休日**　毎週月曜日　12／31　1／1
●**クレジット**　各種
●**開場日**　1961年12月20日
●**コースの特徴**　36H　P144　14010Y
西・東コースともフラットでフェアウェイも広い。西コースでは86年日本オープン、05年日本女子オープン、08～12年キヤノンオープン、19年資生堂アネッサレディスオープンを開催
●**コースレート**　西74.5　東72.5
●**練習場**　230Y22打席
●**電車**　相模鉄道二俣川駅、JR横須賀線東戸塚駅
●**クラブバス**　二俣川駅南口、東戸塚駅西口より随時運行
●**タクシー**　二俣川駅から約1300円
●**プレースタイル**　キャディ付で歩行。東コースは乗用カート
●**シューズ**　メタルスパイク禁止
●**ビジター料金表**

	平　日	土　曜	日　祝
キャディ付	33,520～	39,020～	39,020～

平日の火・金曜日は28,020円（夏季・冬季は除く）

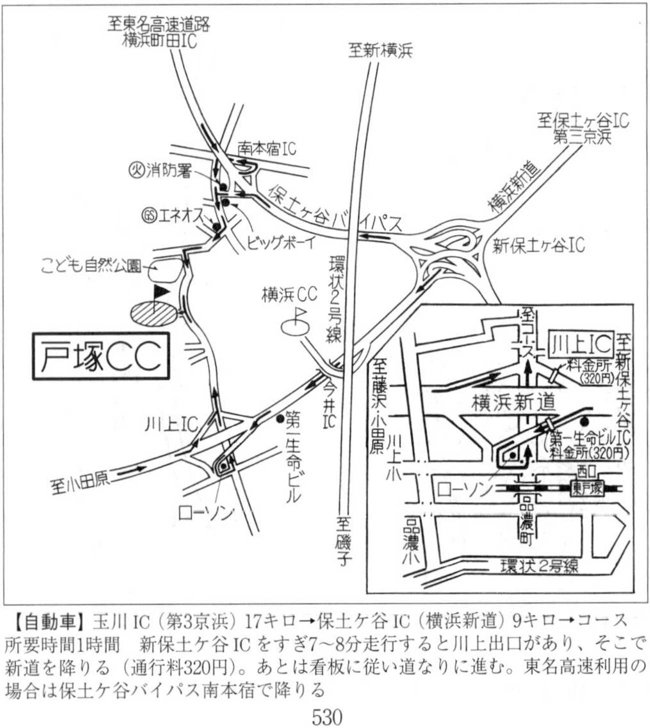

【**自動車**】玉川IC（第3京浜）17キロ→保土ケ谷IC（横浜新道）9キロ→コース
所要時間1時間　新保土ケ谷ICをすぎ7～8分走行すると川上出口があり、そこで新道を降りる（通行料320円)。あとは看板に従い道なりに進む。東名高速利用の場合は保土ケ谷バイパス南本宿で降りる

利根パークゴルフ場

〒302-0024　茨城県取手市新町4－1－50　FAX 0297(74)1585
https://www.tpg18.com　本社　03(3434)7611

●**プレーの申込み**　セミパブリックコース
●**予約**　平日は3か月前の1日、土日祝は2か月前の同日午後1時より受付け。土日祝予約金1名3000円が必要
●**コンペ**　予約は各曜日に準ずる
●**休日**　1～2月及び7～8月の火曜日（トップシーズンは営業）
●**クレジット**　各種
●**開場日**　1960年10月8日
●**コースの特徴**　18H　P72　6750Y　河川敷ではあるが、距離もありフェアウェイも広く、また各ホールは樹木でセパレートされている
●**練習場**　200Y60打席
●**電車**　常磐線取手駅
●**クラブバス**　取手駅西口から平日7時15分～9時45分、土日祝6時15分～9時45分の間15分間隔で運行
●**タクシー**　取手駅から2分基本料金
●**プレースタイル**　セルフで乗用カートまたは手引カートの歩行プレー
●**シューズ**　ゴルフ靴はすべて可
●**ビジター料金表**

	平　日	土　曜	日　祝
乗用セルフ	10,300	15,800	14,800
手引セルフ	9,000	14,500	13,500

2021年11月の料金
季節により料金は異なる

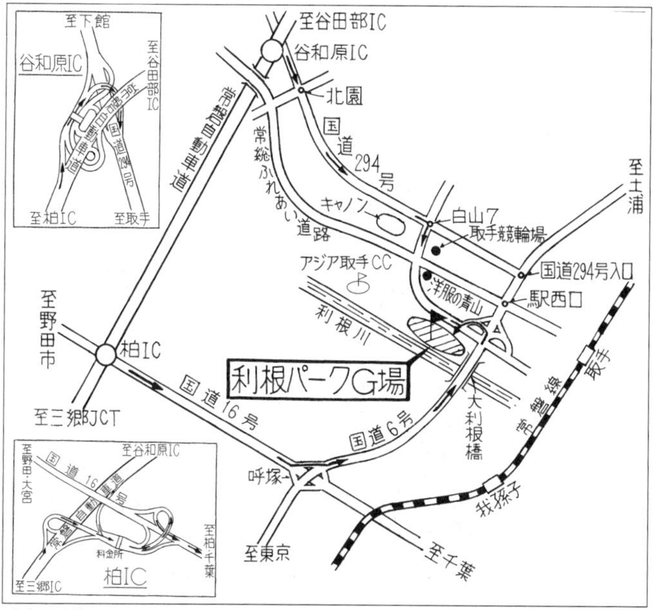

【自動車】三郷IC（常磐自動車道）10.8キロ→柏IC（国道16号・6号経由）13キロ→コース　所要時間35分　柏ICを出て国道16号を柏方面に向かう。国道6号との呼塚立体交差を左折し取手方面に約8キロ走り、利根川を渡るとすぐコース

 ☎0289(85)1371

トミーヒルズゴルフクラブ 鹿沼コース

〒322-0305　栃木県鹿沼市口粟野2125　FAX 0289(85)1373
http://www.tommy-hills.com

●プレーの申込み　ビジター可
●予約　3か月前から受付け
●コンペ　組数制限なし
●休日　指定日
●クレジット　JCB　VISA　AMEX　DC　ダイナース　UFJ　UC
●開場日　1999年4月27日
●コースの特徴　18H　P72　6109Y
自然の借景にバランス良く溶け込み、攻めて楽しく、守って面白い個性豊かなホールの続く丘陵コース
●コースレート　未査定
●練習場　230Y15打席
●電車　東武日光線新鹿沼駅または樅山駅
●クラブバス　なし
●タクシー　新鹿沼駅から約15分、樅山駅から約16分
●プレースタイル　セルフプレーでGPS ナビ付5人乗り乗用カート
●シューズ　ソフトスパイクのみ
●ビジター料金表

	平　日	土　曜	日　祝
セ　ル　フ	5,800	11,000	11,000

昼食付。季節により料金は異なる
ジュニア料金あり

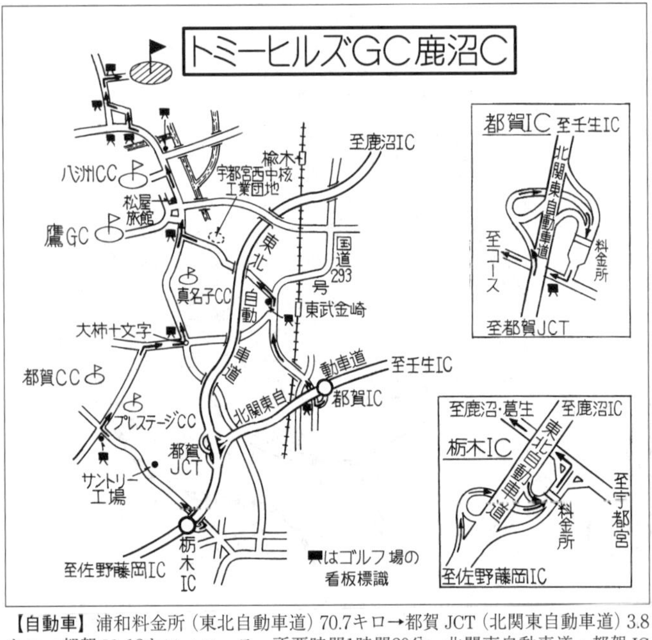

【自動車】浦和料金所（東北自動車道）70.7キロ→都賀 JCT（北関東自動車道）3.8キロ→都賀 IC 12キロ→コース　所要時間1時間20分　北関東自動車道・都賀 IC を降りて右折し、国道293号経由で粟野町へ向かい、コース案内板に従ってコースへ。栃木 IC からは18キロ、28分

富岡倶楽部

〒370-2307　群馬県富岡市藤木621－1　FAX 0274(64)2213
http://www.unimat-golf.jp/tomiokaclub/

●プレーの申込み　ビジター可
●予約　3か月前の同日から受付け
●コンペ　予約状況により相談
●休日　無休
●クレジット　各種
●開場日　1989年10月26日
●コースの特徴　18H　P72　7000Y
広々としたフェアウェイを持ち、絶妙にレイアウトされた美しい池、バンカー、広いグリーンのコース
●練習場　230Y15打席（バンカー有）
●電車　上越新幹線高崎駅
●クラブバス　高崎駅東口から予約制
●タクシー　高崎駅西口より約20分
●プレースタイル　キャディ付またはセルフで5人乗り乗用カート
●シューズ　メタルスパイク禁止
●ビジター料金表

	平　日	土　曜	日　祝
キャディ付	16,200	21,500	21,500
セ　ル　フ	12,900	18,200	18,200

上記はパスポート料金（1Rプレー代・朝食・昼食とフリードリンク・コース売店飲物無料・プレー後の1ソフトドリンク付）で2021年10／1～11／30の料金
●プレー情報　コンペプラン、宿泊プラン（コテージ隣接）

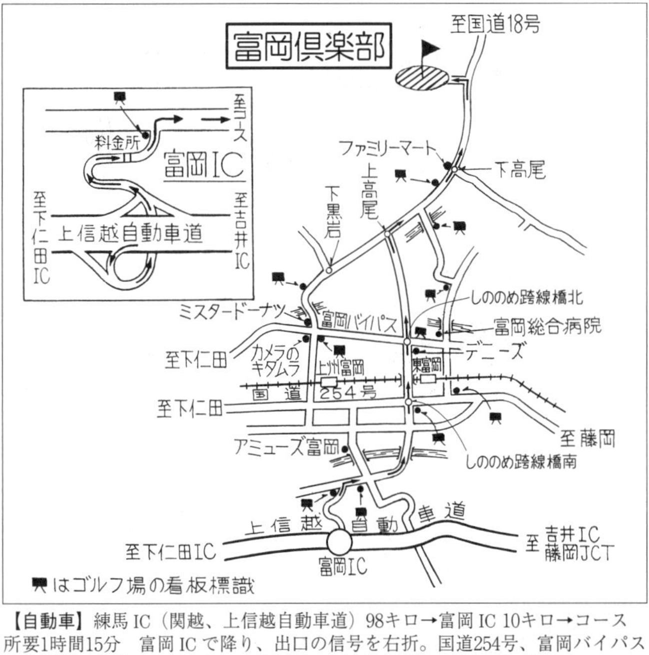

【自動車】練馬IC（関越、上信越自動車道）98キロ→富岡IC 10キロ→コース　所要1時間15分　富岡ICで降り、出口の信号を右折。国道254号、富岡バイパスを横断して直進。突き当たりの上高尾の信号を右折し、道なりに進んでコースへ

富岡ゴルフ倶楽部

〒370-2462　群馬県富岡市下丹生914　FAX 0274(67)4115
http://www.tomioka-gc.jp/

●プレーの申込み　ビジター可
●予約　3か月前の1日から受付け
●コンペ　組数制限なし
●休日　1／1
●クレジット　JCB　UC　VISA　ダイナース　AMEX 他
●開場日　1991年8月16日
●コースの特徴　18H　P72　6924Y
18ホールがすべて違った顔を持ち、グリーン、池、バンカー等が一体となった景観の良いコース
●コースレート　72.3
●練習場　100Y12打席
●電車　上越、北陸新幹線高崎駅、または信越本線磯部駅
●クラブバス　なし
●タクシー　高崎駅から50分7000円、磯部駅から20分2000円
●プレースタイル　キャディ付またはセルフで GPS ナビ付乗用カート
●シューズ　ソフトスパイク推奨
●ビジター料金表

	平　日	土　曜	日　祝
キャディ付	13,900	20,400	19,400
セ　ル　フ	10,000	16,500	15,500

平日は昼食付。上記は2021年10月～12月の秋期プレー料金

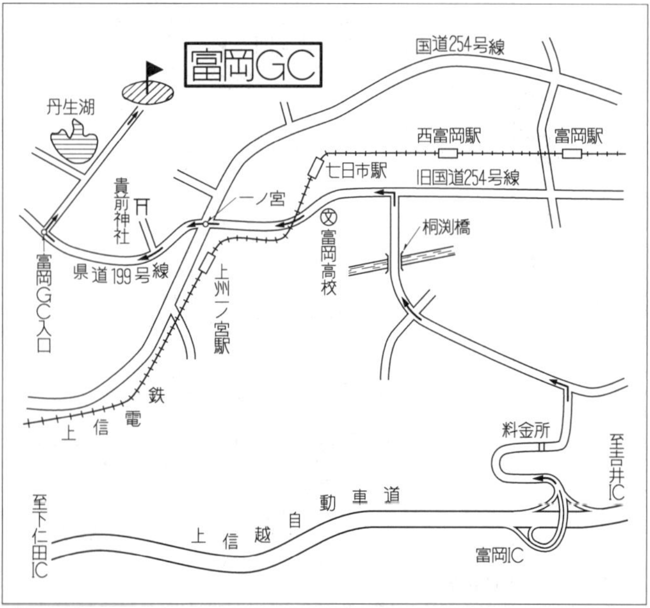

【自動車】練馬 IC（関越、上信越自動車道）98.7キロ→富岡 IC 6キロ→コース
所要時間1時間12分　上信越自動車道富岡 IC を出て左折し、道なりに進む。桐渕橋を渡って、突き当たりの信号を左折して旧国道254号線を進む。貫前神社前を通ってコースへ

富里ゴルフ倶楽部

〒289-1611　千葉県山武郡芝山町小原子773　FAX 0479(78)0290
予約センター03(3288)3066　http://www.tomisatogolf.net　本社03(3237)8411

●プレーの申込み　原則として会員の同伴または紹介が必要
●予約　2か月前の1日から、予約センターで月～金曜日の9時より受付け
●コンペ　3か月前の1日から受付け
●休日　1/1　2月の第1月・火曜日
●クレジット　UC　JCB　VISA 他
●開場日　1989年6月10日
●コースの特徴　18H　P72　6844Y
スコティッシュスタイルにアメリカの近代的な思想を取り入れ、戦略性に富んだコース
●練習場　200Y18打席、バンカー
●電車　JR 成田線・京成電鉄空港第2ビル駅
●クラブバス　空港第2ビル駅から7:45　8:15（前日までに予約要）
●タクシー　空港第2ビル駅から20分3000円
●プレースタイル　キャディ付またはセルフで乗用カート
●シューズ　ソフトスパイクのみ（スパイクレスを含む）
●ビジター料金表（メンバー同伴）

	平　日	土　曜	日　祝
キャディ付	20,850	30,750	30,750
セ　ル　フ	18,265	28,165	28,165

上記は4～6月、10～12月の料金
早割コンペプラン（キャディ付）あり

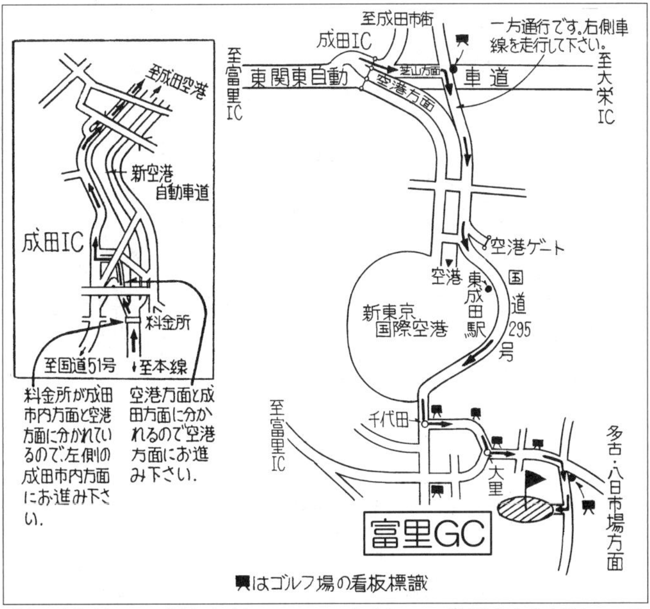

【自動車】箱崎 IC（首都高速）35.8キロ→宮野木 JCT（東関東自動車道）28.2キロ→成田 IC 8キロ→コース　所要時間50分　成田 IC から国道295号に出て、成田空港方面に右折し、成田空港ゲート入口を左に見て直進。千代田交差点を左折して八日市場方面に進み、大里交差点を過ぎて右折するとコース

トムソンカントリー倶楽部

〒322-0606　栃木県栃木市西方町本城1451　FAX 0282(92)2222
https://thomson-cc.com/

●**プレーの申込み**　ビジター可
●**予約**　3か月前の同日午前10時から受付け
●**コンペ**　3か月前の同日午前10時から受付け
●**休日**　無休
●**クレジット**　JCB　VISA　DC他
●**開場日**　2000年3月21日
●**コースの特徴**　18H　P72　6818Y
ピーター・トムソン設計による戦略性に富んだ丘陵コース。池、クリーク、特に美しいバンカーが攻略のカギ。グリーンはベントワングリーン
●**コースレート**　72.2
●**練習場**　180Y8打席
●**電車**　東武日光線新栃木駅、東武金崎駅、またはJR両毛駅栃木駅
●**クラブバス**　なし
●**タクシー**　栃木駅から30分4000円
●**プレースタイル**　セルフプレーでGPSナビ付5人乗り乗用カート
●**シューズ**　ソフトスパイク推奨
●**ビジター料金表**

	平　日	土　日	祝　日
セ　ル　フ	6,900	14,900	13,900

2021年10月～12月の料金で昼食付
季節によって料金は異なる

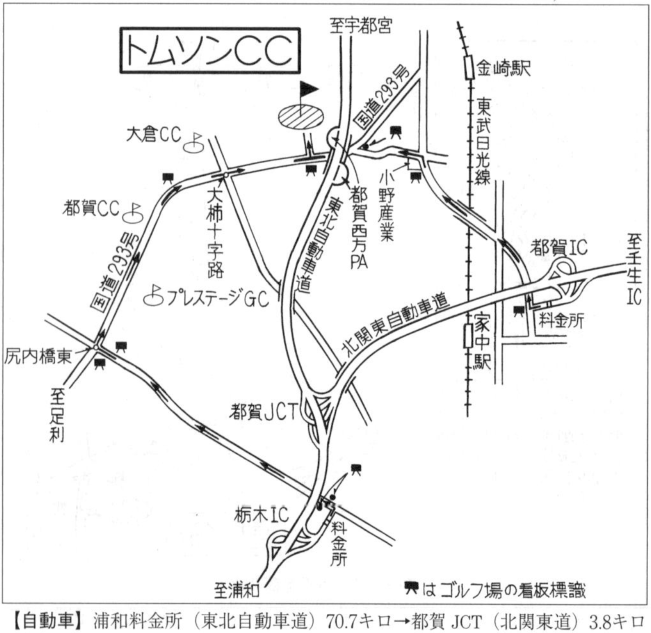

【**自動車**】浦和料金所（東北自動車道）70.7キロ→都賀JCT（北関東道）3.8キロ→都賀IC 3.9キロ→コース　所要時間40分　東北道・都賀JCTより北関東自動車道に入り都賀ICで降り料金所を出て右折。陸橋を渡り二つ目の信号を左折し、国道293号線を左折してコースへ

豊岡国際カントリークラブ

〒438-0106　静岡県磐田市敷地1460－1　FAX 0539(62)4419
http://www.toyookakokusaicc.com

●**プレーの申込み**　原則として会員の紹介が必要
●**予約**　2か月前の1日から受付け
●**コンペ**　組数は相談
●**休日**　1／1　クラブ指定日
●**クレジット**　UC　DC　VISA　UFJ　JCB　セゾン
●**開場日**　1976年4月1日
●**コースの特徴**　18H　P72　6706Y　遠州灘をはるかに望み眺望良く、豊かな丘陵を巧みに活かしたコースで距離もある
●**コースレート**　71.6
●**電車**　東海道新幹線浜松駅、または天竜浜名湖線敷地駅
●**クラブバス**　なし
●**タクシー**　浜松駅から50分約6000円
●**プレースタイル**　キャディ付またはセルフでGPSナビ付5人乗り乗用カート。岩室コースはセルフ
●**シューズ**　ソフトスパイク
●**ビジター料金表**

	平　日	土　日	祝　日
キャディ付	11,300	17,100	14,800
セ　ル　フ	9,300	15,100	12,800

月曜日はキャディ付10,800円、セルフ8,800円。木・金曜日はセルフデー（除外日あり）。岩室コースセルフ(9H2回)平日4,300円、土日6,800円、祝日6,300円

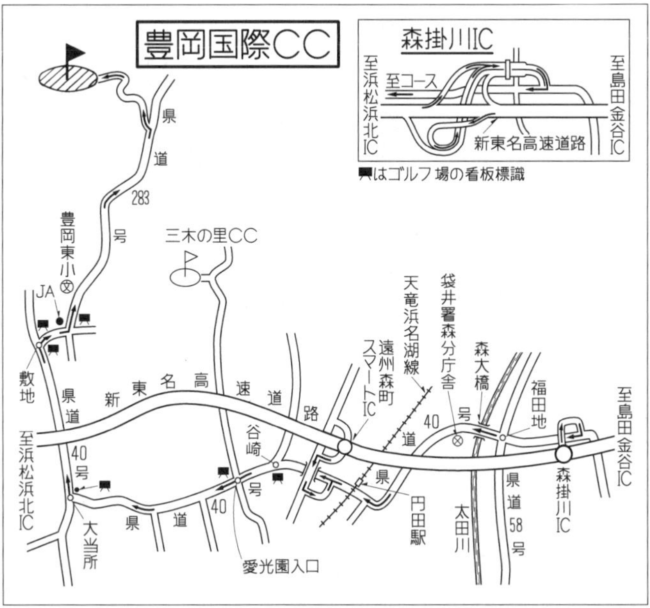

【**自動車**】東京IC（東名高速）88.3キロ→御殿場JCT（新東名高速）117キロ→森掛川IC 12キロ→コース　所要時間2時間50分　森掛川ICを降りて右折し、県道40号を浜松方面に進み大当所交差点を右折。約2キロ先の敷地交差点を右折してコースへ。遠州森町スマートICからは8キロ、東名高速・袋井ICからは12キロ

豊里ゴルフクラブ

〒300-2615　茨城県つくば市田倉5185　FAX 029(848)1311
予約専用　029(847)9911　http://www.toyosato-gc.jp/

●**プレーの申込み**　原則として会員の同伴または紹介が必要。予約状況によりビジター可
●**予約**　平日は6か月前の同日、土日祝は3か月前の同日から受付け
●**コンペ**　要問合せ
●**休日**　12／31　1／1　クラブ指定日
●**クレジット**　各種
●**開場日**　1997年3月8日
●**コースの特徴**　18H　P72　7110Y
T･ワイスコフとJ･モリッシュが設計監修したフラットな林間コース。池やバンカーが巧みに配され、ベント1グリーンの戦略的なコース
●**コースレート**　73.0
●**電車**　つくばエクスプレス研究学園駅
●**クラブバス**　9名以上予約で運行
●**タクシー**　研究学園駅から約16分
●**プレースタイル**　キャディ付で5人乗り乗用カート
●**シューズ**　ソフトスパイク
●**ビジター料金表**

	平　日	土　曜	日　祝
キャディ付	15,200〜	25,400	25,400

上記は2021年10月の料金
月、曜日によって料金は異なる
●**プレー情報**　コンペプラン

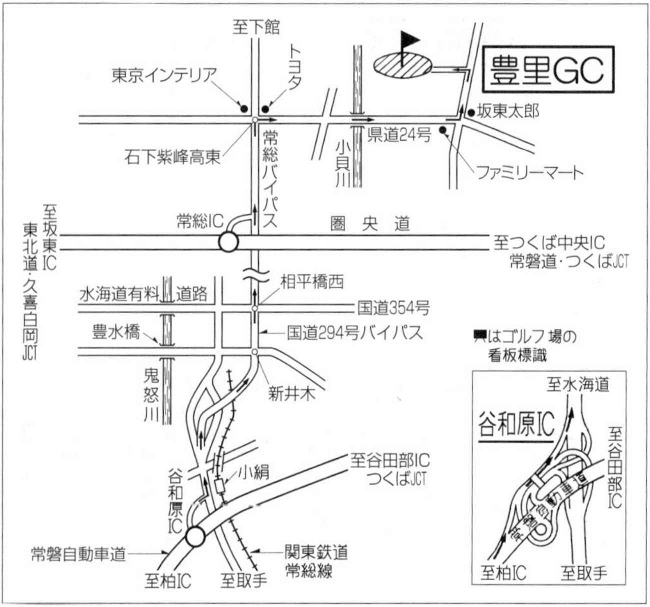

【自動車】三郷IC（常磐自動車道）19.1キロ→谷和原IC 16キロ→コース　所要時間45分　谷和原ICで降り国道294号線を下妻方面に向い、途中からバイパスに入り直進。ICから14キロの石下町のトヨタのある交差点を右折、坂東太郎とファミリーマートのある交差点を左折。圏央道常総ICからは約6キロ

☎0263(33)1001

豊科カントリー倶楽部

〒399-8203　長野県安曇野市豊科田沢8186－1　FAX 0263(33)0700
https://toyoshinacc.co.jp

●プレーの申込み　原則として会員の紹介が必要。予約状況によりビジター可
●予約　平日は3か月前、土日祝は2か月前の同日から随時受付け
●コンペ　会員の申込みで3組以上は平日は随時、土日祝は2か月前より
●休日　1／6～2月中旬冬期クローズ
●クレジット　ニコス　JCB　UC 他
●開場日　1989年7月15日
●コースの特徴　18H　P72　6886Y
北アルプスをはじめ、360度の大パノラマの中に展開するフラットな丘陵コース。バンカーの数が多く、グリーンにはアンジュレーションがある

●コースレート　72.2
●練習場　50m7打席
●電車　中央本線松本駅
●クラブバス　なし
●タクシー　松本駅から15分約4000円
●プレースタイル　キャディ付またはセルフで5人乗り乗用カート
●シューズ　メタルスパイク禁止
●ビジター料金表

	平　日	土　曜	日　祝
キャディ付	13,940	18,670	18,670
セ　ル　フ	11,740	16,470	16,470

冬期割引あり

と

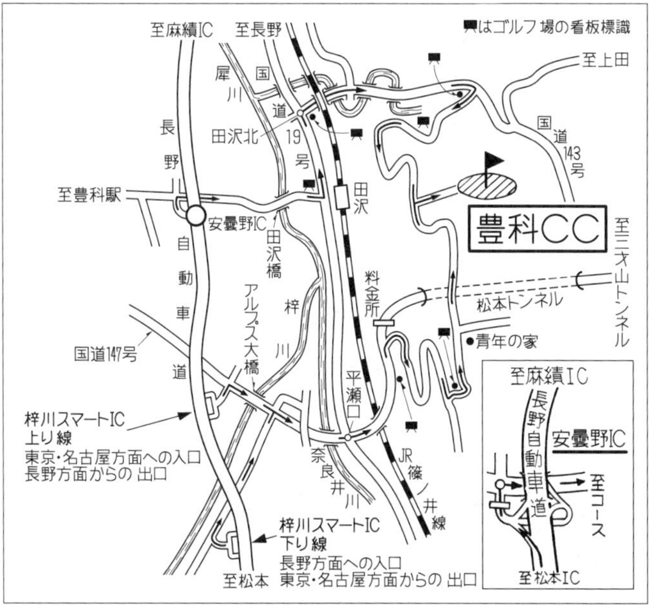

【自動車】高井戸 IC（中央自動車道）185.8キロ→岡谷 JCT（長野自動車道）29.4キロ→安曇野 IC 7キロ→コース　所要時間2時間20分　安曇野 IC を降りて右折し、田沢橋を渡って国道19号を左折。田沢北交差点をコース案内板に従って右折してコースへ。梓川スマート IC からは約8キロ

取手国際ゴルフ倶楽部

〒300-2307　茨城県つくばみらい市板橋2994　FAX 0297(58)1122
予約専用　0297(58)8821　本社　03(3434)7611　http://www.tkg36.com

●**プレーの申込み**　平日は会員の紹介 土日祝は会員の同伴が必要
●**予約**　平日は3か月前の月初めより、土日祝は2か月前の同日午後1時より、土日祝はビジター予約券を発行
●**コンペ**　組数は相談
●**休日**　毎週月曜日 1／1
●**クレジット**　各種
●**開場日**　1958年8月23日
●**コースの特徴**　36H　P144　13864Y 美しい松林で囲まれた林間コース。フラットでフェアウェイも広く楽しめる 青木功監修のもと、2015年東コースをリニューアル
●**コースレート**　西72.4　東72.3
●**練習場**　250Y17打席
●**電車**　つくばエクスプレスみらい平駅
●**無料送迎バス**　みらい平駅より7:00～9:30を中心に下り電車到着時間に合わせ30分毎に運行
●**プレースタイル**　西コースはキャディ付で歩き、東コースはセルフでGPSナビ付電磁誘導式乗用カート
●**シューズ**　ソフトスパイク推奨
●**ビジター料金表**

	平　日	土　曜	日　祝
キャディ付	25,400	33,100	33,100
セ　ル　フ	23,200	30,900	30,900

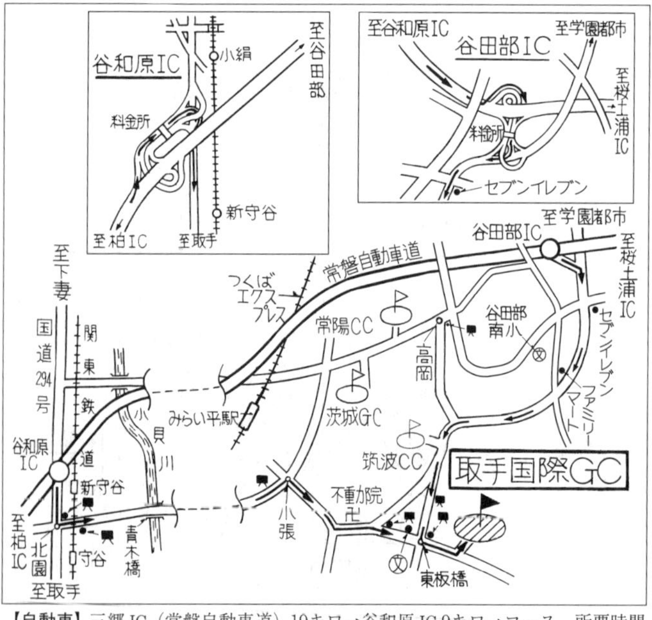

【自動車】三郷IC（常磐自動車道）19キロ→谷和原IC 9キロ→コース　所要時間30分　谷和原ICで降り、国道294号を取手方面に向かう。2キロほど先の北園信号を左折し、小張信号を右折してコースへ。谷田部ICからは5キロ、7～8分と便利

取手桜が丘ゴルフクラブ

〒300-1534　茨城県取手市渋沼1393　FAX 0297(82)7303
予約専用　0297(82)7301　https://www.accordiagolf.com/

●プレーの申込み　ビジター可
●予約　4か月前の1日10時から受付け
●コンペ　組数は相談
●休日　無休
●クレジット　JCB　VISA 他
●開場日　1991年5月15日
●コースの特徴　18H　P72　6840Y
フラットな丘陵地に池をふんだんに配したベントワングリーンのコース。アウトは距離がありインは池やバンカーが要所を締める
●コースレート　71.7
●練習場　120Y15打席
●電車　常磐線藤代駅
●バス　藤代駅南口から（無料）関東鉄道バス　7:19　7:53　8:28（平日は8:25）
●タクシー　藤代駅南口から5分820円
●プレースタイル　セルフで GPS ナビ付乗用カート
●シューズ　原則ソフトスパイク推奨
●ビジター料金表

	平　日	土　曜	日　祝
セ　ル　フ	10,980～	20,480～	19,480～

2021年11月の料金で昼食付
期間により料金は異なる

と

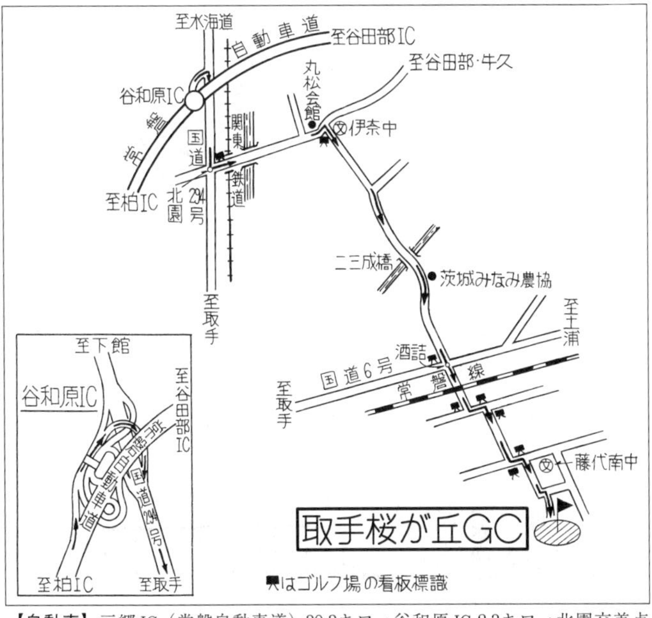

【自動車】三郷 IC（常磐自動車道）30.3キロ→谷和原 IC 2.3キロ→北園交差点12.8キロ→酒詰交差点4キロ→コース　所要時間50分　谷和原 IC を取手方面に降り、北園交差点を左折する。約4キロ先の丸松会館の先の豊体交差点を右折し、国道6号酒詰交差点を横断してコースへ

中伊豆グリーンクラブ

〒410-2507　静岡県伊豆市冷川1521－108　FAX 0558(83)3205
予約0558(83)3123　https//www.nakaizugreen.com/

●プレーの申込み　ビジター可
●予約　3か月前の同日から受付け
●コンペ　組数は相談
●休日　無休
●クレジット　各種
●開場日　1990年10月30日
●コースの特徴　18H　P72　7152Y
6つのティグラウンドがある距離たっぷりの本格的なチャンピオンコース
●コースレート　73.4
●練習場　200Y12打席
●電車　JR伊東線伊東駅
●クラブバス　予約制。伊東駅から7:00　8:25、土日祝は伊東駅から7:00　8:00　8:25と伊豆急南伊東駅から9:00
●タクシー　伊東駅から25分4500円
●プレースタイル　キャディ付またはセルフでGPSナビ付乗用カート
●シューズ　メタルスパイク禁止
●ビジター料金表

	平　日	土　曜	日　曜
キャディ付	15,580	20,770	19,750
セ　ル　フ	11,670	18,360	17,340

昼食付。2022年4月～12月の料金
季節により料金は異なる
●セルフデー　第2・第4火曜日完全セルフスループレー6700円

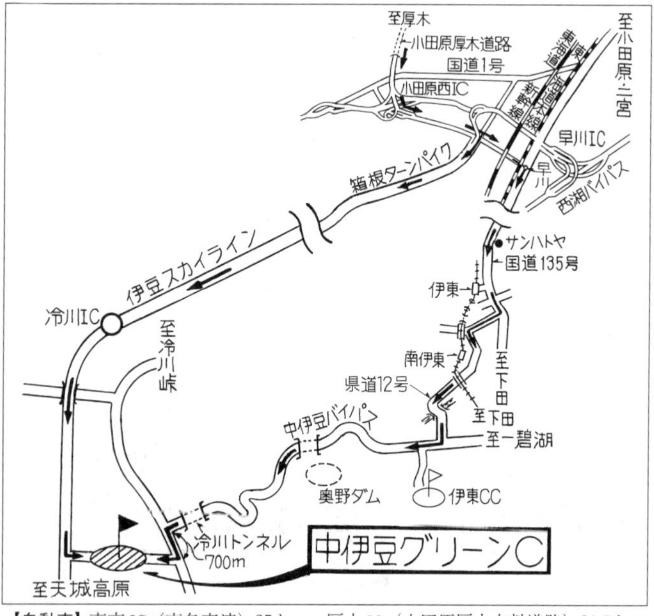

【自動車】東京IC（東名高速）35キロ→厚木IC（小田原厚木有料道路）31.5キロ→小田原西IC（箱根ターンパイク）26キロ→熱海峠（伊豆スカイライン）39キロ→コース　所要時間2時間15分　または東名高速を沼津ICまで進んで、修善寺経由で修善寺から14キロ　所要時間2時間15分

中軽井沢カントリークラブ

〒389-0111　長野県北佐久郡軽井沢町長倉1166　FAX 0267(46)4747
予約専用　0267(46)0010　https://www.nakakaru-cc.com/

●**プレーの申込み**　平日は会員の紹介、土日祝は紹介または同伴が必要。予約状況によりビジター可
●**予約**　2か月前の同日午前9時から受付け
●**コンペ**　予約状況により相談
●**休日**　営業期間中無休
12月～3月は冬期クローズ
●**クレジット**　AMEX　JCB　UC
VISA　DC　ダイナース　ニコス　UFJ
●**開場日**　1996年7月20日
●**コースの特徴**　18H　P72　6846Y
アウト、インとも林で完全にセパレートされた森の中のゴルフ場。各所から浅間山の雄姿も眺められる

●**練習場**　20Y8打席
●**電車**　北陸新幹線軽井沢駅
●**クラブバス**　なし
●**タクシー**　軽井沢駅から15分
約3000円
●**プレースタイル**　キャディ付またはセルフで5人乗りナビ付乗用カート
●**シューズ**　ソフトスパイクを推奨
●**ビジター料金表**

	平　日	土　曜	日　祝
キャディ付	15,200～	18,200～	18,200～
セ　ル　フ	10,800～	13,800～	13,800～

2021年9月～10月の料金
期間により料金は異なる

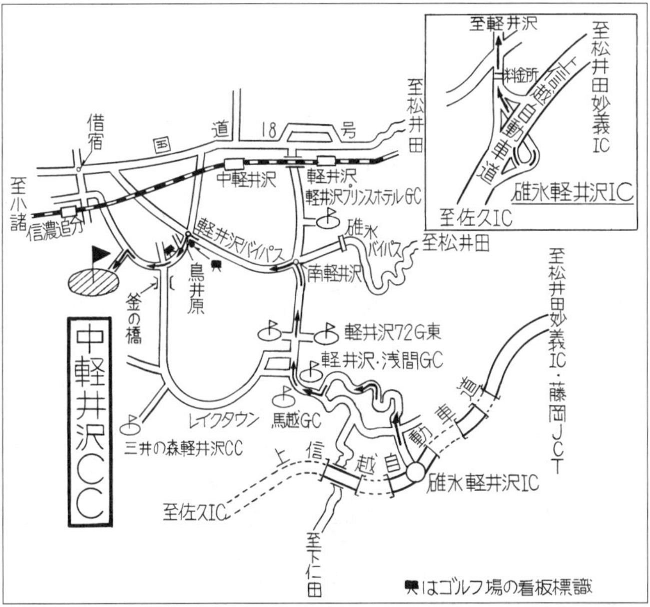

【**自動車**】練馬 IC（関越・上信越自動車道）131.1キロ→碓氷軽井沢 IC 16キロ→コース　所要時間2時間　料金所を出て軽井沢方面に直進、約9キロ先の南軽井沢交差点で左折し軽井沢バイパスに入る。5キロ先の鳥井原交差点を左折、道なりに進んで2キロでコース

那珂カントリー倶楽部

〒319-2222　茨城県常陸大宮市若林690　FAX 0295(53)1163
https://www.naka-cc.co.jp　本社　03(3573)5400

●プレーの申込み　ビジター可
●予約　6か月前の1日より受付け
●コンペ　3か月前の1日より受付け
●休日　1/1
●クレジット　ダイナース　AMEX　JCB　UC　DC　VISA　UFJ
●開場日　1977年10月18日
●コースの特徴　27H　P108　9888Y　松林でセパレートされ、それぞれ趣きが異なる美しいコース
●コースレート　東中70.4　中西70.2　西東70.5
●練習場　140Y12打席
●電車　常磐線水戸駅、または水郡線常陸大宮駅
●クラブバス　なし
●タクシー　常陸大宮駅から約7分　水戸駅から約50分
●プレースタイル　セルフプレーで乗用カート
●シューズ　ソフトスパイク推奨
●ビジター料金表

	平　日	土　曜	日　祝
セ　ル　フ	6,390	12,490	12,110

上記は2021年11月の料金で昼食付
ツーサム割増1人1100円
期間により料金は異なる

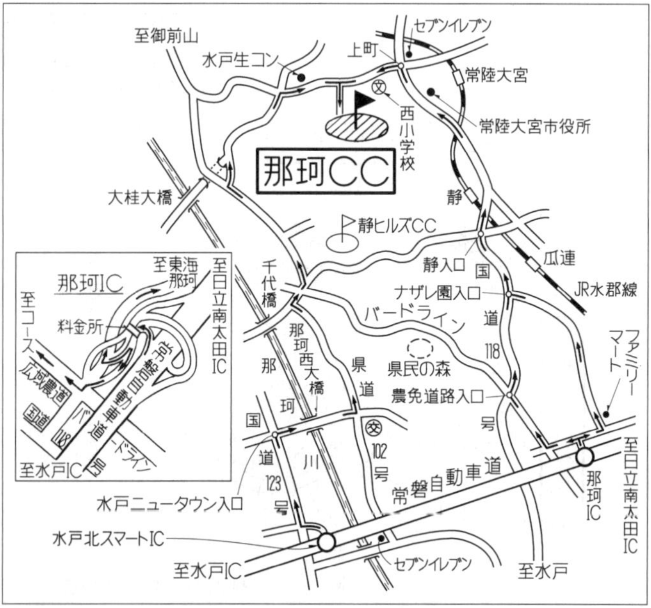

【自動車】三郷 IC（常磐自動車道）93.8キロ→那珂 IC（国道118号）14キロ→コース　所要時間1時間20分　那珂 IC から農免道路へ降りて国道118号線を袋田大子方面へ向かう。途中大宮バイパスに入り上町交差点を御前山方面に左折してコースへ。水戸北スマート IC からは約18キロ

長竹カントリークラブ

〒252-0154　神奈川県相模原市緑区長竹1838　FAX 042(784)3995
http://www.nagatake-cc.jp/　本社　048(421)3001

●プレーの申込み　平日は会員の紹介　土日祝は会員の同伴が必要
●予約　2か月前の応当日10時から15時15分に受付け
●コンペ　1年前の月初の営業日より受付け
●休日　12／31　1／1
●クレジット　各種
●開場日　1971年8月8日
●コースの特徴　18H　P72　6673Y　アウトはフェアウェイが広くフラット、インはアンジュレーションがあり変化に富むベント2グリーンのコース
●電車　横浜線・京王線橋本駅
●クラブバス　橋本駅北口りそな銀行横から7:00　7:40　8:30
●タクシー　橋本駅から約4000円
●プレースタイル　原則としてキャディ付で乗用カート
●シューズ　ゴルフ靴はすべて可
●ビジター料金表

	平　日	土　日	祝　日
キャディ付	20,975	26,475	26,475

●定休日セルフデー　毎週月曜日（祝日の場合は翌日）15,519円（3月～6月、9月～11月）

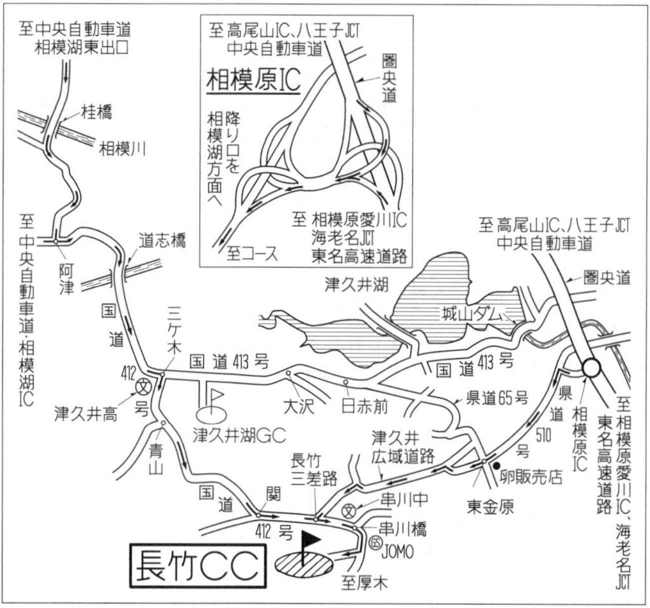

【自動車】高井戸IC（中央自動車道）36キロ→八王子 JCT（圏央道）7.8キロ→相模原IC 5キロ→コース　所要時間35分　圏央道・相模原ICを降りて「国道412号、相模湖方面」へと向かって直進。長竹三差路交差点を左折して約2キロ先の右手がコース。中央自動車道・相模湖東出口からは約18キロ

中津川カントリークラブ

〒243-0202　神奈川県厚木市中荻野字細谷1941－1　FAX 046(241)5522
http://www.nakatsugawanet.co.jp　本社03(3502)1212

●**プレーの申込み**　平日は会員の紹介、土日祝は会員の同伴が必要
●**予約**　3か月前の同日11時から受付
●**コンペ**　土日祝は原則として不可、平日は組数制限なし
●**休日**　1／1他
●**クレジット**　VISA MC ダイナース JCB AMEX DC
●**開場日**　1969年10月4日
●**コースの特徴**　27H P108 8842Y 打ち上げ、打ち下ろし、ドッグレッグ、谷越えと戦略的なコース。FW 一部乗入れ可
●**コースレート**　アウト・イン　68.8
●**電車**　小田急線本厚木駅
●**クラブバス**　本厚木駅北口徒歩5分から平日7:00　7:30　8:20　9:00
土日祝7:00　7:30　8:00　8:30　9:00
●**タクシー**　本厚木駅から25分3500円
●**プレースタイル**　キャディ付またはセルフで5人乗り乗用カート
●**シューズ**　ゴルフ靴はすべて可
●**ビジター料金表**

	平　日	土　曜	日　祝
キャディ付	18,600	23,000	23,000
セ　ル　フ	16,100	20,500	20,500

上記は2021年10～11月の料金
季節料金設定、セルフデーあり

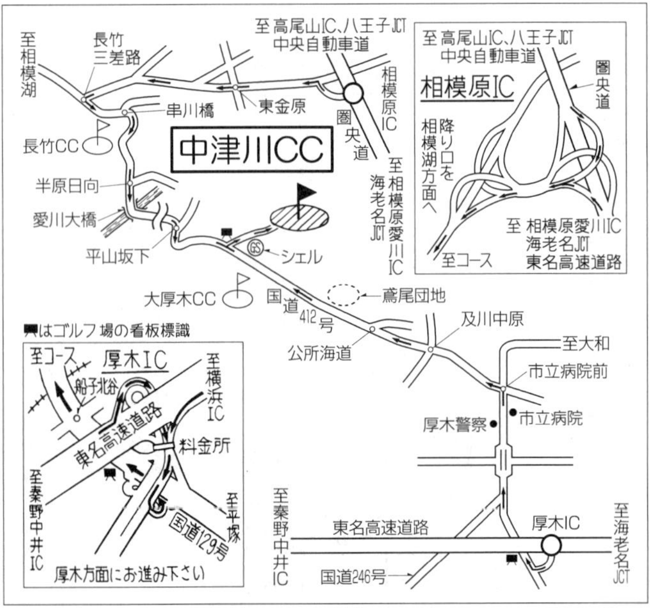

【自動車】東京 IC（東名高速）35キロ→厚木 IC 12.6キロ→コース　所要時間1時間　厚木 IC を大和方面に降り、市立病院前を左折。国道412号バイパスを津久井方面に進んでコースへ。圏央道・相模原 IC からは「国道412号、相模湖方面」に向かい、長竹三差路左折してコースへ。相模原 IC から15キロ約30分

長瀞カントリークラブ

〒369-1236　埼玉県大里郡寄居町金尾428　FAX 048(581)5115
http://www.kanbun-group.co.jp/ncc/　本社03(3366)2511

●**プレーの申込み**　ビジター可
●**予約**　3か月前の1日午前10時から受付け
●**コンペ**　6か月前から受付け
●**休日**　クラブ指定日
●**クレジット**　JCB　UC　DC　AMEX　VISA　マスター　ダイナース
●**開場日**　1968年8月12日
●**コースの特徴**　18H　P72　6380Y
ゆるやかな丘陵に変化のあるホールが続く。8番は日本水の分流水が流れ込む池越え、17番はポプラ越えのホール
●**コースレート**　69.4
●**練習場**　180m10打席
●**電車**　東武東上線寄居駅
●**クラブバス**　なし
●**タクシー**　寄居駅から15分2350円
●**プレースタイル**　セルフプレーでGPSナビ付リモコン式乗用カート
●**シューズ**　メタルスパイク禁止
●**ビジター料金表**

	平　日	土　曜	日　祝
セ　ル　フ	8,220	16,690	15,370

全日昼食付
平日ツーサム可
●**プレー情報**　夏期・冬期割引、アフタヌーンゴルフ、ジュニア料金

な

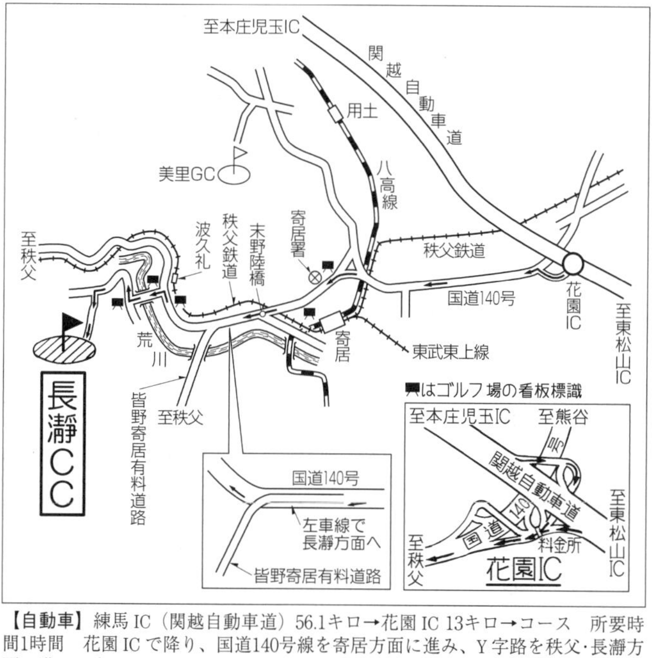

【自動車】練馬 IC（関越自動車道）56.1キロ→花園 IC 13キロ→コース　所要時間1時間　花園 IC で降り、国道140号線を寄居方面に進み、Y 字路を秩父･長瀞方面に進んで寄居バイパスに入る。11キロほど先の入口看板に従って左折し、荒川を渡って T 字路を右折、その先の進入路を左に進むとコース

中山カントリークラブ

〒276-0007　千葉県八千代市桑橋1299　FAX 047(450)3321
https://www.nakayamacc.com

●プレーの申込み　会員の紹介が必要
●予約　8週間前の同曜日から受付け
●コンペ　組数は相談。5か月後の1か月分を毎月初日営業日の10時から受付け
●休日　クラブ指定日　1/1
●クレジット　JCB　UC　VISA　AMEX　ダイナース　OMC　(マスターカードは不可)
●開場日　1961年9月23日
●コースの特徴　18H　P72　6904Y　北総地区特有の起伏と豊富な樹林の中に池が点在する美しい林間コース
●コースレート　73.1
●練習場　200Y20打席

●電車　東葉高速線八千代緑が丘駅
●クラブバス　八千代緑が丘駅北口から6:50　7:30　8:10　8:50　9:30
●タクシー　八千代緑が丘駅から13分約1500円
●プレースタイル　キャディ付で乗用カート。FW乗入れ可（コース状況により制限あり）
●シューズ　ソフトスパイク推奨
●ビジター料金表

	平　日	土　曜	日　祝
キャディ付	24,250	39,020	39,020

●セルフ営業　クラブ指定の月曜日

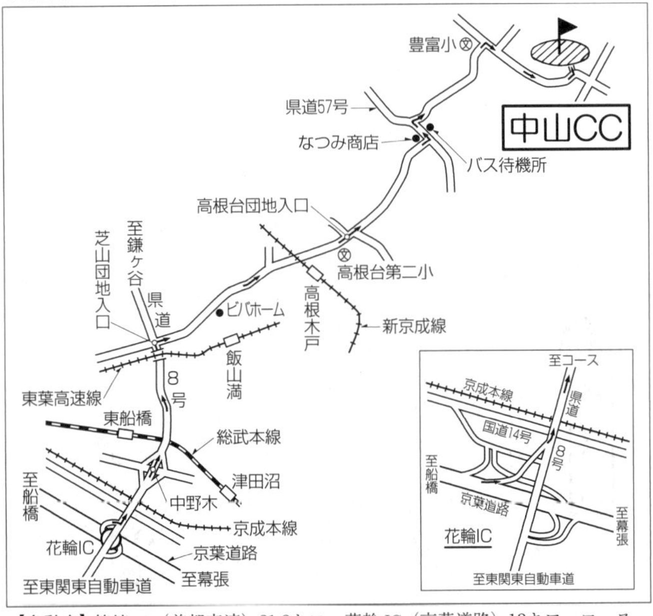

【自動車】箱崎 IC（首都高速）21.2キロ→花輪 IC（京葉道路）13キロ→コース　所要時間30分　花輪 IC を降りて鎌ヶ谷方面に進み、3キロ先の芝山団地入口交差点を右折する。新京成戦の踏切を渡り3キロ先の T 字路を約2キロ左折後、次の信号を右折する。約2キロ先の突き当りを右折してコースへ

栃木県　なすいおうのCC　☎0287(75)0211

那須伊王野カントリークラブ

〒329-3436　栃木県那須郡那須町伊王野591　FAX 0287(75)0744
http://www.nasuiounocc.co.jp

●プレーの申込み　ビジター可
●予約　3か月前から受付け
●コンペ　組数制限なし
●休日　無休
●開場日　1975年8月8日
●コースの特徴　27H　P108　10112Y
那須連峰、八溝山系に位置し、自然を生かした戦略性のあるコース。海抜300mの丘陵地だがコースはフラット
●コースレート　北南72.3　南東72.0　東北71.9
●練習場　180Y10打席
●電車　東北新幹線那須塩原駅
●クラブバス　那須塩原駅から予約制
平日8:05　土日祝8:05　9:10

●タクシー　那須塩原駅20分5000円
●プレースタイル　セルフで5人乗り乗用カート。キャディ付は要予約
●シューズ　ゴルフ靴はすべて可
●ビジター料金表

	平　日	土　曜	日　祝
セ　ル　フ	5,950	10,550	10,550

昼食付
キャディ付は4B3000円税別

な

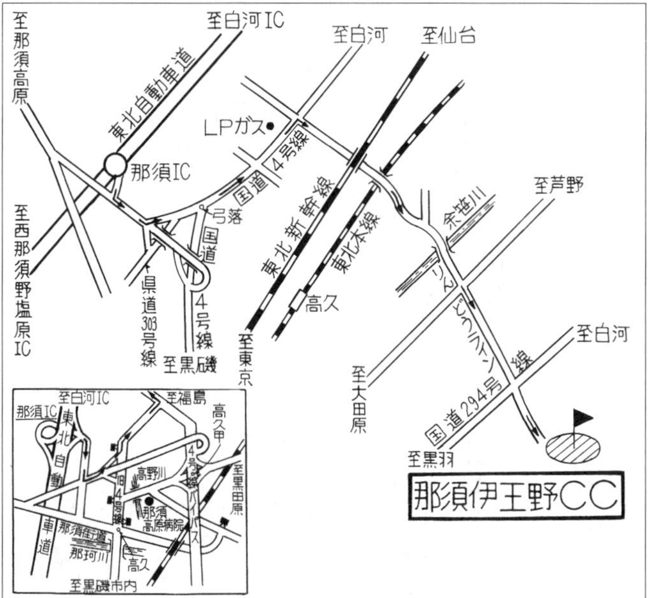

【自動車】浦和料金所（東北自動車道）147.7キロ→那須IC 17キロ→コース　所要時間2時間30分　那須ICを降りて1つ目の信号を左折し、県道303号線を降りて、弓落交差点で国道4号線に合流する。4つ目の信号（LPガス先）を右折し、りんどうラインを進んでコースへ

那須小川ゴルフクラブ

〒324-0502　栃木県那須郡那珂川町三輪1283　FAX 0287(96)2125
https://www.nasuogawagc.co.jp

●プレーの申込み　ビジター可
●予約　6か月前の同日より受付け
●休日　クラブ指定日
●クレジット　各種
●開場日　1969年10月6日
●コースの特徴　18H　P72　6767Y
自然の起伏を巧みに利用した戦略性豊かなコース。数々の競技を開催。設計は小林光昭氏。日本女子プロゴルフ協会認定コース
●コースレート　72.4
●練習場　200Y16打席
●電車　宇都宮線氏家駅、または東北新幹線宇都宮駅
●クラブバス　氏家駅から予約制
7:40　8:55
●タクシー　氏家駅30分約6000円
●プレースタイル　キャディ付またはセルフで5人乗り乗用カート
●シューズ　ソフトスパイク推奨
●ビジター料金表

	平　日	土日祝
セ　ル　フ	6,200	12,800

上記は2021年10月～12月の料金で昼食付。キャディ付は1組につき平日13200円、土日祝15400円加算。その他プラン、セルフデー、季節料金等要問合せ

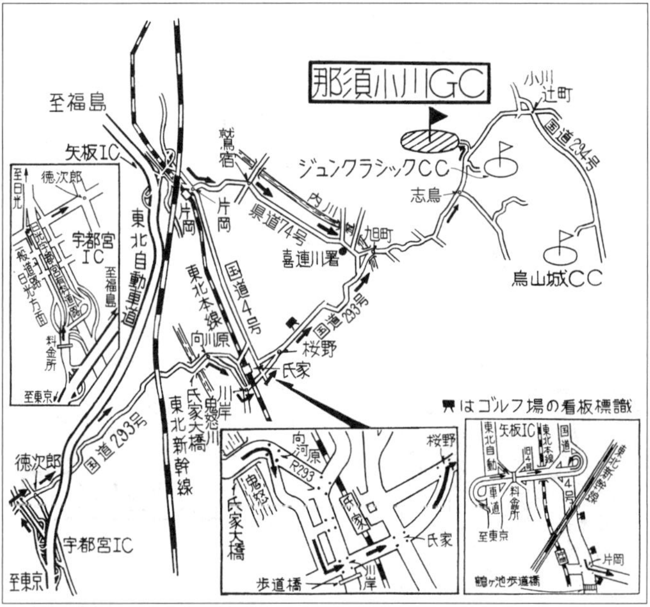

【自動車】浦和料金所（東北自動車道）115.4キロ→矢板 IC 20キロ→コース　所要時間1時間50分　矢板 IC を降りて突き当りを宇都宮方面に進み2つ目の片岡信号を左折。喜連川を経て国道293号を那珂川町方面に向かってコースへ

那須霞ヶ城ゴルフクラブ

〒329-3436　栃木県那須郡那須町伊王野2710　FAX 0287(75)2292
予約専用　0120－003846　http://www.nasu-kasumigajo.net

●プレーの申込み　パブリックコース
●予約　3か月前の同日から受付け
●コンペ　組数制限なし
●休日　クラブ指定日
●クレジット　各種
●開場日　1998年7月4日
●コースの特徴　18H　P72　7117Y
日光連山、八溝山などを望む自然に囲まれた雄大な丘陵コース。フェアウェイまでエバーグリーンで、初心者からベテランまで十分に楽しめる。プレー後は天然温泉でゆったり
●コースレート　72.4
●練習場　350Y15打席
●電車　東北新幹線那須塩原駅
●クラブバス　那須塩原駅から予約制
●タクシー　那須塩原駅25分6000円
●プレースタイル　セルフでGPSナビ付5人乗り電磁誘導カート。キャディ付は要予約
●シューズ　ソフトスパイク、スパイクレスを推奨
●ビジター料金表

	平　日	土　曜	日　祝
セ　ル　フ	10,910	16,850	16,850

ツーサムは平日1080円、土日祝1620円加算。キャディ付は4B 4050円。ホテル客室30室（1泊夕・朝付20500円～）、入湯税150円別途

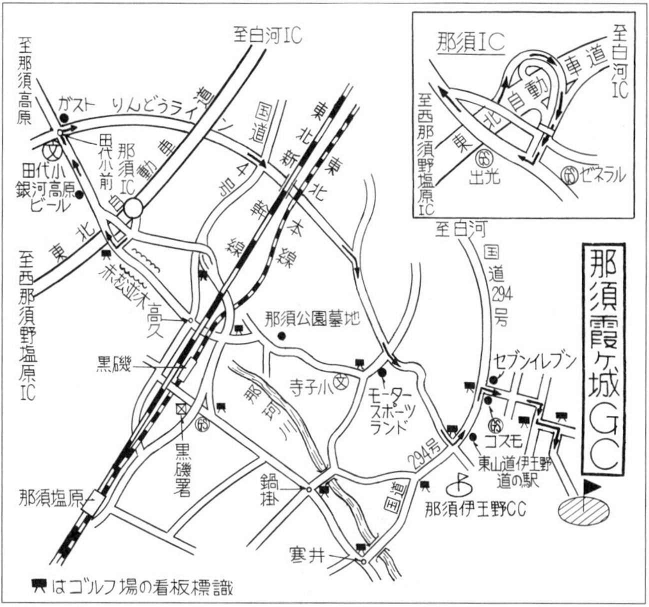

【自動車】浦和料金所（東北自動車道）147.7キロ→那須IC 15キロ→コース　所要時間2時間30分　那須ICを降りて右折し、田代小学校前信号を右折する。りんどうラインを経由し、国道294号線を左折する。コスモガソリンスタンドとセブンイレブンの間を右折してコースへ

な

☎0287（62）0840

那須カントリークラブ

〒329-3215　栃木県那須郡那須町大字寺子乙677－28　FAX 0287（62）1479
https://nasu-cc.com

●**プレーの申込み**　ビジター可
●**予約**　平日は3か月前の1日より、土日祝は3か月前の同日より受付け
●**コンペ**　組数制限なし
●**休日**　無休
●**クレジット**　JCB　UC　VISA 他
●**開場日**　1966年7月1日
●**コースの特徴**　18H　P72　6668Y
松林に囲まれたベント1グリーンの林間コース。アウトコースはフラットで距離もある。インコースはブラインドホールがなく、しっかり狙いたい
●**コースレート**　71.0
●**電車**　東北新幹線那須塩原駅、宇都宮線黒磯駅
●**クラブバス**　予約制で那須塩原駅から8:00　9:10
冬期12／19～3／11は運休
●**タクシー**　那須塩原駅より4500円
黒磯駅より2500円
●**プレースタイル**　セルフプレーで5人乗り乗用カート
●**シューズ**　ソフトスパイク推奨
●**ビジター料金表**

	平　日	土　曜	日　祝
セ　ル　フ	6,150	9,450	9,450

2021年10月の昼食付料金
●**プレー情報**　季節割引、宿泊パック、コンペ割引、早朝・薄暮・午後プレー

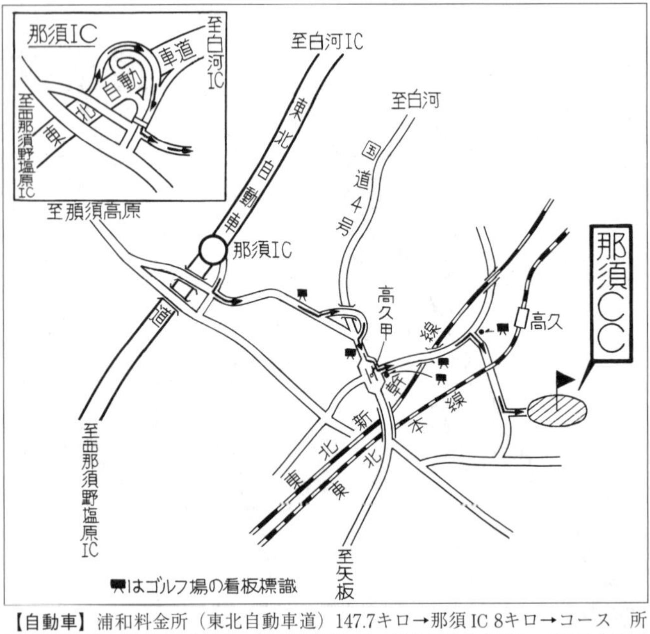

【自動車】浦和料金所（東北自動車道）147.7キロ→那須 IC 8キロ→コース　所要時間2時間　那須 IC を降り、料金所前方の1つ目の信号を左折し、3キロ先の国道4号を宇都宮方面に進み、すぐを黒田原方面に左へ降りる。高久甲交差点を左折し、2キロ先を右折してコースへ

☎0287(54)2131

那須黒羽ゴルフクラブ

〒324-0231　栃木県大田原市北野上3346－1　FAX 0287(54)2133
http://www.nasukuro.jp

●**プレーの申込み**　ビジター可
●**予約**　3か月前の同日9時より受付
●**コンペ**　組数制限なし
●**休日**　無休
●**クレジット**　JCB VISA ダイナース UFJ UC
●**開場日**　1975年7月4日
●**コースの特徴**　18H　P72　6252Y
アウトは距離があり打ち上げ、打ち下ろしと変化がある。インは距離は短めでティ・ショットが鍵になる
●**コースレート**　70.0
●**電車**　東北新幹線那須塩原駅
●**クラブバス**　那須塩原駅から予約制
●**タクシー**　那須塩原駅より20分5500円

●**プレースタイル**　セルフプレーで5人乗り乗用カート（FW 集入れ可。コース状況により不可）
●**シューズ**　ゴルフ靴はすべて可
●**ビジター料金表**

	平　日	土　曜	日　祝
セ　ル　フ	6,000	9,500	9,500

1月～3月は冬季優待料金
●**プレー情報**　ジュニア割引あり

な

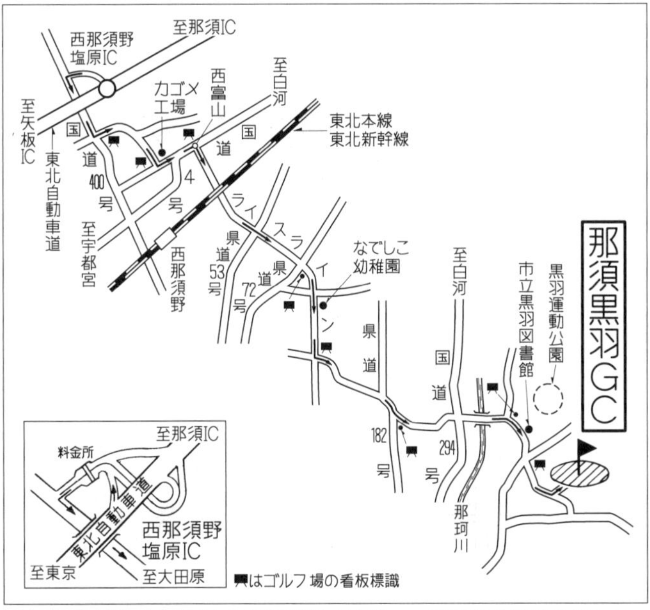

【自動車】浦和料金所（東北自動車道）134.3キロ→西那須野塩原 IC 23キロ→コース　所要時間2時間10分　IC を降りて国道4号方面に進み最初の信号を左折、突き当たりを左折し国道4号へ。1つ目の信号を右折しライスラインに入り、途中、なでしこ幼稚園の先を左折してコースへ

☎0287(76)2800

那須国際カントリークラブ

〒325-0302　栃木県那須郡那須町高久丙1792　FAX 0287(76)4639
https://www.tokyu-golf-resort.com/nasu

●**プレーの申込み**　予約状況によりビジター可
●**予約**　3か月前の1日より受付け
●**コンペ**　上記に準ずる
●**休日**　営業期間中無休
12月中旬～3月中旬は冬季クローズ
●**クレジット**　JCB　DC　AMEX 他
●**開場日**　1962年5月11日
●**コースの特徴**　18H　P72　6600Y
那須御用邸に隣接し、雄大な自然に囲まれたコース。グリーンは季節によりコンディションが変化（最高11フィート）。アンジュレーションを考慮したプレーが必要となる

●**コースレート**　71.2
●**練習場**　10Y5打席
●**電車**　東北新幹線那須塩原駅
●**クラブバス**　予約制
●**タクシー**　那須塩原駅6000円前後
●**プレースタイル**　キャディ付またはセルフでGPSナビ付5人乗り乗用カート
●**シューズ**　メタルスパイク禁止
●**ビジター料金**
料金についてはコースに要問合せ

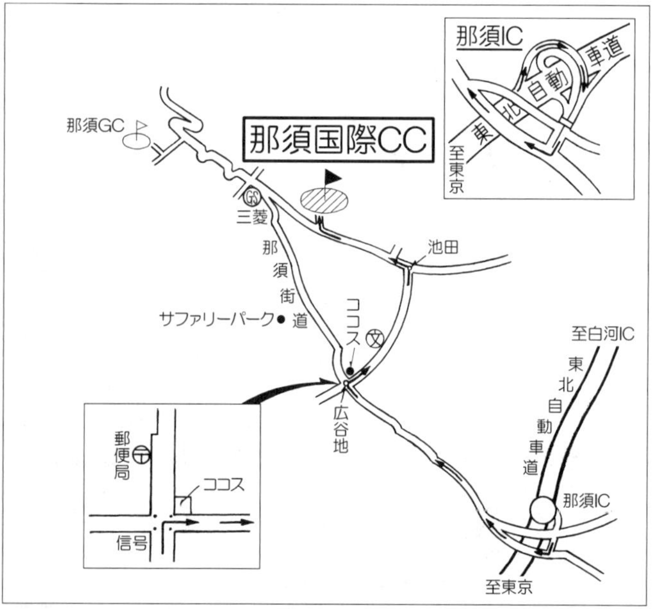

【**自動車**】浦和料金所（東北自動車道）147.7キロ→那須IC 10キロ→コース　所要時間2時間　那須ICで降りて、那須街道を那須高原方面に進む。3つ目の信号を右折し、しばらく行った先のT字路を左折してコースへ

☎0287(76)3100

那須ゴルフ倶楽部

〒325-0301　栃木県那須郡那須町大字湯本212　FAX 0287(76)3103
https://www.nasugolf.jp

●**プレーの申込み**　会員が直接申込む
土日祝及び夏季期間は予約金1名3000円を前納
●**予約**　2か月前の同日から受付け
●**コンペ**　7〜8月の日曜を除き受付ける。会員の紹介が必要
●**休日**　営業期間中無休
11月下旬〜4月中旬は冬期クローズ
●**クレジット**　VISA　DC　UC　JCB 他
●**開場日**　1936年7月5日
●**コースの特徴**　18H　P72　6548Y
井上誠一氏設計の名門・山岳コース。標高900m にあり、グリーンが難しい
●**コースレート**　72.0
●**練習場**　190Y6打席
●**電車**　東北新幹線那須塩原駅、または東北本線黒磯駅
●**クラブバス**　那須塩原駅より予約制運行時刻は要問合せ
●**タクシー**　那須塩原駅より40分、黒磯駅より25分
●**プレースタイル**　キャディ付で歩いてプレー。希望者は乗用カート（1R 2,200円）あり
●**シューズ**　ゴルフ靴はすべて可
●**ビジター料金表**

	平　日	土　曜	日　祝
キャディ付	24,330	30,440	30,440

期間により料金は異なる。ツーサム可

な

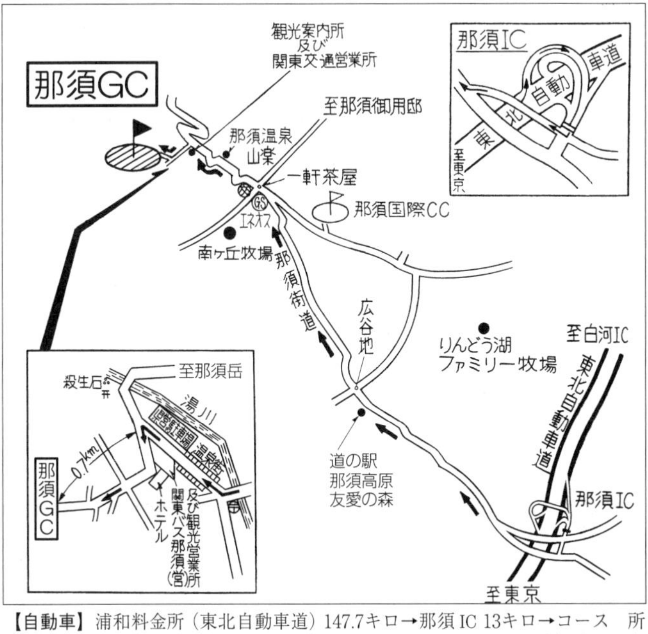

【自動車】浦和料金所（東北自動車道）147.7キロ→那須 IC 13キロ→コース　所要時間2時間10分　那須 IC で降りて、那須街道に出たら右折、那須高原方面に向かう。温泉街を過ぎ、関東バス那須営業所の先を左折してコースへ

那須ちふり湖カントリークラブ

〒329-3224　栃木県那須郡那須町豊原乙2486－5　FAX 0287(77)2121
予約0287(77)2211　https://www.chifuriko.co.jp

●**プレーの申込み**　セミパブリックコース
●**予約**　2月中旬より電話またはWEBにて受付け
●**コンペ**　組数は相談
●**休日**　営業期間中無休
12月下旬～3月上旬は冬期クローズ
●**クレジット**　JCB　VISA　DC　ダイナース　AMEX　MC　セゾン他
●**開場日**　1993年9月20日
●**コースの特徴**　18H　P72　6582Y
那須岳を間近に望む、自然林を生かした美しい高原リゾートコース
●**練習場**　10m7打席
●**電車**　東北新幹線新白河駅
●**クラブバス**　新白河駅高原口(西口)から予約制で8:20　9:20　16:40
●**タクシー**　新白河駅から15分約4000円
●**プレースタイル**　キャディ付またはセルフで乗用カート
●**シューズ**　ゴルフ靴はすべて可
●**ビジター料金表**

	平　日	土　曜	日　祝
キャディ付	11,390	17,390	17,390
セ　ル　フ	7.990	13,990	13,990

2021年10月の料金。平日は昼食付
シーズンにより変動あり
●**プレー情報**　宿泊プラン

【自動車】浦和料金所(東北自動車道)148キロ→那須IC(国道4号)17キロ→コース　所要時間2時間　那須ICを降りて最初の信号を左折し、国道4号を白河方面に進む。小島交差点を過ぎ、朝日小学校入口の信号を左折してコースへ。那須高原スマートICからは約10分

那須野ヶ原カントリークラブ

〒324-0012　栃木県大田原市南金丸2025　FAX 0287(23)2221
http://www.nasunogahara.cc/

●プレーの申込み　パブリックコース
●予約　随時受付け
●コンペ　随時受付け
●休日　無休
●クレジット　取扱なし
●開場日　1975年7月2日
●コースの特徴　18H　6939Y　P72
天然の松林でセパレートされた各ホールは那須連峰をのぞみ雄大である
●コースレート　72.4
●練習場　70Y15打席
●電車　東北新幹線那須塩原駅
●クラブバス　那須塩原駅から予約制
●タクシー　那須塩原20分約5000円

●プレースタイル　セルフまたはキャディ付で乗用カート
●シューズ　ゴルフ靴はすべて可
●ビジター料金表

	平　日	土　曜	日　祝
セ　ル　フ	5,590	9,590	9,590

昼食付。キャディ付は別途予約制で4B3000円加算。季節料金あり
●プレー情報　友の会、那須野ヶ原ベルビューホテル、温泉宿泊パック、ファン感謝デー他

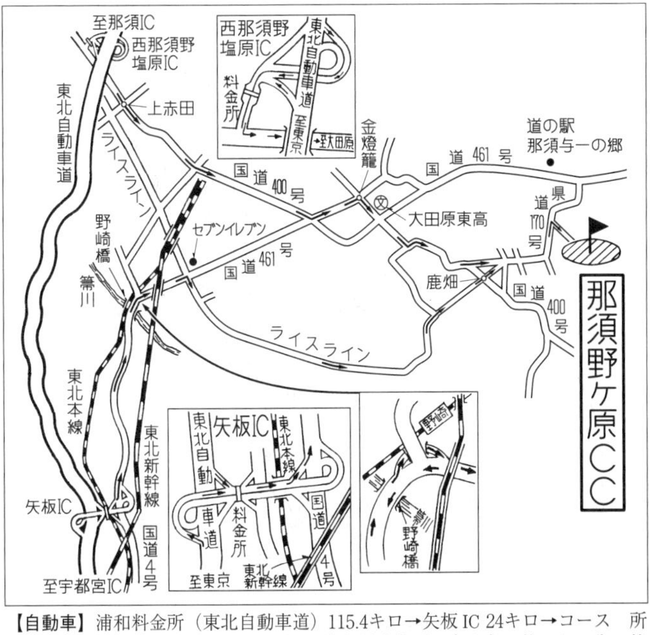

【自動車】浦和料金所（東北自動車道）115.4キロ→矢板 IC 24キロ→コース　所要時間2時間10分　矢板 IC から国道4号線を黒磯方面に向かう。約10キロ先の箒川を渡って大田原方面へ。セブンイレブンがある信号を右折しライスラインを進んでコースへ。西那須野塩原 IC からは20キロ

那須陽光ゴルフクラブ

〒329-3441　栃木県那須郡那須町寄居字太田2525　FAX 0287(74)0166
https://www.nasusunlight.jp/

●**プレーの申込み**　ビジター可
●**予約**　4か月前の同日8時より受付
●**コンペ**　4か月前の同日より受付け
●**休日**　無休
●**クレジット**　AMEX　VISA　JCB　ダイナース　マスター
●**開場日**　1993年7月2日
●**コースの特徴**　27H　P108　10414Y　那須野原台地に展開する林間コース。距離があり、グラスバンカーや池が挑戦意欲をかきたてるリゾートコース
●**コースレート**　72.0　71.6　72.0
●**練習場**　200Y10打席
●**電車**　東北新幹線那須塩原駅、または東北本線黒磯駅
●**クラブバス**　那須塩原駅から予約制8:00　9:05
●**タクシー**　那須塩原駅から30分6500円、新白河駅から25分5500円
●**プレースタイル**　セルフプレーで乗用カート。FW乗入れ可（コース状況により不可）
●**シューズ**　ソフトスパイク推奨
●**ビジター料金表**

	平　日	土　曜	日　祝
セ　ル　フ	7,550	11,050	11,050

平日は昼食付。季節により料金は異なる。ツーサム可、宿泊パックあり

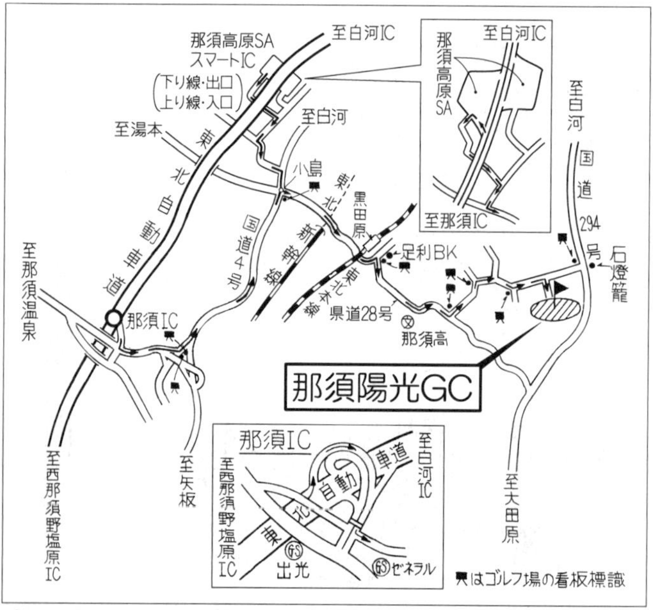

【**自動車**】浦和料金所（東北自動車道）147.7キロ→那須IC 15キロ→コース　所要時間2時間10分　那須ICから国道4号を白河方面に進み小島交差点を右折。黒田原駅を過ぎ、那須高校の先を左折してコースへ。那須高原SAスマートICからは約15分

☎0476(36)0111

成田ゴルフ倶楽部

〒286-0821　千葉県成田市大室127　FAX 0476(36)1819
予約専用　0476(36)2131　http://www.narita-gc.jp/

●プレーの申込み　会員の紹介または同伴が必要
●予約　4か月前の同日から受付け
●コンペ　組数は相談
●休日　クラブ指定日
●クレジット　VISA　JCB　AMEX　ダイナース　DC
●開場日　1988年11月3日
●コースの特徴　18H　P72　7140Y
恵まれた自然の丘陵を生かし、設計者川田太三氏の持論である自然をできる限り残した設計で、アベレージには易しく、ローハンデには難しいコース。2019年6月 USPGA チャンピオンズツアー開催

●コースレート　73.1
●練習場　250Y15打席
●電車　JR 成田線成田駅、京成線京成成田駅
●クラブバス　なし
●タクシー　成田駅から20分3500円
●プレースタイル　キャディ付で乗用カート
●シューズ　ソフトスパイク推奨
●ビジター料金表

	平　日	土　曜	日　祝
キャディ付	25,620	42,360	40,200

季節により料金は異なる

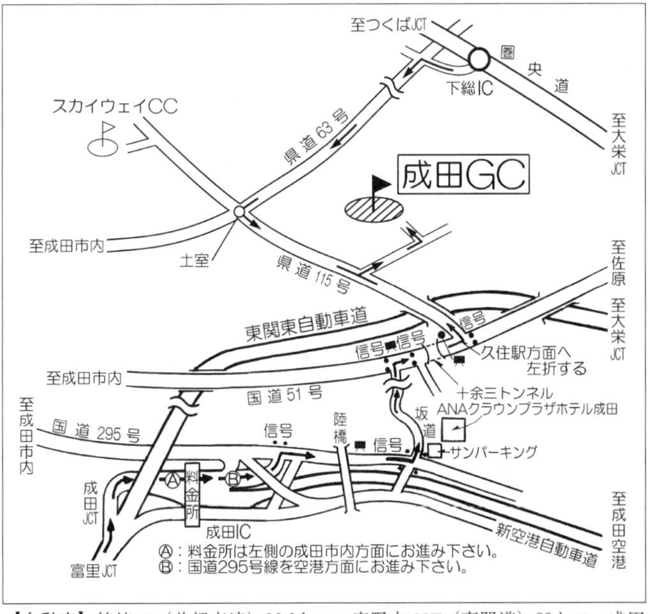

【自動車】箱崎IC（首都高速）36.6キロ→宮野木JCT（東関道）28キロ→成田IC 7キロ→コース　所要時間1時間　成田ICの左の道から国道295号を空港方面に進み最初の信号を左折。国道51号を右折し1キロ先の信号を久住駅方面に左折してコースへ。圏央道・下総ICからは県道63号を成田方面に向かって7.5キロ

成田の森カントリークラブ

〒289-0426　千葉県香取市山倉2628－4　FAX 0478(79)1010
https://www.pacificgolf.co.jp/naritanomori/

●**プレーの申込み**　ビジター可
●**予約**　プレー予約、宿泊パックともに3か月前の1日から受付け
●**コンペ**　組数は相談
●**休日**　無休（ホテル及びナイター営業は12／31と1／1休業）
●**クレジット**　JCB　VISA　AMEX 他
●**開場日**　2005年7月22日
●**コースの特徴**　18H　P72　6681Y
適度な起伏を活かし、戦略性を強調しながらも造園的美しさを加味し、自然を大切にした美しい林間コース
●**コースレート**　71.5
●**練習場**　110Y9打席
●**電車**　JR 成田線、京成電鉄空港第2ビル駅、または成田駅
●**クラブバス**　なし
●**タクシー**　空港第2ビル駅約25分
●**プレースタイル**　セルフプレーで5人乗り乗用カート
●**シューズ**　ソフトスパイク
●**ビジター料金**
季節により料金が異なるため、ホームページ参照、またはクラブに要問合せ
●**プレー情報**　成田の森 CC ホテル併設、宿泊パック、幹事様らくらくコンペプラン、薄暮・ナイター、全18ホール LED 照明完備

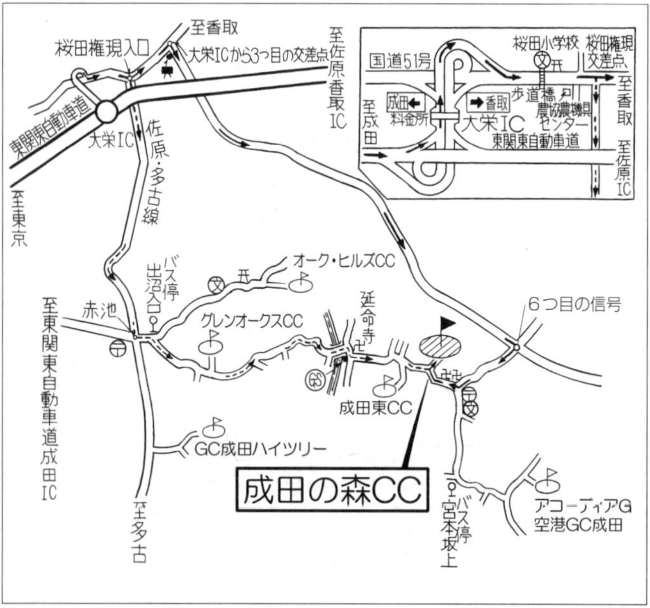

【**自動車**】箱崎 IC（首都高速）35.8キロ→宮野木 JCT（東関東自動車道）39.9キロ→大栄 IC 16キロ→コース　所要時間1時間20分　大栄 IC で降り国道51号線を香取方面に向かう。信号3つ目の交差点を右折して信号6つ目を右折。大栄 IC から約20分

ゴルフ倶楽部　成田ハイツリー

〒289-2303　千葉県香取郡多古町大門659　FAX 0479(75)1102
http//www.hightree.co.jp/

●**プレーの申込み**　平日は会員の同伴または紹介、土日祝は会員の同伴が必要
●**予約**　9時から17時まで随時受付
●**コンペ**　平日は会員の紹介で10組まで、土曜は会員1名で10組まで。日祝は不可
●**休日**　毎週月曜日　1／1
●**クレジット**　各種
●**開場日**　1978年4月1日
●**コースの特徴**　18H　P72　7027Y
自然の樹林帯を活かし、植栽した花木の美しい戦略的な丘陵コース。とくにインの方はダイナミックな造り
●**コースレート**　72.6
●**練習場**　250Y17打席
●**電車**　京成線、JR成田線空港第2ビル駅
●**クラブバス**　予約制で空港第2ビル駅から7:45　8:20　9:00
●**タクシー**　空港第2ビル駅から25分約4500円
●**プレースタイル**　キャディ付でGPSナビ付電磁誘導式乗用カート
●**シューズ**　ソフトスパイク推奨
●**ビジター料金表**

	平　日	土　曜	日　祝
キャディ付	17,100	27,900	27,900

季節料金あり

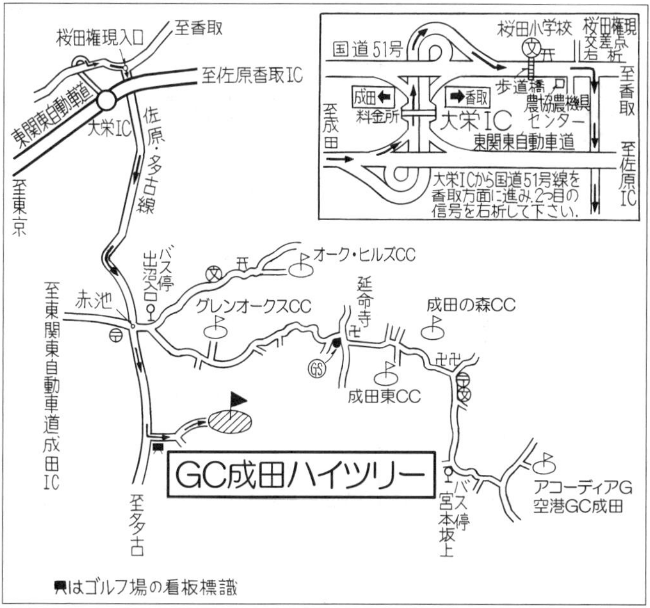

【**自動車**】箱崎IC（首都高速）35.8キロ→宮野木JCT（東関東自動車道）39.9キロ→大栄IC 5キロ→コース　所要時間1時間　大栄ICで降り、国道51号線に出て香取方面に進む。2つ目の桜田権現信号を右折して、あとは看板にしたがってコースへ

成田東カントリークラブ

〒289-0426　千葉県香取市山倉1367　FAX 0478(79)2913
https://www.accordiagolf.com

●**プレーの申込み**　予約状況によりビジター可
●**予約**　平日は随時、土日祝は3か月前の同日から受付け
●**コンペ**　組数は相談
●**休日**　無休
●**クレジット**　各種　PayPay
●**開場日**　1982年11月23日
●**コースの特徴**　18H　P72　7122Y　自然の地形をそのまま活かした林間コース。池越えも多く戦略性に富む
●**コースレート**　73.7
●**練習場**　40Y12打席
●**電車**　JR成田線または京成電鉄空港第2ビル駅
●**クラブバス**　予約制で空港第2ビル駅から8:20
●**タクシー**　空港第2ビル駅から25分約5500円
●**プレースタイル**　セルフでGPSナビ付乗用カート
●**シューズ**　ソフトスパイク、スパイクレス
●**ビジター料金表**

	平　日	土　曜	日　祝
セ　ル　フ	8,300	18,500	18,500

昼食付。上記は2021年10月の料金
季節によって料金は異なる

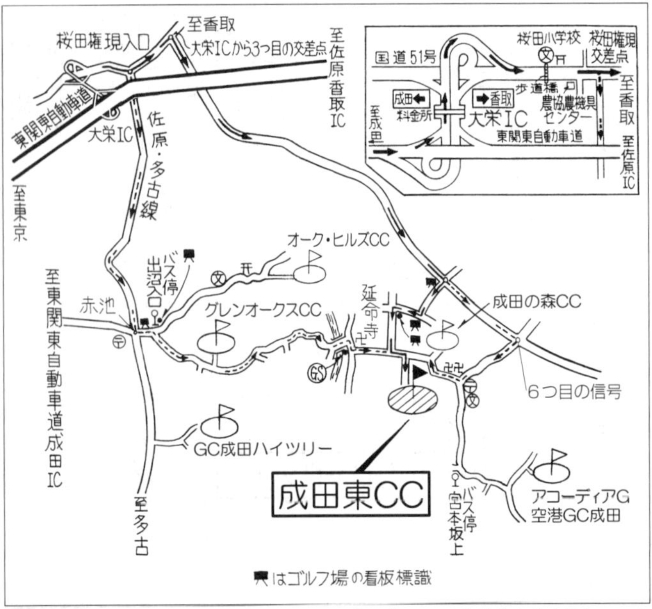

【自動車】箱崎IC（首都高速）35.8キロ→宮野木JCT（東関東自動車道）39.9キロ→大栄IC 16キロ→コース　所要時間1時間20分　大栄ICで降り国道51号線を香取方面に向かう。信号3つ目の交差点を右折して旧東総有料道路に入り、看板に従ってコースへ

☎0476(95)5555

成田ヒルズカントリークラブ

〒270-1506　千葉県印旛郡栄町龍角寺字谷田川1236-3　FAX 0476(95)5395
https://www.narita-hills.co.jp

●**プレーの申込み**　原則として会員の同伴または紹介が必要
●**予約**　2か月前の同日から受付け
●**コンペ**　2か月前の同日から受付け
●**休日**　月曜日　12/31　1/1
●**クレジット**　VISA ダイナース AMEX JCB UC
●**開場日**　1991年7月21日
●**コースの特徴**　18H　P72　7113Y　ピート・ダイ設計。マウンドと大きな池、豊かな林に囲まれたスコティッシュタイプの戦略性の高いコース
●**コースレート**　74.7
●**練習場**　240Y16打席　アプローチ、バンカー
●**電車**　JR成田線・京成線成田駅、またはJR成田線安食駅
●**クラブバス**　なし
●**タクシー**　成田駅から約15分
●**プレースタイル**　キャディ付で電磁誘導乗用カート
●**シューズ**　メタルスパイク禁止
●**ビジター料金表**

	平　日	土　曜	日　祝
キャディ付	19,200	33,500	33,500

な

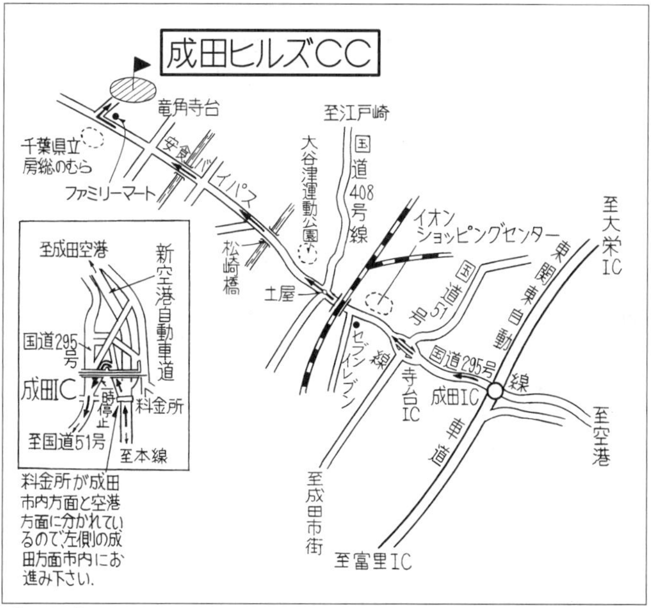

【自動車】 箱崎IC（首都高速）35.8キロ→宮野木JCT（東関東自動車道）22.8キロ→成田IC 10キロ→コース　所要時間1時間　成田ICを成田市街方面のゲート（左側）に出る。国道51号との寺台ICを直進し、土屋交差点も直進して安食バイパスを進む。途中、千葉県立房総のむらを右折してコース

成田フェアフィールドゴルフクラブ

〒286-0805　千葉県成田市南羽鳥殿迎764　FAX 0476(37)0082
予約センター　0476(37)1121　https://www.naritaff.com

●**プレーの申込み**　ビジター可
●**予約**　3か月前の同日から受付け
●**コンペ**　組数制限なし
●**休日**　12/31　1/1
●**クレジット**　各種
●**開場日**　1998年5月16日
●**コースの特徴**　18H　P72　6810Y
フェアフェイは広く、高低差も少なく、のびのびと気楽に楽しめるコース
●**コースレート**　71.5
●**練習場**　120Y12打席
●**電車**　JR成田線成田駅、または京成線京成成田駅
●**クラブバス**　JR成田駅東口から土日祝のみ8:05　8:50。京成成田空港線成田湯川駅は予約制
●**タクシー**　JR成田駅、京成成田駅から20分3000円
●**プレースタイル**　セルフプレーでGPSナビ付4人乗り乗用カート。キャディ付は要予約
●**シューズ**　ソフトスパイク（スパイクレスを含む）
●**ビジター料金表**

	平　日	土　曜	日　祝
セ　ル　フ	11,800	22,500	21,500

2021年10月の昼食付料金
キャディ付は4,400円（4B）加算
期間により料金は異なる

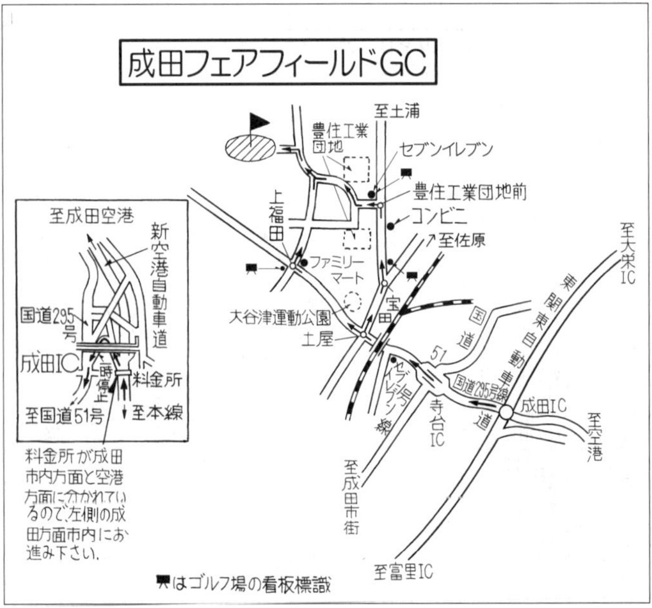

【自動車】箱崎IC（首都高速）35.8キロ→宮野木JCT（東関東自動車道）22.8キロ→成田IC 10キロ→コース　所要時間1時間　成田ICを成田市街方面のゲート（左側）に出る。国道51号線との寺台ICを直進し、国道408号線との土屋交差点を右折して江戸崎方面に進む。豊住工業団地前信号を左折してコースへ

鳴沢ゴルフ倶楽部

〒401-0320　山梨県南都留郡鳴沢村5224　FAX 0555(85)3335
http://zuien.net/natusawa

●プレーの申込み　パブリックコース
●予約　3か月前の1日から受付け
●コンペ　組数制限なし
●休日　4月～11月の第1・第3月曜日 12月下旬～3月中旬は冬期クローズ
●クレジット　DC　マスター　VISA　JCB　AMEX　ダイナース他
●開場日　1993年5月12日
●コースの特徴　18H　P72　7017Y 富士山麓の樹林帯を切り開いた雄大な林間コース。フェアウェイは広いがアンジュレーションもあり戦略性に富む
●コースレート　72.4
●練習場　250Y14打席
●電車　富士急行大月駅
●タクシー　河口湖駅から15分2700円
●プレースタイル　キャディ付で歩いてプレー
●シューズ　ソフトスパイクを推奨
●ビジター料金表

	平　日	土　曜	日　祝
キャディ付	22,100	30,900	29,800

上記は2021年レギュラーシーズンの料金

な

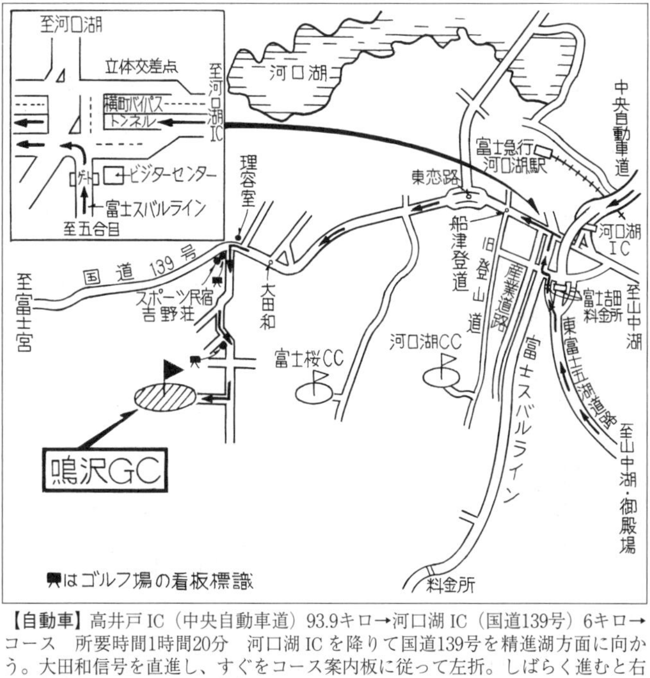

【自動車】高井戸 IC（中央自動車道）93.9キロ→河口湖 IC（国道139号）6キロ→コース　所要時間1時間20分　河口湖 IC を降りて国道139号を精進湖方面に向かう。大田和信号を直進し、すぐをコース案内板に従って左折。しばらく進むと右側に倶楽部モニュメントが見えてくる

南総カントリークラブ

〒290-0243　千葉県市原市上高根1683－1　FAX 0436(95)3885
https://nanso-cc.com/

●**プレーの申込み**　ビジター可
●**予約**　3か月前の1日から受付け
●**コンペ**　3か月前の1日から受付け
●**休日**　祝日を除く月曜日
●**クレジット**　JCB　UC　DC　VISA 他
●**開場日**　1977年10月1日
●**コースの特徴**　36H　P144　13546Y
丘陵地に造られ、各ホールはそれぞれ小高い丘や樹木で完全にセパレートされ、自然の造形が満喫できる
●**コースレート**　東72.2　西72.1
●**練習場**　250Y21打席
●**電車**　内房線五井駅、
●**クラブバス**　五井駅から7:10　8:05
袖ヶ浦バスターミナルからは予約制

●**タクシー**　姉ケ崎4000円五井4300円
●**プレースタイル**　東Cはキャディ付で乗用カート、西Cはセルフで乗用カート
●**シューズ**　ソフトスパイクのみ
●**ビジター料金表**

	平　日	土　曜	日　祝
キャディ付	18,500	28,000	28,000
セ　ル　フ	15,500	25,000	25,000

季節料金あり
●**プレー情報**　コンペパック、薄暮プレー

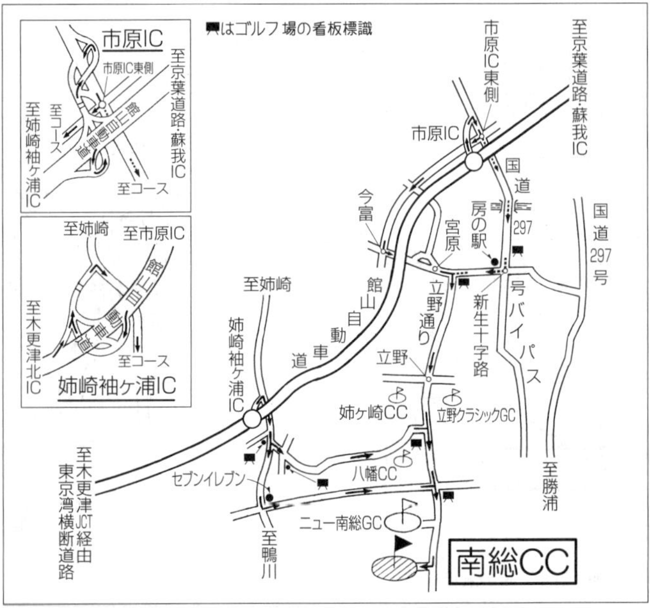

【**自動車**】箱崎IC（首都高速・京葉道路・館山自動車道）57.1キロ→市原IC 11.5キロ→コース　所要時間1時間　市原ICを大多喜・勝浦方面に出て、最初の信号・市原IC東側を右折。約3キロ先の信号・今富を左折し、宮原の次の信号を右折してコースへ。アクアライン方面からは姉ケ崎袖ケ浦IC下車約10分

南総ヒルズカントリークラブ

〒299-1731　千葉県富津市田倉865－1　FAX 0439(68)1168
https://www.pacificgolf.co.jp/nansohills

●**プレーの申込み**　ビジター可
●**予約**　3か月前の月初めから受付け
●**コンペ**　組数は相談
●**休日**　原則無休（要問合せ）
●**クレジット**　各種
●**開場日**　1977年5月14日
●**コースの特徴**　27H　P108　9794Y　鹿野山の南斜面で冬暖かいコース。谷越えや打ち下ろしなど球趣が楽しめる
●**コースレート**（中・西）71.8　（東・中）71.3（西・東）70.5
●**電車**　内房線上総湊駅
●**クラブバス**　東京湾フェリー金谷港から完全予約制
●**タクシー**　上総湊駅から12分3000円
●**プレースタイル**　キャディ付またはセルフでGPSナビ付電磁誘導乗用カート
●**シューズ**　ソフトスパイク、スパイクレスを推奨
●**ビジター料金**
季節により料金が異なるため、ホームページ参照、またはクラブに要問合せ

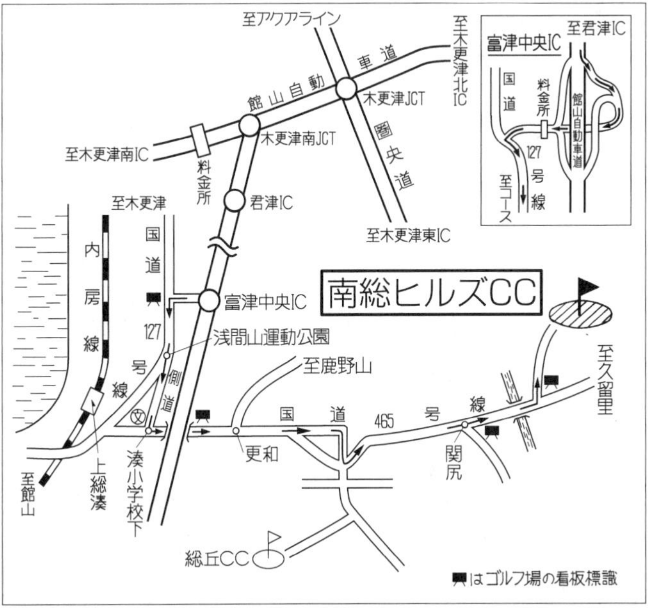

【自動車】川崎浮島JCT（東京湾アクアライン、連絡道）23.7キロ→木更津JCT（館山自動車道）17.1キロ→富津中央IC 11キロ→コース　所要時間45分　富津中央ICを降りて左折し、浅間山運動公園交差点を鴨川方面に左折。突き当りの湊小学校下交差点を左折してコースへ。箱崎ICからは105キロ約1時間20分

南摩城カントリークラブ

〒322-0341　栃木県鹿沼市下南摩町982－2　FAX 0289(77)3011
http://www.nanmajo.golf-web.jp/

●**プレーの申込み**　ビジター可
●**予約**　3か月前の同日から受付け
●**コンペ**　組数は相談
●**休日**　1／1　1月～2月の月曜日
●**クレジット**　JCB　UC　VISA 他
●**開場日**　1975年10月25日
●**コースの特徴**　27H　P108　10351Y
西、中コースとも非常にフラット。東コースは大小5つの池とクリークを配したダイナミックなコース
●**コースレート**　中東71.1　東西72.2　西中71.9
●**練習場**　250Y25打席
●**電車**　東武日光線新鹿沼駅
●**クラブバス**　新鹿沼駅から平日は予約制で9:05　土日祝は8:00と9:05
●**タクシー**　新鹿沼駅から15分
●**プレースタイル**　セルフプレーで乗用カート。キャディ付も可
●**シューズ**　メタルスパイク禁止
●**ビジター料金表**

	月・金	火水木	土　日
セ　ル　フ	7,050	7,600	14,600

祝日13,600円。月・金曜は特割デー
全日昼食付
2021年11月の料金。期間により料金は異なる。キャディ付は3,000円加算

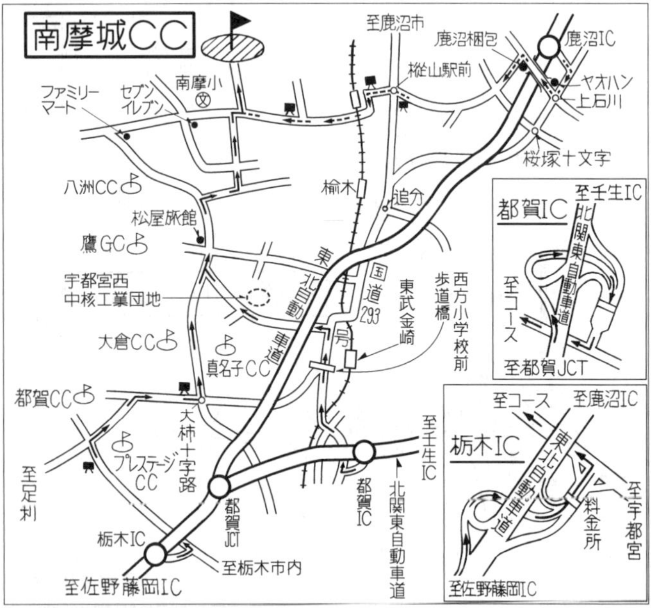

【**自動車**】浦和料金所（東北自動車道）67.9キロ→栃木IC 19キロ→コース　所要時間1時間20分　栃木ICを降りて左折し、国道293号線を右折し、大柿交差点を粟野方面に左折してコースへ。都賀ICからは料金所を出て右折し、西方小学校前歩道橋を過ぎて2つ目の信号を左折してコース

西熱海ゴルフコース

〒413-0033　静岡県熱海市熱海1800　FAX 0557(82)0594
https://www.princehotels.co.jp/golf/nishiatami

●**プレーの申込み**　パブリックコース
●**予約**　年間を通して受付ける
●**コンペ**　予約は上記に準ずる。組数制限なし
●**休日**　無休
●**クレジット**　各種
●**開場日**　1963年7月22日
●**コースの特徴**　18H　P70　5205Y
地形は多少アップダウンがあり、各ホールには松の木のアクセントがつけられている。とくにグリーンは難しい
●**コースレート**　未査定
●**電車**　東海道新幹線熱海駅、または伊東線来宮駅
●**クラブバス**　なし
●**タクシー**　熱海駅から15分2300円
来宮駅から10分1500円
●**プレースタイル**　セルフプレーでナビ付4人乗り乗用ゴルフカー
●**シューズ**　ソフトスパイク（スパイクレスを含む）
●**ビジター料金表**

	平　日	土　曜	日　祝
セ　ル　フ	8,896	16,739	15,720

別途補償料35円とロッカーフィ330円
3組10名以上よりコンペ割引あり

に

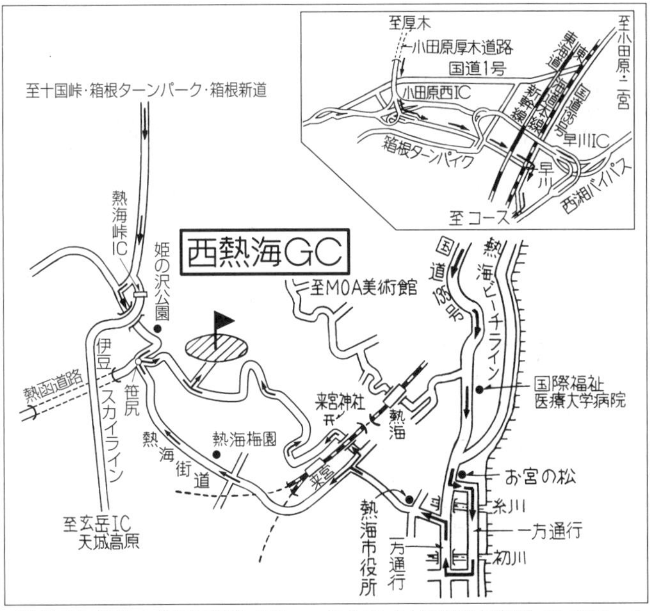

【自動車】東京IC（東名高速）35キロ→厚木IC（小田原厚木道路）31.5キロ→小田原西IC（真鶴道路・熱海ビーチライン）28キロ→コース　所要時間1時間30分
または、小田原西IC（箱根新道・十国峠）30キロ→コース　所要時間1時間30分

☎0554(45)7211

西東京ゴルフ倶楽部

〒402-0031　山梨県都留市十日市場字日向山2108　FAX 0554(45)7220
https://www.nishitokyogolf.jp/

●プレーの申込み　予約状況によりビジター可
●予約　3か月前から受付け
●コンペ　組数は相談
●休日　クラブ指定日
●クレジット　マスター　VISA　JCB
●開場日　1996年9月28日
●コースの特徴　18H　P72　5838Y
霊峰富士を始め個性豊かな山々に囲まれ、上級者からビギナーまで楽しめる戦略性に富んだ丘陵コース
●練習場　なし
●電車　中央本線大月駅または富士急行都留市駅
●クラブバス　なし
●タクシー　都留市駅から5分1370円
●プレースタイル　セルフプレーでGPSナビ付乗用カート
●シューズ　メタルスパイク禁止
●ビジター料金表

	平　日	土　曜	日　祝
セ　ル　フ	9,500	15,900	14,900

2021年11月の昼食付料金
期間により料金は異なる
●プレー情報　コンペパックプラン

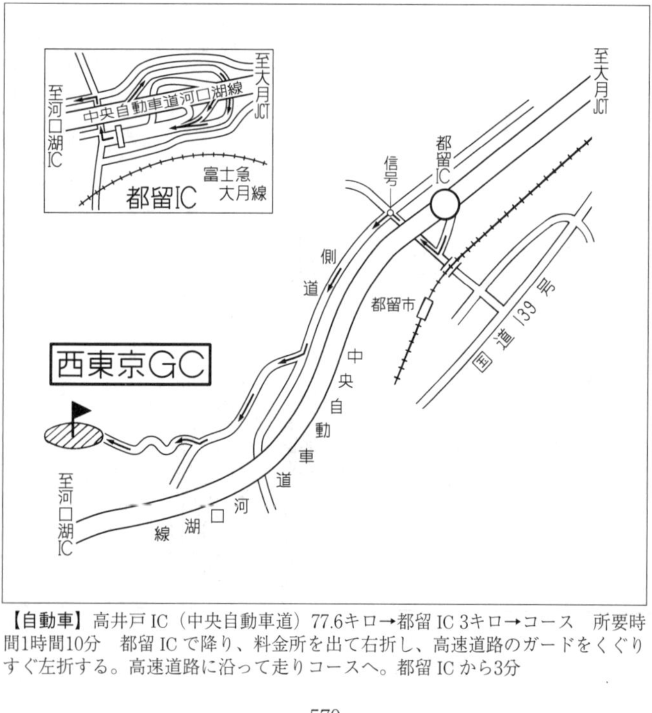

【自動車】高井戸IC（中央自動車道）77.6キロ→都留IC 3キロ→コース　所要時間1時間10分　都留ICで降り、料金所を出て右折し、高速道路のガードをくぐりすぐ左折する。高速道路に沿って走りコースへ。都留ICから3分

西那須野カントリー倶楽部

〒329-2747　栃木県那須塩原市千本松804－2　FAX 0287(37)8115
予約専用　0287(37)4111　http://golf.horai-kk.com/

●プレーの申込み　ビジター可
●予約　3か月前の1日から受付け
●コンペ　組数は相談
●休日　不定休　冬期クローズあり
●クレジット　各種
●開場日　1993年5月25日
●コースの特徴　18H　P72　7036Y
那須連山を望み、広大かつフラットで松林でセパレートされた林間コース。フェアウェイやグリーンのアンジュレーションが戦略性を高めている
●コースレート　73.4
●練習場　300Y20打席
●電車　東北新幹線または東北本線那須塩原駅
●クラブバス　予約制で那須塩原駅から7:49　8:58　土日祝7:40増発
●タクシー　那須塩原駅から20分4000円、西那須野駅から15分3000円
●プレースタイル　キャディ付とセルフの選択制で5人乗り乗用カート
●シューズ　ソフトスパイク推奨
●ビジター料金表

	平　日	土　曜	日　祝
キャディ付	14,000	21,700	19,500
セ　ル　フ	10,700	17,300	16,200

2021年10月の料金
シニア＆レディスデーあり

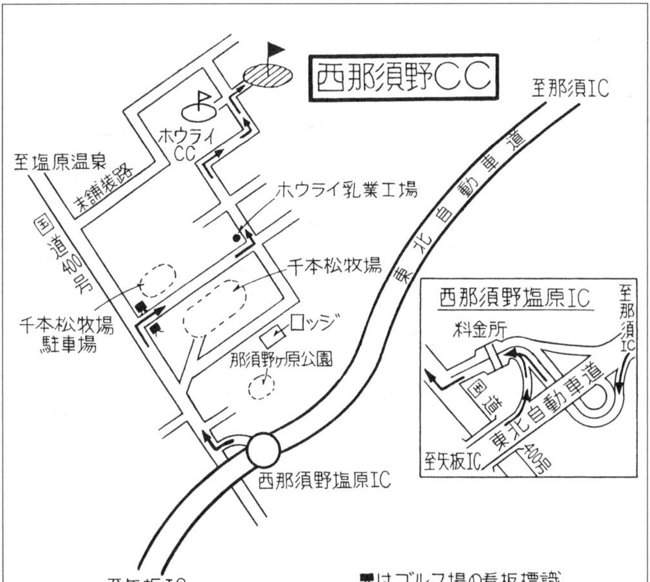

☗はゴルフ場の看板標識

【自動車】浦和料金所（東北自動車道）134.3キロ→西那須野塩原IC 4キロ→コース　所要時間1時間50分　西那須野塩原ICの料金所を出て右折し、国道400号を塩原方面へ約1キロ進む。あとはコース案内板に従ってコースへ。ICより約5分

日光カンツリー倶楽部

〒321-1421　栃木県日光市所野2833　FAX 0288(53)3047
http://www.nikkocc.or.jp

●**プレーの申込み**　平日は会員の同伴または紹介、土日祝は原則として会員の同伴が必要
●**予約**　6か月前の1日から受付け
●**コンペ**　組数は相談
●**休日**　毎週火曜日　12／31　1／1
●**クレジット**　JCB　DC　ダイナース AMEX
●**開場日**　1955年4月3日
●**コースの特徴**　18H　P72　7061Y
樹齢80年の天然の赤松と揚柳に囲まれた井上誠一氏設計の林間コース。手造りの起伏があり攻略は難しい。03年日本オープン開催、2021年日本プロゴルフ選手権開催

●**コースレート**　73.0
●**練習場**　200m24打席
●**電車**　東武日光線日光駅
●**クラブバス**　東武日光駅から9:20 それ以外の時刻については要予約
●**タクシー**　日光駅から10分1300円
●**プレースタイル**　キャディ付で歩行
●**シューズ**　ソフトスパイク（スパイクレスは含まない）
●**ビジター料金表**

	平　日	土　曜	日　祝
キャディ付	20,280	27,980	27,980

●**プレー情報**　冬期割引、コンペ割引

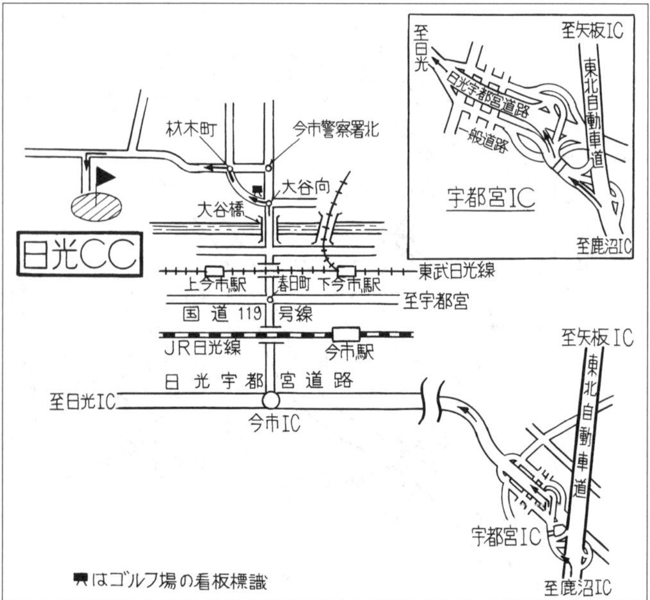

【**自動車**】浦和料金所（東北自動車道）98.2キロ→宇都宮 IC 20キロ→今市 IC 5キロ→コース　所要時間1時間40分　宇都宮 IC で降りて日光宇都宮道路に入って今市 IC で降りる。日光街道（国道119号線）を越えて、大谷川を越えた先を看板にしたがって左折しコースへ

日光霧降カントリークラブ

〒321-1421　栃木県日光市所野1538－18　FAX 0288(53)4118
http://www.kirifuri.co.jp

●**プレーの申込み**　ビジター可
●**予約**　プレー日前日の2か月前から受付け
●**コンペ**　組数制限なし
●**休日**　営業期中は無休
12月初旬から3月は冬期クローズ
●**クレジット**　JCB　UC　AMEX　UFJ　VISA　ダイナース他
●**開場日**　1994年5月21日
●**コースの特徴**　18H　P71　6155Y
日光国立公園内に位置し、自然林に囲まれ景観もすばらしい。標高900mの高原コース
●**電車**　東武線東武日光駅、またはJR 日光線日光駅
●**クラブバス**　東武日光駅から予約制で運行　9:30
●**タクシー**　東武日光駅から10分　約2000円
●**プレースタイル**　セルフで歩行プレー
●**シューズ**　ソフトスパイク推奨
●**ビジター料金表**

	平　日	土　曜	日　祝
セ　ル　フ	6,760	11,490	11,490

2021年10月の料金
期間により料金は異なる
●**プレー情報**　宿泊プランあり

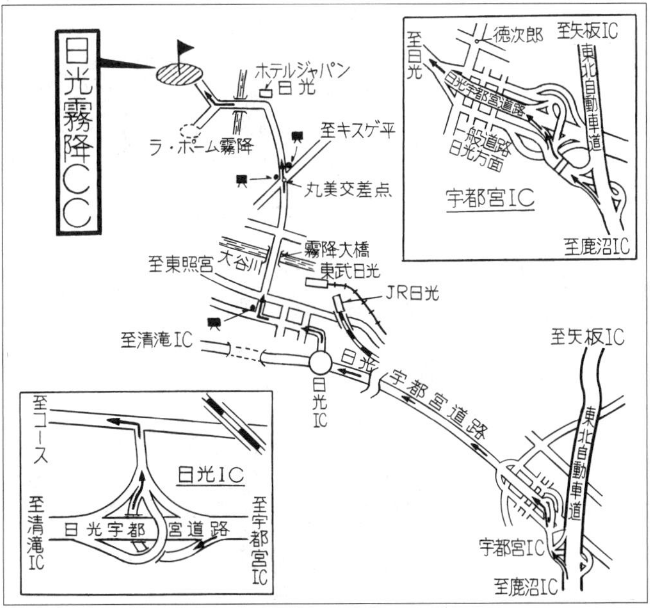

【**自動車**】浦和料金所（東北自動車道）98.2キロ→宇都宮 IC（日光宇都宮有料道路）23.2キロ→日光 IC 4キロ→コース　所要時間1時間40分　日光 IC を降りて左折し、3つ目の信号をコース案内板に従って右折する。しばらく進み、丸美交差点を左折してコースへ

ニッソーカントリークラブ

〒300-1336　茨城県稲敷郡河内町大徳鍋子新田1124－1　FAX 0297(84)2041
予約センター　0297(84)3221　http://www.nisso-cc.co.jp

●プレーの申込み　平日はビジター可、土日祝は会員の同伴または紹介。予約状況により土日祝もビジター可

●予約　2か月前の同日より受付け

●コンペ　3か月前の同日より受付け

●休日　毎週火曜日　1／1

●クレジット　各種

●開場日　1977年10月21日

●コースの特徴　18H　P72　7121Y
河川敷とは思えない戦略性のあるタフなコース

●電車　常磐線龍ヶ崎市駅

●クラブバス　龍ヶ崎市駅西口から8:00予約制

●タクシー　成田線布佐駅から15分2500円、常磐線龍ヶ崎市駅から20分4000円

●プレースタイル　キャディ付は歩いてプレー、セルフは手引カートまたは予約制で乗用カート

●シューズ　ゴルフ靴はすべて可

●ビジター料金表

	平　日	土　曜	日　祝
キャディ付	12,350	15,650	15,650
セ　ル　フ	8,500	11,800	11,800

乗用カートは5人乗1台6000円(税別)

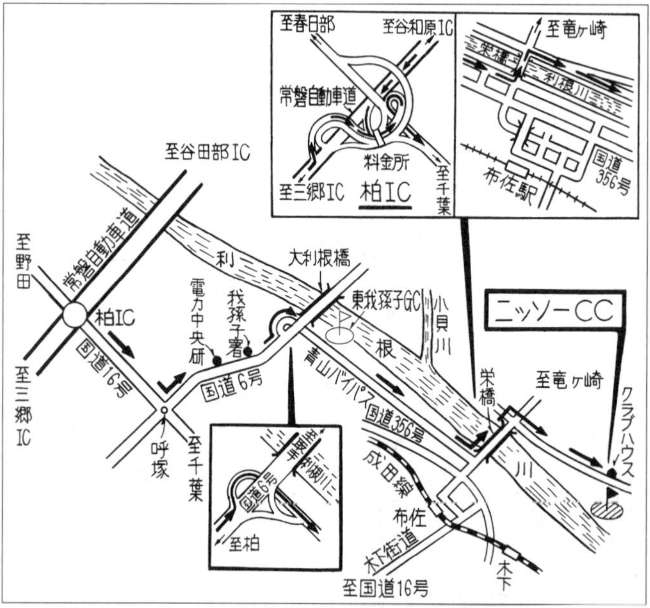

【自動車】三郷 IC（常磐自動車道）10.8キロ→柏 IC 30キロ→コース　所要時間50分　柏 IC を出て国道16号を千葉方面へ向かい国道6号に出たら左折し取手方向へ向かう。利根川の手前堤防沿いを右折してコースへ。柏 IC より40分。東関東自動車道からのルートもある

日本カントリークラブ

〒350-0403　埼玉県入間郡越生町大字大谷138　FAX 049(292)5354
https://www.nipponcc.co.jp

●**プレーの申込み**　平日は会員の紹介 土日祝は会員の同伴または紹介が必要
●**予約**　3か月前の1日から受付け
●**コンペ**　予約状況により相談
●**休日**　1／1
●**クレジット**　各種
●**開場日**　1970年7月12日
●**コースの特徴**　18H　P72　6839Y アウトは雄大な丘陵コースで、各ホールは美しいマウンドでセパレートされている。インは林間コース
●**コースレート**　71.3
●**練習場**　200m12打席
●**電車**　東武東上線坂戸駅
●**クラブバス**　坂戸駅より平日6:55　7:25　7:55　8:25　土日祝6:55　7:20　7:50　8:20　8:45
●**タクシー**　坂戸3200円、越生1100円
●**プレースタイル**　キャディ付で GPS ナビ付乗用カート
●**シューズ**　メタルスパイク禁止
●**ビジター料金表**

	平　日	土　曜	日　祝
キャディ付	17,140	25,830	25,830

2021年4月～6月と10月～12月の料金
●**セルフデー**　クラブ指定の月曜日 昼食付12520円。クラブバスは運休

に

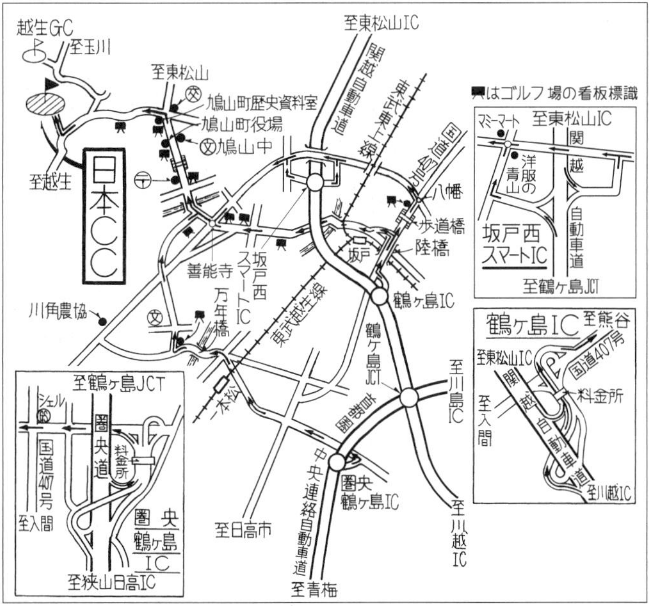

【自動車】練馬 IC（関越自動車道）29.6キロ→鶴ヶ島 IC 12キロ→コース　所要時間1時間　鶴ヶ島 IC を坂戸方面出口に出る。900m 先の陸橋を越えて2つ目の信号（八幡）を左折し4.7キロ進む。善能寺交差点を右折し、看板に従って6.9キロでコース。ETC 搭載車は坂戸西スマート IC から約9キロ

日本長江ゴルフクラブ

〒290-0558　千葉県市原市山口字三重山4　FAX 0436(63)3043
http://cheungkong.co.jp/

●プレーの申込み　ビジター可
●予約　5か月前の同日より受付け
●コンペ　組数は相談
●休日　無休。年末年始については要問合せ
●クレジット　各種
●開場日　1986年10月1日
●コースの特徴　18H　P72　6325Y
豊かな自然林を生かし、ホール間のインターバルが短く疲れを感じさせない
●練習場　70m6打席
●電車　内房線五井駅、または小湊鉄道上総牛久駅
●クラブバス　なし
●タクシー　五井駅から35分5000円
上総牛久駅から5分1000円
●プレースタイル　セルフプレーで5人乗り乗用カート
●シューズ　ソフトスパイク（スパイクレスを含む）を推奨
●ビジター料金

	平　日	土　曜	日　祝
セ　ル　フ	7,000	14,000	14,000

2021年9月～12月の昼食付料金
●プレー情報　ジュニア（18歳未満）平日3,000円、土日祝6,000円

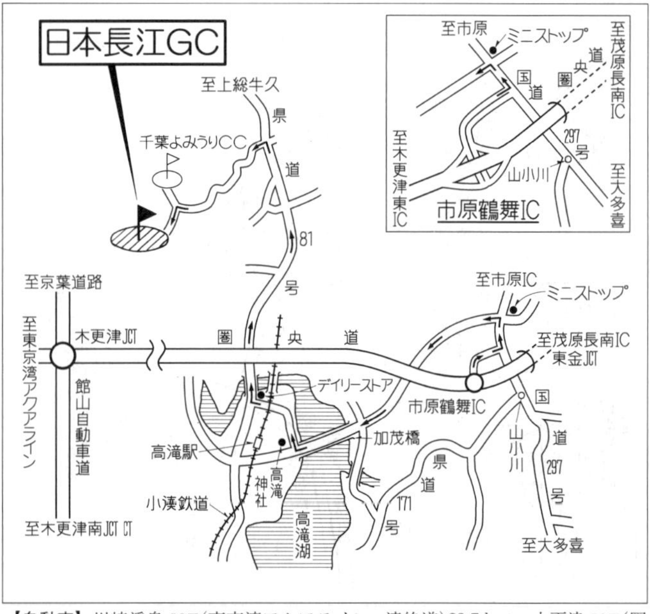

【自動車】川崎浮島JCT（東京湾アクアライン、連絡道）23.7キロ→木更津JCT（圏央道）19.6キロ→市原鶴舞IC 7キロ→コース　所要時間40分　市原鶴舞ICを降りて左折し100m先の信号（ミニストップあり）を左折。高滝湖の加茂橋を渡ってすぐ右折し1つ目の信号を右折してコースへ。館山道・市原ICからは約16キロ

ニュー・セント アンドリュース ゴルフクラブ・ジャパン

〒324-0024　栃木県大田原市福原2002　FAX 0287(28)1539
https://www.nsaj-gc.com/

●プレーの申込み　予約状況によりビジター可
●予約　2か月前の1日から受付け
●コンペ　組数制限なし
●休日　無休
●クレジット　JCB　VISA　UC 他
●開場日　1975年5月10日
●コースの特徴　27H　P108　10110Y　J･ニクラウスが設計した戦略性豊かな、そして非常に美しいコース。9ホールの OLD コースは自然の起伏を生かしたリンクスタイル
●コースレート　72.6　72.8　73.0
●練習場　270Y17打席
●電車　東北新幹線那須塩原駅
●クラブバス　なし
●タクシー　那須塩原駅から約30分
●プレースタイル　セルフで自走式乗用カート。キャディ付も可
●シューズ　メタルスパイク禁止
●ビジター料金表

	月　曜	火～金	土日祝
セ　ル　フ	3,900	6,400	12,800

2021年10月の料金で昼食付（月曜はセルフ DAY 昼食無）。季節により料金は異なる。OLD コースについては要問合せ。キャディ付3,300円(4B) 加算
●プレー情報　ツーサム可、早朝・薄暮（4月～9月)、宿泊パックあり

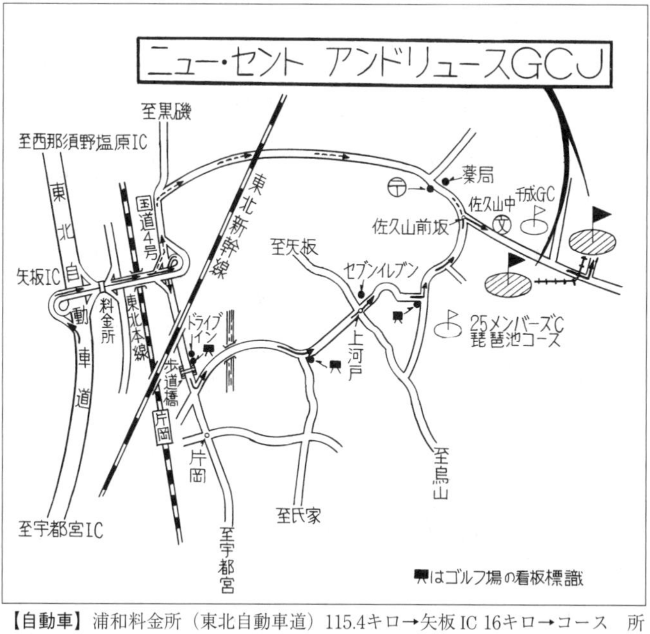

【自動車】浦和料金所（東北自動車道）115.4キロ→矢板 IC 16キロ→コース　所要時間1時間50分　矢板 IC を降りて国道4号線を宇都宮方面に向かう。1つ目の信号を左折。約16キロでコースへ。東北方面からは西那須野 IC からが便利

ニューセントラルゴルフ倶楽部

〒329-1115　栃木県宇都宮市下田原町1525　FAX 028(672)0215
本社03(3573)1100　https://www.new-cgc.jp/

●プレーの申込み　ビジター可
●予約　2か月前の同日より受付け
●コンペ　組数制限なし
●休日　1/1
●クレジット　なし
●開場日　1968年8月22日
●コースの特徴　27H　P108　9555Y
打ち上げ、打ち下ろし、谷越えなど変化に富み、林間の味わいと丘陵の特徴を生かしたコース
●練習場　なし
●電車　東北新幹線宇都宮駅
●クラブバス　宇都宮駅西口から予約制　平日8:30　土日祝7:30　8:30
●タクシー　宇都宮駅から20分3500円
●プレースタイル　セルフプレーで乗用カート。キャディ付は要予約
●シューズ　ソフトスパイク
●ビジター料金表

	平　日	土　日	祝　日
セ　ル　フ	6,100～	12,700～	11,600～

上記は2021年11月の料金で昼食付
キャディ付は1980円(税込)加算。期間により料金は異なる
●プレー情報　レディスデー

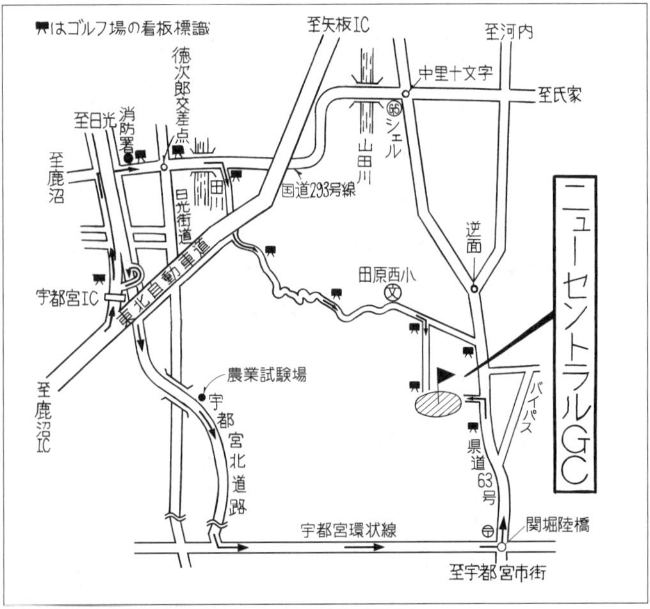

【自動車】浦和料金所（東北自動車道）98.2キロ→宇都宮 IC 10キロ→コース　所要時間1時間25分　宇都宮 IC から徳次郎 IC 方面に降りて3つ目の信号（国道293号）を右折。道なりに1キロ進み、コース案内板に従って右折してコースへ

ニュー南総ゴルフ倶楽部

〒290-0243　千葉県市原市上高根1616－1　FAX 0436(95)1559
予約専用　0436(95)1105　https://www.accordigolf.com/

●プレーの申込み　ビジター可
●予約　2か月前の同日から受付け
●コンペ　予約状況により相談。3か月前の月初めから受付け
●休日　無休
●クレジット　各種
●開場日　1985年10月6日
●コースの特徴　18H　P72　6687Y
全体にフラットで池が多い。球趣を出すためにマウンドやアンジュレーションを配し、2万本に及ぶ樹木でコースをセパレートしている
●練習場　60Y9打席
●電車　内房線五井駅
●クラブバス　五井駅東口より土日祝8:25
●タクシー　五井駅から25分約4000円
●プレースタイル　キャディ付で乗用カート
●シューズ　ソフトスパイク
●ビジター料金表

	平　日	土　曜	日　祝
キャディ付	18,990	32,990	31,990

2021年11月の昼食付料金
季節により料金は異なる

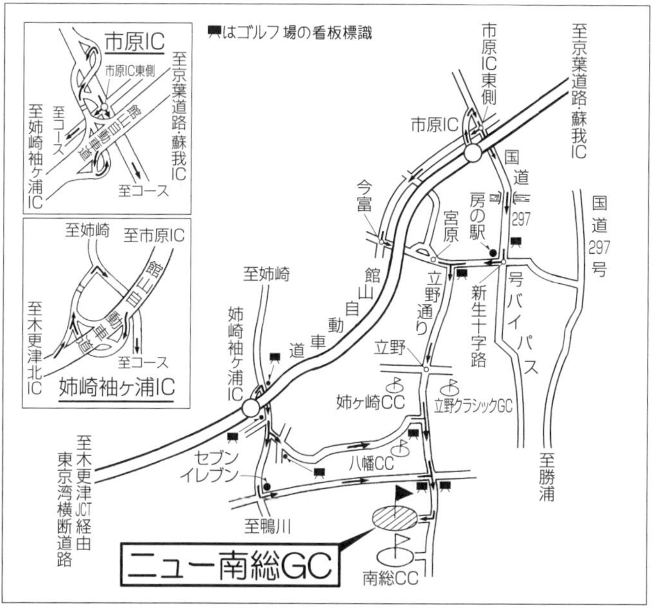

【自動車】箱崎 IC（首都高速・京葉道路・館山自動車道）57.1キロ→市原 IC 3.7キロ→新生十字路7キロ→コース　所要時間1時間　またはアクアライン利用で、川崎浮島 JCT 15.1キロ→木更津金田 IC（湾横連絡道・館山自動車道）8.6キロ→木更津 JCT 8.8キロ→姉崎袖ケ浦 IC 8.7キロ→コース　所要時間35分

ヌーヴェルゴルフ倶楽部

〒299-3242　千葉県大網白里市金谷郷3151－1　FAX 0475(70)2011
http://www.nouvelle-gc.co.jp/

●プレーの申込み　セミパブリックコース
●予約　平日は6か月前の1日から、土日祝は2か月前の1日から受付け
●コンペ　上記に準ずる
●休日　毎週月曜日　1／1
●クレジット　JCB　DC　VISA　セゾン　マスター　AMEX　ダイナース
●開場日　2001年9月1日
●コースの特徴　18H　P72　6693Y　ホール間のインターバルが短く、高低差もほとんど感じない個性的戦略性に富む18ホール
●練習場　180Y15打席
●電車　外房線大網駅
●クラブバス　大網駅から土日祝のみ8:10　8:35　9:05
●タクシー　大網駅より10分約1800円
●プレースタイル　キャディ付でGPSナビ付5人乗り電磁誘導乗用カート
●シューズ　ソフトスパイク
●ビジター料金表

	平　日	土　曜	日　祝
キャディ付	19,500	27,000	27,000

2021年10月の昼食付料金。期間により料金は異なる
●プレー情報　シニア（65～69歳と70歳以上）、ジュニア（18歳未満）料金あり

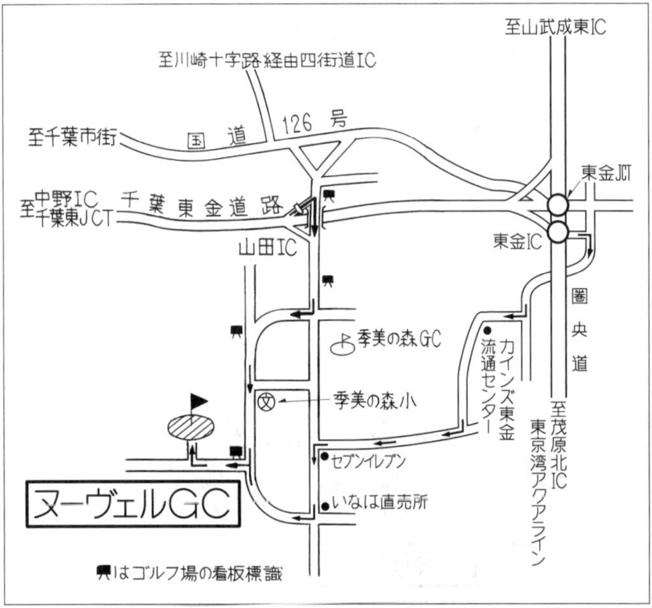

【自動車】箱崎IC（首都高速）35.8キロ→宮野木JCT（京葉道路）8.7キロ→千葉東JCT（千葉東金道路）13.9キロ→山田IC 5キロ→コース　所要時間50分　京葉道路・千葉東JCTから千葉東金道路に進み、山田ICで降りる。山田ICを出て右折し、2つ目の信号を右折してコースへ。圏央道・東金ICからは5キロ、約7分

 ☎055(923)3222

沼津国際カントリークラブ

〒410-0001　静岡県沼津市足高字尾ノ上441－334　FAX 055(923)3992
https://www.nkcc.jp/

●**プレーの申込み**　ビジター可
●**予約**　3か月前の同日9時30分から受付け
●**コンペ**　組数制限なし
●**休日**　1／1
●**クレジット**　各種
●**開場日**　1975年5月18日
●**コースの特徴**　27H　P108　9729Y
駿河湾の眺望のよい丘陵地に造られたフェアウェイの広いコース
●**コースレート**　富士・箱根72.2
箱根・天城71.0　天城・富士71.3
●**練習場**　250Y17打席
●**電車**　東海道新幹線三島駅、または東海道線沼津駅
●**クラブバス**　なし
●**タクシー**　沼津駅、三島駅ともに30分4000円
●**プレースタイル**　セルフプレーでGPSナビ付リモコン乗用カート
●**シューズ**　ソフトスパイク推奨
●**ビジター料金表**

	平　日	土　曜	日　祝
セ　ル　フ	8,990	16,900	16,900

上記は2021年の料金
季節によって料金は異なる

ぬ

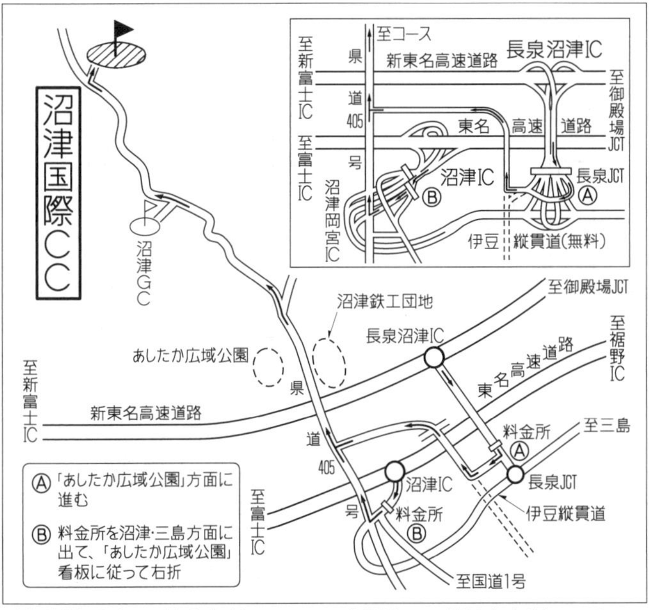

【**自動車**】東京IC（東名高速）88.3キロ→御殿場JCT（新東名高速）13.2キロ→長泉沼津IC 6キロ→コース　所要時間1時間15分　長泉沼津ICの料金所を出て「あしたか広域公園」方面に進み、突き当りを右折してコースへ。東名高速・沼津ICからは三島・沼津方面に出て「あしたか広域公園」に右折してコースへ

☎055(921)0611

沼津ゴルフクラブ

〒410-0001　静岡県沼津市足高字尾上441　FAX 055(923)8332
予約055(921)0615　https://www.numazugc.co.jp　e-mail：info@numazu.co.jp

●プレーの申込み　ビジター可
●予約　3か月前の1日より受付け
●コンペ　組数は相談
●休日　1/1　クラブ指定日
●クレジット　各種
●開場日　1964年9月5日
●コースの特徴　27H　P107　10077Y
丘陵コースで変化に富む。伊豆・愛鷹は距離が長く、駿河は技術を要する
●練習場　250Y13打席
●電車　東海道新幹線三島駅、または東海道線沼津駅
●クラブバス　三島駅より運行
●タクシー　三島駅から20分3000円
沼津駅から20分3000円
●プレースタイル　キャディ付またはセルフでGPSナビ付5人乗り乗用カート
●シューズ　メタルスパイク禁止
●ビジター料金表

	平　日	土　曜	日　祝
キャディ付	12,200	21,200	21,200
セ　ル　フ	10,000	19,000	19,000

●セルフデー　指定の月曜日またはクラブ指定日7500円

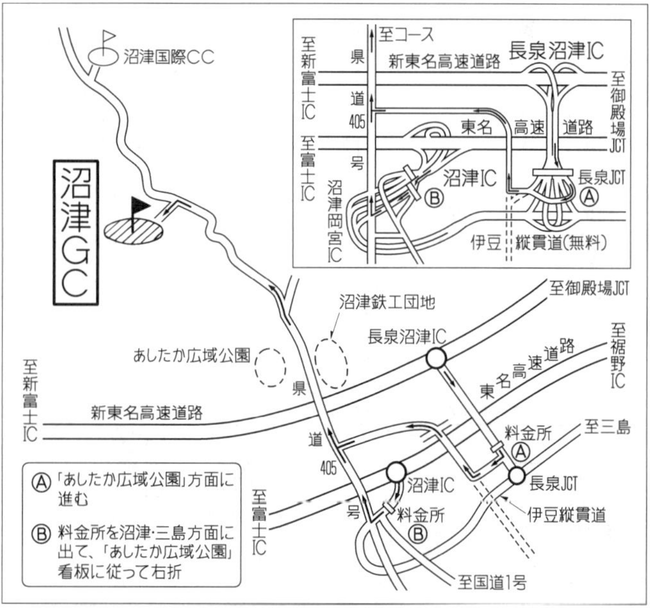

【自動車】 東京IC（東名高速）88.3キロ→御殿場JCT（新東名高速）13.2キロ→長泉沼津IC 4キロ→コース　所要時間1時間10分　長泉沼津ICの料金所を出て「あしたか広域公園」方面に進み、突き当りを右折してコースへ。東名高速・沼津ICからは三島・沼津方面に出て「あしたか広域公園」に右折してコースへ

ノーザンカントリークラブ赤城ゴルフ場

〒379-1111　群馬県渋川市赤城町北赤城山15－64　FAX 0279(56)3825
https://www.accordiagolf.com

●プレーの申込み　ビジター可
●予約　3か月前の1日から受付け
●コンペ　組数制限なし
●休日　営業期間中無休
12月下旬～3月初旬は冬期クローズ
●クレジット　JCB　VISA　AMEX 他
●開場日　1976年9月29日
●コースの特徴　27H　P108　10437Y
北は平たんな林間、中は起伏ある林間、南は変化に富んだ山岳コース。赤城山麓の自然を生かした標高780mの高原リゾートコース。宿泊施設を併設
●コースレート　71.1　70.4　70.7
●練習場　200m11打席
●電車　上越線敷島駅
●クラブバス　なし
●タクシー　渋川駅から30分8000円
●プレースタイル　セルフで5人乗り乗用カート
●シューズ　ソフトスパイクのみ
●ビジター料金表

	平　日	土　曜	日　祝
セ　ル　フ	5,790	10,990	10,990

上記は2021年11月の料金で昼食付
季節により料金は異なる
●プレー情報　薄暮プレー、コンペプラン、宿泊パック

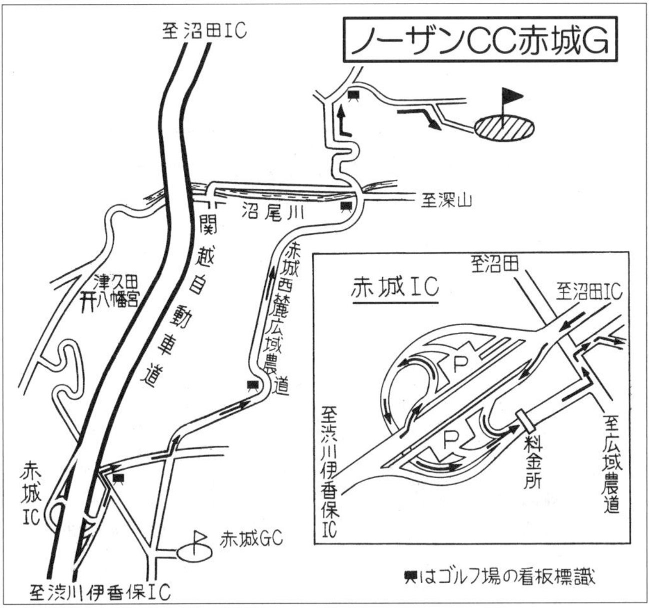

【自動車】練馬 IC（関越自動車道）111.2キロ→赤城 IC 11キロ→コース　所要時間1時間40分　赤城 IC で降り、料金所を通過後 T 字路を左折、すぐ右折して赤城有料道路方面に向かう。1キロほどで広域農道へ出るのでここを左折し、直進してコースへ

ノーザンカントリークラブ上毛ゴルフ場

〒377-0702　群馬県吾妻郡高山村大字中山6860－1　FAX 0279(63)2039
https://www.accordiagolf.com

●プレーの申込み　予約状況によりビジター可
●予約　3か月前の同日10時より受付け
●コンペ　組数制限なし
●休日　営業期間中無休
12月下旬～3月上旬は冬期クローズ
●クレジット　JCB　VISA　AMEX他
●開場日　1978年4月22日
●コースの特徴　18H　P72　6621Y
アウトは距離があり豪快なショットが楽しめ、インは正確なショットが要求される。フェアウェイは洋芝でエバーグリーン
●コースレート　71.1
●電車　上越線渋川駅、または上越新幹線上毛高原駅
●クラブバス　なし
●タクシー　上毛高原駅20分5000円
●プレースタイル　セルフプレーでGPSナビ付5人乗りカート
●シューズ　メタルスパイク禁止
●ビジター料金表

	平　日	土　曜	日　祝
セ　ル　フ	5,000	9,000	9,000

季節により料金は異なる

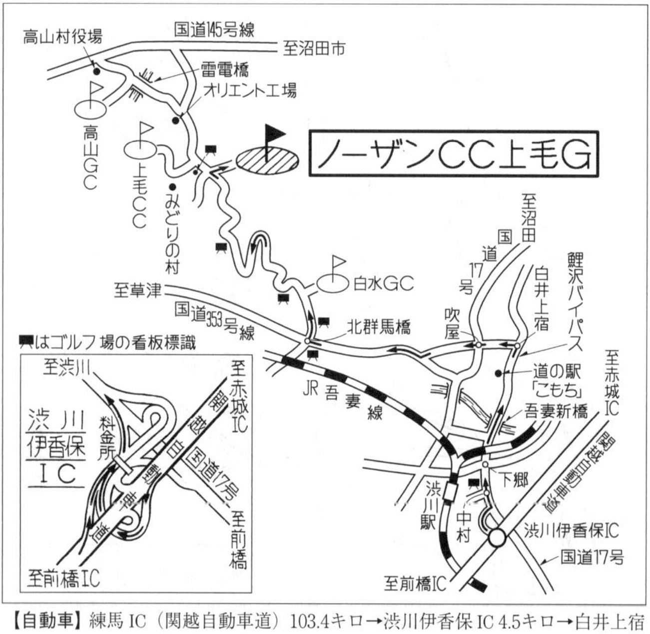

【自動車】練馬IC（関越自動車道）103.4キロ→渋川伊香保IC 4.5キロ→白井上宿12キロ→コース　所要時間1時間40分　渋川伊香保ICを降りて国道17号線を新潟方面に進む。鯉沢バイパスの白井上宿交差点を左折し、草津方面に向かう。北群馬橋交差点を右折してコースへ

ノーザンカントリークラブ錦ヶ原ゴルフ場

〒331-0060　埼玉県さいたま市西区塚本町2－22－1　FAX 048(622)7049
https://www.accordiagolf.com

●**プレーの申込み**　ビジター可
●**予約**　平日は3か月前の月初めの翌日、土日祝は2か月前の同日の翌々日、午前10時から受付け
●**コンペ**　予約状況により相談
●**休日**　無休
●**クレジット**　VISA　JCB　AMEX 他
●**開場日**　1963年9月27日
●**コースの特徴**　25H　P103　8946Y
荒川河川敷のコースだが、池越えや川越えなど変化に富み、楽しめるコース
●**コースレート**　71.7　68.3
●**電車**　京浜東北線、埼京線大宮駅または東武東上線ふじみ野駅
●**タクシー**　大宮駅より約2800円
●**クラブバス**　大宮駅西口7:00
ふじみ野駅東口6:40　7:40
●**プレースタイル**　セルフプレーで乗用カート
●**シューズ**　ソフトスパイク
●**ビジター料金表**

	平　日	土　曜	日　祝
さ く ら C	11,490	19,990	19,990
な の 花 C	7,590	12,490	12,490

季節により料金は異なる
なの花Cは7Hを2周の料金
●**プレー情報**　コンペパック、早朝、

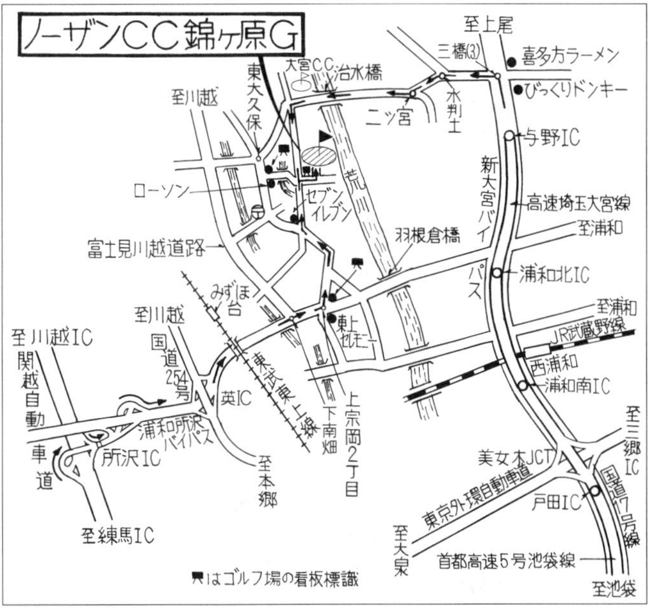

【**自動車**】美女木JCT（高速埼玉大宮線）8キロ→与野IC 10キロ→コース　所要時間都心から40分　都心からは首都高速5号線を利用し、美女木JCTから高速埼玉大宮線に進み与野ICで降りる。三橋(3)交差点を左折し、治水橋を渡ってコース案内板に従って左折してコースへ。関越自動車道・所沢ICからは約10キロ

ノースショアカントリークラブ

〒311-1704　茨城県行方市山田2423　FAX 0291(35)1907
http://nscc.golftk.com

●**プレーの申込み**　平日はビジター可
●**予約**　3か月前の同日から受付け
●**コンペ**　予約状況により相談
●**休日**　クラブ指定日
●**クレジット**　各種
●**開場日**　1991年10月10日
●**コースの特徴**　18H　P72　7216Y
フラットだが距離のあるタフなコース。池がからむ16、17、18番は非常に難易度が高い。日米シニア、日本シニア開催コース
●**コースレート**　73.7
●**練習場**　250Y18打席
●**バス**　高速バスで東京発鹿島神宮行・水郷潮来バスターミナル下車
●**タクシー**　水郷潮来バスターミナルから25分約6000円
●**プレースタイル**　キャディ付またはセルフで乗用カート
●**シューズ**　ソフトスパイク推奨
●**ビジター料金表**

	平　日	土　曜	日　祝
キャディ付	12,000	20,800	20,800
セ　ル　フ	8,150	16,950	16,950

昼食付
期間により料金は異なる

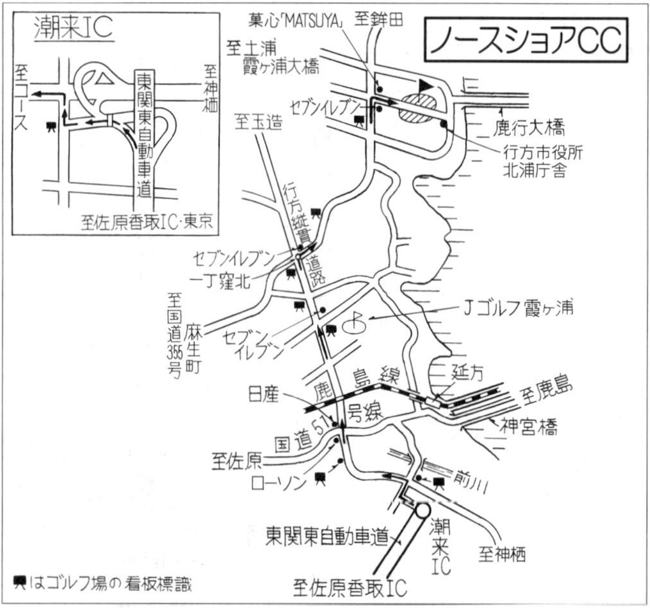

【**自動車**】箱崎 IC（首都高速）35.8キロ→宮野木 JCT（東関東自動車道）57.8キロ→潮来 IC 22キロ→コース　所要時間1時間30分　潮来 IC の料金所を出て直進し、突き当たりを右折し、最初の信号を左折する。国道51号を横断して道なりに進み、コース案内板に従って一丁窪北交差点を右折してコースへ

野田市パブリックゴルフ場けやきコース

〒278-0011　千葉県野田市三ッ堀1350－1　FAX 04(7138)4747
http://www.nodapg.or.jp/

●**プレーの申込み**　パブリックコース
●**予約**　4か月前の1日13時から受付け
●**コンペ**　上記に準じる
●**休日**　無休
●**クレジット**　各種
●**開場日**　1996年10月1日
●**コースの特徴**　18H　P71　5447Y
姉妹コース・ひばりと趣きの異なるフラットな林間コース。距離は短めだが広大な池や樹木が効果的なハザードとなりテクニックを必要とする
●**練習場**　30Y10打席
●**電車**　東武アーバンパークライン野田市駅、またはつくばエクスプレス柏たなか駅
●**クラブバス**　なし
●**タクシー**　柏たなか駅30分約3000円、野田市駅15分約2000円
●**プレースタイル**　セルフで乗用カート。FW乗入れ可（コース状況により不可）。手引きカートでのプレーも可
●**シューズ**　ゴルフ靴はすべて可
●**ビジター料金表**

	平　日	土　曜	日　祝
セ　ル　フ	10,600	16,400	16,400

上記は乗用カート、食事付料金
期間により料金は異なる
●**プレー情報**　夏期・冬期割引、早朝ハーフ・午後ハーフ、ジュニア料金

の

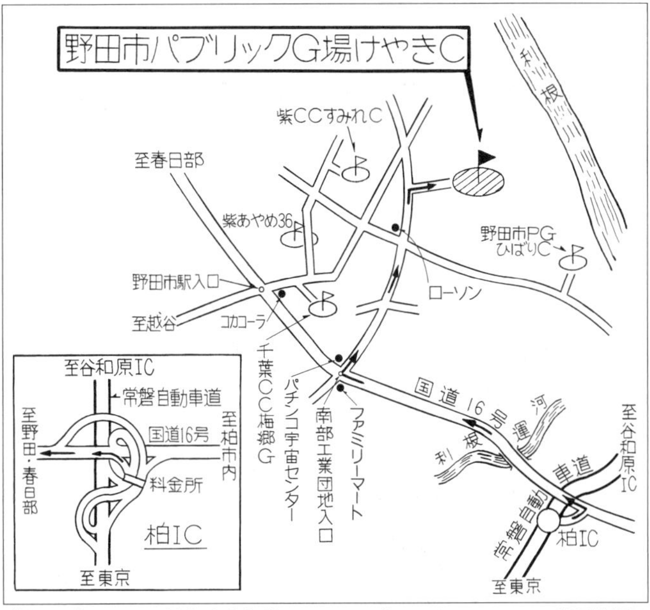

【**自動車**】三郷IC（常磐自動車道）10.8キロ→柏IC 7キロ→コース　所要時間30分　柏ICで降り、国道16号線を野田·春日部方面に向かう。4キロ先の南部工業団地入口の交差点を右折し直進、3.1キロ進むと右側にコース入口

野田市パブリックゴルフ場ひばりコース

〒278-0012　千葉県野田市瀬戸1111　FAX 04(7138)4334
http://www.nodapg.or.jp/

●プレーの申込み　パブリックコース
●予約　4か月前の1日午後1時から受付け
●コンペ　組数制限なし
●休日　無休
●クレジット　各種（自動精算機）
●開場日　1977年10月4日
●コースの特徴　18H　P72　6165Y
河川敷だが、一部には樹齢60〜70年の樹林もある。上級者でもあなどれない
●練習場　なし
●電車　常磐線・地下鉄千代田線柏駅、または東武アーバンパークライン梅郷駅、つくばエクスプレス柏たなか駅
●クラブバス　なし
●タクシー　梅郷駅から15分約2500円、柏駅から20分約3500円、柏たなか駅から15分約2000円
●プレースタイル　セルフで乗用カート。18Hスループレー。FW乗入れ可（コース状況により不可）
●シューズ　ゴルフ靴はすべて可
●ビジター料金表

	平　日	土日祝
セ ル フ	4,600	8,800

レストランはなし。飲食物の持込み可。ただし、休憩所での飲食は不可
●プレー情報　早朝・午後ハーフ、ジュニア料金

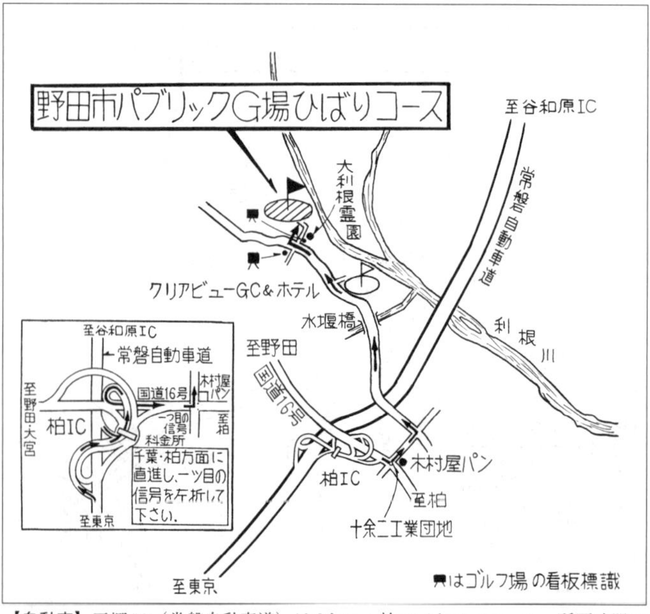

【自動車】三郷IC（常磐自動車道）10.8キロ→柏IC 6キロ→コース　所要時間30分　柏ICで降り、国道16号線を柏・千葉方面に向かう。最初の交差点の十余二工業団地を左折し、700m先2つ目の信号を左折すると4キロでコース

ハーモニーヒルズゴルフクラブ

〒328-0101　栃木県栃木市都賀町大柿2464　FAX 0282(92)0026
https://www.pacificgolf.co.jp/harmony/

●**プレーの申込み**　パブリックコース
●**予約**　3か月前の月初から受付け
●**コンペ**　組数制限なし
●**休日**　無休
●**クレジット**　各種
●**開場日**　1998年7月4日
●**コースの特徴**　18H　P72　6379Y
全体に距離は短いが、フェアウェイはアンジュレーションがあり、バンカー、マウンドが要所を締める
●**コースレート**　70.2
●**練習場**　200Y 14打席
●**電車**　東武日光線栃木駅
●**クラブバス**　なし
●**タクシー**　栃木駅・30分4500円
●**プレースタイル**　キャディ付またはセルフで5人乗り乗用カート
●**シューズ**　ソフトスパイク推奨
●**ビジター料金**
季節により料金が異なるため、ホームページ参照、またはクラブに要問合せ
●**プレー情報**　年次登録者（友の会）あり、詳細は要問合せ

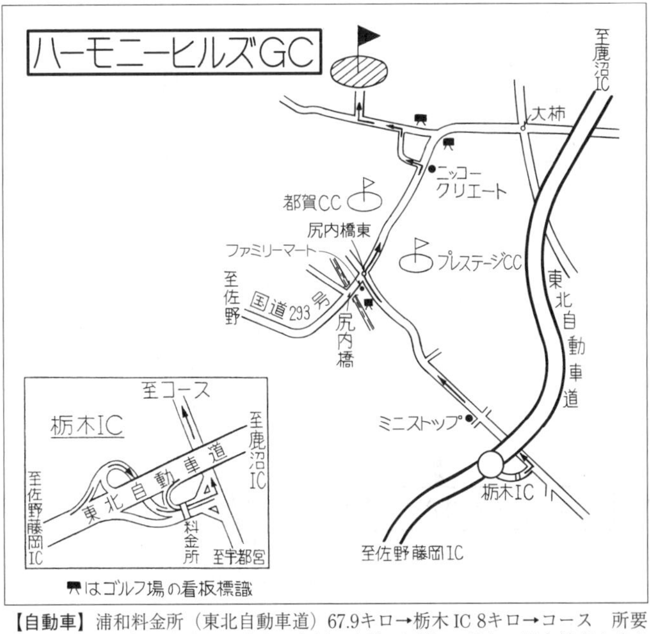

【自動車】浦和料金所（東北自動車道）67.9キロ→栃木 IC 8キロ→コース　所要時間1時間　栃木 IC を降りてすぐに左折し直進。国道293号との尻内橋東交差点を右折、都賀 CC を左に見てまもなく案内板に従って左折してコースへ。栃木 IC から約10分

バイロンネルソンカントリークラブ

〒972-8336　福島県いわき市渡辺町上釜戸子繫130－2　FAX 0246(56)8333
https://bncc.tatemono-golf.com

●プレーの申込み　ビジター可
●予約　6か月前の同日、宿泊は3か月前から受付ける
●コンペ　上記に準ずる
●休日　クラブ指定日
●クレジット　JCB　UC　VISA　DC　ダイナース　AMEX　NICOS　セゾン
●開場日　1994年10月19日
●コースの特徴　27H　P108　10125Y
米国の往年の名プレーヤー、バイロン・ネルソンが設計した伸びやかでダイナミックなコース。宿泊棟、コテージを併設
●コースレート　ウェスト・サウス71.7　サウス・イースト71.6　イースト・ウェスト71.8
●練習場　250Y15打席
●電車　JR常磐線泉駅
●クラブバス　泉駅から予約運行
●タクシー　泉駅から15分2800円
●プレースタイル　セルフプレーでGPSナビ付4人乗り乗用カート
●シューズ　ソフトスパイクのみ
●ビジター料金表

	平　日	土　曜	日　祝
セ　ル　フ	6,480	12,480	12,480

2021年10月の昼食付料金
期間により料金は異なる
●プレー情報　宿泊パック、薄暮ハーフ

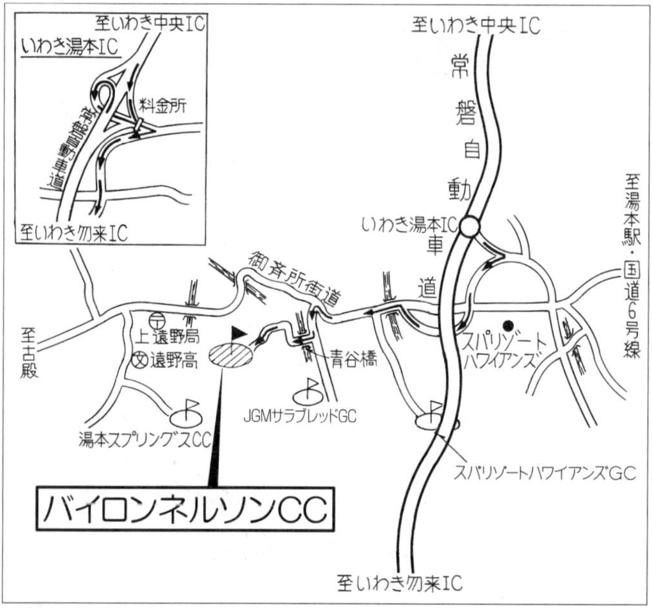

【自動車】三郷IC（常磐自動車道）167.1キロ→いわき湯本IC 4.7キロ→コース　所要時間1時間50分　いわき湯本ICの料金所を出て、突き当たりのT字路を右折し石川方面に進んでコースへ

芳賀カントリークラブ

〒321-3423　栃木県芳賀郡市貝町市塙4933　FAX 0285(68)1265
http://www.haga-cc.co.jp

●プレーの申込み　会員の紹介が必要　予約状況によりビジター可
●予約　3か月前の同日から受付け
●コンペ　上記に準ずる
●休日　1／1
●クレジット　JCB　DC　VISA　UFJ
●開場日　1973年9月30日
●コースの特徴　27H　P108　10566Y　起伏のなだらかな地形を生かし、各ホール個性的で変化に富んだコース
●コースレート　南西73.1　西東72.9　東南73.0
●練習場　180m13打席
●電車　東北新幹線宇都宮駅
●クラブバス　要問合せ
●タクシー　宇都宮駅30分約6,500～7000円
●プレースタイル　セルフプレーで乗用カート。キャディ付は要問合せ
●シューズ　ソフトスパイク推奨
●ビジター料金表

	月　曜	火～金	土日祝
セ　ル　フ	6,800	7,090	14,170

2021年10月～11月の料金で食事付
キャディ付4B3,000円加算
期間により料金は異なる
●プレー情報　ロッジ宿泊、アフタヌーンプレー、薄暮ハーフ

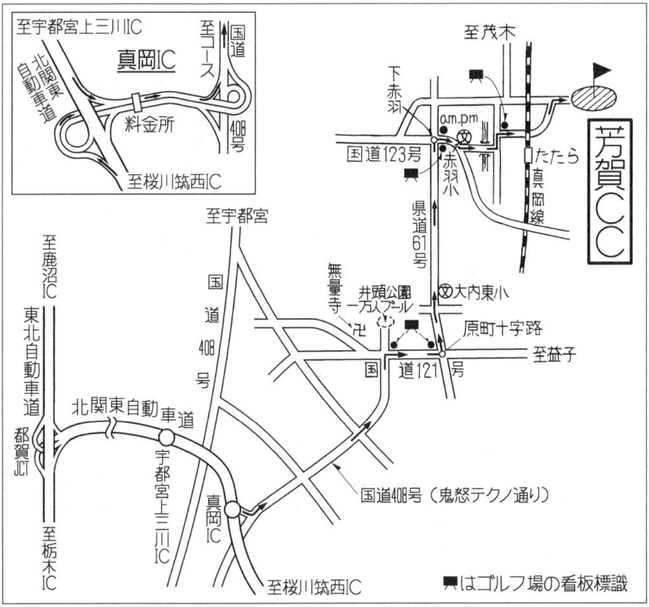

【自動車】浦和料金所(東北自動車道)70.7キロ→都賀 JCT（北関東自動車道）26キロ→真岡 IC 19キロ→コース　所要時間1時間20分　真岡 IC を降りて鬼怒テクノ通りを北上。井頭公園入口を右折し国道121号線を益子方面に向かう。原町十字路を左折し、下赤羽を右折してコースへ

白鳳カントリー倶楽部

〒286-0811　千葉県成田市磯部8　FAX 0476(36)1136
http://www.unimat-golf.jp/hakuho/

●**プレーの申込み**　予約状況によりビジター可
●**予約**　随時受付け
●**コンペ**　組数は相談
●**休日**　無休
●**クレジット**　JCB　UC　AMEX　VISA　ダイナース
●**開場日**　1983年10月8日
●**コースの特徴**　18H　P72　6805Y　水と緑の美しいフラットなレイアウトに、数多くのバンカーを配した戦略性あふれる林間コース
●**コースレート**　72.1
●**練習場**　220Y30打席
●**電車**　成田線成田駅、または京成電鉄京成成田駅
●**クラブバス**　JR成田駅西口から火、金、土日祝8:45
●**タクシー**　成田駅から約20分
●**プレースタイル**　キャディ付またはセルフで5人乗り乗用カート
●**シューズ**　ゴルフ靴はすべて可
●**ビジター料金表**

	平　日	土　曜	日　祝
キャディ付	16,000	26,000	25,500
セ　ル　フ	13,800	23,800	23,300

2021年5～6月と10～11月の通常料金
●**プレー情報**　コンペプラン、薄暮

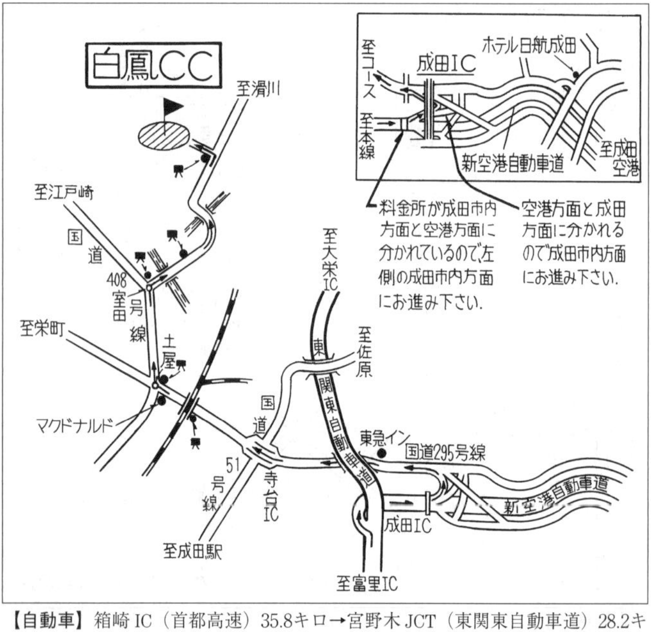

【自動車】箱崎IC（首都高速）35.8キロ→宮野木JCT（東関東自動車道）28.2キロ→成田IC 7キロ→コース　所要時間1時間10分　湾岸道路か京葉道路経由で東関東自動車道に入り成田ICで降りる。成田市内に向って走り、JR成田線を越え、土屋交差点を右折し滑河方面に進めば左側にコース入口

 ☎0460(83)6555

箱根園ゴルフ場

〒250-0522　神奈川県足柄下郡箱根町元箱根138　FAX 0460(83)7700
https://www.princehotels.co.jp/golf/hakone-en

●プレーの申込み　パブリックコース
●予約　年間を通して受付け
●コンペ　組数は相談
●休日　通年営業。冬期クローズあり
●クレジット　各種
●開場日　1961年8月9日
●コースの特徴　18H　P71　5518Y
富士山を正面に望み、正確なショットが要求される18ホール
●練習場　250Y20打席
●電車　小田急線箱根湯本駅、または東海道新幹線小田原駅
●クラブバス　なし
●タクシー　箱根湯本駅30分7000円
小田原駅50分8500円
●プレースタイル　セルフプレーでGPSナビ付乗用ゴルフカー
●シューズ　ノンメタルスパイク（スパイクレスを含む）
●ビジター料金表

	平　日	土　曜	日　祝
セ　ル　フ	10,000	16,200	15,200

●プレー情報　夏期割引、コンペ割引等

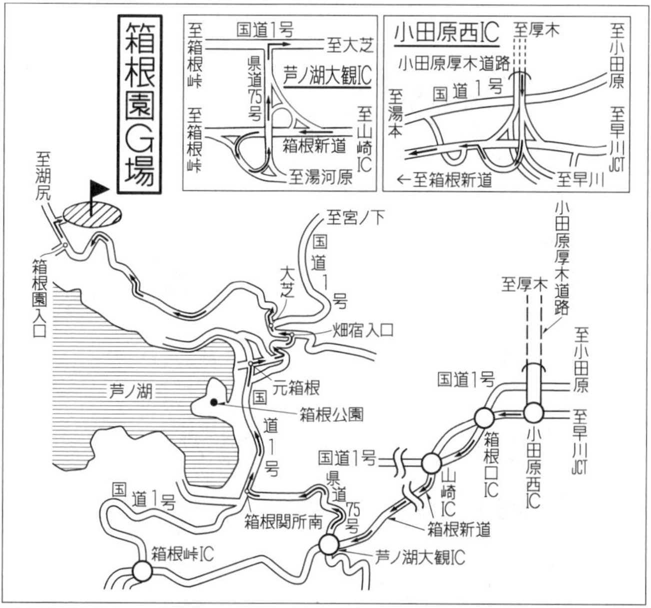

【自動車】東京IC（東名高速）35キロ→厚木IC（小田原厚木道路）31.7キロ→小田原西IC(箱根新道)14.8キロ→芦ノ湖大観IC 7キロ→コース　所要時間1時間20分　小田原西ICから箱根新道に進み、芦ノ湖大観ICを降りて元箱根方面に進む。大芝交差点を直進してコースへ

は

箱根カントリー倶楽部

〒250-0631　神奈川県足柄下郡箱根町仙石原1245　FAX 0460(84)7266
https://www.hakonecc.com/

●**プレーの申込み**　平日、土曜、祝日は会員の紹介、日曜は会員同伴が必要
●**予約**　プレー日の3か月前の該当日の10時から電話で受付け
●**コンペ**　平日10組、土祝5組まで、日曜は不可
●**休日**　4月～11月は無休
12／1～1／15と3月は水曜日が定休
1／16～2月は月・火・水曜日が定休
●**クレジット**　VISA　マスター他
●**開場日**　1955年7月3日
●**コースの特徴**　18H　P72　7109Y
丘陵地だが全体にフラットなコース。
●**コースレート**　男子73.4　女子80.6
●**練習場**　270Y18打席
●**電車**　小田急線箱根湯本駅または東海道線小田原駅
●**クラブバス**　箱根湯本駅から土休日8:25（通年）　平日8:35（4月～11月）運行期間は要問合せ
●**タクシー**　箱根湯本駅30分5600円
小田原駅50分8200円
●**プレースタイル**　キャディ付で歩いてプレー。シニアのための2人乗り乗用カートあり（20台）
●**シューズ**　ソフトスパイク推奨
●**ビジター料金表**

	平　日	土　曜	日　祝
キャディ付	27,380	36,180	36,180

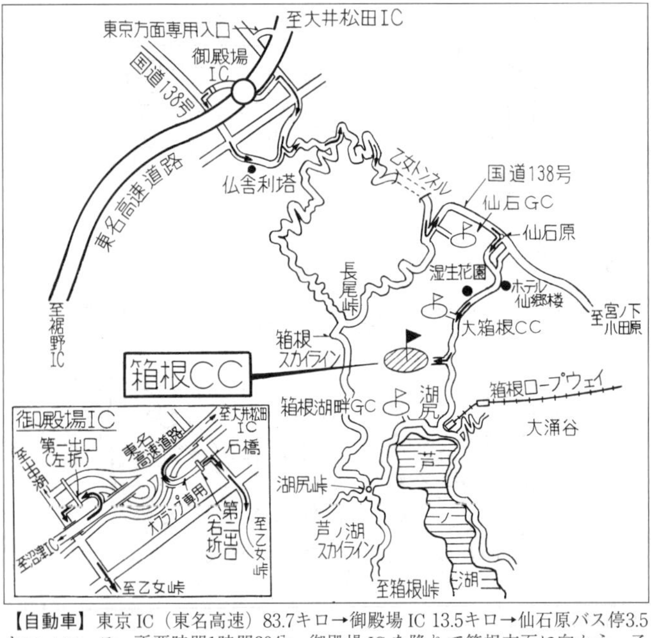

【自動車】東京IC（東名高速）83.7キロ→御殿場IC 13.5キロ→仙石原バス停3.5キロ→コース　所要時間1時間30分　御殿場ICを降りて箱根方面に向かう。乙女道路を抜けて仙石原バス停前の三差路を右折、芦ノ湖方面に向かうと右手にコース。箱根宮ノ下から仙石原というルートもある

箱根くらかけゴルフ場

〒250-0521　神奈川県足柄下郡箱根町箱根624－1　FAX 0460(83)7575
http://www.kurakake.jp

●**プレーの申込み**　パブリックコース
●**予約**　年間を通し随時受付け
●**コンペ**　組数は相談
●**休日**　無休
●**クレジット**　VISA　UC　マスター　ダイナース　AMEX　JCB
●**開場日**　1963年7月21日
●**コースの特徴**　18H　P72　6305Y
富士山を望み、眼下に芦ノ湖が広がる景観の美しいコースで女性にも人気。インコースは神奈川県、アウトコースは静岡県と二つの県にまたがる日本でも珍しいゴルフ場
●**電車**　小田急線箱根湯本駅または東海道新幹線小田原駅
●**クラブバス**　なし
●**タクシー**　箱根湯本駅30分6000円　小田原駅40分7500円
●**プレースタイル**　セルフプレーでリモコン式乗用カート
●**シューズ**　メタルスパイク禁止
●**ビジター料金表**

	平　日	土　曜	日　祝
セ　ル　フ	13,160	19,760	17,560

上記は2021年4／1～9／30の料金
ホームページで各種ゴルフプラン参照
ロッカーフィは別途

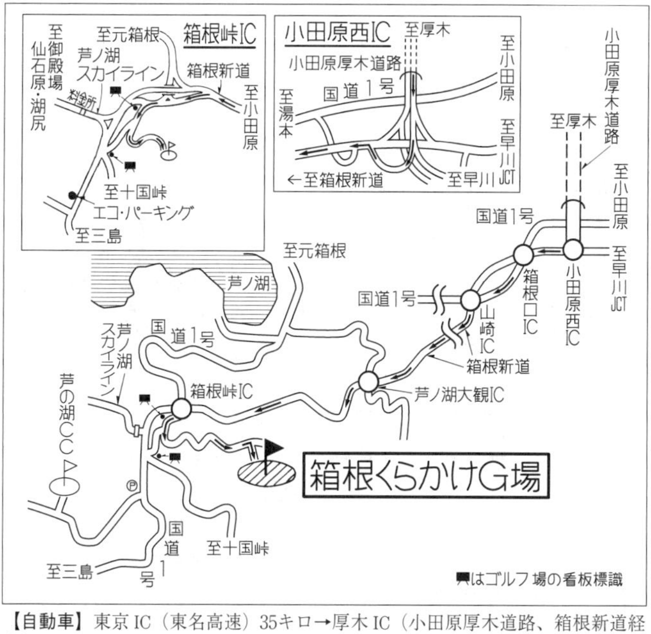

【自動車】東京IC（東名高速）35キロ→厚木IC（小田原厚木道路、箱根新道経由）48キロ→コース　所要時間1時間20分　小田原西ICから箱根新道を利用し、終点で左折してクラブ専用道路を登ってコース。御殿場ICからのルートもある

神奈川県　はこねこはん GC　☎0460(84)4477

箱根湖畔ゴルフコース

〒250-0631　神奈川県足柄下郡箱根町仙石原1242　FAX 0460(84)7003
予約専用　0460(84)8661　http://www.hakonekohan.com

●プレーの申込み　パブリックコース
●予約　半年前より電話で受付け、WEB 予約あり
●コンペ　組数制限なし
●休日　1／1　2／4～5
●クレジット　VISA JCB AMEX DC
●開場日　1964年8月24日
●コースの特徴　18H　P72　6488Y
丘陵樹林地帯にあり、アウトは若干アップダウンもあるが、ほぼ平坦。インは方向性が要求される。フェアウェイはエバーグリーン（洋芝）一年中緑
●電車　東海道線小田原駅、または小田急線箱根湯本駅
●箱根登山バス　「桃源台」行で終点の桃源台下車。徒歩10分（送迎可）
●タクシー　小田原駅から約40分
●プレースタイル　キャディ付またはセルフで GPS ナビ付乗用カート
●シューズ　ソフトスパイク
●ビジター料金表

	平　日	土　曜	日　祝
キャディ付	18,400	25,500	24,000
セ　ル　フ	14,200	21,300	19,800

2021年4月～11月の料金
期間により料金は異なる
●プレー情報　コンペパック、友の会

【自動車】東京 IC（東名高速）83.7キロ→御殿場 IC 13.5キロ→仙石原バス停5.5キロ→コース　所要時間1時間30分　御殿場 IC を降りたら左折して国道138号線に入る。乙女道路を抜けて、仙石原バス停前の三差路を右折して芦ノ湖方面に向かう。大箱根 CC、箱根 CC の先にコース

☎0460(83)5112

箱根湯の花ゴルフ場

〒250-0523　神奈川県足柄下郡箱根町芦之湯93　FAX 0460(83)6556
https://www.princehotels.co.jp/golf/yunohana

●プレーの申込み　パブリックコース
●予約　年間を通し随時受付け
●コンペ　組数制限なし
●休日　12月下旬～3月上旬は冬期休業
●クレジット　各種
●開場日　1952年10月10日
●コースの特徴　18H　P71　5493Y
駒ケ岳の裾野・海抜935mの高原にレイアウトされたフラットなコース
●電車　小田急線箱根湯本駅、または東海道新幹線小田原駅
●クラブバス　予約制で小田原駅8:00
●タクシー　箱根湯本駅25分約5000円小田原駅40分約7000円
●プレースタイル　セルフスループレーでGPSナビ付乗用ゴルフカー。FW乗入れ可（コース状況により不可）有料
●シューズ　ノンメタルスパイク
●ビジター料金表

	平　日	土　曜	日　祝
セ　ル　フ	11,000	18,000	16,500

シーズン料金あり。ツーサム可
●プレー情報　宿泊パック

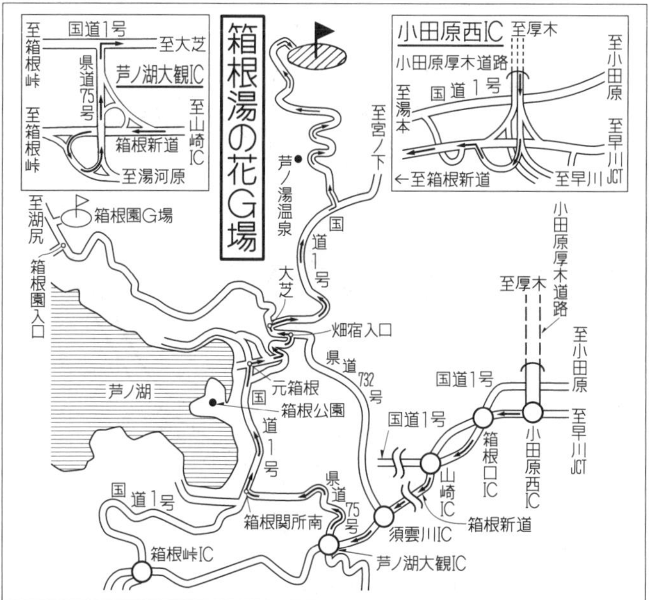

【自動車】東京IC（東名高速）35キロ→厚木IC（小田原厚木道路）31.7キロ→小田原西IC（箱根新道）14.8キロ→芦ノ湖大観IC 8キロ→コース　所要時間1時間20分　小田原西ICから箱根新道に進み、芦ノ湖大観ICを降りて元箱根方面に進んでコースへ。または箱根新道・須雲川IC下車12キロ、平常時約20分

秦野カントリークラブ

〒257-0027　神奈川県秦野市西田原1400－5　FAX 0463(82)6818
https://www.pacificgolf.co.jp/hatano

●プレーの申込み　予約状況によりビジター可
●予約　2か月前の同日10時から受付け
●休日　無休
●クレジット　各種
●開場日　1979年7月18日
●コースの特徴　18H　P72　6551Y
丹沢山麓の南斜面に展開する緑豊かな地形に展開する18ホール。遠くに富士山や眼下に広がる相模湾、伊豆大島を望む景勝の地で、四季を通じて快適なプレーが楽しめる
●コースレート　68.7（チャンピオンティ）
●電車　小田急線秦野駅
●クラブバス　秦野駅から運行
JR 東海道本線二宮駅からは予約制
●タクシー　秦野駅から15分
●プレースタイル　キャディ付またはセルフで GPS ナビ付乗用カート
●シューズ　ソフトスパイク推奨
●ビジター料金
季節により料金が異なるため、ホームページ参照、またはクラブに要問合せ

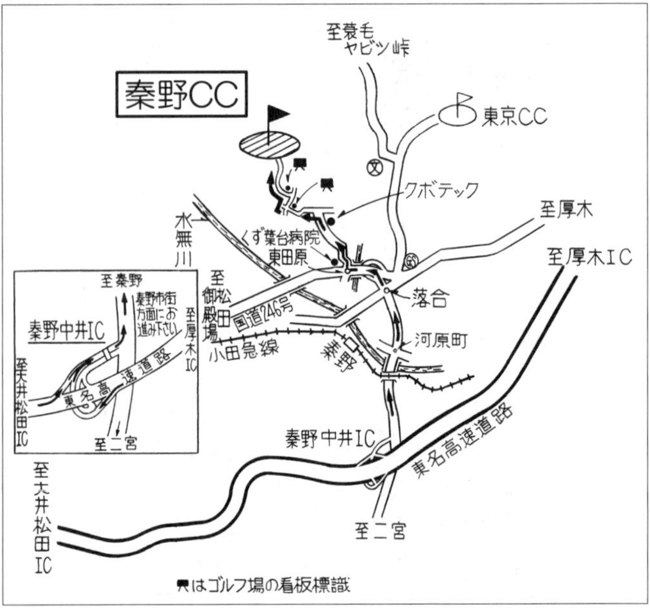

【自動車】東京 IC（東名高速）50.1キロ→秦野中井 IC（国道246号線）6キロ→コース　所要時間1時間10分　秦野中井 IC で降り、料金所を出てすぐ左折。3キロ走って国道246号線に突き当たりこれを左折。500m 先のくず葉台病院前の東田原信号を右折、あとは看板通りに3キロでコース

☎042(654)4110

八王子カントリークラブ

〒193-0801　東京都八王子市川口町2352　FAX 042(654)4114
予約042(654)4111　https://www.hachiojicc.co.jp

●プレーの申込み　会員紹介が必要
●予約　6か月前の1日から受付け
●コンペ　6か月前の1日から受付け
●休日　クラブ指定日
●クレジット　各種
●開場日　1960年9月23日
●コースの特徴　18H　P72　6595Y
林間風丘陵コース。全てのホールが印象に残る戦略性の高いコース
●コースレート　72.4
●電車　中央線京王線八王子駅
●クラブバス　八王子駅から平日は7:00～8:30、土日祝は6:30～9:00の間30分毎に運行（1月～2月の土日祝は7:00～）
●タクシー　八王子駅から20分3000円
●プレースタイル　キャディ付で5人乗り乗用カート
●シューズ　ソフトスパイクのみ
●ビジター料金表

	平　日	土　曜	日　祝
キャディ付	24,200	38,500	35,200

利用税1200円別途。3月と9月の平日は18700円。1月～2月と7月～8月は平日17600円、土日祝25300円
●月曜日セルフプレー　1～3月と7～9月14720円、4～6月と10～12月16920円。利用税別

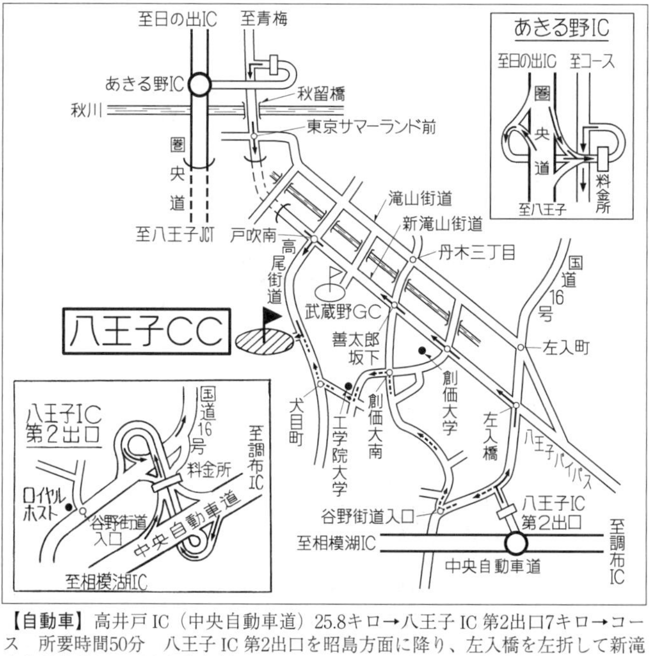

【自動車】高井戸IC（中央自動車道）25.8キロ→八王子IC第2出口7キロ→コース　所要時間50分　八王子IC第2出口を昭島方面に降り、左入橋を左折して新滝山街道を進む。戸吹南を左折して800mでコース入り口。圏央道あきる野ICからは新滝山街道を進み、戸吹南を右折してコースへ

は

初穂カントリークラブ

〒378-0126　群馬県沼田市白沢町上古語父2440　FAX 0278(53)3280
http://www.hatsuhocc.co.jp/

●プレーの申込み　予約状況によりビジター可
●予約　3か月前の同日から受付け
●コンペ　組数制限なし
●休日　積雪時クローズ
●クレジット　各種
●開場日　1992年9月1日
●コースの特徴　18H　P72　7120Y
広々とフラットなフェアウェイが展開する高原コース。赤城山、榛名山、三国連山の眺望が素晴らしい。クラブハウス浴場はアルカリ単純泉の天然温泉
●コースレート　72.9
●練習場　250Y16打席
●電車　上越新幹線上毛高原駅
●クラブバス　上毛高原駅から予約制
●タクシー　上毛高原駅から30分7000円
●プレースタイル　キャディ付またはセルフで5人乗り乗用カート
●シューズ　メタルスパイク禁止
●ビジター料金表

	平　日	土　曜	日　祝
セ　ル　フ	9,350	14,300	14,300

2021年8／30～11／30の昼食付料金。期間によって料金は異なる
キャディ付は4B3575円、3B4675円加算。利用税・ゴルフ振興基金は別途。
初穂美肌の湯・白沢高原ホテル（全33室）併設

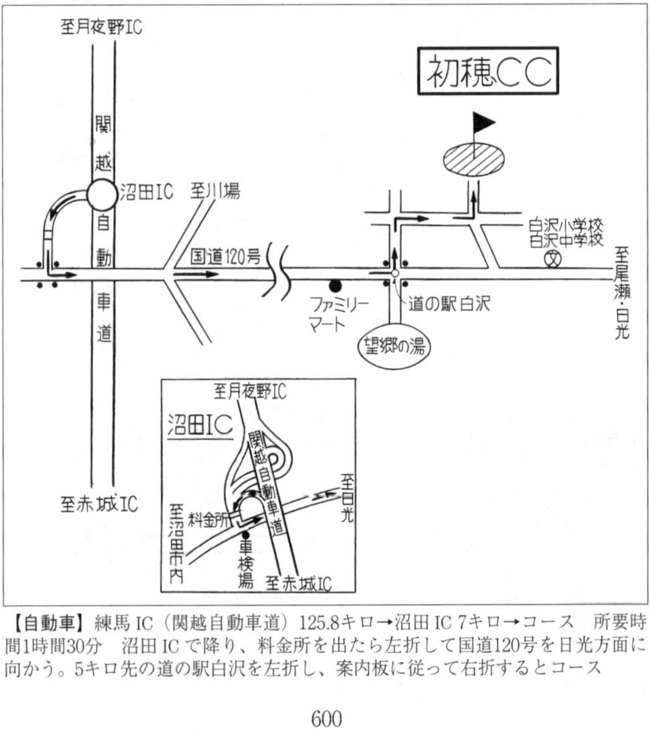

【自動車】練馬IC（関越自動車道）125.8キロ→沼田IC 7キロ→コース　所要時間1時間30分　沼田ICで降り、料金所を出たら左折して国道120号を日光方面に向かう。5キロ先の道の駅白沢を左折し、案内板に従って右折するとコース

馬頭ゴルフ倶楽部

〒324-0603　栃木県那須郡那珂川町谷川1961　FAX 0287(92)1015
http://www.bato.co.jp

●**プレーの申込み**　パブリックコース
●**予約**　2か月前の同日から受付け
●**コンペ**　2か月前から受付け
●**休日**　クラブ指定日
●**クレジット**　VISA　JCB　DC　マスター
●**開場日**　1995年6月20日
●**コースの特徴**　18H　P72　7103Y
高低差の全くないフラットな丘陵地に池に囲まれたホールが展開する美しいコース
●**コースレート**　73.2
●**練習場**　あり
●**電車**　東北本線氏家駅
●**クラブバス**　なし
●**タクシー**　氏家駅から約12000円
●**プレースタイル**　セルフプレーで5人乗り乗用カート
●**シューズ**　ソフトスパイク推奨
●**ビジター料金表**

	平　日	土　曜	日　祝
セ　ル　フ	5,800	10,800	10,800

昼食別。ツーサム可、土日祝は1100円加算。季節により料金は変動
●**プレー情報**　サービスデー、シニア割引、提携旅館あり、距離割引（要問合せ）

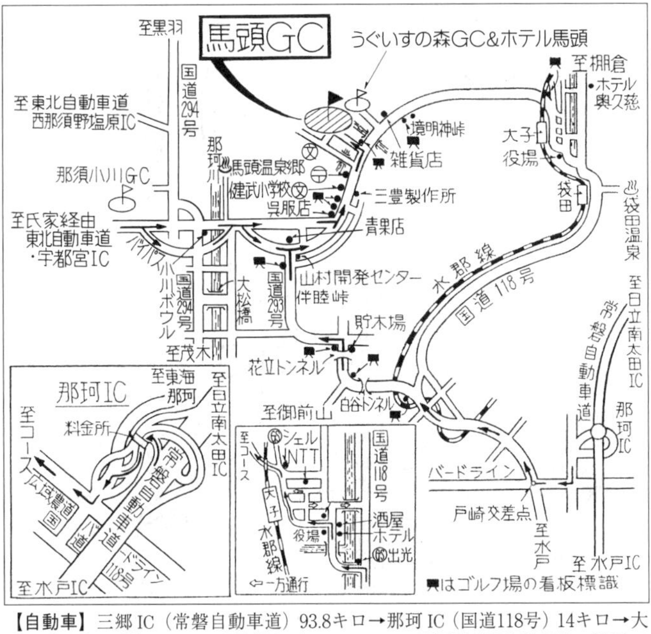

【**自動車**】三郷 IC（常磐自動車道）93.8キロ→那珂 IC（国道118号）14キロ→大宮町（国道293号）34キロ→馬頭町10キロ→コース　所要時間2時間10分　那珂 IC を降り大子方面に向かい、大宮町から国道293号を馬頭町へ進んでコースへ。または東北自動車道・矢板 IC から35キロ

鳩山カントリークラブ

〒350-0302　埼玉県比企郡鳩山町大橋1186－2　FAX 049(296)4853
予約049(296)5500　https://www.hatoyamacc.jp

●プレーの申込み　平日は会員の紹介、土日祝は会員の同伴または紹介が必要
●予約　3か月前の1日から受付け
●コンペ　3か月前の1日から受付け
●休日　クラブ指定の月曜日
12／31　1／1
●クレジット　各種
●開場日　1986年10月1日
●コースの特徴　18H　P72　7155Y
全体的にかなりフラットで、6つの池が戦略性を高めている。インターバルは短く、OBは外周のみ
●コースレート　73.5
●練習場　250Y18打席
●電車　東武東上線高坂駅
●クラブバス　高坂駅西口から6:45　7:15　7:45　8:15　8:45（1～2月は6:45は運休）
●タクシー　高坂駅から10分1200円
●プレースタイル　キャディ付で乗用カート
●シューズ　ゴルフ靴はすべて可
●ビジター料金表

	平　日	土・日	祝　日
キャディ付	22,300	31,000	31,000

日によって料金は異なる
セルフデー、シニア＆レディースデーあり
詳細は要問合せ

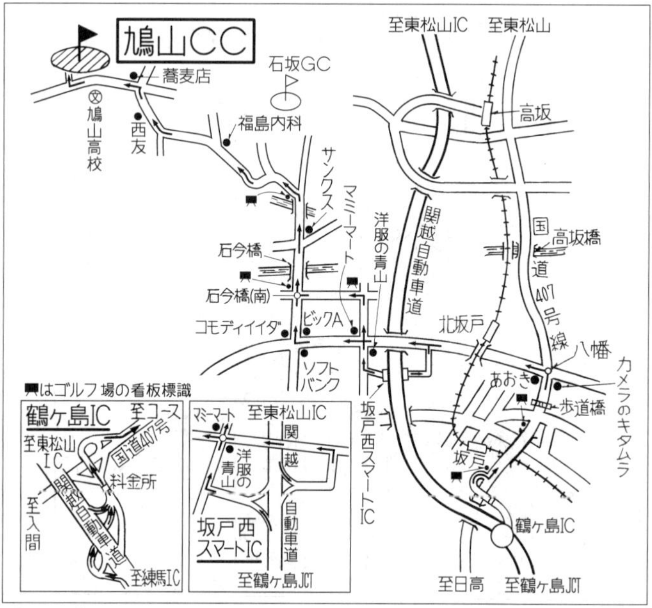

【自動車】練馬IC（関越自動車道）29.6キロ→鶴ケ島IC 12キロ→コース　所要時間40分　鶴ケ島ICを坂戸方面に降りて3つ目の八幡信号を左折。道なりに進み、コモディイイダがある交差点を右折。石今橋を渡って2つ目の信号を左折してコースへ。ETC搭載車は坂戸西スマートICから約10分

花生カントリークラブ

〒298-0254　千葉県夷隅郡大多喜町平沢字鍵坂1523－18　FAX 0470(83)0511
https://www.accordiagolf.com

●**プレーの申込み**　予約状況によりビジター可
●**予約**　3か月前の同日より受付け
●**コンペ**　組数制限なし
●**休日**　無休
●**クレジット**　JCB　VISA　MC 他
●**開場日**　1992年11月23日
●**コースの特徴**　18H　P72　6858Y
桜花と水をテーマに、自然の地形を巧みに活かしたコース。大小の池や滝が戦略性を高め、腕に応じた攻略ルートを生み出す
●**練習場**　240Y8打席
●**電車**　外房線勝浦駅
●**クラブバス**　なし
●**タクシー**　勝浦駅から20分4000円
●**プレースタイル**　セルフプレーでGPSナビ付5人乗り乗用カート
●**シューズ**　メタルスパイク禁止
●**ビジター料金表**

	平　日	土　曜	日　祝
セ　ル　フ	5,990～	15,990	15,990

2021年11月の昼食付料金
季節により料金は異なる
●**プレー情報**　サービスデー、宿泊パック、薄暮ゴルフ、コンペプラン

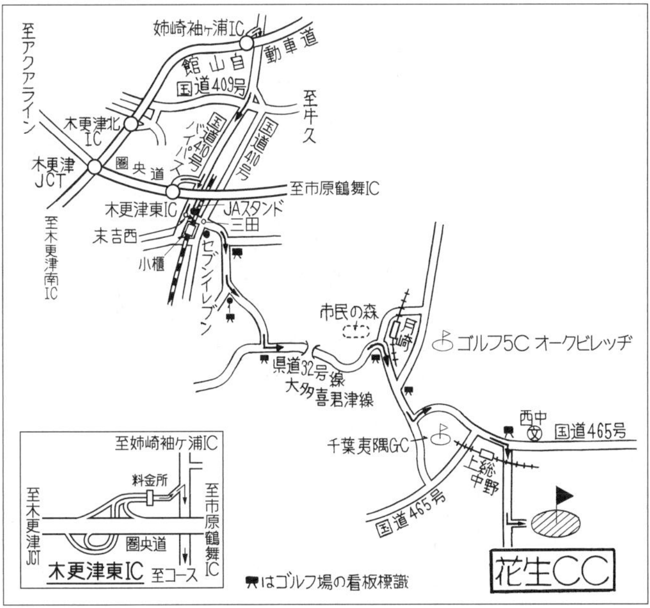

【**自動車**】箱崎 IC（首都高速·京葉道路·館山道）76キロ→木更津 JCT（圏央道）7.1キロ→木更津東 IC 33キロ→コース　所要時間1時間35分　木更津東 IC を降りて右折し鴨川方面に向かう。国道140号バイパスの末吉西交差点を左折。コース案内板に従って県道32号を進み、上総中野で天津小湊方面に右折してコースへ

☎0554(22)3145

花咲カントリー倶楽部

〒401-0015　山梨県大月市大月町花咲1872－1　FAX 0554(22)8201
予約専用　0554(22)8200　http://www.hanasaki-cc.com

●プレーの申込み　予約状況によりビジター可
●予約　3か月前の同日午前8時から予約電話で受付け
●コンペ　組数制限なし
●休日　1/1
●クレジット　JCB　VISA　マスター　AMEX
●開場日　2000年8月1日
●コースの特徴　18H　P72　6823Y
南斜面を利用し、穏やかな気候と自然に恵まれた丘陵コース。グリーンはペンA芝のベント・ワングリーン
●コースレート　未査定
●練習場　なし
●電車　ＪＲ中央線大月駅
●クラブバス　なし
●タクシー　大月駅より10分約2000円
●プレースタイル　セルフプレーでGPSナビ付5人乗り乗用カート
●シューズ　いずれのスパイクも可
●ビジター料金表

	平　日	土　曜	日　祝
セ　ル　フ	8,300	13,800	13,800

2021年10月～11月の料金
期間により料金は異なる
●プレー情報　薄暮ハーフ

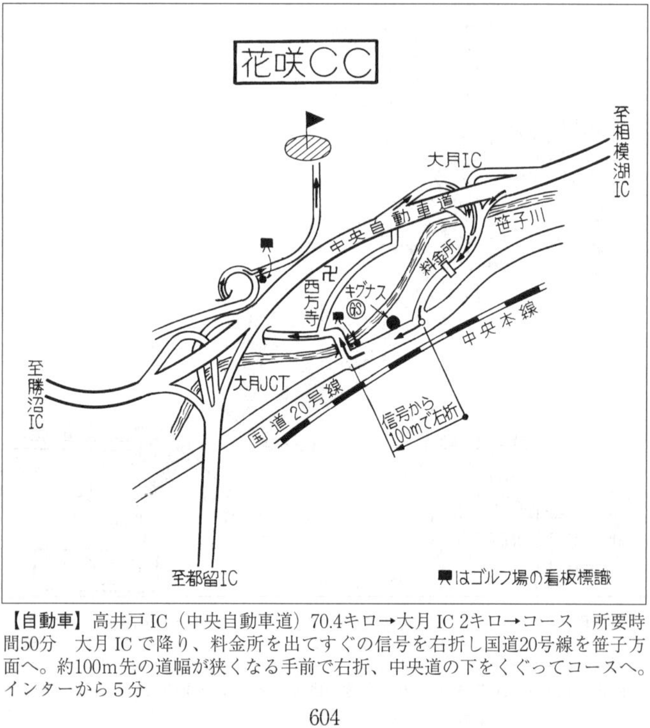

【自動車】高井戸IC（中央自動車道）70.4キロ→大月IC 2キロ→コース　所要時間50分　大月ICで降り、料金所を出てすぐの信号を右折し国道20号線を笹子方面へ。約100m先の道幅が狭くなる手前で右折、中央道の下をくぐってコースへ。インターから5分

浜野ゴルフクラブ

〒290-0168　千葉県市原市永吉937　FAX 0436(52)0312
http://hamano-golf.co.jp/

●**プレーの申込み**　平日は会員の同伴または紹介、土日祝は会員同伴1名につき3名まで
●**予約**　平日は6か月前の同日から、土日祝は3か月前の同日から受付け
●**コンペ**　土日祝は不可
●**休日**　12／31　1／1
他に年間10日程度休場
●**クレジット**　各種
●**開場日**　1984年12月22日
●**コースの特徴**　18H　P72　7217Y
アンジュレーションが緩やかにうねるがフェアウェイは広い。池を巧みに配し、挑戦意欲をかきたてる。2019年よりパナソニックオープンレディースゴルフトーナメント開催
●**コースレート**　73.6
●**練習場**　280Y15打席
●**電車**　京葉線蘇我駅
●**クラブバス**　蘇我駅から7:10　8:25
平日は要予約、土日祝は7:40増発
●**タクシー**　蘇我駅から5000円
●**プレースタイル**　キャディ付で歩いてプレー
●**シューズ**　ゴルフ靴はすべて可
●**ビジター料金表**

	平　日	土　曜	日　祝
キャディ付	20,950	32,455	32,455

夏期・冬期料金あり

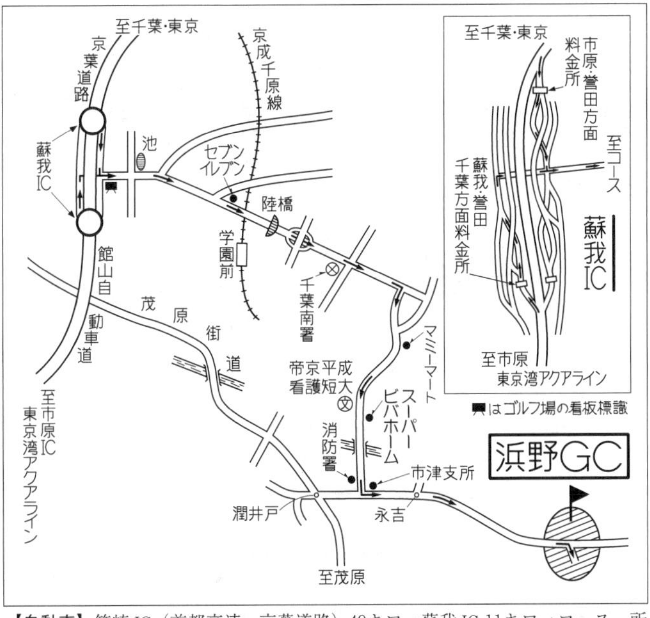

【**自動車**】箱崎IC（首都高速、京葉道路）49キロ→蘇我IC 11キロ→コース　所要時間55分　蘇我ICを降りて誉田方面に進み、その先の信号を誉田方面に左折する。千葉南警察署を過ぎ、約1キロ先の信号を右折して約4キロ道なりに進む。消防署先のT字路を左折し、約1.5キロ先右手がコース

浜松シーサイドゴルフクラブ

〒438-0055　静岡県磐田市鮫島4119－1　FAX 0538(32)8284
https://www.seaside-golf.com/

●プレーの申込み　ビジター可
●予約　2か月前の同日から受付け
●コンペ　組数制限なし
●休日　クラブ指定日
●クレジット　JCB　DC　VISA 他
●開場日　1966年10月22日
●コースの特徴　18H　P72　6748Y
フェアウェイはティフトン芝を採用、フラットで、大小の池と樹齢100年余の老松が各ホールを分けている
●コースレート　73.2
●練習場　250Y
●電車　東海道新幹線浜松駅
●クラブバス　なし
●タクシー　浜松駅から40分4000円
磐田駅から15分2000円
●プレースタイル　セルフプレーで2人乗り乗用カートFW乗入れ可（コース状況により不可）。キャディ付は要予約
●シューズ　ソフトスパイク（スパイクレスは含まない）
●ビジター料金表

	平　日	土　曜	日　祝
セ　ル　フ	15,700	19,400	19,400

コースナビゲーター（キャディ）付は4B4500円加算。期間により料金は異なる

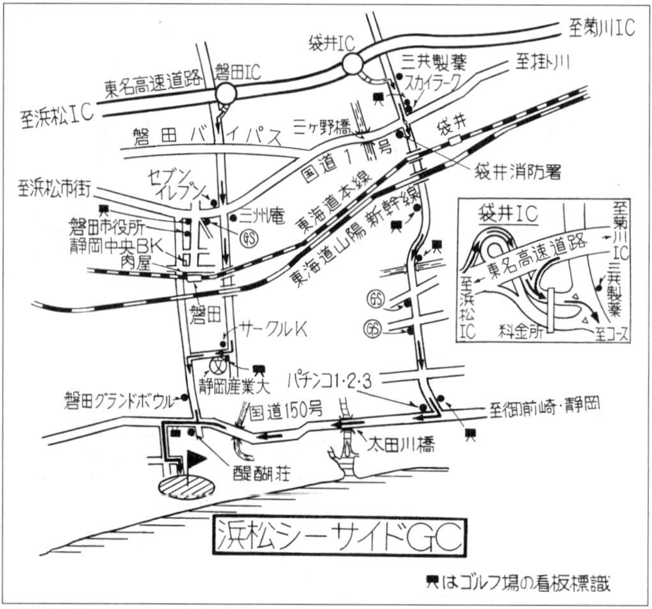

【自動車】東京IC(東名高速)223.4キロ→磐田IC 12キロ→コース　所要時間3時間　磐田ICを降りて左折し、磐田バイパス、国道1号線を横断。道なりに進み、静岡産業大学の角を右折し、次の信号を左折する。国道150号線を右折してコースへ。袋井ICからは国道150号線に出て、浜松方面に向かう。袋井ICからは17キロ

☎046(878)8111

葉山国際カンツリー倶楽部

〒240-0114　神奈川県三浦郡葉山町木古庭1043－1　FAX 046(878)8104
予約専用　046(878)8110　https://www.hayama-kokusai-cc.com

●プレーの申込み　ビジター可
●予約　3か月前の同日から受付け
●コンペ　組数は相談
●休日　1／1
●クレジット　各種
●開場日　1963年7月26日
●コースの特徴　36H　P143　12365Y
谷越えやドッグレッグ、豪快なショットが楽しめるホールなど変化に富んでいる。確実なショットをつなげていくとスコアもまとまる風光明媚なコース
●コースレート　ダイヤモンド71.1
エメラルド69.0
●電車　湘南新宿ライン・横須賀線逗子駅、京浜急行逗子・葉山駅
●クラブバス　逗子駅から1～2月は7:00～、3～12月は6:30～、1時間おきに運行
●タクシー　逗子駅から25分約3500円
●プレースタイル　乗用カート使用でダイヤモンドCは原則キャディ付、エメラルドCは原則セルフ
●シューズ　ソフトスパイク
●ビジター料金表

	平　日	土　曜	日　祝
キャディ付	21,500	33,700	33,700
セ　ル　フ	18,200	30,400	30,400

午後ハーフプレーあり（会員同伴）

【自動車】玉川IC（第三京浜）16.6キロ→保土ヶ谷IC（横浜新道）4.6キロ→新保土ヶ谷IC（横浜横須賀道路）19.1キロ→逗子ＩC8.5キロ→コース　所要時間50分　逗子ICから逗葉新道に進み、料金所を過ぎて最初の信号を左折。トンネルを通過してコース案内板に従ってコースへ

榛名の森カントリークラブ

〒370-3401　群馬県高崎市倉渕町権田5344　FAX 027(378)4322
フリーダイヤル0120-562-118　http://www.harunanomori.jp

●**プレーの申込み**　パブリックコース
●**予約**　2か月前から受付け
●**コンペ**　組数は相談
●**休日**　冬期クローズあり
●**クレジット**　JCB　VISA 他
●**開場日**　1996年7月1日
●**コースの特徴**　18H　P72　7054Y
J·ニクラス設計の榛名山南西斜面に展開する戦略的な丘陵コース。フェアウェイは1年中緑の洋芝を採用。豪快なショットを楽しめるホール、大きく深いバンカーが待ち受けるホールなど多彩なレイアウトで楽しませてくれる
●**練習場**　10打席10Y（室内）
●**電車**　北陸新幹線安中榛名駅
●**クラブバス**　予約制で安中榛名駅から8:05
●**タクシー**　高崎駅から50分約8000円
●**プレースタイル**　セルフで4人乗り乗用カート
●**シューズ**　ソフトスパイク
●**ビジター料金表**

	平　日	土　曜	日　祝
セ　ル　フ	9,190	15,280	15,280

2021年11月の料金
季節により料金は異なる
●**プレー情報**　榛名湖温泉宿泊パック、友の会あり

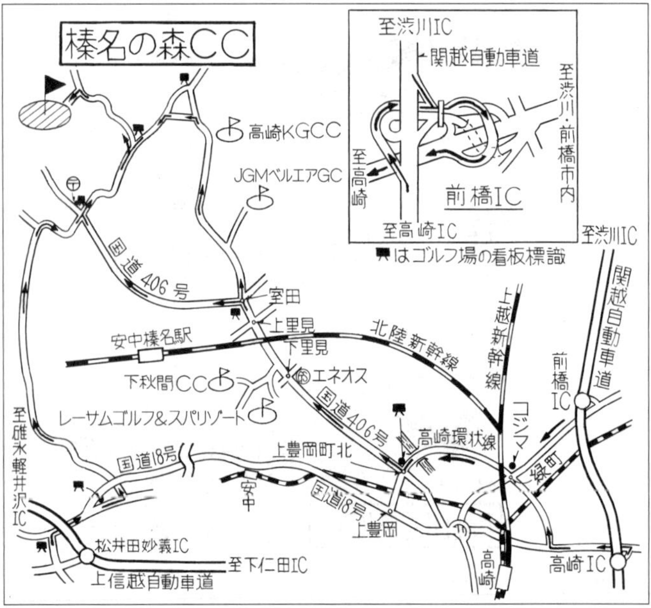

【**自動車**】練馬 IC（関越自動車道）92.1キロ→前橋 IC 34キロ→コース　所要時間1時間40分　前橋 IC で降り国道17号線を高崎北方面に戻り、緑町交差点を右折して環状線に入り、上豊岡町北交差点で右折し国道406号線へ。倉渕町郵便局前の交差点に看板があり、そこを右折、約7キロでコースへ

　☎0297(35)0711

坂東ゴルフクラブ

〒306-0607　茨城県坂東市弓田3377　FAX 0297(35)0712
http://www.bando.golf/

●プレーの申込み　ビジター可。土日祝は予約状況によりビジター可
●予約　3か月前の5日から受付け
●コンペ　組数制限なし
●休日　1～2月の毎月最終月曜日
●クレジット　VISA　マスター　JCB　AMEX　ダイナース
●開場日　1964年9月1日
●コースの特徴　18H　P72　6101Y　フラットな地形に広々としたレイアウト。天候に関係なく乗用カートはフェアウェイ乗り入れ自由
●練習場　アプローチ、バンカー　70Y11打席
●電車　つくばエクスプレス守谷駅
●クラブバス　予約制で守谷駅8:10
●タクシー　守谷駅30分7000円
●プレースタイル　セルフプレーで4バッグ積載の2人乗り乗用カート。FW乗入れ可
●シューズ　ソフトスパイク
●ビジター料金表

	平　日	土　曜	日　祝
セ　ル　フ	8,880	15,880	15,880

2021年10月～11月の料金で昼食付。1組でカート2台利用は1人1100円加算。ツーサムは平日1650円、土日祝2500円加算
●プレー情報　午後1R スループレー

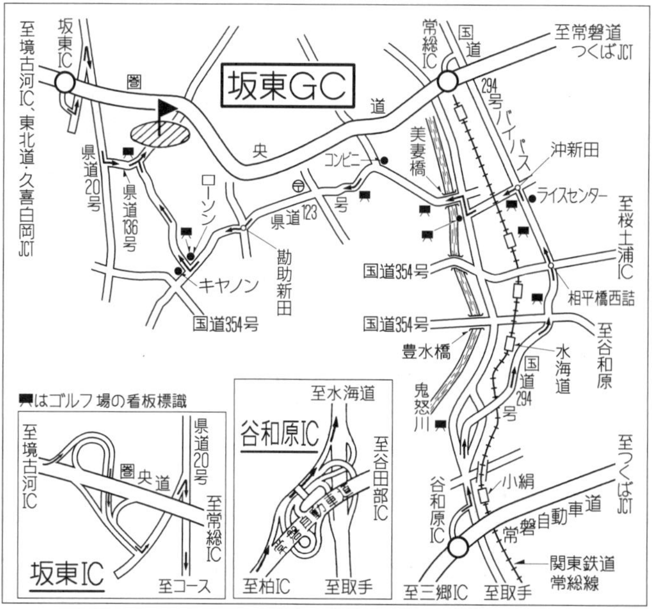

【自動車】浦和料金所（東北道）19.1キロ→久喜白岡 JCT（圏央道）28.7キロ→坂東 IC 2キロ→コース　所要時間35分　坂東 IC を降りて右折し最初の信号を左折してコース。常磐道利用は谷和原 IC を降りて下妻方面に向かい、沖新田信号を左折。キヤノン工場の手前を右折してコースへ。谷和原 IC から17キロ約25分

飯能くすの樹カントリー倶楽部

〒357-0066　埼玉県飯能市大字小岩井350　FAX 042(972)1178
予約専用　042(972)1177　https://www.pacificgolf.co.jp/hanno/

●**プレーの申込み**　ビジター可
●**予約**　平日は3か月前、土日祝は2か月前の同日午前9時30分より受付け
●**コンペ**　上記に準ずる
●**休日**　無休
●**クレジット**　JCB　UC　VISA 他
●**開場日**　1995年6月10日
●**コースの特徴**　18H　P72　6721Y
アウトは広々したフラットなコース、インは趣きが異なり、フェアウェイの狭いところもあり正確さが要求される
●**練習場**　25Y3打席
●**電車**　西武池袋線飯能駅
●**クラブバス**　飯能駅南口から6:30　7:10　7:50　8:25　9:00
●**タクシー**　飯能駅から10分1700円
●**プレースタイル**　キャディ付またはセルフで電磁誘導式乗用カート
●**シューズ**　ソフトスパイクのみ
●**ビジター料金**
季節により料金が異なるため、ホームページ参照、またはクラブに要問合せ

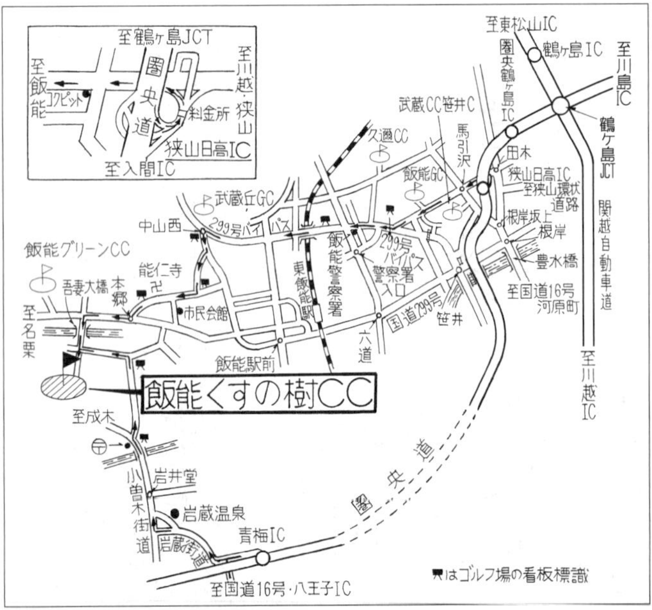

【**自動車**】練馬IC（関越自動車道）28.1キロ→鶴ヶ島JCT（圏央道）9キロ→狭山日高IC 10キロ→コース　所要時間50分　狭山日高ICから飯能方面に向かい、国道299号バイパスを進んで突き当たりの中山西信号を左折。名栗方面に進んでコースへ。圏央道・青梅ICからは岩蔵街道経由で15キロ、約25分

飯能グリーンカントリークラブ

〒357-0068　埼玉県飯能市久須美292　FAX 042(973)6038
予約042(973)6060　https://www.hanno-green.co.jp

●プレーの申込み　ビジター可
●予約　2か月前の同日から受付け
●コンペ　3か月前の同日から受付け
●休日　クラブ指定日
●クレジット　VISA　JCB　UC　セゾン　AMEX　ダイナース
●開場日　1989年5月1日
●コースの特徴　18H　P72　7005Y
眺望の良い南傾斜のコース。ホール間のインターバルが短く、プレーに集中できる。全体にフラットな丘陵コース
●コースレート　71.2
●練習場　240Y20打席
●電車　西武池袋線飯能駅
●クラブバス　飯能駅南口から7:10　7:45　8:25　9:00　9:30
●タクシー　飯能駅から10分2000円
●プレースタイル　キャディ付で5人乗り乗用カート
●シューズ　ソフトスパイク
●ビジター料金表

	平　日	土　曜	日　祝
キャディ付	19,250	27,500	27,500

2021年10～11月の料金
●セルフデー　クラブ指定の月曜日ワンドリンク、昼食付15,180円
●プレー情報　季節割引、サービスデー

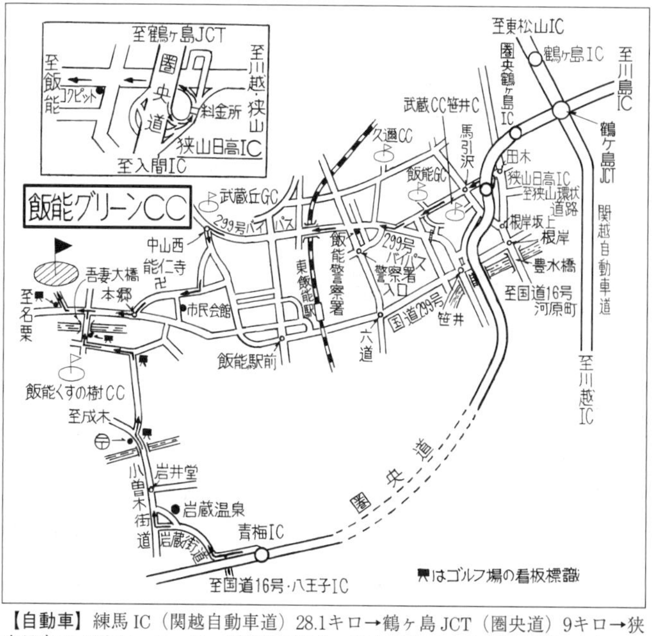

【自動車】練馬 IC（関越自動車道）28.1キロ→鶴ヶ島 JCT（圏央道）9キロ→狭山日高 IC 10キロ→コース　所要時間50分　狭山日高 IC から飯能方面に向かい、国道299号バイパスを進んで突き当たりの中山西信号を左折。名栗方面に進んでコースへ。圏央道・青梅 IC からは、岩蔵街道経由で16キロ、約25分

飯能ゴルフクラブ

〒357-0013　埼玉県飯能市芦苅場495　FAX 042(972)3685
https://www.hannogc.co.jp

●**プレーの申込み**　平日は会員同伴・紹介で2組まで、土曜は会員の同伴・紹介で1組まで、日祝日は不可
●**予約**　6か月前の同日10時から
●**コンペ**　日祝は不可。3組以上をコンペとし20組まで（会員1名以上の同伴を要す）6か月前から受付け
●**休日**　毎週月曜日　12/31　1/1
●**クレジット**　JCB VISA マスター他
●**開場日**　1960年10月28日
●**コースの特徴**　18H　P72　6910Y
名門コースが数多いゴルフ場銀座の中の1つ。距離もたっぷりあって各ホール全てが印象に残るコースレイアウトの18ホール

●**コースレート**　73.0
●**練習場**　265Y12打席
●**電車**　西武池袋線飯能駅
●**クラブバス**　飯能駅北口から1日8本運行、約15分。時刻は要問い合せ
●**タクシー**　飯能駅から10分1450円
●**プレースタイル**　キャディ付で歩いてプレー
●**シューズ**　メタルスパイク禁止
●**ゲスト料金表**

	平　日	土　曜	日　祝
キャディ付	24,992	34,892	——

2021年4月～5月、10月～11月の料金
利用税別途

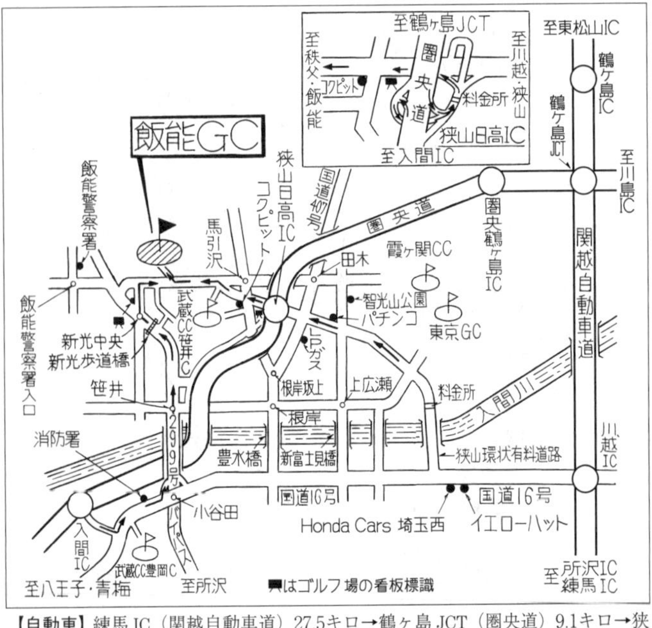

【**自動車**】練馬 IC（関越自動車道）27.5キロ→鶴ヶ島 JCT（圏央道）9.1キロ→狭山日高 IC 1.8キロ→コース　所要時間30分　狭山日高 IC を降り、秩父・飯能方面へそのまま直進してコースへ。また川越 IC からは国道16号、狭山環状有料道路経由で狭山日高 IC 入口を通りコースへ

飯能パークカントリークラブ

〒357-0054　埼玉県飯能市下直竹字郷戸415－1　FAX 042（977）1814
https://www.hanno-park.co.jp　東京事務所03（5731）7204　目黒区中根2-8-22

●プレーの申込み　平日は会員の紹介　土日祝は会員の同伴が必要
●予約　2か月前の同日から受付け
●コンペ　3組以上は3か月前から受付
●休日　クラブ指定の火曜日　12／31　1／1
●クレジット　JCB　ダイナース　DC　VISA
●開場日　1978年7月28日
●コースの特徴　18H　P72　6514Y　秩父のなだらかな丘陵地にレイアウトされたコース。各ホールは豊富な樹木によってセパレートされている
●コースレート　71.3
●練習場　70Y8打席

●電車　西武池袋線飯能駅
●クラブバス　飯能駅7:20　7:50　8:25　8:55　9:25
●タクシー　飯能駅から約3000円
●プレースタイル　キャディ付とセルフでGPSナビ付5人乗り乗用カート
●シューズ　メタルスパイク禁止
●ビジター料金表

	平　日	土　曜	日　祝
キャディ付	16,630	22,130	22,130
セ　ル　フ	14,300	19,300	19,300

2021年10月～11月の料金
●セルフデー　クラブ指定の火曜日　10690円（消費税・利用税別）

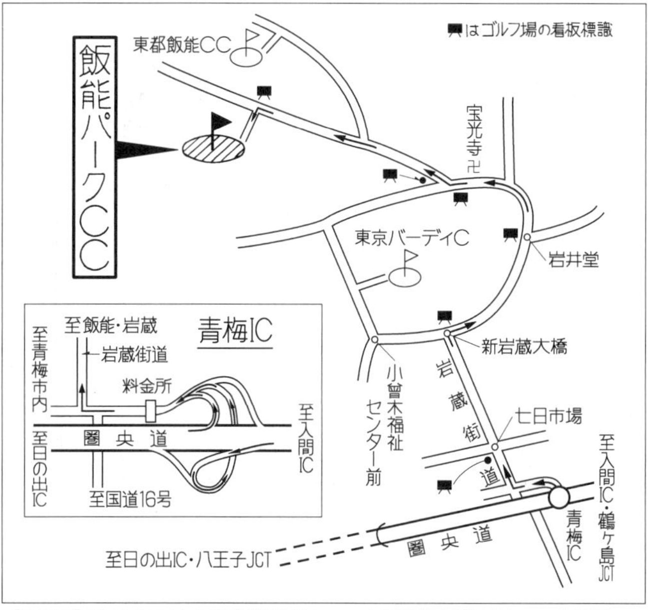

【自動車】 高井戸IC（中央自動車道）26キロ→八王子料金所10.2キロ→八王子JCT（圏央道）20.3キロ→青梅IC 10キロ→コース　所要時間50分　青梅ICを降りて2つ目の信号を右折し、約4.5キロ先の新岩蔵大橋交差点を右折して、コース案内板に従ってコースへ。関越自動車道・鶴ヶ島JCTから青梅ICまでは19.8キロ

PMG 石岡ゴルフクラブ

〒311-3401　茨城県小美玉市世楽1050-1　FAX 0299(58)5119
https://www.pacificgolf.co.jp/ishioka　本社03(4413)8800

●**プレーの申込み**　ビジター可
●**予約**　3か月前の1日午前10時から受付け
●**コンペ**　組数制限なし
●**休日**　無休
●**クレジット**　ダイナース　AMEX　VISA　UFJ　JCB　UC　DC
●**開場日**　1994年12月12日
●**コースの特徴**　18H　P72　7071Y
J・ニクラウス設計によるフラットで戦略的なコース。池が随所にからみ独特なバンカーが難度を高めている。
2015、2016年男子ツアー「HONMA TOURWORLD CUP AT TROPHIA GOLF」の開催コース

●**コースレート**　73.4
●**練習場**　330Y18打席
●**電車**　常磐線石岡駅
●**クラブバス**　なし
●**タクシー**　石岡駅から20分約4500円
●**プレースタイル**　キャディ付またはセルフでGPSナビ付5人乗りカート
●**シューズ**　メタルスパイク禁止
●**ビジター料金**
季節により料金が異なるため、ホームページ参照、またはクラブに要問合せ

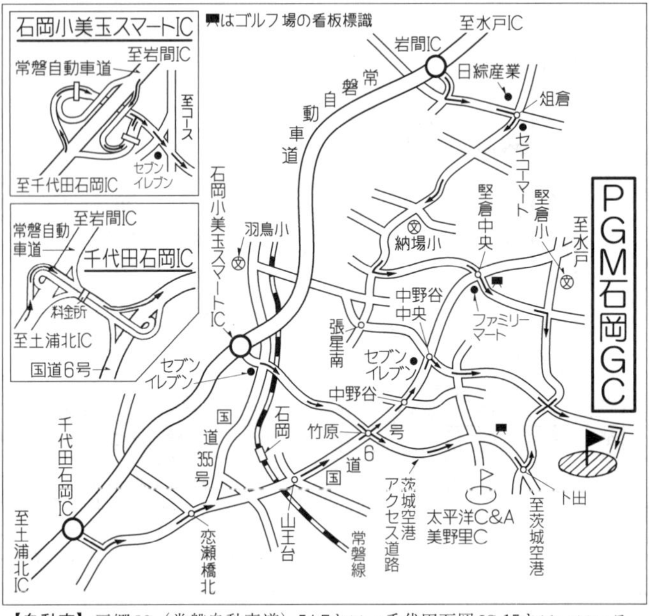

【自動車】三郷IC（常磐自動車道）54.7キロ→千代田石岡IC 15キロ→コース　所要時間1時間　千代田石岡ICから国道6号線を水戸方面に進み、中野谷中央信号を右折してコースへ。ETC搭載車は石岡小美玉スマートICより茨城空港アクセス道路を直進し、下田信号を左折。1つ目の信号を右折。ICより約10キロ13分

PGM 総成ゴルフクラブ

〒286-0827　千葉県成田市西和泉729番地　FAX 0476(36)0908
https://www.pacificgolf.jp/sohsei/

●プレーの申込み　原則として会員の紹介が必要
●予約　3か月前より受付
●コンペ　組数は相談
●休日　無休
●クレジット　各種
●開場日　1964年11月25日
●コースの特徴　27H　P108　9993Y
丘陵コースだが高低差が少なく、林間コースの趣をもつ
●練習場　150Y15打席
●コースレート　東南72.2　南西70.9
西東72.1
●電車　JR 総武成田線成田駅、または京成電鉄京成成田駅下車
●クラブバス　JR 成田駅から6:55（土日祝は6:40）7:30　8:20　8:55　空港第2ビル駅から土曜日8:05予約制
●タクシー　JR 成田駅から約2500円
●プレースタイル　キャディ付またはセルフの選択制で GPS ナビ付乗用カート
●シューズ　メタルスパイクは不可
●ビジター料金
季節により料金が異なるため、ホームページ参照、またはクラブに要問合せ

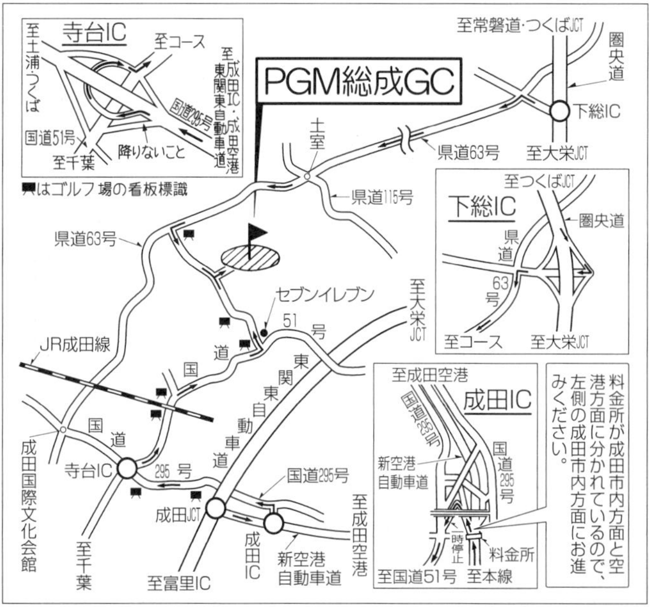

【自動車】箱崎 IC（首都高速）36.6キロ→宮野木 JCT（東関道）28キロ→成田 IC 5キロ→コース　所要時間1時間　成田 IC を降りて一番左の道から国道51号線に向かう。51号線を香取方面に進み案内板に従って左折してコースへ。埼玉、茨城方面からは圏央道・下総 IC を降りて左折。県道63号を成田方面に向い9キロ

ひ

PGM 富岡カントリークラブ サウスコース

〒370-2312　群馬県富岡市星田814－1　予約 FAX 0274(63)0585
https://www.pacificgolf.co.jp/tomioka_s/

●プレーの申込み　ビジター可
●予約　3か月前から受付け
●コンペ　組数は相談
●休日　無休
●クレジット　JCB　AMEX　VISA 他
●開場日　1992年9月15日
●コースの特徴　18H　P72　6598Y
広大な敷地にゆったりとレイアウトされた戦略的な林間コース
●コースレート　72.1
●練習場　なし

●電車　上越新幹線高崎駅
●クラブバス　なし
●タクシー　高崎駅から30分6300円
●プレースタイル　セルフプレーでGPS ナビ付5人乗り乗用カート。キャディ付も可
●シューズ　ソフトスパイク
●ビジター料金
季節により料金が異なるため、ホームページ参照、またはクラブに要問合せ

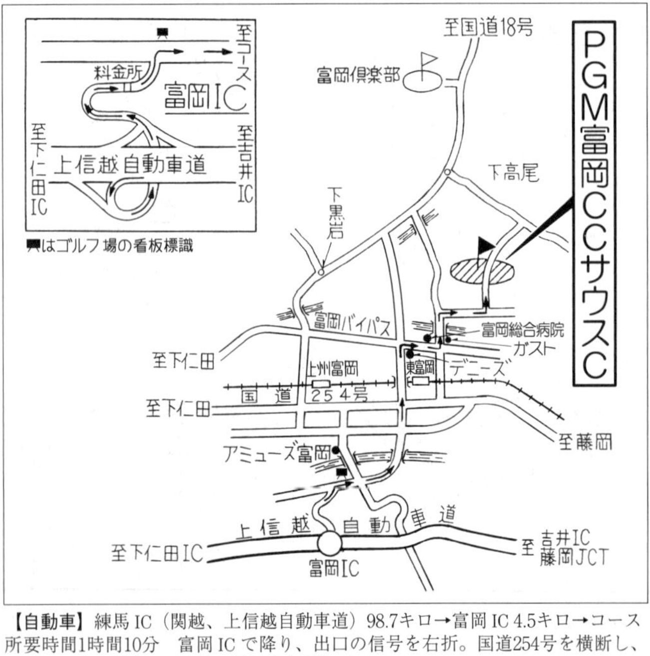

【自動車】練馬 IC（関越、上信越自動車道）98.7キロ→富岡 IC 4.5キロ→コース
所要時間1時間10分　富岡 IC で降り、出口の信号を右折。国道254号を横断し、バイパスを右折して2つ目の信号を左折してコースへ

PGM 富岡カントリークラブ ノースコース

〒370-2302　群馬県富岡市小桑原432　FAX 0274(64)3666
https://www.pacificgolf.jp/tomioka_n/

●**プレーの申込み**　ビジター可
●**予約**　3か月前の1日午前9時から受付け
●**コンペ**　上記に準ずる
●**休日**　無休
●**クレジット**　JCB　UC　VISA 他
●**開場日**　1996年4月27日
●**コースの特徴**　27H　P108　9955Y
T·G·ロビンソンが池と滝を大胆にレイアウトし、しかも自然に溶けこませた美しい丘陵コース
●**練習場**　220Y13打席
●**電車**　上越新幹線高崎駅
●**タクシー**　高崎駅から30分約4500円
●**クラブバス**　なし
●**プレースタイル**　セルフで GPS ナビ付5人乗り乗用カート。キャディ付は要予約
●**シューズ**　ソフトスパイクのみ
●**ビジター料金表**
期間により料金は異なるため、ホームページ参照、またはコースへ要問合せ

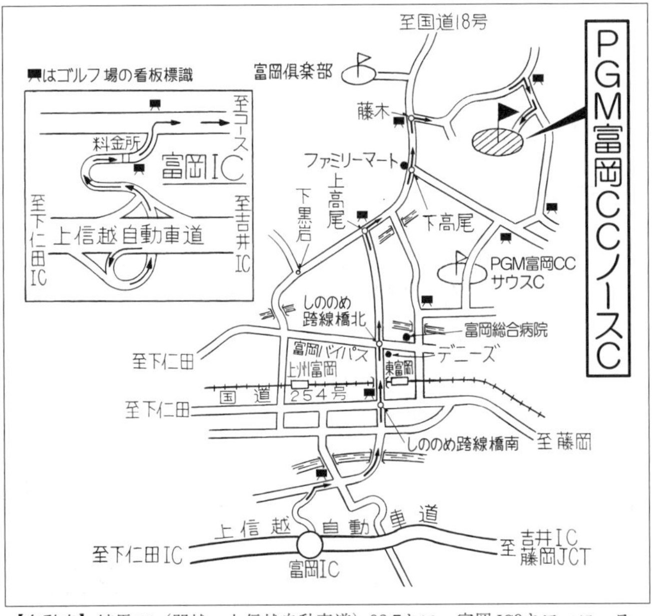

【**自動車**】練馬 IC（関越・上信越自動車道）98.7キロ→富岡 IC9キロ→コース　所要時間1時間15分　富岡 IC で降り、出口の信号を右折。国道254号、富岡バイパスを横断して直進。突き当たりの上高尾の信号を右折して道なりに進み、藤木の信号を右折してコースへ

PGMマリアゴルフリンクス

〒292-0201　千葉県木更津市真里谷2935－7　FAX 0438(53)6140
予約専用　0438(53)5577　https://www.pacificgolf.co.jp/maria

●プレーの申込み　ビジター可
●予約　3か月前の1日から受付け
●コンペ　3か月前の1日から受付け
●休日　無休
●クレジット　各種
●開場日　1988年4月1日
●コースの特徴　18H　P72　6833Y
P・ダイが日本で初めて設計したコース。池とバンカーがダイナミックに配置され、大小のマウンドが幾重にも連なる戦略的なコース
●コースレート　73.1
●練習場　250Y11打席
●電車　内房線木更津駅
●クラブバス　なし
●タクシー　木更津駅から30分約5000円、姉ケ崎駅から25分約4000円
●プレースタイル　キャディ付またはセルフで乗用カート
●シューズ　メタルスパイク禁止
●ビジター料金
季節により料金が異なるため、ホームページ参照またはクラブに要問合せ

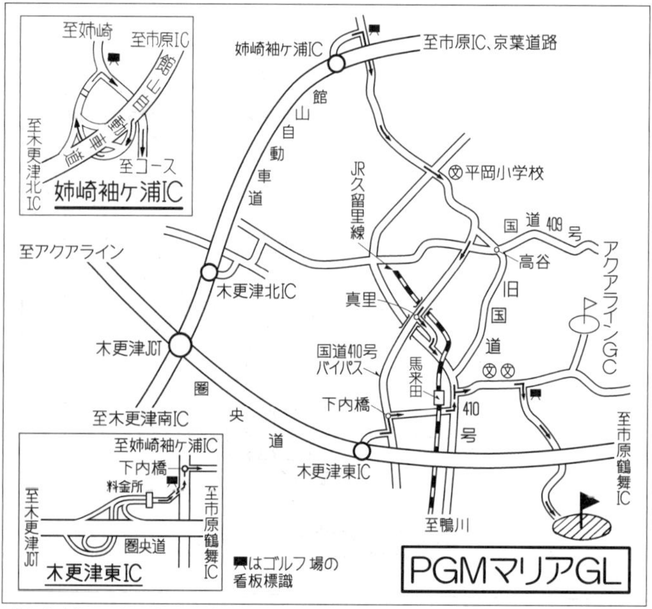

【自動車】川崎浮島JCT（東京湾アクアライン）29.3キロ→木更津東IC 5キロ→コース　所要時間35分　木更津東ICを降りて左折し、1つ目の信号・下内橋を右折。線路を渡って突き当たりを左折し、馬来田駅信号を右折してコースへ。姉崎袖ヶ浦ICからは鴨川方面に向かって10キロ

PGM 南市原ゴルフクラブ

〒290-0546　千葉県市原市田淵1　FAX 0436(96)2061
https://www.pacificgolf.co.jp/minamiichihara/

●**プレーの申込み**　ビジター可
●**予約**　3か月前の同日から受付け
●**コンペ**　組数相談
●**休日**　無休
●**クレジット**　VISA　ダイナース　マスター　AMEX　JCB
●**開場日**　1994年10月10日
●**コースの特徴**　18H　P72　6708Y
小林光昭氏設計による自然を生かした戦略的なコース。フラットで、特にグリーンのコンディションが素晴しい。アウト、イン上がりホールのグリーンサイドに大きな池が待ち受ける
●**練習場**　230Y20打席
●**電車**　内房線五井駅
●**クラブバス**　なし
●**タクシー**　五井駅から45分約9000円
●**プレースタイル**　セルフプレーでGPSナビ付乗用カート。希望によりキャディ付も可（要予約）
●**シューズ**　ソフトスパイク推奨
●**ビジター料金**
期間により料金は異なるため、ホームページ参照、またはコースへ要問合せ

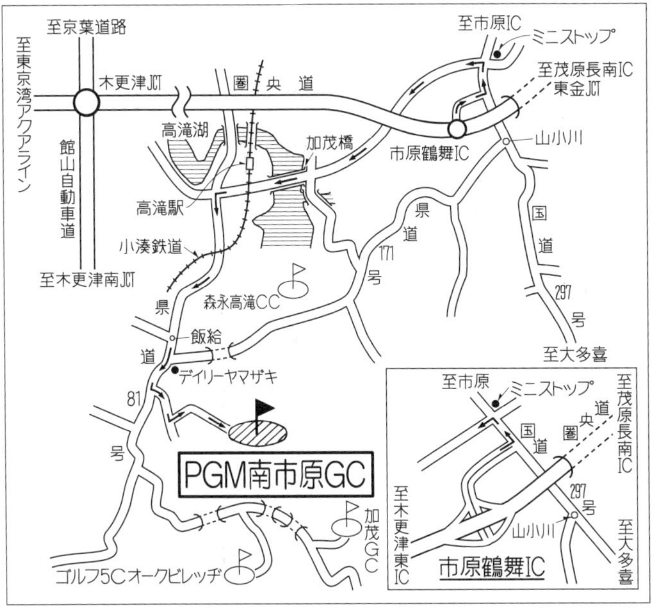

【自動車】 川崎浮島 JCT（東京湾アクアライン、連絡道）23.7キロ→木更津 JCT（圏央道）19.6キロ→市原鶴舞 IC 9キロ→コース　所要時間40分　市原鶴舞 IC を降りて左折し100m 先の信号（ミニストップあり）を左折。約4キロ先の交差点を左折し県道81号線を進んでコースへ。館山自動車道・市原 IC からは約27キロ

PGM 武蔵ゴルフクラブ

〒350-0323　埼玉県比企郡鳩山町大字小用1026　FAX 049(296)7033
予約049(296)6350　https://www.pacificgolf.co.jp/musashi

●プレーの申込み　ビジター可
●予約　3か月前の1日より受付け
●コンペ　組数は相談。予約は上記に準ずる
●休日　無休
●クレジット　各種
●開場日　1990年10月21日
●コースの特徴　18H　P72　6912Y
武蔵野の面影をとどめる丘陵地につくられた雄大なコース。フェアウェイは広く距離も十分。ベントの2グリーン
●練習場　20Y10打席　バンカー・アプローチ練習場あり
●電車　東武東上線坂戸駅
●クラブバス　坂戸駅北口から運行
●タクシー　坂戸駅から20分3,000円
●プレースタイル　キャディ付でGPSナビ付乗用カート。FW乗入れ可（コース状況により不可）。セルフは時間帯限定にて受付可
●シューズ　ソフトスパイク
●ビジター料金
季節により料金は異なるため、ホームページ参照、またはクラブに要問合せ

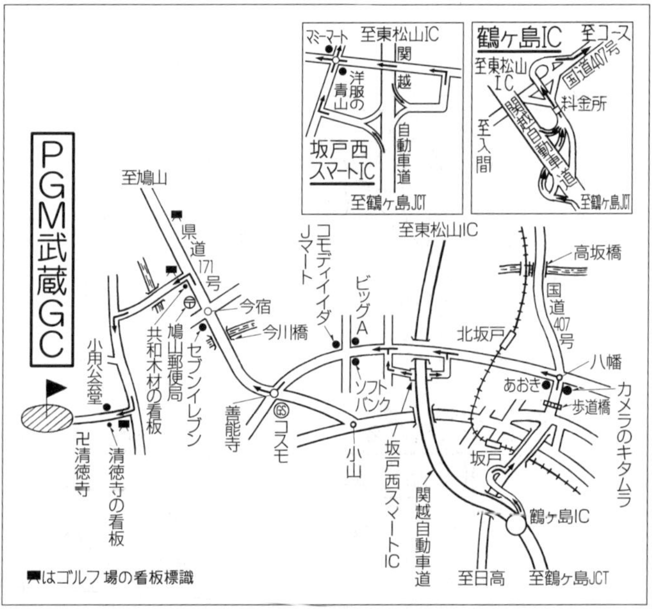

【自動車】練馬IC（関越自動車道）29.6キロ→鶴ケ島IC（国道407号）10キロ→コース　所要時間40分　鶴ヶ島ICを坂戸方面に降り、陸橋を越えて2つ目の信号（八幡）を左折する。Jマートの交差点を直進し、2つ目の信号（善能寺）を右折。鳩山郵便局の次の信号を左折してコースへ。坂戸西スマートICより約6キロ

ピートダイゴルフクラブ VIP コース

〒321-2354　栃木県日光市嘉多蔵668　予約 FAX 0288(26)4700
https://www.pacificgolf.co.jp/petedye_v/

●プレーの申込み　ビジター可
●予約　3か月前の月初より受付ける
●コンペ　予約状況により相談
●休日　無休（指定休日あり）
●クレジット　JCB　VISA
●開場日　1990年11月18日
●コースの特徴　18H　P72　7006Y
豊かな森林の中をゆったりとレイアウトされ、チャンピオンコースに恥じない戦略性が各ホールに潜んでいる
●コースレート　72.6
●電車　東北新幹線宇都宮駅、または東武線下今市駅
●クラブバス　なし
●タクシー　宇都宮駅から約45分9500円、下今市駅から20分4500円、下野大沢駅から10分2500円
●プレースタイル　キャディ付とセルフの選択制で乗用カート利用
●シューズ　ソフトスパイク推奨
●ビジター料金
季節により料金が異なるため、ホームページ参照、またはクラブに要問合せ

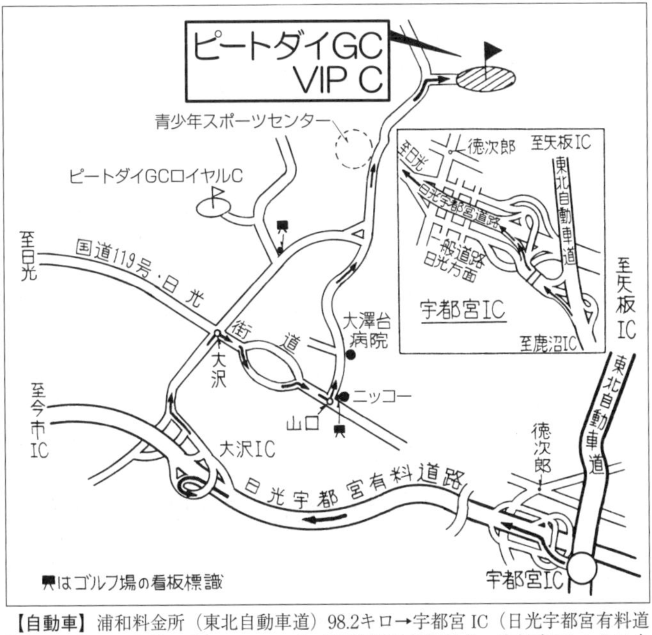

【自動車】浦和料金所（東北自動車道）98.2キロ→宇都宮 IC（日光宇都宮有料道路）11.2キロ→大沢 IC 5キロ→コース　所要時間1時間30分　宇都宮 IC から日光宇都宮有料道路に入り、大沢 IC で降りる。国道119号線を宇都宮方面に進み山口交差点を左折してコースへ

ピートダイゴルフクラブ ロイヤルコース

〒321-2341　栃木県日光市大沢町1209　予約 FAX 0288(26)0475
https://www.pacificgolf.co.jp/petedye_r/

●**プレーの申込み**　ビジター可
●**予約**　3か月前の月初より受付ける
●**コンペ**　組数は相談
●**休日**　無休（指定休日あり）
●**クレジット**　JCB　VISA
●**開場日**　1988年10月2日
●**コースの特徴**　18H　P72　6705Y
鬼才ピート・ダイが自らの設計コンセプトの全てを凝縮して造ったベントワングリーンのコース
●**電車**　東北新幹線宇都宮駅、または東武線下今市駅
●**クラブバス**　なし
●**タクシー**　宇都宮駅から約45分9500円、下今市駅から20分4500円、下野大沢駅から5分2500円
●**プレースタイル**　セルフプレーで5人乗り乗用カート。FW 乗入れ可（コース状況により不可）
●**シューズ**　ソフトスパイク推奨
●**ビジター料金**
季節により料金が異なるため、ホームページ参照、またはクラブに要問合せ

【自動車】浦和料金所（東北自動車道）98.2キロ→宇都宮 IC（日光宇都宮有料道路）11.2キロ→大沢 IC 2キロ→コース　所要時間1時間30分　宇都宮 IC から日光宇都宮有料道路に入り、大沢 IC で降りる。料金所を出て道なりに進み、大沢交差点を直進してコースへ

東我孫子カントリークラブ

〒270-1173　千葉県我孫子市青山895　FAX04(7182)1599
http://www.h-abiko-cc.com

●**プレーの申込み**　ビジター可
●**予約**　2か月前の同日12時から受付け
●**コンペ**　予約状況により相談
●**休日**　クラブ指定日
●**クレジット**　各種
●**開場日**　1960年7月29日
●**コースの特徴**　18H　P72　6477Y
利根川の河川敷で適度なアンジュレーションがあり距離もたっぷりる。上級者から初心者まで楽しめるコース
●**練習場**　250Y85打席
●**電車**　常磐線天王台駅
●**クラブバス**　天王台駅北口から7:05　7:35　8:05　8:35　9:05　約10分
●**タクシー**　天王台駅約900円
●**プレースタイル**　セルフで乗用カート。FW 乗入れ可（コース状況により不可）
●**シューズ**　スパイクレス、またはソフトスパイク
●**ビジター料金表**

	月・火	水木金	土日祝
セ　ル　フ	7,900	7,900	12,250

優待料金等については要問合せ

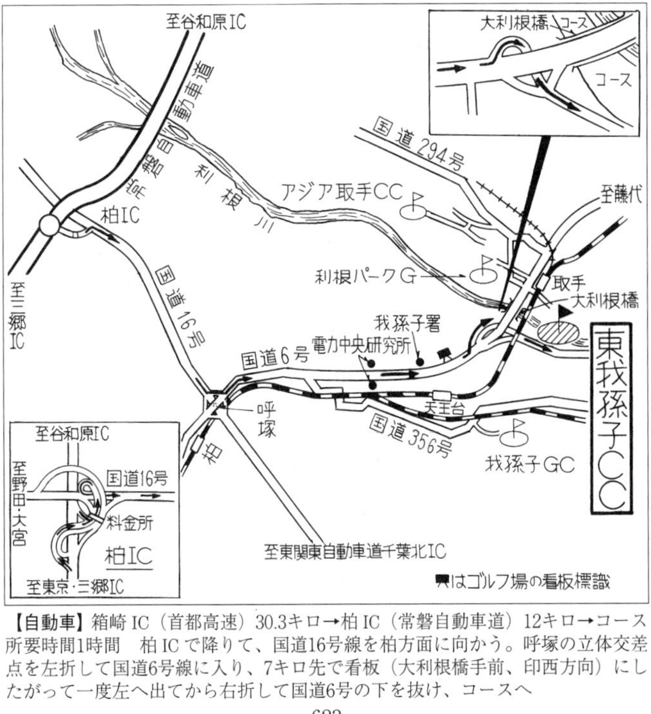

【自動車】箱崎 IC（首都高速）30.3キロ→柏 IC（常磐自動車道）12キロ→コース
所要時間1時間　柏 IC で降りて、国道16号線を柏方面に向かう。呼塚の立体交差点を左折して国道6号線に入り、7キロ先で看板（大利根橋手前、印西方向）にしたがって一度左へ出てから右折して国道6号の下を抜け、コースへ

東千葉カントリークラブ

〒283-0825　千葉県東金市滝503　FAX 0475(55)1480
予約0475(53)0700　https://www.next-golf.jp/higashichiba/

●**プレーの申込み**　会員の同伴または紹介が必要
●**予約**　4か月前の1日より受付け
●**コンペ**　3組以上は6か月前の同日より受付け
●**休日**　年2回（夏・冬に1日ずつ）
●**クレジット**　各種
●**開場日**　1977年10月1日
●**コースの特徴**　36H　P144　13933Y
山武杉で完全にセパレートされたフラットな林間コース
●**コースレート**　東73.0　西72.4
●**練習場**　250Y18打席
●**電車**　外房線大網駅
●**クラブバス**　土日祝のみ予約制
●**タクシー**　大網駅から約20分
●**プレースタイル**　キャディ付とセルフの選択制でGPSナビ付乗用カート
●**シューズ**　ソフトスパイク推奨
●**ビジター料金表**

	平　日	土　曜	日　祝
キャディ付	16,980	29,000	29,000
セ　ル　フ	12,980	25,000	25,000

上記は2021年10～11月の料金で平日昼食付。サービスデーあり
2022年料金は要問い合せ

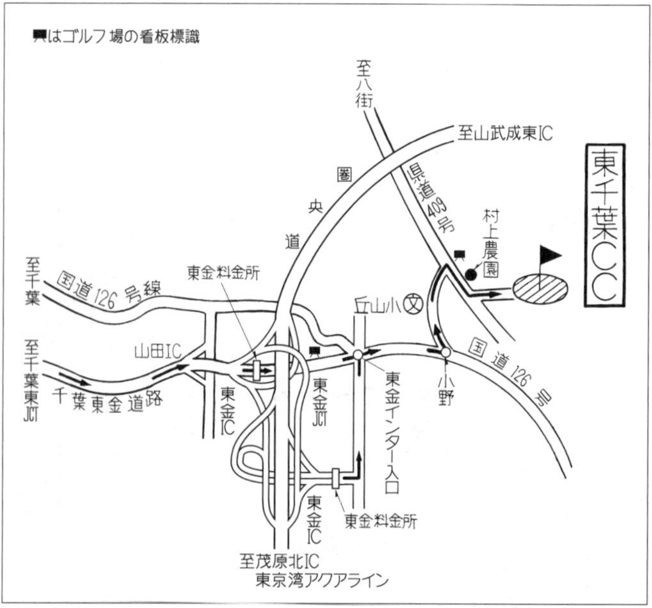

【自動車】箱崎IC（首都高速）35.8キロ→宮野木JCT（京葉道路）8.7キロ→千葉東IC(千葉東金道路)16.1キロ→東金料金所2キロ→コース　所要時間50分　千葉東金道路の東金料金所で降りて、そのまま直進し国道126号線に出る。2つ目の信号を左折、八街方面に向かい、看板で右折してコース

東筑波カントリークラブ

〒315-0138　茨城県石岡市上林1224－2　FAX 0299(44)0977
https://www.higashi-tsukuba.co.jp

●プレーの申込み　ビジター可
●予約　随時受付け
●コンペ　随時受付け
●休日　1／1
●クレジット　AMEX VISA マスター ダイナース　JCB　DC　UC
●開場日　1976年10月1日
●コースの特徴　27H　P108　10446Y
全体に距離が長く、正確さと長打が要求される。'79関東プロ、'93ダイワインターナショナルトーナメントを開催
●コースレート　北・中74.2
中・南73.0　南・北74.2

●電車　常磐線石岡駅
●クラブバス　石岡駅から土日祝8:35
●タクシー　石岡駅20分3500円～
●プレースタイル　キャディ付またはセルフで乗用カート
●シューズ　メタルスパイク禁止
●ビジター料金表

	平　日	土　曜	日　祝
キャディ付	14,430	24,660	23,560
セ　ル　フ	12,230	22,460	21,360

上記は2021年10月の昼食付料金
期間により料金は異なる

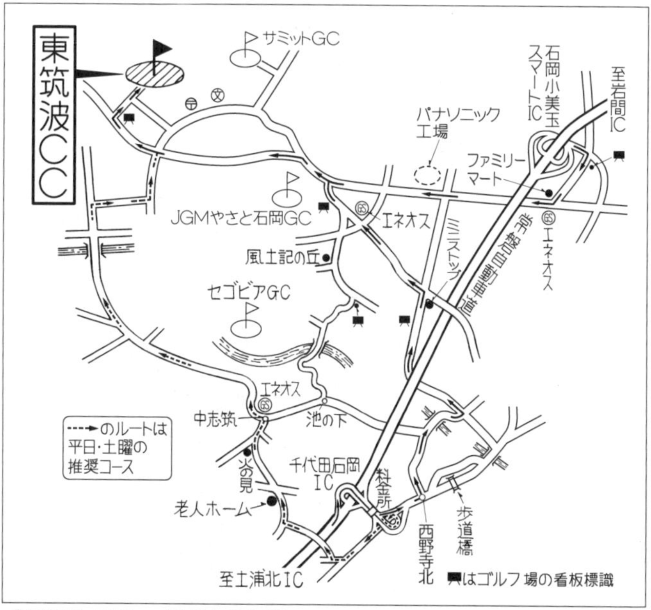

【自動車】三郷IC（常磐自動車道）54.7キロ→千代田石岡IC 11.6キロ→コース　所要時間55分　千代田石岡ICで降り、国道6号線を石岡方面へ進み、最初の信号を左折し、2つ目の信号を左折。次の信号を左折してコースまで6キロ。石岡小美玉スマートICからは8キロ、13分

ひ

東ノ宮カントリークラブ

〒321-3623　栃木県芳賀郡茂木町大字木幡181　FAX 0285(63)1169
https://banryugolf.com/higashinomiya/

●プレーの申込み　ビジター可
●予約　3か月前の1日から受付け
●コンペ　組数は相談
●休日　クラブ指定日
●クレジット　JCB　DC　UC　VISA　AMEX
●開場日　1976年5月3日
●コースの特徴　27H　P108　10273Y
フェアウェイは広く、フラットで、アメリカンスタイルのバンカーが特徴。のびのびプレーしたいさつきコース、要所に池やバンカーを配したあおいコース、狙いどころが難しいおばなコース
●コースレート　73.4　72.6　72.2
●練習場　30Y11打席
●電車　常磐線友部駅
●クラブバス　なし
●タクシー　友部駅から35分8000円
●プレースタイル　セルフプレーで5人乗り乗用カート
●シューズ　ソフトスパイク推奨
●ビジター料金表

	平　日	土　曜	日　祝
セ　ル　フ	6,550	12,850	12,850

2021年10月～12月の料金で昼食付
夏期・冬期料金あり
●感謝デー　火曜日セルフ4950円

【自動車】三郷IC（常磐道・北関東自動車道）81.3キロ→友部IC 23キロ→コース　所要時間1時間30分　常磐道・友部JCT経由で北関東自動車道・友部ICへ。料金所を出て左折し笠間市へ向かう。コース案内板に従って進み、国道50号線との石井交差点を横断して茂木方面に進んでコースへ

東富士カントリークラブ

〒410-1308　静岡県駿東郡小山町大御神604－3　FAX 0550(78)0122
https://www.hfg.co.jp/higashifuji/

●**プレーの申込み**　予約状況によりビジター可
●**予約**　3か月前の1日から受付け
●**コンペ**　予約状況により相談
●**休日**　12／31　1／1
1月～2月のクラブ指定日
●**クレジット**　各種
●**開場日**　1967年10月1日
●**コースの特徴**　18H　P72　7034Y
標高600mの南斜面で、夏涼しく冬暖かい丘陵コース。フェアウェイは70mと広いが距離の長いタフなホールも多い。雄大な富士と四季折々の景色が美しい
●**コースレート**　73.0
●**練習場**　300Y18打席
●**電車**　御殿場線御殿場駅、または駿河小山駅
●**クラブバス**　予約制
●**タクシー**　御殿場駅から25分3500円
●**プレースタイル**　キャディ付またはセルフでGPSナビ付5人乗りカート
●**シューズ**　メタルスパイク禁止
●**ビジター料金表**

	平　日	土　曜	日　祝
キャディ付	16,750	24,700	22,600
セ　ル　フ	14,200	21,500	19,800

期間により料金は異なる
サービスデー、優待プランあり

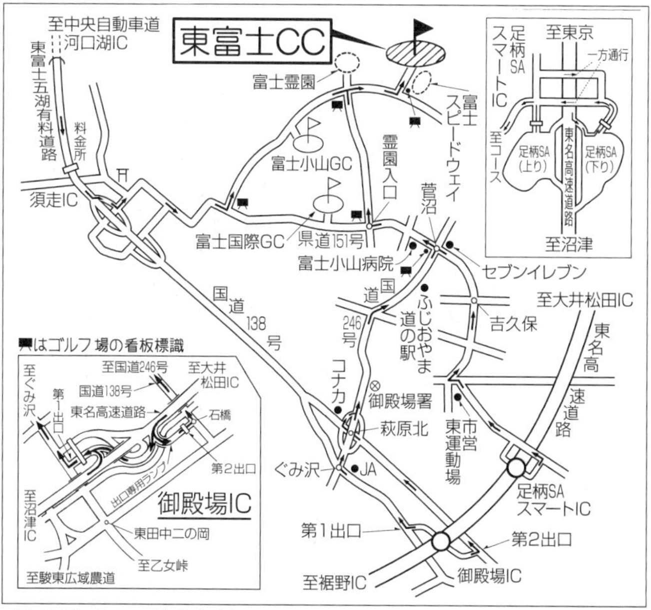

【**自動車**】東京IC(東名高速)83.7キロ→御殿場IC 14キロ→コース　所要時間1時間15分　御殿場ICを降りて山中湖方面に向かう。萩原北交差点を右折し菅沼交差点で左折。標識に従い富士スピードウェイ手前進入路からコースへ。足柄SAスマートICからは11キロ20分。中央道河口湖ICから東富士五湖有料道路を利用

東松山カントリークラブ

〒355-0008　埼玉県東松山市大谷1111　FAX 0493(39)3481
https://www.hmcc.co.jp/

●プレーの申込み　会員の紹介が必要
●予約　平日と土曜は3か月前の同日、日祝は2か月前の同日より受付け
●コンペ　原則として日祝日は不可、平日と土曜は6か月前から受付け
●休日　毎週月曜日　12／31　1／1
●クレジット　VISA　JCB 他
●開場日　1963年11月3日
●コースの特徴　27H　P108　10418Y
全体にミドルホールは距離があり難しく、また7つの池とアンジュレーションが戦略性を高めている
●コースレート　東中73.1　中西73.2　西東72.7
●練習場　180m14打席
●電車　東武東上線森林公園駅
●クラブバス　森林公園駅から平日は7:04～、土日祝は6:54～各6本運行
●タクシー　森林公園駅から約10分
●プレースタイル　キャディ付で歩きまたは乗用カート
●シューズ　ソフトスパイク
●ビジター料金表(4～6月、10～12月)

	平　日	土　曜	日　祝
キャディ付	20,250	29,050	29,050

上記はハイシーズン（4／1～7／15、9／16～12／30、3／16～3／31）
乗用カートは予約制で1人1320円加算

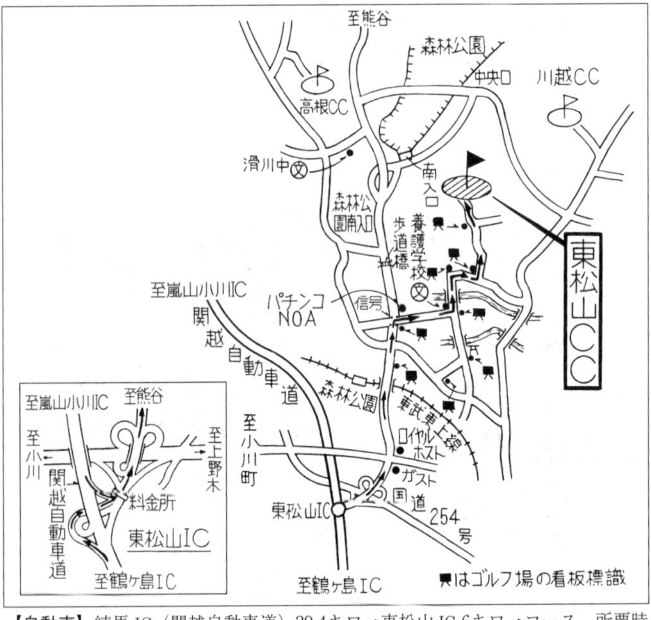

【自動車】 練馬IC（関越自動車道）39.4キロ→東松山IC 6キロ→コース　所要時間1時間　東松山ICで降りて、森林公園方面に進む。東武東上線を越えて、パチンコNOAがある交差点を右折する。養護学校のT字路を左折し、看板に従ってコースへ

日高カントリークラブ

〒350-1213　埼玉県日高市高萩1203　FAX 042(985)3238
https://www.hidaka-cc.co.jp

●**プレーの申込み**　平日は会員同伴または紹介、土日祝は会員の同伴が必要
●**予約**　1か月前の同日9時30分より受付け
●**コンペ**　6か月前の同日9時30分より受付け。日祝は不可。土曜は夏期・冬期のみ可
●**休日**　毎週月曜日　12／31　1／1
●**クレジット**　AMEX　UC　VISA　JCB　ダイナース　DC　マスター
●**開場日**　1961年1月23日
●**コースの特徴**　27H　P108　10087Y　フラットなフェアウェイの典型的な林間コースで、曲げるとスコアを乱す。難易度が高く自然美が豊か。2019年「日本シニアオープンゴルフ選手権」開催
●**コースレート**　72.7　70.9　70.6
●**練習場**　200Y15打席
●**電車**　西武新宿線狭山市駅
●**クラブバス**　狭山市駅西口から7:15　7:50　8:20　9:00
●**タクシー**　狭山市駅20分約2500円
●**プレースタイル**　キャディ付で歩いてプレー
●**シューズ**　ソフトスパイク
●**ビジター料金表**

	平　日	土　曜	日　祝
キャディ付	25,950	30,350	30,350

季節優待料金あり

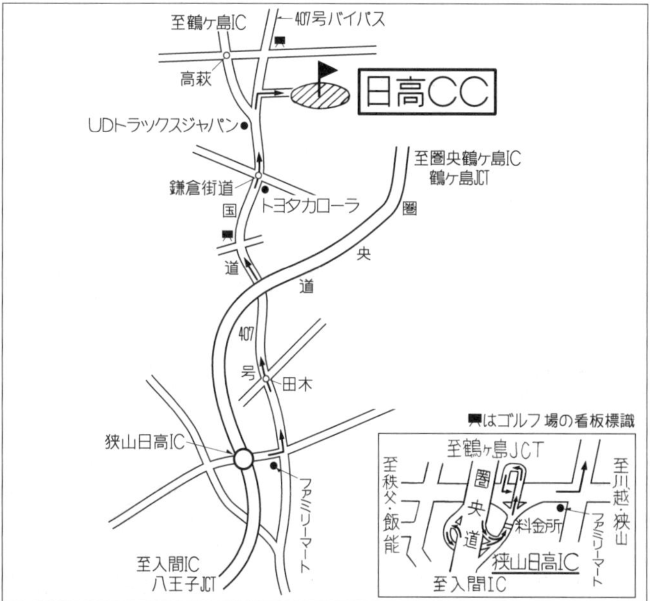

【**自動車**】練馬IC（関越自動車道）28.1キロ→鶴ヶ島JCT（圏央道）9キロ→狭山日高IC 3キロ→コース　所要時間30分　狭山日高ICを川越・狭山方面に降り、最初の信号を左折して国道407号線を鶴ヶ島方面に向かうと右手にコース。狭山日高ICより約5分。圏央鶴ヶ島ICからは4.5キロ、約10分

日立ゴルフクラブ

〒317-0053　茨城県日立市滑川町3033　FAX 0294(24)1233
https://www.hitachi-golf.co.jp

●プレーの申込み　ビジター可
●予約　2か月前の同日から受付け
●コンペ　平日は組数制限なし。土日祝は予約状況により相談
●休日　クラブ指定日
●クレジット　各種
●開場日　1967年11月3日
●コースの特徴　18H　P72　6734Y
アウトは山側にレイアウトされ、1打の狙いどころが難しいホールが多い。インは海側のコースでスライスは禁物。グリーンは2面ともベント
●コースレート　70.8
●電車　常磐線日立駅
●クラブバス　なし
●タクシー　日立駅から10分1200円
●プレースタイル　セルフで5人乗り乗用カート
●シューズ　ゴルフ靴はすべて可
●ビジター料金表

	平　日	土　曜	日　祝
セ　ル　フ	6,100	11,200	11,200

全日昼食付。午後・薄暮ゴルフあり
●セルフデー　毎週月曜日4,000円、軽食サービス。現金のみ

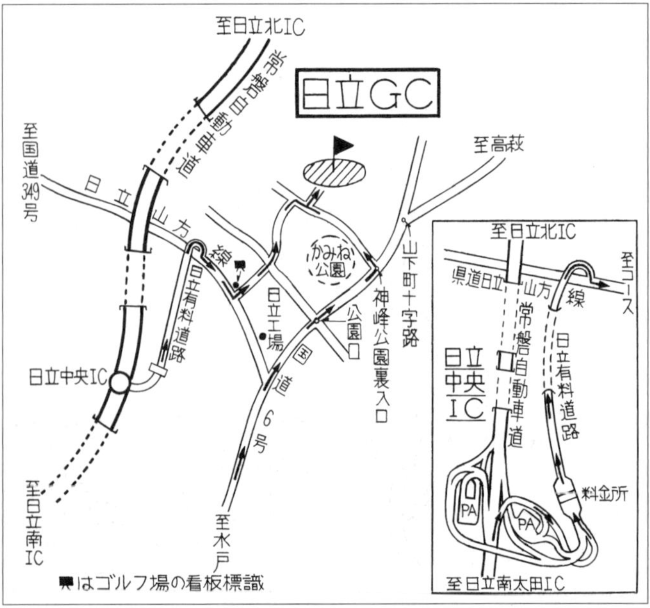

【自動車】三郷IC（常磐自動車道）117.5キロ→日立中央IC（日立有料道路）2キロ→コース　所要時間1時間30分　日立中央ICから県道日立山方線へ出て最初の信号を左折してコースへ、約7分。国道6号からは神峰公園裏入口交差点を左折してコースへ、約10分

日立高鈴ゴルフ倶楽部

〒311-0324　茨城県常陸太田市白羽町1730　FAX 0294(78)0081
本社　03(5467)3355　http://www.yc21.co.jp/takasuzu/

●プレーの申込み　ビジター可
●予約　3か月前の同日より受付け
●コンペ　予約は上記に準ずる
●休日　無休
●クレジット　JCB　VISA　DC　UC　AMEX　UFJ　ニコス　ダイナース　セゾン
●開場日　1982年7月5日
●コースの特徴　18H　P72　6444Y
各ホールとも、ほとんどフラットに造成されたアメリカンスタイルを基調にし、オーソドックスなコースである
●コースレート　69.6
●電車　常磐線常陸多賀駅
●クラブバス　なし
●タクシー　常陸多賀から15分2500円
●プレースタイル　セルフプレーで乗用カート。キャディ付も可
●シューズ　ソフトスパイクのみ
●ビジター料金表

	平　日	土　曜	日　祝
セ　ル　フ	5,600	10,700	10,700

2021年10月～11月の料金で昼食付
キャディ付は3300円加算
期間により料金は異なる
●プレー情報　コンペパック

【自動車】三郷IC(常磐自動車道)93.8キロ→那珂IC(国道349号線)24キロ→コース　所要時間1時間30分　那珂ICを降りて、東海那珂方面に向かう。国道349号バイパスとの交差点を左折し、常陸太田方面に約15分直進する。里川橋を渡ってコースへ。日立南太田ICからも約25分

ひととのやカントリー倶楽部

〒323-0827　栃木県小山市神鳥谷2243　FAX 0285(31)1100
https://www.next-golf.jp/hitotonoya/

●プレーの申込み　ビジター可
●予約　3か月前の同日から受付け
●コンペ　組数制限なし。3か月前から受け
●休日　無休
●クレジット　各種
●開場日　1991年11月3日
●コースの特徴　18H　P72　6723Y　グリーンはベント芝の2面グリーン。高低差1.5mの平坦な地形に、自然林をぬって各ホールが広がり、大小9つの池と100個以上のバンカーを配する
●コースレート　71.9
●練習場　90Y16打席
●電車　東北新幹線小山駅
●クラブバス　小山駅西口から土日祝8:00　8:35　9:15
●タクシー　小山駅から10分1700円
●プレースタイル　キャディ付またはセルフでGPSナビ付リモコンカート。フェアウェイ乗入れ可（雨天時不可）
●シューズ　ソフトスパイクのみ
●ビジター料金表

	平　日	土　曜	日　祝
セ　ル　フ	12,690	22,700	21,050

昼食付。キャディ付は3960円加算
季節により料金は変動
●プレー情報　季節割引、コンペ割引

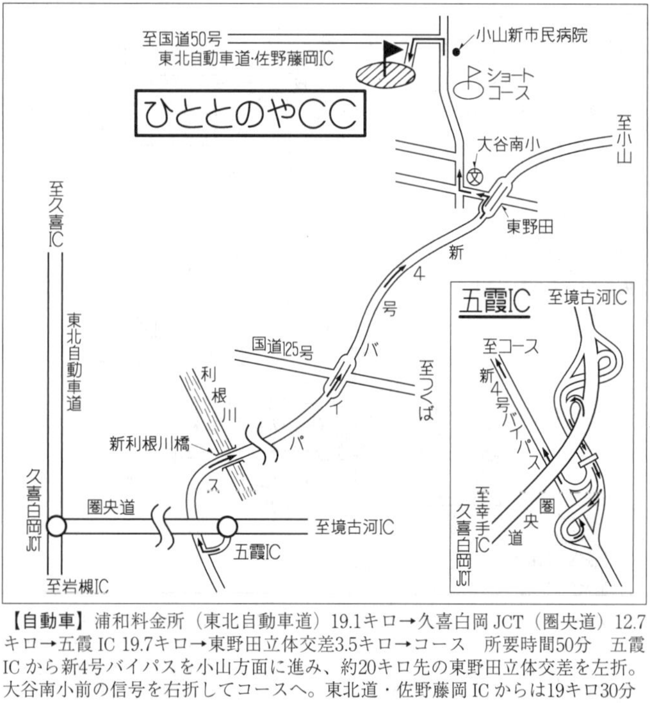

【自動車】浦和料金所（東北自動車道）19.1キロ→久喜白岡JCT（圏央道）12.7キロ→五霞IC 19.7キロ→東野田立体交差3.5キロ→コース　所要時間50分　五霞ICから新4号バイパスを小山方面に進み、約20キロ先の東野田立体交差を左折。大谷南小前の信号を右折してコースへ。東北道・佐野藤岡ICからは19キロ30分

平川カントリークラブ

〒266-0004　千葉県千葉市緑区平川町405　FAX 043(292)6313
予約専用　043(292)5625　https://www.hirakawacc.com

●プレーの申込み　会員の同伴または紹介が必要
●予約　2か月前の同日から受付け
●コンペ　3組以上は3か月前の同日から受付け
●休日　毎週月曜日　12／31～1／2
●クレジット　マスター　VISA　UC　AMEX　ダイナース
●開場日　1988年9月3日
●コースの特徴　18H　P72　7163Y　77万平方ｍと広大なスケールに、緑と水と光の中にをキャッチフレーズに展開するチャンピオンコース
●コースレート　73.5
●練習場　180Y24打席

●電車　JR外房線誉田駅
●クラブバス　誉田駅北口から6:55　7:35　8:25　9:00　所要時間10分
●タクシー　誉田駅から7分　約1600円
●プレースタイル　キャディ付で歩いてプレー
●シューズ　ソフトスパイクのみ
●ビジター料金表

	平　日	土　曜	日　祝
キャディ付	18,310	28,760	28,760

ゲストサービスデーあり
●プレー情報　毎週金曜日シニアサービスデー

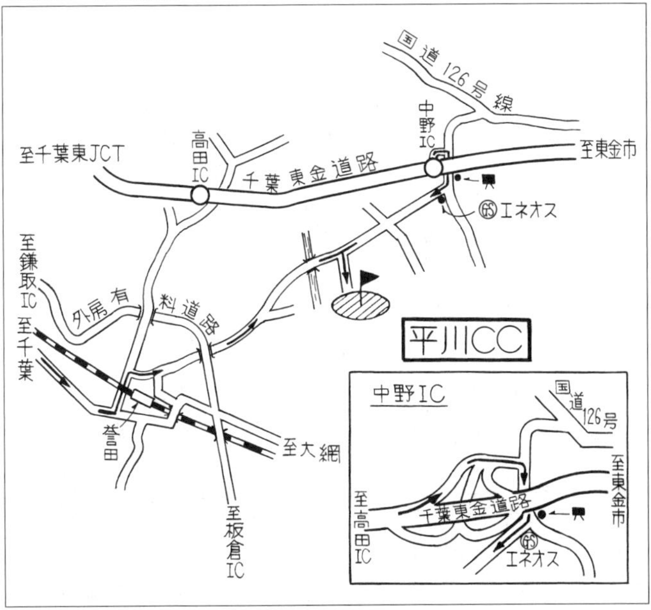

【自動車】箱崎IC（首都高速）35.8キロ→宮野木JCT（京葉道路）8.7キロ→千葉東JCT（千葉東金道路）11.4キロ→中野IC 2キロ→コース　所要時間55分　千葉東金道路を中野ICで降りて右折。高架をくぐって、すぐを再び右折してコースへ。中野ICより約5分

平塚富士見カントリークラブ

〒259-0151　神奈川県足柄上郡中井町井ノ口537　FAX 0463(59)8780
https://www.lake-wood.co.jp/hcc

●プレーの申込み　平日はビジター可、土曜日は会員の紹介、日祝は同伴が必要

●予約　土日祝は2か月前の同日、平日は6か月前の同日から受付け

●コンペ　土日祝は不可　平日は予約状況により相談

●休日　毎週月曜日（臨時営業の場合有）　12／31　1／1

●クレジット　JCB　UC　ダイナース　VISA　マスター　AMEX　DC

●開場日　1962年7月15日

●コースの特徴　36H　P144　13167Y　平塚＝アンジュレーションのある丘陵コース、大磯＝フラットなコースでアスリート系に向く

●電車　東海道本線二宮駅、または小田急線秦野駅

●クラブバス　二宮駅から7:30　8:30　9:25　秦野駅7:30　8:30　9:20

●タクシー　二宮駅から約2000円、秦野駅から約2500円

●プレースタイル　キャディ付で乗用カート

●シューズ　メタルスパイク禁止

●ビジター料金表

	平　日	土　曜	日　祝
キャディ付	24,850	37,500	37,500

季節により変動あり。税込・昼食別

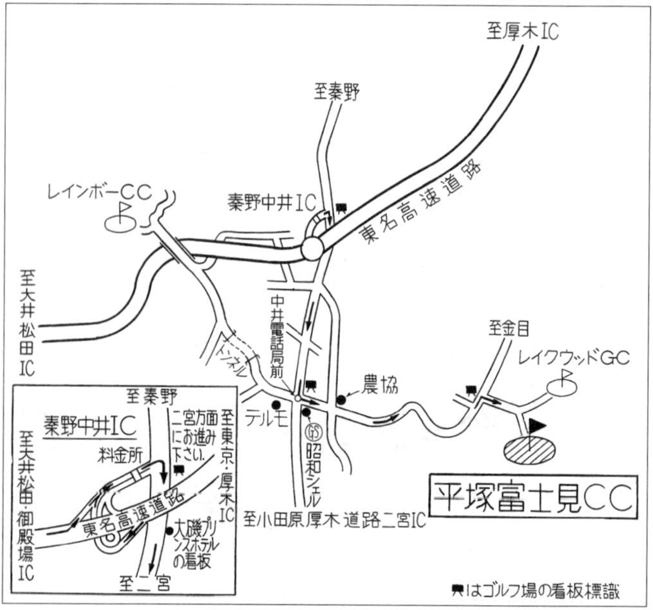

【自動車】東京IC（東名高速）50.1キロ→秦野中井IC 4.4キロ→コース　所要時間50分　秦野中井ICで降りて、料金所を出たら右折して県道·秦野二宮線を二宮方面に向かう。1.7キロ先の中井電話局前交差点を左折してコースへ。または厚木ICから小田原厚木道路に入り、大磯ICで降りてコースへ

☎027(395)3311

ヴィレッジ東軽井沢ゴルフクラブ

〒379-0307　群馬県安中市松井田町坂本1417　FAX 027(395)3315
https://banryugolf.com/higashikaruizawa/

●**プレーの申込み**　ビジター可
●**予約**　3か月前の1日から受付け
●**コンペ**　組数制限なし
●**休日**　無休
●**クレジット**　JCB　VISA　AMEX　マスター　ダイナース
●**開場日**　1978年7月9日
●**コースの特徴**　18H　P72　6403Y
標高500mの丘陵リゾートコース。池やクリークが要所に配され、一級河川の霧積川越えなども楽しめる。ロッジやクラブハウスでは天然温泉が疲れを癒してくれる
●**練習場**　110Y10打席
●**電車**　信越本線横川駅
●**クラブバス**　なし
●**タクシー**　横川駅から約10分
●**プレースタイル**　セルフプレーで電磁乗用カート
●**シューズ**　ソフトスパイク
●**ビジター料金表**

	平　日	土　曜	日　祝
セ　ル　フ	5,400	9,400	9,400

上記は昼食付
季節によって料金は異なる
●**プレー情報**　温泉宿泊パック、アフタヌーンプレー

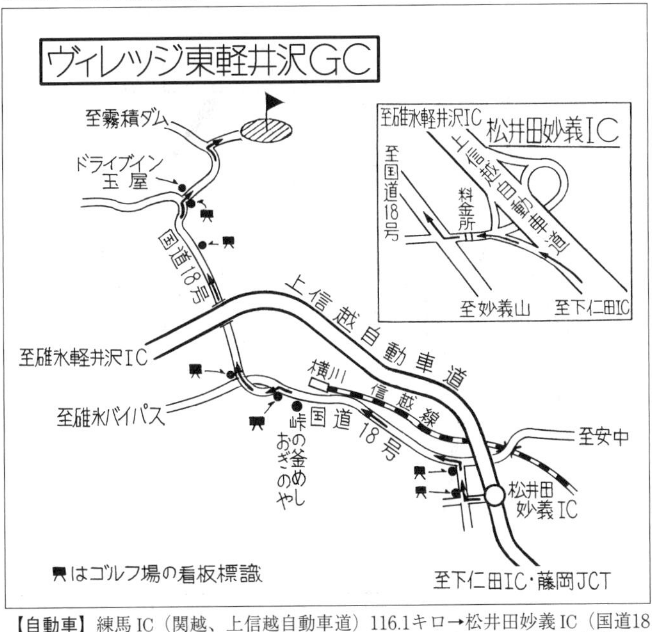

【自動車】練馬 IC（関越、上信越自動車道）116.1キロ→松井田妙義 IC（国道18号）8キロ→コース　所要時間1時間30分　関越自動車道藤岡 JCT から上信越自動車道の松井田妙義 IC へ。IC から国道18号を軽井沢方面に向かい、碓氷バイパスに入らず旧18号を進んでコースへ

琵琶池ゴルフ倶楽部

〒324-0031　栃木県大田原市藤沢91－4　FAX 0287(28)2501
https://www.yaitabiwaike.com/

●プレーの申込み　ビジター可
●予約　3か月前の月初めから受付け
●コンペ　予約状況に相談
●休日　無休
●クレジット　各種
●開場日　1995年4月1日
●コースの特徴　18H　P72　7015Y
自然美を追及して造られ、フラットでブラインドホールもなく、四季を通じて、万全のメンテナンスをしたコース
●練習場　5打席
●電車　東北新幹線那須塩原駅、または東北本線片岡駅
●クラブバス　なし
●タクシー　那須塩原駅から35分約6000円　片岡駅から15分約3000円
●プレースタイル　セルフプレーで5人乗り乗用カート。キャディ付は要予約
●シューズ　ソフトスパイクを推奨
●ビジター料金表

	平　日	土　曜	日　祝
セ　ル　フ	8,000	16,000	16,000

昼食付。利用税別途600円。キャディ付は3850円（4B）加算。ロッカーフィ330円

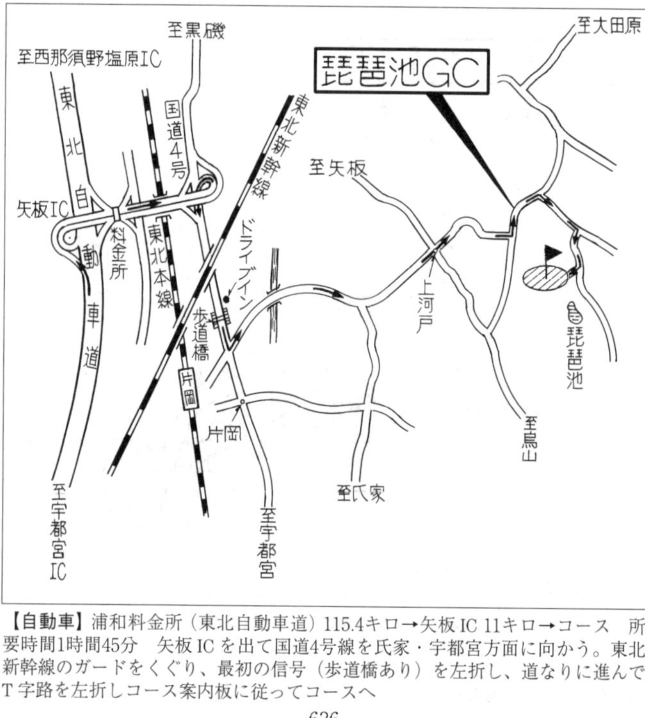

【自動車】浦和料金所（東北自動車道）115.4キロ→矢板IC 11キロ→コース　所要時間1時間45分　矢板ICを出て国道4号線を氏家・宇都宮方面に向かう。東北新幹線のガードをくぐり、最初の信号（歩道橋あり）を左折し、道なりに進んでT字路を左折しコース案内板に従ってコースへ

ファイブハンドレッドクラブ

〒410-1116　静岡県裾野市千福953－2　FAX 055(993)0109
http://www.500club.jp/

●プレーの申込み　平日は会員の紹介　土日祝は会員の同伴が必要
●予約　会員からの連絡により随時受付け。土日祝は会員1名同伴で3名まで
●コンペ　随時受付け。土日祝は不可
●休日　毎週月曜日　12／31　1／1
●クレジット　各種
●開場日　1980年10月25日
●コースの特徴　18H　P72　7100Y
富士の裾野に広がる景観に恵まれたコースで各ホールはフラットに仕上がっている。距離はあるがフェアウェイが広く豪快なショットが楽しめる

●練習場　250Y15打席
●電車　東海道新幹線三島駅
●クラブバス　要問合せ
●タクシー　三島駅から25分4000円
●プレースタイル　キャディ付で5人乗り電磁乗用カート。歩行プレーも可
●シューズ　ソフトスパイク推奨
●ビジター料金表

	平　日	土　曜	日　祝
キャディ付	24,100	38,400	38,400

乗用カート利用の料金

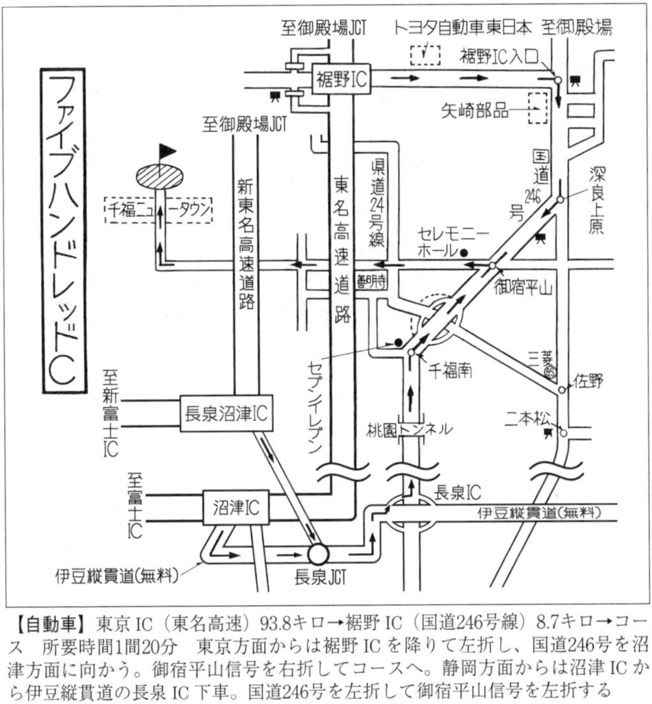

【自動車】東京IC（東名高速）93.8キロ→裾野IC（国道246号線）8.7キロ→コース　所要時間1間20分　東京方面からは裾野ICを降りて左折し、国道246号を沼津方面に向かう。御宿平山信号を右折してコースへ。静岡方面からは沼津ICから伊豆縦貫道の長泉IC下車。国道246号を左折して御宿平山信号を左折する

富貴ゴルフ倶楽部

〒355-0136　埼玉県比企郡吉見町大字江綱817－5　FAX 0493(54)7500
予約0493(54)6000　https://www.pacificgolf.co.jp/fuki/

●プレーの申込み　予約状況によりビジター可
●予約　平日は3か月前、土日祝は2か月前の1日より受け
●コンペ　組数は相談
●休日　無休
●クレジット　JCB　VISA　UC 他
●開場日　1992年10月10日
●コースの特徴　18H　P72　6666Y
アメリカンスタイルのフラットなコース。池、バンカーを効果的に配置し、タフなレイアウト
●コースレート　71.6
●練習場　なし
●電車　東武東上線東松山駅
●クラブバス　なし
●タクシー　東松山駅15分約2000円
●プレースタイル　キャディ付またはセルフで乗用カート
●シューズ　ソフトスパイク（スパイクレスを含む）
●ビジター料金
季節により料金が異なるため、ホームページ参照、またはクラブに要問合せ

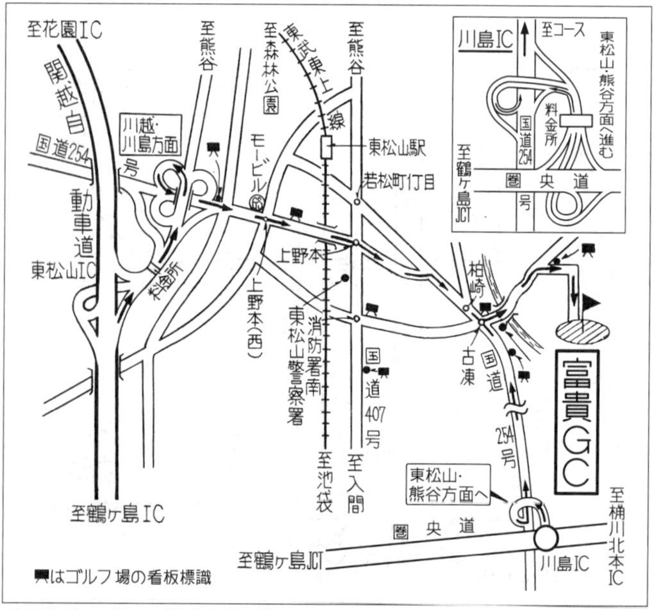

【自動車】練馬 IC（関越自動車道）39.4キロ→東松山 IC 7キロ→コース　所要時間35分　東松山 IC を川越・川島方面に降り、国道254号を直進する。古凍交差点を左折してコース案内板に従ってコースへ。圏央道・川島 IC からは国道254号線を東松山方面に出て、古凍交差点を右折してコースへ

凮月カントリー倶楽部

〒321-0631　栃木県那須烏山市城山2641　FAX 0287(83)2126
https://www.fugetsu-cc.jp　東京営業所　03(6661)6275

●プレーの申込み　予約状況によりビジター可
●予約　3か月前の1日9時より受付け
●コンペ　組数制限なし
●休日　無休。2月の平日クローズする場合があるので要問合せ
●クレジット　各種
●開場日　1973年10月28日
●コースの特徴　27H　P108　10542Y
池越え、ドッグレッグと各ホールは多彩でプレーヤーを楽しませる
●コースレート　中・南71.7
北・中72.2　南・北　72.2
●練習場　250Y 18打席
●電車　東北新幹線宇都宮駅、または東北本線宝積寺駅
●クラブバス　予約制。宝積寺駅東口より8:50
●タクシー　烏山駅から10分1000円
●プレースタイル　キャディ付またはセルフで5人乗り乗用カート
●シューズ　メタルスパイク禁止
●ビジター料金表

	平　日	土　曜	日　祝
セ　ル　フ	7,400	13,400	13,400

昼食付。キャディ付は3600円（4B）割増
●プレー情報　宿泊パック、コンペパック

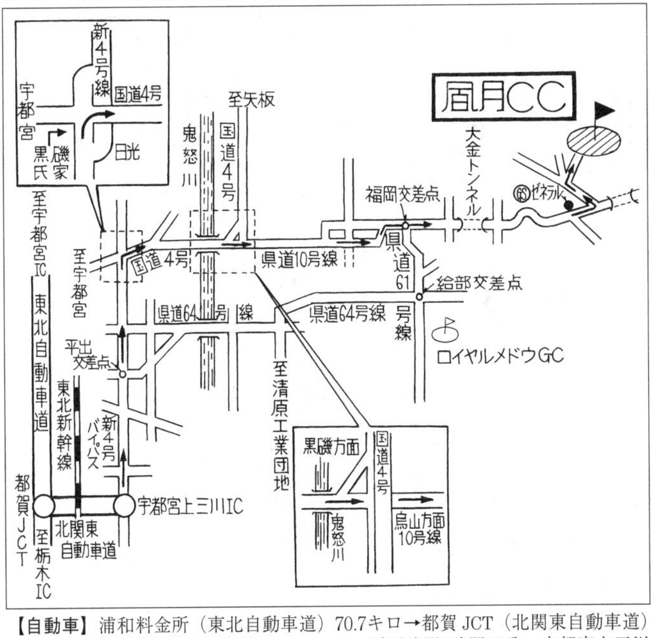

【自動車】浦和料金所（東北自動車道）70.7キロ→都賀 JCT（北関東自動車道）18.5キロ→宇都宮上三川 IC34キロ→コース　所要時間1時間50分　宇都宮上三川 IC から新4号バイパスを黒磯方面へ。国道4号線との立体交差を右折し、県道10号線を烏山方面に向かってコースへ

フォレストカントリークラブ三井の森

〒391-0213　長野県茅野市豊平字東嶽4734－3888　FAX 0266(76)5833
https://www.mitsuinomori.co.jp/golf-f/

●**プレーの申込み**　原則として会員の紹介が必要
●**予約**　2か月前の同日午前9時から予約センターで受付け
●**コンペ**　組数は相談
●**休日**　11月下旬～4月中旬は冬期クローズ
●**クレジット**　JCB　UC　VISA　DC　ダイナース　AMEX　セゾン
●**開場日**　1991年7月2日
●**コースの特徴**　18H　P72　6858Y　八ケ岳連峰を仰ぎ、アルプスを見渡す高原コース。各ホールともフラット
●**コースレート**　B71.5　R69.1
●**電車**　中央本線茅野駅
●**クラブバス**　なし
●**タクシー**　茅野駅東口から約25分5000円
●**プレースタイル**　セルフでGPSナビ付5人乗り乗用カート。キャディ付は要問合せ
●**シューズ**　メタルスパイク禁止
●**ビジター料金表**

	平　日	土　日	祝　日
セ　ル　フ	12,300	17,400	18,400

上記はハイシーズンの料金
期間によって料金は異なる
宿泊ロッジ（16室）

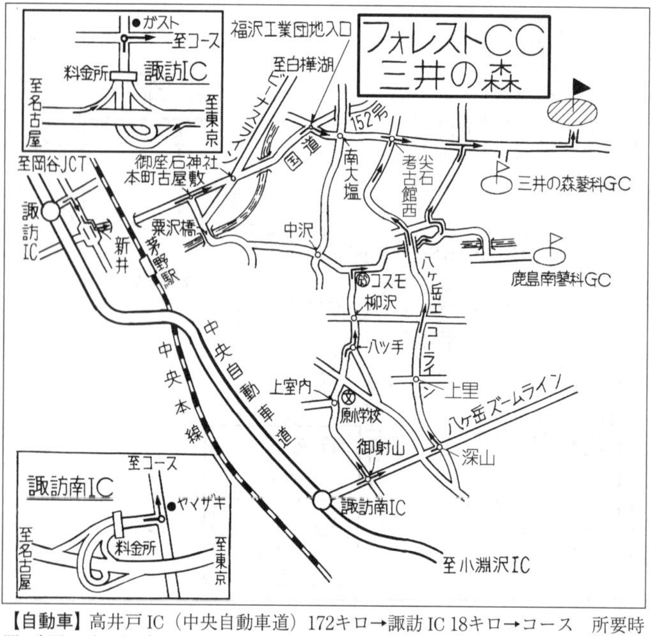

【**自動車**】高井戸IC（中央自動車道）172キロ→諏訪IC 18キロ→コース　所要時間2時間30分　諏訪ICを出てすぐ信号を右折。新井交差点を左折して国道152号線を白樺湖方面へ。鬼場橋を渡り、1.5キロ先の福沢工業団地入口の交差点を右折してコースへ

　☎0555(85)5200

フォレスト鳴沢ゴルフ＆カントリークラブ

〒401-0320　山梨県南都留郡鳴沢村7328番地41　FAX 0555(85)2782
http://fngcc.com/

●**プレーの申込み**　原則として会員の紹介が必要
●**予約**　2か月前の同日より受付け
●**コンペ**　昼食付コンペプランあり
●**休日**　クラブ指定日
12月中旬～3月中旬は冬期クローズ
●**クレジット**　各種
●**開場日**　2009年6月20日
●**コースの特徴**　18H　P72　7000Y
富士山の麓に展開する林間コース。自然林が残り、年輪が感じられる18ホール。フェアウェイが広くのびのびと打てるが、戦略性が高い
●**コースレート**　73.0
●**練習場**　90Y11打席
●**電車**　富士急行河口湖駅
●**クラブバス**　なし
●**タクシー**　河口湖駅から約15分
●**プレースタイル**　セルフプレーでGPSナビ付2人乗りバッテリーカート。FW乗入れ可（雨天時不可）。
キャディ付は要予約
●**シューズ**　メタルスパイク禁止
●**ビジター料金表**

	平　日	土　曜	日　祝
セ　ル　フ	16,090	23,020	23,020

2021年7／10～8／29の料金。キャディ付は4B3850円加算。期間により料金は異なる

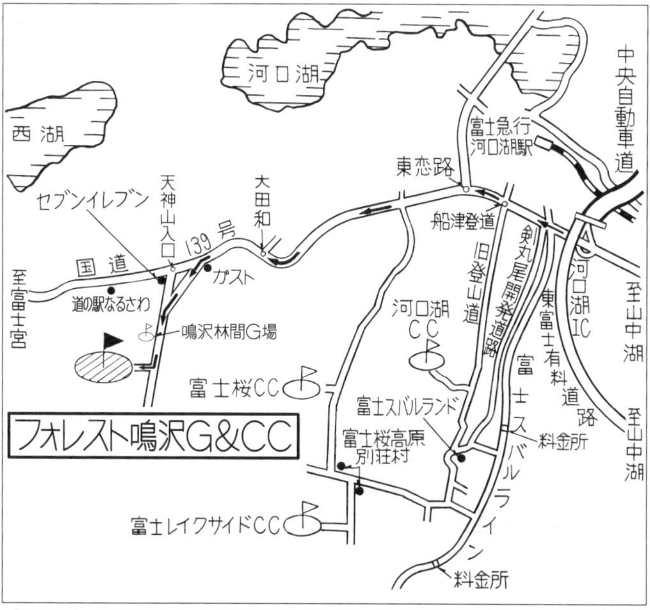

【自動車】高井戸IC（中央自動車道）105.5キロ→河口湖IC 9.5キロ→コース　所要時間1時間30分　河口湖ICを降りて右折し、富士宮方面へ向かう。最初の歩道橋（鳴沢歩道橋）の先のセブンイレブン・ガストがある信号を左折してコースへ

富嶽カントリークラブ

〒424-0301　静岡県静岡市清水区宍原1783-1　FAX 0544(65)2210
https://fugakucc.com/

●**プレーの申込み**　会員の紹介が必要。ビジター可。電話予約またはインターネット、HP から申込み可
●**予約**　3か月前より受付け
●**コンペ**　組数制限なし
●**休日**　無休
●**クレジット**　VISA　セゾン　JCB　ダイナース　UC　UFJ　DC　AMEX
●**開場日**　1986年6月2日
●**コースの特徴**　18H　P72　6529Y
国内トップレベルの距離（フルバック8063Y）とスケールを誇るフラットな18ホール。インターバルは短くブラインドホールも少ない。全ホールより霊峰富士が望める
●**練習場**　200m8打席
●**電車**　東海道新幹線新富士駅
●**クラブバス**　なし
●**タクシー**　新富士駅から30分5000円
●**プレースタイル**　キャディ付とセルフで5人乗り乗用カート
●**シューズ**　ソフトスパイク推奨
●**ビジター料金表**

	平　日	土　日	祝　日
キャディ付	18,900	25,900	25,900
セ　ル　フ	14,500	21,500	21,500

2021年11月の料金
季節によって料金は異なる

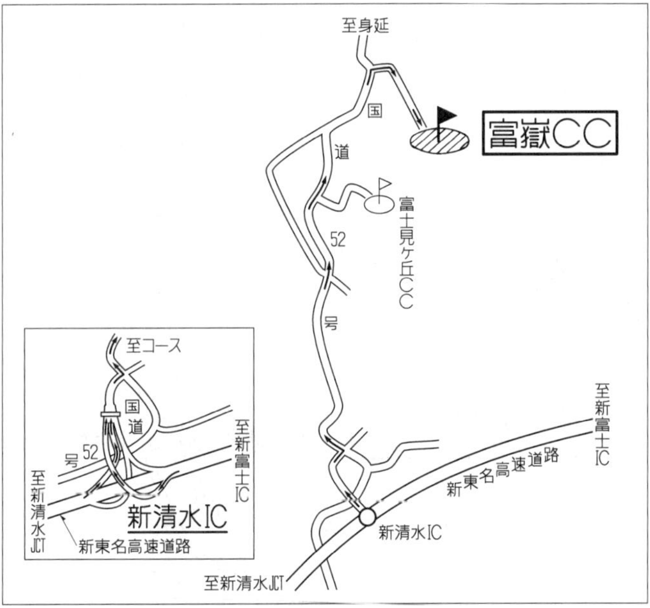

【自動車】 東京 IC（東名高速）88.3キロ→御殿場 JCT（新東名高速）47.9キロ→新清水 IC 2.5キロ→コース　所要時間1時間40分　新清水 IC を降りて左折し、県道52号線を身延方面に向かって約3分でコース

☎0295(72)3000

袋田の滝カントリークラブ大子コース

〒319-3542　茨城県久慈郡大子町初原19－9　FAX 0295(72)3663
http://www.fukuroda-cc.com/

●プレーの申込み　ビジター可
●予約　3か月前の同日から受付け
●コンペ　組数は相談
●休日　無休
●クレジット　各種
●開場日　1987年10月20日
●コースの特徴　18H　P72　7239Y
悠然となだらかな丘陵にゆったり開かれたベントワングリーンのコース。池やバンカー、マウンド等のレイアウトが多彩な表情を引き出している
●コースレート　74.0
●練習場　250Y15打席
●電車　東北新幹線那須塩原駅
●クラブバス　なし
●タクシー　那須塩原から45分8500円
●プレースタイル　セルフプレーで乗用カート
●シューズ　ソフトスパイク推奨
●ビジター料金表

	平　日	土　日	祝　日
セ　ル　フ	5,000	11,300	11,300

2021年の料金で昼食付
料金は季節、曜日により異なる
ロッカーフィ200円。ホテル併設
●サービスデー　毎週月・金曜日

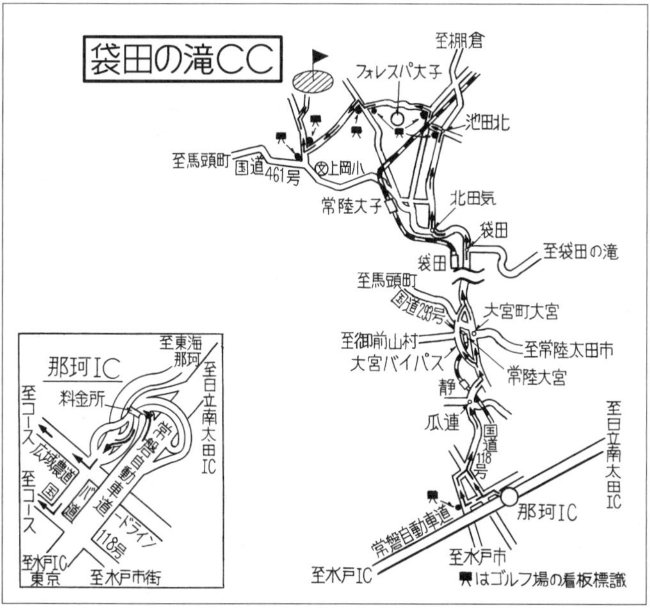

【自動車】三郷 IC（常磐自動車道）93.8キロ→那珂 IC（国道118号）48キロ→コース　所要時間1時間50分　常磐自動車道を那珂 IC で降り、国道118号を大子・郡山方面に向かう。袋田の滝を過ぎ、池田北信号を左折。あとはコース案内板に従ってコースへ

フジ天城ゴルフ倶楽部

〒410-3217　静岡県伊豆市大平柿木1190－1　FAX 0558(87)0524
https://fuji-amagigolf.com/

●プレーの申込み　予約状況によりビジター可
●予約　3か月前の同日より受付け
●コンペ　組数制限なし
●休日　無休
●クレジット　VISA JCB ダイナース ニコス　AMEX 他
●開場日　1961年11月3日
●コースの特徴　27H　P108　9348Y
27ホールなので初級者から上級者まで楽しめるコースとなっている。プレー後は源泉掛け流しの天然温泉でリラックス
●コースレート　里・富士69.7
里・松69.9、松・富士69.8
●練習場　280Y18打席
●電車　伊豆箱根鉄道修善寺駅
●クラブバス　なし
●タクシー　修善寺駅から10分3000円
●プレースタイル　セルフプレーで5人乗り乗用カート
●シューズ　メタルスパイク禁止
●ビジター料金表

	平　日	土　日	祝　日
セ　ル　フ	7,400	12,900	12,900

2021年10月～12月の昼食付料金
期間により料金は異なる

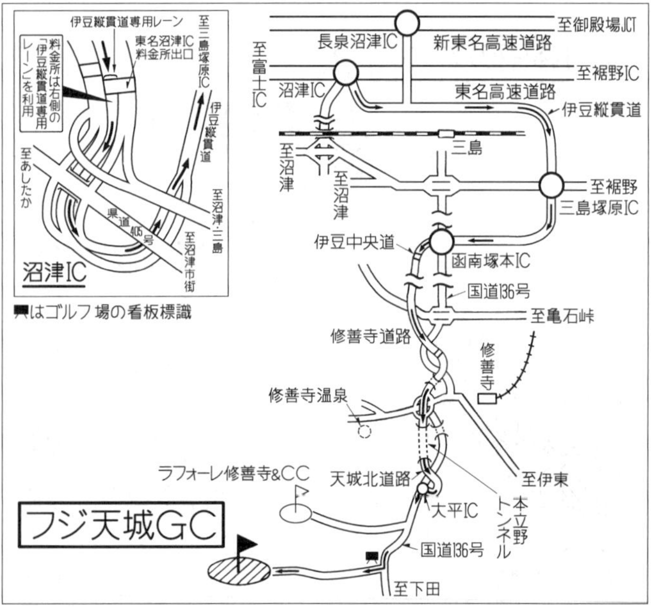

【自動車】東京IC（東名高速）103.3キロ→沼津IC（伊豆縦貫道、伊豆中央道、修善寺道路、天城北道路経由）32キロ→大平IC 6キロ→コース　所要時間1時間50分　沼津ICから伊豆縦貫道、伊豆中央道、修善寺道路、天城北道路を経由して大平ICへ。国道136号を左折してコースへ

富士市原ゴルフクラブ

〒290-0528　千葉県市原市古敷谷権現代1685　FAX 0436(96)1261
https://www.next-golf.jp/ichihara/

●**プレーの申込み**　予約状況によりビジター可
●**予約**　3か月前の同日より受付け
●**コンペ**　上記に準ずる
●**休日**　無休
●**クレジット**　各種
●**開場日**　1992年9月28日
●**コースの特徴**　18H　P72　6908Y
R・T・ジョーンズ Jr. が設計。正確なショットが要求される戦略的な挑戦しがいのある美しいコース
●**コースレート**　72.2
●**練習場**　230Y19打席
●**電車**　小湊鉄道高滝駅
●**クラブバス**　なし
●**タクシー**　五井駅から約8000円
●**プレースタイル**　キャディ付またはセルフで乗用カート
●**シューズ**　ソフトスパイク推奨
●**ビジター料金表**

	平　日	土　曜	日　祝
キャディ付	18,021	28,021	28,021
セ　ル　フ	13,500	23,500	23,500

上記は2021年10月～12月の昼食付料金

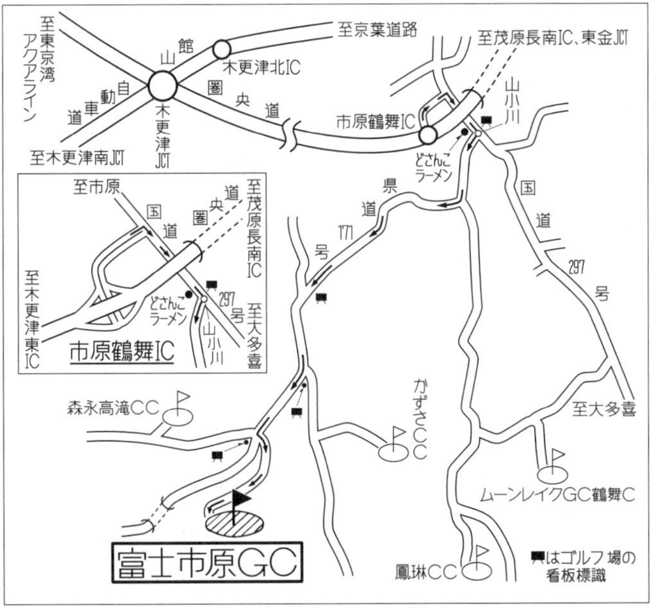

【**自動車**】川崎浮島 JCT(東京湾アクアライン、連絡道)23.7キロ→木更津 JCT(圏央道) 19.6キロ→市原鶴舞 IC 6キロ→コース　所要時間35分　市原鶴舞 IC を降りて右折し、1つ目の山小川信号を右折。コース案内板に従ってコースへ。館山自動車道・市原 IC からは大多喜・勝浦方面に向かって約26キロ、45分

富士エースゴルフ倶楽部

〒411-0931　静岡県駿東郡長泉町東野字八分平655-1　FAX 055(986)6656
予約専用　055(987)2146　https://www.fuji-ace-golf.co.jp

●プレーの申込み　ビジター可
●予約　2か月前の1日から受付け
●コンペ　2か月前の1日より受付け
●休日　クラブ指定日
●クレジット　JCB　UC　VISA　MC　AMEX　ダイナース　DC
●開場日　1977年7月27日
●コースの特徴　18H　P72　6600Y
海抜500mの駿河湾を見下ろすスケールの雄大なコース。豊富な樹林に加え、個性豊かなホールが続く。宿泊ロッジを隣接
●コースレート　71.5
●練習場　50Y6打席
●電車　東海道新幹線三島駅
●クラブバス　なし
●タクシー　三島駅から25分3000円
●プレースタイル　セルフで5人乗り乗用カート
●シューズ　メタルスパイク禁止
●ビジター料金表

	平　日	土　日	祝　日
セ　ル　フ	9,050	16,200	14,000

2021年11月の料金で昼食付
優待プラン、宿泊プラン等については要問合せ

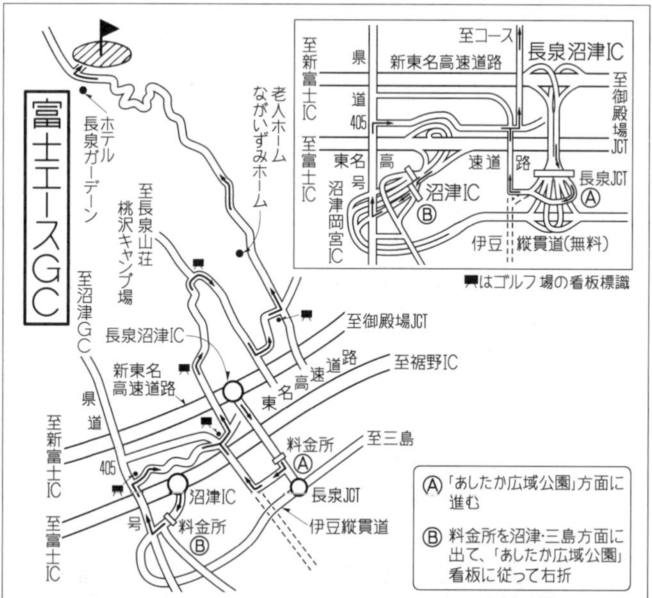

【自動車】東京IC（東名高速）103.3キロ→沼津IC 8キロ→コース　所要時間1時間20分　沼津IC料金所の左ゲートを出て「あしたか広域公園」方面に右折。高速道路を越えて信号を右折し、案内板に従ってコースへ。新東名･長泉沼津ICからは「あしたか広域公園」方面に出て、1つ目の信号を右折して案内板に従う

藤枝ゴルフクラブ

〒426-0076　静岡県藤枝市内瀬戸1193　FAX 054(644)3573
http://www.fujieda-gc.co.jp

●**プレーの申込み**　原則として平日は会員紹介、土日祝は会員の同伴が必要
●**予約**　2か月前の1日10時から受付
●**コンペ**　組数は相談
●**休日**　クラブ指定日
●**クレジット**　UC　DC　MC　VISA　セゾン　ニコス　JCB　AMEX　ダイナース
●**開場日**　1974年11月23日
●**コースの特徴**　27H　P108　9946Y　丘陵地の地形を生かしたレイアウト。北・西・東コースそれぞれ個性あるメンタルなホールが多い
●**練習場**　あり
●**電車**　東海道本線藤枝駅
●**クラブバス**　なし
●**タクシー**　藤枝駅から10分約1500円
●**プレースタイル**　キャディ付またはセルフプレーでGPSナビ付5人乗り乗用カート
●**シューズ**　ソフトスパイク
●**ビジター料金表**

	平　日	土　曜	日　祝
キャディ付	14,120	18,600	18,600
セ　ル　フ	11,370	15,850	15,850

期間により料金は異なる
●**セルフデー**　火曜日9,900円弁当付

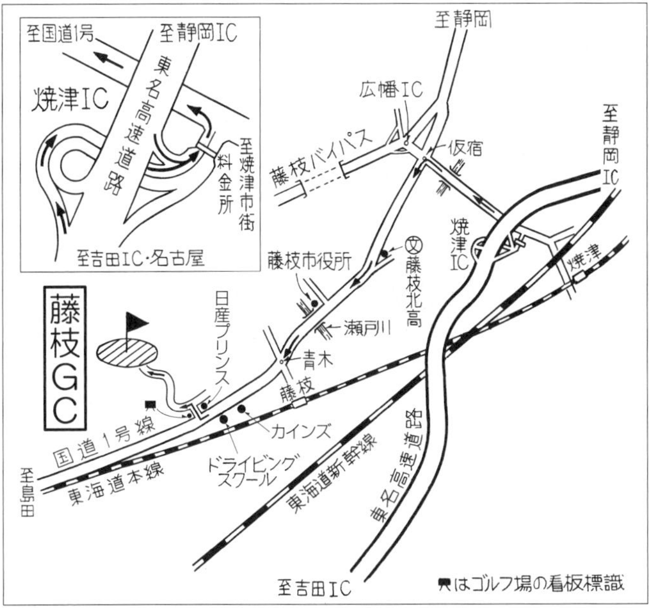

【自動車】東京IC（東名高速）173.6キロ→焼津IC（国道1号線）10キロ→コース　所要時間2時間20分　焼津ICで降り、料金所を出たら左折して国道1号線に向かう。仮宿交差点を左折して国道1号線に入り島田方面に向かう。8キロほど先の案内板にしたがって右折しコースへ

藤岡ゴルフクラブ

〒375-0055　群馬県藤岡市白石2925　FAX 0274(24)2460
https://www.accordiagolf.com/

●**プレーの申込み**　ビジター可
●**予約**　3か月前の同日から受付け
●**コンペ**　組数は相談
●**休日**　無休
●**クレジット**　各種
●**開場日**　1968年10月1日
●**コースの特徴**　36H　P144　13098Y
東は丘陵コースでミドルホールに距離があり、池越えなどの変化に富む。西は山岳コースで起伏がある
●**練習場**　80Y20打席
●**電車**　上越新幹線高崎駅、または高崎線新町駅
●**クラブバス**　予約制で新町駅南口から土日祝のみ8:45を運行
●**タクシー**　高崎駅から30分4000円
●**プレースタイル**　セルフプレーで乗用カート。FW乗入れ可（コース状況により不可）
●**シューズ**　メタルスパイク禁止
●**ビジター料金表**

	平　日	土　曜	日　祝
東コース	6,500	13,500～	13,500～
西コース	6,000	13,500～	12,500～

2021年10月～12月の料金で昼食付
期間により料金は異なる

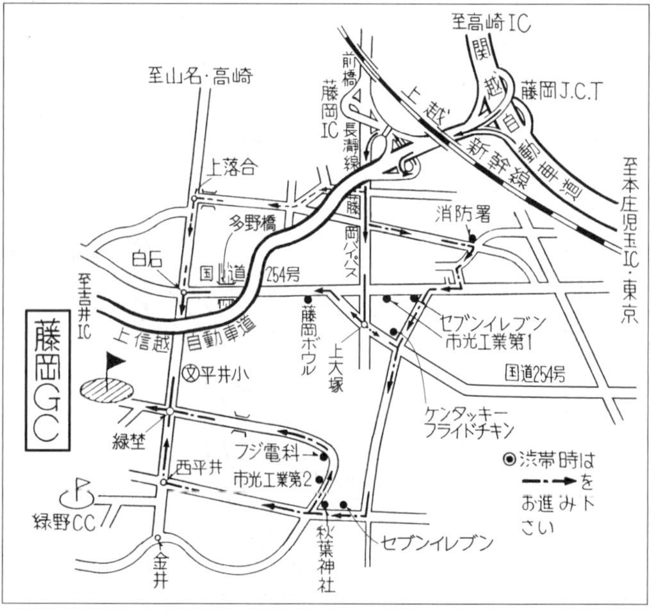

【自動車】練馬IC（関越自動車道）80.4キロ→藤岡IC 7キロ→コース　所要時間1時間　藤岡IC料金所を出て左折し、国道254号の上大塚交差点を右折する。多野橋を渡り、白石交差点を左折して2つ目の緑埜信号を右折してコースへ

☎0550(78)0111

富士小山ゴルフクラブ

〒410-1308　静岡県駿東郡小山町大御神894－1　FAX 0550(78)0683
予約0550(78)1155　http://fogc.jp/

●**プレーの申込み**　平日はビジター可。土日祝は会員の紹介または同伴
●**予約**　3か月前の同日より受付け
●**コンペ**　組数は相談。平日は4か月前より受付け
●**休日**　12/31　1/1　クラブ指定日
●**クレジット**　各種
●**開場日**　1962年4月1日
●**コースの特徴**　18H　P72　7015Y
フラットでストレートホールが続く丘陵コース
●**練習場**　280Y18打席
●**電車**　JR 御殿場線駿河小山駅
●**クラブバス**　駿河小山駅7:50　8:10　8:35　土日祝は9:15増発　要予約
●**タクシー**　御殿場から20分3800円
●**プレースタイル**　キャディ付で乗用カート。平日（火～金）は組数限定セルフプレーも可
●**シューズ**　ゴルフ靴はすべて可
●**ビジター料金表**

	火～金	土　曜	日　祝
キャディ付	16,800	24,000	21,500

期間により料金は異なる
●**セルフデー**　月曜日12,700円（祝日の場合は翌日）

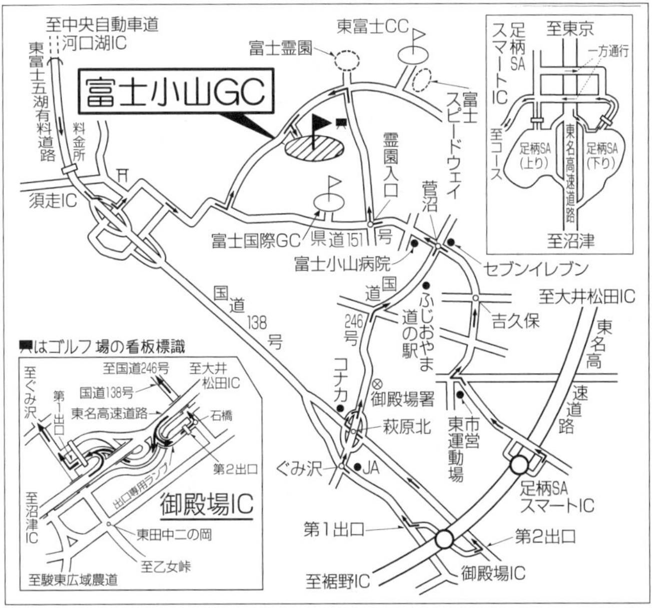

【自動車】東京 IC（東名高速）83.7キロ→御殿場 IC11キロ→コース　所要時間1時間10分　御殿場 IC から山中湖方面に向かい萩原北交差点を右折。菅沼交差点を左折し霊園入口交差点を右折してコースへ。足柄 SA スマート IC からは9キロ14分。または中央自動車道河口湖 IC から東富士五湖有料道路を利用

富士篭坂36ゴルフクラブ

〒410-1431　静岡県駿東郡小山町須走121　FAX 0550（75）4600
http://www.kagosaka.com

●プレーの申込み　ビジター可
●予約　3か月前の月初めから受付け
●コンペ　組数制限なし
●休日　無休
●クレジット　JCB　VISA　ダイナース
●開場日　1996年6月16日
●コースの特徴　18H　P72　6515Y
富士の裾野の緩やかな高原に展開する松林にセパレートされた丘陵コース。2021年4月篭坂 GC と富士高原 GC を統合してリニューアル
●コースレート　70.8
●練習場　パッティンググリーン
●電車　御殿場線、または小田急ロマンスカー利用で御殿場駅
●クラブバス　なし
●タクシー　御殿場駅20分約3500円
●プレースタイル　セルフプレーで4人乗り電磁誘導乗用カート
●シューズ　メタルスパイク禁止
●ビジター料金表

	平　日	土　曜	日　祝
セ　ル　フ	14,200	20,800	18,600

2021年4／1～11／30の料金。季節により料金は異なる。ツーサムは平日1100円、土日祝2200円加算。冬期料金あり
●プレー情報　コンペ特典、薄暮プレー、ジュニア料金

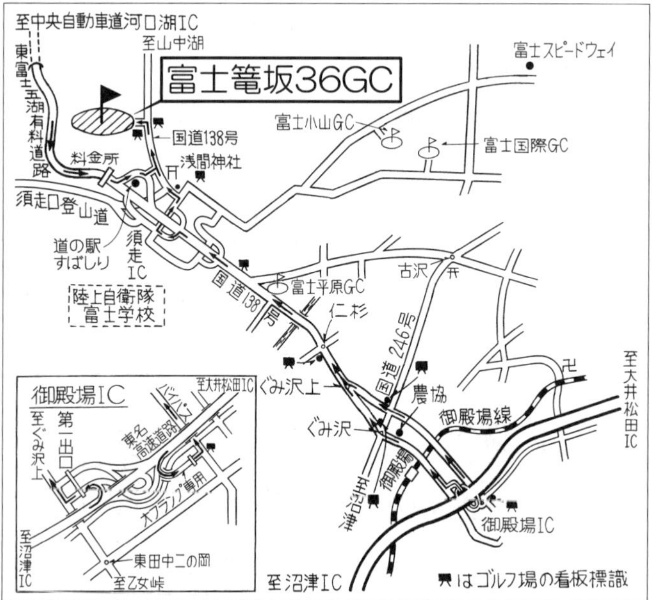

【自動車】東京 IC（東名高速）83.7キロ→御殿場 IC（国道138号線）12キロ→コース　所要時間1時間20分　御殿場 IC を出て国道138号線を山中湖方面へ進み、案内板に沿ってコースへ。または中央自動車道から東富士五湖有料道路へ入り、須走 IC で降り料金所を出てすぐ左折し、次の信号を左折してコースへ

　☎04(7191)4161

藤ヶ谷カントリークラブ

〒270-1456　千葉県柏市泉2348　FAX 04(7191)1124
予約専用　04(7191)4163　https://fujigayacc.co.jp/

●プレーの申込み　会員の同伴または紹介が必要
●予約　平日は3か月前の1日から、土日祝は2か月前の1日から受付け
●コンペ　平日3組10名以上は1年前より受付け
●休日　毎週月曜日　12／31　1／1
●クレジット　各種
●開場日　1965年2月1日
●コースの特徴　18H　P72　6826Y
松林でセパレートされたなだらかな丘陵コース
●コースレート　BT72.5　RT69.9
FT66.9
●練習場　240Y17打席
●電車　常磐線柏駅
●クラブバス　柏駅東口（指定企業バス専用乗降場）から7:20　8:40
●タクシー　柏駅から20分約3,000円
東武野田線高柳駅から15分約2000円
●プレースタイル　キャディ付で乗用カート
●シューズ　ソフトスパイク推奨
●ビジター料金表

	平　日	土　曜	日　祝
キャディ付	21,000	34,970	34,970

季節割引あり

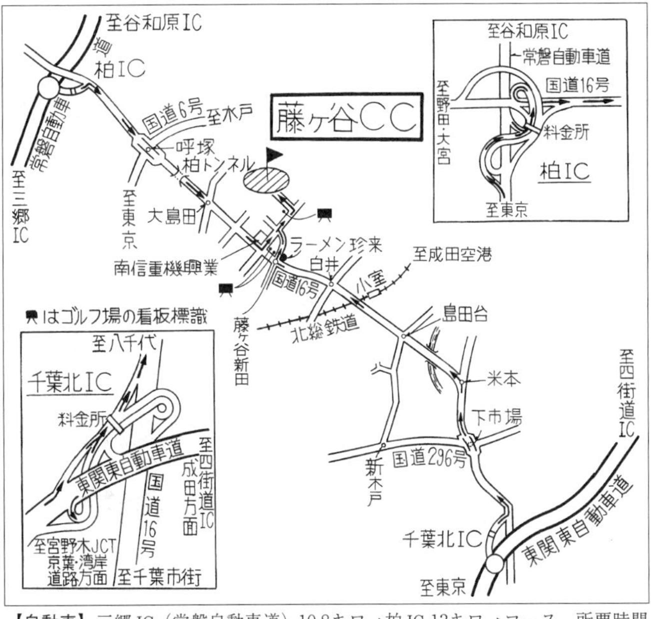

【自動車】三郷 IC（常磐自動車道）10.8キロ→柏 IC 13キロ→コース　所要時間約30分　柏 IC で降りて国道16号線を柏方面に向かう。国道6号を越え、柏トンネルから7つ目の信号を左折してコースへ。千葉北 IC から国道16号線を柏方面に向かうルートは IC から約23キロ

☎0556(42)4111

富士川カントリークラブ

〒409-3393　山梨県南巨摩郡身延町西島3525　FAX 0556(42)2373
http://www.fujigawacc.jp

●プレーの申込み　ビジター可
●予約　3か月前の1日から受付け
●コンペ　予約状況により相談
●休日　無休
●クレジット　VISA　ダイナース　UC　JCB 他
●開場日　1979年10月14日
●コースの特徴　18H　P72　6574Y
富士山を望む山岳丘陵コース。アウトは豪快に攻めて好スコアを狙い、谷越えやドッグレッグのあるインは正確なショットが要求される
●コースレート　70.3
●練習場　145Y5打席
●電車　身延線甲斐岩間駅
●クラブバス　なし
●タクシー　甲斐岩間駅10分2000円
●プレースタイル　セルフプレーで5人乗り乗用カート
●シューズ　ゴルフ靴はすべて可
●ビジター料金表

	平　日	土　曜	日　祝
セ　ル　フ	5,300	8,500	8,500

昼食付サービスデーあり
●プレー情報　早朝･薄暮プレー（1Rスルー平日4800円、土日祝7400円。0.5R）平日2200円、土日祝3200円。コンペパック、宿泊パック

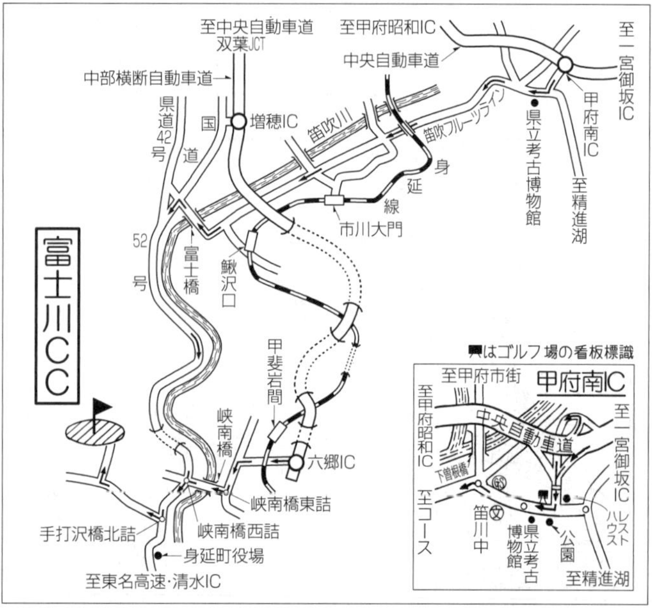

【自動車】高井戸 IC（中央自動車道）105.6キロ→甲府南 IC 22キロ→コース　所要時間2時間　甲府南 IC で降りて市川三郷町を経て鰍沢町に入り、国道52号線を左折。身延町手打沢橋北詰の信号を右折してコースへ。中部横断道･六郷 IC からは6キロ、約12分

☎0296(72)8111

富士カントリー笠間倶楽部

〒309-1602　茨城県笠間市池野辺2523　FAX 0296(72)8534
https://www.kasama-club.com

●プレーの申込み　ビジター可
●予約　3か月前の1日から受付け
●コンペ　組数制限なし
●休日　無休
●クレジット　JCB　DC　UC　UFJ　ダイナース　AMEX　VISA　ニコス　セゾン
●開場日　1978年8月1日
●コースの特徴　27H　P108　10599Y
3コースとも各ホールが異なり、変化に富んだコースである
●コースレート　73.8　74.1　73.5
●練習場　300Y16打席
●電車　常磐線友部駅
●クラブバス　予約制で友部駅北口から
8:20　8:50
●タクシー　友部駅から20分3800円
●プレースタイル　セルフプレーで5人乗り乗用カート
●シューズ　ソフトスパイク推奨
●ビジター料金表

	平　日	土　曜	日　祝
セ　ル　フ	7,080	15,480	15,480

2021年11月の昼食付料金
祝日は14,460円
季節料金あり
●プレー情報　宿泊パック

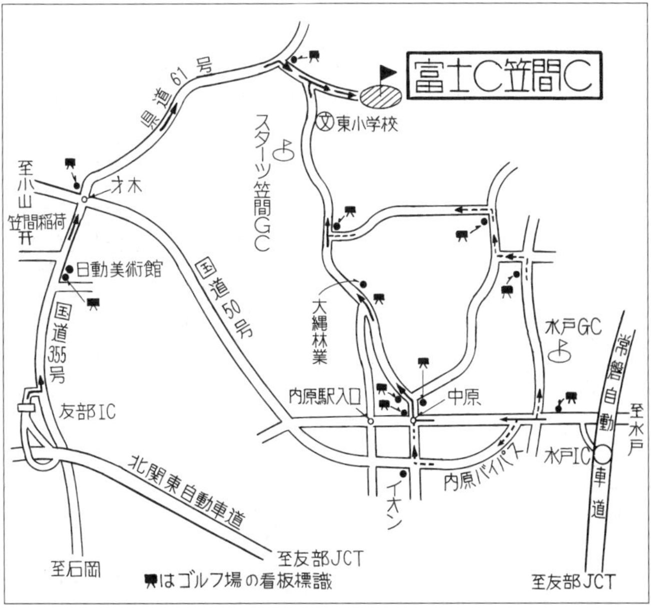

【自動車】三郷IC（常磐自動車道）82キロ→水戸IC 9.4キロ→コース　所要時間1時間10分　水戸ICを笠間方面に降り、旧国道50号の中原信号（ICから8つ目の信号）を右折してコースへ。北関東自動車道・友部ICからは約15キロ、22分

富士カントリークラブ

〒412-0024　静岡県御殿場市東山2472　FAX 0550(82)4555
https://www.fujicountryclub.com/

●プレーの申込み　原則的に会員の紹介が必要
●予約　平日は4か月前、土日祝は3か月前の同日から受付け
●コンペ　組数は相談
●休日　12／31　1／1
●クレジット　AMEX　VISA　JCB　ダイナース　UC　DC
●開場日　1958年8月16日
●コースの特徴　18H　P72　6832Y　富士山の眺望が美しく、変化のある丘陵コース。赤星四郎氏の設計は戦略性が要求され、全体的に難易度は高い
●練習場　200Y11打席
●電車　御殿場線御殿場駅
●タクシー　御殿場駅から10分1500円
●クラブバス　御殿場駅から7:30（予約）8:05　8:25　8:55
●プレースタイル　キャディ付またはセルフで5人乗り乗用カート
●シューズ　メタルスパイク禁止
●ビジター料金表

	平　日	土　曜	日　祝
キャディ付	20,690	28,280	26,520
セ　ル　フ	17,390	23,880	22,670

2021年4／1～12／12昼食付料金。3組以上はコンペは割引
●セルフデー　原則毎週月曜12770円、食事付

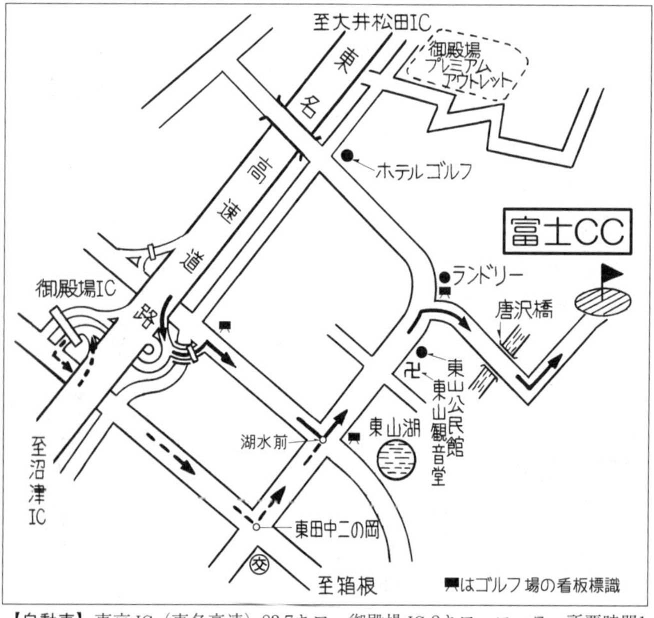

【自動車】東京IC（東名高速）83.7キロ→御殿場IC 2キロ→コース　所要時間1時間　御殿場IC東出口を右折して138号バイパスを300m走り、湖水前交差点を左折して700m先のT字路を右折するとコース。ICより2キロ、3分

富士クラシック

〒401-0338　山梨県南都留郡富士河口湖町富士ケ嶺2－2　FAX 0555(89)2300
予約専用　0555(89)3333　http://fuji.classic.ne.jp/

●**プレーの申込み**　パブリックコース
●**予約**　2か月前の1日から受付け
●**コンペ**　随時受付け
●**休日**　営業期間中無休
1月中旬～3月中旬は冬期クローズ予定
●**クレジット**　各種
●**開場日**　1995年10月1日
●**コースの特徴**　18H　P72　7171Y
葛飾北斎の富嶽三十六景をテーマに偉才D・ミュアヘッドがアートした戦略的なコース。富士の絶景を臨む
●**練習場**　250Y12打席　バンカー付アプローチグリーン
●**電車**　富士急行線河口湖駅または、東海道新幹線新富士駅
●**クラブバス**　なし
●**タクシー**　河口湖駅から約30分、新富士駅から約50分
●**プレースタイル**　キャディ付またはセルフで電磁誘導乗用カート
●**シューズ**　ソフトスパイク
●**ビジター料金表**

	平　日	土　日	祝　日
セ　ル　フ	10,800	17,000	16,000

キャディ付は4,400円加算
2021年11月の料金。平日は昼食付
期間により料金は異なる
●**プレー情報**　宿泊パック、コンペプラン

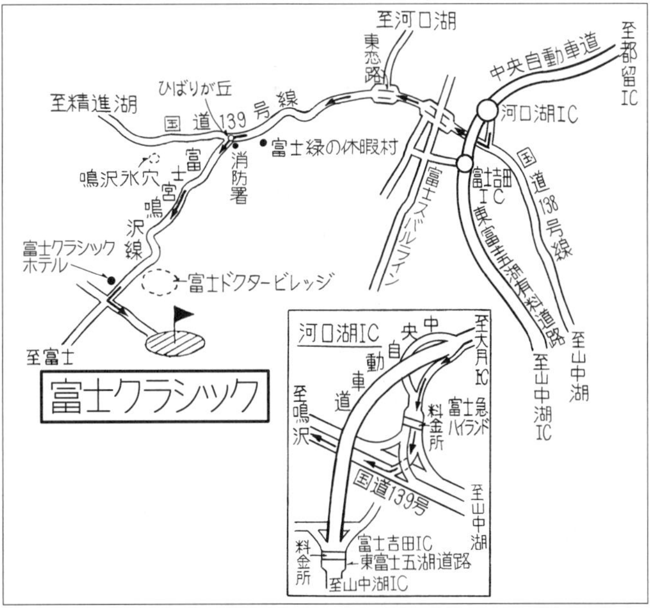

【自動車】 高井戸IC（中央自動車道）93.3キロ→河口湖IC（国道139号線）8.7キロ→富士宮鳴沢線10キロ→コース　所要時間1時間40分　河口湖ICから国道139号線を本栖湖に向かう。ひばりが丘信号（消防署あり）を左折して富士方面へ進み、富士クラシックホテルを通過後信号を左折してコースへ

富士グリーンヒルゴルフコース

〒410-1306　静岡県駿東郡小山町上野1492　FAX 0550(76)1092
http://www.tfn-style.jp/fgh

●**プレーの申込み**　パブリックコース
●**予約**　3か月前の1日9時より受付け
●**コンペ**　組数制限なし
●**休日**　1/1　クラブ指定日
●**クレジット**　JCB　VISA　AMEX 他
●**開場日**　1971年7月1日
●**コースの特徴**　18H　P72　6455Y
グリーンに特徴がある戦略性の高いコース。箱根金時山を正面に、富士山を右側に望む
●**コースレート**　70.8
●**練習場**　120Y20打席
●**電車**　御殿場線駿河小山駅
●**クラブバス**　駿河小山駅から運行
8:05（予約制）8:30
●**タクシー**　駿河小山駅15分2100円
●**プレースタイル**　キャディ付またはセルフで乗用カート
●**シューズ**　ゴルフ靴はすべて可
●**ビジター料金表**

	平　日	土　曜	日　曜
キャディ付	15,870	21,170	20,150
セ　ル　フ	12,000	17,300	16,280

祝日15,780円。2021年4/1〜7/31、9/1〜12/18の料金
●**プレー情報**　冬期割引、午後スループレー、薄暮プレー

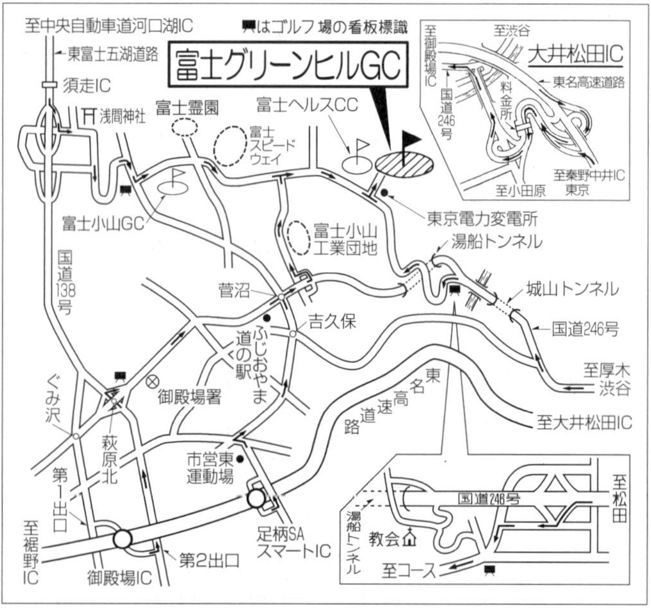

【自動車】東京 IC（東名高速）57.9キロ→大井松田 IC（国道246号）27キロ→コース　所要時間1時間30分　大井松田 IC から国道246号に入り御殿場方面へ。城山トンネルを抜けて左折し、突き当たりを右折後山中湖方面へ左折してコース。足柄 SA スマート IC からは12キロ15分。御殿場 IC からは13.5キロ20分

富士国際ゴルフ倶楽部

〒410-1326　静岡県駿東郡小山町用沢1442-23　FAX 0550(78)1261
予約0550(78)1600　https://www.fuji-golf.jp/fujikokusai/

●**プレーの申込み**　予約状況によりビジター可
●**予約**　3か月前の1日から受付け
●**コンペ**　予約状況により相談
●**休日**　12/31　1/1
1月～2月のクラブ指定日
●**クレジット**　DC　マスター　VISA　ダイナース　JCB　AMEX
●**開場日**　1961年3月21日
●**コースの特徴**　36H　P144　12773Y
富士山の東麓にゆるやかにレイアウトされており、女性や年配者にも人気のコース
●**練習場**　70Y20打席
●**電車**　JR御殿場線御殿場駅または駿河小山駅
●**クラブバス**　要問合せ
●**タクシー**　御殿場駅から20分3000円
●**プレースタイル**　富士コースはキャディ付、乙女コースはセルフでGPSナビ付5人乗り乗用カート
●**シューズ**　メタルスパイク禁止
●**ビジター料金表**

	平　日	土　曜	日　祝
キャディ付	15,200	23,000	20,900
セ　ル　フ	11,600	18,400	16,900

●**プレー情報**　サービスデー、優待プランあり

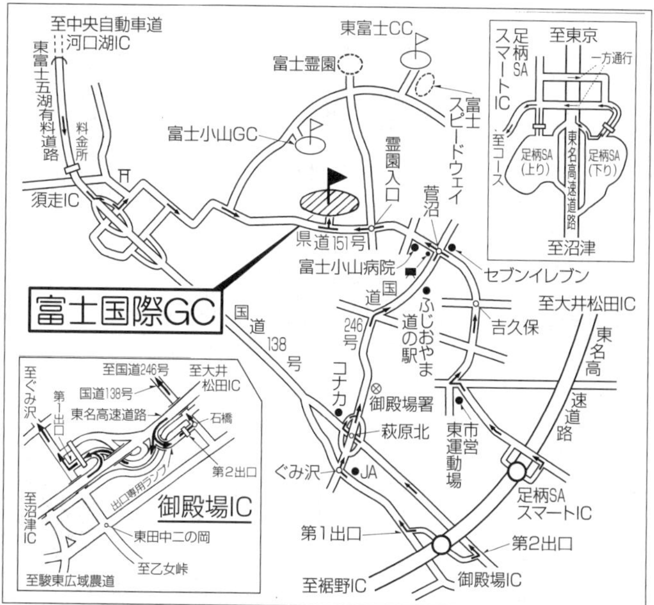

【**自動車**】東京IC（東名高速）83.7キロ→御殿場IC 11キロ→コース　所要時間1時間10分　御殿場ICを降りて山中湖方面に向かう。萩原北交差点を右折し、菅沼交差点で左折しコースへ。足柄SAスマートICからは8キロ約16分。または中央自動車道・河口湖ICから東富士五湖有料道路を利用

☎0555(62)1227

富士ゴルフコース

〒401-0501　山梨県南都留郡山中湖村山中262－1　FAX 0555(62)0394
予約0555(62)2500　http://www.fuji-gc.com

●**プレーの申込み**　パブリックコース
●**予約**　年間を通して受付け
●**コンペ**　組数制限なし
●**休日**　営業期間中は無休
12月中旬～3月は冬期クローズ
●**クレジット**　ダイナース　AMEX
VISA　JCB　UC　TS^3　TOP
●**開場日**　1935年8月1日
●**コースの特徴**　18H　P72　6792Y
山中湖に近い標高1100mにあり、昭和10年開場の伝統と手造りの良さが売り物の名門パブリックコース。ハウス浴室は山中湖温泉紅富士の湯を源泉とする天然温泉
●**練習場**　60Y7打席
●**電車**　富士急行富士山駅
●**クラブバス**　なし
●**タクシー**　富士山駅30分5000円
●**プレースタイル**　原則的にキャディ付で歩いてプレー
●**シューズ**　スパイクレス推奨
●**ビジター料金表**

	平　日	土　曜	日　祝
キャディ付	17,900	26,400	25,300

上記は2021年8/28~10/24の昼食付料金
季節によって料金は異なる。ホームページ参照
●**プレー情報**　宿泊パック、コンペ割引、レディス特典、薄暮

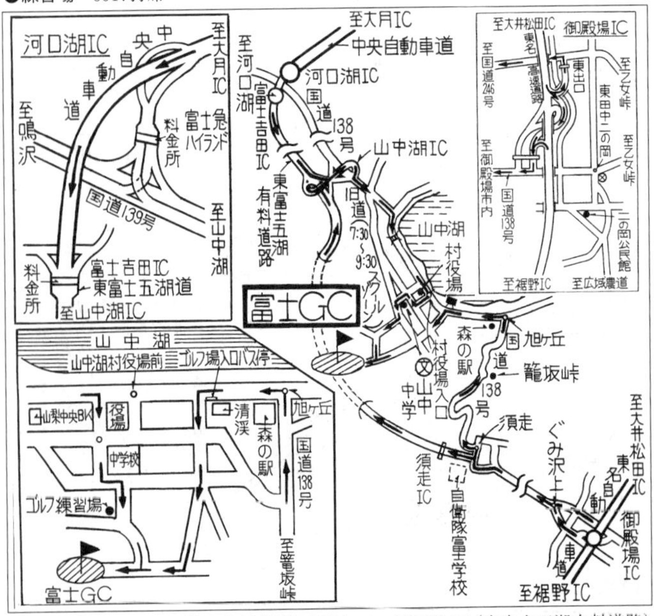

【自動車】高井戸 IC（中央自動車道）93.3キロ→河口湖 IC（東富士五湖有料道路）8.9キロ→山中湖 IC（国道138号）5キロ→コース　所要時間1時間40分　河口湖 IC からそのまま東富士五湖有料道路に進み、山中湖 IC で降りる。国道138号を旭ケ丘へ向かい、コース案内板に従って右折するとコース

富士桜カントリー倶楽部

〒401-0302　山梨県南都留郡富士河口湖町小立7187－4　FAX 0555(73)2452
https://www.fujizakura-cc.jp

●**プレーの申込み**　原則として平日は会員の紹介、土日祝は同伴が必要
●**予約**　3か月前の1日から受付け
●**コンペ**　土曜は不可、平日・日祝は予約状況により相談
●**休日**　営業期間中は無休
12月下旬～3月中旬は冬期クローズ
●**クレジット**　UC　VISA　DC　AMEX　JCB
●**開場日**　1975年10月14日
●**コースの特徴**　18H　P72　6707Y
富士山を背に、河口湖を眼下に見下ろす素晴らしい景観に恵まれたコース。男子ツアー「フジサンケイクラシック」開催

●**コースレート**　75.6（CT）
●**練習場**　250Y20打席
●**電車**　富士急行河口湖駅
●**クラブバス**　なし
●**タクシー**　河口湖駅から15分3000円
●**プレースタイル**　キャディ付で5人乗り乗用カート
●**シューズ**　ソフトスパイク、スパイクレス
●**ビジター料金表**

	平　日	土　曜	日　祝
キャディ付	25,500	34,000	31,000

上記は2021年10／1～10／31の料金

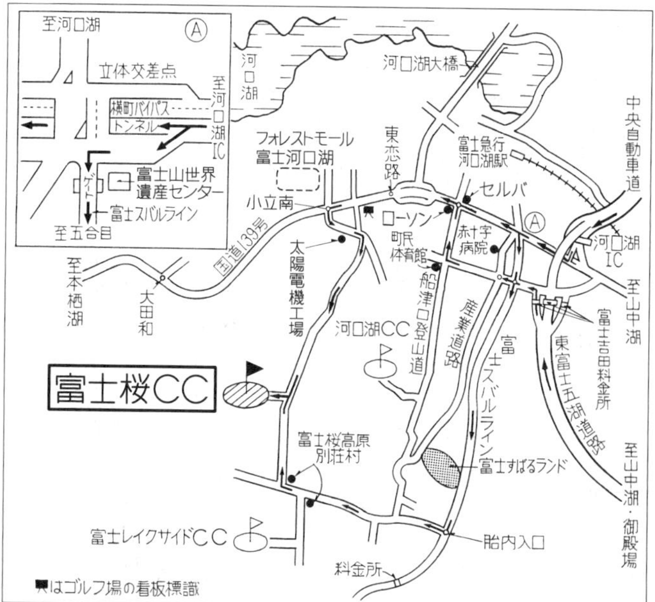

【自動車】高井戸IC（中央自動車道）93.3キロ→河口湖IC 6キロ→コース　所要時間1時間40分　河口湖ICで降りて、国道139号線を本栖湖方面に向かう。フォレストモール富士河口湖前の小立南信号を左折し、太陽電機工場を過ぎて右折してコースへ。河口湖ICより約10分

　☎0544(65)1011

富士チサンカントリークラブ

〒419-0313　静岡県富士宮市西山2662　FAX 0544(65)1795
https://www.pacificgolf.co.jp/fuji/

●**プレーの申込み**　ビジター可
●**予約**　平日は4か月前の同日、土日祝は3か月前の同日15時から受付け
●**コンペ**　組数制限なし
●**休日**　無休
●**クレジット**　各種
●**開場日**　1969年11月23日
●**コースの特徴**　27H　P108　9852Y
富士山の南に位置する絶好のロケーション。外周以外にはOBがなく、思い切って打っていける
●**コースレート**　白糸・富士70.7　白糸・駿河70.9　富士・駿河70.0
●**練習場**　20Y8打席
●**電車**　東海道新幹線新富士駅、または身延線西富士宮駅
●**クラブバス**　なし
●**タクシー**　西富士宮駅から10分1800円
●**プレースタイル**　セルフプレーでGPSナビ付5人乗り乗用カート
●**シューズ**　ソフトスパイク推奨
●**ビジター料金**
季節により料金が異なるため、ホームページ参照、またはクラブに要問合せ

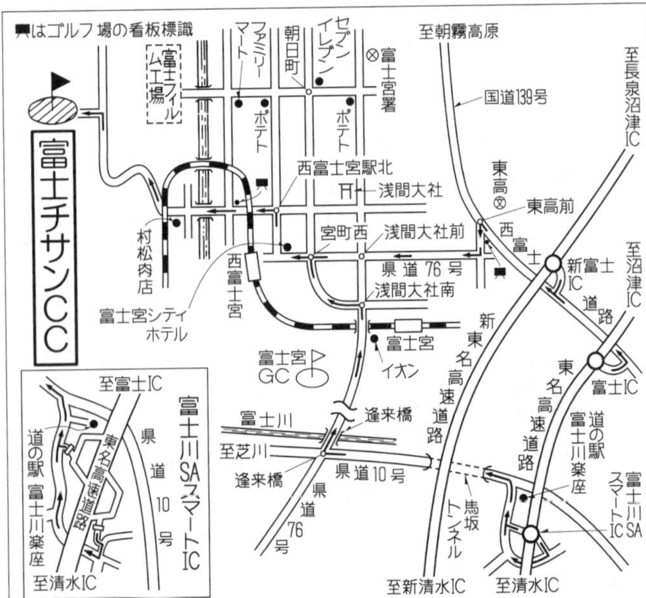

【**自動車**】東京IC（東名高速）88.3キロ→御殿場JCT（新東名高速）33.5キロ→新富士IC12キロ→コース　所要時間1時間40分　西富士道路を富士宮方面に進み、3つ目の東高前信号を左折し次の信号を右折。西富士宮駅前を右折し次の信号を左折してコースへ。東名高速・富士川SAスマートICからは14キロ30分

富士宮ゴルフクラブ

〒418-0039　静岡県富士宮市野中1127－1　FAX 0544(23)2361
予約専用　0544(23)3099　https://www.fujinomiya-gc.com

●**プレーの申込み**　予約状況によりビジター可
●**予約**　土日祝は2か月前の同日より受付け
●**コンペ**　組数は相談
●**休日**　クラブ指定日
●**クレジット**　各種
●**開場日**　1962年9月8日
●**コースの特徴**　18H　P72　6729Y
全ホールから富士を仰ぐ庭園風の丘陵コース。アウトは左側、インは右側にOBゾーンがある
●**練習場**　170Y7打席、アプローチ・バンカー
●**電車**　東海道新幹線新富士駅、または身延線富士宮駅
●**クラブバス**　なし
●**タクシー**　新富士駅から約40分、富士宮駅から約5分
●**プレースタイル**　キャディ付またはセルフで5人乗り乗用カート
●**シューズ**　メタルスパイク禁止
●**ビジター料金表**

	平　日	土　曜	日　祝
キャディ付	12,200	19,800	19,800
セ　ル　フ	9,700	17,600	17,600

期間により料金は異なる
●**セルフデー**　月曜日8200円食事別
日程はコースに問い合せ

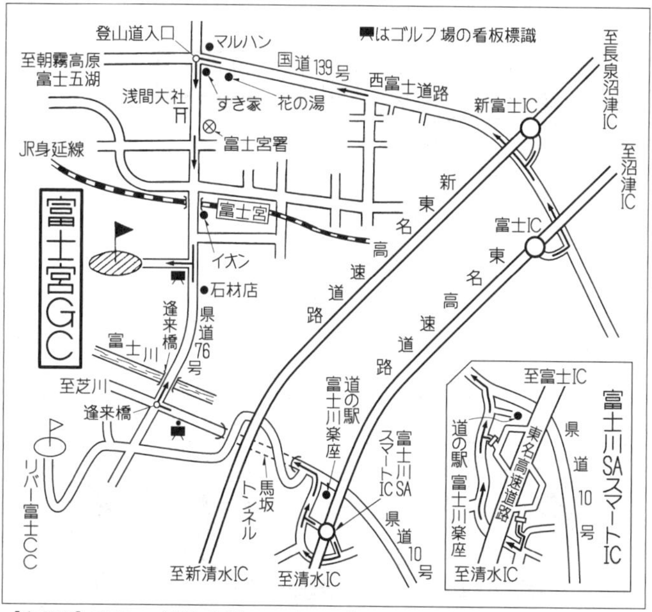

【自動車】東京IC（東名高速）88.3キロ→御殿場JCT（新東名高速）33.5キロ→新富士IC 9キロ→コース　所要時間1時間40分　西富士道路を経由して登山道入口信号（右にマルハン）を左折してコースへ。ETC搭載車は東名高速・富士川SAスマートICを降りて県道10号を左折。約5キロ先の蓬莱橋を渡ってコースへ

富士の杜ゴルフクラブ

〒410-1431　静岡県駿東郡小山町須走493　FAX 0550(75)3004
予約専用　0550(75)3005　https://www.accordiagolf.com/

●プレーの申込み　ビジター可
●予約　3か月前の1日からホームページ、または予約専用ダイヤル（9時～17時）で受付け
●コンペ　組数は相談
●休日　無休
●クレジット　各種
●開場日　2013年4月8日
●コースの特徴　18H　P72　6377Y
どのホールからも富士山が見えるフラットな林間コース。18ホールがそれぞれ違う顔を持ち興味尽きない
●練習場　150Y12打席（アイアン専用）
●電車　御殿場線御殿場駅
●クラブバス　なし
●タクシー　御殿場駅から20分約3000円
●プレースタイル　セルフで GPS ナビ付乗用カート
●シューズ　ソフトスパイク推奨
●ビジター料金表

	平　日	土　曜	日　祝
セ　ル　フ	8,490～	14,990～	13,490～

上記は2021年4月～12月の昼食付料金
期間により料金は異なる

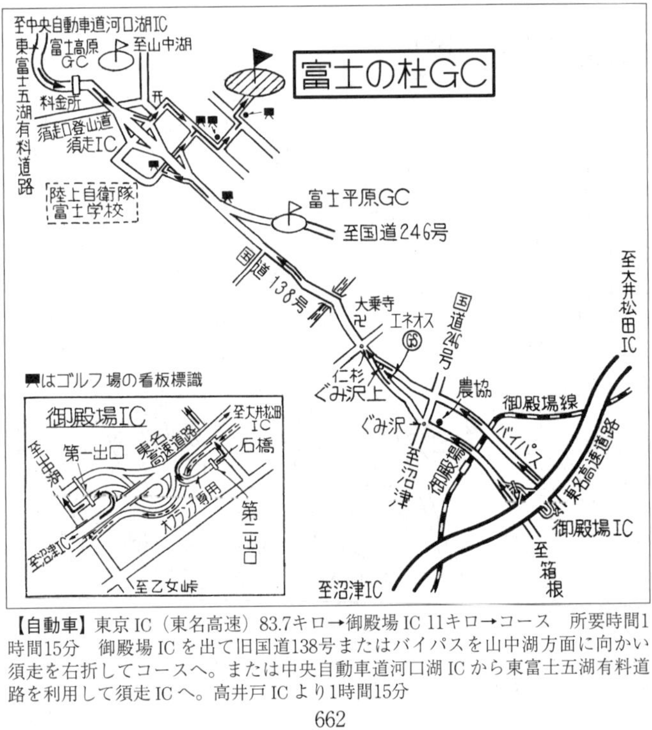

【自動車】東京 IC（東名高速）83.7キロ→御殿場 IC 11キロ→コース　所要時間1時間15分　御殿場 IC を出て旧国道138号またはバイパスを山中湖方面に向かい須走を右折してコースへ。または中央自動車道河口湖 IC から東富士五湖有料道路を利用して須走 IC へ。高井戸 IC より1時間15分

富士箱根カントリークラブ

〒410-2101　静岡県伊豆の国市奈古谷2225　FAX 055(944)0586
http://www.fujihakone-cc.com

●プレーの申込み　平日は会員の紹介　土日祝は会員の同伴が必要
●予約　3か月前の同日10時より受付
●コンペ　土日祝は会員の同伴が必要
●休日　無休
●クレジット　JCB　UC　DC　VISA　AMEX　ニコス　ダイナース
●開場日　1966年8月20日
●コースの特徴　18H　P72　6571Y
富士箱根伊豆国立公園の中央部にあり、コースからの景色は非常に素晴らしく、すべてのホールから富士山を望める美しい丘陵コース
●コースレート　71.1
●練習場　あり
●電車　東海道新幹線熱海駅
●クラブバス　完全予約制で熱海駅から7:30　8:30
●タクシー　熱海駅から25分4700円
●プレースタイル　キャディ付またはセルフでGPSナビ付乗用カート
●シューズ　ゴルフ靴はすべて可
●ビジター料金表

	平　日	土　曜	日　祝
キャディ付	14,800	22,200	22,200
セ　ル　フ	11,500	18,900	18,900

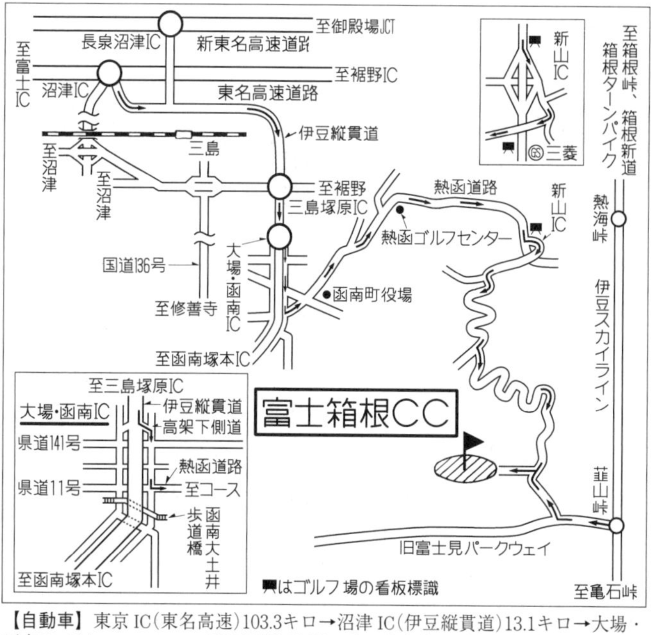

【自動車】東京IC(東名高速)103.3キロ→沼津IC(伊豆縦貫道)13.1キロ→大場・函南IC 12キロ→コース　所要時間1時間40分　●東京IC（東名高速）35キロ→厚木IC（小田原厚木道路・箱根ターンパイク）56キロ→熱海峠（伊豆スカイライン）10キロ→韮山峠（旧富士見パークウェイ）3キロ→コース　所要時間1時間40分

富士平原ゴルフクラブ

〒412-0001　静岡県御殿場市水土野300－1　FAX 0550(89)6703
予約センター　0550(88)2100　http://www.fujiheigen-gc.com

●**プレーの申込み**　ビジター可
●**予約**　3か月前の同日より受付け
●**コンペ**　6か月前より受付け
●**休日**　2月の月曜日（祝日除く）
●**クレジット**　DC　VISA　JCB　マスター　AMEX　ダイナース　UFJ
●**開場日**　1959年11月8日
●**コースの特徴**　27H　P107　9606Y　富士山、箱根連山の景観がどのホールからも望めるコース。丘陵コースながら平坦で、フェアウェイも比較的広い
●**コースレート**　富士・箱根71.8
●**練習場**　30Y8打席
●**電車**　御殿場線御殿場駅
●**タクシー**　御殿場駅から15分3000円
●**クラブバス**　御殿場駅から8:05　9:00
●**プレースタイル**　キャディ付またはセルフでGPSナビ付乗用カート
●**シューズ**　ソフトスパイク
●**ビジター料金表**

	平　日	土　曜	日　祝
キャディ付	15,100	22,500	20,500
セ　ル　フ	12,000	18,600	17,000

2021年3月～11月の料金
●**プレー情報**　コンペ特典、平原パスポート（バスパック）、へいげん宿泊プラン、レディス＆シニア割引

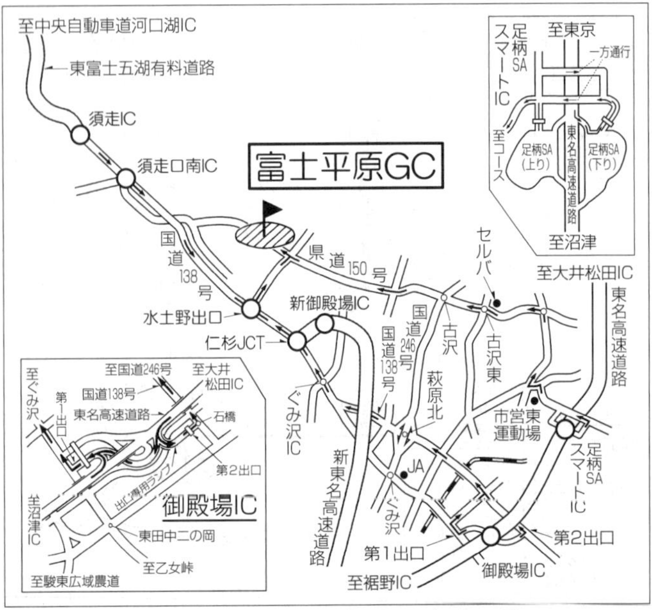

【自動車】東京IC（東名高速）83.7キロ→御殿場IC（国道138号）8キロ→コース　所要時間1時間15分　御殿場ICを出て山中湖方面に向かい、案内板に沿って進み、約15分でコース。足柄SAスマートICからは10キロ約15分。または中央自動車道・河口湖ICから東富士五湖有料道路を利用し、終点の須走ICからコースへ2分

富士ヘルスカントリークラブ

〒410-1306　静岡県駿東郡小山町上野1492　FAX 0550(76)3355
http://www.tfn-style.jp/fhc/

●**プレーの申込み**　予約状況よりビジター可
●**予約**　3か月前の1日から受付け
●**コンペ**　随時受付け
●**休日**　1／1　クラブ指定日
●**クレジット**　JCB　AMEX　VISA 他
●**開場日**　1975年7月20日
●**コースの特徴**　18H　P72　6501Y
標高500〜600m の所にあるが、南向きのフラットに仕上がったコース。18ホールのうち14ホールで富士山を望む
●**コースレート**　70.9
●**練習場**　120Y20打席
●**電車**　御殿場線駿河小山駅
●**クラブバス**　駿河小山駅から運行8:05（予約制）8:30
●**タクシー**　駿河小山から15分2100円
●**プレースタイル**　キャディ付またはセルフで乗用カート
●**シューズ**　ゴルフ靴はすべて可
●**ビジター料金表**

	平　日	土　曜	日　曜
キャディ付	15,870	21,170	20,150
セ　ル　フ	12,000	17,300	16,280

祝日15,780円。2021年4／1〜7／31、9／1〜12／18の料金
予約状況によりツーサム可
●**プレー情報**　冬期割引、午後スループレー、薄暮プレー

【自動車】東京 IC（東名高速）57.9キロ→大井松田 IC（国道246号）27キロ→コース　所要時間1時間30分　大井松田 IC から国道246号に入り御殿場方面へ。城山トンネルを抜けて左折し、突き当たりを右折後山中湖方面へ左折してコース。足柄スマート IC からは12キロ15分。御殿場 IC からは13.5キロ20分

富士見ヶ丘カントリー倶楽部

〒424-0301　静岡県静岡市清水区宍原1456－2　FAX 054(394)0537
https://www.fujimigaoka.co.jp

●**プレーの申込み**　原則として会員の紹介が必要。予約状況によりビジター可
●**予約**　2か月前の1日より受付け
●**コンペ**　2か月前の1日より受付け
●**休日**　無休
●**クレジット**　UC　DC　VISA　JCB　UFJ　アプラス　セゾン　イオン
●**開場日**　1978年5月17日
●**コースの特徴**　18H　P72　6747Y　ゆったりしたレイアウトになっており夏は爽やか、冬でも風はなく暖かい
●**コースレート**　71.5
●**練習場**　40Y10打席
●**電車**　東海道本線興津駅
●**クラブバス**　なし
●**タクシー**　興津駅20分約3500円
●**プレースタイル**　キャディ付またはセルフで乗用カート
●**シューズ**　ゴルフ靴はすべて可
●**ビジター料金表**

	火～木	金　曜	土　曜
キャディ付	14,200	13,900	18,800
セ　ル　フ	12,000	11,700	16,600

日曜17600円、祝日16000円。いずれもキャディ付は2200円加算。平日は食事付。上記は2021年10月～11月の料金
●**月曜セルフデー**　昼食付10400円

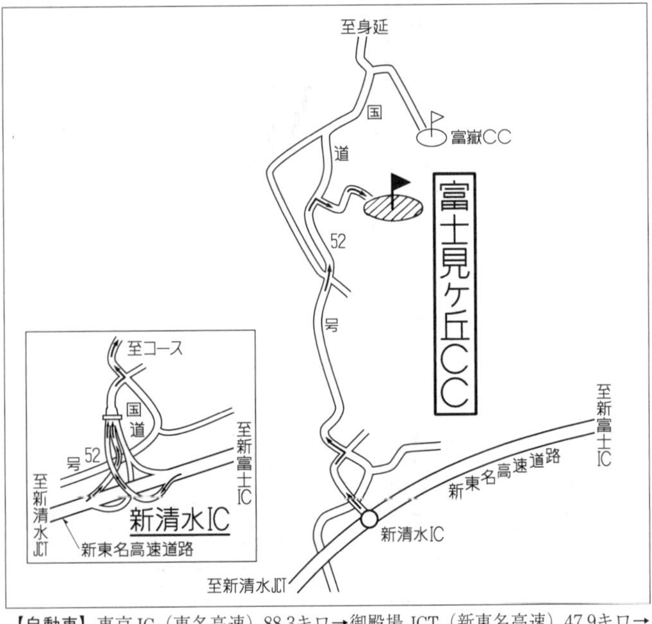

【**自動車**】東京IC（東名高速）88.3キロ→御殿場JCT（新東名高速）47.9キロ→新清水IC 1.5キロ→コース　所要時間1時間40分　新清水ICを降りて左折し、県道52号線を身延方面に向かって約2分でコース

富士見高原ゴルフコース

〒399-0101　長野県諏訪郡富士見町境広原12067　FAX 0266(66)2124
https://www.fujimikogen-gc.jp/

●**プレーの申込み**　パブリックコース
●**予約**　3か月前から受付け
●**コンペ**　組数制限なし
●**休日**　営業期間中無休
12月下旬～3月上旬は冬期クローズ
●**クレジット**　各種
●**開場日**　1974年9月1日
●**コースの特徴**　18H　P72　7017Y
八ケ岳山麓1300mの高原で、白樺、カラ松林に囲まれ眺望抜群のコース。GPSナビ付乗用カートにて快適にプレー
●**コースレート**　72.5
●**練習場**　250Y25打席
●**電車**　中央本線小淵沢駅または富士見駅
●**クラブバス**　なし
●**タクシー**　小淵沢駅、富士見駅とも15分3300円
●**プレースタイル**　キャディ付またはセルフでGPSナビ付乗用カート
●**シューズ**　メタルスパイク禁止
●**料金表**

	平　日	土　曜	日　祝
セ　ル　フ	9,270	12,790	12,790

キャディ付は3300円加算。上記は2021年9／21～10／31の料金。期間により料金は異なる
●**プレー情報**　宿泊パック、薄暮ハーフプレー、ジュニア料金

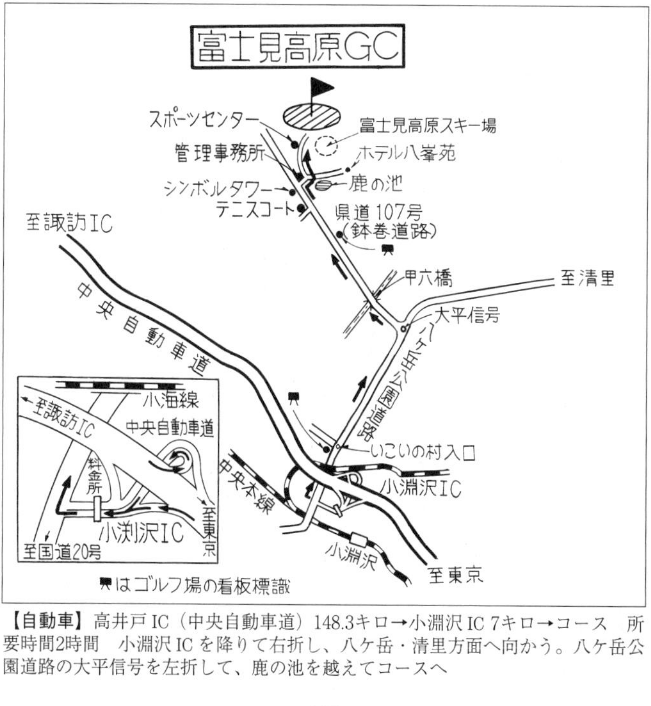

【**自動車**】高井戸IC（中央自動車道）148.3キロ→小淵沢IC 7キロ→コース　所要時間2時間　小淵沢ICを降りて右折し、八ケ岳・清里方面へ向かう。八ケ岳公園道路の大平信号を左折して、鹿の池を越えてコースへ

富士リゾートカントリークラブ

〒402-0051　山梨県都留市下谷3572　FAX 0554(45)7071
https://fuji-resort.jp

●**プレーの申込み**　ビジター可
●**予約**　随時受付け
●**コンペ**　組数制限なし
●**休日**　クラブ指定日
●**クレジット**　各種
●**開場日**　1995年7月21日
●**コースの特徴**　18H　P72　6701Y
安田幸吉プロが監修。アウトはドライバーで豪快に、インは狙いどころを絞った正確なショットで攻めたい。雄大な富士山を望む丘陵コース
●**練習場**　あり
●**電車**　中央本線大月駅、または富士急行都留市駅
●**クラブバス**　要問合せ
●**タクシー**　都留市駅から5～10分
●**プレースタイル**　セルフプレーでGPSナビ付5人乗り乗用カート
●**シューズ**　メタルスパイク禁止
●**ビジター料金**

	平　日	土　曜	日　祝
セ　ル　フ	7,500～	13,500～	12,500～

昼食バイキング・ソフトドリンク付

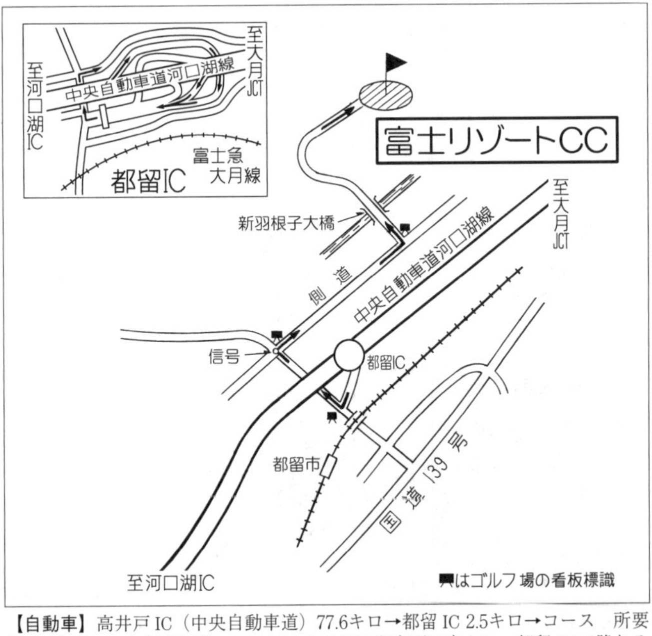

【自動車】高井戸IC（中央自動車道）77.6キロ→都留IC 2.5キロ→コース　所要時間1時間　中央自動車道・大月JCTから河口湖方面に向かい、都留ICで降りる。料金所を出て右折し、高速道路の高架をくぐって信号を右折する。側道を約300m進み、新羽根子大橋を渡ってコースへ

富士レイクサイドカントリー倶楽部

〒401-0320　山梨県南都留郡鳴沢村字富士山8545－6　FAX 0555(86)3084
https://www.fujilakeside-cc.jp/　本社0555(72)1188

●プレーの申込み　会員の紹介が必要
●予約　平日は8月を除き随時、8月と土日祝は2か月前の1日から受付け
●コンペ　平日は8月を除いて可
●休日　営業期間中無休
12月中旬～3月末は冬期クローズ
●クレジット　各種
●開場日　1960年11月3日
●コースの特徴　18H　P72　6816Y
富士を仰ぎ、眼下に河口湖を見下ろす雄大なコース。全体に距離が長い
●コースレート　72.6
●練習場　270Y17打席
●電車　富士急行河口湖駅、または新宿から中央高速バスで河口湖駅
●クラブバス　なし
●タクシー　河口湖駅から10分3000円
●プレースタイル　キャディ付またはセルフでGPSナビ付5人乗り電磁誘導乗用カート
●シューズ　ソフトスパイク
●ビジター料金表

	平　日	土　曜	日　祝
キャディ付	19,900	27,500	26,500
セ　ル　フ	16,600	24,200	23,200

2021年10月の料金。期間により料金は異なる。サービスデー、シニア・レディスデーあり

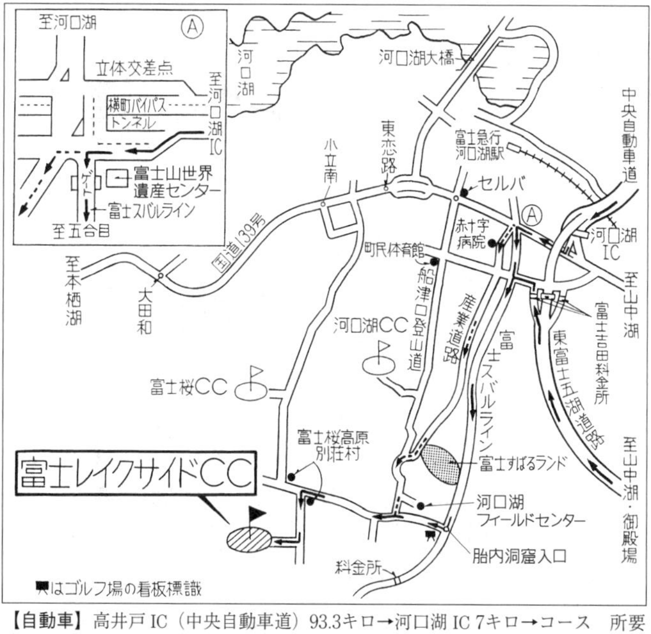

【自動車】高井戸IC（中央自動車道）93.3キロ→河口湖IC 7キロ→コース　所要時間1時間40分　河口湖ICで降りて、突き当たりを右折し、河口湖方面に進む。すぐの富士スバルラインか、またはその先の産業道路を左折してコースへ

富士ロイヤルカントリークラブ

〒409-2194　山梨県南巨摩郡南部町万沢7483　FAX 0556(67)3128
http://www.fujiroyal.com

●**プレーの申込み**　会員の紹介が必要。また、本誌読者であることを予約の際に告げればプレー可
●**予約**　10時～17時まで受付け
●**コンペ**　組数制限なし
●**休日**　無休
●**クレジット**　各種
●**開場日**　1974年7月14日
●**コースの特徴**　36H　P144　12785Y
山の峰を利用した変化に富んだコース。谷越えや打ち下ろしのロングなど雄大でかつ戦略的なホールが多い。全36ホールから富士山が見える
●**コースレート**　東71.2　西70.3
●**電車**　東海道新幹線新富士駅または東海道線富士駅、身延線芝川駅
●**クラブバス**　なし
●**タクシー**　富士4000円、芝川1500円
新富士5000円
●**プレースタイル**　セルフで東コースはGPSナビ付電磁乗用カート、西コースは自走式乗用カート
●**シューズ**　ゴルフ靴はすべて可
●**ビジター料金表**（セルフ）

	平　日	土　曜	日　祝
東　　C	10,750	15,350	15,350
西　　C	10,200	14,800	14,800

ツーサム可（予約状況により組合せ）

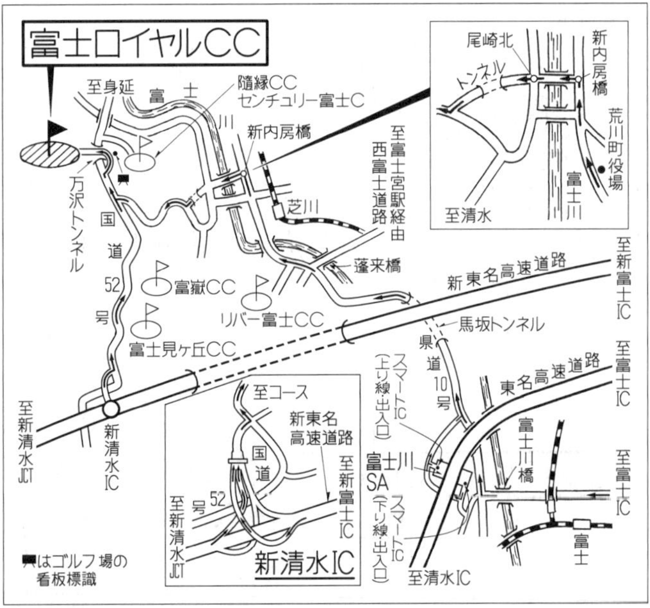

【自動車】東京IC（東名高速）88.3キロ→御殿場JCT（新東名高速）47.9キロ→新清水IC 10キロ→コース　所要時間1時間50分　新清水ICを降りて左折し、県道52号線を身延方面に進む。万沢トンネル手前を右折してコースへ。ETC搭載車は東名高速・富士川スマートICから県道10号を経由して20キロ、約25分

扶桑カントリー倶楽部

〒309-1731　茨城県笠間市上市原1100　FAX 0296(77)7417
https://www.pacificgolf.co.jp/fusoh/

●プレーの申込み　ビジター可
●予約　平日は3か月前の1日、土日祝は3か月前の同日午後から受付け
●コンペ　組数は相談
●休日　無休
●クレジット　各種
●開場日　1978年4月28日
●コースの特徴　27H　P108　10358Y
樹齢50年を越える赤松、檜にセパレートされた丘陵コース。戦略性と美観に富む
●コースレート　南西71.8　西東72.3　東南72.2
●電車　常磐線友部駅
●クラブバス　友部駅から8:20　8:45　平日は要予約
●タクシー　友部駅から10分2500円
●プレースタイル　キャディ付またはセルフで乗用カート
●シューズ　ソフトスパイク
●ビジター料金
季節により料金が異なるため、ホームページ参照、またはクラブに要問合せ

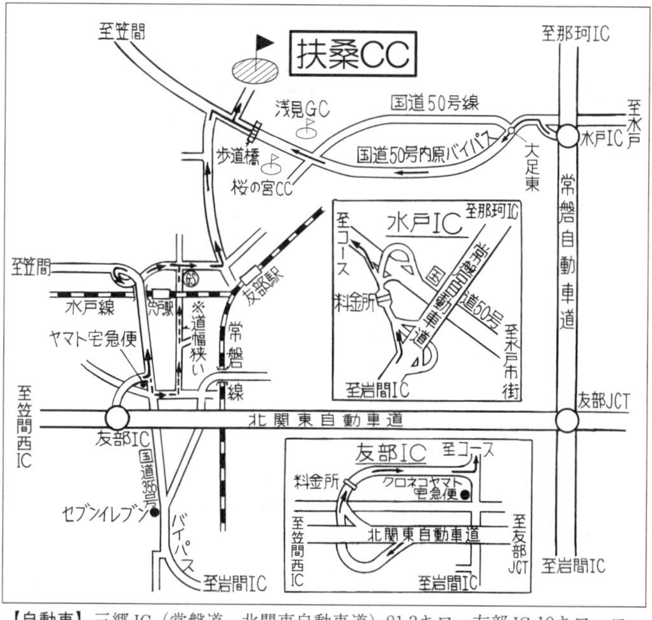

【自動車】三郷IC（常磐道・北関東自動車道）81.3キロ→友部IC 10キロ→コース　所要時間1時間　常磐道・友部JCT経由で北関東自動車道・友部ICへ。料金所を出て左折し友部駅を目指す。友部駅前を左折し、国道50号を右折してすぐコース。水戸ICからは約8キロ、10分

府中カントリークラブ

〒206-0036　東京都多摩市中沢1－41－1　FAX 042(371)1420
予約0120－489458　https://www.fuchucc.com

●プレーの申込み　会員の同伴または紹介が必要。日曜はゲスト不可（競技のない日曜はゲスト可）
●予約　6か月前の1日から受付け
●コンペ　平日のみ
●休日　毎週月曜日　12／31　1／1
●クレジット　各種
●開場日　1959年11月3日
●コースの特徴　18H　P72　6827Y
多摩丘陵の地形を生かした変化のあるコース。距離があり戦略性、正確性が求められる
●コースレート　72.9
●練習場　220Y29打席
●電車　京王線聖蹟桜ケ丘駅、または京王、小田急線多摩センター駅
●クラブバス　聖蹟桜ケ丘駅から6:50 多摩センター駅7時～10時まで20分おき
●タクシー　聖蹟桜ケ丘駅15分2000円 京王・小田急多摩センター駅5分820円
●プレースタイル　キャディ付で乗用カート
●シューズ　ソフトスパイク
●ゲスト料金表

	平　日	土　曜	祝　日
キャディ付	27,050	34,750	34,750

1、2、7、8月の平日18,600円、土祝23,550円。3、6、9月の平日21,550円、土祝31,450円

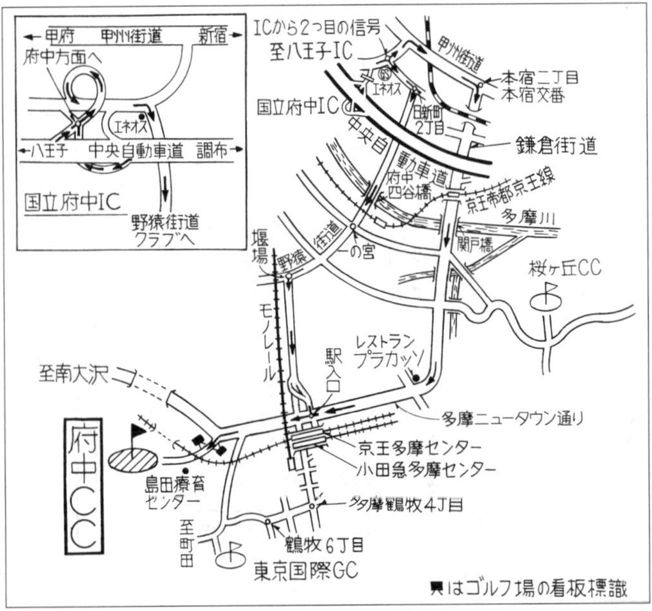

【自動車】高井戸IC（中央自動車道）17キロ→国立府中IC 9キロ→コース　所要時間35分　国立府中ICを立川・府中方面に下り2つ目の信号を右折。府中四谷橋を渡り、野猿街道を直進。モノレール下の堰場交差点を左折し、多摩センター駅前多摩ニュータウン通りを右折。島田療育センター入口を過ぎて左折してコースへ

☎047(497)0236

船橋カントリークラブ

〒270-1415　千葉県白井市清戸703　FAX 047(497)0245
http://www.funabashicc.com

●**申込み**　原則として会員の同伴、紹介が必要

●**予約**　平日は5か月前の同日、土日祝は3か月前の同日から受付け

●**コンペ**　土日祝は原則不可

●**休日**　クラブ指定日の火曜日
12／31　1／1

●**クレジット**　JCB　VISA　UC　マスター　ダイナース

●**開場日**　1962年4月20日

●**コースの特徴**　18H　P72　7007Y
豊かな樹木に囲まれた林間コースで、フェアウェイは広いが曲げると難しい

●**コースレート**　72.8

●**練習場**　220Y20打席

●**電車**　北総線千葉ニュータウン中央駅

●**クラブバス**　千葉ニュータウン中央駅北口より運行（時刻は要問合せ）

●**タクシー**　ニュータウン中央駅から5分1000円

●**プレースタイル**　キャディ付で乗用カート

●**シューズ**　メタルスパイク禁止

●**ビジター料金表**

	平　日	土　曜	日　祝
キャディ付	21,000	32,000	32,000

●**セルフデー**　火曜日（月に2～3回）13,750円昼食付

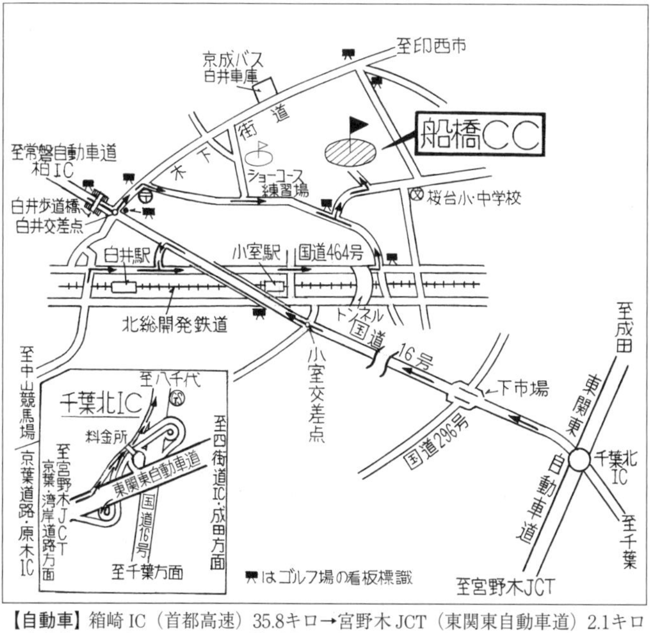

【**自動車**】箱崎IC（首都高速）35.8キロ→宮野木JCT（東関東自動車道）2.1キロ→千葉北IC 19キロ→コース　所要時間1時間10分　千葉北ICから国道16号を柏方面に進み、小室交差点先300m ICを左折して国道464号へ入り、400m先を左折してコースへ。常磐自動車道・柏ICからは白井交差点を左折してコースへ

芙蓉カントリー倶楽部

〒251-0861　神奈川県藤沢市大庭2320　FAX 0466(33)7675
http://www.fuyocc.com/

●**プレーの申込み**　平日は会員の紹介、土日祝は会員の同伴が必要
●**予約**　3か月前の第1営業日より受付け。会員が予約する
●**コンペ**　日祝は原則不可
●**休日**　毎週月曜日　12／31　1／1
●**クレジット**　各種
●**開場日**　1962年11月3日
●**コースの特徴**　18H　P70　6071Y
アップダウンが多少あり、フェアウェイは前後左右いずれかに傾いているのでフラットなライは多くない
●**コースレート**　69.5
●**電車**　東海道本線小田急線藤沢駅、東海道本線辻堂駅、小田急線善行駅
●**クラブバス**　土日祝のみ辻堂駅北口6:45（4月～12月）7:10　7:30　8:00　8:30　9:00　9:30
善行駅（全日）と平日の辻堂駅からのバスは予約制
●**タクシー**　藤沢2000円、辻堂1000円
●**プレースタイル**　キャディ付で電磁誘導式乗用カート
●**シューズ**　ソフトスパイク
●**ビジター料金表**

	平　日	土　曜	日　祝
キャディ付	23,350	30,500	30,500

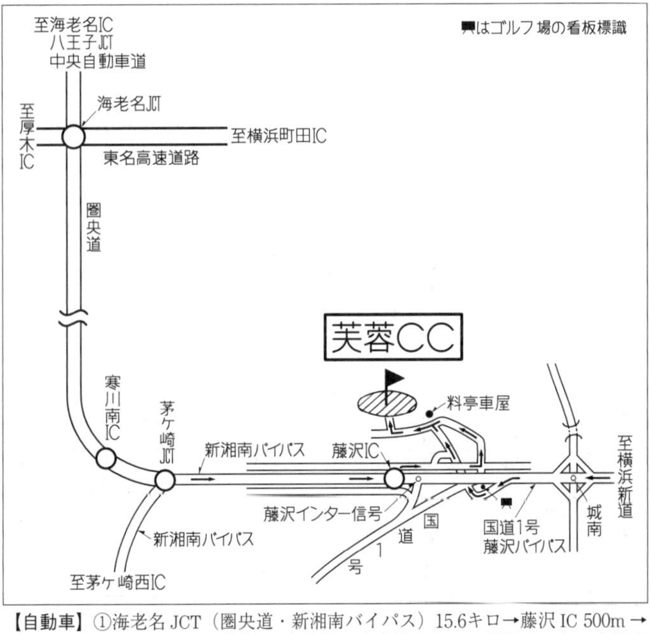

【**自動車**】①海老名JCT（圏央道・新湘南バイパス）15.6キロ→藤沢IC 500m→コース　新湘南バイパス・藤沢ICを降りて左車線を進み、藤沢インター交差点の150m先を左折してコース。②横浜新道利用の場合は、国道1号線を経由して藤沢バイパスの城南信号の100m先を側道に進む。横浜新道・戸塚ICから10キロ

プリンスランドゴルフクラブ

〒377-1512　群馬県吾妻郡嬬恋村大前細原2277　FAX 0279(86)2125
http://www.prgc.jp/

●**プレーの申込み**　ビジター可
●**予約**　3か月前の同日から受付け
●**コンペ**　組数制限なし
●**休日**　営業期間中無休
11月下旬～4月中旬は冬期クローズ
●**クレジット**　AMEX他
●**開場日**　1970年7月21日
●**コースの特徴**　18H　P72　6514Y
標高1120mの高原リゾートで、各ホールは唐松と白樺でセパレートされた戦略性の高いレイアウト。浅間山、白根連峰を一望する
●**コースレート**　69.4
●**クラブバス**　なし
●**電車**　北陸新幹線軽井沢駅または吾妻線万座・鹿沢口駅
●**タクシー**　軽井沢駅から40分9000円、万座・鹿沢口駅から15分3000円
●**プレースタイル**　セルフプレーで乗用カート
●**シューズ**　ソフトスパイクのみ可
●**ビジター料金表**

	平　日	土　曜	日　祝
セ　ル　フ	6,300	8,800	8,800

利用税別途。上記は2021年9月～10月の料金で昼食付。季節により料金は異なる
●**プレー情報**　宿泊パック、ツーサム可（割増）、早朝・薄暮ゴルフ

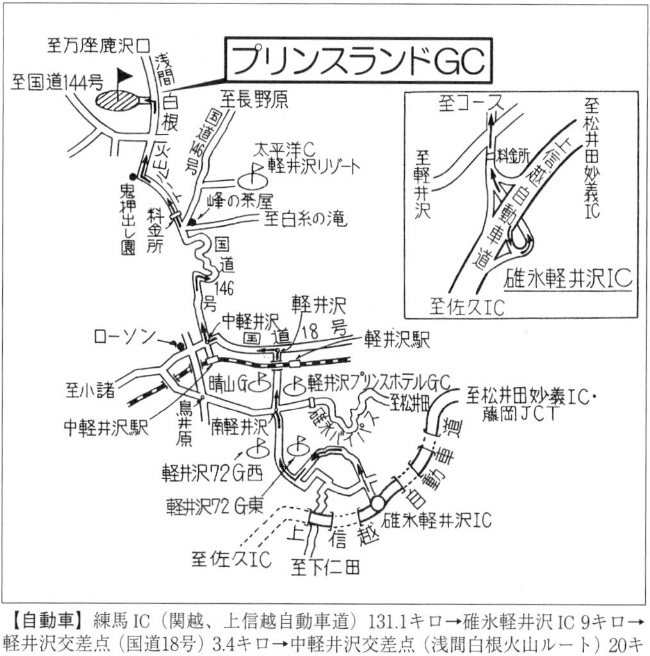

【**自動車**】練馬IC（関越、上信越自動車道）131.1キロ→碓氷軽井沢IC 9キロ→軽井沢交差点（国道18号）3.4キロ→中軽井沢交差点（浅間白根火山ルート）20キロ→コース　所要時間2時間　碓氷軽井沢ICから軽井沢に向かい国道18号の中軽井沢信号を右折する。浅間白根火山ルート（有料道路）を利用してコースへ

プレジデントカントリー倶楽部軽井沢

〒377-1412　群馬県吾妻郡長野原町北軽井沢2032－16　FAX 0279(84)6677
予約0279(84)7111　https://presidentresort.jp

●**プレーの申込み**　パブリックコース
●**予約**　2か月前の同日から受付け
●**コンペ**　組数は相談
●**休日**　営業期間中無休
11月下旬～4月初旬は冬期クローズ
●**クレジット**　各種
●**開場日**　1997年8月1日
●**コースの特徴**　18H　P72　6847Y
フラットな地形に多彩なアンジュレーションで戦略性を高め、自然美をそのまま生かしたリゾートコース
●**コースレート**　72.3
●**練習場**　60Y7打席
●**電車**　北陸新幹線軽井沢駅
●**クラブバス**　軽井沢駅南口ロータリーから予約制で運行、約40分
●**タクシー**　軽井沢駅から30分7050円（提携タクシー会社）
●**プレースタイル**　セルフプレーでGPSナビ付乗用カート
●**シューズ**　ゴルフ靴はすべて可
●**ビジター料金表**

	平　日	土　曜	日　祝
セ　ル　フ	12,000	15,000	15,000

上記は2021年8／30～9／20の料金
料金はシーズン、曜日により異なる。要問合せ
●**プレー情報**　コンペ割引、薄暮プレー、友の会、宿泊パック

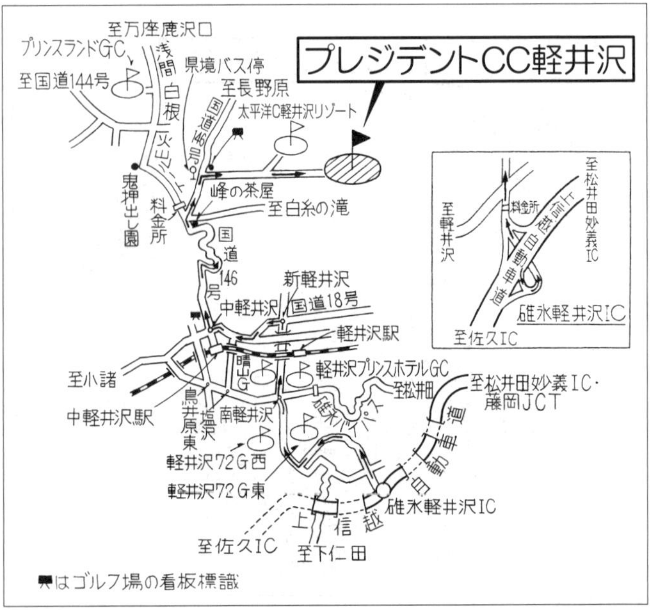

【自動車】 練馬IC（関越、上信越自動車道）131.1キロ→碓氷軽井沢IC 30キロ→コース　所要時間2時間10分　上信越自動車道・碓氷軽井沢ICから軽井沢方面に進み、国道18号線を長野方面に左折し、中軽井沢駅前の信号を草津・鬼押し出し方面へ。国道146号線を進み、峠の茶屋を通ってコース案内板に従ってコースへ

プレステージカントリークラブ

〒328-0131　栃木県栃木市梓町455－1　予約 FAX 0282(31)1316
https://www.pacificgolf.co.jp/prestige/

●プレーの申込み　予約状況によりビジター可
●予約　平日は6か月前の同日、土日祝は3か月前の同日から受付ける
●コンペ　予約状況により相談
●休日　無休
●クレジット　JCB　AMEX　VISA 他
●開場日　1988年7月31日
●コースの特徴　36H　P144　14311Y　ベントワングリーンのフラットで戦略性の高いアメリカンスタイルのコース
●コースレート　東72.5　西73.5（共にチャンピオンティ）
●練習場　13打席（9番アイアン以下のみ）
●電車　東武日光線または JR 両毛線栃木駅
●クラブバス　なし
●タクシー　栃木駅から20分約3000円、JR 小山駅から50分約5500円
●プレースタイル　キャディ付またはセルフで GPS ナビ付乗用カート
●シューズ　ソフトスパイクを推奨
●ビジター料金
季節により料金が異なるため、ホームページ参照、またはクラブに要問合せ

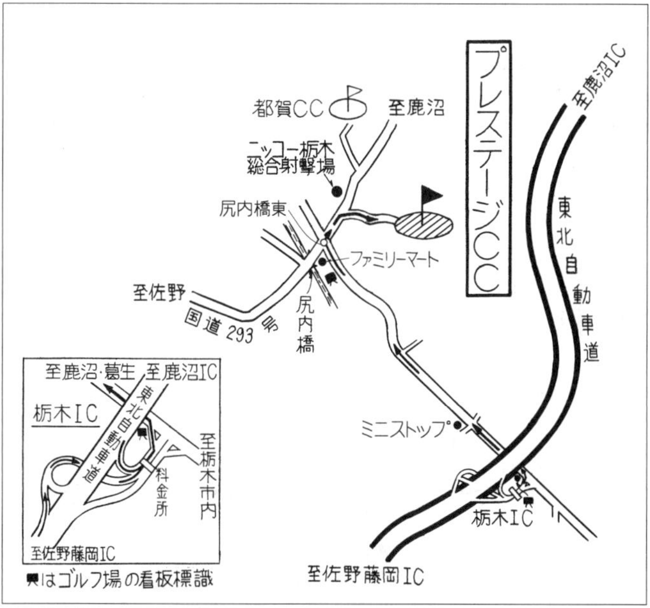

【自動車】浦和料金所（東北自動車道）67.9キロ→栃木 IC 5キロ→コース　所要時間50分　栃木 IC を降りて突き当たりを左折し鍋山方面に向かう。尻内橋東交差点を右折し、300m 先を右折するとコース。栃木 IC からコースまで約5分

フレンドシップカントリークラブ

〒300-2747　茨城県常総市崎房1955－2　FAX 0297(43)7054
東京事務所　03(3580)3447　https://www.friendsip-cc.co.jp/

●**プレーの申込み**　土日祝は会員の紹介が必要
●**予約**　平日は3か月前からコースで、土日祝は1か月前から東京事務所で受付け
●**コンペ**　制限なし
●**休日**　12／31　1／1　指定日
●**クレジット**　各種
●**開場日**　1964年11月29日
●**コースの特徴**　18H　P72　6803Y
利根川を背景にした関東平野の中心に位置する本格的な林間コース。各ホールは松、杉、檜で完全セパレート
●**練習場**　55Y9打席（左打席1）
アプローチ練習場併設
●**電車**　つくばエクスプレス守谷駅、関東鉄道石下駅
●**クラブバス**　なし
●**タクシー**　守谷8000円　石下2500円
●**プレースタイル**　キャディ付とセルフの選択制で乗用カート
●**シューズ**　ソフトスパイク推奨
●**ビジター料金表**

	平　日	土　曜	日　祝
キャディ付	18,040	29,040	29,040
セ　ル　フ	14,080	25,080	25,080

2021年10月～12月の料金
●**フレンドデー**　セルフ14080円。クラブ指定の月曜と金曜日

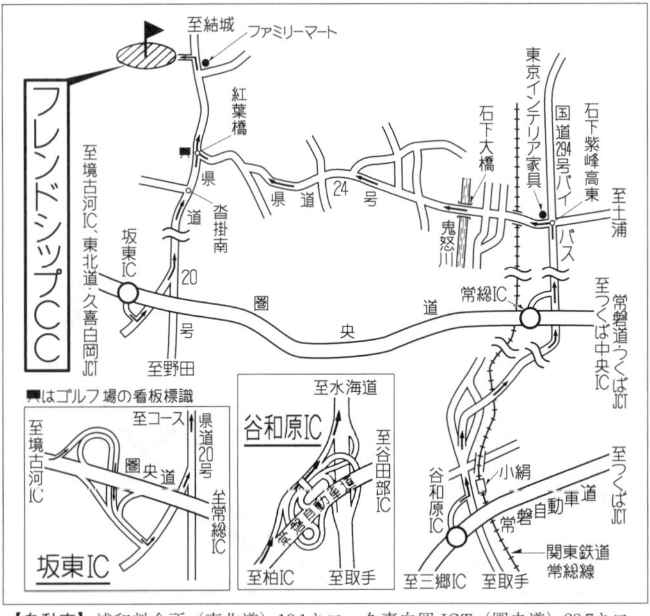

【**自動車**】浦和料金所（東北道）19.1キロ→久喜白岡JCT（圏央道）28.7キロ→坂東IC 6キロ→コース　所要時間40分　坂東ICを降りて左折して6キロ約7分でコース。常磐道利用は谷和原ICを降りて下妻方面に約16キロ進み、石下紫峰高東を左折し突き当りを右折してコースへ。谷和原ICから25キロ約40分

 ☎048(581)1120

平成倶楽部鉢形城コース

〒369-1224　埼玉県大里郡寄居町鉢形3212　FAX 048(581)9552
http://www.yc21.co.jp/heisei/

●プレーの申込み　ビジター可
●予約　6か月前の同日から受付け
●コンペ　組数は相談
●休日　無休
●クレジット　JCB　VISA　UC 他
●開場日　1993年4月29日
●コースの特徴　18H　P72　6629Y
巧みに池を配し、日本庭園を思わせる美しいフラットな丘陵コース
●コースレート　71.3
●練習場　アプローチ、バンカー45Y5打席
●電車　東武東上線寄居駅、または上越新幹線熊谷駅
●クラブバス　運休（要問合せ）
●タクシー　寄居駅から8分1000円
●プレースタイル　キャディ付とセルフの選択制で乗用カート
●シューズ　ソフトスパイク
●ビジター料金表

	平　日	土　曜	日　祝
キャディ付	16,400	24,650	24,650
セ　ル　フ	13,100	21,350	21,350

2021年11月の優待プラン料金
季節によって料金は異なる
●セルフデー　原則毎週月曜日12,550円

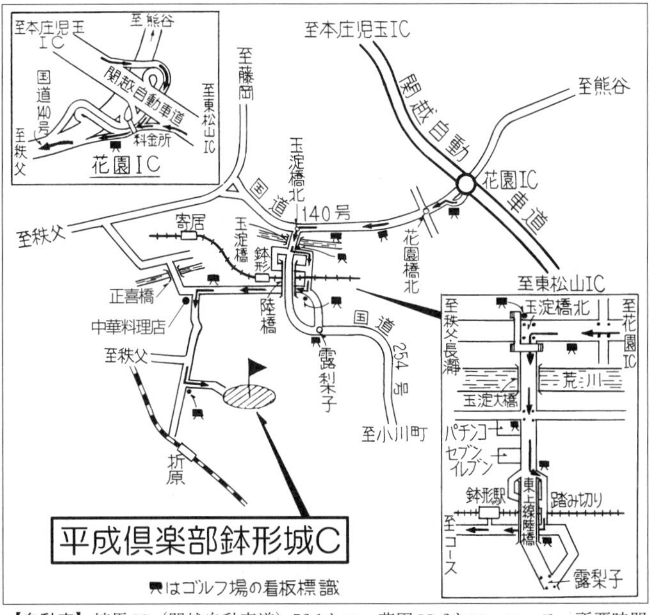

【自動車】練馬IC（関越自動車道）56.1キロ→花園IC 6キロ→コース　所要時間50分　花園ICを寄居・秩父方面に降り、5つ目の信号を左折する。玉淀橋を渡り、東武東上線陸橋の手前を側道に入り、踏切を渡って突き当たりを右折する。陸橋をくぐり信号2つ目（中華料理店）を左折してコースへ

ベルセルバカントリークラブ市原コース

〒290-0524　千葉県市原市平蔵2579－1　FAX 0436(89)3303
http://www.belle-co.com/ichihara/

●**プレーの申込み**　パブリックコース
●**予約**　2か月前の1日から受付け
●**コンペ**　3か月前の1日から受付け
●**休日**　クラブ指定日
●**クレジット**　JCB　DC　VISA 他
●**開場日**　2005年5月1日
●**コースの特徴**　27H　P108　10258Y
豊かな自然に恵まれ、四季それぞれに美しいビューが楽しめる本格的コース
●**練習場**　100Y10打席
●**電車**　内房線五井駅、外房線茂原駅、小湊鉄道上総牛久駅
●**クラブバス**　なし
●**タクシー**　五井駅から40分7000円
茂原駅から25分5000円上総牛久駅から10分3000円
●**プレースタイル**　セルフプレーでGPS ナビ付5人乗り電磁乗用カート。キャディ付は要予約
●**シューズ**　ソフトスパイク
●**ビジター料金表**

	平　日	土　曜	日　祝
セ　ル　フ	11,000	20,000	19,000

上記は2021年10月の昼食付料金
季節によって料金は異なる
キャディ付は4500円（4B）加算
●**プレー情報**　ホテルベルセルバ宿泊&プレープランあり。詳細はホームページ参照

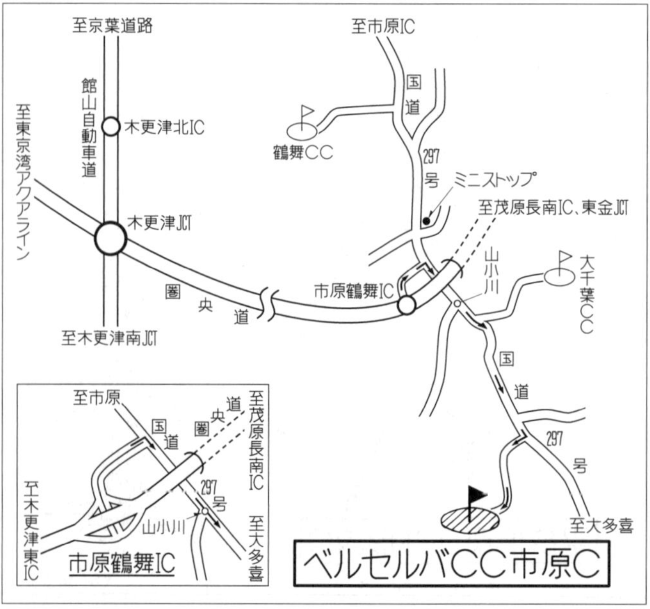

【自動車】川崎浮島 JCT（東京湾アクアライン、連絡道）23.7キロ→木更津 JCT（圏央道）19.6キロ→市原鶴舞 IC 2キロ→コース　所要時間30分　市原鶴舞 IC を降りて右折し、2つ目の信号を過ぎてコース案内板に従って右折してコース。館山自動車道・市原 IC からは大多喜・勝浦方面に向かって約23.8キロ、45分

ベルセルバカントリークラブ さくらコース

〒329-1404　栃木県さくら市鹿子畑1408－2　FAX 028(685)1512
予約専用　028(685)1001　http://www.bell-co.com/belleselva/

●プレーの申込み　ビジター可
●予約　3か月前の1日から受付け
●コンペ　組数制限なし
●休日　無休
●クレジット　DC　JCB　VISA　UC
●開場日　2005年4月18日
●コースの特徴　18H　P72　6743Y
フェアウェイ、グリーンにベント芝を採用した戦略的なコース。プレー後は地下1500mから湧き出た天然温泉が楽しめる
●電車　東北新幹線宇都宮駅、または東北本線氏家駅
●クラブバス　氏家駅より予約制
●タクシー　氏家駅から約4000円
●プレースタイル　セルフプレーでGPSナビ付き5人乗り乗用カート
●シューズ　ソフトスパイク（スパイクレスを含む）
●ビジター料金表

	月　曜	火　曜	水木金
セ　ル　フ	6,600	6,100	7,100

土日祝は12600円。2021年10月～12月の料金で昼食付
期間により料金は異なる
●プレー情報　午後ハーフ、宿泊パック

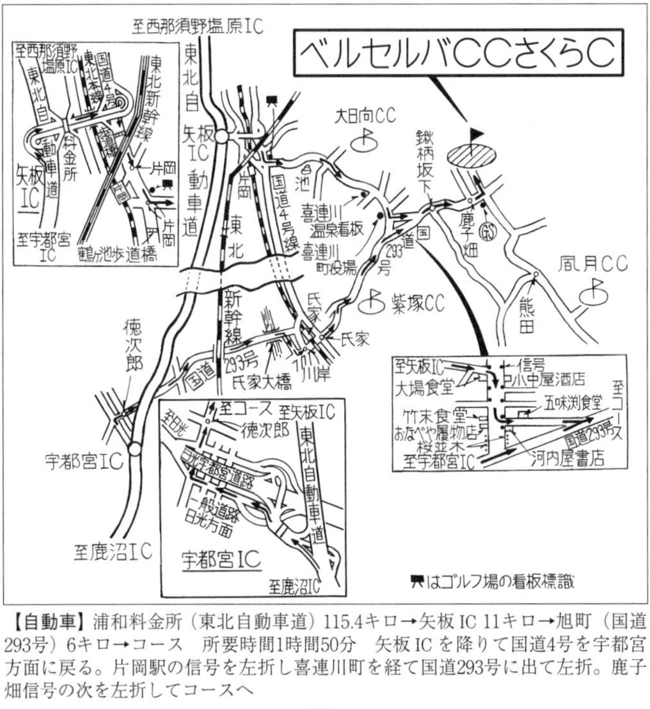

【自動車】浦和料金所（東北自動車道）115.4キロ→矢板IC 11キロ→旭町（国道293号）6キロ→コース　所要時間1時間50分　矢板ICを降りて国道4号を宇都宮方面に戻る。片岡駅の信号を左折し喜連川町を経て国道293号に出て左折。鹿子畑信号の次を左折してコースへ

ベルビュー長尾ゴルフ倶楽部

〒412-0003　静岡県御殿場市神山1918　FAX 0550(87)1682
予約0550(87)3007　https://www.belleviewn-gc.com

●プレーの申込み　ビジター可
●予約　3か月前の月初より受付け
●コンペ　組数は相談
●休日　1／1
●クレジット　各種
●開場日　1986年10月1日
●コースの特徴　18H　P71　6054Y
距離は短いが各ホール変化に富んでいる。フェアウェイは全体にアンジュレーションがあり、正確なショットが要求される
●電車　御殿場線御殿場駅
●クラブバス　予約制で御殿場駅から8:05　9:00
●タクシー　御殿場駅から20分4000円
●プレースタイル　18H 連続のセルフスループレーで5人乗り乗用カート
●シューズ　ソフトスパイク推奨
●ビジター料金表

	平　日	土　曜	日　祝
セ　ル　フ	6,200～	8,600～	8,600～

期間により料金は異なる
バッグの積み下ろし等もすべてセルフ
●プレー情報　午後ハーフあり

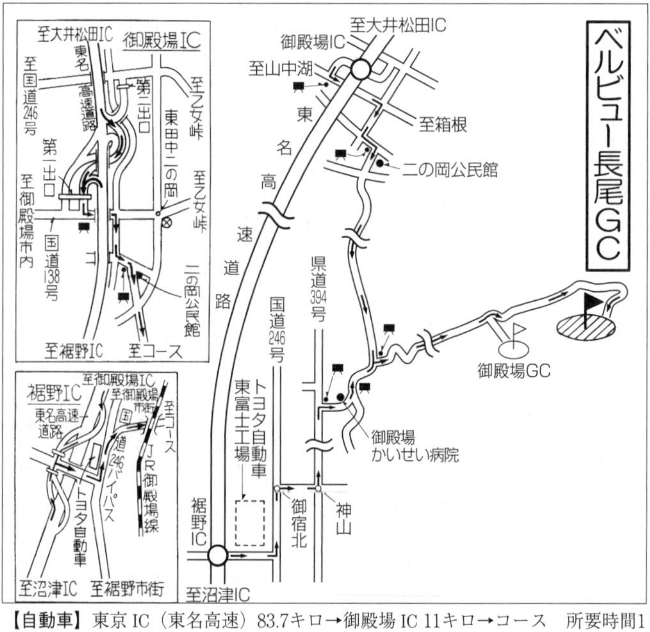

【自動車】東京 IC（東名高速）83.7キロ→御殿場 IC 11キロ→コース　所要時間1時間20分　御殿場 IC 第一出口を降りて左折し、高速をくぐってすぐの信号を右折。1つ目の信号を左折して二の岡公民館がある Y 字路を右折してコースへ。裾野 IC からは県道394号経由で約7キロ13分。箱根側長尾峠からの入口は通行止

☎0246(62)0555

ヘレナ国際カントリー倶楽部

〒974-8202　福島県いわき市添野町頭巾平66－3　FAX 0246(62)0556
https://cc.helena-international.jp

●**プレーの申込み**　パブリックコース
●**予約**　3か月前の1日より受付け
●**コンペ**　組数制限なし
●**休日**　無休
●**クレジット**　各種
●**開場日**　1993年5月1日
●**コースの特徴**　18H　P72　7101Y
全体的にフラットで、各ホールともティグラウンドからグリーンがほぼ見渡せる。随所に池を配し、巧みなレイアウトが安易なプレーを許さない
●**コースレート**　未査定
●**練習場**　240Y12打席
●**電車**　常磐線泉駅または植田駅
●**クラブバス**　なし
●**タクシー**　泉・植田駅ともに約10分
●**プレースタイル**　セルフで5人乗り乗用カート。キャディ付は要予約
●**シューズ**　ソフトスパイク推奨
●**ビジター料金表**

	平　日	土　曜	日　祝
セ　ル　フ	6,300	12,500	12,500

キャディ付は1組につき12000円
昼食付。季節により料金は異なる
2022年については要問合せ
●**プレー情報**　ハーフプレー、宿泊パック、スループレー可

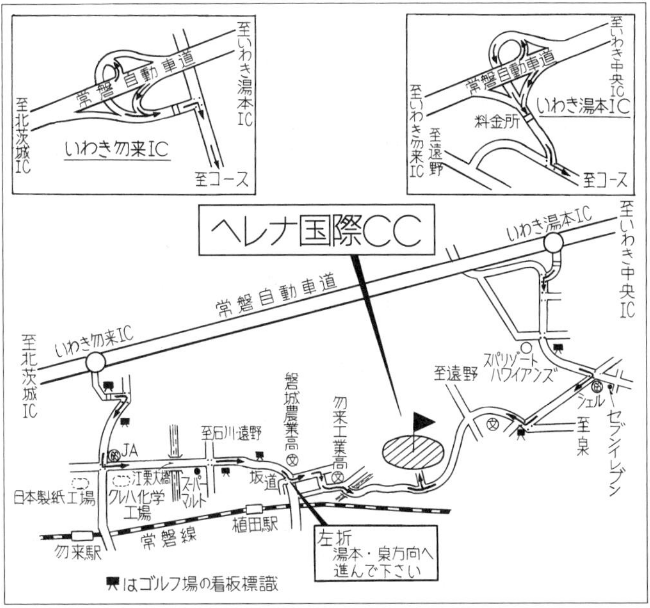

【**自動車**】三郷IC（常磐自動車道）154.5キロ→いわき勿来IC 9.5キロ→コース
所要時間2時間　いわき勿来ICの料金所を出て右折し、呉羽化学工場の手前を左折する。道なりに進んで江栗大橋を渡り、常磐勿来線を湯本・泉方面に向かってコースへ

ヘ

鳳凰ゴルフ倶楽部

〒373-0003　群馬県太田市北金井町903　FAX 0276(37)0980
http://www.hohoh.co.jp/

●**プレーの申込み**　ビジター可
●**予約**　4か月前の1日から受付け
●**コンペ**　組数は相談
●**休日**　12／31　1／1　指定日
●**クレジット**　JCB UC VISA AMEX ダイナース　セゾン　DC UFJ ニコス
●**開場日**　1973年9月24日
●**コースの特徴**　36H　P144　13335Y 自然の地形、樹木を利用したやや起伏のある丘陵コース。季節ごとの美しさ、特に桜との共演は見ごたえ十分
●**コースレート**　西コース70.5　東コース70.3
●**電車**　東武伊勢崎線太田駅、またはJR 高崎線熊谷駅
●**クラブバス**　なし
●**タクシー**　太田駅から15分2500円
●**プレースタイル**　セルフで5人乗り乗用カート。キャディ付は要予約
●**シューズ**　ソフトスパイク推奨
●**ビジター料金表**

	平　日	土　曜	日　祝
セ　ル　フ	8,300	14,500	14,500

2021年10月～11月の料金で昼食付
キャディ付は3,750円加算。期間により料金は異なる
●**プレー情報**　サービスデー、宿泊ロッジ、コンペプラン

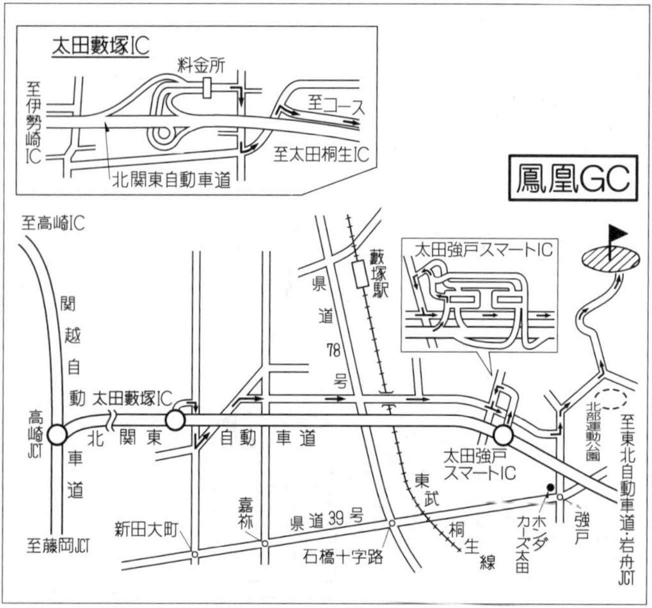

【**自動車**】練馬 IC（関越、北関東自動車道）104.4キロ→太田藪塚 IC 8キロ→コース　所要1時間15分　太田藪塚 IC を降りて右折し、1つ目の信号を左折する。1つ目の信号を右折し高速道路の側道を進んでコースへ。太田強戸スマート IC からは IC を出て左折し1つ目の信号を左折。突き当りを左折してコースへ

☎0470(28)1211

房州カントリークラブ

〒294-0224　千葉県館山市藤原1128　FAX 0470(28)1214
https://www.accordiagolf.com/

●**プレーの申込み**　ビジター可
●**予約**　3か月前の月初から受付け
●**コンペ**　組数制限なし
●**休日**　無休
●**クレジット**　JCB　VISA　UC　AMEX　マスター　ダイナース　NICOS
●**開場日**　1970年4月25日
●**コースの特徴**　18H　P71　6267Y
自然の地形を活かした富沢誠造氏設計の丘陵コース。南に伊豆七島、西に富士山、眼前に太平洋が広がり、冬は暖かく夏は涼しいリゾート
●**電車**　内房線館山駅
●**クラブバス**　金谷港、館山駅より予約制で運行
●**タクシー**　館山駅から17分3070円
●**プレースタイル**　セルフプレーでGPSナビ付自走式乗用カート
●**シューズ**　ソフトスパイク
●**ビジター料金表**

	平　日	土　曜	日　祝
セ　ル　フ	6,899～	16,900	16,900

2021年11月の昼食付料金
季節や日によって料金は異なる

【**自動車**】箱崎 IC（首都高速・京葉道路・館山自動車道）79.9キロ→木更津南JCT(富津館山道路)40.7キロ→富浦 IC 15キロ→コース　所要時間1時間50分　富津館山道路終点の富浦 IC から国道127号線を館山方面に進み、途中から国道410号バイパスを道なりに進む。藤原運動公園を通過してコースへ

房総カントリークラブ大上ゴルフ場

〒299-4424　千葉県長生郡睦沢町妙楽寺1262　FAX 0475(43)0859
http://boso-cc.com

●プレーの申込み　予約状況によりビジター可
●予約　平日は3か月前の同日、土日祝は2か月前の同日9時から受付け
●コンペ　組数は相談
●休日　クラブ指定日
●クレジット　JCB UC VISA セゾン DC UFJ ダイナース AMEX NICOS
●開場日　1986年10月19日
●コースの特徴　18H　P72　6807Y　各ホールに微妙な変化をもたせた設計の妙により、知的ゲームの醍醐味を味わうことができる
●コースレート　72.2
●練習場　120Y10打席
●電車　外房線茂原駅
●クラブバス　茂原駅南口タイムズ茂原駐車場から8:20土日祝は9:00を増発
●タクシー　茂原駅から20分4700円
●プレースタイル　セルフプレーでGPSナビ付乗用カート
●シューズ　ゴルフ靴はすべて可
●ビジター料金表

	平　日	土　曜	日　祝
セ　ル　フ	8,300	18,000	18,000

2021年10／4〜12／28、2022年1／5〜3／18の料金

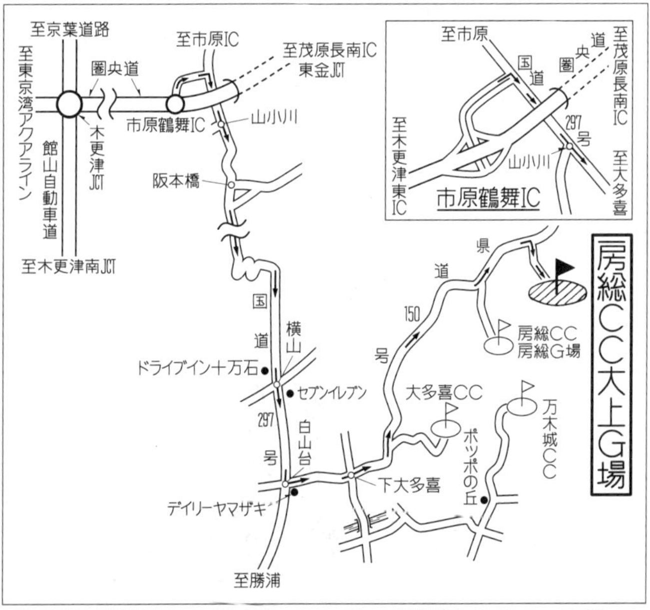

【自動車】川崎浮島 JCT（東京湾アクアライン、連絡道）23.7キロ→木更津 JCT（圏央道）19.6キロ→市原鶴舞 IC 16キロ→コース　所要時間55分　市原鶴舞 IC を降りて勝浦方面に右折する。約11キロ先の白山台交差点を左折してコースへ。圏央道・茂原長南 IC からは約15キロ

☎0475(43)0111

房総カントリークラブ房総ゴルフ場

〒299-4493　千葉県長生郡睦沢町妙楽寺2300　FAX 0475(43)0415
http://boso-cc.com

●プレーの申込み　会員の紹介または同伴が必要
●予約　平日は3か月前の同日、土日祝は2か月前の同日9時から受付け
●コンペ　上記に準ずる
●休日　無休
●クレジット　各種
●開場日　1975年11月29日
●コースの特徴　36H　P144　13294Y
東コースは2018年日本プロゴルフ選手権開催、ロングドライブと正確さが求められる本格的チャンピオンコース。西コースは絶妙なハザードの配置にプレーヤーの挑戦意欲を掻き立てられる
●コースレート　東74.2　西71.6
●練習場　250Y20打席（雨天可）
●電車　外房線茂原駅
●クラブバス　茂原駅南口タイムズ茂原駐車場から8:20土日祝は9:00を増発
●タクシー　茂原駅から25分4700円
●プレースタイル　キャディ付またはセルフでGPSナビ付乗用カート
●シューズ　ゴルフ靴はすべて可
●ビジター料金表（セルフ）

	平　日	土　曜	日　祝
東　C	11,200	22,000	22,000
西　C	9,200	19,000	19,000

2021年10/4～12/28、2022年1/5～3/18の料金。キャディ付(4B)4,400円加算

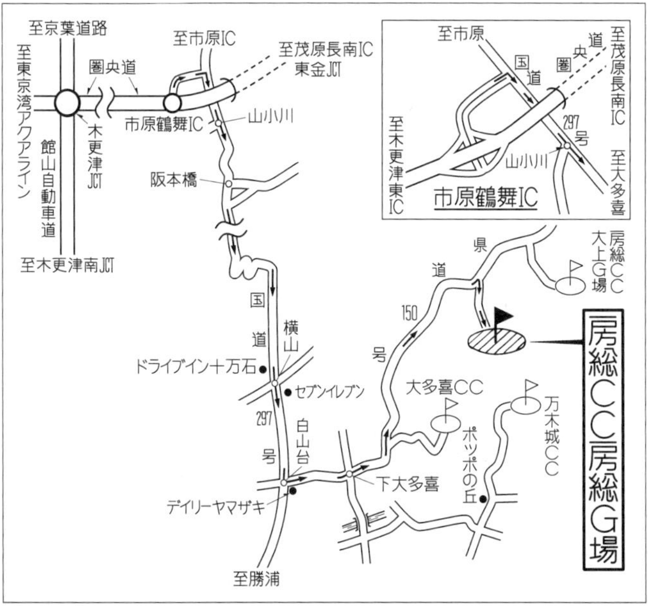

【自動車】川崎浮島 JCT（東京湾アクアライン、連絡道）23.7キロ→木更津 JCT（圏央道）19.6キロ→市原鶴舞 IC 14キロ→コース　所要時間50分　市原鶴舞 IC を降りて勝浦方面に右折する。約11キロ先の白山台交差点を左折してコースへ。圏央道・茂原長南 IC からは約14キロ

ホウライカントリー倶楽部

〒329-2747　栃木県那須塩原市千本松793　FAX 0287(37)4117
予約専用　0287(37)4114　http://golf.horai-kk.com/

●プレーの申込み　ビジター可
●予約　3か月前の1日から受付け
●コンペ　組数は相談
●休日　冬期クローズあり
●クレジット　各種
●開場日　1990年8月1日
●コースの特徴　18H　P72　6821Y
ロバートボンヘギーの設計の各ホールは、流麗な陰影と無限に広がる那須連山とが見事に調和。赤松林と池、バンカーに囲まれた林間コース
●コースレート　72.1
●電車　東北新幹線那須塩原駅、または東北本線西那須野駅
●クラブバス　那須塩原駅から予約制
8:00　9:05　土日祝7:40増発
●タクシー　那須塩原駅20分4000円
西那須野駅15分3000円
●プレースタイル　キャディ付で5人乗り乗用カート
●シューズ　ソフトスパイク推奨
●ビジター基本料金表

	平　日	土　曜	日　祝
キャディ付	14,000	21,700	19,500

上記は2021年10月の料金

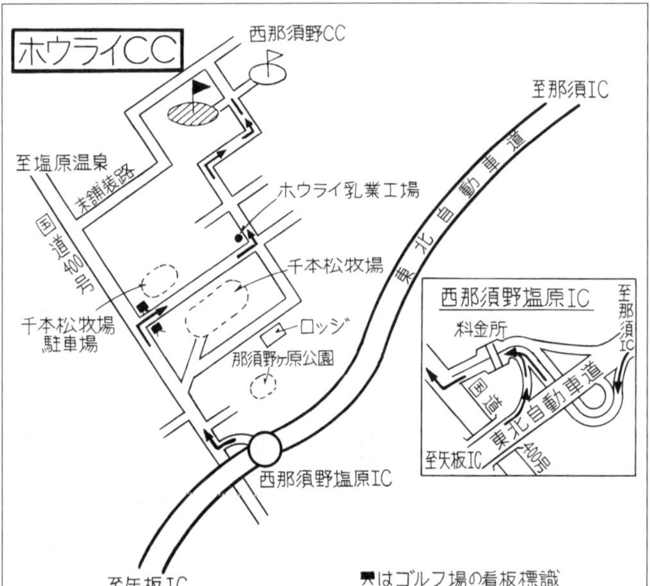

【自動車】浦和料金所（東北自動車道）134.3キロ→西那須野塩原 IC 4キロ→コース　所要時間1時間50分　西那須野塩原 IC の料金所を出て塩原温泉方面に右折。国道400号を塩原方面へ約1キロ進み、あとはコース案内板に従がってコースへ。IC より約5分

鳳琳カントリー倶楽部

〒290-0526　千葉県市原市小草畑244　FAX 0436(89)2707
予約専用　0436(89)2828　http://www.hourin-cc.co.jp/

●プレー申込み　原則として会員の紹介が必要。予約状況によりビジター可
●予約　随時受付け
●コンペ　予約状況により相談
●休日　無休
●クレジット　各種
●開場日　1989年9月24日
●コースの特徴　18H　P72　7040Y
コース全体が「鳳琳八景」と称される回遊式日本庭園であり、その景観美とゴルフとしての戦略性がみごとに調和した「庭園コース」である
●コースレート　72.7
●練習場　250Y14打席
●電車　内房線五井駅
●クラブバス　予約制。要問合せ
●タクシー　外房線茂原駅から30分約6000円
●プレースタイル　キャディ付またはセルフで5人乗り乗用カート
●シューズ　ソフトスパイク
●ビジター料金表

	平　日	土　曜	日　祝
キャディ付	22,805	33,805	33,805
セ　ル　フ	18,405	29,405	29,405

2021年10月～12月の料金
季節により料金は異なる

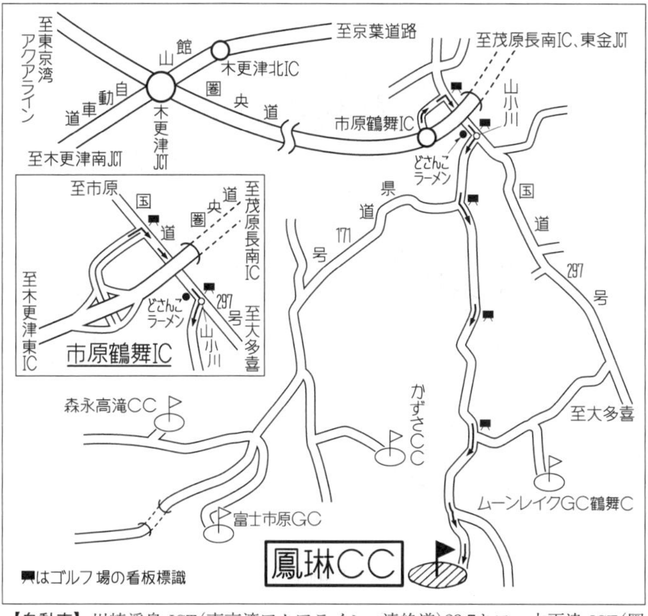

【自動車】川崎浮島JCT(東京湾アクアライン、連絡道)23.7キロ→木更津JCT(圏央道) 19.6キロ→市原鶴舞IC 7キロ→コース　所要時間40分　市原鶴舞ICを降りて右折し1つ目の山小川信号を右折。コース案内板に従って左折してコースへ。館山自動車道・市原ICからは大多喜・勝浦方面に向かって約26キロ、45分

星の宮カントリー倶楽部

〒321-0214　栃木県下都賀郡壬生町壬生甲3705-1　FAX 0282(82)9440
予約専用　0282(82)8533　http://www.hoshinomiyacc.com　本社　03(3625)5271

●プレーの申込み　パブリックコース
●予約　3か月前の1日から受付け
●コンペ　5組以上のコンペは6か月前の1日から受付け
●休日　1/1　クラブ指定日
●クレジット　各種
●開場日　1968年10月20日
●コースの特徴　18H　P72　6702Y
地形はフラットでフェアウェイは広くゆったりとして、豊富な自然林でセパレートされた林間コース
●練習場　90Y6打席
●電車　東武宇都宮線国谷駅
●クラブバス　国谷駅から予約制
●タクシー　JR 石橋駅15分2300円
●プレースタイル　キャディ付またはセルフで5人乗り乗用カート
●シューズ　ゴルフ靴はすべて可
●ビジター料金表

	平　日	土　曜	日　祝
キャディ付	12,360	19,560	19,560
セ　ル　フ	8,400	15,600	15,600

2021年11月の昼食付料金
●プレー情報　感謝デー、優待プランあり

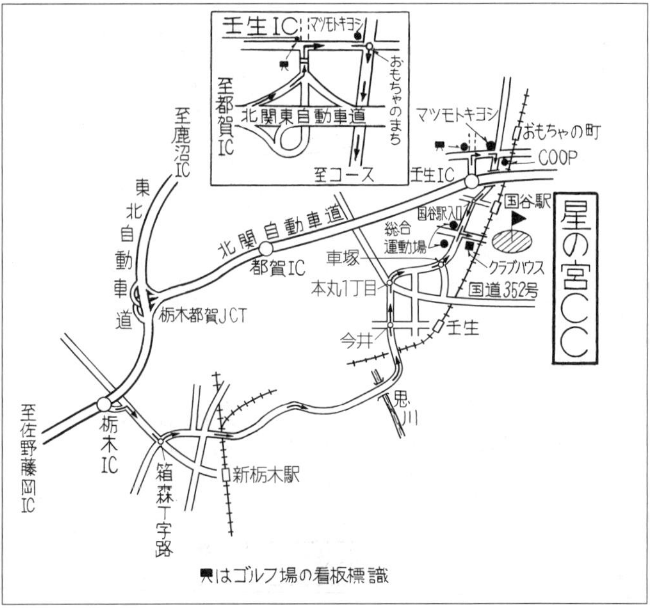

【自動車】浦和料金所（東北自動車道）70.7キロ→都賀 JCT（北関東自動車道）10.1キロ→壬生 IC 3キロ→コース　所要時間1時間　北関東自動車道・壬生 IC を降りて右折し、COOP がある交差点を右折する。国谷駅前を過ぎてコースへ。壬生 IC より約5分、栃木 IC より13キロ、約20分

☎0263(83)2778

穂高カントリークラブ

〒399-8305　長野県安曇野市穂高牧2195　FAX 0263(83)4502
予約専用　0263(83)5489　http://www.hotakacc.co.jp

●プレーの申込み　会員の同伴または紹介が必要
●予約　営業期間内は午前9時より随時受付け
●コンペ　1組1名以上の会員同伴で、平日、土曜10組、日祝5組まで
●休日　営業期間中無休
12月中旬～3月初旬は冬期クローズ
●クレジット　VISA　UC　JCB 他
●開場日　1972年10月5日
●コースの特徴　18H　P72　7022Y
池や微妙なアンジュレーションで変化に富んだコース
●コースレート　72.5
●練習場　230Y12打席
●電車　大糸線豊科駅または穂高駅
●クラブバス　なし
●タクシー　松本駅から30分7000円
穂高駅から10分1500円
●プレースタイル　キャディ付で歩いてプレー。5人乗り乗用カート45台あり、要予約（1台4400円）
●シューズ　ソフトスパイク推奨
●ビジター料金表

	平　日	土　曜	日　祝
キャディ付	14,580	19,880	19,880

●プレー情報　サービスデー
コンペプラン、早朝・薄暮ハーフ

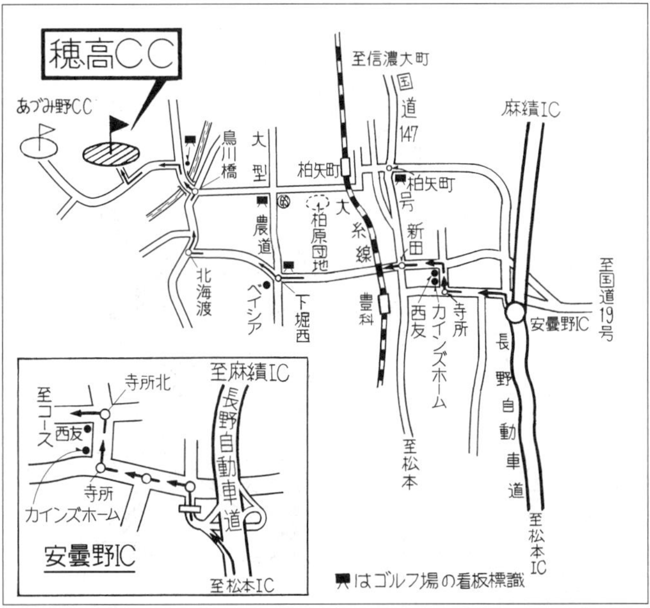

【自動車】高井戸 IC（中央自動車道）185.8キロ→岡谷 JCT（長野自動車道）29.4キロ→安曇野 IC 10キロ→コース　所要時間2時間30分　安曇野 IC を降りて左折し、寺所を右折後、西友がある寺所北を左折する。道なりに進み、突き当たりを右折して烏川橋を渡りコースへ

　☎045(921)0115

程ヶ谷カントリー倶楽部

〒241-0802　神奈川県横浜市旭区上川井町1324　FAX 045(921)0118
http://www.hodogaya-country-club.jp

●**プレーの申込み**　平日は会員の同伴または紹介、土曜は会員の同伴が必要。日祝はビジター不可
●**予約**　平日はプレー日の1年前から、土曜は8週間前から受付け
●**コンペ**　土日祝は不可。平日1組に会員1名以上の同伴で可(紹介制度あり)
●**休日**　毎週月曜日　12／31　1／1
●**クレジット**　JCB　マスター　VISA 他
●**開場日**　1922年10月15日
●**コースの特徴**　18H　P72　6797Y
適当なアップダウンと微妙なアンジュレーションが効いた名コース。インはティインググラウンド前に池が多い
●**コースレート**　72.6
●**練習場**　230m25打席
●**電車**　相模鉄道三ツ境駅、または東急田園都市線長津田駅
●**クラブバス**　三ツ境駅から運行。日祝のみ長津田駅からも運行
●**タクシー**　三ツ境駅から5分1000円
●**プレースタイル**　キャディ付で歩いてプレー
●**シューズ**　ソフトスパイク推奨
●**ビジター料金表**

	平　日	土　曜	日　祝
キャディ付	27,290	32,790	——

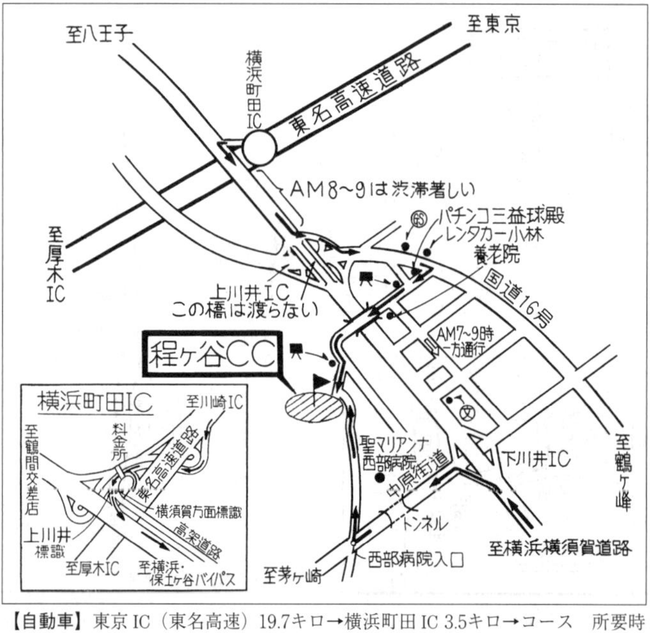

【自動車】東京IC（東名高速）19.7キロ→横浜町田IC 3.5キロ→コース　所要時間30分　横浜町田ICを横浜方面に降り、右側車線を上川井方面に走り、1.2キロ先の大鉄橋手前を横浜市内方面に降りて左折。ここの信号を含めて5つ目を右折（左側にレンタカー）してコースへ

BOBOS カントリークラブ 久慈川コース

〒319-3111　茨城県常陸大宮市山方4933　FAX 0295(55)8666
http://www.kujigc.com

●**プレーの申込み**　パブリックコース
●**予約**　3か月前の同日から受付け
●**コンペ**　組数制限なし
●**休日**　無休
●**クレジット**　各種
●**開場日**　1987年10月24日
●**コースの特徴**　18H　P72　6304Y
バンカーや池などを配し、自然の地形を生かしたベント・ワングリーンの戦略的なコース
●**練習場**　200Y20打席
●**電車**　水郡線山方宿駅
●**クラブバス**　なし
●**タクシー**　山方宿駅から5分1320円
●**プレースタイル**　セルフで5人乗り乗用カート
●**シューズ**　メタルスパイク禁止
●**ビジター料金表**

	平　日	土　曜	日　祝
セ　ル　フ	5,500〜	10,800〜	10,800〜

2021年10月の昼食付料金。期間によって料金は異なる。2022年度料金については要問合せ
●**プレー情報**　サービスデー、ホテル併設、宿泊パック

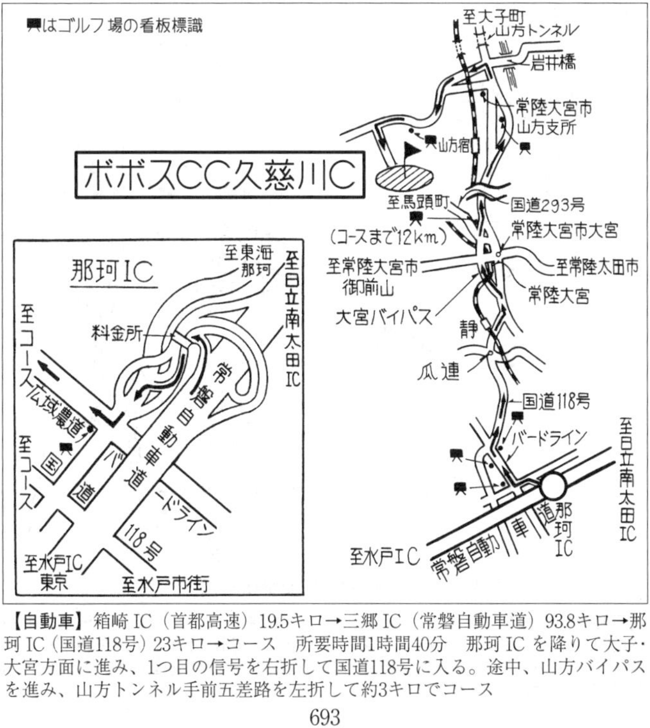

【自動車】箱崎 IC（首都高速）19.5キロ→三郷 IC（常磐自動車道）93.8キロ→那珂 IC（国道118号）23キロ→コース　所要時間1時間40分　那珂 IC を降りて大子・大宮方面に進み、1つ目の信号を右折して国道118号に入る。途中、山方バイパスを進み、山方トンネル手前五差路を左折して約3キロでコース

ホロンゴルフ倶楽部

〒439-0008　静岡県菊川市友田1028－10　FAX 0537(36)5613
予約0537(36)5612　http://hgc.tatemono-golf.com

●**プレーの申込み**　予約状況によりビジター可
●**予約**　3か月前の1日から受付け
●**コンペ**　組数は相談
●**休日**　無休
●**クレジット**　オリコ JCB UC VISA DC　ダイナース　AMEX
●**開場日**　1993年4月27日
●**コースの特徴**　18H　P72　7010Y
丘陵コースながら各ホールはフラットでワイド。ベントのワングリーンと池が戦略性を高めている
●**コースレート**　72.8
●**練習場**　160Y10打席
●**電車**　東海道新幹線掛川駅
●**クラブバス**　なし
●**タクシー**　掛川駅から20分4000円
菊川駅から7分1500円
●**プレースタイル**　キャディ付でGPSナビ付き乗用カート
●**シューズ**　ソフトスパイク（スパイクレスを含む）
●**ビジター料金表**

	平　日	土　曜	日　祝
キャディ付	14,420	20,690	19,645

上記は2021年10月～12月の料金
レディス・シニア平日割引
●**セルフデー**　毎週火曜日11230円食事付

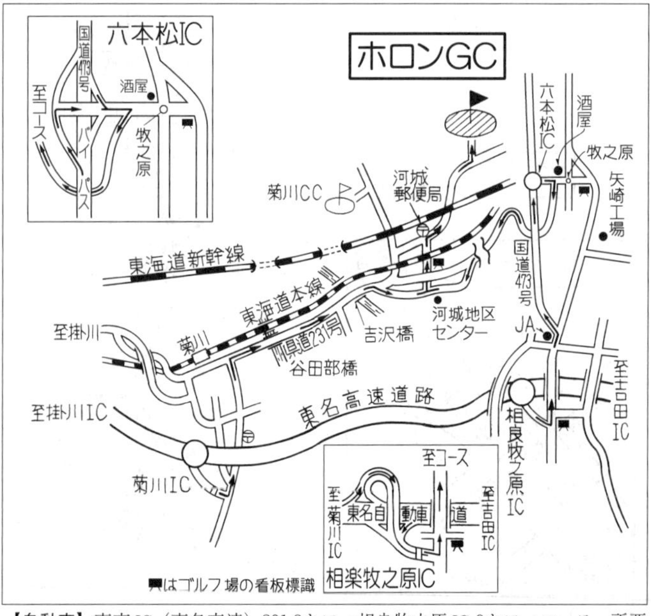

【**自動車**】東京IC（東名高速）201.8キロ→相良牧之原IC 9キロ→コース　所要時間2時間20分　相良牧之原ICを降りて左折。国道473号バイパスを利用して六本松ICを降りて右折し菊川市街へ。河城地区センターの先を右折してコースへ。菊川ICからは7キロ、約10分

本厚木カンツリークラブ

〒243-0213　神奈川県厚木市飯山1700　FAX 046(241)4110
予約046(241)4113　http://www.honatsugi-cc.jp/

●プレーの申込み　平日は会員紹介で可、土日祝は会員同伴が必要。但しセミシーズン、オフシーズンは紹介で可
●予約　平日は随時（1年先まで）受付け。土日祝は2か月前から受付け。詳細は問合せ
●コンペ　予約状況により相談
●休日　クラブ指定の月曜日
12／31　1／1
●クレジット　ダイナース　JCB 他
●開場日　1962年11月3日
●コースの特徴　18H　P72　6821Y
平らな丘に造られたフラットなコース
●コースレート　72.0
●練習場　230Y25打席
●電車　小田急線本厚木駅
●クラブバス　本厚木駅南口オバネ眼科裏から6時45分から9時15分まで30分おき
●タクシー　本厚木駅から15分1800円
●プレースタイル　キャディ付で5人乗り乗用カート
●シューズ　メタルスパイク禁止
●ゲスト料金表

	平　日	土　曜	日　祝
キャディ付	25,070	31,670	31,670

3シーズン制料金。各種割引制度あり

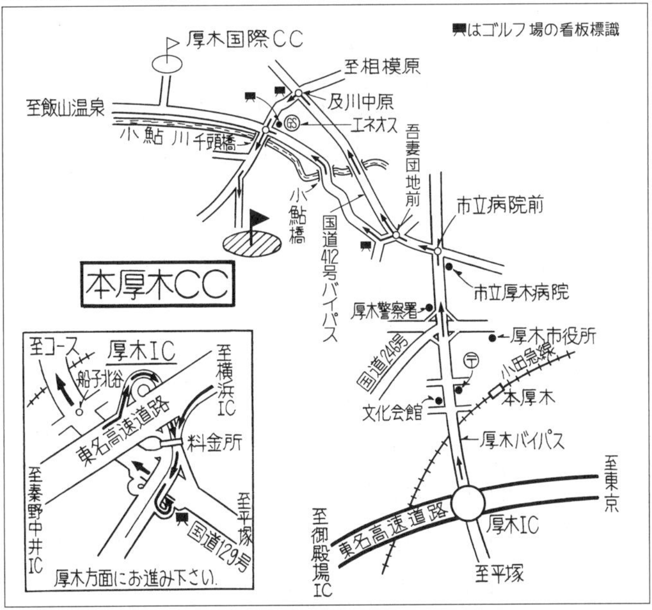

【自動車】東京IC（東名高速）35キロ→厚木IC（国道129号線）2キロ→市立厚木病院3キロ→千頭橋500メートル→コース　所要時間50分　厚木ICを厚木方面に降り、小田急線、国道246号の2つの陸橋を渡り、市立病院前の交差点を清川、宮ケ瀬方面へ左折。千頭橋の交差点を左折し、上り坂の途中を左に入る

本千葉カントリークラブ

〒266-0014　千葉県千葉市緑区大金沢町311　FAX 043(292)1795
https://www.honchiba-cc.co.jp

●プレーの申込み　ビジター可
●予約　3か月前の月初から受付け
●コンペ　組数は相談
●休日　12／31　1／1　指定日
●クレジット　各種
●開場日　1970年11月23日
●コースの特徴　27H　P108　9792Y
千葉市内のなだらかな丘陵地にレイアウトされ、松などの樹木が多い。池も多く戦略性に富んでいる
●コースレート　70.3　69.0　70.9
●練習場　30Y9打席
●電車　内房、外房、京葉線蘇我駅、外房線鎌取駅
●クラブバス　蘇我駅東口から7:00　8:00　9:00
●タクシー　蘇我駅から約3000円、鎌取駅から約1500円
●プレースタイル　キャディ付またはセルフで乗用カート
●シューズ　ソフトスパイク推奨
●ビジター料金表

	平　日	土　曜	日　祝
キャディ付	12,850	21,850	21,850
セ　ル　フ	9,000	18,000	18,000

2021年10月の料金
期間により料金は異なる

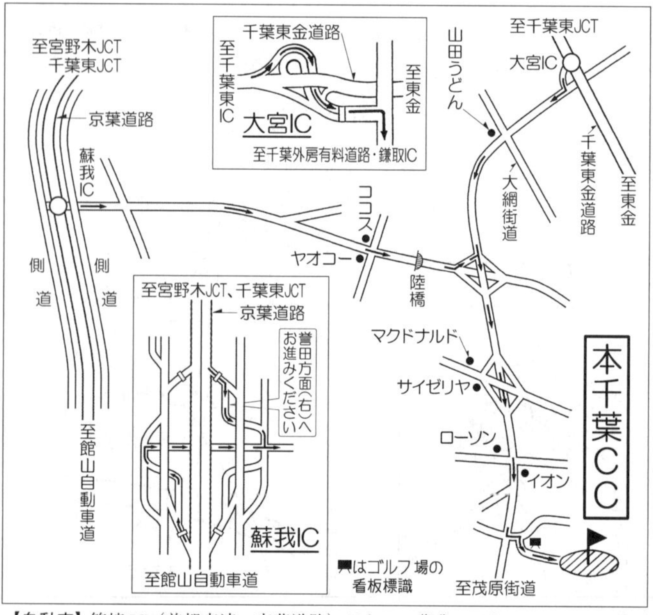

【自動車】箱崎IC（首都高速・京葉道路）49キロ→蘇我IC 6キロ→コース　所要時間50分　京葉道路を蘇我ICで降り、誉田方面に左折する。約3キロ先にあるアーチ型の陸橋をくぐり、次の立体交差を右折して、ちはら台に向かってコースへ。または千葉東金道路・大宮ICから約15分

前橋ゴルフ場

〒371-0046　群馬県前橋市川原町1-42-4　FAX 027(233)0119
予約027(231)8990　http://www.maebashi-golf.jp/

●プレーの申込み　パブリックコース
●予約　随時受付け
●コンペ　組数制限なし
●休日　無休
●クレジット　JCB　UC　マスター
●開場日　1980年4月28日
●コースの特徴　18H　P72　6333Y
利根川河川敷のフラットなコース。随所に池を配したレイアウトは戦略的でもある。ビギナーもシングルプレーヤーも楽しめるコース
●コースレート　69.6
●電車　上越線新前橋駅
●クラブバス　なし
●タクシー　新前橋駅約15分2000円
●プレースタイル　セルフプレーで乗用カート
●シューズ　ソフトスパイク推奨
●ビジター料金表

	平　日	土　曜	日　祝
セ　ル　フ	6,640	11,000	11,000

上記は2021年10月～11月の料金で昼食付。ゴルフ振興基金30円含む
●プレー情報　サービスデー、ジュニア料金・シニア料金あり。早朝・薄暮プレー通年実施。JGA公認ハンデ取得可能

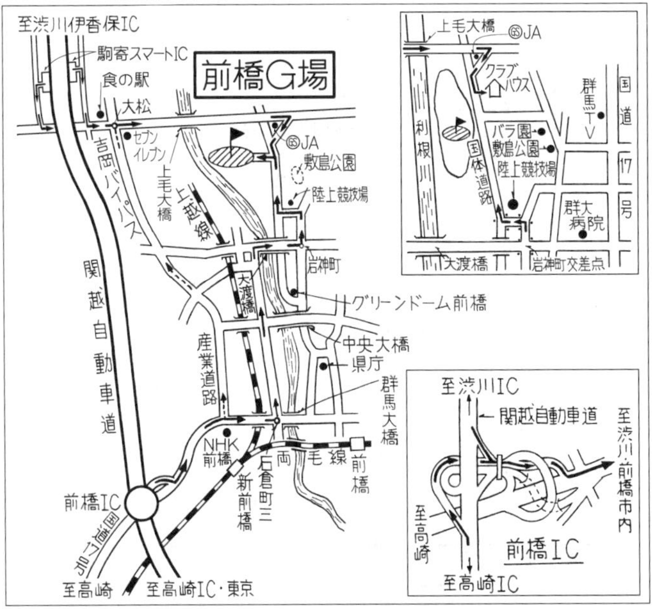

【自動車】練馬IC（関越自動車道）92.1キロ→前橋IC 10キロ→コース　所要時間1時間20分　前橋ICを降りて国道17号線を前橋市内方面に向かう。NHK前橋前を通り、石倉町三信号を左折する。大渡橋西詰信号を右折して岩神町信号を左折。岩神町四信号を左折してコースへ。ETC搭載車は駒寄スマートICより5分

マグレガーカントリークラブ

〒298-0205　千葉県夷隅郡大多喜町沢山2－1　FAX 0470(82)3225
https://www.macgregor-cc.jp/

●プレーの申込み　ビジター可
インターネットから申し込みも可
●予約　3か月前の同日から受付け
●コンペ　組数は相談
●休日　1／1
●クレジット　各種
●開場日　1979年7月20日
●コースの特徴　18H　P72　6612Y
南総の南斜面の丘陵地にあり、各ホールは完全にセパレートされ、飛距離よりも正確性が重視される。貸切の練習専用ホールあり（260Yと130Yの2ホール、平日1人2時間4900円）
●コースレート　71.7

●電車　外房線茂原駅
●クラブバス　なし
●タクシー　茂原駅から30分7000円
●プレースタイル　セルフプレーで自走式乗用カート
●シューズ　メタルスパイク禁止
●ビジター料金表

	平　日	土　曜	日　祝
セ　ル　フ	7,990	15,500	15,500

昼食付。期間によって料金は異なる
料金プラン等の詳細は要問合せ

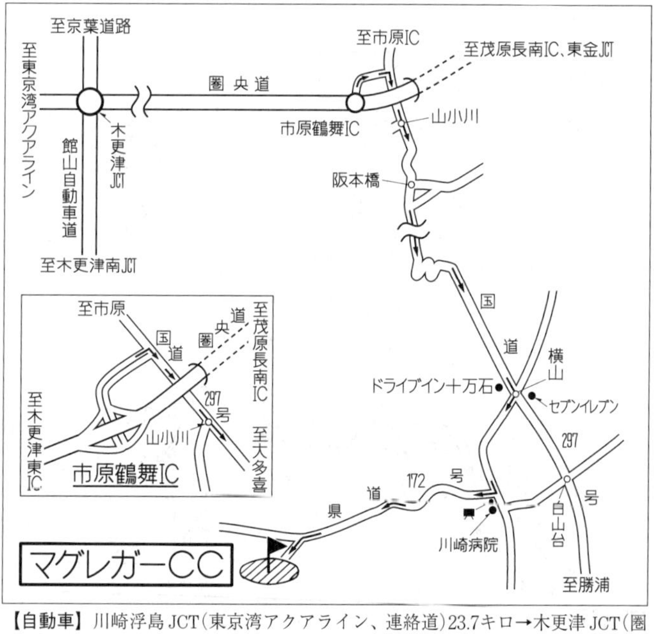

【自動車】川崎浮島JCT（東京湾アクアライン、連絡道）23.7キロ→木更津JCT（圏央道）19.6キロ→市原鶴舞IC 12キロ→コース　所要時間50分　市原鶴舞ICを降りて勝浦方面に右折する。約10キロ先の横山交差点を右折し、約3キロでコース。館山道・市原ICからは約32キロ

益子カントリー倶楽部

〒321-4212　栃木県芳賀郡益子町大字上大羽2268　FAX 0285(72)1231
https://mashikocc.co.jp/

●プレーの申込み　ビジター可
●予約　3か月前の同日から受付け
●コンペ　組数制限なし
●休日　クラブ指定日
●クレジット　各種
●開場日　1975年4月20日
●コースの特徴　27H　P108　10103Y
コースの高低差20m弱とフラットに仕上っている。やしお・さくらコースは距離があり戦略性も高い
●コースレート　やしお・さぎそう71.2　さぎそう・さくら70.4　さくら・やしお　71.6
●練習場　130Y10打席
●電車　常磐線友部駅
●クラブバス　友部駅から8:20
予約制
●タクシー　友部駅から約40分
●プレースタイル　セルフで5人乗り乗用カート
●シューズ　ソフトスパイク
●ビジター料金表

	平　日	土　日	祝　日
セ　ル　フ	6,400	12,200	12,000

2021年10月～11月の料金で昼食バイキングとドリンク付（アルコール含む）期間により料金は異なる
●プレー情報　コンペプラン、アフタヌーンプレー、宿泊パック

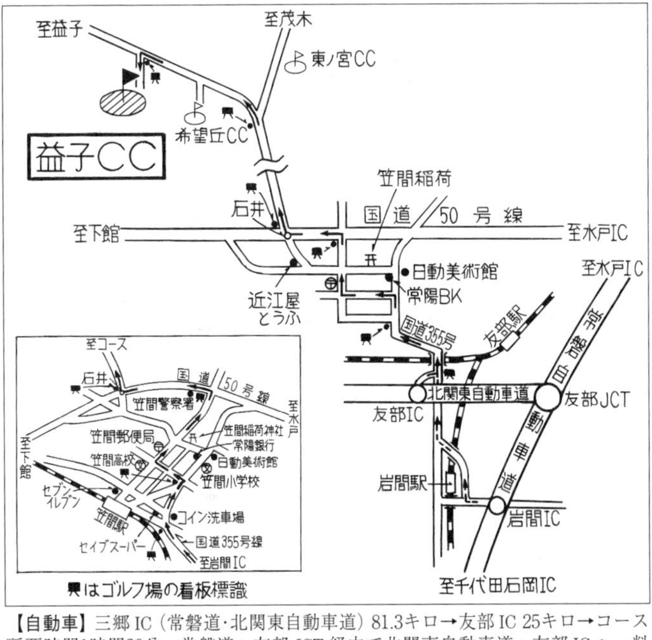

【自動車】三郷IC（常磐道･北関東自動車道）81.3キロ→友部IC 25キロ→コース
所要時間1時間30分　常磐道・友部JCT経由で北関東自動車道・友部ICへ。料金所を出て左折し笠間市へ向かう。国道50号線石井交差点から県道宇都宮・笠間線を益子方面に進んでコースへ。友部ICから約30分

ましこゴルフ倶楽部

〒321-4104　栃木県芳賀郡益子町大沢2202－8　FAX 0285(72)6906
http://mashiko-gc.jp

●**プレーの申込み**　ビジター可
●**予約**　平日は3か月前の1日から、土日祝は2か月前の同日、午前10時からコースで受付け
●**コンペ**　上記に準ずる
●**休日**　無休
●**クレジット**　DC　VISA　UC　NICOS　AMEX　JCB 他
●**開場日**　1997年7月28日
●**コースの特徴**　18H　P72　7075Y
全体に緩やかに展開する丘陵コース。戦略的にはややハードなアウトが難しい
●**練習場**　65Y8打席
●**電車**　常磐線友部駅、東北新幹線宇都宮駅、真岡鉄道七井駅または益子駅
●**クラブバス**　なし
●**タクシー**　友部駅から30分6000円、宇都宮駅から40分6500円
●**プレースタイル**　セルフで乗用カート。キャディ希望は要問合せ
●**シューズ**　ソフトスパイク推奨
●**ビジター料金表**

	平　日	土　曜	日　祝
セ　ル　フ	6,300	11,100	11,100

平日は昼食付。シーズン料金あり。詳細は要問い合せ。キャディ付は3,050円加算。セルフデーあり

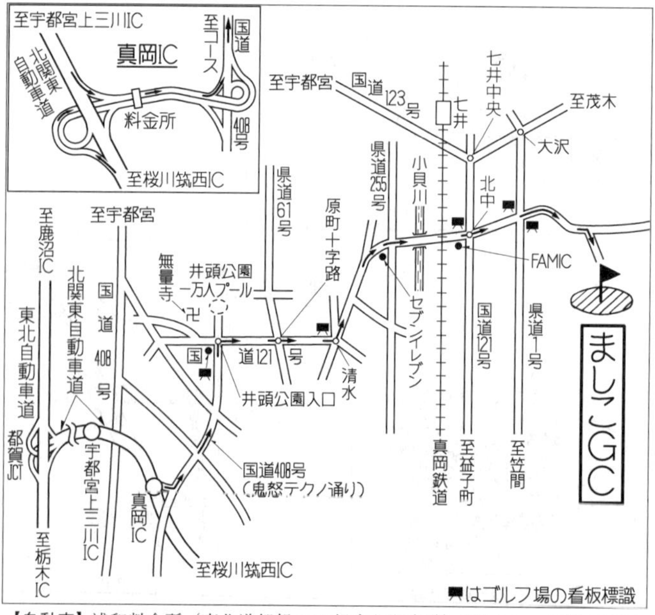

【自動車】浦和料金所（東北道都賀 JCT 経由北関東道）92.9キロ→真岡 IC 20キロ→コース　所要時間1時間30分　真岡 IC を宇都宮方向に降りて鬼怒テクノ通りを直進。井頭公園入口を右折し、約6キロ先の清水交差点を左折して道なりに進む。踏み切りを渡って案内板に従ってコースへ

益子ヒルズゴルフクラブ

〒321-4104　栃木県芳賀郡益子町大沢2942-1　FAX 0285(72)7561
http://www.mashikohills.jp

●**プレーの申込み**　パブリックコース
●**予約**　随時受付ける
●**コンペ**　組数制限なし
●**休日**　無休
●**クレジット**　各種
●**開場日**　1986年10月27日
●**コースの特徴**　18H　P70　4911Y
パー5が2ホールで距離は短いが本格的な丘陵コース。池もあり正確なショットが要求される
●**コースレート**　68.5
●**練習場**　なし
●**電車**　JR宇都宮線宇都宮駅
●**クラブバス**　なし
●**タクシー**　宇都宮駅から40分6000円
●**プレースタイル**　セルフプレーで乗用カート
●**シューズ**　ソフトスパイクのみ可
●**ビジター料金表**

	平　日	土　日	祝　日
セ　ル　フ	4,390	7,990	7,990

上記は2021年10月～12／20の料金で昼食付。ツーサムプレー可
●**プレー情報**　夏期・冬期割引、ジュニアプラン、友の会（友遊CLUB）

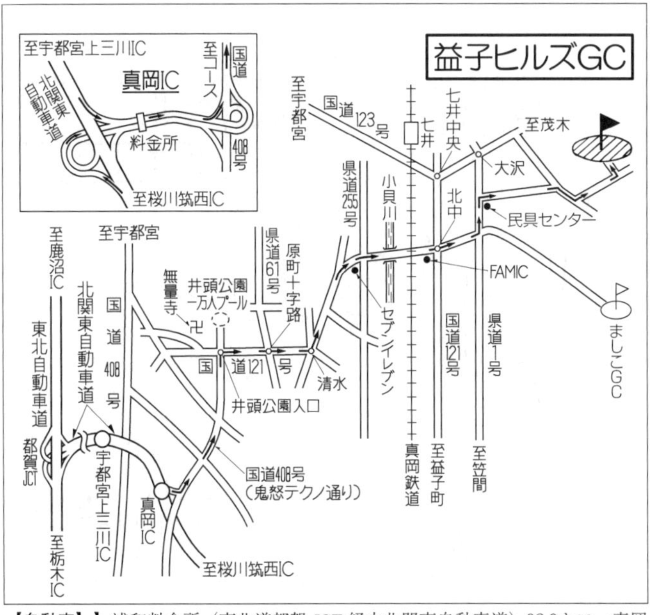

【自動車】】浦和料金所（東北道都賀JCT経由北関東自動車道）92.9キロ→真岡IC 20キロ→コース　所要時間1時間20分　真岡ICを宇都宮方面に降りて鬼怒テクノ通りを直進。井頭公園入口を右折し、約6キロ先の清水交差点を左折。踏み切りを渡って県道1号線を左折し、民具センターを右折してコースへ

松本浅間カントリークラブ

〒390-0317　長野県松本市大字洞902　FAX 0263(46)4488
予約専用　0263(46)1212　http://www.mcci.or.jp/www/asama-cc

●プレーの申込み　予約状況によりビジター可

●予約　平日随時受付け、土日祝の1～2組は2か月前の同日から受付け

●コンペ　土日祝の3組以上は3か月前から受付け

●休日　営業期間中無休
1月初旬～2月中旬は冬期クローズ

●クレジット　UC　DC　VISA　マスター　AMEX　ダイナース

●開場日　1989年7月14日

●コースの特徴　27H　P108　10146Y
ほとんどのホールから北アルプスの雄大な眺望が楽しめ、ベントワングリーンの戦略型コース

●コースレート　乗鞍・常念71.6　乗鞍・白馬71.3、常念・白馬71.1

●電車　篠ノ井線・中央本線松本駅

●クラブバス　なし

●タクシー　松本駅から15分2200円

●プレースタイル　セルフで乗用カート。キャディ付も可

●シューズ　ソフトスパイク推奨

●ビジター料金表

	平　日	土　曜	日　祝
セ　ル　フ	9,900	14,700	14,700

上記は2021年4／19～7／16、9／13～10／29の料金
キャディ付は3350円加算

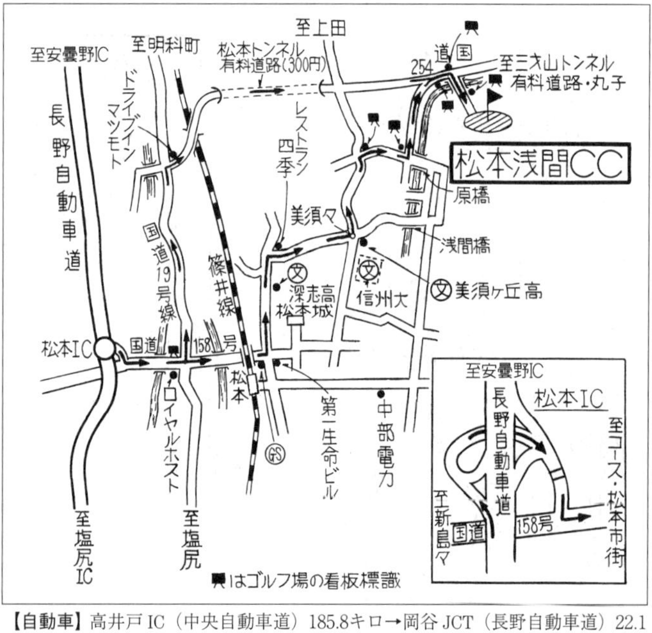

【自動車】高井戸IC（中央自動車道）185.8キロ→岡谷JCT（長野自動車道）22.1キロ→松本IC 8キロ→コース　所要時間2時間30分　長野自動車道・松本ICから国道19号を長野方面へ向かい、マツモトドライブイン手前を右折。松本トンネル有料道路を通り、国道254号に入って案内板に従ってコースへ

 ☎0263(58)4581

松本カントリークラブ

〒399-0023　長野県松本市内田2681　FAX 0263(86)5888
http://www.matsumotocc.co.jp

●プレーの申込み　会員の紹介または同伴が必要
●予約　2か月前の同日から受付け。会員が申込む
●コンペ　上記に準ずる
●休日　営業期間中無休
12月下旬～3月初旬は冬期クローズ
●クレジット　AMEX　マスター
DC　UC　JCB　VISA
●開場日　1971年10月10日
●コースの特徴　18H　P72　7007Y
標高1000メートルの美しい林間コース
●コースレート　72.6
●電車　中央本線松本駅または塩尻駅
●クラブバス　なし
●タクシー　松本駅、塩尻駅とも30分4000円～
●プレースタイル　キャディ付またはセルフでGPSナビ付乗用カート。FW乗入れカートは要予約・有料
●シューズ　ゴルフ靴はすべて可
●ビジター料金表

	平　日	土　曜	日　祝
キャディ付	18,000	24,600	24,600
セ　ル　フ	14,700	21,300	21,300

上記は2021年4／24～11／14の料金
●プレー情報　コンペ優待3組9名以上、午後プレー、薄暮プレー

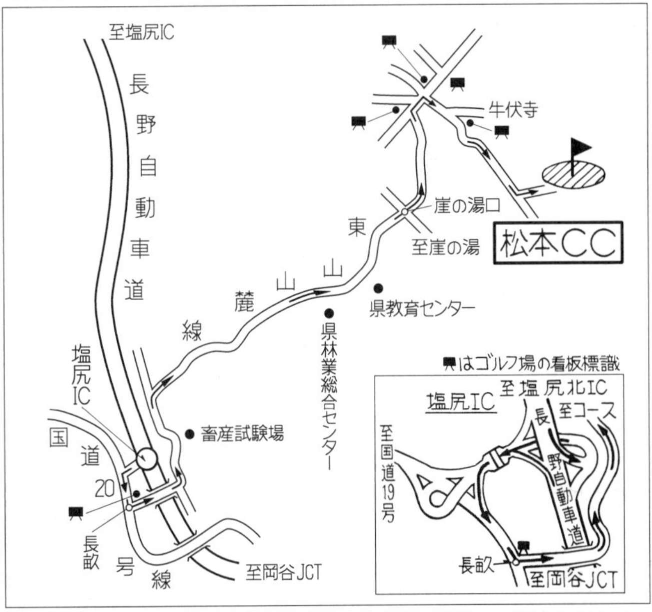

【自動車】高井戸IC（中央自動車道･長野自動車道）193キロ→塩尻IC 12キロ→コース　所要時間2時間40分　塩尻ICを降りて左に曲がり、長畝交差点を左折して東山山麓線を進む。崖の湯口信号を直進し、コース案内板に従って右折してコースへ

マナゴルフクラブ

〒319-2225　茨城県常陸大宮市西塩子168　FAX 0295(53)7777
https://www.managolf.jp

●プレーの申込み　ビジター可
●予約　3か月前から受付け
●コンペ　組数制限なし
●休日　無休
●クレジット　JCB　VISA　UC　DC　UFJ　AMEX　ダイナース　マスター
●開場日　2003年8月1日
●コースの特徴　18H　P72　6837Y
なだらかな丘陵地にレイアウトされたフラットなコース。自然の立木、池が巧みに配され、正確なショットが必要
●コースレート　72.0
●練習場　50Y7打席
●電車　常磐線水戸駅、水郡線常陸大宮駅または玉川村駅
●クラブバス　予約制。常陸大宮駅・玉川村駅は無料送迎、水戸駅は有料
●タクシー　常陸大宮駅から10分2700円
●プレースタイル　キャディ付またはセルフで5人乗り乗用カート
●シューズ　ソフトスパイク
●ビジター料金表

	平　日	土　曜	日　祝
キャディ付	9,600	16,800	16,800
セ　ル　フ	6,300	13,500	13,500

2021年10月の昼食付料金。期間により料金変動あり
●プレー情報　宿泊パック、コンペ割引、午後プレー

【自動車】三郷 IC（常磐自動車道）93.8キロ→水戸 IC 27キロ→コース　所要時間1時間40分　水戸 IC を笠間方面に降りて200m 先の信号を右折する。道なりに進み宇都宮・御前山方面へと向う。那珂川大橋を渡ってコースへ。那珂 IC からは国道118号経由で約20キロ

丸の内倶楽部

〒297-0204　千葉県長生郡長柄町力丸354　FAX 0475(35)4666
予約専用　0475(35)1100　https://www.pacificgolf.co.jp/marunouchi

●**プレーの申込み**　パブリックコース
●**予約**　3か月前の1日から受付け
●**コンペ**　組数制限なし
●**休日**　無休
●**クレジット**　JCB VISA ダイナース
●**開場日**　1996年7月2日
●**コースの特徴**　18H　P72　6708Y
ティからグリーンを見渡せるフラットな丘陵コース。グリーンはペンクロスベントの1グリーン
●**コースレート**　71.4
●**電車**　外房線茂原駅
●**クラブバス**　なし
●**タクシー**　茂原駅から20分約3000円
●**プレースタイル**　セルフプレーでGPSナビ付乗用カート。希望によりキャディ付も可（要予約）
●**シューズ**　メタルスパイク禁止
●**ビジター料金**
季節により料金が異なるため、ホームページ参照、またはクラブに要問合せ

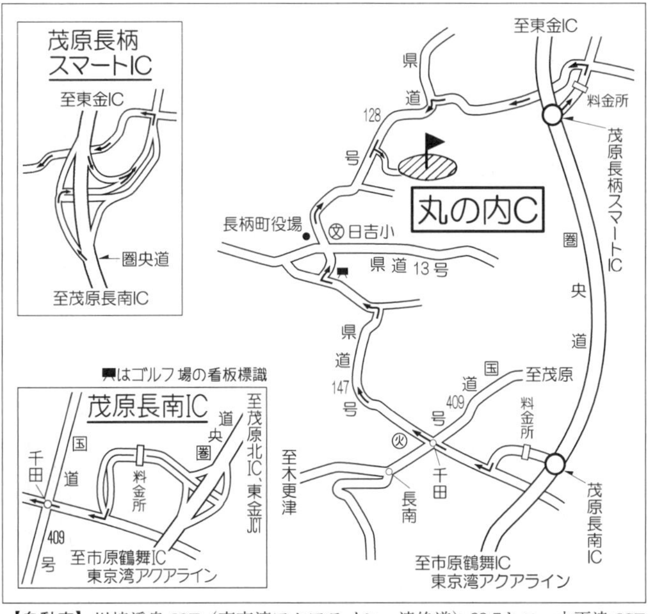

【自動車】 川崎浮島 JCT（東京湾アクアライン、連絡道）23.7キロ→木更津 JCT（圏央道）28.4キロ→茂原長南 IC 7キロ→コース　所要時間45分　茂原長南 IC を降りて千田交差点を直進。コース案内板に従って右折してコースへ。茂原長柄スマート IC からは降りて左折し、T字路を左折する。スマート IC から2キロ

☎0470(86)3731

万木城カントリークラブ

〒298-0135　千葉県いすみ市作田2　FAX 0470(86)3550
http://www.yc21.co.jp/mangijo/

●**プレーの申込み**　予約状況によりビジター可
●**予約**　随時受付け
●**コンペ**　組数制限なし
●**休日**　無休
●**クレジット**　JCB　UC　DC　セゾン　VISA　UFJ　AMEX
●**開場日**　1975年10月10日
●**コースの特徴**　27H　P108　10215Y　丘陵地とは思えないほどフラットで広々としたフェアウェイ、あるがままのアンジュレーション、個性的にレイアウトされた14の池、130のバンカーなど戦略性と自然美に優れたコース
●**電車**　外房線茂原駅
●**クラブバス**　運休
●**プレースタイル**　キャディ付またはセルフで乗用カート
●**シューズ**　ソフトスパイク推奨
●**ビジター料金表**

	平　日	土　曜	日　祝
キャディ付	12,500	21,300	20,800
セ　ル　フ	8,900	17,300	16,800

2021年11月の昼食付料金
料金は季節によって異なる
●**プレー情報**　季節割引、コンペ割引

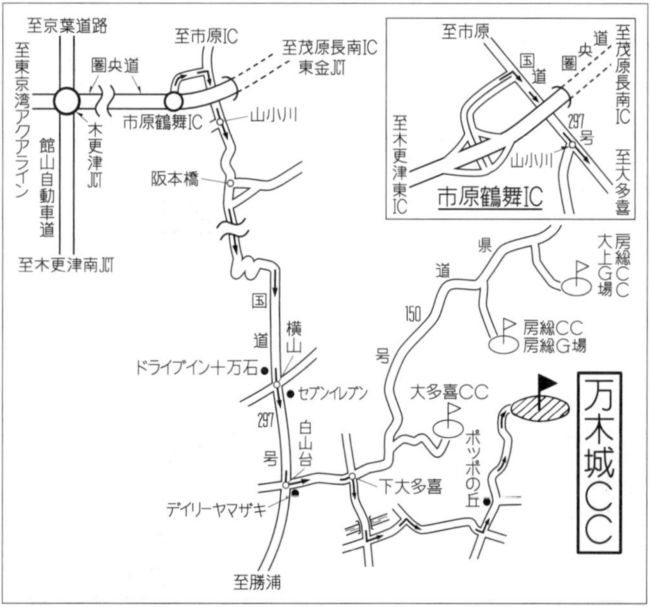

【自動車】川崎浮島JCT（東京湾アクアライン、連絡道）23.7キロ→木更津JCT（圏央道）19.6キロ→市原鶴舞IC 18キロ→コース　所要時間55分　市原鶴舞ICを降りて勝浦方面に右折する。約11キロ先の白山台交差点を左折し、下大多喜交差点を右折し約5キロでコース。圏央道・茂原長南ICからは約21キロ

真名カントリークラブ(真名ゲーリー・プレーヤーコース)

〒297-0077　千葉県茂原市真名1744　FAX 0475(24)5216
予約専用　0475(24)5215　https://www.mannacc.com

●プレーの申込み　ビジター可
●予約　平日は3か月前の同日、土日祝は2か月前の同日9時から18時まで受付け
●コンペ　組数は相談
●休日　無休
●クレジット　各種
●開場日　1996年10月1日
●コースの特徴　18H　P72　6769Y
G・プレーヤーが設計。性別や年齢を超えて楽しむことができる
●コースレート　73.2
●練習場　230Y44打席
●電車　外房線誉田駅
●クラブバス　誉田駅南口から8:20
土日祝は7:35と8:20
●タクシー　土気駅から15分2500円
●プレースタイル　セルフで乗用カート。FW乗入れ可（5月～12月）
●シューズ　ソフトスパイク
●ビジター料金表

	平　日	土　曜	日　祝
セ　ル　フ	12,500～	22,000	20,500～

2021年11月の昼食付料金。期間により料金は異なる
●プレー情報　コンペパック、ハーフプレー、ジュニア料金

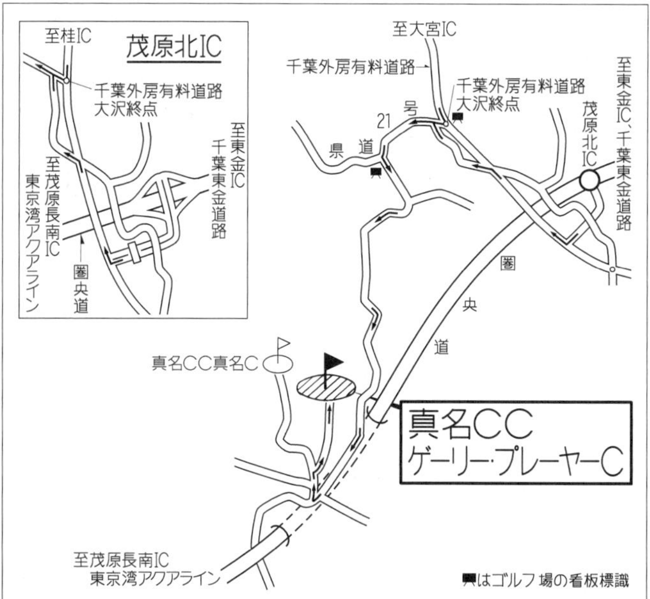

【自動車】箱崎IC（首都高速・京葉道路）44.5キロ→千葉東JCT（東金道路）3.2キロ→大宮IC 1.8キロ→平山IC（外房道路）15.5キロ→大沢出口2キロ→コース　所要時間1時間　千葉外房有料道路の終点大沢を降りて右折、600m先を左折してコースへ。圏央道・茂原北ICからは5キロ、約8分

真名カントリークラブ（真名コース）

〒297-0077　千葉県茂原市真名1744　FAX 0475(24)5216
予約専用　0475(24)5215　https://www.mannacc.com

●**プレーの申込み**　ビジター可
●**予約**　平日は3か月前の同日、土日祝は2か月前の同日9時から受付け
●**コンペ**　組数は相談
●**休日**　無休
●**クレジット**　各種
●**開場日**　1976年11月14日
●**コースの特徴**　27H　P108　10237Y フラットなレイアウトに庭園風の美しさを持ったコース
●**コースレート**　ベントこぶし・つつじ71.2　つつじ・くすの木71.1　くすの木・こぶし70.8
●**練習場**　230Y44打席
●**電車**　外房線誉田駅
●**クラブバス**　誉田駅南口から8:20 土日祝は7:35と8:20
●**タクシー**　土気駅から15分2500円
●**プレースタイル**　セルフで乗用カート。キャディ付も可
●**シューズ**　ソフトスパイクのみ
●**ビジター料金表**

	平　日	土　日	祝　日
セ　ル　フ	12,000	23,000	22,000

2021年11月の昼食付料金。期間により料金は異なる
キャディ付は3900円(4B)加算
●**プレー情報**　コンペパック、ハーフプレー、ジュニア料金

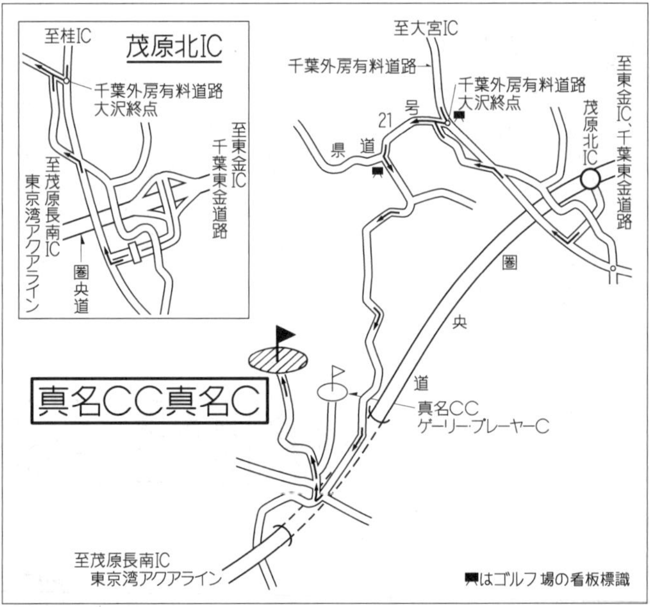

【**自動車**】箱崎 IC（首都高速・京葉道路）44.5キロ→千葉東 JCT（東金道路）3.2キロ→大宮 IC 1.8キロ→平山 IC（外房道路）15.5キロ→大沢出口2キロ→コース　所要時間1時間　千葉外房有料道路の終点大沢を降りて右折、600m 先を左折してコースへ。圏央道・茂原北 IC からは5キロ、約8分

☎0537(74)3341

ミオス菊川カントリークラブ

〒437-1407　静岡県掛川市小貫1357　FAX 0537(74)2988
予約専用　0537(74)3344　http://www.mios.co.jp

●プレーの申込み　原則として会員の紹介が必要。予約状況によりビジター可
●予約　平日は3か月前の1日、土日祝は2か月前の同日8:30から受付け
●コンペ　予約状況により相談
●休日　無休
●クレジット　各種
●開場日　1974年10月10日
●コースの特徴　18H　P72　6927Y
アウトは広々としてOBも少ないが、インは林が多くてややメンタルな造り。'84年日本プロを開催
●コースレート　72.0
●練習場　200Y20打席
●電車　東海道新幹線掛川駅
●クラブバス　なし
●タクシー　掛川駅から10分2,700円
●プレースタイル　キャディ付またはセルフで5人乗りカート
●シューズ　ソフトスパイク
●ビジター料金表

	平　日	土　曜	日　祝
キャディ付	14,750	20,800	20,800
セ　ル　フ	12,000	18,050	18,050

上記は2021年10月の料金。期間により料金は異なる
●プレー情報　宿泊パック

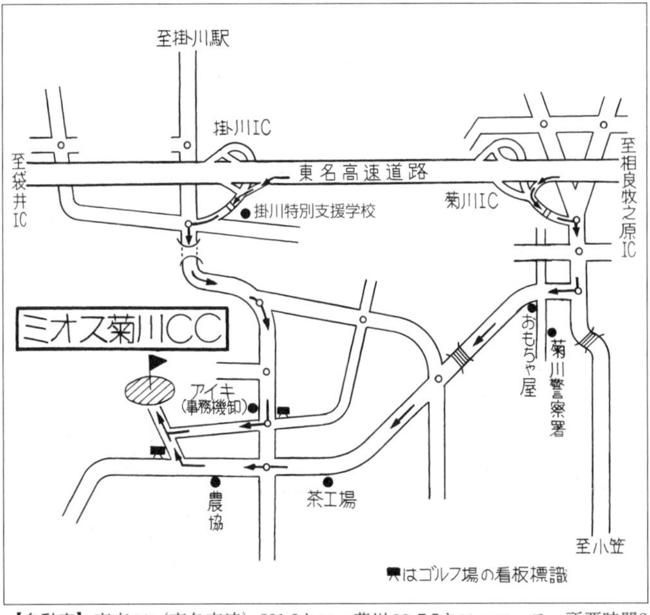

【自動車】東京IC（東名高速）201.8キロ→菊川IC 7.5キロ→コース　所要時間2時間20分　菊川IC料金所を出て右折し、2つ目の信号を右折し、おもちゃ屋を左手に見てコースへ。掛川IC利用は、料金所を出て右折し、最初の信号を左折する。掛川ICより7キロ

☎0538(89)0020

三木の里カントリークラブ

〒437-0226　静岡県周智郡森町一宮799
FAX 0538(89)7680
https://www.pacificgolf.co.jp/mikinosato/

●**プレーの申込み**　ビジター可
●**予約**　3か月前の1日より電話またはインターネットで受付け
●**コンペ**　組数を制限する場合あり
●**休日**　無休
●**クレジット**　JCB　VISA　ダイナース他各種
●**開場日**　1997年4月27日
●**コースの特徴**　18H　P72　6977Y
小笹昭三氏が設計したフラットで戦略性に富んだ丘陵コース
●**練習場**　250Y32打席
●**電車**　東海道新幹線掛川駅
●**クラブバス**　なし
●**タクシー**　掛川駅から30分約4500円
袋井駅から20分約3500円
●**プレースタイル**　セルフプレーで乗用カート
●**シューズ**　ソフトスパイクを推奨
●**ビジター料金**
ホームページを参照、またはクラブに要問合せ
●**プレー情報**　期間限定で薄暮プレー

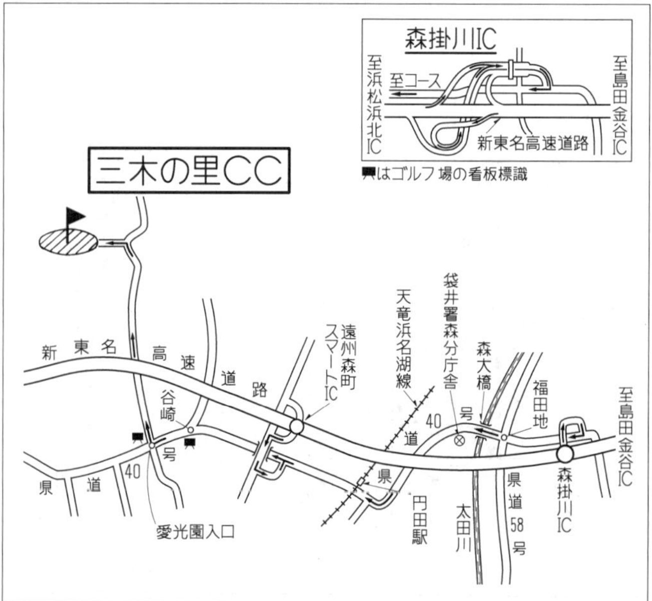

【自動車】東京IC（東名高速）88.3キロ→御殿場JCT（新東名高速）117キロ→森掛川IC 8キロ→コース　所要時間2時間40分　森掛川ICを降りて右折し、県道40号を進み、約6キロ先の愛光園入口交差点を右折してコースへ。遠州森町スマートICからは約4キロ、東名高速・袋井ICからは15キロ、約15分

美里ゴルフ倶楽部

〒367-0115　埼玉県児玉郡美里町大字猪俣3499　FAX 0495(76)2714
予約0495(76)1005　本社03(3925)5477　http://www.misato-gc.com

●プレーの申込み　会員の予約優先。予約状況によりビジター可
●予約　1か月前の同日から受付け
●コンペ　3か月前の同日から受付け
●休日　無休
●クレジット　各種
●開場日　1981年7月7日
●コースの特徴　18H　P72　7041Y　ベントワングリーンのアメリカンスタイル。丘陵だが各ホールはフラットでバンカーやマウンドの配置が特徴
●練習場　280Y20打席
●電車　東武東上線寄居駅、または上越新幹線本庄早稲田駅
●クラブバス　寄居駅、本庄早稲田駅より予約制
●タクシー　寄居駅から2100円
●プレースタイル　セルフでGPSナビ付5人乗り乗用カート
●シューズ　ゴルフ靴はすべて可
●ビジター料金表

	平　日	土　日	祝　日
セ　ル　フ	10,930	17,200	17,200

季節料金あり
●セルフデー　クラブ指定日に実施、食事付9,500円

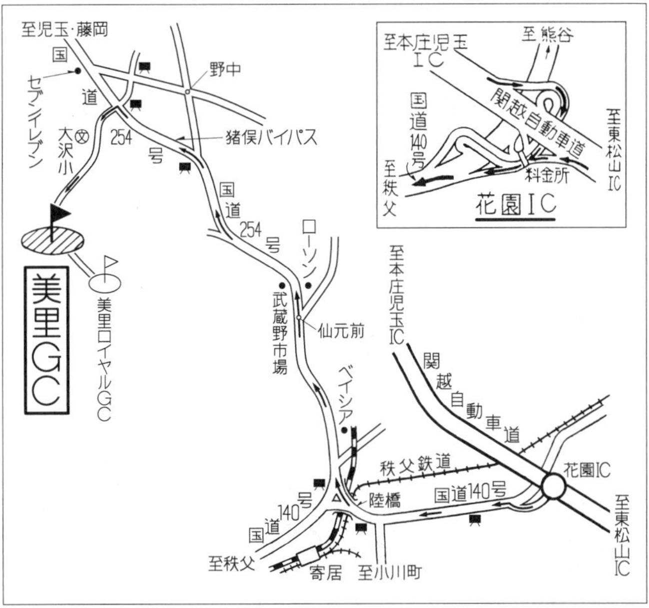

【自動車】練馬IC（関越自動車道）56.1キロ→花園IC（国道140号線）10キロ→コース　所要時間1時間　花園ICで寄居方面に出る。八高線の陸橋を渡ってY字路を右に進み、国道254号線を児玉町方面に向かう。片側2車線より3車線になったら一番右側を走行して猪俣バイパスに入り、2つ目の信号を左折してコースへ

み

美里ロイヤルゴルフクラブ

〒367-0115　埼玉県児玉郡美里町大字猪俣西之入2494　FAX 0495(76)4203
予約0495(76)2780　https://www.misatoroyal-gc.com

●プレーの申込み　予約状況によりビジター可
●予約　1か月前の同日より受付け
●コンペ　3か月前の同日より受付け
●休日　無休
●クレジット　JCB　VISA　UC 他
●開場日　1993年7月2日
●コースの特徴　18H　P72　6936Y
自然と造形が調和した美しい丘陵コース。グリーンには微妙なアンジュレーションがあり難しい
●コースレート　72.2
●練習場　250Y15打席
●電車　東武東上線寄居駅
●クラブバス　寄居駅北口から予約制
●タクシー　寄居駅から15分約2500円
●プレースタイル　キャディ付またはセルフで5人乗り乗用カート
●シューズ　ゴルフ靴はすべて可
●ビジター料金表

	平　日	土　日	祝　日
セ　ル　フ	8,950～	14,800～	13,500～

キャディ付2090円加算。セルフデーあり昼食付8700円～。上記は2021年11月の料金。季節や曜日によって料金変動。詳細はホームページ参照

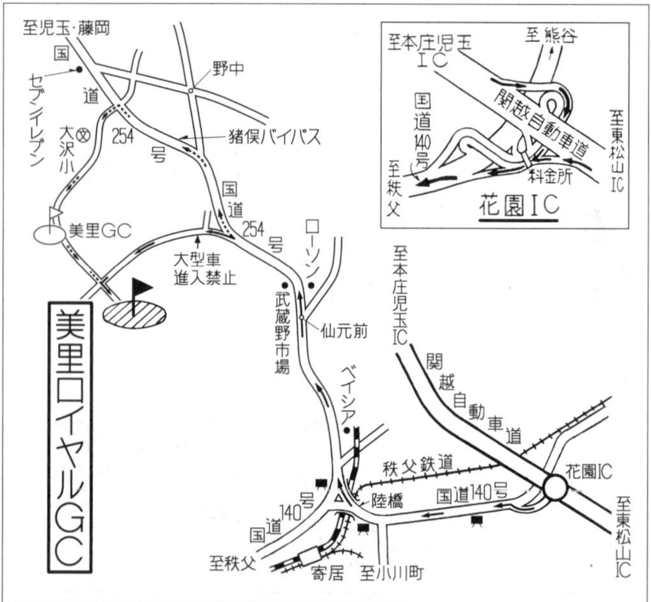

【自動車】練馬IC（関越自動車道）56.1キロ→花園IC（国道140号線）10キロ→コース　所要時間1時間　花園ICで寄居方面に出る。八高線の陸橋を渡ってY字路を右に進み、国道254号線を児玉町方面に向かう。仙元前信号約1キロ先のゼブラ分離帯を左折、武蔵野市場前を通ってコースへ

　☎055(988)0801

三島カントリークラブ

〒411-0044　静岡県三島市徳倉1195　FAX 055(988)2210
予約055(988)2220　https://www.accordiagolf.com

●プレーの申込み　ビジター可
●予約　平日は6か月前の同日、土日祝は3か月前の同日から1週間後の10時より受付け
●コンペ　要問合せ
●休日　無休
●クレジット　JCB　VISA　他各種
●開場日　1988年6月17日
●コースの特徴　18H　P72　6215Y
霊峰富士を仰ぎ眼下に駿河湾を一望する大パノラマコース。各ホールはフラットだが、フェアウェイ、グリーンともアンジュレーションがあって難しい
●練習場　175Y7打席
●電車　東海道新幹線三島駅
●クラブバス　三島駅北口から8:05　8:45　9:35
●タクシー　三島駅から15分2,300円
●プレースタイル　セルフでGPSナビ付5人乗り乗用カート。FW乗入れ可（コース状況により不可）
●シューズ　メタルスパイク禁止
●ビジター料金表

	平　日	土　曜	日　祝
セ　ル　フ	10,290	18,490	18,490

2021年11月の昼食付料金
季節によって料金は異なる
天然温泉、男女とも露天風呂あり

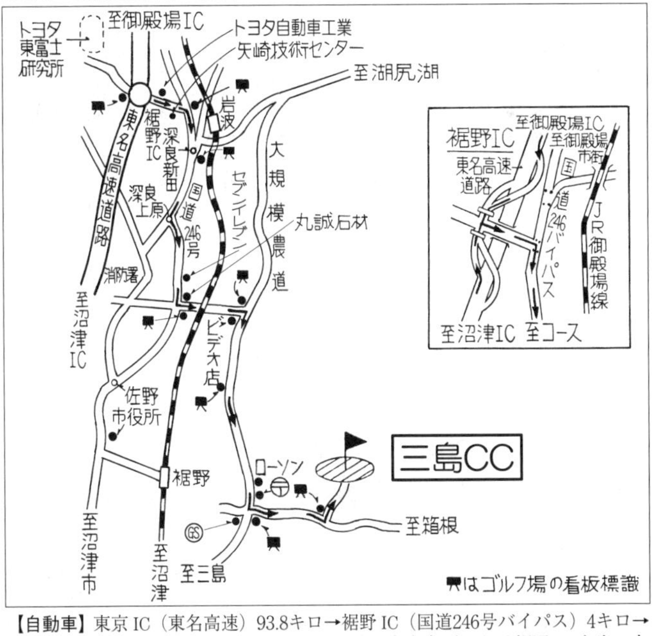

【自動車】東京IC（東名高速）93.8キロ→裾野IC（国道246号バイパス）4キロ→消防署前8キロ→コース　所要時間1時間30分　東京方面からは裾野ICを出て左折し、国道246号バイパスを右折して裾野市街方面へ進む。途中、バイパスを左折して国道246号から大規模農道に入り、案内板に従ってコースへ

み

三島ゴルフ倶楽部

〒411-0931　静岡県駿東郡長泉町東野字八分平210－1　FAX 055(987)1519
https://www.pacificgolf.co.jp/mishima/

●プレーの申込み　ビジター可
●予約　3か月前の1日から受付け
●コンペ　組数は相談
●休日　無休
●クレジット　セゾン　JCB　AMEX　UC　VISA　DC　NICOS　MC　ダイナース
●開場日　1978年10月1日
●コースの特徴　18H　P72　6613Y
丘陵地ながらも、高低差はホール間のインターバルで吸収しているので、各ホールは緩やかな造成となっている
●練習場　30Y　6打席
●電車　東海道新幹線三島駅
●クラブバス　なし
●タクシー　三島駅から20分約3000円
●プレースタイル　キャディ付またはセルフでGPSナビ付5人乗り乗用カート
●シューズ　スパイクレス
●ビジター料金
季節により料金が異なるため、ホームページ参照、またはクラブに要問合せ
●プレー情報　早朝・薄暮プレー、コンペ特典

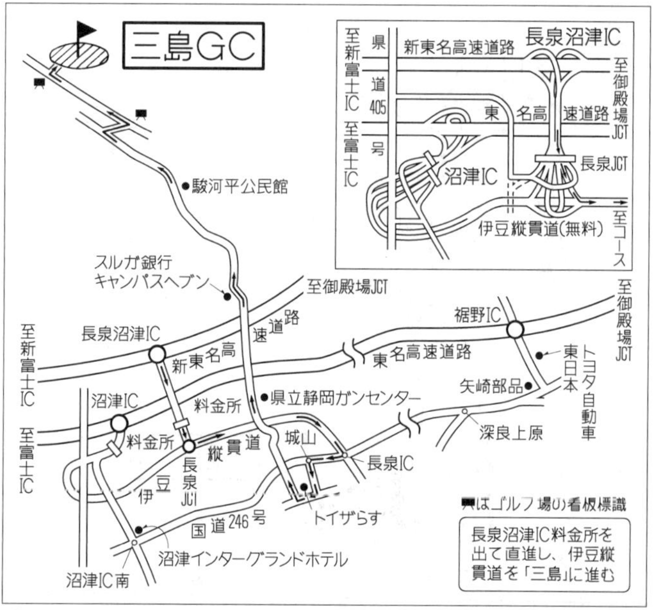

【自動車】東京IC（東名高速）88.3キロ→御殿場JCT（新東名高速）13.2キロ→長泉沼津IC 8キロ→コース　所要時間1時間20分　長泉沼津ICから伊豆縦貫道経由で長泉IC下車。国道246号を右折し、城山信号を左折。突き当りを右折し、次の信号を右折してコースへ。東名・沼津ICからは国道246号を左折して城山へ

三井の森軽井沢カントリー倶楽部

〒389-0113　長野県北佐久郡軽井沢町発地941　FAX 0267(48)3148
https://www.mitsuinomori.co.jp/golf-k/

●プレーの申込み　パブリックコース
●予約　3か月前の1日から予約電話、インターネットで予約
●コンペ　上記に準ずる
●休日　12月～3月は冬期クローズ
●クレジット　AMEX　JCB　VISA 他
●開場日　2001年6月5日
●コースの特徴　18H　P72　6474Y
フラット＆ワイドで豪快なショットが楽しめるアウト。反対にインは戦略的なホールが多く、テクニックが必要
●コースレート　70.5
●電車　北陸新幹線軽井沢駅
●クラブバス　なし
●タクシー　軽井沢駅から約15分
●プレースタイル　セルフで GPS ナビ付5人乗り乗用カート。キャディ付きは要問合せ
●シューズ　ソフトスパイク
●ビジター料金表

	平　日	土　曜	日　祝
セ　ル　フ	7,800	13,800	12,800

上記は2021年10月の料金で昼食付
2022年については要問合せ
●プレー情報　早朝・薄暮、友の会コンペプラン

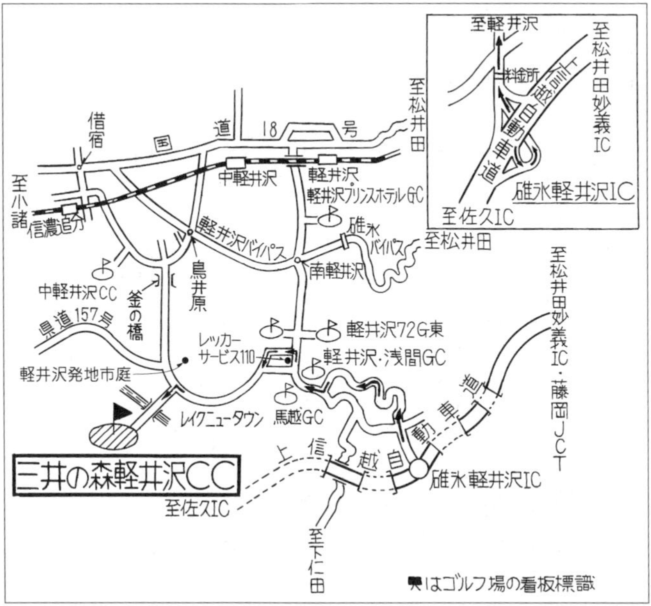

【自動車】練馬 IC（関越、上信越自動車道）131キロ→碓氷軽井沢 IC 13キロ→コース　所要時間2時間　上信越自動車道・碓氷軽井沢 IC を降りて軽井沢方面へ直進し、レイクニュータウン方面（左手にレッカーサービス110あり）へ左折。道なり約5キロ進み、コース案内板に従って左折してコース

み

三井の森蓼科ゴルフ倶楽部

〒391-0213　長野県茅野市豊平字東嶽10289　FAX 0266(76)6100
予約センター　0266(76)2111　https://www.mitsuinomori.co.jp/golf-t/

●プレーの申込み　原則として会員の紹介が必要
●予約　3か月前の同月1日から受付け
●コンペ　組数は相談
●休日　12月上旬～4月上旬は冬期クローズ
●クレジット　JCB UC AMEX DC他
●開場日　1977年5月30日
●コースの特徴　27H　P108　10152Y
白樺、唐松、赤松の林に囲まれた広々としたフラットな高原林間コース
●コースレート　からまつ·あかまつ72.5
●練習場　220Y　20打席
●電車　中央本線茅野駅
●クラブバス　なし
●タクシー　茅野駅から25分約4000円
●プレースタイル　キャディ付またはセルフでGPSナビ付5人乗り乗用カート
●シューズ　ソフトスパイク
●ビジター料金表

	平　日	土　曜	日　祝
キャディ付	13,300	19,700	19,700
セ　ル　フ	8,900	15,300	15,300

上記は2021年10月の料金
シーズンによって料金は異なる
空きがあればツーサム可
●プレー情報　薄暮ハーフ、コンペプラン、宿泊パック、サービスデー

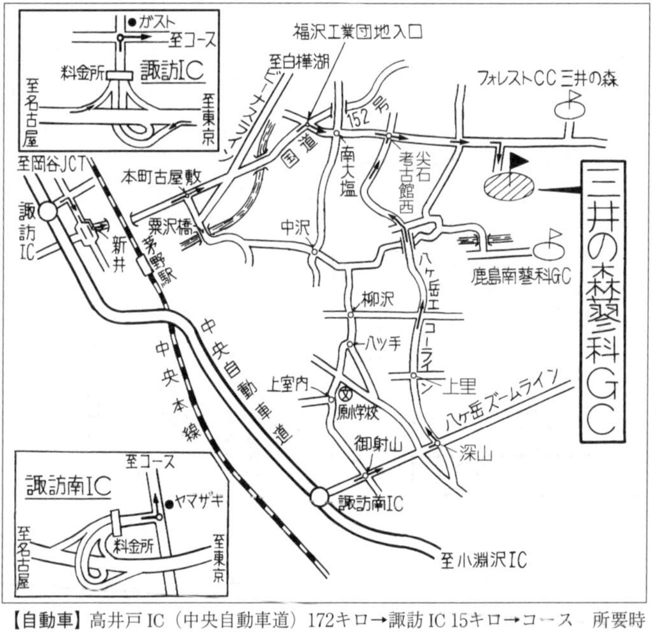

【自動車】高井戸IC（中央自動車道）172キロ→諏訪IC 15キロ→コース　所要時間2時間30分　諏訪ICを出てすぐ信号を右折。新井交差点を左折して国道152号線を白樺湖方面へ。鬼場橋を渡って福沢工業団地入口の交差点を右折してコース

　☎0297(27)1061

水海道ゴルフクラブ

〒303-0042　茨城県常総市坂手町5213　FAX 0297(27)1064
https://www.mitsukaido-gc.com

●**プレーの申込み**　正会員は同伴限定日を除き紹介プレー可。年間会員は曜日に関わらず同伴プレーのみ可
●**予約**　同伴はプレー6か月前の応当日、紹介はプレー3か月前の応当日
●**コンペ**　平日コンペ割引有
●**休日**　毎週月曜日　12／31　1／1
●**クレジット**　各種
●**開場日**　1964年9月19日
●**コースの特徴**　18H　P72　7047Y
ゆったりとした林間コース。高低差は少なく適度にアンジュレーションあり
●**コースレート**　73.3
●**練習場**　230m24打席
●**電車**　つくばエクスプレス守谷駅、または常磐線取手駅
●**クラブバス**　なし
●**タクシー**　守谷駅、取手駅からのタクシー割引サービス（キャッシュバック2000円）
●**プレースタイル**　キャディ付で歩いてプレー。5人乗り乗用カート限定20台予約制。FW 乗入れ可
●**シューズ**　メタルスパイク禁止
●**ビジター料金表**

	平　日	土　曜	日　祝
キャディ付	21,000	38,600	33,100

1～3月と7～9月は季節料金あり

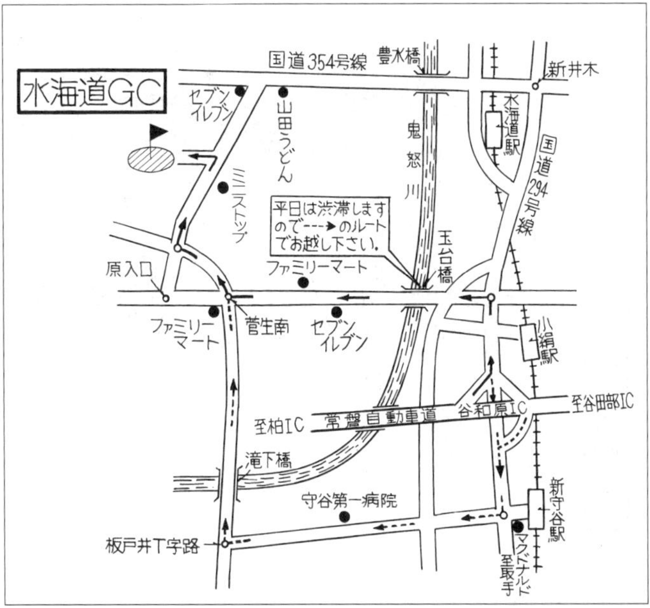

【自動車】三郷 IC（常磐自動車道）19.1キロ→谷和原 IC 10キロ→コース　所要時間35分　谷和原 IC を水海道方面に降り、3つ目の信号を左折。玉台橋を渡って菅生南または次の原入口信号を右折してコースへ。平日は IC を取手方面に降り、2つ目の信号を右折して滝下橋を渡るルートが便利

み

ミッションヒルズカントリークラブ

〒369-1622　埼玉県秩父郡皆野町大字国神字妙ケ平1686　FAX 0494(62)5716
http://www.missionhills-cc.jp/

●プレーの申込み　ビジター可
●予約　随時受付け
●コンペ　組数は相談
●休日　無休
●クレジット　各種
●開場日　1994年10月10日
●コースの特徴　18H　P72　6630Y
秩父盆地を望む景勝地につくられた丘陵コース。ピート・ダイ設計でフェアウェイは絞られ起伏もあり難度が高い
●コースレート　74.0
●練習場　170Y10打席
●電車　西武池袋線西武秩父駅、または秩父鉄道長瀞駅
●クラブバス　予約制で西武秩父駅から8:20　9:05
●タクシー　長瀞駅から10分
●プレースタイル　セルフプレーで5人乗り電磁誘導カート
●シューズ　ソフトスパイク
●ビジター料金表

	平　日	土　曜	日　祝
セ　ル　フ	6,980	16,900	16,900

2021年11月の昼食付料金
季節によって料金は異なる
●プレー情報　コンペ割引
宿泊パック

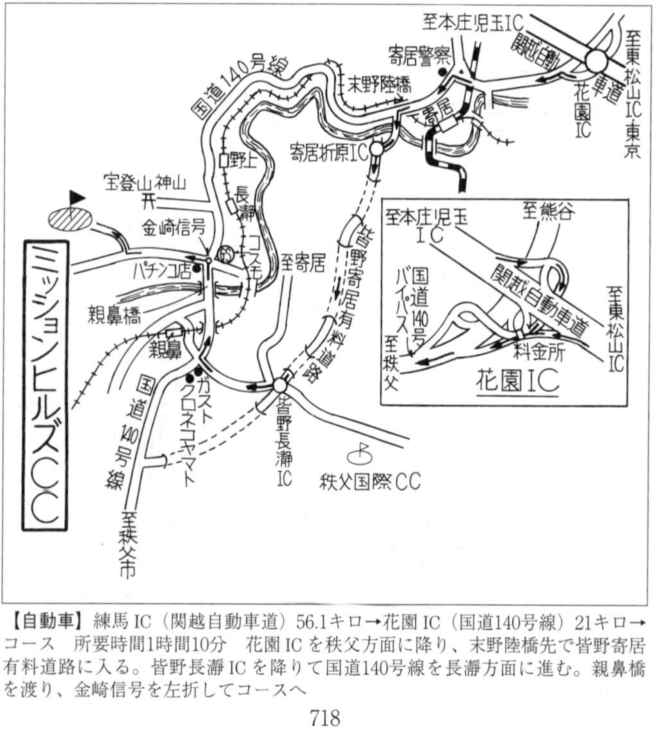

【自動車】練馬 IC（関越自動車道）56.1キロ→花園 IC（国道140号線）21キロ→コース　所要時間1時間10分　花園 IC を秩父方面に降り、末野陸橋先で皆野寄居有料道路に入る。皆野長瀞 IC を降りて国道140号線を長瀞方面に進む。親鼻橋を渡り、金崎信号を左折してコースへ

水戸グリーンカントリークラブ山方コース

〒319-3115　茨城県常陸大宮市照田1507　FAX 0295(57)2727
http://www.mgcc.jp

●プレーの申込み　ビジター可
●予約　3か月前の月初めより受付け
●コンペ　上記に準ずる
●休日　1/1
●クレジット　JCB　VISA　UC 他
●開場日　1991年11月7日
●コースの特徴　18H　P72　6955Y
競技での使用を意識した本格的なチャンピオンシップコース。グリーンはベントのワングリーンで、池やバンカーが戦略性を高めている
●コースレート　72.6
●練習場　220Y28打席
●電車　水郡線玉川村駅
●クラブバス　なし
●タクシー　玉川村駅より5分
●プレースタイル　キャディ付またはセルフでGPSナビ付5人乗り乗用カート。キャディは要予約、先着順。FW乗入れ可（コース状況により不可）
●シューズ　メタルスパイク禁止
●ビジター料金表

	平　日	土　曜	日　祝
セ　ル　フ	6,500	10,800	10,800

2021年7月～9月の昼食付料金。キャディ付は3,300円(4B)加算
●プレー情報　毎週金曜日サンキューデー

【自動車】三郷IC（常磐道）93.8キロ→那珂IC（国道118号線）19キロ→コース
所要時間　1時間35分　那珂ICから国道118号線を大子方面に進む。国道293号線との東富交差点を左折後6つ目の信号（Y字路）を右折し、県道102号線を右折してコースへ。ETC車は水戸北スマートICから県道102号線で22キロ41分

☎029(251)2323

水戸・ゴルフ・クラブ

〒311-4163　茨城県水戸市加倉井町1760　FAX 029(251)8270
https://www.accordiagolf.com　本社03(6688)1500

●**プレーの申込み**　ビジター可
●**予約**　4か月前の1日より受付け
●**コンペ**　組数制限なし。4か月前の1日より受付け
●**休日**　無休
●**クレジット**　JCB　VISA　AMEX 他
●**開場日**　1966年10月10日
●**コースの特徴**　36H　P144　13424Y
コース全体が赤松や杉林でおおわれた丘陵コース。東西コースはフェアウェイが広く、のびのびとプレーできる。南北コースは距離のあるショートや打上げ、打ち下ろし等個性的
●**練習場**　230Y13打席
●**電車**　常磐線友部駅
●**クラブバス**　予約制で友部駅北口から8:10　8:50
●**タクシー**　友部駅から20分3000円
●**プレースタイル**　セルフプレーで乗用カート。2バッグの場合は2人乗りカートの可能性あり
●**シューズ**　メタルスパイク禁止
●**ビジター料金表**

	平　日	土　日	祝　日
セ　ル　フ	6,990	16,990	15,990

2021年11月の昼食付料金
期間により料金は異なる
●**プレー情報**　コンペプラン

【**自動車**】三郷 IC（常磐自動車道）82キロ→水戸 IC 2.2キロ→コース　所要時間55分　水戸 IC を出て国道50号を笠間方面に200m ほど走り、加倉井交差点を右折、約2キロでコースへ

緑野カントリークラブ

〒375-0046　群馬県藤岡市下日野乙239　FAX 0274(24)2611
https://www.accordiagolf.com　本社03(6688)1500

●プレーの申込み　ビジター可
●予約　平日は3か月前の1日から受付け
●コンペ　予約状況により相談
●休日　無休
●クレジット　JCB　VISA　AMEX　マスター　ダイナース
●開場日　1990年9月14日
●コースの特徴　18H　P72　6850Y
アウトは借景に融け込んだ美しいホール構成が挑戦意欲をそそる。インはアウトに比べ、フラットなホールが続く
●コースレート　72.0
●練習場　250Y10打席
●電車　上越新幹線高崎駅
●クラブバス　なし
●タクシー　高崎駅から30分5000円
●プレースタイル　セルフプレーでGPSナビ付5人乗り乗用カート
●シューズ　ソフトスパイク推奨
●ビジター料金表

	平　日	土　曜	日　祝
セ　ル　フ	7,990	15,990	15,990

2021年11月の昼食付料金
期間により料金は異なる
●プレー情報　コンペプラン、薄暮プレー

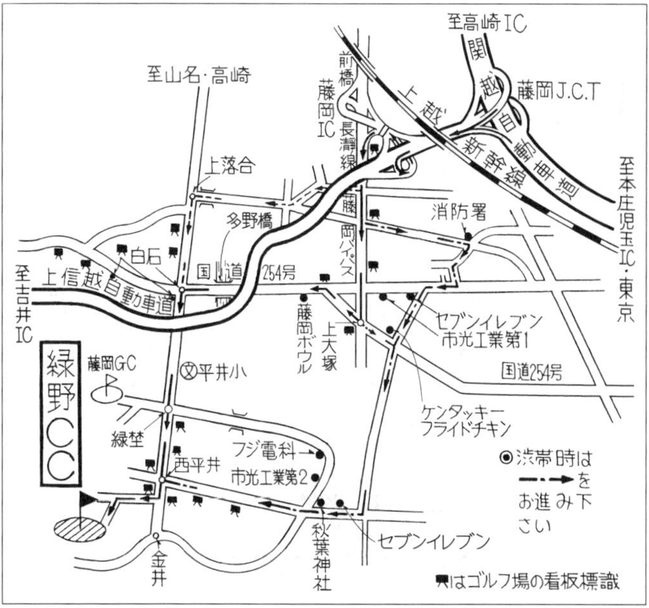

【自動車】練馬IC（関越自動車道）80.4キロ→藤岡IC 10キロ→コース　所要時間1時間10分　料金所を出て左折し、国道254号との上大塚交差点を右折する。そこから3キロ先の白石の交差点を左折し、約3キロ進むと右側に進入道路の看板が出ている。右折してあとは道なりにコースへ

水戸レイクスカントリークラブ

〒311-4306　茨城県東茨城郡城里町春園36　FAX 029(288)5900
予約専用　029(288)2800　http://www.mitolakes.jp/

●プレーの申込み　ビジター可
●予約　2か月前の1日9時から受付け
●コンペ　組数制限なし
●休日　1/1
●クレジット　JCB　AMEX　ダイナース
●開場日　1990年5月20日
●コースの特徴　18H　P72　7032Y
コース内高低差は15メートル、ブラインドホールのないフラットなコースで、80歳になってもプレーできるというのが売り物。プレー後は掛け流し天然温泉が楽しめる
●コースレート　73.2
●練習場　70Y10打席
●電車　常磐線友部駅
●クラブバス　なし
●タクシー　友部駅・水戸駅とも30分6000円ぐらい
●プレースタイル　キャディ付またはセルフで5人乗り乗用カート
●シューズ　ソフトスパイク推奨
●ビジター料金表

	平　日	土　日	祝　日
キャディ付	10,100	17,100	17,100
セ　ル　フ	6,800	13,800	13,800

2021年11月の昼食付料金。期間により料金は異なる

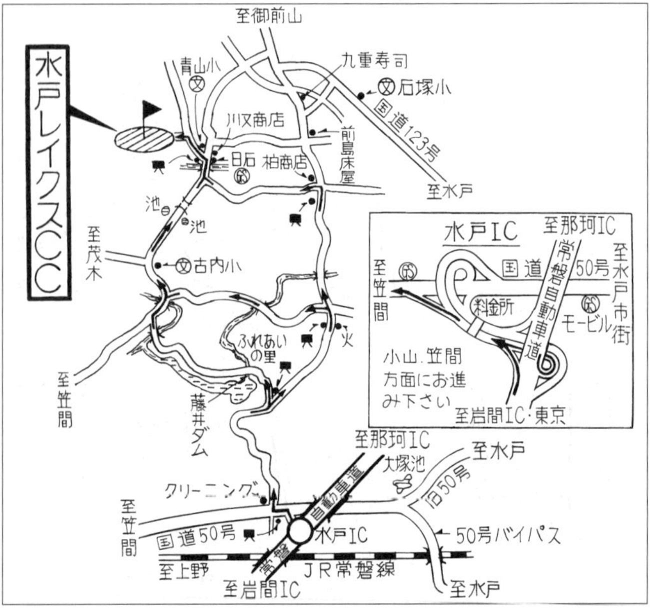

【自動車】三郷IC（常磐自動車道）82キロ→水戸IC 12キロ→コース　所要時間1時間10分　料金所から国道50号に出て、左折して笠間方面に向かう。50メートル先の交差点を右折し、北へ向かうこと約12キロ、15分でコースへ

水上高原ゴルフコース

〒379-1721　群馬県利根郡みなかみ町藤原6152-1　FAX 0278(75)2312
https://www.minakami-golf.jp/

●プレーの申込み　パブリックコース
●予約　年間を通して予約受付け
●コンペ　組数制限なし
●休日　営業期間中無休
11月下旬～4月下旬は冬期クローズ
●クレジット　ダイナース　AMEX　VISA　JCB　DC
●開場日　1986年7月19日
●コースの特徴　36H　P144　13608Y
A・パーマー設計の高原コース。白樺にセパレートされたリゾートコース
●練習場　250Y12打席
●電車　上越新幹線上毛高原駅、または上越線水上駅
●クラブバス　上毛高原駅から予約制
●タクシー　上毛高原駅から40分、約11000円、水上駅から30分約6500円
●プレースタイル　セルフで乗用カート。FW 乗入れ可（コース状況により不可）
●シューズ　ノンメタルスパイク（スパイクレスを含む）
●ビジター料金表

	平　日	土　曜	日　祝
スカイC	9,100	13,610	13,610
フォレストC	8,550	13,060	13,060

2021年8／30～10／31の昼食付料金
2022年料金については要問い合せ

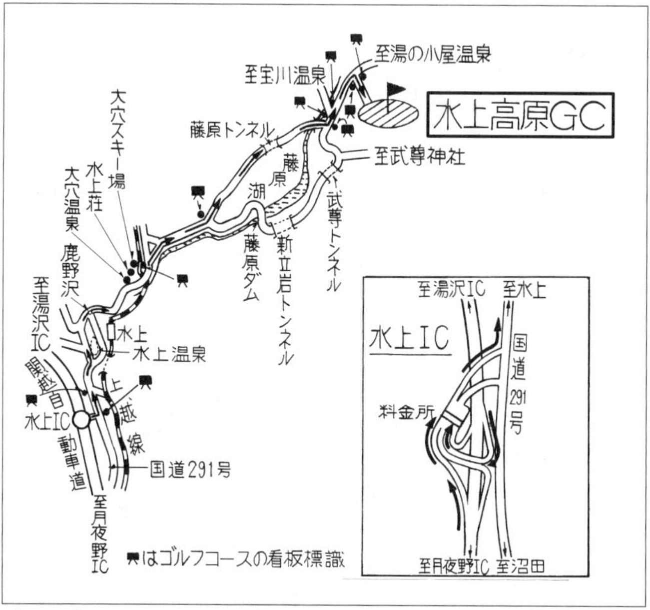

【自動車】練馬 IC（関越自動車道）141キロ→水上 IC 21キロ→コース　所要時間2時間10分　水上 IC で降りて国道291号線を湯檜曽（ゆびそ）方面へ向かう。湯檜曽駅手前で右折して湯の小屋に向かい、藤原湖を越えて看板に従って右折しコースへ

☎0282(24)5555

皆川城カントリークラブ

〒328-0067　栃木県栃木市皆川城内町2611－2　FAX 0282(24)5559
http://www.minagawajo-cc.com

●**プレーの申込み**　原則として会員の同伴または紹介が必要
●**予約**　3か月前の同日から受付け
●**コンペ**　組数は相談
●**休日**　無休
●**クレジット**　各種
●**開場日**　1972年11月23日
●**コースの特徴**　18H　P72　7008Y
全体に広々としていて、ゆったりとしたホールが多い
●**コースレート**　73.4
●**練習場**　300Y20打席
●**電車**　東武日光線新栃木駅、栃木駅
●**クラブバス**　予約制で栃木駅南口から　7:45　8:50　9.45
●**タクシー**　栃木駅から約15分2000円
●**プレースタイル**　キャディ付またはセルフでGPSナビ付乗用カート
●**シューズ**　ソフトスパイクのみ可
●**ビジター料金表**

	平　日	土　曜	日　祝
キャディ付	12,340	21,840	20,840
セ　ル　フ	8,490	17,990	16,990

2021年11月の昼食付料金
季節によって料金は異なる
●**プレー情報**　シニア割引、コンペプラン

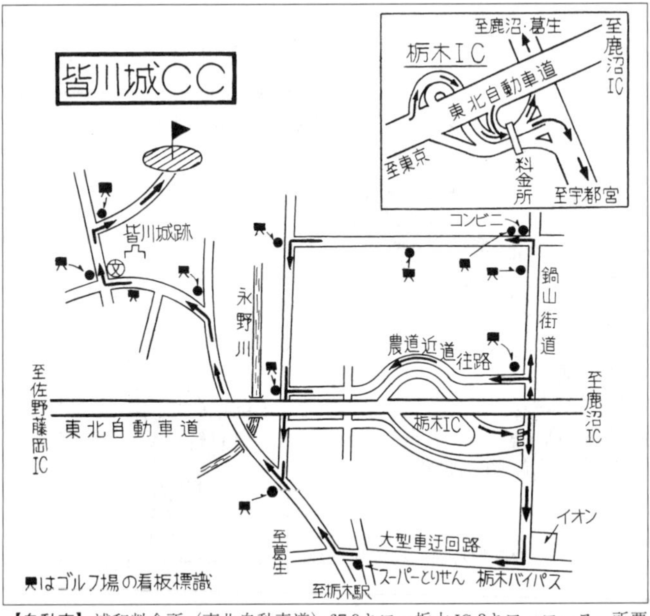

【**自動車**】浦和料金所（東北自動車道）67.9キロ→栃木IC 3キロ→コース　所要時間50分　栃木ICを降りて、料金所を出て一番左の道から鍋山街道を足尾方面に進む。800m先のコンビニがある信号を左折、案内板に沿ってコースへ

南栃木ゴルフ倶楽部

〒328-0211　栃木県鹿沼市上永野2585　FAX 0289(84)0231
https://www.minami-tochigigc.com/

●プレーの申込み　ビジター可
●予約　3か月前の同日から受付け
●コンペ　組数制限なし
●休日　クラブ指定日
●クレジット　各種
●開場日　1992年10月29日
●コースの特徴　18H　P72　6621Y
ペンクロスベントの1グリーンで丘陵コースながら戦略的に設計されている
●コースレート　71.3
●練習場　150Y10打席
●電車　東武日光線新栃木駅、栃木駅
●タクシー　新栃木駅から30分6000円
●クラブバス　なし
●プレースタイル　セルフプレーで5人乗り乗用カート
●シューズ　メタルスパイク禁止
●ビジター料金表

	平　日	土　曜	日　祝
セ　ル　フ	6,200	13,900	13,900

前金制。上記は2021年秋季料金。バッグの積み下ろし、カートへの積み込みはセルフ。全日昼食、飲み放題付。祝日は特別設定日があるため要確認

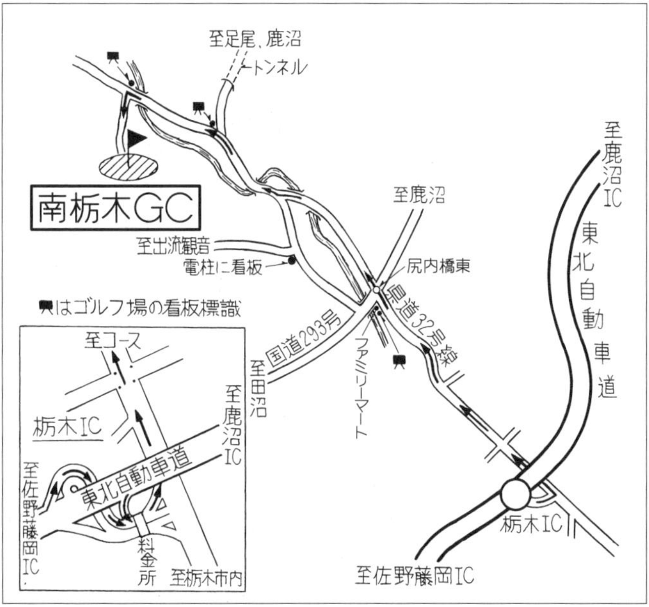

【自動車】浦和料金所（東北自動車道）67.9キロ→栃木IC 4.5キロ→尻内橋14キロ→コース　所要時間1時間10分　栃木ICを降りて左折し、国道293号との交差点を直進。道なりに進んでコースへ

南長野ゴルフ倶楽部

〒381-2701　長野県長野市大岡中牧274－1　FAX 026(266)2040
予約専用　026(266)2000　http://www.minaminagano-gc.jp/

●**プレーの申込み**　ビジター可
●**予約**　随時受付け
●**コンペ**　随時受付け
●**休日**　営業期間中無休
12月初旬～3月下旬は冬期クローズ
●**クレジット**　各種
●**開場日**　1987年9月15日
●**コースの特徴**　18H　P72　6980Y
雄大な北アルプス連峰を眺望する標高1000mの戦略性に富んだコース。フェアウェイは広く、グリーンは平均800㎡のワングリーン
●**コースレート**　72.4
●**練習場**　あり
●**電車**　しなの鉄道戸倉駅
●**クラブバス**　なし
●**タクシー**　戸倉駅から40分6000円
●**プレースタイル**　セルフプレーで5人乗り乗用カート。キャディ付は先着順で要予約
●**シューズ**　メタルスパイク禁止
●**ビジター料金表**

	平　日	土　曜	日　祝
セ　ル　フ	13,600	17,600	17,600

上記は2021年3／20～12／19の料金で昼食付
キャディ付は4B4000円加算
毎週月・金曜日は感謝デーで昼食付12,200円。3組以上コンペ料金あり

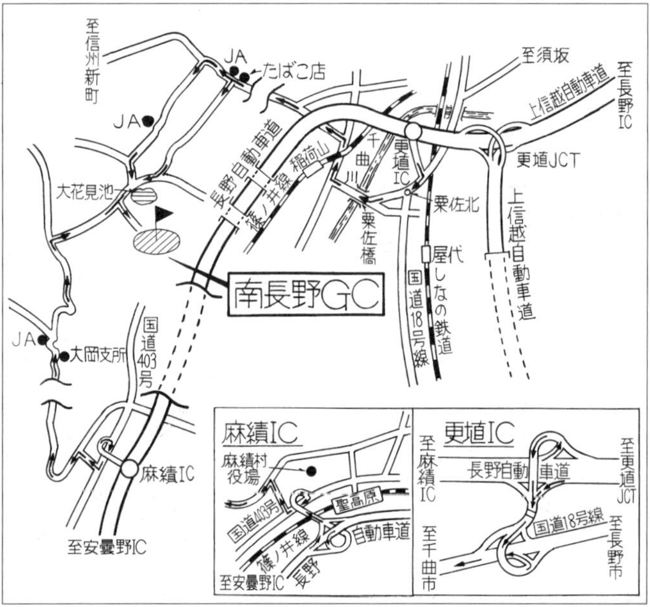

【自動車】練馬IC（関越・上信越自動車道）197.5キロ→更埴JCT（長野自動車道）0.9キロ→更埴IC 15キロ→コース　所要時間2時間45分　更埴ICから国道18号線を上田方面に向かい、粟佐北信号を右折。粟佐橋を渡り、突き当たりを右折し、コース案内板に従ってコースへ。麻績ICからは大岡を経由して約35分

☎0545(36)0100

南富士カントリークラブ

〒417-0801　静岡県富士市大淵11702－3　FAX 0545(35)3174
https://www.mfcc.co.jp

●プレーの申込み　ビジター可
●予約　3か月前の同日より受付
●コンペ　組数は相談
●休日　無休
●クレジット　MC UC JCB AMEX 他
●開場日　1978年4月29日
●コースの特徴　18H　P72　6264Y
富士の大自然の一画に広がる雄大で落ち着いたコース。杉や檜で各ホールはセパレートされ、戦略的なコース
●コースレート　71.3
●練習場　50Y5打席
●電車　東海道新幹線新富士駅
●クラブバス　なし
●タクシー　新富士駅から35分6000円

●プレースタイル　セルフでGPSナビ付電磁誘導乗用カート。キャディ付は要予約
●シューズ　ソフトスパイク推奨
●ビジター料金表

	平　日	土　日	祝　日
セ　ル　フ	9,000	16,800	15,500

2021年10月～11月の昼食付料金
季節料金あり。キャディ付は3850円加算。予約状況によりツーサム可
●プレー情報　早朝·薄暮プレー、ジュニア料金、コンペプラン

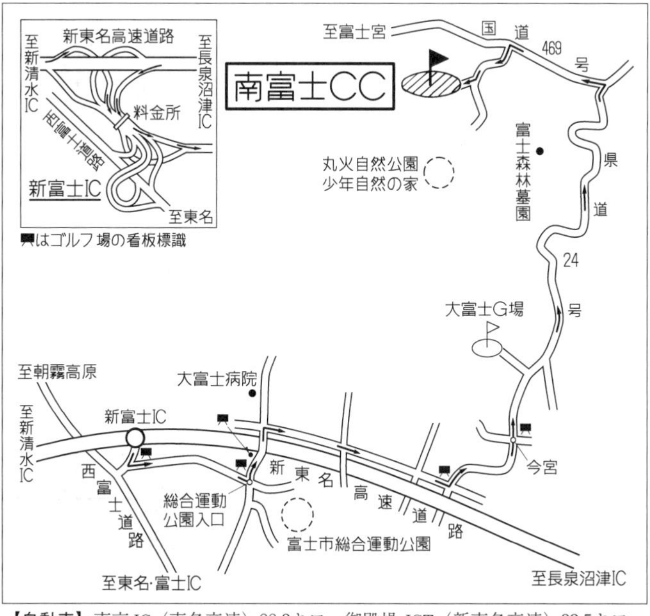

【自動車】東京IC（東名高速）88.3キロ→御殿場JCT（新東名高速）33.5キロ→新富士IC 14キロ→コース　所要時間1時間50分　新富士IC料金所を出て直進し、総合運動公園入口交差点を左折。高速道路を越えて側道を右折。3つ目の信号を左折し、県道24号を御殿場方面に向かい、国道469号を左折してコースへ

南茂原カントリークラブ

〒297-0135　千葉県長生郡長南町地引742　FAX 0475（47）1385
予約専用　0475（47）1221　http://www.yc21.co.jp/minamimobara/

●申込み　ビジター可
●予約　3か月前の同日より受付け
●コンペ　予約状況により相談
●休日　無休
●クレジット　JCB 他
●開場日　1989年5月2日
●コースの特徴　18H　P72　6985Y
自然をできるだけ生かし、植栽によって変化をつけ、戦略的で、最大限に技量を試すことができるコース
●コースレート　72.6（ベント）
●電車　外房線茂原駅
●クラブバス　運休。コースに要問合せ
●タクシー　茂原駅から20分3500円
●プレースタイル　キャディ付とセルフの選択制で5人乗り乗用カート
●シューズ　ソフトスパイク
●ビジター料金表

	平　日	土　曜	日　祝
キャディ付	14,500	24,500	24,500
セ　ル　フ	10,500	18,800	18,800

2021年11月の昼食付料金
季節によって料金は異なる

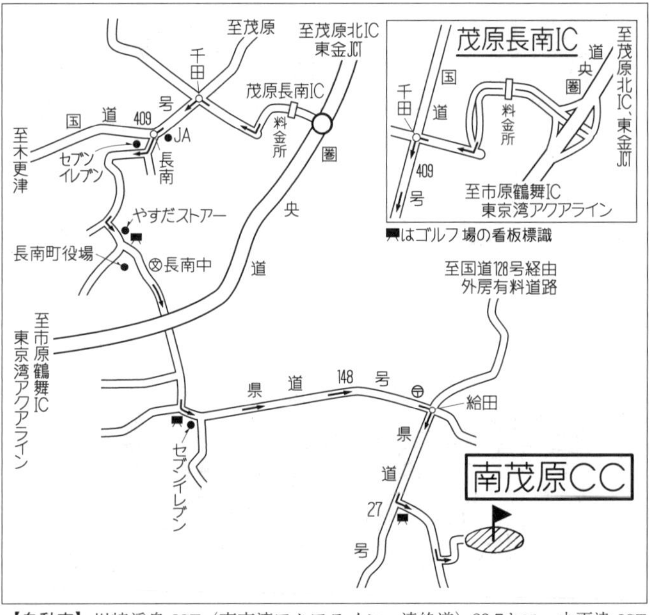

【自動車】川崎浮島JCT（東京湾アクアライン、連絡道）23.7キロ→木更津JCT（圏央道）28.4キロ→茂原長南IC 9キロ→コース　所要時間50分　茂原長南ICを降りて千田交差点を左折。600m先の長南信号を左折。やすだストアー先のY字路の信号を左折し、4.6キロ先の給田交差点を右折してコースへ

☎0279(75)4841

美野原カントリークラブ

〒377-0432　群馬県吾妻郡中之条町大字五反田3483－1　FAX 0279(75)4812
https://www.minohara-cc.jp/

●プレーの申込み　ビジター可
●予約　3か月前の1日から受付け
●コンペ　組数は相談
●休日　営業期間中は無休
12月下旬～3月中旬は冬期クローズ
●クレジット　なし
●開場日　1973年10月27日
●コースの特徴　36H　P145　13743Y
フラットで距離がたっぷりのあららぎコースはPAR73。もみの木コースは戦略性に富み、ショットの正確さがカギとなる林間コース
●電車　吾妻線中之条駅
●クラブバス　なし
●タクシー　中之条駅から15分3300円
●プレースタイル　セルフで2人乗り、4人乗り乗用カート
●シューズ　ソフトスパイク推奨
●ビジター料金表

	平　日	土　曜	日　祝
セ　ル　フ	4,600	8,000	8,000

平日は廻り放題（ハウスクローズ)。詳細はクラブへ問い合わせ
●プレー情報　火・木曜はセルフ開放デー4000円（食事別）

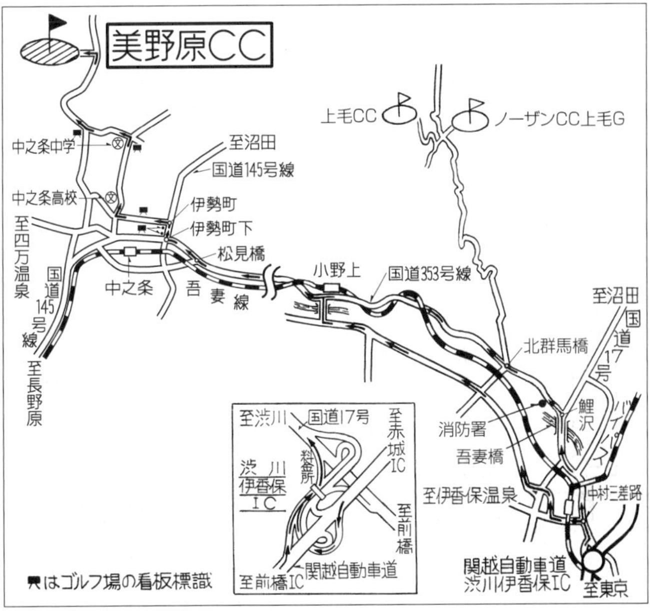

【自動車】練馬IC（関越自動車道）103.4キロ→渋川伊香保IC 27キロ→コース
所要時間2時間　渋川ICを降り、国道17号線を新潟・沼田方面へ進み、吾妻橋を渡って鯉沢を左折。国道353号線を中之条に向かい、松見橋の信号を右折し、伊勢町下を右折後、次の伊勢町を左折してコース案内板に従ってコースへ

身延山カントリークラブ

〒409-2522　山梨県南巨摩郡身延町下山922　FAX 0556(62)5202
http://www.minobusan-cc.co.jp/

●プレーの申込み　ビジター可
●予約　2か月前の1日から受付け
●コンペ　2か月前の1日から受付け
●休日　1／1
●クレジット　各種
●開場日　2007年4月27日
●コースの特徴　18H　P71　6449Y
自然の樹木や地形を生かしつつ、人工的な戦略性を盛り込んだ美しいコース。R・ボン・ヘギーが設計したプレーヤーの挑戦意欲をかきたてるコース
●電車　身延線下部温泉駅
●クラブバス　なし
●タクシー　下部温泉駅から約5分
●プレースタイル　セルフプレーで5人乗り乗用カート
●シューズ　ソフトスパイク
●ビジター料金表

	平　日	土　曜	日　祝
セ　ル　フ	4,500	8,300	8,300

2021年11月の料金
期間により料金は異なる
●セルフデー　月曜日3,900円。レストランはクローズ
●プレー情報　午後ハーフ、コンペプラン、宿泊パック

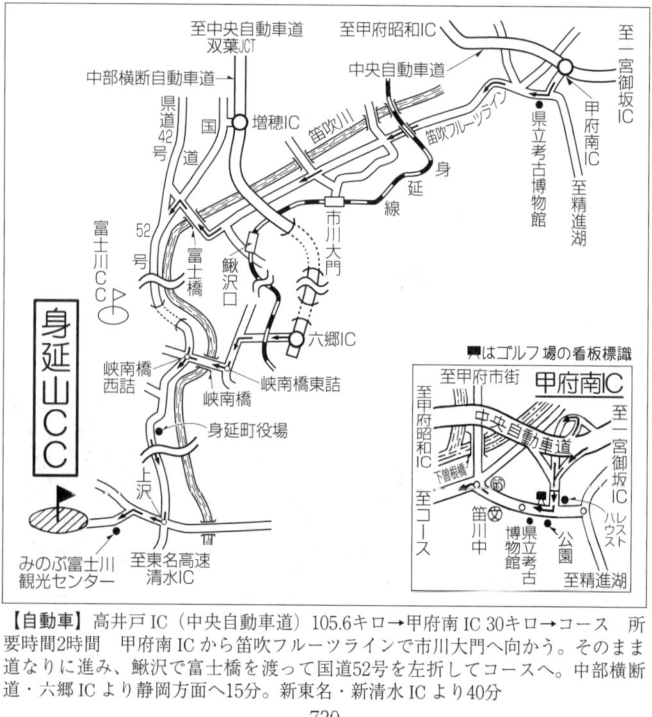

【自動車】高井戸IC（中央自動車道）105.6キロ→甲府南IC 30キロ→コース　所要時間2時間　甲府南ICから笛吹フルーツラインで市川大門へ向かう。そのまま道なりに進み、鰍沢で富士橋を渡って国道52号を左折してコースへ。中部横断道・六郷ICより静岡方面へ15分。新東名・新清水ICより40分

☎029(840)0001

美浦ゴルフ倶楽部

〒300-0404　茨城県稲敷郡美浦村大字土浦字蔵後2568－19　FAX 029(840)0088
https://www.pacificgolf.co.jp/miho/

●プレーの申込み　ビジター可
●予約　3か月前の1日午前9時より受付け
●コンペ　予約状況により相談
●休日　無休
●クレジット　各種
●開場日　1993年10月7日
●コースの特徴　18H　P72　7010Y
美しい関東平野の恵まれた自然を生かした戦略性豊かなチャンピオンコース
●コースレート　73.2
●練習場　300Y19打席
●電車　常磐線土浦駅
●クラブバス　なし
●タクシー　土浦駅から30分6000円
●プレースタイル　キャディ付またはセルフでGPSナビ付乗用カート
●シューズ　ソフトスパイクのみ可
●ビジター料金
季節により料金が異なるため、ホームページ参照、またはクラブに要問合せ

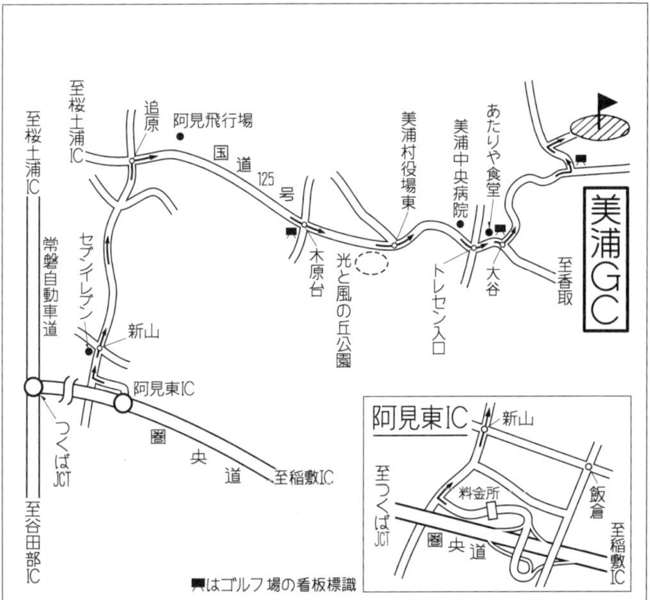

【自動車】三郷IC（常磐自動車・つくばJCT経由圏央道）48.1キロ→阿見東IC 15キロ→コース　所要時間1時間　阿見東ICを降りて右折して約4.5キロ道なりに進み、国道125号との追原交差点を右折。トレセン入口を過ぎ、大谷交差点を左折してコースへ

都ゴルフ倶楽部

〒402-0022　山梨県都留市戸沢1353　FAX 0554(45)3119
https://mgc.tatemono-golf.com/

●プレーの申込み　ビジター可
●予約　3か月前の1日から受付け
●コンペ　予約状況により応じる
●休日　クラブ指定日
●クレジット　各種
●開場日　1993年8月1日
●コースの特徴　18H　P72　6762Y
開放感あるアウト、技術が求められるインと趣きが異なる18ホール。高低差がなく女性にも人気がある
●コースレート　71.8
●練習場　100Y10打席
●電車　中央本線大月駅、または富士急行都留市駅
●クラブバス　なし
●タクシー　大月駅から20分4000円
都留市駅から10分2000円
●プレースタイル　キャディ付またはセルフでGPSナビ付5人乗り乗用カート
●シューズ　ソフトスパイク
●ビジター料金表

	月・金	火水木	土日祝
キャディ付	—	17,850	23,250
セルフ	11,900	14,000	19,400

月・金曜はセルフデー。2021年10月の料金で平日昼食付。期間により料金は異なる。季節割引、コンペ割引、シニアデー、宿泊プランあり

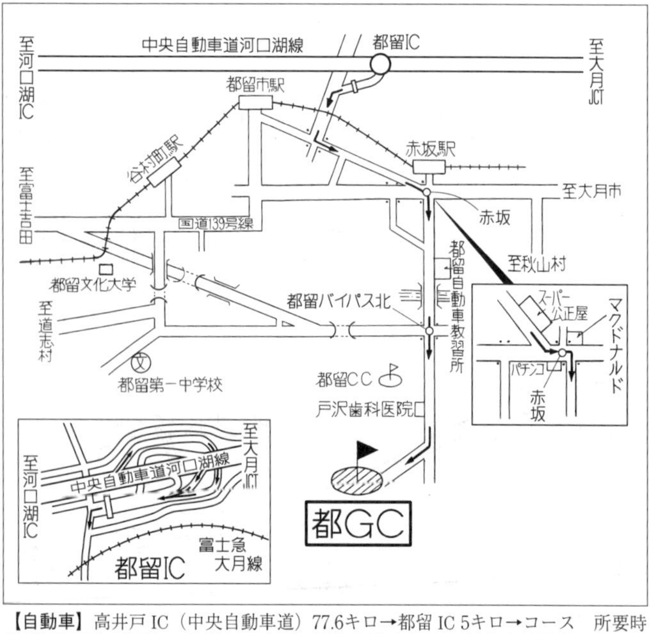

【自動車】高井戸IC（中央自動車道）77.6キロ→都留IC 5キロ→コース　所要時間1時間15分　都留ICを降りて左折、踏切を渡り初めの信号を左折する。国道139号線との赤坂交差点を右に曲がり、都留自動車教習所、戸沢歯科医院の前を通ってコースへ

宮の森カントリー倶楽部

〒321-0231　栃木県下都賀郡壬生町大字上田字上原563－1　FAX 0282(86)6803
予約専用　0282(86)6801　http://www.miyanomoricc.com/

●**プレーの申込み**　パブリックコース
●**予約**　3か月前の1日から受付け
●**コンペ**　組数は相談
●**休日**　クラブ指定日
●**クレジット**　UC　VISA　DC　JCB　ダイナース　東武カード　AMEX　MC
●**開場日**　1991年9月26日
●**コースの特徴**　18H　P72　6985Y
比較的フラットな林間コースだが、変化もあり距離もたっぷりある
●**コースレート**　72.6
●**練習場**　200Y15打席
●**電車**　東武宇都宮線安塚駅、または東北新幹線宇都宮駅
●**クラブバス**　予約制。安塚駅から随時運行
●**タクシー**　栃木駅から30分約4000円、宇都宮駅から30分約5,000円
●**プレースタイル**　セルフプレーで乗用カート。キャディ付は要予約
●**シューズ**　ゴルフ靴はすべて可
●**ビジター料金表**

	平　日	土　曜	日　祝
セ　ル　フ	10,500	18,800	18,800

期間により料金は異なる
キャディ付は4B3,960円加算

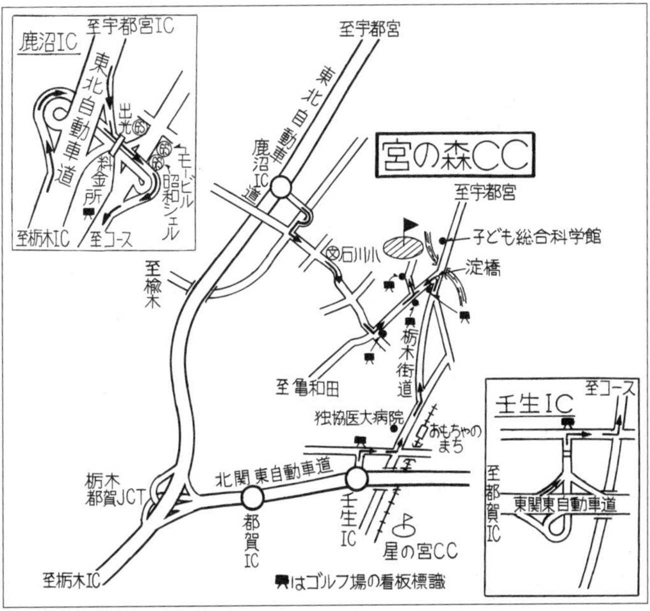

【自動車】浦和料金所（東北自動車道）86.7キロ→鹿沼 IC 5キロ→コース　所要時間1時間10分　鹿沼 IC を降りて右折し楡木方面に向かい、500m 先の上石川の信号を左折してコースへ。鹿沼 IC より約7分。または北関東自動車道・壬生 IC より約10分

妙義カントリークラブ

〒379-0208　群馬県富岡市妙義町菅原2678　FAX 0274(73)3434
https://www.accordiagolf.com

●プレーの申込み　ビジター可
●予約　4か月前より受付け
●コンペ　組数制限なし
●休日　無休（積雪時など除く）
●クレジット　VISA　ダイナース　AMEX　JCB　マスター
●開場日　1986年8月31日
●コースの特徴　18H　P72　6918Y　妙義山を背に起伏が少ない自然の美しいコース
●コースレート　72.3
●練習場　200Y 9打席(アイアンのみ)
●電車　信越本線松井田駅
●クラブバス　松井田駅から全日8:30　予約制
●タクシー　高崎7000円、磯部3000円
●プレースタイル　セルフプレーでGPSナビ付乗用カート
●シューズ　ソフトスパイク、スパイクレス
●ビジター料金表

	平　日	土　曜	日　祝
セ　ル　フ	7,290	15,990	14,990

2021年11月の昼食付料金
期間により料金は異なる
ツーサムは平日1100円、土日祝2200円加算
●プレー情報　宿泊パック、薄暮ゴルフ

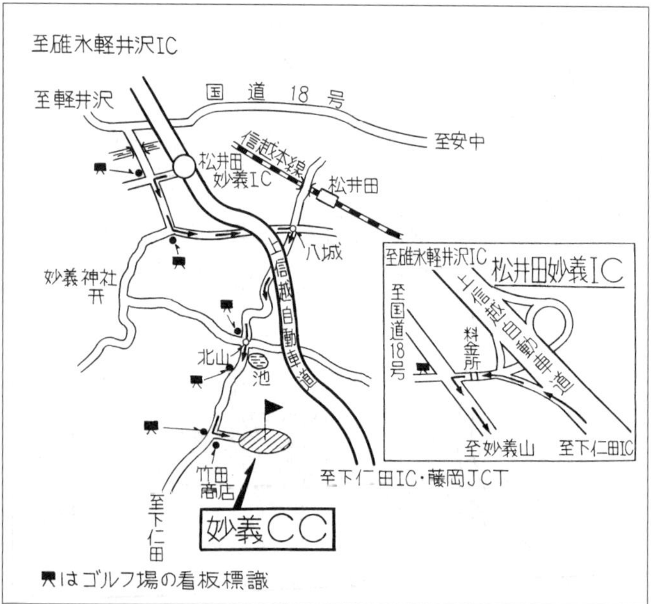

【自動車】練馬IC（関越、上信越自動車道）116.1キロ→松井田妙義IC 8キロ→コース　所要時間1時間20分　関越自動車道藤岡JCTから上信越自動車道を利用して松井田妙義ICへ。料金所を出て左折し、突き当たりを再び左折する。高速道路の高架をくぐり、八城信号を右折して下仁田方面に進んでコースへ

ミルフィーユゴルフクラブ

〒297-0234　千葉県長生郡長柄町長柄山1095－1　FAX 0475(35)1115
予約専用　0475(35)1717　http://www.milgolf.co.jp

●**プレーの申込み**　パブリックコース
●**予約**　3か月前の同日9時から受付け
●**コンペ**　組数は相談
●**休日**　1／1
●**クレジット**　JCB　VISA　AMEX　ダイナース他
●**開場日**　1997年4月1日
●**コースの特徴**　18H　P72　6754Y
樹木、マウンド、池、バンカーが巧みに配置されているコース
●**練習場**　工事中。要問合せ
●**電車**　内房線五井駅
●**クラブバス**　予約制で五井駅より土日祝のみ
●**タクシー**　五井駅から25分4200円
●**プレースタイル**　セルフプレーでGPSナビ付乗用カート。キャディ付は要予約
●**シューズ**　メタルスパイク禁止
●**ビジター料金表**

	平　日	土　曜	日　祝
セ　ル　フ	9,600	19,100	17,900

2021年10月の料金で平日は昼食付
期間により料金は異なる。キャディ付は4600円加算
●**月曜セルフデー**　昼食付8700円

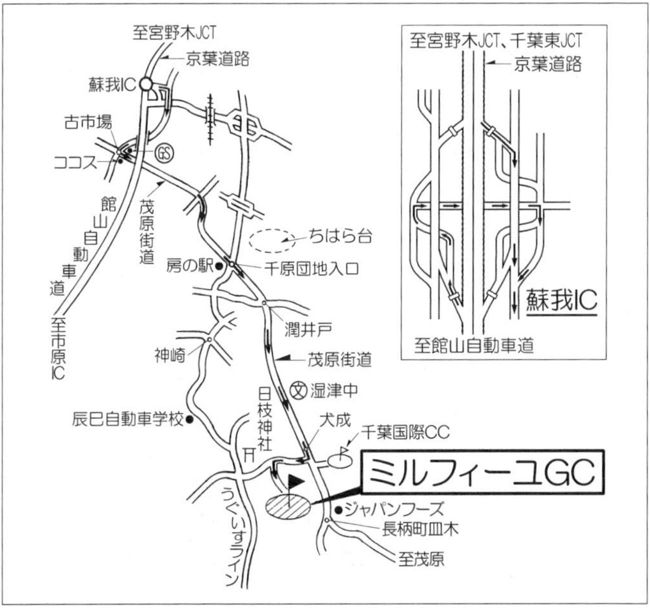

【**自動車**】箱崎IC（首都高速・京葉道路）49キロ→蘇我IC 16キロ→コース　所要時間1時間10分　京葉道路を蘇我ICで降り、茂原街道との交差点を左折して茂原方面に向かう。千葉国際CCの手前の犬成の信号をコース案内板に従って右折してコースへ

ムーンレイクゴルフクラブ市原コース

〒290-0257　千葉県市原市新生603　FAX 0436(37)0808
予約専用　0436(37)8855　https://www.pacificgolf.co.jp/moonlake_i/

●**プレーの申込み**　パブリックコース
●**予約**　3か月前の月初から受付け
●**コンペ**　組数制限なし。3か月前から受付け
●**休日**　無休
●**クレジット**　各種
●**開場日**　2000年6月23日
●**コースの特徴**　18H　P72　7031Y
緩やかな起伏の中に池やバンカーが巧みに配された戦略性豊かな丘陵コース。18ホール全てにナイター照明を完備
●**コースレート**　73.3
●**練習場**　250Y14打席
●**電車**　JR 内房線五井駅
●**クラブバス**　なし
●**タクシー**　五井駅から15分
●**プレースタイル**　セルフプレーで4人乗り GPS ナビ付乗用カート
●**シューズ**　ソフトスパイクのみ
●**ビジター料金**
季節により料金が異なるため、ホームページ参照、またはクラブに要問合せ

【**自動車**】箱崎 IC（首都高速・京葉道路・館山自動車道）57.1キロ→市原 IC 5キロ→コース　所要時間1時間　館山自動車道を市原 IC で降り大多喜・勝浦方面に向かう。新生十字路の信号を光風台方面に直進し、約1キロ先、右側にコース進入路がある。市原 IC から約7分

ムーンレイクゴルフクラブ鶴舞コース

〒290-0526　千葉県市原市小草畑577　FAX 0436(89)2613
https://www.pacificgolf.co.jp/moonlake_t/

●**プレーの申込み**　パブリックコース
●**予約**　3か月前の月初から電話またはWeb受付け。宿泊パックは電話予約
●**コンペ**　組数制限なし
●**休日**　無休
●**クレジット**　各種
●**開場日**　1985年4月28日
●**コースの特徴**　18H　P72　7152Y
距離がたっぷりあるタフなコース。全カートにGPSナビを搭載。前の組の状況も把握でき、安全かつコースの戦略を考えながら快適なプレーが楽しめます
●**電車**　外房線茂原駅、または内房線五井駅
●**クラブバス**　なし
●**タクシー**　茂原駅から35分、五井駅から45分
●**プレースタイル**　セルフプレーでGPSナビ付乗用カート
●**シューズ**　ソフトスパイク（スパイクレスを含む）
●**ビジター料金**
季節により料金が異なるため、ホームページ参照、またはクラブに要問合せ
●**プレー情報**　鶴舞ムーンレイクホテル利用宿泊パック（宿泊のみ可）、夕刻・ナイタープレー（全18ホールLED照明完備）

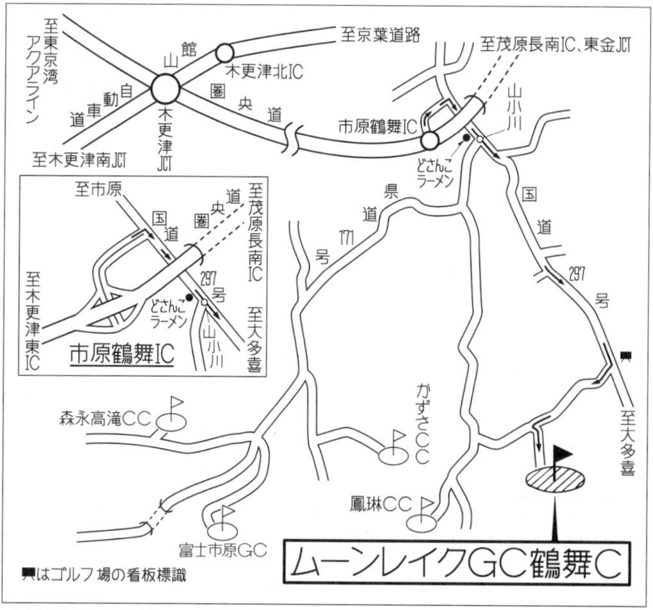

【**自動車**】川崎浮島JCT(東京湾アクアライン、連絡道)23.7キロ→木更津JCT(圏央道）19.6キロ→市原鶴舞IC 6キロ→コース　所要時間35分　市原鶴舞ICを降りて右折し国道297号線を大多喜方面へ。コース案内板に従って右折してコースへ。館山自動車道・市原ICからは大多喜・勝浦方面に向かって約24.5キロ、35分

ムーンレイクゴルフクラブ茂原コース

〒297-0073　千葉県茂原市長尾1647　FAX 0475(26)5152
https://www.pacificgolf.co.jp/moonlake_m/

●**プレーの申込み**　パブリックコース
●**予約**　3か月前の月初から受付け
●**コンペ**　組数制限なし。3か月前から受付け
●**休日**　無休
●**クレジット**　各種
●**開場日**　2000年4月1日
●**コースの特徴**　18H　P72　6742Y
フラットでフェアウェイも広く、戦略性に富んだ丘陵コース。18ホール全てにナイター照明完備
●**コースレート**　71.8
●**練習場**　70Y12打席
●**電車**　JR外房線茂原駅
●**クラブバス**　なし
●**タクシー**　茂原駅から15分約2000円
●**プレースタイル**　セルフプレーでGPSナビ付乗用カート
●**シューズ**　ソフトスパイク（スパイクレスを含む）
●**ビジター料金**
季節により料金が異なるため、ホームページ参照、またはクラブに要問合せ
●**プレー情報**　ジュニア料金、コンペパック、ナイタープレー（全ホール照明完備、3月上旬～11月末まで実施）

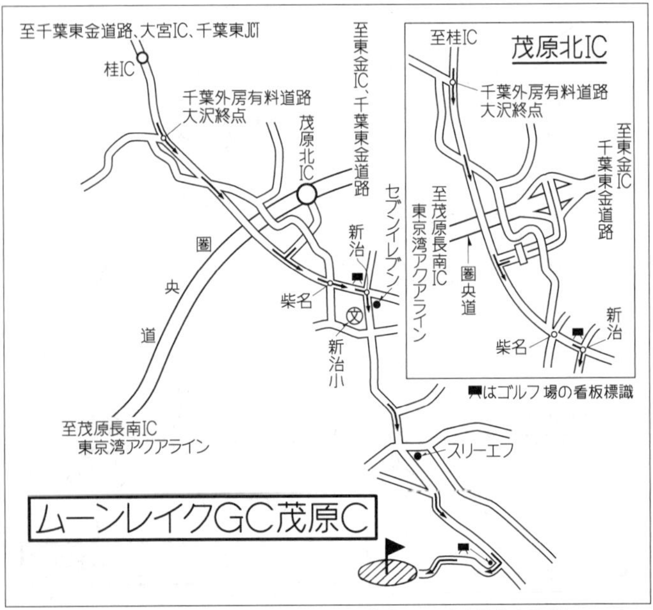

【**自動車**】箱崎IC（首都高速）44.5キロ→千葉東JCT（千葉東金道路）16.1キロ→東金JCT（圏央道）10.9キロ→茂原北IC 5キロ→コース　所要時間1時間　茂原北ICを降りて左折し、コース案内板のある新治交差点（セブンイレブンあり）を右折。直進約3.5キロでコース

☎042(973)3333

武蔵丘ゴルフコース

〒357-0006　埼玉県飯能市中山665　FAX 042(973)9666
https://www.princehotels.co.jp/golf/musashigaoka

●プレーの申込み　パブリックコース
●予約　年間を通して受付け
●コンペ　上記に準ずる
●休日　無休
●クレジット　各種
●開場日　1983年9月18日
●コースの特徴　18H　P72　7016Y
各ホールとも距離、フェアウェーの幅をたっぷりとって自然を大切に残している。タイガー・ウッズが日本で初めてプレーをし話題となったコース
●練習場　10打席打ち放し、バンカー
●電車　西武池袋線飯能駅
●クラブバス　なし
●タクシー　飯能駅北口から約6分約1500円
●プレースタイル　キャディ付とセルフの選択制で5人乗りゴルフカー。キャディ付はFW乗入れ可（要予約、1組4400円、コース状況により不可）
●シューズ　ソフトスパイク、スパイクレス
●ビジター料金表

	平　日	土　曜	日　祝
キャディ付	21,500	36,500	36,500
セ　ル　フ	19,500	34,500	34,500

上記は4月～6月、10月～12月の料金

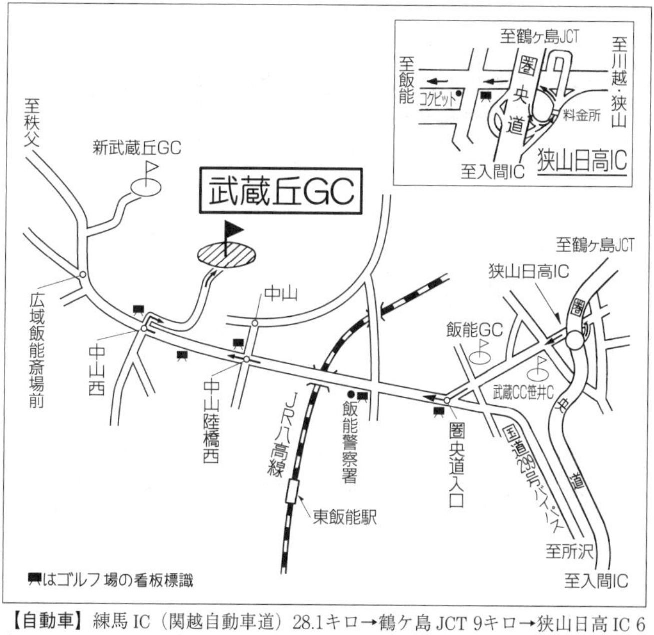

【自動車】練馬IC（関越自動車道）28.1キロ→鶴ケ島JCT 9キロ→狭山日高IC 6キロ→コース　所要時間35分　狭山日高ICで降り飯能方面へ直進。国道299号バイパスを経由してコースへ。中央道・八王子料金所からは八王子JCT経由40.1キロ狭山日高IC下車。八王子料金所から約40分

武蔵カントリークラブ笹井コース

〒350-1327　埼玉県狭山市笹井412　FAX 04(2954)4734
本社04(2962)4151(豊岡コース)　https://www.musashi-cc.co.jp

●**プレーの申込み**　平日は会員の紹介で2組まで可。土曜は会員の同伴が必要。日祝は特定日に会員同伴で組数限定

●**予約**　3か月前の同日から受付け

●**コンペ**　土日祝は不可、平日は19組まで可。6か月前の同日より受付。80名以上は理事会の承認が必要。

●**休日**　毎週月曜日　12／31　1／1他

●**クレジット**　各種

●**開場日**　1959年11月22日

●**コースの特徴**　18H　P72　7063Y
赤松と雑木で各ホールがセパレートされた林間コース。異なったティーイングエリアからの景色が楽しめ、要所に配置された池やバンカーが戦略性を高めている

●**コースレート**　74.0

●**練習場**　260Y21打席

●**電車**　西武池袋線入間市駅

●**クラブバス**　入間市駅から運行

●**タクシー**　入間市駅から10分1200円

●**プレースタイル**　キャディ付で歩いてプレー

●**シューズ**　メタルスパイク禁止

●**ビジター料金表**

	平　日	土　曜	日　祝
キャディ付	25,310	33,010	33,010

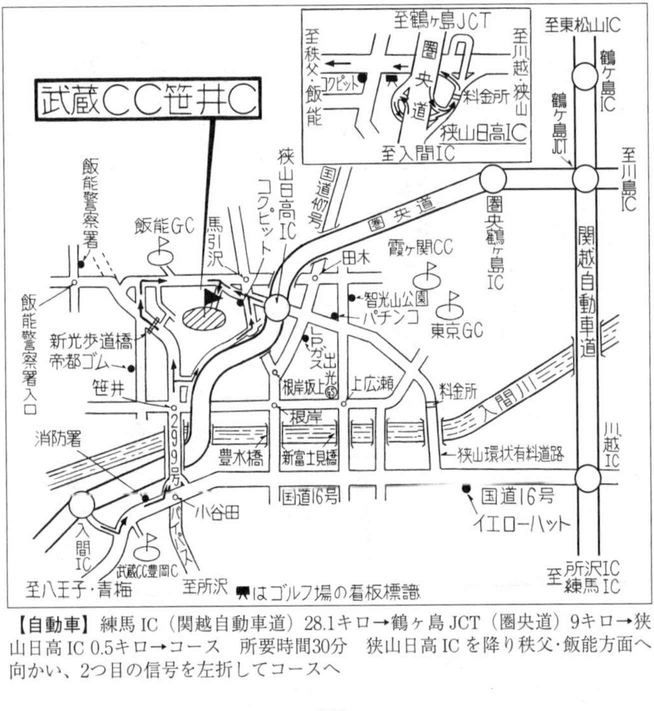

【**自動車**】練馬IC(関越自動車道)28.1キロ→鶴ヶ島JCT(圏央道)9キロ→狭山日高IC 0.5キロ→コース　所要時間30分　狭山日高ICを降り秩父・飯能方面へ向かい、2つ目の信号を左折してコースへ

武蔵カントリークラブ豊岡コース

〒358-0026　埼玉県入間市小谷田961　FAX 04(2963)5447
https://www.musashi-cc.co.jp/

●**プレーの申込み**　平日は会員の同伴または紹介、土曜は同伴、日祝は特定の日に会員同伴で組数限定で受付ける
●**予約**　3か月前の同日から受付け
●**コンペ**　土日祝は不可、平日は19組まで可、6か月前の同日より受付。80名以上は理事会の承認が必要
●**休日**　毎週火曜日（但し、オフシーズンは他に休場日あり）
12／31　1／1
●**クレジット**　各種
●**開場日**　1959年7月12日
●**コースの特徴**　18H　P72　6838Y
豊富な松林と雑木林がコース全体をとり囲んでいる。平坦だが数多いバンカーの配置に妙を得て戦略性に富む
●**コースレート**　73.0
●**練習場**　290Y 20打席
●**電車**　西武池袋線入間市駅
●**クラブバス**　入間市駅から運行
●**タクシー**　入間市駅8分約1000円
●**プレースタイル**　キャディ付で歩いてプレー
●**シューズ**　メタルスパイク禁止
●**ビジター料金表**

	平　日	土　曜	日　祝
キャディ付	25,310	33,010	33,010

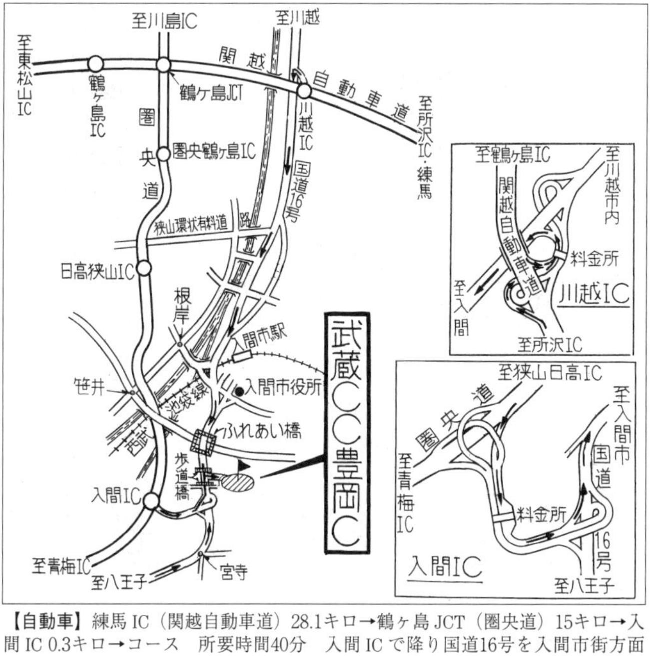

【**自動車**】練馬IC（関越自動車道）28.1キロ→鶴ヶ島JCT（圏央道）15キロ→入間IC 0.3キロ→コース　所要時間40分　入間ICで降り国道16号を入間市街方面へ向かい、3つ目の歩道橋の下を右折しコースへ

☎042（691）2111

武蔵野ゴルフクラブ

〒192-0005　東京都八王子市宮下町656　FAX 042（691）3800
http://www.musashinogolf.com/

●プレーの申込み　平日は会員の紹介 土日祝は会員の同伴が必要
●予約　8週間前の同日から受付け
●コンペ　3か月前から受付け
●休日　1／1
●クレジット　JCB　UC　VISA　MC
●開場日　1960年11月23日
●コースの特徴　18H　P72　6580Y 多摩丘陵に展開し樹木が美しく、アウトはフラット、インはゆるやかな起伏のある変化に富んだコース
●コースレート　70.2
●練習場　250Y12打席
●電車　中央線立川駅、八王子駅
●クラブバス　立川駅南口から平日7:30　9:00　土日祝7:00　7:30　8:30　9:00　（11月・12月は30分繰り上げ）
●タクシー　八王子駅から20分3000円
●プレースタイル　キャディ付で乗用カート。セルフも併用
●シューズ　ゴルフ靴はすべて可
●ビジター料金表

	平　日	土　曜	日　祝
キャディ付	17,820	27,170	27,170

利用税別途。料金は月によって異なる
月・金曜はセルフ営業15,510円昼食付

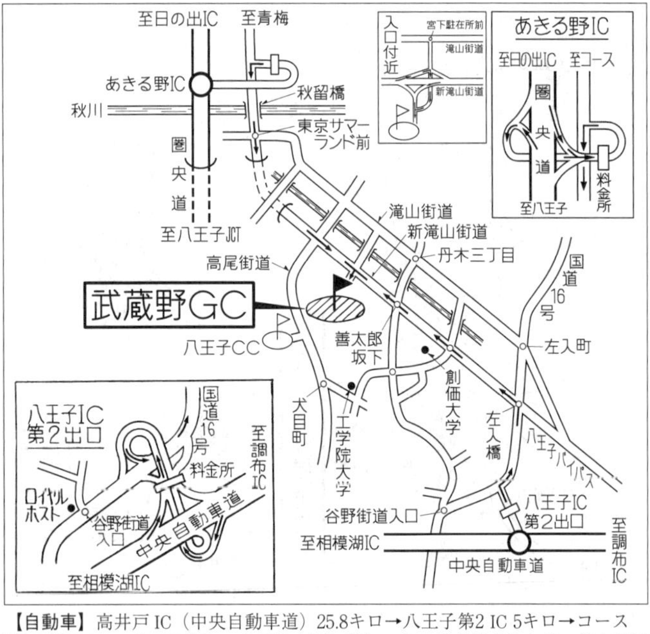

【自動車】高井戸IC（中央自動車道）25.8キロ→八王子第2 IC 5キロ→コース
所要時間50分　八王子第2 IC を昭島方面に降り、左入橋交差点を左折。善太郎坂下交差点を直進し、1つ目の防御ネットを通過後側道を左折してコースへ。圏央道あきる野 IC からは新滝山街道を直進。高尾街道を過ぎて側道を右折する

武蔵の杜カントリークラブ

〒350-0407　埼玉県入間郡越生町上谷1028　FAX 049(292)5141
https://www.mm-cc.co.jp

●プレーの申込み　ビジター可
●予約　4か月前の1日から受付け
●コンペ　組数は相談
●休日　1/1　クラブ指定日
●クレジット　JCB　VISA　UC　AMEX　ダイナース
●開場日　1979年11月23日
●コースの特徴　18H　P72　6288Y　コース内の高低差はあまりなく、18ホールがそれぞれ特徴をもっている
●コースレート　69.4
●練習場　25Y8打席
●電車　東武越生線越生駅
●乗合無料タクシー　越生駅から無料送迎タクシー運行（要問合せ）セルフデーは除く
●タクシー　坂戸4500円、越生1400円
●プレースタイル　キャディ付またはセルフでGPSナビ付乗用カート
●シューズ　ソフトスパイク
●ビジター料金表

	平　日	土　曜	日　祝
キャディ付	15,800	26,000	26,000
セ　ル　フ	13,000	23,200	23,200

上記は2021年10月の料金で昼食付
期間により料金は異なる
●セルフデー　指定の月曜日、乗用セルフ12500円（食事付）

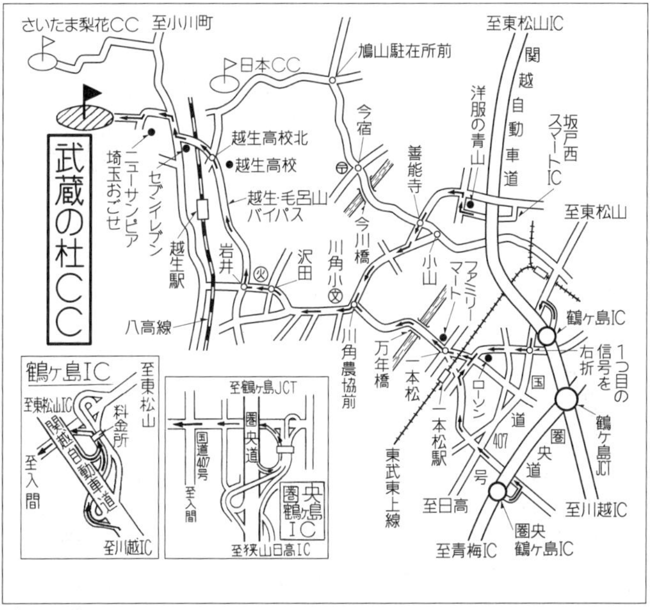

【自動車】練馬IC（関越道）29.6キロ→鶴ヶ島IC 16キロ→コース　所要時間50分　鶴ヶ島ICを鶴ヶ島方面に降りて最初の信号・脚折町4丁目を右折。ローソンのある信号を右折し、川角農協前の信号を左折。消防署先の岩井信号を右折して小川町方面に進んでコースへ。ETC搭載車は坂戸西スマートICから13キロ

☎0493(35)1221

武蔵松山カントリークラブ

〒355-0066　埼玉県東松山市神戸2275－1　FAX 0493(35)1828
https://www.musashimatsuyama.co.jp　本社03(3724)2550

●プレーの申込み　原則として会員の同伴または紹介が必要
●予約　2か月前の同日9時から受付け
●コンペ　3組以上のコンペは3か月前の同日から受付け
●休日　クラブ指定日の月曜日
12／31　1／1
●クレジット　JCB　ダイナース　DC　NICOS　AMEX　VISA
●開場日　1985年9月18日
●コースの特徴　18H　P72　7058Y
なだらかな比企丘陵に恵まれた水と赤松の美しい戦略的なコース
●コースレート　73.1
●練習場　250Y14打席
●電車　東武東上線高坂駅
●クラブバス　高坂駅西口から運行
●タクシー　高坂駅から15分2300円
●プレースタイル　キャディ付またはセルフでGPSナビ付5人乗りカート
●シューズ　メタルスパイク禁止
●ビジター料金表

	平　日	土　曜	日　祝
キャディ付	19,250	27,720	27,720
セ　ル　フ	16,060	24,530	24,530

2021年10月～11月の料金。期間により料金は異なる
●セルフデー　月曜日12870円

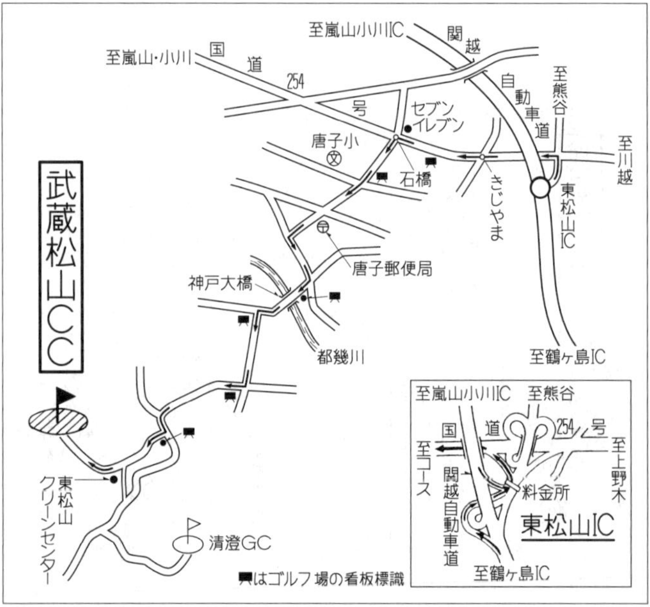

【自動車】練馬IC（関越自動車道）39.4キロ→東松山IC（国道254号線）5キロ→コース　所要時間50分　東松山ICを嵐山・小川方面に降りる。国道254号線を直進して、2つ目の信号を（石橋）左折。4つ目の信号を右折し神戸大橋（都幾川）を渡って左折し、次の信号を右折してコースへ

紫あやめ36

〒278-0003　千葉県野田市鶴奉463－1　FAX 04(7124)1174
http://www.murasaki-cc.co.jp/ayame/

●プレーの申込み　セミパブリックコース
●予約　プレー日の半年前より受付け
●コンペ　組数制限なし
●休日　要問合せ
●クレジット　JCB　VISA　UC 他
●開場日　1961年8月20日
●コースの特徴　36H　P144　12385Y　贅沢な気分を満喫できる、林間コースの趣きがあるフラットな36ホール
●練習場　25Y9打席
●電車　東武野田線野田市駅
●タクシー　野田市駅約1300円
●クラブバス　野田市駅6:32　7:28　8:15　9:00　土日祝6:32　7:05　7:45　8:25　9:05
●プレースタイル　セルフでGPSナビ付乗用カート
●シューズ　ソフトスパイク
●ビジター料金表（セルフプレー）

	平　日	土　曜	日　曜
イーストC	14,300	22,500	21,500
ウェストC	14,300	21,500	20,500

祝日はイーストC20500円、ウェストC19500円。料金は時季により変動あり
祝日を除く月曜日は昼食付

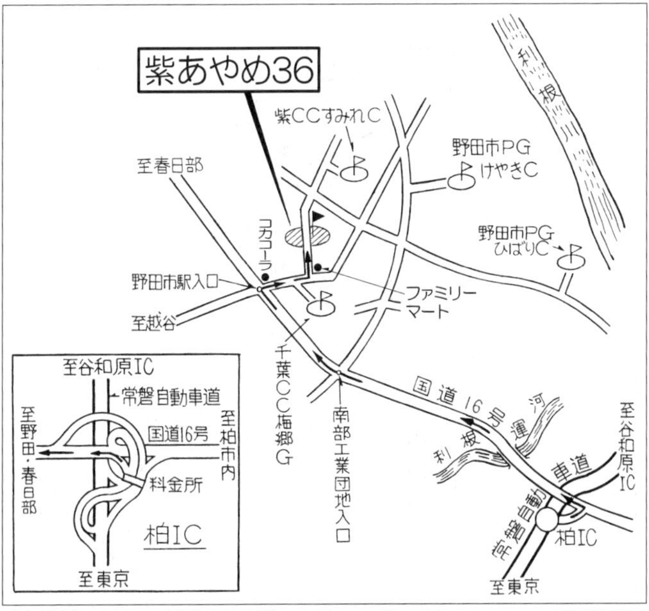

【自動車】三郷IC（常磐自動車道）10.8キロ→柏IC 9キロ→コース　所要時間30分　柏ICで降り、国道16号線を春日部・野田方面に向かう。7キロ走って野田市駅入口交差点を右折して我孫子方面に向かい800mで入口

紫カントリークラブすみれコース

〒278-0001　千葉県野田市目吹111　FAX 04(7125)8774
http://www.murasaki-cc.co.jp/sumire/

●プレーの申込み　会員の同伴または紹介が必要
●予約　2か月前の1日から受付け
●コンペ　特定日は除く。2か月前の1日より受付け
●休日　要問合せ
●クレジット　JCB　MUFG　VISA 他
●開場日　1961年4月16日
●コースの特徴　18H　P72　7378Y
2014年秋にコース改造が完了。レイアウトの良さを生かしながら、新たなグリーンの造形を行い、挑戦しがいのある戦略性豊かなコースデザインを追求。2020年日本オープン、2022年日本女子オープン開催コース

●コースレート　75.1
●練習場　250Y17打席
●電車　東武野田線野田市駅
●クラブバス　野田市駅より平日6:32　7:28　8:15　9:00　土日祝6:32　7:05　7:45　8:25　9:05
●タクシー　野田市駅から約10分
●プレースタイル　キャディ付で歩いてプレー
●シューズ　ソフトスパイク
●ゲスト料金表

	平　日	土　日	祝　日
キャディ付	24,300	38,600	33,100

上記は2021年10月～12月の料金

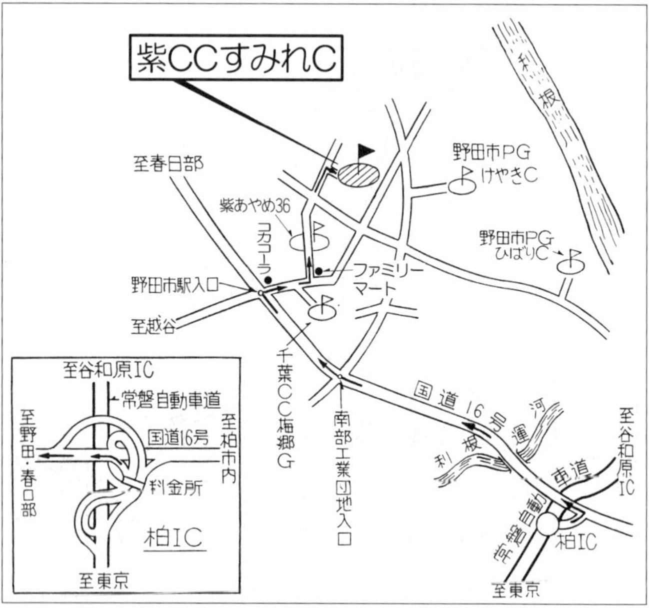

【自動車】三郷IC（常磐自動車道）10.8キロ→柏IC 9キロ→コース　所要時間30分　柏ICで降りて国道16号線を春日部・野田方面に7.5キロ進む。野田市駅入口交差点を右折して三ツ堀、我孫子方面に向かい、800mで入口。紫あやめ36を経てコースへ

☎028(686)3011

レイワゴルフリゾート　紫塚ゴルフ倶楽部

〒329-1414　栃木県さくら市早乙女2068　FAX 028(686)3724
https://www.murasakigc.com

●プレーの申込み　ビジター可
●予約　3か月前の同日から受付け
●コンペ　組数は相談
●休日　クラブ指定日
●クレジット　DC　VISA　JCB 他
●開場日　1976年8月28日
●コースの特徴　27H　P108　10396Y
丘陵地にレイアウトされているが高低差はわずか10m、フェアウェイは平均70mと広く美しいコース。プレー後は源泉掛け流しの天然温泉が楽しめる
●コースレート　71.8　70.9　71.3
●練習場　250Y17打席
●電車　東北本線氏家駅
●クラブバス　氏家駅から土日祝8:00　8:55　9:35、平日は予約が必要
●タクシー　氏家駅から15分2300円
●プレースタイル　セルフプレーで乗用カート。キャディ付も可
●シューズ　ソフトスパイクのみ
●ビジター料金表

	平　日	土　曜	日　祝
セ　ル　フ	6,720	14,860	14,860

2021年11月の料金
期間により料金は異なる
キャディ付は4B2695円加算
●プレー情報　宿泊プラン、コンペプラン

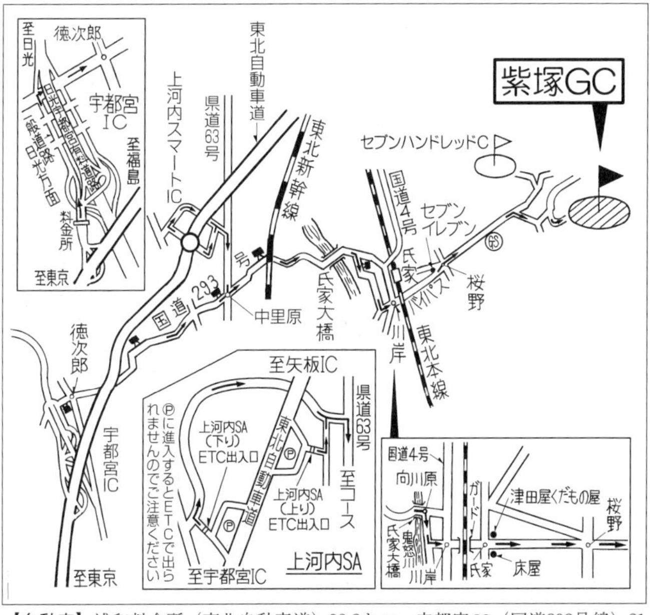

【自動車】浦和料金所（東北自動車道）98.2キロ→宇都宮 IC（国道293号線）21キロ→コース　所要時間1時間40分　宇都宮 IC で降り日光宇都宮道路の左の道を1キロ進み国道293号線を氏家方面に向かう。鬼怒川を渡って最初の信号を右折、国道293号へ左折してコースへ。上河内スマート IC からは約20分

メイフラワーゴルフクラブ

〒329-2501　栃木県矢板市上伊佐野1020　FAX 0287(43)9909
http://www.mayflower-gc.com/

●プレーの申込み　ビジター可
●予約　3か月前の同日から受付け
●コンペ　組数は相談
●休日　クラブ指定日
●クレジット　各種
●開場日　1992年5月29日
●コースの特徴　18H　P72　7092Y
フラットだが、フェアウェイには細かなアンジュレーションがあり、距離もあるスコティッシュなコース
●コースレート　73.9
●練習場　250Y12打席
●電車　東北新幹線那須塩原駅
●クラブバス　那須塩原駅西口から予約制で平日8:15　土日祝7:40　9:05
●タクシー　那須塩原駅から20分5000円
●プレースタイル　キャディ付またはセルフで5人乗り乗用カート。FW乗入れ可（コース状況により不可）
●シューズ　ソフトスパイクのみ可
●ビジター料金表

	平　日	土　曜	日　祝
キャディ付	11,200	18,300	18,300
セ　ル　フ	7,900	15,000	15,000

昼食付。期間により料金は異なる
●プレー情報　ホテル宿泊プラン

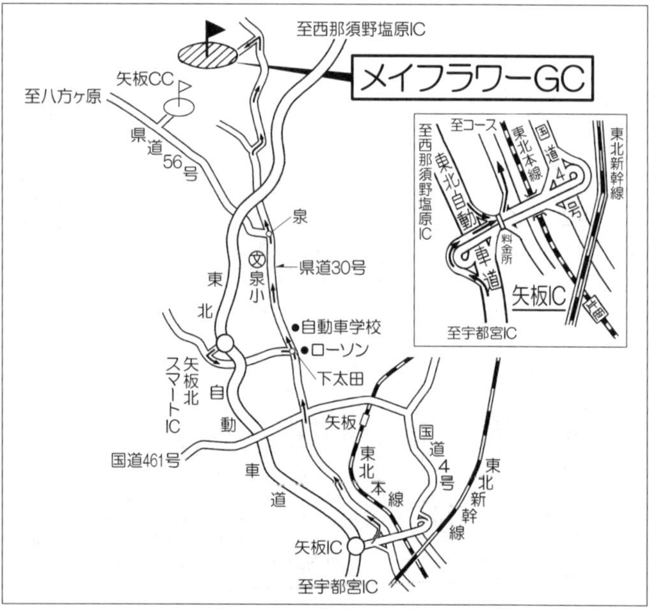

【自動車】浦和料金所（東北自動車道）115.4キロ→矢板IC 13キロ→コース　所要時間1時間40分　矢板ICを降り、すぐに左折して県道30号線を矢板市内に向かう。東北自動車道の高架をくぐり、コース案内板に従ってコースへ。ETC搭載車は矢板北スマートICより7キロ10分

メイプルポイントゴルフクラブ

〒409-0114　山梨県上野原市鶴島3600　FAX 0554(63)3300
予約専用ダイヤル0554(63)6311　https://www.maplepoint.jp/

●**プレーの申込み**　平日は会員の紹介　土日祝は会員の同伴が必要
●**予約**　平日は1年前、土曜・祝日は3か月前の同日、日曜は2か月前の同日から受付け
●**コンペ**　上記に準ずる
●**休日**　クラブ指定日
●**クレジット**　各種
●**開場日**　1994年5月1日
●**コースの特徴**　18H　P72　7101Y　鬼才ピート・ダイ設計の戦略的な丘陵コース。攻略ルートを誤ると、ペナルティが課せられるターゲットゴルフの要素が強調されている
●**コースレート**　73.0
●**練習場**　270Y20打席
●**電車**　JR中央線上野原駅
●**クラブバス**　なし
●**タクシー**　上野原駅約7分1800円
●**プレースタイル**　キャディ付で5人乗り乗用カート。セルフも可
●**シューズ**　ソフトスパイク
●**ビジター料金表**

	平　日	土　日	祝　日
キャディ付	22,430	31,230	31,230

セルフは2,200円引。2021年5月と10～11月の料金。期間により料金は異なる
●**セルフデー**　月曜日（祝日の場合は翌日）昼食付15,500円季節料金あり

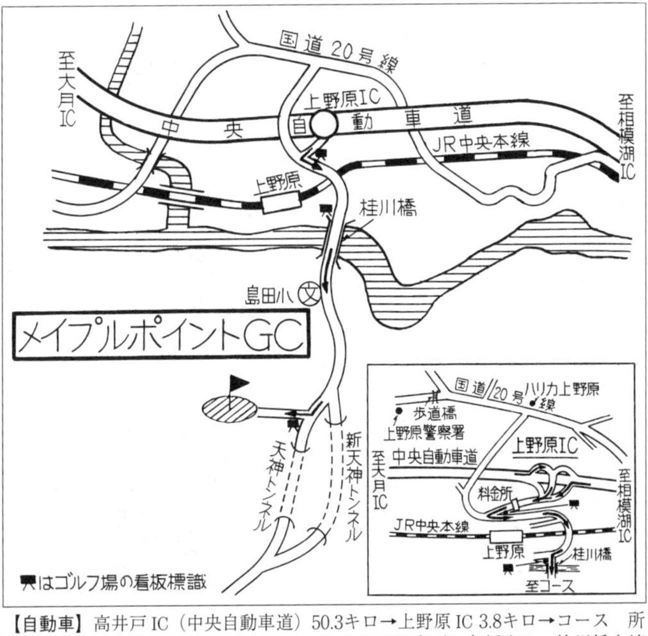

【自動車】高井戸IC（中央自動車道）50.3キロ→上野原IC 3.8キロ→コース　所要時間45分　上野原IC料金所を出て、JR上野原駅方面へ左折する。桂川橋を渡り、道なりに進んで天神トンネルの手前をコース案内板に従って右折。坂を登ってコースへ。上野原ICから約7分

メイレイクヒルズカントリークラブ

〒375-0037　群馬県藤岡市三本木1039　FAX 0274(23)6905
http://www.meilakehills-cc.jp/

●**プレーの申込み**　ビジター可
●**予約**　2か月前の同日から受付け
●**コンペ**　組数制限なし
●**休日**　要問合せ
●**クレジット**　JCB　DC　VISA　AMEX　UC
●**開場日**　2003年5月10日
●**コースの特徴**　18H　P72　6774Y
広くゆったりした丘陵コースで、豪快なショットが楽しめるホールが多く、初心者から上級者まで楽しめる
●**練習場**　90Y10打席　30球300円
●**電車**　高崎線新町駅
●**クラブバス**　なし
●**タクシー**　新町駅から25分4000円

●**プレースタイル**　セルフで5人乗り乗用カート
●**シューズ**　メタルスパイク禁止
●**ビジター料金表**

	平　日	土　日	祝　日
セ　ル　フ	7,500	14,500	14,000

2021年11月の昼食付料金
期間により料金は異なる。
●**月・金曜スーパーセルフデー**　1Rスループレー5000円、ハウスクローズ、現金前払い制。1～2月は金曜のみ実施

【**自動車**】練馬 IC（関越自動車道）69.6キロ→本庄児玉 IC 15キロ→コース　所要時間1時間10分　本庄児玉 IC を児玉･藤岡方面に出て、約5キロ先の吉田林交差点を直進する。道なりに進み、コース案内板に従って左折し、国道462号を鬼石方面に右折してコースへ。IC から約25分

もおか鬼怒公園ゴルフ倶楽部

〒321-4351　栃木県真岡市中1345－18　FAX 0285(83)4859
予約0285(83)5501　5505　https://www.moka-golf.jp/

●プレーの申込み　パブリックコース
●予約　2か月前の同日から受付け
●コンペ　組数は相談
●休日　無休
●クレジット　DC　UFJ　ニコス　VISA　マスター
●開場日　1991年10月23日
●コースの特徴　18H　P72　7030Y
鬼怒川左岸の河川敷コース。平坦でOB の少ない広いコースのため初心者から上級者まで楽しめる
●コースレート　未査定
●電車　宇都宮線石橋駅
●クラブバス　なし
●タクシー　石橋駅から約10分3000円
●プレースタイル　セルフプレーで乗用カート
●シューズ　メタルスパイク禁止
●ビジター料金表

	月水木	土　日	祝　日
セ　ル　フ	6,850	12,000	10,000

2021年10月～11月の昼食付料金
火･金曜はセルフデー限定昼食付6350円。
月によって料金は異なる
●プレー情報　友の会割引、5月～9月早朝プレー、薄暮プレー（通年）

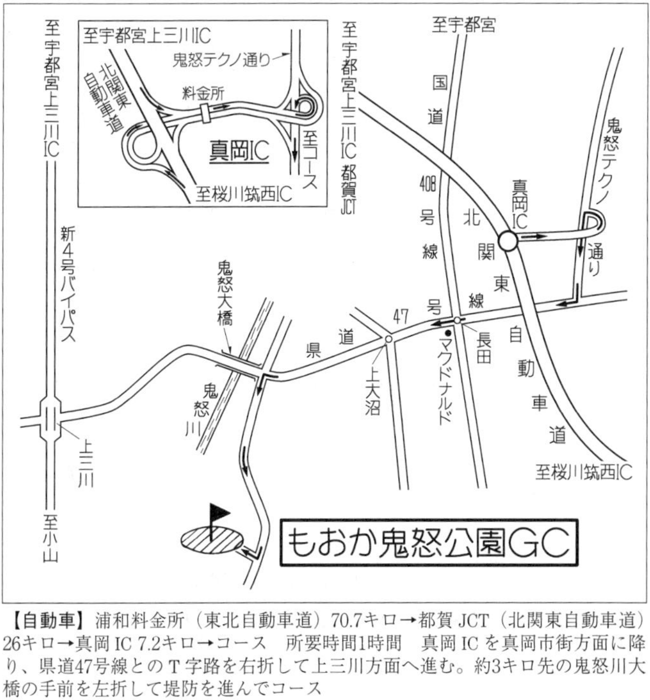

【自動車】浦和料金所（東北自動車道）70.7キロ→都賀 JCT（北関東自動車道）26キロ→真岡 IC 7.2キロ→コース　所要時間1時間　真岡 IC を真岡市街方面に降り、県道47号線との T 字路を右折して上三川方面へ進む。約3キロ先の鬼怒川大橋の手前を左折して堤防を進んでコース

も

望月カントリークラブ

〒384-2204　長野県佐久市協和4194－6　FAX 0267(53)6065
予約0267(53)3377　http://www.mochizuki-cc.com

●プレーの申込み　ビジター可
●予約　随時受付け
●コンペ　組数制限なし
●休日　営業期間中無休
12月下旬～3月中旬は冬期クローズ
●クレジット　JCB　DC　VISA
●開場日　1976年9月15日
●コースの特徴　18H　P72　6745Y
標高1000mの高原。真夏でも平均気温20度という快適な環境。赤松でセパレートされ、眺望もすばらしいコース
●コースレート　71.1
●練習場　230Y14打席
●電車　北陸新幹線佐久平駅
●クラブバス　要問合せ
●タクシー　佐久平駅から30分5500円
●プレースタイル　セルフプレーで乗用カート。FW乗入れ可（コース状況により不可）
●シューズ　ゴルフ靴はすべて可
●ビジター料金表

	平　日	土　曜	日　祝
セ　ル　フ	8,200	12,250	12,250

上記は2021年4／24～10／24の料金
セミシーズン料金あり
●プレー情報　サービスデー、宿泊パック、コンペ割引、薄暮、友の会、バスパック

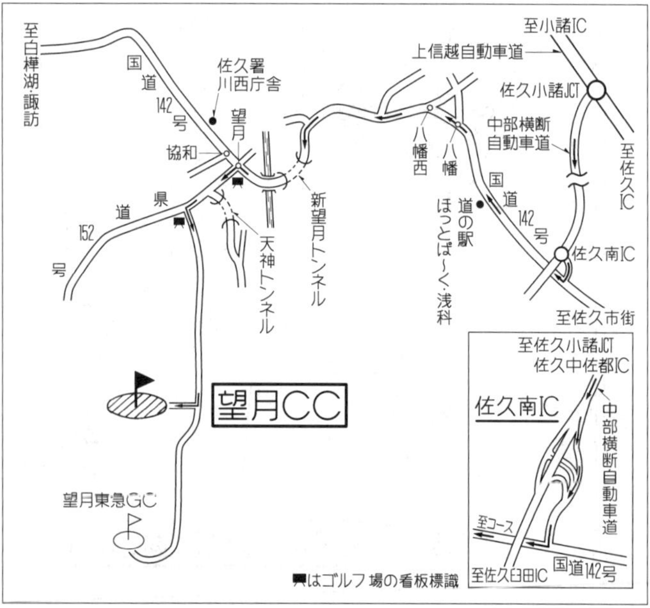

【自動車】練馬IC（関越、上信越自動車道）151.4キロ→佐久小諸JCT（中部横断自動車道）8.5キロ→佐久南IC 14キロ→コース　所要時間2時間10分　佐久南ICを降りて右折し、国道142号線を上田方面に向かう。新望月トンネルを過ぎ、望月交差点を左折してコースへ

望月東急ゴルフクラブ

〒384-2204　長野県佐久市協和3597－27　FAX 0267(53)2715
予約専用　0267(53)6006　https://www.tokyu-golf-resort.com/mochizuki/

●プレーの申込み　ビジター可
●予約　2カ月前の１日より受付け
●コンペ　組数制限なし
●休日　営業期間中無休
12月中旬～3月は冬期クローズ
●クレジット　各種
●開場日　1989年5月18日
●コースの特徴　18H　P72　7216Y
浅間山や蓼科山に囲まれた高原のコースで、静寂と落ち着き、さわやかな空気と眺望が広がる林間コース
●コースレート　72.2
●練習場　200Y12打席
●電車　北陸新幹線佐久平駅
●クラブバス　なし
●タクシー　佐久平駅から30分、約6000円
●プレースタイル　セルフプレーでGPSナビ付5人乗り乗用カート
●シューズ　メタルスパイク禁止
●ビジター料金表

	平　日	土　曜	日　祝
セ　ル　フ	8,700	13,900	13,900

シーズンによって料金は異なる
●プレー情報　早朝・薄暮プレー
コンペプラン

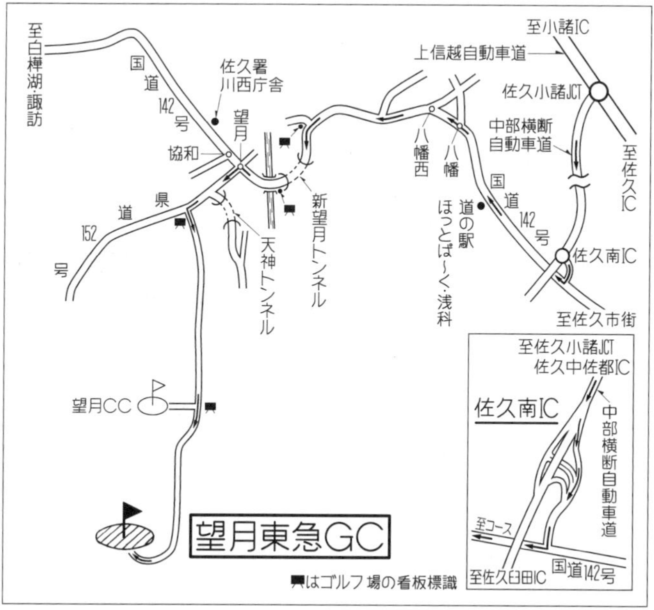

【自動車】練馬IC（関越、上信越自動車道）151.4キロ→佐久小諸JCT（中部横断自動車道）8.5キロ→佐久南IC 17キロ→コース　所要時間2時間20分　佐久南ICを降りて右折し、国道142号線を上田方面に向かう。新望月トンネルを過ぎ、望月交差点を左折してコースへ

茂原カントリー倶楽部

〒297-0057　千葉県茂原市中善寺700　　FAX 0475(25)2257

●**プレーの申込み**　全日とも会員の同伴で3組まで
●**予約**　2か月前の同日9時から17時に電話で受付け
●**コンペ**　3か月前から受付け
●**休日**　毎週月曜日、1・2月は毎週月、火曜日、祝日の場合は翌日
12／31　1／1
●**クレジット**　JCB　UC　VISA　DC　ダイナース　UFJ　AMEX　セゾン
●**開場日**　1987年4月1日
●**コースの特徴**　18H　P72　6796Y
自然の中に溶け込んだフラットなコース。グリーンは純粋なサンドグリーン
●**コースレート**　71.8
●**練習場**　150Y
●**電車**　外房線茂原駅
●**クラブバス**　なし
●**タクシー**　茂原駅から10分
●**プレースタイル**　キャディ付で乗用カート
●**シューズ**　メタルスパイク禁止
●**ビジター料金表**

	平　日	土　曜	日　祝
キャディ付	23,850	33,850	33,850

1B・2B・3B の場合はキャディフィ加算

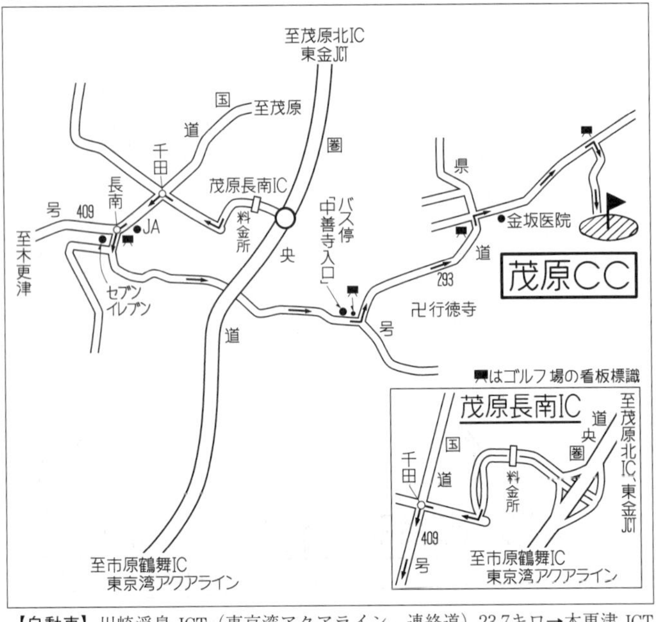

【自動車】 川崎浮島 JCT（東京湾アクアライン、連絡道）23.7キロ→木更津 JCT（圏央道）28.4キロ→茂原長南 IC 5キロ→コース　所要時間40分　茂原長南 IC を降りて千田交差点を左折。600m 先の長南信号を左折し、70m 先を左折する。約2.5キロ先のバス停「中善寺入口」を左折し、コース案内板に従ってコースへ

森永高滝カントリー倶楽部

〒290-0528　千葉県市原市古敷谷1919　FAX 0436(96)1977
予約専用　0436(96)1351　https://www.takatakicc.co.jp/

●プレーの申込み　原則として会員の同伴または紹介が必要
●予約　4か月前の同日午前9時から受付け
●コンペ　組数は相談
●休日　1/1　クラブ指定日
●クレジット　各種
●開場日　1992年10月17日
●コースの特徴　18H　P72　7094Y　44万坪の用地にゆったりとレイアウトされた丘陵コース。ベントワングリーンで難度は高い
●コースレート　73.3
●電車　内房線五井駅
●クラブバス　予約制で土日祝は五井駅東口より8:25。平日は市原鶴舞バスターミナルより予約制
●タクシー　五井駅から約45分8000円
●プレースタイル　キャディ付またはセルフで乗用カート
●シューズ　ソフトスパイク推奨
●ビジター料金表

	平　日	土　曜	日　祝
キャディ付	16,880	22,380	22,380
セ　ル　フ	12,500	19,000	19,000

2021年年10月～11月の料金平日昼食付
期間により料金は異なる
●セルフデー　毎週月曜日12500～限定メニュー昼食付

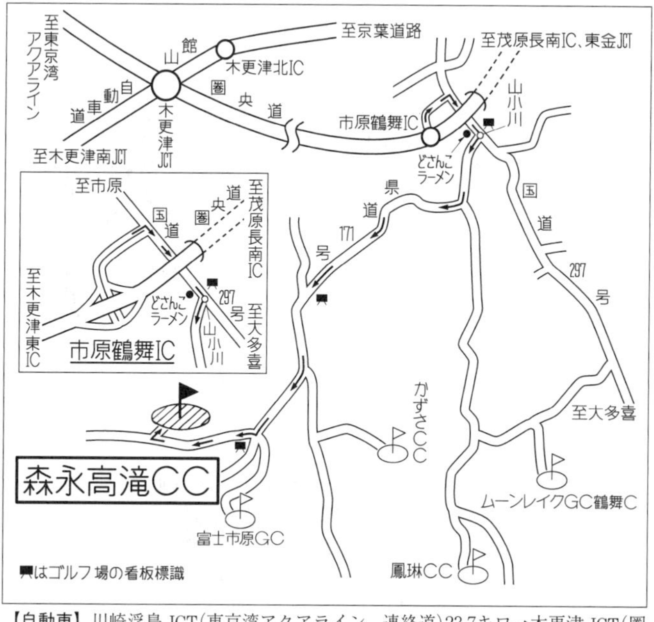

【自動車】川崎浮島JCT(東京湾アクアライン、連絡道)23.7キロ→木更津JCT(圏央道) 19.6キロ→市原鶴舞IC 6キロ→コース　所要時間35分　市原鶴舞ICを降りて右折し、1つ目の山小川信号を右折。コース案内板に従ってコースへ。館山自動車道・市原ICからは大多喜・勝浦方面に向かって約26キロ、45分

矢板カントリークラブ

〒329-2506　栃木県矢板市平野1364　FAX 0287(44)1127
http://www.yaita-cc.com/

●**プレーの申込み**　予約状況によりビジター可
●**予約**　3か月前の1日から受付け
●**コンペ**　組数は相談
●**休日**　12／31　1／1
●**クレジット**　各種
●**開場日**　1973年10月4日
●**コースの特徴**　27H　P108　10389Y
那須連峰を望む雄大な27ホール。りんどう・ききょうは距離も十分あってフラット。あざみは短いものの技術を要求するコース
●**練習場**　300Y22打席
●**電車**　東北本線矢板駅
●**クラブバス**　矢板駅から完全予約制
●**タクシー**　矢板駅から15分3000円
●**プレースタイル**　キャディ付またはセルフで乗用カート
●**シューズ**　ソフトスパイク推奨
●**ビジター料金表**

	平　日	土　曜	日　祝
セ　ル　フ	6,850	14,050	14,050

2021年の料金で昼食付。キャディ付は3300円加算
●**月曜サービスデー**　限定メニュー昼食付5550円
●**プレー情報**　夏期・冬期割引他、コンペプラン、宿泊パック

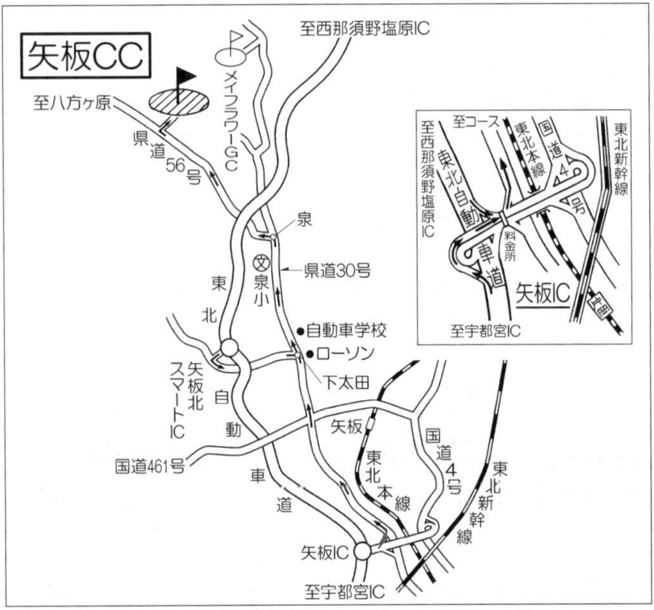

【**自動車**】浦和料金所（東北自動車道）115.4キロ→矢板 IC14.5キロ→コース
所要時間1時間50分　矢板 IC で降り、すぐに左折して矢板市内に向かう。市内を抜け塩原方面に向かい、泉交差点を左折、高速の下をくぐってコースへ。矢板北スマート IC より7キロ10分

八洲カントリークラブ

〒322-0302　栃木県鹿沼市深程1746　FAX 0289(85)1115
https://www.yashima-c.com/

●プレーの申込み　ビジター可
●予約　随時受付け
●コンペ　予約状況により相談
●休日　無休
●クレジット　JCB　UC　VISA
●開場日　1996年5月19日
●コースの特徴　18H　P72　6868Y
フェアウェイは広く、自然の起伏を生かしたレイアウト、ベント・ワングリーンの戦略的コース
●練習場　200Y14打席
●電車　東武線新栃木駅
●クラブバス　予約制で新栃木駅より8:40
●タクシー　新栃木駅から30分4500円、新鹿沼駅から20分3000円
●プレースタイル　セルフプレーで5人乗り乗用カート。FW乗入れ可(コース状況により不可)
●シューズ　ゴルフ靴はすべて可
●ビジター料金表

	平　日	土　曜	日　祝
セ　ル　フ	5,700	12,900	12,900

全日昼食付。期間により料金は異なる
●セルフデー　毎週月、金曜日5400円昼食付

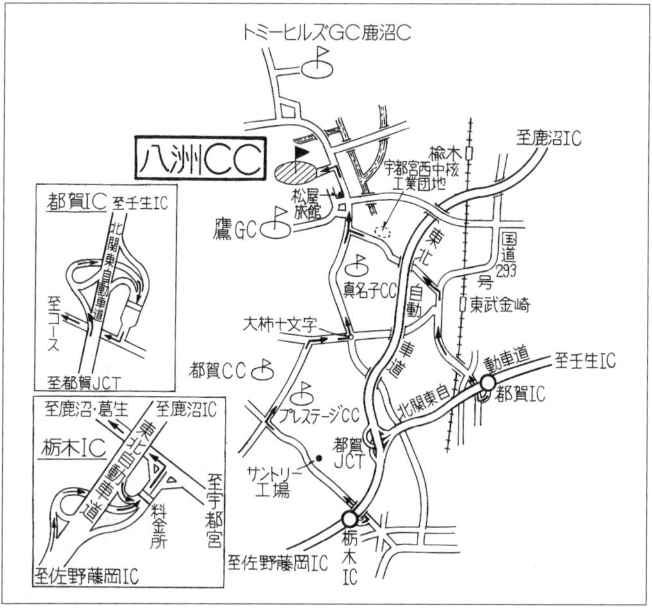

【自動車】浦和料金所(東北自動車道)70.7キロ→都賀JCT(北関東自動車道)3.8キロ→都賀IC 10キロ→コース　所要時間1時間10分　北関東自動車道・都賀ICを降りて右折し、国道293号経由で粟野町へ向かいコース案内板に従ってコースへ。都賀ICから約11分、栃木ICからは15キロ、20分

　☎0267(93)2330

八ヶ岳カントリークラブ

〒384-1301　長野県南佐久郡南牧村海尻清水原1644－7　FAX 0267(93)2332
http://www.yatsugatakecc.com/

●プレーの申込み　パブリックコース
●予約　3か月前の1日から受付け
●コンペ　組数制限なし
●休日　クラブ指定日
11月下旬～4月は冬期クローズ
●クレジット　各種
●開場日　1964年8月8日
●コースの特徴　18H　P72　6621Y
1500mの海抜で、起伏はそれほどなくフェアウェイも広いコース。眺望抜群
●練習場　250m10打席
●電車　小海線海尻駅
●クラブバス　なし。コンペ等の時は応相談
●タクシー　小海駅25分4000円

●プレースタイル　セルフプレーで乗用カート
●シューズ　ソフトスパイク推奨
●ビジター料金表

	平　日	土　日	祝　日
セ　ル　フ	7,800	9,800	9,800

2021年8／23～9／12の昼食付料金。期間により料金は異なる。全日フロ、ロッカーなし、前金制
●セルフデー　火曜日は完全セルフ6800円。料金変動。7月～8月は除く。
●プレー情報　コンペプラン、ロッヂ宿泊プラン

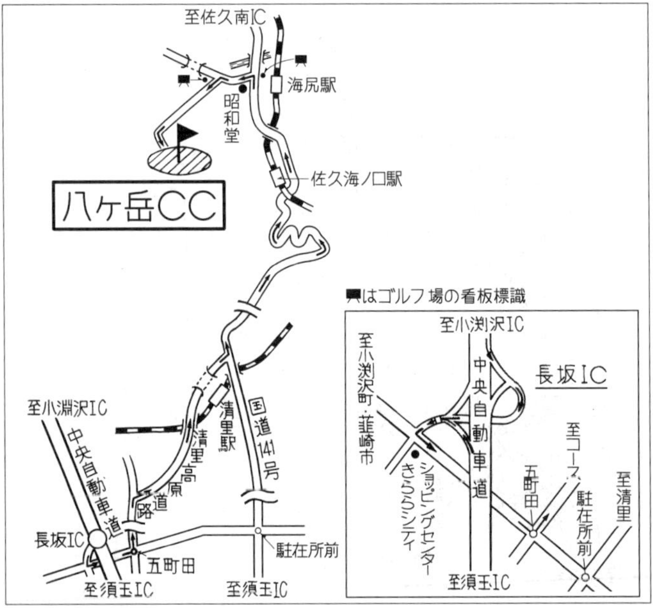

【自動車】高井戸IC（中央自動車道）140.1キロ→長坂IC 37キロ→コース　所要時間3時間　長坂ICを降りて左折し、2つ目の五町田信号を左折。清里高原道路を経由して国道141号線を小諸方面に左折。海尻を左折してコースへ。上信越道・佐久小諸JCT経由中部横断道八千穂IC（2017年開通予定）からは約25分

山田ゴルフ倶楽部

〒289-1517　千葉県山武市松尾町下大蔵790　FAX 0479(86)3740
http://www.yc21.co.jp/yamadagolf/

●プレーの申込み　ビジターのみのエントリーは要問合せ
●予約　6か月前から受付け
●コンペ　組数制限なし
●休日　クラブ指定日
●クレジット　AMEX　JCB　UC　VISA　DC　UFJ　マスター　ニコス
●開場日　1996年7月21日
●コースの特徴　18H　P72　7128Y
樹齢300年を超える見事な山武杉にセパレートされたフラットで戦略的な丘陵コース
●コースレート　73.0
●練習場　230Y10打席
●電車　総武本線成東駅
●クラブバス　なし
●タクシー　成東駅から15分2000円
●プレースタイル　キャディ付またはセルフで乗用カート
●シューズ　ソフトスパイクのみ可
●ビジター料金
期間により料金は異なる
詳細はクラブに要問合せ

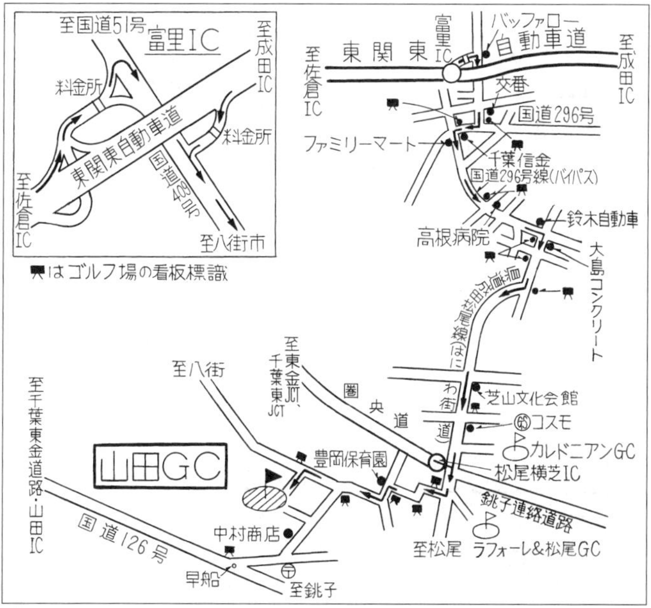

は ゴルフ場の看板標識

【自動車】箱崎IC（首都高速）35.8キロ→宮野木JCT（京葉道路）8.7キロ→千葉東JCT（千葉東金道路）32.2キロ→松尾横芝IC5キロ→コース　所要時間1時間10分　京葉道路・千葉東JCTから東金道路、圏央道を利用して成東方面へ。松尾横芝ICを出て右折してコースへ。東関東自動車道・富里ICからは20キロ、30分

湯ヶ島ゴルフ倶楽部＆ホテルリゾート

〒410-3206　静岡県伊豆市湯ヶ島2571-10　FAX 0558(85)0003
http://www.yugashimaclub.com/

●プレーの申込み　ビジター可
●予約　随時受付け
●コンペ　組数制限なし
●休日　クラブ指定日
●クレジット　各種
●開場日　2006年7月16日
●コースの特徴　18H　P72　6,608Y
東京スカイツリーとほぼ同じ高さから眺める絶景の朝霧と富士山。そして鹿や狐の「森の仲間達」が集うありのままの自然の中での森林浴と壮大な景観美。疲れた身体を癒すかけ流しの天然温泉が楽しめる至福のゴルフ＆ホテルリゾート
●電車　伊豆箱根鉄道修善寺駅
●クラブバス　予約制で修善寺駅より運行
●タクシー　修善寺駅から30分6000円
●プレースタイル　セルフプレーで4人乗り乗用カート
●シューズ　ソフトスパイク
●ビジター料金表

	平　日	土　曜	日　祝
セ　ル　フ	8,500	13,000	13,000

上記は通常料金で昼食付。お得なプラン等はホームページ参照。
●プレー情報　宿泊プラン、シニア＆レディスデー、コンペプラン

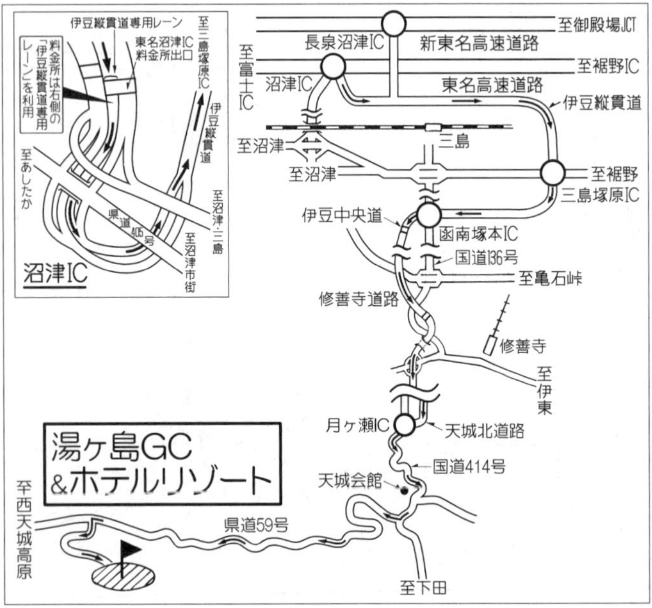

【自動車】東京IC（東名高速）103.3キロ→沼津または長泉沼津IC（伊豆縦貫道、伊豆中央道、修善寺道路、天城北道路経由）40キロ→月ヶ瀬IC 10キロ→コース　所要時間1時間50分　沼津ICから伊豆縦貫道、伊豆中央道、修善寺道路、天城北道路を経由して月ヶ瀬ICへ。下田方面に向かい、県道59号線に入ってコースへ

湯河原カンツリー倶楽部

〒259-0312　神奈川県足柄下郡湯河原町吉浜2020　FAX 0465(63)3282
予約0465(62)2552　https://yugawara-cc.com/

●プレーの申込み　ビジター可
●予約　3か月前の1日より受付け
●コンペ　上記に準ずる
●休日　無休
●クレジット　AMEX　JCB　UC 他
●開場日　1955年4月29日
●コースの特徴　18H　P71　6251Y
山地にレイアウトされ、打ち上げ、打ち下ろし、谷越えと変化に富みフェアウェイにも起伏がある
●コースレート　70.0
●練習場　150Y4打席
●電車　東海道本線真鶴駅
●クラブバス　湯河原駅、真鶴駅より運行
●タクシー　真鶴駅から10分1830円
●プレースタイル　セルフでGPSナビ付5人乗り電磁乗用カート。キャディ付も可
●シューズ　ソフトスパイク推奨
●ビジター料金表

	平　日	土　曜	日　祝
セ　ル　フ	8,150～	13,800～	13,300～

上記は2021年10月～12月の料金。キャディ付は4B4290円～。ショートコース平日2660円、土日祝4640円
●プレー情報　コンペパック

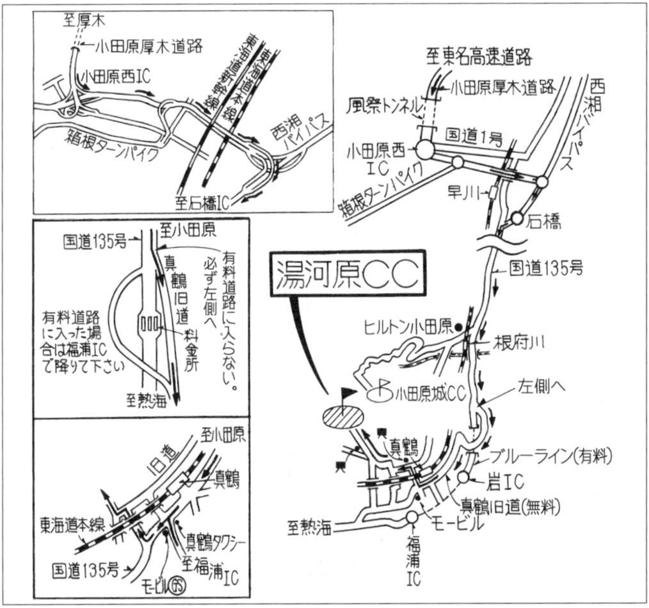

【自動車】東京 IC（東名高速）35キロ→厚木 IC（小田原厚木道路）31.5キロ→小田原西 IC（国道135号線）14キロ→真鶴3キロ→コース　所要時間1時間20分　小田原西 IC から国道135号線に入り熱海方面に向かう。真鶴料金所を左側（無料）に進み、真鶴駅を過ぎた2つ目の信号のガードをくぐってすぐ左折してコースへ

ユニオンエースゴルフクラブ

〒369-1596　埼玉県秩父市下吉田8371－3　FAX 0494(77)1223
http://www.union-ace.co.jp/

●プレーの申込み　ビジター可
●予約　2か月前の同日から受付け
●コンペ　3組10名以上は3か月前の同日から受付け
●休日　無休
●クレジット　VISA　マスター　AMEX
●開場日　1978年6月1日
●コースの特徴　18H　P72　6744Y
高低差50mの丘陵地にレイアウトされ秩父連山の眺望も美しい。自然の地形を巧みに活かした西C。フラットな中に戦略性が秘められた南C
●コースレート　71.7
●練習場　250Y12打席
●電車　西武池袋線西武秩父駅
●クラブバス　西武秩父駅から予約制で8:20　土日祝は9:05増便
●タクシー　西武秩父駅から約30分
●プレースタイル　セルフプレーでリモコン乗用カート
●シューズ　ソフトスパイク
●ビジター料金表

	平　日	土　曜	日　祝
セ　ル　フ	7,500	14,300	14,300

2021年11月の昼食付料金
ホテルユニオンヴェール併設

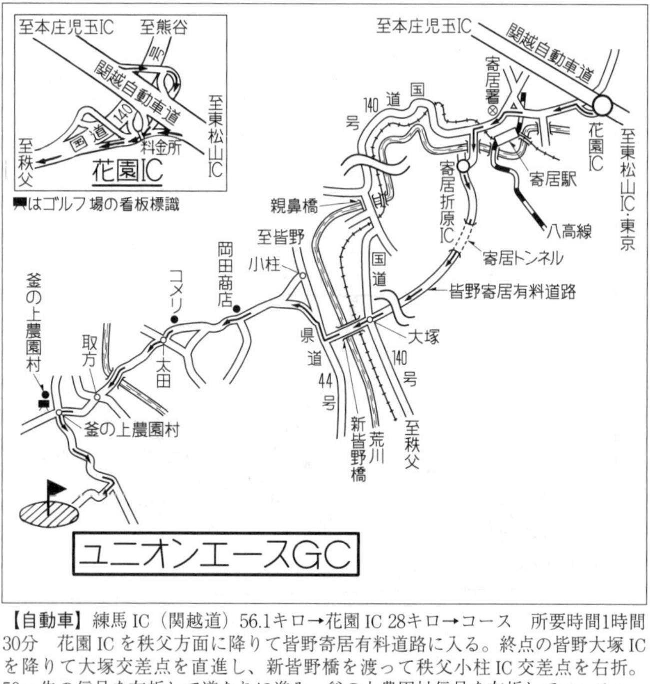

【自動車】練馬IC（関越道）56.1キロ→花園IC 28キロ→コース　所要時間1時間30分　花園ICを秩父方面に降りて皆野寄居有料道路に入る。終点の皆野大塚ICを降りて大塚交差点を直進し、新皆野橋を渡って秩父小柱IC交差点を右折。50m先の信号を左折して道なりに進み、釜の上農園村信号を左折してコースへ

　☎0246(89)2421

湯本スプリングスカントリークラブ

〒972-0162　福島県いわき市遠野町滝字山ノ神24－5　FAX 0246(89)2420
https://www.yumotospcc.jp

●プレーの申込み　ビジター可
●予約　3か月前の1日より受付け
●コンペ　組数制限なし
●休日　クラブ指定日
●クレジット　JCB　VISA　UFJ　マスター　AMEX　ニコス　DC
●開場日　1977年9月1日
●コースの特徴　18H　P72　6810Y
なだらかな丘陵地に自然美を残した雄大なコース。各ホールも個性的で変化に富んでおり、プレーヤーには飽きのこないコースとなっている
●コースレート　72.2

●電車　常磐線湯本駅
●クラブバス　なし
●タクシー　湯本駅から20分約3500円
●プレースタイル　セルフで5人乗り乗用カート。キャディ付は要予約
●シューズ　メタルスパイク禁止
●ビジター料金表

	平　日	土　曜	日　祝
セ　ル　フ	5,900	9,800	9,800

食事付。期間により料金は異なる
キャディ付は2600円加算

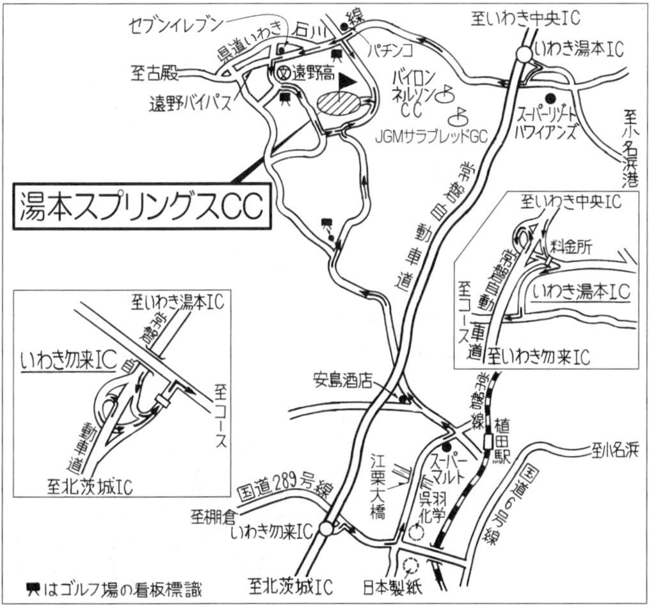

【自動車】三郷 IC（常磐自動車道）154.5キロ→いわき勿来 IC14キロ→コース　所要時間2時間10分　いわき勿来 IC の料金所を出て右折し、呉羽化学工場の手前を左折する。江栗大橋を渡り、スーパーマルトの先を左折してコース案内板に従ってコースへ。いわき勿来、湯本 IC から共に約20分

　☎045(351)1001

横浜カントリークラブ

〒240-0035　神奈川県横浜市保土ケ谷区今井町1025　FAX 045(352)5620
https://www.yokohama-cc.jp

●**プレーの申込み**　会員の同伴または紹介が必要。日祝は会員のみ
●**予約**　平日は4週間前の同曜日から。土曜は4週間前の土曜に抽選。6週間前から受付け
●**コンペ**　会員1名の紹介で可。予約は4か月前より受付け
●**休日**　1／1
●**クレジット**　DC　JCB　VISA 他
●**開場日**　1960年8月10日
●**コースの特徴**　36H　P143　13450Y　ゆるやかな起伏で広くゆったりしたフェアウェイが続く丘陵コース
●**電車**　横須賀線東戸塚駅、相鉄線二俣川駅
●**クラブバス**　東戸塚駅西口より運行
●**タクシー**　東戸塚約1000円、横浜駅約3000円
●**プレースタイル**　キャディ付とセルフの選択制で東Cは電磁乗用カート、西Cは歩行プレー
●**シューズ**　ソフトスパイク
●**ゲスト料金表**（キャディ付プレー）

	平　日	土　曜	日　祝
東コース	30,253	42,903	42,903
西コース	31,353	44,003	44,003

セルフプレーは5280円引き。期間およびプレースタイルにより料金は異なる

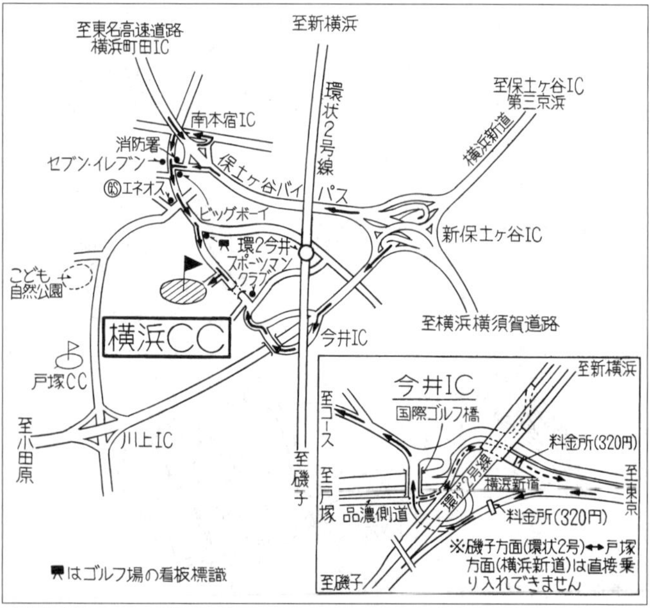

【自動車】玉川IC（第3京浜）16.6キロ→保土ケ谷IC（横浜新道）6キロ→コース
所要時間30分　保土ケ谷ICから横浜新道に入り戸塚方面に向かう。6キロ先の今井ICを降りて（通行料320円）、国際ゴルフ橋を渡ってコースへ。東名高速・横浜町田ICからは保土ケ谷バイパス・南本宿ICを経由する

吉井カントリークラブ

〒370-2138　群馬県高崎市吉井町下奥平554　FAX 027(388)5352
https://www.ycc-golf.co.jp

●プレーの申込み　パブリックコース
●予約　6か月前の1日より受付け
●コンペ　随時受付け
●休日　毎週火曜日　12／31　1／1
●クレジット　JCB UC ダイナース ニコス セゾン マスター VISA AMEX
●開場日　1996年10月6日
●コースの特徴　18H　P72　7101Y
圧倒される程の溶岩や草類を各所に配置したフラットで広々としたベント1グリーンの丘陵コース。ハート型のグリーンや、たて長のロングバンカー、大きな池など趣向を凝らしたレイアウトが人気

●練習場　300Y7打席
●電車　上越新幹線高崎駅
●クラブバス　なし
●タクシー　高崎駅から20分約4500円
●プレースタイル　セルフプレーで5人乗り乗用カート。1日20組限定、12分間隔スタート
●シューズ　メタルスパイク禁止
●ビジター料金表

	平　日	土　曜	日　祝
セ　ル　フ	19,990	28,700	25,400

2サムは1100円増

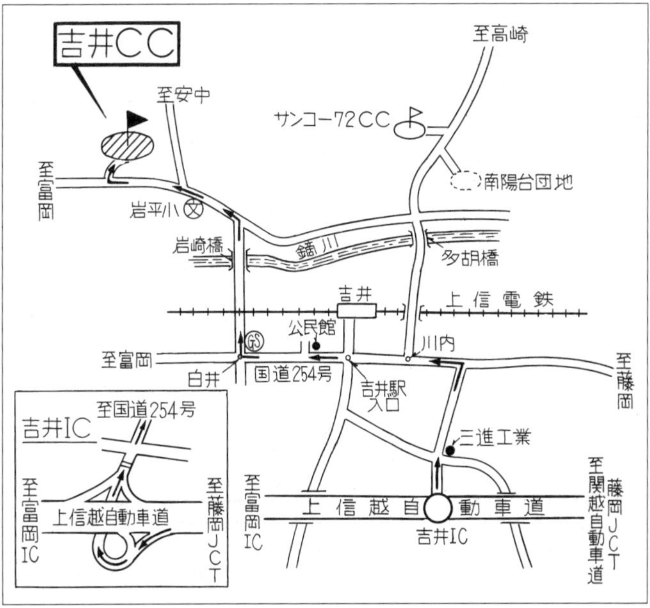

【自動車】練馬IC（関越・上信越自動車道）89.8キロ→吉井IC7キロ→コース
所要時間1時間10分　吉井ICで降り、料金所を出て直進し突き当たりを左折、国道254号線に入る。3つ目の信号の白井交差点を右折し、突き当たりを左折、道なりに2キロほど直進し横断橋を通過すれば右手にコース

吉井南陽台ゴルフコース

〒370-2101　群馬県高崎市吉井町南陽台　FAX 027(388)4411
http://www.yoshii-nanyodai.jp

●申込み　パブリックコース
●予約　年間を通して受付け
●コンペ　組数制限なし
●休日　無休
●クレジット　各種
●開場日　1997年4月19日
●コースの特徴　18H　P72　6418Y
榛名山、妙義山が見渡せる眺望の素晴らしいフラットなコース。9ホールのモーニング、アフタヌーンゴルフも楽しめる
●電車　上越新幹線高崎駅
●クラブバス　なし
●タクシー　高崎駅から10分約2000円
●プレースタイル　セルフプレーで4人乗り乗用カート
●シューズ　メタルスパイク禁止
●ビジター料金表

	平　日	土　曜	日　祝
セ　ル　フ	9,400	18,200	18,200

2021年10月～12月の昼食付料金
期間により料金は異なる
ロッカーフィ330円
WEB 料金あり
●プレー情報　コンペ特典、ジュニア優待、薄暮ゴルフ

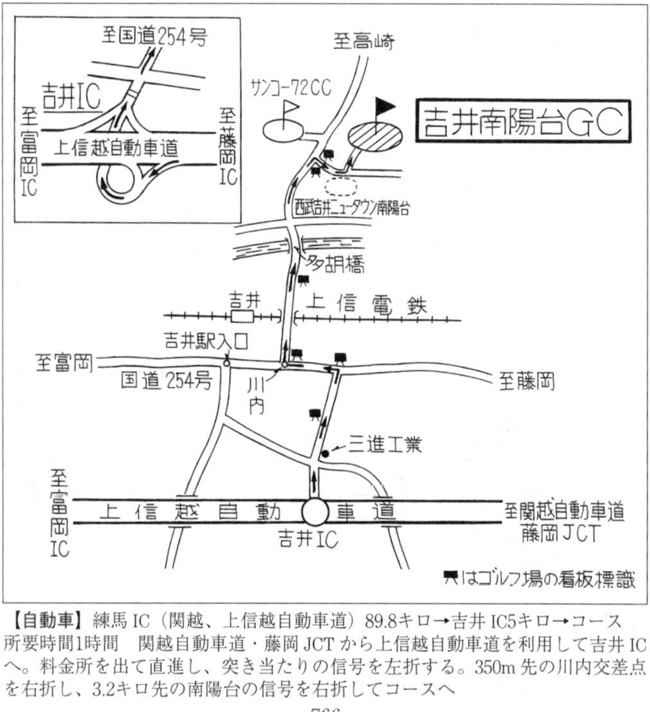

【自動車】練馬 IC（関越、上信越自動車道）89.8キロ→吉井 IC5キロ→コース
所要時間1時間　関越自動車道・藤岡 JCT から上信越自動車道を利用して吉井 IC へ。料金所を出て直進し、突き当たりの信号を左折する。350m 先の川内交差点を右折し、3.2キロ先の南陽台の信号を右折してコースへ

 ☎0493(54)2231

吉見ゴルフ場

〒355-0104　埼玉県比企郡吉見町地頭方680　FAX 0493(54)4810
予約0493(54)3115　本社0493(54)9091　https://www.river-golf.com

●**プレーの申込み**　パブリックコース
●**予約**　3か月前の同日11時から受付け
●**コンペ**　3か月前の同日から受付け
●**休日**　クラブ指定日
●**クレジット**　UC　DC　VISA 他
●**開場日**　1982年11月2日
●**コースの特徴**　27H　P108　9464Y　西・中コースは林間風で、川越えなどの変化がある。東コースは距離があって池が多く、砲台グリーンで難しい
●**練習場**　アプローチ　パッティンググリーン
●**電車**　高崎線鴻巣駅、または東武東上線東松山駅
●**クラブバス**　なし
●**タクシー**　鴻巣・東松山とも2500円
●**プレースタイル**　セルフプレーで5人乗り乗用カート
●**シューズ**　ゴルフ靴はすべて可
●**ビジター料金表**

	平　日	土　曜	日　祝
セ　ル　フ	8,500	14,300	14,300

食事付。期間により料金は異なる
●**プレー情報**　午後ハーフ平日4000円、土日祝5000円。ジュニア料金

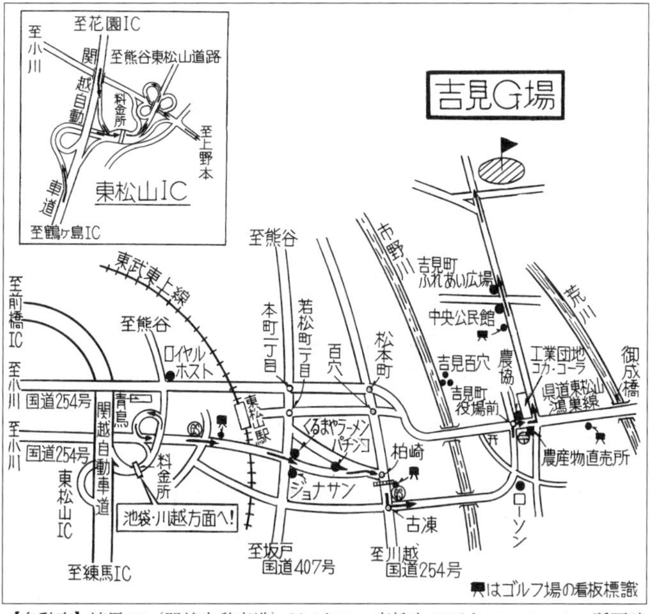

【自動車】練馬IC（関越自動車道）39.4キロ→東松山IC12キロ→コース　所要時間50分　東松山ICで降り、川越·川島方面に向かう。柏崎交差点を右折し、古凍交差点を左折。郵便局の先の交差点を右折して次の信号（コカコーラ工業団地）を左折。ここからクラブハウスまで3.5キロ

四街道ゴルフ倶楽部

〒284-0042　千葉県四街道市小名木268　FAX 043(432)8168
https://www.accordiagolf.com

●プレーの申込み　ビジター可
●予約　3か月前の同日より受付け
●コンペ　組数は相談
●休日　無休
●クレジット　各種
●開場日　1980年10月17日
●コースの特徴　18H　P70　5736Y
豊富な樹木で完全にセパレートされた林間コース。距離は短いが第1打からアプローチ、パッティングまで息は抜けない
●電車　総武本線四街道駅
●クラブバス　四街道駅南口から7:10 7:50　8:20　9:10
●タクシー　四街道駅から5分
●プレースタイル　セルフでGPSナビ付乗用カート
●シューズ　メタルスパイク禁止
●ビジター料金
料金は日毎に変動するので詳細はホームページ参照
●薄暮プレー　平日6000円、土日祝7000円

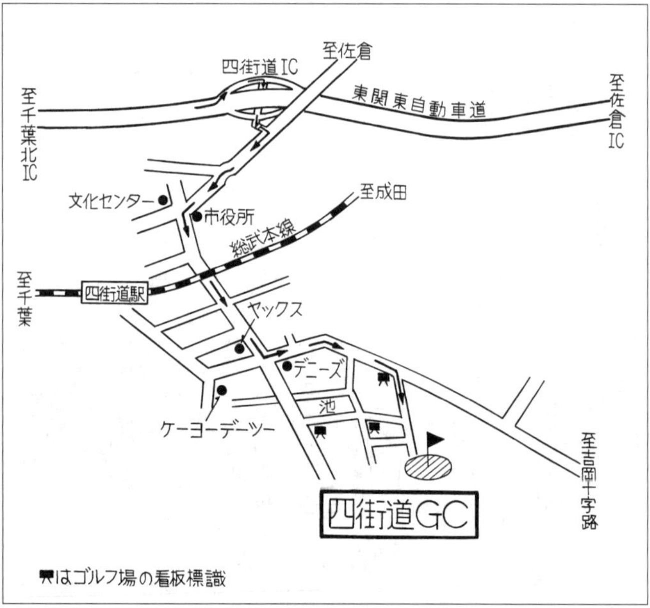

【自動車】箱崎IC（首都高速）35.8キロ→宮野木JCT（東関東自動車道）7.9キロ→四街道IC 4キロ→コース　所要時間45分　京葉道路から東関東自動車道に入り、四街道ICで降りる。料金所を出たら右へ進み、市役所前交差点を左折。総武線を越え、デニーズがある交差点を左折し、コース案内板に従ってコースへ

☎0436(89)2711

米原ゴルフ倶楽部

〒290-0525　千葉県市原市米原1639－1　FAX 0436(89)2229
https://www.yoneharagc.jp

●**プレーの申込み**　予約状況によりビジター可
●**予約**　3か月前の同日8時から17時まで受付け
●**コンペ**　組数制限なし
●**休日**　1／1
●**クレジット**　JCB　UC　DC　VISA　AMEX　ダイナース
●**開場日**　1989年11月3日
●**コースの特徴**　18H　P72　6811Y　40万坪に18Hという贅沢なレイアウト。ゆるやかに曲線を描いたホールにバンカーや池を巧みに配した本格派チャンピオンコース
●**コースレート**　72.8
●**練習場**　250Y20打席、バンカー
●**電車**　外房線茂原駅、または内房線五井駅
●**クラブバス**　市原鶴舞バスターミナルから予約制
●**タクシー**　茂原6000円　五井8000円
●**プレースタイル**　キャディ付またはセルフで乗用カート
●**シューズ**　メタルスパイク禁止
●**ビジター料金**
料金は月や曜日により異なるので、クラブに要問合せ
●**プレー情報**　コンペパック、宿泊パック

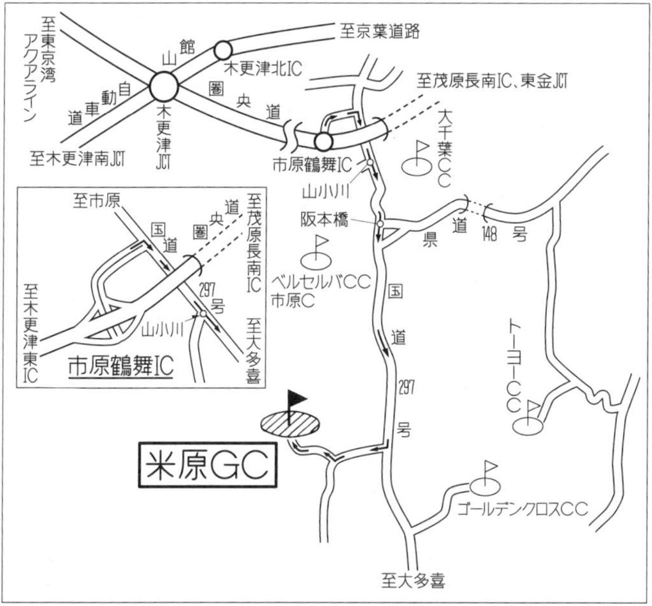

【自動車】川崎浮島JCT(東京湾アクアライン、連絡道)23.7キロ→木更津JCT(圏央道) 19.6キロ→市原鶴舞IC 6.5キロ→コース　所要時間35分　市原鶴舞ICを降りて右折し、約5.5キロ先をコース案内板に従って右折してコース。市原鶴舞ICより約8分。館山自動車道・市原ICからは約25キロ、35分

よみうりゴルフ倶楽部

〒206-0812　東京都稲城市矢野口3376－1　FAX 044(955)9114
予約　044(966)1141　https://www.yomiurigolf.com

●**プレーの申込み**　平日は正・平日会員、土日祝は正会員の同伴または紹介が必要
●**予約**　3か月前の同日10時から受付け
●**コンペ**　土日祝は不可
●**休日**　1／1
●**クレジット**　各種
●**開場日**　1961年11月1日
●**コースの特徴**　18H　P72　6831Y　アウトはロングヒッター向き、インは正確なショットが要求される
●**コースレート**　70.5（ベント）
●**練習場**　70Y12打席
●**電車**　小田急線読売ランド前駅より路線バス、新百合ヶ丘駅よりタクシー、京王線京王よみうりランド駅より路線バス
●**クラブバス**　なし
●**タクシー**　小田急線新百合ヶ丘駅から約10分
●**プレースタイル**　キャディ付で乗用カート
●**シューズ**　メタルスパイク禁止
●**ビジター料金表**

	平　日	土　曜	日　祝
キャディ付	28,700	45,200	39,700

平日の月・金曜は24300円
料金は季節によって異なる

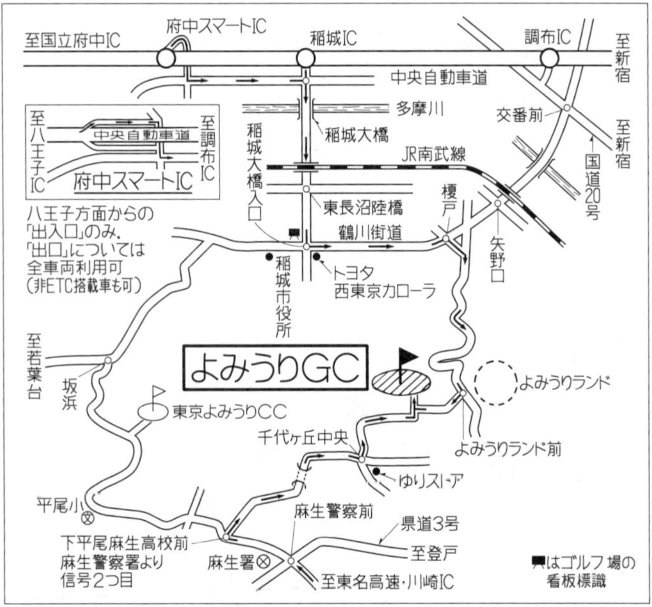

【**自動車**】高井戸 IC（中央自動車道）9.9キロ→稲城 IC（鶴川街道）3キロ→コース　所要時間20分　新宿方面からは中央自動車道を稲城 IC で降り、稲城大橋を渡って鶴川街道を左折。榎戸交差点を右折する。八王子方面からは府中スマート IC を降りて稲城大橋へ。東名高速道路の東名川崎 IC からは約10キロ

寄居カントリークラブ

〒369-1215　埼玉県大里郡寄居町大字牟礼1286　FAX 048(582)1831
https://www.accordiagolf.com

●**プレーの申込み**　平日はビジター可。土日祝は会員優先、予約状況によりビジター可
●**予約**　平日は3か月前の1日、土日祝は2か月前の同日から受付け
●**コンペ**　組数は相談
●**休日**　無休
●**クレジット**　JCB　VISA 他
●**開場日**　1978年7月1日
●**コースの特徴**　18H　P72　7014Y
丘陵地帯でアップダウンも適度にあって楽しめるコース。広々としていてトリッキーなホールはなく、距離は十分にある
●**コースレート**　72.1
●**練習場**　220Y15打席
●**電車**　東武東上線小川町駅
●**クラブバス**　小川町駅から運行
所用時間は約10分
●**タクシー**　小川町駅から10分1800円
●**プレースタイル**　セルフプレーでGPSナビ付乗用カート
●**シューズ**　ソフトスパイク
●**ビジター料金表**

	平　日	土　日	祝　日
セ　ル　フ	11,890～	20,391	19,890

2021年11月の昼食付料金
季節により料金は異なる

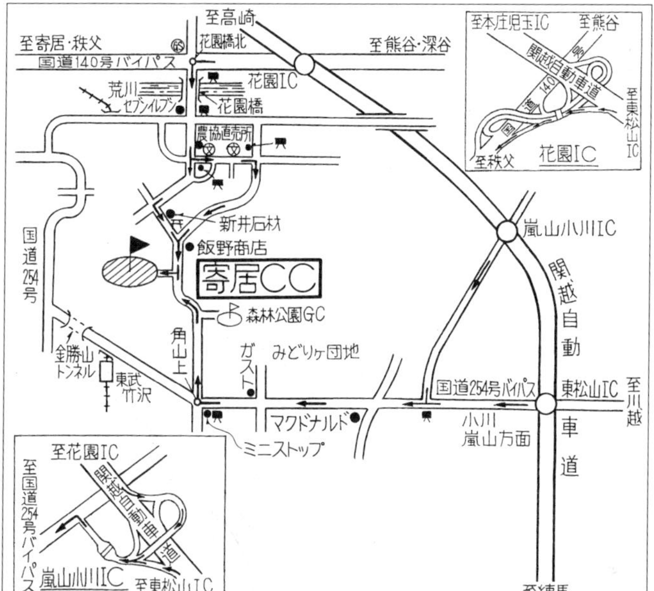

【**自動車**】練馬IC（関越自動車道）47.7キロ→嵐山小川IC 8キロ→コース　所要時間45分　嵐山小川ICを降りて小川方面に進み、突き当たりの国道254号バイパスを右折する。信号3つ目の角山上交差点を右折して、約2キロでコース入り口に到着。嵐山小川ICからコースまで約12分

ラインヒルゴルフクラブ

〒321-1103　栃木県日光市手岡1252　FAX 0288(27)0275
http://www.linehillgc.com

●**プレーの申込み**　ビジター可
●**予約**　3か月前の同日9時～16時まで受付け
●**コンペ**　組数制限なし
●**休日**　無休
●**クレジット**　VISA　JCB　UC　UFJ　AMEX　ダイナース
●**開場日**　1973年10月1日
●**コースの特徴**　18H　P72　6812Y　丘陵の頂きにクラブハウスがあり、陵線を生かした林間コースは変化に富む
●**コースレート**　71.3
●**電車**　東武日光線新鹿沼駅
●**クラブバス**　新鹿沼駅から予約制
●**タクシー**　新鹿沼駅から25分約5000円、宇都宮駅から40分約8000円
●**プレースタイル**　キャディ付またはセルフでGPSナビ付5人乗り乗用カート。FW乗入れ可（コース状況により不可）
●**シューズ**　ソフトスパイク推奨
●**ビジター料金表**

	平　日	土　曜	日　祝
セ　ル　フ	6,500	14,800	14,800

2021年11月の昼食付料金
キャディ付は3300円(4B)加算
期間により料金は異なる
●**プレー情報**　コンペパック、午後プレー、シニア＆レディスデー

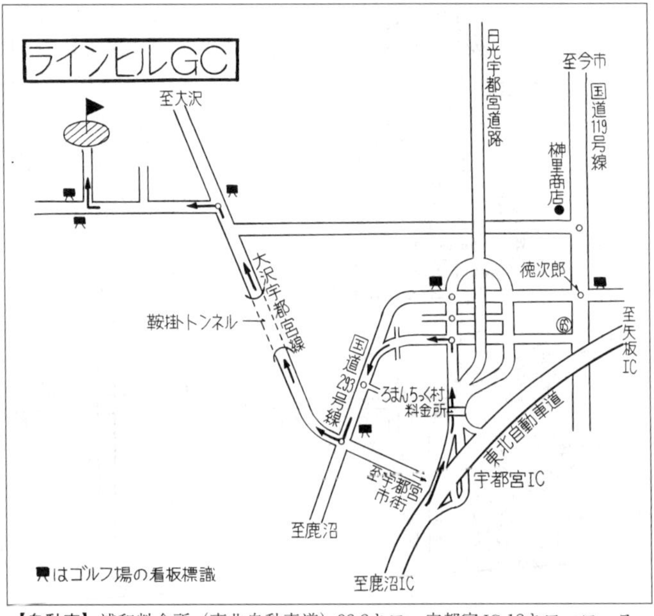

【自動車】浦和料金所（東北自動車道）98.2キロ→宇都宮IC 12キロ→コース
所要時間1時間20分　宇都宮ICを降りて1つ目の信号を今市・大谷方面の一般道を左折する。2つ目の信号右折し、鞍掛トンネルを過ぎてコースへ

☎0475(46)2525

ラ・ヴィスタゴルフリゾート

〒297-0145　千葉県長生郡長南町佐坪373　FAX 0475(46)3530
https://www.accordiagolf.com/

●プレーの申込み　ビジター可
●予約　3か月前の1日より受付け
●コンペ　上記に準ずる
●休日　無休
●クレジット　VISA　JCB　マスター　AMEX　ダイナース
●開場日　1998年9月8日
●コースの特徴　18H　P72　6532Y
スパニッシュスタイルのハウスとパームツリーが印象的。南欧の雰囲気が楽しめるリゾートコース
●コースレート　71.9（レギュラー）
●練習場　250Y12打席
●電車　外房線茂原駅
●クラブバス　なし
●タクシー　茂原駅から20分約3,500円
●プレースタイル　セルフプレーでGPSナビ付乗用カート
●シューズ　ソフトスパイク
●ビジター料金表

	平　日	土　曜	日　祝
セ　ル　フ	8,990	18,990	18,990

2021年11月の昼食付料金
期間により料金は異なる
●プレー情報　コンペ特典

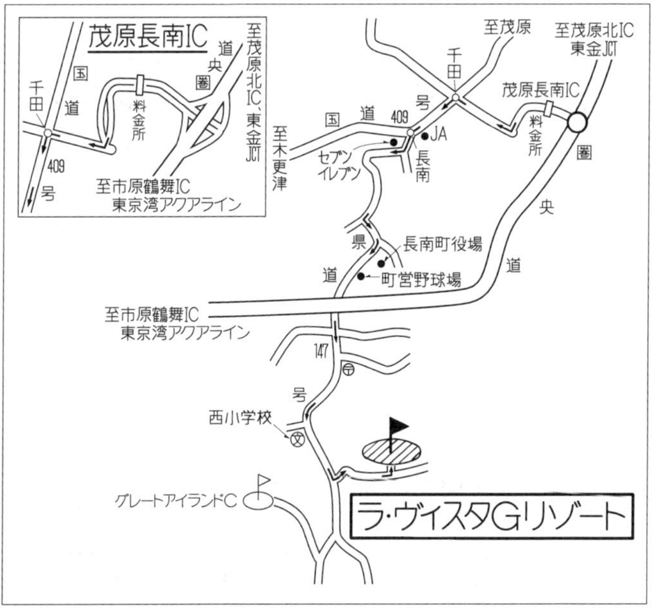

【自動車】川崎浮島JCT（東京湾アクアライン、連絡道）23.7キロ→木更津JCT（圏央道）28.4キロ→茂原長南IC 7キロ→コース　所要時間45分　茂原長南ICを降りて千田交差点を左折。600m先の長南信号を左折し、長南町役場手前のY字路の信号を右折してコースへ。東金JCTから茂原長南ICまでは約16分

ラフォーレ&松尾ゴルフ倶楽部

〒289-1512　千葉県山武市松尾町八田1563　FAX 0479(86)6432
https://www.matsuogolfclub.jp

●**プレーの申込み**　予約状況によりビジター可
●**予約**　3か月前の1日から受付け
●**コンペ**　予約状況により相談
●**休日**　1／1
●**クレジット**　JCB　セゾン　UC 他
●**開場日**　1993年9月25日
●**コースの特徴**　18H　P72　6561Y
杉林にセパレートされた林間丘陵コース。池やマウンドが要所を占め戦略的なレイアウトになっている
●**コースレート**　未査定
●**練習場**　40Y8打席
●**電車**　総武本線成東駅
●**クラブバス**　運休。要問合せ
●**タクシー**　成東駅から15分約3000円
空港第2ビル駅から約25分
●**プレースタイル**　キャディ付で乗用カート。セルフも可
●**シューズ**　ソフトスパイク
●**ビジター料金表**

	平　日	土　曜	日　祝
キャディ付	15,200	26,200	26,200

セルフは上記料金より3300円引

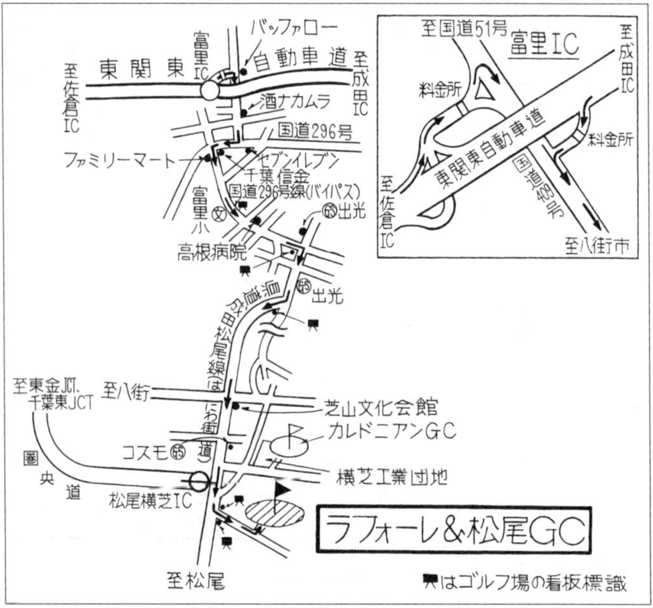

【**自動車**】箱崎 IC（首都高速）35.8キロ→宮野木 JCT（京葉道路）8.7キロ→千葉東 JCT（千葉東金道路）32.2キロ→松尾横芝 IC 0.8キロ→コース　所要時間1時間
京葉道路の千葉東 JCT から東金道路、圏央道を利用して山武成東方面へ。松尾横芝 IC を出て右折してコースまで800m。東関東自動車道·富里 IC からは17キロ

ラフォーレ修善寺&カントリークラブ

〒410-2415　静岡県伊豆市大平1529　FAX 0558(72)6115
https://www.laforet.co.jp/shuzenji_g/

●**プレーの申込み・予約**　ビジター可。電話またはwebにて予約受付け
●**コンペ**　組数相談
●**休日**　無休
●**クレジット**　AMEX　JCB　VISA　DC　UC　UFJ　ダイナース　NICOS他
●**開場日**　1976年8月2日
●**コースの特徴**　18H　P72　6201Y
眺望も美しいリゾートコース。全体的に戦略性に富み、豪快なショットも楽しめる
●**コースレート**　70.2
●**練習場**　40m6打席
●**電車**　伊豆箱根鉄道修善寺駅
●**クラブバス**　修善寺駅から運行。詳細は要問合せ
●**タクシー**　修善寺駅約20分3000円程
●**プレースタイル**　セルフで乗用カート
●**シューズ**　メタルスパイク禁止
●**ビジター料金表**

	平　日	土　曜	日　祝
セ　ル　フ	6,600～	12,100～	9,900～

●**プレー情報**　宿泊プラン、午後・薄暮ゴルフ

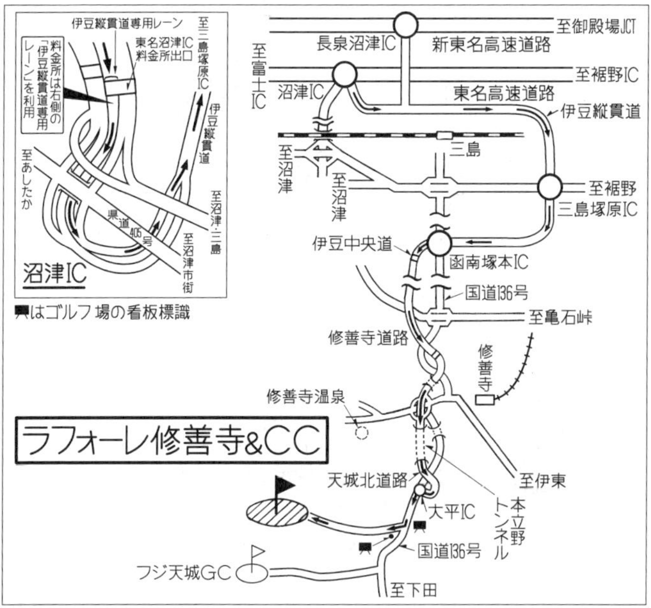

【自動車】東京IC（東名高速）103.3キロ→沼津IC（伊豆縦貫道、伊豆中央道、修善寺道路、天城北道路経由）32キロ→大平IC 5キロ→コース　所要時間1時間50分　沼津ICから伊豆縦貫道、伊豆中央道、修善寺道路、天城北道路を経由して大平ICへ。国道136号を左折してコースへ

☎0493(62)2355

嵐山カントリークラブ

〒355-0225　埼玉県比企郡嵐山町大字鎌形1146　FAX 0493(62)2245
https://www.ranzan.cc/

●**プレーの申込み**　平日、土曜日は会員の紹介または同伴、日祝は同伴が必要
●**予約**　平日・土曜日は6か月前の開場時より受付け
●**コンペ**　組数は相談
●**休日**　月曜日(祝日の場合は火曜日)　12／31　1／1
●**クレジット**　各種
●**開場日**　1962年10月21日
●**コースの特徴**　18H　P72　6811Y　自然の起伏をもつフェアウェイは、左右の傾斜と前後のうねりがあり、一見やさしそうだがミスを誘う
●**コースレート**　72.5
●**電車**　東武東上線森林公園駅
●**クラブバス**　森林公園駅南口より運行（要問合せ）
●**タクシー**　武蔵嵐山駅8分1250円　森林公園駅約10分2240円
●**プレースタイル**　キャディ付で乗用カート
●**シューズ**　メタルスパイク禁止
●**ビジター料金表**

	平　日	土　曜	日　祝
キャディ付	27,546	30,846	——

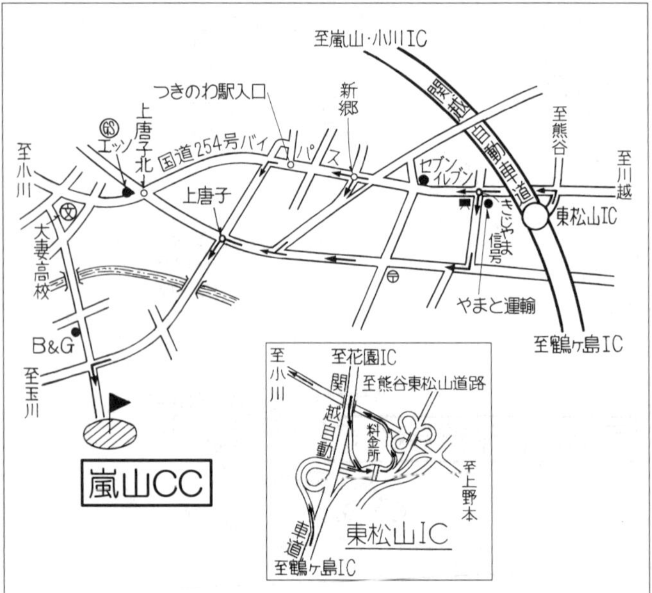

【**自動車**】練馬 IC（関越自動車道）39.4キロ→東松山 IC 7キロ→コース　所要時間40分　東松山 IC を小川町方面に降り、1つ目の信号（きじやま信号）を左折し、T 字路を右折する。道なりに進み、上唐子交差点を左折してコースへ。または国道254号バイパスを直進し、新郷交差点を左折して上唐子交差点へ出る。

リバーサイドフェニックスゴルフクラブ

〒362-0059　埼玉県上尾市平方2606－1　FAX 048(781)2457
https://www.riverside-phoenix.co.jp

●**プレーの申込み**　予約状況によりビジター可
●**予約**　3か月前の同日14時から受付け
●**コンペ**　平日のみ3組より10組まで
●**休日**　無休
●**クレジット**　JCB　VISA　UC　AMEX　マスター　ライフ
●**開場日**　1965年11月3日
●**コースの特徴**　18H　P72　6601Y
河川敷だがなだらかな起伏が随所にある。アウトはグリーン上が勝負、インは豪快にパーオン狙いで…
●**コースレート**　71.2
●**練習場**　あり
●**電車**　東武東上線川越駅、高崎線上尾駅、埼京線指扇駅
●**路線バス**　指扇駅より東武バス平日7:45　8:25　9:00　土日祝7:45　7:55　8:15　8:32
●**タクシー**　上尾駅・指扇駅とも10分1600円、大宮駅20分3400円
●**プレースタイル**　セルフプレーで5人乗り乗用カート
●**シューズ**　原則ソフトスパイク
●**ビジター料金表**

	平　日	土　曜	日　祝
セ　ル　フ	11,270	16,770	16,770

期間によって料金は異なる

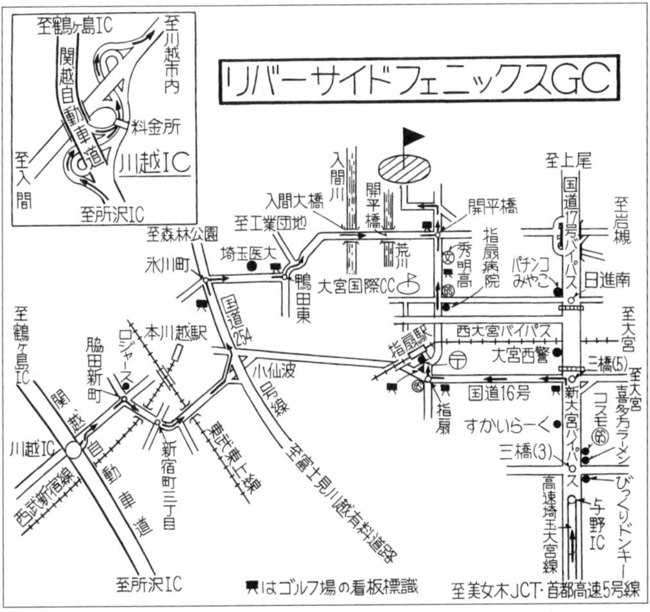

【自動車】池袋（首都高速5号線）23キロ→与野IC（新大宮バイパス）3キロ→三橋五3キロ→指扇駅入口5キロ→コース　所要時間40分　高速埼玉大宮線・与野ランプを降りて直進し、国道16号線との三橋五交差点を左折。指扇駅入口を右折し、開平橋を直進してコース。関越自動車道・川越ICからは約12キロ、20分

リバーサカワ・ゴルフクラブ

〒258-0115　神奈川県足柄上郡山北町谷峨鳥屋1096－1　FAX 0465(77)2632
予約0465(77)2314　https://www.riversakawa-gc.jp/

●**プレーの申込み**　平日はビジター可。土日祝は会員の紹介が必要
●**予約**　2か月前の同日より受付け
●**コンペ**　平日は組数制限なし。土日祝は予約状況により相談
●**休日**　クラブ指定日
●**クレジット**　JCB　VISA　UC 他
●**開場日**　1984年7月1日
●**コースの特徴**　18H　P72　6807Y
アウトは池やバンカーでグリーンをガードし戦略性が高く、インは思い切ってプレーできるフラットなコース
●**練習場**　250m15打席、アプローチ
●**電車**　御殿場線谷峨駅
●**クラブバス**　予約制で谷峨駅から7:40　8:25　9:05　土日祝7:10増発
●**タクシー**　新松田駅25分約5000円
谷峨駅はタクシーがないので要注意
●**プレースタイル**　セルフで5人乗り乗用カート。キャディ付は要予約
●**シューズ**　ソフトスパイク（スパイクレスを含む）
●**ビジター料金表**

	平　日	土　日	祝　日
セ　ル　フ	14,500	20,500	20,500

上記は2021年10月～12月の料金
期間よって料金は異なる
●**サービスデー**　月曜日セルフ10500円昼食付

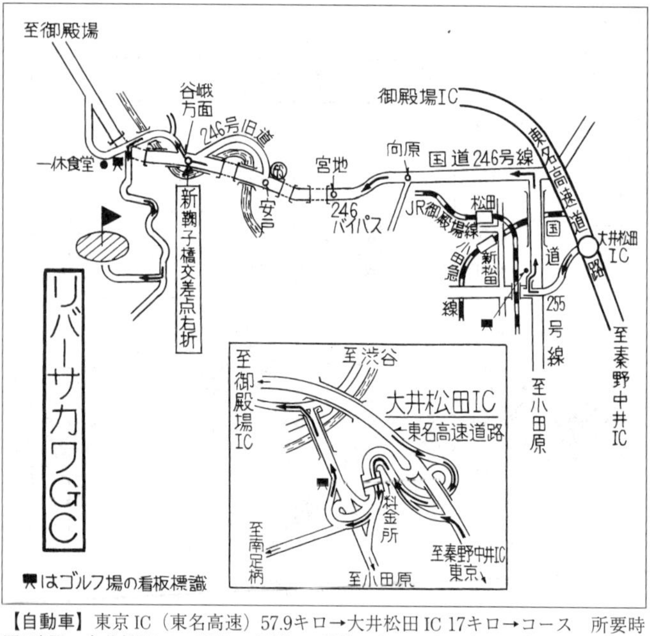

【**自動車**】東京 IC（東名高速）57.9キロ→大井松田 IC 17キロ→コース　所要時間1時間　大井松田 IC で降りて国道255号線に出る。山北方面に向かい、すぐに国道246号線に突き当たるのでこれを左折、御殿場方面に向かう。トンネルを3つ抜け、新鞠子橋信号を右折し一休食堂の手前を左折してコースへ

リバー富士カントリークラブ

〒421-3301　静岡県富士市北松野4222－10　FAX 0545(85)2378
https://rtcc.tatemono-golf.com

●プレーの申込み　ビジター可
●予約　3か月前の1日から受付け
●コンペ　組数制限なし
●休日　クラブ指定日
●クレジット　JCB　UC　DC　UFJ　ニコス　VISA　ダイナース　AMEX
●開場日　1976年10月21日
●コースの特徴　27H　P108　9989Y　富士の眺望がいい丘陵コース
●コースレート　70.5　70.5　70.0
●練習場　30Y5打席
●電車　東海道本線富士駅、または東海道新幹線新富士駅
●クラブバス　新富士駅から富士駅を経由。1組単位で予約制で運行
●タクシー　富士駅から30分3500円　新富士駅から40分4500円
●プレースタイル　キャディ付またはセルフで GPS ナビ付電磁乗用カート
●シューズ　ソフトスパイク
●ビジター料金表

	平　日	土　曜	日　祝
キャディ付	14,500	20,000	20,000
セ　ル　フ	11,500	16,000	16,000

2021年10月～11月の料金。平日は昼食付
期間により料金は異なる
●月曜セルフデー　10000円

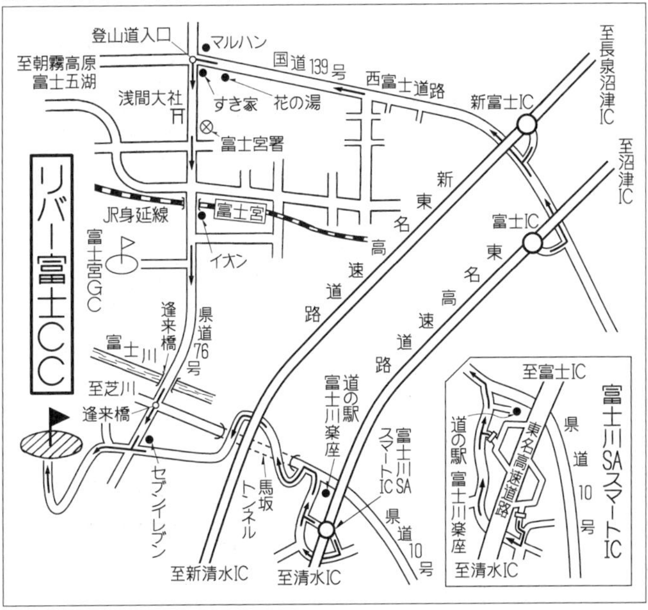

【自動車】東京 IC（東名高速）88.3キロ→御殿場 JCT（新東名高速）33.5キロ→新富士 IC 16キロ→コース　所要時間1時間50分　西富士道路を経由して登山道入口信号（右にマルハン）を左折してコースへ。ETC 搭載車は東名高速･富士川SA スマート IC を降りて県道10号を左折。馬坂トンネル手前を左折してコースへ

龍ヶ崎カントリー倶楽部

〒301-0857　茨城県龍ケ崎市泉町2080　FAX 0297(62)2615
http://www.ryugasaki-cc.com

●プレーの申込み　平日は会員の紹介原則として土日祝は会員の同伴が必要
●予約　3か月前の同日から受付け
●コンペ　土日祝は不可。平日は6か月前の同日から受付け
●休日　毎週月曜日　12／31　1／1
●クレジット　各種
●開場日　1958年11月3日
●コースの特徴　18H　P72　7047Y
比較的平たんで適度のアンジュレーションに恵まれた井上誠一氏設計の代表格コース。'92年日本オープン、'96年日本女子オープン開催
●コースレート　73.4
●練習場　250Y20打席
●電車　常磐線龍ヶ崎市
●クラブバス　龍ヶ崎東口から7:47　8:35　9:25(要予約)　土日祝7:25　7:47　8:32　9:00　9:25（要予約）
●タクシー　佐貫駅から15分2800円
●プレースタイル　キャディ付で歩いてプレー
●シューズ　メタルスパイク禁止
●ビジター料金表

	平　日	土　曜	日　祝
キャディ付	22,430	34,530	34,530

オフシーズン（1／4～3／14、7／1～9／14）料金あり

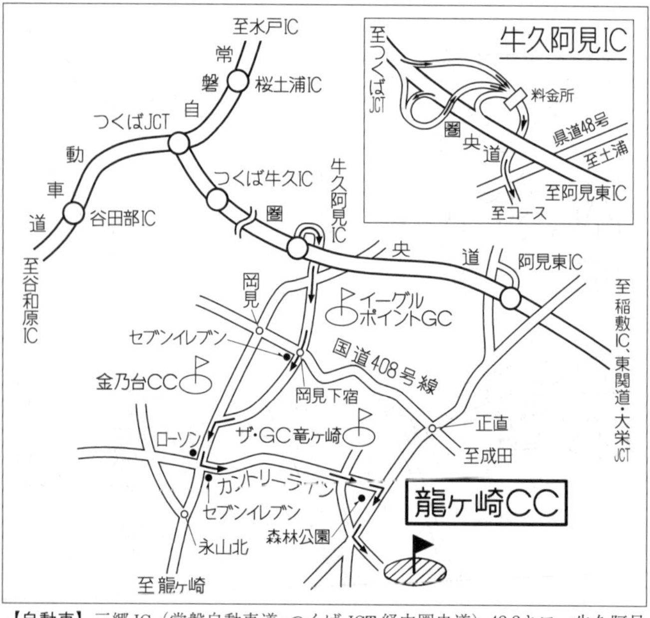

【自動車】三郷 IC（常磐自動車道・つくば JCT 経由圏央道）42.2キロ→牛久阿見IC9キロ→コース　所要時間50分　料金所を出て牛久・龍ヶ崎方面に直進する。約4.5キロ先を左折（右側にローソン）してカントリーラインを進み、突き当たりを右折してコースへ。牛久阿見 IC より約18分

レイクウッドゴルフクラブ

〒259-0105　神奈川県中郡大磯町黒岩169　FAX 0463(72)9126
https://www.lake-wood.co.jp/lakewood/

●プレーの申込み　原則として会員の同伴または紹介が必要。予約状況によりビジター可
●予約　平日は6か月前の1日、土日祝は3か月前の1日から受付け
●コンペ　土日祝は会員優先
●休日　毎週月曜日（臨時営業の場合有）　12／31　1／1
●クレジット　JCB　UC　ダイナース　AMEX　VISA　マスター　DC
●開場日　1970年10月4日
●コースの特徴　36H　P144　13406Y　丘陵だがフラット。ただし池が効いていてやさしいコースではない
●コースレート　東69.2　西71.5
●電車　東海道本線二宮駅、または小田急線秦野駅
●クラブバス　二宮駅から7:30　8:30　9:25　秦野駅から7:30　8:30　9:20
●タクシー　二宮駅から約2000円、秦野駅から約2500円
●プレースタイル　キャディ付で乗用カート
●シューズ　ソフトスパイクのみ
●ビジター料金表

	平　日	土　曜	日　祝
キャディ付	25,950	41,350	38,050

2021年4月～6月、10月～12月の料金
シーズン料金あり

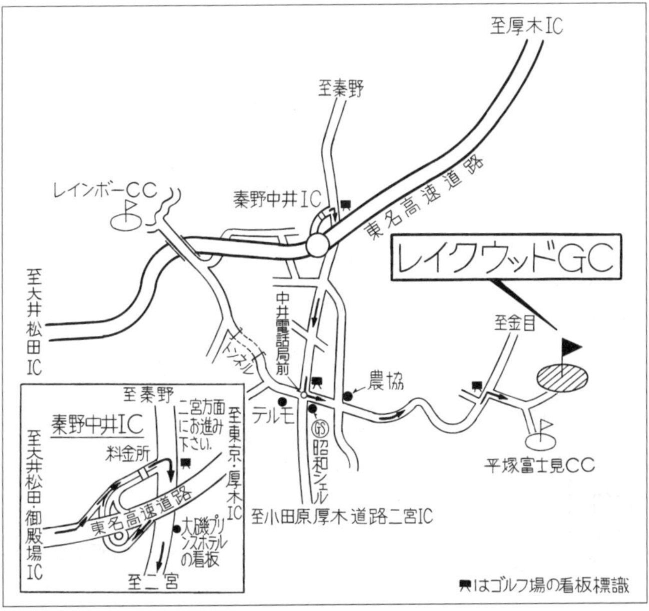

【自動車】東京IC（東名高速）50.1キロ→秦野中井IC6.0キロ→コース　所要時間1時間　秦野中井ICで降り、料金所を出たら右折して二宮方面へ向かう。中井電話局前交差点を左折し、約1.7キロ進み、標識に従って右折しコースへ。国道1号または西湘バイパス、小田原厚木道路を利用するルートもある

れ

レイクウッドゴルフクラブサンパーク明野コース

〒408-0202　山梨県北杜市明野町小笠原大内窪3394－1　FAX 0551(25)3555
https://lake-wood.co.jp/akeno/

●プレーの申込み　ビジター可
●予約　平日は3か月前、土日祝は2か月前の同日から受付け
●コンペ　組数は相談
●休日　12／31　1／1　その他指定日
●クレジット　JCB　UC　VISA　DC　ダイナース　マスター　AMEX
●開場日　1991年10月26日
●コースの特徴　18H　P72　6835Y
正面に南アルプスの山々を望む自然の景観と巧みに配置された池、エバグリーンが見事に調和した美しいコース
●コースレート　72.0
●練習場　250Y16打席
●電車　中央本線韮崎駅
●クラブバス　なし
●タクシー　韮崎駅から15分3200円
●プレースタイル　キャディ付またはセルフで5人乗り乗用カート
●シューズ　メタルスパイク禁止
●ビジター料金表

	平　日	土　曜	日　祝
キャディ付	15,500	21,900	20,900
セ　ル　フ	11,100	17,500	16,500

上記は2021年10～11月の料金で昼食付
期間により料金は異なる
●プレー情報　ロッジ宿泊パック
友の会

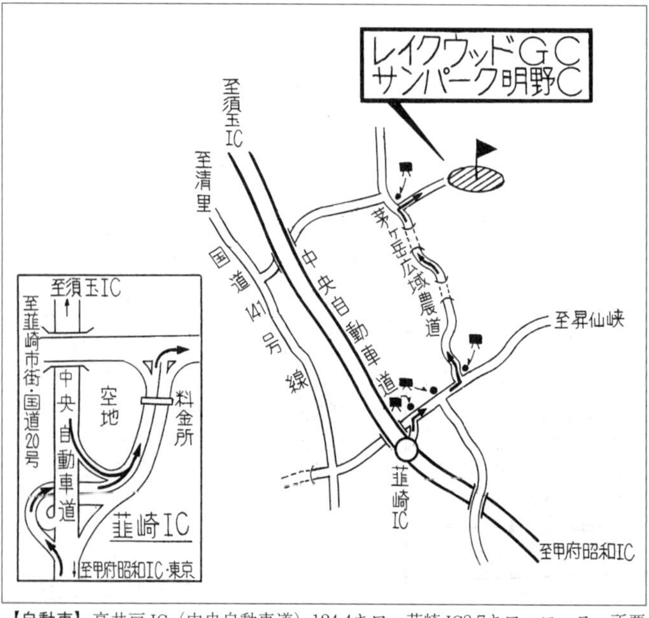

【自動車】高井戸IC（中央自動車道）124.4キロ→韮崎IC8.7キロ→コース　所要時間1時間40分　中央自動車道を韮崎ICで降り、料金所を出て右折する。約1.5キロ先の茅ケ岳広域農道を左折して須玉方面に向かい、途中、トンネルを抜けてコース案内板に従って右折しコースへ

レイク相模カントリークラブ

〒409-0111　山梨県上野原市棡原5000　FAX 0554(67)2772
本社　03(5467)3355　http://www.yc21.co.jp/lakesagami/

●プレーの申込み　ビジター可
●予約　3か月前の同日から受付け
●コンペ　組数は相談
●休日　無休
●クレジット　VISA　JCB　UC　MC　ニコス　AMEX　DC　UFJ　セゾン
●開場日　1989年10月28日
●コースの特徴　18H　P72　6803Y
甲武山系の山並みに囲まれ、季節の花木、渓流や滝など水辺の景色が美しくデザインされた庭園風のコース。ベントの2グリーン
●コースレート　72.2
●練習場　60Y6打席
●電車　中央本線上野原駅
●クラブバス　予約制で上野原駅南口から平日は8:05　土日祝7:35　8:30
●タクシー　上野原駅から14分2400円
●プレースタイル　キャディ付またはセルフで乗用カート
●シューズ　ソフトスパイク
●ビジター料金表

	平　日	土　曜	日　祝
キャディ付	18,620	26,100	26,100
セ　ル　フ	16,530	24,010	24,010

2021年11月の昼食付料金
期間により料金は異なる
●プレー情報　コンペ割引、スペシャルプラン、オープンコンペ

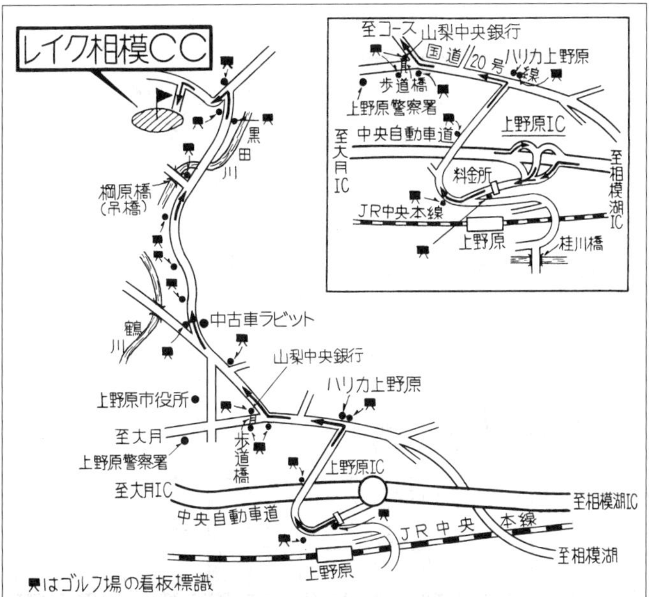

【自動車】高井戸 IC（中央自動車道）50.3キロ→上野原 IC7キロ→コース　所要時間45分　上野原 IC を降り、国道20号を大月方面に約1キロ進む。本町交差点の Y 字路を右折し、1.2キロ先の次の Y 字路も右折。2キロ先の棡原橋を渡らず、さらに2キロ進むとコース

レイクランドカントリークラブ

〒321-0342　栃木県宇都宮市福岡町1086　FAX 028(652)4416
予約センター028(652)3316　https://www.lakelandcc.co.jp

●プレーの申込み　ビジター可
●予約　電話またはWEBにて随時受付け
●コンペ　予約状況により相談
●休日　クラブ指定の月曜日　1/1
●クレジット　各種（UCは不可）
●開場日　1978年5月20日
●コースの特徴　18H　P72　6902Y
古賀志山の偉容に抱かれ、やわらかな陵線、池を多く配したレイアウトは箱庭的な風景の美しさを持つ
●コースレート　72.0
●電車　東北新幹線宇都宮駅
●クラブバス　予約制で宇都宮駅西口トナリエ宇都宮から8:40
●タクシー　宇都宮駅30分約5,000円
●プレースタイル　キャディ付またはセルフで乗用カート
●シューズ　ソフトスパイクのみ可
●ビジター料金表

	平　日	土　曜	日　祝
セ　ル　フ	7,800	14,000	14,000

2021年11月の昼食付料金
季節によって料金は異なる
キャディ付は3300円(4B)加算
●セルフデー　3月～12月のクラブ指定の月曜日5100円スループレー、弁当・シャワー無し、前金制

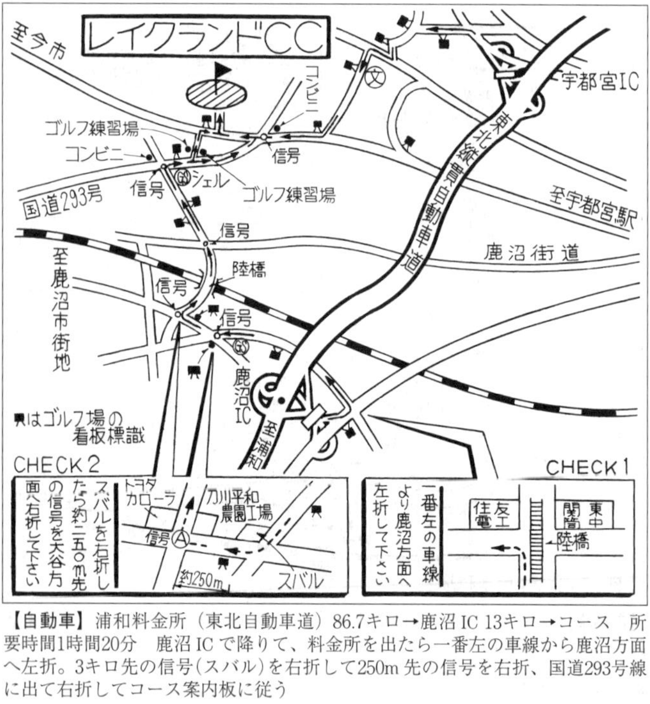

【自動車】浦和料金所（東北自動車道）86.7キロ→鹿沼IC 13キロ→コース　所要時間1時間20分　鹿沼ICで降りて、料金所を出たら一番左の車線から鹿沼方面へ左折。3キロ先の信号(スバル)を右折して250m先の信号を右折、国道293号線に出て右折してコース案内板に従う

レインボーカントリー倶楽部

〒259-0156　神奈川県足柄上郡中井町境別所726　FAX 0465(81)1135
予約専用　0465(81)1179　https://www.rainbowcc.co.jp/

●**プレーの申込み**　会員の紹介または同伴が必要
●**予約**　2組までは平日は2か月前、土日祝は1か月前の午前10時から午後4時まで予約専用電話で受付け
●**コンペ**　3か月前の1日から受付け。組数は相談
●**休日**　毎週月曜日（祝日の場合は翌日）12／31　1／1
●**クレジット**　各種
●**開場日**　1969年7月19日
●**コースの特徴**　18H　P72　7044Y　フェアウェイが広く、豪快さと変化に富んだプレーが楽しめる
●**コースレート**　72.4
●**練習場**　80Y16打席
●**電車**　小田急線秦野駅
●**クラブバス**　秦野駅から7:15　7:45　8:15　8:45　東海道線・二宮駅から7:10　7:55　8:40
●**タクシー**　秦野駅から15分1800円
●**プレースタイル**　キャディ付で5人乗り電磁乗用カート
●**シューズ**　ゴルフ靴はすべて可
●**ゲスト料金表**

	平　日	土　曜	日　祝
キャディ付	21,950	39,000	31,300

2021年4月～5月、10月～12月の料金

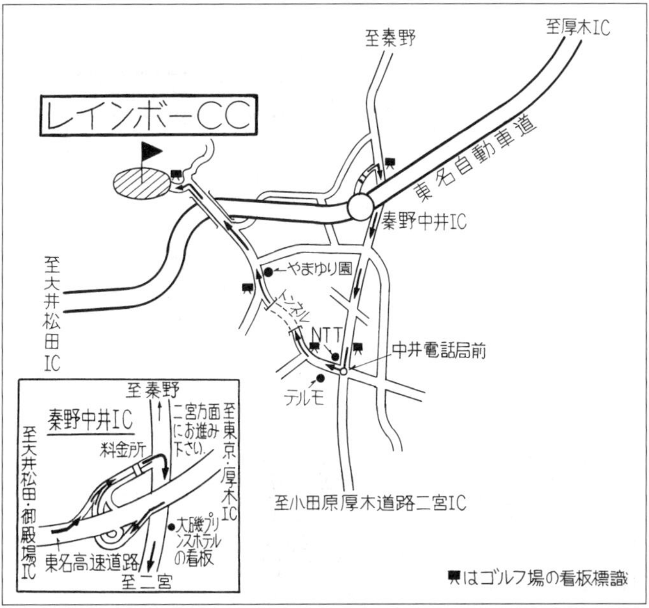

【自動車】東京 IC（東名高速）50.1キロ→秦野中井 IC 4.9キロ→コース　所要時間50分　秦野中井 IC を降りて右折し二宮方面に向かう。約2キロ先の中井電話局前交差点を右折し、二股を右折。トンネルを抜け、東名高速を越えてコースへ（約10分）。また小田原厚木道路を利用して二宮 IC からコースへ（約15分）

レインボーヒルズカントリークラブ

〒288-0875　千葉県銚子市諸持町861　FAX 0479(33)3127
https://www.rainbowhills.co.jp/

●プレーの申込み　ビジター可
●予約　6か月前の1日より受付け
●コンペ　6か月前の1日から受付け
●休日　無休
●クレジット　VISA　DC　JCB　AMEX　UC　ダイナース　ニコス
●開場日　1974年9月25日
●コースの特徴　27H　P108　9807Y　各ホールは松林によって完全にセパレートされた林間コース
●コースレート　71.2
●練習場　40Y7打席
●電車　総武本線旭駅、または成田線下総豊里駅
●クラブバス　予約制で旭駅、下総豊里駅から運行
●タクシー　旭・銚子とも20分3500円
●高速バス　浜松町貿易センター・東京駅八重洲口から高速バスで、干潟バス停または豊里バス停下車
●プレースタイル　キャディ付またはセルフで乗用カート
●シューズ　メタルスパイク禁止
●ビジター料金表

	平　日	土　曜	日　祝
キャディ付	11,240	18,240	18,240
セ　ル　フ	8,000	15,000	15,000

昼食付
1泊2食付宿泊プランあり

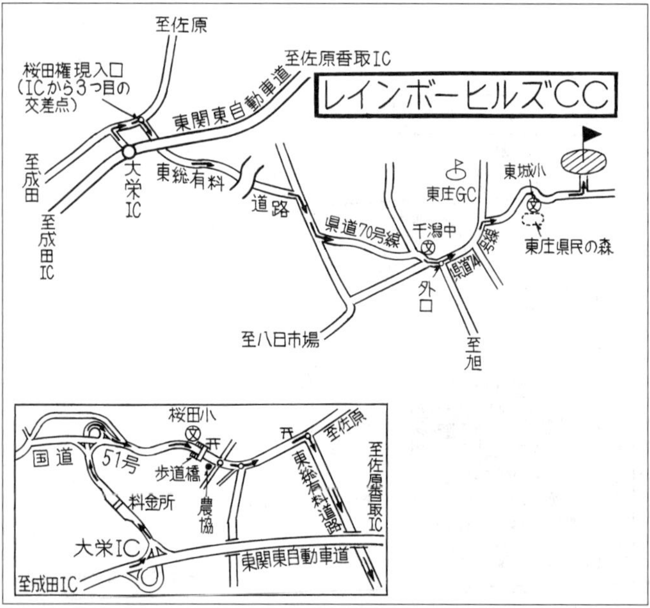

【自動車】箱崎IC（首都高速）35.8キロ→宮野木JCT（東関東自動車道）39.9キロ→大栄IC 28キロ→コース　所要時間1時間40分　大栄ICから香取方面に向かい、3つ目の信号を右折して東総有料道路を経由して山田へ。コース案内板に従って、県道70号線、74号線を利用してコースへ

レンブラントゴルフ倶楽部御殿場

〒412-0033　静岡県御殿場市神山1922－1　FAX 0550(87)1455
https://www.rembrandt-golf.jp/

●プレーの申込み　ビジター可
●予約　3か月前の1日より受付け
●コンペ　組数は相談
●休日　無休（降雪時クローズ）
●クレジット　各種
●開場日　2015年4月21日
●コースの特徴　18H　P72　6424Y
晴れた日には富士山や駿河湾を望む美しいコース。広くて豪快なアウト、正確性が要求されるインと好対照
●練習場　40Y6打席
●コースレート　69.6
●電車　御殿場線または小田急ロマンスカーで御殿場駅
●クラブバス　御殿場駅より8:30予約制
●タクシー　御殿場駅から約4000円
●プレースタイル　キャディ付またはセルフでGPSナビ付乗用カート
●シューズ　ゴルフ靴はすべて可
●ビジター料金表

	平　日	土　曜	日　祝
キャディ付	13,280	20,400	19,380
セ　ル　フ	9,980	17,100	16,080

2021年4月～11月の基本料金
●プレー情報　コンペプラン、宿泊プラン、薄暮プレー

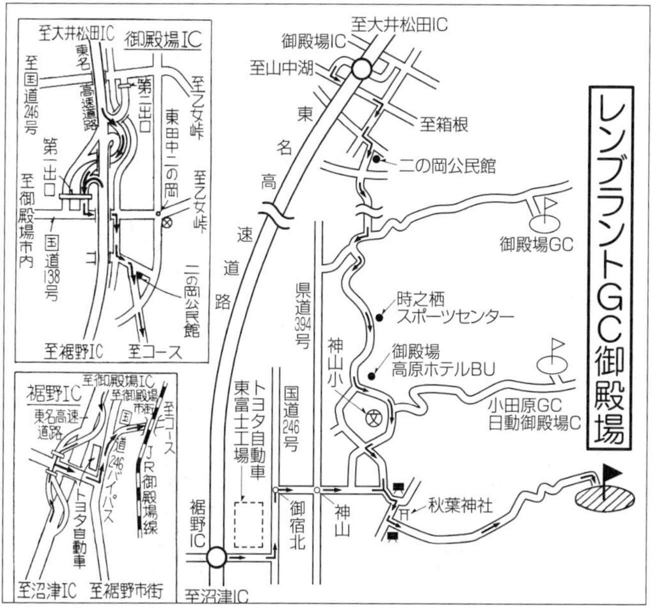

【自動車】東京IC（東名高速）83.7キロ→御殿場IC 12キロ→コース　所要時間1時間20分　御殿場IC第一出口を降りて左折し、高速をくぐってすぐの信号を右折。1つ目の信号を左折して二の岡公民館があるY字路を右折。道なりに約8キロ進んで左折してコースへ。裾野ICからは約6キロ12分

ロイヤルカントリークラブ

〒321-0411　栃木県宇都宮市宮山田町1319　FAX 028(674)4327
http://www.royalcc.co.jp

●**プレーの申込み**　ビジター可
●**予約**　2か月前の1日から受付け
●**コンペ**　組数制限なし
●**休日**　要確認
●**クレジット**　各種
●**開場日**　1974年10月20日
●**コースの特徴**　18H　P72　7051Y
広々としたフェアウェイにバンカーが巧みにレイアウトされた戦略的丘陵コース
●**練習場**　250Y30打席
●**電車**　東北新幹線宇都宮駅
●**クラブバス**　土日祝のみ予約制
宇都宮駅西口から8:30
●**タクシー**　宇都宮駅約40分6000円
●**プレースタイル**　セルフプレーで乗用カート
●**シューズ**　ソフトスパイク推奨
●**ビジター料金表**

	平　日	土　日	祝　日
セ　ル　フ	4,900	10,500	10,500

2021年10月の料金で昼食付
期間により料金は異なる
平日はバッグの積み下ろしもセルフ
●**プレー情報**　平日スループレー実施

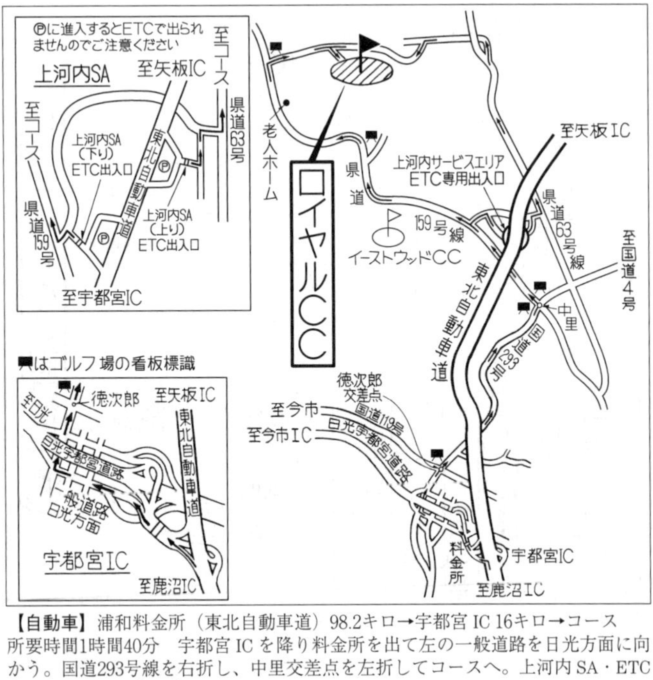

【**自動車**】浦和料金所（東北自動車道）98.2キロ→宇都宮 IC 16キロ→コース
所要時間1時間40分　宇都宮 IC を降り料金所を出て左の一般道路を日光方面に向かう。国道293号線を右折し、中里交差点を左折してコースへ。上河内 SA・ETC専用出入口から約10分

ロイヤルスターゴルフクラブ

〒292-0502　千葉県君津市平山32－1　FAX 0439(29)3310
予約専用　0439(29)2444　http://www.royalstar-gc.com

●プレーの申込み　ビジター可
●予約　平日は4か月前、土日祝は3か月前の同日より受付け
●コンペ　組数は相談
●休日　1／1　クラブ指定日
●クレジット　VISA　JCB　UC　DC　AMEX　セゾン　ニコス　ダイナース
●開場日　1986年11月1日
●コースの特徴　27H　P108　10334Y　谷越え、グラスバンカーなど自然美と人工美を巧みに配した美しいコースで挑戦意欲をかきたてる
●電車　内房線木更津駅
●クラブバス　予約制で JR 木更津駅、または東京湾フェリー金谷港から運行
●タクシー　君津駅から40分9000円
●プレースタイル　キャディ付またはセルフで GPS ナビ付乗用カート
●シューズ　ソフトスパイク推奨
●ビジター料金表

	平　日	土　曜	日　祝
キャディ付	14,700	23,500	23,500
セ　ル　フ	12,000	20,800	20,800

上記は2021年10月～12月の料金
●セルフデー　月曜日9900円昼食付
●プレー情報　毎週金曜日レディスデー、薄暮9H ゴルフ、ロッジ宿泊

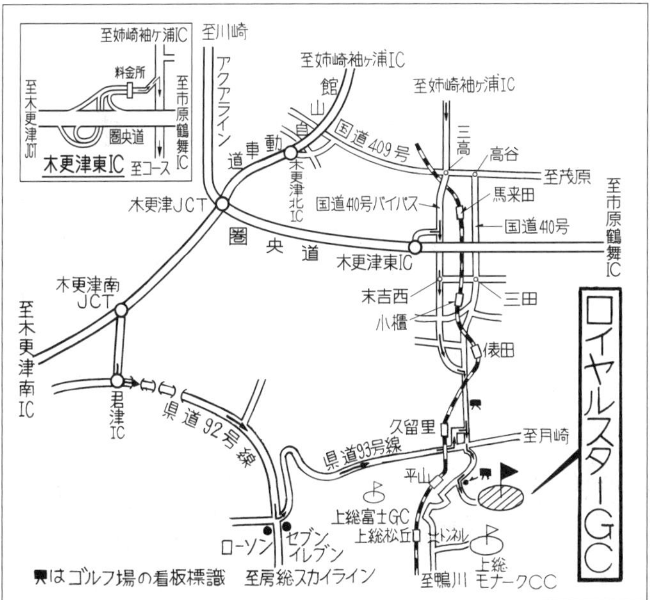

【自動車】川崎浮島 JCT（東京湾アクアライン）23.7キロ→木更津 JCT（圏央道）7.1キロ→木更津東 IC 11キロ→コース　所要時間35分　木更津東 IC を降りて右折し鴨川方面に向かう。久留里を過ぎてコース案内板に従って左折してコースへ。館山自動車道・姉崎袖ヶ浦からは国道410号を南下して21キロ、30分

ロイヤルメドウゴルフ倶楽部

〒321-3301　栃木県芳賀郡芳賀町給部268-6　FAX 028(677)3113
予約専用　028(677)3112　https://www.royalmeadow.jp/

●プレーの申込み　ビジター可
●予約　3か月前の1日から受付け
●コンペ　組数は相談
●休日　1/1
●クレジット　各種
●開場日　1987年7月25日
●コースの特徴　18H　P72　7233Y
石川遼プロの監修のもと、グリーンをオーガスタ仕様に改修。巧みなハザードやバンカーが待ち受ける戦略性の高いコース
●コースレート　73.3
●練習場　300Y12打席
●電車　東北新幹線宇都宮駅
●クラブバス　宇都宮駅東口から予約制8:20
●タクシー　宇都宮駅から約25分
●プレースタイル　キャディ付またはセルフで5人乗り乗用カート
●シューズ　メタルスパイク禁止
●ビジター料金表

	月水金	火　木	土日祝
セ　ル　フ	6,250	12,250	12,250

2021年10月の昼食付料金
期間により料金は異なる
キャディ付は3400円(4B)加算
●プレー情報　ロッジ宿泊パック

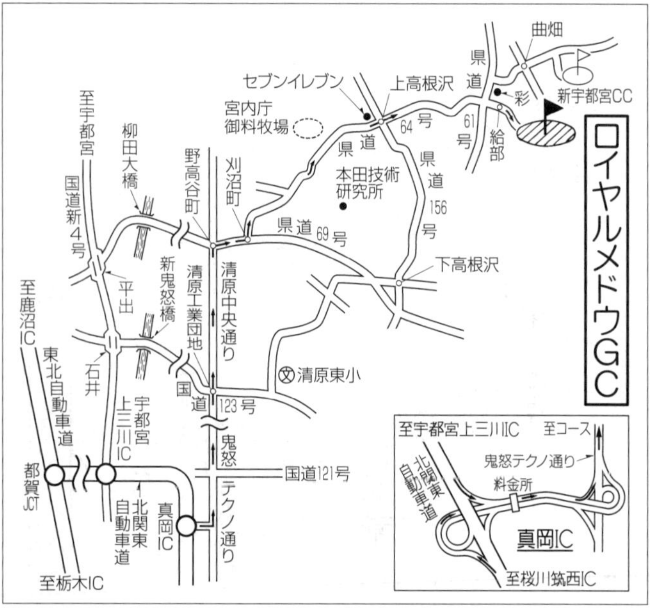

【自動車】浦和料金所（東北自動車道）70.7キロ→都賀 JCT（北関東自動車道）26キロ→真岡 IC 25キロ→コース　所要時間1時間40分　真岡 IC から鬼怒テクノ通りを宇都宮方面に進み、国道123号線を横断して清原中央通りを進む。野高谷町信号を右折し、刈沼町信号を左折して県道64号線を進んでコースへ

☎027(371)3813

ローランドゴルフ倶楽部

〒370-3111　群馬県高崎市箕郷町中野73　FAX 027(371)7113
http://www.lordland-golf.com

●**プレーの申込み**　メンバーのみプレー可
●**予約**　2か月前の同日から受付け
●**コンペ**　不可
●**休日**　火曜日　1/1~3　指定日
●**クレジット**　JCB　UC　VISA　AMEX　ダイナース　セゾン　DC
●**開場日**　1994年4月3日
●**コースの特徴**　18H　P72　6500Y
世界的コースデザイナーの加藤俊輔氏による、美しい景観と知的計算が要求される戦略性の高いコース

●**コースレート**　未査定
●**練習場**　250Y9打席
●**電車**　上越新幹線高崎駅
●**クラブバス**　なし
●**タクシー**　高崎駅から30分約5000円
●**プレースタイル**　原則としてキャディ付で乗用カート
●**シューズ**　ソフトスパイク
●**プレー料金**
単年度メンバーシップ制
詳しくはコースに問合せ

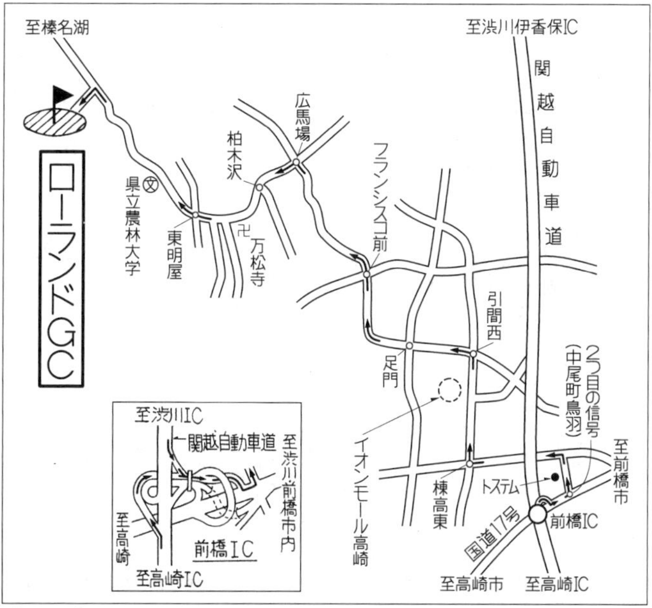

【**自動車**】練馬IC（関越自動車道）92.1キロ→前橋IC 17キロ→コース　所要時間1時間20分　前橋ICを前橋方面に降り、2つ目の信号（中尾町鳥羽）を左折する。T字路を左折し、棟高東の信号を右折する。引間西の信号を左折して道なりに進み、広馬場の信号を左折。県立農林大学前を通過して約3キロでコース

ロックヒルゴルフクラブ

〒319-2401　茨城県常陸大宮市上小瀬5374－5　FAX 0295(56)2125
予約専用　0295(56)3311　https://www.rockhillgc.jp

●プレーの申込み　ビジター可
●予約　3か月前の1日より受付け
●コンペ　上記に準ずる
●休日　無休
●クレジット　各種
●開場日　1988年7月27日
●コースの特徴　36H　P144　13736Y
露出する自然の岩石が池やグラスバンカーとマッチする戦略的なコース。レイクコースは正確なショットが要求される。ロックコースは2段グリーンなどパッティングがスコアを左右する
●練習場　220Y42打席
●電車　常磐線水戸駅、または水郡線常陸大宮駅
●クラブバス　常陸大宮駅から予約制
●タクシー　水戸駅から50分10000円
●プレースタイル　セルフプレーで4人乗りリモコン付乗用カート。キャディ付も可
●シューズ　ソフトスパイク
●ビジター料金表

	平　日	土　曜	日　祝
セ　ル　フ	7,730	15,570	15,570

2021年10／1～2022年1／3の昼食付料金。季節により料金は異なる
キャディ付3630円(4B)加算
●プレー情報　コンペプラン、宿泊パック、バスパックプラン

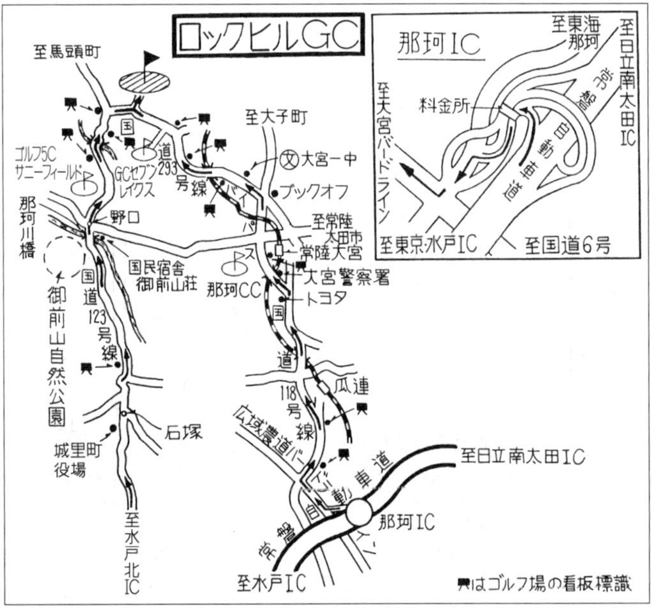

【自動車】三郷IC（常磐自動車道）93.8キロ→那珂IC（国道118号）23キロ→コース　所要時間1時間30分　常磐自動車道を那珂ICで降り、農免道路を経由して国道118号を大子方面に向かう。常陸大宮市に入り、国道293号を左折して馬頭方面に進み10キロでコース

ロッテ皆吉台カントリー倶楽部

〒290-0232　千葉県市原市皆吉1627－1　FAX 0436(92)3833
予約専用0120(374)401　https://minayoshidai-golf.jp/

●**プレーの申込み**　予約状況によりビジター可

●**予約**　平日は3か月前の同日、土日祝は1か月前の同日から受付け

●**コンペ**　組数は相談

●**休日**　1／1　クラブ指定日

●**クレジット**　各種

●**開場日**　1989年10月21日

●**コースの特徴**　18H　P72　7002Y
四季の花木をふんだんに植栽し、50万坪という広大な敷地を誇るコース

●**練習場**　230Y20打席

●**電車**　内房線五井駅、または小湊鉄道上総牛久駅

●**クラブバス**　五井駅東口から予約制

●**タクシー**　五井駅から30分約7000円、上総牛久駅から5分1500円

●**プレースタイル**　キャディ付で5人乗り乗用カート。セルフも可

●**シューズ**　ゴルフ靴はすべて可

●**ビジター料金表**

	平　日	土　曜	日　祝
キャディ付	18,600	29,800	29,800

セルフは2750円引。2021年4月～6月、9月～12月の料金

●**セルフデー**　原則として月曜日実施。12400円昼食付

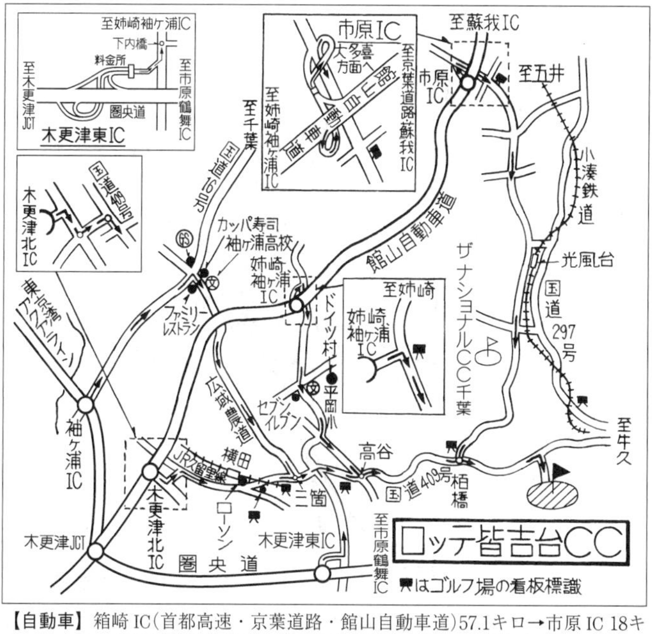

【**自動車**】箱崎IC(首都高速・京葉道路・館山自動車道)57.1キロ→市原IC 18キロ→コース　所要時間1時間15分　館山自動車道を市原ICで降り大多喜・勝浦方面に右折する。道なりに進み、国道409号との栢橋T字路を左折してコースへ。館山道・姉崎袖ケ浦IC、木更津北IC、木更津東ICからは約20分

ロペ倶楽部

〒329-2334　栃木県塩谷郡塩谷町大字大久保1859-1　FAX 0287(46)1208
http://www.ropeclub.com

●プレーの申込み　パブリックコース
●予約　プレー3か月前の最初の平日より、10時～18時に受付ける（受付日が土日祝･定休日の場合は翌日の平日）
●コンペ　原則として5組まで
●休日　クラブ指定の月曜日
●クレジット　JCB VISA UC ニコス AMEX ダイナース セゾン MUFG
●開場日　1990年9月20日
●コースの特徴　18H P74 6811Y
フェアウェイが広く、フラットなので女性、シニアでも楽にプレーできる
●電車　東北新幹線宇都宮駅、または東北本線片岡駅
●クラブバス　片岡駅西口から9:05予約制。宇都宮駅からの便は要問合せ
●タクシー　氏家3700円 宇都宮9000円
●プレースタイル　セルフプレーで5人乗り乗用カート。キャディ付も可
●シューズ　ソフトスパイク推奨
●ビジター料金表

	平　日	土　曜	日　祝
セ　ル　フ	12,780	19,380	19,380

2021年4／6～11／30の料金。木曜日は11460円。キャディ付は3850円(4B/3B)加算
●セルフデー　3月～12月の指定の月曜日昼食付10000円

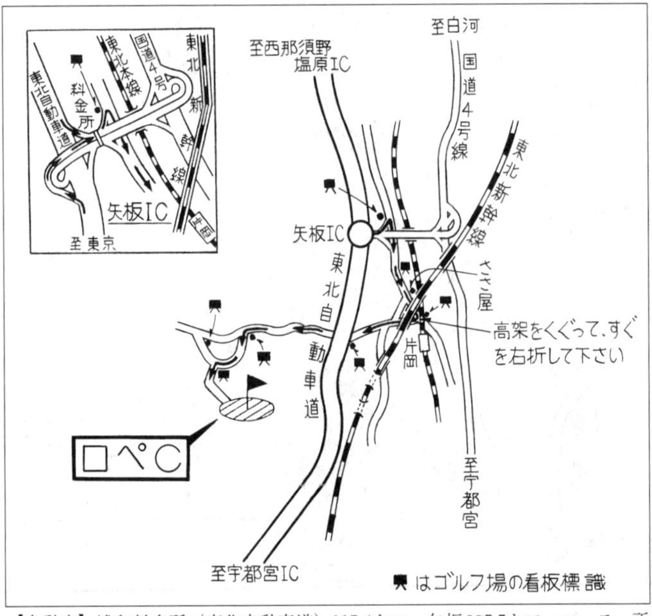

【自動車】浦和料金所（東北自動車道）115.4キロ→矢板IC5.5キロ→コース　所要時間1時間30分　料金所を出て左に進み、矢板方面に向かう。1つ目の信号を右に曲り、700メートルほど先の高架橋の先を右折、約1.5キロ直進し、看板にしたがって左折してコースへ

ワイルドダックカントリークラブ

〒314-0114　茨城県神栖市日川2519　FAX 0299(93)1112
https://www.accordiagolf.com/

●**プレーの申込み**　ビジター可
●**予約**　4か月前の同日から受付け
●**コンペ**　組数制限なし
●**休日**　無休
●**クレジット**　JCB　VISA　DC　AMEX　ダイナース　UC　UFJ
●**開場日**　1991年4月29日
●**コースの特徴**　18H　P72　7028Y
フラットな田園型のコースだが、16ホールに池がからみ、バンカー、樹木がさらに戦略度を高くしている
●**練習場**　240Y20打席
●**高速バス**　東関東自動車道鹿島線で東京駅八重洲南口より90分、鹿島セントラルホテル下車
●**クラブバス**　なし
●**タクシー**　鹿島セントラルホテルから10分3530円
●**プレースタイル**　セルフプレーで乗用カート
●**シューズ**　ソフトスパイクのみ可
●**ビジター料金表**

	平　日	土　曜	日　祝
セ　ル　フ	6,690	15,990	14,990

2021年11月の昼食付料金
料金は季節、曜日などにより異なる

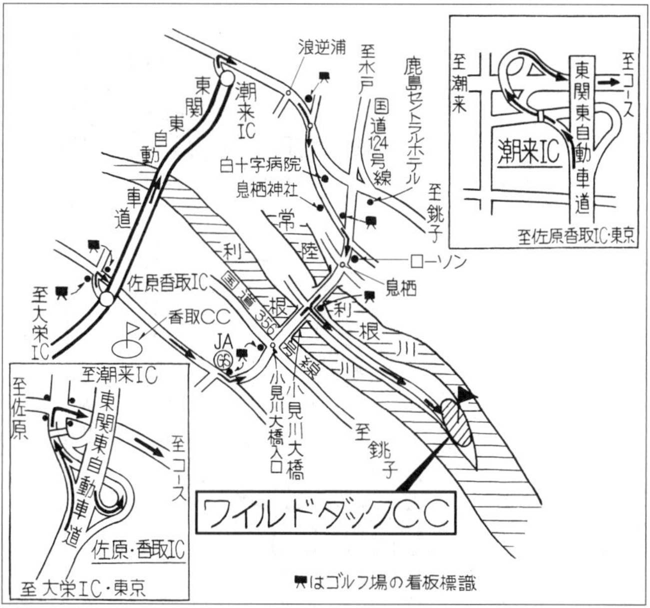

【**自動車**】箱崎 IC（首都高速）35.8キロ→宮野木 JCT（東関東自動車道）49.2キロ→佐原香取 IC 18.5キロ→コース　所要時間1時間20分　佐原香取 IC を降りて右折し、約6キロ先の交差点を左折して小見川大橋へ。橋を渡ってすぐを右折して約7キロ進むとコース。朝は潮来 IC を利用すると渋滞が避けられる

若洲ゴルフリンクス

〒136-0083　東京都江東区若洲3－1－2　FAX 03(3522)3224
http://wakasu.golftk.com

●**プレーの申込み**　パブリックコース
●**予約**　1か月前の同日の正午から☎0570(072)562及び HP で受付
1か月前の同日の翌日からプレー日前日の午後3時まで☎0570(072)562で受付
●**コンペ**　セルフデーを除き、2組以上は2か月前の1日の午前10時から☎0570(072)562で受付
●**休日**　第3火曜を除く毎週火曜日
12／31　1／1（HP 参照）
●**クレジット**　各種
●**開場日**　1990年12月1日
●**コースの特徴**　18H　P72　6906Y
岡本綾子プロ、川田太三氏の監修で、埋め立て地に造られたシーサイドコース
●**練習場**　200Y20打席
●**電車**　京葉線・有楽町線・りんかい線新木場駅
●**クラブバス**　新木場駅から送迎有り
●**タクシー**　新木場駅から約1000円
●**プレースタイル**　キャディ付で歩いてプレー。乗用カート有料
●**シューズ**　ソフトスパイク推奨
●**ビジター料金表**

	平　日	土　曜	日　祝
キャディ付	13,940	22,940	22,940

●**セルフデー**　第1、第4月曜日と第3火曜日昼食付11900円（HP 参照）

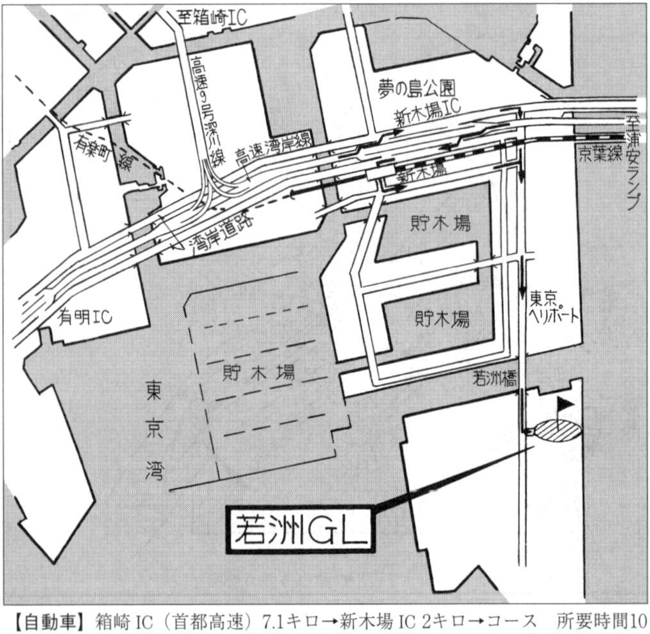

【自動車】箱崎 IC（首都高速）7.1キロ→新木場 IC 2キロ→コース　所要時間10分　箱崎方面·有明方面からの場合は新木場 IC で降りて直進し、最初の信号を右に曲ってコースへ一直線。反対の千葉方面からは新木場 IC で降りて、京葉線の新木場駅をぐるりと迂回し、500m ほど戻って右折し、コースへ

渡良瀬カントリークラブ

〒323-1104　栃木県栃木市藤岡町大字藤岡2000　FAX 0282(62)1540
http://www.watarasecc.com

●**プレーの申込み**　パブリックコース
●**予約**　3か月前の月初から受付け
●**コンペ**　上記に準ずる
●**休日**　1月の平日の指定日
●**クレジット**　各種
●**開場日**　1991年9月1日
●**コースの特徴**　18H　P72　6629Y
河川敷ゴルフ場とは思えない広大なロケーションでフェアウェイもアンジュレーションに富んだコース
●**電車**　東武日光線藤岡駅、または板倉東洋大前駅
●**クラブバス**　予約制で板倉東洋大前駅、藤岡駅より運行
●**タクシー**　藤岡駅から3分730円
●**プレースタイル**　セルフプレーで4人乗り乗用カート
●**シューズ**　ソフトスパイク推奨
●**ビジター料金表**

	平　日	土　日	祝　日
セ　ル　フ	8,600	14,800	13,800

2021年10月～11月の料金で昼食付
期間により料金は異なる
ツーサムプレー1人1100円増
●**プレー情報**　夏期・冬期割引、コンペ特典、午後プレー、夏季早朝プレー、友の会（年会費4400円）

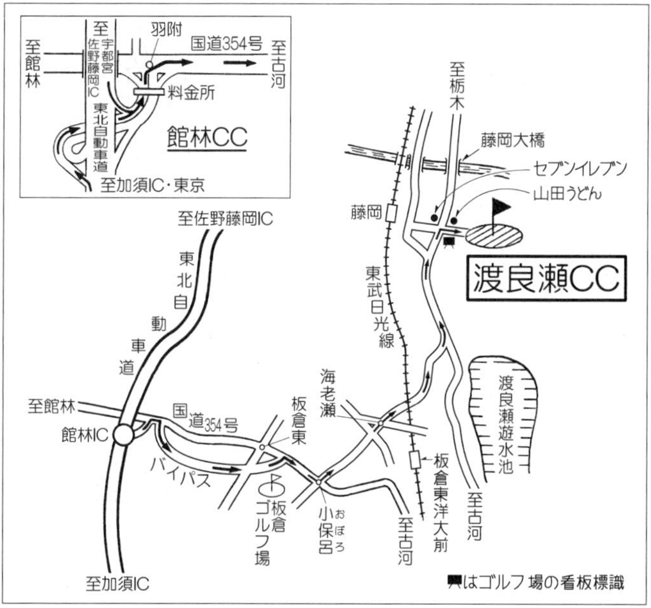

【**自動車**】浦和料金所（東北自動車道）41キロ→館林IC 10キロ→コース　所要時間45分　館林ICを降りて右折し、古河方面に向かう。板倉ゴルフ場前を通り、最初の交差点（小保呂）を左折する。海老瀬交差点を直進し、GS信号の次の信号を右折するとコース

☎029（830）3200

ワンウェイゴルフクラブ

〒300-0023　茨城県土浦市沖宿町3476　FAX 029（830）3066
http://www.onewaygc.co.jp/

●**プレーの申込み**　ビジター可
●**予約**　3か月前の1日から受付け
●**コンペ**　組数は相談
●**休日**　無休
●**クレジット**　JCB　VISA　UFJ　UC　ダイナース　AMEX　DC
●**開場日**　2011年12月9日
●**コースの特徴**　18H　P72　6383Y
自然林を生かしたフラットな地形に、池、バンカーを巧みに配したP.ダイ設計の美しいコース
●**コースレート**　71.0
●**練習場**　350Y15打席
●**電車**　常磐線土浦駅、または神立駅
●**クラブバス**　なし
●**タクシー**　土浦駅から約12分、神立駅から約7分
●**プレースタイル**　セルフプレーで5人乗り乗用カート
●**シューズ**　ソフトスパイク
●**ビジター料金表**

	平　日	土　曜	日　祝
セ　ル　フ	11,915	20,275	20,275

18H ワンウェイスループレー方式
予約状況により平日はツーサム可

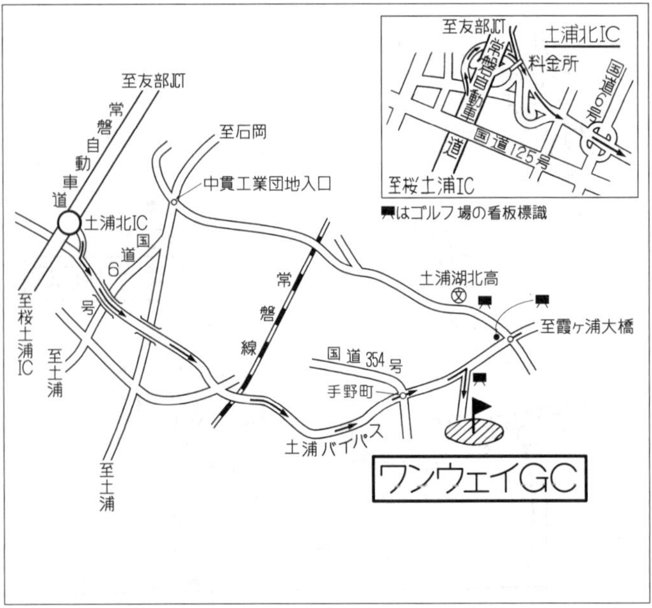

【**自動車**】三郷IC（常磐自動車道）46.6キロ→土浦北IC 9キロ→コース　所要時間50分　土浦北ICで降りて国道125号線、国道354号線を直進する。コース案内板に従って右折してコースへ

主な18ホール未満のゴルフ場

所在地	ゴルフ場名	電話番号	規模
茨城県	ひたちの園の健楽園	0295(56)3131	9H　P36
	31カントリークラブ	0280(86)6666	9H　P35
	南筑波ゴルフ場	029(847)7521	9H　P36
栃木県	足利渡良瀬ゴルフ場	0284(73)4171	9H　P36
	25那須ゴルフガーデン	0287(78)7101	9H　P36
群馬県	昭和の森ゴルフ場	0278(24)7172	9H　P36
	玉村公園ゴルフ倶楽部	0270(65)0001	9H　P29
埼玉県	川口市浮間ゴルフ場	048(253)1883	9H　P35
	川口パブリックゴルフ場	048(222)5415	12H　P47
	ヘリテイジゴルフコース	048(536)1212	9H　P35
	戸田パブリックゴルフコース	048(421)3001	9H　P36
千葉県	国際レディースゴルフ倶楽部	047(488)6681	9H　P37
	総武カントリークラブ北コース	0476(99)1161	9H　P35
	千葉市民ゴルフ場	043(237)0020	9H　P36
東京都	伊豆大島ゴルフリゾート倶楽部	04992(2)9300	9H　P36
	新東京都民ゴルフ場	03(3919)0111	9H　P31
神奈川県	川崎リバーサイドパーク(ゴルフ場)	044(555)4311	9H　P34
	GOD 茅ヶ崎ゴルフリンクス	0570(011)562	9H　P36
長野県	軽井沢プリンスホテルゴルフコース	0267(42)8811	9H　P33
	旧軽井沢ゴルフクラブ	0267(42)2080	12H　P48
	日向山高原ゴルフコース	0261(22)5000	9H　P36
	馬越ゴルフコース	0267(48)3470	9H　P34
静岡県	伊豆スカイラインカントリー倶楽部	0558(83)2222	9H　P36
	熱海ゴルフ倶楽部	0557(82)5335	9H　P33

過去５年
全国コース名称
変更一覧

（2021年11月１日現在）

県　名	旧コース名称	新コース名称	変更年
北海道	アイランドGリゾート御前水	御前水ゴルフ倶楽部	2017年
	アンビックス函館倶楽部上磯GC	函館ベイコーストカントリークラブ	2020年
	岩見沢雉ケCC森	岩見沢パブリック雉ケ森ゴルフコース	2020年
	セベズヒルズGC	安平ゴルフ倶楽部	2021年
	大札幌CC	グランド札幌カントリークラブ	2017年
	ドリーム苫小牧CC	北海道ドリームカントリークラブ	2020年
	函館大沼プリンスGC	北海道カントリークラブプリンスコース	2017年
	茨戸CC	エムアール茨戸カントリークラブ	2019年
青　森	八甲田ビューCC	十和田湖高原ゴルフクラブ	2020年
岩　手	北上CC	きたかみカントリークラブ	2018年
山　形	アイランドGパーク酒田	ゴルフパーク酒田	2018年
宮　城	やくらいGC	やくらいサイズゴルフクラブ	2019年
福　島	サラブレッドCC	JGMサラブレッドゴルフクラブ	2018年
	セベ・バレステロスGC泉C	JGMセベバレステロスゴルフクラブいわき	2017年
茨　城	浅見CC	浅見ゴルフ倶楽部	2017年
	アザレアCC アザレア健楽園	アザレア健楽園 ひたちの圀の健楽園	2018年 2020年
	麻生CC	セントラルゴルフクラブ麻生コース	2018年
	石岡GC	PGM石岡ゴルフクラブ	2021年
	石岡GCウエストC	石岡ウエストカントリークラブ	2021年
	かすみがうらOGMGC	かすみがうらゴルフクラブ	2019年
	富士OGMGC出島C	出島ゴルフクラブ	2019年
栃　木	アイランドGリゾート那須	那須陽光ゴルフクラブ	2018年
	岩舟GC	IWAFUNE GOLF CLUB	2018年
	つつじヶ丘CC	レイワゴルフリゾート つつじケ丘カントリー倶楽部	2020年
	日光プレミアGC	日光紅葉ゴルフリゾート	2018年
	紫塚GC	レイワゴルフリゾート 紫塚ゴルフ倶楽部	2020年
群　馬	大間々CC	大間々ゴルフクラブ	2017年
	草津高原G場	草津温泉ゴルフ場	2020年
	上毛森林CC	上毛カントリー倶楽部	2018年
	富岡CC	PGM富岡カントリークラブサウスコース	2019年
	北軽井沢嬬恋Gコース	Royal Blue Golf Resort	2018年
	レイクウッドGC富岡C	PGM富岡カントリークラブノースコース	2019年
	レーサムゴルフ&スパリゾート	THE RAYSUM	2021年

県　名	旧コース名称	新コース名称	変更年
埼　玉	エーデルワイスGC	オリンピックナショナルゴルフクラブEast	2017年
	埼玉ロイヤルGCおごせC	JGMおごせゴルフクラブ	2018年
	彩の森CC	彩の森カントリークラブ・ホテル秩父	2017年
	鶴ヶ島GC	オリンピックナショナルゴルフクラブWest	2017年
	武蔵OGMGC 武蔵GC	武蔵ゴルフクラブ PGM武蔵ゴルフクラブ	2019年 2021年
千　葉	アルカディアGC	日本長江ゴルフクラブ	2018年
	エンゼルCC	南総ヒルズカントリークラブ	2017年
	亀山湖CC	木更津東カントリークラブ	2021年
	きみさらずGL	PGMマリアゴルフリンクス	2021年
	随縁竹岡CC竹岡C	東京ベイサイドゴルフコース	2017年
	習志野CCキング・クイーンC	アコーディア・ゴルフ習志野カントリークラブ	2019年
	習志野CC空港C	アコーディア・ゴルフ空港ゴルフコース成田	2019年
	富士OGMGC市原C	富士市原ゴルフクラブ	2019年
	南市原GC	PGM南市原ゴルフクラブ	2021年
	八千代GC	太平洋クラブ八千代コース	2020年
	八幡CC	ザ セイントナイン 東京	2021年
	レイクウッド大多喜CC	大多喜カントリークラブ	2019年
	レイクウッド総成CC	PGM総成ゴルフクラブ	2019年
東　京	大島GC	伊豆大島リゾートゴルフクラブ	2021年
神奈川	茅ヶ崎GC	GDO茅ヶ崎ゴルフリンクス	2021年
長　野	小諸高原Gコース	小諸高原ゴルフクラブ	2017年
	佐久春日野CC	センレンゴルフリゾート長野コース	2020年
	随縁軽井沢ナインハンドレッド倶楽部	オーソルヴェール軽井沢倶楽部	2021年
山　梨	秋山CC	桜ヒルズゴルフクラブ	2020年
	かいこまCC	甲斐駒カントリークラブ	2020年
	ヴィンテージGC	シャトレーゼヴィンテージゴルフ倶楽部	2018年
	ワールドエースCC	富士リゾートカントリークラブ	2017年
静　岡	篭坂GC	富士篭坂36ゴルフクラブ	2021年
	富士高原Gコース		
	富士御殿場GC	御殿場東名ゴルフクラブ	2020年
愛　知	稲武OGMCC	稲武カントリークラブ	2019年
	京和CC	三甲ゴルフ倶楽部京和コース	2021年
	名古屋港GC	ウッドフレンズ名古屋港ゴルフ倶楽部	2018年
岐　阜	アイランドGガーデン上石津	上石津ゴルフ倶楽部	2017年
	アイランドGパーク岐阜中央	OGM岐阜中央ゴルフパーク	2018年

県　名	旧コース名称	新コース名称	変更年
岐　阜	小萱OGMチェリークリークCC	小萱チェリークリークカントリークラブ	2019年
	正眼寺CC	伊深の森カントリークラブ	2021年
	谷汲CC	三甲ゴルフ倶楽部谷汲コース	2020年
	富士OGMエクセレントC御嵩花トピアC	エクセレントゴルフクラブみたけ花トピアコース	2019年
	みずなみCC	ゴルフ5カントリーみずなみコース	2018年
三　重	富士OGMエクセレントC伊勢大鷲C	エクセレントゴルフクラブ伊勢大鷲コース	2019年
	富士OGMエクセレントC伊勢二見C	エクセレントゴルフクラブ伊勢二見コース	2019年
	富士OGMエクセレントC一志温泉C	エクセレントゴルフクラブ一志温泉コース	2019年
石　川	アイランドGガーデン加賀	那谷寺カントリー倶楽部	2018年
	アイランドGパーク北陸グリーンヒル	北陸グリーンヒルゴルフクラブ	2018年
滋　賀	しがらきの森CC	ROSE GOLF CLUB	2018年
大　阪	池田CC	PGM池田カントリークラブ	2021年
	くずはG場	くずはゴルフリンクス	2019年
	岬CC	みさきカントリークラブ	2020年
奈　良	奈良OGMGC	奈良名阪ゴルフクラブ	2019年
和歌山	朝日GC白浜C	南紀白浜ゴルフ倶楽部	2017年
兵　庫	アイランドGリゾート三田	三田SYSゴルフリゾート	2018年
	グランドオークGC	東急グランドオークゴルフクラブ	2017年
	ジャパンメモリアルGC	三甲ゴルフクラブジャパンコース	2020年
	アイランドGガーデン千草	千草カントリークラブ	2018年
	西宮六甲GC	神戸グランドヒルゴルフクラブ	2017年
	富士OGMGC小野C	富士小野ゴルフクラブ	2019年
広　島	千代田OGMGC	千代田ゴルフ倶楽部	2019年
山　口	アイランドGガーデン美和	美和ゴルフクラブ	2017年
佐　賀	多久GC	WITHIN STYLE ゴルフクラブ	2017年
	三根CC K.SみやきCC	K.Sみやきカントリークラブ みやきリンクス愛しとーとゴルフクラブ	2018年 2020年
熊　本	阿蘇高森GC	阿蘇スカイブルーゴルフリゾート	2019年
大　分	アイランドGガーデン大分	大分ななせゴルフ倶楽部	2018年
宮　崎	ジェイズCC小林C	宮崎小林カントリークラブ	2020年
	ジェイズCC日南C	日南北郷カントリークラブ	2020年
鹿児島	インターナショナルGR京セラ	さつまゴルフリゾート	2019年
	ジェイズCC鹿屋C	鹿児島鹿屋カントリークラブ	2020年
沖　縄	沖縄国際GC	PGMゴルフリゾート沖縄	2017年
	リゾナーレ小浜島CC	小浜島カントリークラブ	2017年

首都圏ゴルフ場ガイド　2022-23年版

2021年12月１日　第１刷

定価　1,980円（本体1,800円＋税10％）
発行人　久保木佳巳
発行所　**一季出版株式会社**
東京都中央区日本橋馬喰町2-2-12
郵便番号　103-0002
電話　03(5847)3366
FAX　03(5847)3367
http://www.ikki-web.com
印　刷　㈱　上　野　印　刷　所
製　本　㈱　コ　バ　ヤ　シ
落丁，乱丁本はお取替致します。

ISBN 978-4-87265-209-3 C2075